TEXTO

TEXTO Gesetzesausgabe

Schweizerisches Obligationenrecht
und Nebenerlasse

Herausgegeben von

Prof. Dr. iur. Corinne Widmer Lüchinger
Advokatin
Professorin an der Universität Basel

15. Auflage
Stand am 1.1.2023
gemäss der SR

Helbing Lichtenhahn

Bibliografische Information der Deutschen Nationalbibliothek
Die Deutsche Nationalbibliothek verzeichnet diese Publikation
in der Deutschen Nationalbibliografie; detaillierte bibliografische Daten
sind im Internet über http://dnb.dnb.de abrufbar.

Stand der Erlasse gemäss der Systematischen Sammlung des Bundesrechts:
1. Januar 2023

Dies ist keine amtliche Veröffentlichung.
Massgebend ist allein die Veröffentlichung durch die Bundeskanzlei.

Gerne nehmen wir Ihre Anregungen, Hinweise und Kritik
unter info@helbing.ch entgegen.

Alle Rechte vorbehalten. Dieses Werk ist weltweit urheberrechtlich geschützt.
Insbesondere das Recht, das Werk mittels irgendeines Mediums (grafisch,
technisch, elektronisch und/oder digital, einschliesslich Fotokopie und Downloading)
teilweise oder ganz zu vervielfältigen, vorzutragen, zu verbreiten, zu bearbeiten,
zu übersetzen, zu übertragen oder zu speichern, liegt ausschliesslich beim Verlag.
Jede Verwertung in den genannten oder in anderen als den gesetzlich zugelassenen
Fällen bedarf deshalb der vorherigen schriftlichen Einwilligung des Verlags.

© 2023 Helbing Lichtenhahn Verlag, Basel

ISBN 978-3-7190-4691-0
www.helbing.ch

Hinweise
für den Benutzer und die Benutzerin

Die mit der 13. Auflage eingeführten Neuerungen zur Stärkung der Benutzerfreundlichkeit der Texto-Gesetzesausgabe OR wurden in der aktuellen Auflage beibehalten. Dazu gehören die in der Inhaltsübersicht aufgeführten Zwischentitel, die eine rasche Orientierung ermöglichen, die separat ausgewiesenen Schluss- und Übergangsbestimmungen des OR und die Wiedergabe allfälliger Revisionen, die später im Erscheinungsjahr in Kraft treten werden, direkt im Gesetzestext mit einem entsprechenden Hinweis. Diese Wiedergabe stützt sich jeweils ab auf die per Stichtag veröffentlichten Informationen auf der Publikationsplattform des Bundesrechts (FEDLEX). Stichtag für den Stand der abgedruckten Erlasse ist der 1. Januar 2023.

Eine Übersicht über die Revisionen seit Inkrafttreten des OR findet sich in der Einleitung zum Obligationenrecht unter VI und (für Nebenerlasse) VII. Im Erscheinungsjahr sind die Änderungen im OR, aber auch in verschiedenen Nebenerlassen hauptsächlich auf die «grosse» Aktienrechtsreform zurückzuführen. In der Einleitung findet sich ausserdem ein Überblick über Entstehungsgeschichte und Aufbau des OR (unter II resp. III) sowie über die Bedeutung und Anwendbarkeit des OR AT (unter I resp. IV), ferner eine Auswahl von Grundbegriffen aus dem OR AT (unter V).

Ich danke dem Helbing Lichtenhahn Verlag, vor allem Frau Barbara Rais, für die Unterstützung und die Betreuung dieser Ausgabe. Grosser Dank gebührt auch meinen Mitarbeitern Christapor Yacoubian, MLaw, und stud. iur. Livio Berther für die wertvolle Unterstützung bei der Aktualisierung der Einleitung. Hinweise und Anregungen nehme ich gerne entgegen unter Lstwidmer-ius@unibas.ch

Basel/Küsnacht, im Januar 2023 C. Widmer Lüchinger

Inhaltsübersicht

Hinweise für den Benutzer und die Benutzerin V

Abkürzungen XI

Einleitung zum Obligationenrecht XVII

Obligationenrecht

1 Obligationenrecht, Bundesgesetz vom 30. März 1911
betreffend die Ergänzung des Schweizerischen Zivilgesetzbuches
(Fünfter Teil: Obligationenrecht, OR; SR 220) 1

Schluss- und Übergangsbestimmungen 433

Haftpflichtrecht (Spezialgesetze)

2 Strassenverkehrsgesetz vom 19. Dezember 1958 (SVG; SR 741.01),
Auszug 464

3 Eisenbahngesetz vom 20. Dezember 1957 (EBG; SR 742.101),
Auszug 481

4 Bundesgesetz vom 18. Juni 1993 über die Produktehaftpflicht
(Produktehaftpflichtgesetz, PrHG; SR 221.112.944) 483

Internationales Kaufrecht

5 Übereinkommen der Vereinten Nationen vom 11. April 1980 über
Verträge über den internationalen Warenkauf («Wiener Kaufrecht»,
CISG; SR 0.221.211.1) 487

Miete und Pacht

6 Verordnung vom 9. Mai 1990 über die Miete und Pacht von
Wohn- und Geschäftsräumen (VMWG; SR 221.213.11) 517

7 Bundesgesetz vom 23. Juni 1995 über Rahmenmietverträge und
deren Allgemeinverbindlicherklärung (BGRA; SR 221.213.15) 528

8 Bundesgesetz vom 4. Oktober 1985 über die landwirtschaftliche Pacht (LPG; SR 221.213.2) 534

Konsumentenschutz

9 Bundesgesetz vom 23. März 2001 über den Konsumkredit (Konsumkreditgesetz, KKG; SR 221.214.1) 553

10 Verordnung vom 6. November 2002 zum Konsumkreditgesetz (Konsumkreditverordnung, VKKG; SR 221.214.11) 571

11 Bundesgesetz vom 18. Juni 1993 über Pauschalreisen (Pauschalreisengesetz, PauRG; SR 944.3) 579

Arbeitsrecht

12 Bundesgesetz vom 24. März 1995 über die Gleichstellung von Frau und Mann (Gleichstellungsgesetz, GlG; SR 151.1) 587

13 Bundesgesetz vom 28. September 1956 über die Allgemeinverbindlicherklärung von Gesamtarbeitsverträgen (AVEG; SR 221.215.311) 596

14 Bundesgesetz vom 17. Dezember 1993 über die Information und Mitsprache der Arbeitnehmerinnen und Arbeitnehmer in den Betrieben (Mitwirkungsgesetz, MWG; SR 822.14) 604

Versicherungsrecht

15 Bundesgesetz vom 2. April 1908 über den Versicherungsvertrag (Versicherungsvertragsgesetz, VVG; SR 221.229.1) 609

Handels- und Wirtschaftsrecht

16 Bundesgesetz vom 3. Oktober 2003 über Fusion, Spaltung, Umwandlung und Vermögensübertragung (Fusionsgesetz, FusG; SR 221.301) 642

17 Bundesgesetz vom 16. Dezember 2005 über die Zulassung und Beaufsichtigung der Revisorinnen und Revisoren (Revisionsaufsichtsgesetz, RAG; SR 221.302) 682

18 Handelsregisterverordnung vom 17. Oktober 2007
(HRegV; SR 221.411) 706

19 Verordnung vom 24. April 2002 über die Führung und
Aufbewahrung der Geschäftsbücher (Geschäftsbücher-
verordnung, GeBüV; SR 221.431) 794

20 Verordnung vom 21. November 2012 über die anerkannten Standards
zur Rechnungslegung (VASR; SR 221.432) 798

Wettbewerbsrecht

21 Bundesgesetz vom 19. Dezember 1986 gegen den
unlauteren Wettbewerb (UWG; SR 241) 800

22 Preisüberwachungsgesetz vom 20. Dezember 1985
(PüG; SR 942.20) 813

23 Verordnung vom 11. Dezember 1978 über die Bekanntgabe
von Preisen (Preisbekanntgabeverordnung, PBV; SR 942.211) 820

24 Bundesgesetz vom 6. Oktober 1995 über Kartelle und andere
Wettbewerbsbeschränkungen (Kartellgesetz, KG; SR 251) 833

25 Verordnung vom 17. Juni 1996 über die Kontrolle von
Unternehmenszusammenschlüssen (VKU; SR 251.4) 855

26 Verordnung vom 12. März 2004 über die Sanktionen
bei unzulässigen Wettbewerbsbeschränkungen
(KG-Sanktionsverordnung, SVKG; SR 251.5) 864

Finanzmarktrecht

27 Bundesgesetz vom 23. Juni 2006 über die kollektiven
Kapitalanlagen (Kollektivanlagengesetz, KAG; SR 951.31) 870

28 Bundesgesetz vom 15. Juni 2018 über die Finanzinstitute
(Finanzinstitutsgesetz, FINIG; SR 954.1) 917

29 Bundesgesetz vom 15. Juni 2018 über die Finanzdienstleistungen
(Finanzdienstleistungsgesetz, FIDLEG; SR 950.1) 940

Inhaltsübersicht

30 Bundesgesetz vom 19. Juni 2015 über die Finanzmarktinfrastrukturen und das Marktverhalten im Effekten- und Derivatehandel (Finanzmarktinfrastrukturgesetz, FinfraG; SR 958.1) 975

31 Bundesgesetz vom 22. Juni 2007 über die Eidgenössische Finanzmarktaufsicht (Finanzmarktaufsichtsgesetz, FINMAG; SR 956.1) .. 1034

32 Bundesgesetz vom 3. Oktober 2008 über Bucheffekten (Bucheffektengesetz, BEG; SR 957.1) 1065

Sachregister 1084

Abkürzungen

a	alt(e)
Abk.	Abkommen/Abkürzung
Abs.	Absatz
Abschn.	Abschnitt
aBV	(alte) Bundesverfassung der Schweizerischen Eidgenossenschaft vom 29. Mai 1874 (AS 1874 1 ff., BS 1 3 ff.)
AG	Aktiengesellschaft
AHV	Alters- und Hinterlassenenversicherung
AHVG	Bundesgesetz vom 20. Dezember 1946 über die Alters- und Hinterlassenenversicherung (SR 831.10)
AJP	Aktuelle Juristische Praxis
Änd.	Änderung(en)
Art.	Artikel
AS	Amtliche Sammlung des Bundesrechts
Aufl.	Auflage
AVEG	Bundesgesetz vom 28. September 1956 über die Allgemeinverbindlicherklärung von Gesamtarbeitsverträgen (SR 221.215.311)
BB	Bundesbeschluss
BBl	Bundesblatt
BBVers	Beschluss der Bundesversammlung
Bd.	Band
BEG	Bundesgesetz vom 3. Oktober 2008 über Bucheffekten (Bucheffektengesetz; SR 957.1)
BEHG	Bundesgesetz vom 24. März 1995 über die Börsen und den Effektenhandel (Börsengesetz; SR 954.1). Aufgehoben durch das FINIG.
BG	Bundesgesetz
BGB	(deutsches) Bürgerliches Gesetzbuch vom 18. August 1896
BGE	Entscheidungen des Schweizerischen Bundesgerichtes, Amtliche Sammlung
BGRA	Bundesgesetz vom 23. Juni 1995 über Rahmenmietverträge und deren Allgemeinverbindlicherklärung (SR 221.213.15)
BR	Bundesrat
BRB	Bundesratsbeschluss
BS	Bereinigte Sammlung der Bundesgesetze und Verordnungen 1848–1947
BSK	Basler Kommentar
Bst.	Buchstabe

BV	Bundesverfassung der Schweizerischen Eidgenossenschaft vom 18. April 1999 (Bundesverfassung; SR 101)
BVers	Bundesversammlung
BVG	Bundesgesetz vom 25. Juni 1982 über die berufliche Alters-, Hinterlassenen- und Invalidenvorsorge (SR 831.40)
CHF	Schweizer Franken
CISG	Übereinkommen der Vereinten Nationen vom 11. April 1980 über Verträge über den internationalen Warenkauf («Wiener Kaufrecht»; SR 0.221.211.1)
d.h.	das heisst
E.	Erwägung(en)
EBG	Eisenbahngesetz vom 20. Dezember 1957 (SR 742.101)
EFTA	Europäische Freihandelszone (European Free Trade Association)
EG	Europäische Gemeinschaft(en)
EHRA	Eidgenössisches Amt für das Handelsregister
Einl.	Einleitung
EÖBV	Verordnung vom 8. Dezember 2017 über die Erstellung elektronischer öffentlicher Urkunden und elektronischer Beglaubigungen (SR 211.435.1)
EOG	Bundesgesetz vom 25. September 1952 über den Erwerbsersatz für Dienstleistende und bei Mutterschaft (Erwerbsersatzgesetz; SR 834.1)
et al.	et alii (= und andere)
EVD	Eidgenössisches Volkswirtschaftsdepartement
f./ff.	folgende
FIDLEG	Bundesgesetz vom 15. Juni 2018 über die Finanzdienstleistungen (Finanzdienstleistungsgesetz; SR 950.1)
FinfraG	Bundesgesetz vom 19. Juni 2015 über die Finanzmarktinfrastruktur und das Marktverhalten im Effekten- und Derivatenhandel (Finanzmarktinfrastrukturgesetz; SR 958.1)
FINIG	Bundesgesetz vom 15. Juni 2018 über die Finanzinstitute (Finanzinstitutsgesetz; SR 954.1)
FINMA	Eidgenössische Finanzmarktaufsicht
FINMAG	Bundesgesetz vom 22. Juni 2007 über die eidgenössische Finanzmarktaufsicht (Finanzmarktaufsichtsgesetz; SR 956.1)
FN	Fussnote
FusG	Bundesgesetz vom 3. Oktober 2003 über Fusion, Spaltung, Umwandlung und Vermögensübertragung (Fusionsgesetz; SR 221.301)
GAV	Gesamtarbeitsvertrag
GebV-HReg	Verordnung vom 6. März 2020 über die Gebühren für das Handelsregister (221.411.1)

GeBüV	Verordnung vom 24. April 2002 über die Führung und Aufbewahrung der Geschäftsbücher (Geschäftsbücherverordnung; SR 221.431)
GesKR	Schweizerische Zeitschrift für Gesellschafts- und Kapitalmarktrecht sowie Umstrukturierungen
GestG	Bundesgesetz vom 24. März 2000 über den Gerichtsstand in Zivilsachen (Gerichtsstandsgesetz, aufgehoben durch die ZPO)
GlG	Bundesgesetz vom 24. März 1995 über die Gleichstellung von Frau und Mann (Gleichstellungsgesetz; SR 151.1)
GmbH	Gesellschaft mit beschränkter Haftung
GV	Generalversammlung
HRegV	Handelsregisterverordnung vom 17. Oktober 2007 (SR 221.411)
Hrsg.	Herausgeber
HWpÜ	Übereinkommen über die auf bestimmte Rechte an intermediärverwahrten Wertpapieren anzuwendende Rechtsordnung, abgeschlossen in Den Haag am 5. Juli 2006, in Kraft getreten für die Schweiz am 1. April 2017 (SR 0.221.556.1)
insb.	insbesondere
IPRG	Bundesgesetz vom 18. Dezember 1987 über das Internationale Privatrecht (SR 291)
IVG	Bundesgesetz vom 19. Juni 1959 über die Invalidenversicherung (SR 831.20)
i.V.m.	in Verbindung mit
JFG	Bundesgesetz vom 6. Oktober 1989 über die Förderung der ausserschulischen Jugendarbeit (Jugendförderungsgesetz; aufgehoben durch KJFG)
KAG	Bundesgesetz vom 23. Juni 2006 über die kollektiven Kapitalanlagen (Kollektivanlagengesetz; SR 951.31)
KG	Bundesgesetz vom 6. Oktober 1995 über Kartelle und andere Wettbewerbsbeschränkungen (Kartellgesetz; SR 251)
KJFG	Bundesgesetz vom 30. September 2011 über die Förderung der ausserschulischen Arbeit mit Kindern und Jugendlichen (Kinder- und Jugendförderungsgesetz; SR 446.1)
KKG	Bundesgesetz vom 23. März 2001 über den Konsumkredit (SR 221.214.1)
lit.	litera
LPG	Bundesgesetz vom 4. Oktober 1985 über die landwirtschaftliche Pacht (SR 221.213.2)
Mio.	Million(en)
MWG	Bundesgesetz vom 17. Dezember 1993 über die Information und Mitsprache der Arbeitnehmerinnen und Arbeitnehmer in den Betrieben (Mitwirkungsgesetz; SR 822.14)

N	Note, Randnote
Nr.	Nummer
op. cit.	opus citatum
OR	Bundesgesetz vom 30. März 1911 betreffend die Ergänzung des Schweizerischen Zivilgesetzbuches (Fünfter Teil: Obligationenrecht; SR 220)
ParlG	Bundesgesetz vom 13. Dezember 2002 über die Bundesversammlung (Parlamentsgesetz; SR 171.10)
PauRG	Bundesgesetz vom 18. Juni 1993 über Pauschalreisen (SR 944.3)
PBV	Verordnung vom 11. Dezember 1978 über die Bekanntgabe von Preisen (Preisbekanntgabeverordnung; SR 942.211)
PrHG	Bundesgesetz vom 18. Juni 1993 über die Produktehaftpflicht (Produktehaftpflichtgesetz; SR 221.112.944)
Prot.	Protokoll
PüG	Preisüberwachungsgesetz vom 20. Dezember 1985 (SR 942.20)
RAG	Bundesgesetz vom 16. Dezember 2005 über die Zulassung und Beaufsichtigung der Revisorinnen und Revisoren (Revisionsaufsichtsgesetz; SR 221.302)
S.	Seite(n)
s.(a.)	siehe (auch)
SchKG	Bundesgesetz vom 11. April 1889 über Schuldbetreibung und Konkurs (SR 281.1)
SchlB	Schlussbestimmung(en)
SchlT	Schlusstitel
SECO	Staatssekretariat für Wirtschaft
SHAB	Schweizerisches Handelsamtsblatt
SICAF	Investmentgesellschaft mit festem Kapital (Société d'investissement à capital fixe)
SICAV	Investmentgesellschaft mit variablem Kapital (Société d'investissement à capital variable)
SJZ	Schweizerische Juristen-Zeitung
SR	Systematische Sammlung des Bundesrechts
StGB	Schweizerisches Strafgesetzbuch vom 21. Dezember 1937 (SR 311.0)
SVG	Strassenverkehrsgesetz vom 19. Dezember 1958 (SR 741.01)
SVKG	Verordnung vom 12. März 2004 über die Sanktionen bei unzulässigen Wettbewerbsbeschränkungen (KG-Sanktionsverordnung; SR 251.5)
Tit.	Titel
Übereink.	Übereinkommen
UeB	Übergangsbestimmung(en)

usw.	und so weiter
UVG	Bundesgesetz vom 20. März 1981 über die Unfallversicherung (SR 832.20)
UWG	Bundesgesetz vom 19. Dezember 1986 gegen den unlauteren Wettbewerb (SR 241)
V	Verordnung
VAG	Bundesgesetz vom 17. Dezember 2004 betreffend die Aufsicht über Versicherungsunternehmen (Versicherungsaufsichtsgesetz; SR 961.01)
VASR	Verordnung vom 21. November 2012 über die anerkannten Standards zur Rechnungslegung (SR 221.432)
VegüV	Verordnung vom 20. November 2013 gegen übermässige Vergütungen bei börsenkotierten Aktiengesellschaften (SR 221.331) (seit 1.1.2023 aufgehoben)
vgl.	vergleiche
VKKG	Verordnung vom 6. November 2002 zum Konsumkreditgesetz (SR 221.214.11)
VKU	Verordnung vom 17. Juni 1996 über die Kontrolle von Unternehmenszusammenschlüssen (SR 251.4)
VMWG	Verordnung vom 9. Mai 1990 über die Miete und Pacht von Wohn- und Geschäftsräumen (SR 221.213.11)
VVG	Bundesgesetz vom 2. April 1908 über den Versicherungsvertrag (Versicherungsvertragsgesetz; SR 221.229.1)
z.B.	zum Beispiel
Zefix	Zentraler Firmenindex (des EHRA)
ZertES	Bundesgesetz vom 19. Dezember 2003 über Zertifizierungsdienste im Bereich der elektronischen Signatur (Bundesgesetz über die elektronische Signatur; SR 943.03)
ZGB	Schweizerisches Zivilgesetzbuch vom 10. Dezember 1907 (SR 210)
ZHR	Zeitschrift für das gesamte Handels- und Wirtschaftsrecht
Ziff.	Ziffer
ZSR	Zeitschrift für Schweizerisches Recht

Einleitung zum Obligationenrecht

Dr. Hermann Schulin/Dr. Nedim Peter Vogt/
Prof. Dr. Corinne Widmer Lüchinger

I. Der Allgemeine Teil des Schweizerischen Obligationenrechts als Kernstück des schweizerischen Privatrechts

> «... die Thematik des Allgemeinen Teils des Schweizerischen Obligationenrechts nimmt unbestrittenermassen eine Vorrangstellung im Privatrecht ein. Dies zeigte sich bisher sowohl im Studium an der Universität als auch in der Vorbereitung zum Anwaltsexamen; denn kein anderes Fach ist so gut geeignet, die Grundlagen der juristischen Methodik zu vermitteln und das juristische Denken zu schulen, wie der Allgemeine Teil des Obligationenrechts, der die Verbindungen zu den übrigen Teilen des Privatrechts herstellt.»[1]

Wie jedes Gesetz und jede gesetzliche Regel ist der Allgemeine Teil des Schweizerischen Obligationenrechts in ein sich stetig wandelndes Umfeld eingebettet und steht mit verschiedenartigen Kräftefeldern auf unterschiedliche Weise in einer kontinuierlichen Wechselwirkung.

Der Unterricht, die Einführung und das Vertrautmachen mit den Lehren des Allgemeinen Teils des Schweizerischen Obligationenrechts ist das prägende Moment (durchaus im Konrad-Lorenz'schen-Sinne), bei dem die Grund(kräfte)linien beim angehenden Juristen gelegt werden. Der Unterricht ist letztlich auch mitentscheidend dafür, wie sich jemand später gegenüber den anderen Kräftefeldern und Einflüssen auf das Privatrecht verhält beziehungsweise wie er selbst darauf Einfluss zu nehmen versucht. Dabei ist der Unterricht des Allgemeinen Teils des Obligationenrechts auch deshalb von besonderer Bedeutung, weil er wie kein anderes juristisches (Vorlesungs-)Fach das methodische Verständnis, das juristische Denken an sich und das Erfassen juristisch-logischer Abläufe und Sequenzen vermittelt und prägt.

Unterricht des Allgemeinen Teils des Schweizerischen Obligationenrechts bedeutet im Wesentlichen Darstellung und Vertiefung des Vertragsrechts, Kern- und Ausgangspunkt des Privatrechtsunterrichts schlechthin. Die Beherrschung und das Verständnis für die Regeln des Allgemeinen Teils des Schweizerischen Obligationenrechts sind die Grundlagen für einen Grossteil der juristischen Ausbildung und sind die wohl wesentlichsten Voraussetzungen für das Verständnis des Privatrechtes an sich. Sie sind auch eine absolute Notwendigkeit für eine spätere erfolgreiche Ausübung des Richter- oder Anwaltsberufes[2].

---

1 HERMANN SCHULIN/NEDIM PETER VOGT, Tafeln zum Allgemeinen Teil des Schweizerischen Obligationenrechts I, Allgemeiner Teil ohne Deliktsrecht, 5. Aufl., Zürich 2012, VIII.
2 Vgl. NEDIM PETER VOGT, Der Allgemeine Teil des Schweizerischen Obligationenrechts und sein heutiges Umfeld, in: Vogt/Zobl (Hrsg.), Der Allgemeine Teil und das Ganze, Liber Amicorum für Hermann Schulin, Basel 2002, 150.

Einleitung zum Obligationenrecht

Was bei der Betrachtung der stark angewachsenen Literatur insbesondere auch zum Allgemeinen Teil als nicht ganz unproblematisch erscheint, ist eine gewisse Tendenz[3] (oft unter starker Anlehnung an die deutsche Lehre und Rechtsprechung), die Grundfesten bewährter Lehren zum Allgemeinen Teil des Schweizerischen Obligationenrechts und die Fundamente langjähriger (gefestigter) Rechtsprechung zum Allgemeinen Teil des Schweizerischen Obligationenrechts überkritisch zu betrachten. Gelegentlich wird dann auch vorgeschlagen, bewährte Lehre und Rechtsprechung durch Unerprobtes und Neues zu ersetzen. Der Rechtssicherheit förderlich ist dies sicherlich nicht: Soweit hierdurch nur neue Unsicherheiten in die Lehren zum Allgemeinen Teil des Schweizerischen Obligationenrechts hineingetragen werden, bleibt doch stets ein gewisses Unbehagen gegenüber unnötigen Experimenten mit bewährter Rechtsprechung und an über lange Jahre gewachsenen Rechtsprinzipien. Gefestigte Rechtsprechung und bewährte Lehre sind ein relativ kostbares Gut, das nicht einfach bei jeder sich bietenden Gelegenheit aufs Spiel gesetzt werden sollte.

Der Gesetzgeber hat bis anhin relativ wenig Eingriffe im (1911 revidierten) Allgemeinen Teil des Schweizerischen Obligationenrechts vorgenommen[4].

In diesem Zusammenhang stellt sich letztlich auch die Frage nach der Berufung unserer Zeit zur Gesetzgebung, insbesondere dann, wenn die Gesetzgebung als hektisches Agieren und Reagieren erscheint und an Stelle einer fallbezogenen und kontinuierlich fortschreitenden Rechtsfindung und Rechtsfortentwicklung durch die Gerichte tritt.

Die Bestimmungen des Allgemeinen Teils des Schweizerischen Obligationenrechts haben durch die schweizerischen kantonalen Gerichte und das Schweizerische Bundesgericht eine kontinuierliche Verfeinerung und Ergänzung erfahren, Unsicherheiten und Unklarheiten wurden oftmals beseitigt. Vieles wurde allerdings auch immer wieder zur späteren Entscheidung offengelassen.

---

[3] Hierzu PETER GAUCH, Zum Stand der Lehre und Rechtsprechung, Geschichten und Einsichten eines privaten Schuldrechtlers, ZSR 119 (2000) I, 1 ff., 18 ff.: «Der ‹normative Vertragskonsens›, die wiederentdeckte ‹Ungültigkeitstheorie›, die ‹Umwandlungstheorie›, die ‹modifizierte Teilnichtigkeit› und die ‹Zweikondiktionentheorie› sind nur einige Beispiele, die das Herz des Schuldrechtlers höher schlagen lassen oder mit Abscheu erfüllen, je nachdem, ob er so oder anders konditioniert ist.

Am auffälligsten erscheint mir jedoch *der stete Trend zur Haftungserweiterung*, sei es durch die Verobjektivierung der Fahrlässigkeit, durch die Einführung neuer Kausalhaftungen, durch die multiple Erweiterung der Genugtuungsansprüche oder durch die Ausdehnung der Vertragshaftung auf ausservertragliche Haftpflichtfälle. Auf dem Weg vom Delikts- ins Vertragsrecht, das für den Geschädigten im Allgemeinen günstiger ist, war die schweizerische Lehre emsig damit beschäftigt, das trickreiche Instrumentarium der deutschen Dogmatik auch in die Schweiz zu importieren, weshalb jetzt die Culpa-Haftung, die positive Vertragsverletzung, die vertragliche Drittschutzwirkung, die Drittschadensliquidation und die Vertrauenshaftung zum bekannten, wenn auch nicht einhellig gebilligten, Repertoire der schweizerischen Jurisprudenz gehören. Zu diesen Figuren, die das Niemandsland ‹zwischen Vertrag und Delikt› bevölkern, gesellt sich neuerdings das ‹einheitliche gesetzliche Schuldverhältnis›, das aus dem Loch Ness der juristischen Phantasie emporgetaucht ist.»

[4] Vgl. EUGEN BUCHER, 100 Jahre Schweizerisches Obligationenrecht: Wo stehen wir heute im Vertragsrecht?, ZSR 102 (1983) II, 251 ff., 275 ff.; HEINRICH HONSELL, 100 Jahre Schweizerisches Obligationenrecht, ZSR 130 (2011) II, 5 ff., 21.

Einleitung zum Obligationenrecht

Es besteht aber eine gewisse Tendenz der Gerichte, insbesondere auch im Bereich des Allgemeinen Teils des Schweizerischen Obligationenrechts, die Normauslegung und Rechtsanwendung in zu starker Abhängigkeit von Lehre und Schrifttum wahrzunehmen.

Die Gerichte scheinen immer wieder dazu zu neigen, anstatt aus der Fülle ihrer eigenen oftmals sehr kraftvollen Rechtsprechung zu schöpfen, endlose und oftmals belanglose Literaturzitate aneinander zu reihen und eine Vielzahl von Literaturauffassungen zu referieren[5]. Das absolute Primat der richterlichen Interpretation und Anwendung des Gesetzes und – demgegenüber – die Nachrangigkeit der Lehre (letztlich in eigener Unterschätzung) wird so verkannt. Hinzu kommt, dass die Gesetzesvorschrift von Art. 1 Abs. 3 ZGB von bewährter Lehre spricht und nicht von juristischer Literatur an sich.

Auch im internationalen Konkurrenzkampf der Rechtsordnungen, in dem sich die Schweiz bisher sehr gut positioniert hat, ist die Rechtssicherheit und insbesondere der solide Fundus gesicherter Rechtsprechung ein ganz wesentlicher Faktor, dessen Erhaltung und Pflege stets im Auge zu behalten ist[6].

Das schweizerische Recht und hier vor allem der Allgemeine Teil des Schweizerischen Obligationenrechts sind ein – insbesondere im Vergleich auch mit unseren Nachbarstaaten – international betrachtet erfolgreiches Rechtssystem, das in Rechtswahlklauseln gewählt und von internationalen Schiedsgerichten immer wieder zur Anwendung gebracht wird[7]. Es muss aber – um sich im heutigen internationalen Umfeld behaupten zu können – einen erheblichen Grad von Rechtssicherheit aufweisen.

Die Schweiz spielt als internationaler Schiedsgerichtsplatz eine wichtige Rolle, und es kann davon ausgegangen werden, dass in einer Vielzahl von vertragswertmässig bedeutsamen Verträgen zwischen nicht-schweizerischen Parteien im internationalen Verhältnis schweizerisches Recht und damit auch der Allgemeine Teil des Schweizerischen Obligationenrechts als anwendbares Recht gewählt wird[8]. Rein wertmässig kann davon ausgegangen werden, dass die von Schiedsgerichten zu beurteilenden Fälle, bei denen die Vorschriften des Allgemeinen Teils des Schweizerischen Obligationenrechts zur

---

[5] Vgl. WOLFGANG WIEGAND, Bemerkungen zum Picasso-Entscheid, recht 1989, 101 ff.
[6] Vgl. NEDIM PETER VOGT, The Importance of Being Earnest: englischsprachiger Zugang zum schweizerischen Recht, in: von der Crone et al. (Hrsg.), Neuere Tendenzen im Gesellschaftsrecht: Festschrift für Peter Forstmoser zum 60. Geburtstag, Zürich/Basel/Genf 2003, 799 ff., 802.
[7] Vgl. BSK IPRG-HOCHSTRASSER/BURLET, 4. Aufl., Basel 2021, Einl. 12. Kap. N 14 ff.; so bereits BSK IPRG-BLESSING, 1. Aufl., Basel 1996, Einl. 12. Kap. N 12 ff.
[8] Im Zusammenhang mit der (internationalen) Schiedsgerichtsbarkeit scheint insbesondere im Bereich des Vertragsrechts ein gewisses Bedürfnis zu bestehen, mit der Privatisierung der Gerichtsbarkeit auch eine Privatisierung der Rechtsetzung einher schreiten zu lassen, was häufig zur Anwendung der sogenannten *lex mercatoria* führt. Hinzuweisen ist sodann in diesem Zusammenhang auch noch auf die *Unidroit Principles of International Commercial Contracts* (abrufbar unter ‹www.unidroit.org/instruments/commercial-contracts/unidroit-principles-2016›) und die *Principles of European Contract Law* der *Lando-Commission* (abrufbar unter: ‹www.internationalcontracts. net/international-law-documents/Principles-of-European-Contract-Law.pdf›; vgl. auch LANDO/BEALE/PRÜM/CLIVE/ZIMMERMANN [Hrsg.], The Principles of European Contract Law, Parts I, II and III, Den Haag 2019), die beide allgemeine Vertragsrechtsregeln enthalten und somit in direkter Konkurrenz zu den Vorschriften des Allgemeinen Teils des Schweizerischen Obligationenrechts stehen.

Anwendung kommen, den Streitwert der gesamthaft von schweizerischen Gerichten aufgrund der Bestimmungen von Art. 1–183 OR zu entscheidenden Fälle um ein Vielfaches übersteigen[9].

II. Zur Geschichte des Schweizerischen Obligationenrechts

A. Entstehung des Obligationenrechts von 1881 (in Kraft getreten am 1. Januar 1883)

Die Bestrebung, das Zivilrecht in ihren Staaten einheitlich zu regeln, erfasste im 19. Jahrhundert nicht nur unter anderem Österreich, Frankreich und Deutschland, sondern auch die Schweiz. Entsprechend dem Bedürfnis der Kaufleute, den Handelsverkehr zwischen den Kantonen und europäischen Staaten rechtlich reibungsloser und übersichtlicher zu gestalten, versuchte man in der Schweiz, ein einheitliches Handelsrecht (einschliesslich des Wechselrechts) auf dem Wege des Konkordats zustande zu bringen. Der Bundesrat beauftragte 1862 mit dieser Aufgabe Prof. MUNZINGER, der bereits ein Jahr später einen vorläufigen Entwurf überreichte, welcher in einer dafür bestellten Kommission beraten und als definitiver Entwurf 1864 veröffentlicht wurde. In einer Ende 1867 vom Bundesrat einberufenen Konferenz wurde die Aufgabe auf das gesamte Obligationenrecht ausgedehnt. In Ausführung des Beschlusses der kantonalen Konferenz von 1868 bestellte der Bundesrat Prof. MUNZINGER[10] als Redaktor des Obligationenrechts und ernannte unter anderem den Zürcher Prof. FICK und den Genfer Staatsrat FRIDERICH zu Mitgliedern dieser Kommission. Anfang 1871 legte der Redaktor einen ersten vollständigen Entwurf für «schweizerisches Obligationenrecht» den Kommissionsmitgliedern vor. Wie aus der Botschaft des Bundesrats vom 27. November 1879 hervorgeht, berücksichtigte MUNZINGER für seine Vorarbeiten vorzugsweise den «Entwurf eines allgemeinen deutschen Gesetzes über Schuldverhältnisse, bearbeitet von den durch die Regierungen von Oesterreich, Baiern, Sachsen, Hannover, Württemberg, Hessen-Darmstadt, Mecklenburg-Schwerin, Nassau, Meiningen und Frankfurt hiezu abgeordneten Kommissaren und herausgegeben von Dr. B. Francke, Dresden 1866» (bekannt unter dem Titel «Dresdener Entwurf»). «Die Dresdener Kommission hatte nicht bloss die gemeinrechtliche Literatur und die auf ihr fussenden neuesten deutschen Gesetzesentwürfe (für Baiern und Darmstadt) und das kurz vorher zu Stande gekommene sächsische bürgerliche Gesetzbuch, sondern auch die drei ältern Kodifikationen benutzt, welche für die Schweiz von besonderer Bedeutung sind, nämlich 1) das österreichische bürgerliche Gesetzbuch, welches dem Berner, Luzerner, Aargauer und zum Theil auch dem Solothurner Gesetzbuch zu Grunde liegt; 2) den französischen Code civil, welcher in der romanischen Schweiz theils in seiner ursprünglichen Gestalt (neuer Kantonstheil Bern und Genf), theils in mehr oder weniger selbstständigen Umar-

---

9 Vgl. VOGT (FN 6), 802.
10 Walther Munzinger ist «der eigentliche Schöpfer» des Schweizerischen Obligationenrechts, vgl. HONSELL (FN 4), 9; URS FASEL, Bahnbrecher Munzinger, Bern 2003.

beitungen (Waadt, Tessin, Freiburg, Neuenburg) in Geltung ist, sowie endlich 3) das Zürcherische Privatgesetzbuch, welches in der deutschen Schweiz, auch ausserhalb des Kantons Zürich, für Gesetzgebung und Rechtspflege sich eines grossen Ansehens erfreut, und im Kanton Graubünden theilweise, im Kanton Schaffhausen sogar vollständig und in Beziehung auf Obligationenrecht nahezu wörtlich rezipirt ist.»[11] MUNZINGER stützte sich noch stärker auf den Code civil und das von BLUNTSCHLI verfasste Privatrechtliche Gesetzbuch für den Kanton Zürich von 1853 bis 1855, als dies im Dresdener Entwurf geschehen war, und bezog auch das Allgemeine Deutsche Handelsgesetzbuch von 1861 ein. «Ganz besonders bemühte er sich, die oft schleppende und allzu gelehrte Ausdrucksweise in eine leichte und populäre Form zu bringen, alles Ueberflüssige auszuscheiden, und eine vollkommene Harmonie mit den oben erwähnten originellen Partien herzustellen, welche aus seiner Arbeit von 1864 hervorgegangen waren oder sich als Weiterbildung der ihr zu Grunde liegenden Tendenzen darstellen.»[12] Dieser Entwurf von 1871 sollte bezüglich des Wechsel- und des Aktienrechts in Anlehnung an das deutsche Recht umgearbeitet werden; diese Umarbeitung erlebte MUNZINGER nicht mehr, da er 1873 starb.

Nach Art. 64 der Bundesverfassung von 1874 stand dem Bund die Gesetzgebung über alle auf den Handels- und Mobiliarverkehr bezogenen Rechtsverhältnisse («Obligationenrecht mit Inbegriff des Handels- und Wechselrechtes») zu. Der zweite Entwurf erschien unter dem Titel «Schweizerisches Obligationenrecht mit Einschluss des Handels- und Wechselrechtes (Art. 64 der Bundesverfassung), Entwurf, bearbeitet nach den Beschlüssen einer Kommission vom 22. bis 28. Oktober 1869 und vom 6. bis 13. Oktober 1872, gedruckt im Juli 1875». Er ist in der Gliederung und auch im Stile wenig geändert worden; 1877 wurde er der Öffentlichkeit übergeben. Die ersten 77 Artikel des allgemeinen Teils erfuhren die ausführlichste Kritik durch die Schriften von EMIL VOGT[13] und vom Basler Professor FRIEDRICH VON WYSS[14]. Der Bundesrat wies in der Botschaft vom 27. November 1879 auf zwei leitende Gesichtspunkte hin, die wegen ihrer aktuellen Bedeutung im Wortlaut wiedergegeben werden sollen:

«Ehe wir zu diesen speziellen Erörterungen selbst übergehen, glauben wir zwei leitende Gesichtspunkte hervorheben zu sollen, welche aus ganz eigenthümlichen Bedürfnissen und Verhältnissen der Schweiz hervorgegangen sind, und vorzugsweise dazu geführt haben, dass der Entwurf in einzelnen Bestimmungen mit allgemein herrschenden Theorien und gangbaren Vorstellungen im Widerspruche steht. Es ist dieses erstens die Generalisierung solcher Rechtsinstitute, deren Anwendung sich in anderen Gesetzgebungen, so namentlich im französischen Code de commerce und deutschen Handels-

---

11 Botschaft vom 27.11.1879, BBl 1880 I 149, 165.
12 Botschaft vom 27.11.1879, BBl 1880 I 149, 166.
13 EMIL VOGT, Entwurf eines schweizerischen Obligationenrechtes, Heft 1, Einleitung und Artikel 1 bis 77, Bern 1877.
14 FRIEDRICH VON WYSS, Bemerkungen zum Commissionalentwurfe erster Lesung eines Schweizerischen Obligationenrechtes, Bern 1877.

gesetzbuche, entweder geradezu auf einen besondern Stand der Kaufleute, oder doch auf Rechtsgeschäfte mit merkantilem Zweck beschränkt. Diese eigenthümliche Tendenz steht mit den demokratischen Staatseinrichtungen in der Schweiz und mit der demokratischen Gesinnung des Schweizervolkes im Zusammenhange, vermöge deren es jeder Sonderstellung eines Berufstandes entschieden abgeneigt ist. Diese Tendenz rechtfertigt sich durch die wohl in keinem anderen Lande Europa's in so hohem Grade durch alle Schichten der Gesellschaft gleichmässig verbreitete Schulbildung und geschäftliche Begabung des Volkes. (...) Die zweite eigenartige Tendenz des Entwurfes beruht auf der Nothwendigkeit, besonderen Rechtsanschauungen und Traditionen der französischen Schweiz Rechnung zu tragen, welche oft sehr weit von den in der deutschen Schweiz vorherrschenden gemeinrechtlichen Theorien abweichen. Diese Gegensätze treten weit weniger schroff bei der Gestaltung einzelner Kontraktverhältnisse und den eben erwähnten handelsrechtlichen Instituten hervor. Das Streben nach Ausgleichung derselben hat daher namentlich im allgemeinen Theile des Entwurfes zur Rezeption einzelner Bestimmungen des französischen Rechtes oder zu ganz eigenthümlichen Rechtsgebilden geführt, die einen Mittelweg zwischen französischer und gemeinrechtlicher Theorie bezwecken.»[15]

B. Anpassung des OR an das ZGB vom 30. März 1911 (in Kraft getreten am 1. Januar 1912)

Seit der Revision der Bundesverfassung vom 13. November 1898 stand dem Bund die Kompetenz zu, das gesamte Zivilrecht einheitlich zu gestalten.

Der Bundesrat hielt in seiner Botschaft vom 3. März 1905 «zu einem Gesetzesentwurf betreffend die Ergänzung des Entwurfes eines schweizerischen Zivilgesetzbuches durch Anfügung des Obligationenrechtes und der Einführungsbestimmungen» fest: «Die Kodifikation der anderen Abschnitte des Zivilrechtes ist gar nicht möglich, ohne dass das Obligationenrecht davon beeinflusst wird. Und zwar nicht nur wegen der formellen und materiellen Verknüpfung des Obligationenrechts mit dem Familien-, Sachen- oder Erbrecht, sondern namentlich auch weil das Obligationenrecht seinerzeit, um in seiner Stellung als Spezialgesetz gewissen Instituten die wünschenswerte Vollständigkeit zu verleihen, Gegenstände mitbehandelt hat, die systematisch gar nicht dem Obligationenrecht angehören und die jetzt selbstverständlich in ihren natürlichen Zusammenhang gebracht werden müssen, wie namentlich in Bezug auf den Erwerb des Eigentums an Mobilien im Rechtsverkehr, das Mobiliarpfandrecht, die Vertragsfähigkeit im allgemeinen und insbesondere die Verpflichtungsfähigkeit der bevormundeten Personen und der verheirateten Frau.»[16] Dabei stellte sich die Frage, ob das Bundesobligationenrecht dem Zivilgesetzbuch einzugliedern oder als Spezialgesetz weiter zu führen sei. Die angefragten Experten, der Schweizerische Juristenverein in seiner Jahresver-

---
15 Botschaft vom 27.11.1879, BBl 1880 I 149, 175.
16 Botschaft vom 3.3.1905, BBl 1905 II 1, 2.

sammlung von 1900, die Expertenkommission und andere sprachen sich dafür aus, das Obligationenrecht nicht als Spezialgesetz neben dem Zivilgesetzbuch beizubehalten, sondern es als letzten, fünften Titel in dieses aufzunehmen. Das Bundesgericht drückte diese Ansicht in seinem Bericht, wie der Botschaft vom 3. März 1905 zu entnehmen ist, folgendermassen aus: «Das Schweizervolk verlangt wohl ein ganzes, d.h. vollständiges und einheitliches, sämtliche Materien des Privatrechtes umfassendes, nach Form und Anordnung so beschaffenes Gesetzbuch, dass es sein bürgerliches Recht verstehen und sich mit demselben vertraut machen kann; nicht eine in verschiedenen Gesetzen – von welchen zudem keines eine Rechtsmaterie vollständig beherrscht – zerstückelte Regelung, deren Durcharbeitung und Verständnis selbst dem Juristen Schwierigkeiten bereiten und welche, statt zur Rechts- und Verkehrssicherheit, nur zur Verwirrung führen würde.»[17] Bei diesem Vorgehen erschien es unvermeidlich, das Obligationenrecht in formeller Hinsicht sprachlich und durch Anbringung von Randtiteln der Redaktion des Zivilgesetzbuchs anzupassen. In materieller Hinsicht nahm man aus systematischen Gründen auf der Basis eines einheitlichen Privatrechts den Liegenschaftskauf und das Schenkungsrecht in das Obligationenrecht auf, Institute, die vorher dem kantonalen Recht wegen der Nähe zum Sachen- und Erbrecht überlassen worden waren. Der sechste Titel «Dingliche Rechte an beweglichen Sachen», der die Eigentumsübertragung an Mobilien sowie das Faustpfand und Retentionsrecht betraf, wurde in das Zivilgesetzbuch aufgenommen. Das Gedankengut, das dem am 1. Januar 1900 in Kraft getretenen deutschen Bürgerlichen Gesetzbuch (BGB) hätte entnommen werden können, hat man bei der Anpassung des Obligationenrechts nicht berücksichtigt, weil man vieles und Wichtiges bereits aus dem Dresdner Entwurf von 1866 geschöpft hatte, auf den sich das deutsche BGB ebenfalls stützte. Auch liess sich nicht vorhersagen, was sich bei der deutschen Kodifikation bewähren würde. Man nahm daher von einer deutschen Nachbildung, die zu einer völligen Umgestaltung des gesamten schweizerischen Obligationenrechts geführt hätte, Abstand und begnügte sich damit, «sich mit seinen Unvollkommenheiten im grossen und ganzen weiter abzufinden, gestützt darauf, dass es der Rechtspflege in seiner schlichten Sprache und verständigen Ordnung der Institute genügende Anhaltspunkte gibt, da zu helfen, wo dem Gesetzestext geholfen werden musste.»[18]

So gelangte man «zu der Maxime, das Bundesgesetz bei seiner Einverleibung in das Zivilgesetzbuch in seiner jetzigen Gestalt im allgemeinen beizubehalten und nur diejenigen Abänderungen, Ergänzungen oder Streichungen vorzunehmen, deren Vornahme notwendig oder doch dringend wünschenswert und durch die Erfahrungen, die bishin mit dem Gesetz gemacht wurden, geboten war.»[19] Für geboten erachtete man, im Obligationenrecht das Institut der Schuldübernahme, die wegen der Ordnung der Grundpfandrechte im Zivilgesetzbuch besondere Wichtigkeit erlange, neu auf-

---

17 Botschaft vom 3.3.1905, BBl 1905 II 1, 4.
18 Botschaft vom 3.3.1905, BBl 1905 II 1, 6.
19 Botschaft vom 3.3.1905, BBl 1905 II 1, 6.

zunehmen sowie den Dienstvertrag ausführlicher zu regeln. Es stellte sich die Frage, inwieweit handelsrechtliche Institute ausgeschieden werden sollten. Von der Einführung eines besonderen Handelsrechts sah man ab; denn es «hat sich erwiesen, dass der allgemeine bürgerliche Verkehr mit den handelsrechtlich ausgestalteten Instituten ganz wohl auszukommen vermag, und die grössere Einfachheit, die Vermeidung der so sehr kontroversen Abgrenzung des Handelsrechtes vom allgemeinen bürgerlichen Obligationenrecht spricht heute noch dem in das geltende Recht aufgenommenen Prinzip so gut das Wort wie vor dreissig Jahren.»[20] Hingegen wurde das Wechselrecht und aus dem Handelsgesellschaftsrecht das Recht der Aktiengesellschaft und Genossenschaft ausgeschieden, jedoch das Firmenrecht und die gesetzliche Regelung der Wertpapiere im Obligationenrecht beibehalten.

Der Bundesrat beantragte aufgrund der Botschaft vom 19. Oktober 1909, das Obligationenrecht bis zum 23. Titel (Einfache Gesellschaft) in der revidierten Fassung dem ZGB als fünften Teil anzufügen und den Rest des Obligationenrechts als nicht revidiertes, altes OR solange fortbestehen zu lassen, bis entschieden sei, ob er ebenfalls in revidierter Fassung dem ZGB anzufügen oder in Spezialgesetzen fortzuführen sei. Die Bundesversammlung folgte aber diesem Antrag nicht, sondern beschloss, das Obligationenrecht als Ganzes in einem und demselben Gesetz zu belassen und den noch nicht revidierten Teil des OR als dritte Abteilung des Obligationenrechts unter dem Titel «Die Handelsgesellschaften, Wertpapiere und Geschäftsfirmen» mit dem Nebentitel «Bundesgesetz über das Obligationenrecht vom 14. Juni 1881, Art. 552–715 und 720–880» anzufügen. Der provisorische Charakter des nicht revidierten Teils kam auf diese Weise deutlich zum Ausdruck. Das Gesetz wurde unter dem Titel «Bundesgesetz betreffend die Ergänzungen des Schweizerischen Zivilgesetzbuches (Fünfter Teil: Obligationenrecht)» von den beiden eidgenössischen Räten am 30. März 1911 angenommen und trat am 1. Januar 1912 zugleich mit dem ZGB in Kraft.

C. Revision vom 18. Dezember 1936 (in Kraft getreten am 1. Juli 1937)

Prof. EUGEN HUBER wurde mit der Revision der dritten Abteilung des Obligationenrechts beauftragt. Er legte seinen ersten Entwurf über das Handelsgesellschaftsrecht 1916 vor, der aufgrund von Beratungen zur Ausarbeitung eines zweiten Entwurfs führte, der sich auch auf die übrigen Teile des noch nicht revidierten Obligationenrechts erstreckte. EUGEN HUBER arbeitete als Gesetzesredaktor den Gesetzesentwurf aus und reichte ihn (Entwurf I) mit erläuterndem Bericht 1920 dem eidgenössischen Justiz- und Polizeidepartement ein, das ihn der Öffentlichkeit bekannt gab. EUGEN HUBER erlebte den letzten Teil der Gesetzesarbeit nicht mehr; er war erkrankt und starb im April 1923. ARTHUR HOFFMANN wurde Ende 1922 mit der weiteren Durchführung und Umarbeitung des Entwurfs beauftragt. Er legte sein Ergebnis als Entwurf II im Dezember 1923 vor. Nach Beratungen durch eine Expertenkommission unterbreitete der Bundes-

---

20 Botschaft vom 3.3.1905, BBl 1905 II 1, 7.

rat den eidgenössischen Räten diesen Entwurf zu einem Bundesgesetz über die Revision der Titel 24–33 des Schweizerischen Obligationenrechts mit einer Botschaft vom 21. Februar 1928. Dieser Entwurf enthält in der 3. Abteilung die Handelsgesellschaften und die Genossenschaft, in einer 4. Abteilung das Handelsregister, die Geschäftsfirmen sowie die kaufmännische Buchführung und in einer 5. Abteilung die Wertpapiere (mit Einschluss des Wechsel- und des Checkrechts) sowie die Anleihensobligationen. Wegen der Bestrebungen zur internationalen Vereinheitlichung des Wechsel- und Checkrechts verzögerte sich die Gesetzesarbeit. Die endgültige Fassung wurde mit Bericht vom 26. November 1936 von der Redaktionskommission vorgelegt. Das Gesetz wurde in den beiden Eidgenössischen Räten am 18. Dezember 1936 angenommen und trat am 1. Juli 1937 in Kraft.

III. Der Aufbau des Schweizerischen Obligationenrechts

A. Übersicht

Das Schweizerische Obligationenrecht ist in fünf **Abteilungen** aufgeteilt. Die 1. Abteilung enthält die allgemeinen Bestimmungen, die 2. Abteilung die einzelnen Vertragsverhältnisse, die 3. Abteilung die Handelsgesellschaften und die Genossenschaft, die 4. Abteilung das Handelsregister, die Geschäftsfirmen sowie die kaufmännische Buchführung und die 5. Abteilung die Wertpapiere. Die einzelnen Abteilungen sind in **Titeln** gegliedert, die durchgezählt werden und in der 5. Abteilung mit dem 34. Titel enden. Die meisten Titel sind in **Abschnitte** unterteilt.

B. Der Allgemeine Teil

Der Allgemeine Teil des Schweizerischen Obligationenrechts ist in 5 Titel aufgeteilt. Der 1. Titel «Die Entstehung der Obligationen» enthält in 3 Abschnitten die Entstehung durch Vertrag (Art. 1–40f), durch unerlaubte Handlungen (Art. 41–61) sowie aus ungerechtfertigter Bereicherung (Art. 62–67). Hierbei hat das OR die römischrechtliche Einteilung in Obligationen aus Vertrag *(obligationes ex contractu)* und Obligationen aus unerlaubter Handlung *(obligationes ex delicto)* übernommen und als dritten Entstehungsgrund die ungerechtfertigte Bereicherung hinzugefügt[21]. Es wäre sinnvoll gewesen, die Geschäftsführung ohne Auftrag als gesetzliches Schuldverhältnis im Allgemeinen Teil des Schweizerischen Obligationenrechts zu regeln und nicht dem Auftrag im Besonderen Teil des Schweizerischen Obligationenrechts anzufügen, weil es sich dabei nicht um ein Vertragsverhältnis handelt[22]. Im 2. Titel «Die Wirkung der Obligationen» finden sich im 1. Abschnitt Vorschriften über die Erfüllung der Obligationen

---

[21] ANDREAS VON TUHR/HANS PETER, Allgemeiner Teil des Schweizerischen Obligationenrechts, Bd. I, 3. Aufl., Zürich 1979, 43.
[22] Aus diesem Grund ist das Rechtsinstitut der Geschäftsführung ohne Auftrag in den «Tafeln zum Schweizerischen Obligationenrecht I, Allgemeiner Teil ohne Deliktsrecht» (siehe FN 1) von SCHULIN und VOGT berücksichtigt worden (siehe Tafel 56 A bis E).

(Art. 68–96), im 2. Abschnitt solche über die Folgen der Nichterfüllung (Art. 97–109) und im 3. Abschnitt solche über die Beziehungen zu dritten Personen (Art. 110–113). Im 3. Titel «Das Erlöschen der Obligationen» werden das Erlöschen der Nebenrechte (Art. 114), die Aufhebung durch Übereinkunft (Art. 115), die Neuerung (Art. 116, 117), die Vereinigung (Art. 118), das unverschuldete Unmöglichwerden einer Leistung (Art. 119), die Verrechnung (Art. 120–126) und die Verjährung (Art. 127–142) geregelt. Der 4. Titel «Besondere Verhältnisse bei Obligationen» betrifft im 1. Abschnitt die Solidarität (Art. 143–150), im 2. Abschnitt die Bedingungen (Art. 151–157) und im 3. Abschnitt das Haft- und Reugeld, die Lohnabzüge und die Konventionalstrafe (Art. 158–163). Der 5. Titel behandelt die Abtretung von Forderungen (Art. 164–174) und die Schuldübernahme (Art. 175–183).

C. Der Besondere Teil

1. Die einzelnen Vertragsverhältnisse

Der Besondere Teil des Schweizerischen Obligationenrechts betrifft die 2. Abteilung mit der Überschrift «Die einzelnen Vertragsverhältnisse». Nicht alle hierunter aufgezählten Rechtsinstitute stellen Vertragsverhältnisse dar. So handelt es sich bei der Geschäftsführung ohne Auftrag (Art. 419–424) um ein gesetzliches Schuldverhältnis, die Prokura und Handlungsvollmachten (Art. 458–465) entstehen durch eine nicht zustimmungsbedürftige Willenserklärung und sind daher einseitige, nicht aber wie beim Vertrag zweiseitige Rechtsgeschäfte, und die Anweisung (Art. 466–471) besteht nach überwiegender Auffassung aus einer Doppelermächtigung, die keinen Vertrag voraussetzt[23]. Die Regelung der Vertragsverhältnisse beginnt im 6. Titel mit Kauf und Tausch, unterteilt in allgemeine Bestimmungen (Art. 184–186), Fahrniskauf (Art. 187–215), Grundstückkauf (Art. 216–221), besondere Arten des Kaufs (Art. 222–236) und Tauschvertrag (Art. 237, 238). Es folgen die Schenkung (Art. 239–252), die Miete und Pacht (Art. 253–304), die Leihe (unterteilt in Gebrauchsleihe [Art. 305–311] und Darlehen [Art. 312–318]), der Dienstvertrag (heute Arbeitsvertrag, Art. 319–362), der Werkvertrag (Art. 363–379), der Verlagsvertrag (Art. 380–393), der Auftrag (unterteilt in einfachen Auftrag [Art. 394–406], Kreditbrief und Kreditauftrag [Art. 407–411] und Mäklervertrag [Art. 412–418]), die Kommission (Art. 425–439), der Frachtvertrag (Art. 440–457), der Hinterlegungsvertrag (Art. 472–491), die Bürgschaft (Art. 492–512), Spiel und Wette (Art. 513–515), der Leibrentenvertrag und die Verpfründung (Art. 516–529) und endet im 23. Titel mit der einfachen Gesellschaft (Art. 530–551).

2. Weitere Vertragsverhältnisse aufgrund der Vertragsfreiheit

Die im Gesetz genannten Vertragstypen, die sog. **Nominatverträge**, gehören zu den wichtigsten Verträgen, reichen aber bei weitem nicht aus, den Bedürfnissen des sich in ständiger Entwicklung befindenden Wirtschaftslebens zu genügen. Aufgrund der Ver-

---

23 BSK OR I-KOLLER, 7. Aufl., Basel 2020, vor Art. 466–471 N 1.

tragsfreiheit, die aus dem das ganze Privatrecht beherrschenden Grundsatz der Privatautonomie hervorgeht[24] und in Art. 19 Abs. 1 OR ihren Niederschlag gefunden hat, ist die Typenfreiheit anerkannt: Die Vertragsparteien sind nicht an den im Gesetz genannten Katalog der Vertragstypen gebunden, sondern können neue schaffen, die vom Gesetz nicht genannt und geregelt und als sog. **Innominatverträge** bezeichnet werden. Es können Elemente aus verschiedenen, gesetzlich geregelten Verträgen in einen solchen Vertrag hineingenommen werden – man spricht dann von **gemischten Verträgen**, *contractus mixti iuris* oder *mixti generis* –, oder es können völlig neuartige Verträge (**Verträge eigener Art**, *contractus sui iuris oder sui generis*) geschlossen werden[25].

D. Handelsgesellschaften und die Genossenschaft

Die 3. Abteilung regelt im 24. Titel die Kollektivgesellschaft (Art. 552–593) und im 25. Titel die Kommanditgesellschaft (Art. 594–619). Der 26. Titel bildet mit der Aktiengesellschaft den Hauptteil (Art. 620–763): Im 1. Abschnitt «Allgemeine Bestimmungen» werden insbesondere die Gründung, die Statutenänderung, die Erhöhung des Aktienkapitals, die Partizipations- und Genussscheine sowie die eigenen Aktien geregelt; der 2. Abschnitt behandelt die Rechte und Pflichten der Aktionäre; der 3. Abschnitt befasst sich mit der Organisation der drei gesetzlichen Organe Generalversammlung, Verwaltungsrat und Revisionsstelle; der 4. Abschnitt sieht Bestimmungen über die Herabsetzung des Aktienkapitals vor; der 5. Abschnitt regelt die Auflösung der Aktiengesellschaft, der 6. Abschnitt die Verantwortlichkeit, der 7. Abschnitt die Beteiligung von Körperschaften des öffentlichen Rechts und der 8. Abschnitt den Ausschluss der Anwendung des Gesetzes auf öffentlich-rechtliche Anstalten. Es folgen im 27. Titel die Kommanditaktiengesellschaft (Art. 764–771), im 28. Titel die Gesellschaft mit beschränkter Haftung (Art. 772–827) und im 29. Titel die Genossenschaft (Art. 828–926).

E. Handelsregister, Geschäftsfirmen und kaufmännische Buchführung

Die 4. Abteilung regelt im 30. Titel (Art. 927–943) das Handelsregister, wobei es sich bis vor kurzem nur um eine Regelung der Grundzüge handelte. Zur Modernisierung des Handelsregisterrechts per 1.1.2021 siehe unten VI.E.

Im 31. Titel werden in den Art. 944–956 die Geschäftsfirmen geregelt, wobei sich hierzu auch weitere Bestimmungen bei den Vorschriften über die Handelsgesellschaft und die Genossenschaft finden[26].

Im 32. Titel (Art. 957–964l) werden die kaufmännische Buchführung und Rechnungslegung, seit dem 1.1.2021 resp. 1.1.2022 ausserdem weitere Transparenz- und Sorgfaltspflichten (siehe unten VI.E) geregelt.

---

24 VON TUHR/PETER (FN 21), 247 f.
25 BSK OR I-AMSTUTZ/MORIN, 7. Aufl., Basel 2020, Einl. vor Art. 184 ff. N 1 ff. mit weiteren Hinweisen.
26 Vgl. BSK OR II-ALTENPOHL, 5. Aufl., Basel 2016, Art. 944 N 6.

F. Wertpapierrecht

Die 5. Abteilung des Obligationenrechts regelt im 33. Titel (Art. 965–1155) die Namen-, Inhaber- und Ordrepapiere einschliesslich des Wechsel- und Checkrechts[27] und im letzten und 34. Titel (Art. 1156–1186) die Anleihensobligationen[28].

IV. Anwendbarkeit des Allgemeinen Teils des Schweizerischen Obligationenrechts auf das Privatrecht

In Art. 7 ZGB wird bestimmt, dass die allgemeinen Bestimmungen des OR über die Entstehung, Erfüllung und Aufhebung der Verträge auch auf andere zivilrechtliche Verhältnisse Anwendung finden. Wenn auch der Allgemeine Teil des OR auf Schuldverhältnisse zugeschnitten ist, enthält er doch Rechtssätze und Begriffe, die für das ganze Privatrecht grundlegend sind. Es wäre zwar denkbar gewesen, diese Grundsätze zu einem allgemeinen Teil des ZGB zusammenzufassen. Das ist jedoch unterblieben, weil diese allgemeinen Grundsätze für das OR grössere praktische Bedeutung als für andere Gebiete haben und ausserdem in der engeren Verbindung mit dem OR die Anschaulichkeit fördern und die Anwendung erleichtern[29]. Aufgrund von Art. 7 ZGB ist zu prüfen, erstens welches die allgemeinen Bestimmungen des OR sind, die ausserhalb ihres Bereichs anzuwenden sind, zweitens auf welche anderen zivilrechtlichen Verhältnisse sie anwendbar sind und drittens wie die Übertragung vor sich zu gehen hat[30]. Art. 7 ZGB ist zu eng gefasst, wenn es dort heisst, dass nur die Bestimmungen über Entstehung, Erfüllung und Aufhebung der Verträge in Betracht kommen; vielmehr finden alle allgemeinen Bestimmungen des OR Anwendung, also auch diejenigen über die Verjährung, Bedingungen, Solidarität, Abtretung und Schuldübernahme, ferner die Grundsätze der unerlaubten Handlung und ungerechtfertigten Bereicherung, ja selbst Bestimmungen mit allgemeiner Bedeutung aus dem Besonderen Teil des OR wie über die Geschäftsführung ohne Auftrag[31]. Unter «andere zivilrechtliche Verhältnisse» sind solche zu verstehen, auf die die allgemeinen Bestimmungen des OR angewandt werden können, also auf Rechtsgeschäfte und rechtlich erhebliche Handlungen gemäss ZGB[32]. Bei der Anwendung der allgemeinen Bestimmungen des OR handelt es sich um eine *analoge*. «Es ist also Rücksicht zu nehmen sowohl auf die Eigenart des zu beurteilenden Verhältnisses, als auch auf die, aus dem obligationenrechtlichen Zusammenhang zu erklärende, Eigenart der Fassung der Regel.»[33] Eine unmittelbare Anwendung des OR liegt aber da vor, wo das ZGB ausdrücklich auf Begriffe des OR verweist, so z.B. in

---

27 Zum Begriff des Wertpapiers vgl. BSK Wertpapierrecht-FURTER, Basel 2012, Art. 965 N 1 ff.
28 Zum Begriff der Anleihensobligation vgl. BSK Wertpapierrecht-WATTER, Basel 2012, Art. 1156 N 2 ff.
29 VON TUHR/PETER (FN 21), 3 f.
30 HENRI DESCHENAUX, Der Einleitungstitel, Schweizerisches Privatrecht II, Basel/Stuttgart 1967, 52.
31 BSK ZGB I-LARDELLI/VETTER, 7. Aufl., Basel 2022, Art. 7 N 4 mit weiteren Hinweisen; vgl. auch BGE 133 III 153, wo entschieden wurde, dass die in Art. 28 Abs. 3 ZGB enthaltene Verweisung auf die Geschäftsführung ohne Auftrag als Rechtsfolgeverweisung (und nicht als Rechtsgrundverweisung) aufgefasst werden muss.
32 DESCHENAUX (FN 30), 55 ff.; BSK ZGB I-LARDELLI/VETTER, 7. Aufl., Basel 2022, Art. 7 N 5.
33 VON TUHR/PETER (FN 21), 4.

Art. 726/727 ZGB, wo die Ansprüche auf Schadenersatz und aus ungerechtfertigter Bereicherung vorbehalten werden[34].

V. Auswahl von Grundbegriffen aus dem Allgemeinen Teil des Schweizerischen Obligationenrechts

A. Obligation

«Unter Obligation versteht man ein Rechtsverhältnis zwischen zwei (oder mehreren) Personen, kraft dessen die eine Person (der Schuldner, *debitor*) der anderen (dem Gläubiger, *creditor*) zu einer Leistung verpflichtet ist. Die Obligation ist vom Standpunkt des Gläubigers aus betrachtet eine Forderung; für den Schuldner eine Verbindlichkeit oder Schuld.»[35] Der Terminus Obligation bedeutet eine einzelne Forderung[36], z.B. die Forderung des Käufers gegen den Verkäufer auf Besitz- und Eigentumsverschaffung am Kaufgegenstand oder die Verpflichtung (Schuld) des Mieters gegenüber dem Vermieter zur Mietzinszahlung.

Der Ausdruck Obligation wird aber auch für «die auf einem Tatbestand beruhende Beziehung zweier Personen, aus welcher eine oder mehrere Forderungen entstehen»[37], verwendet, z.B. für alle Rechtsbeziehungen, die durch einen Kaufvertrag unter den Vertragsparteien entstehen. Hierfür wird in der Lehre die Bezeichnung *Schuldverhältnis* empfohlen[38].

Die Forderung des Gläubigers ist ein Recht auf Erbringung einer Leistung, das ihm nur gegen den Schuldner, nicht gegenüber einem Dritten zusteht, und wird deshalb auch als *persönliches, obligatorisches* oder *relatives Recht* bezeichnet. Im Unterschied dazu richtet sich ein *absolutes* oder *Ausschliessungsrecht* gegen jeden Dritten, der den Berechtigten bei der Ausübung seines Rechtes stört[39]. Unter solche absoluten Rechte fallen die Persönlichkeitsrechte, das Eigentum, die beschränkten dinglichen Rechte (wie Pfandrechte und Dienstbarkeiten), das Namens- und Firmenrecht sowie die Immaterialgüterrechte[40]. Die Unterscheidung zwischen den absoluten und relativen Rechten drückt sich auch in den Ansprüchen aus: Der Eigentümer hat gegen den Besitzer einen dinglichen Anspruch auf Herausgabe der Sache (Eigentumsherausgabeanspruch aus Art. 641 Abs. 2 ZGB), der Käufer hingegen hat einen schuldrechtlichen (obligatorischen) oder persönlichen Anspruch gegen den Verkäufer auf Besitz- und Eigentumsverschaffung aufgrund des Kaufvertrags aus Art. 184 Abs. 1 OR. Die Unterscheidung wirkt

---

34 Deschenaux (FN 30), 58 ff.; von Tuhr/Peter (FN 21), 4.
35 von Tuhr/Peter (FN 21), 9.
36 von Tuhr/Peter (FN 21), 10; BSK OR I-Zellweger-Gutknecht, 7. Aufl., Basel 2020, Einl. vor Art. 1 ff. N 38 ff.
37 von Tuhr/Peter (FN 21), 10.
38 von Tuhr/Peter (FN 21), 11; vgl. auch BSK OR I-Zellweger-Gutknecht, 7. Aufl., Basel 2020, Einl. vor Art. 1 ff. N 42 ff.
39 von Tuhr/Peter (FN 21), 9; Schulin/Vogt (FN 1), Tafel 25, N 1.
40 Schulin/Vogt (FN 1), Tafel 3.

sich insbesondere im Konkurs aus. So kann der Eigentümer als dinglich Berechtigter die Aussonderung der ihm gehörenden Sache aus der Konkursmasse beanspruchen (Art. 242 SchKG); hingegen ist der Gläubiger als schuldrechtlich Berechtigter den übrigen Gläubigern grundsätzlich gleichgestellt und erhält nur eine Konkursdividende.

B. Rechtsgeschäfte

1. Definition

Das Rechtsgeschäft ist «eine auf rechtliche Wirkung (Begründung, Änderung oder Aufhebung eines Rechts oder Rechtsverhältnisses) gerichtete Willenserklärung einer oder mehrerer Privatpersonen»[41]. So wird mit Abschluss eines Mietvertrages ein Rechtsverhältnis und zugleich das Forderungsrecht des Mieters gegen den Vermieter auf Besitz- und Gebrauchsüberlassung des Mietgegenstandes begründet. Wird später der Mietzins durch Vereinbarung erhöht, liegt eine Änderung sowohl des Rechtsverhältnisses (Mietvertrages) als auch des Forderungsrechts des Vermieters (Mietzinsforderung) vor; wird schliesslich der Mietvertrag gekündigt, so wird hierdurch das Rechtsverhältnis aufgehoben, mit der Zahlung des Mietzinses wird das Forderungsrecht des Vermieters aufgehoben.

2. Einteilung nach dem Tatbestand

a) Das Rechtsgeschäft lässt sich nach dem Tatbestand in einseitige sowie in zweiseitige und mehrseitige einteilen. Bei einem **einseitigen Rechtsgeschäft** tritt die rechtliche Wirkung bereits durch die Willenserklärung einer Partei ein. Hierunter fallen die **Gestaltungsrechte**, nämlich die Befugnis, durch eine einseitige Willensäusserung (Willenserklärung) ein Rechtsverhältnis zu begründen, zu ändern oder aufzuheben[42]. So kann der Auftraggeber den Auftrag nach Art. 404 Abs. 1 OR widerrufen und hebt dadurch das Rechtsverhältnis ohne Mitwirkung des Beauftragten auf. Bei einem **zweiseitigen oder mehrseitigen Rechtsgeschäft** tritt die rechtliche Wirkung erst ein, wenn zwei oder mehrere Personen ihre Willenserklärungen abgeben und diese übereinstimmen. So kommt nach Art. 1 Abs. 1 OR ein **Vertrag** durch die übereinstimmende gegenseitige Willensäusserung zustande.

b) Die meisten Bestimmungen des Allgemeinen Teils des OR gehen von einem Vertrag, nicht aber von einem einseitigen Rechtsgeschäft aus. So kann z.B. ein Vertrag wegen Irrtums, Täuschung oder Drohung nach Art. 23 ff. OR angefochten werden. In der Marginalie zu Art. 23 werden diese Anfechtungsgründe als Mängel des Vertragsabschlusses bezeichnet. Diese Mängel sind aber nicht nur beim Vertrag, sondern auch bei einseitigen Rechtsgeschäften zu berücksichtigen; denn sie betreffen nicht den Konsens, sondern die einzelne Willenserklärung der Vertragsparteien[43]. So kann z.B. der Mieter seine Kündigungserklärung wegen eines wesentlichen Erklärungs-

---

[41] VON TUHR/PETER (FN 21), 143.
[42] VON TUHR/PETER (FN 21), 23 ff.; ferner SCHULIN/VOGT (FN 1), Tafel 6 A.
[43] VON TUHR/PETER (FN 21), 297.

irrtums nach Art. 23 anfechten. Ebenso beziehen sich die Bestimmungen über die Stellvertretung dem Wortlaut nach auf den Abschluss eines Vertrages. Es besteht aber kein Zweifel darüber, dass eine Stellvertretung auch bei einseitigen Rechtsgeschäften stattfinden kann, selbst bei rechtsgeschäftsähnlichen Handlungen (wie bei der Mahnung nach Art. 102 Abs. 1 OR) oder bei Mitteilungen[44] (wie bei der Mitteilung des Geschäftsübernehmers an den Gläubiger nach Art. 181 Abs. 1 OR).

3. Einteilung nach der Rechtsfolge

Die Einteilung der Rechtsgeschäfte kann auch nach der Rechtsfolge vorgenommen werden. Hierbei sind das Verpflichtungs- und das Verfügungsgeschäft zu nennen, die streng voneinander zu unterscheiden sind.

a) Verpflichtungsgeschäft

Unter einem Verpflichtungsgeschäft versteht man ein Rechtsgeschäft, bei dem ein obligatorisches Recht (Forderung) und damit ein Schuldverhältnis begründet wird[45]. So ist der Verkäufer mit dem Abschluss des Kaufvertrages verpflichtet, dem Käufer den Besitz und das Eigentum am Kaufgegenstand zu verschaffen; mit Abschluss des Kaufvertrages hat also eine Änderung des Besitzes und des Eigentums am Kaufgegenstand noch nicht stattgefunden. Der Verkäufer ist nach wie vor noch Besitzer und Eigentümer des Kaufgegenstandes. Erst wenn der Verkäufer das Verfügungsgeschäft vornimmt, tritt eine Änderung bezüglich des Rechts am Kaufgegenstand ein.

b) Verfügungsgeschäft

Unter einem Verfügungsgeschäft versteht man ein Rechtsgeschäft, «durch welches ein Recht oder ein Rechtsverhältnis unmittelbar betroffen wird, und zwar namentlich durch Veräusserung, Belastung, Änderung oder Aufhebung»[46]. Indem der Verkäufer den Kaufgegenstand dem Käufer mit dem Willen übergibt, ihn zum Eigentümer zu machen, und der Käufer den Kaufgegenstand mit dem Willen entgegennimmt, Eigentum daran zu erwerben, geht das Eigentum am Kaufgegenstand unmittelbar auf den Käufer als Erwerber über; es handelt sich dabei um einen Verfügungsvertrag[47]. Nach ständiger Rechtsprechung des Bundesgerichts[48] und nach herrschender Lehre[49] besteht auch bei der Eigentumsübertragung an Fahrnis eine Abhängigkeit des Verfügungsgeschäfts vom Verpflichtungsgeschäft, d.h. das Verfügungsgeschäft ist nur wirksam, wenn es sich auf ein gültiges Verpflichtungsgeschäft gründet (**kausale Eigentumsübertragung**).

---

44 VON TUHR/PETER (FN 21), 351.
45 SCHULIN/VOGT (FN 1), Tafel 29 bei N 5.
46 VON TUHR/PETER (FN 21), 194; SCHULIN/VOGT (FN 1), Tafel 29 bei N 8.
47 SCHULIN/VOGT (FN 1), Tafel 29 N 1 mit weiteren Hinweisen (zum Teil umstritten).
48 Grundsatzentscheid: BGE 55 II 302 ff.
49 BSK ZGB II-WOLF/WIEGAND, 6. Aufl., Basel 2019, Vor Art. 641 ff. N 67 mit weiteren Hinweisen.

c) Verfügungsgeschäfte im Allgemeinen Teil des Schweizerischen Obligationenrechts

Im Allgemeinen Teil des Schweizerischen Obligationenrechts sind nicht nur Bestimmungen zu Verpflichtungs-, sondern auch solche zu Verfügungsgeschäften anzutreffen. So handelt es sich bei der Aufhebung einer Forderung durch Übereinkunft nach Art. 115 OR um einen Verfügungsvertrag (Erlass oder **Schulderlass**); denn durch den Abschluss eines Erlassvertrages wird die Forderung unmittelbar zum Erlöschen gebracht[50]. Ebenso ist der **Abtretungsvertrag**, der zu seiner Gültigkeit nach Art. 165 Abs. 1 OR der schriftlichen Form bedarf, ein Verfügungsvertrag; denn mit Abschluss des schriftlichen Abtretungsvertrags geht die Forderung des Zedenten unmittelbar auf den Zessionär über[51]. Ferner ist der **Schuldübernahmevertrag** nach Art. 176 OR ein Verfügungsvertrag zwischen dem Gläubiger und dem Schuldübernehmer; denn mit seinem Abschluss wird der bisherige Schuldner unmittelbar befreit und an seine Stelle tritt der Schuldübernehmer[52].

VI. Änderungen des Schweizerischen Obligationenrechts

A. Überblick

Revisionen, die auf den **1.1.2023** in Kraft getreten sind, betreffen in erster Linie die 3. und 4. Abteilung des OR (unten VI.D und E), das Handels- und Wirtschaftsrecht (unten VII.C) sowie finanzmarktrechtliche Nebenerlasse (unten VII.D). Sie sind hauptsächlich auf die **«grosse» Aktienrechtsreform** zurückzuführen (siehe unten VI.D Ziff. 13).

Allgemeine Hinweise auf laufende Rechtsetzungsvorhaben finden sich in der SJZ in der Rubrik «Laufende Gesetzesprojekte des Bundes»; für einzelne Rechtsgebiete gibt es ausserdem eigene Rubriken (z.B. «Entwicklungen im Obligationenrecht, Allgemeiner Teil», «Entwicklungen im Obligationenrecht, Besonderer Teil», «Entwicklungen im Gesellschaftsrecht und Wertpapierrecht», «Entwicklungen im Bank- und Kapitalmarktrecht» etc.).

B. Der Allgemeine Teil (1. Abteilung)

Die allgemeinen Bestimmungen des Schweizerischen Obligationenrechts sind seit 1912 nur wenig geändert oder ergänzt worden. Hervorzuheben sind z.B. die Neufassung des **Art. 49** aufgrund des BG vom 16.12.1983 betreffend Änderung des ZGB (**Persönlichkeitsschutz**), in Kraft seit 1.7.1985.

Ferner sind der **Art. 6a** (Zustellung unbestellter Sachen) und die **Art. 40a–40g** (Widerruf bei Haustürgeschäften) aufgrund des BG vom 5.10.1990, in Kraft seit 1.7.1991, ein-

---

50 Schulin/Vogt (FN 1), Tafel 41.
51 Schulin/Vogt (FN 1), Tafel 52 A.
52 Schulin/Vogt (FN 1), Tafel 53 C.

gefügt worden (wobei **Art. 40g** per 1.1.2001 wieder aufgehoben wurde durch Anhang Ziff. 5 des Gerichtsstandsgesetzes [GestG] vom 24.3.2000, **Art. 40b** durch lit. d ergänzt wurde und die **Art. 40d** Abs. 1 und 3 sowie **Art. 40e** Abs. 1, 2 und 4 aufgrund des BG vom 19.6.2015 [Revision des Widerrufsrechts] geändert wurden, in Kraft seit 1.1.2016). **Art. 40a Abs. 2** ist aufgrund von Anhang Ziff. I des Finanzdienstleistungsgesetzes (FIDLEG) vom 15.6.2018, in Kraft seit 1.1.2020, erweitert worden. Seit dem 1.1.2022 verweist **Art. 40a Abs. 2**[bis] für das Widerrufsrecht bei Versicherungsverträgen auf das revidierte Versicherungsvertragsgesetz (VVG) (siehe unten VII.A).

Weiter erfolgten die Einfügung der **Art. 42 Abs. 3** und **Art. 43 Abs. 1**[bis] (gemäss BG vom 4.10.2002 [Grundsatzartikel Tiere], in Kraft seit 1.4.2003) sowie die Einfügung des **Art. 14 Abs. 2**[bis] und des **Art. 59a** (gemäss BG vom 19.12.2003 [elektronische Signatur, in Kraft seit 1.1.2005], in der Neufassung gemäss Anhang Ziff. II 4 des BG vom 18.3.2016 [elektronische Signatur], in Kraft seit 1.1.2017) und die Neufassung von **Art. 84** (gemäss Anhang Ziff. 2 des BG vom 22.12.1999 über die Währung und die Zahlungsmittel), in Kraft seit 1.5.2000, sowie die Anpassung von **Art. 181 Abs. 2** (dreijährige Frist) gemäss Ziff. 2 des Anhangs zum FusG, in Kraft seit 1.7.2004.

Mit dem Inkrafttreten der Schweizerischen Zivilprozessordnung am 1.1.2011 wurden Art. 97 Abs. 2, Art. 135 Ziff. 2 und Art. 138 Abs. 1 geändert und Art. 139 aufgehoben. Mit der (unbefriedigenden[53]) **Revision des Verjährungsrechts** vom 15.6.2018, in Kraft seit 1.1.2020, wurde die in **Art. 60 Abs. 1** und **67 Abs. 1** bisher geregelte einjährige Verjährungsfrist auf drei Jahre verlängert; in **Art. 60** wurde zudem der Wortlaut des Abs. 1 und 2 geändert und im neu eingefügten Abs. 1bis eine zwanzigjährige Verjährungsfrist statuiert. Bei den Verjährungsvorschriften im 3. Titel wurden **Art. 134 Abs. 1 Ziff. 6, 136 Abs. 1** und **2** sowie **141 Abs. 1** geändert und **Art. 128a, 134 Abs. 1 Ziff. 7** und **8, 136 Abs. 4, 139** sowie **141 Abs. 1**[bis] und **4** neu eingefügt.

C. Der Besondere Teil (2. Abteilung)

Folgende wichtige Änderungen sind seit 1912 vorgenommen worden (chronologisch geordnet):

1) Revision des **Bürgschaftsrechts** durch BG vom 10.12.1941 über die Revision des 20. Titels des OR, in Kraft seit 1.7.1942. Mit der Revision sollte die Stellung des Bürgen verbessert und der Schutz vor Übereilung gestärkt werden[54].

2) Einfügung eines neuen Vierten Abschnitts («Der Agenturvertrag», **Art. 418a–418v**) im 13. Titel durch BG vom 4.2.1949, in Kraft seit 1.1.1950. Damit wurde der **Agenturvertrag** erstmals gesetzlich geregelt[55].

---

53 Vgl. WIDMER LÜCHINGER, Verjährung von Personenschäden de lege lata und ferenda – mit einem Seitenblick in Richtung Kausalität, in: Dupont/Klett (Hrsg.), Personen-Schaden-Forum 2017, Zürich 2017, 83 ff.
54 Vgl. BSK OR I-PESTALOZZI, 7. Aufl., Basel 2020, Vor Art. 492–512 N 1.
55 Zur Entstehungsgeschichte der Regelung siehe ZK-BÜHLER, 3. Aufl., Zürich 2000, Vorbemerkungen zu Art. 418a–418v N 21 ff.

Einleitung zum Obligationenrecht

3) Einfügung von Bestimmungen zum **Abzahlungs- und Vorauszahlungsvertrag** durch BG vom 23.3.1962. Die Bestimmungen sind inzwischen alle wieder aufgehoben worden, in erster Linie durch Anhang 2 Ziff. II 1 des BG vom 23.3.2001 über den Konsumkredit (Art. 226a–226d, 226f–226k und 226m; aufgehoben per 1.1.2003) und BG vom 13.12.2013 (Art. 227a–227i und 228; aufgehoben per 1.7.2014).

4) Revision des **Einzelarbeitsvertragsrechts** durch BG vom 25.6.1971 (Zehnter Titel: «Der Arbeitsvertrag»), in Kraft seit 1.1.1972. Revision des **Kündigungsrechts** vom 18.3.1988, in Kraft seit 1.1.1989.

5) Die **Miete und Pacht** durch BG vom 15.12.1989 über die Änderung des OR, in Kraft seit 1.7.1990: Aufteilung in Achter Titel («Die Miete», Art. 253–274g) und Achter Titel^{bis} («Die Pacht», Art. 275–304).

6) Einfügung der **Art. 216a–216e (Vorkaufs-, Kaufs- und Rückkaufsrechte)** und Änderung des Art. 216 Abs. 2 und 3 (Vorverträge und Verträge über Vorkaufs-, Kaufs- und Rückkaufsrechte) durch BG vom 4.10.1991 über die Teilrevision des ZGB (Immobiliarsachenrecht) und des OR (Grundstückkauf), in Kraft seit 1.1.1994.

7) **Konsultationsrechte der Arbeitnehmer** bei Betriebsübergang oder Massenentlassung (Anpassung von Art. 333 Abs. 1, Einfügung von Art. 333 Abs. 1bis, Art. 333a, 335d–335g, 336 Abs. 2 lit. c und Abs. 3, Art. 336a Abs. 3 durch Ziff. I des BG vom 17.12.1993, in Kraft seit 1.5.1994 [«Swisslex-Paket»]), seither ergänzt resp. angepasst infolge Revision des SchKG per 1.1.2014 (Einfügung von Art. 333b zum Betriebsübergang bei Insolvenz, Anpassung von Art. 335e Abs. 2).

8) Einfügung eines neuen Ersten Abschnitts^{bis} («Auftrag zur Ehe- oder zur Partnerschaftsvermittlung», **Art. 406a–406h**) im 13. Titel durch Anhang Ziff. 2 des BG vom 26.6.1998, in Kraft seit 1.1.2000 (Änderung von Art. 406d Ziff. 5 und 6 sowie Art. 406e und Aufhebung des Art. 406f aufgrund des BG vom 19.6.2015 [Revision des Widerrufsrechts][56], in Kraft seit 1.1.2016).

9) Einfügung des **Art. 515a** durch Anhang Ziff. 5 des BG vom 18.12.1998 über Glückspiele und Spielbanken (Spielbankengesetz), in Kraft seit 1.4.2000.

10) Einfügung von **Art. 196a** (Entwehrung) und **Art. 210 Abs. 1**^{bis} (Sachgewährleistung; seit 1.1.2013: **Art. 210 Abs. 3**): Einführung einer dreissigjährigen absoluten und einjährigen relativen Verjährungsfrist für Gewährleistungsansprüche bei **Kulturgütern** aufgrund des Kulturgütertransfergesetzes vom 20.6.2003, in Kraft seit 1.6.2005.

11) Einfügung von **Art. 470 Abs. 2**^{bis} (Widerruf der Anweisung im bargeldlosen Zahlungsverkehr) durch Anhang Ziff. 3 des Bucheffektengesetzes (BEG) vom 3.10.2008, in Kraft seit 1.10.2009.

---

56 Richtigerweise spricht jetzt der Gesetzgeber von Widerrufsrecht und nicht mehr von Rücktrittsrecht.

12) Änderung der **Verjährungsordnung** im Kauf- und Werkvertragsrecht durch Ziff. I des BG vom 16.3.2012, in Kraft seit 1.1.2013: insb. Verlängerung der Verjährungsfrist von einem Jahr auf zwei Jahre (**Art. 210 Abs. 1, Art. 371 Abs. 1 Satz 1**) resp. fünf Jahre bei beweglichen Sachen und Werken, die bestimmungsgemäss in ein unbewegliches Werk integriert werden (**Art. 210 Abs. 2, Art. 371 Abs. 1 Satz 2**); Beschränkung von Vereinbarungen über die Verkürzung der Verjährungsfrist bei Konsumentenverträgen (**Art. 210 Abs. 4, Art. 370 Abs. 3**).

13) Einführung einer **Sozialplanpflicht** per 1.1.2014 infolge Revision des SchKG (Einfügung von Art. 335h–335k, Ergänzung von Art. 361–362).

14) Verbesserung der Vereinbarkeit von **Erwerbstätigkeit und Angehörigenbetreuung** durch Ziff. II 1 des BG vom 20.12.2019, in Kraft seit 1.1.2021 (Einfügung der Art. 329g–329h, Änderung des Art. 362) resp. ab 1.7.2021 (Änderung der Art. 329 [Randtitel], 329b Abs. 3 und Art. 362, Einfügung der Art. 329i und 336c Abs. 1 lit. c[bis]), und Anhang Ziff. 1 des BG vom 27.9.2019, in Kraft seit 1.1.2021 (Einfügung des Art. 335c Abs. 3).

15) Einführung eines **Adoptionsurlaubs** durch Anhang Ziff. 1 des BG vom 1.10.2021 (Revision des Erwerbsersatzgesetzes), in Kraft seit 1.1.2023 (Einfügung der Art. 329j und 329b Abs. 3 lit. e, Änderung des Art. 362).

D. Handelsgesellschaften und die Genossenschaft (3. Abteilung)

Von den vielen seit 1937 erfolgten Änderungen sind folgende wichtige zu erwähnen (chronologisch geordnet):

1) **Revision des Aktienrechts** durch BG vom 4.10.1991 über die Änderung des OR (Die Aktiengesellschaft), in Kraft seit 1.7.1992 (die Art. 663e–663g traten erst am 1.7.1993 in Kraft).

2) Änderung von **Art. 622 Abs. 4** (Mindestnennwert von Aktien), in Kraft seit 1.5.2001.

3) Zwei aktienrechtliche Einzelbestimmungen betreffend die Offenlegung von Vergütungen und Beteiligungen bei Publikumsgesellschaften, **Art. 663b**[bis] und **663c Abs. 3**, wurden durch Ziff. I des BG vom 7.10.2005 (Transparenz betreffend Vergütungen an Mitglieder des Verwaltungsrates und der Geschäftsleitung) «als Reaktion auf sehr hohe und allgemein als exzessiv eingestufte Managersaläre»[57] eingefügt und traten am 1.1.2007 in Kraft.

4) Durch **BG vom 16.12.2005** (GmbH-Recht sowie Anpassungen im Aktien-, Genossenschafts-, Handelsregister- und Firmenrecht), in Kraft seit 1.1.2008, wurden die bisherigen Bestimmungen über die **GmbH** totalrevidiert. In diesem Zusammenhang erfuhren aber auch das Recht der Kollektiv- und der Kommanditgesellschaft

---

[57] Vgl. so noch ARTHUR MEIER-HAYOZ/PETER FORSTMOSER, Schweizerisches Gesellschaftsrecht, 11. Aufl., Bern 2012, § 16 N 476.

sowie das Aktien-, Genossenschafts-, Handelsregister- und Firmenrecht vereinzelte Änderungen, dies teils als Folge der Revision des GmbH-Rechts, teils unabhängig davon. Da im Zusammenhang mit der parlamentarischen Beratung der Revision des GmbH-Rechts eine Zusatzbotschaft zur gesellschaftsrechtlichen Harmonisierung der Revisionspflicht sowie zur Zulassung und Beaufsichtigung von Revisorinnen und Revisoren eingeholt wurde, erfuhren das Aktien-, GmbH- und Genossenschaftsrecht in diesem Bereich noch weitere Änderungen. Zu nennen sind etwa die Änderung und teilweise Neufassung der **Art. 727–731a** und **Art. 906–907** (Revisionsstelle), ferner die Einfügung von Bestimmungen zu Mängeln in der Organisation der Gesellschaft (**Art. 731b**; darauf verweisen neu **Art. 831 Abs. 2** und **Art. 908**).

5) Änderung von **Art. 727 Abs. 2** (Anhebung der Schwellenwerte für die Revisionspflicht von Gesellschaften) durch Ziff. I des BG vom 17.6.2011 (Revisionsrecht), in Kraft seit 1.1.2012.

6) Revision des **32. Titels** betreffend **Rechnungslegung** («opting out»-Möglichkeit für Unternehmen mit weniger als CHF 500 000.- Umsatzerlös pro Geschäftsjahr) durch BG vom 23.12.2011 (Rechnungslegungsrecht), in Kraft seit 1.1.2013, mit Übergangsbestimmungen Art. 1–2. Siehe zum 32. Titel auch unten VI.E.

7) Änderungen aufgrund des BG zur Umsetzung der 2012 revidierten Empfehlungen der **Groupe d'action financière** (GAFI) vom 12.12.2014, in Kraft seit 1.7.2015, zwecks Verbesserung der Transparenz bei juristischen Personen[58] (Aufhebung von **Art. 627 Ziff. 7**, Einfügung der **Art. 686 Abs. 1 Satz 2** und **Abs. 5**, **Art. 697i–m, 704a, 718 Abs. 4, Art. 790 Abs. 1 Satz 2** und **Abs. 5, Art. 790a, 898 Abs. 2, Übergangsbestimmungen Art. 1–3**, Änderung von **Art. 747, 814 Abs. 3, Art. 837**).

8) Aufgrund der Ziff. I 1 des BG vom 21.6.2019 zur Umsetzung von Empfehlungen des **Globalen Forums über Transparenz und Informationsaustausch für Steuerzwecke**[59] wurden weitere Massnahmen betreffend Transparenz juristischer Personen umgesetzt. Die Inkraftsetzung erfolgte gestaffelt. Seit 1.11.2019 sind **Inhaberaktien** nur noch zulässig, wenn die Gesellschaft Beteiligungspapiere an einer Börse kotiert hat oder die Inhaberaktien als Bucheffekten ausgestaltet und bei einer von der Gesellschaft bezeichneten Verwahrungsstelle in der Schweiz hinterlegt oder im Hauptregister eingetragen sind (**Art. 622 Abs. 1bis, Abs. 2bis** und **Abs. 2ter**). Zeitgleich wurden die **Meldepflichten** in **Art. 697j** und **790a** konkretisiert (Einfügung zweier neuer Absätze 2 und 3, Anpassung der übrigen Absätze), die Regelung betreffend **Organisationsmängel** revidiert (Änderung von **Art. 731b Abs. 1**, neuer **Abs. 1bis**) und Übergangsbestimmungen Art. 1–8 eingefügt. Mit Wirkung per

---

[58] Vgl. Botschaft vom 13.12.2013, BBl 2014 605; BSK OR II-HESS/DETTWILER, 5. Aufl., Basel 2016, Vor Art. 697i N 1 ff.
[59] AS 2019 3161; BBl 2019 279.

1.1.2021 wurde in Art. 731b Abs. 1 eine neue **Ziff. 5** betreffend Rechtsdomizil eingefügt. Per 1.5.2021 wurden **Art. 697i** und **697k** (Meldung des Erwerbs von Inhaberaktien, Meldung an Finanzintermediäre) aufgehoben, **Art. 697l** (Verzeichnis der wirtschaftlich Berechtigten) geändert (Anpassung von **Abs. 1–3** und des Randtitels; Streichung von **Abs. 4**, der durch den früheren Abs. 5 ersetzt wurde) und in **Art. 731b Abs. 1** eine neue Ziff. 4 eingefügt.

9) Mit der **Revision des Verjährungsrechts** vom 15.6.2018, in Kraft seit 1.1.2020, wurde die frühere einjährige Verjährungsfrist in **Art. 878 Abs. 2** auf drei Jahre verlängert und wurden die **Art. 760 Abs. 1 und 2** sowie **Art. 919 Abs. 1 und 2** geändert.

10) Zahlreiche am 1.1.2021 in Kraft getretene Neuerungen gehen auf Ziff. I 2 des **BG vom 17.3.2017 (Handelsregisterrecht)** (siehe unten VI.E) zurück. Kollektivgesellschaft: Einfügung des **Art. 581a** (Mängel in der Organisation der Gesellschaft); Aktiengesellschaft: Einfügung der **Art. 629 Abs. 2 Ziff. 4**, **Art. 652g Abs. 1 Ziff. 4** und **Art. 731b Abs. 4**, Aufhebung des **Art. 641**; GmbH: Einfügung des **Art. 777 Abs. 2 Ziff. 5**, Änderung der **Art. 781 Abs. 3** und **Art. 785 Abs. 2**, Aufhebung des **Art. 778a**; Genossenschaft: Änderung der **Art. 828 Abs. 1** und **Art. 834 Abs. 2**, Aufhebung des **Art. 836**. In zahlreichen Bestimmungen[60] wurde ausserdem das Wort «Richter» durch «Gericht» ersetzt, so etwa in Art. 545 Abs. 1 Ziff. 7, mit den nötigen grammatikalischen Anpassungen.

11) Einfügung von **Art. 734f** zur **Vertretung der Geschlechter** im Verwaltungsrat und in der Geschäftsleitung durch Ziff. I des BG vom 19.6.2020 (Aktienrecht)[61], in Kraft seit 1.1.2021, mit Übergangsbestimmung Art. 4.

12) Anpassung von **Art. 622 Abs. 1** und **1bis** aufgrund der Ziff. I 1 des BG vom 25.9.2020 zur Anpassung des Bundesrechts an Entwicklungen der Technik **verteilter elektronischer Register**[62], in Kraft seit 1.2.2021.

13) Infolge der **«grossen» Aktienrechtsreform** (Ziff. I des BG vom 19.6.2020 [Aktienrecht][63]) ist es bereits per 1.1.2021 zu ersten Anpassungen des OR gekommen (siehe oben Ziff. 11 zu den Geschlechterrichtwerten und unten VI.E zu den Transparenzregeln für Rohstoffunternehmen). Mit den zahlreichen weiteren Neuerungen, die per 1.1.2023 in Kraft getreten sind und primär den 26. Titel des OR betreffen, ist die Reform nun abgeschlossen. Mit der Reform wurde u.a. die am 3.3.2013 angenommene Volksinitiative «gegen die Abzockerei» (Abzocker-Initiative)[64] auf Gesetzesstufe umgesetzt, mit der Folge, dass die Verordnung gegen übermässige Vergütungen bei börsenkotierten Aktiengesellschaften (**VegüV**) per 1.1.2023 **auf-**

---

60 Siehe AS 2020 957, 964 für die vollständige Liste.
61 Siehe AS 2020 4005; BBl 2017 399.
62 Siehe AS 2021 33; BBl 2020 233.
63 Siehe FN 61. Überblick über die Reform bei Valentin Jentsch, Die Schweizer Aktienrechtsrevision 2020, ZHR 2022, 883 ff.
64 AS 2013 1303.

gehoben werden konnte. Der 4. Abschnitt des 26. Titels (**Art. 732–725d**) lautet neu «Vergütungen bei Gesellschaften, deren Aktien an einer Börse kotiert sind»; die früher in diesem Abschnitt geregelte Herabsetzung des Aktienkapitals bildet Gegenstand der Art. 653j ff. Weiter sind die **Gründungs- und Kapitalvorschriften** flexibilisiert worden. So kann der Verwaltungsrat neu ermächtigt werden, während einer Dauer von maximal fünf Jahren das Aktienkapital innerhalb einer im Voraus festgelegten Bandbreite (sog. **Kapitalband**) zu erhöhen oder herabzusetzen (**Art. 653s–v**). Neu kann das Aktienkapital auch in einer **Fremdwährung** geführt werden (**Art. 621 Abs. 2, 3**), sofern diese für die Geschäftstätigkeit wesentlich und vom Bundesrat zugelassen ist (siehe Anhang 3 der HRegV). In zahlreichen Bestimmungen[65] ist es sodann zu terminologischen Anpassungen gekommen («Gericht» statt «Richter», «Jahresgewinn» statt «Reinertrag» und «Zwischenabschlüsse» statt «Zwischenbilanzen»).

E. Handelsregister, Geschäftsfirmen und kaufmännische Buchführung (4. Abteilung)

Im Zuge der Modernisierung des Handelsregisterrechts wurde nach dem Erlass der neuen HRegV (in Kraft seit 1.1.2008) auch der **30. Titel** des OR (**Art. 927–943** mit Übergangsbestimmungen Art. 1–2) erstmals seit 1937 umfassend revidiert (Ziff. I 1 des BG vom 17.3.2017 [Handelsregisterrecht][66]). Ziel der Revision war es, die Gesetzmässigkeit, Rechtsgleichheit und Übersichtlichkeit zu stärken[67]. Zu nennen ist etwa die ausdrückliche Verankerung des Gutglaubensschutzes in **Art. 936b** und die Erweiterung der Öffentlichkeit (**Art. 936 Abs. 2**). Zahlreiche Bestimmungen wurden von der HRegV in das OR überführt, so z.B. die Regelung der Eintragungspflicht von Einzelunternehmern (**Art. 931;** Art. 36 HRegV ist aufgehoben worden) oder der Wiedereintragung (**Art. 935;** Liste neu nicht mehr abschliessend). Mit Ausnahme der Art. 928b und 928c (zu den zentralen Datenbanken sowie zur AHV-Nummer und Personennummer), die (zusammen mit verschiedenen Bestimmungen administrativer Natur in der revidierten HRegV) bereits am 1.4.2020 in Kraft getreten sind, wurden die Neuerungen am 1.1.2021 wirksam. Zeitgleich traten zahlreiche Änderungen der **HRegV** (dazu unten VII.C.2) sowie die totalrevidierte Verordnung über die Gebühren für das Handelsregister (**GebV-HReg** vom 6.3.2020, SR 221.411.1) in Kraft, welche die Eintragungsgebühren für diverse Eintragungsgeschäfte reduzierte.

Grössere Änderungen hat auch der **32. Titel** des OR (seit 1.1.2022 neu: «Kaufmännische Buchführung, Rechnungslegung, weitere Transparenz- und Sorgfaltspflichten») erfahren. Zur per 1.1.2013 eingeführten «opting out»-Möglichkeit siehe oben VI.D.6.

---

65 Siehe AS 2020 4005 für die vollständige Liste.
66 Siehe AS 2020 957; BBl 2015 3617.
67 Vgl. den Berner Kommentar zu Art. 927–943 (bearbeitet von RINO SIFFERT), Zürich 2021; Überblick bei FLURIN VIONNET-RIEDERER, Revision des Handelsregisterrechts, Jusletter 29.6.2020.

Durch Ziff. I des BG vom 19.6.2020 (Aktienrecht)[68], in Kraft seit 1.1.2021, wurde ein neuer 6. Abschnitt «Transparenz bei Rohstoffunternehmen» (Art. 964a–964f) eingefügt (mit Übergangsbestimmung Art. 7). Mit Wirkung per 1.1.2022 sind diese Bestimmungen mit angepasster Nummerierung (**Art. 964d–964i**) in einen neuen 7. Abschnitt verschoben worden. Gegenstand des 6. Abschnitts («Transparenz über nichtfinanzielle Belange») bilden nun die am 1.1.2022 in Kraft getretenen **Art. 964a–964c**, welche (mitsamt Übergangsbestimmung) durch Ziff. I und III 1 des BG vom 19.6.2020 (indirekter Gegenvorschlag zur Volksinitiative «Für verantwortungsvolle Unternehmen – zum Schutz von Mensch und Umwelt» [Konzernverantwortungsinitiative])[69] eingefügt worden sind. Gleichzeitig ist ein neuer 8. Abschnitt («Sorgfaltspflichten und Transparenz bezüglich Mineralien und Metallen aus Konfliktgebieten und Kinderarbeit», **Art. 964j–964l** mit Übergangsbestimmung) in Kraft getreten. Die Revisionen führen zwecks Stärkung der Transparenz besondere Berichterstattungspflichten sowie Sorgfaltspflichten in der Lieferkette ein.

Zu weiteren Anpassungen der 4. Abteilung ist es per 1.1.2023 infolge der grossen **Aktienrechtsreform** (siehe oben VI.D Ziff. 13) gekommen. Zu nennen sind etwa die Reduktion der Anzahl erforderlicher Publikationen im SHAB bei der Löschung von Amtes wegen (Art. 934 Abs. 2, Art. 934a Abs. 1) sowie Neuerungen bei der Jahresrechnung (Art. 959a Abs. 1 Ziff. 3 lit. d–g, Art. 959c Abs. 2 Ziff. 4, 14, 15, Art. 960f), der Rechnungslegung (Art. 958b Abs. 3, Art. 961d), der Konzernrechnung (Art. 963a Abs. 2 Ziff. 2 und Abs. 3) und der «Veröffentlichung [noch bis 31.12.2022: «Offenlegung»] und Einsichtnahme» (Art. 958e Abs. 3).

F. Wertpapierrecht (5. Abteilung)

Lange Zeit blieb der 33. Titel des Obligationenrechts zu den **Namen-, Inhaber- und Ordrepapieren** unangetastet. In den letzten Jahren hat sich dies allerdings verändert. Neben kleineren Eingriffen (z.B. die Anpassung von Art. 981 und 1072 Abs. 1 aufgrund von Anhang Ziff. 5 des GestG oder von Art. 1028 Abs. 2 und Art. 1118 aufgrund von Anhang Ziff. II 2 des Nationalbankgesetzes vom 3.10.2003) sind die Änderungen zu nennen, die auf das Bucheffektengesetz (BEG) vom 3.10.2008 (Anhang Ziff. 3: Einfügung von **Art. 973a–973c** zu **Sammelverwahrung, Globalurkunde** und **Wertrechten,** in Kraft seit 1.1.2010) sowie in jüngster Zeit auf das BG vom 25.9.2020 zur Anpassung des Bundesrechts an Entwicklungen der Technik **verteilter elektronischer Register**[70] zurückgehen. Aufgrund von Ziff. I 1 des BG vom 25.9.2020 ist das Obligationenrecht mit Wirkung per 1.2.2021 um eine Kategorie «Registerwertrechte» ergänzt worden, die in sieben neuen Bestimmungen (**Art. 973d–973i, 1153a**) geregelt werden. Andere Bestimmungen wurden angepasst (**Art. 973a, 973c**: Änderung

---

68 Siehe oben FN 61.
69 Siehe AS 2021 846; BBl 2017 399.
70 Siehe oben FN 62.

der Marginalien und Änderung von Art. 973c Abs. 1, hier ist nunmehr von «einfachen» Wertrechten die Rede; Art. 1153: neue Marginalie).

Im 34. Titel wurden die Bestimmungen im 2. Abschnitt zur **Gläubigergemeinschaft bei Anleihensobligationen** – die aufgrund der durch die beiden Weltkriege verursachten wirtschaftlichen Schwierigkeiten gar nie in Kraft gesetzt worden waren[71] – durch Ziff. I des BG vom 1.4.1949 revidiert und per 1.1.1950 in Kraft gesetzt (**Art. 1157–1186**). Spätere Änderungen gehen auf die ZPO (Anpassung von Art. 1165 Abs. 3 und 4 per 1.1.2011), Anhang Ziff. 1 des FIDLEG vom 15.6.2018 (Aufhebung von Art. 1156 zum Prospektzwang bei Ausgabe von Anleihensobligationen, mit Wirkung seit 1.1.2020), Anhang Ziff. 2 des BG vom 17.12.2021 (Insolvenz und Einlagensicherung) (Anpassung von Art. 1186 per 1.1.2023) sowie auf die grosse Aktienrechtsreform (siehe oben VI.D Ziff. 13) (Anpassung von Art. 984 Abs. 1, Art. 1077 Abs. 1) zurück.

Das **Haager Wertpapier-Übereinkommen** (HWpÜ), das am 1.4.2017 völkerrechtlich in Kraft getreten ist, regelt nicht das materielle Wertpapierrecht, sondern enthält Regeln, um das bei grenzüberschreitenden Wertpapiergeschäften anzuwendende Recht zu bestimmen[72]. Ratifiziert haben es bislang nur die Schweiz, Mauritius und die USA[73]. Schon vor dem Inkrafttreten des Übereinkommens war das IPRG um ein neues Kapitel 7a («Intermediärverwahrte Wertpapiere», Art. 108a–108d) ergänzt worden, welches – parallel mit dem neuen Bucheffektengesetz (siehe unten VII.D.3) – am 1.1.2010 in Kraft getreten ist. Die IPRG-Bestimmungen regeln den Begriff der intermediärverwahrten Wertpapiere, den Gerichtsstand, das anwendbare Recht (durch Verweis auf das HWpÜ[74]) und die Anerkennung ausländischer Entscheidungen.

VII. Nebenerlasse (Auswahl)

A. Versicherungsrecht

Als wahre Zangengeburt hat sich die Revision des *Bundesgesetzes über den Versicherungsvertrag vom 2.4.1908 (VVG)* erwiesen. Die jüngste Teilrevision geht auf Ziff. I des BG vom 19.6.2020[75] zurück und ist am 1.1.2022 in Kraft getreten. Besonders hervorzuheben sind die neue Gliederung in insgesamt vier Kapitel und dreizehn Abschnitte, die Einführung eines 14-tägigen Widerrufsrechts (**Art. 2a**), eines ordentlichen Kündigungsrechts per Ende des dritten Jahres bei befristeten Versicherungsverträgen (**Art. 35a**) und eines direkten Forderungsrechts des Geschädigten bei der Haftpflichtversicherung (**Art. 60 Abs. 1**[bis]), die Verlängerung der Verjährungsfrist von zwei auf fünf Jahre (**Art. 46 Abs. 1**), die Erweiterung der Versicherungsdeckung auf Regressansprüche Dritter gegenüber Arbeitnehmern bei Haftpflichtversicherungen für

---

71 Siehe dazu BBl 1947 III 869.
72 Siehe dazu ZK IPRG-Kuhn, 3. Aufl., Zürich 2018, Vorbemerkungen zu Art. 108a–108d N 38 ff.
73 Aktueller Status abrufbar unter ‹www.hcch.net/de/instruments/conventions/status-table/?cid=72›.
74 Vgl. ZK IPRG-Kuhn, 3. Aufl., Zürich 2018, Art. 108c N 5 ff.
75 Siehe AS 2020 4969; BBl 2017 5089.

gewerbliche Betriebe (**Art. 59 Abs. 2**) und die Klärung koordinationsrechtlicher Fragen (**Art. 95c, 96**)[76]. Zu einer bloss terminologischen Anpassung («Datenbank» statt «Datensammlung», Art. 3 Abs. 1 lit. g) kommt es per 1.9.2023 infolge Totalrevision des Datenschutzgesetzes (neues Gesetz vom 25.9.2020).

B. Wettbewerbsrecht

1. BG gegen den unlauteren Wettbewerb (UWG)

Das am 1.3.1988 in Kraft getretene totalrevidierte Bundesgesetz gegen den unlauteren Wettbewerb vom 19.12.1986, mit dem das frühere Gesetz vom 30.9.1943 aufgehoben wurde, bezweckt, den Schutz des lauteren Wettbewerbes zu stärken. Im Rahmen des indirekten Gegenvorschlags zur Volksinitiative «Stop der Hochpreisinsel – für faire Preise (Fair-Preis-Initiative)» (Ziff. II des BG vom 19.3.2021[77]) wurde per 1.1.2022 ein grundsätzliches Verbot des Geo-Blocking eingeführt (**Art. 3a UWG**). Am 1.12.2022 ist der neue **Art. 8a UWG** in Kraft getreten, der die Verwendung von Paritätsklauseln gegenüber Beherbergungsbetrieben regelt. Ab 1.9.2023 wird in Art. 22 Abs. 2 (Bekanntgabe von Personendaten ins Ausland) neu auf Art. 16 f. des totalrevidierten Datenschutzgesetzes vom 25.9.2020 verwiesen.

2. Kartellgesetz (KG)

Durch den erwähnten indirekten Gegenvorschlag vom 19.3.2021 wurde gleichzeitig mit dem UWG auch das Bundesgesetz vom 6.10.1995 über Kartelle und andere Wettbewerbsbeschränkungen per 1.1.2022 revidiert. Infolgedessen sind nicht nur die Verhaltensweisen von marktbeherrschenden, sondern auch jene von sogenannten *relativ marktmächtigen* Unternehmen kartellrechtlich überprüfbar (siehe **Art. 4 Abs. 2**[bis] sowie den angepassten und um eine **lit. g** ergänzten **Art. 7**).

C. Handels- und Wirtschaftsrecht

1. Fusionsgesetz (FusG)

Das am 1.7.2004 in Kraft getretene Bundesgesetz über Fusion, Spaltung, Umwandlung und Vermögensübertragung vom 3.10.2003 ermöglicht neue Transaktionsformen; es erlaubt auch eine grössere Flexibilität in der Planung und Durchführung von Kontrollwechseln über ganze Gruppen, einzelne Betriebe oder andere Sachgesamtheiten[78]. Das Gesetz beeinflusst sodann Restrukturierungsvorgänge, beispielsweise den Rechtskleidwechsel oder konzerninterne Umgruppierungen. Im Rahmen des Erlasses des Fusionsgesetzes sind auch steuerliche Erleichterungen eingeführt worden, die – wie erwartet[79] – das Unternehmenssteuerrecht der Schweiz erheblich beeinflusst haben. Infolge der

---

[76] Für einen Überblick über die Revision siehe die verschiedenen Beiträge in HAVE 3/2020.
[77] AS 2021 576; BBl 2019 4877.
[78] Zur Entstehungsgeschichte und Zielsetzung des FusG vgl. BSK FusG-MORSCHER, 2. Aufl., Basel 2015, Art. 1 N 7 ff. und N 36 ff.
[79] BSK FusG-WATTER/VOGT/TSCHÄNI/DÄNIKER, 1. Aufl., Basel/Genf/München 2005, V.

grossen Aktienrechtsreform (Anhang Ziff. 2 des BG vom 19.6.2020 [Aktienrecht])[80] wird seit dem 1.1.2023 im FusG (neben terminologischen Anpassungen[81]) klargestellt, dass die Vorschriften über den maximalen Umfang des Kapitalbands (Art. 653s Abs. 2 OR) bei Fusion und Spaltung keine Anwendung finden (Anpassung von Art. 9 Abs. 2, Art. 33 Abs. 2).

2. Handelsregisterverordnung (HRegV)

Die totalrevidierte HRegV vom 17.10.2007, welche die frühere Verordnung vom 7.6.1937 aufgehoben hat und am 1.1.2008 in Kraft getreten ist, bildet eine zentrale Rechtsquelle des Handelsregisterrechts. Neben verschiedenen Anpassungen und Aktualisierungen diente die Totalrevision v.a. der Umsetzung des geänderten GmbH- und Revisionsrechts[82].

Am 1.1.2012 traten verschiedene Änderungen in Kraft, welche die elektronische Registerführung und die Identifizierung und Datenerfassung natürlicher Personen betreffen (Teilrevision vom 23.9.2011, eingefügt durch Anhang Ziff. 1 der Grundbuchverordnung vom 23.9.2011).

Die mit der Modernisierung des Handelsregisters verbundenen Änderungen im 30. Titel des OR zogen zahlreiche Änderungen der HRegV nach sich, die – zeitgleich mit der Revision des OR und der Totalrevision der GebV-HReg – am 1.1.2021 in Kraft getreten sind. Die Neuerungen betreffen u.a. den Kreis der anmeldeberechtigten Personen (neu kann, unter Vorbehalt abweichender gesetzlicher Regelungen[83], u.a. auch eine bevollmächtigte Drittperson die Anmeldung vornehmen: Art. 17 Abs. 1 lit. b HRegV), die Abschaffung der «Stampa-Erklärung» als separater Beleg und die Registersperre, für die neu nicht mehr das Handelsregisteramt, sondern das Gericht gestützt auf Art. 262 lit. c ZPO zuständig ist (Aufhebung von Art. 162–163 HRegV). Zur Überführung diverser Bestimmungen in das Obligationenrecht siehe oben VI.E.

Die jüngsten Änderungen gehen auf die Revision der Geldwäschereiverordnung (Anhang Ziff. 2 der Verordnung vom 31.8.2022)[84] einerseits und die grosse Aktienrechtsreform (Ziff. I der Verordnung vom 2.2.2022)[85] andererseits zurück und sind am 1.1.2023 in Kraft getreten. Zu erwähnen sind insbesondere die neuen oder revidierten Bestimmungen zur Eintragung von Vereinen (Art. 90, 90a Abs. 4, Art. 92 lit. j–l und 93 Abs. 2, mit Übergangsbestimmung in Art. 181b) sowie die neuen Bestimmungen zur Führung von Aktienkapital in Fremdwährung (3. Kapitel, 2. Abschnitt, Art. 45a und 45b) und zum Kapitalband (3. Kapitel, 7. Abschnitt, Art. 59a–c).

---

80 AS 2020 4005; 2022 109; BBl 2017 399.
81 Siehe AS 2020 4005, 4065 für die vollständige Liste.
82 BÄRTSCHI, Revidiertes Handelsregisterrecht, GesKR 2008, 61 ff.
83 Vgl. Praxismitteilung EHRA 4/20 vom 10.12.2020, Ziff. 3.1.
84 AS 2022 552.
85 AS 2022 114.

D. Finanzmarktrecht

1. Kollektivanlagengesetz (KAG)

Am 1.1.2007 trat ein völlig neu konzipiertes Recht der kollektiven Kapitalanlagen in Kraft[86]. Das Bundesgesetz über die kollektiven Kapitalanlagen vom 23.6.2006 ersetzt das bisherige Anlagefondsgesetz vom 18.3.1994. Die jüngste Revision geht auf die grosse Aktienrechtsreform (Anhang Ziff. 11 des BG vom 19.6.2020 [Aktienrecht]) zurück (Anpassung von Art. 137 Abs. 2 per 1.1.2023). Davor war das KAG letztmals per 1.1.2020 revidiert worden, in erster Linie aufgrund von Ziff. II 13 des Finanzinstitutsgesetzes (FINIG) und Anhang Ziff. 3 des Finanzdienstleistungsgesetzes (FIDLEG), ferner durch Anhang Ziff. 28 des BG (Revision des Verjährungsrechts) (alle vom 15.6.2018).

2. Finanzmarktgesetz (FINMAG)

Am 1.1.2009 trat das Finanzmarktgesetz vom 22.6.2007 in Kraft, durch welches eine Eidgenössische Finanzmarktaufsicht geschaffen wurde[87]. Die jüngste Revision geht auf eine Änderung des Geldwäschereigesetzes (GWG; Änderung vom 19.3.2021) zurück[88] und ist am 1.1.2022 in Kraft getreten. Infolge der Totalrevision des Bundesgesetzes über den Datenschutz (Anhang 1 Ziff. II 96 des Datenschutzgesetzes vom 25.9.2020) kommt es per 1.9.2023 zu weiteren Änderungen (Anpassung von Art. 13a und 23 sowie Einführung eines neuen Art. 23a zur Pflicht der FINMA, ein öffentliches Verzeichnis der Beaufsichtigten zu führen).

3. Bucheffektengesetz (BEG)

Das Bundesgesetz über die Verwahrung und Übertragung von Bucheffekten (Bucheffektengesetz) vom 3.10.2008 hat die Regelung der zentral verwahrten Wertpapiere (Aktien, Obligationen usw.) zum Gegenstand[89] und trat am 1.1.2010 in Kraft. Mit dem Gesetz wird den veränderten Verhältnissen im Umgang mit Kapitalmarktpapieren (mediatisierte Wertpapierverwahrung: Verwahrung durch eine zentrale Stelle, Übertragung über Wertpapierabwicklungssysteme ohne physischen Transfer, zum Teil Verzicht auf die Verbriefung) Rechnung getragen.

Parallel zur Modernisierung des materiellen Wertpapierrechts erfolgte die Ratifikation des **Haager Wertpapierübereinkommens** (HWpÜ; siehe oben VI.F). Das HWpÜ überwindet die Anknüpfung an die *lex rei sitae*, indem es für das auf Verfügungen über mediatisiert verwahrte Wertpapiere anwendbare Recht an den Ort des massgebenden Intermediärs anknüpft und dabei eine Rechtswahl der Parteien berücksichtigt[90].

---

86 Zum Begriff der kollektiven Kapitalanlage vgl. BSK KAG-RAYROUX/DU PASQUIER, 2. Aufl., Basel 2016, Art. 7 N 3.
87 Zu Gegenstand und Gesetzgebungsgeschichte vgl. BSK FINMAG/FinfraG-HÜNERWADEL/TRANCHET, 3. Aufl., Basel 2019, Art. 1 FINMAG N 1 ff.
88 AS 2021 656; BBl 2019 5451.
89 Zu Gegenstand und Zweck des BEG vgl. BSK Wertpapierrecht-MAIZAR, Basel 2012, Art. 1 BEG N 1 ff.
90 BBl 2006 9315, 9317, 9404 ff.; ausführlich ZK IPRG-KUHN, 3. Aufl., Zürich 2018, Art. 108c N 71 ff.

In jüngerer Zeit wurde das BEG per 1.1.2020 im Zuge des Inkrafttretens des **FINIG** vom 15.6.2018 und des BG vom 15.6.2018 (Revision des **Verjährungsrechts**; vgl. Art. 27, 28 und 29, jeweils Abs. 4) und per 1.2.2021 aufgrund von Ziff. I 9 des BG vom 25.9.2020 zur Anpassung des Bundesrechts an Entwicklungen der Technik **verteilter elektronischer Register**[91] revidiert. Die letzte Änderung (insb. Einfügung der neuen Art. 2 Abs. 1bis, Art. 11a und 11b) geht auf die Reform des Bankengesetzes zurück (Anhang Ziff. 2 des BG vom 17.12.2021 [Insolvenz und Einlagensicherung]) und trat am 1.1.2023 in Kraft.

4. Finanzmarktinfrastrukturgesetz (FinfraG)

Am 1.1.2016 trat das Bundesgesetz über die Finanzmarktinfrastrukturen und das Marktverhalten im Effekten- und Derivatehandel vom 19.6.2015 in Kraft. Mit diesem Gesetz wird die Regulierung der Finanzmarktinfrastrukturen und des Handels mit Derivaten an die Entwicklungen des Marktes sowie an internationale Vorgaben angepasst[92]. Aus jüngerer Zeit zu erwähnen ist die Revision aufgrund von Ziff. I 10 des BG vom 25.9.2020 zur Anpassung des Bundesrechts an Entwicklungen der Technik **verteilter elektronischer Register,** die am 1.8.2021 in Kraft getreten ist. Neben Anpassungen diverser Bestimmungen ist insbesondere das im 2. Titel neu eingefügte **Kapitel 4a** (**Art. 73a–73f**) zu nennen, das Handelssysteme für sogenannte Distributed Ledger Technology-Effekten (DLT-Handelssysteme) regelt.

Die letzte Revision des FinfraG geht auf die Änderung des Bankengesetzes (Anhang Ziff. 9 des BG vom 17.12.2021 [Insolvenz und Einlagensicherung])[93] zurück und ist am 1.1.2023 in Kraft getreten. Besonders hervorzuheben ist, dass neu der Bund, die Schweizerische Unfallversicherungsanstalt (Suva) sowie die Ausgleichsfonds AHV/IV/EO (compenswiss) als Teilnehmer eines Handelsplatzes zugelassen werden können (Art. 34 Abs. 2 lit. e–g). Weitere Teilnehmer können zugelassen werden, wenn sie die Voraussetzungen des neu eingefügten Art. 34 Abs. 3 erfüllen.

5. Finanzinstitutsgesetz (FINIG)

Das Finanzinstitutsgesetz vom 15.6.2018 trat zusammen mit dem FIDLEG am 1.1.2020 in Kraft und hob das Börsengesetz (BEHG) vom 24.3.1995 auf. Das FINIG regelt die Anforderungen an die Tätigkeit der Finanzinstitute; es soll eine «kohärente und angemessene Aufsicht über den Betrieb des Vermögensverwaltungsgeschäfts» geschaffen werden. Überdies soll das Gesetz die Funktionsfähigkeit des Finanzmarkts gewährleisten (vgl. Art. 1 FINIG und Botschaft vom 4.11.2015, BBl 2015 8902 f.). Das Gesetz ist letztmals aufgrund von Ziff. I 7 des BG vom 25.9.2020 zur Anpassung des Bundesrechts an Entwicklungen der Technik **verteilter elektronischer Register**[94] revidiert worden,

---

91 Siehe AS 2021 33; BBl 2020 233.
92 Zu Gegenstand und Zweck des Gesetzes siehe BSK FINMAG/FinfraG-WATTER, 3. Aufl., Basel 2019, Art. 1 FinfraG N 1 ff.
93 Siehe AS 2022 732; BBl 2020 6359.
94 Siehe oben FN 91.

teils mit Wirkung per 1.2.2021 (Art. 16), teils mit Wirkung per 1.8.2021 (Art. 6, 41, 67).

6. Finanzdienstleistungsgesetz (FIDLEG)

Das Finanzdienstleistungsgesetz vom 15.6.2018 trat zusammen mit dem FINIG am 1.1.2020 in Kraft. Es bezweckt den Schutz der Kundinnen und Kunden von Finanzdienstleistern (zum Begriff siehe Art. 3 lit. d), regelt die Voraussetzungen für das Erbringen von Finanzdienstleistungen sowie das Anbieten von Finanzinstrumenten und will damit zur Stärkung des Ansehens und der Wettbewerbsfähigkeit des Finanzplatzes Schweiz beitragen (vgl. Art. 1 FIDLEG und Botschaft vom 4.11.2015, BBl 2015 8902). Aufgrund von Ziff. I 4 des BG vom 25.9.2020 zur Anpassung des Bundesrechts an Entwicklungen der Technik **verteilter elektronischer Register**[95] sind mit Wirkung per 1.2.2021 die Bestimmungen zu den Registrierungsvoraussetzungen (Art. 29 Abs. 1 lit. c) und zur Anschlusspflicht (Art. 77), mit Wirkung per 1.8.2021 jene zum Begriff der Effekten (Art. 3 lit. b) und zur Pflicht zur Veröffentlichung eines Prospekts (Einfügung eines neuen Art. 35 Abs. 1bis) revidiert worden.

---

95 Siehe oben FN 91.

1. Obligationenrecht
Bundesgesetz betreffend die Ergänzung des Schweizerischen Zivilgesetzbuches
(Fünfter Teil: Obligationenrecht, OR)

Inhaltsverzeichnis

Das Obligationenrecht

Erste Abteilung: Allgemeine Bestimmungen

Erster Titel: Die Entstehung der Obligationen

Erster Abschnitt: Die Entstehung durch Vertrag

- A. Abschluss des Vertrages .... Art. 1–10
- B. Form der Verträge .... Art. 11–16
- C. Verpflichtungsgrund .... Art. 17
- D. Auslegung der Verträge, Simulation .... Art. 18
- E. Inhalt des Vertrages .... Art. 19–22
- F. Mängel des Vertragsabschlusses .... Art. 23–31
- G. Stellvertretung .... Art. 32–40
- H. Widerruf bei Haustürgeschäften und ähnlichen Verträgen .... Art. 40a–40g

Zweiter Abschnitt: Die Entstehung durch unerlaubte Handlungen

- A. Haftung im Allgemeinen .... Art. 41–53
- B. Haftung urteilsunfähiger Personen .... Art. 54
- C. Haftung des Geschäftsherrn .... Art. 55
- D. Haftung für Tiere .... Art. 56–57
- E. Haftung des Werkeigentümers .... Art. 58–59
- F. Haftung für kryptografische Schlüssel .... Art. 59a
- G. Verjährung .... Art. 60
- H. Verantwortlichkeit öffentlicher Beamter und Angestellter .... Art. 61

Dritter Abschnitt: Die Entstehung aus ungerechtfertigter Bereicherung

- A. Voraussetzung .... Art. 62–63
- B. Umfang der Rückerstattung .... Art. 64–65

C. Ausschluss der Rückforderungen .... Art. 66
D. Verjährung .... Art. 67

Zweiter Titel: Die Wirkung der Obligationen

Erster Abschnitt: Die Erfüllung der Obligationen

A. Allgemeine Grundsätze .... Art. 68–73
B. Ort der Erfüllung .... Art. 74
C. Zeit der Erfüllung .... Art. 75–83
D. Zahlung .... Art. 84–90
E. Verzug des Gläubigers .... Art. 91–95
F. Andere Verhinderung der Erfüllung .... Art. 96

Zweiter Abschnitt: Die Folgen der Nichterfüllung

A. Ausbleiben der Erfüllung .... Art. 97–101
B. Verzug des Schuldners .... Art. 102–109

Dritter Abschnitt: Beziehungen zu dritten Personen

A. Eintritt eines Dritten .... Art. 110
B. Vertrag zu Lasten eines Dritten .... Art. 111
C. Vertrag zugunsten eines Dritten .... Art. 112–113

Dritter Titel: Das Erlöschen der Obligationen

A. Erlöschen der Nebenrechte .... Art. 114
B. Aufhebung durch Übereinkunft .... Art. 115
C. Neuerung .... Art. 116–117
D. Vereinigung .... Art. 118
E. Unmöglichwerden einer Leistung .... Art. 119
F. Verrechnung .... Art. 120–126
G. Verjährung .... Art. 127–142

Vierter Titel: Besondere Verhältnisse bei Obligationen

Erster Abschnitt: Die Solidarität

A. Solidarschuld .... Art. 143–149
B. Solidarforderung .... Art. 150

Zweiter Abschnitt: Die Bedingungen

A. Aufschiebende Bedingung .... Art. 151–153
B. Auflösende Bedingung .... Art. 154
C. Gemeinsame Vorschriften .... Art. 155–157

Dritter Abschnitt: Haft- und Reugeld. Lohnabzüge. Konventionalstrafe

A. Haft- und Reugeld .... Art. 158

B. *Aufgehoben* .... Art. 159
C. Konventionalstrafe .... Art. 160–163

Fünfter Titel: Die Abtretung von Forderungen und die Schuldübernahme

A. Abtretung von Forderungen .... Art. 164–174
B. Schuldübernahme .... Art. 175–183

Zweite Abteilung: Die einzelnen Vertragsverhältnisse

Sechster Titel: Kauf und Tausch

Erster Abschnitt: Allgemeine Bestimmungen

A. Rechte und Pflichten im Allgemeinen .... Art. 184
B. Nutzen und Gefahr .... Art. 185
C. Vorbehalt der kantonalen Gesetzgebung .... Art. 186

Zweiter Abschnitt: Der Fahrniskauf

A. Gegenstand .... Art. 187
B. Verpflichtungen des Verkäufers .... Art. 188–210
C. Verpflichtungen des Käufers .... Art. 211–215

Dritter Abschnitt: Der Grundstückkauf

A. Formvorschriften .... Art. 216
A^{bis}. Befristung und Vormerkung .... Art. 216a
A^{ter}. Vererblichkeit und Abtretung .... Art. 216b
A^{quater}. Vorkaufsrechte .... Art. 216c–216e
B. Bedingter Kauf und Eigentumsvorbehalt .... Art. 217
C. Landwirtschaftliche Grundstücke .... Art. 218
D. Gewährleistung .... Art. 219
E. Nutzen und Gefahr .... Art. 220
F. Verweisung auf den Fahrniskauf .... Art. 221

Vierter Abschnitt: Besondere Arten des Kaufes

A. Kauf nach Muster .... Art. 222
B. Kauf auf Probe oder auf Besicht .... Art. 223–226
C. *Aufgehoben* .... Art. 226a–228
D. Versteigerung .... Art. 229–236

Fünfter Abschnitt: Der Tauschvertrag

A. Verweisung auf den Kauf .... Art. 237
B. Gewährleistung .... Art. 238

Siebenter Titel: Die Schenkung

A. Inhalt der Schenkung .... Art. 239
B. Persönliche Fähigkeit .... Art. 240–241
C. Errichtung der Schenkung .... Art. 242–244
D. Bedingungen und Auflagen .... Art. 245–247
E. Verantwortlichkeit des Schenkers .... Art. 248
F. Aufhebung der Schenkung .... Art. 249–252

Achter Titel: Die Miete

Erster Abschnitt: Allgemeine Bestimmungen

A. Begriff und Geltungsbereich .... Art. 253–253b
B. Koppelungsgeschäfte .... Art. 254
C. Dauer des Mietverhältnisses .... Art. 255
D. Pflichten des Vermieters .... Art. 256–256b
E. Pflichten des Mieters .... Art. 257–257h
F. Nichterfüllung oder mangelhafte Erfüllung des Vertrags
   bei Übergabe der Sache .... Art. 258
G. Mängel während der Mietdauer .... Art. 259–259i
H. Erneuerungen und Änderungen .... Art. 260–260a
J. Wechsel des Eigentümers .... Art. 261–261b
K. Untermiete .... Art. 262
L. Übertragung der Miete auf einen Dritten .... Art. 263
M. Vorzeitige Rückgabe der Sache .... Art. 264
N. Verrechnung .... Art. 265
O. Beendigung des Mietverhältnisses .... Art. 266–266o
P. Rückgabe der Sache .... Art. 267–267a
Q. Retentionsrecht des Vermieters .... Art. 268–268b

Zweiter Abschnitt: Schutz vor missbräuchlichen Mietzinsen und andern missbräuchlichen Forderungen des Vermieters bei der Miete von Wohn- und Geschäftsräumen

A. Missbräuchliche Mietzinse .... Art. 269–269a
B. Indexierte Mietzinse .... Art. 269b
C. Gestaffelte Mietzinse .... Art. 269c
D. Mietzinserhöhungen und andere einseitige Vertragsänderungen
   durch den Vermieter .... Art. 269d
E. Anfechtung des Mietzinses .... Art. 270–270d
F. Weitergeltung des Mietvertrages während des Anfechtungsverfahrens .... Art. 270e

Dritter Abschnitt: Kündigungsschutz bei der Miete von Wohn- und Geschäftsräumen

A. Anfechtbarkeit der Kündigung .... Art. 271–271a
B. Erstreckung des Mietverhältnisses .... Art. 272–272d

C. Fristen und Verfahren .... Art. 273
D. Wohnung der Familie .... Art. 273*a*
E. Untermiete .... Art. 273*b*
F. Zwingende Bestimmungen .... Art. 273*c*

Vierter Abschnitt: *Aufgehoben* .... Art. 274–274*g*

Achter Titel[bis]: Die Pacht

A. Begriff und Geltungsbereich .... Art. 275–276*a*
B. Inventaraufnahme .... Art. 277
C. Pflichten des Verpächters .... Art. 278–280
D. Pflichten des Pächters .... Art. 281–287
E. Rechte des Pächters bei Nichterfüllung des Vertrags und bei Mängeln ..... Art. 288
F. Erneuerungen und Änderungen .... Art. 289–289*a*
G. Wechsel des Eigentümers .... Art. 290
H. Unterpacht .... Art. 291
J. Übertragung der Pacht auf einen Dritten .... Art. 292
K. Vorzeitige Rückgabe der Sache .... Art. 293
L. Verrechnung .... Art. 294
M. Beendigung des Pachtverhältnisses .... Art. 295–298
N. Rückgabe der Sache .... Art. 299–299*b*
O. Retentionsrecht .... Art. 299*c*
P. Kündigungsschutz bei der Pacht von Wohn- und Geschäftsräumen ...... Art. 300
Q. Verfahren .... Art. 301
R. Viehpacht und Viehverstellung .... Art. 302–304

Neunter Titel: Die Leihe

Erster Abschnitt: Die Gebrauchsleihe

A. Begriff .... Art. 305
B. Wirkung .... Art. 306–308
C. Beendigung .... Art. 309–311

Zweiter Abschnitt: Das Darlehen

A. Begriff .... Art. 312
B. Wirkung .... Art. 313–316
C. Hingabe an Geldes Statt .... Art. 317
D. Zeit der Rückzahlung .... Art. 318

Zehnter Titel: Der Arbeitsvertrag

Erster Abschnitt: Der Einzelarbeitsvertrag

A. Begriff und Entstehung .... Art. 319–320
B. Pflichten des Arbeitnehmers .... Art. 321–321*e*

C. Pflichten des Arbeitgebers .... Art. 322–330b
D. Personalvorsorge .... Art. 331–331f
E. Rechte an Erfindungen und Designs .... Art. 332–332a
F. Übergang des Arbeitsverhältnisses .... Art. 333–333b
G. Beendigung des Arbeitsverhältnisses .... Art. 334–340c
H. Unverzichtbarkeit und Verjährung .... Art. 341
I. Vorbehalt und zivilrechtliche Wirkungen des öffentlichen Rechts .... Art. 342
Aufgehoben .... Art. 343

Zweiter Abschnitt: Besondere Einzelarbeitsverträge

A. Der Lehrvertrag .... Art. 344–346a
B. Der Handelsreisendenvertrag .... Art. 347–350a
C. Der Heimarbeitsvertrag .... Art. 351–354
D. Anwendbarkeit der allgemeinen Vorschriften .... Art. 355

Dritter Abschnitt: Gesamtarbeitsvertrag und Normalarbeitsvertrag

A. Gesamtarbeitsvertrag .... Art. 356–358
B. Normalarbeitsvertrag .... Art. 359–360f

Vierter Abschnitt: Zwingende Vorschriften

A. Unabänderlichkeit zuungunsten des Arbeitgebers und des Arbeitnehmers .. Art. 361
B. Unabänderlichkeit zuungunsten des Arbeitnehmers .... Art. 362

Elfter Titel: Der Werkvertrag

A. Begriff .... Art. 363
B. Wirkungen .... Art. 364–374
C. Beendigung .... Art. 375–379

Zwölfter Titel: Der Verlagsvertrag

A. Begriff .... Art. 380
B. Wirkungen .... Art. 381–389
C. Beendigung .... Art. 390–392
D. Bearbeitung eines Werkes nach Plan des Verlegers .... Art. 393

Dreizehnter Titel: Der Auftrag

Erster Abschnitt: Der einfache Auftrag

A. Begriff .... Art. 394
B. Entstehung .... Art. 395
C. Wirkungen .... Art. 396–403
D. Beendigung .... Art. 404–406

Erster Abschnitt[bis]: Auftrag zur Ehe- oder zur Partnerschaftsvermittlung

A. Begriff und anwendbares Recht .... Art. 406a

B. Vermittlung von oder an Personen aus dem Ausland .... Art. 406b–406c
C. Form und Inhalt .... Art. 406d
D. Inkrafttreten, Widerruf, Kündigung .... Art. 406e
E. *Aufgehoben* .... Art. 406f
F. Information und Datenschutz .... Art. 406g
G. Herabsetzung .... Art. 406h

Zweiter Abschnitt: Der Kreditbrief und der Kreditauftrag

A. Kreditbrief .... Art. 407
B. Kreditauftrag .... Art. 408–411

Dritter Abschnitt: Der Mäklervertrag

A. Begriff und Form .... Art. 412
B. Mäklerlohn .... Art. 413–417
C. Vorbehalt kantonalen Rechtes .... Art. 418

Vierter Abschnitt: Der Agenturvertrag

A. Allgemeines .... Art. 418a–418b
B. Pflichten des Agenten .... Art. 418c–418d
C. Vertretungsbefugnis .... Art. 418e
D. Pflichten des Auftraggebers .... Art. 418f–418o
E. Beendigung .... Art. 418p–418v

Vierzehnter Titel: Die Geschäftsführung ohne Auftrag

A. Stellung des Geschäftsführers .... Art. 419–421
B. Stellung des Geschäftsherrn .... Art. 422–424

Fünfzehnter Titel: Die Kommission

A. Einkaufs- und Verkaufskommission .... Art. 425–438
B. Speditionsvertrag .... Art. 439

Sechzehnter Titel: Der Frachtvertrag

A. Begriff .... Art. 440
B. Wirkungen .... Art. 441–454
C. Staatlich genehmigte und staatliche Transportanstalten .... Art. 455
D. Mitwirkung einer öffentlichen Transportanstalt .... Art. 456
E. Haftung des Spediteurs .... Art. 457

Siebzehnter Titel: Die Prokura und andere Handlungsvollmachten

A. Prokura .... Art. 458–461
B. Andere Handlungsvollmachten .... Art. 462
C. *Aufgehoben* .... Art. 463
D. Konkurrenzverbot .... Art. 464

E. Erlöschen der Prokura und der andern Handlungsvollmachten . . . . Art. 465

Achtzehnter Titel: Die Anweisung

A. Begriff . . . . Art. 466
B. Wirkungen . . . . Art. 467–469
C. Widerruf . . . . Art. 470
D. Anweisung bei Wertpapieren . . . . Art. 471

Neunzehnter Titel: Der Hinterlegungsvertrag

A. Hinterlegung im Allgemeinen . . . . Art. 472–480
B. Die Hinterlegung vertretbarer Sachen . . . . Art. 481
C. Lagergeschäft . . . . Art. 482–486
D. Gast- und Stallwirte . . . . Art. 487–491

Zwanzigster Titel: Die Bürgschaft

A. Voraussetzungen . . . . Art. 492–494
B. Inhalt . . . . Art. 495–508
C. Beendigung der Bürgschaft . . . . Art. 509–512

Einundzwanzigster Titel: Spiel und Wette

A. Unklagbarkeit der Forderung . . . . Art. 513
B. Schuldverschreibungen und freiwillige Zahlung . . . . Art. 514
C. Lotterie- und Ausspielgeschäfte . . . . Art. 515
D. Spiel in Spielbanken, Darlehen von Spielbanken . . . . Art. 515*a*

Zweiundzwanzigster Titel: Der Leibrentenvertrag und die Verpfründung

A. Leibrentenvertrag . . . . Art. 516–520
B. Verpfründung . . . . Art. 521–529

Dreiundzwanzigster Titel: Die einfache Gesellschaft

A. Begriff . . . . Art. 530
B. Verhältnis der Gesellschafter unter sich . . . . Art. 531–542
C. Verhältnis der Gesellschafter gegenüber Dritten . . . . Art. 543–544
D. Beendigung der Gesellschaft . . . . Art. 545–551

Dritte Abteilung: Die Handelsgesellschaften und die Genossenschaft

Vierundzwanzigster Titel: Die Kollektivgesellschaft

Erster Abschnitt: Begriff und Errichtung

A. Kaufmännische Gesellschaft . . . . Art. 552

B. Nichtkaufmännische Gesellschaft .... Art. 553
C. Registereintrag .... Art. 554–556

Zweiter Abschnitt: Verhältnis der Gesellschafter unter sich

A. Vertragsfreiheit, Verweisung auf die einfache Gesellschaft .... Art. 557
B. Rechnungslegung .... Art. 558
C. Anspruch auf Gewinn, Zinse und Honorar .... Art. 559
D. Verluste .... Art. 560
E. Konkurrenzverbot .... Art. 561

Dritter Abschnitt: Verhältnis der Gesellschaft zu Dritten

A. Im Allgemeinen .... Art. 562
B. Vertretung .... Art. 563–567
C. Stellung der Gesellschaftsgläubiger .... Art. 568–571
D. Stellung der Privatgläubiger eines Gesellschafters .... Art. 572
E. Verrechnung .... Art. 573

Vierter Abschnitt: Auflösung und Ausscheiden

A. Im Allgemeinen .... Art. 574
B. Kündigung durch Gläubiger eines Gesellschafters .... Art. 575
C. Ausscheiden von Gesellschaftern .... Art. 576–581
D. Mängel in der Organisation der Gesellschaft .... Art. 581a

Fünfter Abschnitt: Liquidation

A. Grundsatz .... Art. 582
B. Liquidatoren .... Art. 583
C. Vertretung von Erben .... Art. 584
D. Rechte und Pflichten der Liquidatoren .... Art. 585
E. Vorläufige Verteilung .... Art. 586
F. Auseinandersetzung .... Art. 587–588
G. Löschung im Handelsregister .... Art. 589
H. Aufbewahrung der Bücher und Papiere .... Art. 590

Sechster Abschnitt: Verjährung

A. Gegenstand und Frist .... Art. 591
B. Besondere Fälle .... Art. 592
C. Unterbrechung .... Art. 593

Fünfundzwanzigster Titel: Die Kommanditgesellschaft

Erster Abschnitt: Begriff und Errichtung

A. Kaufmännische Gesellschaft .... Art. 594
B. Nichtkaufmännische Gesellschaft .... Art. 595
C. Registereintrag .... Art. 596–597

Zweiter Abschnitt: Verhältnis der Gesellschafter unter sich

A. Vertragsfreiheit. Verweisung auf die Kollektivgesellschaft .... Art. 598
B. Geschäftsführung .... Art. 599
C. Stellung des Kommanditärs .... Art. 600
D. Gewinn- und Verlustbeteiligung .... Art. 601

Dritter Abschnitt: Verhältnis der Gesellschaft zu Dritten

A. Im Allgemeinen .... Art. 602
B. Vertretung .... Art. 603
C. Haftung des unbeschränkt haftenden Gesellschafters .... Art. 604
D. Haftung des Kommanditärs .... Art. 605–612
E. Stellung der Privatgläubiger .... Art. 613
F. Verrechnung .... Art. 614
G. Konkurs .... Art. 615–618

Vierter Abschnitt: Auflösung, Liquidation, Verjährung .... Art. 619

Sechsundzwanzigster Titel: Die Aktiengesellschaft

Erster Abschnitt: Allgemeine Bestimmungen

A. Begriff .... Art. 620
B. Aktienkapital .... Art. 621
C. Aktien .... Art. 622–625
D. Gesetzlich vorgeschriebener Inhalt der Statuten .... Art. 626–628
E. Gründung .... Art. 629–639
F. Eintragung ins Handelsregister .... Art. 640–642
G. Erwerb der Persönlichkeit .... Art. 643–646
H. Statutenänderung .... Art. 647–649
I. Erhöhung und Herabsetzung des Aktienkapitals .... Art. 650–656
J. Partizipationsscheine .... Art. 656a–656g
K. Genussscheine .... Art. 657–658
L. Eigene Aktien .... Art. 659–659b

Zweiter Abschnitt: Rechte und Pflichten der Aktionäre

A. Recht auf Gewinn- und Liquidationsanteil .... Art. 660–670
C. Reserven .... Art. 671–674
D. Dividenden, Bauzinse und Tantiemen .... Art. 675–677
E. Rückerstattung von Leistungen .... Art. 678–679
F. Leistungspflicht des Aktionärs .... Art. 680–682
G. Ausgabe und Übertragung der Aktien .... Art. 683–684
H. Beschränkung der Übertragbarkeit .... Art. 685–688
J. Persönliche Mitgliedschaftsrechte .... Art. 689–697i
K. Meldepflicht des Aktionärs .... Art. 697j–697m

L. Schiedsgericht . . . . Art. 697*n*

Dritter Abschnitt: Organisation der Aktiengesellschaft

A. Die Generalversammlung . . . . Art. 698–706*b*
B. Der Verwaltungsrat . . . . Art. 707–726
C. Revisionsstelle . . . . Art. 727–731*a*
D. Mängel in der Organisation der Gesellschaft . . . . Art. 731*b*

Vierter Abschnitt: Vergütungen bei Gesellschaften, deren Aktien an einer Börse kotiert sind

A. Geltungsbereich . . . . Art. 732–732*a*
B. Vergütungsausschuss . . . . Art. 733
C. Vergütungsbericht . . . . Art. 734–734*f*
D. Abstimmungen der Generalversammlung . . . . Art. 735–735*a*
E. Dauer der Verträge . . . . Art. 735*b*
F. Unzulässige Vergütungen . . . . Art. 735*c*–735*d*

Fünfter Abschnitt: Auflösung der Aktiengesellschaft

A. Auflösung im Allgemeinen . . . . Art. 736–738
B. Auflösung mit Liquidation . . . . Art. 739–747
C. Auflösung ohne Liquidation . . . . Art. 748–751

Sechster Abschnitt: Verantwortlichkeit

A. Haftung . . . . Art. 752–755
B. Schaden der Gesellschaft . . . . Art. 756–758
C. Solidarität und Rückgriff . . . . Art. 759
D. Verjährung . . . . Art. 760–761

Siebenter Abschnitt: Beteiligung von Körperschaften des öffentlichen Rechts . . . . Art. 762

Achter Abschnitt: Ausschluss der Anwendung des Gesetzes auf öffentlich-rechtliche Anstalten . . . . Art. 763

Siebenundzwanzigster Titel: Die Kommanditaktiengesellschaft

A. Begriff . . . . Art. 764
B. Verwaltung . . . . Art. 765–767
C. Aufsichtsstelle . . . . Art. 768–769
D. Auflösung . . . . Art. 770
E. Kündigung . . . . Art. 771

Achtundzwanzigster Titel: Die Gesellschaft mit beschränkter Haftung

Erster Abschnitt: Allgemeine Bestimmungen

A. Begriff .... Art. 772
B. Stammkapital .... Art. 773
C. Stammanteile .... Art. 774
D. Genussscheine .... Art. 774a
E. *Aufgehoben* .... Art. 775
F. Statuten .... Art. 776–776a
G. Gründung .... Art. 777–777c
H. Eintragung ins Handelsregister .... Art. 778–778a
J. Erwerb der Persönlichkeit .... Art. 779–779a
K. Statutenänderung .... Art. 780
L. Erhöhung des Stammkapitals .... Art. 781
M. Herabsetzung des Stammkapitals .... Art. 782
N. Erwerb eigener Stammanteile .... Art. 783

Zweiter Abschnitt: Rechte und Pflichten der Gesellschafter

A. Stammanteile .... Art. 784–792
B. Leistung der Einlagen .... Art. 793
C. Haftung der Gesellschafter .... Art. 794
D. Nachschüsse und Nebenleistungen .... Art. 795–797a
E. Dividenden, Zinse, Tantiemen .... Art. 798–798b
F. Vorzugsstammanteile .... Art. 799
G. Rückerstattung von Leistungen .... Art. 800
H. Reserven .... Art. 801
J. Zustellung des Geschäftsberichts .... Art. 801a
K. Auskunfts- und Einsichtsrecht .... Art. 802
L. Treuepflicht und Konkurrenzverbot .... Art. 803

Dritter Abschnitt: Organisation der Gesellschaft

A. Gesellschafterversammlung .... Art. 804–808c
B. Geschäftsführung und Vertretung .... Art. 809–817
C. Revisionsstelle .... Art. 818
D. Mängel in der Organisation der Gesellschaft .... Art. 819
E. Drohende Zahlungsunfähigkeit, Kapitalverlust und Überschuldung .... Art. 820

Vierter Abschnitt: Auflösung und Ausscheiden

A. Auflösung .... Art. 821–821a
B. Ausscheiden von Gesellschaftern .... Art. 822–825a
C. Liquidation .... Art. 826

Fünfter Abschnitt: Verantwortlichkeit .... Art. 827

Neunundzwanzigster Titel: Die Genossenschaft

Erster Abschnitt: Begriff und Errichtung
A. Genossenschaft des Obligationenrechts .... Art. 828
B. Genossenschaften des öffentlichen Rechts .... Art. 829
C. Errichtung .... Art. 830–838
D. Statutenänderung .... Art. 838*a*

Zweiter Abschnitt: Erwerb der Mitgliedschaft
A. Grundsatz .... Art. 839
B. Beitrittserklärung .... Art. 840
C. Verbindung mit einem Versicherungsvertrag .... Art. 841

Dritter Abschnitt: Verlust der Mitgliedschaft
A. Austritt .... Art. 842–845
B. Ausschliessung .... Art. 846
C. Tod des Genossenschafters .... Art. 847
D. Wegfall einer Beamtung oder Anstellung oder eines Vertrages .... Art. 848
E. Übertragung der Mitgliedschaft .... Art. 849–850
F. Austritt des Rechtsnachfolgers .... Art. 851

Vierter Abschnitt: Rechte und Pflichten der Genossenschafter
A. Ausweis der Mitgliedschaft .... Art. 852
B. Genossenschaftsanteile .... Art. 853
C. Rechtsgleichheit .... Art. 854
D. Rechte .... Art. 855–865
E. Pflichten .... Art. 866–878

Fünfter Abschnitt: Organisation der Genossenschaft
A. Generalversammlung .... Art. 879–893*a*
B. Verwaltung .... Art. 894–905
C. Revisionsstelle .... Art. 906–907
D. Mängel in der Organisation .... Art. 908–910

Sechster Abschnitt: Auflösung der Genossenschaft
A. Auflösungsgründe .... Art. 911
B. Eintragung beim Handelsregister .... Art. 912
C. Liquidation, Verteilung des Vermögens .... Art. 913
D. *Aufgehoben* .... Art. 914
E. Übernahme durch eine Körperschaft des öffentlichen Rechts .... Art. 915

Siebenter Abschnitt: Verantwortlichkeit
A. Haftung gegenüber der Genossenschaft .... Art. 916
B. Haftung gegenüber Genossenschaft, Genossenschaftern und Gläubigern . Art. 917

C. Solidarität und Rückgriff .... Art. 918
D. Verjährung .... Art. 919
E. Bei Kredit- und Versicherungsgenossenschaften .... Art. 920

Achter Abschnitt: Genossenschaftsverbände

A. Voraussetzungen .... Art. 921
B. Organisation .... Art. 922–925

Neunter Abschnitt: Beteiligung von Körperschaften
des öffentlichen Rechts .... Art. 926

Vierte Abteilung: Handelsregister, Geschäftsfirmen und kaufmännische Buchführung

Dreissigster Titel: Das Handelsregister

A. Begriff und Zweck .... Art. 927
B. Organisation .... Art. 928–928a
C. Zentrale Datenbanken .... Art. 928b
D. AHV-Nummer und Personennummer .... Art. 928c
E. Eintragung, Änderung und Löschung .... Art. 929–935
F. Öffentlichkeit und Wirksamkeit .... Art. 936– 936b
G. Pflichten .... Art. 973–939
H. Ordnungsbussen .... Art. 940
I. Gebühren .... Art. 941
J. Rechtsschutz .... Art. 942
K. Verordnung .... Art. 943

Einunddreissigster Titel: Die Geschäftsfirmen

A. Grundsätze der Firmenbildung .... Art. 944–954
B. Firmen- und Namensgebrauchspflicht .... Art. 954a
C. Überwachung .... Art. 955
D. Vorbehalt anderer bundesrechtlicher Vorschriften .... Art. 955a
E. Schutz der Firma .... Art. 956

Zweiunddreissigster Titel: Kaufmännische Buchführung, Rechnungslegung, weitere Transparenz- und Sorgfaltspflichten

Erster Abschnitt: Allgemeine Bestimmungen

A. Pflicht zur Buchführung und Rechnungslegung .... Art. 957
B. Buchführung .... Art. 957a
C. Rechnungslegung .... Art. 958–958d
D. Veröffentlichung und Einsichtnahme .... Art. 958e
E. Führung und Aufbewahrung der Geschäftsbücher .... Art. 958f

Zweiter Abschnitt: Jahresrechnung und Zwischenabschluss
A. Bilanz .... Art. 959–959a
B. Erfolgsrechnung; Mindestgliederung .... Art. 959b
C. Anhang .... Art. 959c
D. Bewertung .... Art. 960–960e
E. Zwischenabschluss .... Art. 960f

Dritter Abschnitt: Rechnungslegung für grössere Unternehmen
A. Zusätzliche Anforderungen an den Geschäftsbericht .... Art. 961
B. Zusätzliche Angaben im Anhang zur Jahresrechnung .... Art. 961a
C. Geldflussrechnung .... Art. 961b
D. Lagebericht .... Art. 961c
E. Erleichterung infolge Konzernrechnung .... Art. 961d

Vierter Abschnitt: Abschluss nach anerkanntem Standard zur Rechnungslegung
A. Im Allgemeinen .... Art. 962
B. Anerkannte Standards zur Rechnungslegung .... Art. 962a

Fünfter Abschnitt: Konzernrechnung
A. Pflicht zur Erstellung .... Art. 963
B. Befreiung von der Pflicht zur Erstellung .... Art. 963a
C. Anerkannte Standards zur Rechnungslegung .... Art. 963b
Aufgehoben .... Art. 964

Sechster Abschnitt: Transparenz über nichtfinanzielle Belange
A. Grundsatz .... Art. 964a
B. Zweck und Inhalt des Berichts .... Art. 964b
C. Genehmigung, Veröffentlichung, Führung und Aufbewahrung .... Art. 964c

Siebter Abschnitt: Transparenz bei Rohstoffunternehmen
A. Grundsatz .... Art. 964d
B. Arten von Leistungen .... Art. 964e
C. Form und Inhalt des Berichts .... Art. 964f
D. Veröffentlichung .... Art. 964g
E. Führung und Aufbewahrung .... Art. 964h
F. Ausdehnung des Anwendungsbereichs .... Art. 964i

Achter Abschnitt: Sorgfaltspflichten und Transparenz bezüglich Mineralien und Metallen aus Konfliktgebieten und Kinderarbeit
A. Grundsatz .... Art. 964j
B. Sorgfaltspflichten .... Art. 964k
C. Berichterstattung .... Art. 964l

Fünfte Abteilung: Die Wertpapiere

Dreiunddreissigster Titel: Die Namen-, Inhaber- und Ordrepapiere

Erster Abschnitt: Allgemeine Bestimmungen

A. Begriff des Wertpapiers .... Art. 965
B. Verpflichtung aus dem Wertpapier .... Art. 966
C. Übertragung des Wertpapiers .... Art. 967–969
D. Umwandlung .... Art. 970
E. Kraftloserklärung .... Art. 971–972
F. Besondere Vorschriften .... Art. 973
G. Sammelverwahrung, Globalurkunde und einfache Wertrechte ..... Art. 973a–973c
H. Registerwertrechte .... Art. 973d–973i

Zweiter Abschnitt: Die Namenpapiere

A. Begriff .... Art. 974
B. Ausweis über das Gläubigerrecht .... Art. 975–976
C. Kraftloserklärung .... Art. 977

Dritter Abschnitt: Die Inhaberpapiere

A. Begriff .... Art. 978
B. Einreden des Schuldners .... Art. 979–980
C. Kraftloserklärung .... Art. 981–988
D. Schuldbrief .... Art. 989

Vierter Abschnitt: Der Wechsel

A. Wechselfähigkeit .... Art. 990
B. Gezogener Wechsel .... Art. 991–1095
C. Eigener Wechsel .... Art. 1096–1099

Fünfter Abschnitt: Der Check .... Art. 1100–1144

Sechster Abschnitt: Wechselähnliche und andere Ordrepapiere

A. Im Allgemeinen .... Art. 1145–1146
B. Wechselähnliche Papiere .... Art. 1147–1151
C. Andere indossierbare Papiere .... Art. 1152

Siebenter Abschnitt: Die Warenpapiere

A. Erfordernisse .... Art. 1153–1153a
B. Der Pfandschein .... Art. 1154
C. Bedeutung der Formvorschriften .... Art. 1155

Vierunddreissigster Titel: Anleihensobligationen

Erster Abschnitt: *Aufgehoben* .... Art. 1156

Zweiter Abschnitt: Gläubigergemeinschaft bei Anleihensobligationen

A. Voraussetzungen .... Art. 1157
B. Anleihensvertreter .... Art. 1158–1163
C. Gläubigerversammlung .... Art. 1164–1169
D. Gemeinschaftsbeschlüsse .... Art. 1170–1182
E. Besondere Anwendungsfälle .... Art. 1183–1185
F. Abweichende Abreden .... Art. 1186

Übergangsbestimmungen des Bundesgesetzes vom 30. März 1911

Schlussbestimmungen der Änderung vom 23. März 1962

A. Konkursprivileg .... Art. 1
B. Unlauterer Wettbewerb .... Art. 2
C. Übergangsrecht .... Art. 3
D. Inkrafttreten .... Art. 4

Übergangsbestimmungen der Änderung vom 16. Dezember 2005

A. Allgemeine Regel .... Art. 1
B. Anpassungsfrist .... Art. 2
C. Leistung der Einlagen .... Art. 3
D. Partizipationsscheine und Genussscheine .... Art. 4
E. Eigene Stammanteile .... Art. 5
F. Nachschusspflicht .... Art. 6
G. Revisionsstelle .... Art. 7
H. Stimmrecht .... Art. 8
J. Anpassung statutarischer Mehrheitserfordernisse ... Art. 9
K. Vernichtung von Aktien und Stammanteilen im Fall einer Sanierung .... Art. 10
L. Ausschliesslichkeit eingetragener Firmen .... Art. 11

Übergangsbestimmung zur Änderung vom 17. Juni 2011

Übergangsbestimmungen der Änderung vom 23. Dezember 2011

A. Allgemeine Regel .... Art. 1
B. Kaufmännische Buchführung und Rechnungslegung .... Art. 2

Übergangsbestimmungen der Änderung vom 12. Dezember 2014

A. Allgemeine Regel .... Art. 1
B. Anpassung von Statuten und Reglementen .... Art. 2
C. Meldepflichten .... Art. 3

Übergangsbestimmungen der Änderung vom 25. September 2015
A. Allgemeine Regel .... Art. 1
B. Anpassung eingetragener Firmen .... Art. 2
C. Ausschliesslichkeit der eingetragenen Firma .... Art. 3

Übergangsbestimmungen zur Änderung vom 17. März 2017
A. Allgemeine Regeln .... Art. 1
B. Eintragungspflicht von Instituten des öffentlichen Rechts......... Art. 2

Übergangsbestimmungen zur Änderung vom 21. Juni 2019
A. Allgemeine Bestimmungen... Art. 1
B. Meldung der Ausnahmefälle beim Handelsregisteramt .... Art. 2
C. Gesellschaften ohne börsenkotierte Beteiligungspapiere
   mit nicht als Bucheffekten ausgestalteten Inhaberaktien .... Art. 3–8

Übergangsbestimmungen zur Änderung vom 19. Juni 2020
A. Allgemeine Regel .... Art. 1
B. Anpassung von Statuten und Reglementen .... Art. 2
C. Genehmigte Kapitalerhöhung und Kapitalerhöhung aus bedingtem Kapital .... Art. 3
D. Vertretung der Geschlechter..................................... Art. 4
E. Konkursaufschub .... Art. 5
F. Anpassung altrechtlicher Verträge .... Art. 6
G. Transparenz bei Rohstoffunternehmen .... Art. 7

Übergangsbestimmungen der Änderung vom 19. Juni 2020

Schlussbestimmungen zum VIII. Titel und zum VIIIbis Titel .... Art. 1–6

Schluss- und Übergangsbestimmungen zum X. Titel .... Art. 1–8

Schlussbestimmungen zum vierten Abschnitt des XIII. Titels
A. Übergangsrecht .... Art. 1
B. Konkursprivileg .... Art. 2
C. Inkrafttreten .... Art. 3

Übergangsbestimmungen zum XX. Titel

Schluss- und Übergangsbestimmungen zu den Titeln XXIV–XXXIII
A. Anwendbarkeit des Schlusstitels .... Art. 1
B. Anpassung alter Gesellschaften an das neue Recht .... Art. 2–4
C. Bilanzvorschriften .... Art. 5–6
D. Haftungsverhältnisse der Genossenschafter .... Art. 7
E. Geschäftsfirmen .... Art. 8
F. Früher ausgegebene Wertpapiere .... Art. 9–12

G. Gläubigergemeinschaft .... Art. 13
H. *Aufgehoben* .... Art. 14
J. Abänderung des Schuldbetreibungs- und Konkursgesetzes .... Art. 15
K. Verhältnis zum Bankengesetz .... Art. 16–17
L. Aufhebung von Bundeszivilrecht .... Art. 18
M. Inkrafttreten dieses Gesetzes .... Art. 19

Schlussbestimmungen zum XXVI. Titel

A. Schlusstitel des Zivilgesetzbuches .... Art. 1
B. Anpassung an das neue Recht .... Art. 2–6
C. Änderung von Bundesgesetzen .... Art. 7
D. Referendum .... Art. 8
E. Inkrafttreten .... Art. 9

Schlussbestimmungen zum zweiten Abschnitt des XXXIV. Titels

Obligationenrecht
Bundesgesetz betreffend die Ergänzung des Schweizerischen Zivilgesetzbuches
(Fünfter Teil: Obligationenrecht, OR)

vom 30. März 1911

Die Bundesversammlung der Schweizerischen Eidgenossenschaft,
nach Einsicht in die Botschaften des Bundesrates vom 3. März 1905 und
1. Juni 1909[1],
beschliesst:

Das Obligationenrecht

Erste Abteilung: Allgemeine Bestimmungen
Erster Titel: Die Entstehung der Obligationen
Erster Abschnitt: Die Entstehung durch Vertrag

A. Abschluss des Vertrages
I. Übereinstimmende Willensäusserung
1. Im Allgemeinen

Art. 1 ¹ Zum Abschlusse eines Vertrages ist die übereinstimmende gegenseitige Willensäusserung der Parteien erforderlich.

² Sie kann eine ausdrückliche oder stillschweigende sein.

2. Betreffend Nebenpunkte

Art. 2 ¹ Haben sich die Parteien über alle wesentlichen Punkte geeinigt, so wird vermutet, dass der Vorbehalt von Nebenpunkten die Verbindlichkeit des Vertrages nicht hindern solle.

² Kommt über die vorbehaltenen Nebenpunkte eine Vereinbarung nicht zustande, so hat der Richter über diese nach der Natur des Geschäftes zu entscheiden.

³ Vorbehalten bleiben die Bestimmungen über die Form der Verträge.

SR 220. AS 27 317 und BS 2 199
1 BBl 1905 II 1, 1909 III 725, 1911 I 845

II. Antrag und Annahme
1. Antrag mit Annahmefrist

Art. 3 ¹ Wer einem andern den Antrag zum Abschlusse eines Vertrages stellt und für die Annahme eine Frist setzt, bleibt bis zu deren Ablauf an den Antrag gebunden.

² Er wird wieder frei, wenn eine Annahmeerklärung nicht vor Ablauf dieser Frist bei ihm eingetroffen ist.

2. Antrag ohne Annahmefrist
a. Unter Anwesenden

Art. 4 ¹ Wird der Antrag ohne Bestimmung einer Frist an einen Anwesenden gestellt und nicht sogleich angenommen, so ist der Antragsteller nicht weiter gebunden.

² Wenn die Vertragschliessenden oder ihre Bevollmächtigten sich persönlich des Telefons bedienen, so gilt der Vertrag als unter Anwesenden abgeschlossen.

b. Unter Abwesenden

Art. 5 ¹ Wird der Antrag ohne Bestimmung einer Frist an einen Abwesenden gestellt, so bleibt der Antragsteller bis zu dem Zeitpunkte gebunden, wo er den Eingang der Antwort bei ihrer ordnungsmässigen und rechtzeitigen Absendung erwarten darf.

² Er darf dabei voraussetzen, dass sein Antrag rechtzeitig angekommen sei.

³ Trifft die rechtzeitig abgesandte Annahmeerklärung erst nach jenem Zeitpunkte bei dem Antragsteller ein, so ist dieser, wenn er nicht gebunden sein will, verpflichtet, ohne Verzug hievon Anzeige zu machen.

3. Stillschweigende Annahme

Art. 6 Ist wegen der besonderen Natur des Geschäftes oder nach den Umständen eine ausdrückliche Annahme nicht zu erwarten, so gilt der Vertrag als abgeschlossen, wenn der Antrag nicht binnen angemessener Frist abgelehnt wird.

3a. Zusendung unbestellter Sachen

Art. 6a[2] ¹ Die Zusendung einer unbestellten Sache ist kein Antrag.

² Der Empfänger ist nicht verpflichtet, die Sache zurückzusenden oder aufzubewahren.

³ Ist eine unbestellte Sache offensichtlich irrtümlich zugesandt worden, so muss der Empfänger den Absender benachrichtigen.

4. Antrag ohne Verbindlichkeit, Auskündung, Auslage

Art. 7 ¹ Der Antragsteller wird nicht gebunden, wenn er dem Antrage eine die Behaftung ablehnende Erklärung beifügt, oder wenn ein solcher Vorbehalt sich aus der Natur des Geschäftes oder aus den Umständen ergibt.

² Die Versendung von Tarifen, Preislisten u. dgl. bedeutet an sich keinen Antrag.

---

[2] Eingefügt durch Ziff. I des BG vom 5. Okt. 1990, in Kraft seit 1. Juli 1991 (AS 1991 846; BBl 1986 II 354).

³ Dagegen gilt die Auslage von Waren mit Angabe des Preises in der Regel als Antrag.

5. Preisausschreiben und Auslobung

Art. 8 ¹ Wer durch Preisausschreiben oder Auslobung für eine Leistung eine Belohnung aussetzt, hat diese seiner Auskündung gemäss zu entrichten.

² Tritt er zurück, bevor die Leistung erfolgt ist, so hat er denjenigen, die auf Grund der Auskündung in guten Treuen Aufwendungen gemacht haben, hierfür bis höchstens zum Betrag der ausgesetzten Belohnung Ersatz zu leisten, sofern er nicht beweist, dass ihnen die Leistung doch nicht gelungen wäre.

6. Widerruf des Antrages und der Annahme

Art. 9 ¹ Trifft der Widerruf bei dem anderen Teile vor oder mit dem Antrage ein, oder wird er bei späterem Eintreffen dem andern zur Kenntnis gebracht, bevor dieser vom Antrag Kenntnis genommen hat, so ist der Antrag als nicht geschehen zu betrachten.

² Dasselbe gilt für den Widerruf der Annahme.

III. Beginn der Wirkungen eines unter Abwesenden geschlossenen Vertrages

Art. 10 ¹ Ist ein Vertrag unter Abwesenden zustande gekommen, so beginnen seine Wirkungen mit dem Zeitpunkte, wo die Erklärung der Annahme zur Absendung abgegeben wurde.

² Wenn eine ausdrückliche Annahme nicht erforderlich ist, so beginnen die Wirkungen des Vertrages mit dem Empfange des Antrages.

B. Form der Verträge
I. Erfordernis und Bedeutung im Allgemeinen

Art. 11 ¹ Verträge bedürfen zu ihrer Gültigkeit nur dann einer besonderen Form, wenn das Gesetz eine solche vorschreibt.

² Ist über Bedeutung und Wirkung einer gesetzlich vorgeschriebenen Form nicht etwas anderes bestimmt, so hängt von deren Beobachtung die Gültigkeit des Vertrages ab.

II. Schriftlichkeit
1. Gesetzlich vorgeschriebene Form
a. Bedeutung

Art. 12 Ist für einen Vertrag die schriftliche Form gesetzlich vorgeschrieben, so gilt diese Vorschrift auch für jede Abänderung, mit Ausnahme von ergänzenden Nebenbestimmungen, die mit der Urkunde nicht im Widerspruche stehen.

b. Erfordernisse

Art. 13 ¹ Ein Vertrag, für den die schriftliche Form gesetzlich vorgeschrieben ist, muss die Unterschriften aller Personen tragen, die durch ihn verpflichtet werden sollen.

² ...³

c. Unterschrift

Art. 14 ¹ Die Unterschrift ist eigenhändig zu schreiben.

---

3 Aufgehoben durch Anhang Ziff. 2 des BG vom 19. Dez. 2003 über die elektronische Signatur, mit Wirkung seit 1. Jan. 2005 (AS 2004 5085; BBl 2001 5679).

² Eine Nachbildung der eigenhändigen Schrift auf mechanischem Wege wird nur da als genügend anerkannt, wo deren Gebrauch im Verkehr üblich ist, insbesondere wo es sich um die Unterschrift auf Wertpapieren handelt, die in grosser Zahl ausgegeben werden.

2bis Der eigenhändigen Unterschrift gleichgestellt ist die mit einem qualifizierten Zeitstempel verbundene qualifizierte elektronische Signatur gemäss Bundesgesetz vom 18. März 2016[4] über die elektronische Signatur. Abweichende gesetzliche oder vertragliche Regelungen bleiben vorbehalten.[5]

³ Für den Blinden ist die Unterschrift nur dann verbindlich, wenn sie beglaubigt ist, oder wenn nachgewiesen wird, dass er zur Zeit der Unterzeichnung den Inhalt der Urkunde gekannt hat.

d. Ersatz der Unterschrift

Art. 15 Kann eine Person nicht unterschreiben, so ist es, mit Vorbehalt der Bestimmungen über den Wechsel, gestattet, die Unterschrift durch ein beglaubigtes Handzeichen zu ersetzen oder durch eine öffentliche Beurkundung ersetzen zu lassen.

2. Vertraglich vorbehaltene Form

Art. 16 ¹ Ist für einen Vertrag, der vom Gesetze an keine Form gebunden ist, die Anwendung einer solchen vorbehalten worden, so wird vermutet, dass die Parteien vor Erfüllung der Form nicht verpflichtet sein wollen.

² Geht eine solche Abrede auf schriftliche Form ohne nähere Bezeichnung, so gelten für deren Erfüllung die Erfordernisse der gesetzlich vorgeschriebenen Schriftlichkeit.

C. Verpflichtungsgrund

Art. 17 Ein Schuldbekenntnis ist gültig auch ohne die Angabe eines Verpflichtungsgrundes.

D. Auslegung der Verträge, Simulation

Art. 18 ¹ Bei der Beurteilung eines Vertrages sowohl nach Form als nach Inhalt ist der übereinstimmende wirkliche Wille und nicht die unrichtige Bezeichnung oder Ausdrucksweise zu beachten, die von den Parteien aus Irrtum oder in der Absicht gebraucht wird, die wahre Beschaffenheit des Vertrages zu verbergen.

² Dem Dritten, der die Forderung im Vertrauen auf ein schriftliches Schuldbekenntnis erworben hat, kann der Schuldner die Einrede der Simulation nicht entgegensetzen.

---

[4] SR 943.03

[5] Eingefügt durch Anhang Ziff. 2 des BG vom 19. Dez. 2003 über die elektronische Signatur (AS 2004 5085; BBl 2001 5679). Fassung gemäss Anhang Ziff. II 4 des BG vom 18. März 2016 über die elektronische Signatur, in Kraft seit 1. Jan. 2017 (AS 2016 4651; BBl 2014 1001).

E. Inhalt des Vertrages
I. Bestimmung des Inhaltes

Art. 19 ¹ Der Inhalt des Vertrages kann innerhalb der Schranken des Gesetzes beliebig festgestellt werden.

² Von den gesetzlichen Vorschriften abweichende Vereinbarungen sind nur zulässig, wo das Gesetz nicht eine unabänderliche Vorschrift aufstellt oder die Abweichung nicht einen Verstoss gegen die öffentliche Ordnung, gegen die guten Sitten oder gegen das Recht der Persönlichkeit in sich schliesst.

II. Nichtigkeit

Art. 20 ¹ Ein Vertrag, der einen unmöglichen oder widerrechtlichen Inhalt hat oder gegen die guten Sitten verstösst, ist nichtig.

² Betrifft aber der Mangel bloss einzelne Teile des Vertrages, so sind nur diese nichtig, sobald nicht anzunehmen ist, dass er ohne den nichtigen Teil überhaupt nicht geschlossen worden wäre.

III. Übervorteilung

Art. 21 ¹ Wird ein offenbares Missverhältnis zwischen der Leistung und der Gegenleistung durch einen Vertrag begründet, dessen Abschluss von dem einen Teil durch Ausbeutung der Notlage, der Unerfahrenheit oder des Leichtsinns des andern herbeigeführt worden ist, so kann der Verletzte innerhalb Jahresfrist erklären, dass er den Vertrag nicht halte, und das schon Geleistete zurückverlangen.

² Die Jahresfrist beginnt mit dem Abschluss des Vertrages.

IV. Vorvertrag

Art. 22 ¹ Durch Vertrag kann die Verpflichtung zum Abschluss eines künftigen Vertrages begründet werden.

² Wo das Gesetz zum Schutze der Vertragschliessenden für die Gültigkeit des künftigen Vertrages eine Form vorschreibt, gilt diese auch für den Vorvertrag.

F. Mängel des Vertragsabschlusses
I. Irrtum
1. Wirkung

Art. 23 Der Vertrag ist für denjenigen unverbindlich, der sich beim Abschluss in einem wesentlichen Irrtum befunden hat.

2. Fälle des Irrtums

Art. 24 ¹ Der Irrtum ist namentlich in folgenden Fällen ein wesentlicher:
1. wenn der Irrende einen andern Vertrag eingehen wollte als denjenigen, für den er seine Zustimmung erklärt hat;
2. wenn der Wille des Irrenden auf eine andere Sache oder, wo der Vertrag mit Rücksicht auf eine bestimmte Person abgeschlossen wurde, auf eine andere Person gerichtet war, als er erklärt hat;
3. wenn der Irrende eine Leistung von erheblich grösserem Umfange versprochen hat oder eine Gegenleistung von erheblich geringerem Umfange sich hat versprechen lassen, als es sein Wille war;

Die Entstehung der Obligationen Art. 29 OR | 1

4. wenn der Irrtum einen bestimmten Sachverhalt betraf, der vom Irrenden nach Treu und Glauben im Geschäftsverkehr als eine notwendige Grundlage des Vertrages betrachtet wurde.

² Bezieht sich dagegen der Irrtum nur auf den Beweggrund zum Vertragsabschlusse, so ist er nicht wesentlich.

³ Blosse Rechnungsfehler hindern die Verbindlichkeit des Vertrages nicht, sind aber zu berichtigen.

3. Geltendmachung gegen Treu und Glauben

Art. 25 ¹ Die Berufung auf Irrtum ist unstatthaft, wenn sie Treu und Glauben widerspricht.

² Insbesondere muss der Irrende den Vertrag gelten lassen, wie er ihn verstanden hat, sobald der andere sich hierzu bereit erklärt.

4. Fahrlässiger Irrtum

Art. 26 ¹ Hat der Irrende, der den Vertrag nicht gegen sich gelten lässt, seinen Irrtum der eigenen Fahrlässigkeit zuzuschreiben, so ist er zum Ersatze des aus dem Dahinfallen des Vertrages erwachsenen Schadens verpflichtet, es sei denn, dass der andere den Irrtum gekannt habe oder hätte kennen sollen.

² Wo es der Billigkeit entspricht, kann der Richter auf Ersatz weiteren Schadens erkennen.

5. Unrichtige Übermittlung

Art. 27 Wird beim Vertragsabschluss Antrag oder Annahme durch einen Boten oder auf andere Weise unrichtig übermittelt, so finden die Vorschriften über den Irrtum entsprechende Anwendung.

II. Absichtliche Täuschung

Art. 28 ¹ Ist ein Vertragschliessender durch absichtliche Täuschung seitens des andern zu dem Vertragsabschlusse verleitet worden, so ist der Vertrag für ihn auch dann nicht verbindlich, wenn der erregte Irrtum kein wesentlicher war.

² Die von einem Dritten verübte absichtliche Täuschung hindert die Verbindlichkeit für den Getäuschten nur, wenn der andere zur Zeit des Vertragsabschlusses die Täuschung gekannt hat oder hätte kennen sollen.

III. Furchterregung
1. Abschluss des Vertrages

Art. 29 ¹ Ist ein Vertragschliessender von dem anderen oder von einem Dritten widerrechtlich durch Erregung gegründeter Furcht zur Eingehung eines Vertrages bestimmt worden, so ist der Vertrag für den Bedrohten unverbindlich.

² Ist die Drohung von einem Dritten ausgegangen, so hat, wo es der Billigkeit entspricht, der Bedrohte, der den Vertrag nicht halten will, dem anderen, wenn dieser die Drohung weder gekannt hat noch hätte kennen sollen, Entschädigung zu leisten.

2. Gegründete Furcht

Art. 30 ¹ Die Furcht ist für denjenigen eine gegründete, der nach den Umständen annehmen muss, dass er oder eine ihm nahe verbundene Person an Leib und Leben, Ehre oder Vermögen mit einer nahen und erheblichen Gefahr bedroht sei.

² Die Furcht vor der Geltendmachung eines Rechtes wird nur dann berücksichtigt, wenn die Notlage des Bedrohten benutzt worden ist, um ihm die Einräumung übermässiger Vorteile abzunötigen.

IV. Aufhebung des Mangels durch Genehmigung des Vertrages

Art. 31 ¹ Wenn der durch Irrtum, Täuschung oder Furcht beeinflusste Teil binnen Jahresfrist weder dem anderen eröffnet, dass er den Vertrag nicht halte, noch eine schon erfolgte Leistung zurückfordert, so gilt der Vertrag als genehmigt.

² Die Frist beginnt in den Fällen des Irrtums und der Täuschung mit der Entdeckung, in den Fällen der Furcht mit deren Beseitigung.

³ Die Genehmigung eines wegen Täuschung oder Furcht unverbindlichen Vertrages schliesst den Anspruch auf Schadenersatz nicht ohne weiteres aus.

G. Stellvertretung
I. Mit Ermächtigung
1. Im Allgemeinen
a. Wirkung der Vertretung

Art. 32 ¹ Wenn jemand, der zur Vertretung eines andern ermächtigt ist, in dessen Namen einen Vertrag abschliesst, so wird der Vertretene und nicht der Vertreter berechtigt und verpflichtet.

² Hat der Vertreter bei dem Vertragsabschlusse sich nicht als solcher zu erkennen gegeben, so wird der Vertretene nur dann unmittelbar berechtigt oder verpflichtet, wenn der andere aus den Umständen auf das Vertretungsverhältnis schliessen musste, oder wenn es ihm gleichgültig war, mit wem er den Vertrag schliesse.

³ Ist dies nicht der Fall, so bedarf es einer Abtretung der Forderung oder einer Schuldübernahme nach den hierfür geltenden Grundsätzen.

b. Umfang der Ermächtigung

Art. 33 ¹ Soweit die Ermächtigung, im Namen eines andern Rechtshandlungen vorzunehmen, aus Verhältnissen des öffentlichen Rechtes hervorgeht, ist sie nach den Vorschriften des öffentlichen Rechtes des Bundes und der Kantone zu beurteilen.

² Ist die Ermächtigung durch Rechtsgeschäft eingeräumt, so beurteilt sich ihr Umfang nach dessen Inhalt.

³ Wird die Ermächtigung vom Vollmachtgeber einem Dritten mitgeteilt, so beurteilt sich ihr Umfang diesem gegenüber nach Massgabe der erfolgten Kundgebung.

Die Entstehung der Obligationen

2. Auf Grund von Rechtsgeschäft
a. Beschränkung und Widerruf

Art. 34 ¹ Eine durch Rechtsgeschäft erteilte Ermächtigung kann vom Vollmachtgeber jederzeit beschränkt oder widerrufen werden, unbeschadet der Rechte, die sich aus einem unter den Beteiligten bestehenden anderen Rechtsverhältnis, wie Einzelarbeitsvertrag, Gesellschaftsvertrag, Auftrag, ergeben können.[6]

² Ein vom Vollmachtgeber zum voraus erklärter Verzicht auf dieses Recht ist ungültig.

³ Hat der Vertretene die Vollmacht ausdrücklich oder tatsächlich kundgegeben, so kann er deren gänzlichen oder teilweisen Widerruf gutgläubigen Dritten nur dann entgegensetzen, wenn er ihnen auch diesen Widerruf mitgeteilt hat.

b. Einfluss von Tod, Handlungsunfähigkeit u.a.

Art. 35 ¹ Die durch Rechtsgeschäft erteilte Ermächtigung erlischt, sofern nicht das Gegenteil bestimmt ist oder aus der Natur des Geschäfts hervorgeht, mit dem Verlust der entsprechenden Handlungsfähigkeit, dem Konkurs, dem Tod oder der Verschollenerklärung des Vollmachtgebers oder des Bevollmächtigten.[7]

² Die nämliche Wirkung hat die Auflösung einer juristischen Person oder einer in das Handelsregister eingetragenen Gesellschaft.

³ Die gegenseitigen persönlichen Ansprüche werden hievon nicht berührt.

c. Rückgabe der Vollmachtsurkunde

Art. 36 ¹ Ist dem Bevollmächtigten eine Vollmachtsurkunde ausgestellt worden, so ist er nach dem Erlöschen der Vollmacht zur Rückgabe oder gerichtlichen Hinterlegung der Urkunde verpflichtet.

² Wird er von dem Vollmachtgeber oder seinen Rechtsnachfolgern hierzu nicht angehalten, so sind diese den gutgläubigen Dritten für den Schaden verantwortlich.

d. Zeitpunkt der Wirkung des Erlöschens der Vollmacht

Art. 37 ¹ Solange das Erlöschen der Vollmacht dem Bevollmächtigten nicht bekannt geworden ist, berechtigt und verpflichtet er den Vollmachtgeber oder dessen Rechtsnachfolger, wie wenn die Vollmacht noch bestehen würde.

² Ausgenommen sind die Fälle, in denen der Dritte vom Erlöschen der Vollmacht Kenntnis hatte.

II. Ohne Ermächtigung
1. Genehmigung

Art. 38 ¹ Hat jemand, ohne dazu ermächtigt zu sein, als Stellvertreter einen Vertrag abgeschlossen, so wird der Vertretene nur dann Gläubiger oder Schuldner, wenn er den Vertrag genehmigt.

---

6 Fassung gemäss Ziff. II Art. 1 Ziff. 1 des BG vom 25. Juni 1971, in Kraft seit 1. Jan. 1972 (AS 1971 1465; BBl 1967 II 241). Siehe auch die Schl- und UeB des X. Tit.
7 Fassung gemäss Anhang Ziff. 10 des BG vom 19. Dez. 2008 (Erwachsenenschutz, Personenrecht und Kindesrecht), in Kraft seit 1. Jan. 2013 (AS 2011 725; BBl 2006 7001).

² Der andere ist berechtigt, von dem Vertretenen innerhalb einer angemessenen Frist eine Erklärung über die Genehmigung zu verlangen und ist nicht mehr gebunden, wenn der Vertretene nicht binnen dieser Frist die Genehmigung erklärt.

2. Nichtgenehmigung

Art. 39 ¹ Wird die Genehmigung ausdrücklich oder stillschweigend abgelehnt, so kann derjenige, der als Stellvertreter gehandelt hat, auf Ersatz des aus dem Dahinfallen des Vertrages erwachsenen Schadens belangt werden, sofern er nicht nachweist, dass der andere den Mangel der Vollmacht kannte oder hätte kennen sollen.

² Bei Verschulden des Vertreters kann der Richter, wo es der Billigkeit entspricht, auf Ersatz weitern Schadens erkennen.

³ In allen Fällen bleibt die Forderung aus ungerechtfertigter Bereicherung vorbehalten.

III. Vorbehalt besonderer Vorschriften

Art. 40 In Bezug auf die Vollmacht der Vertreter und Organe von Gesellschaften, der Prokuristen und anderer Handlungsbevollmächtigter bleiben die besonderen Vorschriften vorbehalten.

H. Widerruf bei Haustürgeschäften und ähnlichen Verträgen

I. Geltungsbereich

Art. 40a[8] ¹ Die nachfolgenden Bestimmungen sind auf Verträge über bewegliche Sachen und Dienstleistungen, die für den persönlichen oder familiären Gebrauch des Kunden bestimmt sind, anwendbar, wenn:
a. der Anbieter der Güter oder Dienstleistungen im Rahmen einer beruflichen oder gewerblichen Tätigkeit gehandelt hat und
b. die Leistung des Kunden 100 Franken übersteigt.

² Die Bestimmungen gelten nicht für Rechtsgeschäfte, die im Rahmen von bestehenden Finanzdienstleistungsverträgen gemäss Finanzdienstleistungsgesetz vom 15. Juni 2018[9] durch Finanzinstitute und Banken abgeschlossen werden.[10]

²bis Für Versicherungsverträge gelten die Bestimmungen des Versicherungsvertragsgesetzes vom 2. April 1908[11].[12]

³ Bei wesentlicher Veränderung der Kaufkraft des Geldes passt der Bundesrat den in Absatz 1 Buchstabe b genannten Betrag entsprechend an.

---

8 Eingefügt durch Ziff. I des BG vom 5. Okt. 1990, in Kraft seit 1. Juli 1991 (AS 1991 846; BBl 1986 II 354).
9 SR 950.1
10 Fassung gemäss Ziff. II des BG vom 19. Juni 2020, in Kraft seit 1. Jan. 2022 (AS 2020 4969; BBl 2017 5089).
11 SR 221.229.1
12 Eingefügt durch Ziff. II des BG vom 19. Juni 2020, in Kraft seit 1. Jan. 2022 (AS 2020 4969; BBl 2017 5089).

II. Grundsatz	**Art. 40b**[13] Der Kunde kann seinen Antrag zum Vertragsabschluss oder seine Annahmeerklärung widerrufen, wenn ihm das Angebot gemacht wurde: a.[14] an seinem Arbeitsplatz, in Wohnräumen oder in deren unmittelbaren Umgebung; b. in öffentlichen Verkehrsmitteln oder auf öffentlichen Strassen und Plätzen; c. an einer Werbeveranstaltung, die mit einer Ausflugsfahrt oder einem ähnlichen Anlass verbunden war; d.[15] am Telefon oder über vergleichbare Mittel der gleichzeitigen mündlichen Telekommunikation.
III. Ausnahmen	**Art. 40c**[16] Der Kunde hat kein Widerrufsrecht, wenn er: a. die Vertragsverhandlungen ausdrücklich gewünscht hat; b. seine Erklärung an einem Markt- oder Messestand abgegeben hat.
IV. Orientierungspflicht des Anbieters	**Art. 40d**[17] [1] Der Anbieter muss den Kunden schriftlich oder in einer anderen Form, die den Nachweis durch Text ermöglicht, über das Widerrufsrecht sowie über Form und Frist des Widerrufs unterrichten und ihm seine Adresse bekannt geben.[18] [2] Diese Angaben müssen datiert sein und die Identifizierung des Vertrags ermöglichen. [3] Sie sind dem Kunden so zu übermitteln, dass er sie kennt, wenn er den Vertrag beantragt oder annimmt.[19]
V. Widerruf 1. Form und Frist	**Art. 40e**[20] [1] Der Widerruf ist an keine Form gebunden. Der Nachweis des fristgemässen Widerrufs obliegt dem Kunden.[21] [2] Die Widerrufsfrist beträgt 14 Tage und beginnt, sobald der Kunde:[22] a. den Vertrag beantragt oder angenommen hat; und

---

13 Eingefügt durch Ziff. I des BG vom 5. Okt. 1990, in Kraft seit 1. Juli 1991 (AS 1991 846; BBl 1986 II 354).
14 Fassung gemäss Ziff. I des BG vom 18. Juni 1993, in Kraft seit 1. Jan. 1994 (AS 1993 3120; BBl 1993 I 805).
15 Eingefügt durch Ziff. I des BG vom 19. Juni 2015 (Revision des Widerrufsrechts), in Kraft seit 1. Jan. 2016 (AS 2015 4107; BBl 2014 921 2993).
16 Eingefügt durch Ziff. I des BG vom 5. Okt. 1990 (AS 1991 846; BBl 1986 II 354). Fassung gemäss Ziff. I des BG vom 18. Juni 1993, in Kraft seit 1. Jan. 1994 (AS 1993 3120; BBl 1993 I 805).
17 Eingefügt durch Ziff. I des BG vom 5. Okt. 1990 (AS 1991 846; BBl 1986 II 354). Fassung gemäss Ziff. I des BG vom 18. Juni 1993, in Kraft seit 1. Jan. 1994 (AS 1993 3120; BBl 1993 I 805).
18 Fassung gemäss Ziff. I des BG vom 19. Juni 2015 (Revision des Widerrufsrechts), in Kraft seit 1. Jan. 2016 (AS 2015 4107; BBl 2014 921 2993).
19 Fassung gemäss Ziff. I des BG vom 19. Juni 2015 (Revision des Widerrufsrechts), in Kraft seit 1. Jan. 2016 (AS 2015 4107; BBl 2014 921 2993).
20 Eingefügt durch Ziff. I des BG vom 5. Okt. 1990 (AS 1991 846; BBl 1986 II 354). Fassung gemäss Ziff. I des BG vom 18. Juni 1993, in Kraft seit 1. Jan. 1994 (AS 1993 3120; BBl 1993 I 805).
21 Fassung gemäss Ziff. I des BG vom 19. Juni 2015 (Revision des Widerrufsrechts), in Kraft seit 1. Jan. 2016 (AS 2015 4107; BBl 2014 921 2993).
22 Fassung gemäss Ziff. I des BG vom 19. Juni 2015 (Revision des Widerrufsrechts), in Kraft seit 1. Jan. 2016 (AS 2015 4107; BBl 2014 921 2993).

b. von den Angaben nach Artikel 40*d* Kenntnis erhalten hat.

³ Der Beweis des Zeitpunkts, in dem der Kunde von den Angaben nach Artikel 40*d* Kenntnis erhalten hat, obliegt dem Anbieter.

⁴ Die Frist ist eingehalten, wenn der Kunde am letzten Tag der Widerrufsfrist dem Anbieter seinen Widerruf mitteilt oder seine Widerrufserklärung der Post übergibt.²³

2. Folgen

Art. 40f²⁴ ¹ Hat der Kunde widerrufen, so müssen die Parteien bereits empfangene Leistungen zurückerstatten.

² Hat der Kunde eine Sache bereits gebraucht, so schuldet er dem Anbieter einen angemessenen Mietzins.

³ Hat der Anbieter eine Dienstleistung erbracht, so muss ihm der Kunde Auslagen und Verwendungen nach den Bestimmungen über den Auftrag (Art. 402) ersetzen.

⁴ Der Kunde schuldet dem Anbieter keine weitere Entschädigung.

Art. 40g²⁵

Zweiter Abschnitt: Die Entstehung durch unerlaubte Handlungen

A. Haftung im Allgemeinen
I. Voraussetzungen der Haftung

Art. 41 ¹ Wer einem andern widerrechtlich Schaden zufügt, sei es mit Absicht, sei es aus Fahrlässigkeit, wird ihm zum Ersatze verpflichtet.

² Ebenso ist zum Ersatze verpflichtet, wer einem andern in einer gegen die guten Sitten verstossenden Weise absichtlich Schaden zufügt.

II. Festsetzung des Schadens

Art. 42 ¹ Wer Schadenersatz beansprucht, hat den Schaden zu beweisen.

² Der nicht ziffernmässig nachweisbare Schaden ist nach Ermessen des Richters mit Rücksicht auf den gewöhnlichen Lauf der Dinge und auf die vom Geschädigten getroffenen Massnahmen abzuschätzen.

³ Bei Tieren, die im häuslichen Bereich und nicht zu Vermögens- oder Erwerbszwecken gehalten werden, können die Heilungskosten auch

---

23 Fassung gemäss Ziff. I des BG vom 19. Juni 2015 (Revision des Widerrufsrechts), in Kraft seit 1. Jan. 2016 (AS 2015 4107; BBl 2014 921 2993).
24 Eingefügt durch Ziff. I des BG vom 5. Okt. 1990, in Kraft seit 1. Juli 1991 (AS 1991 846; BBl 1986 II 354).
25 Eingefügt durch Ziff. I des BG vom 5. Okt. 1990 (AS 1991 846; BBl 1986 II 354). Aufgehoben durch Anhang Ziff. 5 des Gerichtsstandsgesetzes vom 24. März 2000, mit Wirkung seit 1. Jan. 2001 (AS 2000 2355; BBl 1999 III 2829).

dann angemessen als Schaden geltend gemacht werden, wenn sie den Wert des Tieres übersteigen.[26]

III. Bestimmung des Ersatzes

Art. 43 [1] Art und Grösse des Ersatzes für den eingetretenen Schaden bestimmt der Richter, der hiebei sowohl die Umstände als die Grösse des Verschuldens zu würdigen hat.

[1bis] Im Falle der Verletzung oder Tötung eines Tieres, das im häuslichen Bereich und nicht zu Vermögens- oder Erwerbszwecken gehalten wird, kann er dem Affektionswert, den dieses für seinen Halter oder dessen Angehörige hatte, angemessen Rechnung tragen.[27]

[2] Wird Schadenersatz in Gestalt einer Rente zugesprochen, so ist der Schuldner gleichzeitig zur Sicherheitsleistung anzuhalten.

IV. Herabsetzungsgründe

Art. 44 [1] Hat der Geschädigte in die schädigende Handlung eingewilligt, oder haben Umstände, für die er einstehen muss, auf die Entstehung oder Verschlimmerung des Schadens eingewirkt oder die Stellung des Ersatzpflichtigen sonst erschwert, so kann der Richter die Ersatzpflicht ermässigen oder gänzlich von ihr entbinden.

[2] Würde ein Ersatzpflichtiger, der den Schaden weder absichtlich noch grobfahrlässig verursacht hat, durch Leistung des Ersatzes in eine Notlage versetzt, so kann der Richter auch aus diesem Grunde die Ersatzpflicht ermässigen.

V. Besondere Fälle
1. Tötung und Körperverletzung
a. Schadenersatz bei Tötung

Art. 45 [1] Im Falle der Tötung eines Menschen sind die entstandenen Kosten, insbesondere diejenigen der Bestattung, zu ersetzen.

[2] Ist der Tod nicht sofort eingetreten, so muss namentlich auch für die Kosten der versuchten Heilung und für die Nachteile der Arbeitsunfähigkeit Ersatz geleistet werden.

[3] Haben andere Personen durch die Tötung ihren Versorger verloren, so ist auch für diesen Schaden Ersatz zu leisten.

b. Schadenersatz bei Körperverletzung

Art. 46 [1] Körperverletzung gibt dem Verletzten Anspruch auf Ersatz der Kosten, sowie auf Entschädigung für die Nachteile gänzlicher oder teilweiser Arbeitsunfähigkeit, unter Berücksichtigung der Erschwerung des wirtschaftlichen Fortkommens.

[2] Sind im Zeitpunkte der Urteilsfällung die Folgen der Verletzung nicht mit hinreichender Sicherheit festzustellen, so kann der Richter bis auf zwei Jahre, vom Tage des Urteils an gerechnet, dessen Abänderung vorbehalten.

---

26 Eingefügt durch Ziff. II des BG vom 4. Okt. 2002 (Grundsatzartikel Tiere), in Kraft seit 1. April 2003 (AS 2003 463; BBl 2002 4164 5806).
27 Eingefügt durch Ziff. II des BG vom 4. Okt. 2002 (Grundsatzartikel Tiere), in Kraft seit 1. April 2003 (AS 2003 463; BBl 2002 4164 5806).

c. Leistung von Genugtuung

Art. 47 Bei Tötung eines Menschen oder Körperverletzung kann der Richter unter Würdigung der besonderen Umstände dem Verletzten oder den Angehörigen des Getöteten eine angemessene Geldsumme als Genugtuung zusprechen.

2. ...

Art. 48[28]

3. Bei Verletzung der Persönlichkeit

Art. 49[29] [1] Wer in seiner Persönlichkeit widerrechtlich verletzt wird, hat Anspruch auf Leistung einer Geldsumme als Genugtuung, sofern die Schwere der Verletzung es rechtfertigt und diese nicht anders wiedergutgemacht worden ist.

[2] Anstatt oder neben dieser Leistung kann der Richter auch auf eine andere Art der Genugtuung erkennen.

VI. Haftung mehrerer
1. Bei unerlaubter Handlung

Art. 50 [1] Haben mehrere den Schaden gemeinsam verschuldet, sei es als Anstifter, Urheber oder Gehilfen, so haften sie dem Geschädigten solidarisch.

[2] Ob und in welchem Umfange die Beteiligten Rückgriff gegeneinander haben, wird durch richterliches Ermessen bestimmt.

[3] Der Begünstiger haftet nur dann und nur soweit für Ersatz, als er einen Anteil an dem Gewinn empfangen oder durch seine Beteiligung Schaden verursacht hat.

2. Bei verschiedenen Rechtsgründen

Art. 51 [1] Haften mehrere Personen aus verschiedenen Rechtsgründen, sei es aus unerlaubter Handlung, aus Vertrag oder aus Gesetzesvorschrift dem Verletzten für denselben Schaden, so wird die Bestimmung über den Rückgriff unter Personen, die einen Schaden gemeinsam verschuldet haben, entsprechend auf sie angewendet.

[2] Dabei trägt in der Regel derjenige in erster Linie den Schaden, der ihn durch unerlaubte Handlung verschuldet hat, und in letzter Linie derjenige, der ohne eigene Schuld und ohne vertragliche Verpflichtung nach Gesetzesvorschrift haftbar ist.

VII. Haftung bei Notwehr, Notstand und Selbsthilfe

Art. 52 [1] Wer in berechtigter Notwehr einen Angriff abwehrt, hat den Schaden, den er dabei dem Angreifer in seiner Person oder in seinem Vermögen zufügt, nicht zu ersetzen.

[2] Wer in fremdes Vermögen eingreift, um drohenden Schaden oder Gefahr von sich oder einem andern abzuwenden, hat nach Ermessen des Richters Schadenersatz zu leisten.

---

28 Aufgehoben durch Art. 21 Abs. 1 des BG vom 30. Sept. 1943 über den unlauteren Wettbewerb, mit Wirkung seit 1. März 1945 (BS 2 951).
29 Fassung gemäss Ziff. II 1 des BG vom 16. Dez. 1983, in Kraft seit 1. Juli 1985 (AS 1984 778; BBl 1982 II 636).

³ Wer zum Zwecke der Sicherung eines berechtigten Anspruches sich selbst Schutz verschafft, ist dann nicht ersatzpflichtig, wenn nach den gegebenen Umständen amtliche Hilfe nicht rechtzeitig erlangt und nur durch Selbsthilfe eine Vereitelung des Anspruches oder eine wesentliche Erschwerung seiner Geltendmachung verhindert werden konnte.

VIII. Verhältnis zum Strafrecht

Art. 53 ¹ Bei der Beurteilung der Schuld oder Nichtschuld, Urteilsfähigkeit oder Urteilsunfähigkeit ist der Richter an die Bestimmungen über strafrechtliche Zurechnungsfähigkeit oder an eine Freisprechung durch das Strafgericht nicht gebunden.

² Ebenso ist das strafgerichtliche Erkenntnis mit Bezug auf die Beurteilung der Schuld und die Bestimmung des Schadens für den Zivilrichter nicht verbindlich.

B. Haftung urteilsunfähiger Personen

Art. 54 ¹ Aus Billigkeit kann der Richter auch eine nicht urteilsfähige Person, die Schaden verursacht hat, zu teilweisem oder vollständigem Ersatze verurteilen.

² Hat jemand vorübergehend die Urteilsfähigkeit verloren und in diesem Zustand Schaden angerichtet, so ist er hierfür ersatzpflichtig, wenn er nicht nachweist, dass dieser Zustand ohne sein Verschulden eingetreten ist.

C. Haftung des Geschäftsherrn

Art. 55 ¹ Der Geschäftsherr haftet für den Schaden, den seine Arbeitnehmer oder andere Hilfspersonen in Ausübung ihrer dienstlichen oder geschäftlichen Verrichtungen verursacht haben, wenn er nicht nachweist, dass er alle nach den Umständen gebotene Sorgfalt angewendet hat, um einen Schaden dieser Art zu verhüten, oder dass der Schaden auch bei Anwendung dieser Sorgfalt eingetreten wäre.[30]

² Der Geschäftsherr kann auf denjenigen, der den Schaden gestiftet hat, insoweit Rückgriff nehmen, als dieser selbst schadenersatzpflichtig ist.

D. Haftung für Tiere
I. Ersatzpflicht

Art. 56 ¹ Für den von einem Tier angerichteten Schaden haftet, wer dasselbe hält, wenn er nicht nachweist, dass er alle nach den Umständen gebotene Sorgfalt in der Verwahrung und Beaufsichtigung angewendet habe, oder dass der Schaden auch bei Anwendung dieser Sorgfalt eingetreten wäre.

² Vorbehalten bleibt ihm der Rückgriff, wenn das Tier von einem andern oder durch das Tier eines andern gereizt worden ist.

---

30 Fassung gemäss Ziff. II Art. 1 Ziff. 2 des BG vom 25. Juni 1971, in Kraft seit 1. Jan. 1972 (AS 1971 1465; BBl 1967 II 241). Siehe auch die Schl- und UeB des X. Tit.

³ ...³¹

II. Pfändung des Tieres

Art. 57 ¹ Der Besitzer eines Grundstückes ist berechtigt, Dritten angehörige Tiere, die auf dem Grundstücke Schaden anrichten, zur Sicherung seiner Ersatzforderung einzufangen und in seinen Gewahrsam zu nehmen und, wo die Umstände es rechtfertigen, sogar zu töten.

² Er ist jedoch verpflichtet, ohne Verzug dem Eigentümer davon Kenntnis zu geben und, sofern ihm dieser nicht bekannt ist, zu dessen Ermittlung das Nötige vorzukehren.

E. Haftung des Werkeigentümers
I. Ersatzpflicht

Art. 58 ¹ Der Eigentümer eines Gebäudes oder eines andern Werkes hat den Schaden zu ersetzen, den diese infolge von fehlerhafter Anlage oder Herstellung oder von mangelhafter Instandhaltung verursachen.

² Vorbehalten bleibt ihm der Rückgriff auf andere, die ihm hierfür verantwortlich sind.

II. Sichernde Massregeln

Art. 59 ¹ Wer von dem Gebäude oder Werke eines andern mit Schaden bedroht ist, kann von dem Eigentümer verlangen, dass er die erforderlichen Massregeln zur Abwendung der Gefahr treffe.

² Vorbehalten bleiben die Anordnungen der Polizei zum Schutze von Personen und Eigentum.

F. Haftung für kryptografische Schlüssel

Art. 59a³² ¹ Der Inhaber eines kryptografischen Schlüssels, der zur Erzeugung elektronischer Signaturen oder Siegel eingesetzt wird, haftet Drittpersonen für Schäden, die diese erleiden, weil sie sich auf ein gültiges geregeltes Zertifikat einer anerkannten Anbieterin von Zertifizierungsdiensten im Sinne des Bundesgesetzes vom 18. März 2016³³ über die elektronische Signatur verlassen haben.

² Die Haftung entfällt, wenn der Inhaber glaubhaft darlegen kann, dass er die nach den Umständen notwendigen und zumutbaren Sicherheitsvorkehrungen getroffen hat, um den Missbrauch des kryptografischen Schlüssels zu verhindern.

³ Der Bundesrat umschreibt die Sicherheitsvorkehrungen im Sinne von Absatz 2.

---

31 Aufgehoben durch Art. 27 Ziff. 3 des Jagdgesetzes vom 20. Juni 1986, mit Wirkung seit 1. April 1988 (AS 1988 506; BBl 1983 II 1197).
32 Eingefügt durch Anhang Ziff. 2 des BG vom 19. Dez. 2003 über die elektronische Signatur (AS 2004 5085; BBl 2001 5679). Fassung gemäss Anhang Ziff. II 4 des BG vom 18. März 2016 über die elektronische Signatur, in Kraft seit 1. Jan. 2017 (AS 2016 4651; BBl 2014 1001).
33 SR 943.03

G. Verjährung[34]

Art. 60 [1] Der Anspruch auf Schadenersatz oder Genugtuung verjährt mit Ablauf von drei Jahren von dem Tage an gerechnet, an welchem der Geschädigte Kenntnis vom Schaden und von der Person des Ersatzpflichtigen erlangt hat, jedenfalls aber mit Ablauf von zehn Jahren, vom Tage an gerechnet, an welchem das schädigende Verhalten erfolgte oder aufhörte.[35]

[1bis] Bei Tötung eines Menschen oder bei Körperverletzung verjährt der Anspruch auf Schadenersatz oder Genugtuung mit Ablauf von drei Jahren von dem Tage an gerechnet, an welchem der Geschädigte Kenntnis vom Schaden und von der Person des Ersatzpflichtigen erlangt hat, jedenfalls aber mit Ablauf von zwanzig Jahren, vom Tage an gerechnet, an welchem das schädigende Verhalten erfolgte oder aufhörte.[36]

[2] Hat die ersatzpflichtige Person durch ihr schädigendes Verhalten eine strafbare Handlung begangen, so verjährt der Anspruch auf Schadenersatz oder Genugtuung ungeachtet der vorstehenden Absätze frühestens mit Eintritt der strafrechtlichen Verfolgungsverjährung. Tritt diese infolge eines erstinstanzlichen Strafurteils nicht mehr ein, so verjährt der Anspruch frühestens mit Ablauf von drei Jahren seit Eröffnung des Urteils.[37]

[3] Ist durch die unerlaubte Handlung gegen den Verletzten eine Forderung begründet worden, so kann dieser die Erfüllung auch dann verweigern, wenn sein Anspruch aus der unerlaubten Handlung verjährt ist.

H. Verantwortlichkeit öffentlicher Beamter und Angestellter[38]

Art. 61 [1] Über die Pflicht von öffentlichen Beamten oder Angestellten, den Schaden, den sie in Ausübung ihrer amtlichen Verrichtungen verursachen, zu ersetzen oder Genugtuung zu leisten, können der Bund und die Kantone auf dem Wege der Gesetzgebung abweichende Bestimmungen aufstellen.

[2] Für gewerbliche Verrichtungen von öffentlichen Beamten oder Angestellten können jedoch die Bestimmungen dieses Abschnittes durch kantonale Gesetze nicht geändert werden.

---

34 Fassung gemäss Anhang Ziff. 2 des BG vom 19. Dez. 2003 über die elektronische Signatur, in Kraft seit 1. Jan. 2005 (AS 2004 5085; BBl 2001 5679).
35 Fassung gemäss Ziff. I des BG vom 15. Juni 2018 (Revision des Verjährungsrechts), in Kraft seit 1. Jan. 2020 (AS 2018 5343; BBl 2014 235).
36 Eingefügt durch Ziff. I des BG vom 15. Juni 2018 (Revision des Verjährungsrechts), in Kraft seit 1. Jan. 2020 (AS 2018 5343; BBl 2014 235).
37 Fassung gemäss Ziff. I des BG vom 15. Juni 2018 (Revision des Verjährungsrechts), in Kraft seit 1. Jan. 2020 (AS 2018 5343; BBl 2014 235).
38 Fassung gemäss Anhang Ziff. 2 des BG vom 19. Dez. 2003 über die elektronische Signatur, in Kraft seit 1. Jan. 2005 (AS 2004 5085; BBl 2001 5679).

Dritter Abschnitt: Die Entstehung aus ungerechtfertigter Bereicherung

A. Voraussetzung
I. Im Allgemeinen

Art. 62 ¹ Wer in ungerechtfertigter Weise aus dem Vermögen eines andern bereichert worden ist, hat die Bereicherung zurückzuerstatten.

² Insbesondere tritt diese Verbindlichkeit dann ein, wenn jemand ohne jeden gültigen Grund oder aus einem nicht verwirklichten oder nachträglich weggefallenen Grund eine Zuwendung erhalten hat.

II. Zahlung einer Nichtschuld

Art. 63 ¹ Wer eine Nichtschuld freiwillig bezahlt, kann das Geleistete nur dann zurückfordern, wenn er nachzuweisen vermag, dass er sich über die Schuldpflicht im Irrtum befunden hat.

² Ausgeschlossen ist die Rückforderung, wenn die Zahlung für eine verjährte Schuld oder in Erfüllung einer sittlichen Pflicht geleistet wurde.

³ Vorbehalten bleibt die Rückforderung einer bezahlten Nichtschuld nach Schuldbetreibungs- und Konkursrecht.

B. Umfang der Rückerstattung
I. Pflicht des Bereicherten

Art. 64 Die Rückerstattung kann insoweit nicht gefordert werden, als der Empfänger nachweisbar zur Zeit der Rückforderung nicht mehr bereichert ist, es sei denn, dass er sich der Bereicherung entäusserte und hiebei nicht in gutem Glauben war oder doch mit der Rückerstattung rechnen musste.

II. Ansprüche aus Verwendungen

Art. 65 ¹ Der Empfänger hat Anspruch auf Ersatz der notwendigen und nützlichen Verwendungen, für letztere jedoch, wenn er beim Empfange nicht in gutem Glauben war, nur bis zum Betrage des zur Zeit der Rückerstattung noch vorhandenen Mehrwertes.

² Für andere Verwendungen kann er keinen Ersatz verlangen, darf aber, wenn ihm ein solcher nicht angeboten wird, vor der Rückgabe der Sache, was er verwendet hat, wieder wegnehmen, soweit dies ohne Beschädigung der Sache selbst geschehen kann.

C. Ausschluss der Rückforderungen

Art. 66 Was in der Absicht, einen rechtswidrigen oder unsittlichen Erfolg herbeizuführen, gegeben worden ist, kann nicht zurückgefordert werden.

D. Verjährung

Art. 67 ¹ Der Bereicherungsanspruch verjährt mit Ablauf von drei Jahren, nachdem der Verletzte von seinem Anspruch Kenntnis erhalten hat, in jedem Fall aber mit Ablauf von zehn Jahren seit der Entstehung des Anspruchs.[39]

² Besteht die Bereicherung in einer Forderung an den Verletzten, so kann dieser die Erfüllung auch dann verweigern, wenn der Bereicherungsanspruch verjährt ist.

Zweiter Titel: Die Wirkung der Obligationen

Erster Abschnitt: Die Erfüllung der Obligationen

A. Allgemeine Grundsätze
I. Persönliche Leistung

Art. 68 Der Schuldner ist nur dann verpflichtet, persönlich zu erfüllen, wenn es bei der Leistung auf seine Persönlichkeit ankommt.

II. Gegenstand der Erfüllung
1. Teilzahlung

Art. 69 ¹ Der Gläubiger braucht eine Teilzahlung nicht anzunehmen, wenn die gesamte Schuld feststeht und fällig ist.

² Will der Gläubiger eine Teilzahlung annehmen, so kann der Schuldner die Zahlung des von ihm anerkannten Teiles der Schuld nicht verweigern.

2. Unteilbare Leistung

Art. 70 ¹ Ist eine unteilbare Leistung an mehrere Gläubiger zu entrichten, so hat der Schuldner an alle gemeinsam zu leisten, und jeder Gläubiger kann die Leistung an alle gemeinsam fordern.

² Ist eine unteilbare Leistung von mehreren Schuldnern zu entrichten, so ist jeder Schuldner zu der ganzen Leistung verpflichtet.

³ Sofern sich aus den Umständen nicht etwas anderes ergibt, kann alsdann der Schuldner, der den Gläubiger befriedigt hat, von den übrigen Schuldnern verhältnismässigen Ersatz verlangen, und es gehen, soweit ihm ein solcher Anspruch zusteht, die Rechte des befriedigten Gläubigers auf ihn über.

3. Bestimmung nach der Gattung

Art. 71 ¹ Ist die geschuldete Sache nur der Gattung nach bestimmt, so steht dem Schuldner die Auswahl zu, insofern sich aus dem Rechtsverhältnis nicht etwas anderes ergibt.

² Er darf jedoch nicht eine Sache unter mittlerer Qualität anbieten.

4. Wahlobligation

Art. 72 Ist die Schuldpflicht in der Weise auf mehrere Leistungen gerichtet, dass nur die eine oder die andere erfolgen soll, so steht die Wahl dem Schuldner zu, insofern sich aus dem Rechtsverhältnis nicht etwas anderes ergibt.

---

[39] Fassung gemäss Ziff. I des BG vom 15. Juni 2018 (Revision des Verjährungsrechts), in Kraft seit 1. Jan. 2020 (AS 2018 5343; BBl 2014 235).

5. Zinse

Art. 73 [1] Geht die Schuldpflicht auf Zahlung von Zinsen und ist deren Höhe weder durch Vertrag noch durch Gesetz oder Übung bestimmt, so sind Zinse zu fünf vom Hundert für das Jahr zu bezahlen.

[2] Dem öffentlichen Rechte bleibt es vorbehalten, Bestimmungen gegen Missbräuche im Zinswesen aufzustellen.

B. Ort der Erfüllung

Art. 74 [1] Der Ort der Erfüllung wird durch den ausdrücklichen oder aus den Umständen zu schliessenden Willen der Parteien bestimmt.

[2] Wo nichts anderes bestimmt ist, gelten folgende Grundsätze:
1. Geldschulden sind an dem Orte zu zahlen, wo der Gläubiger zur Zeit der Erfüllung seinen Wohnsitz hat;
2. wird eine bestimmte Sache geschuldet, so ist diese da zu übergeben, wo sie sich zur Zeit des Vertragsabschlusses befand;
3. andere Verbindlichkeiten sind an dem Orte zu erfüllen, wo der Schuldner zur Zeit ihrer Entstehung seinen Wohnsitz hatte.

[3] Wenn der Gläubiger seinen Wohnsitz, an dem er die Erfüllung fordern kann, nach der Entstehung der Schuld ändert und dem Schuldner daraus eine erhebliche Belästigung erwächst, so ist dieser berechtigt, an dem ursprünglichen Wohnsitze zu erfüllen.

C. Zeit der Erfüllung
I. Unbefristete Verbindlichkeit

Art. 75 Ist die Zeit der Erfüllung weder durch Vertrag noch durch die Natur des Rechtsverhältnisses bestimmt, so kann die Erfüllung sogleich geleistet und gefordert werden.

II. Befristete Verbindlichkeit
1. Monatstermin

Art. 76 [1] Ist die Zeit auf Anfang oder Ende eines Monates festgesetzt, so ist darunter der erste oder der letzte Tag des Monates zu verstehen.

[2] Ist die Zeit auf die Mitte eines Monates festgesetzt, so gilt der fünfzehnte dieses Monates.

2. Andere Fristbestimmung

Art. 77 [1] Soll die Erfüllung einer Verbindlichkeit oder eine andere Rechtshandlung mit dem Ablaufe einer bestimmten Frist nach Abschluss des Vertrages erfolgen, so fällt ihr Zeitpunkt:
1. wenn die Frist nach Tagen bestimmt ist, auf den letzten Tag der Frist, wobei der Tag, an dem der Vertrag geschlossen wurde, nicht mitgerechnet und, wenn die Frist auf acht oder 15 Tage lautet, nicht die Zeit von einer oder zwei Wochen verstanden wird, sondern volle acht oder 15 Tage;
2. wenn die Frist nach Wochen bestimmt ist, auf denjenigen Tag der letzten Woche, der durch seinen Namen dem Tage des Vertragsabschlusses entspricht;
3. wenn die Frist nach Monaten oder einem mehrere Monate umfassenden Zeitraume (Jahr, halbes Jahr, Vierteljahr) bestimmt ist, auf

denjenigen Tag des letzten Monates, der durch seine Zahl dem Tage des Vertragsabschlusses entspricht, und, wenn dieser Tag in dem letzten Monate fehlt, auf den letzten Tag dieses Monates. Der Ausdruck «halber Monat» wird einem Zeitraume von 15 Tagen gleichgeachtet, die, wenn eine Frist auf einen oder mehrere Monate und einen halben Monat lautet, zuletzt zu zählen sind.

² In gleicher Weise wird die Frist auch dann berechnet, wenn sie nicht von dem Tage des Vertragsabschlusses, sondern von einem andern Zeitpunkte an zu laufen hat.

³ Soll die Erfüllung innerhalb einer bestimmten Frist geschehen, so muss sie vor deren Ablauf erfolgen.

3. Sonn- und Feiertage

Art. 78 ¹ Fällt der Zeitpunkt der Erfüllung oder der letzte Tag einer Frist auf einen Sonntag oder auf einen andern am Erfüllungsorte staatlich anerkannten Feiertag[40], so gilt als Erfüllungstag oder als letzter Tag der Frist der nächstfolgende Werktag.

² Abweichende Vereinbarungen bleiben vorbehalten.

III. Erfüllung zur Geschäftszeit

Art. 79 Die Erfüllung muss an dem festgesetzten Tage während der gewöhnlichen Geschäftszeit vollzogen und angenommen werden.

IV. Fristverlängerung

Art. 80 Ist die vertragsmässige Frist verlängert worden, so beginnt die neue Frist, sofern sich aus dem Vertrage nicht etwas anderes ergibt, am ersten Tage nach Ablauf der alten Frist.

V. Vorzeitige Erfüllung

Art. 81 ¹ Sofern sich nicht aus dem Inhalt oder der Natur des Vertrages oder aus den Umständen eine andere Willensmeinung der Parteien ergibt, kann der Schuldner schon vor dem Verfalltage erfüllen.

² Er ist jedoch nicht berechtigt, einen Diskonto abzuziehen, es sei denn, dass Übereinkunft oder Übung einen solchen gestatten.

VI. Bei zweiseitigen Verträgen
1. Ordnung in der Erfüllung

Art. 82 Wer bei einem zweiseitigen Vertrage den andern zur Erfüllung anhalten will, muss entweder bereits erfüllt haben oder die Erfüllung anbieten, es sei denn, dass er nach dem Inhalte oder der Natur des Vertrages erst später zu erfüllen hat.

2. Rücksicht auf einseitige Zahlungsunfähigkeit

Art. 83 ¹ Ist bei einem zweiseitigen Vertrag der eine Teil zahlungsunfähig geworden, wie namentlich, wenn er in Konkurs geraten oder fruchtlos gepfändet ist, und wird durch diese Verschlechterung der Vermögenslage der Anspruch des andern gefährdet, so kann dieser

---

40 Hinsichtlich der gesetzlichen Frist des eidgenössischen Rechts und der kraft eidgenössischen Rechts von Behörden angesetzten Fristen wird heute der Samstag einem anerkannten Feiertag gleichgestellt (Art. 1 des BG vom 21. Juni 1963 über den Fristenlauf an Samstagen – SR 173.110.3).

seine Leistung so lange zurückhalten, bis ihm die Gegenleistung sichergestellt wird.

² Wird er innerhalb einer angemessenen Frist auf sein Begehren nicht sichergestellt, so kann er vom Vertrage zurücktreten.

D. Zahlung
I. Landeswährung

Art. 84[41] ¹ Geldschulden sind in gesetzlichen Zahlungsmitteln der geschuldeten Währung zu bezahlen.

² Lautet die Schuld auf eine Währung, die am Zahlungsort nicht Landeswährung ist, so kann die geschuldete Summe nach ihrem Wert zur Verfallzeit dennoch in Landeswährung bezahlt werden, sofern nicht durch den Gebrauch des Wortes «effektiv» oder eines ähnlichen Zusatzes die wortgetreue Erfüllung des Vertrags ausbedungen ist.

II. Anrechnung
1. Bei Teilzahlung

Art. 85 ¹ Der Schuldner kann eine Teilzahlung nur insoweit auf das Kapital anrechnen, als er nicht mit Zinsen oder Kosten im Rückstande ist.

² Sind dem Gläubiger für einen Teil seiner Forderung Bürgen gestellt, oder Pfänder oder andere Sicherheiten gegeben worden, so ist der Schuldner nicht berechtigt, eine Teilzahlung auf den gesicherten oder besser gesicherten Teil der Forderung anzurechnen.

2. Bei mehreren Schulden
a. Nach Erklärung des Schuldners oder des Gläubigers

Art. 86 ¹ Hat der Schuldner mehrere Schulden an denselben Gläubiger zu bezahlen, so ist er berechtigt, bei der Zahlung zu erklären, welche Schuld er tilgen will.

² Mangelt eine solche Erklärung, so wird die Zahlung auf diejenige Schuld angerechnet, die der Gläubiger in seiner Quittung bezeichnet, vorausgesetzt, dass der Schuldner nicht sofort Widerspruch erhebt.

b. Nach Gesetzesvorschrift

Art. 87 ¹ Liegt weder eine gültige Erklärung über die Tilgung noch eine Bezeichnung in der Quittung vor, so ist die Zahlung auf die fällige Schuld anzurechnen, unter mehreren fälligen auf diejenige Schuld, für die der Schuldner zuerst betrieben worden ist, und hat keine Betreibung stattgefunden, auf die früher verfallene.

² Sind sie gleichzeitig verfallen, so findet eine verhältnismässige Anrechnung statt.

³ Ist keine der mehreren Schulden verfallen, so wird die Zahlung auf die Schuld angerechnet, die dem Gläubiger am wenigsten Sicherheit darbietet.

---

41 Fassung gemäss Anhang Ziff. 2 des BG vom 22. Dez. 1999 über die Währung und die Zahlungsmittel, in Kraft seit 1. Mai 2000 (AS 2000 1144; BBl 1999 7258).

III. Quittung und Rückgabe des Schuldscheines	**Art. 88** ¹ Der Schuldner, der eine Zahlung leistet, ist berechtigt, eine Quittung und, falls die Schuld vollständig getilgt wird, auch die Rückgabe des Schuldscheines oder dessen Entkräftung zu fordern.
1. Recht des Schuldners	

² Ist die Zahlung keine vollständige oder sind in dem Schuldscheine auch andere Rechte des Gläubigers beurkundet, so kann der Schuldner ausser der Quittung nur die Vormerkung auf dem Schuldscheine verlangen.

2. Wirkung **Art. 89** ¹ Werden Zinse oder andere periodische Leistungen geschuldet, so begründet die für eine spätere Leistung ohne Vorbehalt ausgestellte Quittung die Vermutung, es seien die früher fällig gewordenen Leistungen entrichtet.

² Ist eine Quittung für die Kapitalschuld ausgestellt, so wird vermutet, dass auch die Zinse bezahlt seien.

³ Die Rückgabe des Schuldscheines an den Schuldner begründet die Vermutung, dass die Schuld getilgt sei.

3. Unmöglichkeit der Rückgabe **Art. 90** ¹ Behauptet der Gläubiger, es sei der Schuldschein abhanden gekommen, so kann der Schuldner bei der Zahlung fordern, dass der Gläubiger die Entkräftung des Schuldscheines und die Tilgung der Schuld in einer öffentlichen oder beglaubigten Urkunde erkläre.

² Vorbehalten bleiben die Bestimmungen über Kraftloserklärung von Wertpapieren.

E. Verzug des Gläubigers
I. Voraussetzung **Art. 91** Der Gläubiger kommt in Verzug, wenn er die Annahme der gehörig angebotenen Leistung oder die Vornahme der ihm obliegenden Vorbereitungshandlungen, ohne die der Schuldner zu erfüllen nicht imstande ist, ungerechtfertigterweise verweigert.

II. Wirkung
1. Bei Sachleistung
a. Recht zur Hinterlegung **Art. 92** ¹ Wenn der Gläubiger sich im Verzuge befindet, so ist der Schuldner berechtigt, die geschuldete Sache auf Gefahr und Kosten des Gläubigers zu hinterlegen und sich dadurch von seiner Verbindlichkeit zu befreien.

² Den Ort der Hinterlegung hat der Richter zu bestimmen, jedoch können Waren auch ohne richterliche Bestimmung in einem Lagerhause hinterlegt werden.[42]

b. Recht zum Verkauf **Art. 93** ¹ Ist nach der Beschaffenheit der Sache oder nach der Art des Geschäftsbetriebes eine Hinterlegung nicht tunlich, oder ist die Sache dem Verderben ausgesetzt, oder erheischt sie Unterhaltungs- oder erhebliche Aufbewahrungskosten, so kann der Schuldner nach

---

[42] Fassung gemäss Anhang Ziff. 5 des Gerichtsstandsgesetzes vom 24. März 2000, in Kraft seit 1. Jan. 2001 (AS 2000 2355; BBl 1999 III 2829).

vorgängiger Androhung mit Bewilligung des Richters die Sache öffentlich verkaufen lassen und den Erlös hinterlegen.

² Hat die Sache einen Börsen- oder Marktpreis oder ist sie im Verhältnis zu den Kosten von geringem Werte, so braucht der Verkauf kein öffentlicher zu sein und kann vom Richter auch ohne vorgängige Androhung gestattet werden.

c. Recht zur Rücknahme **Art. 94** ¹ Der Schuldner ist so lange berechtigt, die hinterlegte Sache wieder zurückzunehmen, als der Gläubiger deren Annahme noch nicht erklärt hat oder als nicht infolge der Hinterlegung ein Pfandrecht aufgehoben worden ist.

² Mit dem Zeitpunkte der Rücknahme tritt die Forderung mit allen Nebenrechten wieder in Kraft.

2. Bei andern Leistungen **Art. 95** Handelt es sich um die Verpflichtung zu einer andern als einer Sachleistung, so kann der Schuldner beim Verzug des Gläubigers nach den Bestimmungen über den Verzug des Schuldners vom Vertrage zurücktreten.

F. Andere Verhinderung der Erfüllung **Art. 96** Kann die Erfüllung der schuldigen Leistung aus einem andern in der Person des Gläubigers liegenden Grunde oder infolge einer unverschuldeten Ungewissheit über die Person des Gläubigers weder an diesen noch an einen Vertreter geschehen, so ist der Schuldner zur Hinterlegung oder zum Rücktritt berechtigt, wie beim Verzug des Gläubigers.

Zweiter Abschnitt: Die Folgen der Nichterfüllung

A. Ausbleiben der Erfüllung
I. Ersatzpflicht des Schuldners
1. Im Allgemeinen

Art. 97 ¹ Kann die Erfüllung der Verbindlichkeit überhaupt nicht oder nicht gehörig bewirkt werden, so hat der Schuldner für den daraus entstehenden Schaden Ersatz zu leisten, sofern er nicht beweist, dass ihm keinerlei Verschulden zur Last falle.

² Für die Vollstreckung gelten die Bestimmungen des Bundesgesetzes vom 11. April 1889[43] über Schuldbetreibung und Konkurs sowie der Zivilprozessordnung vom 19. Dezember 2008[44] (ZPO).[45]

2. Bei Verbindlichkeit zu einem Tun oder Nichttun **Art. 98** ¹ Ist der Schuldner zu einem Tun verpflichtet, so kann sich der Gläubiger, unter Vorbehalt seiner Ansprüche auf Schadenersatz,

---
43 SR 281.1
44 SR 272
45 Fassung gemäss Anhang 1 Ziff. II 5 der Zivilprozessordnung vom 19. Dez. 2008, in Kraft seit 1. Jan. 2011 (AS 2010 1739; BBl 2006 7221).

ermächtigen lassen, die Leistung auf Kosten des Schuldners vorzunehmen.

² Ist der Schuldner verpflichtet, etwas nicht zu tun, so hat er schon bei blossem Zuwiderhandeln den Schaden zu ersetzen.

³ Überdies kann der Gläubiger die Beseitigung des rechtswidrigen Zustandes verlangen und sich ermächtigen lassen, diesen auf Kosten des Schuldners zu beseitigen.

II. Mass der Haftung und Umfang des Schadenersatzes
1. Im Allgemeinen

Art. 99 ¹ Der Schuldner haftet im Allgemeinen für jedes Verschulden.

² Das Mass der Haftung richtet sich nach der besonderen Natur des Geschäftes und wird insbesondere milder beurteilt, wenn das Geschäft für den Schuldner keinerlei Vorteil bezweckt.

³ Im übrigen finden die Bestimmungen über das Mass der Haftung bei unerlaubten Handlungen auf das vertragswidrige Verhalten entsprechende Anwendung.

2. Wegbedingung der Haftung

Art. 100 ¹ Eine zum voraus getroffene Verabredung, wonach die Haftung für rechtswidrige Absicht oder grobe Fahrlässigkeit ausgeschlossen sein würde, ist nichtig.

² Auch ein zum voraus erklärter Verzicht auf Haftung für leichtes Verschulden kann nach Ermessen des Richters als nichtig betrachtet werden, wenn der Verzichtende zur Zeit seiner Erklärung im Dienst des anderen Teiles stand, oder wenn die Verantwortlichkeit aus dem Betriebe eines obrigkeitlich konzessionierten Gewerbes folgt.

³ Vorbehalten bleiben die besonderen Vorschriften über den Versicherungsvertrag.

3. Haftung für Hilfspersonen

Art. 101 ¹ Wer die Erfüllung einer Schuldpflicht oder die Ausübung eines Rechtes aus einem Schuldverhältnis, wenn auch befugterweise, durch eine Hilfsperson, wie Hausgenossen oder Arbeitnehmer vornehmen lässt, hat dem andern den Schaden zu ersetzen, den die Hilfsperson in Ausübung ihrer Verrichtungen verursacht.[46]

² Diese Haftung kann durch eine zum voraus getroffene Verabredung beschränkt oder aufgehoben werden.

³ Steht aber der Verzichtende im Dienst des andern oder folgt die Verantwortlichkeit aus dem Betriebe eines obrigkeitlich konzessionierten Gewerbes, so darf die Haftung höchstens für leichtes Verschulden wegbedungen werden.

---

46 Fassung gemäss Ziff. II Art. 1 Ziff. 3 des BG vom 25. Juni 1971, in Kraft seit 1. Jan. 1972 (am Schluss des OR. Schl- und UeB des X. Tit.).

B. Verzug des Schuldners
I. Voraussetzung

Art. 102 ¹ Ist eine Verbindlichkeit fällig, so wird der Schuldner durch Mahnung des Gläubigers in Verzug gesetzt.

² Wurde für die Erfüllung ein bestimmter Verfalltag verabredet, oder ergibt sich ein solcher infolge einer vorbehaltenen und gehörig vorgenommenen Kündigung, so kommt der Schuldner schon mit Ablauf dieses Tages in Verzug.

II. Wirkung
1. Haftung für Zufall

Art. 103 ¹ Befindet sich der Schuldner im Verzuge, so hat er Schadenersatz wegen verspäteter Erfüllung zu leisten und haftet auch für den Zufall.

² Er kann sich von dieser Haftung durch den Nachweis befreien, dass der Verzug ohne jedes Verschulden von seiner Seite eingetreten ist oder dass der Zufall auch bei rechtzeitiger Erfüllung den Gegenstand der Leistung zum Nachteile des Gläubigers betroffen hätte.

2. Verzugszinse
a. Im Allgemeinen

Art. 104 ¹ Ist der Schuldner mit der Zahlung einer Geldschuld in Verzug, so hat er Verzugszinse zu fünf vom Hundert für das Jahr zu bezahlen, selbst wenn die vertragsmässigen Zinse weniger betragen.

² Sind durch Vertrag höhere Zinse als fünf vom Hundert, sei es direkt, sei es durch Verabredung einer periodischen Bankprovision, ausbedungen worden, so können sie auch während des Verzuges gefordert werden.

³ Unter Kaufleuten können für die Zeit, wo der übliche Bankdiskonto am Zahlungsorte fünf vom Hundert übersteigt, die Verzugszinse zu diesem höheren Zinsfusse berechnet werden.

b. Bei Zinsen, Renten, Schenkungen

Art. 105 ¹ Ein Schuldner, der mit der Zahlung von Zinsen oder mit der Entrichtung von Renten oder mit der Zahlung einer geschenkten Summe im Verzuge ist, hat erst vom Tage der Anhebung der Betreibung oder der gerichtlichen Klage an Verzugszinse zu bezahlen.

² Eine entgegenstehende Vereinbarung ist nach den Grundsätzen über Konventionalstrafe zu beurteilen.

³ Von Verzugszinsen dürfen keine Verzugszinse berechnet werden.

3. Weiterer Schaden

Art. 106 ¹ Hat der Gläubiger einen grösseren Schaden erlitten, als ihm durch die Verzugszinse vergütet wird, so ist der Schuldner zum Ersatze auch dieses Schadens verpflichtet, wenn er nicht beweist, dass ihm keinerlei Verschulden zur Last falle.

² Lässt sich dieser grössere Schaden zum voraus abschätzen, so kann der Richter den Ersatz schon im Urteil über den Hauptanspruch festsetzen.

Die Wirkung der Obligationen   Art. 111 OR | 1

| 4. Rücktritt und Schadenersatz
a. Unter Fristansetzung | **Art. 107** ¹ Wenn sich ein Schuldner bei zweiseitigen Verträgen im Verzuge befindet, so ist der Gläubiger berechtigt, ihm eine angemessene Frist zur nachträglichen Erfüllung anzusetzen oder durch die zuständige Behörde ansetzen zu lassen.

² Wird auch bis zum Ablaufe dieser Frist nicht erfüllt, so kann der Gläubiger immer noch auf Erfüllung nebst Schadenersatz wegen Verspätung klagen, statt dessen aber auch, wenn er es unverzüglich erklärt, auf die nachträgliche Leistung verzichten und entweder Ersatz des aus der Nichterfüllung entstandenen Schadens verlangen oder vom Vertrage zurücktreten.

b. Ohne Fristansetzung   **Art. 108** Die Ansetzung einer Frist zur nachträglichen Erfüllung ist nicht erforderlich:
1. wenn aus dem Verhalten des Schuldners hervorgeht, dass sie sich als unnütz erweisen würde;
2. wenn infolge Verzuges des Schuldners die Leistung für den Gläubiger nutzlos geworden ist;
3. wenn sich aus dem Vertrage die Absicht der Parteien ergibt, dass die Leistung genau zu einer bestimmten oder bis zu einer bestimmten Zeit erfolgen soll.

c. Wirkung des Rücktritts   **Art. 109** ¹ Wer vom Vertrage zurücktritt, kann die versprochene Gegenleistung verweigern und das Geleistete zurückfordern.

² Überdies hat er Anspruch auf Ersatz des aus dem Dahinfallen des Vertrages erwachsenen Schadens, sofern der Schuldner nicht nachweist, dass ihm keinerlei Verschulden zur Last falle.

Dritter Abschnitt: Beziehungen zu dritten Personen

A. Eintritt eines Dritten   **Art. 110** Soweit ein Dritter den Gläubiger befriedigt, gehen dessen Rechte von Gesetzes wegen auf ihn über:
1. wenn er eine für eine fremde Schuld verpfändete Sache einlöst, an der ihm das Eigentum oder ein beschränktes dingliches Recht zusteht;
2. wenn der Schuldner dem Gläubiger anzeigt, dass der Zahlende an die Stelle des Gläubigers treten soll.

B. Vertrag zu Lasten eines Dritten   **Art. 111** Wer einem andern die Leistung eines Dritten verspricht, ist, wenn sie nicht erfolgt, zum Ersatze des hieraus entstandenen Schadens verpflichtet.

C. Vertrag zugunsten eines Dritten
I. Im Allgemeinen

Art. 112 ¹ Hat sich jemand, der auf eigenen Namen handelt, eine Leistung an einen Dritten zu dessen Gunsten versprechen lassen, so ist er berechtigt, zu fordern, dass an den Dritten geleistet werde.

² Der Dritte oder sein Rechtsnachfolger kann selbständig die Erfüllung fordern, wenn es die Willensmeinung der beiden andern war, oder wenn es der Übung entspricht.

³ In diesem Falle kann der Gläubiger den Schuldner nicht mehr entbinden, sobald der Dritte dem letzteren erklärt hat, von seinem Rechte Gebrauch machen zu wollen.

II. Bei Haftpflichtversicherung

Art. 113 Wenn ein Dienstherr gegen die Folgen der gesetzlichen Haftpflicht versichert war und der Dienstpflichtige nicht weniger als die Hälfte an die Prämien geleistet hat, so steht der Anspruch aus der Versicherung ausschliesslich dem Dienstpflichtigen zu.

Dritter Titel: Das Erlöschen der Obligationen

A. Erlöschen der Nebenrechte

Art. 114 ¹ Geht eine Forderung infolge ihrer Erfüllung oder auf andere Weise unter, so erlöschen alle ihre Nebenrechte, wie namentlich die Bürgschaften und Pfandrechte.

² Bereits erlaufene Zinse können nur dann nachgefordert werden, wenn diese Befugnis des Gläubigers verabredet oder den Umständen zu entnehmen ist.

³ Vorbehalten bleiben die besonderen Vorschriften über das Grundpfandrecht, die Wertpapiere und den Nachlassvertrag.

B. Aufhebung durch Übereinkunft

Art. 115 Eine Forderung kann durch Übereinkunft ganz oder zum Teil auch dann formlos aufgehoben werden, wenn zur Eingehung der Verbindlichkeit eine Form erforderlich oder von den Vertragschliessenden gewählt war.

C. Neuerung
I. Im Allgemeinen

Art. 116 ¹ Die Tilgung einer alten Schuld durch Begründung einer neuen wird nicht vermutet.

² Insbesondere bewirkt die Eingehung einer Wechselverbindlichkeit mit Rücksicht auf eine bestehende Schuld oder die Ausstellung eines neuen Schuld- oder Bürgschaftsscheines, wenn es nicht anders vereinbart wird, keine Neuerung der bisherigen Schuld.

II. Beim Kontokorrentverhältnis

Art. 117 ¹ Die Einsetzung der einzelnen Posten in einen Kontokorrent hat keine Neuerung zur Folge.

Das Erlöschen der Obligationen

² Eine Neuerung ist jedoch anzunehmen, wenn der Saldo gezogen und anerkannt wird.

³ Bestehen für einen einzelnen Posten besondere Sicherheiten, so werden sie, unter Vorbehalt anderer Vereinbarung, durch die Ziehung und Anerkennung des Saldos nicht aufgehoben.

D. Vereinigung

Art. 118 ¹ Wenn die Eigenschaften des Gläubigers und des Schuldners in einer Person zusammentreffen, so gilt die Forderung als durch Vereinigung erloschen.

² Wird die Vereinigung rückgängig, so lebt die Forderung wieder auf.

³ Vorbehalten bleiben die besondern Vorschriften über das Grundpfandrecht und die Wertpapiere.

E. Unmöglichwerden einer Leistung

Art. 119 ¹ Soweit durch Umstände, die der Schuldner nicht zu verantworten hat, seine Leistung unmöglich geworden ist, gilt die Forderung als erloschen.

² Bei zweiseitigen Verträgen haftet der hienach freigewordene Schuldner für die bereits empfangene Gegenleistung aus ungerechtfertigter Bereicherung und verliert die noch nicht erfüllte Gegenforderung.

³ Ausgenommen sind die Fälle, in denen die Gefahr nach Gesetzesvorschrift oder nach dem Inhalt des Vertrages vor der Erfüllung auf den Gläubiger übergeht.

F. Verrechnung
I. Voraussetzung
1. Im Allgemeinen

Art. 120 ¹ Wenn zwei Personen einander Geldsummen oder andere Leistungen, die ihrem Gegenstande nach gleichartig sind, schulden, so kann jede ihre Schuld, insofern beide Forderungen fällig sind, mit ihrer Forderung verrechnen.

² Der Schuldner kann die Verrechnung geltend machen, auch wenn seine Gegenforderung bestritten wird.

³ Eine verjährte Forderung kann zur Verrechnung gebracht werden, wenn sie zurzeit, wo sie mit der andern Forderung verrechnet werden konnte, noch nicht verjährt war.

2. Bei Bürgschaft

Art. 121 Der Bürge kann die Befriedigung des Gläubigers verweigern, soweit dem Hauptschuldner das Recht der Verrechnung zusteht.

3. Bei Verträgen zugunsten Dritter

Art. 122 Wer sich zugunsten eines Dritten verpflichtet hat, kann diese Schuld nicht mit Forderungen, die ihm gegen den andern zustehen, verrechnen.

4. Im Konkurse des Schuldners

Art. 123 ¹ Im Konkurse des Schuldners können die Gläubiger ihre Forderungen, auch wenn sie nicht fällig sind, mit Forderungen, die dem Gemeinschuldner ihnen gegenüber zustehen, verrechnen.

² Die Ausschliessung oder Anfechtung der Verrechnung im Konkurse des Schuldners steht unter den Vorschriften des Schuldbetreibungs- und Konkursrechts.

II. Wirkung der Verrechnung

Art. 124 ¹ Eine Verrechnung tritt nur insofern ein, als der Schuldner dem Gläubiger zu erkennen gibt, dass er von seinem Rechte der Verrechnung Gebrauch machen wolle.

² Ist dies geschehen, so wird angenommen, Forderung und Gegenforderung seien, soweit sie sich ausgleichen, schon im Zeitpunkte getilgt worden, in dem sie zur Verrechnung geeignet einander gegenüberstanden.

³ Vorbehalten bleiben die besonderen Übungen des kaufmännischen Kontokorrentverkehres.

III. Fälle der Ausschliessung

Art. 125 Wider den Willen des Gläubigers können durch Verrechnung nicht getilgt werden:
1. Verpflichtungen zur Rückgabe oder zum Ersatze hinterlegter, widerrechtlich entzogener oder böswillig vorenthaltener Sachen;
2. Verpflichtungen, deren besondere Natur die tatsächliche Erfüllung an den Gläubiger verlangt, wie Unterhaltsansprüche und Lohnguthaben, die zum Unterhalt des Gläubigers und seiner Familie unbedingt erforderlich sind;
3. Verpflichtungen gegen das Gemeinwesen aus öffentlichem Rechte.

IV. Verzicht

Art. 126 Auf die Verrechnung kann der Schuldner zum voraus Verzicht leisten.

G. Verjährung
I. Fristen
1. Zehn Jahre

Art. 127 Mit Ablauf von zehn Jahren verjähren alle Forderungen, für die das Bundeszivilrecht nicht etwas anderes bestimmt.

2. Fünf Jahre

Art. 128 Mit Ablauf von fünf Jahren verjähren die Forderungen:
1. für Miet-, Pacht- und Kapitalzinse sowie für andere periodische Leistungen;
2. aus Lieferung von Lebensmitteln, für Beköstigung und für Wirtsschulden;
3.[47] aus Handwerksarbeit, Kleinverkauf von Waren, ärztlicher Besorgung, Berufsarbeiten von Anwälten, Rechtsagenten, Prokuratoren und Notaren sowie aus dem Arbeitsverhältnis von Arbeitnehmern.

---

47 Fassung gemäss Ziff. II Art. 1 Ziff. 4 des BG vom 25. Juni 1971, in Kraft seit 1. Jan. 1972 (AS 1971 1465; BBl 1967 II 241). Siehe auch die Schl- und UeB des X. Tit.

2a. Zwanzig Jahre	**Art. 128a**[48] Forderungen auf Schadenersatz oder Genugtuung aus vertragswidriger Körperverletzung oder Tötung eines Menschen verjähren mit Ablauf von drei Jahren vom Tage an gerechnet, an welchem der Geschädigte Kenntnis vom Schaden erlangt hat, jedenfalls aber mit Ablauf von zwanzig Jahren, vom Tage an gerechnet, an welchem das schädigende Verhalten erfolgte oder aufhörte.
3. Unabänderlichkeit der Fristen	**Art. 129** Die in diesem Titel aufgestellten Verjährungsfristen können durch Verfügung der Beteiligten nicht abgeändert werden.
4. Beginn der Verjährung a. Im Allgemeinen	**Art. 130** ¹ Die Verjährung beginnt mit der Fälligkeit der Forderung. ² Ist eine Forderung auf Kündigung gestellt, so beginnt die Verjährung mit dem Tag, auf den die Kündigung zulässig ist.
b. Bei periodischen Leistungen	**Art. 131** ¹ Bei Leibrenten und ähnlichen periodischen Leistungen beginnt die Verjährung für das Forderungsrecht im Ganzen mit dem Zeitpunkte, in dem die erste rückständige Leistung fällig war. ² Ist das Forderungsrecht im Ganzen verjährt, so sind es auch die einzelnen Leistungen.
5. Berechnung der Fristen	**Art. 132** ¹ Bei der Berechnung der Frist ist der Tag, von dem an die Verjährung läuft, nicht mitzurechnen und die Verjährung erst dann als beendigt zu betrachten, wenn der letzte Tag unbenützt verstrichen ist. ² Im Übrigen gelten die Vorschriften für die Fristberechnungen bei der Erfüllung auch für die Verjährung.
II. Wirkung auf Nebenansprüche	**Art. 133** Mit dem Hauptansprüche verjähren die aus ihm entspringenden Zinse und andere Nebenansprüche.
III. Hinderung und Stillstand der Verjährung	**Art. 134** ¹ Die Verjährung beginnt nicht und steht still, falls sie begonnen hat: 1.[49] für Forderungen der Kinder gegen die Eltern bis zur Volljährigkeit der Kinder; 2.[50] für Forderungen der urteilsunfähigen Person gegen die vorsorgebeauftragte Person, solange der Vorsorgeauftrag wirksam ist; 3. für Forderungen der Ehegatten gegeneinander während der Dauer der Ehe;

---

[48] Eingefügt durch Ziff. I des BG vom 15. Juni 2018 (Revision des Verjährungsrechts), in Kraft seit 1. Jan. 2020 (AS 2018 5343; BBl 2014 235).
[49] Fassung gemäss Anhang Ziff. 1 des BG vom 20. März 2015 (Kindesunterhalt), in Kraft seit 1. Jan. 2017 (AS 2015 4299; BBl 2014 529).
[50] Fassung gemäss Anhang Ziff. 10 des BG vom 19. Dez. 2008 (Erwachsenenschutz, Personenrecht und Kindesrecht), in Kraft seit 1. Jan. 2013 (AS 2011 725; BBl 2006 7001).

3bis.[51] für Forderungen von eingetragenen Partnerinnen oder Partnern gegeneinander, während der Dauer ihrer eingetragenen Partnerschaft;

4.[52] für Forderungen der Arbeitnehmer, die mit dem Arbeitgeber in Hausgemeinschaft leben, gegen diesen während der Dauer des Arbeitsverhältnisses;

5. solange dem Schuldner an der Forderung eine Nutzniessung zusteht;

6.[53] solange eine Forderung aus objektiven Gründen vor keinem Gericht geltend gemacht werden kann;

7.[54] für Forderungen des Erblassers oder gegen diesen, während der Dauer des öffentlichen Inventars;

8.[55] während der Dauer von Vergleichsgesprächen, eines Mediationsverfahrens oder anderer Verfahren zur aussergerichtlichen Streitbeilegung, sofern die Parteien dies schriftlich vereinbaren.

² Nach Ablauf des Tages, an dem diese Verhältnisse zu Ende gehen, nimmt die Verjährung ihren Anfang oder, falls sie begonnen hatte, ihren Fortgang.

³ Vorbehalten bleiben die besonderen Vorschriften des Schuldbetreibungs- und Konkursrechtes.

IV. Unterbrechung der Verjährung
1. Unterbrechungsgründe

Art. 135 Die Verjährung wird unterbrochen:

1. durch Anerkennung der Forderung von seiten des Schuldners, namentlich auch durch Zins- und Abschlagszahlungen, Pfand- und Bürgschaftsbestellung;

2.[56] durch Schuldbetreibung, durch Schlichtungsgesuch, durch Klage oder Einrede vor einem staatlichen Gericht oder einem Schiedsgericht sowie durch Eingabe im Konkurs.

2. Wirkung der Unterbrechung unter Mitverpflichteten

Art. 136[57] ¹ Die Unterbrechung der Verjährung gegen einen Solidarschuldner oder den Mitschuldner einer unteilbaren Leistung wirkt

---

51 Eingefügt durch Anhang Ziff. 11 des Partnerschaftsgesetzes vom 18. Juni 2004, in Kraft seit 1. Jan. 2007 (AS 2005 5685; BBl 2003 1288).
52 Fassung gemäss Ziff. II Art. 1 Ziff. 5 des BG vom 25. Juni 1971, in Kraft seit 1. Jan. 1972 (AS 1971 1465; BBl 1967 II 241). Siehe auch die Schl- und UeB des X. Tit.
53 Fassung gemäss Ziff. I des BG vom 15. Juni 2018 (Revision des Verjährungsrechts), in Kraft seit 1. Jan. 2020 (AS 2018 5343; BBl 2014 235).
54 Eingefügt durch Ziff. I des BG vom 15. Juni 2018 (Revision des Verjährungsrechts), in Kraft seit 1. Jan. 2020 (AS 2018 5343; BBl 2014 235).
55 Eingefügt durch Ziff. I des BG vom 15. Juni 2018 (Revision des Verjährungsrechts), in Kraft seit 1. Jan. 2020 (AS 2018 5343; BBl 2014 235).
56 Fassung gemäss Anhang 1 Ziff. II 5 der Zivilprozessordnung vom 19. Dez. 2008, in Kraft seit 1. Jan. 2011 (AS 2010 1739; BBl 2006 7221).
57 Fassung gemäss Ziff. I des BG vom 15. Juni 2018 (Revision des Verjährungsrechts), in Kraft seit 1. Jan. 2020 (AS 2018 5343; BBl 2014 235).

auch gegen die übrigen Mitschuldner, sofern sie auf einer Handlung des Gläubigers beruht.

² Ist die Verjährung gegen den Hauptschuldner unterbrochen, so ist sie es auch gegen den Bürgen, sofern die Unterbrechung auf einer Handlung des Gläubigers beruht.

³ Dagegen wirkt die gegen den Bürgen eingetretene Unterbrechung nicht gegen den Hauptschuldner.

⁴ Die Unterbrechung gegenüber dem Versicherer wirkt auch gegenüber dem Schuldner und umgekehrt, sofern ein direktes Forderungsrecht gegen den Versicherer besteht.

3. Beginn einer neuen Frist
a. Bei Anerkennung und Urteil

Art. 137 ¹ Mit der Unterbrechung beginnt die Verjährung von neuem.

² Wird die Forderung durch Ausstellung einer Urkunde anerkannt oder durch Urteil des Richters festgestellt, so ist die neue Verjährungsfrist stets die zehnjährige.

b. Bei Handlungen des Gläubigers

Art. 138 ¹ Wird die Verjährung durch Schlichtungsgesuch, Klage oder Einrede unterbrochen, so beginnt die Verjährung von Neuem zu laufen, wenn der Rechtsstreit vor der befassten Instanz abgeschlossen ist.[58]

² Erfolgt die Unterbrechung durch Schuldbetreibung, so beginnt mit jedem Betreibungsakt die Verjährung von neuem.

³ Geschieht die Unterbrechung durch Eingabe im Konkurse, so beginnt die neue Verjährung mit dem Zeitpunkte, in dem die Forderung nach dem Konkursrechte wieder geltend gemacht werden kann.

V. Verjährung des Regressanspruchs

Art. 139[59] Haften mehrere Schuldner solidarisch, so verjährt der Regressanspruch jenes Schuldners, der den Gläubiger befriedigt hat, mit Ablauf von drei Jahren vom Tage an gerechnet, an welchem er den Gläubiger befriedigt hat und den Mitschuldner kennt.

VI. Verjährung bei Fahrnispfandrecht

Art. 140 Durch das Bestehen eines Fahrnispfandrechtes wird die Verjährung einer Forderung nicht ausgeschlossen, ihr Eintritt verhindert jedoch den Gläubiger nicht an der Geltendmachung des Pfandrechtes.

---

58 Fassung gemäss Anhang 1 Ziff. II 5 der Zivilprozessordnung vom 19. Dez. 2008, in Kraft seit 1. Jan. 2011 (AS 2010 1739; BBl 2006 7221).
59 Fassung gemäss Ziff. I des BG vom 15. Juni 2018 (Revision des Verjährungsrechts), in Kraft seit 1. Jan. 2020 (AS 2018 5343; BBl 2014 235).

VII. Verzicht auf die Verjährungseinrede[60]

Art. 141 [1] Der Schuldner kann ab Beginn der Verjährung jeweils für höchstens zehn Jahre auf die Erhebung der Verjährungseinrede verzichten.[61]

[1bis] Der Verzicht muss in schriftlicher Form erfolgen. In allgemeinen Geschäftsbedingungen kann lediglich der Verwender auf die Erhebung der Verjährungseinrede verzichten.[62]

[2] Der Verzicht eines Solidarschuldners kann den übrigen Solidarschuldnern nicht entgegengehalten werden.

[3] Dasselbe gilt unter mehreren Schuldnern einer unteilbaren Leistung und für den Bürgen beim Verzicht des Hauptschuldners.

[4] Der Verzicht durch den Schuldner kann dem Versicherer entgegengehalten werden und umgekehrt, sofern ein direktes Forderungsrecht gegenüber dem Versicherer besteht.[63]

VIII. Geltendmachung

Art. 142 Der Richter darf die Verjährung nicht von Amtes wegen berücksichtigen.

Vierter Titel: Besondere Verhältnisse bei Obligationen

Erster Abschnitt: Die Solidarität

A. Solidarschuld
I. Entstehung

Art. 143 [1] Solidarität unter mehreren Schuldnern entsteht, wenn sie erklären, dass dem Gläubiger gegenüber jeder einzeln für die Erfüllung der ganzen Schuld haften wolle.

[2] Ohne solche Willenserklärung entsteht Solidarität nur in den vom Gesetze bestimmten Fällen.

II. Verhältnis zwischen Gläubiger und Schuldner
1. Wirkung
a. Haftung der Schuldner

Art. 144 [1] Der Gläubiger kann nach seiner Wahl von allen Solidarschuldnern je nur einen Teil oder das Ganze fordern.

[2] Sämtliche Schuldner bleiben so lange verpflichtet, bis die ganze Forderung getilgt ist.

b. Einreden der Schuldner

Art. 145 [1] Ein Solidarschuldner kann dem Gläubiger nur solche Einreden entgegensetzen, die entweder aus seinem persönlichen Ver-

---

60 Fassung gemäss Ziff. I des BG vom 15. Juni 2018 (Revision des Verjährungsrechts), in Kraft seit 1. Jan. 2020 (AS 2018 5343; BBl 2014 235).
61 Fassung gemäss Ziff. I des BG vom 15. Juni 2018 (Revision des Verjährungsrechts), in Kraft seit 1. Jan. 2020 (AS 2018 5343; BBl 2014 235).
62 Eingefügt durch Ziff. I des BG vom 15. Juni 2018 (Revision des Verjährungsrechts), in Kraft seit 1. Jan. 2020 (AS 2018 5343; BBl 2014 235).
63 Eingefügt durch Ziff. I des BG vom 15. Juni 2018 (Revision des Verjährungsrechts), in Kraft seit 1. Jan. 2020 (AS 2018 5343; BBl 2014 235).

hältnisse zum Gläubiger oder aus dem gemeinsamen Entstehungsgrunde oder Inhalte der solidarischen Verbindlichkeit hervorgehen.

² Jeder Solidarschuldner wird den andern gegenüber verantwortlich, wenn er diejenigen Einreden nicht geltend macht, die allen gemeinsam zustehen.

c. Persönliche Handlung des Einzelnen

Art. 146 Ein Solidarschuldner kann, soweit es nicht anders bestimmt ist, durch seine persönliche Handlung die Lage der andern nicht erschweren.

2. Erlöschen der Solidarschuld

Art. 147 ¹ Soweit ein Solidarschuldner durch Zahlung oder Verrechnung den Gläubiger befriedigt hat, sind auch die übrigen befreit.

² Wird ein Solidarschuldner ohne Befriedigung des Gläubigers befreit, so wirkt die Befreiung zugunsten der andern nur so weit, als die Umstände oder die Natur der Verbindlichkeit es rechtfertigen.

III. Verhältnis unter den Solidarschuldnern
1. Beteiligung

Art. 148 ¹ Sofern sich aus dem Rechtsverhältnisse unter den Solidarschuldnern nicht etwas anderes ergibt, hat von der an den Gläubiger geleisteten Zahlung ein jeder einen gleichen Teil zu übernehmen.

² Bezahlt ein Solidarschuldner mehr als seinen Teil, so hat er für den Mehrbetrag Rückgriff auf seine Mitschuldner.

³ Was von einem Mitschuldner nicht erhältlich ist, haben die übrigen gleichmässig zu tragen.

2. Übergang der Gläubigerrechte

Art. 149 ¹ Auf den rückgriffsberechtigten Solidarschuldner gehen in demselben Masse, als er den Gläubiger befriedigt hat, dessen Rechte über.

² Der Gläubiger ist dafür verantwortlich, dass er die rechtliche Lage des einen Solidarschuldners nicht zum Schaden der übrigen besser stelle.

B. Solidarforderung

Art. 150 ¹ Solidarität unter mehreren Gläubigern entsteht, wenn der Schuldner erklärt, jeden einzelnen auf die ganze Forderung berechtigen zu wollen sowie in den vom Gesetze bestimmten Fällen.

² Die Leistung an einen der Solidargläubiger befreit den Schuldner gegenüber allen.

³ Der Schuldner hat die Wahl, an welchen Solidargläubiger er bezahlen will, solange er nicht von einem rechtlich belangt worden ist.

Zweiter Abschnitt: Die Bedingungen

A. Aufschiebende Bedingung
I. Im Allgemeinen

Art. 151 ¹ Ein Vertrag, dessen Verbindlichkeit vom Eintritte einer ungewissen Tatsache abhängig gemacht wird, ist als bedingt anzusehen.

² Für den Beginn der Wirkungen ist der Zeitpunkt massgebend, in dem die Bedingung in Erfüllung geht, sofern nicht auf eine andere Absicht der Parteien geschlossen werden muss.

II. Zustand bei schwebender Bedingung

Art. 152 ¹ Der bedingt Verpflichtete darf, solange die Bedingung schwebt, nichts vornehmen, was die gehörige Erfüllung seiner Verbindlichkeit hindern könnte.

² Der bedingt Berechtigte ist befugt, bei Gefährdung seiner Rechte dieselben Sicherungsmassregeln zu verlangen, wie wenn seine Forderung eine unbedingte wäre.

³ Verfügungen während der Schwebezeit sind, wenn die Bedingung eintritt, insoweit hinfällig, als sie deren Wirkung beeinträchtigen.

III. Nutzen in der Zwischenzeit

Art. 153 ¹ Ist die versprochene Sache dem Gläubiger vor Eintritt der Bedingung übergeben worden, so kann er, wenn die Bedingung erfüllt wird, den inzwischen bezogenen Nutzen behalten.

² Wenn die Bedingung nicht eintritt, so hat er das Bezogene herauszugeben.

B. Auflösende Bedingung

Art. 154 ¹ Ein Vertrag, dessen Auflösung vom Eintritte einer Bedingung abhängig gemacht worden ist, verliert seine Wirksamkeit mit dem Zeitpunkte, wo die Bedingung in Erfüllung geht.

² Eine Rückwirkung findet in der Regel nicht statt.

C. Gemeinsame Vorschriften
I. Erfüllung der Bedingung

Art. 155 Ist die Bedingung auf eine Handlung eines der Vertragschliessenden gestellt, bei der es auf dessen Persönlichkeit nicht ankommt, so kann sie auch von seinen Erben erfüllt werden.

II. Verhinderung wider Treu und Glauben

Art. 156 Eine Bedingung gilt als erfüllt, wenn ihr Eintritt von dem einen Teile wider Treu und Glauben verhindert worden ist.

III. Unzulässige Bedingungen

Art. 157 Wird eine Bedingung in der Absicht beigefügt, eine widerrechtliche oder unsittliche Handlung oder Unterlassung zu befördern, so ist der bedingte Anspruch nichtig.

Dritter Abschnitt: Haft- und Reugeld. Lohnabzüge. Konventionalstrafe

A. Haft- und Reugeld

Art. 158 [1] Das beim Vertragsabschlusse gegebene An- oder Draufgeld gilt als Haft-, nicht als Reugeld.

[2] Wo nicht Vertrag oder Ortsgebrauch etwas anderes bestimmen, verbleibt das Haftgeld dem Empfänger ohne Abzug von seinem Anspruche.

[3] Ist ein Reugeld verabredet worden, so kann der Geber gegen Zurücklassung des bezahlten und der Empfänger gegen Erstattung des doppelten Betrages von dem Vertrage zurücktreten.

B. ...

Art. 159[64]

C. Konventionalstrafe
I. Recht des Gläubigers
1. Verhältnis der Strafe zur Vertragserfüllung

Art. 160 [1] Wenn für den Fall der Nichterfüllung oder der nicht richtigen Erfüllung eines Vertrages eine Konventionalstrafe versprochen ist, so ist der Gläubiger mangels anderer Abrede nur berechtigt, entweder die Erfüllung oder die Strafe zu fordern.

[2] Wurde die Strafe für Nichteinhaltung der Erfüllungszeit oder des Erfüllungsortes versprochen, so kann sie nebst der Erfüllung des Vertrages gefordert werden, solange der Gläubiger nicht ausdrücklich Verzicht leistet oder die Erfüllung vorbehaltlos annimmt.

[3] Dem Schuldner bleibt der Nachweis vorbehalten, dass ihm gegen Erlegung der Strafe der Rücktritt freistehen sollte.

2. Verhältnis der Strafe zum Schaden

Art. 161 [1] Die Konventionalstrafe ist verfallen, auch wenn dem Gläubiger kein Schaden erwachsen ist.

[2] Übersteigt der erlittene Schaden den Betrag der Strafe, so kann der Gläubiger den Mehrbetrag nur so weit einfordern, als er ein Verschulden nachweist.

3. Verfall von Teilzahlungen

Art. 162 [1] Die Abrede, dass Teilzahlungen im Falle des Rücktrittes dem Gläubiger verbleiben sollen, ist nach den Vorschriften über die Konventionalstrafe zu beurteilen.

[2] ...[65]

II. Höhe, Ungültigkeit und Herabsetzung der Strafe

Art. 163 [1] Die Konventionalstrafe kann von den Parteien in beliebiger Höhe bestimmt werden.

---

64 Aufgehoben durch Ziff. II Art. 6 Ziff. 1 des BG vom 25. Juni 1971, mit Wirkung seit 1. Jan. 1972 (AS 1971 1465; BBl 1967 II 241). Siehe auch die Schl- und UeB des X. Tit.
65 Aufgehoben durch Anhang 2 Ziff. II 1 des BG vom 23. März 2001 über den Konsumkredit, mit Wirkung seit 1. Jan. 2003 (AS 2002 3846; BBl 1999 III 3155).

² Sie kann nicht gefordert werden, wenn sie ein widerrechtliches oder unsittliches Versprechen bekräftigen soll und, mangels anderer Abrede, wenn die Erfüllung durch einen vom Schuldner nicht zu vertretenden Umstand unmöglich geworden ist.

³ Übermässig hohe Konventionalstrafen hat der Richter nach seinem Ermessen herabzusetzen.

Fünfter Titel: Die Abtretung von Forderungen und die Schuldübernahme

A. Abtretung von Forderungen
I. Erfordernisse
1. Freiwillige Abtretung
a. Zulässigkeit

Art. 164 ¹ Der Gläubiger kann eine ihm zustehende Forderung ohne Einwilligung des Schuldners an einen andern abtreten, soweit nicht Gesetz, Vereinbarung oder Natur des Rechtsverhältnisses entgegenstehen.

² Dem Dritten, der die Forderung im Vertrauen auf ein schriftliches Schuldbekenntnis erworben hat, das ein Verbot der Abtretung nicht enthält, kann der Schuldner die Einrede, dass die Abtretung durch Vereinbarung ausgeschlossen worden sei, nicht entgegensetzen.

b. Form des Vertrages

Art. 165 ¹ Die Abtretung bedarf zu ihrer Gültigkeit der schriftlichen Form.

² Die Verpflichtung zum Abschluss eines Abtretungsvertrages kann formlos begründet werden.

2. Übergang kraft Gesetzes oder Richterspruchs

Art. 166 Bestimmen Gesetz oder richterliches Urteil, dass eine Forderung auf einen andern übergeht, so ist der Übergang Dritten gegenüber wirksam, ohne dass es einer besondern Form oder auch nur einer Willenserklärung des bisherigen Gläubigers bedarf.

II. Wirkung der Abtretung
1. Stellung des Schuldners
a. Zahlung in gutem Glauben

Art. 167 Wenn der Schuldner, bevor ihm der Abtretende oder der Erwerber die Abtretung angezeigt hat, in gutem Glauben an den frühern Gläubiger oder, im Falle mehrfacher Abtretung, an einen im Rechte nachgehenden Erwerber Zahlung leistet, so ist er gültig befreit.

b. Verweigerung der Zahlung und Hinterlegung

Art. 168 ¹ Ist die Frage, wem eine Forderung zustehe, streitig, so kann der Schuldner die Zahlung verweigern und sich durch gerichtliche Hinterlegung befreien.

² Zahlt der Schuldner, obschon er von dem Streite Kenntnis hat, so tut er es auf seine Gefahr.

³ Ist der Streit vor Gericht anhängig und die Schuld fällig, so kann jede Partei den Schuldner zur Hinterlegung anhalten.

c. Einreden des Schuldners

Art. 169 ¹ Einreden, die der Forderung des Abtretenden entgegenstanden, kann der Schuldner auch gegen den Erwerber geltend machen, wenn sie schon zu der Zeit vorhanden waren, als er von der Abtretung Kenntnis erhielt.

² Ist eine Gegenforderung des Schuldners in diesem Zeitpunkt noch nicht fällig gewesen, so kann er sie dennoch zur Verrechnung bringen, wenn sie nicht später als die abgetretene Forderung fällig geworden ist.

2. Übergang der Vorzugs- und Nebenrechte, Urkunden und Beweismittel

Art. 170 ¹ Mit der Forderung gehen die Vorzugs- und Nebenrechte über, mit Ausnahme derer, die untrennbar mit der Person des Abtretenden verknüpft sind.

² Der Abtretende ist verpflichtet, dem Erwerber die Schuldurkunde und alle vorhandenen Beweismittel auszuliefern und ihm die zur Geltendmachung der Forderung nötigen Aufschlüsse zu erteilen.

³ Es wird vermutet, dass mit der Hauptforderung auch die rückständigen Zinse auf den Erwerber übergehen.

3. Gewährleistung
a. Im Allgemeinen

Art. 171 ¹ Bei der entgeltlichen Abtretung haftet der Abtretende für den Bestand der Forderung zur Zeit der Abtretung.

² Für die Zahlungsfähigkeit des Schuldners dagegen haftet der Abtretende nur dann, wenn er sich dazu verpflichtet hat.

³ Bei der unentgeltlichen Abtretung haftet der Abtretende auch nicht für den Bestand der Forderung.

b. Bei Abtretung zahlungshalber

Art. 172 Hat ein Gläubiger seine Forderung zum Zwecke der Zahlung abgetreten ohne Bestimmung des Betrages, zu dem sie angerechnet werden soll, so muss der Erwerber sich nur diejenige Summe anrechnen lassen, die er vom Schuldner erhält oder bei gehöriger Sorgfalt hätte erhalten können.

c. Umfang der Haftung

Art. 173 ¹ Der Abtretende haftet vermöge der Gewährleistung nur für den empfangenen Gegenwert nebst Zinsen und überdies für die Kosten der Abtretung und des erfolglosen Vorgehens gegen den Schuldner.

² Geht eine Forderung von Gesetzes wegen auf einen andern über, so haftet der bisherige Gläubiger weder für den Bestand der Forderung noch für die Zahlungsfähigkeit des Schuldners.

III. Besondere Bestimmungen

Art. 174 Wo das Gesetz für die Übertragung von Forderungen besondere Bestimmungen aufstellt, bleiben diese vorbehalten.

B. Schuldübernahme
I. Schuldner und Schuldübernehmer

Art. 175 ¹ Wer einem Schuldner verspricht, seine Schuld zu übernehmen, verpflichtet sich, ihn von der Schuld zu befreien, sei es durch Befriedigung des Gläubigers oder dadurch, dass er sich an seiner Statt mit Zustimmung des Gläubigers zu dessen Schuldner macht.

² Der Übernehmer kann zur Erfüllung dieser Pflicht vom Schuldner nicht angehalten werden, solange dieser ihm gegenüber den Verpflichtungen nicht nachgekommen ist, die dem Schuldübernahmevertrag zugrunde liegen.

³ Unterbleibt die Befreiung des alten Schuldners, so kann dieser vom neuen Schuldner Sicherheit verlangen.

II. Vertrag mit dem Gläubiger
1. Antrag und Annahme

Art. 176 ¹ Der Eintritt eines Schuldübernehmers in das Schuldverhältnis an Stelle und mit Befreiung des bisherigen Schuldners erfolgt durch Vertrag des Übernehmers mit dem Gläubiger.

² Der Antrag des Übernehmers kann dadurch erfolgen, dass er, oder mit seiner Ermächtigung der bisherige Schuldner, dem Gläubiger von der Übernahme der Schuld Mitteilung macht.

³ Die Annahmeerklärung des Gläubigers kann ausdrücklich erfolgen oder aus den Umständen hervorgehen und wird vermutet, wenn der Gläubiger ohne Vorbehalt vom Übernehmer eine Zahlung annimmt oder einer anderen schuldnerischen Handlung zustimmt.

2. Wegfall des Antrags

Art. 177 ¹ Die Annahme durch den Gläubiger kann jederzeit erfolgen, der Übernehmer wie der bisherige Schuldner können jedoch dem Gläubiger für die Annahme eine Frist setzen, nach deren Ablauf die Annahme bei Stillschweigen des Gläubigers als verweigert gilt.

² Wird vor der Annahme durch den Gläubiger eine neue Schuldübernahme verabredet und auch von dem neuen Übernehmer dem Gläubiger der Antrag gestellt, so wird der vorhergehende Übernehmer befreit.

III. Wirkung des Schuldnerwechsels
1. Nebenrechte

Art. 178 ¹ Die Nebenrechte werden vom Schuldnerwechsel, soweit sie nicht mit der Person des bisherigen Schuldners untrennbar verknüpft sind, nicht berührt.

² Von Dritten bestellte Pfänder sowie die Bürgen haften jedoch dem Gläubiger nur dann weiter, wenn der Verpfänder oder der Bürge der Schuldübernahme zugestimmt hat.

2. Einreden

Art. 179 ¹ Die Einreden aus dem Schuldverhältnis stehen dem neuen Schuldner zu wie dem bisherigen.

² Die Einreden, die der bisherige Schuldner persönlich gegen den Gläubiger gehabt hat, kann der neue Schuldner diesem, soweit nicht aus dem Vertrag mit ihm etwas anderes hervorgeht, nicht entgegenhalten.

³ Der Übernehmer kann die Einreden, die ihm gegen den Schuldner aus dem der Schuldübernahme zugrunde liegenden Rechtsverhältnisse zustehen, gegen den Gläubiger nicht geltend machen.

IV. Dahinfallen des Schuldübernahmevertrages

Art. 180 ¹ Fällt ein Übernahmevertrag als unwirksam dahin, so lebt die Verpflichtung des frühern Schuldners mit allen Nebenrechten, unter Vorbehalt der Rechte gutgläubiger Dritter, wieder auf.

² Ausserdem kann der Gläubiger von dem Übernehmer Ersatz des Schadens verlangen, der ihm hiebei infolge des Verlustes früher erlangter Sicherheiten od. dgl. entstanden ist, insoweit der Übernehmer nicht darzutun vermag, dass ihm an dem Dahinfallen der Schuldübernahme und an der Schädigung des Gläubigers keinerlei Verschulden zur Last falle.

V. Übernahme eines Vermögens oder eines Geschäftes

Art. 181 ¹ Wer ein Vermögen oder ein Geschäft mit Aktiven und Passiven übernimmt, wird den Gläubigern aus den damit verbundenen Schulden ohne weiteres verpflichtet, sobald von dem Übernehmer die Übernahme den Gläubigern mitgeteilt oder in öffentlichen Blättern ausgekündigt worden ist.

² Der bisherige Schuldner haftet jedoch solidarisch mit dem neuen noch während dreier Jahre, die für fällige Forderungen mit der Mitteilung oder der Auskündigung und bei später fällig werdenden Forderungen mit Eintritt der Fälligkeit zu laufen beginnen.[66]

³ Im übrigen hat diese Schuldübernahme die gleiche Wirkung wie die Übernahme einer einzelnen Schuld.

⁴ Die Übernahme des Vermögens oder des Geschäfts von Handelsgesellschaften, Genossenschaften, Vereinen, Stiftungen und Einzelunternehmen, die im Handelsregister eingetragen sind, richtet sich nach den Vorschriften des Fusionsgesetzes vom 3. Oktober 2003[67].[68]

VI. ...

Art. 182[69]

---

66 Fassung gemäss Anhang Ziff. 2 des Fusionsgesetzes vom 3. Okt. 2003, in Kraft seit 1. Juli 2004 (AS 2004 2617; BBl 2000 4337).
67 SR 221.301
68 Eingefügt durch Anhang Ziff. 2 des Fusionsgesetzes vom 3. Okt. 2003 (AS 2004 2617; BBl 2000 4337). Fassung gemäss Ziff. I 3 des BG vom 16. Dez. 2005 (GmbH-Recht sowie Anpassungen im Aktien-, Genossenschafts-, Handelsregister- und Firmenrecht), in Kraft seit 1. Jan. 2008 (AS 2007 4791; BBl 2002 3148, 2004 3969).
69 Aufgehoben durch Anhang Ziff. 2 des Fusionsgesetzes vom 3. Okt. 2003, mit Wirkung seit 1. Juli 2004 (AS 2004 2617; BBl 2000 4337).

VII. Erbteilung und Grundstückkauf

Art. 183 Die besondern Bestimmungen betreffend die Schuldübernahme bei Erbteilung und bei Veräusserung verpfändeter Grundstücke bleiben vorbehalten.

Zweite Abteilung: Die einzelnen Vertragsverhältnisse

Sechster Titel: Kauf und Tausch

Erster Abschnitt: Allgemeine Bestimmungen

A. Rechte und Pflichten im Allgemeinen

Art. 184 ¹ Durch den Kaufvertrag verpflichten sich der Verkäufer, dem Käufer den Kaufgegenstand zu übergeben und ihm das Eigentum daran zu verschaffen, und der Käufer, dem Verkäufer den Kaufpreis zu bezahlen.

² Sofern nicht Vereinbarung oder Übung entgegenstehen, sind Verkäufer und Käufer verpflichtet, ihre Leistungen gleichzeitig – Zug um Zug – zu erfüllen.

³ Der Preis ist genügend bestimmt, wenn er nach den Umständen bestimmbar ist.

B. Nutzen und Gefahr

Art. 185 ¹ Sofern nicht besondere Verhältnisse oder Verabredungen eine Ausnahme begründen, gehen Nutzen und Gefahr der Sache mit dem Abschlusse des Vertrages auf den Erwerber über.

² Ist die veräusserte Sache nur der Gattung nach bestimmt, so muss sie überdies ausgeschieden und, wenn sie versendet werden soll, zur Versendung abgegeben sein.

³ Bei Verträgen, die unter einer aufschiebenden Bedingung abgeschlossen sind, gehen Nutzen und Gefahr der veräusserten Sache erst mit dem Eintritte der Bedingung auf den Erwerber über.

C. Vorbehalt der kantonalen Gesetzgebung

Art. 186 Der kantonalen Gesetzgebung bleibt es vorbehalten, die Klagbarkeit von Forderungen aus dem Kleinvertriebe geistiger Getränke, einschliesslich der Forderung für Wirtszeche, zu beschränken oder auszuschliessen.

Zweiter Abschnitt: Der Fahrniskauf

A. Gegenstand

Art. 187 ¹ Als Fahrniskauf ist jeder Kauf anzusehen, der nicht eine Liegenschaft oder ein in das Grundbuch als Grundstück aufgenommenes Recht zum Gegenstande hat.

² Bestandteile eines Grundstückes, wie Früchte oder Material auf Abbruch oder aus Steinbrüchen, bilden den Gegenstand eines Fahrniskaufes, wenn sie nach ihrer Lostrennung auf den Erwerber als bewegliche Sachen übergehen sollen.

B. Verpflichtungen des Verkäufers
I. Übergabe
1. Kosten der Übergabe

Art. 188 Sofern nicht etwas anderes vereinbart worden oder üblich ist, trägt der Verkäufer die Kosten der Übergabe, insbesondere des Messens und Wägens, der Käufer dagegen die der Beurkundung und der Abnahme.

2. Transportkosten

Art. 189 ¹ Muss die verkaufte Sache an einen anderen als den Erfüllungsort versendet werden, so trägt der Käufer die Transportkosten, sofern nicht etwas anderes vereinbart oder üblich ist.

² Ist Frankolieferung verabredet, so wird vermutet, der Verkäufer habe die Transportkosten übernommen.

³ Ist Franko- und zollfreie Lieferung verabredet, so gelten die Ausgangs-, Durchgangs- und Eingangszölle, die während des Transportes, nicht aber die Verbrauchssteuern, die bei Empfang der Sache erhoben werden, als mitübernommen.

3. Verzug in der Übergabe
a. Rücktritt im kaufmännischen Verkehr

Art. 190 ¹ Ist im kaufmännischen Verkehr ein bestimmter Lieferungstermin verabredet und kommt der Verkäufer in Verzug, so wird vermutet, dass der Käufer auf die Lieferung verzichte und Schadenersatz wegen Nichterfüllung beanspruche.

² Zieht der Käufer vor, die Lieferung zu verlangen, so hat er es dem Verkäufer nach Ablauf des Termines unverzüglich anzuzeigen.

b. Schadenersatzpflicht und Schadenberechnung

Art. 191 ¹ Kommt der Verkäufer seiner Vertragspflicht nicht nach, so hat er den Schaden, der dem Käufer hieraus entsteht, zu ersetzen.

² Der Käufer kann als seinen Schaden im kaufmännischen Verkehr die Differenz zwischen dem Kaufpreis und dem Preise, um den er sich einen Ersatz für die nicht gelieferte Sache in guten Treuen erworben hat, geltend machen.

³ Bei Waren, die einen Markt- oder Börsenpreis haben, kann er, ohne sich den Ersatz anzuschaffen, die Differenz zwischen dem Vertragspreise und dem Preise zur Erfüllungszeit als Schadenersatz verlangen.

II. Gewährleistung des veräusserten Rechtes
1. Verpflichtung zur Gewährleistung

Art. 192 ¹ Der Verkäufer hat dafür Gewähr zu leisten, dass nicht ein Dritter aus Rechtsgründen, die schon zur Zeit des Vertragsabschlusses bestanden haben, den Kaufgegenstand dem Käufer ganz oder teilweise entziehe.

² Kannte der Käufer zur Zeit des Vertragsabschlusses die Gefahr der Entwehrung, so hat der Verkäufer nur insofern Gewähr zu leisten, als er sich ausdrücklich dazu verpflichtet hat.

³ Eine Vereinbarung über Aufhebung oder Beschränkung der Gewährspflicht ist ungültig, wenn der Verkäufer das Recht des Dritten absichtlich verschwiegen hat.

2. Verfahren
a. Streitverkündung

Art. 193[70] ¹ Die Voraussetzungen und Wirkungen der Streitverkündung richten sich nach der ZPO[71].

² Ist die Streitverkündung ohne Veranlassung des Verkäufers unterblieben, so wird dieser von der Verpflichtung zur Gewährleistung insoweit befreit, als er zu beweisen vermag, dass bei rechtzeitig erfolgter Streitverkündung ein günstigeres Ergebnis des Prozesses zu erlangen gewesen wäre.

b. Herausgabe ohne richterliche Entscheidung

Art. 194 ¹ Die Pflicht zur Gewährleistung besteht auch dann, wenn der Käufer, ohne es zur richterlichen Entscheidung kommen zu lassen, das Recht des Dritten in guten Treuen anerkannt oder sich einem Schiedsgericht unterworfen hat, sofern dieses dem Verkäufer rechtzeitig angedroht und ihm die Führung des Prozesses erfolglos angeboten worden war.

² Ebenso besteht sie, wenn der Käufer beweist, dass er zur Herausgabe der Sache verpflichtet war.

3. Ansprüche des Käufers
a. Bei vollständiger Entwehrung

Art. 195 ¹ Ist die Entwehrung eine vollständige, so ist der Kaufvertrag als aufgehoben zu betrachten und der Käufer zu fordern berechtigt:
1. Rückerstattung des bezahlten Preises samt Zinsen unter Abrechnung der von ihm gewonnenen oder versäumten Früchte und sonstigen Nutzungen;
2. Ersatz der für die Sache gemachten Verwendungen, soweit er nicht von dem berechtigten Dritten erhältlich ist;
3. Ersatz aller durch den Prozess veranlassten gerichtlichen und aussergerichtlichen Kosten, mit Ausnahme derjenigen, die durch Streitverkündung vermieden worden wären;
4. Ersatz des sonstigen durch die Entwehrung unmittelbar verursachten Schadens.

² Der Verkäufer ist verpflichtet, auch den weitern Schaden zu ersetzen, sofern er nicht beweist, dass ihm keinerlei Verschulden zur Last falle.

---

70 Fassung gemäss Anhang 1 Ziff. II 5 der Zivilprozessordnung vom 19. Dez. 2008, in Kraft seit 1. Jan. 2011 (AS 2010 1739; BBl 2006 7221).
71 SR 272

b. Bei teilweiser Entwehrung

Art. 196 ¹ Wenn dem Käufer nur ein Teil des Kaufgegenstandes entzogen wird, oder wenn die verkaufte Sache mit einer dinglichen Last beschwert ist, für die der Verkäufer einzustehen hat, so kann der Käufer nicht die Aufhebung des Vertrages, sondern nur Ersatz des Schadens verlangen, der ihm durch die Entwehrung verursacht wird.

² Ist jedoch nach Massgabe der Umstände anzunehmen, dass der Käufer den Vertrag nicht geschlossen haben würde, wenn er die teilweise Entwehrung vorausgesehen hätte, so ist er befugt, die Aufhebung des Vertrages zu verlangen.

³ In diesem Falle muss er den Kaufgegenstand, soweit er nicht entwehrt worden ist, nebst dem inzwischen bezogenen Nutzen dem Verkäufer zurückgeben.

c. Bei Kulturgütern

Art. 196a[72] Für Kulturgüter im Sinne von Artikel 2 Absatz 1 des Kulturgütertransfergesetzes vom 20. Juni 2003[73] verjährt die Klage auf Gewährleistung des veräusserten Rechts ein Jahr, nachdem der Käufer den Mangel entdeckt hat, in jedem Fall jedoch 30 Jahre nach dem Vertragsabschluss.

III. Gewährleistung wegen Mängel der Kaufsache
1. Gegenstand der Gewährleistung
a. Im Allgemeinen

Art. 197 ¹ Der Verkäufer haftet dem Käufer sowohl für die zugesicherten Eigenschaften als auch dafür, dass die Sache nicht körperliche oder rechtliche Mängel habe, die ihren Wert oder ihre Tauglichkeit zu dem vorausgesetzten Gebrauche aufheben oder erheblich mindern.

² Er haftet auch dann, wenn er die Mängel nicht gekannt hat.

b. Beim Viehhandel

Art. 198 Beim Handel mit Vieh (Pferden, Eseln, Maultieren, Rindvieh, Schafen, Ziegen und Schweinen) besteht eine Pflicht zur Gewährleistung nur insoweit, als der Verkäufer sie dem Käufer schriftlich zugesichert oder den Käufer absichtlich getäuscht hat.

2. Wegbedingung

Art. 199 Eine Vereinbarung über Aufhebung oder Beschränkung der Gewährspflicht ist ungültig, wenn der Verkäufer dem Käufer die Gewährsmängel arglistig verschwiegen hat.

3. Vom Käufer gekannte Mängel

Art. 200 ¹ Der Verkäufer haftet nicht für Mängel, die der Käufer zur Zeit des Kaufes gekannt hat.

² Für Mängel, die der Käufer bei Anwendung gewöhnlicher Aufmerksamkeit hätte kennen sollen, haftet der Verkäufer nur dann, wenn er deren Nichtvorhandensein zugesichert hat.

---

[72] Eingefügt durch Art. 32 Ziff. 2 des Kulturgütertransfergesetzes vom 20. Juni 2003, in Kraft seit 1. Juni 2005 (AS 2005 1869; BBl 2002 535).
[73] SR 444.1

4. Mängelrüge
a. Im Allgemeinen

Art. 201 ¹ Der Käufer soll, sobald es nach dem üblichen Geschäftsgange tunlich ist, die Beschaffenheit der empfangenen Sache prüfen und, falls sich Mängel ergeben, für die der Verkäufer Gewähr zu leisten hat, diesem sofort Anzeige machen.

² Versäumt dieses der Käufer, so gilt die gekaufte Sache als genehmigt, soweit es sich nicht um Mängel handelt, die bei der übungsgemässen Untersuchung nicht erkennbar waren.

³ Ergeben sich später solche Mängel, so muss die Anzeige sofort nach der Entdeckung erfolgen, widrigenfalls die Sache auch rücksichtlich dieser Mängel als genehmigt gilt.

b. Beim Viehhandel

Art. 202 ¹ Enthält beim Handel mit Vieh die schriftliche Zusicherung keine Fristbestimmung und handelt es sich nicht um Gewährleistung für Trächtigkeit, so haftet der Verkäufer dem Käufer nur, wenn der Mangel binnen neun Tagen, von der Übergabe oder vom Annahmeverzug an gerechnet, entdeckt und angezeigt wird, und wenn binnen der gleichen Frist bei der zuständigen Behörde die Untersuchung des Tieres durch Sachverständige verlangt wird.

² Das Gutachten der Sachverständigen wird vom Richter nach seinem Ermessen gewürdigt.

³ Im Übrigen wird das Verfahren durch eine Verordnung des Bundesrates geregelt.

5. Absichtliche Täuschung

Art. 203 Bei absichtlicher Täuschung des Käufers durch den Verkäufer findet eine Beschränkung der Gewährleistung wegen versäumter Anzeige nicht statt.

6. Verfahren bei Übersendung von anderem Ort

Art. 204 ¹ Wenn die von einem anderen Orte übersandte Sache beanstandet wird und der Verkäufer an dem Empfangsorte keinen Stellvertreter hat, so ist der Käufer verpflichtet, für deren einstweilige Aufbewahrung zu sorgen, und darf sie dem Verkäufer nicht ohne weiteres zurückschicken.

² Er soll den Tatbestand ohne Verzug gehörig feststellen lassen, widrigenfalls ihm der Beweis obliegt, dass die behaupteten Mängel schon zur Zeit der Empfangnahme vorhanden gewesen seien.

³ Zeigt sich Gefahr, dass die übersandte Sache schnell in Verderbnis gerate, so ist der Käufer berechtigt und, soweit die Interessen des Verkäufers es erfordern, verpflichtet, sie unter Mitwirkung der zuständigen Amtsstelle des Ortes, wo sich die Sache befindet, verkaufen zu lassen, hat aber bei Vermeidung von Schadenersatz den Verkäufer so zeitig als tunlich hievon zu benachrichtigen.

7. Inhalt der Klage des Käufers a. Wandelung oder Minderung	**Art. 205** ¹ Liegt ein Fall der Gewährleistung wegen Mängel der Sache vor, so hat der Käufer die Wahl, mit der Wandelungsklage den Kauf rückgängig zu machen oder mit der Minderungsklage Ersatz des Minderwertes der Sache zu fordern. ² Auch wenn die Wandelungsklage angestellt worden ist, steht es dem Richter frei, bloss Ersatz des Minderwertes zuzusprechen, sofern die Umstände es nicht rechtfertigen, den Kauf rückgängig zu machen. ³ Erreicht der geforderte Minderwert den Betrag des Kaufpreises, so kann der Käufer nur die Wandelung verlangen.
b. Ersatzleistung	**Art. 206** ¹ Geht der Kauf auf die Lieferung einer bestimmten Menge vertretbarer Sachen, so hat der Käufer die Wahl, entweder die Wandelungs- oder die Minderungsklage anzustellen oder andere währhafte Ware derselben Gattung zu fordern. ² Wenn die Sachen dem Käufer nicht von einem andern Orte her zugesandt worden sind, ist auch der Verkäufer berechtigt, sich durch sofortige Lieferung währhafter Ware derselben Gattung und Ersatz allen Schadens von jedem weiteren Ansprüche des Käufers zu befreien.
c. Wandelung bei Untergang der Sache	**Art. 207** ¹ Die Wandelung kann auch dann begehrt werden, wenn die Sache infolge ihrer Mängel oder durch Zufall untergegangen ist. ² Der Käufer hat in diesem Falle nur das zurückzugeben, was ihm von der Sache verblieben ist. ³ Ist die Sache durch Verschulden des Käufers untergegangen, oder von diesem weiter veräussert oder umgestaltet worden, so kann er nur Ersatz des Minderwertes verlangen.
8. Durchführung der Wandelung a. Im Allgemeinen	**Art. 208** ¹ Wird der Kauf rückgängig gemacht, so muss der Käufer die Sache nebst dem inzwischen bezogenen Nutzen dem Verkäufer zurückgeben. ² Der Verkäufer hat den gezahlten Verkaufspreis samt Zinsen zurückzuerstatten und überdies, entsprechend den Vorschriften über die vollständige Entwehrung, die Prozesskosten, die Verwendungen und den Schaden zu ersetzen, der dem Käufer durch die Lieferung fehlerhafter Ware unmittelbar verursacht worden ist. ³ Der Verkäufer ist verpflichtet, den weitern Schaden zu ersetzen, sofern er nicht beweist, dass ihm keinerlei Verschulden zur Last falle.
b. Bei einer Mehrheit von Kaufsachen	**Art. 209** ¹ Sind von mehreren zusammen verkauften Sachen oder von einer verkauften Gesamtsache bloss einzelne Stücke fehlerhaft, so kann nur rücksichtlich dieser die Wandelung verlangt werden.

² Lassen sich jedoch die fehlerhaften Stücke von den fehlerfreien ohne erheblichen Nachteil für den Käufer oder den Verkäufer nicht trennen, so muss die Wandelung sich auf den gesamten Kaufgegenstand erstrecken.

³ Die Wandelung der Hauptsache zieht, selbst wenn für die Nebensache ein besonderer Preis festgesetzt war, die Wandelung auch dieser, die Wandelung der Nebensache dagegen nicht auch die Wandelung der Hauptsache nach sich.

9. Verjährung

Art. 210[74] ¹ Die Klagen auf Gewährleistung wegen Mängel der Sache verjähren mit Ablauf von zwei Jahren nach deren Ablieferung an den Käufer, selbst wenn dieser die Mängel erst später entdeckt, es sei denn, dass der Verkäufer eine Haftung auf längere Zeit übernommen hat.

² Die Frist beträgt fünf Jahre, soweit Mängel einer Sache, die bestimmungsgemäss in ein unbewegliches Werk integriert worden ist, die Mangelhaftigkeit des Werkes verursacht haben.

³ Für Kulturgüter im Sinne von Artikel 2 Absatz 1 des Kulturgütertransfergesetzes vom 20. Juni 2003[75] verjährt die Klage ein Jahr, nachdem der Käufer den Mangel entdeckt hat, in jedem Fall jedoch 30 Jahre nach dem Vertragsabschluss.

⁴ Eine Vereinbarung über die Verkürzung der Verjährungsfrist ist ungültig, wenn:
a. sie die Verjährungsfrist auf weniger als zwei Jahre, bei gebrauchten Sachen auf weniger als ein Jahr verkürzt;
b. die Sache für den persönlichen oder familiären Gebrauch des Käufers bestimmt ist; und
c. der Verkäufer im Rahmen seiner beruflichen oder gewerblichen Tätigkeit handelt.

⁵ Die Einreden des Käufers wegen vorhandener Mängel bleiben bestehen, wenn innerhalb der Verjährungsfrist die vorgeschriebene Anzeige an den Verkäufer gemacht worden ist.

⁶ Der Verkäufer kann die Verjährung nicht geltend machen, wenn ihm eine absichtliche Täuschung des Käufers nachgewiesen wird. Dies gilt nicht für die 30-jährige Frist gemäss Absatz 3.

C. Verpflichtungen des Käufers
I. Zahlung des Preises und Annahme der Kaufsache

Art. 211 ¹ Der Käufer ist verpflichtet, den Preis nach den Bestimmungen des Vertrages zu bezahlen und die gekaufte Sache, sofern sie ihm von dem Verkäufer vertragsgemäss angeboten wird, anzunehmen.

---

74 Fassung gemäss Ziff. I des BG vom 16. März 2012 (Verjährungsfristen der Gewährleistungsansprüche. Verlängerung und Koordination), in Kraft seit 1. Jan. 2013 (AS 2012 5415; BBl 2011 2889 3903).
75 SR 444.1

² Die Empfangnahme muss sofort geschehen, wenn nicht etwas anderes vereinbart oder üblich ist.

II. Bestimmung des Kaufpreises

Art. 212 ¹ Hat der Käufer fest bestellt, ohne den Preis zu nennen, so wird vermutet, es sei der mittlere Marktpreis gemeint, der zurzeit und an dem Ort der Erfüllung gilt.

² Ist der Kaufpreis nach dem Gewichte der Ware zu berechnen, so wird die Verpackung (Taragewicht) in Abzug gebracht.

³ Vorbehalten bleiben die besonderen kaufmännischen Übungen, nach denen bei einzelnen Handelsartikeln ein festbestimmter oder nach Prozenten berechneter Abzug vom Bruttogewicht erfolgt oder das ganze Bruttogewicht bei der Preisbestimmung angerechnet wird.

III. Fälligkeit und Verzinsung des Kaufpreises

Art. 213 ¹ Ist kein anderer Zeitpunkt bestimmt, so wird der Kaufpreis mit dem Übergange des Kaufgegenstandes in den Besitz des Käufers fällig.

² Abgesehen von der Vorschrift über den Verzug infolge Ablaufs eines bestimmten Verfalltages wird der Kaufpreis ohne Mahnung verzinslich, wenn die Übung es mit sich bringt, oder wenn der Käufer Früchte oder sonstige Erträgnisse des Kaufgegenstandes beziehen kann.

IV. Verzug des Käufers
1. Rücktrittsrecht des Verkäufers

Art. 214 ¹ Ist die verkaufte Sache gegen Vorausbezahlung des Preises oder Zug um Zug zu übergeben und befindet sich der Käufer mit der Zahlung des Kaufpreises im Verzuge, so hat der Verkäufer das Recht, ohne weiteres vom Vertrage zurückzutreten.

² Er hat jedoch dem Käufer, wenn er von seinem Rücktrittsrecht Gebrauch machen will, sofort Anzeige zu machen.

³ Ist der Kaufgegenstand vor der Zahlung in den Besitz des Käufers übergegangen, so kann der Verkäufer nur dann wegen Verzuges des Käufers von dem Vertrage zurücktreten und die übergebene Sache zurückfordern, wenn er sich dieses Recht ausdrücklich vorbehalten hat.

2. Schadenersatz und Schadenberechnung

Art. 215 ¹ Kommt der Käufer im kaufmännischen Verkehr seiner Zahlungspflicht nicht nach, so hat der Verkäufer das Recht, seinen Schaden nach der Differenz zwischen dem Kaufpreis und dem Preise zu berechnen, um den er die Sache in guten Treuen weiter verkauft hat.

² Bei Waren, die einen Markt- oder Börsenpreis haben, kann er ohne einen solchen Verkauf die Differenz zwischen dem Vertragspreis und dem Markt- und Börsenpreis zur Erfüllungszeit als Schadenersatz verlangen.

Dritter Abschnitt: Der Grundstückkauf

A. Formvorschriften

Art. 216 [1] Kaufverträge, die ein Grundstück zum Gegenstande haben, bedürfen zu ihrer Gültigkeit der öffentlichen Beurkundung.

[2] Vorverträge sowie Verträge, die ein Vorkaufs-, Kaufs- oder Rückkaufsrecht an einem Grundstück begründen, bedürfen zu ihrer Gültigkeit der öffentlichen Beurkundung.[76]

[3] Vorkaufsverträge, die den Kaufpreis nicht zum voraus bestimmen, sind in schriftlicher Form gültig.[77]

A[bis]. Befristung und Vormerkung

Art. 216a[78] Vorkaufs- und Rückkaufsrechte dürfen für höchstens 25 Jahre, Kaufsrechte für höchstens zehn Jahre vereinbart und im Grundbuch vorgemerkt werden.

A[ter]. Vererblichkeit und Abtretung

Art. 216b[79] [1] Ist nichts anderes vereinbart, so sind vertragliche Vorkaufs-, Kaufs- und Rückkaufsrechte vererblich, aber nicht abtretbar.

[2] Ist die Abtretung nach Vertrag zulässig, so bedarf sie der gleichen Form wie die Begründung.

A[quater]. Vorkaufsrechte
I. Vorkaufsfall

Art. 216c[80] [1] Das Vorkaufsrecht kann geltend gemacht werden, wenn das Grundstück verkauft wird, sowie bei jedem andern Rechtsgeschäft, das wirtschaftlich einem Verkauf gleichkommt (Vorkaufsfall).

[2] Nicht als Vorkaufsfall gelten namentlich die Zuweisung an einen Erben in der Erbteilung, die Zwangsversteigerung und der Erwerb zur Erfüllung öffentlicher Aufgaben.

II. Wirkungen des Vorkaufsfalls, Bedingungen

Art. 216d[81] [1] Der Verkäufer muss den Vorkaufsberechtigten über den Abschluss und den Inhalt des Kaufvertrags in Kenntnis setzen.

[2] Wird der Kaufvertrag aufgehoben, nachdem das Vorkaufsrecht ausgeübt worden ist oder wird eine erforderliche Bewilligung aus Gründen, die in der Person des Käufers liegen, verweigert, so bleibt dies gegenüber dem Vorkaufsberechtigten ohne Wirkung.

---

76 Fassung gemäss Ziff. II des BG vom 4. Okt. 1991 über die Teilrevision des Zivilgesetzbuches (Immobiliarsachenrecht) und des Obligationenrechts (Grundstückkauf), in Kraft seit 1. Jan. 1994 (AS 1993 1404; BBl 1988 III 953).
77 Fassung gemäss Ziff. II des BG vom 4. Okt. 1991 über die Teilrevision des Zivilgesetzbuches (Immobiliarsachenrecht) und des Obligationenrechts (Grundstückkauf), in Kraft seit 1. Jan. 1994 (AS 1993 1404; BBl 1988 III 953).
78 Eingefügt durch Ziff. II des BG vom 4. Okt. 1991 über die Teilrevision des Zivilgesetzbuches (Immobiliarsachenrecht) und des Obligationenrechts (Grundstückkauf), in Kraft seit 1. Jan. 1994 (AS 1993 1404; BBl 1988 III 953).
79 Eingefügt durch Ziff. II des BG vom 4. Okt. 1991 über die Teilrevision des Zivilgesetzbuches (Immobiliarsachenrecht) und des Obligationenrechts (Grundstückkauf), in Kraft seit 1. Jan. 1994 (AS 1993 1404; BBl 1988 III 953).
80 Eingefügt durch Ziff. II des BG vom 4. Okt. 1991 über die Teilrevision des Zivilgesetzbuches (Immobiliarsachenrecht) und des Obligationenrechts (Grundstückkauf), in Kraft seit 1. Jan. 1994 (AS 1993 1404; BBl 1988 III 953).
81 Eingefügt durch Ziff. II des BG vom 4. Okt. 1991 über die Teilrevision des Zivilgesetzbuches (Immobiliarsachenrecht) und des Obligationenrechts (Grundstückkauf), in Kraft seit 1. Jan. 1994 (AS 1993 1404; BBl 1988 III 953).

Kauf und Tausch — Art. 221 OR | 1

³ Sieht der Vorkaufsvertrag nichts anderes vor, so kann der Vorkaufsberechtigte das Grundstück zu den Bedingungen erwerben, die der Verkäufer mit dem Dritten vereinbart hat.

III. Ausübung, Verwirkung

Art. 216e[82] Will der Vorkaufsberechtigte sein Vorkaufsrecht ausüben, so muss er es innert dreier Monate gegenüber dem Verkäufer oder, wenn es im Grundbuch vorgemerkt ist, gegenüber dem Eigentümer geltend machen. Die Frist beginnt mit Kenntnis von Abschluss und Inhalt des Vertrags.

B. Bedingter Kauf und Eigentumsvorbehalt

Art. 217 ¹ Ist ein Grundstückkauf bedingt abgeschlossen worden, so erfolgt die Eintragung in das Grundbuch erst, wenn die Bedingung erfüllt ist.

² Die Eintragung eines Eigentumsvorbehaltes ist ausgeschlossen.

C. Landwirtschaftliche Grundstücke

Art. 218[83] Für die Veräusserung von landwirtschaftlichen Grundstücken gilt zudem das Bundesgesetz vom 4. Oktober 1991[84] über das bäuerliche Bodenrecht.

D. Gewährleistung

Art. 219 ¹ Der Verkäufer eines Grundstückes hat unter Vorbehalt anderweitiger Abrede dem Käufer Ersatz zu leisten, wenn das Grundstück nicht das Mass besitzt, das im Kaufvertrag angegeben ist.

² Besitzt ein Grundstück nicht das im Grundbuch auf Grund amtlicher Vermessung angegebene Mass, so hat der Verkäufer dem Käufer nur dann Ersatz zu leisten, wenn er die Gewährleistung hiefür ausdrücklich übernommen hat.

³ Die Pflicht zur Gewährleistung für die Mängel eines Gebäudes verjährt mit dem Ablauf von fünf Jahren, vom Erwerb des Eigentums an gerechnet.

E. Nutzen und Gefahr

Art. 220 Ist für die Übernahme des Grundstückes durch den Käufer ein bestimmter Zeitpunkt vertraglich festgestellt, so wird vermutet, dass Nutzen und Gefahr erst mit diesem Zeitpunkt auf den Käufer übergehen.

F. Verweisung auf den Fahrniskauf

Art. 221 Im Übrigen finden auf den Grundstückkauf die Bestimmungen über den Fahrniskauf entsprechende Anwendung.

---

82 Eingefügt durch Ziff. II des BG vom 4. Okt. 1991 über die Teilrevision des Zivilgesetzbuches (Immobiliarsachenrecht) und des Obligationenrechts (Grundstückkauf), in Kraft seit 1. Jan. 1994 (AS 1993 1404; BBl 1988 III 953).
83 Fassung gemäss Art. 92 Ziff. 2 des BG vom 4. Okt. 1991 über das bäuerliche Bodenrecht, in Kraft seit 1. Jan. 1994 (AS 1993 1410; BBl 1988 III 953).
84 SR 211.412.11

Vierter Abschnitt: Besondere Arten des Kaufes

A. Kauf nach Muster

Art. 222 [1] Bei dem Kaufe nach Muster ist derjenige, dem das Muster anvertraut wurde, nicht verpflichtet, die Identität des von ihm vorgewiesenen mit dem empfangenen Muster zu beweisen, sondern es genügt seine persönliche Versicherung vor Gericht und zwar auch dann, wenn das Muster zwar nicht mehr in der Gestalt, die es bei der Übergabe hatte, vorgewiesen wird, diese Veränderung aber die notwendige Folge der Prüfung des Musters ist.

[2] In allen Fällen steht der Gegenpartei der Beweis der Unechtheit offen.

[3] Ist das Muster bei dem Käufer, wenn auch ohne dessen Verschulden, verdorben oder zu Grunde gegangen, so hat nicht der Verkäufer zu beweisen, dass die Sache mustergemäss sei, sondern der Käufer das Gegenteil.

B. Kauf auf Probe oder auf Besicht
I. Bedeutung

Art. 223 [1] Ist ein Kauf auf Probe oder auf Besicht vereinbart, so steht es im Belieben des Käufers, ob er die Kaufsache genehmigen will oder nicht.

[2] Solange die Sache nicht genehmigt ist, bleibt sie im Eigentum des Verkäufers, auch wenn sie in den Besitz des Käufers übergegangen ist.

II. Prüfung beim Verkäufer

Art. 224 [1] Ist die Prüfung bei dem Verkäufer vorzunehmen, so hört dieser auf, gebunden zu sein, wenn der Käufer nicht bis zum Ablaufe der vereinbarten oder üblichen Frist genehmigt.

[2] In Ermangelung einer solchen Frist kann der Verkäufer nach Ablauf einer angemessenen Zeit den Käufer zur Erklärung über die Genehmigung auffordern und hört auf, gebunden zu sein, wenn der Käufer auf die Aufforderung hin sich nicht sofort erklärt.

III. Prüfung beim Käufer

Art. 225 [1] Ist die Sache dem Käufer vor der Prüfung übergeben worden, so gilt der Kauf als genehmigt, wenn der Käufer nicht innerhalb der vertragsmässigen oder üblichen Frist oder in Ermangelung einer solchen sofort auf die Aufforderung des Verkäufers hin die Nichtannahme erklärt oder die Sache zurückgibt.

[2] Ebenso gilt der Kauf als genehmigt, wenn der Käufer den Preis ohne Vorbehalt ganz oder zum Teile bezahlt oder über die Sache in anderer Weise verfügt, als es zur Prüfung nötig ist.

Art. 226[85]

---

85 Aufgehoben durch Ziff. I des BG vom 23. März 1962, mit Wirkung seit 1. Jan. 1963 (AS 1962 1047; BBl 1960 I 523).

C. ...	**Art. 226a–226d**[86]
	Art. 226e[87]
	Art. 226f–226k[88]
	Art. 226l[89]
	Art. 226m[90]
	Art. 227[91]
	Art. 227a–227i[92]
	Art. 228[93]
D. Versteigerung I. Abschluss des Kaufes	**Art. 229** [1] Auf einer Zwangsversteigerung gelangt der Kaufvertrag dadurch zum Abschluss, dass der Versteigerungsbeamte den Gegenstand zuschlägt. [2] Der Kaufvertrag auf einer freiwilligen Versteigerung, die öffentlich ausgekündigt worden ist und an der jedermann bieten kann, wird dadurch abgeschlossen, dass der Veräusserer den Zuschlag erklärt. [3] Solange kein anderer Wille des Veräusserers kundgegeben ist, gilt der Leitende als ermächtigt, an der Versteigerung auf das höchste Angebot den Zuschlag zu erklären.
II. Anfechtung	**Art. 230** [1] Wenn in rechtswidriger oder gegen die guten Sitten verstossender Weise auf den Erfolg der Versteigerung eingewirkt worden

---

[86] Eingefügt durch Ziff. I des BG vom 23. März 1962 (AS 1962 1047; BBl 1960 I 523). Aufgehoben durch Anhang 2 Ziff. II 1 des BG vom 23. März 2001 über den Konsumkredit, mit Wirkung seit 1. Jan. 2003 (AS 2002 3846; BBl 1999 III 3155).

[87] Eingefügt durch Ziff. I des BG vom 23. März 1962 (AS 1962 1047; BBl 1960 I 523). Aufgehoben durch Ziff. I des BG vom 14. Dez. 1990, mit Wirkung seit 1. Juli 1991 (AS 1991 974; BBl 1989 III 1233, 1990 I 120).

[88] Eingefügt durch Ziff. I des BG vom 23. März 1962 (AS 1962 1047; BBl 1960 I 523). Aufgehoben durch Anhang 2 Ziff. II 1 des BG vom 23. März 2001 über den Konsumkredit, mit Wirkung seit 1. Jan. 2003 (AS 2002 3846; BBl 1999 III 3155).

[89] Eingefügt durch Ziff. I des BG vom 23. März 1962 (AS 1962 1047; BBl 1960 I 523). Aufgehoben durch Anhang Ziff. 5 des Gerichtsstandsgesetzes vom 24. März 2000, mit Wirkung seit 1. Jan. 2001 (AS 2000 2355; BBl 1999 III 2829).

[90] Eingefügt durch Ziff. I des BG vom 23. März 1962, in Kraft seit 1. Jan. 1963 (AS 1962 1047; BBl 1960 I 523). Aufgehoben durch Anhang 2 Ziff. II 1 des BG vom 23. März 2001 über den Konsumkredit, mit Wirkung seit 1. Jan. 2003 (AS 2002 3846; BBl 1999 III 3155).

[91] Aufgehoben durch Ziff. I des BG vom 23. März 1962, mit Wirkung seit 1. Jan. 1963 (AS 1962 1047; BBl 1960 I 523).

[92] Eingefügt durch Ziff. I des BG vom 23. März 1962 (AS 1962 1047; BBl 1960 I 523). Aufgehoben durch Ziff. I des BG vom 13. Dez. 2013 (Aufhebung der Bestimmungen zum Vorauszahlungsvertrag), mit Wirkung seit 1. Juli 2014 (AS 2014 869; BBl 2013 4631 5793).

[93] Aufgehoben durch Ziff. I des BG vom 13. Dez. 2013 (Aufhebung der Bestimmungen zum Vorauszahlungsvertrag), mit Wirkung seit 1. Juli 2014 (AS 2014 869; BBl 2013 4631 5793).

ist, so kann diese innert einer Frist von zehn Tagen von jedermann, der ein Interesse hat, angefochten werden.

² Im Falle der Zwangsversteigerung ist die Anfechtung bei der Aufsichtsbehörde, in den andern Fällen beim Richter anzubringen.

III. Gebundenheit des Bietenden
1. Im Allgemeinen

Art. 231 ¹ Der Bietende ist nach Massgabe der Versteigerungsbedingungen an sein Angebot gebunden.

² Er wird, falls diese nichts anderes bestimmen, frei, wenn ein höheres Angebot erfolgt oder sein Angebot nicht sofort nach dem üblichen Aufruf angenommen wird.

2. Bei Grundstücken

Art. 232 ¹ Die Zu- oder Absage muss bei Grundstücken an der Steigerung selbst erfolgen.

² Vorbehalte, durch die der Bietende über die Steigerungsverhandlung hinaus bei seinem Angebote behaftet wird, sind ungültig, soweit es sich nicht um Zwangsversteigerung oder um einen Fall handelt, wo der Verkauf der Genehmigung durch eine Behörde bedarf.

IV. Barzahlung

Art. 233 ¹ Bei der Versteigerung hat der Erwerber, wenn die Versteigerungsbedingungen nichts anderes vorsehen, Barzahlung zu leisten.

² Der Veräusserer kann sofort vom Kauf zurücktreten, wenn nicht Zahlung in bar oder gemäss den Versteigerungsbedingungen geleistet wird.

V. Gewährleistung

Art. 234 ¹ Bei Zwangsversteigerung findet, abgesehen von besonderen Zusicherungen oder von absichtlicher Täuschung der Bietenden, eine Gewährleistung nicht statt.

² Der Ersteigerer erwirbt die Sache in dem Zustand und mit den Rechten und Lasten, die durch die öffentlichen Bücher oder die Versteigerungsbedingungen bekannt gegeben sind oder von Gesetzes wegen bestehen.

³ Bei freiwilliger öffentlicher Versteigerung haftet der Veräusserer wie ein anderer Verkäufer, kann aber in den öffentlich kundgegebenen Versteigerungsbedingungen die Gewährleistung mit Ausnahme der Haftung für absichtliche Täuschung von sich ablehnen.

VI. Eigentumsübergang

Art. 235 ¹ Der Ersteigerer erwirbt das Eigentum an einer ersteigerten Fahrnis mit deren Zuschlag, an einem ersteigerten Grundstück dagegen erst mit der Eintragung in das Grundbuch.

² Die Versteigerungsbehörde hat dem Grundbuchverwalter auf Grundlage des Steigerungsprotokolls den Zuschlag sofort zur Eintragung anzuzeigen.

³ Vorbehalten bleiben die Vorschriften über den Eigentumserwerb bei Zwangsversteigerungen.

VII. Kantonale Vorschriften

Art. 236 Die Kantone können in den Schranken der Bundesgesetzgebung weitere Vorschriften über die öffentliche Versteigerung aufstellen.

Fünfter Abschnitt: Der Tauschvertrag

A. Verweisung auf den Kauf

Art. 237 Auf den Tauschvertrag finden die Vorschriften über den Kaufvertrag in dem Sinne Anwendung, dass jede Vertragspartei mit Bezug auf die von ihr versprochene Sache als Verkäufer und mit Bezug auf die ihr zugesagte Sache als Käufer behandelt wird.

B. Gewährleistung

Art. 238 Wird die eingetauschte Sache entwehrt oder wegen ihrer Mängel zurückgegeben, so hat die geschädigte Partei die Wahl, Schadenersatz zu verlangen oder die vertauschte Sache zurückzufordern.

Siebenter Titel: Die Schenkung

A. Inhalt der Schenkung

Art. 239 ¹ Als Schenkung gilt jede Zuwendung unter Lebenden, womit jemand aus seinem Vermögen einen andern ohne entsprechende Gegenleistung bereichert.

² Wer auf sein Recht verzichtet, bevor er es erworben hat, oder eine Erbschaft ausschlägt, hat keine Schenkung gemacht.

³ Die Erfüllung einer sittlichen Pflicht wird nicht als Schenkung behandelt.

B. Persönliche Fähigkeit
I. Des Schenkers

Art. 240 ¹ Wer handlungsfähig ist, kann über sein Vermögen schenkungsweise verfügen, soweit nicht das eheliche Güterrecht oder das Erbrecht ihm Schranken auferlegen.

² Aus dem Vermögen eines Handlungsunfähigen dürfen nur übliche Gelegenheitsgeschenke ausgerichtet werden. Die Verantwortlichkeit des gesetzlichen Vertreters bleibt vorbehalten.[94]

³ ...[95]

---

[94] Fassung gemäss Anhang Ziff. 10 des BG vom 19. Dez. 2008 (Erwachsenenschutz, Personenrecht und Kindesrecht), in Kraft seit 1. Jan. 2013 (AS 2011 725; BBl 2006 7001).

[95] Aufgehoben durch Anhang Ziff. 10 des BG vom 19. Dez. 2008 (Erwachsenenschutz, Personenrecht und Kindesrecht), mit Wirkung seit 1. Jan. 2013 (AS 2011 725; BBl 2006 7001).

II. Des Beschenkten

Art. 241 ¹ Eine Schenkung entgegennehmen und rechtsgültig erwerben kann auch ein Handlungsunfähiger, wenn er urteilsfähig ist.

² Die Schenkung ist jedoch nicht erworben oder wird aufgehoben, wenn der gesetzliche Vertreter deren Annahme untersagt oder die Rückleistung anordnet.

C. Errichtung der Schenkung
I. Schenkung von Hand zu Hand

Art. 242 ¹ Eine Schenkung von Hand zu Hand erfolgt durch Übergabe der Sache vom Schenker an den Beschenkten.

² Bei Grundeigentum und dinglichen Rechten an Grundstücken kommt eine Schenkung erst mit der Eintragung in das Grundbuch zustande.

³ Diese Eintragung setzt ein gültiges Schenkungsversprechen voraus.

II. Schenkungsversprechen

Art. 243 ¹ Das Schenkungsversprechen bedarf zu seiner Gültigkeit der schriftlichen Form.

² Sind Grundstücke oder dingliche Rechte an solchen Gegenstand der Schenkung, so ist zu ihrer Gültigkeit die öffentliche Beurkundung erforderlich.

³ Ist das Schenkungsversprechen vollzogen, so wird das Verhältnis als Schenkung von Hand zu Hand beurteilt.

III. Bedeutung der Annahme

Art. 244 Wer in Schenkungsabsicht einem andern etwas zuwendet, kann, auch wenn er es tatsächlich aus seinem Vermögen ausgesondert hat, die Zuwendung bis zur Annahme seitens des Beschenkten jederzeit zurückziehen.

D. Bedingungen und Auflagen
I. Im Allgemeinen

Art. 245 ¹ Mit einer Schenkung können Bedingungen oder Auflagen verbunden werden.

² Eine Schenkung, deren Vollziehbarkeit auf den Tod des Schenkers gestellt ist, steht unter den Vorschriften über die Verfügungen von Todes wegen.

II. Vollziehung der Auflagen

Art. 246 ¹ Der Schenker kann die Vollziehung einer vom Beschenkten angenommenen Auflage nach dem Vertragsinhalt einklagen.

² Liegt die Vollziehung der Auflage im öffentlichen Interesse, so kann nach dem Tode des Schenkers die zuständige Behörde die Vollziehung verlangen.

³ Der Beschenkte darf die Vollziehung einer Auflage verweigern, insoweit der Wert der Zuwendung die Kosten der Auflage nicht deckt und ihm der Ausfall nicht ersetzt wird.

III. Verabredung des Rückfalls	**Art. 247** ¹ Der Schenker kann den Rückfall der geschenkten Sache an sich selbst vorbehalten für den Fall, dass der Beschenkte vor ihm sterben sollte. ² Dieses Rückfallsrecht kann bei Schenkung von Grundstücken oder dinglichen Rechten an solchen im Grundbuche vorgemerkt werden.
E. Verantwortlichkeit des Schenkers	**Art. 248** ¹ Der Schenker ist dem Beschenkten für den Schaden, der diesem aus der Schenkung erwächst, nur im Falle der absichtlichen oder der grobfahrlässigen Schädigung verantwortlich. ² Er hat ihm für die geschenkte Sache oder die abgetretene Forderung nur die Gewähr zu leisten, die er ihm versprochen hat.
F. Aufhebung der Schenkung **I. Rückforderung der Schenkung**	**Art. 249** Bei der Schenkung von Hand zu Hand und bei vollzogenen Schenkungsversprechen kann der Schenker die Schenkung widerrufen und das Geschenkte, soweit der Beschenkte noch bereichert ist, zurückfordern: 1.[96] wenn der Beschenkte gegen den Schenker oder gegen eine diesem nahe verbundene Person eine schwere Straftat begangen hat; 2. wenn er gegenüber dem Schenker oder einem von dessen Angehörigen die ihm obliegenden familienrechtlichen Pflichten schwer verletzt hat; 3. wenn er die mit der Schenkung verbundenen Auflagen in ungerechtfertigter Weise nicht erfüllt.
II. Widerruf und Hinfälligkeit des Schenkungsversprechens	**Art. 250** ¹ Bei dem Schenkungsversprechen kann der Schenker das Versprechen widerrufen und dessen Erfüllung verweigern: 1. aus den gleichen Gründen, aus denen das Geschenkte bei der Schenkung von Hand zu Hand zurückgefordert werden kann; 2. wenn seit dem Versprechen die Vermögensverhältnisse des Schenkers sich so geändert haben, dass die Schenkung ihn ausserordentlich schwer belasten würde; 3. wenn seit dem Versprechen dem Schenker familienrechtliche Pflichten erwachsen sind, die vorher gar nicht oder in erheblich geringerem Umfange bestanden haben. ² Durch Ausstellung eines Verlustscheines oder Eröffnung des Konkurses gegen den Schenker wird jedes Schenkungsversprechen aufgehoben.
III. Verjährung und Klagerecht der Erben	**Art. 251** ¹ Der Widerruf kann während eines Jahres erfolgen, von dem Zeitpunkt an gerechnet, wo der Schenker von dem Widerrufsgrund Kenntnis erhalten hat.

---

96 Fassung gemäss Anhang Ziff. 2 des BG vom 26. Juni 1998, in Kraft seit 1. Jan. 2000 (AS 1999 1118; BBl 1996 I 1).

² Stirbt der Schenker vor Ablauf dieses Jahres, so geht das Klagerecht für den Rest der Frist auf dessen Erben über.

³ Die Erben des Schenkers können die Schenkung widerrufen, wenn der Beschenkte den Schenker vorsätzlich und rechtswidrig getötet oder am Widerruf verhindert hat.

IV. Tod des Schenkers **Art. 252** Hat sich der Schenker zu wiederkehrenden Leistungen verpflichtet, so erlischt die Verbindlichkeit mit seinem Tode, sofern es nicht anders bestimmt ist.

Achter Titel:[97] Die Miete

Erster Abschnitt: Allgemeine Bestimmungen

A. Begriff und Geltungsbereich
I. Begriff

Art. 253 Durch den Mietvertrag verpflichtet sich der Vermieter, dem Mieter eine Sache zum Gebrauch zu überlassen, und der Mieter, dem Vermieter dafür einen Mietzins zu leisten.

II. Geltungsbereich
1. Wohn- und Geschäftsräume

Art. 253a ¹ Die Bestimmungen über die Miete von Wohn- und Geschäftsräumen gelten auch für Sachen, die der Vermieter zusammen mit diesen Räumen dem Mieter zum Gebrauch überlässt.

² Sie gelten nicht für Ferienwohnungen, die für höchstens drei Monate gemietet werden.

³ Der Bundesrat erlässt die Ausführungsvorschriften.

2. Bestimmungen über den Schutz vor missbräuchlichen Mietzinsen

Art. 253b ¹ Die Bestimmungen über den Schutz vor missbräuchlichen Mietzinsen (Art. 269 ff.) gelten sinngemäss für nichtlandwirtschaftliche Pacht- und andere Verträge, die im Wesentlichen die Überlassung von Wohn- oder Geschäftsräumen gegen Entgelt regeln.

² Sie gelten nicht für die Miete von luxuriösen Wohnungen und Einfamilienhäusern mit sechs oder mehr Wohnräumen (ohne Anrechnung der Küche).

³ Die Bestimmungen über die Anfechtung missbräuchlicher Mietzinse gelten nicht für Wohnräume, deren Bereitstellung von der öffentlichen Hand gefördert wurde und deren Mietzinse durch eine Behörde kontrolliert werden.

B. Koppelungsgeschäfte **Art. 254** Ein Koppelungsgeschäft, das in Zusammenhang mit der Miete von Wohn- oder Geschäftsräumen steht, ist nichtig, wenn der Abschluss oder die Weiterführung des Mietvertrags davon abhängig

---

[97] Fassung gemäss Ziff. I des BG vom 15. Dez. 1989, in Kraft seit 1. Juli 1990 (AS 1990 802; BBl 1985 I 1389). Siehe auch Art. 5 der SchlB zu den Tit. VIII und VIIIbis am Schluss des OR.

gemacht wird und der Mieter dabei gegenüber dem Vermieter oder einem Dritten eine Verpflichtung übernimmt, die nicht unmittelbar mit dem Gebrauch der Mietsache zusammenhängt.

C. Dauer des Mietverhältnisses

Art. 255 ¹ Das Mietverhältnis kann befristet oder unbefristet sein.

² Befristet ist das Mietverhältnis, wenn es ohne Kündigung mit Ablauf der vereinbarten Dauer endigen soll.

³ Die übrigen Mietverhältnisse gelten als unbefristet.

D. Pflichten des Vermieters
I. Im Allgemeinen

Art. 256 ¹ Der Vermieter ist verpflichtet, die Sache zum vereinbarten Zeitpunkt in einem zum vorausgesetzten Gebrauch tauglichen Zustand zu übergeben und in demselben zu erhalten.

² Abweichende Vereinbarungen zum Nachteil des Mieters sind nichtig, wenn sie enthalten sind in:
a. vorformulierten allgemeinen Geschäftsbedingungen;
b. Mietverträgen über Wohn- oder Geschäftsräume.

II. Auskunftspflicht

Art. 256a ¹ Ist bei Beendigung des vorangegangenen Mietverhältnisses ein Rückgabeprotokoll erstellt worden, so muss der Vermieter es dem neuen Mieter auf dessen Verlangen bei der Übergabe der Sache zur Einsicht vorlegen.

² Ebenso kann der Mieter verlangen, dass ihm die Höhe des Mietzinses des vorangegangenen Mietverhältnisses mitgeteilt wird.

III. Abgaben und Lasten

Art. 256b Der Vermieter trägt die mit der Sache verbundenen Lasten und öffentlichen Abgaben.

E. Pflichten des Mieters
I. Zahlung des Mietzinses und der Nebenkosten
1. Mietzins

Art. 257 Der Mietzins ist das Entgelt, das der Mieter dem Vermieter für die Überlassung der Sache schuldet.

2. Nebenkosten
a. Im Allgemeinen

Art. 257a ¹ Die Nebenkosten sind das Entgelt für die Leistungen des Vermieters oder eines Dritten, die mit dem Gebrauch der Sache zusammenhängen.

² Der Mieter muss die Nebenkosten nur bezahlen, wenn er dies mit dem Vermieter besonders vereinbart hat.

b. Wohn- und Geschäftsräume

Art. 257b ¹ Bei Wohn- und Geschäftsräumen sind die Nebenkosten die tatsächlichen Aufwendungen des Vermieters für Leistungen, die mit dem Gebrauch zusammenhängen, wie Heizungs-, Warmwasser- und ähnliche Betriebskosten, sowie für öffentliche Abgaben, die sich aus dem Gebrauch der Sache ergeben.

² Der Vermieter muss dem Mieter auf Verlangen Einsicht in die Belege gewähren.

3. Zahlungstermine

Art. 257c Der Mieter muss den Mietzins und allenfalls die Nebenkosten am Ende jedes Monats, spätestens aber am Ende der Mietzeit bezahlen, wenn kein anderer Zeitpunkt vereinbart oder ortsüblich ist.

4. Zahlungsrückstand des Mieters

Art. 257d ¹ Ist der Mieter nach der Übernahme der Sache mit der Zahlung fälliger Mietzinse oder Nebenkosten im Rückstand, so kann ihm der Vermieter schriftlich eine Zahlungsfrist setzen und ihm androhen, dass bei unbenütztem Ablauf der Frist das Mietverhältnis gekündigt werde. Diese Frist beträgt mindestens zehn Tage, bei Wohn- und Geschäftsräumen mindestens 30 Tage.

² Bezahlt der Mieter innert der gesetzten Frist nicht, so kann der Vermieter fristlos, bei Wohn- und Geschäftsräumen mit einer Frist von mindestens 30 Tagen auf Ende eines Monats kündigen.

II. Sicherheiten durch den Mieter

Art. 257e ¹ Leistet der Mieter von Wohn- oder Geschäftsräumen eine Sicherheit in Geld oder in Wertpapieren, so muss der Vermieter sie bei einer Bank auf einem Sparkonto oder einem Depot, das auf den Namen des Mieters lautet, hinterlegen.

² Bei der Miete von Wohnräumen darf der Vermieter höchstens drei Monatszinse als Sicherheit verlangen.

³ Die Bank darf die Sicherheit nur mit Zustimmung beider Parteien oder gestützt auf einen rechtskräftigen Zahlungsbefehl oder auf ein rechtskräftiges Gerichtsurteil herausgeben. Hat der Vermieter innert einem Jahr nach Beendigung des Mietverhältnisses keinen Anspruch gegenüber dem Mieter rechtlich geltend gemacht, so kann dieser von der Bank die Rückerstattung der Sicherheit verlangen.

⁴ Die Kantone können ergänzende Bestimmungen erlassen.

III. Sorgfalt und Rücksichtnahme

Art. 257f ¹ Der Mieter muss die Sache sorgfältig gebrauchen.

² Der Mieter einer unbeweglichen Sache muss auf Hausbewohner und Nachbarn Rücksicht nehmen.

³ Verletzt der Mieter trotz schriftlicher Mahnung des Vermieters seine Pflicht zu Sorgfalt oder Rücksichtnahme weiter, so dass dem Vermieter oder den Hausbewohnern die Fortsetzung des Mietverhältnisses nicht mehr zuzumuten ist so kann der Vermieter fristlos, bei Wohn- und Geschäftsräumen mit einer Frist von mindestens 30 Tagen auf Ende eines Monats kündigen.

⁴ Der Vermieter von Wohn- oder Geschäftsräumen kann jedoch fristlos kündigen, wenn der Mieter vorsätzlich der Sache schweren Schaden zufügt.

IV. Meldepflicht

Art. 257g ¹ Der Mieter muss Mängel, die er nicht selber zu beseitigen hat, dem Vermieter melden.

² Unterlässt der Mieter die Meldung, so haftet er für den Schaden, der dem Vermieter daraus entsteht.

V. Duldungspflicht

Art. 257h ¹ Der Mieter muss Arbeiten an der Sache dulden, wenn sie zur Beseitigung von Mängeln oder zur Behebung oder Vermeidung von Schäden notwendig sind.

² Der Mieter muss dem Vermieter gestatten, die Sache zu besichtigen, soweit dies für den Unterhalt, den Verkauf oder die Wiedervermietung notwendig ist.

³ Der Vermieter muss dem Mieter Arbeiten und Besichtigungen rechtzeitig anzeigen und bei der Durchführung auf die Interessen des Mieters Rücksicht nehmen; allfällige Ansprüche des Mieters auf Herabsetzung des Mietzinses (Art. 259*d*) und auf Schadenersatz (Art. 259*e*) bleiben vorbehalten.

F. Nichterfüllung oder mangelhafte Erfüllung des Vertrags bei Übergabe der Sache

Art. 258 ¹ Übergibt der Vermieter die Sache nicht zum vereinbarten Zeitpunkt oder mit Mängeln, welche die Tauglichkeit zum vorausgesetzten Gebrauch ausschliessen oder erheblich beeinträchtigen, so kann der Mieter nach den Artikeln 107–109 über die Nichterfüllung von Verträgen vorgehen.

² Übernimmt der Mieter die Sache trotz dieser Mängel und beharrt er auf gehöriger Erfüllung des Vertrags, so kann er nur die Ansprüche geltend machen, die ihm bei Entstehung von Mängeln während der Mietdauer zustünden (Art. 259*a*–259*i*).

³ Der Mieter kann die Ansprüche nach den Artikeln 259*a*–259*i* auch geltend machen, wenn die Sache bei der Übergabe Mängel hat:
a. welche die Tauglichkeit zum vorausgesetzten Gebrauch zwar vermindern, aber weder ausschliessen noch erheblich beeinträchtigen;
b. die der Mieter während der Mietdauer auf eigene Kosten beseitigen müsste (Art. 259).

G. Mängel während der Mietdauer

I. Pflicht des Mieters zu kleinen Reinigungen und Ausbesserungen

Art. 259 Der Mieter muss Mängel, die durch kleine, für den gewöhnlichen Unterhalt erforderliche Reinigungen oder Ausbesserungen behoben werden können, nach Ortsgebrauch auf eigene Kosten beseitigen.

II. Rechte des Mieters
1. Im Allgemeinen

Art. 259a ¹ Entstehen an der Sache Mängel, die der Mieter weder zu verantworten noch auf eigene Kosten zu beseitigen hat, oder wird der Mieter im vertragsgemässen Gebrauch der Sache gestört, so kann er verlangen, dass der Vermieter:

a. den Mangel beseitigt;
b. den Mietzins verhältnismässig herabsetzt;
c. Schadenersatz leistet;
d. den Rechtsstreit mit einem Dritten übernimmt.

² Der Mieter einer unbeweglichen Sache kann zudem den Mietzins hinterlegen.

2. Beseitigung des Mangels
a. Grundsatz

Art. 259b Kennt der Vermieter einen Mangel und beseitigt er ihn nicht innert angemessener Frist, so kann der Mieter:

a. fristlos kündigen, wenn der Mangel die Tauglichkeit einer unbeweglichen Sache zum vorausgesetzten Gebrauch ausschliesst oder erheblich beeinträchtigt oder wenn der Mangel die Tauglichkeit einer beweglichen Sache zum vorausgesetzten Gebrauch vermindert;
b. auf Kosten des Vermieters den Mangel beseitigen lassen, wenn dieser die Tauglichkeit der Sache zum vorausgesetzten Gebrauch zwar vermindert, aber nicht erheblich beeinträchtigt.

b. Ausnahme

Art. 259c Der Mieter hat keinen Anspruch auf Beseitigung des Mangels, wenn der Vermieter für die mangelhafte Sache innert angemessener Frist vollwertigen Ersatz leistet.

3. Herabsetzung des Mietzinses

Art. 259d Wird die Tauglichkeit der Sache zum vorausgesetzten Gebrauch beeinträchtigt oder vermindert, so kann der Mieter vom Vermieter verlangen, dass er den Mietzins vom Zeitpunkt, in dem er vom Mangel erfahren hat, bis zur Behebung des Mangels entsprechend herabsetzt.

4. Schadenersatz

Art. 259e Hat der Mieter durch den Mangel Schaden erlitten, so muss ihm der Vermieter dafür Ersatz leisten, wenn er nicht beweist, dass ihn kein Verschulden trifft.

5. Übernahme des Rechtsstreits

Art. 259f Erhebt ein Dritter einen Anspruch auf die Sache, der sich mit den Rechten des Mieters nicht verträgt, so muss der Vermieter auf Anzeige des Mieters hin den Rechtsstreit übernehmen.

6. Hinterlegung des Mietzinses
a. Grundsatz

Art. 259g ¹ Verlangt der Mieter einer unbeweglichen Sache vom Vermieter die Beseitigung eines Mangels, so muss er ihm dazu schriftlich eine angemessene Frist setzen und kann ihm androhen, dass er bei unbenütztem Ablauf der Frist Mietzinse die künftig fällig werden bei einer vom Kanton bezeichneten Stelle hinterlegen wird. Er muss die Hinterlegung dem Vermieter schriftlich ankündigen.

² Mit der Hinterlegung gelten die Mietzinse als bezahlt.

b. Herausgabe der hinterlegten Mietzinse

Art. 259h ¹ Hinterlegte Mietzinse fallen dem Vermieter zu, wenn der Mieter seine Ansprüche gegenüber dem Vermieter nicht innert 30 Tagen seit Fälligkeit des ersten hinterlegten Mietzinses bei der Schlichtungsbehörde geltend gemacht hat.

² Der Vermieter kann bei der Schlichtungsbehörde die Herausgabe der zu Unrecht hinterlegten Mietzinse verlangen, sobald ihm der Mieter die Hinterlegung angekündigt hat.

c. Verfahren

Art. 259i[98] Das Verfahren richtet sich nach der ZPO[99].

H. Erneuerungen und Änderungen
I. Durch den Vermieter

Art. 260 ¹ Der Vermieter kann Erneuerungen und Änderungen an der Sache nur vornehmen, wenn sie für den Mieter zumutbar sind und wenn das Mietverhältnis nicht gekündigt ist.

² Der Vermieter muss bei der Ausführung der Arbeiten auf die Interessen des Mieters Rücksicht nehmen; allfällige Ansprüche des Mieters auf Herabsetzung des Mietzinses (Art. 259*d*) und auf Schadenersatz (Art. 259*e*) bleiben vorbehalten.

II. Durch den Mieter

Art. 260a ¹ Der Mieter kann Erneuerungen und Änderungen an der Sache nur vornehmen, wenn der Vermieter schriftlich zugestimmt hat.

² Hat der Vermieter zugestimmt, so kann er die Wiederherstellung des früheren Zustandes nur verlangen, wenn dies schriftlich vereinbart worden ist.

³ Weist die Sache bei Beendigung des Mietverhältnisses dank der Erneuerung oder Änderung, welcher der Vermieter zugestimmt hat, einen erheblichen Mehrwert auf, so kann der Mieter dafür eine entsprechende Entschädigung verlangen; weitergehende schriftlich vereinbarte Entschädigungsansprüche bleiben vorbehalten.

J. Wechsel des Eigentümers
I. Veräusserung der Sache

Art. 261 ¹ Veräussert der Vermieter die Sache nach Abschluss des Mietvertrags oder wird sie ihm in einem Schuldbetreibungs- oder Konkursverfahren entzogen, so geht das Mietverhältnis mit dem Eigentum an der Sache auf den Erwerber über.

---

[98] Fassung gemäss Anhang 1 Ziff. II 5 der Zivilprozessordnung vom 19. Dez. 2008, in Kraft seit 1. Jan. 2011 (AS 2010 1739; BBl 2006 7221).
[99] SR 272

² Der neue Eigentümer kann jedoch:
a. bei Wohn- und Geschäftsräumen das Mietverhältnis mit der gesetzlichen Frist auf den nächsten gesetzlichen Termin kündigen, wenn er einen dringenden Eigenbedarf für sich, nahe Verwandte oder Verschwägerte geltend macht;
b. bei einer anderen Sache das Mietverhältnis mit der gesetzlichen Frist auf den nächsten gesetzlichen Termin kündigen, wenn der Vertrag keine frühere Auflösung ermöglicht.

³ Kündigt der neue Eigentümer früher, als es der Vertrag mit dem bisherigen Vermieter gestattet hätte, so haftet dieser dem Mieter für allen daraus entstehenden Schaden.

⁴ Vorbehalten bleiben die Bestimmungen über die Enteignung.

II. Einräumung beschränkter dinglicher Rechte

Art. 261a Die Bestimmungen über die Veräusserung der Sache sind sinngemäss anwendbar, wenn der Vermieter einem Dritten ein beschränktes dingliches Recht einräumt und dies einem Eigentümerwechsel gleichkommt.

III. Vormerkung im Grundbuch

Art. 261b ¹ Bei der Miete an einem Grundstück kann verabredet werden, dass das Verhältnis im Grundbuch vorgemerkt wird.

² Die Vormerkung bewirkt, dass jeder neue Eigentümer dem Mieter gestatten muss, das Grundstück entsprechend dem Mietvertrag zu gebrauchen.

K. Untermiete

Art. 262 ¹ Der Mieter kann die Sache mit Zustimmung des Vermieters ganz oder teilweise untervermieten.

² Der Vermieter kann die Zustimmung nur verweigern, wenn:
a. der Mieter sich weigert, dem Vermieter die Bedingungen der Untermiete bekanntzugeben;
b. die Bedingungen der Untermiete im Vergleich zu denjenigen des Hauptmietvertrags missbräuchlich sind;
c. dem Vermieter aus der Untermiete wesentliche Nachteile entstehen.

³ Der Mieter haftet dem Vermieter dafür, dass der Untermieter die Sache nicht anders gebraucht, als es ihm selbst gestattet ist. Der Vermieter kann den Untermieter unmittelbar dazu anhalten.

L. Übertragung der Miete auf einen Dritten

Art. 263 ¹ Der Mieter von Geschäftsräumen kann das Mietverhältnis mit schriftlicher Zustimmung des Vermieters auf einen Dritten übertragen.

² Der Vermieter kann die Zustimmung nur aus wichtigem Grund verweigern.

³ Stimmt der Vermieter zu, so tritt der Dritte anstelle des Mieters in das Mietverhältnis ein.

⁴ Der Mieter ist von seinen Verpflichtungen gegenüber dem Vermieter befreit. Er haftet jedoch solidarisch mit dem Dritten bis zum Zeitpunkt, in dem das Mietverhältnis gemäss Vertrag oder Gesetz endet oder beendet werden kann, höchstens aber für zwei Jahre.

M. Vorzeitige Rückgabe der Sache

Art. 264 ¹ Gibt der Mieter die Sache zurück, ohne Kündigungsfrist oder -termin einzuhalten, so ist er von seinen Verpflichtungen gegenüber dem Vermieter nur befreit, wenn er einen für den Vermieter zumutbaren neuen Mieter vorschlägt; dieser muss zahlungsfähig und bereit sein, den Mietvertrag zu den gleichen Bedingungen zu übernehmen.

² Andernfalls muss er den Mietzins bis zu dem Zeitpunkt leisten, in dem das Mietverhältnis gemäss Vertrag oder Gesetz endet oder beendet werden kann.

³ Der Vermieter muss sich anrechnen lassen, was er:
a. an Auslagen erspart und
b. durch anderweitige Verwendung der Sache gewinnt oder absichtlich zu gewinnen unterlassen hat.

N. Verrechnung

Art. 265 Der Vermieter und der Mieter können nicht im Voraus auf das Recht verzichten, Forderungen und Schulden aus dem Mietverhältnis zu verrechnen.

O. Beendigung des Mietverhältnisses
I. Ablauf der vereinbarten Dauer

Art. 266 ¹ Haben die Parteien eine bestimmte Dauer ausdrücklich oder stillschweigend vereinbart, so endet das Mietverhältnis ohne Kündigung mit Ablauf dieser Dauer.

² Setzen die Parteien das Mietverhältnis stillschweigend fort, so gilt es als unbefristetes Mietverhältnis.

II. Kündigungsfristen und -termine
1. Im Allgemeinen

Art. 266a ¹ Die Parteien können das unbefristete Mietverhältnis unter Einhaltung der gesetzlichen Fristen und Termine kündigen, sofern sie keine längere Frist oder keinen anderen Termin vereinbart haben.

² Halten die Parteien die Frist oder den Termin nicht ein, so gilt die Kündigung für den nächstmöglichen Termin.

2. Unbewegliche Sachen und Fahrnisbauten

Art. 266b Bei der Miete von unbeweglichen Sachen und Fahrnisbauten können die Parteien mit einer Frist von drei Monaten auf einen ortsüblichen Termin oder, wenn es keinen Ortsgebrauch gibt, auf Ende einer sechsmonatigen Mietdauer kündigen.

3. Wohnungen

Art. 266c Bei der Miete von Wohnungen können die Parteien mit einer Frist von drei Monaten auf einen ortsüblichen Termin oder, wenn es keinen Ortsgebrauch gibt, auf Ende einer dreimonatigen Mietdauer kündigen.

4. Geschäftsräume

Art. 266d Bei der Miete von Geschäftsräumen können die Parteien mit einer Frist von sechs Monaten auf einen ortsüblichen Termin oder, wenn es keinen Ortsgebrauch gibt, auf Ende einer dreimonatigen Mietdauer kündigen.

5. Möblierte Zimmer und Einstellplätze

Art. 266e Bei der Miete von möblierten Zimmern und von gesondert vermieteten Einstellplätzen oder ähnlichen Einrichtungen können die Parteien mit einer Frist von zwei Wochen auf Ende einer einmonatigen Mietdauer kündigen.

6. Bewegliche Sachen

Art. 266f Bei der Miete von beweglichen Sachen können die Parteien mit einer Frist von drei Tagen auf einen beliebigen Zeitpunkt kündigen.

III. Ausserordentliche Kündigung
1. Aus wichtigen Gründen

Art. 266g [1] Aus wichtigen Gründen, welche die Vertragserfüllung für sie unzumutbar machen, können die Parteien das Mietverhältnis mit der gesetzlichen Frist auf einen beliebigen Zeitpunkt kündigen.

[2] Der Richter bestimmt die vermögensrechtlichen Folgen der vorzeitigen Kündigung unter Würdigung aller Umstände.

2. Konkurs des Mieters

Art. 266h [1] Fällt der Mieter nach Übernahme der Sache in Konkurs, so kann der Vermieter für künftige Mietzinse Sicherheit verlangen. Er muss dafür dem Mieter und der Konkursverwaltung schriftlich eine angemessene Frist setzen.

[2] Erhält der Vermieter innert dieser Frist keine Sicherheit, so kann er fristlos kündigen.

3. Tod des Mieters

Art. 266i Stirbt der Mieter, so können seine Erben mit der gesetzlichen Frist auf den nächsten gesetzlichen Termin kündigen.

4. Bewegliche Sachen

Art. 266k Der Mieter einer beweglichen Sache, die seinem privaten Gebrauch dient und vom Vermieter im Rahmen seiner gewerblichen Tätigkeit vermietet wird, kann mit einer Frist von mindestens 30 Tagen auf Ende einer dreimonatigen Mietdauer kündigen. Der Vermieter hat dafür keinen Anspruch auf Entschädigung.

IV. Form der Kündigung bei Wohn- und Geschäftsräumen
1. Im Allgemeinen

Art. 266l [1] Vermieter und Mieter von Wohn- und Geschäftsräumen müssen schriftlich kündigen.

² Der Vermieter muss mit einem Formular kündigen, das vom Kanton genehmigt ist und das angibt, wie der Mieter vorzugehen hat, wenn er die Kündigung anfechten oder eine Erstreckung des Mietverhältnisses verlangen will.

2. Wohnung der Familie
a. Kündigung durch den Mieter

Art. 266m ¹ Dient die gemietete Sache als Wohnung der Familie, kann ein Ehegatte den Mietvertrag nur mit der ausdrücklichen Zustimmung des anderen kündigen.

² Kann der Ehegatte diese Zustimmung nicht einholen oder wird sie ihm ohne triftigen Grund verweigert, so kann er den Richter anrufen.

³ Die gleiche Regelung gilt bei eingetragenen Partnerschaften sinngemäss.[100]

b. Kündigung durch den Vermieter

Art. 266n[101] Die Kündigung durch den Vermieter sowie die Ansetzung einer Zahlungsfrist mit Kündigungsandrohung (Art. 257d) sind dem Mieter und seinem Ehegatten, seiner eingetragenen Partnerin oder seinem eingetragenen Partner separat zuzustellen.

3. Nichtigkeit der Kündigung

Art. 266o Die Kündigung ist nichtig, wenn sie den Artikeln 266l–266n nicht entspricht.

P. Rückgabe der Sache
I. Im Allgemeinen

Art. 267 ¹ Der Mieter muss die Sache in dem Zustand zurückgeben, der sich aus dem vertragsgemässen Gebrauch ergibt.

² Vereinbarungen, in denen sich der Mieter im Voraus verpflichtet, bei Beendigung des Mietverhältnisses eine Entschädigung zu entrichten, die anderes als die Deckung des allfälligen Schadens einschliesst, sind nichtig.

II. Prüfung der Sache und Meldung an den Mieter

Art. 267a ¹ Bei der Rückgabe muss der Vermieter den Zustand der Sache prüfen und Mängel, für die der Mieter einzustehen hat, diesem sofort melden.

² Versäumt dies der Vermieter, so verliert er seine Ansprüche, soweit es sich nicht um Mängel handelt, die bei übungsgemässer Untersuchung nicht erkennbar waren.

³ Entdeckt der Vermieter solche Mängel später, so muss er sie dem Mieter sofort melden.

Q. Retentionsrecht des Vermieters
I. Umfang

Art. 268 ¹ Der Vermieter von Geschäftsräumen hat für einen verfallenen Jahreszins und den laufenden Halbjahreszins ein Retentions-

---

100 Eingefügt durch Anhang Ziff. 11 des Partnerschaftsgesetzes vom 18. Juni 2004, in Kraft seit 1. Jan. 2007 (AS 2005 5685; BBl 2003 1288).

101 Fassung gemäss Anhang Ziff. 11 des Partnerschaftsgesetzes vom 18. Juni 2004, in Kraft seit 1. Jan. 2007 (AS 2005 5685; BBl 2003 1288).

recht an den beweglichen Sachen, die sich in den vermieteten Räumen befinden und zu deren Einrichtung oder Benutzung gehören.

² Das Retentionsrecht des Vermieters umfasst die vom Untermieter eingebrachten Gegenstände insoweit, als dieser seinen Mietzins nicht bezahlt hat.

³ Ausgeschlossen ist das Retentionsrecht an Sachen, die durch die Gläubiger des Mieters nicht gepfändet werden könnten.

II. Sachen Dritter

Art. 268a ¹ Die Rechte Dritter an Sachen, von denen der Vermieter wusste oder wissen musste, dass sie nicht dem Mieter gehören, sowie an gestohlenen, verlorenen oder sonstwie abhanden gekommenen Sachen gehen dem Retentionsrecht des Vermieters vor.

² Erfährt der Vermieter erst während der Mietdauer, dass Sachen, die der Mieter eingebracht hat, nicht diesem gehören, so erlischt sein Retentionsrecht an diesen Sachen, wenn er den Mietvertrag nicht auf den nächstmöglichen Termin kündigt.

III. Geltendmachung

Art. 268b ¹ Will der Mieter wegziehen oder die in den gemieteten Räumen befindlichen Sachen fortschaffen, so kann der Vermieter mit Hilfe der zuständigen Amtsstelle so viele Gegenstände zurückhalten, als zur Deckung seiner Forderung notwendig sind.

² Heimlich oder gewaltsam fortgeschaffte Gegenstände können innert zehn Tagen seit der Fortschaffung mit polizeilicher Hilfe in die vermieteten Räume zurückgebracht werden.

Zweiter Abschnitt: Schutz vor missbräuchlichen Mietzinsen und andern missbräuchlichen Forderungen des Vermieters bei der Miete von Wohn- und Geschäftsräumen

A. Missbräuchliche Mietzinse
I. Regel

Art. 269 Mietzinse sind missbräuchlich, wenn damit ein übersetzter Ertrag aus der Mietsache erzielt wird oder wenn sie auf einem offensichtlich übersetzten Kaufpreis beruhen.

II. Ausnahmen

Art. 269a Mietzinse sind in der Regel nicht missbräuchlich, wenn sie insbesondere:
a. im Rahmen der orts- oder quartierüblichen Mietzinse liegen;
b. durch Kostensteigerungen oder Mehrleistungen des Vermieters begründet sind;
c. bei neueren Bauten im Rahmen der kostendeckenden Bruttorendite liegen;
d. lediglich dem Ausgleich einer Mietzinsverbilligung dienen, die zuvor durch Umlagerung marktüblicher Finanzierungskosten

gewahrt wurde, und in einem dem Mieter im Voraus bekanntgegebenen Zahlungsplan festgelegt sind;
e. lediglich die Teuerung auf dem risikotragenden Kapital ausgleichen;
f. das Ausmass nicht überschreiten, das Vermieter- und Mieterverbände oder Organisationen, die ähnliche Interessen wahrnehmen, in ihren Rahmenverträgen empfehlen.

B. Indexierte Mietzinse

Art. 269b Die Vereinbarung, dass der Mietzins einem Index folgt, ist nur gültig, wenn der Mietvertrag für mindestens fünf Jahre abgeschlossen und als Index der Landesindex der Konsumentenpreise vorgesehen wird.

C. Gestaffelte Mietzinse

Art. 269c Die Vereinbarung, dass sich der Mietzins periodisch um einen bestimmten Betrag erhöht, ist nur gültig, wenn:
a. der Mietvertrag für mindestens drei Jahre abgeschlossen wird;
b. der Mietzins höchstens einmal jährlich erhöht wird; und
c. der Betrag der Erhöhung in Franken festgelegt wird.

D. Mietzinserhöhungen und andere einseitige Vertragsänderungen durch den Vermieter

Art. 269d [1] Der Vermieter kann den Mietzins jederzeit auf den nächstmöglichen Kündigungstermin erhöhen. Er muss dem Mieter die Mietzinserhöhung mindestens zehn Tage vor Beginn der Kündigungsfrist auf einem vom Kanton genehmigten Formular mitteilen und begründen.

[2] Die Mietzinserhöhung ist nichtig, wenn der Vermieter:
a. sie nicht mit dem vorgeschriebenen Formular mitteilt;
b. sie nicht begründet;
c. mit der Mitteilung die Kündigung androht oder ausspricht.

[3] Die Absätze 1 und 2 gelten auch, wenn der Vermieter beabsichtigt, sonstwie den Mietvertrag einseitig zu Lasten des Mieters zu ändern, namentlich seine bisherigen Leistungen zu vermindern oder neue Nebenkosten einzuführen.

E. Anfechtung des Mietzinses
I. Herabsetzungsbegehren
1. Anfangsmietzins

Art. 270 [1] Der Mieter kann den Anfangsmietzins innert 30 Tagen nach Übernahme der Sache bei der Schlichtungsbehörde als missbräuchlich im Sinne der Artikel 269 und 269a anfechten und dessen Herabsetzung verlangen, wenn:
a. er sich wegen einer persönlichen oder familiären Notlage oder wegen der Verhältnisse auf dem örtlichen Markt für Wohn- und Geschäftsräume zum Vertragsabschluss gezwungen sah; oder
b. der Vermieter den Anfangsmietzins gegenüber dem früheren Mietzins für dieselbe Sache erheblich erhöht hat.

² Im Falle von Wohnungsmangel können die Kantone für ihr Gebiet oder einen Teil davon die Verwendung des Formulars gemäss Artikel 269*d* beim Abschluss eines neuen Mietvertrags obligatorisch erklären.

2. Während der Mietdauer

Art. 270a ¹ Der Mieter kann den Mietzins als missbräuchlich anfechten und die Herabsetzung auf den nächstmöglichen Kündigungstermin verlangen, wenn er Grund zur Annahme hat, dass der Vermieter wegen einer wesentlichen Änderung der Berechnungsgrundlagen, vor allem wegen einer Kostensenkung, einen nach den Artikeln 269 und 269*a* übersetzten Ertrag aus der Mietsache erzielt.

² Der Mieter muss das Herabsetzungsbegehren schriftlich beim Vermieter stellen; dieser muss innert 30 Tagen Stellung nehmen. Entspricht der Vermieter dem Begehren nicht oder nur teilweise oder antwortet er nicht fristgemäss, so kann der Mieter innert 30 Tagen die Schlichtungsbehörde anrufen.

³ Absatz 2 ist nicht anwendbar, wenn der Mieter gleichzeitig mit der Anfechtung einer Mietzinserhöhung ein Herabsetzungsbegehren stellt.

II. Anfechtung von Mietzinserhöhungen und andern einseitigen Vertragsänderungen

Art. 270b ¹ Der Mieter kann eine Mietzinserhöhung innert 30 Tagen, nachdem sie ihm mitgeteilt worden ist, bei der Schlichtungsbehörde als missbräuchlich im Sinne der Artikel 269 und 269*a* anfechten.

² Absatz 1 gilt auch, wenn der Vermieter sonstwie den Mietvertrag einseitig zu Lasten des Mieters ändert, namentlich seine bisherigen Leistungen vermindert oder neue Nebenkosten einführt.

III. Anfechtung indexierter Mietzinse

Art. 270c Unter Vorbehalt der Anfechtung des Anfangsmietzinses kann eine Partei vor der Schlichtungsbehörde nur geltend machen, dass die von der andern Partei verlangte Erhöhung oder Herabsetzung des Mietzinses durch keine entsprechende Änderung des Indexes gerechtfertigt sei.

IV. Anfechtung gestaffelter Mietzinse

Art. 270d Unter Vorbehalt der Anfechtung des Anfangsmietzinses kann der Mieter gestaffelte Mietzinse nicht anfechten.

F. Weitergeltung des Mietvertrages während des Anfechtungsverfahrens

Art. 270e Der bestehende Mietvertrag gilt unverändert weiter:
a. während des Schlichtungsverfahrens, wenn zwischen den Parteien keine Einigung zustandekommt, und
b. während des Gerichtsverfahrens, unter Vorbehalt vorsorglicher Massnahmen des Richters.

Dritter Abschnitt: Kündigungsschutz bei der Miete von Wohn- und Geschäftsräumen

A. Anfechtbarkeit der Kündigung
I. Im Allgemeinen

Art. 271 ¹ Die Kündigung ist anfechtbar, wenn sie gegen den Grundsatz von Treu und Glauben verstösst.

² Die Kündigung muss auf Verlangen begründet werden.

II. Kündigung durch den Vermieter

Art. 271a ¹ Die Kündigung durch den Vermieter ist insbesondere anfechtbar, wenn sie ausgesprochen wird:
a. weil der Mieter nach Treu und Glauben Ansprüche aus dem Mietverhältnis geltend macht;
b. weil der Vermieter eine einseitige Vertragsänderung zu Lasten des Mieters oder eine Mietzinsanpassung durchsetzen will;
c. allein um den Mieter zum Erwerb der gemieteten Wohnung zu veranlassen;
d. während eines mit dem Mietverhältnis zusammenhängenden Schlichtungs- oder Gerichtsverfahrens, ausser wenn der Mieter das Verfahren missbräuchlich eingeleitet hat;
e. vor Ablauf von drei Jahren nach Abschluss eines mit dem Mietverhältnis zusammenhängenden Schlichtungs- oder Gerichtsverfahrens, in dem der Vermieter:
   1. zu einem erheblichen Teil unterlegen ist;
   2. seine Forderung oder Klage zurückgezogen oder erheblich eingeschränkt hat;
   3. auf die Anrufung des Richters verzichtet hat;
   4. mit dem Mieter einen Vergleich geschlossen oder sich sonstwie geeinigt hat;
f. wegen Änderungen in der familiären Situation des Mieters, aus denen dem Vermieter keine wesentlichen Nachteile entstehen.

² Absatz 1 Buchstabe e ist auch anwendbar, wenn der Mieter durch Schriftstücke nachweisen kann, dass er sich mit dem Vermieter ausserhalb eines Schlichtungs- oder Gerichtsverfahrens über eine Forderung aus dem Mietverhältnis geeinigt hat.

³ Absatz 1 Buchstaben d und e sind nicht anwendbar bei Kündigungen:
a. wegen dringenden Eigenbedarfs des Vermieters für sich, nahe Verwandte oder Verschwägerte;
b. wegen Zahlungsrückstand des Mieters (Art. 257*d*);
c. wegen schwerer Verletzung der Pflicht des Mieters zu Sorgfalt und Rücksichtnahme (Art. 257*f* Abs. 3 und 4);
d. infolge Veräusserung der Sache (Art. 261);
e. aus wichtigen Gründen (Art. 266*g*);
f. wegen Konkurs des Mieters (Art. 266*h*).

B. Erstreckung des Mietverhältnisses
I. Anspruch des Mieters

Art. 272 ¹ Der Mieter kann die Erstreckung eines befristeten oder unbefristeten Mietverhältnisses verlangen, wenn die Beendigung der Miete für ihn oder seine Familie eine Härte zur Folge hätte, die durch die Interessen des Vermieters nicht zu rechtfertigen wäre.

² Bei der Interessenabwägung berücksichtigt die zuständige Behörde insbesondere:
a. die Umstände des Vertragsabschlusses und den Inhalt des Vertrags;
b. die Dauer des Mietverhältnisses;
c. die persönlichen, familiären und wirtschaftlichen Verhältnisse der Parteien und deren Verhalten;
d. einen allfälligen Eigenbedarf des Vermieters für sich, nahe Verwandte oder Verschwägerte sowie die Dringlichkeit dieses Bedarfs;
e. die Verhältnisse auf dem örtlichen Markt für Wohn- und Geschäftsräume.

³ Verlangt der Mieter eine zweite Erstreckung, so berücksichtigt die zuständige Behörde auch, ob er zur Abwendung der Härte alles unternommen hat, was ihm zuzumuten war.

II. Ausschluss der Erstreckung

Art. 272a ¹ Die Erstreckung ist ausgeschlossen bei Kündigungen:
a. wegen Zahlungsrückstand des Mieters (Art. 257*d*);
b. wegen schwerer Verletzung der Pflicht des Mieters zu Sorgfalt und Rücksichtnahme (Art. 257*f* Abs. 3 und 4);
c. wegen Konkurs des Mieters (Art. 266*h*).
d. eines Mietvertrages, welcher im Hinblick auf ein bevorstehendes Umbau- oder Abbruchvorhaben ausdrücklich nur für die beschränkte Zeit bis zum Baubeginn oder bis zum Erhalt der erforderlichen Bewilligung abgeschlossen wurde.

² Die Erstreckung ist in der Regel ausgeschlossen, wenn der Vermieter dem Mieter einen gleichwertigen Ersatz für die Wohn- oder Geschäftsräume anbietet.

III. Dauer der Erstreckung

Art. 272b ¹ Das Mietverhältnis kann für Wohnräume um höchstens vier, für Geschäftsräume um höchstens sechs Jahre erstreckt werden. Im Rahmen der Höchstdauer können eine oder zwei Erstreckungen gewährt werden.

² Vereinbaren die Parteien eine Erstreckung des Mietverhältnisses, so sind sie an keine Höchstdauer gebunden, und der Mieter kann auf eine zweite Erstreckung verzichten.

IV. Weitergeltung des Mietvertrags

Art. 272c ¹ Jede Partei kann verlangen, dass der Vertrag im Erstreckungsentscheid veränderten Verhältnissen angepasst wird.

Die Schenkung Art. 273a OR | 1

² Ist der Vertrag im Erstreckungsentscheid nicht geändert worden, so gilt er während der Erstreckung unverändert weiter; vorbehalten bleiben die gesetzlichen Anpassungsmöglichkeiten.

V. Kündigung während der Erstreckung

Art. 272d Legt der Erstreckungsentscheid oder die Erstreckungsvereinbarung nichts anderes fest, so kann der Mieter das Mietverhältnis wie folgt kündigen:
a. bei Erstreckung bis zu einem Jahr mit einer einmonatigen Frist auf Ende eines Monats;
b. bei Erstreckung von mehr als einem Jahr mit einer dreimonatigen Frist auf einen gesetzlichen Termin.

C. Fristen und Verfahren[102]

Art. 273 ¹ Will eine Partei die Kündigung anfechten, so muss sie das Begehren innert 30 Tagen nach Empfang der Kündigung der Schlichtungsbehörde einreichen.

² Will der Mieter eine Erstreckung des Mietverhältnisses verlangen, so muss er das Begehren der Schlichtungsbehörde einreichen:
a. bei einem unbefristeten Mietverhältnis innert 30 Tagen nach Empfang der Kündigung;
b. bei einem befristeten Mietverhältnis spätestens 60 Tage vor Ablauf der Vertragsdauer.

³ Das Begehren um eine zweite Erstreckung muss der Mieter der Schlichtungsbehörde spätestens 60 Tage vor Ablauf der ersten einreichen.

⁴ Das Verfahren vor der Schlichtungsbehörde richtet sich nach der ZPO[103].[104]

⁵ Weist die zuständige Behörde ein Begehren des Mieters betreffend Anfechtung der Kündigung ab, so prüft sie von Amtes wegen, ob das Mietverhältnis erstreckt werden kann.[105]

D. Wohnung der Familie

Art. 273a ¹ Dient die gemietete Sache als Wohnung der Familie, so kann auch der Ehegatte des Mieters die Kündigung anfechten, die Erstreckung des Mietverhältnisses verlangen oder die übrigen Rechte ausüben, die dem Mieter bei Kündigung zustehen.

² Vereinbarungen über die Erstreckung sind nur gültig, wenn sie mit beiden Ehegatten abgeschlossen werden.

---

102 Fassung gemäss Anhang 1 Ziff. II 5 der Zivilprozessordnung vom 19. Dez. 2008, in Kraft seit 1. Jan. 2011 (AS 2010 1739; BBl 2006 7221).
103 SR 272
104 Fassung gemäss Anhang 1 Ziff. II 5 der Zivilprozessordnung vom 19. Dez. 2008, in Kraft seit 1. Jan. 2011 (AS 2010 1739; BBl 2006 7221).
105 Fassung gemäss Anhang 1 Ziff. II 5 der Zivilprozessordnung vom 19. Dez. 2008, in Kraft seit 1. Jan. 2011 (AS 2010 1739; BBl 2006 7221).

E. Untermiete

Art. 273b [1] Dieser Abschnitt gilt für die Untermiete, solange das Hauptmietverhältnis nicht aufgelöst ist. Die Untermiete kann nur für die Dauer des Hauptmietverhältnisses erstreckt werden.

[2] Bezweckt die Untermiete hauptsächlich die Umgehung der Vorschriften über den Kündigungsschutz, so wird dem Untermieter ohne Rücksicht auf das Hauptmietverhältnis Kündigungsschutz gewährt. Wird das Hauptmietverhältnis gekündigt, so tritt der Vermieter anstelle des Mieters in den Vertrag mit dem Untermieter ein.

F. Zwingende Bestimmungen

Art. 273c [1] Der Mieter kann auf Rechte, die ihm nach diesem Abschnitt zustehen, nur verzichten, wenn dies ausdrücklich vorgesehen ist.

[2] Abweichende Vereinbarungen sind nichtig.

Vierter Abschnitt: ...

Art. 274–274g[107]

Achter Titel[bis]:[108] Die Pacht

A. Begriff und Geltungsbereich
I. Begriff

Art. 275 Durch den Pachtvertrag verpflichten sich der Verpächter, dem Pächter eine nutzbare Sache oder ein nutzbares Recht zum Gebrauch und zum Bezug der Früchte oder Erträgnisse zu überlassen, und der Pächter, dafür einen Pachtzins zu leisten.

II. Geltungsbereich
1. Wohn- und Geschäftsräume

Art. 276 Die Bestimmungen über die Pacht von Wohn- und Geschäftsräumen gelten auch für Sachen, die der Verpächter zusammen mit diesen Räumen dem Pächter zur Benutzung überlässt.

2. Landwirtschaftliche Pacht

Art. 276a [1] Für Pachtverträge über landwirtschaftliche Gewerbe oder über Grundstücke zur landwirtschaftlichen Nutzung gilt das Bundesgesetz vom 4. Oktober 1985[109] über die landwirtschaftliche Pacht, soweit es besondere Regelungen enthält.

---

106 Eingefügt durch Anhang Ziff. 11 des Partnerschaftsgesetzes vom 18. Juni 2004, in Kraft seit 1. Jan. 2007 (AS 2005 5685; BBl 2003 1288).
107 Aufgehoben durch Anhang 1 Ziff. II 5 der Zivilprozessordnung vom 19. Dez. 2008, mit Wirkung seit 1. Jan. 2011 (AS 2010 1739; BBl 2006 7221).
108 Eingefügt durch Ziff. I des BG vom 15. Dez. 1989, in Kraft seit 1. Juli 1990 (AS 1990 802; BBl 1985 I 1389). Siehe auch Art. 5 der SchlB zu den Tit. VIII und VIIIbis am Schluss des OR.
109 SR 221.213.2

² Im Übrigen gilt das Obligationenrecht mit Ausnahme der Bestimmungen über die Pacht von Wohn- und Geschäftsräumen.[110]

B. Inventaraufnahme

Art. 277 Umfasst die Pacht auch Geräte, Vieh oder Vorräte, so muss jede Partei der andern ein genaues, von ihr unterzeichnetes Verzeichnis dieser Gegenstände übergeben und sich an einer gemeinsamen Schätzung beteiligen.

C. Pflichten des Verpächters
I. Übergabe der Sache

Art. 278 ¹ Der Verpächter ist verpflichtet, die Sache zum vereinbarten Zeitpunkt in einem zur vorausgesetzten Benutzung und Bewirtschaftung tauglichen Zustand zu übergeben.

² Ist bei Beendigung des vorangegangenen Pachtverhältnisses ein Rückgabeprotokoll erstellt worden, so muss der Verpächter es dem neuen Pächter auf dessen Verlangen bei der Übergabe der Sache zur Einsicht vorlegen.

³ Ebenso kann der Pächter verlangen, dass ihm die Höhe des Pachtzinses des vorangegangenen Pachtverhältnisses mitgeteilt wird.

II. Hauptreparaturen

Art. 279 Der Verpächter ist verpflichtet, grössere Reparaturen an der Sache, die während der Pachtzeit notwendig werden, auf eigene Kosten vorzunehmen, sobald ihm der Pächter von deren Notwendigkeit Kenntnis gegeben hat.

III. Abgaben und Lasten

Art. 280 Der Verpächter trägt die mit der Sache verbundenen Lasten und öffentlichen Abgaben.

D. Pflichten des Pächters
I. Zahlung des Pachtzinses und der Nebenkosten
1. Im Allgemeinen

Art. 281 ¹ Der Pächter muss den Pachtzins und allenfalls die Nebenkosten am Ende eines Pachtjahres, spätestens aber am Ende der Pachtzeit bezahlen, wenn kein anderer Zeitpunkt vereinbart oder ortsüblich ist.

² Für die Nebenkosten gilt Artikel 257a.

2. Zahlungsrückstand des Pächters

Art. 282 ¹ Ist der Pächter nach der Übernahme der Sache mit der Zahlung fälliger Pachtzinse oder Nebenkosten im Rückstand, so kann ihm der Verpächter schriftlich eine Zahlungsfrist von mindestens 60 Tagen setzen und ihm androhen, dass bei unbenütztem Ablauf der Frist das Pachtverhältnis gekündigt werde.

² Bezahlt der Pächter innert der gesetzten Frist nicht, so kann der Verpächter das Pachtverhältnis fristlos, bei Wohn- und Geschäftsräumen mit einer Frist von mindestens 30 Tagen auf Ende eines Monats kündigen.

---

110 Fassung gemäss Anhang 1 Ziff. II 5 der Zivilprozessordnung vom 19. Dez. 2008, in Kraft seit 1. Jan. 2011 (AS 2010 1739; BBl 2006 7221).

II. Sorgfalt, Rücksichtnahme und Unterhalt
1. Sorgfalt und Rücksichtnahme

Art. 283 ¹ Der Pächter muss die Sache sorgfältig gemäss ihrer Bestimmung bewirtschaften, insbesondere für nachhaltige Ertragsfähigkeit sorgen.

² Der Pächter einer unbeweglichen Sache muss auf Hausbewohner und Nachbarn Rücksicht nehmen.

2. Ordentlicher Unterhalt

Art. 284 ¹ Der Pächter muss für den ordentlichen Unterhalt der Sache sorgen.

² Er muss die kleineren Reparaturen nach Ortsgebrauch vornehmen sowie die Geräte und Werkzeuge von geringem Wert ersetzen, wenn sie durch Alter oder Gebrauch nutzlos geworden sind.

3. Pflichtverletzung

Art. 285 ¹ Verletzt der Pächter trotz schriftlicher Mahnung des Verpächters seine Pflicht zu Sorgfalt, Rücksichtnahme oder Unterhalt weiter, so dass dem Verpächter oder den Hausbewohnern die Fortsetzung des Pachtverhältnisses nicht mehr zuzumuten ist, so kann der Verpächter fristlos, bei Wohn- und Geschäftsräumen mit einer Frist von mindestens 30 Tagen auf Ende eines Monats kündigen.

² Der Verpächter von Wohn- oder Geschäftsräumen kann jedoch fristlos kündigen, wenn der Pächter vorsätzlich der Sache schweren Schaden zufügt.

III. Meldepflicht

Art. 286 ¹ Sind grössere Reparaturen nötig oder masst sich ein Dritter Rechte am Pachtgegenstand an, so muss der Pächter dies dem Verpächter sofort melden.

² Unterlässt der Pächter die Meldung, so haftet er für den Schaden, der dem Verpächter daraus entsteht.

IV. Duldungspflicht

Art. 287 ¹ Der Pächter muss grössere Reparaturen dulden, wenn sie zur Beseitigung von Mängeln oder zur Behebung oder Vermeidung von Schäden notwendig sind.

² Der Pächter muss dem Verpächter gestatten, die Sache zu besichtigen, soweit dies für den Unterhalt, den Verkauf oder die Wiederverpachtung notwendig ist.

³ Der Verpächter muss dem Pächter Arbeiten und Besichtigungen rechtzeitig anzeigen und bei der Durchführung auf die Interessen des Pächters Rücksicht nehmen; für allfällige Ansprüche des Pächters auf Herabsetzung des Pachtzinses und auf Schadenersatz gilt das Mietrecht (Art. 259*d* und 259*e*) sinngemäss.

E. Rechte des Pächters bei Nichterfüllung des Vertrags und bei Mängeln	**Art. 288** ¹ Das Mietrecht (Art. 258 und Art. 259a–259i) gilt sinngemäss, wenn:
a. der Verpächter die Sache nicht zum vereinbarten Zeitpunkt oder in einem mangelhaften Zustand übergibt;
b. Mängel an der Sache entstehen, die der Pächter weder zu verantworten noch auf eigene Kosten zu beseitigen hat, oder der Pächter in der vertragsgemässen Benutzung der Sache gestört wird.

² Abweichende Vereinbarungen zum Nachteil des Pächters sind nichtig, wenn sie enthalten sind in:
a. vorformulierten allgemeinen Geschäftsbedingungen;
b. Pachtverträgen über Wohn- und Geschäftsräume. |
| F. Erneuerungen und Änderungen
I. Durch den Verpächter | **Art. 289** ¹ Der Verpächter kann Erneuerungen und Änderungen an der Sache nur vornehmen, wenn sie für den Pächter zumutbar sind und wenn das Pachtverhältnis nicht gekündigt ist.

² Der Verpächter muss bei der Ausführung der Arbeiten auf die Interessen des Pächters Rücksicht nehmen; für allfällige Ansprüche des Pächters auf Herabsetzung des Pachtzinses und auf Schadenersatz gilt das Mietrecht (Art. 259d und 259e) sinngemäss. |
| II. Durch den Pächter | **Art. 289a** ¹ Der Pächter braucht die schriftliche Zustimmung des Verpächters für:
a. Änderungen in der hergebrachten Bewirtschaftung, die über die Pachtzeit hinaus von wesentlicher Bedeutung sein können;
b. Erneuerungen und Änderungen an der Sache, die über den ordentlichen Unterhalt hinausgehen.

² Hat der Verpächter zugestimmt, so kann er die Wiederherstellung des früheren Zustandes nur verlangen, wenn dies schriftlich vereinbart worden ist.

³ Hat der Verpächter einer Änderung nach Absatz 1 Buchstabe a nicht schriftlich zugestimmt und macht der Pächter sie nicht innert angemessener Frist rückgängig, so kann der Verpächter fristlos, bei Wohn- und Geschäftsräumen mit einer Frist von mindestens 30 Tagen auf Ende eines Monats kündigen. |
| G. Wechsel des Eigentümers | **Art. 290** Das Mietrecht (Art. 261–261b) gilt sinngemäss bei:
a. Veräusserung des Pachtgegenstandes;
b. Einräumung beschränkter dinglicher Rechte am Pachtgegenstand;
c. Vormerkung des Pachtverhältnisses im Grundbuch. |
| H. Unterpacht | **Art. 291** ¹ Der Pächter kann die Sache mit Zustimmung des Verpächters ganz oder teilweise unterverpachten oder vermieten. |

² Der Verpächter kann die Zustimmung zur Vermietung einzelner zur Sache gehörender Räume nur verweigern, wenn:
a. der Pächter sich weigert, dem Verpächter die Bedingungen der Miete bekanntzugeben;
b. die Bedingungen der Miete im Vergleich zu denjenigen des Pachtvertrages missbräuchlich sind;
c. dem Verpächter aus der Vermietung wesentliche Nachteile entstehen.

³ Der Pächter haftet dem Verpächter dafür, dass der Unterpächter oder der Mieter die Sache nicht anders benutzt, als es ihm selbst gestattet ist. Der Verpächter kann Unterpächter und Mieter unmittelbar dazu anhalten.

J. Übertragung der Pacht auf einen Dritten

Art. 292 Für die Übertragung der Pacht von Geschäftsräumen auf einen Dritten gilt Artikel 263 sinngemäss.

K. Vorzeitige Rückgabe der Sache

Art. 293 ¹ Gibt der Pächter die Sache zurück, ohne Kündigungsfrist oder -termin einzuhalten, so ist er von seinen Verpflichtungen gegenüber dem Verpächter nur befreit, wenn er einen für den Verpächter zumutbaren neuen Pächter vorschlägt; dieser muss zahlungsfähig und bereit sein, den Pachtvertrag zu den gleichen Bedingungen zu übernehmen.

² Andernfalls muss er den Pachtzins bis zu dem Zeitpunkt leisten, in dem das Pachtverhältnis gemäss Vertrag oder Gesetz endet oder beendet werden kann.

³ Der Verpächter muss sich anrechnen lassen, was er:
a. an Auslagen erspart und
b. durch anderweitige Verwendung der Sache gewinnt oder absichtlich zu gewinnen unterlassen hat.

L. Verrechnung

Art. 294 Für die Verrechnung von Forderungen und Schulden aus dem Pachtverhältnis gilt Artikel 265 sinngemäss.

M. Beendigung des Pachtverhältnisses
I. Ablauf der vereinbarten Dauer

Art. 295 ¹ Haben die Parteien eine bestimmte Dauer ausdrücklich oder stillschweigend vereinbart, so endet das Pachtverhältnis ohne Kündigung mit Ablauf dieser Dauer.

² Setzen die Parteien das Pachtverhältnis stillschweigend fort, so gilt es zu den gleichen Bedingungen jeweils für ein weiteres Jahr, wenn nichts anderes vereinbart ist.

³ Die Parteien können das fortgesetzte Pachtverhältnis mit der gesetzlichen Frist auf das Ende eines Pachtjahres kündigen.

II. Kündigungsfristen und -termine	**Art. 296** ¹ Die Parteien können das unbefristete Pachtverhältnis mit einer Frist von sechs Monaten auf einen beliebigen Termin kündigen, sofern durch Vereinbarung oder Ortsgebrauch nichts anderes bestimmt und nach Art des Pachtgegenstandes kein anderer Parteiwille anzunehmen ist.

² Bei der unbefristeten Pacht von Wohn- und Geschäftsräumen können die Parteien mit einer Frist von mindestens sechs Monaten auf einen ortsüblichen Termin oder, wenn es keinen Ortsgebrauch gibt, auf Ende einer dreimonatigen Pachtdauer kündigen. Sie können eine längere Frist und einen anderen Termin vereinbaren.

³ Halten die Parteien die Frist oder den Termin nicht ein, so gilt die Kündigung für den nächstmöglichen Termin. |
| **III. Ausserordentliche Beendigung**
1. Aus wichtigen Gründen | **Art. 297** ¹ Aus wichtigen Gründen, welche die Vertragserfüllung für sie unzumutbar machen, können die Parteien das Pachtverhältnis mit der gesetzlichen Frist auf einen beliebigen Zeitpunkt kündigen.

² Der Richter bestimmt die vermögensrechtlichen Folgen der vorzeitigen Kündigung unter Würdigung aller Umstände. |
| **2. Konkurs des Pächters** | **Art. 297a** ¹ Fällt der Pächter nach Übernahme der Sache in Konkurs, so endet das Pachtverhältnis mit der Konkurseröffnung.

² Erhält jedoch der Verpächter für den laufenden Pachtzins und das Inventar hinreichende Sicherheiten, so muss er die Pacht bis zum Ende des Pachtjahres fortsetzen. |
| **3. Tod des Pächters** | **Art. 297b** Stirbt der Pächter, so können sowohl seine Erben als auch der Verpächter mit der gesetzlichen Frist auf den nächsten gesetzlichen Termin kündigen. |
| **IV. Form der Kündigung bei Wohn- und Geschäftsräumen** | **Art. 298** ¹ Verpächter und Pächter von Wohn- und Geschäftsräumen müssen schriftlich kündigen.

² Der Verpächter muss mit einem Formular kündigen, das vom Kanton genehmigt ist und das angibt, wie der Pächter vorzugehen hat, wenn er die Kündigung anfechten oder eine Erstreckung des Pachtverhältnisses verlangen will.

³ Die Kündigung ist nichtig, wenn sie diesen Anforderungen nicht entspricht. |
| **N. Rückgabe der Sache**
I. Im Allgemeinen | **Art. 299** ¹ Der Pächter gibt die Sache und das gesamte Inventar in dem Zustand zurück, in dem sie sich zum Zeitpunkt der Rückgabe befinden.

² Für Verbesserungen kann der Pächter Ersatz fordern, wenn sie sich ergeben haben aus: |

a. Anstrengungen, die über die gehörige Bewirtschaftung hinausgehen;
b. Erneuerungen oder Änderungen, denen der Verpächter schriftlich zugestimmt hat.

³ Für Verschlechterungen, die der Pächter bei gehöriger Bewirtschaftung hätte vermeiden können, muss er Ersatz leisten.

⁴ Vereinbarungen, in denen sich der Pächter im Voraus verpflichtet, bei Beendigung des Pachtverhältnisses eine Entschädigung zu entrichten, die anderes als die Deckung des allfälligen Schadens einschliesst, sind nichtig.

II. Prüfung der Sache und Meldung an den Pächter

Art. 299a ¹ Bei der Rückgabe muss der Verpächter den Zustand der Sache prüfen und Mängel, für die der Pächter einzustehen hat, diesem sofort melden.

² Versäumt dies der Verpächter, so verliert er seine Ansprüche, soweit es sich nicht um Mängel handelt, die bei übungsgemässer Untersuchung nicht erkennbar waren.

³ Entdeckt der Verpächter solche Mängel später, so muss er sie dem Pächter sofort melden.

III. Ersatz von Gegenständen des Inventars

Art. 299b ¹ Wurde das Inventar bei der Übergabe der Sache geschätzt, so muss der Pächter bei Beendigung der Pacht ein nach Gattung und Schätzungswert gleiches Inventar zurückgeben oder den Minderwert ersetzen.

² Der Pächter muss für fehlende Gegenstände keinen Ersatz leisten, wenn er nachweist, dass der Verlust auf ein Verschulden des Verpächters oder auf höhere Gewalt zurückzuführen ist.

³ Der Pächter kann für den Mehrwert, der sich aus seinen Aufwendungen und seiner Arbeit ergeben hat, Ersatz fordern.

O. Retentionsrecht

Art. 299c Der Verpächter von Geschäftsräumen hat für einen verfallenen und einen laufenden Pachtzins das gleiche Retentionsrecht wie der Vermieter für Mietzinsforderungen (Art. 268 ff.).

P. Kündigungsschutz bei der Pacht von Wohn- und Geschäftsräumen

Art. 300 ¹ Für den Kündigungsschutz bei der Pacht von Wohn- und Geschäftsräumen gilt das Mietrecht (Art. 271–273c) sinngemäss.

² Nicht anwendbar sind die Bestimmungen über die Wohnung der Familie (Art. 273a).

Q. Verfahren

Art. 301[111] Das Verfahren richtet sich nach der ZPO[112].

---

[111] Fassung gemäss Anhang 1 Ziff. II 5 der Zivilprozessordnung vom 19. Dez. 2008, in Kraft seit 1. Jan. 2011 (AS 2010 1739; BBl 2006 7221).
[112] SR 272

R. Viehpacht und Viehverstellung I. Rechte und Pflichten des Einstellers	**Art. 302** ¹ Bei der Viehpacht und Viehverstellung, die nicht mit einer landwirtschaftlichen Pacht verbunden sind, gehört die Nutzung des eingestellten Viehs dem Einsteller, wenn Vertrag oder Ortsgebrauch nichts anderes bestimmen. ² Der Einsteller muss die Fütterung und Pflege des Viehs übernehmen sowie dem Verpächter oder Versteller einen Zins in Geld oder einen Teil des Nutzens entrichten.
II. Haftung	**Art. 303** ¹ Bestimmen Vertrag oder Ortsgebrauch nichts anderes, so haftet der Einsteller für Schäden am eingestellten Vieh, wenn er nicht beweist, dass er die Schäden trotz sorgfältiger Hut und Pflege nicht vermeiden konnte. ² Für ausserordentliche Pflegekosten kann der Einsteller vom Versteller Ersatz verlangen, wenn er sie nicht schuldhaft verursacht hat. ³ Der Einsteller muss schwerere Unfälle oder Erkrankungen dem Versteller so bald als möglich melden.
III. Kündigung	**Art. 304** ¹ Ist der Vertrag auf unbestimmte Zeit abgeschlossen, so kann ihn jede Partei auf einen beliebigen Zeitpunkt kündigen, wenn Vertrag oder Ortsgebrauch nichts anderes bestimmen. ² Die Kündigung soll jedoch in guten Treuen und nicht zur Unzeit erfolgen.

Neunter Titel: Die Leihe

Erster Abschnitt: Die Gebrauchsleihe

A. Begriff	**Art. 305** Durch den Gebrauchsleihevertrag verpflichten sich der Verleiher, dem Entlehner eine Sache zu unentgeltlichem Gebrauche zu überlassen, und der Entlehner, dieselbe Sache nach gemachtem Gebrauche dem Verleiher zurückzugeben.
B. Wirkung I. Gebrauchsrecht des Entlehners	**Art. 306** ¹ Der Entlehner darf von der geliehenen Sache nur denjenigen Gebrauch machen, der sich aus dem Vertrage oder, wenn darüber nichts vereinbart ist, aus ihrer Beschaffenheit oder Zweckbestimmung ergibt. ² Er darf den Gebrauch nicht einem andern überlassen. ³ Handelt der Entlehner diesen Bestimmungen zuwider, so haftet er auch für den Zufall, wenn er nicht beweist, dass dieser die Sache auch sonst getroffen hätte.

II. Kosten der Erhaltung

Art. 307 ¹ Der Entlehner trägt die gewöhnlichen Kosten für die Erhaltung der Sache, bei geliehenen Tieren insbesondere die Kosten der Fütterung.

² Für ausserordentliche Verwendungen, die er im Interesse des Verleihers machen musste, kann er von diesem Ersatz fordern.

III. Haftung mehrerer Entlehner

Art. 308 Haben mehrere eine Sache gemeinschaftlich entlehnt, so haften sie solidarisch.

C. Beendigung
I. Bei bestimmtem Gebrauch

Art. 309 ¹ Ist für die Gebrauchsleihe eine bestimmte Dauer nicht vereinbart, so endigt sie, sobald der Entlehner den vertragsmässigen Gebrauch gemacht hat oder mit Ablauf der Zeit, binnen deren dieser Gebrauch hätte stattfinden können.

² Der Verleiher kann die Sache früher zurückfordern, wenn der Entlehner sie vertragswidrig gebraucht oder verschlechtert oder einem Dritten zum Gebrauche überlässt, oder wenn er selbst wegen eines unvorhergesehenen Falles der Sache dringend bedarf.

II. Bei unbestimmtem Gebrauch

Art. 310 Wenn der Verleiher die Sache zu einem weder der Dauer noch dem Zwecke nach bestimmten Gebrauche überlassen hat, so kann er sie beliebig zurückfordern.

III. Beim Tod des Entlehners

Art. 311 Die Gebrauchsleihe endigt mit dem Tode des Entlehners.

Zweiter Abschnitt: Das Darlehen

A. Begriff

Art. 312 Durch den Darlehensvertrag verpflichtet sich der Darleiher zur Übertragung des Eigentums an einer Summe Geldes oder an andern vertretbaren Sachen, der Borger dagegen zur Rückerstattung von Sachen der nämlichen Art in gleicher Menge und Güte.

B. Wirkung
I. Zinse
1. Verzinslichkeit

Art. 313 ¹ Das Darlehen ist im gewöhnlichen Verkehre nur dann verzinslich, wenn Zinse verabredet sind.

² Im kaufmännischen Verkehre sind auch ohne Verabredung Zinse zu bezahlen.

2. Zinsvorschriften

Art. 314 ¹ Wenn der Vertrag die Höhe des Zinsfusses nicht bestimmt, so ist derjenige Zinsfuss zu vermuten, der zurzeit und am Orte des Darlehensempfanges für die betreffende Art von Darlehen üblich war.

² Mangels anderer Abrede sind versprochene Zinse als Jahreszinse zu entrichten.

³ Die vorherige Übereinkunft, dass die Zinse zum Kapital geschlagen und mit diesem weiter verzinst werden sollen, ist ungültig unter Vorbehalt von kaufmännischen Zinsberechnungen im Kontokorrent und ähnlichen Geschäftsformen, bei denen die Berechnung von Zinseszinsen üblich ist, wie namentlich bei Sparkassen.

II. Verjährung des Anspruchs auf Aushändigung und Annahme

Art. 315 Der Anspruch des Borgers auf Aushändigung und der Anspruch des Darleihers auf Annahme des Darlehens verjähren in sechs Monaten vom Eintritte des Verzuges an gerechnet.

III. Zahlungsunfähigkeit des Borgers

Art. 316 ¹ Der Darleiher kann die Aushändigung des Darlehens verweigern, wenn der Borger seit dem Vertragsabschlusse zahlungsunfähig geworden ist.

² Diese Befugnis steht dem Darleiher auch dann zu, wenn die Zahlungsunfähigkeit schon vor Abschluss des Vertrages eingetreten, ihm aber erst nachher bekannt geworden ist.

C. Hingabe an Geldes Statt

Art. 317 ¹ Sind dem Borger statt der verabredeten Geldsumme Wertpapiere oder Waren gegeben worden, so gilt als Darlehenssumme der Kurswert oder der Marktpreis, den diese Papiere oder Waren zurzeit und am Orte der Hingabe hatten.

² Eine entgegenstehende Übereinkunft ist nichtig.

D. Zeit der Rückzahlung

Art. 318 Ein Darlehen, für dessen Rückzahlung weder ein bestimmter Termin noch eine Kündigungsfrist noch der Verfall auf beliebige Aufforderung hin vereinbart wurde, ist innerhalb sechs Wochen von der ersten Aufforderung an zurückzubezahlen.

Zehnter Titel:[113] Der Arbeitsvertrag*

Erster Abschnitt: Der Einzelarbeitsvertrag

A. Begriff und Entstehung
I. Begriff

Art. 319 ¹ Durch den Einzelarbeitsvertrag verpflichtet sich der Arbeitnehmer auf bestimmte oder unbestimmte Zeit zur Leistung von Arbeit im Dienst des Arbeitgebers und dieser zur Entrichtung eines Lohnes, der nach Zeitabschnitten (Zeitlohn) oder nach der geleisteten Arbeit (Akkordlohn) bemessen wird.

---

[113] Fassung gemäss Ziff. I des BG vom 25. Juni 1971, in Kraft seit 1. Jan. 1972 (AS 1971 1465; BBl 1967 II 241). Siehe auch Art. 7 Schl- und UeB des X. Tit. am Schluss des OR.

* Die mit einem fetten Strich (▌) markierten Vorschriften sind absolut zwingend, d.h. sie können weder zuungunsten des Arbeitgebers noch des Arbeitnehmers abgeändert werden (Art. 361). Die mit einem mageren Strich (|) markierten Vorschriften sind relativ zwingend, d.h. sie können nicht zuungunsten des Arbeitnehmers abgeändert werden (Art. 362).

² Als Einzelarbeitsvertrag gilt auch der Vertrag, durch den sich ein Arbeitnehmer zur regelmässigen Leistung von stunden-, halbtage- oder tageweiser Arbeit (Teilzeitarbeit) im Dienst des Arbeitgebers verpflichtet.

II. Entstehung

Art. 320 ¹ Wird es vom Gesetz nicht anders bestimmt, so bedarf der Einzelarbeitsvertrag zu seiner Gültigkeit keiner besonderen Form.

² Er gilt auch dann als abgeschlossen, wenn der Arbeitgeber Arbeit in seinem Dienst auf Zeit entgegennimmt, deren Leistung nach den Umständen nur gegen Lohn zu erwarten ist.

³ Leistet der Arbeitnehmer in gutem Glauben Arbeit im Dienste des Arbeitgebers auf Grund eines Arbeitsvertrages, der sich nachträglich als ungültig erweist, so haben beide Parteien die Pflichten aus dem Arbeitsverhältnis in gleicher Weise wie aus gültigem Vertrag zu erfüllen, bis dieses wegen Ungültigkeit des Vertrages vom einen oder andern aufgehoben wird.

B. Pflichten des Arbeitnehmers
I. Persönliche Arbeitspflicht

Art. 321 Der Arbeitnehmer hat die vertraglich übernommene Arbeit in eigener Person zu leisten, sofern nichts anderes verabredet ist oder sich aus den Umständen ergibt.

II. Sorgfalts- und Treuepflicht

Art. 321a ¹ Der Arbeitnehmer hat die ihm übertragene Arbeit sorgfältig auszuführen und die berechtigten Interessen des Arbeitgebers in guten Treuen zu wahren.

² Er hat Maschinen, Arbeitsgeräte, technische Einrichtungen und Anlagen sowie Fahrzeuge des Arbeitgebers fachgerecht zu bedienen und diese sowie Material, die ihm zur Ausführung der Arbeit zur Verfügung gestellt werden, sorgfältig zu behandeln.

³ Während der Dauer des Arbeitsverhältnisses darf der Arbeitnehmer keine Arbeit gegen Entgelt für einen Dritten leisten, soweit er dadurch seine Treuepflicht verletzt, insbesondere den Arbeitgeber konkurrenziert.

⁴ Der Arbeitnehmer darf geheim zu haltende Tatsachen, wie namentlich Fabrikations- und Geschäftsgeheimnisse, von denen er im Dienst des Arbeitgebers Kenntnis erlangt, während des Arbeitsverhältnisses nicht verwerten oder anderen mitteilen; auch nach dessen Beendigung bleibt er zur Verschwiegenheit verpflichtet, soweit es zur Wahrung der berechtigten Interessen des Arbeitgebers erforderlich ist.

III. Rechenschafts- und Herausgabepflicht

Art. 321b ¹ Der Arbeitnehmer hat dem Arbeitgeber über alles, was er bei seiner vertraglichen Tätigkeit für diesen von Dritten erhält, wie namentlich Geldbeträge, Rechenschaft abzulegen und ihm alles sofort herauszugeben.

Der Arbeitsvertrag | Art. 322 **OR** | 1

² Er hat dem Arbeitgeber auch alles sofort herauszugeben, was er in Ausübung seiner vertraglichen Tätigkeit hervorbringt.

IV. Überstundenarbeit

Art. 321c ¹ Wird gegenüber dem zeitlichen Umfang der Arbeit, der verabredet oder üblich oder durch Normalarbeitsvertrag oder Gesamtarbeitsvertrag bestimmt ist, die Leistung von Überstundenarbeit notwendig, so ist der Arbeitnehmer dazu soweit verpflichtet, als er sie zu leisten vermag und sie ihm nach Treu und Glauben zugemutet werden kann.

² Im Einverständnis mit dem Arbeitnehmer kann der Arbeitgeber die Überstundenarbeit innert eines angemessenen Zeitraumes durch Freizeit von mindestens gleicher Dauer ausgleichen.

³ Wird die Überstundenarbeit nicht durch Freizeit ausgeglichen und ist nichts anderes schriftlich verabredet oder durch Normalarbeitsvertrag oder Gesamtarbeitsvertrag bestimmt, so hat der Arbeitgeber für die Überstundenarbeit Lohn zu entrichten, der sich nach dem Normallohn samt einem Zuschlag von mindestens einem Viertel bemisst.

V. Befolgung von Anordnungen und Weisungen

Art. 321d ¹ Der Arbeitgeber kann über die Ausführung der Arbeit und das Verhalten der Arbeitnehmer im Betrieb oder Haushalt allgemeine Anordnungen erlassen und ihnen besondere Weisungen erteilen.

² Der Arbeitnehmer hat die allgemeinen Anordnungen des Arbeitgebers und die ihm erteilten besonderen Weisungen nach Treu und Glauben zu befolgen.

VI. Haftung des Arbeitnehmers

Art. 321e ¹ Der Arbeitnehmer ist für den Schaden verantwortlich, den er absichtlich oder fahrlässig dem Arbeitgeber zufügt.

² Das Mass der Sorgfalt, für die der Arbeitnehmer einzustehen hat, bestimmt sich nach dem einzelnen Arbeitsverhältnis, unter Berücksichtigung des Berufsrisikos, des Bildungsgrades oder der Fachkenntnisse, die zu der Arbeit verlangt werden, sowie der Fähigkeiten und Eigenschaften des Arbeitnehmers, die der Arbeitgeber gekannt hat oder hätte kennen sollen.

C. Pflichten des Arbeitgebers
I. Lohn
1. Art und Höhe im Allgemeinen

Art. 322 ¹ Der Arbeitgeber hat dem Arbeitnehmer den Lohn zu entrichten, der verabredet oder üblich oder durch Normalarbeitsvertrag oder Gesamtarbeitsvertrag bestimmt ist.

² Lebt der Arbeitnehmer in Hausgemeinschaft mit dem Arbeitgeber, so bildet der Unterhalt im Hause mit Unterkunft und Verpflegung einen Teil des Lohnes, sofern nichts anderes verabredet oder üblich ist.

2. Anteil am Geschäftsergebnis

Art. 322a ¹ Hat der Arbeitnehmer vertraglich Anspruch auf einen Anteil am Gewinn oder am Umsatz oder sonst am Geschäftsergebnis, so ist für die Berechnung des Anteils das Ergebnis des Geschäftsjahres massgebend, wie es nach den gesetzlichen Vorschriften und allgemein anerkannten kaufmännischen Grundsätzen festzustellen ist.

² Der Arbeitgeber hat dem Arbeitnehmer oder an dessen Stelle einem gemeinsam bestimmten oder vom Richter bezeichneten Sachverständigen die nötigen Aufschlüsse zu geben und Einsicht in die Geschäftsbücher zu gewähren, soweit dies zur Nachprüfung erforderlich ist.

³ Ist ein Anteil am Gewinn des Unternehmens verabredet, so ist dem Arbeitnehmer überdies auf Verlangen eine Abschrift der Erfolgsrechnung zu übergeben.[114]

3. Provision
a. Entstehung

Art. 322b ¹ Ist eine Provision des Arbeitnehmers auf bestimmten Geschäften verabredet, so entsteht der Anspruch darauf, wenn das Geschäft mit dem Dritten rechtsgültig abgeschlossen ist.

² Bei Geschäften mit gestaffelter Erfüllung sowie bei Versicherungsverträgen kann schriftlich verabredet werden, dass der Provisionsanspruch auf jeder Rate mit ihrer Fälligkeit oder ihrer Leistung entsteht.

³ Der Anspruch auf Provision fällt nachträglich dahin, wenn das Geschäft vom Arbeitgeber ohne sein Verschulden nicht ausgeführt wird oder wenn der Dritte seine Verbindlichkeiten nicht erfüllt; bei nur teilweiser Erfüllung tritt eine verhältnismässige Herabsetzung der Provision ein.

b. Abrechnung

Art. 322c ¹ Ist vertraglich nicht der Arbeitnehmer zur Aufstellung der Provisionsabrechnung verpflichtet, so hat ihm der Arbeitgeber auf jeden Fälligkeitstermin eine schriftliche Abrechnung, unter Angabe der provisionspflichtigen Geschäfte, zu übergeben.

² Der Arbeitgeber hat dem Arbeitnehmer oder an dessen Stelle einem gemeinsam bestimmten oder vom Richter bezeichneten Sachverständigen die nötigen Aufschlüsse zu geben und Einsicht in die für die Abrechnung massgebenden Bücher und Belege zu gewähren, soweit dies zur Nachprüfung erforderlich ist.

4. Gratifikation

Art. 322d ¹ Richtet der Arbeitgeber neben dem Lohn bei bestimmten Anlässen, wie Weihnachten oder Abschluss des Geschäftsjahres, eine Sondervergütung aus, so hat der Arbeitnehmer einen Anspruch darauf, wenn es verabredet ist.

---

114 Fassung gemäss Ziff. I 3 des BG vom 23. Dez. 2011 (Rechnungslegungsrecht), in Kraft seit 1. Jan. 2013 (AS 2012 6679; BBl 2008 1589).

Der Arbeitsvertrag — Art. 323b OR | 1

² Endigt das Arbeitsverhältnis, bevor der Anlass zur Ausrichtung der Sondervergütung eingetreten ist, so hat der Arbeitnehmer einen Anspruch auf einen verhältnismässigen Teil davon, wenn es verabredet ist.

II. Ausrichtung des Lohnes
1. Zahlungsfristen und -termine

Art. 323 ¹ Sind nicht kürzere Fristen oder andere Termine verabredet oder üblich und ist durch Normalarbeitsvertrag oder Gesamtarbeitsvertrag nichts anderes bestimmt, so ist dem Arbeitnehmer der Lohn Ende jedes Monats auszurichten.

² Ist nicht eine kürzere Frist verabredet oder üblich, so ist die Provision Ende jedes Monats auszurichten; erfordert jedoch die Durchführung von Geschäften mehr als ein halbes Jahr, so kann durch schriftliche Abrede die Fälligkeit der Provision für diese Geschäfte hinausgeschoben werden.

³ Der Anteil am Geschäftsergebnis ist auszurichten, sobald dieses festgestellt ist, spätestens jedoch sechs Monate nach Ablauf des Geschäftsjahres.

⁴ Der Arbeitgeber hat dem Arbeitnehmer nach Massgabe der geleisteten Arbeit den Vorschuss zu gewähren, dessen der Arbeitnehmer infolge einer Notlage bedarf und den der Arbeitgeber billigerweise zu gewähren vermag.

2. Lohnrückbehalt

Art. 323a ¹ Sofern es verabredet oder üblich oder durch Normalarbeitsvertrag oder Gesamtarbeitsvertrag bestimmt ist, darf der Arbeitgeber einen Teil des Lohnes zurückbehalten.

² Von dem am einzelnen Zahltag fälligen Lohn darf nicht mehr als ein Zehntel des Lohnes und im gesamten nicht mehr als der Lohn für eine Arbeitswoche zurückbehalten werden; jedoch kann ein höherer Lohnrückbehalt durch Normalarbeitsvertrag oder Gesamtarbeitsvertrag vorgesehen werden.

³ Ist nichts anderes verabredet oder üblich oder durch Normalarbeitsvertrag oder Gesamtarbeitsvertrag bestimmt, so gilt der zurückbehaltene Lohn als Sicherheit für die Forderungen des Arbeitgebers aus dem Arbeitsverhältnis und nicht als Konventionalstrafe.

3. Lohnsicherung

Art. 323b ¹ Der Geldlohn ist dem Arbeitnehmer in gesetzlicher Währung innert der Arbeitszeit auszurichten, sofern nichts anderes verabredet oder üblich ist; dem Arbeitnehmer ist eine schriftliche Abrechnung zu übergeben.

² Der Arbeitgeber darf Gegenforderungen mit der Lohnforderung nur soweit verrechnen, als diese pfändbar ist, jedoch dürfen Ersatzforde-

rungen für absichtlich zugefügten Schaden unbeschränkt verrechnet werden.

³ Abreden über die Verwendung des Lohnes im Interesse des Arbeitgebers sind nichtig.

III. Lohn bei Verhinderung an der Arbeitsleistung
1. bei Annahmeverzug des Arbeitgebers

Art. 324 ¹ Kann die Arbeit infolge Verschuldens des Arbeitgebers nicht geleistet werden oder kommt er aus anderen Gründen mit der Annahme der Arbeitsleistung in Verzug, so bleibt er zur Entrichtung des Lohnes verpflichtet, ohne dass der Arbeitnehmer zur Nachleistung verpflichtet ist.

² Der Arbeitnehmer muss sich auf den Lohn anrechnen lassen, was er wegen Verhinderung an der Arbeitsleistung erspart oder durch anderweitige Arbeit erworben oder zu erwerben absichtlich unterlassen hat.

2. bei Verhinderung des Arbeitnehmers
a. Grundsatz

Art. 324a ¹ Wird der Arbeitnehmer aus Gründen, die in seiner Person liegen, wie Krankheit, Unfall, Erfüllung gesetzlicher Pflichten oder Ausübung eines öffentlichen Amtes, ohne sein Verschulden an der Arbeitsleistung verhindert, so hat ihm der Arbeitgeber für eine beschränkte Zeit den darauf entfallenden Lohn zu entrichten, samt einer angemessenen Vergütung für ausfallenden Naturallohn, sofern das Arbeitsverhältnis mehr als drei Monate gedauert hat oder für mehr als drei Monate eingegangen ist.

² Sind durch Abrede, Normalarbeitsvertrag oder Gesamtarbeitsvertrag nicht längere Zeitabschnitte bestimmt, so hat der Arbeitgeber im ersten Dienstjahr den Lohn für drei Wochen und nachher für eine angemessene längere Zeit zu entrichten, je nach der Dauer des Arbeitsverhältnisses und den besonderen Umständen.

³ Bei Schwangerschaft der Arbeitnehmerin hat der Arbeitgeber den Lohn im gleichen Umfang zu entrichten.[115]

⁴ Durch schriftliche Abrede, Normalarbeitsvertrag oder Gesamtarbeitsvertrag kann eine von den vorstehenden Bestimmungen abweichende Regelung getroffen werden, wenn sie für den Arbeitnehmer mindestens gleichwertig ist.

b. Ausnahmen

Art. 324b ¹ Ist der Arbeitnehmer auf Grund gesetzlicher Vorschrift gegen die wirtschaftlichen Folgen unverschuldeter Arbeitsverhinderung aus Gründen, die in seiner Person liegen, obligatorisch versichert, so hat der Arbeitgeber den Lohn nicht zu entrichten, wenn

---

[115] Fassung gemäss Anhang Ziff. 1 des BG vom 3. Okt. 2003, in Kraft seit 1. Juli 2005 (AS 2005 1429; BBl 2002 7522, 2003 1112 2923).

die für die beschränkte Zeit geschuldeten Versicherungsleistungen mindestens vier Fünftel des darauf entfallenden Lohnes decken.

² Sind die Versicherungsleistungen geringer, so hat der Arbeitgeber die Differenz zwischen diesen und vier Fünfteln des Lohnes zu entrichten.

³ Werden die Versicherungsleistungen erst nach einer Wartezeit gewährt, so hat der Arbeitgeber für diese Zeit mindestens vier Fünftel des Lohnes zu entrichten.[116]

IV. Abtretung und Verpfändung von Lohnforderungen

Art. 325[117] ¹ Zur Sicherung familienrechtlicher Unterhalts- und Unterstützungspflichten kann der Arbeitnehmer künftige Lohnforderungen so weit abtreten oder verpfänden, als sie pfändbar sind; auf Ansuchen eines Beteiligten setzt das Betreibungsamt am Wohnsitz des Arbeitnehmers den nach Artikel 93 des Schuldbetreibungs- und Konkursgesetzes vom 11. April 1889[118] unpfändbaren Betrag fest.

² Die Abtretung und die Verpfändung künftiger Lohnforderungen zur Sicherung anderer Verbindlichkeiten sind nichtig.

V. Akkordlohnarbeit
1. Zuweisung von Arbeit

Art. 326 ¹ Hat der Arbeitnehmer vertragsgemäss ausschliesslich Akkordlohnarbeit nur für einen Arbeitgeber zu leisten, so hat dieser genügend Arbeit zuzuweisen.

² Ist der Arbeitgeber ohne sein Verschulden ausserstande, vertragsgemässe Akkordlohnarbeit zuzuweisen oder verlangen die Verhältnisse des Betriebes vorübergehend die Leistung von Zeitlohnarbeit, so kann dem Arbeitnehmer solche zugewiesen werden.

³ Ist der Zeitlohn nicht durch Abrede, Normalarbeitsvertrag oder Gesamtarbeitsvertrag bestimmt, so hat der Arbeitgeber dem Arbeitnehmer den vorher durchschnittlich verdienten Akkordlohn zu entrichten.

⁴ Kann der Arbeitgeber weder genügend Akkordlohnarbeit noch Zeitlohnarbeit zuweisen, so bleibt er gleichwohl verpflichtet, nach den Vorschriften über den Annahmeverzug den Lohn zu entrichten, den er bei Zuweisung von Zeitlohnarbeit zu entrichten hätte.

2. Akkordlohn

Art. 326a ¹ Hat der Arbeitnehmer vertraglich Akkordlohnarbeit zu leisten, so hat ihm der Arbeitgeber den Akkordlohnansatz vor Beginn der einzelnen Arbeit bekanntzugeben.

---

116 Eingefügt durch Anhang Ziff. 12 des Unfallversicherungsgesetzes vom 20. März 1981, in Kraft seit 1. Jan. 1984 (AS 1982 1676 1724 Art. 1 Abs. 1; BBl 1976 III 141).
117 Fassung gemäss Ziff. I des BG vom 14. Dez. 1990, in Kraft seit 1. Juli 1991 (AS 1991 974; BBl 1989 III 1233, 1990 I 120).
118 SR 281.1

² Unterlässt der Arbeitgeber diese Bekanntgabe, so hat er den Lohn nach dem für gleichartige oder ähnliche Arbeiten festgesetzten Ansatz zu entrichten.

VI. Arbeitsgeräte, Material und Auslagen
1. Arbeitsgeräte und Material

Art. 327 ¹ Ist nichts anderes verabredet oder üblich, so hat der Arbeitgeber den Arbeitnehmer mit den Geräten und dem Material auszurüsten, die dieser zur Arbeit benötigt.

² Stellt im Einverständnis mit dem Arbeitgeber der Arbeitnehmer selbst Geräte oder Material für die Ausführung der Arbeit zur Verfügung, so ist er dafür angemessen zu entschädigen, sofern nichts anderes verabredet oder üblich ist.

2. Auslagen
a. im Allgemeinen

Art. 327a ¹ Der Arbeitgeber hat dem Arbeitnehmer alle durch die Ausführung der Arbeit notwendig entstehenden Auslagen zu ersetzen, bei Arbeit an auswärtigen Arbeitsorten auch die für den Unterhalt erforderlichen Aufwendungen.

² Durch schriftliche Abrede, Normalarbeitsvertrag oder Gesamtarbeitsvertrag kann als Auslagenersatz eine feste Entschädigung, wie namentlich ein Taggeld oder eine pauschale Wochen- oder Monatsvergütung festgesetzt werden, durch die jedoch alle notwendig entstehenden Auslagen gedeckt werden müssen.

³ Abreden, dass der Arbeitnehmer die notwendigen Auslagen ganz oder teilweise selbst zu tragen habe, sind nichtig.

b. Motorfahrzeug

Art. 327b ¹ Benützt der Arbeitnehmer im Einverständnis mit dem Arbeitgeber für seine Arbeit ein von diesem oder ein von ihm selbst gestelltes Motorfahrzeug, so sind ihm die üblichen Aufwendungen für dessen Betrieb und Unterhalt nach Massgabe des Gebrauchs für die Arbeit zu vergüten.

² Stellt der Arbeitnehmer im Einverständnis mit dem Arbeitgeber selbst ein Motorfahrzeug, so sind ihm überdies die öffentlichen Abgaben für das Fahrzeug, die Prämien für die Haftpflichtversicherung und eine angemessene Entschädigung für die Abnützung des Fahrzeugs nach Massgabe des Gebrauchs für die Arbeit zu vergüten.

³ ...[119]

c. Fälligkeit

Art. 327c ¹ Auf Grund der Abrechnung des Arbeitnehmers ist der Auslagenersatz jeweils zusammen mit dem Lohn auszurichten, sofern nicht eine kürzere Frist verabredet oder üblich ist.

---

[119] Aufgehoben durch Anhang Ziff. 12 des Unfallversicherungsgesetzes vom 20. März 1981, mit Wirkung seit 1. Jan. 1984 (AS 1982 1676 1724 Art. 1 Abs. 1; BBl 1976 III 141).

² Hat der Arbeitnehmer zur Erfüllung der vertraglichen Pflichten regelmässig Auslagen zu machen, so ist ihm ein angemessener Vorschuss in bestimmten Zeitabständen, mindestens aber jeden Monat auszurichten.

VII. Schutz der Persönlichkeit des Arbeitnehmers

1. im Allgemeinen

Art. 328 ¹ Der Arbeitgeber hat im Arbeitsverhältnis die Persönlichkeit des Arbeitnehmers zu achten und zu schützen, auf dessen Gesundheit gebührend Rücksicht zu nehmen und für die Wahrung der Sittlichkeit zu sorgen. Er muss insbesondere dafür sorgen, dass Arbeitnehmerinnen und Arbeitnehmer nicht sexuell belästigt werden und dass den Opfern von sexuellen Belästigungen keine weiteren Nachteile entstehen.[120]

² Er hat zum Schutz von Leben, Gesundheit und persönlicher Integrität der Arbeitnehmerinnen und Arbeitnehmer die Massnahmen zu treffen, die nach der Erfahrung notwendig, nach dem Stand der Technik anwendbar und den Verhältnissen des Betriebes oder Haushaltes angemessen sind, soweit es mit Rücksicht auf das einzelne Arbeitsverhältnis und die Natur der Arbeitsleistung[121] ihm billigerweise zugemutet werden kann.[122]

2. bei Hausgemeinschaft

Art. 328a ¹ Lebt der Arbeitnehmer in Hausgemeinschaft mit dem Arbeitgeber, so hat dieser für ausreichende Verpflegung und einwandfreie Unterkunft zu sorgen.

² Wird der Arbeitnehmer ohne sein Verschulden durch Krankheit oder Unfall an der Arbeitsleistung verhindert, so hat der Arbeitgeber Pflege und ärztliche Behandlung für eine beschränkte Zeit zu gewähren, im ersten Dienstjahr für drei Wochen und nachher für eine angemessene längere Zeit, je nach der Dauer des Arbeitsverhältnisses und den besonderen Umständen.

³ Bei Schwangerschaft und Niederkunft der Arbeitnehmerin hat der Arbeitgeber die gleichen Leistungen zu gewähren.

3. bei der Bearbeitung von Personendaten

Art. 328b[123] Der Arbeitgeber darf Daten über den Arbeitnehmer nur bearbeiten, soweit sie dessen Eignung für das Arbeitsverhältnis betreffen oder zur Durchführung des Arbeitsvertrages erforderlich

---

120 Zweiter Satz eingefügt durch Anhang Ziff. 3 des Gleichstellungsgesetzes vom 24. März 1995, in Kraft seit 1. Juli 1996 (AS 1996 1498; BBl 1993 I 1248).
121 Berichtigt von der Redaktionskommission der BVers (Art. 33 GVG – AS 1974 1051).
122 Fassung gemäss Anhang Ziff. 3 des Gleichstellungsgesetzes vom 24. März 1995, in Kraft seit 1. Juli 1996 (AS 1996 1498; BBl 1993 I 1248).
123 Eingefügt durch Anhang Ziff. 2 des BG vom 19. Juni 1992 über den Datenschutz, in Kraft seit 1. Juli 1993 (AS 1993 1945; BBl 1988 II 413).

sind. Im Übrigen gelten die Bestimmungen des Bundesgesetzes vom 19. Juni 1992[124] über den Datenschutz.

zweiter Satz*

... Im Übrigen gelten die Bestimmungen des Datenschutzgesetzes vom 25. September 2020.

VIII. Freizeit, Ferien und Urlaub
1. Freizeit[125]

Art. 329 [1] Der Arbeitgeber hat dem Arbeitnehmer jede Woche einen freien Tag zu gewähren, in der Regel den Sonntag oder, wo dies nach den Verhältnissen nicht möglich ist, einen vollen Werktag.

[2] Unter besonderen Umständen können dem Arbeitnehmer mit dessen Zustimmung ausnahmsweise mehrere freie Tage zusammenhängend oder statt eines freien Tages zwei freie Halbtage eingeräumt werden.

[3] Dem Arbeitnehmer sind im Übrigen die üblichen freien Stunden und Tage und nach erfolgter Kündigung die für das Aufsuchen einer anderen Arbeitsstelle erforderliche Zeit zu gewähren.

[4] Bei der Bestimmung der Freizeit ist auf die Interessen des Arbeitgebers wie des Arbeitnehmers angemessen Rücksicht zu nehmen.

2. Ferien
a. Dauer

Art. 329a [1] Der Arbeitgeber hat dem Arbeitnehmer jedes Dienstjahr wenigstens vier Wochen, dem Arbeitnehmer bis zum vollendeten 20. Altersjahr wenigstens fünf Wochen Ferien zu gewähren.[126]

[2] ...[127]

[3] Für ein unvollständiges Dienstjahr sind Ferien entsprechend der Dauer des Arbeitsverhältnisses im betreffenden Dienstjahr zu gewähren.

b. Kürzung

Art. 329b [1] Ist der Arbeitnehmer durch sein Verschulden während eines Dienstjahres insgesamt um mehr als einen Monat an der Arbeitsleistung verhindert, so kann der Arbeitgeber die Ferien für jeden vollen Monat der Verhinderung um einen Zwölftel kürzen.[128]

[2] Beträgt die Verhinderung insgesamt nicht mehr als einen Monat im Dienstjahr und ist sie durch Gründe, die in der Person des Arbeitnehmers liegen, wie Krankheit, Unfall, Erfüllung gesetzlicher Pflichten,

---

124 SR 235.1
* Fassung des zweiten Satzes gemäss Anhang 1 Ziff. II 18 des Datenschutzgesetzes vom 25. Sept. 2020, in Kraft ab 1. Sept. 2023 (AS 2022 491; BBl 2017 6941).
125 Fassung gemäss Ziff. II 1 des BG vom 20. Dez. 2019 über die Verbesserung der Vereinbarkeit von Erwerbstätigkeit und Angehörigenbetreuung, in Kraft seit 1. Juli 2021 (AS 2020 4525; BBl 2019 4103).
126 Fassung gemäss Ziff. I des BG vom 16. Dez. 1983, in Kraft seit 1. Juli 1984 (AS 1984 580; BBl 1982 III 201).
127 Aufgehoben durch Ziff. I des BG vom 16. Dez. 1983, mit Wirkung seit 1. Juli 1984 (AS 1984 580; BBl 1982 III 201).
128 Fassung gemäss Art. 117 des Arbeitslosenversicherungsgesetzes, in Kraft seit 1. Jan. 1984 (AS 1982 2184, 1983 1204; BBl 1980 III 489).

Ausübung eines öffentlichen Amtes oder Jugendurlaub, ohne Verschulden des Arbeitnehmers verursacht, so dürfen die Ferien vom Arbeitgeber nicht gekürzt werden.[129]

³ Die Ferien dürfen vom Arbeitgeber auch nicht gekürzt werden, wenn:
  a. eine Arbeitnehmerin wegen Schwangerschaft bis zu zwei Monate an der Arbeitsleistung verhindert ist;
  b. eine Arbeitnehmerin einen Mutterschaftsurlaub nach Artikel 329f bezogen hat;
  c.[130] ein Arbeitnehmer einen Vaterschaftsurlaub nach Artikel 329g bezogen hat;
  d. eine Arbeitnehmerin oder ein Arbeitnehmer einen Betreuungsurlaub nach Artikel 329i bezogen hat,
  e.[131] eine Arbeitnehmerin oder ein Arbeitnehmer einen Adoptionsurlaub nach Artikel 329j bezogen hat.[132]

⁴ Durch Normalarbeitsvertrag oder Gesamtarbeitsvertrag kann eine von den Absätzen 2 und 3 abweichende Regelung getroffen werden, wenn sie für den Arbeitnehmer im Ganzen mindestens gleichwertig ist.[133]

c. Zusammenhang und Zeitpunkt

Art. 329c ¹ Die Ferien sind in der Regel im Verlauf des betreffenden Dienstjahres zu gewähren; wenigstens zwei Ferienwochen müssen zusammenhängen.[134]

² Der Arbeitgeber bestimmt den Zeitpunkt der Ferien und nimmt dabei auf die Wünsche des Arbeitnehmers soweit Rücksicht, als dies mit den Interessen des Betriebes oder Haushaltes vereinbar ist.

d. Lohn

Art. 329d ¹ Der Arbeitgeber hat dem Arbeitnehmer für die Ferien den gesamten darauf entfallenden Lohn und eine angemessene Entschädigung für ausfallenden Naturallohn zu entrichten.

² Die Ferien dürfen während der Dauer des Arbeitsverhältnisses nicht durch Geldleistungen oder andere Vergünstigungen abgegolten werden.

³ Leistet der Arbeitnehmer während der Ferien entgeltliche Arbeit für einen Dritten und werden dadurch die berechtigten Interessen des

---

129 Fassung gemäss Art. 13 des JFG vom 6. Okt. 1989, in Kraft seit 1. Jan. 1991 (AS 1990 2007; BBl 1988 I 825).
130 Fassung gemäss Anhang Ziff. 1 des BG vom 1. Okt. 2021, in Kraft seit 1. Jan. 2023 (AS 2022 468; BBl 2019 7095, 7303).
131 Fassung gemäss Anhang Ziff. 1 des BG vom 1. Okt. 2021, in Kraft seit 1. Jan. 2023 (AS 2022 468; BBl 2019 7095, 7303).
132 Fassung gemäss Ziff. II 1 des BG vom 20. Dez. 2019 über die Verbesserung der Vereinbarkeit von Erwerbstätigkeit und Angehörigenbetreuung, in Kraft seit 1. Juli 2021 (AS 2020 4525; BBl 2019 4103).
133 Eingefügt durch Ziff. I des BG vom 16. Dez. 1983, in Kraft seit 1. Juli 1984 (AS 1984 580; BBl 1982 III 201).
134 Fassung gemäss Ziff. I des BG vom 16. Dez. 1983, in Kraft seit 1. Juli 1984 (AS 1984 580; BBl 1982 III 201).

Arbeitgebers verletzt, so kann dieser den Ferienlohn verweigern und bereits bezahlten Ferienlohn zurückverlangen.

3. Urlaub für ausserschulische Jugendarbeit

Art. 329e[135] ¹ Der Arbeitgeber hat dem Arbeitnehmer bis zum vollendeten 30. Altersjahr für unentgeltliche leitende, betreuende oder beratende Tätigkeit im Rahmen ausserschulischer Jugendarbeit in einer kulturellen oder sozialen Organisation sowie für die dazu notwendige Aus- und Weiterbildung jedes Dienstjahr Jugendurlaub bis zu insgesamt einer Arbeitswoche zu gewähren.

² Der Arbeitnehmer hat während des Jugendurlaubs keinen Lohnanspruch. Durch Abrede, Normalarbeitsvertrag oder Gesamtarbeitsvertrag kann zugunsten des Arbeitnehmers eine andere Regelung getroffen werden.

³ Über den Zeitpunkt und die Dauer des Jugendurlaubs einigen sich Arbeitgeber und Arbeitnehmer; sie berücksichtigen dabei ihre beidseitigen Interessen. Kommt eine Einigung nicht zustande, dann muss der Jugendurlaub gewährt werden, wenn der Arbeitnehmer dem Arbeitgeber die Geltendmachung seines Anspruches zwei Monate im Voraus angezeigt hat. Nicht bezogene Jugendurlaubstage verfallen am Ende des Kalenderjahres.

⁴ Der Arbeitnehmer hat auf Verlangen des Arbeitgebers seine Tätigkeiten und Funktionen in der Jugendarbeit nachzuweisen.

4. Mutterschaftsurlaub

Art. 329f[136] ¹ Nach der Niederkunft hat die Arbeitnehmerin Anspruch auf einen Mutterschaftsurlaub von mindestens 14 Wochen.

² Bei Hospitalisierung des Neugeborenen verlängert sich der Mutterschaftsurlaub um die verlängerte Dauer der Ausrichtung der Mutterschaftsentschädigung.[137]

5. Vaterschaftsurlaub

Art. 329g[138] ¹ Der Arbeitnehmer, der im Zeitpunkt der Geburt eines Kindes dessen rechtlicher Vater ist oder dies innerhalb der folgenden sechs Monate wird, hat Anspruch auf einen Vaterschaftsurlaub von zwei Wochen.

² Der Vaterschaftsurlaub muss innert sechs Monaten nach der Geburt des Kindes bezogen werden.

³ Er kann wochen- oder tageweise bezogen werden.

---

135 Eingefügt durch Art. 13 des JFG vom 6. Okt. 1989, in Kraft seit 1. Jan. 1991 (AS 1990 2007; BBl 1988 I 825).
136 Eingefügt durch Anhang Ziff. 1 des BG vom 3. Okt. 2003, in Kraft seit 1. Juli 2005 (AS 2005 1429; BBl 2002 7522, 2003 1112 2923).
137 Eingefügt durch Ziff. II des BG vom 18. Dez. 2020, in Kraft seit 1. Juli 2021 (AS 2021 288; BBl 2019 141).
138 Eingefügt durch Ziff. II 1 des BG vom 20. Dez. 2019 über die Verbesserung der Vereinbarkeit von Erwerbstätigkeit und Angehörigenbetreuung, in Kraft seit 1. Jan. 2021 (AS 2020 4525; BBl 2019 4103).

6. Urlaub für die Betreuung von Angehörigen	**Art. 329h**[139] Die Arbeitnehmerin oder der Arbeitnehmer hat Anspruch auf bezahlten Urlaub für die Zeit, die zur Betreuung eines Familienmitglieds, der Lebenspartnerin oder des Lebenspartners mit gesundheitlicher Beeinträchtigung notwendig ist; der Urlaub beträgt jedoch höchstens drei Tage pro Ereignis und höchstens zehn Tage pro Jahr.
7. Urlaub für die Betreuung eines wegen Krankheit oder Unfall gesundheitlich schwer beeinträchtigten Kindes	**Art. 329i**[140] ¹ Hat die Arbeitnehmerin oder der Arbeitnehmer Anspruch auf eine Betreuungsentschädigung nach den Artikeln 16*n*–16*s* EOG[141], weil ihr oder sein Kind wegen Krankheit oder Unfall gesundheitlich schwer beeinträchtigt ist, so hat sie oder er Anspruch auf einen Betreuungsurlaub von höchstens 14 Wochen.

² Der Betreuungsurlaub ist innerhalb einer Rahmenfrist von 18 Monaten zu beziehen. Die Rahmenfrist beginnt mit dem Tag, für den das erste Taggeld bezogen wird.

³ Sind beide Eltern Arbeitnehmende, so hat jeder Elternteil Anspruch auf einen Betreuungsurlaub von höchstens sieben Wochen. Sie können eine abweichende Aufteilung des Urlaubs wählen.

⁴ Der Urlaub kann am Stück oder tageweise bezogen werden.

⁵ Der Arbeitgeber ist über die Modalitäten des Urlaubsbezugs sowie über Änderungen unverzüglich zu informieren.

8. Adoptionsurlaub	**Art. 329j**[142] ¹ Nimmt die Arbeitnehmerin oder der Arbeitnehmer ein Kind zur Adoption auf, so hat sie oder er bei Erfüllen der Voraussetzungen gemäss Artikel 16*t* EOG[143] Anspruch auf einen Adoptionsurlaub von zwei Wochen.

² Der Adoptionsurlaub muss innerhalb des ersten Jahres nach Aufnahme des Kindes bezogen werden.

³ Er kann von einem Elternteil bezogen oder unter den Eltern aufgeteilt werden. Ein gleichzeitiger Bezug ist ausgeschlossen.

⁴ Er kann wochen- oder tageweise bezogen werden:

IX. Übrige Pflichten 1. Kaution	**Art. 330** ¹ Übergibt der Arbeitnehmer zur Sicherung seiner Verpflichtungen aus dem Arbeitsverhältnis dem Arbeitgeber eine Kau-

---

[139] Eingefügt durch Ziff. II 1 des BG vom 20. Dez. 2019 über die Verbesserung der Vereinbarkeit von Erwerbstätigkeit und Angehörigenbetreuung, in Kraft seit 1. Jan. 2021 (AS 2020 4525; BBl 2019 4103).

[140] Eingefügt durch Ziff. II 1 des BG vom 20. Dez. 2019 über die Verbesserung der Vereinbarkeit von Erwerbstätigkeit und Angehörigenbetreuung, in Kraft seit 1. Juli 2021 (AS 2020 4525; BBl 2019 4103).

[141] SR 834.1

[142] Eingefügt durch Anhang Ziff. 1 des BG vom 1. Okt. 2021, in Kraft seit 1. Jan. 2023 (AS 2022 468; BBl 2019 7095, 7303).

[143] SR 834.1

tion, so hat sie dieser von seinem Vermögen getrennt zu halten und ihm dafür Sicherheit zu leisten.

² Der Arbeitgeber hat die Kaution spätestens bei Beendigung des Arbeitsverhältnisses zurückzugeben, sofern nicht durch schriftliche Abrede der Zeitpunkt der Rückgabe hinausgeschoben ist.

³ Macht der Arbeitgeber Forderungen aus dem Arbeitsverhältnis geltend und sind diese streitig, so kann er die Kaution bis zum Entscheid darüber insoweit zurückbehalten, muss aber auf Verlangen des Arbeitnehmers den zurückbehaltenen Betrag gerichtlich hinterlegen.

⁴ Im Konkurs des Arbeitgebers kann der Arbeitnehmer die Rückgabe der von dem Vermögen des Arbeitgebers getrennt gehaltenen Kaution verlangen, unter Vorbehalt der Forderungen des Arbeitgebers aus dem Arbeitsverhältnis.

2. Zeugnis

Art. 330a ¹ Der Arbeitnehmer kann jederzeit vom Arbeitgeber ein Zeugnis verlangen, das sich über die Art und Dauer des Arbeitsverhältnisses sowie über seine Leistungen und sein Verhalten ausspricht.

² Auf besonderes Verlangen des Arbeitnehmers hat sich das Zeugnis auf Angaben über die Art und Dauer des Arbeitsverhältnisses zu beschränken. *Nur nach Lehrabschluss obl.*

3. Informationspflicht

Art. 330b[144] ¹ Wurde das Arbeitsverhältnis auf unbestimmte Zeit oder für mehr als einen Monat eingegangen, so muss der Arbeitgeber spätestens einen Monat nach Beginn des Arbeitsverhältnisses den Arbeitnehmer schriftlich informieren über:
a. die Namen der Vertragsparteien;
b. das Datum des Beginns des Arbeitsverhältnisses;
c. die Funktion des Arbeitnehmers;
d. den Lohn und allfällige Lohnzuschläge;
e. die wöchentliche Arbeitszeit.

² Werden Vertragselemente, die nach Absatz 1 mitteilungspflichtig sind, während des Arbeitsverhältnisses geändert, so sind die Änderungen dem Arbeitnehmer spätestens einen Monat nachdem sie wirksam geworden sind, schriftlich mitzuteilen.

---

144 Eingefügt durch Art. 2 Ziff. 2 des BB vom 17. Dez. 2004 über die Genehmigung und Umsetzung des Protokolls über die Ausdehnung des Freizügigkeitsabkommens auf die neuen EG-Mitgliedstaaten zwischen der Schweizerischen Eidgenossenschaft einerseits und der Europäischen Gemeinschaft und ihren Mitgliedstaaten andererseits sowie über die Genehmigung der Revision der flankierenden Massnahmen zur Personenfreizügigkeit, in Kraft seit 1. April 2006 (AS 2006 979; BBl 2004 5891 6565).

D. Personalvorsorge
I. Pflichten des Arbeitgebers[145]

Art. 331 [1] Macht der Arbeitgeber Zuwendungen für die Personalvorsorge[146] oder leisten die Arbeitnehmer Beiträge daran, so hat der Arbeitgeber diese Zuwendungen und Beiträge auf eine Stiftung, eine Genossenschaft oder eine Einrichtung des öffentlichen Rechtes zu übertragen.

[2] Werden die Zuwendungen des Arbeitgebers und allfällige Beiträge des Arbeitnehmers zu dessen Gunsten für eine Kranken-, Unfall-, Lebens-, Invaliden- oder Todesfallversicherung bei einer der Versicherungsaufsicht unterstellten Unternehmung oder bei einer anerkannten Krankenkasse verwendet, so hat der Arbeitgeber die Übertragung gemäss vorstehendem Absatz nicht vorzunehmen, wenn dem Arbeitnehmer mit dem Eintritt des Versicherungsfalles ein selbständiges Forderungsrecht gegen den Versicherungsträger zusteht.

[3] Hat der Arbeitnehmer Beiträge an eine Vorsorgeeinrichtung zu leisten, so ist der Arbeitgeber verpflichtet, zur gleichen Zeit mindestens gleich hohe Beiträge wie die gesamten Beiträge aller Arbeitnehmer zu entrichten; er erbringt seine Beiträge aus eigenen Mitteln oder aus Beitragsreserven der Vorsorgeeinrichtung, die von ihm vorgängig hierfür geäufnet worden und gesondert ausgewiesen sind. Der Arbeitgeber muss den vom Lohn des Arbeitnehmers abgezogenen Beitragsanteil zusammen mit seinem Beitragsanteil spätestens am Ende des ersten Monats nach dem Kalender- oder Versicherungsjahr, für das die Beiträge geschuldet sind, an die Vorsorgeeinrichtung überweisen.[147]

[4] Der Arbeitgeber hat dem Arbeitnehmer über die ihm gegen eine Vorsorgeeinrichtung[148] oder einen Versicherungsträger zustehenden Forderungsrechte den erforderlichen Aufschluss zu erteilen.

[5] Auf Verlangen der Zentralstelle 2. Säule ist der Arbeitgeber verpflichtet, ihr die Angaben zu liefern, die ihm vorliegen und die geeignet sind, die Berechtigten vergessener Guthaben oder die Einrichtungen, welche solche Guthaben führen, zu finden.[149]

---

145 Fassung gemäss Anhang Ziff. 2 des Freizügigkeitsgesetzes vom 17. Dez. 1993, in Kraft seit 1. Jan. 1995 (AS 1994 2386; BBl 1992 III 533).
146 Ausdruck gemäss Anhang Ziff. 2 des Freizügigkeitsgesetzes vom 17. Dez. 1993, in Kraft seit 1. Jan. 1995 (AS 1994 2386; BBl 1992 III 533).
147 Fassung gemäss Anhang Ziff. 2 des BG vom 3. Okt. 2003 (1. BVG-Revision), in Kraft seit 1. Jan. 2005 (AS 2004 1677 1700; BBl 2000 2637).
148 Ausdruck gemäss Anhang Ziff. 2 des Freizügigkeitsgesetzes vom 17. Dez. 1993, in Kraft seit 1. Jan. 1995 (AS 1994 2386; BBl 1992 III 533).
149 Eingefügt durch Ziff. II 2 des BG vom 18. Dez. 1998, in Kraft seit 1. Mai 1999 (AS 1999 1384; BBl 1998 V 5569).

II. Beginn und Ende des Vorsorgeschutzes

Art. 331a[150] ¹ Der Vorsorgeschutz beginnt mit dem Tag, an dem das Arbeitsverhältnis anfängt, und endet an dem Tag, an welchem der Arbeitnehmer die Vorsorgeeinrichtung verlässt.

² Der Arbeitnehmer geniesst jedoch einen Vorsorgeschutz gegen Tod und Invalidität, bis er in ein neues Vorsorgeverhältnis eingetreten ist, längstens aber während eines Monats.

³ Für den nach Beendigung des Vorsorgeverhältnisses gewährten Vorsorgeschutz kann die Vorsorgeeinrichtung vom Arbeitnehmer Risikobeiträge verlangen.

III. Abtretung und Verpfändung

Art. 331b[151] Die Forderung auf künftige Vorsorgeleistungen kann vor der Fälligkeit gültig weder abgetreten noch verpfändet werden.

IV. Gesundheitliche Vorbehalte

Art. 331c[152] Vorsorgeeinrichtungen dürfen für die Risiken Tod und Invalidität einen Vorbehalt aus gesundheitlichen Gründen machen. Dieser darf höchstens fünf Jahre betragen.

V. Wohneigentumsförderung
1. Verpfändung

Art. 331d[153] ¹ Der Arbeitnehmer kann bis drei Jahre vor Entstehung des Anspruchs auf Altersleistungen seinen Anspruch auf Vorsorgeleistungen oder einen Betrag bis zur Höhe seiner Freizügigkeitsleistung für Wohneigentum zum eigenen Bedarf verpfänden.

² Die Verpfändung ist auch zulässig für den Erwerb von Anteilscheinen einer Wohnbaugenossenschaft oder ähnlicher Beteiligungen, wenn der Arbeitnehmer eine dadurch mitfinanzierte Wohnung selbst benutzt.

³ Die Verpfändung bedarf zu ihrer Gültigkeit der schriftlichen Anzeige an die Vorsorgeeinrichtung.

⁴ Arbeitnehmer, die das 50. Altersjahr überschritten haben, dürfen höchstens die Freizügigkeitsleistung, auf die sie im 50. Altersjahr Anspruch gehabt hätten, oder die Hälfte der Freizügigkeitsleistung im Zeitpunkt der Verpfändung als Pfand einsetzen.

⁵ Ist der Arbeitnehmer verheiratet, so ist die Verpfändung nur zulässig, wenn sein Ehegatte schriftlich zustimmt. Kann der Arbeitnehmer die Zustimmung nicht einholen oder wird sie ihm verweigert, so kann

---

150 Fassung gemäss Anhang Ziff. 2 des Freizügigkeitsgesetzes vom 17. Dez. 1993, in Kraft seit 1. Jan. 1995 (AS 1994 2386; BBl 1992 III 533).
151 Fassung gemäss Anhang Ziff. 2 des Freizügigkeitsgesetzes vom 17. Dez. 1993, in Kraft seit 1. Jan. 1995 (AS 1994 2386; BBl 1992 III 533).
152 Fassung gemäss Anhang Ziff. 2 des Freizügigkeitsgesetzes vom 17. Dez. 1993, in Kraft seit 1. Jan. 1995 (AS 1994 2386; BBl 1992 III 533).
153 Eingefügt durch Ziff. II des BG vom 17. Dez. 1993 über die Wohneigentumsförderung mit Mitteln der beruflichen Vorsorge, in Kraft seit 1. Jan. 1995 (AS 1994 2372; BBl 1992 VI 237).

er das Zivilgericht anrufen.[154] Die gleiche Regelung gilt bei eingetragenen Partnerschaften.[155]

⁶ Wird das Pfand vor dem Vorsorgefall oder vor der Barauszahlung verwertet, so finden die Artikel 30*d*, 30*e*, 30*g* und 83*a* des Bundesgesetzes vom 25. Juni 1982[156] über die berufliche Alters-, Hinterlassenen- und Invalidenvorsorge Anwendung.[157]

⁷ Der Bundesrat bestimmt:
a. die zulässigen Verpfändungszwecke und den Begriff «Wohneigentum zum eigenen Bedarf»;
b. welche Voraussetzungen bei der Verpfändung von Anteilscheinen einer Wohnbaugenossenschaft oder ähnlicher Beteiligungen zu erfüllen sind.

2. Vorbezug

Art. 331e[158] ¹ Der Arbeitnehmer kann bis drei Jahre vor Entstehung des Anspruchs auf Altersleistungen von seiner Vorsorgeeinrichtung einen Betrag für Wohneigentum zum eigenen Bedarf geltend machen.

² Arbeitnehmer dürfen bis zum 50. Altersjahr einen Betrag bis zur Höhe der Freizügigkeitsleistung beziehen. Versicherte, die das 50. Altersjahr überschritten haben, dürfen höchstens die Freizügigkeitsleistung, auf die sie im 50. Altersjahr Anspruch gehabt hätten, oder die Hälfte der Freizügigkeitsleistung im Zeitpunkt des Bezuges in Anspruch nehmen.

³ Der Arbeitnehmer kann diesen Betrag auch für den Erwerb von Anteilscheinen einer Wohnbaugenossenschaft oder ähnlicher Beteiligungen verwenden, wenn er eine dadurch mitfinanzierte Wohnung selbst benutzt.

⁴ Mit dem Bezug wird gleichzeitig der Anspruch auf Vorsorgeleistungen entsprechend den jeweiligen Vorsorgereglementen und den technischen Grundlagen der Vorsorgeeinrichtung gekürzt. Um eine Einbusse des Vorsorgeschutzes durch eine Leistungskürzung bei Tod oder Invalidität zu vermeiden, bietet die Vorsorgeeinrichtung eine Zusatzversicherung an oder vermittelt eine solche.

⁵ Ist der Arbeitnehmer verheiratet, so sind der Bezug und jede nachfolgende Begründung eines Grundpfandrechts nur zulässig, wenn

---
154 Fassung des zweiten Satzes gemäss Anhang Ziff. 1 des BG vom 19. Juni 2015 (Vorsorgeausgleich bei Scheidung), in Kraft seit 1. Jan. 2017 (AS 2016 2313; BBl 2013 4887).
155 Fassung gemäss Anhang Ziff. 11 des Partnerschaftsgesetzes vom 18. Juni 2004, in Kraft seit 1. Jan. 2007 (AS 2005 5685; BBl 2003 1288).
156 SR 831.40
157 Fassung gemäss Anhang Ziff. 1 des BG vom 19. Juni 2015 (Vorsorgeausgleich bei Scheidung), in Kraft seit 1. Jan. 2017 (AS 2016 2313; BBl 2013 4887).
158 Eingefügt durch Ziff. II des BG vom 17. Dez. 1993 über die Wohneigentumsförderung mit Mitteln der beruflichen Vorsorge, in Kraft seit 1. Jan. 1995 (AS 1994 2372; BBl 1992 VI 237).

sein Ehegatte schriftlich zustimmt. Kann der Arbeitnehmer die Zustimmung nicht einholen oder wird sie ihm verweigert, so kann er das Zivilgericht anrufen. Die gleiche Regelung gilt bei eingetragenen Partnerschaften.[159]

6 Werden Ehegatten vor Eintritt eines Vorsorgefalles geschieden, so gilt der Vorbezug als Freizügigkeitsleistung und wird nach Artikel 123 des Zivilgesetzbuches[160], den Artikeln 280 und 281 ZPO[161] und den Artikeln 22–22*b* des Freizügigkeitsgesetzes vom 17. Dezember 1993[162] geteilt. Die gleiche Regelung gilt bei gerichtlicher Auflösung einer eingetragenen Partnerschaft.[163]

7 Wird durch den Vorbezug oder die Verpfändung die Liquidität der Vorsorgeeinrichtung in Frage gestellt, so kann diese die Erledigung der entsprechenden Gesuche aufschieben. Sie legt in ihrem Reglement eine Prioritätenordnung für das Aufschieben dieser Vorbezüge beziehungsweise Verpfändungen fest. Der Bundesrat regelt die Einzelheiten.

8 Im Übrigen gelten die Artikel 30*d*, 30*e*, 30*g* und 83*a* des Bundesgesetzes vom 25. Juni 1982[164] über die berufliche Alters-, Hinterlassenen- und Invalidenvorsorge.[165]

3. Einschränkungen während einer Unterdeckung der Vorsorgeeinrichtung

Art. 331f [166] 1 Die Vorsorgeeinrichtung kann in ihrem Reglement vorsehen, dass während der Dauer einer Unterdeckung die Verpfändung, der Vorbezug und die Rückzahlung zeitlich und betragsmässig eingeschränkt oder ganz verweigert werden können.

2 Der Bundesrat legt die Voraussetzungen fest, unter denen die Einschränkungen nach Absatz 1 zulässig sind, und bestimmt deren Umfang.

E. Rechte an Erfindungen und Designs

Art. 332[167] 1 Erfindungen und Designs, die der Arbeitnehmer bei Ausübung seiner dienstlichen Tätigkeit und in Erfüllung seiner ver-

---

159 Fassung gemäss Anhang Ziff. 1 des BG vom 19. Juni 2015 (Vorsorgeausgleich bei Scheidung), in Kraft seit 1. Jan. 2017 (AS 2016 2313; BBl 2013 4887).
160 SR 210
161 SR 272
162 SR 831.42
163 Fassung gemäss Anhang Ziff. 1 des BG vom 19. Juni 2015 (Vorsorgeausgleich bei Scheidung), in Kraft seit 1. Jan. 2017 (AS 2016 2313; BBl 2013 4887).
164 SR 831.40
165 Fassung gemäss Anhang Ziff. 1 des BG vom 19. Juni 2015 (Vorsorgeausgleich bei Scheidung), in Kraft seit 1. Jan. 2017 (AS 2016 2313; BBl 2013 4887).
166 Eingefügt durch Anhang Ziff. 2 des BG vom 18. Juni 2004, in Kraft seit 1. Jan. 2005 (AS 2004 4635; BBl 2003 6399).
167 Fassung gemäss Anhang Ziff. II 1 des Designgesetzes vom 5. Okt. 2001, in Kraft seit 1. Juli 2002 (AS 2002 1456; BBl 2000 2729).

traglichen Pflichten macht oder an deren Hervorbringung er mitwirkt, gehören unabhängig von ihrer Schutzfähigkeit dem Arbeitgeber.

² Durch schriftliche Abrede kann sich der Arbeitgeber den Erwerb von Erfindungen und Designs ausbedingen, die vom Arbeitnehmer bei Ausübung seiner dienstlichen Tätigkeit, aber nicht in Erfüllung seiner vertraglichen Pflichten gemacht werden.

³ Der Arbeitnehmer, der eine Erfindung oder ein Design gemäss Absatz 2 macht, hat davon dem Arbeitgeber schriftlich Kenntnis zu geben; dieser hat ihm innert sechs Monaten schriftlich mitzuteilen, ob er die Erfindung beziehungsweise das Design erwerben will oder sie dem Arbeitnehmer freigibt.

⁴ Wird die Erfindung oder das Design dem Arbeitnehmer nicht freigegeben, so hat ihm der Arbeitgeber eine besondere angemessene Vergütung auszurichten; bei deren Festsetzung sind alle Umstände zu berücksichtigen, wie namentlich der wirtschaftliche Wert der Erfindung beziehungsweise des Designs, die Mitwirkung des Arbeitgebers, die Inanspruchnahme seiner Hilfspersonen und Betriebseinrichtungen, sowie die Aufwendungen des Arbeitnehmers und seine Stellung im Betrieb.

Art. 332a[168]

F. Übergang des Arbeitsverhältnisses

1. Wirkungen[169]

Art. 333 ¹ Überträgt der Arbeitgeber den Betrieb oder einen Betriebsteil auf einen Dritten, so geht das Arbeitsverhältnis mit allen Rechten und Pflichten mit dem Tage der Betriebsnachfolge auf den Erwerber über, sofern der Arbeitnehmer den Übergang nicht ablehnt.[170]

¹ᵇⁱˢ Ist auf das übertragene Arbeitsverhältnis ein Gesamtarbeitsvertrag anwendbar, so muss der Erwerber diesen während eines Jahres einhalten, sofern er nicht vorher abläuft oder infolge Kündigung endet.[171]

² Bei Ablehnung des Überganges wird das Arbeitsverhältnis auf den Ablauf der gesetzlichen Kündigungsfrist aufgelöst; der Erwerber des Betriebes und der Arbeitnehmer sind bis dahin zur Erfüllung des Vertrages verpflichtet.

³ Der bisherige Arbeitgeber und der Erwerber des Betriebes haften solidarisch für die Forderungen des Arbeitnehmers, die vor dem Übergang fällig geworden sind und die nachher bis zum Zeitpunkt fällig werden, auf den das Arbeitsverhältnis ordentlicherweise been-

---

168 Aufgehoben durch Anhang Ziff. II 1 des Designgesetzes vom 5. Okt. 2001, mit Wirkung seit 1. Juli 2002 (AS 2002 1456; BBl 2000 2729).
169 Fassung gemäss Ziff. I des BG vom 17. Dez. 1993, in Kraft seit 1. Mai 1994 (AS 1994 804; BBl 1993 I 805).
170 Fassung gemäss Ziff. I des BG vom 17. Dez. 1993, in Kraft seit 1. Mai 1994 (AS 1994 804; BBl 1993 I 805).
171 Eingefügt durch Ziff. I des BG vom 17. Dez. 1993, in Kraft seit 1. Mai 1994 (AS 1994 804; BBl 1993 I 805).

digt werden könnte oder bei Ablehnung des Überganges durch den Arbeitnehmer beendigt wird.

⁴ Im übrigen ist der Arbeitgeber nicht berechtigt, die Rechte aus dem Arbeitsverhältnis auf einen Dritten zu übertragen, sofern nichts anderes verabredet ist oder sich aus den Umständen ergibt.

2. Konsultation der Arbeitnehmervertretung

Art. 333a[172] ¹ Überträgt ein Arbeitgeber den Betrieb oder einen Betriebsteil auf einen Dritten, so hat er die Arbeitnehmervertretung oder, falls es keine solche gibt, die Arbeitnehmer rechtzeitig vor dem Vollzug des Übergangs zu informieren über:
a. den Grund des Übergangs;
b. die rechtlichen, wirtschaftlichen und sozialen Folgen des Übergangs für die Arbeitnehmer.

² Sind infolge des Übergangs Massnahmen beabsichtigt, welche die Arbeitnehmer betreffen, so ist die Arbeitnehmervertretung oder, falls es keine solche gibt, sind die Arbeitnehmer rechtzeitig vor dem Entscheid über diese Massnahmen zu konsultieren.

3. Betriebsübergang bei Insolvenz

Art. 333b[173] Wird der Betrieb oder der Betriebsteil während einer Nachlassstundung, im Rahmen eines Konkurses oder eines Nachlassvertrages mit Vermögensabtretung übertragen, so geht das Arbeitsverhältnis mit allen Rechten und Pflichten auf den Erwerber über, wenn dies mit dem Erwerber so vereinbart wurde und der Arbeitnehmer den Übergang nicht ablehnt. Im Übrigen gelten die Artikel 333, ausgenommen dessen Absatz 3, und 333*a* sinngemäss.

G. Beendigung des Arbeitsverhältnisses
I. Befristetes Arbeitsverhältnis

Art. 334[174] ¹ Ein befristetes Arbeitsverhältnis endigt ohne Kündigung.

² Wird ein befristetes Arbeitsverhältnis nach Ablauf der vereinbarten Dauer stillschweigend fortgesetzt, so gilt es als unbefristetes Arbeitsverhältnis.

³ Nach Ablauf von zehn Jahren kann jede Vertragspartei ein auf längere Dauer abgeschlossenes befristetes Arbeitsverhältnis jederzeit mit einer Kündigungsfrist von sechs Monaten auf das Ende eines Monats kündigen.

II. Unbefristetes Arbeitsverhältnis
1. Kündigung im Allgemeinen

Art. 335[175] ¹ Ein unbefristetes Arbeitsverhältnis kann von jeder Vertragspartei gekündigt werden.

---

172 Eingefügt durch Ziff. I des BG vom 17. Dez. 1993, in Kraft seit 1. Mai 1994 (AS 1994 804; BBl 1993 I 805).
173 Eingefügt durch Anhang des BG vom 21. Juni 2013, in Kraft seit 1. Jan. 2014 (AS 2013 4111; BBl 2010 6455).
174 Fassung gemäss Ziff. I des BG vom 18. März 1988, in Kraft seit 1. Jan. 1989 (AS 1988 1472; BBl 1984 II 551).
175 Fassung gemäss Ziff. I des BG vom 18. März 1988, in Kraft seit 1. Jan. 1989 (AS 1988 1472; BBl 1984 II 551).

Der Arbeitsvertrag Art. 335c OR | 1

² Der Kündigende muss die Kündigung schriftlich begründen, wenn die andere Partei dies verlangt.

2. Kündigungsfristen
a. im Allgemeinen

Art. 335a[176] ¹ Für Arbeitgeber und Arbeitnehmer dürfen keine verschiedenen Kündigungsfristen festgesetzt werden; bei widersprechender Abrede gilt für beide die längere Frist.

² Hat der Arbeitgeber das Arbeitsverhältnis aus wirtschaftlichen Gründen gekündigt oder eine entsprechende Absicht kundgetan, so dürfen jedoch durch Abrede, Normalarbeitsvertrag oder Gesamtarbeitsvertrag für den Arbeitnehmer kürzere Kündigungsfristen vereinbart werden.

b. während der Probezeit

Art. 335b[177] ¹ Das Arbeitsverhältnis kann während der Probezeit jederzeit mit einer Kündigungsfrist von sieben Tagen gekündigt werden; als Probezeit gilt der erste Monat eines Arbeitsverhältnisses.

² Durch schriftliche Abrede, Normalarbeitsvertrag oder Gesamtarbeitsvertrag können abweichende Vereinbarungen getroffen werden; die Probezeit darf jedoch auf höchstens drei Monate verlängert werden.

³ Bei einer effektiven Verkürzung der Probezeit infolge Krankheit, Unfall oder Erfüllung einer nicht freiwillig übernommenen gesetzlichen Pflicht erfolgt eine entsprechende Verlängerung der Probezeit.

c. nach Ablauf der Probezeit

Art. 335c[178] ¹ Das Arbeitsverhältnis kann im ersten Dienstjahr mit einer Kündigungsfrist von einem Monat, im zweiten bis und mit dem neunten Dienstjahr mit einer Frist von zwei Monaten und nachher mit einer Frist von drei Monaten je auf das Ende eines Monats gekündigt werden.

² Diese Fristen dürfen durch schriftliche Abrede, Normalarbeitsvertrag oder Gesamtarbeitsvertrag abgeändert werden; unter einen Monat dürfen sie jedoch nur durch Gesamtarbeitsvertrag und nur für das erste Dienstjahr herabgesetzt werden.

³ Kündigt der Arbeitgeber das Arbeitsverhältnis und hat der Arbeitnehmer vor Ende des Arbeitsverhältnisses Anspruch auf Vaterschaftsurlaub im Sinne von Artikel 329g, so wird die Kündigungsfrist um die noch nicht bezogenen Urlaubstage verlängert.[179]

---

176 Eingefügt durch Ziff. I des BG vom 18. März 1988, in Kraft seit 1. Jan. 1989 (AS 1988 1472; BBl 1984 II 551).
177 Eingefügt durch Ziff. I des BG vom 18. März 1988, in Kraft seit 1. Jan. 1989 (AS 1988 1472; BBl 1984 II 551).
178 Eingefügt durch Ziff. I des BG vom 18. März 1988, in Kraft seit 1. Jan. 1989 (AS 1988 1472; BBl 1984 II 551).
179 Eingefügt durch Anhang Ziff. 1 des BG vom 27. Sept. 2019, in Kraft seit 1. Jan. 2021 (AS 2020 4689; BBl 2019 3405 3851).

IIbis. Massenentlassung
1. Begriff

Art. 335d[180] Als Massenentlassung gelten Kündigungen, die der Arbeitgeber innert 30 Tagen in einem Betrieb aus Gründen ausspricht, die in keinem Zusammenhang mit der Person des Arbeitnehmers stehen, und von denen betroffen werden:
1. mindestens 10 Arbeitnehmer in Betrieben, die in der Regel mehr als 20 und weniger als 100 Arbeitnehmer beschäftigen;
2. mindestens 10 Prozent der Arbeitnehmer in Betrieben, die in der Regel mindestens 100 und weniger als 300 Arbeitnehmer beschäftigen;
3. mindestens 30 Arbeitnehmer in Betrieben, die in der Regel mindestens 300 Arbeitnehmer beschäftigen.

2. Geltungsbereich

Art. 335e[181] ¹ Die Bestimmungen über die Massenentlassung gelten auch für befristete Arbeitsverhältnisse, wenn diese vor Ablauf der vereinbarten Dauer enden.

² Sie gelten nicht für Betriebseinstellungen infolge gerichtlicher Entscheide sowie bei Massenentlassung im Konkurs oder bei einem Nachlassvertrag mit Vermögensabtretung.[182]

3. Konsultation der Arbeitnehmervertretung

Art. 335f[183] ¹ Beabsichtigt der Arbeitgeber, eine Massenentlassung vorzunehmen, so hat er die Arbeitnehmervertretung oder, falls es keine solche gibt, die Arbeitnehmer zu konsultieren.

² Er gibt ihnen zumindest die Möglichkeit, Vorschläge zu unterbreiten, wie die Kündigungen vermieden oder deren Zahl beschränkt sowie ihre Folgen gemildert werden können.

³ Er muss der Arbeitnehmervertretung oder, falls es keine solche gibt, den Arbeitnehmern alle zweckdienlichen Auskünfte erteilen und ihnen auf jeden Fall schriftlich mitteilen:
a. die Gründe der Massenentlassung;
b. die Zahl der Arbeitnehmer, denen gekündigt werden soll;
c. die Zahl der in der Regel beschäftigten Arbeitnehmer;
d. den Zeitraum, in dem die Kündigungen ausgesprochen werden sollen.

⁴ Er stellt dem kantonalen Arbeitsamt eine Kopie der Mitteilung nach Absatz 3 zu.

4. Verfahren

Art. 335g[184] ¹ Der Arbeitgeber hat dem kantonalen Arbeitsamt jede beabsichtigte Massenentlassung schriftlich anzuzeigen und der Ar-

---

180 Eingefügt durch Ziff. I des BG vom 17. Dez. 1993, in Kraft seit 1. Mai 1994 (AS 1994 804; BBl 1993 I 805).
181 Eingefügt durch Ziff. I des BG vom 17. Dez. 1993, in Kraft seit 1. Mai 1994 (AS 1994 804; BBl 1993 I 805).
182 Fassung gemäss Anhang des BG vom 21. Juni 2013, in Kraft seit 1. Jan. 2014 (AS 2013 4111; BBl 2010 6455).
183 Eingefügt durch Ziff. I des BG vom 17. Dez. 1993, in Kraft seit 1. Mai 1994 (AS 1994 804; BBl 1993 I 805).
184 Eingefügt durch Ziff. I des BG vom 17. Dez. 1993, in Kraft seit 1. Mai 1994 (AS 1994 804; BBl 1993 I 805).

beitnehmervertretung oder, falls es keine solche gibt, den Arbeitnehmern eine Kopie dieser Anzeige zuzustellen.

² Die Anzeige muss die Ergebnisse der Konsultation der Arbeitnehmervertretung (Art. 335*f*) und alle zweckdienlichen Angaben über die beabsichtigte Massenentlassung enthalten.

³ Das kantonale Arbeitsamt sucht nach Lösungen für die Probleme, welche die beabsichtigte Massenentlassung aufwirft. Die Arbeitnehmervertretung oder, falls es keine solche gibt, die Arbeitnehmer können ihm ihre Bemerkungen einreichen.

⁴ Ist das Arbeitsverhältnis im Rahmen einer Massenentlassung gekündigt worden, so endet es 30 Tage nach der Anzeige der beabsichtigten Massenentlassung an das kantonale Arbeitsamt, ausser wenn die Kündigung nach den vertraglichen oder gesetzlichen Bestimmungen auf einen späteren Termin wirksam wird.

5. Sozialplan
a. Begriff und Grundsätze

Art. 335h[185] ¹ Der Sozialplan ist eine Vereinbarung, in welcher der Arbeitgeber und die Arbeitnehmer die Massnahmen festlegen, mit denen Kündigungen vermieden, deren Zahl beschränkt sowie deren Folgen gemildert werden.

² Er darf den Fortbestand des Betriebs nicht gefährden.

b. Verhandlungspflicht

Art. 335i[186] ¹ Der Arbeitgeber muss mit den Arbeitnehmern Verhandlungen mit dem Ziel führen, einen Sozialplan aufzustellen, wenn er:
a. üblicherweise mindestens 250 Arbeitnehmer beschäftigt; und
b. beabsichtigt, innert 30 Tagen mindestens 30 Arbeitnehmern aus Gründen zu kündigen, die in keinem Zusammenhang mit ihrer Person stehen.

² Zeitlich verteilte Kündigungen, die auf dem gleichen betrieblichen Entscheid beruhen, werden zusammengezählt.

³ Der Arbeitgeber verhandelt:
a. mit den am Gesamtarbeitsvertrag beteiligten Arbeitnehmerverbänden, wenn er Partei dieses Gesamtarbeitsvertrags ist;
b. mit der Arbeitnehmervertretung; oder
c. direkt mit den Arbeitnehmern, wenn es keine Arbeitnehmervertretung gibt.

⁴ Die Arbeitnehmerverbände, die Arbeitnehmervertretung oder die Arbeitnehmer können zu den Verhandlungen Sachverständige heranziehen. Diese sind gegenüber betriebsfremden Personen zur Verschwiegenheit verpflichtet.

---
[185] Eingefügt durch Anhang des BG vom 21. Juni 2013, in Kraft seit 1. Jan. 2014 (AS 2013 4111; BBl 2010 6455).
[186] Eingefügt durch Anhang des BG vom 21. Juni 2013, in Kraft seit 1. Jan. 2014 (AS 2013 4111; BBl 2010 6455).

c. Aufstellung durch ein Schiedsgericht

Art. 335j[187] ¹ Können sich die Parteien nicht auf einen Sozialplan einigen, so muss ein Schiedsgericht bestellt werden.

² Das Schiedsgericht stellt einen Sozialplan durch verbindlichen Schiedsspruch auf.

d. Während eines Konkurs- oder eines Nachlassverfahrens

Art. 335k[188] Die Bestimmungen über den Sozialplan (Art. 335h–335j) gelten nicht bei Massenentlassungen, die während eines Konkurs- oder Nachlassverfahrens erfolgen, das mit einem Nachlassvertrag abgeschlossen wird.

III. Kündigungsschutz
1. Missbräuchliche Kündigung
a. Grundsatz

Art. 336[189] ¹ Die Kündigung eines Arbeitsverhältnisses ist missbräuchlich, wenn eine Partei sie ausspricht:
a. wegen einer Eigenschaft, die der anderen Partei kraft ihrer Persönlichkeit zusteht, es sei denn, diese Eigenschaft stehe in einem Zusammenhang mit dem Arbeitsverhältnis oder beeinträchtige wesentlich die Zusammenarbeit im Betrieb;
b. weil die andere Partei ein verfassungsmässiges Recht ausübt, es sei denn, die Rechtsausübung verletze eine Pflicht aus dem Arbeitsverhältnis oder beeinträchtige wesentlich die Zusammenarbeit im Betrieb;
c. ausschliesslich um die Entstehung von Ansprüchen der anderen Partei aus dem Arbeitsverhältnis zu vereiteln;
d. weil die andere Partei nach Treu und Glauben Ansprüche aus dem Arbeitsverhältnis geltend macht;
e.[190] weil die andere Partei schweizerischen obligatorischen Militär- oder Schutzdienst oder schweizerischen Zivildienst leistet oder eine nicht freiwillig übernommene gesetzliche Pflicht erfüllt.

² Die Kündigung des Arbeitsverhältnisses durch den Arbeitgeber ist im Weiteren missbräuchlich, wenn sie ausgesprochen wird:
a. weil der Arbeitnehmer einem Arbeitnehmerverband angehört oder nicht angehört oder weil er eine gewerkschaftliche Tätigkeit rechtmässig ausübt;
b. während der Arbeitnehmer gewählter Arbeitnehmervertreter in einer betrieblichen oder in einer dem Unternehmen angeschlossenen Einrichtung ist, und der Arbeitgeber nicht beweisen kann, dass er einen begründeten Anlass zur Kündigung hatte;

---

187 Eingefügt durch Anhang des BG vom 21. Juni 2013, in Kraft seit 1. Jan. 2014 (AS 2013 4111; BBl 2010 6455).
188 Eingefügt durch Anhang des BG vom 21. Juni 2013, in Kraft seit 1. Jan. 2014 (AS 2013 4111; BBl 2010 6455).
189 Fassung gemäss Ziff. I des BG vom 18. März 1988, in Kraft seit 1. Jan. 1989 (AS 1988 1472; BBl 1984 II 551).
190 Fassung gemäss Anhang Ziff. 3 des Zivildienstgesetzes vom 6. Okt. 1995, in Kraft seit 1. Okt. 1996 (AS 1996 1445; BBl 1994 III 1609).

c.[191] im Rahmen einer Massenentlassung, ohne dass die Arbeitnehmervertretung oder, falls es keine solche gibt, die Arbeitnehmer, konsultiert worden sind (Art. 335*f*).

³ Der Schutz eines Arbeitnehmervertreters nach Absatz 2 Buchstabe b, dessen Mandat infolge Übergangs des Arbeitsverhältnisses endet (Art. 333), besteht so lange weiter, als das Mandat gedauert hätte, falls das Arbeitsverhältnis nicht übertragen worden wäre.[192]

b. Sanktionen

Art. 336a[193] ¹ Die Partei, die das Arbeitsverhältnis missbräuchlich kündigt, hat der anderen Partei eine Entschädigung auszurichten.

² Die Entschädigung wird vom Richter unter Würdigung aller Umstände festgesetzt, darf aber den Betrag nicht übersteigen, der dem Lohn des Arbeitnehmers für sechs Monate entspricht. Schadenersatzansprüche aus einem anderen Rechtstitel sind vorbehalten.

³ Ist die Kündigung nach Artikel 336 Absatz 2 Buchstabe c missbräuchlich, so darf die Entschädigung nicht mehr als den Lohn des Arbeitnehmers für zwei Monate betragen.[194]

c. Verfahren

Art. 336b[195] ¹ Wer gestützt auf Artikel 336 und 336*a* eine Entschädigung geltend machen will, muss gegen die Kündigung längstens bis zum Ende der Kündigungsfrist beim Kündigenden schriftlich Einsprache erheben.

² Ist die Einsprache gültig erfolgt und einigen sich die Parteien nicht über die Fortsetzung des Arbeitsverhältnisses, so kann die Partei, der gekündigt worden ist, ihren Anspruch auf Entschädigung geltend machen. Wird nicht innert 180 Tagen nach Beendigung des Arbeitsverhältnisses eine Klage anhängig gemacht, ist der Anspruch verwirkt.

2. Kündigung zur Unzeit
a. durch den Arbeitgeber

Art. 336c[196] ¹ Nach Ablauf der Probezeit darf der Arbeitgeber das Arbeitsverhältnis nicht kündigen:

a.[197] während die andere Partei schweizerischen obligatorischen Militär- oder Schutzdienst oder schweizerischen Zivildienst leistet, sowie, sofern die Dienstleistung mehr als elf[198] Tage dauert, während vier Wochen vorher und nachher;

---

191 Eingefügt durch Ziff. I des BG vom 17. Dez. 1993, in Kraft seit 1. Mai 1994 (AS 1994 804; BBl 1993 I 805).
192 Eingefügt durch Ziff. I des BG vom 17. Dez. 1993, in Kraft seit 1. Mai 1994 (AS 1994 804; BBl 1993 I 805).
193 Fassung gemäss Ziff. I des BG vom 18. März 1988, in Kraft seit 1. Jan. 1989 (AS 1988 1472; BBl 1984 II 551).
194 Eingefügt durch Ziff. I des BG vom 17. Dez. 1993, in Kraft seit 1. Mai 1994 (AS 1994 804; BBl 1993 I 805).
195 Fassung gemäss Ziff. I des BG vom 18. März 1988, in Kraft seit 1. Jan. 1989 (AS 1988 1472; BBl 1984 II 551).
196 Fassung gemäss Ziff. I des BG vom 18. März 1988, in Kraft seit 1. Jan. 1989 (AS 1988 1472; BBl 1984 II 551).
197 Fassung gemäss Anhang Ziff. 3 des Zivildienstgesetzes vom 6. Okt. 1995, in Kraft seit 1. Okt. 1996 (AS 1996 1445; BBl 1994 III 1609).
198 Berichtigt von der Redaktionskommission der BVers (Art. 33 GVG – AS 1974 1051).

b. während der Arbeitnehmer ohne eigenes Verschulden durch Krankheit oder durch Unfall ganz oder teilweise an der Arbeitsleistung verhindert ist, und zwar im ersten Dienstjahr während 30 Tagen, ab zweitem bis und mit fünftem Dienstjahr während 90 Tagen und ab sechstem Dienstjahr während 180 Tagen;

c. während der Schwangerschaft und in den 16 Wochen nach der Niederkunft einer Arbeitnehmerin;

c^{bis}.[199] vor dem Ende des verlängerten Mutterschaftsurlaubs nach Artikel 329*f* Absatz 2;

c^{ter}.[200] solange der Anspruch auf Betreuungsurlaub nach Artikel 329*i* besteht, längstens aber während sechs Monaten ab dem Tag, an dem die Rahmenfrist zu laufen beginnt;

d. während der Arbeitnehmer mit Zustimmung des Arbeitgebers an einer von der zuständigen Bundesbehörde angeordneten Dienstleistung für eine Hilfsaktion im Ausland teilnimmt.

² Die Kündigung, die während einer der in Absatz 1 festgesetzten Sperrfristen erklärt wird, ist nichtig; ist dagegen die Kündigung vor Beginn einer solchen Frist erfolgt, aber die Kündigungsfrist bis dahin noch nicht abgelaufen, so wird deren Ablauf unterbrochen und erst nach Beendigung der Sperrfrist fortgesetzt.

³ Gilt für die Beendigung des Arbeitsverhältnisses ein Endtermin, wie das Ende eines Monats oder einer Arbeitswoche, und fällt dieser nicht mit dem Ende der fortgesetzten Kündigungsfrist zusammen, so verlängert sich diese bis zum nächstfolgenden Endtermin.

b. durch den Arbeitnehmer

Art. 336d[201] ¹ Nach Ablauf der Probezeit darf der Arbeitnehmer das Arbeitsverhältnis nicht kündigen, wenn ein Vorgesetzter, dessen Funktionen er auszuüben vermag, oder der Arbeitgeber selbst unter den in Artikel 336*c* Absatz 1 Buchstabe *a* angeführten Voraussetzungen an der Ausübung der Tätigkeit verhindert ist und der Arbeitnehmer dessen Tätigkeit während der Verhinderung zu übernehmen hat.

² Artikel 336*c* Absätze 2 und 3 sind entsprechend anwendbar.

IV. Fristlose Auflösung
1. Voraussetzungen
a. aus wichtigen Gründen

Art. 337 ¹ Aus wichtigen Gründen kann der Arbeitgeber wie der Arbeitnehmer jederzeit das Arbeitsverhältnis fristlos auflösen; er muss die fristlose Vertragsauflösung schriftlich begründen, wenn die andere Partei dies verlangt.[202]

---

199 Eingefügt durch Ziff. II des BG vom 18. Dez. 2020, in Kraft seit 1. Juli 2021 (AS 2021 288; BBl 2019 141).
200 Ursprünglich: Bst. c^{bis}. Eingefügt durch Ziff. II des BG vom 20. Dez. 2019 über die Verbesserung der Vereinbarkeit von Erwerbstätigkeit und Angehörigenbetreuung, in Kraft seit 1. Juli 2021 (AS 2020 4525; BBl 2019 4103).
201 Fassung gemäss Ziff. I des BG vom 18. März 1988, in Kraft seit 1. Jan. 1989 (AS 1988 1472; BBl 1984 II 551).
202 Fassung gemäss Ziff. I des BG vom 18. März 1988, in Kraft seit 1. Jan. 1989 (AS 1988 1472; BBl 1984 II 551).

² Als wichtiger Grund gilt namentlich jeder Umstand, bei dessen Vorhandensein dem Kündigenden nach Treu und Glauben die Fortsetzung des Arbeitsverhältnisses nicht mehr zugemutet werden darf.

³ Über das Vorhandensein solcher Umstände entscheidet der Richter nach seinem Ermessen, darf aber in keinem Fall die unverschuldete Verhinderung des Arbeitnehmers an der Arbeitsleistung als wichtigen Grund anerkennen.

b. wegen Lohngefährdung

Art. 337a Wird der Arbeitgeber zahlungsunfähig, so kann der Arbeitnehmer das Arbeitsverhältnis fristlos auflösen, sofern ihm für seine Forderungen aus dem Arbeitsverhältnis nicht innert angemessener Frist Sicherheit geleistet wird.

2. Folgen
a. bei gerechtfertigter Auflösung

Art. 337b ¹ Liegt der wichtige Grund zur fristlosen Auflösung des Arbeitsverhältnisses im vertragswidrigen Verhalten einer Vertragspartei, so hat diese vollen Schadenersatz zu leisten, unter Berücksichtigung aller aus dem Arbeitsverhältnis entstehenden Forderungen.

² In den andern Fällen bestimmt der Richter die vermögensrechtlichen Folgen der fristlosen Auflösung unter Würdigung aller Umstände nach seinem Ermessen.

b. bei ungerechtfertigter Entlassung

Art. 337c[203] ¹ Entlässt der Arbeitgeber den Arbeitnehmer fristlos ohne wichtigen Grund, so hat dieser Anspruch auf Ersatz dessen, was er verdient hätte, wenn das Arbeitsverhältnis unter Einhaltung der Kündigungsfrist oder durch Ablauf der bestimmten Vertragszeit beendigt worden wäre.

² Der Arbeitnehmer muss sich daran anrechnen lassen, was er infolge der Beendigung des Arbeitsverhältnisses erspart hat und was er durch anderweitige Arbeit verdient oder zu verdienen absichtlich unterlassen hat.

³ Der Richter kann den Arbeitgeber verpflichten, dem Arbeitnehmer eine Entschädigung zu bezahlen, die er nach freiem Ermessen unter Würdigung aller Umstände festlegt; diese Entschädigung darf jedoch den Lohn des Arbeitnehmers für sechs Monate nicht übersteigen.

c. bei ungerechtfertigtem Nichtantritt oder Verlassen der Arbeitsstelle

Art. 337d ¹ Tritt der Arbeitnehmer ohne wichtigen Grund die Arbeitsstelle nicht an oder verlässt er sie fristlos, so hat der Arbeitgeber Anspruch auf eine Entschädigung, die einem Viertel des Lohnes für einen Monat entspricht; ausserdem hat er Anspruch auf Ersatz weiteren Schadens.

---

203 Fassung gemäss Ziff. I des BG vom 18. März 1988, in Kraft seit 1. Jan. 1989 (AS 1988 1472; BBl 1984 II 551).

² Ist dem Arbeitgeber kein Schaden oder ein geringerer Schaden erwachsen, als der Entschädigung gemäss dem vorstehenden Absatz entspricht, so kann sie der Richter nach seinem Ermessen herabsetzen.

³ Erlischt der Anspruch auf Entschädigung nicht durch Verrechnung, so ist er durch Klage oder Betreibung innert 30 Tagen seit dem Nichtantritt oder Verlassen der Arbeitsstelle geltend zu machen; andernfalls ist der Anspruch verwirkt.[204]

⁴ ...[205]

V. Tod des Arbeitnehmers oder des Arbeitgebers

1. Tod des Arbeitnehmers

Art. 338 ¹ Mit dem Tod des Arbeitnehmers erlischt das Arbeitsverhältnis.

² Der Arbeitgeber hat jedoch den Lohn für einen weiteren Monat und nach fünfjähriger Dienstdauer für zwei weitere Monate, gerechnet vom Todestag an, zu entrichten, sofern der Arbeitnehmer den Ehegatten, die eingetragene Partnerin, den eingetragenen Partner oder minderjährige Kinder oder bei Fehlen dieser Erben andere Personen hinterlässt, denen gegenüber er eine Unterstützungspflicht erfüllt hat.[206]

2. Tod des Arbeitgebers

Art. 338a ¹ Mit dem Tod des Arbeitgebers geht das Arbeitsverhältnis auf die Erben über; die Vorschriften betreffend den Übergang des Arbeitsverhältnisses bei Betriebsnachfolge sind sinngemäss anwendbar.

² Ist das Arbeitsverhältnis wesentlich mit Rücksicht auf die Person des Arbeitgebers eingegangen worden, so erlischt es mit dessen Tod; jedoch kann der Arbeitnehmer angemessenen Ersatz für den Schaden verlangen, der ihm infolge der vorzeitigen Beendigung des Arbeitsverhältnisses erwächst.

VI. Folgen der Beendigung des Arbeitsverhältnisses

1. Fälligkeit der Forderungen

Art. 339 ¹ Mit der Beendigung des Arbeitsverhältnisses werden alle Forderungen aus dem Arbeitsverhältnis fällig.

² Für Provisionsforderungen auf Geschäften, die ganz oder teilweise nach Beendigung des Arbeitsverhältnisses erfüllt werden, kann durch schriftliche Abrede die Fälligkeit hinausgeschoben werden, jedoch in der Regel nicht mehr als sechs Monate, bei Geschäften mit gestaffel-

---

204 Fassung gemäss Ziff. I des BG vom 18. März 1988, in Kraft seit 1. Jan. 1989 (AS 1988 1472; BBl 1984 II 551). Im Gegensatz zum Entwurf des BR wurde von der BVers ein mit der ursprünglichen Fassung völlig identischer Text angenommen.
205 Aufgehoben durch Ziff. I des BG vom 18. März 1988, mit Wirkung seit 1. Jan. 1989 (AS 1988 1472; BBl 1984 II 551).
206 Fassung gemäss Anhang Ziff. 11 des Partnerschaftsgesetzes vom 18. Juni 2004, in Kraft seit 1. Jan. 2007 (AS 2005 5685; BBl 2003 1288).

ter Erfüllung nicht mehr als ein Jahr und bei Versicherungsverträgen sowie Geschäften, deren Durchführung mehr als ein halbes Jahr erfordert, nicht mehr als zwei Jahre.

³ Die Forderung auf einen Anteil am Geschäftsergebnis wird fällig nach Massgabe von Artikel 323 Absatz 3.

2. Rückgabepflichten

Art. 339a ¹ Auf den Zeitpunkt der Beendigung des Arbeitsverhältnisses hat jede Vertragspartei der andern alles herauszugeben, was sie für dessen Dauer von ihr oder von Dritten für deren Rechnung erhalten hat.

² Der Arbeitnehmer hat insbesondere Fahrzeuge und Fahrausweise zurückzugeben sowie Lohn- oder Auslagenvorschüsse soweit zurückzuerstatten, als sie seine Forderungen übersteigen.

³ Vorbehalten bleiben die Retentionsrechte der Vertragsparteien.

3. Abgangsentschädigung
a. Voraussetzungen

Art. 339b ¹ Endigt das Arbeitsverhältnis eines mindestens 50 Jahre alten Arbeitnehmers nach 20 oder mehr Dienstjahren, so hat ihm der Arbeitgeber eine Abgangsentschädigung auszurichten.

² Stirbt der Arbeitnehmer während des Arbeitsverhältnisses, so ist die Entschädigung dem überlebenden Ehegatten, der eingetragenen Partnerin, dem eingetragenen Partner oder den minderjährigen Kindern oder bei Fehlen dieser Erben anderen Personen auszurichten, denen gegenüber er eine Unterstützungspflicht erfüllt hat.[207]

b. Höhe und Fälligkeit

Art. 339c ¹ Die Höhe der Entschädigung kann durch schriftliche Abrede, Normalarbeitsvertrag oder Gesamtarbeitsvertrag bestimmt werden, darf aber den Betrag nicht unterschreiten, der dem Lohn des Arbeitnehmers für zwei Monate entspricht.

² Ist die Höhe der Entschädigung nicht bestimmt, so ist sie vom Richter unter Würdigung aller Umstände nach seinem Ermessen festzusetzen, darf aber den Betrag nicht übersteigen, der dem Lohn des Arbeitnehmers für acht Monate entspricht.

³ Die Entschädigung kann herabgesetzt werden oder wegfallen, wenn das Arbeitsverhältnis vom Arbeitnehmer ohne wichtigen Grund gekündigt oder vom Arbeitgeber aus wichtigem Grund fristlos aufgelöst wird, oder wenn dieser durch die Leistung der Entschädigung in eine Notlage versetzt würde.

⁴ Die Entschädigung ist mit der Beendigung des Arbeitsverhältnisses fällig, jedoch kann eine spätere Fälligkeit durch schriftliche Abrede,

---

[207] Fassung gemäss Anhang Ziff. 11 des Partnerschaftsgesetzes vom 18. Juni 2004, in Kraft seit 1. Jan. 2007 (AS 2005 5685; BBl 2003 1288).

Normalarbeitsvertrag oder Gesamtarbeitsvertrag bestimmt oder vom Richter angeordnet werden.

c. Ersatzleistungen

Art. 339d ¹ Erhält der Arbeitnehmer Leistungen von einer Personalfürsorgeeinrichtung, so können sie von der Abgangsentschädigung abgezogen werden, soweit diese Leistungen vom Arbeitgeber oder aufgrund seiner Zuwendungen von der Personalfürsorgeeinrichtung finanziert worden sind.[208]

² Der Arbeitgeber hat auch insoweit keine Entschädigung zu leisten, als er dem Arbeitnehmer künftige Vorsorgeleistungen verbindlich zusichert oder durch einen Dritten zusichern lässt.

VII. Konkurrenzverbot
1. Voraussetzungen

Art. 340 ¹ Der handlungsfähige Arbeitnehmer kann sich gegenüber dem Arbeitgeber schriftlich verpflichten, nach Beendigung des Arbeitsverhältnisses sich jeder konkurrierenden Tätigkeit zu enthalten, insbesondere weder auf eigene Rechnung ein Geschäft zu betreiben, das mit dem des Arbeitgebers in Wettbewerb steht, noch in einem solchen Geschäft tätig zu sein oder sich daran zu beteiligen.

² Das Konkurrenzverbot ist nur verbindlich, wenn das Arbeitsverhältnis dem Arbeitnehmer Einblick in den Kundenkreis oder in Fabrikations- und Geschäftsgeheimnisse gewährt und die Verwendung dieser Kenntnisse den Arbeitgeber erheblich schädigen könnte.

2. Beschränkungen

Art. 340a ¹ Das Verbot ist nach Ort, Zeit und Gegenstand angemessen zu begrenzen, so dass eine unbillige Erschwerung des wirtschaftlichen Fortkommens des Arbeitnehmers ausgeschlossen ist; es darf nur unter besonderen Umständen drei Jahre überschreiten.

² Der Richter kann ein übermässiges Konkurrenzverbot unter Würdigung aller Umstände nach seinem Ermessen einschränken; er hat dabei eine allfällige Gegenleistung des Arbeitgebers angemessen zu berücksichtigen.

3. Folgen der Übertretung

Art. 340b ¹ Übertritt der Arbeitnehmer das Konkurrenzverbot, so hat er den dem Arbeitgeber erwachsenden Schaden zu ersetzen.

² Ist bei Übertretung des Verbotes eine Konventionalstrafe geschuldet und nichts anderes verabredet, so kann sich der Arbeitnehmer durch deren Leistung vom Verbot befreien; er bleibt jedoch für weiteren Schaden ersatzpflichtig.

³ Ist es besonders schriftlich verabredet, so kann der Arbeitgeber neben der Konventionalstrafe und dem Ersatz weiteren Schadens die Beseitigung des vertragswidrigen Zustandes verlangen, sofern die ver-

---

[208] Fassung gemäss Ziff. 2 des Anhangs zum BG vom 25. Juni 1982 über die berufliche Alters-, Hinterlassenen- und Invalidenvorsorge, in Kraft seit 1. Jan. 1985 (AS 1983 797 827 Art. 1 Abs. 1; BBl 1976 I 149).

letzten oder bedrohten Interessen des Arbeitgebers und das Verhalten des Arbeitnehmers dies rechtfertigen.

4. Wegfall

Art. 340c ¹ Das Konkurrenzverbot fällt dahin, wenn der Arbeitgeber nachweisbar kein erhebliches Interesse mehr hat, es aufrecht zu erhalten.

² Das Verbot fällt ferner dahin, wenn der Arbeitgeber das Arbeitsverhältnis kündigt, ohne dass ihm der Arbeitnehmer dazu begründeten Anlass gegeben hat, oder wenn es dieser aus einem begründeten, vom Arbeitgeber zu verantwortenden Anlass auflöst.

H. Unverzichtbarkeit und Verjährung

Art. 341 ¹ Während der Dauer des Arbeitsverhältnisses und eines Monats nach dessen Beendigung kann der Arbeitnehmer auf Forderungen, die sich aus unabdingbaren Vorschriften des Gesetzes oder aus unabdingbaren Bestimmungen eines Gesamtarbeitsvertrages ergeben, nicht verzichten.

² Die allgemeinen Vorschriften über die Verjährung sind auf Forderungen aus dem Arbeitsverhältnis anwendbar.

I. Vorbehalt und zivilrechtliche Wirkungen des öffentlichen Rechts

Art. 342 ¹ Vorbehalten bleiben:

a.[209] Vorschriften des Bundes, der Kantone und Gemeinden über das öffentlich-rechtliche Dienstverhältnis, soweit sie nicht die Artikel 331 Absatz 5 und 331*a*–331*e* betreffen;

b. öffentlich-rechtliche Vorschriften des Bundes und der Kantone über die Arbeit und die Berufsbildung.

² Wird durch Vorschriften des Bundes oder der Kantone über die Arbeit und die Berufsbildung dem Arbeitgeber oder dem Arbeitnehmer eine öffentlich-rechtliche Verpflichtung auferlegt, so steht der andern Vertragspartei ein zivilrechtlicher Anspruch auf Erfüllung zu, wenn die Verpflichtung Inhalt des Einzelarbeitsvertrages sein könnte.

Art. 343[210]

---

[209] Fassung gemäss Ziff. II 2 des BG vom 18. Dez. 1998, in Kraft seit 1. Mai 1999 (AS 1999 1384; BBl 1998 V 5569).
[210] Aufgehoben durch Anhang 1 Ziff. II 5 der Zivilprozessordnung vom 19. Dez. 2008, mit Wirkung seit 1. Jan. 2011 (AS 2010 1739; BBl 2006 7221).

Zweiter Abschnitt: Besondere Einzelarbeitsverträge

A.[211] Der Lehrvertrag

I. Begriff und Entstehung
1. Begriff

Art. 344 Durch den Lehrvertrag verpflichten sich der Arbeitgeber, die lernende Person für eine bestimmte Berufstätigkeit fachgemäss zu bilden, und die lernende Person, zu diesem Zweck Arbeit im Dienst des Arbeitgebers zu leisten.

2. Entstehung und Inhalt

Art. 344a [1] Der Lehrvertrag bedarf zu seiner Gültigkeit der schriftlichen Form.

[2] Der Vertrag hat die Art und die Dauer der beruflichen Bildung, den Lohn, die Probezeit, die Arbeitszeit und die Ferien zu regeln.

[3] Die Probezeit darf nicht weniger als einen Monat und nicht mehr als drei Monate betragen. Haben die Vertragsparteien im Lehrvertrag keine Probezeit festgelegt, so gilt eine Probezeit von drei Monaten.

[4] Die Probezeit kann vor ihrem Ablauf durch Abrede der Parteien und unter Zustimmung der kantonalen Behörde ausnahmsweise bis auf sechs Monate verlängert werden.

[5] Der Vertrag kann weitere Bestimmungen enthalten, wie namentlich über die Beschaffung von Berufswerkzeugen, Beiträge an Unterkunft und Verpflegung, Übernahme von Versicherungsprämien oder andere Leistungen der Vertragsparteien.

[6] Abreden, die die lernende Person im freien Entschluss über die berufliche Tätigkeit nach beendigter Lehre beeinträchtigen, sind nichtig.

II. Wirkungen
1. Besondere Pflichten der lernenden Person und ihrer gesetzlichen Vertretung

Art. 345 [1] Die lernende Person hat alles zu tun, um das Lehrziel zu erreichen.

[2] Die gesetzliche Vertretung der lernenden Person hat den Arbeitgeber in der Erfüllung seiner Aufgabe nach Kräften zu unterstützen und das gute Einvernehmen zwischen dem Arbeitgeber und der lernenden Person zu fördern.

2. Besondere Pflichten des Arbeitgebers

Art. 345a [1] Der Arbeitgeber hat dafür zu sorgen, dass die Berufslehre unter der Verantwortung einer Fachkraft steht, welche die dafür nötigen beruflichen Fähigkeiten und persönlichen Eigenschaften besitzt.

[2] Er hat der lernenden Person ohne Lohnabzug die Zeit freizugeben, die für den Besuch der Berufsfachschule und der überbetrieblichen

---

[211] Fassung gemäss Anhang Ziff. II 3 des Berufsbildungsgesetzes vom 13. Dez. 2002, in Kraft seit 1. Jan. 2004 (AS 2003 4557; BBl 2000 5686).

Der Arbeitsvertrag

Kurse und für die Teilnahme an den Lehrabschlussprüfungen erforderlich ist.

³ Er hat der lernenden Person bis zum vollendeten 20. Altersjahr für jedes Lehrjahr wenigstens fünf Wochen Ferien zu gewähren.

⁴ Er darf die lernende Person zu anderen als beruflichen Arbeiten und zu Akkordlohnarbeiten nur so weit einsetzen, als solche Arbeiten mit dem zu erlernenden Beruf in Zusammenhang stehen und die Bildung nicht beeinträchtigt wird.

III. Beendigung
1. Vorzeitige Auflösung

Art. 346 ¹ Das Lehrverhältnis kann während der Probezeit jederzeit mit einer Kündigungsfrist von sieben Tagen gekündigt werden.

² Aus wichtigen Gründen im Sinne von Artikel 337 kann das Lehrverhältnis namentlich fristlos aufgelöst werden, wenn:
a. der für die Bildung verantwortlichen Fachkraft die erforderlichen beruflichen Fähigkeiten oder persönlichen Eigenschaften zur Bildung der lernenden Person fehlen;
b. die lernende Person nicht über die für die Bildung unentbehrlichen körperlichen oder geistigen Anlagen verfügt oder gesundheitlich oder sittlich gefährdet ist; die lernende Person und gegebenenfalls deren gesetzliche Vertretung sind vorgängig anzuhören;
c. die Bildung nicht oder nur unter wesentlich veränderten Verhältnissen zu Ende geführt werden kann.

2. Lehrzeugnis

Art. 346a ¹ Nach Beendigung der Berufslehre hat der Arbeitgeber der lernenden Person ein Zeugnis auszustellen, das die erforderlichen Angaben über die erlernte Berufstätigkeit und die Dauer der Berufslehre enthält.

² Auf Verlangen der lernenden Person oder deren gesetzlichen Vertretung hat sich das Zeugnis auch über die Fähigkeiten, die Leistungen und das Verhalten der lernenden Person auszusprechen.

B. Der Handelsreisendenvertrag

I. Begriff und Entstehung
1. Begriff

Art. 347 ¹ Durch den Handelsreisendenvertrag verpflichtet sich der Handelsreisende, auf Rechnung des Inhabers eines Handels-, Fabrikations- oder andern nach kaufmännischer Art geführten Geschäftes gegen Lohn Geschäfte jeder Art ausserhalb der Geschäftsräume des Arbeitgebers zu vermitteln oder abzuschliessen.

² Nicht als Handelsreisender gilt der Arbeitnehmer, der nicht vorwiegend eine Reisetätigkeit ausübt oder nur gelegentlich oder vorübergehend für den Arbeitgeber tätig ist, sowie der Reisende, der Geschäfte auf eigene Rechnung abschliesst.

2. Entstehung und Inhalt

Art. 347a ¹ Das Arbeitsverhältnis ist durch schriftlichen Vertrag zu regeln, der namentlich Bestimmungen enthalten soll über
a. die Dauer und Beendigung des Arbeitsverhältnisses,
b. die Vollmachten des Handelsreisenden,
c. das Entgelt und den Auslagenersatz,
d. das anwendbare Recht und den Gerichtsstand, sofern eine Vertragspartei ihren Wohnsitz im Ausland hat.

² Soweit das Arbeitsverhältnis nicht durch schriftlichen Vertrag geregelt ist, wird der im vorstehenden Absatz umschriebene Inhalt durch die gesetzlichen Vorschriften und durch die üblichen Arbeitsbedingungen bestimmt.

³ Die mündliche Abrede gilt nur für die Festsetzung des Beginns der Arbeitsleistung, der Art und des Gebietes der Reisetätigkeit sowie für weitere Bestimmungen, die mit den gesetzlichen Vorschriften und dem schriftlichen Vertrag nicht in Widerspruch stehen.

II. Pflichten und Vollmachten des Handelsreisenden
1. Besondere Pflichten

Art. 348 ¹ Der Handelsreisende hat die Kundschaft in der ihm vorgeschriebenen Weise zu besuchen, sofern nicht ein begründeter Anlass eine Änderung notwendig macht; ohne schriftliche Bewilligung des Arbeitgebers darf er weder für eigene Rechnung noch für Rechnung eines Dritten Geschäfte vermitteln oder abschliessen.

² Ist der Handelsreisende zum Abschluss von Geschäften ermächtigt, so hat er die ihm vorgeschriebenen Preise und andern Geschäftsbedingungen einzuhalten und muss für Änderungen die Zustimmung des Arbeitgebers vorbehalten.

³ Der Handelsreisende hat über seine Reisetätigkeit regelmässig Bericht zu erstatten, die erhaltenen Bestellungen dem Arbeitgeber sofort zu übermitteln und ihn von erheblichen Tatsachen, die seinen Kundenkreis betreffen, in Kenntnis zu setzen.

2. Delcredere

Art. 348a ¹ Abreden, dass der Handelsreisende für die Zahlung oder anderweitige Erfüllung der Verbindlichkeiten der Kunden einzustehen oder die Kosten der Einbringung von Forderungen ganz oder teilweise zu tragen hat, sind nichtig.

² Hat der Handelsreisende Geschäfte mit Privatkunden abzuschliessen, so kann er sich schriftlich verpflichten, beim einzelnen Geschäft für höchstens einen Viertel des Schadens zu haften, der dem Arbeitgeber durch die Nichterfüllung der Verbindlichkeiten der Kunden erwächst, vorausgesetzt dass eine angemessene Delcredere-Provision verabredet wird.

³ Bei Versicherungsverträgen kann sich der reisende Versicherungsvermittler schriftlich verpflichten, höchstens die Hälfte der Kosten

der Einbringung von Forderungen zu tragen, wenn eine Prämie oder deren Teile nicht bezahlt werden und er deren Einbringung im Wege der Klage oder Zwangsvollstreckung verlangt.

3. Vollmachten

Art. 348b [1] Ist nichts anderes schriftlich verabredet, so ist der Handelsreisende nur ermächtigt, Geschäfte zu vermitteln.

[2] Ist der Handelsreisende zum Abschluss von Geschäften ermächtigt, so erstreckt sich seine Vollmacht auf alle Rechtshandlungen, welche die Ausführung dieser Geschäfte gewöhnlich mit sich bringt; jedoch darf er ohne besondere Ermächtigung Zahlungen von Kunden nicht entgegennehmen und keine Zahlungsfristen bewilligen.

[3] Artikel 34 des Bundesgesetzes vom 2. April 1908[212] über den Versicherungsvertrag bleibt vorbehalten.

III. Besondere Pflichten des Arbeitgebers
1. Tätigkeitskreis

Art. 349 [1] Ist dem Handelsreisenden ein bestimmtes Reisegebiet oder ein bestimmter Kundenkreis zugewiesen und nichts anderes schriftlich verabredet, so gilt er als mit Ausschluss anderer Personen bestellt; jedoch bleibt der Arbeitgeber befugt, mit den Kunden im Gebiet oder Kundenkreis des Handelsreisenden persönlich Geschäfte abzuschliessen.

[2] Der Arbeitgeber kann die vertragliche Bestimmung des Reisegebietes oder Kundenkreises einseitig abändern, wenn ein begründeter Anlass eine Änderung vor Ablauf der Kündigungsfrist notwendig macht; jedoch bleiben diesfalls Entschädigungsansprüche und das Recht des Handelsreisenden zur Auflösung des Arbeitsverhältnisses aus wichtigem Grund vorbehalten.

2. Lohn
a. im Allgemeinen

Art. 349a [1] Der Arbeitgeber hat dem Handelsreisenden Lohn zu entrichten, der aus einem festen Gehalt mit oder ohne Provision besteht.

[2] Eine schriftliche Abrede, dass der Lohn ausschliesslich oder vorwiegend in einer Provision bestehen soll, ist gültig, wenn die Provision ein angemessenes Entgelt für die Tätigkeit des Handelsreisenden ergibt.

[3] Für eine Probezeit von höchstens zwei Monaten kann durch schriftliche Abrede der Lohn frei bestimmt werden.

b. Provision

Art. 349b [1] Ist dem Handelsreisenden ein bestimmtes Reisegebiet oder ein bestimmter Kundenkreis ausschliesslich zugewiesen, so ist ihm die verabredete oder übliche Provision auf allen Geschäften

---

212 SR 221.229.1

auszurichten, die von ihm oder seinem Arbeitgeber mit Kunden in seinem Gebiet oder Kundenkreis abgeschlossen werden.

² Ist dem Handelsreisenden ein bestimmtes Reisegebiet oder ein bestimmter Kundenkreis nicht ausschliesslich zugewiesen, so ist ihm die Provision nur auf den von ihm vermittelten oder abgeschlossenen Geschäften auszurichten.

³ Ist im Zeitpunkt der Fälligkeit der Provision der Wert eines Geschäftes noch nicht genau bestimmbar, so ist die Provision zunächst auf dem vom Arbeitgeber geschätzten Mindestwert und der Rest spätestens bei Ausführung des Geschäftes auszurichten.

c. bei Verhinderung an der Reisetätigkeit

Art. 349c ¹ Ist der Handelsreisende ohne sein Verschulden an der Ausübung der Reisetätigkeit verhindert und ist ihm auf Grund des Gesetzes oder des Vertrages der Lohn gleichwohl zu entrichten, so bestimmt sich dieser nach dem festen Gehalt und einer angemessenen Entschädigung für den Ausfall der Provision.

² Beträgt die Provision weniger als einen Fünftel des Lohnes, so kann schriftlich verabredet werden, dass bei unverschuldeter Verhinderung des Handelsreisenden an der Ausübung der Reisetätigkeit eine Entschädigung für die ausfallende Provision nicht zu entrichten ist.

³ Erhält der Handelsreisende bei unverschuldeter Verhinderung an der Reisetätigkeit gleichwohl den vollen Lohn, so hat er auf Verlangen des Arbeitgebers Arbeit in dessen Betrieb zu leisten, sofern er sie zu leisten vermag und sie ihm zugemutet werden kann.

3. Auslagen

Art. 349d ¹ Ist der Handelsreisende für mehrere Arbeitgeber gleichzeitig tätig und ist die Verteilung des Auslagenersatzes nicht durch schriftliche Abrede geregelt, so hat jeder Arbeitgeber einen gleichen Kostenanteil zu vergüten.

² Abreden, dass der Auslagenersatz ganz oder teilweise im festen Gehalt oder in der Provision eingeschlossen sein soll, sind nichtig.

4. Retentionsrecht

Art. 349e ¹ Zur Sicherung der fälligen Forderungen aus dem Arbeitsverhältnis, bei Zahlungsunfähigkeit des Arbeitgebers auch der nicht fälligen Forderungen, steht dem Handelsreisenden das Retentionsrecht an beweglichen Sachen und Wertpapieren sowie an Zahlungen von Kunden zu, die er auf Grund einer Inkassovollmacht entgegengenommen hat.

² An Fahrausweisen, Preistarifen, Kundenverzeichnissen und andern Unterlagen kann das Retentionsrecht nicht ausgeübt werden.

IV. Beendigung **1. Besondere Kündigung**	**Art. 350** ¹ Beträgt die Provision mindestens einen Fünftel des Lohnes und unterliegt sie erheblichen saisonmässigen Schwankungen, so darf der Arbeitgeber dem Handelsreisenden, der seit Abschluss der letzten Saison bei ihm gearbeitet hat, während der Saison nur auf das Ende des zweiten der Kündigung folgenden Monats kündigen. ² Unter den gleichen Voraussetzungen darf der Handelsreisende dem Arbeitgeber, der ihn bis zum Abschluss der Saison beschäftigt hat, bis zum Beginn der nächsten nur auf das Ende des zweiten der Kündigung folgenden Monats kündigen.
2. Besondere Folgen	**Art. 350a** ¹ Bei Beendigung des Arbeitsverhältnisses ist dem Handelsreisenden die Provision auf allen Geschäften auszurichten, die er abgeschlossen oder vermittelt hat, sowie auf allen Bestellungen, die bis zur Beendigung dem Arbeitgeber zugehen, ohne Rücksicht auf den Zeitpunkt ihrer Annahme und ihrer Ausführung. ² Auf den Zeitpunkt der Beendigung des Arbeitsverhältnisses hat der Handelsreisende die ihm für die Reisetätigkeit zur Verfügung gestellten Muster und Modelle, Preistarife, Kundenverzeichnisse und andern Unterlagen zurückzugeben; das Retentionsrecht bleibt vorbehalten.

C. Der Heimarbeitsvertrag

I. Begriff und Entstehung **1. Begriff**	**Art. 351** Durch den Heimarbeitsvertrag verpflichtet sich der Heimarbeitnehmer[213], in seiner Wohnung oder in einem andern, von ihm bestimmten Arbeitsraum allein oder mit Familienangehörigen Arbeiten im Lohn für den Arbeitgeber auszuführen.
2. Bekanntgabe der Arbeitsbedingungen	**Art. 351a** ¹ Vor jeder Ausgabe von Arbeit hat der Arbeitgeber dem Heimarbeitnehmer die für deren Ausführung erheblichen Bedingungen bekanntzugeben, namentlich die Einzelheiten der Arbeit, soweit sie nicht durch allgemein geltende Arbeitsbedingungen geregelt sind; er hat das vom Heimarbeitnehmer zu beschaffende Material und schriftlich die dafür zu leistende Entschädigung sowie den Lohn anzugeben. ² Werden die Angaben über den Lohn und über die Entschädigung für das vom Heimarbeitnehmer zu beschaffende Material nicht vor der Ausgabe der Arbeit schriftlich bekannt gegeben, so gelten dafür die üblichen Arbeitsbedingungen.

---

213 Ausdruck gemäss Art. 21 Ziff. 1 des Heimarbeitsgesetzes vom 20. März 1981, in Kraft seit 1. April 1983 (AS 1983 108; BBl 1980 II 282). Diese Änd. ist in den Art. 351–354 und 362 Abs. 1 berücksichtigt.

II. Besondere Pflichten des Arbeitnehmers
1. Ausführung der Arbeit

Art. 352 ¹ Der Heimarbeitnehmer hat mit der übernommenen Arbeit rechtzeitig zu beginnen, sie bis zum verabredeten Termin fertigzustellen und das Arbeitserzeugnis dem Arbeitgeber zu übergeben.

² Wird aus Verschulden des Heimarbeitnehmers die Arbeit mangelhaft ausgeführt, so ist er zur unentgeltlichen Verbesserung des Arbeitserzeugnisses verpflichtet, soweit dadurch dessen Mängel behoben werden können.

2. Material und Arbeitsgeräte

Art. 352a ¹ Der Heimarbeitnehmer ist verpflichtet, Material und Geräte, die ihm vom Arbeitgeber übergeben werden, mit aller Sorgfalt zu behandeln, über deren Verwendung Rechenschaft abzulegen und den zur Arbeit nicht verwendeten Rest des Materials sowie die erhaltenen Geräte zurückzugeben.

² Stellt der Heimarbeitnehmer bei der Ausführung der Arbeit Mängel an dem übergebenen Material oder an den erhaltenen Geräten fest, so hat er den Arbeitgeber sofort zu benachrichtigen und dessen Weisungen abzuwarten, bevor er die Ausführung der Arbeit fortsetzt.

³ Hat der Heimarbeitnehmer Material oder Geräte, die ihm übergeben wurden, schuldhaft verdorben, so haftet er dem Arbeitgeber höchstens für den Ersatz der Selbstkosten.

III. Besondere Pflichten des Arbeitgebers
1. Abnahme des Arbeitserzeugnisses

Art. 353 ¹ Der Arbeitgeber hat das Arbeitserzeugnis nach Ablieferung zu prüfen und Mängel spätestens innert einer Woche dem Heimarbeitnehmer bekanntzugeben.

² Unterlässt der Arbeitgeber die rechtzeitige Bekanntgabe der Mängel, so gilt die Arbeit als abgenommen.

2. Lohn
a. Ausrichtung des Lohnes

Art. 353a ¹ Steht der Heimarbeitnehmer ununterbrochen im Dienst des Arbeitgebers, so ist der Lohn für die geleistete Arbeit halbmonatlich oder mit Zustimmung des Heimarbeitnehmers am Ende jedes Monats, in den anderen Fällen jeweils bei Ablieferung des Arbeitserzeugnisses auszurichten.

² Bei jeder Lohnzahlung ist dem Heimarbeitnehmer eine schriftliche Abrechnung zu übergeben, in der für Lohnabzüge der Grund anzugeben ist.

b. Lohn bei Verhinderung an der Arbeitsleistung

Art. 353b ¹ Steht der Heimarbeitnehmer ununterbrochen im Dienst des Arbeitgebers, so ist dieser nach Massgabe der Artikel 324 und 324a zur Ausrichtung des Lohnes verpflichtet, wenn er mit der Annahme der Arbeitsleistung in Verzug kommt oder wenn der Heimarbeitnehmer aus Gründen, die in seiner Person liegen, ohne sein Verschulden an der Arbeitsleistung verhindert ist.

Der Arbeitsvertrag　　　　　　　　　　　　　　　　　　　　Art. 356a OR | 1

² In den anderen Fällen ist der Arbeitgeber zur Ausrichtung des Lohnes nach Massgabe der Artikel 324 und 324a nicht verpflichtet.

IV. Beendigung

Art. 354 ¹ Wird dem Heimarbeitnehmer eine Probearbeit übergeben, so gilt das Arbeitsverhältnis zur Probe auf bestimmte Zeit eingegangen, sofern nichts anderes verabredet ist.

² Steht der Heimarbeitnehmer ununterbrochen im Dienst des Arbeitgebers, so gilt das Arbeitsverhältnis als auf unbestimmte Zeit, in den anderen Fällen als auf bestimmte Zeit eingegangen, sofern nichts anderes verabredet ist.

D. Anwendbarkeit der allgemeinen Vorschriften

Art. 355

Auf den Lehrvertrag, den Handelsreisendenvertrag und den Heimarbeitsvertrag sind die allgemeinen Vorschriften über den Einzelarbeitsvertrag ergänzend anwendbar.

Dritter Abschnitt: Gesamtarbeitsvertrag und Normalarbeitsvertrag
A. Gesamtarbeitsvertrag

I. Begriff, Inhalt, Form und Dauer
1. Begriff und Inhalt

Art. 356 ¹ Durch den Gesamtarbeitsvertrag stellen Arbeitgeber oder deren Verbände und Arbeitnehmerverbände gemeinsam Bestimmungen über Abschluss, Inhalt und Beendigung der einzelnen Arbeitsverhältnisse der beteiligten Arbeitgeber und Arbeitnehmer auf.

² Der Gesamtarbeitsvertrag kann auch andere Bestimmungen enthalten, soweit sie das Verhältnis zwischen Arbeitgebern und Arbeitnehmern betreffen, oder sich auf die Aufstellung solcher Bestimmungen beschränken.

³ Der Gesamtarbeitsvertrag kann ferner die Rechte und Pflichten der Vertragsparteien unter sich sowie die Kontrolle und Durchsetzung der in den vorstehenden Absätzen genannten Bestimmungen regeln.

⁴ Sind an einem Gesamtarbeitsvertrag auf Arbeitgeber- oder Arbeitnehmerseite von Anfang an oder auf Grund des nachträglichen Beitritts eines Verbandes mit Zustimmung der Vertragsparteien mehrere Verbände beteiligt, so stehen diese im Verhältnis gleicher Rechte und Pflichten zueinander; abweichende Vereinbarungen sind nichtig.

2. Freiheit der Organisation und der Berufsausübung

Art. 356a ¹ Bestimmungen eines Gesamtarbeitsvertrages und Abreden zwischen den Vertragsparteien, durch die Arbeitgeber oder

Arbeitnehmer zum Eintritt in einen vertragschliessenden Verband gezwungen werden sollen, sind nichtig.

² Bestimmungen eines Gesamtarbeitsvertrages und Abreden zwischen den Vertragsparteien, durch die Arbeitnehmer von einem bestimmten Beruf oder einer bestimmten Tätigkeit oder von einer hiefür erforderlichen Ausbildung ausgeschlossen oder darin beschränkt werden, sind nichtig.

³ Bestimmungen und Abreden im Sinne des vorstehenden Absatzes sind ausnahmsweise gültig, wenn sie durch überwiegend schutzwürdige Interessen, namentlich zum Schutz der Sicherheit und Gesundheit von Personen oder der Qualität der Arbeit gerechtfertigt sind; jedoch gilt nicht als schutzwürdig das Interesse, neue Berufsangehörige fernzuhalten.

3. Anschluss

Art. 356b ¹ Einzelne Arbeitgeber und einzelne im Dienst beteiligter Arbeitgeber stehende Arbeitnehmer können sich mit Zustimmung der Vertragsparteien dem Gesamtarbeitsvertrag anschliessen und gelten als beteiligte Arbeitgeber und Arbeitnehmer.

² Der Gesamtarbeitsvertrag kann den Anschluss näher regeln. Unangemessene Bedingungen des Anschlusses, insbesondere Bestimmungen über unangemessene Beiträge, können vom Richter nichtig erklärt oder auf das zulässige Mass beschränkt werden; jedoch sind Bestimmungen oder Abreden über Beiträge zugunsten einer einzelnen Vertragspartei nichtig.

³ Bestimmungen eines Gesamtarbeitsvertrages und Abreden zwischen den Vertragsparteien, durch die Mitglieder von Verbänden zum Anschluss gezwungen werden sollen, sind nichtig, wenn diesen Verbänden die Beteiligung am Gesamtarbeitsvertrag oder der Abschluss eines sinngemäss gleichen Vertrages nicht offensteht.

4. Form und Dauer

Art. 356c ¹ Der Abschluss des Gesamtarbeitsvertrages, dessen Änderung und Aufhebung durch gegenseitige Übereinkunft, der Beitritt einer neuen Vertragspartei sowie die Kündigung bedürfen zu ihrer Gültigkeit der schriftlichen Form, ebenso die Anschlusserklärung einzelner Arbeitgeber und Arbeitnehmer und die Zustimmung der Vertragsparteien gemäss Artikel 356b Absatz 1 sowie die Kündigung des Anschlusses.

² Ist der Gesamtarbeitsvertrag nicht auf bestimmte Zeit abgeschlossen und sieht er nichts anderes vor, so kann er von jeder Vertragspartei mit Wirkung für alle anderen Parteien nach Ablauf eines Jahres jederzeit auf sechs Monate gekündigt werden. Diese Bestimmung gilt sinngemäss auch für den Anschluss.

II. Wirkungen **1. auf die beteiligten Arbeitgeber und Arbeitnehmer**	**Art. 357** ¹ Die Bestimmungen des Gesamtarbeitsvertrages über Abschluss, Inhalt und Beendigung der einzelnen Arbeitsverhältnisse gelten während der Dauer des Vertrages unmittelbar für die beteiligten Arbeitgeber und Arbeitnehmer und können nicht wegbedungen werden, sofern der Gesamtarbeitsvertrag nichts anderes bestimmt. ² Abreden zwischen beteiligten Arbeitgebern und Arbeitnehmern, die gegen die unabdingbaren Bestimmungen verstossen, sind nichtig und werden durch die Bestimmungen des Gesamtarbeitsvertrages ersetzt; jedoch können abweichende Abreden zugunsten der Arbeitnehmer getroffen werden.
2. unter den Vertragsparteien	**Art. 357a** ¹ Die Vertragsparteien sind verpflichtet, für die Einhaltung des Gesamtarbeitsvertrages zu sorgen; zu diesem Zweck haben Verbände auf ihre Mitglieder einzuwirken und nötigenfalls die statutarischen und gesetzlichen Mittel einzusetzen. ² Jede Vertragspartei ist verpflichtet, den Arbeitsfrieden zu wahren und sich insbesondere jeder Kampfmassnahme zu enthalten, soweit es sich um Gegenstände handelt, die im Gesamtarbeitsvertrag geregelt sind; die Friedenspflicht gilt nur unbeschränkt, wenn dies ausdrücklich bestimmt ist.
3. gemeinsame Durchführung	**Art. 357b** ¹ In einem zwischen Verbänden abgeschlossenen Gesamtarbeitsvertrag können die Vertragsparteien vereinbaren, dass ihnen gemeinsam ein Anspruch auf Einhaltung des Vertrages gegenüber den beteiligten Arbeitgebern und Arbeitnehmern zusteht, soweit es sich um folgende Gegenstände handelt: a. Abschluss, Inhalt und Beendigung des Arbeitsverhältnisses, wobei der Anspruch nur auf Feststellung geht; b. Beiträge an Ausgleichskassen und andere das Arbeitsverhältnis betreffende Einrichtungen, Vertretung der Arbeitnehmer in den Betrieben und Wahrung des Arbeitsfriedens; c. Kontrolle, Kautionen und Konventionalstrafen in Bezug auf Bestimmungen gemäss Buchstaben *a* und *b*. ² Vereinbarungen im Sinne des vorstehenden Absatzes können getroffen werden, wenn die Vertragsparteien durch die Statuten oder einen Beschluss des obersten Verbandsorgans ausdrücklich hiezu ermächtigt sind. ³ Auf das Verhältnis der Vertragsparteien unter sich sind die Vorschriften über die einfache Gesellschaft sinngemäss anwendbar, wenn der Gesamtarbeitsvertrag nichts anderes bestimmt.
III. Verhältnis zum zwingenden Recht	**Art. 358** Das zwingende Recht des Bundes und der Kantone geht den Bestimmungen des Gesamtarbeitsvertrages vor, jedoch können

zugunsten der Arbeitnehmer abweichende Bestimmungen aufgestellt werden, wenn sich aus dem zwingenden Recht nichts anderes ergibt.

B. Normalarbeitsvertrag

I. Begriff und Inhalt

Art. 359 ¹ Durch den Normalarbeitsvertrag werden für einzelne Arten von Arbeitsverhältnissen Bestimmungen über deren Abschluss, Inhalt und Beendigung aufgestellt.

² Für das Arbeitsverhältnis der landwirtschaftlichen Arbeitnehmer und der Arbeitnehmer im Hausdienst haben die Kantone Normalarbeitsverträge zu erlassen, die namentlich die Arbeits- und Ruhezeit ordnen und die Arbeitsbedingungen der weiblichen und jugendlichen Arbeitnehmer regeln.

³ Artikel 358 ist auf den Normalarbeitsvertrag sinngemäss anwendbar.

II. Zuständigkeit und Verfahren

Art. 359a ¹ Erstreckt sich der Geltungsbereich des Normalarbeitsvertrages auf das Gebiet mehrerer Kantone, so ist für den Erlass der Bundesrat, andernfalls der Kanton zuständig.

² Vor dem Erlass ist der Normalarbeitsvertrag angemessen zu veröffentlichen und eine Frist anzusetzen, innert deren jedermann, der ein Interesse glaubhaft macht, schriftlich dazu Stellung nehmen kann; ausserdem sind Berufsverbände oder gemeinnützige Vereinigungen, die ein Interesse haben, anzuhören.

³ Der Normalarbeitsvertrag tritt in Kraft, wenn er nach den für die amtlichen Veröffentlichungen geltenden Vorschriften bekanntgemacht worden ist.

⁴ Für die Aufhebung und Abänderung eines Normalarbeitsvertrages gilt das gleiche Verfahren.

III. Wirkungen

Art. 360 ¹ Die Bestimmungen des Normalarbeitsvertrages gelten unmittelbar für die ihm unterstellten Arbeitsverhältnisse, soweit nichts anderes verabredet wird.

² Der Normalarbeitsvertrag kann vorsehen, dass Abreden, die von einzelnen seiner Bestimmungen abweichen, zu ihrer Gültigkeit der schriftlichen Form bedürfen.

IV. Mindestlöhne
1. Voraussetzungen

Art. 360a[214] ¹ Werden innerhalb einer Branche oder einem Beruf die orts-, berufs- oder branchenüblichen Löhne wiederholt in miss-

---

[214] Eingefügt durch Anhang Ziff. 2 des BG vom 8. Okt. 1999 über die in die Schweiz entsandten Arbeitnehmerinnen und Arbeitnehmer, in Kraft seit 1. Juni 2004 (AS 2003 1370; BBl 1999 6128).

bräuchlicher Weise unterboten und liegt kein Gesamtarbeitsvertrag mit Bestimmungen über Mindestlöhne vor, der allgemein verbindlich erklärt werden kann, so kann die zuständige Behörde zur Bekämpfung oder Verhinderung von Missbräuchen auf Antrag der tripartiten Kommission nach Artikel 360b einen befristeten Normalarbeitsvertrag erlassen, der nach Regionen und gegebenenfalls Orten differenzierte Mindestlöhne vorsieht.

² Die Mindestlöhne dürfen weder dem Gesamtinteresse zuwiderlaufen noch die berechtigten Interessen anderer Branchen oder Bevölkerungskreise beeinträchtigen. Sie müssen den auf regionalen oder betrieblichen Verschiedenheiten beruhenden Minderheitsinteressen der betroffenen Branchen oder Berufe angemessen Rechnung tragen.

³ Wird wiederholt gegen die Bestimmungen über den Mindestlohn in einem Normalarbeitsvertrag nach Absatz 1 verstossen oder liegen Hinweise vor, dass der Wegfall des Normalarbeitsvertrages zu erneuten Missbräuchen nach Absatz 1 führen kann, so kann die zuständige Behörde den Normalarbeitsvertrag auf Antrag der tripartiten Kommission befristet verlängern.[215]

2. Tripartite Kommissionen

Art. 360b[216] ¹ Der Bund und jeder Kanton setzen eine tripartite Kommission ein, die sich aus einer gleichen Zahl von Arbeitgeber- und Arbeitnehmervertretern sowie Vertretern des Staates zusammensetzt.

² Bezüglich der Wahl ihrer Vertreter nach Absatz 1 steht den Arbeitgeber- und Arbeitnehmerverbänden ein Vorschlagsrecht zu.

³ Die Kommissionen beobachten den Arbeitsmarkt. Stellen sie Missbräuche im Sinne von Artikel 360a Absatz 1 fest, so suchen sie in der Regel eine direkte Verständigung mit den betroffenen Arbeitgebern. Gelingt dies innert zwei Monaten nicht, so beantragen sie der zuständigen Behörde den Erlass eines Normalarbeitsvertrages, der für die betroffenen Branchen oder Berufe Mindestlöhne vorsieht.

⁴ Ändert sich die Arbeitsmarktsituation in den betroffenen Branchen, so beantragt die tripartite Kommission der zuständigen Behörde die Änderung oder die Aufhebung des Normalarbeitsvertrags.

⁵ Um die ihnen übertragenen Aufgaben wahrzunehmen, haben die tripartiten Kommissionen in den Betrieben das Recht auf Auskunft und Einsichtnahme in alle Dokumente, die für die Durchführung der Untersuchung notwendig sind. Im Streitfall entscheidet eine hierfür vom Bund beziehungsweise vom Kanton bezeichnete Behörde.

---

[215] Eingefügt durch Ziff. II des BG vom 30. Sept. 2016, in Kraft seit 1. April 2017 (AS 2017 2077; BBl 2015 5845).
[216] Eingefügt durch Anhang Ziff. 2 des BG vom 8. Okt. 1999 über die in die Schweiz entsandten Arbeitnehmerinnen und Arbeitnehmer, in Kraft seit 1. Juni 2003 (AS 2003 1370; BBl 1999 6128).

⁶ Die tripartiten Kommissionen können beim Bundesamt für Statistik auf Gesuch die für ihre Abklärungen notwendigen Personendaten beziehen, die in Firmen-Gesamtarbeitsverträgen enthalten sind.[217]

3. Amtsgeheimnis

Art. 360c[218] ¹ Die Mitglieder der tripartiten Kommissionen unterstehen dem Amtsgeheimnis; sie sind insbesondere über betriebliche und private Angelegenheiten, die ihnen in dieser Eigenschaft zur Kenntnis gelangen, zur Verschwiegenheit gegenüber Drittpersonen verpflichtet.

² Die Pflicht zur Verschwiegenheit bleibt auch nach dem Ausscheiden aus der tripartiten Kommission bestehen.

4. Wirkungen

Art. 360d[219] ¹ Der Normalarbeitsvertrag nach Artikel 360a gilt auch für Arbeitnehmer, die nur vorübergehend in seinem örtlichen Geltungsbereich tätig sind, sowie für verliehene Arbeitnehmer.

² Durch Abrede darf vom Normalarbeitsvertrag nach Artikel 360a nicht zu Ungunsten des Arbeitnehmers abgewichen werden.

5. Klagerecht der Verbände

Art. 360e[220] Den Arbeitgeber- und den Arbeitnehmerverbänden steht ein Anspruch auf gerichtliche Feststellung zu, ob ein Arbeitgeber den Normalarbeitsvertrag nach Artikel 360a einhält.

6. Meldung

Art. 360f[221] Erlässt ein Kanton in Anwendung von Artikel 360a einen Normalarbeitsvertrag, so stellt er dem zuständigen Bundesamt[222] ein Exemplar zu.

Vierter Abschnitt: Zwingende Vorschriften

A. Unabänderlichkeit zuungunsten des Arbeitgebers und des Arbeitnehmers

Art. 361 ¹ Durch Abrede, Normalarbeitsvertrag oder Gesamtarbeitsvertrag darf von den folgenden Vorschriften weder zuungunsten des Arbeitgebers noch des Arbeitnehmers abgewichen werden:

---

217 Eingefügt durch Art. 2 Ziff. 2 des BB vom 17. Dez. 2004 über die Genehmigung und Umsetzung des Protokolls über die Ausdehnung des Freizügigkeitsabkommens auf die neuen EG-Mitgliedstaaten zwischen der Schweizerischen Eidgenossenschaft einerseits und der Europäischen Gemeinschaft und ihren Mitgliedstaaten andererseits sowie über die Genehmigung der Revision der flankierenden Massnahmen zur Personenfreizügigkeit, in Kraft seit 1. April 2006 (AS 2006 979; BBl 2004 5891 6565).
218 Eingefügt durch Anhang Ziff. 2 des BG vom 8. Okt. 1999 über die in die Schweiz entsandten Arbeitnehmerinnen und Arbeitnehmer, in Kraft seit 1. Juni 2003 (AS 2003 1370; BBl 1999 6128).
219 Eingefügt durch Anhang Ziff. 2 des BG vom 8. Okt. 1999 über die in die Schweiz entsandten Arbeitnehmerinnen und Arbeitnehmer, in Kraft seit 1. Juni 2004 (AS 2003 1370; BBl 1999 6128).
220 Eingefügt durch Anhang Ziff. 2 des BG vom 8. Okt. 1999 über die in die Schweiz entsandten Arbeitnehmerinnen und Arbeitnehmer, in Kraft seit 1. Juni 2004 (AS 2003 1370; BBl 1999 6128).
221 Eingefügt durch Anhang Ziff. 2 des BG vom 8. Okt. 1999 über die in die Schweiz entsandten Arbeitnehmerinnen und Arbeitnehmer, in Kraft seit 1. Juni 2004 (AS 2003 1370; BBl 1999 6128).
222 Gegenwärtig Staatssekretariat für Wirtschaft (SECO).

Artikel 321c: Absatz 1 (Überstundenarbeit)

Artikel 323: Absatz 4 (Vorschuss)

Artikel 323b: Absatz 2 (Verrechnung mit Gegenforderungen)

Artikel 325: Absatz 2 (Abtretung und Verpfändung von Lohnforderungen)

Artikel 326: Absatz 2 (Zuweisung von Arbeit)

Artikel 329d: Absätze 2 und 3 (Ferienlohn)

Artikel 331: Absätze 1 und 2 (Zuwendungen für die Personalfürsorge)

Artikel 331b: (Abtretung und Verpfändung von Forderungen auf Vorsorgeleistungen)[223]

...[224]

Artikel 334: Absatz 3 (Kündigung beim langjährigen Arbeitsverhältnis)

Artikel 335: (Kündigung des Arbeitsverhältnisses)

Artikel 335k: (Sozialplan während eines Konkurs- oder eines Nachlassverfahrens)[225]

Artikel 336: Absatz 1 (Missbräuchliche Kündigung)

Artikel 336a: (Entschädigung bei missbräuchlicher Kündigung)

Artikel 336b: (Geltendmachung der Entschädigung)

Artikel 336d: (Kündigung zur Unzeit durch den Arbeitnehmer)

Artikel 337: Absätze 1 und 2 (Fristlose Auflösung aus wichtigen Gründen)

Artikel 337b: Absatz 1 (Folgen bei gerechtfertigter Auflösung)

Artikel 337d: (Folgen bei ungerechtfertigtem Nichtantritt oder Verlassen der Arbeitsstelle)

Artikel 339: Absatz 1 (Fälligkeit der Forderungen)

Artikel 339a: (Rückgabepflichten)

Artikel 340b: Absätze 1 und 2 (Folgen der Übertretung des Konkurrenzverbotes)

Artikel 342: Absatz 2 (Zivilrechtliche Wirkungen des öffentlichen Rechts)

---

[223] Eingefügt durch Anhang Ziff. 2 des Freizügigkeitsgesetzes vom 17. Dez. 1993, in Kraft seit 1. Jan. 1995 (AS 1994 2386; BBl 1992 III 533).

[224] Aufgehoben durch Anhang Ziff. 2 des Freizügigkeitsgesetzes vom 17. Dez. 1993, mit Wirkung seit 1. Jan. 1995 (AS 1994 2386; BBl 1992 III 533).

[225] Eingefügt durch Anhang des BG vom 21. Juni 2013, in Kraft seit 1. Jan. 2014 (AS 2013 4111; BBl 2010 6455).

... [226]

Artikel 346: (Vorzeitige Auflösung des Lehrvertrages)

Artikel 349 c: Absatz 3 (Verhinderung an der Reisetätigkeit)

Artikel 350: (Besondere Kündigung)

Artikel 350 a: Absatz 2 (Rückgabepflichten).[227]

² Abreden sowie Bestimmungen von Normalarbeitsverträgen und Gesamtarbeitsverträgen, die von den vorstehend angeführten Vorschriften zuungunsten des Arbeitgebers oder des Arbeitnehmers abweichen, sind nichtig.

B. Unabänderlichkeit zuungunsten des Arbeitnehmers

Art. 362 ¹ Durch Abrede, Normalarbeitsvertrag oder Gesamtarbeitsvertrag darf von den folgenden Vorschriften nicht zuungunsten der Arbeitnehmerin oder des Arbeitnehmers abgewichen werden:[228]

Artikel 321 e: (Haftung des Arbeitnehmers)

Artikel 322 a: Absätze 2 und 3 (Anteil am Geschäftsergebnis)

Artikel 322 b: Absätze 1 und 2 (Entstehung des Provisionsanspruchs)

Artikel 322 c: (Provisionsabrechnung)

Artikel 323 b: Absatz 1 zweiter Satz (Lohnabrechnung)

Artikel 324: (Lohn bei Annahmeverzug des Arbeitgebers)

Artikel 324 a: Absätze 1 und 3 (Lohn bei Verhinderung des Arbeitnehmers)

Artikel 324 b: (Lohn bei obligatorischer Versicherung des Arbeitnehmers)

Artikel 326: Absätze 1, 3 und 4 (Akkordlohnarbeit)

Artikel 326 a: (Akkordlohn)

Artikel 327 a: Absatz 1 (Auslagenersatz im Allgemeinen)

Artikel 327 b: Absatz 1 (Auslagenersatz bei Motorfahrzeug)

Artikel 327 c: Absatz 2 (Vorschuss für Auslagen)

Artikel 328: (Schutz der Persönlichkeit des Arbeitnehmers im Allgemeinen)

Artikel 328 a: (Schutz der Persönlichkeit bei Hausgemeinschaft)

---

226 Aufgehoben durch Anhang Ziff. 5 des Gerichtsstandsgesetzes vom 24. März 2000, mit Wirkung seit 1. Jan. 2001 (AS 2000 2355; BBl 1999 III 2829).
227 Fassung gemäss Ziff. I des BG vom 18. März 1988, in Kraft seit 1. Jan. 1989 (AS 1988 1472; BBl 1984 II 551).
228 Fassung gemäss Ziff. II 1 des BG vom 20. Dez. 2019 über die Verbesserung der Vereinbarkeit von Erwerbstätigkeit und Angehörigenbetreuung, in Kraft seit 1. Jan. 2021 (AS 2020 4525; BBl 2019 4103).

Artikel 328 b:	(Schutz der Persönlichkeit bei der Bearbeitung von Personendaten)[229]
Artikel 329:	Absätze 1, 2 und 3 (Freizeit)
Artikel 329 a:	Absätze 1 und 3 (Dauer der Ferien)
Artikel 329 b:	Absätze 2 und 3 (Kürzung der Ferien)
Artikel 329 c:	(Zusammenhang und Zeitpunkt der Ferien)
Artikel 329 d:	Absatz 1 (Ferienlohn)
Artikel 329 e:	Absätze 1 und 3 (Jugendurlaub)[230]
Artikel 329 f:	(Mutterschaftsurlaub)[231]
Artikel 329 g:	(Vaterschaftsurlaub)[232]
Artikel 329 h:	(Urlaub für die Betreuung von Angehörigen)[233]
Artikel 329 i:	(Urlaub für die Betreuung eines wegen Krankheit oder Unfall gesundheitlich schwer beeinträchtigten Kindes)[234]
Artikel 329 j:	(Adoptionsurlaub)[235]
Artikel 330:	Absätze 1, 3 und 4 (Kaution)
Artikel 330 a:	(Zeugnis)
Artikel 331:	Absätze 3 und 4 (Beitragsleistung und Auskunftspflicht bei Personalfürsorge)
Artikel 331 a:	(Beginn und Ende des Vorsorgeschutzes)[236]
...[237]	
Artikel 332:	Absatz 4 (Vergütung bei Erfindungen)
Artikel 333:	Absatz 3 (Haftung bei Übergang des Arbeitsverhältnisses)

---

[229] Eingefügt durch Anhang Ziff. 2 des BG vom 19. Juni 1992 über den Datenschutz, in Kraft seit 1. Juli 1993 (AS 1993 1945; BBl 1988 II 413).
[230] Eingefügt durch Art. 13 des JFG vom 6. Okt. 1989, in Kraft seit 1. Jan. 1991 (AS 1990 2007; BBl 1988 I 825).
[231] Eingefügt durch Anhang Ziff. 1 des BG vom 3. Okt. 2003, in Kraft seit 1. Juli 2005 (AS 2005 1429; BBl 2002 7522, 2003 1112 2923).
[232] Eingefügt durch Ziff. II 1 des BG vom 20. Dez. 2019 über die Verbesserung der Vereinbarkeit von Erwerbstätigkeit und Angehörigenbetreuung, in Kraft seit 1. Jan. 2021 (AS 2020 4525; BBl 2019 4103).
[233] Eingefügt durch Ziff. II 1 des BG vom 20. Dez. 2019 über die Verbesserung der Vereinbarkeit von Erwerbstätigkeit und Angehörigenbetreuung, in Kraft seit 1. Jan. 2021 (AS 2020 4525; BBl 2019 4103).
[234] Eingefügt durch Ziff. II 1 des BG vom 20. Dez. 2019 über die Verbesserung der Vereinbarkeit von Erwerbstätigkeit und Angehörigenbetreuung, in Kraft seit 1. Juli 2021 (AS 2020 4525; BBl 2019 4103).
[235] Eingefügt durch Anhang Ziff. 1 des BG vom 1. Okt. 2021, in Kraft seit 1. Jan. 2023 (AS 2022 468; BBl 2019 7095, 7303).
[236] Fassung gemäss Anhang Ziff. 2 des Freizügigkeitsgesetzes vom 17. Dez. 1993, in Kraft seit 1. Jan. 1995 (AS 1994 2386; BBl 1992 III 533).
[237] Aufgehoben durch Anhang Ziff. 2 des Freizügigkeitsgesetzes vom 17. Dez. 1993, mit Wirkung seit 1. Jan. 1995 (AS 1994 2386; BBl 1992 III 533).

Artikel 335c: Absatz 3 (Kündigungsfristen)[238]
Artikel 335i: (Verhandlungspflicht zwecks Abschlusses eines Sozialplans)[239]
Artikel 335j: (Aufstellung des Sozialplans durch ein Schiedsgericht)[240]
Artikel 336: Absatz 2 (Missbräuchliche Kündigung durch den Arbeitgeber)
Artikel 336c: (Kündigung zur Unzeit durch den Arbeitgeber)
Artikel 337a: (Fristlose Auflösung wegen Lohngefährdung)
Artikel 337c: Absatz 1 (Folgen bei ungerechtfertigter Entlassung)
Artikel 338: (Tod des Arbeitnehmers)
Artikel 338a: (Tod des Arbeitgebers)
Artikel 339b: (Voraussetzungen der Abgangsentschädigung)
Artikel 339d: (Ersatzleistungen)
Artikel 340: Absatz 1 (Voraussetzungen des Konkurrenzverbotes)
Artikel 340a: Absatz 1 (Beschränkung des Konkurrenzverbotes)
Artikel 340c: (Wegfall des Konkurrenzverbotes)
Artikel 341: Absatz 1 (Unverzichtbarkeit)
Artikel 345a: (Pflichten des Lehrmeisters[241])
Artikel 346a: (Lehrzeugnis)
Artikel 349a: Absatz 1 (Lohn des Handelsreisenden)
Artikel 349b: Absatz 3 (Ausrichtung der Provision)
Artikel 349c: Absatz 1 (Lohn bei Verhinderung an der Reisetätigkeit)
Artikel 349e: Absatz 1 (Retentionsrecht des Handelsreisenden)
Artikel 350a: Absatz 1 (Provision bei Beendigung des Arbeitsverhältnisses)
Artikel 352a: Absatz 3 (Haftung des Heimarbeitnehmers)
Artikel 353: (Abnahme des Arbeitserzeugnisses)
Artikel 353a: (Ausrichtung des Lohnes)
Artikel 353b: Absatz 1 (Lohn bei Verhinderung an der Arbeitsleistung).[242]

---

238 Eingefügt durch Ziff. II 1 des BG vom 20. Dez. 2019 über die Verbesserung der Vereinbarkeit von Erwerbstätigkeit und Angehörigenbetreuung, in Kraft seit 1. Jan. 2021 (AS 2020 4525; BBl 2019 4103).
239 Eingefügt durch Anhang des BG vom 21. Juni 2013, in Kraft seit 1. Jan. 2014 (AS 2013 4111; BBl 2010 6455).
240 Eingefügt durch Anhang des BG vom 21. Juni 2013, in Kraft seit 1. Jan. 2014 (AS 2013 4111; BBl 2010 6455).
241 Heute: des Arbeitgebers.
242 Fassung gemäss Ziff. I des BG vom 18. März 1988, in Kraft seit 1. Jan. 1989 (AS 1988 1472; BBl 1984 II 551).

² Abreden sowie Bestimmungen von Normalarbeitsverträgen und Gesamtarbeitsverträgen, die von den vorstehend angeführten Vorschriften zuungunsten des Arbeitnehmers abweichen, sind nichtig.

Elfter Titel: Der Werkvertrag

A. Begriff

Art. 363 Durch den Werkvertrag verpflichtet sich der Unternehmer zur Herstellung eines Werkes und der Besteller zur Leistung einer Vergütung.

B. Wirkungen
I. Pflichten des Unternehmers
1. Im Allgemeinen

Art. 364 ¹ Der Unternehmer haftet im Allgemeinen für die gleiche Sorgfalt wie der Arbeitnehmer im Arbeitsverhältnis.[243]

² Er ist verpflichtet, das Werk persönlich auszuführen oder unter seiner persönlichen Leitung ausführen zu lassen, mit Ausnahme der Fälle, in denen es nach der Natur des Geschäftes auf persönliche Eigenschaften des Unternehmers nicht ankommt.

³ Er hat in Ermangelung anderweitiger Verabredung oder Übung für die zur Ausführung des Werkes nötigen Hilfsmittel, Werkzeuge und Gerätschaften auf seine Kosten zu sorgen.

2. Betreffend den Stoff

Art. 365 ¹ Soweit der Unternehmer die Lieferung des Stoffes übernommen hat, haftet er dem Besteller für die Güte desselben und hat Gewähr zu leisten wie ein Verkäufer.

² Den vom Besteller gelieferten Stoff hat der Unternehmer mit aller Sorgfalt zu behandeln, über dessen Verwendung Rechenschaft abzulegen und einen allfälligen Rest dem Besteller zurückzugeben.

³ Zeigen sich bei der Ausführung des Werkes Mängel an dem vom Besteller gelieferten Stoffe oder an dem angewiesenen Baugrunde, oder ergeben sich sonst Verhältnisse, die eine gehörige oder rechtzeitige Ausführung des Werkes gefährden, so hat der Unternehmer dem Besteller ohne Verzug davon Anzeige zu machen, widrigenfalls die nachteiligen Folgen ihm selbst zur Last fallen.

3. Rechtzeitige Vornahme und vertragsgemässe Ausführung der Arbeit

Art. 366 ¹ Beginnt der Unternehmer das Werk nicht rechtzeitig oder verzögert er die Ausführung in vertragswidriger Weise oder ist er damit ohne Schuld des Bestellers so sehr im Rückstande, dass die rechtzeitige Vollendung nicht mehr vorauszusehen ist, so kann der Besteller, ohne den Lieferungstermin abzuwarten, vom Vertrage zurücktreten.

---

243 Fassung gemäss Ziff. II Art. 1 Ziff. 6 des BG vom 25. Juni 1971, in Kraft seit 1. Jan. 1972 (AS 1971 1465; BBl 1967 II 241). Siehe auch die Schl- und UeB des X. Tit.

² Lässt sich während der Ausführung des Werkes eine mangelhafte oder sonst vertragswidrige Erstellung durch Verschulden des Unternehmers bestimmt voraussehen, so kann ihm der Besteller eine angemessene Frist zur Abhilfe ansetzen oder ansetzen lassen mit der Androhung, dass im Unterlassungsfalle die Verbesserung oder die Fortführung des Werkes auf Gefahr und Kosten des Unternehmers einem Dritten übertragen werde.

4. Haftung für Mängel
a. Feststellung der Mängel

Art. 367 ¹ Nach Ablieferung des Werkes hat der Besteller, sobald es nach dem üblichen Geschäftsgange tunlich ist, dessen Beschaffenheit zu prüfen und den Unternehmer von allfälligen Mängeln in Kenntnis zu setzen.

² Jeder Teil ist berechtigt, auf seine Kosten eine Prüfung des Werkes durch Sachverständige und die Beurkundung des Befundes zu verlangen.

b. Recht des Bestellers bei Mängeln

Art. 368 ¹ Leidet das Werk an so erheblichen Mängeln oder weicht es sonst so sehr vom Vertrage ab, dass es für den Besteller unbrauchbar ist oder dass ihm die Annahme billigerweise nicht zugemutet werden kann, so darf er diese verweigern und bei Verschulden des Unternehmers Schadenersatz fordern.

² Sind die Mängel oder die Abweichungen vom Vertrage minder erheblich, so kann der Besteller einen dem Minderwerte des Werkes entsprechenden Abzug am Lohne machen oder auch, sofern dieses dem Unternehmer nicht übermässige Kosten verursacht, die unentgeltliche Verbesserung des Werkes und bei Verschulden Schadenersatz verlangen.

³ Bei Werken, die auf dem Grund und Boden des Bestellers errichtet sind und ihrer Natur nach nur mit unverhältnismässigen Nachteilen entfernt werden können, stehen dem Besteller nur die im zweiten Absatz dieses Artikels genannten Rechte zu.

c. Verantwortlichkeit des Bestellers

Art. 369 Die dem Besteller bei Mangelhaftigkeit des Werkes gegebenen Rechte fallen dahin, wenn er durch Weisungen, die er entgegen den ausdrücklichen Abmahnungen des Unternehmers über die Ausführung erteilte, oder auf andere Weise die Mängel selbst verschuldet hat.

d. Genehmigung des Werkes

Art. 370 ¹ Wird das abgelieferte Werk vom Besteller ausdrücklich oder stillschweigend genehmigt, so ist der Unternehmer von seiner Haftpflicht befreit, soweit es sich nicht um Mängel handelt, die bei der Abnahme und ordnungsmässigen Prüfung nicht erkennbar waren oder vom Unternehmer absichtlich verschwiegen wurden.

² Stillschweigende Genehmigung wird angenommen, wenn der Besteller die gesetzlich vorgesehene Prüfung und Anzeige unterlässt.

³ Treten die Mängel erst später zu Tage, so muss die Anzeige sofort nach der Entdeckung erfolgen, widrigenfalls das Werk auch rücksichtlich dieser Mängel als genehmigt gilt.

e. Verjährung

Art. 371[244] ¹ Die Ansprüche des Bestellers wegen Mängel des Werkes verjähren mit Ablauf von zwei Jahren nach der Abnahme des Werkes. Soweit jedoch Mängel eines beweglichen Werkes, das bestimmungsgemäss in ein unbewegliches Werk integriert worden ist, die Mangelhaftigkeit des Werkes verursacht haben, beträgt die Verjährungsfrist fünf Jahre.

² Die Ansprüche des Bestellers eines unbeweglichen Werkes wegen allfälliger Mängel des Werkes verjähren gegen den Unternehmer sowie gegen den Architekten oder den Ingenieur, die zum Zwecke der Erstellung Dienste geleistet haben, mit Ablauf von fünf Jahren seit der Abnahme des Werkes.

³ Im Übrigen kommen die Regeln für die Verjährung der entsprechenden Ansprüche des Käufers sinngemäss zur Anwendung.

II. Pflichten des Bestellers
1. Fälligkeit der Vergütung

Art. 372 ¹ Der Besteller hat die Vergütung bei der Ablieferung des Werkes zu zahlen.

² Ist das Werk in Teilen zu liefern und die Vergütung nach Teilen bestimmt, so hat Zahlung für jeden Teil bei dessen Ablieferung zu erfolgen.

2. Höhe der Vergütung
a. Feste Übernahme

Art. 373 ¹ Wurde die Vergütung zum voraus genau bestimmt, so ist der Unternehmer verpflichtet, das Werk um diese Summe fertigzustellen, und darf keine Erhöhung fordern, selbst wenn er mehr Arbeit oder grössere Auslagen gehabt hat, als vorgesehen war.

² Falls jedoch ausserordentliche Umstände, die nicht vorausgesehen werden konnten oder die nach den von beiden Beteiligten angenommenen Voraussetzungen ausgeschlossen waren, die Fertigstellung hindern oder übermässig erschweren, so kann der Richter nach seinem Ermessen eine Erhöhung des Preises oder die Auflösung des Vertrages bewilligen.

³ Der Besteller hat auch dann den vollen Preis zu bezahlen, wenn die Fertigstellung des Werkes weniger Arbeit verursacht, als vorgesehen war.

---

244 Fassung gemäss Ziff. I des BG vom 16. März 2012 (Verjährungsfristen der Gewährleistungsansprüche. Verlängerung und Koordination), in Kraft seit 1. Jan. 2013 (AS 2012 5415; BBl 2011 2889 3903).

b. Festsetzung nach dem Wert der Arbeit

Art. 374 Ist der Preis zum voraus entweder gar nicht oder nur ungefähr bestimmt worden, so wird er nach Massgabe des Wertes der Arbeit und der Aufwendungen des Unternehmers festgesetzt.

C. Beendigung
I. Rücktritt wegen Überschreitung des Kostenansatzes

Art. 375 ¹ Wird ein mit dem Unternehmer verabredeter ungefährer Ansatz ohne Zutun des Bestellers unverhältnismässig überschritten, so hat dieser sowohl während als nach der Ausführung des Werkes das Recht, vom Vertrag zurückzutreten.

² Bei Bauten, die auf Grund und Boden des Bestellers errichtet werden, kann dieser eine angemessene Herabsetzung des Lohnes verlangen oder, wenn die Baute noch nicht vollendet ist, gegen billigen Ersatz der bereits ausgeführten Arbeiten dem Unternehmer die Fortführung entziehen und vom Vertrage zurücktreten.

II. Untergang des Werkes

Art. 376 ¹ Geht das Werk vor seiner Übergabe durch Zufall zugrunde, so kann der Unternehmer weder Lohn für seine Arbeit noch Vergütung seiner Auslagen verlangen, ausser wenn der Besteller sich mit der Annahme im Verzug befindet.

² Der Verlust des zugrunde gegangenen Stoffes trifft in diesem Falle den Teil, der ihn geliefert hat.

³ Ist das Werk wegen eines Mangels des vom Besteller gelieferten Stoffes oder des angewiesenen Baugrundes oder infolge der von ihm vorgeschriebenen Art der Ausführung zugrunde gegangen, so kann der Unternehmer, wenn er den Besteller auf diese Gefahren rechtzeitig aufmerksam gemacht hat, die Vergütung der bereits geleisteten Arbeit und der im Lohne nicht eingeschlossenen Auslagen und, falls den Besteller ein Verschulden trifft, überdies Schadenersatz verlangen.

III. Rücktritt des Bestellers gegen Schadloshaltung

Art. 377 Solange das Werk unvollendet ist, kann der Besteller gegen Vergütung der bereits geleisteten Arbeit und gegen volle Schadloshaltung des Unternehmers jederzeit vom Vertrag zurücktreten.

IV. Unmöglichkeit der Erfüllung aus Verhältnissen des Bestellers

Art. 378 ¹ Wird die Vollendung des Werkes durch einen beim Besteller eingetretenen Zufall unmöglich, so hat der Unternehmer Anspruch auf Vergütung der geleisteten Arbeit und der im Preise nicht inbegriffenen Auslagen.

² Hat der Besteller die Unmöglichkeit der Ausführung verschuldet, so kann der Unternehmer überdies Schadenersatz fordern.

V. Tod und Unfähigkeit des Unternehmers

Art. 379 ¹ Stirbt der Unternehmer oder wird er ohne seine Schuld zur Vollendung des Werkes unfähig, so erlischt der Werkvertrag, wenn er mit Rücksicht auf die persönlichen Eigenschaften des Unternehmers eingegangen war.

² Der Besteller ist verpflichtet, den bereits ausgeführten Teil des Werkes, soweit dieser für ihn brauchbar ist, anzunehmen und zu bezahlen.

Zwölfter Titel: Der Verlagsvertrag

A. Begriff

Art. 380 Durch den Verlagsvertrag verpflichten sich der Urheber eines literarischen oder künstlerischen Werkes oder seine Rechtsnachfolger (Verlaggeber), das Werk einem Verleger zum Zwecke der Herausgabe zu überlassen, der Verleger dagegen, das Werk zu vervielfältigen und in Vertrieb zu setzen.

B. Wirkungen
I. Übertragung des Urheberrechts und Gewährleistung

Art. 381 ¹ Die Rechte des Urhebers werden insoweit und auf so lange dem Verleger übertragen, als es für die Ausführung des Vertrages erforderlich ist.

² Der Verlaggeber hat dem Verleger dafür einzustehen, dass er zur Zeit des Vertragsabschlusses zu der Verlagsgabe berechtigt war, und wenn das Werk schutzfähig ist, dass er das Urheberrecht daran hatte.

³ Er hat, wenn das Werk vorher ganz oder teilweise einem Dritten in Verlag gegeben oder sonst mit seinem Wissen veröffentlicht war, dem Verleger vor dem Vertragsabschlusse hievon Kenntnis zu geben.

II. Verfügung des Verlaggebers

Art. 382 ¹ Solange die Auflagen des Werkes, zu denen der Verleger berechtigt ist, nicht vergriffen sind, darf der Verlaggeber weder über das Werk im Ganzen noch über dessen einzelne Teile zum Nachteile des Verlegers anderweitig verfügen.

² Zeitungsartikel und einzelne kleinere Aufsätze in Zeitschriften darf der Verlaggeber jederzeit weiter veröffentlichen.

³ Beiträge an Sammelwerke oder grössere Beiträge an Zeitschriften darf der Verlaggeber nicht vor Ablauf von drei Monaten nach dem vollständigen Erscheinen des Beitrages weiter veröffentlichen.

III. Bestimmung der Auflagen

Art. 383 ¹ Wurde über die Anzahl der Auflagen nichts bestimmt, so ist der Verleger nur zu einer Auflage berechtigt.

² Die Stärke der Auflage wird, wenn darüber nichts vereinbart wurde, vom Verleger festgesetzt, er hat aber auf Verlangen des Verlaggebers wenigstens so viele Exemplare drucken zu lassen, als zu einem gehörigen Umsatz erforderlich sind, und darf nach Vollendung des ersten Druckes keine neuen Abdrücke veranstalten.

³ Wurde das Verlagsrecht für mehrere Auflagen oder für alle Auflagen übertragen und versäumt es der Verleger, eine neue Auflage zu veranstalten, nachdem die letzte vergriffen ist, so kann ihm der Verlaggeber gerichtlich eine Frist zur Herstellung einer neuen Auflage ansetzen lassen, nach deren fruchtlosem Ablauf der Verleger sein Recht verwirkt.

IV. Vervielfältigung und Vertrieb

Art. 384 ¹ Der Verleger ist verpflichtet, das Werk ohne Kürzungen, ohne Zusätze und ohne Abänderungen in angemessener Ausstattung zu vervielfältigen, für gehörige Bekanntmachung zu sorgen und die üblichen Mittel für den Absatz zu verwenden.

² Die Preisbestimmung hängt von dem Ermessen des Verlegers ab, doch darf er nicht durch übermässige Preisforderung den Absatz erschweren.

V. Verbesserungen und Berichtigungen

Art. 385 ¹ Der Urheber behält das Recht, Berichtigungen und Verbesserungen vorzunehmen, wenn sie nicht die Verlagsinteressen verletzen oder die Verantwortlichkeit des Verlegers steigern, ist aber für unvorhergesehene Kosten, die dadurch verursacht werden, Ersatz schuldig.

² Der Verleger darf keine neue Ausgabe oder Auflage machen und keinen neuen Abdruck vornehmen, ohne zuvor dem Urheber Gelegenheit zu geben, Verbesserungen anzubringen.

VI. Gesamtausgaben und Einzelausgaben

Art. 386 ¹ Ist die besondere Ausgabe mehrerer einzelner Werke desselben Urhebers zum Verlag überlassen worden, so gibt dieses dem Verleger nicht auch das Recht, eine Gesamtausgabe dieser Werke zu veranstalten.

² Ebenso wenig hat der Verleger, dem eine Gesamtausgabe sämtlicher Werke oder einer ganzen Gattung von Werken desselben Urhebers überlassen worden ist, das Recht, von den einzelnen Werken besondere Ausgaben zu veranstalten.

VII. Übersetzungsrecht

Art. 387 Das Recht, eine Übersetzung des Werkes zu veranstalten, bleibt, wenn nichts anderes mit dem Verleger vereinbart ist, ausschliesslich dem Verlaggeber vorbehalten.

VIII. Honorar des Verlaggebers
1. Höhe des Honorars

Art. 388 ¹ Ein Honorar an den Verlaggeber gilt als vereinbart, wenn nach den Umständen die Überlassung des Werkes nur gegen ein Honorar zu erwarten war.

² Die Grösse desselben bestimmt der Richter auf das Gutachten von Sachverständigen.

Der Verlagsvertrag Art. 392 **OR | 1**

³ Hat der Verleger das Recht zu mehreren Auflagen, so wird vermutet, dass für jede folgende von ihm veranstaltete Auflage dieselben Honorar- und übrigen Vertragsbedingungen gelten, wie für die erste Auflage.

2. Fälligkeit Abrechnung und Freiexemplare

Art. 389 ¹ Das Honorar wird fällig, sobald das ganze Werk oder, wenn es in Abteilungen (Bänden, Heften, Blättern) erscheint, sobald die Abteilung gedruckt ist und ausgegeben werden kann.

² Wird das Honorar ganz oder teilweise von dem erwarteten Absatze abhängig gemacht, so ist der Verleger zu übungsgemässer Abrechnung und Nachweisung des Absatzes verpflichtet.

³ Der Verlaggeber hat mangels einer andern Abrede Anspruch auf die übliche Zahl von Freiexemplaren.

C. Beendigung
I. Untergang des Werkes

Art. 390 ¹ Geht das Werk nach seiner Ablieferung an den Verleger durch Zufall unter, so ist der Verleger gleichwohl zur Zahlung des Honorars verpflichtet.

² Besitzt der Urheber noch ein zweites Exemplar des untergegangenen Werkes, so hat er es dem Verleger zu überlassen, andernfalls ist er verpflichtet, das Werk wieder herzustellen, wenn ihm dies mit geringer Mühe möglich ist.

³ In beiden Fällen hat er Anspruch auf eine angemessene Entschädigung.

II. Untergang der Auflage

Art. 391 ¹ Geht die vom Verleger bereits hergestellte Auflage des Werkes durch Zufall ganz oder zum Teile unter, bevor sie vertrieben worden ist, so ist der Verleger berechtigt, die untergegangenen Exemplare auf seine Kosten neu herzustellen, ohne dass der Verlaggeber ein neues Honorar dafür fordern kann.

² Der Verleger ist zur Wiederherstellung der untergegangenen Exemplare verpflichtet, wenn dies ohne unverhältnismässig hohe Kosten geschehen kann.

III. Endigungsgründe in der Person des Urhebers und des Verlegers

Art. 392 ¹ Der Verlagsvertrag erlischt, wenn der Urheber vor der Vollendung des Werkes stirbt oder unfähig oder ohne sein Verschulden verhindert wird, es zu vollenden.

² Ausnahmsweise kann der Richter, wenn die ganze oder teilweise Fortsetzung des Vertragsverhältnisses möglich und billig erscheint, sie bewilligen und das Nötige anordnen.

³ Gerät der Verleger in Konkurs, so kann der Verlaggeber das Werk einem anderen Verleger übertragen, wenn ihm nicht für Erfüllung

der zur Zeit der Konkurseröffnung noch nicht verfallenen Verlagsverbindlichkeiten Sicherheit geleistet wird.

D. Bearbeitung eines Werkes nach Plan des Verlegers

Art. 393 [1] Wenn einer oder mehrere Verfasser nach einem ihnen vom Verleger vorgelegten Plane die Bearbeitung eines Werkes übernehmen, so haben sie nur auf das bedungene Honorar Anspruch.

[2] Das Urheberrecht am Werke steht dem Verleger zu.

Dreizehnter Titel: Der Auftrag

Erster Abschnitt: Der einfache Auftrag

A. Begriff

Art. 394 [1] Durch die Annahme eines Auftrages verpflichtet sich der Beauftragte, die ihm übertragenen Geschäfte oder Dienste vertragsgemäss zu besorgen.

[2] Verträge über Arbeitsleistung, die keiner besondern Vertragsart dieses Gesetzes unterstellt sind, stehen unter den Vorschriften über den Auftrag.

[3] Eine Vergütung ist zu leisten, wenn sie verabredet oder üblich ist.

B. Entstehung

Art. 395 Als angenommen gilt ein nicht sofort abgelehnter Auftrag, wenn er sich auf die Besorgung solcher Geschäfte bezieht, die der Beauftragte kraft obrigkeitlicher Bestellung oder gewerbsmässig betreibt oder zu deren Besorgung er sich öffentlich empfohlen hat.

C. Wirkungen
I. Umfang des Auftrages

Art. 396 [1] Ist der Umfang des Auftrages nicht ausdrücklich bezeichnet worden, so bestimmt er sich nach der Natur des zu besorgenden Geschäftes.

[2] Insbesondere ist in dem Auftrage auch die Ermächtigung zu den Rechtshandlungen enthalten, die zu dessen Ausführung gehören.

[3] Einer besonderen Ermächtigung bedarf der Beauftragte, wenn es sich darum handelt, einen Vergleich abzuschliessen, ein Schiedsgericht anzunehmen, wechselrechtliche Verbindlichkeiten einzugehen, Grundstücke zu veräussern oder zu belasten oder Schenkungen zu machen.[245]

II. Verpflichtungen des Beauftragten
1. Vorschriftsgemässe Ausführung

Art. 397 [1] Hat der Auftraggeber für die Besorgung des übertragenen Geschäftes eine Vorschrift gegeben, so darf der Beauftragte nur insofern davon abweichen, als nach den Umständen die Einholung einer

---

245 Fassung gemäss Anhang 1 Ziff. II 5 der Zivilprozessordnung vom 19. Dez. 2008, in Kraft seit 1. Jan. 2011 (AS 2010 1739; BBl 2006 7221).

Erlaubnis nicht tunlich und überdies anzunehmen ist, der Auftraggeber würde sie bei Kenntnis der Sachlage erteilt haben.

² Ist der Beauftragte, ohne dass diese Voraussetzungen zutreffen, zum Nachteil des Auftraggebers von dessen Vorschriften abgewichen, so gilt der Auftrag nur dann als erfüllt, wenn der Beauftragte den daraus erwachsenen Nachteil auf sich nimmt.

1bis. Meldepflicht

Art. 397a[246] Wird der Auftraggeber voraussichtlich dauernd urteilsunfähig, so muss der Beauftragte die Erwachsenenschutzbehörde am Wohnsitz des Auftraggebers benachrichtigen, wenn eine solche Meldung zur Interessenwahrung angezeigt erscheint.

2. Haftung für getreue Ausführung
a. Im Allgemeinen

Art. 398 ¹ Der Beauftragte haftet im Allgemeinen für die gleiche Sorgfalt wie der Arbeitnehmer im Arbeitsverhältnis.[247]

² Er haftet dem Auftraggeber für getreue und sorgfältige Ausführung des ihm übertragenen Geschäftes.

³ Er hat das Geschäft persönlich zu besorgen, ausgenommen, wenn er zur Übertragung an einen Dritten ermächtigt oder durch die Umstände genötigt ist, oder wenn eine Vertretung übungsgemäss als zulässig betrachtet wird.

b. Bei Übertragung der Besorgung auf einen Dritten

Art. 399 ¹ Hat der Beauftragte die Besorgung des Geschäftes unbefugterweise einem Dritten übertragen, so haftet er für dessen Handlungen, wie wenn es seine eigenen wären.

² War er zur Übertragung befugt, so haftet er nur für gehörige Sorgfalt bei der Wahl und Instruktion des Dritten.

³ In beiden Fällen kann der Auftraggeber die Ansprüche, die dem Beauftragten gegen den Dritten zustehen, unmittelbar gegen diesen geltend machen.

3. Rechenschaftsablegung

Art. 400 ¹ Der Beauftragte ist schuldig, auf Verlangen jederzeit über seine Geschäftsführung Rechenschaft abzulegen und alles, was ihm infolge derselben aus irgendeinem Grunde zugekommen ist, zu erstatten.

² Gelder, mit deren Ablieferung er sich im Rückstande befindet, hat er zu verzinsen.

4. Übergang der erworbenen Rechte

Art. 401 ¹ Hat der Beauftragte für Rechnung des Auftraggebers in eigenem Namen Forderungsrechte gegen Dritte erworben, so gehen

---

246 Eingefügt durch Anhang Ziff. 10 des BG vom 19. Dez. 2008 (Erwachsenenschutz, Personenrecht und Kindesrecht), in Kraft seit 1. Jan. 2013 (AS 2011 725; BBl 2006 7001).
247 Fassung gemäss Ziff. II Art. 1 Ziff. 7 des BG vom 25. Juni 1971, in Kraft seit 1. Jan. 1972 (AS 1971 1465; BBl 1967 II 241). Siehe auch die Schl- und UeB des X. Tit.

sie auf den Auftraggeber über, sobald dieser seinerseits allen Verbindlichkeiten aus dem Auftragsverhältnisse nachgekommen ist.

² Dieses gilt auch gegenüber der Masse, wenn der Beauftragte in Konkurs gefallen ist.

³ Ebenso kann der Auftraggeber im Konkurse des Beauftragten, unter Vorbehalt der Retentionsrechte desselben, die beweglichen Sachen herausverlangen, die dieser in eigenem Namen, aber für Rechnung des Auftraggebers zu Eigentum erworben hat.

III. Verpflichtungen des Auftraggebers

Art. 402 ¹ Der Auftraggeber ist schuldig, dem Beauftragten die Auslagen und Verwendungen, die dieser in richtiger Ausführung des Auftrages gemacht hat, samt Zinsen zu ersetzen und ihn von den eingegangenen Verbindlichkeiten zu befreien.

² Er haftet dem Beauftragten für den aus dem Auftrage erwachsenen Schaden, soweit er nicht zu beweisen vermag, dass der Schaden ohne sein Verschulden entstanden ist.

IV. Haftung mehrerer

Art. 403 ¹ Haben mehrere Personen gemeinsam einen Auftrag gegeben, so haften sie dem Beauftragten solidarisch.

² Haben mehrere Personen einen Auftrag gemeinschaftlich übernommen, so haften sie solidarisch und können den Auftraggeber, soweit sie nicht zur Übertragung der Besorgung an einen Dritten ermächtigt sind, nur durch gemeinschaftliches Handeln verpflichten.

D. Beendigung
I. Gründe
1. Widerruf, Kündigung

Art. 404 ¹ Der Auftrag kann von jedem Teile jederzeit widerrufen oder gekündigt werden.

² Erfolgt dies jedoch zur Unzeit, so ist der zurücktretende Teil zum Ersatze des dem anderen verursachten Schadens verpflichtet.

2. Tod, Handlungsunfähigkeit, Konkurs

Art. 405 ¹ Der Auftrag erlischt, sofern nicht das Gegenteil vereinbart ist oder aus der Natur des Geschäfts hervorgeht, mit dem Verlust der entsprechenden Handlungsfähigkeit, dem Konkurs, dem Tod oder der Verschollenerklärung des Auftraggebers oder des Beauftragten.[248]

² Falls jedoch das Erlöschen des Auftrages die Interessen des Auftraggebers gefährdet, so ist der Beauftragte, sein Erbe oder sein Vertreter verpflichtet, für die Fortführung des Geschäftes zu sorgen, bis der Auftraggeber, sein Erbe oder sein Vertreter in der Lage ist, es selbst zu tun.

II. Wirkung des Erlöschens

Art. 406 Aus den Geschäften, die der Beauftragte führt, bevor er von dem Erlöschen des Auftrages Kenntnis erhalten hat, wird der

---

[248] Fassung gemäss Anhang Ziff. 10 des BG vom 19. Dez. 2008 (Erwachsenenschutz, Personenrecht und Kindesrecht), in Kraft seit 1. Jan. 2013 (AS 2011 725; BBl 2006 7001).

Auftraggeber oder dessen Erbe verpflichtet, wie wenn der Auftrag noch bestanden hätte.

Erster Abschnitt[bis]:[249] Auftrag zur Ehe- oder zur Partnerschaftsvermittlung

A. Begriff und anwendbares Recht

Art. 406a [1] Wer einen Auftrag zur Ehe- oder zur Partnerschaftsvermittlung annimmt, verpflichtet sich, dem Auftraggeber gegen eine Vergütung Personen für die Ehe oder für eine feste Partnerschaft zu vermitteln.

[2] Auf die Ehe- oder die Partnerschaftsvermittlung sind die Vorschriften über den einfachen Auftrag ergänzend anwendbar.

B. Vermittlung von oder an Personen aus dem Ausland

I. Kosten der Rückreise

Art. 406b [1] Reist die zu vermittelnde Person aus dem Ausland ein oder reist sie ins Ausland aus, so hat ihr der Beauftragte die Kosten der Rückreise zu vergüten, wenn diese innert sechs Monaten seit der Einreise erfolgt.

[2] Der Anspruch der zu vermittelnden Person gegen den Beauftragten geht mit allen Rechten auf das Gemeinwesen über, wenn dieses für die Rückreisekosten aufgekommen ist.

[3] Der Beauftragte kann vom Auftraggeber nur im Rahmen des im Vertrag vorgesehenen Höchstbetrags Ersatz für die Rückreisekosten verlangen.

II. Bewilligungspflicht

Art. 406c [1] Die berufsmässige Ehe- oder Partnerschaftsvermittlung von Personen oder an Personen aus dem Ausland bedarf der Bewilligung einer vom kantonalen Recht bezeichneten Stelle und untersteht deren Aufsicht.

[2] Der Bundesrat erlässt die Ausführungsvorschriften und regelt namentlich:
a. die Voraussetzungen und die Dauer der Bewilligung;
b. die Sanktionen, die bei Zuwiderhandlungen gegen den Beauftragten verhängt werden;
c. die Pflicht des Beauftragten, die Kosten für die Rückreise der zu vermittelnden Personen sicherzustellen.

C. Form und Inhalt

Art. 406d Der Vertrag bedarf zu seiner Gültigkeit der schriftlichen Form und hat folgende Angaben zu enthalten:
1. den Namen und Wohnsitz der Parteien;

---

[249] Eingefügt durch Anhang Ziff. 2 des BG vom 26. Juni 1998, in Kraft seit 1. Jan. 2000 (AS 1999 1118; BBl 1996 I 1).

2. die Anzahl und die Art der Leistungen, zu denen sich der Beauftragte verpflichtet, sowie die Höhe der Vergütung und der Kosten, die mit jeder Leistung verbunden sind, namentlich die Einschreibegebühr;
3. den Höchstbetrag der Entschädigung, die der Auftraggeber dem Beauftragten schuldet, wenn dieser bei der Vermittlung von oder an Personen aus dem Ausland die Kosten für die Rückreise getragen hat (Art. 406*b*);
4. die Zahlungsbedingungen;
5.[250] das Recht des Auftraggebers, schriftlich und entschädigungslos innerhalb von 14 Tagen seinen Antrag zum Vertragsabschluss oder seine Annahmeerklärung zu widerrufen;
6.[251] das Verbot für den Beauftragten, vor Ablauf der Frist von 14 Tagen eine Zahlung entgegenzunehmen;
7. das Recht des Auftraggebers, den Vertrag jederzeit entschädigungslos zu kündigen, unter Vorbehalt der Schadenersatzpflicht wegen Kündigung zur Unzeit.

D. Inkrafttreten, Widerruf, Kündigung

Art. 406e[252] ¹ Der Vertrag tritt für den Auftraggeber erst 14 Tage nach Erhalt eines beidseitig unterzeichneten Vertragsdoppels in Kraft. Vor Ablauf dieser Frist darf der Beauftragte vom Auftraggeber keine Zahlung entgegennehmen.

² Innerhalb der Frist nach Absatz 1 kann der Auftraggeber seinen Antrag zum Vertragsabschluss oder seine Annahmeerklärung schriftlich widerrufen. Ein im Voraus erklärter Verzicht auf dieses Recht ist unverbindlich. Im Übrigen sind die Bestimmungen über die Widerrufsfolgen (Art. 40*f*) sinngemäss anwendbar.

³ Die Kündigung bedarf der Schriftform.

E. ...

Art. 406f[253]

F. Information und Datenschutz

Art. 406g ¹ Der Beauftragte informiert den Auftraggeber vor der Vertragsunterzeichnung und während der Vertragsdauer über besondere Schwierigkeiten, die im Hinblick auf die persönlichen Verhältnisse des Auftraggebers bei der Auftragserfüllung auftreten können.

---

250 Fassung gemäss Ziff. I des BG vom 19. Juni 2015 (Revision des Widerrufsrechts), in Kraft seit 1. Jan. 2016 (AS 2015 4107; BBl 2014 921 2993).
251 Fassung gemäss Ziff. I des BG vom 19. Juni 2015 (Revision des Widerrufsrechts), in Kraft seit 1. Jan. 2016 (AS 2015 4107; BBl 2014 921 2993).
252 Fassung gemäss Ziff. I des BG vom 19. Juni 2015 (Revision des Widerrufsrechts), in Kraft seit 1. Jan. 2016 (AS 2015 4107; BBl 2014 921 2993).
253 Aufgehoben durch Ziff. I des BG vom 19. Juni 2015 (Revision des Widerrufsrechts), mit Wirkung seit 1. Jan. 2016 (AS 2015 4107; BBl 2014 921 2993).

² Bei der Bearbeitung der Personendaten des Auftraggebers ist der Beauftragte zur Geheimhaltung verpflichtet; die Bestimmungen des Bundesgesetzes vom 19. Juni 1992[254] über den Datenschutz bleiben vorbehalten.

Abs. 2*

² Bei der Bearbeitung der Personendaten des Auftraggebers ist der Beauftragte zur Geheimhaltung verpflichtet; die Bestimmungen des Datenschutzgesetzes vom 25. September 2020 bleiben vorbehalten.

G. Herabsetzung

Art. 406h Sind unverhältnismässig hohe Vergütungen oder Kosten vereinbart worden, so kann sie das Gericht auf Antrag des Auftraggebers auf einen angemessenen Betrag herabsetzen.

Zweiter Abschnitt: Der Kreditbrief und der Kreditauftrag

A. Kreditbrief

Art. 407 ¹ Kreditbriefe, durch die der Adressant den Adressaten mit oder ohne Angabe eines Höchstbetrages beauftragt, einer bestimmten Person die verlangten Beträge auszubezahlen, werden nach den Vorschriften über den Auftrag und die Anweisung beurteilt.

² Wenn kein Höchstbetrag angegeben ist, so hat der Adressat bei Anforderungen, die den Verhältnissen der beteiligten Personen offenbar nicht entsprechen, den Adressanten zu benachrichtigen und bis zum Empfange einer Weisung desselben die Zahlung zu verweigern.

³ Der im Kreditbriefe enthaltene Auftrag gilt nur dann als angenommen, wenn die Annahme bezüglich eines bestimmten Betrages erklärt worden ist.

B. Kreditauftrag
I. Begriff und Form

Art. 408 ¹ Hat jemand den Auftrag erhalten und angenommen, in eigenem Namen und auf eigene Rechnung, jedoch unter Verantwortlichkeit des Auftraggebers, einem Dritten Kredit zu eröffnen oder zu erneuern, so haftet der Auftraggeber wie ein Bürge, sofern der Beauftragte die Grenzen des Kreditauftrages nicht überschritten hat.

² Für diese Verbindlichkeit bedarf es der schriftlichen Erklärung des Auftraggebers.

II. Vertragsunfähigkeit des Dritten

Art. 409 Der Auftraggeber kann dem Beauftragten nicht die Einrede entgegensetzen, der Dritte sei zur Eingehung der Schuld persönlich unfähig gewesen.

---

[254] SR 235.1

* Fassung gemäss Anhang 1 Ziff. II 18 des Datenschutzgesetzes vom 25. Sept. 2020, in Kraft ab 1. Sept. 2023 (AS 2022 491; BBl 2017 6941).

III. Eigenmächtige Stundung

Art. 410 Die Haftpflicht des Auftraggebers erlischt, wenn der Beauftragte dem Dritten eigenmächtig Stundung gewährt oder es versäumt hat, gemäss den Weisungen des Auftraggebers gegen ihn vorzugehen.

IV. Kreditnehmer und Auftraggeber

Art. 411 Das Rechtsverhältnis des Auftraggebers zu dem Dritten, dem ein Kredit eröffnet worden ist, wird nach den Bestimmungen über das Rechtsverhältnis zwischen dem Bürgen und dem Hauptschuldner beurteilt.

Dritter Abschnitt: Der Mäklervertrag

A. Begriff und Form

Art. 412 [1] Durch den Mäklervertrag erhält der Mäkler den Auftrag, gegen eine Vergütung, Gelegenheit zum Abschlusse eines Vertrages nachzuweisen oder den Abschluss eines Vertrages zu vermitteln.

[2] Der Mäklervertrag steht im Allgemeinen unter den Vorschriften über den einfachen Auftrag.

B. Mäklerlohn
I. Begründung

Art. 413 [1] Der Mäklerlohn ist verdient, sobald der Vertrag infolge des Nachweises oder infolge der Vermittlung des Mäklers zustande gekommen ist.

[2] Wird der Vertrag unter einer aufschiebenden Bedingung geschlossen, so kann der Mäklerlohn erst verlangt werden, wenn die Bedingung eingetreten ist.

[3] Soweit dem Mäkler im Vertrage für Aufwendungen Ersatz zugesichert ist, kann er diesen auch dann verlangen, wenn das Geschäft nicht zustande kommt.

II. Festsetzung

Art. 414 Wird der Betrag der Vergütung nicht festgesetzt, so gilt, wo eine Taxe besteht, diese und in Ermangelung einer solchen der übliche Lohn als vereinbart.

III. Verwirkung

Art. 415 Ist der Mäkler in einer Weise, die dem Vertrage widerspricht, für den andern tätig gewesen, oder hat er sich in einem Falle, wo es wider Treu und Glauben geht, auch von diesem Lohn versprechen lassen, so kann er von seinem Auftraggeber weder Lohn noch Ersatz für Aufwendungen beanspruchen.

IV. ...

Art. 416[255]

---

[255] Aufgehoben durch Anhang Ziff. 2 des BG vom 26. Juni 1998, mit Wirkung seit 1. Jan. 2000 (AS 1999 1118; BBl 1996 I 1).

V. Herabsetzung	**Art. 417**[256] Ist für den Nachweis der Gelegenheit zum Abschluss oder für die Vermittlung eines Einzelarbeitsvertrages oder eines Grundstückkaufes ein unverhältnismässig hoher Mäklerlohn vereinbart worden, so kann ihn der Richter auf Antrag des Schuldners auf einen angemessenen Betrag herabsetzen.
C. Vorbehalt kantonalen Rechtes	**Art. 418** Es bleibt den Kantonen vorbehalten, über die Verrichtungen der Börsenmäkler, Sensale und Stellenvermittler besondere Vorschriften aufzustellen.

Vierter Abschnitt:[257] Der Agenturvertrag

A. Allgemeines I. Begriff	**Art. 418a** [1] Agent ist, wer die Verpflichtung übernimmt, dauernd für einen oder mehrere Auftraggeber Geschäfte zu vermitteln oder in ihrem Namen und für ihre Rechnung abzuschliessen, ohne zu den Auftraggebern in einem Arbeitsverhältnis zu stehen.[258] [2] Auf Agenten, die als solche bloss im Nebenberuf tätig sind, finden die Vorschriften dieses Abschnittes insoweit Anwendung, als die Parteien nicht schriftlich etwas anderes vereinbart haben. Die Vorschriften über das Delcredere, das Konkurrenzverbot und die Auflösung des Vertrages aus wichtigen Gründen dürfen nicht zum Nachteil des Agenten wegbedungen werden.
II. Anwendbares Recht	**Art. 418b** [1] Auf den Vermittlungsagenten sind die Vorschriften über den Mäklervertrag, auf den Abschlussagenten diejenigen über die Kommission ergänzend anwendbar. [2] ...[259]
B. Pflichten des Agenten I. Allgemeines und Delcredere	**Art. 418c** [1] Der Agent hat die Interessen des Auftraggebers mit der Sorgfalt eines ordentlichen Kaufmannes zu wahren. [2] Er darf, falls es nicht schriftlich anders vereinbart ist, auch für andere Auftraggeber tätig sein. [3] Eine Verpflichtung, für die Zahlung oder anderweitige Erfüllung der Verbindlichkeiten des Kunden einzustehen oder die Kosten der Einbringung von Forderungen ganz oder teilweise zu tragen, kann er nur

---

256 Fassung gemäss Ziff. II Art. 1 Ziff. 8 bzw. 9 des BG vom 25. Juni 1971, in Kraft seit 1. Jan. 1972 (AS 1971 1465; BBl 1967 II 241). Siehe auch die Schl- und UeB des X. Tit.
257 Eingefügt durch Ziff. I des BG vom 4. Febr. 1949, in Kraft seit 1. Jan. 1950 (AS 1949 I 802; BBl 1947 III 661). Siehe die SchlB zu diesem Abschn. (vierter Abschn. des XIII. Tit.) am Schluss des OR.
258 Fassung gemäss Ziff. II Art. 1 Ziff. 8 bzw. 9 des BG vom 25. Juni 1971, in Kraft seit 1. Jan. 1972 (AS 1971 1465; BBl 1967 II 241). Siehe auch die Schl- und UeB des X. Tit.
259 Aufgehoben durch Ziff. I Bst. b des Anhangs zum BG vom 18. Dez. 1987 über das Internationale Privatrecht, mit Wirkung seit 1. Jan. 1989 (AS 1988 1776; BBl 1983 I 263).

in schriftlicher Form übernehmen. Der Agent erhält dadurch einen unabdingbaren Anspruch auf ein angemessenes besonderes Entgelt.

II. Geheimhaltungspflicht und Konkurrenzverbot

Art. 418d [1] Der Agent darf Geschäftsgeheimnisse des Auftraggebers, die ihm anvertraut oder auf Grund des Agenturverhältnisses bekannt geworden sind, auch nach Beendigung des Vertrages nicht verwerten oder anderen mitteilen.

[2] Auf ein vertragliches Konkurrenzverbot sind die Bestimmungen über den Dienstvertrag entsprechend anwendbar. Ist ein Konkurrenzverbot vereinbart, so hat der Agent bei Auflösung des Vertrages einen unabdingbaren Anspruch auf ein angemessenes besonderes Entgelt.

C. Vertretungsbefugnis

Art. 418e [1] Der Agent gilt nur als ermächtigt, Geschäfte zu vermitteln, Mängelrügen und andere Erklärungen, durch die der Kunde sein Recht aus mangelhafter Leistung des Auftraggebers geltend macht oder sich vorbehält, entgegenzunehmen und die dem Auftraggeber zustehenden Rechte auf Sicherstellung des Beweises geltend zu machen.

[2] Dagegen gilt er nicht als ermächtigt, Zahlungen entgegenzunehmen, Zahlungsfristen zu gewähren oder sonstige Änderungen des Vertrages mit den Kunden zu vereinbaren.

[3] Die Artikel 34 und 44 Absatz 3 des Bundesgesetzes vom 2. April 1908[260] über den Versicherungsvertrag bleiben vorbehalten.

D. Pflichten des Auftraggebers
I. Im Allgemeinen

Art. 418f [1] Der Auftraggeber hat alles zu tun, um dem Agenten die Ausübung einer erfolgreichen Tätigkeit zu ermöglichen. Er hat ihm insbesondere die nötigen Unterlagen zur Verfügung zu stellen.

[2] Er hat den Agenten unverzüglich zu benachrichtigen, wenn er voraussieht, dass Geschäfte nur in erheblich geringerem Umfange, als vereinbart oder nach den Umständen zu erwarten ist, abgeschlossen werden können oder sollen.

[3] Ist dem Agenten ein bestimmtes Gebiet oder ein bestimmter Kundenkreis zugewiesen, so ist er, soweit nicht schriftlich etwas anderes vereinbart wurde, unter Ausschluss anderer Personen beauftragt.

II. Provision
1. Vermittlungs- und Abschlussprovision
a. Umfang und Entstehung

Art. 418g [1] Der Agent hat Anspruch auf die vereinbarte oder übliche Vermittlungs- oder Abschlussprovision für alle Geschäfte, die er während des Agenturverhältnisses vermittelt oder abgeschlossen hat, sowie, mangels gegenteiliger schriftlicher Abrede, für solche Geschäfte, die während des Agenturverhältnisses ohne seine Mitwirkung

---

[260] SR 221.229.1

vom Auftraggeber abgeschlossen werden, sofern er den Dritten als Kunden für Geschäfte dieser Art geworben hat.

² Der Agent, dem ein bestimmtes Gebiet oder ein bestimmter Kundenkreis ausschliesslich zugewiesen ist, hat Anspruch auf die vereinbarte oder, mangels Abrede, auf die übliche Provision für alle Geschäfte, die mit Kunden dieses Gebietes oder Kundenkreises während des Agenturverhältnisses abgeschlossen werden.

³ Soweit es nicht anders schriftlich vereinbart ist, entsteht der Anspruch auf die Provision, sobald das Geschäft mit dem Kunden rechtsgültig abgeschlossen ist.

b. Dahinfallen

Art. 418h ¹ Der Anspruch des Agenten auf Provision fällt nachträglich insoweit dahin, als die Ausführung eines abgeschlossenen Geschäftes aus einem vom Auftraggeber nicht zu vertretenden Grunde unterbleibt.

² Er fällt hingegen gänzlich dahin, wenn die Gegenleistung für die vom Auftraggeber bereits erbrachten Leistungen ganz oder zu einem so grossen Teil unterbleibt, dass dem Auftraggeber die Bezahlung einer Provision nicht zugemutet werden kann.

c. Fälligkeit

Art. 418i Soweit nicht etwas anderes vereinbart oder üblich ist, wird die Provision auf das Ende des Kalenderhalbjahres, in dem das Geschäft abgeschlossen wurde, im Versicherungsgeschäft jedoch nach Massgabe der Bezahlung der ersten Jahresprämie fällig.

d. Abrechnung

Art. 418k ¹ Ist der Agent nicht durch schriftliche Abrede zur Aufstellung einer Provisionsabrechnung verpflichtet, so hat ihm der Auftraggeber auf jeden Fälligkeitstermin eine schriftliche Abrechnung unter Angabe der provisionspflichtigen Geschäfte zu übergeben.

² Auf Verlangen ist dem Agenten Einsicht in die für die Abrechnung massgebenden Bücher und Belege zu gewähren. Auf dieses Recht kann der Agent nicht zum voraus verzichten.

2. Inkassoprovision

Art. 418l ¹ Soweit nicht etwas anderes vereinbart oder üblich ist, hat der Agent Anspruch auf eine Inkassoprovision für die von ihm auftragsgemäss eingezogenen und abgelieferten Beträge.

² Mit Beendigung des Agenturverhältnisses fallen die Inkassoberechtigung des Agenten und sein Anspruch auf weitere Inkassoprovisionen dahin.

III. Verhinderung an der Tätigkeit

Art. 418m ¹ Der Auftraggeber hat dem Agenten eine angemessene Entschädigung zu bezahlen, wenn er ihn durch Verletzung seiner gesetzlichen oder vertraglichen Pflichten schuldhaft daran verhindert, die Provision in dem vereinbarten oder nach den Umständen zu erwartenden Umfange zu verdienen. Eine gegenteilige Abrede ist ungültig.

² Wird ein Agent, der für keinen andern Auftraggeber gleichzeitig tätig sein darf, durch Krankheit, schweizerischen obligatorischen Militärdienst oder ähnliche Gründe ohne sein Verschulden an seiner Tätigkeit verhindert, so hat er für verhältnismässig kurze Zeit Anspruch auf eine angemessene Entschädigung nach Massgabe des eingetretenen Verdienstausfalles, sofern das Agenturverhältnis mindestens ein Jahr gedauert hat. Auf dieses Recht kann der Agent nicht zum voraus verzichten.

IV. Kosten und Auslagen

Art. 418n ¹ Soweit nicht etwas anderes vereinbart oder üblich ist, hat der Agent keinen Anspruch auf Ersatz für die im regelmässigen Betrieb seines Geschäftes entstandenen Kosten und Auslagen, wohl aber für solche, die er auf besondere Weisung des Auftraggebers oder als dessen Geschäftsführer ohne Auftrag auf sich genommen hat, wie Auslagen für Frachten und Zölle.

² Die Ersatzpflicht ist vom Zustandekommen des Rechtsgeschäftes unabhängig.

V. Retentionsrecht

Art. 418o ¹ Zur Sicherung der fälligen Ansprüche aus dem Agenturverhältnis, bei Zahlungsunfähigkeit des Auftraggebers auch der nicht fälligen Ansprüche, hat der Agent an den beweglichen Sachen und Wertpapieren, die er auf Grund des Agenturverhältnisses besitzt, sowie an den kraft einer Inkassovollmacht entgegengenommenen Zahlungen Dritter ein Retentionsrecht, auf das er nicht zum voraus verzichten kann.

² An Preistarifen und Kundenverzeichnissen kann das Retentionsrecht nicht ausgeübt werden.

E. Beendigung
I. Zeitablauf

Art. 418p ¹ Ist der Agenturvertrag auf eine bestimmte Zeit abgeschlossen, oder geht eine solche aus seinem Zweck hervor, so endigt er ohne Kündigung mit dem Ablauf dieser Zeit.

² Wird ein auf eine bestimmte Zeit abgeschlossenes Agenturverhältnis nach Ablauf dieser Zeit für beide Teile stillschweigend fortgesetzt, so gilt der Vertrag als für die gleiche Zeit erneuert, jedoch höchstens für ein Jahr.

³ Hat der Auflösung des Vertrages eine Kündigung vorauszugehen, so gilt ihre beiderseitige Unterlassung als Erneuerung des Vertrages.

II. Kündigung
1. Im Allgemeinen

Art. 418q ¹ Ist ein Agenturvertrag nicht auf bestimmte Zeit abgeschlossen, und geht eine solche auch nicht aus seinem Zwecke hervor, so kann er im ersten Jahr der Vertragsdauer beiderseits auf das Ende des der Kündigung folgenden Kalendermonates gekündigt werden. Die Vereinbarung einer kürzeren Kündigungsfrist bedarf der schriftlichen Form.

² Wenn das Vertragsverhältnis mindestens ein Jahr gedauert hat, kann es mit einer Kündigungsfrist von zwei Monaten auf das Ende eines Kalendervierteljahres gekündigt werden. Es kann jedoch eine längere Kündigungsfrist oder ein anderer Endtermin vereinbart werden.

³ Für Auftraggeber und Agenten dürfen keine verschiedenen Kündigungsfristen vereinbart werden.

2. Aus wichtigen Gründen

Art. 418r ¹ Aus wichtigen Gründen kann sowohl der Auftraggeber als auch der Agent jederzeit den Vertrag sofort auflösen.

² Die Bestimmungen über den Dienstvertrag sind entsprechend anwendbar.

III. Tod, Handlungsunfähigkeit, Konkurs

Art. 418s ¹ Das Agenturverhältnis erlischt durch den Tod und durch den Eintritt der Handlungsunfähigkeit des Agenten sowie durch den Konkurs des Auftraggebers.

² Durch den Tod des Auftraggebers erlischt das Agenturverhältnis, wenn der Auftrag wesentlich mit Rücksicht auf dessen Person eingegangen worden ist.

IV. Ansprüche des Agenten
1. Provision

Art. 418t ¹ Für Nachbestellungen eines vom Agenten während des Agenturverhältnisses geworbenen Kunden besteht, falls nicht etwas anderes vereinbart oder üblich ist, ein Anspruch auf Provision nur, wenn die Bestellungen vor Beendigung des Agenturvertrages eingelaufen sind.

² Mit der Beendigung des Agenturverhältnisses werden sämtliche Ansprüche des Agenten auf Provision oder Ersatz fällig.

³ Für Geschäfte, die ganz oder teilweise erst nach Beendigung des Agenturverhältnisses zu erfüllen sind, kann eine spätere Fälligkeit des Provisionsanspruches schriftlich vereinbart werden.

2. Entschädigung für die Kundschaft

Art. 418u ¹ Hat der Agent durch seine Tätigkeit den Kundenkreis des Auftraggebers wesentlich erweitert, und erwachsen diesem oder seinem Rechtsnachfolger aus der Geschäftsverbindung mit der geworbenen Kundschaft auch nach Auflösung des Agenturverhältnisses erhebliche Vorteile, so haben der Agent oder seine Erben, soweit es nicht unbillig ist, einen unabdingbaren Anspruch auf eine angemessene Entschädigung.

² Dieser Anspruch beträgt höchstens einen Nettojahresverdienst aus diesem Vertragsverhältnis, berechnet nach dem Durchschnitt der letzten fünf Jahre oder, wenn das Verhältnis nicht so lange gedauert hat, nach demjenigen der ganzen Vertragsdauer.

³ Kein Anspruch besteht, wenn das Agenturverhältnis aus einem Grund aufgelöst worden ist, den der Agent zu vertreten hat.

V. Rückgabepflichten

Art. 418v Jede Vertragspartei hat auf den Zeitpunkt der Beendigung des Agenturverhältnisses der andern alles herauszugeben, was sie von ihr für die Dauer des Vertrages oder von Dritten für ihre Rechnung erhalten hat. Vorbehalten bleiben die Retentionsrechte der Vertragsparteien.

Vierzehnter Titel: Die Geschäftsführung ohne Auftrag

A. Stellung des Geschäftsführers
I. Art der Ausführung

Art. 419 Wer für einen anderen ein Geschäft besorgt, ohne von ihm beauftragt zu sein, ist verpflichtet, das unternommene Geschäft so zu führen, wie es dem Vorteile und der mutmasslichen Absicht des anderen entspricht.

II. Haftung des Geschäftsführers im Allgemeinen

Art. 420 ¹ Der Geschäftsführer haftet für jede Fahrlässigkeit.

² Seine Haftpflicht ist jedoch milder zu beurteilen, wenn er gehandelt hat, um einen dem Geschäftsherrn drohenden Schaden abzuwenden.

³ Hat er die Geschäftsführung entgegen dem ausgesprochenen oder sonst erkennbaren Willen des Geschäftsherrn unternommen und war dessen Verbot nicht unsittlich oder rechtswidrig, so haftet er auch für den Zufall, sofern er nicht beweist, dass dieser auch ohne seine Einmischung eingetreten wäre.

III. Haftung des vertragsunfähigen Geschäftsführers

Art. 421 ¹ War der Geschäftsführer unfähig, sich durch Verträge zu verpflichten, so haftet er aus der Geschäftsführung nur, soweit er bereichert ist oder auf böswillige Weise sich der Bereicherung entäussert hat.

² Vorbehalten bleibt eine weitergehende Haftung aus unerlaubten Handlungen.

B. Stellung des Geschäftsherrn
I. Geschäftsführung im Interesse des Geschäftsherrn

Art. 422 ¹ Wenn die Übernahme einer Geschäftsbesorgung durch das Interesse des Geschäftsherrn geboten war, so ist dieser verpflichtet, dem Geschäftsführer alle Verwendungen, die notwendig oder nützlich und den Verhältnissen angemessen waren, samt Zinsen zu ersetzen und ihn in demselben Masse von den übernommenen Verbindlichkeiten zu befreien sowie für andern Schaden ihm nach Ermessen des Richters Ersatz zu leisten.

² Diesen Anspruch hat der Geschäftsführer, wenn er mit der gehörigen Sorgfalt handelte, auch in dem Falle, wo der beabsichtigte Erfolg nicht eintritt.

³ Sind die Verwendungen dem Geschäftsführer nicht zu ersetzen, so hat er das Recht der Wegnahme nach den Vorschriften über die ungerechtfertigte Bereicherung.

II. Geschäftsführung im Interesse des Geschäftsführers

Art. 423 ¹ Wenn die Geschäftsführung nicht mit Rücksicht auf das Interesse des Geschäftsherrn unternommen wurde, so ist dieser gleichwohl berechtigt, die aus der Führung seiner Geschäfte entspringenden Vorteile sich anzueignen.

² Zur Ersatzleistung an den Geschäftsführer und zu dessen Entlastung ist der Geschäftsherr nur so weit verpflichtet, als er bereichert ist.

III. Genehmigung der Geschäftsführung

Art. 424 Wenn die Geschäftsbesorgung nachträglich vom Geschäftsherrn gebilligt wird, so kommen die Vorschriften über den Auftrag zur Anwendung.

Fünfzehnter Titel: Die Kommission

A. Einkaufs- und Verkaufskommission
I. Begriff

Art. 425 ¹ Einkaufs- oder Verkaufskommissionär ist, wer gegen eine Kommissionsgebühr (Provision) in eigenem Namen für Rechnung eines anderen (des Kommittenten) den Einkauf oder Verkauf von beweglichen Sachen oder Wertpapieren zu besorgen übernimmt.

² Für das Kommissionsverhältnis kommen die Vorschriften über den Auftrag zur Anwendung, soweit nicht die Bestimmungen dieses Titels etwas anderes enthalten.

II. Pflichten des Kommissionärs
1. Anzeigepflicht, Versicherung

Art. 426 ¹ Der Kommissionär hat dem Kommittenten die erforderlichen Nachrichten zu geben und insbesondere von der Ausführung des Auftrages sofort Anzeige zu machen.

² Er ist zur Versicherung des Kommissionsgutes nur verpflichtet, wenn er vom Kommittenten Auftrag dazu erhalten hat.

2. Behandlung des Kommissionsgutes

Art. 427 ¹ Wenn das zum Verkaufe zugesandte Kommissionsgut sich in einem erkennbar mangelhaften Zustande befindet, so hat der Kommissionär die Rechte gegen den Frachtführer zu wahren, für den Beweis des mangelhaften Zustandes und soweit möglich für Erhaltung des Gutes zu sorgen und dem Kommittenten ohne Verzug Nachricht zu geben.

² Versäumt der Kommissionär diese Pflichten, so ist er für den aus der Versäumnis entstandenen Schaden haftbar.

³ Zeigt sich Gefahr, dass das zum Verkaufe zugesandte Kommissionsgut schnell in Verderbnis gerate, so ist der Kommissionär berechtigt und, soweit die Interessen des Kommittenten es erfordern, auch verpflichtet, die Sache unter Mitwirkung der zuständigen Amtsstelle des Ortes, wo sie sich befindet, verkaufen zu lassen.

3. Preisansatz des Kommittenten

Art. 428 ¹ Hat der Verkaufskommissionär unter dem ihm gesetzten Mindestbetrag verkauft, so muss er dem Kommittenten den Preisunterschied vergüten, sofern er nicht beweist, dass durch den Verkauf von dem Kommittenten Schaden abgewendet worden ist und eine Anfrage bei dem Kommittenten nicht mehr tunlich war.

² Ausserdem hat er ihm im Falle seines Verschuldens allen weitern aus der Vertragsverletzung entstehenden Schaden zu ersetzen.

³ Hat der Kommissionär wohlfeiler gekauft, als der Kommittent vorausgesetzt, oder teurer verkauft, als er ihm vorgeschrieben hatte, so darf er den Gewinn nicht für sich behalten, sondern muss ihn dem Kommittenten anrechnen.

4. Vorschuss- und Kreditgewährung an Dritte

Art. 429 ¹ Der Kommissionär, der ohne Einwilligung des Kommittenten einem Dritten Vorschüsse macht oder Kredit gewährt, tut dieses auf eigene Gefahr.

² Soweit jedoch der Handelsgebrauch am Orte des Geschäftes das Kreditieren des Kaufpreises mit sich bringt, ist in Ermangelung einer anderen Bestimmung des Kommittenten auch der Kommissionär dazu berechtigt.

5. Delcredere-Stehen

Art. 430 ¹ Abgesehen von dem Falle, wo der Kommissionär unbefugterweise Kredit gewährt, hat er für die Zahlung oder anderweitige Erfüllung der Verbindlichkeiten des Schuldners nur dann einzustehen, wenn er sich hiezu verpflichtet hat, oder wenn das am Orte seiner Niederlassung Handelsgebrauch ist.

² Der Kommissionär, der für den Schuldner einsteht, ist zu einer Vergütung (Delcredere-Provision) berechtigt.

III. Rechte des Kommissionärs
1. Ersatz für Vorschüsse und Auslagen

Art. 431 ¹ Der Kommissionär ist berechtigt, für alle im Interesse des Kommittenten gemachten Vorschüsse, Auslagen und andere Verwendungen Ersatz zu fordern und von diesen Beträgen Zinse zu berechnen.

² Er kann auch die Vergütung für die benutzten Lagerräume und Transportmittel, nicht aber den Lohn seiner Angestellten in Rechnung bringen.

| | Die Kommission | Art. 436 OR | 1 |

| 2. Provision
a. Anspruch | **Art. 432** ¹ Der Kommissionär ist zur Forderung der Provision berechtigt, wenn das Geschäft zur Ausführung gekommen oder aus einem in der Person des Kommittenten liegenden Grunde nicht ausgeführt worden ist.

² Für Geschäfte, die aus einem andern Grunde nicht zur Ausführung gekommen sind, hat der Kommissionär nur den ortsüblichen Anspruch auf Vergütung für seine Bemühungen.

| b. Verwirkung und Umwandlung in Eigengeschäft | **Art. 433** ¹ Der Anspruch auf die Provision fällt dahin, wenn sich der Kommissionär einer unredlichen Handlungsweise gegenüber dem Kommittenten schuldig gemacht, insbesondere wenn er einen zu hohen Einkaufs oder einen zu niedrigen Verkaufspreis in Rechnung gebracht hat.

² Überdies steht dem Kommittenten in den beiden letzterwähnten Fällen die Befugnis zu, den Kommissionär selbst als Verkäufer oder als Käufer in Anspruch zu nehmen.

| 3. Retentionsrecht | **Art. 434** Der Kommissionär hat an dem Kommissionsgute sowie an dem Verkaufserlöse ein Retentionsrecht.

| 4. Versteigerung des Kommissionsgutes | **Art. 435** ¹ Wenn bei Unverkäuflichkeit des Kommissionsgutes oder bei Widerruf des Auftrages der Kommittent mit der Zurücknahme des Gutes oder mit der Verfügung darüber ungebührlich zögert, so ist der Kommissionär berechtigt, bei der zuständigen Amtsstelle des Ortes, wo die Sache sich befindet, die Versteigerung zu verlangen.

² Die Versteigerung kann, wenn am Orte der gelegenen Sache weder der Kommittent noch ein Stellvertreter desselben anwesend ist, ohne Anhören der Gegenpartei angeordnet werden.

³ Der Versteigerung muss aber eine amtliche Mitteilung an den Kommittenten vorausgehen, sofern das Gut nicht einer schnellen Entwertung ausgesetzt ist.

| 5. Eintritt als Eigenhändler
a. Preisberechnung und Provision | **Art. 436** ¹ Bei Kommissionen zum Einkauf oder zum Verkauf von Waren, Wechseln und anderen Wertpapieren, die einen Börsenpreis oder Marktpreis haben, ist der Kommissionär, wenn der Kommittent nicht etwas anderes bestimmt hat, befugt, das Gut, das er einkaufen soll, als Verkäufer selbst zu liefern, oder das Gut, das er zu verkaufen beauftragt ist, als Käufer für sich zu behalten.

² In diesen Fällen ist der Kommissionär verpflichtet, den zur Zeit der Ausführung des Auftrages geltenden Börsen- oder Marktpreis in Rechnung zu bringen und kann sowohl die gewöhnliche Provision als die bei Kommissionsgeschäften sonst regelmässig vorkommenden Unkosten berechnen.

³ Im Übrigen ist das Geschäft als Kaufvertrag zu behandeln.

b. Vermutung des Eintrittes

Art. 437 Meldet der Kommissionär in den Fällen, wo der Eintritt als Eigenhändler zugestanden ist, die Ausführung des Auftrages, ohne eine andere Person als Käufer oder Verkäufer namhaft zu machen, so ist anzunehmen, dass er selbst die Verpflichtung eines Käufers oder Verkäufers auf sich genommen habe.

c. Wegfall des Eintrittsrechtes

Art. 438 Wenn der Kommittent den Auftrag widerruft und der Widerruf bei dem Kommissionär eintrifft, bevor dieser die Anzeige der Ausführung abgesandt hat, so ist der Kommissionär nicht mehr befugt, selbst als Käufer oder Verkäufer einzutreten.

B. Speditionsvertrag

Art. 439 Wer gegen Vergütung die Versendung oder Weitersendung von Gütern für Rechnung des Versenders, aber in eigenem Namen, zu besorgen übernimmt (Spediteur), ist als Kommissionär zu betrachten, steht aber in Bezug auf den Transport der Güter unter den Bestimmungen über den Frachtvertrag.

Sechzehnter Titel: Der Frachtvertrag

A. Begriff

Art. 440 ¹ Frachtführer ist, wer gegen Vergütung (Frachtlohn) den Transport von Sachen auszuführen übernimmt.

² Für den Frachtvertrag kommen die Vorschriften über den Auftrag zur Anwendung, soweit nicht die Bestimmungen dieses Titels etwas anderes enthalten.

B. Wirkungen
I. Stellung des Absenders
1. Notwendige Angaben

Art. 441 ¹ Der Absender hat dem Frachtführer die Adresse des Empfängers und den Ort der Ablieferung, die Anzahl, die Verpackung, den Inhalt und das Gewicht der Frachtstücke, die Lieferungszeit und den Transportweg sowie bei wertvollen Gegenständen auch deren Wert genau zu bezeichnen.

² Die aus Unterlassung oder Ungenauigkeit einer solchen Angabe entstehenden Nachteile fallen zu Lasten des Absenders.

2. Verpackung

Art. 442 ¹ Für gehörige Verpackung des Gutes hat der Absender zu sorgen.

² Er haftet für die Folgen von äusserlich nicht erkennbaren Mängeln der Verpackung.

³ Dagegen trägt der Frachtführer die Folgen solcher Mängel, die äusserlich erkennbar waren, wenn er das Gut ohne Vorbehalt angenommen hat.

3. Verfügung über das reisende Gut	**Art. 443** ¹ Solange das Frachtgut noch in Händen des Frachtführers ist, hat der Absender das Recht, dasselbe gegen Entschädigung des Frachtführers für Auslagen oder für Nachteile, die aus der Rückziehung erwachsen, zurückzunehmen, ausgenommen:

1. wenn ein Frachtbrief vom Absender ausgestellt und vom Frachtführer an den Empfänger übergeben worden ist;
2. wenn der Absender sich vom Frachtführer einen Empfangsschein hat geben lassen und diesen nicht zurückgeben kann;
3. wenn der Frachtführer an den Empfänger eine schriftliche Anzeige von der Ankunft des Gutes zum Zwecke der Abholung abgesandt hat;
4. wenn der Empfänger nach Ankunft des Gutes am Bestimmungsorte die Ablieferung verlangt hat.

² In diesen Fällen hat der Frachtführer ausschliesslich die Anweisungen des Empfängers zu befolgen, ist jedoch hiezu, falls sich der Absender einen Empfangsschein hat geben lassen und das Gut noch nicht am Bestimmungsorte angekommen ist, nur dann verpflichtet, wenn dem Empfänger dieser Empfangsschein zugestellt worden ist.

II. Stellung des Frachtführers 1. Behandlung des Frachtgutes a. Verfahren bei Ablieferungshindernissen	**Art. 444** ¹ Wenn das Frachtgut nicht angenommen oder die Zahlung der auf demselben haftenden Forderungen nicht geleistet wird oder wenn der Empfänger nicht ermittelt werden kann, so hat der Frachtführer den Absender hievon zu benachrichtigen und inzwischen das Frachtgut auf Gefahr und Kosten des Absenders aufzubewahren oder bei einem Dritten zu hinterlegen.

² Wird in einer den Umständen angemessenen Zeit weder vom Absender noch vom Empfänger über das Frachtgut verfügt, so kann der Frachtführer unter Mitwirkung der am Orte der gelegenen Sache zuständigen Amtsstelle das Frachtgut zugunsten des Berechtigten wie ein Kommissionär verkaufen lassen.

b. Verkauf	**Art. 445** ¹ Sind Frachtgüter schnellem Verderben ausgesetzt, oder deckt ihr vermutlicher Wert nicht die darauf haftenden Kosten, so hat der Frachtführer den Tatbestand ohne Verzug amtlich feststellen zu lassen und kann das Frachtgut in gleicher Weise wie bei Ablieferungshindernissen verkaufen lassen.

² Von der Anordnung des Verkaufes sind, soweit möglich, die Beteiligten zu benachrichtigen.

c. Verantwortlichkeit	**Art. 446** Der Frachtführer hat bei Ausübung der ihm in Bezug auf die Behandlung des Frachtgutes eingeräumten Befugnisse die Interessen des Eigentümers bestmöglich zu wahren und haftet bei Verschulden für Schadenersatz.

2. Haftung des Frachtführers
a. Verlust und Untergang des Gutes

Art. 447 ¹ Wenn ein Frachtgut verloren oder zugrunde gegangen ist, so hat der Frachtführer den vollen Wert zu ersetzen, sofern er nicht beweist, dass der Verlust oder Untergang durch die natürliche Beschaffenheit des Gutes oder durch ein Verschulden oder eine Anweisung des Absenders oder des Empfängers verursacht sei oder auf Umständen beruhe, die durch die Sorgfalt eines ordentlichen Frachtführers nicht abgewendet werden konnten.

² Als ein Verschulden des Absenders ist zu betrachten, wenn er den Frachtführer von dem besonders hohen Wert des Frachtgutes nicht unterrichtet hat.

³ Verabredungen, wonach ein den vollen Wert übersteigendes Interesse oder weniger als der volle Wert zu ersetzen ist, bleiben vorbehalten.

b. Verspätung, Beschädigung, teilweiser Untergang

Art. 448 ¹ Unter den gleichen Voraussetzungen und Vorbehalten wie beim Verlust des Gutes haftet der Frachtführer für allen Schaden, der aus Verspätung in der Ablieferung oder aus Beschädigung oder aus teilweisem Untergange des Gutes entstanden ist.

² Ohne besondere Verabredung kann ein höherer Schadenersatz als für gänzlichen Verlust nicht begehrt werden.

c. Haftung für Zwischenfrachtführer

Art. 449 Der Frachtführer haftet für alle Unfälle und Fehler, die auf dem übernommenen Transporte vorkommen, gleichviel, ob er den Transport bis zu Ende selbst besorgt oder durch einen anderen Frachtführer ausführen lässt, unter Vorbehalt des Rückgriffes gegen den Frachtführer, dem er das Gut übergeben hat.

3. Anzeigepflicht

Art. 450 Der Frachtführer hat sofort nach Ankunft des Gutes dem Empfänger Anzeige zu machen.

4. Retentionsrecht

Art. 451 ¹ Bestreitet der Empfänger die auf dem Frachtgut haftende Forderung, so kann er die Ablieferung nur verlangen, wenn er den streitigen Betrag amtlich hinterlegt.

² Dieser Betrag tritt in Bezug auf das Retentionsrecht des Frachtführers an die Stelle des Frachtgutes.

5. Verwirkung der Haftungsansprüche

Art. 452 ¹ Durch vorbehaltlose Annahme des Gutes und Bezahlung der Fracht erlöschen alle Ansprüche gegen den Frachtführer, die Fälle von absichtlicher Täuschung und grober Fahrlässigkeit ausgenommen.

² Ausserdem bleibt der Frachtführer haftbar für äusserlich nicht erkennbaren Schaden, falls der Empfänger solchen innerhalb der Zeit, in der ihm nach den Umständen die Prüfung möglich oder zuzumu-

ten war, entdeckt und den Frachtführer sofort nach der Entdeckung davon benachrichtigt hat.

³ Diese Benachrichtigung muss jedoch spätestens acht Tage nach der Ablieferung stattgefunden haben.

6. Verfahren

Art. 453 ¹ In allen Streitfällen kann die am Orte der gelegenen Sache zuständige Amtsstelle auf Begehren eines der beiden Teile Hinterlegung des Frachtgutes in dritte Hand oder nötigenfalls nach Feststellung des Zustandes den Verkauf anordnen.

² Der Verkauf kann durch Bezahlung oder Hinterlegung des Betrages aller angeblich auf dem Gute haftenden Forderungen abgewendet werden.

7. Verjährung der Ersatzklagen

Art. 454 ¹ Die Ersatzklagen gegen Frachtführer verjähren mit Ablauf eines Jahres, und zwar im Falle des Unterganges, des Verlustes oder der Verspätung von dem Tage hinweg, an dem die Ablieferung hätte geschehen sollen, im Falle der Beschädigung von dem Tage an, wo das Gut dem Adressaten übergeben worden ist.

² Im Wege der Einrede können der Empfänger oder der Absender ihre Ansprüche immer geltend machen, sofern sie innerhalb Jahresfrist reklamiert haben und der Anspruch nicht infolge Annahme des Gutes verwirkt ist.

³ Vorbehalten bleiben die Fälle von Arglist und grober Fahrlässigkeit des Frachtführers.

C. Staatlich genehmigte und staatliche Transportanstalten

Art. 455 ¹ Transportanstalten, zu deren Betrieb es einer staatlichen Genehmigung bedarf, sind nicht befugt, die Anwendung der gesetzlichen Bestimmungen über die Verantwortlichkeit des Frachtführers zu ihrem Vorteile durch besondere Übereinkunft oder durch Reglemente im voraus auszuschliessen oder zu beschränken.

² Jedoch bleiben abweichende Vertragsbestimmungen, die in diesem Titel als zulässig vorgesehen sind, vorbehalten.

³ Die besonderen Vorschriften für die Frachtverträge der Anbieterinnen von Postdiensten, der Eisenbahnen und Dampfschiffe bleiben vorbehalten.[261]

D. Mitwirkung einer öffentlichen Transportanstalt

Art. 456 ¹ Ein Frachtführer oder Spediteur, der sich zur Ausführung des von ihm übernommenen Transportes einer öffentlichen Transportanstalt bedient oder zur Ausführung des von einer solchen über-

---

[261] Fassung gemäss Anhang Ziff. II 2 des Postgesetzes 17. Dez. 2010, in Kraft seit 1. Okt. 2012 (AS 2012 4993; BBl 2009 5181).

nommenen Transportes mitwirkt, unterliegt den für diese geltenden besonderen Bestimmungen über den Frachtverkehr.

² Abweichende Vereinbarungen zwischen dem Frachtführer oder Spediteur und dem Auftraggeber bleiben jedoch vorbehalten.

³ Dieser Artikel findet keine Anwendung auf Camionneure.

E. Haftung des Spediteurs

Art. 457 Der Spediteur, der sich zur Ausführung des Vertrages einer öffentlichen Transportanstalt bedient, kann seine Verantwortlichkeit nicht wegen mangelnden Rückgriffes ablehnen, wenn er selbst den Verlust des Rückgriffes verschuldet hat.

Siebzehnter Titel: Die Prokura und andere Handlungsvollmachten

A. Prokura
I. Begriff und Bestellung

Art. 458 ¹ Wer von dem Inhaber eines Handels-, Fabrikations- oder eines anderen nach kaufmännischer Art geführten Gewerbes ausdrücklich oder stillschweigend ermächtigt ist, für ihn das Gewerbe zu betreiben und «per procura» die Firma zu zeichnen, ist Prokurist.

² Der Geschäftsherr hat die Erteilung der Prokura zur Eintragung in das Handelsregister anzumelden, wird jedoch schon vor der Eintragung durch die Handlungen des Prokuristen verpflichtet.

³ Zur Betreibung anderer Gewerbe oder Geschäfte kann ein Prokurist nur durch Eintragung in das Handelsregister bestellt werden.

II. Umfang der Vollmacht

Art. 459 ¹ Der Prokurist gilt gutgläubigen Dritten gegenüber als ermächtigt, den Geschäftsherrn durch Wechsel-Zeichnungen zu verpflichten und in dessen Namen alle Arten von Rechtshandlungen vorzunehmen, die der Zweck des Gewerbes oder Geschäftes des Geschäftsherrn mit sich bringen kann.

² Zur Veräusserung und Belastung von Grundstücken ist der Prokurist nur ermächtigt, wenn ihm diese Befugnis ausdrücklich erteilt worden ist.

III. Beschränkbarkeit

Art. 460 ¹ Die Prokura kann auf den Geschäftskreis einer Zweigniederlassung beschränkt werden.

² Sie kann mehreren Personen zu gemeinsamer Unterschrift erteilt werden (Kollektiv-Prokura), mit der Wirkung, dass die Unterschrift des Einzelnen ohne die vorgeschriebene Mitwirkung der übrigen nicht verbindlich ist.

³ Andere Beschränkungen der Prokura haben gegenüber gutgläubigen Dritten keine rechtliche Wirkung.

IV. Löschung der Prokura	**Art. 461** ¹ Das Erlöschen der Prokura ist in das Handelsregister einzutragen, auch wenn bei der Erteilung die Eintragung nicht stattgefunden hat. ² Solange die Löschung nicht erfolgt und bekannt gemacht worden ist, bleibt die Prokura gegenüber gutgläubigen Dritten in Kraft.
B. Andere Handlungsvollmachten	**Art. 462** ¹ Wenn der Inhaber eines Handels-, Fabrikations- oder eines andern nach kaufmännischer Art geführten Gewerbes jemanden ohne Erteilung der Prokura, sei es zum Betriebe des ganzen Gewerbes, sei es zu bestimmten Geschäften in seinem Gewerbe als Vertreter bestellt, so erstreckt sich die Vollmacht auf alle Rechtshandlungen, die der Betrieb eines derartigen Gewerbes oder die Ausführung derartiger Geschäfte gewöhnlich mit sich bringt. ² Jedoch ist der Handlungsbevollmächtigte zum Eingehen von Wechselverbindlichkeiten, zur Aufnahme von Darlehen und zur Prozessführung nur ermächtigt, wenn ihm eine solche Befugnis ausdrücklich erteilt worden ist.
C. ...	**Art. 463**[262]
D. Konkurrenzverbot	**Art. 464** ¹ Der Prokurist, sowie der Handlungsbevollmächtigte, der zum Betrieb des ganzen Gewerbes bestellt ist oder in einem Arbeitsverhältnis zum Inhaber des Gewerbes steht, darf ohne Einwilligung des Geschäftsherrn weder für eigene Rechnung noch für Rechnung eines Dritten Geschäfte machen, die zu den Geschäftszweigen des Geschäftsherrn gehören.[263] ² Bei Übertretung dieser Vorschrift kann der Geschäftsherr Ersatz des verursachten Schadens fordern und die betreffenden Geschäfte auf eigene Rechnung übernehmen.
E. Erlöschen der Prokura und der andern Handlungsvollmachten	**Art. 465** ¹ Die Prokura und die Handlungsvollmacht sind jederzeit widerruflich, unbeschadet der Rechte, die sich aus einem unter den Beteiligten bestehenden Einzelarbeitsvertrag, Gesellschaftsvertrag, Auftrag od. dgl. ergeben können.[264] ² Der Tod des Geschäftsherrn oder der Eintritt seiner Handlungsunfähigkeit hat das Erlöschen der Prokura oder Handlungsvollmacht nicht zur Folge.

---

262 Aufgehoben durch Ziff. II Art. 6 Ziff. 1 des BG vom 25. Juni 1971, mit Wirkung seit 1. Jan. 1972 (AS 1971 1465; BBl 1967 II 241). Siehe auch die Schl- und UeB des X. Tit.
263 Fassung gemäss Ziff. II Art. 1 Ziff. 10 des BG vom 25. Juni 1971, in Kraft seit 1. Jan. 1972 (AS 1971 1465; BBl 1967 II 241). Siehe auch die Schl- und UeB des X. Tit.
264 Fassung gemäss Ziff. II Art. 1 Ziff. 11 des BG vom 25. Juni 1971, in Kraft seit 1. Jan. 1972 (AS 1971 1465; BBl 1967 II 241). Siehe auch die Schl- und UeB des X. Tit.

Achtzehnter Titel: Die Anweisung

A. Begriff

Art. 466 Durch die Anweisung wird der Angewiesene ermächtigt, Geld, Wertpapiere oder andere vertretbare Sachen auf Rechnung des Anweisenden an den Anweisungsempfänger zu leisten, und dieser, die Leistung von jenem in eigenem Namen zu erheben.

B. Wirkungen
I. Verhältnis des Anweisenden zum Anweisungsempfänger

Art. 467 [1] Soll mit der Anweisung eine Schuld des Anweisenden an den Empfänger getilgt werden, so erfolgt die Tilgung erst durch die von dem Angewiesenen geleistete Zahlung.

[2] Doch kann der Empfänger, der die Anweisung angenommen hat, seine Forderung gegen den Anweisenden nur dann wieder geltend machen, wenn er die Zahlung vom Angewiesenen gefordert und nach Ablauf der in der Anweisung bestimmten Zeit nicht erhalten hat.

[3] Der Gläubiger, der eine von seinem Schuldner ihm erteilte Anweisung nicht annehmen will, hat diesen bei Vermeidung von Schadenersatz ohne Verzug hievon zu benachrichtigen.

II. Verpflichtung des Angewiesenen

Art. 468 [1] Der Angewiesene, der dem Anweisungsempfänger die Annahme ohne Vorbehalt erklärt, wird ihm zur Zahlung verpflichtet und kann ihm nur solche Einreden entgegensetzen, die sich aus ihrem persönlichen Verhältnisse oder aus dem Inhalte der Anweisung selbst ergeben, nicht aber solche aus seinem Verhältnisse zum Anweisenden.

[2] Soweit der Angewiesene Schuldner des Anweisenden ist und seine Lage dadurch, dass er an den Anweisungsempfänger Zahlung leisten soll, in keiner Weise verschlimmert wird, ist er zur Zahlung an diesen verpflichtet.

[3] Vor der Zahlung die Annahme zu erklären, ist der Angewiesene selbst in diesem Falle nicht verpflichtet, es sei denn, dass er es mit dem Anweisenden vereinbart hätte.

III. Anzeigepflicht bei nicht erfolgter Zahlung

Art. 469 Verweigert der Angewiesene die vom Anweisungsempfänger geforderte Zahlung oder erklärt er zum voraus, an ihn nicht zahlen zu wollen, so ist dieser bei Vermeidung von Schadenersatz verpflichtet, den Anweisenden sofort zu benachrichtigen.

C. Widerruf

Art. 470 [1] Der Anweisende kann die Anweisung gegenüber dem Anweisungsempfänger widerrufen, wenn er sie nicht zur Tilgung seiner Schuld oder sonst zum Vorteile des Empfängers erteilt hat.

[2] Gegenüber dem Angewiesenen kann der Anweisende widerrufen, solange jener dem Empfänger seine Annahme nicht erklärt hat.

²ᵇⁱˢ Bestimmen die Regeln eines Zahlungssystems nichts anderes, so ist die Anweisung im bargeldlosen Zahlungsverkehr unwiderruflich, sobald der Überweisungsbetrag dem Konto des Anweisenden belastet worden ist.[265]

³ Wird über den Anweisenden der Konkurs eröffnet, so gilt die noch nicht angenommene Anweisung als widerrufen.

D. Anweisung bei Wertpapieren

Art. 471 ¹ Schriftliche Anweisungen zur Zahlung an den jeweiligen Inhaber der Urkunde werden nach den Vorschriften dieses Titels beurteilt, in dem Sinne, dass dem Angewiesenen gegenüber jeder Inhaber als Anweisungsempfänger gilt, die Rechte zwischen dem Anweisenden und dem Empfänger dagegen nur für den jeweiligen Übergeber und Abnehmer begründet werden.

² Vorbehalten bleiben die besonderen Bestimmungen über den Check und die wechselähnlichen Anweisungen.

Neunzehnter Titel: Der Hinterlegungsvertrag

A. Hinterlegung im Allgemeinen
I. Begriff

Art. 472 ¹ Durch den Hinterlegungsvertrag verpflichtet sich der Aufbewahrer dem Hinterleger, eine bewegliche Sache, die dieser ihm anvertraut, zu übernehmen und sie an einem sicheren Orte aufzubewahren.

² Eine Vergütung kann er nur dann fordern, wenn sie ausdrücklich bedungen worden ist oder nach den Umständen zu erwarten war.

II. Pflichten des Hinterlegers

Art. 473 ¹ Der Hinterleger haftet dem Aufbewahrer für die mit Erfüllung des Vertrages notwendig verbundenen Auslagen.

² Er haftet ihm für den durch die Hinterlegung verursachten Schaden, sofern er nicht beweist, dass der Schaden ohne jedes Verschulden von seiner Seite entstanden sei.

III. Pflichten des Aufbewahrers
1. Verbot des Gebrauchs

Art. 474 ¹ Der Aufbewahrer darf die hinterlegte Sache ohne Einwilligung des Hinterlegers nicht gebrauchen.

² Andernfalls schuldet er dem Hinterleger entsprechende Vergütung und haftet auch für den Zufall, sofern er nicht beweist, dass dieser die Sache auch sonst getroffen hätte.

---

[265] Eingefügt durch Anhang Ziff. 3 des Bucheffektengesetzes vom 3. Okt. 2008, in Kraft seit 1. Okt. 2009 (AS 2009 3577; BBl 2006 9315).

2. Rückgabe
a. Recht des Hinterlegers

Art. 475 ¹ Der Hinterleger kann die hinterlegte Sache nebst allfälligem Zuwachs jederzeit zurückfordern, selbst wenn für die Aufbewahrung eine bestimmte Dauer vereinbart wurde.

² Jedoch hat er dem Aufbewahrer den Aufwand zu ersetzen, den dieser mit Rücksicht auf die vereinbarte Zeit gemacht hat.

b. Rechte des Aufbewahrers

Art. 476 ¹ Der Aufbewahrer kann die hinterlegte Sache vor Ablauf der bestimmten Zeit nur dann zurückgeben, wenn unvorhergesehene Umstände ihn ausserstand setzen, die Sache länger mit Sicherheit oder ohne eigenen Nachteil aufzubewahren.

² Ist keine Zeit für die Aufbewahrung bestimmt, so kann der Aufbewahrer die Sache jederzeit zurückgeben.

c. Ort der Rückgabe

Art. 477 Die hinterlegte Sache ist auf Kosten und Gefahr des Hinterlegers da zurückzugeben, wo sie aufbewahrt werden sollte.

3. Haftung mehrerer Aufbewahrer

Art. 478 Haben mehrere die Sache gemeinschaftlich zur Aufbewahrung erhalten, so haften sie solidarisch.

4. Eigentumsansprüche Dritter

Art. 479 ¹ Wird an der hinterlegten Sache von einem Dritten Eigentum beansprucht, so ist der Aufbewahrer dennoch zur Rückgabe an den Hinterleger verpflichtet, sofern nicht gerichtlich Beschlag auf die Sache gelegt oder die Eigentumsklage gegen ihn anhängig gemacht worden ist.

² Von diesen Hindernissen hat er den Hinterleger sofort zu benachrichtigen.

IV. Sequester

Art. 480 Haben mehrere eine Sache, deren Rechtsverhältnisse streitig oder unklar sind, zur Sicherung ihrer Ansprüche bei einem Dritten (dem Sequester) hinterlegt, so darf dieser die Sache nur mit Zustimmung der Beteiligten oder auf Geheiss des Richters herausgeben.

B. Die Hinterlegung vertretbarer Sachen

Art. 481 ¹ Ist Geld mit der ausdrücklichen oder stillschweigenden Vereinbarung hinterlegt worden, dass der Aufbewahrer nicht dieselben Stücke, sondern nur die gleiche Geldsumme zurückzuerstatten habe, so geht Nutzen und Gefahr auf ihn über.

² Eine stillschweigende Vereinbarung in diesem Sinne ist zu vermuten, wenn die Geldsumme unversiegelt und unverschlossen übergeben wurde.

³ Werden andere vertretbare Sachen oder Wertpapiere hinterlegt, so darf der Aufbewahrer über die Gegenstände nur verfügen, wenn ihm diese Befugnis vom Hinterleger ausdrücklich eingeräumt worden ist.

C. Lagergeschäft
I. Berechtigung zur Ausgabe von Warenpapieren

Art. 482 ¹ Ein Lagerhalter, der sich öffentlich zur Aufbewahrung von Waren anerbietet, kann von der zuständigen Behörde die Bewilligung erwirken, für die gelagerten Güter Warenpapiere auszugeben.

² Die Warenpapiere sind Wertpapiere und lauten auf die Herausgabe der gelagerten Güter.

³ Sie können als Namen-, Ordre- oder Inhaberpapiere ausgestellt sein.

II. Aufbewahrungspflicht des Lagerhalters

Art. 483 ¹ Der Lagerhalter ist zur Aufbewahrung der Güter verpflichtet wie ein Kommissionär.

² Er hat dem Einlagerer, soweit tunlich, davon Mitteilung zu machen, wenn Veränderungen an den Waren eintreten, die weitere Massregeln als rätlich erscheinen lassen.

³ Er hat ihm die Besichtigung der Güter und Entnahme von Proben während der Geschäftszeit sowie jederzeit die nötigen Erhaltungsmassregeln zu gestatten.

III. Vermengung der Güter

Art. 484 ¹ Eine Vermengung vertretbarer Güter mit andern der gleichen Art und Güte darf der Lagerhalter nur vornehmen, wenn ihm dies ausdrücklich gestattet ist.

² Aus vermischten Gütern kann jeder Einlagerer eine seinem Beitrag entsprechende Menge herausverlangen.

³ Der Lagerhalter darf die verlangte Ausscheidung ohne Mitwirkung der anderen Einlagerer vornehmen.

IV. Anspruch des Lagerhalters

Art. 485 ¹ Der Lagerhalter hat Anspruch auf das verabredete oder übliche Lagergeld, sowie auf Erstattung der Auslagen, die nicht aus der Aufbewahrung selbst erwachsen sind, wie Frachtlohn, Zoll, Ausbesserung.

² Die Auslagen sind sofort zu ersetzen, die Lagergelder je nach Ablauf von drei Monaten seit der Einlagerung und in jedem Fall bei der vollständigen oder teilweisen Zurücknahme des Gutes zu bezahlen.

³ Der Lagerhalter hat für seine Forderungen an dem Gute ein Retentionsrecht, solange er im Besitze des Gutes ist oder mit Warenpapier darüber verfügen kann.

V. Rückgabe der Güter

Art. 486 ¹ Der Lagerhalter hat das Gut gleich einem Aufbewahrer zurückzugeben, ist aber an die vertragsmässige Dauer der Aufbewahrung auch dann gebunden, wenn infolge unvorhergesehener Umstände ein gewöhnlicher Aufbewahrer vor Ablauf der bestimmten Zeit zur Rückgabe berechtigt wäre.

² Ist ein Warenpapier ausgestellt, so darf und muss er das Gut nur an den aus dem Warenpapier Berechtigten herausgeben.

D. Gast- und Stallwirte
I. Haftung der Gastwirte
1. Voraussetzung und Umfang

Art. 487 [1] Gastwirte, die Fremde zur Beherbergung aufnehmen, haften für jede Beschädigung, Vernichtung oder Entwendung der von ihren Gästen eingebrachten Sachen, sofern sie nicht beweisen, dass der Schaden durch den Gast selbst oder seine Besucher, Begleiter oder Dienstleute oder durch höhere Gewalt oder durch die Beschaffenheit der Sache verursacht worden ist.

[2] Diese Haftung besteht jedoch, wenn dem Gastwirte oder seinen Dienstleuten kein Verschulden zur Last fällt, für die Sachen eines jeden einzelnen Gastes nur bis zum Betrage von 1000 Franken.

2. Haftung für Kostbarkeiten insbesondere

Art. 488 [1] Werden Kostbarkeiten, grössere Geldbeträge oder Wertpapiere dem Gastwirte nicht zur Aufbewahrung übergeben, so ist er für sie nur haftbar, wenn ihm oder seinen Dienstleuten ein Verschulden zur Last fällt.

[2] Hat er die Aufbewahrung übernommen oder lehnt er sie ab, so haftet er für den vollen Wert.

[3] Darf dem Gast die Übergabe solcher Gegenstände nicht zugemutet werden, so haftet der Gastwirt für sie wie für die andern Sachen des Gastes.

3. Aufhebung der Haftung

Art. 489 [1] Die Ansprüche des Gastes erlöschen, wenn er den Schaden nicht sofort nach dessen Entdeckung dem Gastwirte anzeigt.

[2] Der Wirt kann sich seiner Verantwortlichkeit nicht dadurch entziehen, dass er sie durch Anschlag in den Räumen des Gasthofes ablehnt oder von Bedingungen abhängig macht, die im Gesetze nicht genannt sind.

II. Haftung der Stallwirte

Art. 490 [1] Stallwirte haften für die Beschädigung, Vernichtung oder Entwendung der bei ihnen eingestellten oder von ihnen oder ihren Leuten auf andere Weise übernommenen Tiere und Wagen und der dazu gehörigen Sachen, sofern sie nicht beweisen, dass der Schaden durch den Einbringenden selbst oder seine Besucher, Begleiter oder Dienstleute oder durch höhere Gewalt oder durch die Beschaffenheit der Sache verursacht worden ist.

[2] Diese Haftung besteht jedoch, wenn dem Stallwirte oder seinen Dienstleuten kein Verschulden zur Last fällt, für die übernommenen Tiere, Wagen und dazu gehörigen Sachen eines jeden Einbringenden nur bis zum Betrage von 1000 Franken.

III. Retentionsrecht

Art. 491 [1] Gastwirte und Stallwirte haben an den eingebrachten Sachen ein Retentionsrecht für die Forderungen, die ihnen aus der Beherbergung und Unterkunft zustehen.

² Die Bestimmungen über das Retentionsrecht des Vermieters finden entsprechende Anwendung.

Zwanzigster Titel:[266] Die Bürgschaft

A. Voraussetzungen
I. Begriff

Art. 492 ¹ Durch den Bürgschaftsvertrag verpflichtet sich der Bürge gegenüber dem Gläubiger des Hauptschuldners, für die Erfüllung der Schuld einzustehen.

² Jede Bürgschaft setzt eine zu Recht bestehende Hauptschuld voraus. Für den Fall, dass die Hauptschuld wirksam werde, kann die Bürgschaft auch für eine künftige oder bedingte Schuld eingegangen werden.

³ Wer für die Schuld aus einem wegen Irrtums oder Vertragsunfähigkeit für den Hauptschuldner unverbindlichen Vertrag einzustehen erklärt, haftet unter den Voraussetzungen und nach den Grundsätzen des Bürgschaftsrechts, wenn er bei der Eingehung seiner Verpflichtung den Mangel gekannt hat. Dies gilt in gleicher Weise, wenn jemand sich verpflichtet, für die Erfüllung einer für den Hauptschuldner verjährten Schuld einzustehen.

⁴ Soweit sich aus dem Gesetz nicht etwas anderes ergibt, kann der Bürge auf die ihm in diesem Titel eingeräumten Rechte nicht zum voraus verzichten.

II. Form

Art. 493 ¹ Die Bürgschaft bedarf zu ihrer Gültigkeit der schriftlichen Erklärung des Bürgen und der Angabe des zahlenmässig bestimmten Höchstbetrages seiner Haftung in der Bürgschaftsurkunde selbst.

² Die Bürgschaftserklärung natürlicher Personen bedarf ausserdem der öffentlichen Beurkundung, die den am Ort ihrer Vornahme geltenden Vorschriften entspricht. Wenn aber der Haftungsbetrag die Summe von 2000 Franken nicht übersteigt, so genügt die eigenschriftliche Angabe des zahlenmässig bestimmten Haftungsbetrages und gegebenenfalls der solidarischen Haftung in der Bürgschaftsurkunde selbst.

³ Bürgschaften, die gegenüber der Eidgenossenschaft oder ihren öffentlich-rechtlichen Anstalten oder gegenüber einem Kanton für öffentlich-rechtliche Verpflichtungen, wie Zölle, Steuern u. dgl. oder für Frachten eingegangen werden, bedürfen in allen Fällen lediglich der schriftlichen Erklärung des Bürgen und der Angabe des zahlen-

---

[266] Fassung gemäss Ziff. I des BG vom 10. Dez. 1941, in Kraft seit 1. Juli 1942 (AS 58 279 644; BBl 1939 II 841). Die UeB zu diesem Tit. siehe am Schluss des OR.

mässig bestimmten Höchstbetrages seiner Haftung in der Bürgschaftsurkunde selbst.

⁴ Ist der Haftungsbetrag zur Umgehung der Form der öffentlichen Beurkundung in kleinere Beträge aufgeteilt worden, so ist für die Verbürgung der Teilbeträge die für den Gesamtbetrag vorgeschriebene Form notwendig.

⁵ Für nachträgliche Abänderungen der Bürgschaft, ausgenommen die Erhöhung des Haftungsbetrages und die Umwandlung einer einfachen Bürgschaft in eine solidarische, genügt die Schriftform. Wird die Hauptschuld von einem Dritten mit befreiender Wirkung für den Schuldner übernommen, so geht die Bürgschaft unter, wenn der Bürge dieser Schuldübernahme nicht schriftlich zugestimmt hat.

⁶ Der gleichen Form wie die Bürgschaft bedürfen auch die Erteilung einer besonderen Vollmacht zur Eingehung einer Bürgschaft und das Versprechen, dem Vertragsgegner oder einem Dritten Bürgschaft zu leisten. Durch schriftliche Abrede kann die Haftung auf denjenigen Teil der Hauptschuld beschränkt werden, der zuerst abgetragen wird.

⁷ Der Bundesrat kann die Höhe der Gebühren für die öffentliche Beurkundung beschränken.

III. Zustimmung des Ehegatten

Art. 494 ¹ Die Bürgschaft einer verheirateten Person bedarf zu ihrer Gültigkeit der im einzelnen Fall vorgängig oder spätestens gleichzeitig abgegebenen schriftlichen Zustimmung des Ehegatten, wenn die Ehe nicht durch richterliches Urteil getrennt ist.

² ...[267]

³ Für nachträgliche Abänderungen einer Bürgschaft ist die Zustimmung des andern Ehegatten nur erforderlich, wenn der Haftungsbetrag erhöht oder eine einfache Bürgschaft in eine Solidarbürgschaft umgewandelt werden soll, oder wenn die Änderung eine erhebliche Verminderung der Sicherheiten bedeutet.

⁴ Die gleiche Regelung gilt bei eingetragenen Partnerschaften sinngemäss.[268]

B. Inhalt
I. Besonderheiten der einzelnen Bürgschaftsarten
1. Einfache Bürgschaft

Art. 495 ¹ Der Gläubiger kann den einfachen Bürgen erst dann zur Zahlung anhalten, wenn nach Eingehung der Bürgschaft der Hauptschuldner in Konkurs geraten ist oder Nachlassstundung erhalten hat oder vom Gläubiger unter Anwendung der erforderlichen Sorgfalt bis zur Ausstellung eines definitiven Verlustscheines betrieben worden

---

267 Aufgehoben durch Ziff. I des BG vom 17. Juni 2005 (Bürgschaften. Zustimmung des Ehegatten), mit Wirkung seit 1. Dez. 2005 (AS 2005 5097; BBl 2004 4955 4965).
268 Fassung gemäss Anhang Ziff. 11 des Partnerschaftsgesetzes vom 18. Juni 2004, in Kraft seit 1. Jan. 2007 (AS 2005 5685; BBl 2003 1288).

Die Bürgschaft

Art. 497 OR | 1

ist oder den Wohnsitz ins Ausland verlegt hat und in der Schweiz nicht mehr belangt werden kann, oder wenn infolge Verlegung seines Wohnsitzes im Ausland eine erhebliche Erschwerung der Rechtsverfolgung eingetreten ist.

² Bestehen für die verbürgte Forderung Pfandrechte, so kann der einfache Bürge, solange der Hauptschuldner nicht in Konkurs geraten ist oder Nachlassstundung erhalten hat, verlangen, dass der Gläubiger sich vorerst an diese halte.

³ Hat sich der Bürge nur zur Deckung des Ausfalls verpflichtet (Schadlosbürgschaft), so kann er erst belangt werden, wenn gegen den Hauptschuldner ein definitiver Verlustschein vorliegt, oder wenn der Hauptschuldner den Wohnsitz ins Ausland verlegt hat und in der Schweiz nicht mehr belangt werden kann, oder wenn infolge Verlegung des Wohnsitzes im Ausland eine erhebliche Erschwerung der Rechtsverfolgung eingetreten ist. Ist ein Nachlassvertrag abgeschlossen worden, so kann der Bürge für den nachgelassenen Teil der Hauptschuld sofort nach Inkrafttreten des Nachlassvertrages belangt werden.

⁴ Gegenteilige Vereinbarungen bleiben vorbehalten.

2. Solidarbürgschaft

Art. 496 ¹ Wer sich als Bürge unter Beifügung des Wortes «solidarisch» oder mit andern gleichbedeutenden Ausdrücken verpflichtet, kann vor dem Hauptschuldner und vor der Verwertung der Grundpfänder belangt werden, sofern der Hauptschuldner mit seiner Leistung im Rückstand und erfolglos gemahnt worden oder seine Zahlungsunfähigkeit offenkundig ist.

² Vor der Verwertung der Faustpfand- und Forderungspfandrechte kann er nur belangt werden, soweit diese nach dem Ermessen des Richters voraussichtlich keine Deckung bieten, oder wenn dies so vereinbart worden oder der Hauptschuldner in Konkurs geraten ist oder Nachlassstundung erhalten hat.

3. Mitbürgschaft

Art. 497 ¹ Mehrere Bürgen, die gemeinsam die nämliche teilbare Hauptschuld verbürgt haben, haften für ihre Anteile als einfache Bürgen und für die Anteile der übrigen als Nachbürgen.

² Haben sie mit dem Hauptschuldner oder unter sich Solidarhaft übernommen, so haftet jeder für die ganze Schuld. Der Bürge kann jedoch die Leistung des über seinen Kopfanteil hinausgehenden Betrages verweigern, solange nicht gegen alle solidarisch neben ihm haftenden Mitbürgen, welche die Bürgschaft vor oder mit ihm eingegangen haben und für diese Schuld in der Schweiz belangt werden können, Betreibung eingeleitet worden ist. Das gleiche Recht steht

ihm zu, soweit seine Mitbürgen für den auf sie entfallenden Teil Zahlung geleistet oder Realsicherheit gestellt haben. Für die geleisteten Zahlungen hat der Bürge, wenn nicht etwas anderes vereinbart worden ist, Rückgriff auf die solidarisch neben ihm haftenden Mitbürgen, soweit nicht jeder von ihnen den auf ihn entfallenden Teil bereits geleistet hat. Dieser kann dem Rückgriff auf den Hauptschuldner vorausgehen.

³ Hat ein Bürge in der dem Gläubiger erkennbaren Voraussetzung, dass neben ihm für die gleiche Hauptschuld noch andere Bürgen sich verpflichten werden, die Bürgschaft eingegangen, so wird er befreit, wenn diese Voraussetzung nicht eintritt oder nachträglich ein solcher Mitbürge vom Gläubiger aus der Haftung entlassen oder seine Bürgschaft ungültig erklärt wird. In letzterem Falle kann der Richter, wenn es die Billigkeit verlangt, auch bloss auf angemessene Herabsetzung der Haftung erkennen.

⁴ Haben mehrere Bürgen sich unabhängig voneinander für die gleiche Hauptschuld verbürgt, so haftet jeder für den ganzen von ihm verbürgten Betrag. Der Zahlende hat jedoch, soweit nicht etwas anderes vereinbart ist, anteilmässigen Rückgriff auf die andern.

4. Nachbürgschaft und Rückbürgschaft

Art. 498 ¹ Der Nachbürge, der sich dem Gläubiger für die Erfüllung der von den Vorbürgen übernommenen Verbindlichkeit verpflichtet hat, haftet neben diesem in gleicher Weise wie der einfache Bürge neben dem Hauptschuldner.

² Der Rückbürge ist verpflichtet, dem zahlenden Bürgen für den Rückgriff einzustehen, der diesem gegen den Hauptschuldner zusteht.

II. Gemeinsamer Inhalt
1. Verhältnis des Bürgen zum Gläubiger
a. Umfang der Haftung

Art. 499 ¹ Der Bürge haftet in allen Fällen nur bis zu dem in der Bürgschaftsurkunde angegebenen Höchstbetrag.

² Bis zu diesem Höchstbetrage haftet der Bürge, mangels anderer Abrede, für:
1. den jeweiligen Betrag der Hauptschuld, inbegriffen die gesetzlichen Folgen eines Verschuldens oder Verzuges des Hauptschuldners, jedoch für den aus dem Dahinfallen des Vertrages entstehenden Schaden und für eine Konventionalstrafe nur dann, wenn dies ausdrücklich vereinbart worden ist;
2. die Kosten der Betreibung und Ausklagung des Hauptschuldners, soweit dem Bürgen rechtzeitig Gelegenheit gegeben war, sie durch Befriedigung des Gläubigers zu vermeiden, sowie gegebenenfalls die Kosten für die Herausgabe von Pfändern und die Übertragung von Pfandrechten;

Die Bürgschaft

3. vertragsmässige Zinse bis zum Betrage des laufenden und eines verfallenen Jahreszinses, oder gegebenenfalls für eine laufende und eine verfallene Annuität.

³ Wenn sich nicht etwas anderes aus dem Bürgschaftsvertrag oder aus den Umständen ergibt, haftet der Bürge nur für die nach der Unterzeichnung der Bürgschaft eingegangenen Verpflichtungen des Hauptschuldners.

b. Gesetzliche Verringerung des Haftungsbetrages

Art. 500 ¹ Bei Bürgschaften natürlicher Personen verringert sich der Haftungsbetrag, soweit nicht von vorneherein oder nachträglich etwas anderes vereinbart wird, jedes Jahr um drei Hundertstel, wenn aber diese Forderungen durch Grundpfand gesichert sind, um einen Hundertstel des ursprünglichen Haftungsbetrages. In jedem Falle verringert er sich bei Bürgschaften natürlicher Personen mindestens im gleichen Verhältnis wie die Hauptschuld.

² Ausgenommen sind die gegenüber der Eidgenossenschaft oder ihren öffentlich-rechtlichen Anstalten oder gegenüber einem Kanton eingegangenen Bürgschaften für öffentlich-rechtliche Verpflichtungen, wie Zölle, Steuern u. dgl. und für Frachten, sowie die Amts- und Dienstbürgschaften und die Bürgschaften für Verpflichtungen mit wechselndem Betrag, wie Kontokorrent, Sukzessivlieferungsvertrag, und für periodisch wiederkehrende Leistungen.

c. Belangbarkeit des Bürgen

Art. 501 ¹ Der Bürge kann wegen der Hauptschuld vor dem für ihre Bezahlung festgesetzten Zeitpunkt selbst dann nicht belangt werden, wenn die Fälligkeit durch den Konkurs des Hauptschuldners vorgerückt wird.

² Gegen Leistung von Realsicherheit kann der Bürge bei jeder Bürgschaftsart verlangen, dass der Richter die Betreibung gegen ihn einstellt, bis alle Pfänder verwertet sind und gegen den Hauptschuldner ein definitiver Verlustschein vorliegt oder ein Nachlassvertrag abgeschlossen worden ist.

³ Bedarf die Hauptschuld zu ihrer Fälligkeit der Kündigung durch den Gläubiger oder den Hauptschuldner, so beginnt die Frist für den Bürgen erst mit dem Tage zu laufen, an dem ihm diese Kündigung mitgeteilt wird.

⁴ Wird die Leistungspflicht eines im Ausland wohnhaften Hauptschuldners durch die ausländische Gesetzgebung aufgehoben oder eingeschränkt, wie beispielsweise durch Vorschriften über Verrechnungsverkehr oder durch Überweisungsverbote, so kann der in der Schweiz wohnhafte Bürge sich ebenfalls darauf berufen, soweit er auf diese Einrede nicht verzichtet hat.

d. Einreden

Art. 502 ¹ Der Bürge ist berechtigt und verpflichtet, dem Gläubiger die Einreden entgegenzusetzen, die dem Hauptschuldner oder seinen Erben zustehen und sich nicht auf die Zahlungsunfähigkeit des Hauptschuldners stützen. Vorbehalten bleibt die Verbürgung einer für den Hauptschuldner wegen Irrtums oder Vertragsunfähigkeit unverbindlichen oder einer verjährten Schuld.

² Verzichtet der Hauptschuldner auf eine ihm zustehende Einrede, so kann der Bürge sie trotzdem geltend machen.

³ Unterlässt es der Bürge, Einreden des Hauptschuldners geltend zu machen, so verliert er seinen Rückgriff insoweit, als er sich durch diese Einreden hätte befreien können, wenn er nicht darzutun vermag, dass er sie ohne sein Verschulden nicht gekannt hat.

⁴ Dem Bürgen, der eine wegen Spiel und Wette unklagbare Schuld verbürgt hat, stehen, auch wenn er diesen Mangel kannte, die gleichen Einreden zu wie dem Hauptschuldner.

e. Sorgfalts- und Herausgabepflicht des Gläubigers

Art. 503 ¹ Vermindert der Gläubiger zum Nachteil des Bürgen bei der Eingehung der Bürgschaft vorhandene oder vom Hauptschuldner nachträglich erlangte und eigens für die verbürgte Forderung bestimmte Pfandrechte oder anderweitige Sicherheiten und Vorzugsrechte, so verringert sich die Haftung des Bürgen um einen dieser Verminderung entsprechenden Betrag, soweit nicht nachgewiesen wird, dass der Schaden weniger hoch ist. Die Rückforderung des zuviel bezahlten Betrages bleibt vorbehalten.

² Bei der Amts- und Dienstbürgschaft ist der Gläubiger dem Bürgen überdies verantwortlich, wenn infolge Unterlassung der Aufsicht über den Arbeitnehmer, zu der er verpflichtet ist, oder der ihm sonst zumutbaren Sorgfalt die Schuld entstanden ist oder einen Umfang angenommen hat, den sie andernfalls nicht angenommen hätte.[269]

³ Der Gläubiger hat dem Bürgen, der ihn befriedigt, die zur Geltendmachung seiner Rechte dienlichen Urkunden herauszugeben und die nötigen Aufschlüsse zu erteilen. Ebenso hat er ihm die bei der Eingehung der Bürgschaft vorhandenen oder vom Hauptschuldner nachträglich eigens für diese Forderung bestellten Pfänder und anderweitigen Sicherheiten herauszugeben oder die für ihre Übertragung erforderlichen Handlungen vorzunehmen. Die dem Gläubiger für andere Forderungen zustehenden Pfand- und Retentionsrechte bleiben vorbehalten, soweit sie denjenigen des Bürgen im Rang vorgehen.

⁴ Weigert sich der Gläubiger ungerechtfertigterweise, diese Handlungen vorzunehmen, oder hat er sich der vorhandenen Beweismittel

---

[269] Fassung gemäss Ziff. II Art. 1 Ziff. 12 des BG vom 25. Juni 1971, in Kraft seit 1. Jan. 1972 (AS 1971 1465; BBl 1967 II 241). Siehe auch die Schl- und UeB des X. Tit.

oder der Pfänder und sonstigen Sicherheiten, für die er verantwortlich ist, böswillig oder grobfahrlässig entäussert, so wird der Bürge frei. Er kann das Geleistete zurückfordern und für den ihm darüber hinaus erwachsenen Schaden Ersatz verlangen.

f. Anspruch auf Zahlungsannahme

Art. 504 ¹ Ist die Hauptschuld fällig, sei es auch infolge Konkurses des Hauptschuldners, so kann der Bürge jederzeit verlangen, dass der Gläubiger von ihm Befriedigung annehme. Haften für eine Forderung mehrere Bürgen, so ist der Gläubiger auch zur Annahme einer blossen Teilzahlung verpflichtet, wenn sie mindestens so gross ist wie der Kopfanteil des zahlenden Bürgen.

² Der Bürge wird frei, wenn der Gläubiger die Annahme der Zahlung ungerechtfertigterweise verweigert. In diesem Falle vermindert sich die Haftung allfälliger solidarischer Mitbürgen um den Betrag seines Kopfanteils.

³ Der Bürge kann den Gläubiger auch vor der Fälligkeit der Hauptschuld befriedigen, wenn dieser zur Annahme bereit ist. Der Rückgriff auf den Hauptschuldner kann aber erst nach Eintritt der Fälligkeit geltend gemacht werden.

g. Mitteilungspflicht des Gläubigers und Anmeldung im Konkurs und Nachlassverfahren des Schuldners

Art. 505 ¹ Ist der Hauptschuldner mit der Bezahlung von Kapital, von Zinsen für ein halbes Jahr oder einer Jahresamortisation sechs Monate im Rückstand, so hat der Gläubiger dem Bürgen Mitteilung zu machen. Auf Verlangen hat er ihm jederzeit über den Stand der Hauptschuld Auskunft zu geben.

² Im Konkurs und beim Nachlassverfahren des Hauptschuldners hat der Gläubiger seine Forderung anzumelden und alles Weitere vorzukehren, was ihm zur Wahrung der Rechte zugemutet werden kann. Den Bürgen hat er vom Konkurs und von der Nachlassstundung zu benachrichtigen, sobald er von ihnen Kenntnis erhält.

³ Unterlässt der Gläubiger eine dieser Handlungen, so verliert er seine Ansprüche gegen den Bürgen insoweit, als diesem aus der Unterlassung ein Schaden entstanden ist.

2. Verhältnis des Bürgen zum Hauptschuldner
a. Recht auf Sicherstellung und Befreiung

Art. 506 Der Bürge kann vom Hauptschuldner Sicherstellung und, wenn die Hauptschuld fällig ist, Befreiung von der Bürgschaft verlangen:
1. wenn der Hauptschuldner den mit dem Bürgen getroffenen Abreden zuwiderhandelt, namentlich die auf einen bestimmten Zeitpunkt versprochene Entlastung des Bürgen nicht bewirkt;
2. wenn der Hauptschuldner in Verzug kommt oder durch Verlegung seines Wohnsitzes in einen andern Staat seine rechtliche Verfolgung erheblich erschwert;

3. wenn durch Verschlimmerung der Vermögensverhältnisse des Hauptschuldners, durch Entwertung von Sicherheiten oder durch Verschulden des Hauptschuldners die Gefahr für den Bürgen erheblich grösser geworden ist, als sie bei der Eingehung der Bürgschaft war.

b. Das Rückgriffsrecht des Bürgen.
aa. Im Allgemeinen

Art. 507 ¹ Auf den Bürgen gehen in demselben Masse, als er den Gläubiger befriedigt hat, dessen Rechte über. Er kann sie sofort nach Eintritt der Fälligkeit geltend machen.

² Von den für die verbürgte Forderung haftenden Pfandrechten und andern Sicherheiten gehen aber, soweit nichts anderes vereinbart worden ist, nur diejenigen auf ihn über, die bei Eingehung der Bürgschaft vorhanden waren oder die vom Hauptschuldner nachträglich eigens für diese Forderung bestellt worden sind. Geht infolge bloss teilweiser Bezahlung der Schuld nur ein Teil eines Pfandrechtes auf den Bürgen über, so hat der dem Gläubiger verbleibende Teil vor demjenigen des Bürgen den Vorrang.

³ Vorbehalten bleiben die besonderen Ansprüche und Einreden aus dem zwischen Bürgen und Hauptschuldner bestehenden Rechtsverhältnis.

⁴ Wird ein für eine verbürgte Forderung bestelltes Pfand in Anspruch genommen, oder bezahlt der Pfandeigentümer freiwillig, so kann der Pfandeigentümer auf den Bürgen hiefür nur Rückgriff nehmen, wenn dies zwischen dem Pfandbesteller und dem Bürgen so vereinbart oder das Pfand von einem Dritten nachträglich bestellt worden ist.

⁵ Die Verjährung der Rückgriffsforderung beginnt mit dem Zeitpunkt der Befriedigung des Gläubigers durch den Bürgen zu laufen.

⁶ Für die Bezahlung einer unklagbaren Forderung oder einer für den Hauptschuldner wegen Irrtums oder Vertragsunfähigkeit unverbindlichen Schuld steht dem Bürgen kein Rückgriffsrecht auf den Hauptschuldner zu. Hat er jedoch die Haftung für eine verjährte Schuld im Auftrag des Hauptschuldners übernommen, so haftet ihm dieser nach den Grundsätzen über den Auftrag.

bb. Anzeigepflicht des Bürgen

Art. 508 ¹ Bezahlt der Bürge die Hauptschuld ganz oder teilweise, so hat er dem Hauptschuldner Mitteilung zu machen.

² Unterlässt er diese Mitteilung und bezahlt der Hauptschuldner, der die Tilgung nicht kannte und auch nicht kennen musste, die Schuld gleichfalls, so verliert der Bürge seinen Rückgriff auf ihn.

³ Die Forderung gegen den Gläubiger aus ungerechtfertigter Bereicherung bleibt vorbehalten.

C. Beendigung der Bürgschaft
I. Dahinfallen von Gesetzes wegen

Art. 509 ¹ Durch jedes Erlöschen der Hauptschuld wird der Bürge befreit.

² Vereinigen sich aber die Haftung als Hauptschuldner und diejenige aus der Bürgschaft in einer und derselben Person, so bleiben dem Gläubiger die ihm aus der Bürgschaft zustehenden besondern Vorteile gewahrt.

³ Jede Bürgschaft natürlicher Personen fällt nach Ablauf von 20 Jahren nach ihrer Eingehung dahin. Ausgenommen sind die gegenüber der Eidgenossenschaft oder ihren öffentlich-rechtlichen Anstalten oder gegenüber einem Kanton für öffentlich-rechtliche Verpflichtungen, wie Zölle, Steuern u. dgl., und für Frachten eingegangenen Bürgschaften sowie die Amts- und Dienstbürgschaften und die Bürgschaften für periodisch wiederkehrende Leistungen.

⁴ Während des letzten Jahres dieser Frist kann die Bürgschaft, selbst wenn sie für eine längere Frist eingegangen worden ist, geltend gemacht werden, sofern der Bürge sie nicht vorher verlängert oder durch eine neue Bürgschaft ersetzt hat.

⁵ Eine Verlängerung kann durch schriftliche Erklärung des Bürgen für höchstens weitere zehn Jahre vorgenommen werden. Diese ist aber nur gültig, wenn sie nicht früher als ein Jahr vor dem Dahinfallen der Bürgschaft abgegeben wird.

⁶ Wird die Hauptschuld weniger als zwei Jahre vor dem Dahinfallen der Bürgschaft fällig, und konnte der Gläubiger nicht auf einen frühern Zeitpunkt kündigen, so kann der Bürge bei jeder Bürgschaftsart ohne vorherige Inanspruchnahme des Hauptschuldners oder der Pfänder belangt werden. Dem Bürgen steht aber das Rückgriffsrecht auf den Hauptschuldner schon vor der Fälligkeit der Hauptschuld zu.

II. Bürgschaft auf Zeit; Rücktritt

Art. 510 ¹ Ist eine zukünftige Forderung verbürgt, so kann der Bürge die Bürgschaft, solange die Forderung nicht entstanden ist, jederzeit durch eine schriftliche Erklärung an den Gläubiger widerrufen, sofern die Vermögensverhältnisse des Hauptschuldners sich seit der Unterzeichnung der Bürgschaft wesentlich verschlechtert haben oder wenn sich erst nachträglich herausstellt, dass seine Vermögenslage wesentlich schlechter ist, als der Bürge in guten Treuen angenommen hatte. Bei einer Amts- oder Dienstbürgschaft ist der Rücktritt nicht mehr möglich, wenn das Amts- oder Dienstverhältnis zustande gekommen ist.

² Der Bürge hat dem Gläubiger Ersatz zu leisten für den Schaden, der ihm daraus erwächst, dass er sich in guten Treuen auf die Bürgschaft verlassen hat.

[3] Ist die Bürgschaft nur für eine bestimmte Zeit eingegangen, so erlischt die Verpflichtung des Bürgen, wenn der Gläubiger nicht binnen vier Wochen nach Ablauf der Frist seine Forderung rechtlich geltend macht und den Rechtsweg ohne erhebliche Unterbrechung verfolgt.

[4] Ist in diesem Zeitpunkt die Forderung nicht fällig, so kann sich der Bürge nur durch Leistung von Realsicherheit von der Bürgschaft befreien.

[5] Unterlässt er dies, so gilt die Bürgschaft unter Vorbehalt der Bestimmung über die Höchstdauer weiter, wie wenn sie bis zur Fälligkeit der Hauptschuld vereinbart worden wäre.

III. Unbefristete Bürgschaft

Art. 511 [1] Ist die Bürgschaft auf unbestimmte Zeit eingegangen, so kann der Bürge nach Eintritt der Fälligkeit der Hauptschuld vom Gläubiger verlangen, dass er, soweit es für seine Belangbarkeit Voraussetzung ist, binnen vier Wochen die Forderung gegenüber dem Hauptschuldner rechtlich geltend macht, die Verwertung allfälliger Pfänder einleitet und den Rechtsweg ohne erhebliche Unterbrechung verfolgt.

[2] Handelt es sich um eine Forderung, deren Fälligkeit durch Kündigung des Gläubigers herbeigeführt werden kann, so ist der Bürge nach Ablauf eines Jahres seit Eingehung der Bürgschaft zu dem Verlangen berechtigt, dass der Gläubiger die Kündigung vornehme und nach Eintritt der Fälligkeit seine Rechte im Sinne der vorstehenden Bestimmung geltend mache.

[3] Kommt der Gläubiger diesem Verlangen nicht nach, so wird der Bürge frei.

IV. Amts- und Dienstbürgschaft

Art. 512 [1] Eine auf unbestimmte Zeit eingegangene Amtsbürgschaft kann unter Wahrung einer Kündigungsfrist von einem Jahr auf das Ende einer Amtsdauer gekündigt werden.

[2] Besteht keine bestimmte Amtsdauer, so kann der Amtsbürge die Bürgschaft je auf das Ende des vierten Jahres nach dem Amtsantritt unter Wahrung einer Kündigungsfrist von einem Jahr kündigen.

[3] Bei einer auf unbestimmte Zeit eingegangenen Dienstbürgschaft steht dem Bürgen das gleiche Kündigungsrecht zu wie dem Amtsbürgen bei unbestimmter Amtsdauer.

[4] Gegenteilige Vereinbarungen bleiben vorbehalten.

Einundzwanzigster Titel: Spiel und Wette

A. Unklagbarkeit der Forderung

Art. 513 ¹ Aus Spiel und Wette entsteht keine Forderung.

² Dasselbe gilt von Darlehen und Vorschüssen, die wissentlich zum Behufe des Spieles oder der Wette gemacht werden, sowie von Differenzgeschäften und solchen Lieferungsgeschäften über Waren oder Börsenpapiere, die den Charakter eines Spieles oder einer Wette haben.

B. Schuldverschreibungen und freiwillige Zahlung

Art. 514 ¹ Eine Schuldverschreibung oder Wechselverpflichtung, die der Spielende oder Wettende zur Deckung der Spiel- oder Wettsumme gezeichnet hat, kann trotz erfolgter Aushändigung, unter Vorbehalt der Rechte gutgläubiger Dritter aus Wertpapieren, nicht geltend gemacht werden.

² Eine freiwillig geleistete Zahlung kann nur zurückgefordert werden, wenn die planmässige Ausführung des Spieles oder der Wette durch Zufall oder durch den Empfänger vereitelt worden ist, oder wenn dieser sich einer Unredlichkeit schuldig gemacht hat.

C. Lotterie- und Ausspielgeschäfte

Art. 515 ¹ Aus Lotterie- oder Ausspielgeschäften entsteht nur dann eine Forderung, wenn die Unternehmung von der zuständigen Behörde bewilligt worden ist.

² Fehlt diese Bewilligung, so wird eine solche Forderung wie eine Spielforderung behandelt.

³ Für auswärts gestattete Lotterien oder Ausspielverträge wird in der Schweiz ein Rechtsschutz nur gewährt, wenn die zuständige schweizerische Behörde den Vertrieb der Lose bewilligt hat.

D. Spiel in Spielbanken, Darlehen von Spielbanken

Art. 515a[270] Aus Glücksspielen in Spielbanken entstehen klagbare Forderungen, sofern die Spielbank von der zuständigen Behörde genehmigt wurde.

Zweiundzwanzigster Titel: Der Leibrentenvertrag und die Verpfründung

A. Leibrentenvertrag
I. Inhalt

Art. 516 ¹ Die Leibrente kann auf die Lebenszeit des Rentengläubigers, des Rentenschuldners oder eines Dritten gestellt werden.

² In Ermangelung einer bestimmten Verabredung wird angenommen, sie sei auf die Lebenszeit des Rentengläubigers versprochen.

---

270 Eingefügt durch Anhang Ziff. 5 des Spielbankengesetzes vom 18. Dez. 1998, in Kraft seit 1. April 2000 (AS 2000 677; BBl 1997 III 145).

³ Eine auf die Lebenszeit des Rentenschuldners oder eines Dritten gestellte Leibrente geht, sofern nicht etwas anderes verabredet ist, auf die Erben des Rentengläubigers über.

II. Form der Entstehung

Art. 517 Der Leibrentenvertrag bedarf zu seiner Gültigkeit der schriftlichen Form.

III. Rechte des Gläubigers
1. Geltendmachung des Anspruchs

Art. 518 ¹ Die Leibrente ist halbjährlich und zum voraus zu leisten, wenn nicht etwas anderes vereinbart ist.

² Stirbt die Person, auf deren Lebenszeit die Leibrente gestellt ist, vor dem Ablaufe der Periode, für die zum voraus die Rente zu entrichten ist, so wird der volle Betrag geschuldet.

³ Fällt der Leibrentenschuldner in Konkurs, so ist der Leibrentengläubiger berechtigt, seine Ansprüche in Form einer Kapitalforderung geltend zu machen, deren Wert durch das Kapital bestimmt wird, womit die nämliche Leibrente zur Zeit der Konkurseröffnung bei einer soliden Rentenanstalt bestellt werden könnte.

2. Übertragbarkeit[271]

Art. 519 ¹ Der Leibrentengläubiger kann, sofern nicht etwas anderes vereinbart ist, die Ausübung seiner Rechte abtreten.

² ...[272]

IV. Leibrenten nach dem Gesetz über den Versicherungsvertrag

Art. 520 Die Bestimmungen dieses Gesetzes über den Leibrentenvertrag finden keine Anwendung auf Leibrentenverträge, die unter dem Bundesgesetz vom 2. April 1908[273] über den Versicherungsvertrag stehen, vorbehältlich der Vorschrift betreffend die Entziehbarkeit des Rentenanspruchs.

B. Verpfründung
I. Begriff

Art. 521 ¹ Durch den Verpfründungsvertrag verpflichtet sich der Pfründer, dem Pfrundgeber ein Vermögen oder einzelne Vermögenswerte zu übertragen, und dieser, dem Pfründer Unterhalt und Pflege auf Lebenszeit zu gewähren.

² Ist der Pfrundgeber als Erbe des Pfründers eingesetzt, so steht das ganze Verhältnis unter den Bestimmungen über den Erbvertrag.

II. Entstehung
1. Form

Art. 522 ¹ Der Verpfründungsvertrag bedarf zu seiner Gültigkeit, auch wenn keine Erbeinsetzung damit verbunden ist, derselben Form wie der Erbvertrag.

---

271 Fassung gemäss Anhang Ziff. 6 des BG vom 16. Dez. 1994, in Kraft seit 1. Jan. 1997 (AS 1995 1227; BBl 1991 III 1).
272 Aufgehoben durch Anhang Ziff. 6 des BG vom 16. Dez. 1994, mit Wirkung seit 1. Jan. 1997 (AS 1995 1227; BBl 1991 III 1).
273 SR 221.229.1

² Wird der Vertrag mit einer staatlich anerkannten Pfrundanstalt zu den von der zuständigen Behörde genehmigten Bedingungen abgeschlossen, so genügt die schriftliche Vereinbarung.

2. Sicherstellung

Art. 523 Hat der Pfründer dem Pfrundgeber ein Grundstück übertragen so steht ihm für seine Ansprüche das Recht auf ein gesetzliches Pfandrecht an diesem Grundstück gleich einem Verkäufer zu.

III. Inhalt

Art. 524 ¹ Der Pfründer tritt in häusliche Gemeinschaft mit dem Pfrundgeber, und dieser ist verpflichtet, ihm zu leisten, was der Pfründer nach dem Wert des Geleisteten und nach den Verhältnissen, in denen er bishin gestanden hat, billigerweise erwarten darf.

² Er hat ihm Wohnung und Unterhalt in angemessener Weise zu leisten und schuldet ihm in Krankheitsfällen die nötige Pflege und ärztliche Behandlung.

³ Pfrundanstalten können diese Leistungen in ihren Hausordnungen unter Genehmigung durch die zuständige Behörde als Vertragsinhalt allgemein verbindlich festsetzen.

IV. Anfechtung und Herabsetzung

Art. 525 ¹ Ein Verpfründungsvertrag kann von denjenigen Personen angefochten werden, denen ein gesetzlicher Unterstützungsanspruch gegen den Pfründer zusteht, wenn der Pfründer durch die Verpfründung sich der Möglichkeit beraubt, seiner Unterstützungspflicht nachzukommen.

² Anstatt den Vertrag aufzuheben, kann der Richter den Pfrundgeber zu der Unterstützung der Unterstützungsberechtigten verpflichten unter Anrechnung dieser Leistungen auf das, was der Pfrundgeber vertragsgemäss dem Pfründer zu entrichten hat.

³ Vorbehalten bleiben ferner die Klage der Erben auf Herabsetzung und die Anfechtung durch die Gläubiger.

V. Aufhebung
1. Kündigung

Art. 526 ¹ Der Verpfründungsvertrag kann sowohl von dem Pfründer als dem Pfrundgeber jederzeit auf ein halbes Jahr gekündigt werden, wenn nach dem Vertrag die Leistung des einen dem Werte nach erheblich grösser ist, als die des andern, und der Empfänger der Mehrleistung nicht die Schenkungsabsicht des andern nachweisen kann.

² Massgebend ist hiefür das Verhältnis von Kapital und Leibrente nach den Grundsätzen einer soliden Rentenanstalt.

³ Was im Zeitpunkt der Aufhebung bereits geleistet ist, wird unter gegenseitiger Verrechnung von Kapitalwert und Zins zurückerstattet.

2. Einseitige Aufhebung

Art. 527 ¹ Sowohl der Pfründer als der Pfrundgeber kann die Verpfründung einseitig aufheben, wenn infolge von Verletzung der vertraglichen Pflichten das Verhältnis unerträglich geworden ist oder wenn andere wichtige Gründe dessen Fortsetzung übermässig erschweren oder unmöglich machen.

² Wird die Verpfründung aus einem solchen Grunde aufgehoben, so hat neben der Rückgabe des Geleisteten der schuldige Teil dem schuldlosen eine angemessene Entschädigung zu entrichten.

³ Anstatt den Vertrag vollständig aufzuheben, kann der Richter auf Begehren einer Partei oder von Amtes wegen die häusliche Gemeinschaft aufheben und dem Pfründer zum Ersatz dafür eine Leibrente zusprechen.

3. Aufhebung beim Tod des Pfrundgebers

Art. 528 ¹ Beim Tode des Pfrundgebers kann der Pfründer innerhalb Jahresfrist die Aufhebung des Pfrundverhältnisses verlangen.

² In diesem Falle kann er gegen die Erben eine Forderung geltend machen, wie sie im Konkurse des Pfrundgebers ihm zustände.

VI. Unübertragbarkeit, Geltendmachung bei Konkurs und Pfändung

Art. 529 ¹ Der Anspruch des Pfründers ist nicht übertragbar.

² Im Konkurse des Pfrundgebers besteht die Forderung des Pfründers in dem Betrage, womit die Leistung des Pfrundgebers dem Werte nach bei einer soliden Rentenanstalt in Gestalt einer Leibrente erworben werden könnte.

³ Bei der Betreibung auf Pfändung kann der Pfründer für diese Forderung ohne vorgängige Betreibung an der Pfändung teilnehmen.

Dreiundzwanzigster Titel: Die einfache Gesellschaft

A. Begriff

Art. 530 ¹ Gesellschaft ist die vertragsmässige Verbindung von zwei oder mehreren Personen zur Erreichung eines gemeinsamen Zweckes mit gemeinsamen Kräften oder Mitteln.

² Sie ist eine einfache Gesellschaft im Sinne dieses Titels, sofern dabei nicht die Voraussetzungen einer andern durch das Gesetz geordneten Gesellschaft zutreffen.

B. Verhältnis der Gesellschafter unter sich
I. Beiträge

Art. 531 ¹ Jeder Gesellschafter hat einen Beitrag zu leisten, sei es in Geld, Sachen, Forderungen oder Arbeit.

² Ist nicht etwas anderes vereinbart, so haben die Gesellschafter gleiche Beiträge, und zwar in der Art und dem Umfange zu leisten, wie der vereinbarte Zweck es erheischt.

³ In Bezug auf die Tragung der Gefahr und die Gewährspflicht finden, sofern der einzelne Gesellschafter den Gebrauch einer Sache zu überlassen hat, die Grundsätze des Mietvertrages und, sofern er Eigentum zu übertragen hat, die Grundsätze des Kaufvertrages entsprechende Anwendung.

II. Gewinn und Verlust
1. Gewinnteilung

Art. 532 Jeder Gesellschafter ist verpflichtet, einen Gewinn, der seiner Natur nach der Gesellschaft zukommt, mit den andern Gesellschaftern zu teilen.

2. Gewinn- und Verlustbeteiligung

Art. 533 ¹ Wird es nicht anders vereinbart, so hat jeder Gesellschafter, ohne Rücksicht auf die Art und Grösse seines Beitrages, gleichen Anteil an Gewinn und Verlust.

² Ist nur der Anteil am Gewinne oder nur der Anteil am Verluste vereinbart, so gilt diese Vereinbarung für beides.

³ Die Verabredung, dass ein Gesellschafter, der zu dem gemeinsamen Zwecke Arbeit beizutragen hat, Anteil am Gewinne, nicht aber am Verluste haben soll, ist zulässig.

III. Gesellschaftsbeschlüsse

Art. 534 ¹ Gesellschaftsbeschlüsse werden mit Zustimmung aller Gesellschafter gefasst.

² Genügt nach dem Vertrage Stimmenmehrheit, so ist die Mehrheit nach der Personenzahl zu berechnen.

IV. Geschäftsführung

Art. 535 ¹ Die Geschäftsführung steht allen Gesellschaftern zu, soweit sie nicht durch Vertrag oder Beschluss einem oder mehreren Gesellschaftern oder Dritten ausschliesslich übertragen ist.

² Steht die Geschäftsführung entweder allen oder mehreren Gesellschaftern zu, so kann jeder von ihnen ohne Mitwirkung der übrigen handeln, es hat aber jeder andere zur Geschäftsführung befugte Gesellschafter das Recht, durch seinen Widerspruch die Handlung zu verhindern, bevor sie vollendet ist.

³ Zur Bestellung eines Generalbevollmächtigten und zur Vornahme von Rechtshandlungen, die über den gewöhnlichen Betrieb der gemeinschaftlichen Geschäfte hinausgehen, ist, sofern nicht Gefahr im Verzuge liegt, die Einwilligung sämtlicher Gesellschafter erforderlich.

V. Verantwortlichkeit unter sich
1. Konkurrenzverbot

Art. 536 Kein Gesellschafter darf zu seinem besonderen Vorteile Geschäfte betreiben, durch die der Zweck der Gesellschaft vereitelt oder beeinträchtigt würde.

2. Ansprüche aus der Tätigkeit für die Gesellschaft

Art. 537 ¹ Für Auslagen oder Verbindlichkeiten, die ein Gesellschafter in den Angelegenheiten der Gesellschaft macht oder eingeht, sowie für Verluste, die er unmittelbar durch seine Geschäftsführung oder aus den untrennbar damit verbundenen Gefahren erleidet, sind ihm die übrigen Gesellschafter haftbar.

² Für die vorgeschossenen Gelder kann er vom Tage des geleisteten Vorschusses an Zinse fordern.

³ Dagegen steht ihm für persönliche Bemühungen kein Anspruch auf besondere Vergütung zu.

3. Mass der Sorgfalt

Art. 538 ¹ Jeder Gesellschafter ist verpflichtet, in den Angelegenheiten der Gesellschaft den Fleiss und die Sorgfalt anzuwenden, die er in seinen eigenen anzuwenden pflegt.

² Er haftet den übrigen Gesellschaftern für den durch sein Verschulden entstandenen Schaden, ohne dass er damit die Vorteile verrechnen könnte, die er der Gesellschaft in andern Fällen verschafft hat.

³ Der geschäftsführende Gesellschafter, der für seine Tätigkeit eine Vergütung bezieht, haftet nach den Bestimmungen über den Auftrag.

VI. Entzug und Beschränkung der Geschäftsführung

Art. 539 ¹ Die im Gesellschaftsvertrage einem Gesellschafter eingeräumte Befugnis zur Geschäftsführung darf von den übrigen Gesellschaftern ohne wichtige Gründe weder entzogen noch beschränkt werden.

² Liegen wichtige Gründe vor, so kann sie von jedem der übrigen Gesellschafter selbst dann entzogen werden, wenn der Gesellschaftsvertrag etwas anderes bestimmt.

³ Ein wichtiger Grund liegt namentlich vor, wenn der Geschäftsführer sich einer groben Pflichtverletzung schuldig gemacht oder die Fähigkeit zu einer guten Geschäftsführung verloren hat.

VII. Geschäftsführende und nicht geschäftsführende Gesellschafter
1. Im Allgemeinen

Art. 540 ¹ Soweit weder in den Bestimmungen dieses Titels noch im Gesellschaftsvertrage etwas anderes vorgesehen ist, kommen auf das Verhältnis der geschäftsführenden Gesellschafter zu den übrigen Gesellschaftern die Vorschriften über Auftrag zur Anwendung.

² Wenn ein Gesellschafter, der nicht zur Geschäftsführung befugt ist, Gesellschaftsangelegenheiten besorgt, oder wenn ein zur Geschäftsführung befugter Gesellschafter seine Befugnis überschreitet, so finden die Vorschriften über die Geschäftsführung ohne Auftrag Anwendung.

2. Einsicht in die Gesellschaftsangelegenheiten

Art. 541 ¹ Der von der Geschäftsführung ausgeschlossene Gesellschafter hat das Recht, sich persönlich von dem Gange der Gesellschaftsangelegenheiten zu unterrichten, von den Geschäftsbüchern und Papieren der Gesellschaft Einsicht zu nehmen und für sich eine Übersicht über den Stand des gemeinschaftlichen Vermögens anzufertigen.

² Eine entgegenstehende Vereinbarung ist nichtig.

VIII. Aufnahme neuer Gesellschafter und Unterbeteiligung

Art. 542 ¹ Ein Gesellschafter kann ohne die Einwilligung der übrigen Gesellschafter keinen Dritten in die Gesellschaft aufnehmen.

² Wenn ein Gesellschafter einseitig einen Dritten an seinem Anteile beteiligt oder seinen Anteil an ihn abtritt, so wird dieser Dritte dadurch nicht zum Gesellschafter der übrigen und erhält insbesondere nicht das Recht, von den Gesellschaftsangelegenheiten Einsicht zu nehmen.

C. Verhältnis der Gesellschafter gegenüber Dritten
I. Vertretung

Art. 543 ¹ Wenn ein Gesellschafter zwar für Rechnung der Gesellschaft, aber in eigenem Namen mit einem Dritten Geschäfte abschliesst, so wird er allein dem Dritten gegenüber berechtigt und verpflichtet.

² Wenn ein Gesellschafter im Namen der Gesellschaft oder sämtlicher Gesellschafter mit einem Dritten Geschäfte abschliesst, so werden die übrigen Gesellschafter dem Dritten gegenüber nur insoweit berechtigt und verpflichtet, als es die Bestimmungen über die Stellvertretung mit sich bringen.

³ Eine Ermächtigung des einzelnen Gesellschafters, die Gesellschaft oder sämtliche Gesellschafter Dritten gegenüber zu vertreten, wird vermutet, sobald ihm die Geschäftsführung überlassen ist.

II. Wirkung der Vertretung

Art. 544 ¹ Sachen, dingliche Rechte oder Forderungen, die an die Gesellschaft übertragen oder für sie erworben sind, gehören den Gesellschaftern gemeinschaftlich nach Massgabe des Gesellschaftsvertrages.

² Die Gläubiger eines Gesellschafters können, wo aus dem Gesellschaftsvertrage nichts anderes hervorgeht, zu ihrer Befriedigung nur den Liquidationsanteil ihres Schuldners in Anspruch nehmen.

³ Haben die Gesellschafter gemeinschaftlich oder durch Stellvertretung einem Dritten gegenüber Verpflichtungen eingegangen, so haften sie ihm solidarisch, unter Vorbehalt anderer Vereinbarung.

D. Beendigung der Gesellschaft
I. Auflösungsgründe
1. Im Allgemeinen

Art. 545 ¹ Die Gesellschaft wird aufgelöst:
1. wenn der Zweck, zu welchem sie abgeschlossen wurde, erreicht oder wenn dessen Erreichung unmöglich geworden ist;

2. wenn ein Gesellschafter stirbt und für diesen Fall nicht schon vorher vereinbart worden ist, dass die Gesellschaft mit den Erben fortbestehen soll;
3.[274] wenn der Liquidationsanteil eines Gesellschafters zur Zwangsverwertung gelangt oder ein Gesellschafter in Konkurs fällt oder unter umfassende Beistandschaft gestellt wird;
4. durch gegenseitige Übereinkunft;
5. durch Ablauf der Zeit, auf deren Dauer die Gesellschaft eingegangen worden ist;
6. durch Kündigung von seiten eines Gesellschafters, wenn eine solche im Gesellschaftsvertrage vorbehalten oder wenn die Gesellschaft auf unbestimmte Dauer oder auf Lebenszeit eines Gesellschafters eingegangen worden ist;
7. durch Urteil des Gerichts[275] im Falle der Auflösung aus einem wichtigen Grund.

² Aus wichtigen Gründen kann die Auflösung der Gesellschaft vor Ablauf der Vertragsdauer oder, wenn sie auf unbestimmte Dauer abgeschlossen worden ist, ohne vorherige Aufkündigung verlangt werden.

2. Gesellschaft auf unbestimmte Dauer

Art. 546 ¹ Ist die Gesellschaft auf unbestimmte Dauer oder auf Lebenszeit eines Gesellschafters geschlossen worden, so kann jeder Gesellschafter den Vertrag auf sechs Monate kündigen.

² Die Kündigung soll jedoch in guten Treuen und nicht zur Unzeit geschehen und darf, wenn jährliche Rechnungsabschlüsse vorgesehen sind, nur auf das Ende eines Geschäftsjahres erfolgen.

³ Wird eine Gesellschaft nach Ablauf der Zeit, für die sie eingegangen worden ist, stillschweigend fortgesetzt, so gilt sie als auf unbestimmte Zeit erneuert.

II. Wirkung der Auflösung auf die Geschäftsführung

Art. 547 ¹ Wird die Gesellschaft in anderer Weise als durch Kündigung aufgelöst, so gilt die Befugnis eines Gesellschafters zur Geschäftsführung zu seinen Gunsten gleichwohl als fortbestehend, bis er von der Auflösung Kenntnis hat oder bei schuldiger Sorgfalt haben sollte.

² Wird die Gesellschaft durch den Tod eines Gesellschafters aufgelöst, so hat der Erbe des verstorbenen Gesellschafters den andern den Todesfall unverzüglich anzuzeigen und die von seinem Erblasser

---

[274] Fassung gemäss Anhang Ziff. 10 des BG vom 19. Dez. 2008 (Erwachsenenschutz, Personenrecht und Kindesrecht), in Kraft seit 1. Jan. 2013 (AS 2011 725; BBl 2006 7001).
[275] Ausdruck gemäss Ziff. I 2 des BG vom 17. März 2017 (Handelsregisterrecht), in Kraft seit 1. Jan. 2021 (AS 2020 957; BBl 2015 3617). Diese Änd. wurde in den in der AS genannten Bestimmungen vorgenommen.

zu besorgenden Geschäfte in guten Treuen fortzusetzen, bis anderweitige Fürsorge getroffen ist.

³ Die andern Gesellschafter haben in gleicher Weise die Geschäfte einstweilen weiter zu führen.

III. Liquidation
1. Behandlung der Einlagen

Art. 548 ¹ Bei der Auseinandersetzung, die nach der Auflösung die Gesellschafter unter sich vorzunehmen haben, fallen die Sachen, die ein Gesellschafter zu Eigentum eingebracht hat, nicht an ihn zurück.

² Er hat jedoch Anspruch auf den Wert, für den sie übernommen worden sind.

³ Fehlt es an einer solchen Wertbestimmung, so geht sein Anspruch auf den Wert, den die Sachen zur Zeit des Einbringens hatten.

2. Verteilung von Überschuss und Fehlbetrag

Art. 549 ¹ Verbleibt nach Abzug der gemeinschaftlichen Schulden, nach Ersatz der Auslagen und Verwendungen an einzelne Gesellschafter und nach Rückerstattung der Vermögensbeiträge ein Überschuss, so ist er unter die Gesellschafter als Gewinn zu verteilen.

² Ist nach Tilgung der Schulden und Ersatz der Auslagen und Verwendungen das gemeinschaftliche Vermögen nicht ausreichend, um die geleisteten Vermögensbeiträge zurückzuerstatten, so haben die Gesellschafter das Fehlende als Verlust zu tragen.

3. Vornahme der Auseinandersetzung

Art. 550 ¹ Die Auseinandersetzung nach Auflösung der Gesellschaft ist von allen Gesellschaftern gemeinsam vorzunehmen mit Einschluss derjenigen, die von der Geschäftsführung ausgeschlossen waren.

² Wenn jedoch der Gesellschaftsvertrag sich nur auf bestimmte einzelne Geschäfte bezog, die ein Gesellschafter in eigenem Namen auf gemeinsame Rechnung zu besorgen hatte, so hat er diese Geschäfte auch nach Auflösung der Gesellschaft allein zu erledigen und den übrigen Gesellschaftern Rechnung abzulegen.

IV. Haftung gegenüber Dritten

Art. 551 An den Verbindlichkeiten gegenüber Dritten wird durch die Auflösung der Gesellschaft nichts geändert.

Dritte Abteilung:[276] Die Handelsgesellschaften und die Genossenschaft

Vierundzwanzigster Titel: Die Kollektivgesellschaft

Erster Abschnitt: Begriff und Errichtung

A. Kaufmännische Gesellschaft

Art. 552 ¹ Die Kollektivgesellschaft ist eine Gesellschaft, in der zwei oder mehrere natürliche Personen, ohne Beschränkung ihrer Haftung gegenüber den Gesellschaftsgläubigern, sich zum Zwecke vereinigen, unter einer gemeinsamen Firma ein Handels-, ein Fabrikations- oder ein anderes nach kaufmännischer Art geführtes Gewerbe zu betreiben.

² Die Gesellschafter haben die Gesellschaft in das Handelsregister eintragen zu lassen.

B. Nichtkaufmännische Gesellschaft

Art. 553 Betreibt eine solche Gesellschaft kein nach kaufmännischer Art geführtes Gewerbe, so entsteht sie als Kollektivgesellschaft erst, wenn sie sich in das Handelsregister eintragen lässt.

C. Registereintrag
I. Ort der Eintragung

Art. 554[277] Die Gesellschaft ist ins Handelsregister des Ortes einzutragen, an dem sie ihren Sitz hat.

II. Vertretung

Art. 555 In das Handelsregister können nur solche Anordnungen über die Vertretung eingetragen werden, die deren Beschränkung auf einen oder einzelne Gesellschafter oder eine Vertretung durch einen Gesellschafter in Gemeinschaft mit andern Gesellschaftern oder mit Prokuristen vorsehen.

III. Formelle Erfordernisse

Art. 556 ¹ Die Anmeldung der einzutragenden Tatsachen oder ihrer Veränderung muss von allen Gesellschaftern persönlich beim Handelsregisteramt unterzeichnet oder schriftlich mit beglaubigten Unterschriften eingereicht werden.

² Die Gesellschafter, denen die Vertretung der Gesellschaft zustehen soll, haben die Firma und ihre Namen persönlich beim Handelsregisteramt zu zeichnen oder die Zeichnung in beglaubigter Form einzureichen.

---

276 Fassung gemäss BG vom 18. Dez. 1936, in Kraft seit 1. Juli 1937 (AS 53 185; BBl 1928 I 205, 1932 I 217). Siehe die Schl- und UeB zu den Tit. XXIV–XXXIII am Schluss des OR.
277 Fassung gemäss Ziff. I 3 des BG vom 16. Dez. 2005 (GmbH-Recht sowie Anpassungen im Aktien-, Genossenschafts-, Handelsregister- und Firmenrecht), in Kraft seit 1. Jan. 2008 (AS 2007 4791; BBl 2002 3148, 2004 3969).

Zweiter Abschnitt: Verhältnis der Gesellschafter unter sich

A. Vertragsfreiheit, Verweisung auf die einfache Gesellschaft

Art. 557 ¹ Das Rechtsverhältnis der Gesellschafter untereinander richtet sich zunächst nach dem Gesellschaftsvertrag.

² Soweit keine Vereinbarung getroffen ist, kommen die Vorschriften über die einfache Gesellschaft zur Anwendung, jedoch mit den Abweichungen, die sich aus den nachfolgenden Bestimmungen ergeben.

B. Rechnungslegung[278]

Art. 558 ¹ Für jedes Geschäftsjahr sind aufgrund der Jahresrechnung der Gewinn oder Verlust zu ermitteln und der Anteil jedes Gesellschafters zu berechnen.[279]

² Jedem Gesellschafter dürfen für seinen Kapitalanteil Zinse gemäss Vertrag gutgeschrieben werden, auch wenn durch den Verlust des Geschäftsjahres der Kapitalanteil vermindert ist. Mangels vertraglicher Abrede beträgt der Zinssatz vier vom Hundert.

³ Ein vertraglich festgesetztes Honorar für die Arbeit eines Gesellschafters wird bei der Ermittlung von Gewinn und Verlust als Gesellschaftsschuld behandelt.

C. Anspruch auf Gewinn, Zinse und Honorar

Art. 559 ¹ Jeder Gesellschafter hat das Recht, aus der Gesellschaftskasse Gewinn, Zinse und Honorar des abgelaufenen Geschäftsjahres zu entnehmen.

² Zinse und Honorare dürfen, soweit dies der Vertrag vorsieht, schon während des Geschäftsjahres, Gewinne dagegen erst nach der Genehmigung des Geschäftsberichts bezogen werden.[280]

³ Gewinne, Zinse und Honorare, die ein Gesellschafter nicht bezieht, werden nach der Genehmigung des Geschäftsberichts seinem Kapitalanteil zugeschrieben, sofern kein anderer Gesellschafter dagegen Einwendungen erhebt.[281]

D. Verluste

Art. 560 ¹ Ist der Kapitalanteil durch Verluste vermindert worden, so behält der Gesellschafter seinen Anspruch auf Ausrichtung des Honorars und der vom verminderten Kapitalanteil zu berechnenden Zinse; ein Gewinnanteil darf erst dann wieder ausbezahlt werden,

---

278 Fassung gemäss Ziff. I 3 des BG vom 23. Dez. 2011 (Rechnungslegungsrecht), in Kraft seit 1. Jan. 2013 (AS 2012 6679; BBl 2008 1589).
279 Fassung gemäss Ziff. I 3 des BG vom 23. Dez. 2011 (Rechnungslegungsrecht), in Kraft seit 1. Jan. 2013 (AS 2012 6679; BBl 2008 1589).
280 Fassung gemäss Ziff. I 3 des BG vom 23. Dez. 2011 (Rechnungslegungsrecht), in Kraft seit 1. Jan. 2013 (AS 2012 6679; BBl 2008 1589).
281 Fassung gemäss Ziff. I 3 des BG vom 23. Dez. 2011 (Rechnungslegungsrecht), in Kraft seit 1. Jan. 2013 (AS 2012 6679; BBl 2008 1589).

wenn die durch den Verlust entstandene Verminderung ausgeglichen ist.

² Die Gesellschafter sind weder verpflichtet, höhere Einlagen zu leisten, als dies im Vertrage vorgesehen ist, noch ihre durch Verlust verminderten Einlagen zu ergänzen.

E. Konkurrenzverbot

Art. 561 Ohne Zustimmung der übrigen Gesellschafter darf ein Gesellschafter in dem Geschäftszweige der Gesellschaft weder für eigene noch für fremde Rechnung Geschäfte machen, noch an einer andern Unternehmung als unbeschränkt haftender Gesellschafter, als Kommanditär oder als Mitglied einer Gesellschaft mit beschränkter Haftung teilnehmen.

Dritter Abschnitt: Verhältnis der Gesellschaft zu Dritten

A. Im Allgemeinen

Art. 562 Die Gesellschaft kann unter ihrer Firma Rechte erwerben und Verbindlichkeiten eingehen, vor Gericht klagen und verklagt werden.

B. Vertretung
I. Grundsatz

Art. 563 Enthält das Handelsregister keine entgegenstehenden Eintragungen, so sind gutgläubige Dritte zu der Annahme berechtigt, es sei jeder einzelne Gesellschafter zur Vertretung der Gesellschaft ermächtigt.

II. Umfang

Art. 564 ¹ Die zur Vertretung befugten Gesellschafter sind ermächtigt, im Namen der Gesellschaft alle Rechtshandlungen vorzunehmen, die der Zweck der Gesellschaft mit sich bringen kann.

² Eine Beschränkung des Umfangs der Vertretungsbefugnis hat gegenüber gutgläubigen Dritten keine Wirkung.

III. Entziehung

Art. 565 ¹ Die Vertretungsbefugnis kann einem Gesellschafter aus wichtigen Gründen entzogen werden.

² Macht ein Gesellschafter solche Gründe glaubhaft, so kann auf seinen Antrag das Gericht, wenn Gefahr im Verzug liegt, die Vertretungsbefugnis vorläufig entziehen. Diese gerichtliche Verfügung ist im Handelsregister einzutragen.

IV. Prokura und Handlungsvollmacht

Art. 566 Die Prokura sowie eine Handlungsvollmacht zum Betriebe des ganzen Gewerbes können nur mit Einwilligung aller zur Vertretung befugten Gesellschafter bestellt, dagegen durch jeden von ihnen mit Wirkung gegen Dritte widerrufen werden.

V. Rechtsgeschäfte und Haftung aus unerlaubten Handlungen	**Art. 567** ¹ Die Gesellschaft wird durch die Rechtsgeschäfte, die ein zu ihrer Vertretung befugter Gesellschafter in ihrem Namen schliesst, berechtigt und verpflichtet.

² Diese Wirkung tritt auch dann ein, wenn die Absicht, für die Gesellschaft zu handeln, aus den Umständen hervorgeht.

³ Die Gesellschaft haftet für den Schaden aus unerlaubten Handlungen, die ein Gesellschafter in Ausübung seiner geschäftlichen Verrichtungen begeht.

C. Stellung der Gesellschaftsgläubiger I. Haftung der Gesellschafter	**Art. 568** ¹ Die Gesellschafter haften für alle Verbindlichkeiten der Gesellschaft solidarisch und mit ihrem ganzen Vermögen.

² Eine entgegenstehende Verabredung unter den Gesellschaftern hat Dritten gegenüber keine Wirkung.

³ Der einzelne Gesellschafter kann jedoch, auch nach seinem Ausscheiden, für Gesellschaftsschulden erst dann persönlich belangt werden, wenn er selbst in Konkurs geraten oder wenn die Gesellschaft aufgelöst oder erfolglos betrieben worden ist. Die Haftung des Gesellschafters aus einer zugunsten der Gesellschaft eingegangenen Solidarbürgschaft bleibt vorbehalten.

II. Haftung neu eintretender Gesellschafter	**Art. 569** ¹ Wer einer Kollektivgesellschaft beitritt, haftet solidarisch mit den übrigen Gesellschaftern und mit seinem ganzen Vermögen auch für die vor seinem Beitritt entstandenen Verbindlichkeiten der Gesellschaft.

² Eine entgegenstehende Verabredung unter den Gesellschaftern hat Dritten gegenüber keine Wirkung.

III. Konkurs der Gesellschaft	**Art. 570** ¹ Die Gläubiger der Gesellschaft haben Anspruch darauf, aus dem Gesellschaftsvermögen unter Ausschluss der Privatgläubiger der einzelnen Gesellschafter befriedigt zu werden.

² Die Gesellschafter können am Konkurse für ihre Kapitaleinlagen und laufenden Zinse nicht als Gläubiger teilnehmen, wohl aber für ihre Ansprüche auf verfallene Zinse sowie auf Forderungen für Honorar oder für Ersatz von im Interesse der Gesellschaft gemachten Auslagen.

IV. Konkurs von Gesellschaft und Gesellschaftern	**Art. 571** ¹ Der Konkurs der Gesellschaft hat den Konkurs der einzelnen Gesellschafter nicht zur Folge.

² Ebenso wenig bewirkt der Konkurs eines Gesellschafters den Konkurs der Gesellschaft.

³ Die Rechte der Gesellschaftsgläubiger im Konkurse des einzelnen Gesellschafters richten sich nach den Vorschriften des Schuldbetreibungs- und Konkursgesetzes vom 11. April 1889[282].

D. Stellung der Privatgläubiger eines Gesellschafters

Art. 572 ¹ Die Privatgläubiger eines Gesellschafters sind nicht befugt, das Gesellschaftsvermögen zu ihrer Befriedigung oder Sicherstellung in Anspruch zu nehmen.

² Gegenstand der Zwangsvollstreckung ist nur, was dem Schuldner an Zinsen, Honorar, Gewinn und Liquidationsanteil aus dem Gesellschaftsverhältnis zukommt.

E. Verrechnung

Art. 573 ¹ Gegen eine Forderung der Gesellschaft kann der Schuldner eine Forderung, die ihm gegen einen einzelnen Gesellschafter zusteht, nicht zur Verrechnung bringen.

² Ebenso wenig kann ein Gesellschafter gegenüber seinem Gläubiger eine Forderung der Gesellschaft verrechnen.

³ Ist dagegen ein Gesellschaftsgläubiger gleichzeitig Privatschuldner eines Gesellschafters, so wird die Verrechnung sowohl zugunsten des Gesellschaftsgläubigers als auch des Gesellschafters zugelassen, sobald der Gesellschafter für eine Gesellschaftsschuld persönlich belangt werden kann.

Vierter Abschnitt: Auflösung und Ausscheiden

A. Im Allgemeinen

Art. 574 ¹ Die Gesellschaft wird aufgelöst durch die Eröffnung des Konkurses. Im Übrigen gelten für die Auflösung die Bestimmungen über die einfache Gesellschaft, soweit sich aus den Vorschriften dieses Titels nicht etwas anderes ergibt.

² Die Gesellschafter haben die Auflösung, abgesehen vom Falle des Konkurses, beim Handelsregisteramt anzumelden.

³ Ist eine Klage auf Auflösung der Gesellschaft angebracht, so kann das Gericht auf Antrag einer Partei vorsorgliche Massnahmen anordnen.

B. Kündigung durch Gläubiger eines Gesellschafters

Art. 575 ¹ Ist ein Gesellschafter in Konkurs geraten, so kann die Konkursverwaltung unter Beobachtung einer mindestens sechsmonatigen Kündigungsfrist die Auflösung der Gesellschaft verlangen, auch wenn die Gesellschaft auf bestimmte Dauer eingegangen wurde.

² Das gleiche Recht steht dem Gläubiger eines Gesellschafters zu, der dessen Liquidationsanteil gepfändet hat.

---

[282] SR 281.1

³ Die Wirkung einer solchen Kündigung kann aber, solange die Auflösung im Handelsregister nicht eingetragen ist, von der Gesellschaft oder von den übrigen Gesellschaftern durch Befriedigung der Konkursmasse oder des betreibenden Gläubigers abgewendet werden.

C. Ausscheiden von Gesellschaftern
I. Übereinkommen

Art. 576 Sind die Gesellschafter vor der Auflösung übereingekommen, dass trotz des Ausscheidens eines oder mehrerer Gesellschafter die Gesellschaft unter den übrigen fortgesetzt werden soll, so endigt sie nur für die Ausscheidenden; im Übrigen besteht sie mit allen bisherigen Rechten und Verbindlichkeiten fort.

II. Ausschliessung durch das Gericht

Art. 577 Wenn die Auflösung der Gesellschaft aus wichtigen Gründen verlangt werden könnte und diese vorwiegend in der Person eines oder mehrerer Gesellschafter liegen, so kann das Gericht auf deren Ausschliessung und auf Ausrichtung ihrer Anteile am Gesellschaftsvermögen erkennen, sofern alle übrigen Gesellschafter es beantragen.

III. Durch die übrigen Gesellschafter

Art. 578 Fällt ein Gesellschafter in Konkurs oder verlangt einer seiner Gläubiger, der dessen Liquidationsanteil gepfändet hat, die Auflösung der Gesellschaft, so können die übrigen Gesellschafter ihn ausschliessen und ihm seinen Anteil am Gesellschaftsvermögen ausrichten.

IV. Bei zwei Gesellschaftern

Art. 579 ¹ Sind nur zwei Gesellschafter vorhanden, so kann derjenige, der keine Veranlassung zur Auflösung gegeben hatte, unter den gleichen Voraussetzungen das Geschäft fortsetzen und dem andern Gesellschafter seinen Anteil am Gesellschaftsvermögen ausrichten.

² Das gleiche kann das Gericht verfügen, wenn die Auflösung wegen eines vorwiegend in der Person des einen Gesellschafters liegenden wichtigen Grundes gefordert wird.

V. Festsetzung des Betrages

Art. 580 ¹ Der dem ausscheidenden Gesellschafter zukommende Betrag wird durch Übereinkunft festgesetzt.

² Enthält der Gesellschaftsvertrag darüber keine Bestimmung und können sich die Beteiligten nicht einigen, so setzt das Gericht den Betrag in Berücksichtigung der Vermögenslage der Gesellschaft im Zeitpunkt des Ausscheidens und eines allfälligen Verschuldens des ausscheidenden Gesellschafters fest.

VI. Eintragung

Art. 581 Das Ausscheiden eines Gesellschafters sowie die Fortsetzung des Geschäftes durch einen Gesellschafter müssen in das Handelsregister eingetragen werden.

D. Mängel in der Organisation der Gesellschaft

Art. 581a[283] Bei Mängeln in der vorgeschriebenen Organisation der Kollektivgesellschaft sind die Vorschriften des Aktienrechts entsprechend anwendbar.

Fünfter Abschnitt: Liquidation

A. Grundsatz

Art. 582 Nach der Auflösung der Gesellschaft erfolgt ihre Liquidation gemäss den folgenden Vorschriften, sofern nicht eine andere Art der Auseinandersetzung von den Gesellschaftern vereinbart oder über das Vermögen der Gesellschaft der Konkurs eröffnet ist.

B. Liquidatoren

Art. 583 [1] Die Liquidation wird von den zur Vertretung befugten Gesellschaftern besorgt, sofern in ihrer Person kein Hindernis besteht und soweit sich die Gesellschafter nicht auf andere Liquidatoren einigen.

[2] Auf Antrag eines Gesellschafters kann das Gericht, sofern wichtige Gründe vorliegen, Liquidatoren abberufen und andere ernennen.

[3] Die Liquidatoren sind in das Handelsregister einzutragen, auch wenn dadurch die bisherige Vertretung der Gesellschaft nicht geändert wird.

C. Vertretung von Erben

Art. 584 Die Erben eines Gesellschafters haben für die Liquidation einen gemeinsamen Vertreter zu bezeichnen.

D. Rechte und Pflichten der Liquidatoren

Art. 585 [1] Die Liquidatoren haben die laufenden Geschäfte zu beendigen, die Verpflichtungen der aufgelösten Gesellschaft zu erfüllen, die Forderungen einzuziehen und das Vermögen der Gesellschaft, soweit es die Auseinandersetzung verlangt, zu versilbern.

[2] Sie haben die Gesellschaft in den zur Liquidation gehörenden Rechtsgeschäften zu vertreten, können für sie Prozesse führen, Vergleiche und Schiedsverträge abschliessen und, soweit es die Liquidation erfordert, auch neue Geschäfte eingehen.

[3] Erhebt ein Gesellschafter Widerspruch gegen einen von den Liquidatoren beschlossenen Verkauf zu einem Gesamtübernahmepreis, gegen die Ablehnung eines solchen Verkaufs oder gegen die beschlossene Art der Veräusserung von Grundstücken, so entscheidet auf Begehren des widersprechenden Gesellschafters das Gericht.

[4] Die Gesellschaft haftet für Schaden aus unerlaubten Handlungen, die ein Liquidator in Ausübung seiner geschäftlichen Verrichtungen begeht.

---

[283] Eingefügt durch Ziff. I 2 des BG vom 17. März 2017 (Handelsregisterrecht), in Kraft seit 1. Jan. 2021 (AS 2020 957; BBl 2015 3617).

E. Vorläufige Verteilung	**Art. 586** [1] Die während der Liquidation entbehrlichen Gelder und Werte werden vorläufig auf Rechnung des endgültigen Liquidationsanteiles unter die Gesellschafter verteilt. [2] Zur Deckung streitiger oder noch nicht fälliger Verbindlichkeiten sind die erforderlichen Mittel zurückzubehalten.
F. Auseinandersetzung I. Bilanz	**Art. 587** [1] Die Liquidatoren haben bei Beginn der Liquidation eine Bilanz aufzustellen. [2] Bei länger andauernder Liquidation sind jährliche Zwischenabschlüsse[284] zu errichten.
II. Rückzahlung des Kapitals und Verteilung des Überschusses	**Art. 588** [1] Das nach Tilgung der Schulden verbleibende Vermögen wird zunächst zur Rückzahlung des Kapitals an die Gesellschafter und sodann zur Entrichtung von Zinsen für die Liquidationszeit verwendet. [2] Ein Überschuss ist nach den Vorschriften über die Gewinnbeteiligung unter die Gesellschafter zu verteilen.
G. Löschung im Handelsregister	**Art. 589** Nach Beendigung der Liquidation haben die Liquidatoren die Löschung der Firma im Handelsregister zu veranlassen.
H. Aufbewahrung der Bücher und Papiere	**Art. 590** [1] Die Bücher und Papiere der aufgelösten Gesellschaft werden während zehn Jahren nach der Löschung der Firma im Handelsregister an einem von den Gesellschaftern oder, wenn sie sich nicht einigen, vom Handelsregisteramt zu bezeichnenden Ort aufbewahrt. [2] Die Gesellschafter und ihre Erben behalten das Recht, in die Bücher und Papiere Einsicht zu nehmen.

Sechster Abschnitt: Verjährung

A. Gegenstand und Frist	**Art. 591** [1] Die Forderungen von Gesellschaftsgläubigern gegen einen Gesellschafter für Verbindlichkeiten der Gesellschaft verjähren in fünf Jahren nach der Veröffentlichung seines Ausscheidens oder der Auflösung der Gesellschaft im Schweizerischen Handelsamtsblatt, sofern nicht wegen der Natur der Forderung eine kürzere Verjährungsfrist gilt. [2] Wird die Forderung erst nach dieser Veröffentlichung fällig, so beginnt die Verjährung mit dem Zeitpunkt der Fälligkeit. [3] Auf Forderungen der Gesellschafter untereinander findet diese Verjährung keine Anwendung.

---

284 Ausdruck gemäss Ziff. I des BG vom 19. Juni 2020 (Aktienrecht), in Kraft seit 1. Jan. 2023 (AS 2020 4005; 2022 109; BBl 2017 399). Diese Änd. wurde in den in der AS genannten Bestimmungen vorgenommen.

B. Besondere Fälle

Art. 592 [1] Die fünfjährige Verjährung kann dem Gläubiger, der seine Befriedigung nur aus ungeteiltem Gesellschaftsvermögen sucht, nicht entgegengesetzt werden.

[2] Übernimmt ein Gesellschafter das Geschäft mit Aktiven und Passiven, so kann er den Gläubigern die fünfjährige Verjährung nicht entgegenhalten. Dagegen tritt für die ausgeschiedenen Gesellschafter anstelle der fünfjährigen die dreijährige Frist nach den Grundsätzen der Schuldübernahme; ebenso wenn ein Dritter das Geschäft mit Aktiven und Passiven übernimmt.[285]

C. Unterbrechung

Art. 593 Die Unterbrechung der Verjährung gegenüber der fortbestehenden Gesellschaft oder einem andern Gesellschafter vermag die Verjährung gegenüber einem ausgeschiedenen Gesellschafter nicht zu unterbrechen.

Fünfundzwanzigster Titel: Die Kommanditgesellschaft

Erster Abschnitt: Begriff und Errichtung

A. Kaufmännische Gesellschaft

Art. 594 [1] Eine Kommanditgesellschaft ist eine Gesellschaft, in der zwei oder mehrere Personen sich zum Zwecke vereinigen, ein Handels-, ein Fabrikations- oder ein anderes nach kaufmännischer Art geführtes Gewerbe unter einer gemeinsamen Firma in der Weise zu betreiben, dass wenigstens ein Mitglied unbeschränkt, eines oder mehrere aber als Kommanditäre nur bis zum Betrag einer bestimmten Vermögenseinlage, der Kommanditsumme, haften.

[2] Unbeschränkt haftende Gesellschafter können nur natürliche Personen, Kommanditäre jedoch auch juristische Personen und Handelsgesellschaften sein.

[3] Die Gesellschafter haben die Gesellschaft in das Handelsregister eintragen zu lassen.

B. Nichtkaufmännische Gesellschaft

Art. 595 Betreibt eine solche Gesellschaft kein nach kaufmännischer Art geführtes Gewerbe, so entsteht sie als Kommanditgesellschaft erst, wenn sie sich in das Handelsregister eintragen lässt.

---

[285] Fassung gemäss Ziff. I des BG vom 19. Juni 2020 (Aktienrecht), in Kraft seit 1. Jan. 2023 (AS 2020 4005; 2022 109; BBl 2017 399).

Die Kommanditgesellschaft Art. 600 OR | 1

| C. Registereintrag | **Art. 596** [1] Die Gesellschaft ist ins Handelsregister des Ortes ein-
| I. Ort der Eintragung und Sacheinlagen[286] | zutragen, an dem sie ihren Sitz hat.[287]

2 ...[288]

3 Soll die Kommanditsumme nicht oder nur teilweise in bar entrichtet werden, so ist die Sacheinlage in der Anmeldung ausdrücklich und mit bestimmtem Wertansatz zu bezeichnen und in das Handelsregister einzutragen.

II. Formelle Erfordernisse

Art. 597 [1] Die Anmeldung der einzutragenden Tatsachen oder ihrer Veränderung muss von allen Gesellschaftern beim Handelsregisteramt unterzeichnet oder schriftlich mit beglaubigten Unterschriften eingereicht werden.

[2] Die unbeschränkt haftenden Gesellschafter, denen die Vertretung der Gesellschaft zustehen soll, haben die Firma und ihre Namen persönlich beim Handelsregisteramt zu zeichnen oder die Zeichnung in beglaubigter Form einzureichen.

Zweiter Abschnitt: Verhältnis der Gesellschafter unter sich

A. Vertragsfreiheit. Verweisung auf die Kollektivgesellschaft

Art. 598 [1] Das Rechtsverhältnis der Gesellschafter untereinander richtet sich zunächst nach dem Gesellschaftsvertrag.

[2] Soweit keine Vereinbarung getroffen ist, kommen die Vorschriften über die Kollektivgesellschaft zur Anwendung, jedoch mit den Abweichungen, die sich aus den nachfolgenden Bestimmungen ergeben.

B. Geschäftsführung

Art. 599 Die Geschäftsführung der Gesellschaft wird durch den oder die unbeschränkt haftenden Gesellschafter besorgt.

C. Stellung des Kommanditärs

Art. 600 [1] Der Kommanditär ist als solcher zur Führung der Geschäfte der Gesellschaft weder berechtigt noch verpflichtet.

[2] Er ist auch nicht befugt, gegen die Vornahme einer Handlung der Geschäftsführung Widerspruch zu erheben, wenn diese Handlung zum gewöhnlichen Geschäftsbetrieb der Gesellschaft gehört.

---

286 Fassung gemäss Ziff. I 3 des BG vom 16. Dez. 2005 (GmbH-Recht sowie Anpassungen im Aktien-, Genossenschafts-, Handelsregister- und Firmenrecht), in Kraft seit 1. Jan. 2008 (AS 2007 4791; BBl 2002 3148, 2004 3969).

287 Fassung gemäss Ziff. I 3 des BG vom 16. Dez. 2005 (GmbH-Recht sowie Anpassungen im Aktien-, Genossenschafts-, Handelsregister- und Firmenrecht), in Kraft seit 1. Jan. 2008 (AS 2007 4791; BBl 2002 3148, 2004 3969).

288 Aufgehoben durch Ziff. I 3 des BG vom 16. Dez. 2005 (GmbH-Recht sowie Anpassungen im Aktien-, Genossenschafts-, Handelsregister- und Firmenrecht), mit Wirkung seit 1. Jan. 2008 (AS 2007 4791; BBl 2002 3148, 2004 3969).

³ Er ist berechtigt, eine Abschrift der Erfolgsrechnung und der Bilanz zu verlangen und deren Richtigkeit unter Einsichtnahme in die Geschäftsbücher und Buchungsbelege zu prüfen oder durch einen unabhängigen Sachverständigen prüfen zu lassen; im Streitfall bezeichnet das Gericht den Sachverständigen.[289]

D. Gewinn- und Verlustbeteiligung

Art. 601 ¹ Am Verlust nimmt der Kommanditär höchstens bis zum Betrage seiner Kommanditsumme teil.

² Fehlt es an Vereinbarungen über die Beteiligung des Kommanditärs am Gewinn und am Verlust, so entscheidet darüber das Gericht nach freiem Ermessen.

³ Ist die Kommanditsumme nicht voll einbezahlt oder ist sie nach erfolgter Einzahlung vermindert worden, so dürfen ihr Zinse, Gewinne und allfällige Honorare nur so weit zugeschrieben werden, bis sie ihren vollen Betrag wieder erreicht hat.

Dritter Abschnitt: Verhältnis der Gesellschaft zu Dritten

A. Im Allgemeinen

Art. 602 Die Gesellschaft kann unter ihrer Firma Rechte erwerben und Verbindlichkeiten eingehen, vor Gericht klagen und verklagt werden.

B. Vertretung

Art. 603 Die Gesellschaft wird nach den für die Kollektivgesellschaft geltenden Vorschriften durch den oder die unbeschränkt haftenden Gesellschafter vertreten.

C. Haftung des unbeschränkt haftenden Gesellschafters

Art. 604 Der unbeschränkt haftende Gesellschafter kann für eine Gesellschaftsschuld erst dann persönlich belangt werden, wenn die Gesellschaft aufgelöst oder erfolglos betrieben worden ist.

D. Haftung des Kommanditärs
I. Handlungen für die Gesellschaft

Art. 605 Schliesst der Kommanditär für die Gesellschaft Geschäfte ab, ohne ausdrücklich zu erklären, dass er nur als Prokurist oder als Bevollmächtigter handle, so haftet er aus diesen Geschäften gutgläubigen Dritten gegenüber gleich einem unbeschränkt haftenden Gesellschafter.

II. Mangelnder Eintrag

Art. 606 Ist die Gesellschaft vor der Eintragung in das Handelsregister im Verkehr aufgetreten, so haftet der Kommanditär für die bis zur Eintragung entstandenen Verbindlichkeiten Dritten gegenüber gleich einem unbeschränkt haftenden Gesellschafter, wenn er nicht beweist, dass ihnen die Beschränkung seiner Haftung bekannt war.

---

289 Fassung gemäss Ziff. I 3 des BG vom 23. Dez. 2011 (Rechnungslegungsrecht), in Kraft seit 1. Jan. 2013 (AS 2012 6679; BBl 2008 1589).

III. ... **Art. 607**[290]

IV. Umfang der Haftung **Art. 608** ¹ Der Kommanditär haftet Dritten gegenüber mit der im Handelsregister eingetragenen Kommanditsumme.

² Hat er selbst oder hat die Gesellschaft mit seinem Wissen gegenüber Dritten eine höhere Kommanditsumme kundgegeben, so haftet er bis zu diesem Betrage.

³ Den Gläubigern steht der Nachweis offen, dass der Wertansatz von Sacheinlagen ihrem wirklichen Wert im Zeitpunkt ihres Einbringens nicht entsprochen hat.

V. Verminderung der Kommanditsumme **Art. 609** ¹ Wenn der Kommanditär die im Handelsregister eingetragene oder auf andere Art kundgegebene Kommanditsumme durch Vereinbarung mit den übrigen Gesellschaftern oder durch Bezüge vermindert, so wird diese Veränderung Dritten gegenüber erst dann wirksam, wenn sie in das Handelsregister eingetragen und veröffentlicht worden ist.

² Für die vor dieser Bekanntmachung entstandenen Verbindlichkeiten bleibt der Kommanditär mit der unverminderten Kommanditsumme haftbar.

VI. Klagerecht der Gläubiger **Art. 610** ¹ Während der Dauer der Gesellschaft haben die Gesellschaftsgläubiger kein Klagerecht gegen den Kommanditär.

² Wird die Gesellschaft aufgelöst, so können die Gläubiger, die Liquidatoren oder die Konkursverwaltung verlangen, dass die Kommanditsumme in die Liquidations- oder Konkursmasse eingeworfen werde, soweit sie noch nicht geleistet oder soweit sie dem Kommanditär wieder zurückerstattet worden ist.

VII. Bezug von Zinsen und Gewinn **Art. 611** ¹ Auf Auszahlung von Zinsen und Gewinn hat der Kommanditär nur Anspruch, wenn und soweit die Kommanditsumme durch die Auszahlung nicht vermindert wird.

² Der Kommanditär ist verpflichtet, unrechtmässig bezogene Zinsen und Gewinne zurückzubezahlen. Artikel 64 findet Anwendung.[291]

VIII. Eintritt in eine Gesellschaft **Art. 612** ¹ Wer einer Kollektiv- oder Kommanditgesellschaft als Kommanditär beitritt, haftet mit der Kommanditsumme auch für die vor seinem Beitritt entstandenen Verbindlichkeiten.

---

290 Aufgehoben durch Ziff. I des BG vom 25. Sept. 2015 (Firmenrecht), mit Wirkung seit 1. Juli 2016 (AS 2016 1507; BBl 2014 9305).
291 Fassung gemäss Ziff. I 3 des BG vom 23. Dez. 2011 (Rechnungslegungsrecht), in Kraft seit 1. Jan. 2013 (AS 2012 6679; BBl 2008 1589).

² Eine entgegenstehende Verabredung unter den Gesellschaftern hat Dritten gegenüber keine Wirkung.

E. Stellung der Privatgläubiger

Art. 613 ¹ Die Privatgläubiger eines unbeschränkt haftenden Gesellschafters oder eines Kommanditärs sind nicht befugt, das Gesellschaftsvermögen zu ihrer Befriedigung oder Sicherstellung in Anspruch zu nehmen.

² Gegenstand der Zwangsvollstreckung ist nur, was dem Schuldner an Zinsen, Gewinn und Liquidationsanteil sowie an allfälligem Honorar aus dem Gesellschaftsverhältnis zukommt.

F. Verrechnung

Art. 614 ¹ Ein Gesellschaftsgläubiger, der gleichzeitig Privatschuldner des Kommanditärs ist, kann diesem gegenüber eine Verrechnung nur dann beanspruchen, wenn der Kommanditär unbeschränkt haftet.

² Im Übrigen richtet sich die Verrechnung nach den Vorschriften über die Kollektivgesellschaft.

G. Konkurs
I. Im Allgemeinen

Art. 615 ¹ Der Konkurs der Gesellschaft hat den Konkurs der einzelnen Gesellschafter nicht zur Folge.

² Ebenso wenig bewirkt der Konkurs eines Gesellschafters den Konkurs der Gesellschaft.

II. Konkurs der Gesellschaft

Art. 616 ¹ Im Konkurse der Gesellschaft wird das Gesellschaftsvermögen zur Befriedigung der Gesellschaftsgläubiger verwendet unter Ausschluss der Privatgläubiger der einzelnen Gesellschafter.

² Was der Kommanditär auf Rechnung seiner Kommanditsumme an die Gesellschaft geleistet hat, kann er nicht als Forderung anmelden.

III. Vorgehen gegen den unbeschränkt haftenden Gesellschafter

Art. 617 Wenn das Gesellschaftsvermögen zur Befriedigung der Gesellschaftsgläubiger nicht hinreicht, so sind diese berechtigt, für den ganzen unbezahlten Rest ihrer Forderungen aus dem Privatvermögen jedes einzelnen unbeschränkt haftenden Gesellschafters in Konkurrenz mit seinen Privatgläubigern Befriedigung zu suchen.

IV. Konkurs des Kommanditärs

Art. 618 Im Konkurse des Kommanditärs haben weder die Gesellschaftsgläubiger noch die Gesellschaft ein Vorzugsrecht vor den Privatgläubigern.

Vierter Abschnitt: Auflösung, Liquidation, Verjährung

Art. 619 [1] Für die Auflösung und Liquidation der Gesellschaft und für die Verjährung der Forderungen gegen die Gesellschafter gelten die gleichen Bestimmungen wie bei der Kollektivgesellschaft.

[2] Fällt ein Kommanditär in Konkurs oder wird sein Liquidationsanteil gepfändet, so sind die für den Kollektivgesellschafter geltenden Bestimmungen entsprechend anwendbar. Dagegen haben der Tod und die Errichtung einer umfassenden Beistandschaft für den Kommanditär nicht die Auflösung der Gesellschaft zur Folge.[292]

Sechsundzwanzigster Titel:[293] Die Aktiengesellschaft

Erster Abschnitt: Allgemeine Bestimmungen

A. Begriff

Art. 620[294] [1] Die Aktiengesellschaft ist eine Kapitalgesellschaft, an der eine oder mehrere Personen oder Handelsgesellschaften beteiligt sind. Für ihre Verbindlichkeiten haftet nur das Gesellschaftsvermögen.

[2] Die Aktionäre sind nur zu den statutarischen Leistungen verpflichtet.

[3] Aktionär ist, wer mit mindestens einer Aktie an der Gesellschaft beteiligt ist.

B. Aktienkapital

Art. 621[295] [1] Das Aktienkapital beträgt mindestens 100 000 Franken.

[2] Zulässig ist auch ein Aktienkapital in der für die Geschäftstätigkeit wesentlichen ausländischen Währung. Zum Zeitpunkt der Errichtung muss dieses einem Gegenwert von mindestens 100 000 Franken entsprechen. Lautet das Aktienkapital auf eine ausländische Währung, so haben die Buchführung und die Rechnungslegung in derselben Währung zu erfolgen. Der Bundesrat legt die zulässigen Währungen fest.

[3] Die Generalversammlung kann den Wechsel der Währung, auf die das Aktienkapital lautet, auf den Beginn eines Geschäftsjahrs beschliessen. In einem solchen Fall passt der Verwaltungsrat die Sta-

---

292 Fassung des zweiten Satzes gemäss Anhang Ziff. 10 des BG vom 19. Dez. 2008 (Erwachsenenschutz, Personenrecht und Kindesrecht), in Kraft seit 1. Jan. 2013 (AS 2011 725; BBl 2006 7001).
293 Siehe auch die SchlB. zu diesem Tit. am Ende des OR.
294 Fassung gemäss Ziff. I des BG vom 19. Juni 2020 (Aktienrecht), in Kraft seit 1. Jan. 2023 (AS 2020 4005; 2022 109; BBl 2017 399).
295 Fassung gemäss Ziff. I des BG vom 19. Juni 2020 (Aktienrecht), in Kraft seit 1. Jan. 2023 (AS 2020 4005; 2022 109; BBl 2017 399).

tuten an. Er stellt dabei fest, dass die Voraussetzungen von Absatz 2 erfüllt sind, und hält den angewandten Umrechnungskurs fest. Die Beschlüsse der Generalversammlung und des Verwaltungsrats müssen öffentlich beurkundet werden.

C. Aktien
I. Arten

Art. 622 [1] Die Aktien lauten auf den Namen oder auf den Inhaber. Sie können als Wertpapiere ausgegeben werden. Die Statuten können bestimmen, dass sie als Wertrechte nach Artikel 973c oder 973d oder als Bucheffekten im Sinne des Bucheffektengesetzes vom 3. Oktober 2008[296] (BEG) ausgegeben werden.[297]

[1bis] Inhaberaktien sind nur zulässig, wenn die Gesellschaft Beteiligungspapiere an einer Börse kotiert hat oder die Inhaberaktien als Bucheffekten im Sinne des BEG ausgestaltet und bei einer von der Gesellschaft bezeichneten Verwahrungsstelle in der Schweiz hinterlegt oder im Hauptregister eingetragen sind.[298]

[2] Beide Arten von Aktien können in einem durch die Statuten bestimmten Verhältnis nebeneinander bestehen.

[2bis] Eine Gesellschaft mit Inhaberaktien muss im Handelsregister eintragen lassen, ob sie Beteiligungspapiere an einer Börse kotiert hat oder ihre Inhaberaktien als Bucheffekten ausgestaltet sind. [299]

[2ter] Werden sämtliche Beteiligungspapiere dekotiert, so muss die Gesellschaft die bestehenden Inhaberaktien innerhalb einer Frist von sechs Monaten entweder in Namenaktien umwandeln oder als Bucheffekten ausgestalten. [300]

[3] Namenaktien können in Inhaberaktien und Inhaberaktien können in Namenaktien umgewandelt werden.[301]

[4] Die Aktien weisen einen Nennwert auf, der grösser als null ist.[302]

---

[296] SR 957.1
[297] Fassung gemäss Ziff. I 1 des BG vom 25. Sept. 2020 zur Anpassung des Bundesrechts an Entwicklungen der Technik verteilter elektronischer Register, in Kraft seit 1. Febr. 2021 (AS 2021 33; BBl 2020 233).
[298] Eingefügt durch Ziff. I 1 des BG vom 21. Juni 2019 zur Umsetzung von Empfehlungen des Globalen Forums über Transparenz und Informationsaustausch für Steuerzwecke (AS 2019 3161; BBl 2019 279). Fassung gemäss Ziff. I 1 des BG vom 25. Sept. 2020 zur Anpassung des Bundesrechts an Entwicklungen der Technik verteilter elektronischer Register, in Kraft seit 1. Febr. 2021 (AS 2021 33; BBl 2020 233).
[299] Eingefügt durch Ziff. I 1 des BG vom 21. Juni 2019 zur Umsetzung von Empfehlungen des Globalen Forums über Transparenz und Informationsaustausch für Steuerzwecke, in Kraft seit 1. Nov. 2019 (AS 2019 3161; BBl 2019 279).
[300] Eingefügt durch Ziff. I 1 des BG vom 21. Juni 2019 zur Umsetzung von Empfehlungen des Globalen Forums über Transparenz und Informationsaustausch für Steuerzwecke, in Kraft seit 1. Nov. 2019 (AS 2019 3161; BBl 2019 279).
[301] Fassung gemäss Ziff. I des BG vom 19. Juni 2020 (Aktienrecht), in Kraft seit 1. Jan. 2023 (AS 2020 4005; 2022 109; BBl 2017 399).
[302] Fassung gemäss Ziff. I des BG vom 19. Juni 2020 (Aktienrecht), in Kraft seit 1. Jan. 2023 (AS 2020 4005; 2022 109; BBl 2017 399).

⁵ Werden Aktientitel ausgegeben, so müssen sie von mindestens einem Mitglied des Verwaltungsrats unterschrieben sein.[303]

II. Zerlegung und Zusammenlegung

Art. 623 ¹ Die Generalversammlung ist befugt, durch Statutenänderung bei unverändert bleibendem Aktienkapital[304] die Aktien in solche von kleinerem Nennwert zu zerlegen oder zu solchen von grösserem Nennwert zusammenzulegen.

² Für die Zusammenlegung von Aktien, die nicht an einer Börse kotiert sind, bedarf es der Zustimmung aller betroffenen Aktionäre.[305]

III. Ausgabebetrag

Art. 624 ¹ Die Aktien dürfen nur zum Nennwert oder zu einem diesen übersteigenden Betrage ausgegeben werden. Vorbehalten bleibt die Ausgabe neuer Aktien, die an Stelle ausgefallener Aktien treten.

2–3 ...[306]

Art. 625[307]

D. Gesetzlich vorgeschriebener Inhalt der Statuten[309]

Art. 626[308] ¹ Die Statuten müssen Bestimmungen enthalten über:
1. die Firma und den Sitz der Gesellschaft;
2. den Zweck der Gesellschaft;
3.[310] die Höhe und die Währung des Aktienkapitals sowie den Betrag der darauf geleisteten Einlagen;
4. Anzahl, Nennwert und Art der Aktien;
5. und 6.[311] ...
7.[312] die Form der Mitteilungen der Gesellschaft an ihre Aktionäre.

² In einer Gesellschaft, deren Aktien an einer Börse kotiert sind, müssen die Statuten zudem Bestimmungen enthalten über:

---

[303] Fassung gemäss Ziff. I des BG vom 19. Juni 2020 (Aktienrecht), in Kraft seit 1. Jan. 2023 (AS 2020 4005; 2022 109; BBl 2017 399).
[304] Ausdruck gemäss Ziff. II 1 des BG vom 4. Okt. 1991, in Kraft seit 1. Juli 1992 (AS 1992 733; BBl 1983 II 745). Diese Änderung ist im ganzen Erlass berücksichtigt.
[305] Fassung gemäss Ziff. I des BG vom 19. Juni 2020 (Aktienrecht), in Kraft seit 1. Jan. 2023 (AS 2020 4005; 2022 109; BBl 2017 399).
[306] Aufgehoben durch Ziff. I des BG vom 4. Okt. 1991, mit Wirkung seit 1. Juli 1992 (AS 1992 733; BBl 1983 II 745).
[307] Aufgehoben durch Ziff. I des BG vom 19. Juni 2020 (Aktienrecht), mit Wirkung seit 1. Jan. 2023 (AS 2020 4005; 2022 109; BBl 2017 399).
[308] Fassung gemäss Ziff. I des BG vom 4. Okt. 1991, in Kraft seit 1. Juli 1992 (AS 1992 733; BBl 1983 II 745).
[309] Fassung gemäss Ziff. I des BG vom 19. Juni 2020 (Aktienrecht), in Kraft seit 1. Jan. 2023 (AS 2020 4005; 2022 109; BBl 2017 399).
[310] Fassung gemäss Ziff. I des BG vom 19. Juni 2020 (Aktienrecht), in Kraft seit 1. Jan. 2023 (AS 2020 4005; 2022 109; BBl 2017 399).
[311] Aufgehoben durch Ziff. I des BG vom 19. Juni 2020 (Aktienrecht), mit Wirkung seit 1. Jan. 2023 (AS 2020 4005; 2022 109; BBl 2017 399).
[312] Fassung gemäss Ziff. I des BG vom 19. Juni 2020 (Aktienrecht), in Kraft seit 1. Jan. 2023 (AS 2020 4005; 2022 109; BBl 2017 399).

1. die Anzahl der Tätigkeiten, welche die Mitglieder des Verwaltungsrats, der Geschäftsleitung und des Beirats in vergleichbaren Funktionen bei anderen Unternehmen mit wirtschaftlichem Zweck ausüben dürfen;
2. die maximale Dauer der Verträge, die den Vergütungen für die Mitglieder des Verwaltungsrats, der Geschäftsleitung und des Beirats zugrunde liegen, und die maximale Kündigungsfrist für unbefristete Verträge (Art. 735b);
3. die Grundsätze zu den Aufgaben und Zuständigkeiten des Vergütungsausschusses;
4. die Einzelheiten zur Abstimmung der Generalversammlung über die Vergütungen des Verwaltungsrats, der Geschäftsleitung und des Beirats.[313]

³ Nicht als andere Unternehmen nach Absatz 2 Ziffer 1 gelten Unternehmen, die durch die Gesellschaft kontrolliert werden oder die die Gesellschaft kontrollieren.[314]

Art. 627 und 628[315]

E. Gründung
I. Errichtungsakt
1. Inhalt[317]

Art. 629[316] ¹ Die Gesellschaft wird errichtet, indem die Gründer in öffentlicher Urkunde erklären, eine Aktiengesellschaft zu gründen, darin die Statuten festlegen und die Organe bestellen.

² In diesem Errichtungsakt zeichnen die Gründer die Aktien und stellen fest, dass:
1. sämtliche Aktien gültig gezeichnet sind;
2. die versprochenen Einlagen dem gesamten Ausgabebetrag entsprechen;
3. die gesetzlichen und statutarischen Anforderungen an die geleisteten Einlagen im Zeitpunkt der Unterzeichnung des Errichtungsakts erfüllt sind;
4. keine anderen Sacheinlagen, Verrechnungstatbestände oder besonderen Vorteile bestehen als die in den Belegen genannten.[318]

³ Wird das Aktienkapital in ausländischer Währung festgelegt oder werden Einlagen in einer anderen Währung geleistet als derjenigen

---

313 Eingefügt durch Ziff. I des BG vom 19. Juni 2020 (Aktienrecht), in Kraft seit 1. Jan. 2023 (AS 2020 4005; 2022 109; BBl 2017 399).
314 Eingefügt durch Ziff. I des BG vom 19. Juni 2020 (Aktienrecht), in Kraft seit 1. Jan. 2023 (AS 2020 4005; 2022 109; BBl 2017 399).
315 Aufgehoben durch Ziff. I des BG vom 19. Juni 2020 (Aktienrecht), mit Wirkung seit 1. Jan. 2023 (AS 2020 4005; 2022 109; BBl 2017 399).
316 Fassung gemäss Ziff. I des BG vom 4. Okt. 1991, in Kraft seit 1. Juli 1992 (AS 1992 733; BBl 1983 II 745).
317 Fassung gemäss Ziff. I des BG vom 19. Juni 2020 (Aktienrecht), in Kraft seit 1. Jan. 2023 (AS 2020 4005; 2022 109; BBl 2017 399).
318 Fassung gemäss Ziff. I des BG vom 19. Juni 2020 (Aktienrecht), in Kraft seit 1. Jan. 2023 (AS 2020 4005; 2022 109; BBl 2017 399).

des Aktienkapitals, so sind die angewandten Umrechnungskurse in der öffentlichen Urkunde anzugeben.[319]

2. Aktienzeichnung

Art. 630[320] Die Zeichnung bedarf zu ihrer Gültigkeit:
1. der Angabe von Anzahl, Nennwert, Art, Kategorie und Ausgabebetrag der Aktien;
2. einer bedingungslosen Verpflichtung, eine dem Ausgabebetrag entsprechende Einlage zu leisten.

II. Belege

Art. 631[321] ^{1} Im Errichtungsakt muss die Urkundsperson die Belege über die Gründung einzeln nennen und bestätigen, dass sie ihr und den Gründern vorgelegen haben.

^{2} Dem Errichtungsakt sind folgende Unterlagen beizulegen:
1. die Statuten;
2. der Gründungsbericht;
3. die Prüfungsbestätigung;
4. die Bestätigung über die Hinterlegung von Einlagen in Geld;
5. die Sacheinlageverträge;
6.[322] ...

III. Einlagen
1. Mindesteinlage

Art. 632[323] ^{1} Bei der Errichtung der Gesellschaft muss die Einlage für mindestens 20 Prozent des Nennwertes jeder Aktie geleistet sein.

^{2} In allen Fällen müssen die geleisteten Einlagen mindestens 50 000 Franken betragen. Lautet das Aktienkapital auf eine ausländische Währung, so müssen die geleisteten Einlagen zum Zeitpunkt der Errichtung einem Gegenwert von mindestens 50 000 Franken entsprechen.[324]

2. Leistung der Einlagen
a. Einzahlungen

Art. 633[325] ^{1} Einlagen in Geld müssen bei einer Bank nach Artikel 1 Absatz 1 des Bankengesetzes vom 8. November 1934[326] zur ausschliesslichen Verfügung der Gesellschaft hinterlegt werden.

---

319 Eingefügt durch Ziff. I des BG vom 19. Juni 2020 (Aktienrecht), in Kraft seit 1. Jan. 2023 (AS 2020 4005; 2022 109; BBl 2017 399).
320 Fassung gemäss Ziff. I des BG vom 4. Okt. 1991, in Kraft seit 1. Juli 1992 (AS 1992 733; BBl 1983 II 745).
321 Fassung gemäss Ziff. I 3 des BG vom 16. Dez. 2005 (GmbH-Recht sowie Anpassungen im Aktien-, Genossenschafts-, Handelsregister- und Firmenrecht), in Kraft seit 1. Jan. 2008 (AS 2007 4791; BBl 2002 3148, 2004 3969).
322 Aufgehoben durch Ziff. I des BG vom 19. Juni 2020 (Aktienrecht), mit Wirkung seit 1. Jan. 2023 (AS 2020 4005; 2022 109; BBl 2017 399).
323 Fassung gemäss Ziff. I des BG vom 4. Okt. 1991, in Kraft seit 1. Juli 1992 (AS 1992 733; BBl 1983 II 745).
324 Zweiter Satz eingefügt durch Ziff. I des BG vom 19. Juni 2020 (Aktienrecht), in Kraft seit 1. Jan. 2023 (AS 2020 4005; 2022 109; BBl 2017 399).
325 Fassung gemäss Ziff. I des BG vom 19. Juni 2020 (Aktienrecht), in Kraft seit 1. Jan. 2023 (AS 2020 4005; 2022 109; BBl 2017 399).
326 SR 952.0

² Die Bank gibt den Betrag erst frei, wenn die Gesellschaft im Handelsregister eingetragen ist.

³ Als Einlagen in Geld gelten Einzahlungen in der Währung, auf die das Aktienkapital lautet, sowie Einzahlungen in anderen zum Aktienkapital frei konvertierbaren Währungen.

b. Sacheinlagen

Art. 634[327] ¹ Gegenstände einer Sacheinlage gelten als Deckung, wenn die folgenden Voraussetzungen erfüllt sind:
1. Sie können als Aktiven bilanziert werden.
2. Sie können in das Vermögen der Gesellschaft übertragen werden.
3. Die Gesellschaft kann nach ihrer Eintragung in das Handelsregister sofort als Eigentümerin frei darüber verfügen oder erhält, im Falle eines Grundstücks, einen bedingungslosen Anspruch auf Eintragung in das Grundbuch.
4. Sie können durch Übertragung auf Dritte verwertet werden.

² Die Sacheinlage ist schriftlich zu vereinbaren. Der Vertrag ist öffentlich zu beurkunden, wenn dies für die Übertragung des Gegenstandes vorgeschrieben ist.

³ Eine einzige öffentliche Urkunde genügt auch dann, wenn Grundstücke, die Gegenstand der Sacheinlage sind, in verschiedenen Kantonen liegen. Die Urkunde muss durch eine Urkundsperson am Sitz der Gesellschaft errichtet werden.

⁴ Die Statuten müssen den Gegenstand und dessen Bewertung sowie den Namen des Einlegers und die dafür ausgegebenen Aktien sowie allfällige weitere Gegenleistungen der Gesellschaft angeben. Die Generalversammlung kann die Statutenbestimmungen nach zehn Jahren aufheben.

c. Verrechnung mit einer Forderung

Art. 634a[328] ¹ Die Liberierung kann auch durch Verrechnung mit einer Forderung erfolgen.

² Die Verrechnung mit einer Forderung gilt auch als Deckung, wenn die Forderung nicht mehr durch Aktiven gedeckt ist.

³ Die Statuten müssen den Betrag der zur Verrechnung gebrachten Forderung, den Namen des Aktionärs und die ihm zukommenden Aktien angeben. Die Generalversammlung kann die Statutenbestimmungen nach zehn Jahren aufheben.

---

327 Fassung gemäss Ziff. I des BG vom 19. Juni 2020 (Aktienrecht), in Kraft seit 1. Jan. 2023 (AS 2020 4005; 2022 109; BBl 2017 399).
328 Eingefügt durch Ziff. I des BG vom 4. Okt. 1991 (AS 1992 733: BBl 1983 II 745). Fassung gemäss Ziff. I des BG vom 19. Juni 2020 (Aktienrecht), in Kraft seit 1. Jan. 2023 (AS 2020 4005; 2022 109; BBl 2017 399).

Die Aktiengesellschaft

d. Nachträgliche Leistung

Art. 634b[329] ¹ Der Verwaltungsrat beschliesst die nachträgliche Leistung von Einlagen auf nicht voll liberierte Aktien.

² Die nachträgliche Leistung kann in Geld, durch Sacheinlage, durch Verrechnung mit einer Forderung oder durch Umwandlung von frei verwendbarem Eigenkapital erfolgen.

3. Prüfung der Einlagen
a. Gründungsbericht

Art. 635[330] Die Gründer geben in einem schriftlichen Bericht Rechenschaft über:

1.[331] die Art und den Zustand von Sacheinlagen und die Angemessenheit der Bewertung;
2. den Bestand und die Verrechenbarkeit der Schuld;
3. die Begründung und die Angemessenheit besonderer Vorteile zugunsten von Gründern oder anderen Personen.

b. Prüfungsbestätigung

Art. 635a[332] Ein zugelassener Revisor prüft den Gründungsbericht und bestätigt schriftlich, dass dieser vollständig und richtig ist.

IV. Besondere Vorteile

Art. 636[333] Werden bei der Gründung zugunsten der Gründer oder anderer Personen besondere Vorteile ausbedungen, so sind in den Statuten die begünstigten Personen mit Namen sowie Inhalt und Wert des gewährten Vorteils anzugeben.

Art. 637–639[334]

F. Eintragung ins Handelsregister
I. Gesellschaft[336]

Art. 640[335] Die Gesellschaft ist ins Handelsregister des Ortes einzutragen, an dem sie ihren Sitz hat.

Art. 641[337]

---

[329] Eingefügt durch Ziff. I des BG vom 19. Juni 2020 (Aktienrecht), in Kraft seit 1. Jan. 2023 (AS 2020 4005; 2022 109; BBl 2017 399).
[330] Fassung gemäss Ziff. I des BG vom 4. Okt. 1991, in Kraft seit 1. Juli 1992 (AS 1992 733; BBl 1983 II 745).
[331] Fassung gemäss Ziff. I des BG vom 19. Juni 2020 (Aktienrecht), in Kraft seit 1. Jan. 2023 (AS 2020 4005; 2022 109; BBl 2017 399).
[332] Eingefügt durch Ziff. I des BG vom 4. Okt. 1991 (AS 1992 733; BBl 1983 II 745). Fassung gemäss Ziff. I 3 des BG vom 16. Dez. 2005 (GmbH-Recht sowie Anpassungen im Aktien-, Genossenschafts-, Handelsregister- und Firmenrecht), in Kraft seit 1. Jan. 2008 (AS 2007 4791; BBl 2002 3148, 2004 3969).
[333] Fassung gemäss Ziff. I des BG vom 19. Juni 2020 (Aktienrecht), in Kraft seit 1. Jan. 2023 (AS 2020 4005; 2022 109; BBl 2017 399).
[334] Aufgehoben durch Ziff. I des BG vom 4. Okt. 1991, mit Wirkung seit 1. Juli 1992 (AS 1992 733; BBl 1983 II 745).
[335] Fassung gemäss Ziff. I 3 des BG vom 16. Dez. 2005 (GmbH-Recht sowie Anpassungen im Aktien-, Genossenschafts-, Handelsregister- und Firmenrecht), in Kraft seit 1. Jan. 2008 (AS 2007 4791; BBl 2002 3148, 2004 3969).
[336] Fassung gemäss Ziff. I des BG vom 19. Juni 2020 (Aktienrecht), in Kraft seit 1. Jan. 2023 (AS 2020 4005; 2022 109; BBl 2017 399).
[337] Aufgehoben durch Ziff. I 2 des BG vom 17. März 2017 (Handelsregisterrecht), mit Wirkung seit 1. Jan. 2021 (AS 2020 957; BBl 2015 3617).

II. ...

Art. 642[338]

G. Erwerb der Persönlichkeit
I. Zeitpunkt; mangelnde Voraussetzungen[339]

Art. 643 [1] Die Gesellschaft erlangt das Recht der Persönlichkeit erst durch die Eintragung in das Handelsregister.

[2] Das Recht der Persönlichkeit wird durch die Eintragung auch dann erworben, wenn die Voraussetzungen der Eintragung tatsächlich nicht vorhanden waren.

[3] Sind jedoch bei der Gründung gesetzliche oder statutarische Vorschriften missachtet und dadurch die Interessen von Gläubigern oder Aktionären in erheblichem Masse gefährdet oder verletzt worden, so kann das Gericht auf Begehren solcher Gläubiger oder Aktionäre die Auflösung der Gesellschaft verfügen. ...[340]

[4] Das Klagerecht erlischt, wenn die Klage nicht spätestens drei Monate nach der Veröffentlichung im Schweizerischen Handelsamtsblatt angehoben wird.

II. Nichtigkeit von Aktien, die vor der Eintragung ausgegeben werden[341]

Art. 644 [1] Aktien, die vor der Eintragung der Gesellschaft ins Handelsregister ausgegeben werden, sind nichtig; die aus der Aktienzeichnung hervorgehenden Verpflichtungen werden dadurch nicht berührt.[342]

[2] Wer vor der Eintragung Aktien ausgibt, wird für allen dadurch verursachten Schaden haftbar.

III. Vor der Eintragung eingegangene Verpflichtungen

Art. 645 [1] Ist vor der Eintragung in das Handelsregister im Namen der Gesellschaft gehandelt worden, so haften die Handelnden persönlich und solidarisch.

[2] Wurden solche Verpflichtungen ausdrücklich im Namen der zu bildenden Gesellschaft eingegangen und innerhalb einer Frist von drei Monaten nach der Eintragung in das Handelsregister von der Gesellschaft übernommen, so werden die Handelnden befreit, und es haftet nur die Gesellschaft.

---

338 Aufgehoben durch Ziff. I des BG vom 19. Juni 2020 (Aktienrecht), mit Wirkung seit 1. Jan. 2023 (AS 2020 4005; 2022 109; BBl 2017 399).
339 Fassung gemäss Ziff. I des BG vom 19. Juni 2020 (Aktienrecht), in Kraft seit 1. Jan. 2023 (AS 2020 4005; 2022 109; BBl 2017 399).
340 Zweiter Satz aufgehoben durch Ziff. I 3 des BG vom 16. Dez. 2005 (GmbH-Recht sowie Anpassungen im Aktien-, Genossenschafts-, Handelsregister- und Firmenrecht), mit Wirkung seit 1. Jan. 2008 (AS 2007 4791; BBl 2002 3148, 2004 3969).
341 Fassung gemäss Ziff. I des BG vom 19. Juni 2020 (Aktienrecht), in Kraft seit 1. Jan. 2023 (AS 2020 4005; 2022 109; BBl 2017 399).
342 Fassung gemäss Ziff. I des BG vom 19. Juni 2020 (Aktienrecht), in Kraft seit 1. Jan. 2023 (AS 2020 4005; 2022 109; BBl 2017 399).

Art. 646[343]

H. Statutenänderung

Art. 647[344] Der Beschluss der Generalversammlung oder des Verwaltungsrats über eine Änderung der Statuten ist öffentlich zu beurkunden und ins Handelsregister einzutragen.

Art. 648 und 649[345]

I. Erhöhung und Herabsetzung des Aktienkapitals

I. Ordentliche Kapitalerhöhung

1. Beschluss der Generalversammlung

Art. 650[346] ¹ Die Generalversammlung beschliesst die ordentliche Erhöhung des Aktienkapitals.

² Der Beschluss der Generalversammlung muss öffentlich beurkundet werden und folgende Angaben enthalten:
1. den Nennbetrag oder gegebenenfalls den maximalen Nennbetrag, um den das Aktienkapital erhöht werden soll;
2. die Anzahl oder gegebenenfalls die maximale Anzahl, Nennwert und Art der neu ausgegebenen Aktien sowie Vorrechte, die mit einzelnen Kategorien von Aktien verbunden sind;
3. den Ausgabebetrag oder die Ermächtigung des Verwaltungsrats, diesen festzusetzen, sowie den Zeitpunkt, ab dem die neuen Aktien zum Bezug von Dividenden berechtigen;
4. bei Sacheinlagen: deren Gegenstand und Bewertung sowie den Namen des Einlegers und die dafür ausgegebenen Aktien sowie allfällige weitere Gegenleistungen der Gesellschaft;
5. bei Liberierung durch Verrechnung mit einer Forderung: den Betrag der zur Verrechnung gebrachten Forderung, den Namen des Gläubigers und die ihm zukommenden Aktien;
6. die Umwandlung von frei verwendbarem Eigenkapital;
7. Inhalt und Wert von besonderen Vorteilen sowie die Namen der begünstigten Personen;
8. eine Beschränkung der Übertragbarkeit neuer Namenaktien;
9. eine Einschränkung oder Aufhebung des Bezugsrechts und die Folgen, wenn dieses nicht ausgeübt oder entzogen wird;
10. die Voraussetzungen für die Ausübung vertraglich erworbener Bezugsrechte.

---

343 Aufgehoben durch Ziff. I des BG vom 4. Okt. 1991, mit Wirkung seit 1. Juli 1992 (AS 1992 733; BBl 1983 II 745).
344 Fassung gemäss Ziff. I des BG vom 19. Juni 2020 (Aktienrecht), in Kraft seit 1. Jan. 2023 (AS 2020 4005; 2022 109; BBl 2017 399).
345 Aufgehoben durch Ziff. I des BG vom 4. Okt. 1991, mit Wirkung seit 1. Juli 1992 (AS 1992 733; BBl 1983 II 745).
346 Fassung gemäss Ziff. I des BG vom 19. Juni 2020 (Aktienrecht), in Kraft seit 1. Jan. 2023 (AS 2020 4005; 2022 109; BBl 2017 399).

³ Die Kapitalerhöhung muss innerhalb von sechs Monaten nach dem Beschluss der Generalversammlung beim Handelsregisteramt zur Eintragung angemeldet werden; sonst fällt der Beschluss dahin.

Art. 651[347]

Art. 651a[348]

2. Aktienzeichnung[350]

Art. 652[349]
¹ Die Aktien werden in einer besonderen Urkunde (Zeichnungsschein) nach den für die Gründung geltenden Regeln gezeichnet.

² Der Zeichnungsschein muss auf den Beschluss der Generalversammlung über die Erhöhung des Aktienkapitals und den entsprechenden Beschluss des Verwaltungsrates Bezug nehmen. Verlangt das Gesetz einen Prospekt, so nimmt der Zeichnungsschein auch auf diesen Bezug.[351]

³ ...[352]

Art. 652a[353]

3. Bezugsrecht und Ausgabebetrag[355]

Art. 652b[354]
¹ Jeder Aktionär hat Anspruch auf den Teil der neu ausgegebenen Aktien, der seiner bisherigen Beteiligung entspricht.

² Der Beschluss der Generalversammlung über die Erhöhung des Aktienkapitals darf das Bezugsrecht nur aus wichtigen Gründen einschränken oder aufheben. Als wichtige Gründe gelten insbesondere die Übernahme von Unternehmen, Unternehmensteilen oder Beteiligungen sowie die Beteiligung der Arbeitnehmer.[356]

---

347 Aufgehoben durch Ziff. I des BG vom 19. Juni 2020 (Aktienrecht), mit Wirkung seit 1. Jan. 2023 (AS 2020 4005; 2022 109; BBl 2017 399).
348 Eingefügt durch Ziff. I des BG vom 4. Okt. 1991 (AS 1992 733; BBl 1983 II 745). Aufgehoben durch Ziff. I des BG vom 19. Juni 2020 (Aktienrecht), mit Wirkung seit 1. Jan. 2023 (AS 2020 4005; 2022 109; BBl 2017 399).
349 Fassung gemäss Ziff. I des BG vom 4. Okt. 1991, in Kraft seit 1. Juli 1992 (AS 1992 733; BBl 1983 II 745).
350 Fassung gemäss Ziff. I des BG vom 19. Juni 2020 (Aktienrecht), in Kraft seit 1. Jan. 2023 (AS 2020 4005; 2022 109; BBl 2017 399).
351 Fassung gemäss Ziff. I des BG vom 19. Juni 2020 (Aktienrecht), in Kraft seit 1. Jan. 2023 (AS 2020 4005; 2022 109; BBl 2017 399).
352 Aufgehoben durch Ziff. I des BG vom 19. Juni 2020 (Aktienrecht), mit Wirkung seit 1. Jan. 2023 (AS 2020 4005; 2022 109; BBl 2017 399).
353 Eingefügt durch Ziff. I des BG vom 4. Okt. 1991 (AS 1992 733; BBl 1983 II 745). Aufgehoben durch Anhang Ziff. 1 des Finanzdienstleistungsgesetzes vom 15. Juni 2018, mit Wirkung seit 1. Jan. 2020 (AS 2019 4417; BBl 2015 8901).
354 Eingefügt durch Ziff. I des BG vom 4. Okt. 1991, in Kraft seit 1. Juli 1992 (AS 1992 733; BBl 1983 II 745).
355 Fassung gemäss Ziff. I des BG vom 19. Juni 2020 (Aktienrecht), in Kraft seit 1. Jan. 2023 (AS 2020 4005; 2022 109; BBl 2017 399).
356 Fassung gemäss Ziff. I des BG vom 19. Juni 2020 (Aktienrecht), in Kraft seit 1. Jan. 2023 (AS 2020 4005; 2022 109; BBl 2017 399).

³ Die Gesellschaft kann dem Aktionär, welchem sie ein Recht zum Bezug von Aktien eingeräumt hat, die Ausübung dieses Rechtes nicht wegen einer statutarischen Beschränkung der Übertragbarkeit von Namenaktien verwehren.

⁴ Durch die Einschränkung oder Aufhebung des Bezugsrechts oder die Festsetzung des Ausgabebetrags darf niemand in unsachlicher Weise begünstigt oder benachteiligt werden.[357]

4. Leistung der Einlagen[359]

Art. 652c[358] Soweit das Gesetz nichts anderes vorschreibt, sind die Einlagen nach den Bestimmungen über die Gründung zu leisten.

5. Erhöhung aus Eigenkapital[361]

Art. 652d[360] ¹ Das Aktienkapital kann auch durch Umwandlung von frei verwendbarem Eigenkapital erhöht werden.

² Die Deckung des Erhöhungsbetrags wird nachgewiesen:
1. mit der Jahresrechnung in der von der Generalversammlung genehmigten und durch einen zugelassenen Revisor geprüften Fassung; oder
2. mit einem durch einen zugelassenen Revisor geprüften Zwischenabschluss, sofern der Bilanzstichtag im Zeitpunkt des Beschlusses der Generalversammlung mehr als sechs Monate zurückliegt.[362]

³ Die Statuten müssen den Umstand angeben, dass die Kapitalerhöhung durch Umwandlung von frei verwendbarem Eigenkapital erfolgte.[363]

6. Kapitalerhöhungsbericht[365]

Art. 652e[364] Der Verwaltungsrat gibt in einem schriftlichen Bericht Rechenschaft über:
1.[366] die Art und den Zustand von Sacheinlagen und die Angemessenheit der Bewertung;
2. den Bestand und die Verrechenbarkeit der Schuld;

---

357 Eingefügt durch Ziff. I des BG vom 19. Juni 2020 (Aktienrecht), in Kraft seit 1. Jan. 2023 (AS 2020 4005; 2022 109; BBl 2017 399).
358 Eingefügt durch Ziff. I des BG vom 4. Okt. 1991, in Kraft seit 1. Juli 1992 (AS 1992 733; BBl 1983 II 745).
359 Fassung gemäss Ziff. I des BG vom 19. Juni 2020 (Aktienrecht), in Kraft seit 1. Jan. 2023 (AS 2020 4005; 2022 109; BBl 2017 399).
360 Eingefügt durch Ziff. I des BG vom 4. Okt. 1991, in Kraft seit 1. Juli 1992 (AS 1992 733; BBl 1983 II 745).
361 Fassung gemäss Ziff. I des BG vom 19. Juni 2020 (Aktienrecht), in Kraft seit 1. Jan. 2023 (AS 2020 4005; 2022 109; BBl 2017 399).
362 Fassung gemäss Ziff. I des BG vom 19. Juni 2020 (Aktienrecht), in Kraft seit 1. Jan. 2023 (AS 2020 4005; 2022 109; BBl 2017 399).
363 Eingefügt durch Ziff. I des BG vom 19. Juni 2020 (Aktienrecht), in Kraft seit 1. Jan. 2023 (AS 2020 4005; 2022 109; BBl 2017 399).
364 Eingefügt durch Ziff. I des BG vom 4. Okt. 1991, in Kraft seit 1. Juli 1992 (AS 1992 733; BBl 1983 II 745).
365 Fassung gemäss Ziff. I des BG vom 19. Juni 2020 (Aktienrecht), in Kraft seit 1. Jan. 2023 (AS 2020 4005; 2022 109; BBl 2017 399).
366 Fassung gemäss Ziff. I des BG vom 19. Juni 2020 (Aktienrecht), in Kraft seit 1. Jan. 2023 (AS 2020 4005; 2022 109; BBl 2017 399).

3. die freie Verwendbarkeit von umgewandeltem Eigenkapital;
4. die Einhaltung des Generalversammlungsbeschlusses, insbesondere über die Einschränkung oder die Aufhebung des Bezugsrechtes und die Zuweisung nicht ausgeübter oder entzogener Bezugsrechte;
5. die Begründung und die Angemessenheit besonderer Vorteile zugunsten einzelner Aktionäre oder anderer Personen.

7. Prüfungsbestätigung[368]

Art. 652f[367] ¹ Ein zugelassener Revisor prüft den Kapitalerhöhungsbericht und bestätigt schriftlich, dass dieser vollständig und richtig ist.[369]

² Keine Prüfungsbestätigung ist erforderlich, wenn die Einlage auf das neue Aktienkapital in Geld erfolgt, das Aktienkapital nicht zur Vornahme einer Sachübernahme erhöht wird und die Bezugsrechte nicht eingeschränkt oder aufgehoben werden.

8. Statutenänderung und Feststellungen des Verwaltungsrats

Art. 652g[370] ¹ Liegen der Kapitalerhöhungsbericht und, sofern erforderlich, die Prüfungsbestätigung vor, so ändert der Verwaltungsrat die Statuten und stellt dabei fest, dass:
1. sämtliche Aktien gültig gezeichnet sind;
2. die versprochenen Einlagen dem gesamten Ausgabebetrag entsprechen;
3. die Anforderungen des Gesetzes, der Statuten und des Generalversammlungsbeschlusses an die Leistung der Einlagen im Zeitpunkt der Feststellungen erfüllt sind;
4. keine anderen Sacheinlagen, Verrechnungstatbestände oder besonderen Vorteile bestehen, als die in den Belegen genannten;
5. ihm die Belege, die der Kapitalerhöhung zugrunde liegen, vorgelegen haben.

² Der Beschluss über die Änderung der Statuten und die Feststellungen sind öffentlich zu beurkunden. Die Urkundsperson hat die Belege, die der Kapitalerhöhung zugrunde liegen, einzeln zu nennen und zu bestätigen, dass sie ihr vorgelegen haben. Die Belege sind der öffentlichen Urkunde beizulegen.

---

367 Eingefügt durch Ziff. I des BG vom 4. Okt. 1991, in Kraft seit 1. Juli 1992 (AS 1992 733; BBl 1983 II 745).
368 Fassung gemäss Ziff. I des BG vom 19. Juni 2020 (Aktienrecht), in Kraft seit 1. Jan. 2023 (AS 2020 4005; 2022 109; BBl 2017 399).
369 Fassung gemäss Ziff. I 3 des BG vom 16. Dez. 2005 (GmbH-Recht sowie Anpassungen im Aktien-, Genossenschafts-, Handelsregister- und Firmenrecht), in Kraft seit 1. Jan. 2008 (AS 2007 4791; BBl 2002 3148, 2004 3969).
370 Eingefügt durch Ziff. I des BG vom 4. Okt. 1991 (AS 1992 733; BBl 1983 II 745). Fassung gemäss Ziff. I des BG vom 19. Juni 2020 (Aktienrecht), in Kraft seit 1. Jan. 2023 (AS 2020 4005; 2022 109; BBl 2017 399).

Die Aktiengesellschaft   Art. 653b OR | 1

9. Nichtigkeit von Aktien, die vor der Eintragung ausgegeben werden

Art. 652h[371] Aktien, die vor der Eintragung der Kapitalerhöhung ins Handelsregister ausgegeben werden, sind nichtig; die aus der Aktienzeichnung hervorgehenden Verpflichtungen werden dadurch nicht berührt.

II. Erhöhung aus bedingtem Kapital
1. Grundsatz

Art. 653[372] ¹ Die Generalversammlung kann ein bedingtes Kapital beschliessen, indem sie den Aktionären, den Gläubigern von Anleihensobligationen oder ähnlichen Obligationen, den Arbeitnehmern, den Mitgliedern des Verwaltungsrats der Gesellschaft oder einer anderen Konzerngesellschaft oder Dritten das Recht einräumt, neue Aktien zu beziehen (Wandel- und Optionsrechte).

² Das Aktienkapital erhöht sich ohne Weiteres, sobald und soweit die Wandel- oder Optionsrechte ausgeübt und die Einlagepflichten durch Einzahlung oder durch Verrechnung erfüllt werden.

³ Die Bestimmungen zur Erhöhung des Aktienkapitals aus bedingtem Kapital sind sinngemäss auch im Fall einer Auferlegung von Wandel- und Erwerbspflichten anwendbar.

⁴ Vorbehalten bleiben die Vorschriften des Bankengesetzes vom 8. November 1934[373] über das Wandlungskapital.

2. Schranken

Art. 653a[374] ¹ Der Nennbetrag, um den das Aktienkapital bedingt erhöht werden kann, darf die Hälfte des im Handelsregister eingetragenen Aktienkapitals nicht übersteigen.[375]

² Die geleistete Einlage muss mindestens dem Nennwert entsprechen.

3. Statutarische Grundlage

Art. 653b[376] ¹ Die Statuten müssen angeben:
1.[377] den Nennbetrag des bedingten Kapitals;
2. Anzahl, Nennwert und Art der Aktien;
3. den Kreis der Wandel- oder der Optionsberechtigten;
4.[378] eine Einschränkung oder Aufhebung des Bezugsrechts der bisherigen Aktionäre, sofern die Optionsrechte nicht diesen zugeteilt werden;

---

371 Eingefügt durch Ziff. I des BG vom 4. Okt. 1991 (AS 1992 733; BBl 1983 II 745). Fassung gemäss Ziff. I des BG vom 19. Juni 2020 (Aktienrecht), in Kraft seit 1. Jan. 2023 (AS 2020 4005; 2022 109; BBl 2017 399).
372 Fassung gemäss Ziff. I des BG vom 19. Juni 2020 (Aktienrecht), in Kraft seit 1. Jan. 2023 (AS 2020 4005; 2022 109; BBl 2017 399).
373 SR 952.0
374 Eingefügt durch Ziff. I des BG vom 4. Okt. 1991, in Kraft seit 1. Juli 1992 (AS 1992 733; BBl 1983 II 745).
375 Fassung gemäss Ziff. I des BG vom 19. Juni 2020 (Aktienrecht), in Kraft seit 1. Jan. 2023 (AS 2020 4005; 2022 109; BBl 2017 399).
376 Eingefügt durch Ziff. I des BG vom 4. Okt. 1991, in Kraft seit 1. Juli 1992 (AS 1992 733; BBl 1983 II 745).
377 Fassung gemäss Ziff. I des BG vom 19. Juni 2020 (Aktienrecht), in Kraft seit 1. Jan. 2023 (AS 2020 4005; 2022 109; BBl 2017 399).
378 Fassung gemäss Ziff. I des BG vom 19. Juni 2020 (Aktienrecht), in Kraft seit 1. Jan. 2023 (AS 2020 4005; 2022 109; BBl 2017 399).

5. Vorrechte einzelner Kategorien von Aktien;
6. die Beschränkung der Übertragbarkeit neuer Namenaktien;
7.[379] die Form der Ausübung der Wandel- oder Optionsrechte und des Verzichts auf diese Rechte.

² Werden die Anleihens- oder ähnlichen Obligationen, mit denen Wandel- oder Optionsrechte verbunden sind, nicht den Aktionären vorweg zur Zeichnung angeboten, so müssen die Statuten überdies angeben:
1. die Voraussetzungen für die Ausübung der Wandel- oder der Optionsrechte;
2. die Grundlagen, nach denen der Ausgabebetrag zu berechnen ist.

³ Wandel- oder Optionsrechte, die vor der Eintragung der Statutenbestimmung über die Kapitalerhöhung aus bedingtem Kapital in das Handelsregister eingeräumt werden, sind nichtig.[380]

4. Schutz der Aktionäre

Art. 653c[381] ¹ Werden den Aktionären im Rahmen des bedingten Kapitals Optionsrechte eingeräumt, so sind die Vorschriften über das Bezugsrecht bei der ordentlichen Kapitalerhöhung sinngemäss anwendbar.

² Werden im Rahmen des bedingten Kapitals Anleihensobligationen oder ähnliche Obligationen ausgegeben, mit denen Wandel- oder Optionsrechte verbunden sind, so sind diese Obligationen vorweg den Aktionären entsprechend ihrer bisherigen Beteiligung zur Zeichnung anzubieten.

³ Dieses Vorwegzeichnungsrecht kann beschränkt oder aufgehoben werden, wenn:
1. ein wichtiger Grund vorliegt; oder
2. die Aktien an einer Börse kotiert sind und die Anleihensobligationen oder ähnlichen Obligationen zu angemessenen Bedingungen ausgegeben werden.

⁴ Die Einschränkung oder Aufhebung des Bezugsrechts oder des Vorwegzeichnungsrechts darf niemanden in unsachlicher Weise begünstigen oder benachteiligen.

5. Schutz der Wandel- oder Optionsberechtigten

Art. 653d[382] ¹ Den Personen, die ein Wandel- oder Optionsrecht haben, kann die Ausübung dieses Rechts nicht wegen einer Be-

---

379 Eingefügt durch Ziff. I des BG vom 19. Juni 2020 (Aktienrecht), in Kraft seit 1. Jan. 2023 (AS 2020 4005; 2022 109; BBl 2017 399).
380 Fassung gemäss Ziff. I des BG vom 19. Juni 2020 (Aktienrecht), in Kraft seit 1. Jan. 2023 (AS 2020 4005; 2022 109; BBl 2017 399).
381 Eingefügt durch Ziff. I des BG vom 4. Okt. 1991 (AS 1992 733; BBl 1983 II 745). Fassung gemäss Ziff. I des BG vom 19. Juni 2020 (Aktienrecht), in Kraft seit 1. Jan. 2023 (AS 2020 4005; 2022 109; BBl 2017 399).
382 Eingefügt durch Ziff. I des BG vom 4. Okt. 1991, in Kraft seit 1. Juli 1992 (AS 1992 733; BBl 1983 II 745).

schränkung der Übertragbarkeit der Namenaktien verwehrt werden, es sei denn, dies wird in den Statuten und im Prospekt vorbehalten.[383]

[2] Wandel- oder Optionsrechte dürfen durch die Erhöhung des Aktienkapitals, durch die Ausgabe neuer Wandel- oder Optionsrechte oder auf andere Weise nur beeinträchtigt werden, wenn der Konversionspreis gesenkt oder den Berechtigten auf andere Weise ein angemessener Ausgleich gewährt wird, oder wenn die gleiche Beeinträchtigung auch die Aktionäre trifft.

6. Durchführung der Kapitalerhöhung
a. Ausübung der Rechte; Einlage

Art. 653e[384] [1] Die Erklärung zur Ausübung der Wandel- oder Optionsrechte weist auf die Statutenbestimmung über das bedingte Kapital hin; verlangt das Gesetz einen Prospekt, so weist die Erklärung auch darauf hin.[385]

[2] Einlagen in Geld müssen bei einer Bank nach Artikel 1 Absatz 1 des Bankengesetzes vom 8. November 1934[386] zur ausschliesslichen Verfügung der Gesellschaft hinterlegt werden.[387]

[3] Die Aktionärsrechte entstehen mit der Erfüllung der Einlagepflicht.

b. Prüfungsbestätigung

Art. 653f[388] [1] Nach Ablauf jedes Geschäftsjahres prüft ein zugelassener Revisionsexperte, ob die Ausgabe der neuen Aktien dem Gesetz, den Statuten und gegebenenfalls dem Prospekt entsprochen hat. Er bestätigt das Ergebnis schriftlich.

[2] Der Verwaltungsrat kann eine frühere Prüfung anordnen.

c. Statutenänderung und Feststellungen des Verwaltungsrats

Art. 653g[389] [1] Nach Eingang der Prüfungsbestätigung ändert der Verwaltungsrat die Statuten und stellt dabei fest:
1. Anzahl, Nennwert und Art der neu ausgegebenen Aktien;
2. gegebenenfalls die Vorrechte, die mit einzelnen Aktienkategorien verbunden sind;
3. den Stand des Aktienkapitals und des bedingten Kapitals nach Ablauf des Geschäftsjahres oder im Zeitpunkt der Prüfung;
4. dass ihm die Belege, die der Kapitalerhöhung zugrunde liegen, vorgelegen haben.

---

383 Fassung gemäss Ziff. I des BG vom 19. Juni 2020 (Aktienrecht), in Kraft seit 1. Jan. 2023 (AS 2020 4005; 2022 109; BBl 2017 399).
384 Eingefügt durch Ziff. I des BG vom 4. Okt. 1991, in Kraft seit 1. Juli 1992 (AS 1992 733; BBl 1983 II 745).
385 Fassung gemäss Ziff. I des BG vom 19. Juni 2020 (Aktienrecht), in Kraft seit 1. Jan. 2023 (AS 2020 4005; 2022 109; BBl 2017 399).
386 SR 952.0
387 Fassung gemäss Ziff. I des BG vom 19. Juni 2020 (Aktienrecht), in Kraft seit 1. Jan. 2023 (AS 2020 4005; 2022 109; BBl 2017 399).
388 Eingefügt durch Ziff. I des BG vom 4. Okt. 1991 (AS 1992 733; BBl 1983 II 745). Fassung gemäss Ziff. I des BG vom 19. Juni 2020 (Aktienrecht), in Kraft seit 1. Jan. 2023 (AS 2020 4005; 2022 109; BBl 2017 399).
389 Eingefügt durch Ziff. I des BG vom 4. Okt. 1991 (AS 1992 733; BBl 1983 II 745). Fassung gemäss Ziff. I des BG vom 19. Juni 2020 (Aktienrecht), in Kraft seit 1. Jan. 2023 (AS 2020 4005; 2022 109; BBl 2017 399).

² Enthalten die Statuten ein Kapitalband, so passt der Verwaltungsrat im Rahmen der Statutenänderung die obere und die untere Grenze des Kapitalbands entsprechend dem Umfang der Kapitalerhöhung an, es sei denn, die Kapitalerhöhung erfolgt gestützt auf eine Ermächtigung des Verwaltungsrats, das Kapital mit bedingtem Kapital zu erhöhen.

³ Der Beschluss über die Änderung der Statuten und die Feststellungen sind öffentlich zu beurkunden. Die Urkundsperson hat die Belege, die der Kapitalerhöhung zugrunde liegen, einzeln zu nennen und zu bestätigen, dass sie ihr vorgelegen haben. Die Belege sind der öffentlichen Urkunde beizulegen.

Art. 653h[390]

7. Streichung

Art. 653i[391]   ¹ Der Verwaltungsrat kann die Statutenbestimmung über das bedingte Kapital aufheben oder sie anpassen, wenn:
1. die Wandel- oder Optionsrechte erloschen sind;
2. keine Wandel- oder Optionsrechte eingeräumt worden sind; oder
3. alle oder ein Teil der Berechtigten auf die Ausübung der ihnen eingeräumten Wandel- oder Optionsrechte verzichtet haben.

² Die Statuten dürfen nur geändert werden, wenn ein zugelassener Revisionsexperte den Sachverhalt schriftlich bestätigt hat.

III. Herabsetzung des Aktienkapitals
1. Ordentliche Kapitalherabsetzung
a. Grundsätze

Art. 653j[392]   ¹ Die Generalversammlung beschliesst die Herabsetzung des Aktienkapitals. Der Verwaltungsrat bereitet die Herabsetzung vor und führt sie durch.

² Die Kapitalherabsetzung kann durch eine Herabsetzung des Nennwerts oder durch die Vernichtung von Aktien erfolgen.

³ Das Aktienkapital darf nur unter 100 000 Franken herabgesetzt werden, sofern es gleichzeitig mindestens bis zu diesem Betrag wieder erhöht wird. Lautet das Aktienkapital auf eine ausländische Währung, so muss es durch ein Kapital mit einem Gegenwert von mindestens 100 000 Franken ersetzt werden.

⁴ Die Herabsetzung des Aktienkapitals muss innerhalb von sechs Monaten nach dem Beschluss der Generalversammlung beim Handelsregisteramt zur Eintragung angemeldet werden; sonst fällt der Beschluss dahin.

---

390 Eingefügt durch Ziff. I des BG vom 4. Okt. 1991 (AS 1992 733; BBl 1983 II 745). Aufgehoben durch Ziff. I des BG vom 19. Juni 2020 (Aktienrecht), mit Wirkung seit 1. Jan. 2023 (AS 2020 4005; 2022 109; BBl 2017 399).
391 Eingefügt durch Ziff. I des BG vom 4. Okt. 1991 (AS 1992 733; BBl 1983 II 745). Fassung gemäss Ziff. I des BG vom 19. Juni 2020 (Aktienrecht), in Kraft seit 1. Jan. 2023 (AS 2020 4005; 2022 109; BBl 2017 399).
392 Eingefügt durch Ziff. I des BG vom 19. Juni 2020 (Aktienrecht), in Kraft seit 1. Jan. 2023 (AS 2020 4005; 2022 109; BBl 2017 399).

b. Sicherstellung von Forderungen	**Art. 653k**[393] [1] Soll das Aktienkapital herabgesetzt werden, so weist der Verwaltungsrat die Gläubiger darauf hin, dass sie unter Anmeldung ihrer Forderungen Sicherstellung verlangen können. Der Hinweis muss im Schweizerischen Handelsamtsblatt veröffentlicht werden. Die Anmeldung hat schriftlich zu erfolgen, unter Angabe von Betrag und Rechtsgrund der Forderung.

[2] Die Gesellschaft muss die Forderungen der Gläubiger in dem Umfang, in dem die bisherige Deckung durch die Kapitalherabsetzung vermindert wird, sicherstellen, wenn die Gläubiger es innerhalb von 30 Tagen nach der Veröffentlichung im Schweizerischen Handelsamtsblatt verlangen.

[3] Die Pflicht zur Sicherstellung entfällt, wenn die Gesellschaft die Forderung erfüllt oder nachweist, dass die Erfüllung der Forderung durch die Herabsetzung des Aktienkapitals nicht gefährdet wird. Liegt die Prüfungsbestätigung vor, so wird vermutet, dass die Erfüllung der Forderung nicht gefährdet wird.

c. Zwischenabschluss	**Art. 653l**[394] Liegt der Bilanzstichtag im Zeitpunkt, in dem die Generalversammlung die Herabsetzung des Aktienkapitals beschliesst, mehr als sechs Monate zurück, so muss die Gesellschaft einen Zwischenabschluss erstellen.
d. Prüfungsbestätigung	**Art. 653m**[395] [1] Ein zugelassener Revisionsexperte muss gestützt auf den Abschluss und das Ergebnis des Schuldenrufs schriftlich bestätigen, dass die Forderungen der Gläubiger trotz der Herabsetzung des Aktienkapitals voll gedeckt sind.

[2] Liegt die Prüfungsbestätigung im Zeitpunkt der Beschlussfassung durch die Generalversammlung bereits vor, so informiert der Verwaltungsrat über das Ergebnis. Der zugelassene Revisionsexperte muss an der Generalversammlung anwesend sein, wenn diese nicht durch einstimmigen Beschluss auf seine Anwesenheit verzichtet hat.

e. Beschluss der Generalversammlung	**Art. 653n**[396] Der Beschluss der Generalversammlung über die Herabsetzung des Aktienkapitals muss öffentlich beurkundet werden und folgende Angaben enthalten:

---

[393] Eingefügt durch Ziff. I des BG vom 19. Juni 2020 (Aktienrecht), in Kraft seit 1. Jan. 2023 (AS 2020 4005; 2022 109; BBl 2017 399).
[394] Eingefügt durch Ziff. I des BG vom 19. Juni 2020 (Aktienrecht), in Kraft seit 1. Jan. 2023 (AS 2020 4005; 2022 109; BBl 2017 399).
[395] Eingefügt durch Ziff. I des BG vom 19. Juni 2020 (Aktienrecht), in Kraft seit 1. Jan. 2023 (AS 2020 4005; 2022 109; BBl 2017 399).
[396] Eingefügt durch Ziff. I des BG vom 19. Juni 2020 (Aktienrecht), in Kraft seit 1. Jan. 2023 (AS 2020 4005; 2022 109; BBl 2017 399).

1. den Nennbetrag oder gegebenenfalls den maximalen Nennbetrag, um den das Aktienkapital herabgesetzt wird;
2. die Art und Weise der Durchführung der Kapitalherabsetzung, namentlich die Angabe, ob die Herabsetzung durch Herabsetzung des Nennwerts oder durch Vernichtung von Aktien erfolgt;
3. die Verwendung des Herabsetzungsbetrags.

f. Änderung der Statuten und Feststellungen des Verwaltungsrats; Eintragung in das Handelsregister

Art. 653o[397] ¹ Sind alle Voraussetzungen der Herabsetzung des Aktienkapitals erfüllt, so ändert der Verwaltungsrat die Statuten und stellt dabei fest, dass die Anforderungen des Gesetzes, der Statuten und des Generalversammlungsbeschlusses im Zeitpunkt der Feststellungen erfüllt sind und dass ihm die Belege, die der Kapitalherabsetzung zugrunde liegen, vorgelegen haben.

² Der Beschluss über die Statutenänderung und die Feststellungen des Verwaltungsrats sind öffentlich zu beurkunden. Die Urkundsperson hat die Belege, die der Kapitalherabsetzung zugrunde liegen, einzeln zu nennen und zu bestätigen, dass sie ihr vorgelegen haben. Die Belege sind der öffentlichen Urkunde beizulegen.

³ Durch Kapitalherabsetzung frei gewordene Mittel dürfen Aktionären erst nach der Eintragung der Kapitalherabsetzung ins Handelsregister ausgerichtet werden.

2. Kapitalherabsetzung im Falle einer Unterbilanz

Art. 653p[398] ¹ Wird das Aktienkapital zur teilweisen oder vollständigen Beseitigung einer durch Verluste entstandenen Unterbilanz herabgesetzt und bestätigt ein zugelassener Revisionsexperte zuhanden der Generalversammlung, dass der Betrag der Kapitalherabsetzung den Betrag dieser Unterbilanz nicht übersteigt, so finden die Bestimmungen der ordentlichen Kapitalherabsetzung zur Sicherstellung von Forderungen, zum Zwischenabschluss, zur Prüfungsbestätigung und zu den Feststellungen des Verwaltungsrats keine Anwendung.

² Der Beschluss der Generalversammlung enthält die Angaben gemäss Artikel 653*n*. Er nimmt Bezug auf das Ergebnis des Prüfungsberichts und ändert die Statuten.

3. Gleichzeitige Herabsetzung und Erhöhung des Aktienkapitals
a. Grundsatz

Art. 653q[399] ¹ Wird das Aktienkapital herabgesetzt und gleichzeitig mindestens auf den bisherigen Betrag erhöht und wird der Betrag der geleisteten Einlage nicht herabgesetzt, so finden die Bestimmungen zur Kapitalherabsetzung, die die Sicherstellung von Forderungen, den

---

[397] Eingefügt durch Ziff. I des BG vom 19. Juni 2020 (Aktienrecht), in Kraft seit 1. Jan. 2023 (AS 2020 4005; 2022 109; BBl 2017 399).
[398] Eingefügt durch Ziff. I des BG vom 19. Juni 2020 (Aktienrecht), in Kraft seit 1. Jan. 2023 (AS 2020 4005; 2022 109; BBl 2017 399).
[399] Eingefügt durch Ziff. I des BG vom 19. Juni 2020 (Aktienrecht), in Kraft seit 1. Jan. 2023 (AS 2020 4005; 2022 109; BBl 2017 399).

Zwischenabschluss, die Prüfungsbestätigung und die Feststellungen des Verwaltungsrats betreffen, keine Anwendung.

² Die Bestimmungen zur ordentlichen Kapitalerhöhung finden hingegen entsprechend Anwendung.

³ Der Verwaltungsrat muss die Statuten nicht anpassen, sofern die Anzahl und der Nennwert der Aktien sowie der Betrag der darauf geleisteten Einlagen unverändert bleiben.

b. Vernichtung von Aktien

Art. 653r[400] ¹ Wird das Aktienkapital zum Zweck der Sanierung auf null herabgesetzt und gleichzeitig wieder erhöht, so gehen die bisherigen Mitgliedschaftsrechte der Aktionäre mit der Herabsetzung unter. Ausgegebene Aktien müssen vernichtet werden.

² Bei der Wiedererhöhung des Aktienkapitals steht den bisherigen Aktionären ein Bezugsrecht zu, das ihnen nicht entzogen werden kann.

IV. Kapitalband
1. Ermächtigung

Art. 653s[401] ¹ Die Statuten können den Verwaltungsrat ermächtigen, während einer Dauer von längstens fünf Jahren das Aktienkapital innerhalb einer Bandbreite (Kapitalband) zu verändern. Sie legen fest, innerhalb welcher Grenzen der Verwaltungsrat das Aktienkapital erhöhen und herabsetzen darf.

² Die obere Grenze des Kapitalbands darf das im Handelsregister eingetragene Aktienkapital höchstens um die Hälfte übersteigen. Die untere Grenze des Kapitalbands darf das im Handelsregister eingetragene Aktienkapital höchstens um die Hälfte unterschreiten.

³ Die Statuten können die Befugnisse des Verwaltungsrats beschränken. Sie können insbesondere vorsehen, dass der Verwaltungsrat das Aktienkapital nur erhöhen oder nur herabsetzen kann.

⁴ Die Statuten dürfen den Verwaltungsrat nur dann ermächtigen, das Aktienkapital herabzusetzen, wenn die Gesellschaft nicht auf die eingeschränkte Revision der Jahresrechnung verzichtet hat.

2. Statutarische Grundlagen

Art. 653t[402] ¹ Wird ein Kapitalband eingeführt, so müssen die Statuten Folgendes angeben:
1. die untere und die obere Grenze des Kapitalbands;
2. das Datum, an dem die Ermächtigung des Verwaltungsrats zur Veränderung des Aktienkapitals endet;

---

400 Eingefügt durch Ziff. I des BG vom 19. Juni 2020 (Aktienrecht), in Kraft seit 1. Jan. 2023 (AS 2020 4005; 2022 109; BBl 2017 399).
401 Eingefügt durch Ziff. I des BG vom 19. Juni 2020 (Aktienrecht), in Kraft seit 1. Jan. 2023 (AS 2020 4005; 2022 109; BBl 2017 399).
402 Eingefügt durch Ziff. I des BG vom 19. Juni 2020 (Aktienrecht), in Kraft seit 1. Jan. 2023 (AS 2020 4005; 2022 109; BBl 2017 399).

3. Einschränkungen, Auflagen und Bedingungen der Ermächtigung;
4. Anzahl, Nennwert und Art der Aktien sowie die Vorrechte einzelner Kategorien von Aktien oder Partizipationsscheinen;
5. Inhalt und Wert von besonderen Vorteilen sowie die Namen der begünstigten Personen;
6. Beschränkungen der Übertragbarkeit neuer Namenaktien;
7. eine Einschränkung oder Aufhebung des Bezugsrechts beziehungsweise die wichtigen Gründe, aus denen der Verwaltungsrat das Bezugsrecht einschränken oder aufheben kann, sowie die Zuweisung nicht ausgeübter oder entzogener Bezugsrechte;
8. die Voraussetzungen für die Ausübung vertraglich erworbener Bezugsrechte;
9. die Ermächtigung des Verwaltungsrats zur Erhöhung des Kapitals mit bedingtem Kapital und die Angaben gemäss Artikel 653*b*;
10. die Ermächtigung des Verwaltungsrats zur Schaffung eines Partizipationskapitals.

² Nach Ablauf der für die Ermächtigung festgelegten Dauer streicht der Verwaltungsrat die Bestimmungen über das Kapitalband aus den Statuten.

3. Erhöhung und Herabsetzung des Aktienkapitals innerhalb des Kapitalbands

Art. 653u[403] ¹ Im Rahmen seiner Ermächtigung kann der Verwaltungsrat das Aktienkapital erhöhen und herabsetzen.

² Beschliesst der Verwaltungsrat, das Aktienkapital zu erhöhen oder herabzusetzen, so erlässt er die notwendigen Bestimmungen, soweit sie nicht im Ermächtigungsbeschluss der Generalversammlung enthalten sind.

³ Bei einer Herabsetzung des Aktienkapitals innerhalb des Kapitalbands sind die Bestimmungen zur Sicherstellung von Forderungen, zum Zwischenabschluss und zur Prüfungsbestätigung bei der ordentlichen Kapitalherabsetzung sinngemäss anwendbar.

⁴ Nach jeder Erhöhung oder Herabsetzung des Aktienkapitals macht der Verwaltungsrat die erforderlichen Feststellungen und ändert die Statuten entsprechend. Der Beschluss über die Statutenänderung und die Feststellungen des Verwaltungsrats sind öffentlich zu beurkunden.

⁵ Im Übrigen gelten die Vorschriften über die ordentliche beziehungsweise die Kapitalerhöhung aus bedingtem Kapital und über die Kapitalherabsetzung sinngemäss.

---

[403] Eingefügt durch Ziff. I des BG vom 19. Juni 2020 (Aktienrecht), in Kraft seit 1. Jan. 2023 (AS 2020 4005; 2022 109; BBl 2017 399).

4. Erhöhung oder Herabsetzung des Aktienkapitals durch die Generalversammlung

Art. 653v[404] ¹ Beschliesst die Generalversammlung während der Dauer der Ermächtigung des Verwaltungsrats, das Aktienkapital herauf- oder herabzusetzen oder die Währung des Aktienkapitals zu ändern, so fällt der Beschluss über das Kapitalband dahin. Die Statuten sind entsprechend anzupassen.

² Beschliesst die Generalversammlung ein bedingtes Kapital, so erhöhen sich die obere und die untere Grenze des Kapitalbands entsprechend dem Umfang der Erhöhung des Aktienkapitals. Die Generalversammlung kann stattdessen im Rahmen des bestehenden Kapitalbands nachträglich eine Ermächtigung des Verwaltungsrats zur Erhöhung des Kapitals mit bedingtem Kapital beschliessen.

V. Vorzugsaktien
1. Voraussetzungen[405]

Art. 654 ¹ Die Generalversammlung kann nach Massgabe der Statuten oder auf dem Wege der Statutenänderung die Ausgabe von Vorzugsaktien beschliessen oder bisherige Aktien in Vorzugsaktien umwandeln.

² Hat eine Gesellschaft Vorzugsaktien ausgegeben, so können weitere Vorzugsaktien, denen Vorrechte gegenüber den bereits bestehenden Vorzugsaktien eingeräumt werden sollen, nur mit Zustimmung sowohl einer besonderen Versammlung der beeinträchtigten Vorzugsaktionäre als auch einer Generalversammlung sämtlicher Aktionäre ausgegeben werden. Eine abweichende Ordnung durch die Statuten bleibt vorbehalten.

³ Dasselbe gilt, wenn statutarische Vorrechte, die mit Vorzugsaktien verbunden sind, abgeändert oder aufgehoben werden sollen.

Art. 655[406]

2. Stellung der Vorzugsaktien[407]

Art. 656 ¹ Die Vorzugsaktien geniessen gegenüber den Stammaktien die Vorrechte, die ihnen in den ursprünglichen Statuten oder durch Statutenänderung ausdrücklich eingeräumt sind. Sie stehen im Übrigen den Stammaktien gleich.

² Die Vorrechte können sich namentlich auf die Dividende mit oder ohne Nachbezugsrecht, auf den Liquidationsanteil und auf die Bezugsrechte für den Fall der Ausgabe neuer Aktien erstrecken.

---

404 Eingefügt durch Ziff. I des BG vom 19. Juni 2020 (Aktienrecht), in Kraft seit 1. Jan. 2023 (AS 2020 4005; 2022 109; BBl 2017 399).
405 Fassung gemäss Ziff. I des BG vom 19. Juni 2020 (Aktienrecht), in Kraft seit 1. Jan. 2023 (AS 2020 4005; 2022 109; BBl 2017 399).
406 Aufgehoben durch Ziff. I des BG vom 4. Okt. 1991, mit Wirkung seit 1. Juli 1992 (AS 1992 733; BBl 1983 II 745).
407 Fassung gemäss Ziff. I des BG vom 4. Okt. 1991, in Kraft seit 1. Juli 1992 (AS 1992 733; BBl 1983 II 745).

J. Partizipationsscheine
I. Begriff; anwendbare Vorschriften[409]

Art. 656a[408] ¹ Die Statuten können ein Partizipationskapital vorsehen, das in Teilsummen (Partizipationsscheine) zerlegt ist. Diese Partizipationsscheine müssen auf dieselbe Währung wie das Aktienkapital lauten. Sie werden gegen Einlage ausgegeben, haben einen Nennwert und gewähren kein Stimmrecht.[410]

² Die Bestimmungen über das Aktienkapital, die Aktie und den Aktionär gelten, soweit das Gesetz nichts anderes vorsieht, auch für das Partizipationskapital, den Partizipationsschein und den Partizipanten.

³ Die Partizipationsscheine sind als solche zu bezeichnen.

⁴ Partizipationskapital kann geschaffen werden:
1. bei der Gründung;
2. durch ordentliche Kapitalerhöhung;
3. durch Kapitalerhöhung aus bedingtem Kapital;
4. innerhalb eines Kapitalbands.[411]

⁵ Die Umwandlung von Aktien in Partizipationsscheine bedarf der Zustimmung sämtlicher betroffener Aktionäre.[412]

II. Partizipations- und Aktienkapital

Art. 656b[413] ¹ Der Anteil des Partizipationskapitals, der sich aus Partizipationsscheinen zusammensetzt, die an einer Börse kotiert sind, darf das Zehnfache des im Handelsregister eingetragenen Aktienkapitals nicht übersteigen. Der übrige Teil des Partizipationskapitals darf das Doppelte des im Handelsregister eingetragenen Aktienkapitals nicht übersteigen.

² Die Bestimmungen über das Mindestkapital finden keine Anwendung.

³ Das Partizipationskapital ist dem Aktienkapital zuzurechnen bei:
1. der Bildung der gesetzlichen Gewinnreserve;
2. der Verwendung der gesetzlichen Kapital- und Gewinnreserven;
3. der Beurteilung, ob eine Unterbilanz oder ein Kapitalverlust vorliegt;
4. der Beschränkung des Umfangs einer Erhöhung des Kapitals aus bedingtem Kapital;

---

408 Eingefügt durch Ziff. I des BG vom 4. Okt. 1991, in Kraft seit 1. Juli 1992 (AS 1992 733; BBl 1983 II 745).
409 Fassung gemäss Ziff. I des BG vom 19. Juni 2020 (Aktienrecht), in Kraft seit 1. Jan. 2023 (AS 2020 4005; 2022 109; BBl 2017 399).
410 Fassung gemäss Ziff. I des BG vom 19. Juni 2020 (Aktienrecht), in Kraft seit 1. Jan. 2023 (AS 2020 4005; 2022 109; BBl 2017 399).
411 Eingefügt durch Ziff. I des BG vom 19. Juni 2020 (Aktienrecht), in Kraft seit 1. Jan. 2023 (AS 2020 4005; 2022 109; BBl 2017 399).
412 Eingefügt durch Ziff. I des BG vom 19. Juni 2020 (Aktienrecht), in Kraft seit 1. Jan. 2023 (AS 2020 4005; 2022 109; BBl 2017 399).
413 Eingefügt durch Ziff. I des BG vom 4. Okt. 1991 (AS 1992 733; BBl 1983 II 745). Fassung gemäss Ziff. I des BG vom 19. Juni 2020 (Aktienrecht), in Kraft seit 1. Jan. 2023 (AS 2020 4005; 2022 109; BBl 2017 399).

5. der Festlegung der unteren und der oberen Grenze eines Kapitalbands.

⁴ Die Schwellenwerte sind für Aktionäre und Partizipanten gesondert zu berechnen bei:
1. der Einleitung einer Sonderuntersuchung im Fall der Ablehnung eines entsprechenden Antrags durch die Generalversammlung;
2. der Auflösung der Gesellschaft durch Urteil des Gerichts;
3. der Meldung der wirtschaftlich berechtigten Person gemäss Artikel 697*j*.

⁵ Sie werden berechnet:
1. für den Erwerb eigener Aktien auf der Grundlage der ausgegebenen Aktien;
2. für den Erwerb eigener Partizipationsscheine auf der Grundlage der ausgegebenen Partizipationsscheine.

⁶ Sie sind ausschliesslich auf der Grundlage des Aktienkapitals zu berechnen:
1. für das Recht auf Einberufung der Generalversammlung;
2. für das Traktandierungs- und Antragsrecht.

III. Rechtsstellung des Partizipanten
1. Im Allgemeinen

Art. 656c[414] ¹ Der Partizipant hat kein Stimmrecht und, sofern die Statuten nichts anderes bestimmen, keines der damit zusammenhängenden Rechte.

² Als mit dem Stimmrecht zusammenhängende Rechte gelten das Recht auf Einberufung einer Generalversammlung, das Teilnahmerecht, das Recht auf Auskunft, das Recht auf Einsicht und das Traktandierungs- und Antragsrecht.[415]

³ Unter den gleichen Voraussetzungen wie der Aktionär hat der Partizipant ein Recht auf Einleitung einer Sonderuntersuchung. Sehen die Statuten keine weitergehenden Rechte vor, so kann der Partizipant Begehren um Auskunft, Einsicht und Einleitung einer Sonderuntersuchung schriftlich zuhanden der Generalversammlung stellen.[416]

2. Bekanntgabe der Einberufung und Information über Generalversammlungsbeschlüsse[418]

Art. 656d[417] ¹ Den Partizipanten muss die Einberufung der Generalversammlung zusammen mit den Verhandlungsgegenständen und den Anträgen bekannt gegeben werden.

---

414 Eingefügt durch Ziff. I des BG vom 4. Okt. 1991, in Kraft seit 1. Juli 1992 (AS 1992 733; BBl 1983 II 745).
415 Fassung gemäss Ziff. I des BG vom 19. Juni 2020 (Aktienrecht), in Kraft seit 1. Jan. 2023 (AS 2020 4005; 2022 109; BBl 2017 399).
416 Fassung gemäss Ziff. I des BG vom 19. Juni 2020 (Aktienrecht), in Kraft seit 1. Jan. 2023 (AS 2020 4005; 2022 109; BBl 2017 399).
417 Eingefügt durch Ziff. I des BG vom 4. Okt. 1991, in Kraft seit 1. Juli 1992 (AS 1992 733; BBl 1983 II 745).
418 Fassung gemäss Ziff. I des BG vom 19. Juni 2020 (Aktienrecht), in Kraft seit 1. Jan. 2023 (AS 2020 4005; 2022 109; BBl 2017 399).

² Jeder Partizipant kann verlangen, dass ihm das Protokoll innerhalb von 30 Tagen nach der Generalversammlung zugänglich gemacht wird.[419]

3. Vertretung im Verwaltungsrat

Art. 656e[420] Die Statuten können den Partizipanten einen Anspruch auf einen Vertreter im Verwaltungsrat einräumen.

4. Vermögensrechte
a. Im Allgemeinen

Art. 656f[421] ¹ Die Statuten dürfen die Partizipanten bei der Verteilung des Bilanzgewinnes und des Liquidationsergebnisses sowie beim Bezug neuer Aktien nicht schlechter stellen als die Aktionäre.

² Bestehen mehrere Kategorien von Aktien, so müssen die Partizipationsscheine zumindest der Kategorie gleichgestellt sein, die am wenigsten bevorzugt ist.

³ Statutenänderungen und andere Generalversammlungsbeschlüsse, welche die Stellung der Partizipanten verschlechtern, sind nur zulässig, wenn sie auch die Stellung der Aktionäre, denen die Partizipanten gleichstehen, entsprechend beeinträchtigen.

⁴ Sofern die Statuten nichts anderes bestimmen, dürfen die Vorrechte und die statutarischen Mitwirkungsrechte von Partizipanten nur mit Zustimmung einer besonderen Versammlung der betroffenen Partizipanten und der Generalversammlung der Aktionäre beschränkt oder aufgehoben werden.

b. Bezugsrechte

Art. 656g[422] ¹ Wird ein Partizipationskapital geschaffen, so haben die Aktionäre ein Bezugsrecht wie bei der Ausgabe neuer Aktien.

² Die Statuten können vorsehen, dass Aktionäre nur Aktien und Partizipanten nur Partizipationsscheine beziehen können, wenn das Aktien- und das Partizipationskapital gleichzeitig und im gleichen Verhältnis erhöht werden.

³ Wird das Partizipationskapital oder das Aktienkapital allein oder verhältnismässig stärker als das andere erhöht, so sind die Bezugsrechte so zuzuteilen, dass Aktionäre und Partizipanten am gesamten Kapital gleich wie bis anhin beteiligt bleiben können.

K. Genussscheine[424]

Art. 657[423] ¹ Die Statuten können die Schaffung von Genussscheinen zugunsten von Personen vorsehen, die mit der Gesellschaft

---

419 Fassung gemäss Ziff. I des BG vom 19. Juni 2020 (Aktienrecht), in Kraft seit 1. Jan. 2023 (AS 2020 4005; 2022 109; BBl 2017 399).
420 Eingefügt durch Ziff. I des BG vom 4. Okt. 1991, in Kraft seit 1. Juli 1992 (AS 1992 733; BBl 1983 II 745).
421 Eingefügt durch Ziff. I des BG vom 4. Okt. 1991, in Kraft seit 1. Juli 1992 (AS 1992 733; BBl 1983 II 745).
422 Eingefügt durch Ziff. I des BG vom 4. Okt. 1991, in Kraft seit 1. Juli 1992 (AS 1992 733; BBl 1983 II 745).
423 Fassung gemäss Ziff. I des BG vom 4. Okt. 1991, in Kraft seit 1. Juli 1992 (AS 1992 733; BBl 1983 II 745).
424 Fassung gemäss Ziff. I des BG vom 19. Juni 2020 (Aktienrecht), in Kraft seit 1. Jan. 2023 (AS 2020 4005; 2022 109; BBl 2017 399).

durch frühere Kapitalbeteiligung oder als Aktionär, Gläubiger, Arbeitnehmer oder in ähnlicher Weise verbunden sind. Sie haben die Zahl der ausgegebenen Genussscheine und den Inhalt der damit verbundenen Rechte anzugeben.

² Durch die Genussscheine können den Berechtigten nur Ansprüche auf einen Anteil am Bilanzgewinn oder am Liquidationsergebnis oder auf den Bezug neuer Aktien verliehen werden.

³ Der Genussschein darf keinen Nennwert haben; er darf weder Partizipationsschein genannt noch gegen eine Einlage ausgegeben werden, die unter den Aktiven der Bilanz ausgewiesen wird.

⁴ Die Berechtigten bilden von Gesetzes wegen eine Gemeinschaft, für welche die Bestimmungen über die Gläubigergemeinschaft bei Anleihensobligationen sinngemäss gelten. Den Verzicht auf einzelne oder alle Rechte aus den Genussscheinen können jedoch nur die Inhaber der Mehrheit aller im Umlauf befindlichen Genussscheintitel verbindlich beschliessen.

⁵ Zugunsten der Gründer der Gesellschaft dürfen Genussscheine nur aufgrund der ursprünglichen Statuten geschaffen werden.

Art. 658[425]

L. Eigene Aktien
I. Voraussetzungen und Einschränkungen des Erwerbs

Art. 659[426]

¹ Die Gesellschaft darf eigene Aktien nur dann erwerben, wenn frei verwendbares Eigenkapital in der Höhe des Anschaffungswerts vorhanden ist.

² Der Erwerb eigener Aktien ist auf 10 Prozent des im Handelsregister eingetragenen Aktienkapitals beschränkt.

³ Steht der Erwerb im Zusammenhang mit einer Übertragbarkeitsbeschränkung oder einer Auflösungsklage, so beträgt die Höchstgrenze 20 Prozent. Die über 10 Prozent hinaus erworbenen Aktien sind innert zweier Jahre zu veräussern oder durch Kapitalherabsetzung zu vernichten.

II. Folgen des Erwerbs

Art. 659a[427]

¹ Erwirbt eine Gesellschaft eigene Aktien, so ruhen für diese Aktien das Stimmrecht und die damit verbundenen Rechte.

² Das Stimmrecht und die damit verbundenen Rechte ruhen auch, wenn die Gesellschaft eigene Aktien überträgt und die Rücknahme oder die Rückgabe entsprechender Aktien vereinbart wird.

---

425 Aufgehoben durch Ziff. I des BG vom 4. Okt. 1991, mit Wirkung seit 1. Juli 1992 (AS 1992 733; BBl 1983 II 745).
426 Fassung gemäss Ziff. I des BG vom 19. Juni 2020 (Aktienrecht), in Kraft seit 1. Jan. 2023 (AS 2020 4005; 2022 109; BBl 2017 399).
427 Eingefügt durch Ziff. I des BG vom 4. Okt. 1991 (AS 1992 733; BBl 1983 II 745). Fassung gemäss Ziff. I des BG vom 19. Juni 2020 (Aktienrecht), in Kraft seit 1. Jan. 2023 (AS 2020 4005; 2022 109; BBl 2017 399).

³ Wird das Stimmrecht ausgeübt, obwohl es ruht, so kommen die Bestimmungen über die unbefugte Teilnahme an der Generalversammlung (Art. 691) zur Anwendung.

⁴ Die Gesellschaft hat in der Bilanz für die eigenen Aktien einen dem Anschaffungswert entsprechenden Betrag als Minusposten des Eigenkapitals darzustellen (Art. 959a Abs. 2 Ziff. 3 Bst. e).

III. Eigene Aktien im Konzern

Art. 659b[428] ¹ Kontrolliert eine Gesellschaft ein oder mehrere Unternehmen (Art. 963), so gelten für den Erwerb ihrer Aktien durch diese Unternehmen die Voraussetzungen, Einschränkungen und Folgen für den Erwerb eigener Aktien sinngemäss.

² Die kontrollierende Gesellschaft hat für die Aktien gemäss Absatz 1 einen dem Anschaffungswert dieser Aktien entsprechenden Betrag gesondert als gesetzliche Gewinnreserve auszuweisen.

Zweiter Abschnitt: Rechte und Pflichten der Aktionäre

A. Recht auf Gewinn- und Liquidationsanteil
I. Im Allgemeinen

Art. 660[429] ¹ Jeder Aktionär hat Anspruch auf einen verhältnismässigen Anteil am Bilanzgewinn, soweit dieser nach dem Gesetz oder den Statuten zur Verteilung unter die Aktionäre bestimmt ist.

² Bei Auflösung der Gesellschaft hat der Aktionär, soweit die Statuten über die Verwendung des Vermögens der aufgelösten Gesellschaft nichts anderes bestimmen, das Recht auf einen verhältnismässigen Anteil am Ergebnis der Liquidation.

³ Vorbehalten bleiben die in den Statuten für einzelne Kategorien von Aktien festgesetzten Vorrechte.

II. Berechnungsart

Art. 661 Die Anteile am Gewinn und am Liquidationsergebnis sind, sofern die Statuten nicht etwas anderes vorsehen, im Verhältnis der auf das Aktienkapital einbezahlten Beträge zu berechnen.

Art. 662[430]

Art. 662a[431]

---

428 Eingefügt durch Ziff. I des BG vom 4. Okt. 1991 (AS 1992 733; BBl 1983 II 745). Fassung gemäss Ziff. I des BG vom 19. Juni 2020 (Aktienrecht), in Kraft seit 1. Jan. 2023 (AS 2020 4005; 2022 109; BBl 2017 399).
429 Fassung gemäss Ziff. I des BG vom 4. Okt. 1991, in Kraft seit 1. Juli 1992 (AS 1992 733; BBl 1983 II 745).
430 Aufgehoben durch Ziff. I 1 des BG vom 23. Dez. 2011 (Rechnungslegungsrecht), mit Wirkung seit 1. Jan. 2013 (AS 2012 6679; BBl 2008 1589).
431 Eingefügt durch Ziff. I des BG vom 4. Okt. 1991 (AS 1992 733; BBl 1983 II 745). Aufgehoben durch Ziff. I 1 des BG vom 23. Dez. 2011 (Rechnungslegungsrecht), mit Wirkung seit 1. Jan. 2013 (AS 2012 6679; BBl 2008 1589).

Die Aktiengesellschaft Art. 671 **OR** | 1

Art. 663[432]

Art. 663a und **663b** [433]

Art. 663b[bis] [434]

Art. 663c[435]

Art. 663d–663h[436]

Art. 664 und **665**[437]

Art. 665a[438]

Art. 666 und **667**[439]

Art. 668[440]

Art. 669[441]

Art. 670[442]

C. Reserven
I. Gesetzliche Kapitalreserve

Art. 671[443]   [1] Der gesetzlichen Kapitalreserve sind zuzuweisen:
1. der Erlös, der bei der Ausgabe von Aktien über den Nennwert und die Ausgabekosten hinaus erzielt wird;

---

[432] Aufgehoben durch Ziff. I 1 des BG vom 23. Dez. 2011 (Rechnungslegungsrecht), mit Wirkung seit 1. Jan. 2013 (AS 2012 6679; BBl 2008 1589).

[433] Eingefügt durch Ziff. I des BG vom 4. Okt. 1991 (AS 1992 733; BBl 1983 II 745). Aufgehoben durch Ziff. I 1 des BG vom 23. Dez. 2011 (Rechnungslegungsrecht), mit Wirkung seit 1. Jan. 2013 (AS 2012 6679; BBl 2008 1589).

[434] Eingefügt durch Ziff. I des BG vom 7. Okt. 2005 (Transparenz betreffend Vergütungen an Mitglieder des Verwaltungsrates und der Geschäftsleitung) (AS 2006 2629; BBl 2004 4471). Aufgehoben durch Ziff. I des BG vom 19. Juni 2020 (Aktienrecht), mit Wirkung seit 1. Jan. 2023 (AS 2020 4005; 2022 109; BBl 2017 399).

[435] Eingefügt durch Ziff. I des BG vom 4. Okt. 1991 (AS 1992 733; BBl 1983 II 745). Aufgehoben durch Ziff. I des BG vom 19. Juni 2020 (Aktienrecht), mit Wirkung seit 1. Jan. 2023 (AS 2020 4005; 2022 109; BBl 2017 399).

[436] Eingefügt durch Ziff. I des BG vom 4. Okt. 1991 (AS 1992 733; BBl 1983 II 745). Aufgehoben durch Ziff. I 1 des BG vom 23. Dez. 2011 (Rechnungslegungsrecht), mit Wirkung seit 1. Jan. 2013 (AS 2012 6679; BBl 2008 1589).

[437] Aufgehoben durch Ziff. I 1 des BG vom 23. Dez. 2011 (Rechnungslegungsrecht), mit Wirkung seit 1. Jan. 2013 (AS 2012 6679; BBl 2008 1589).

[438] Eingefügt durch Ziff. I des BG vom 4. Okt. 1991 (AS 1992 733; BBl 1983 II 745). Aufgehoben durch Ziff. I 1 des BG vom 23. Dez. 2011 (Rechnungslegungsrecht), mit Wirkung seit 1. Jan. 2013 (AS 2012 6679; BBl 2008 1589).

[439] Aufgehoben durch Ziff. I 1 des BG vom 23. Dez. 2011 (Rechnungslegungsrecht), mit Wirkung seit 1. Jan. 2013 (AS 2012 6679; BBl 2008 1589).

[440] Aufgehoben durch Ziff. I des BG vom 4. Okt. 1991, mit Wirkung seit 1. Juli 1992 (AS 1992 733; BBl 1983 II 745).

[441] Aufgehoben durch Ziff. I 1 des BG vom 23. Dez. 2011 (Rechnungslegungsrecht), mit Wirkung seit 1. Jan. 2013 (AS 2012 6679; BBl 2008 1589).

[442] Aufgehoben durch Ziff. I des BG vom 19. Juni 2020 (Aktienrecht), mit Wirkung seit 1. Jan. 2023 (AS 2020 4005; 2022 109; BBl 2017 399).

[443] Fassung gemäss Ziff. I des BG vom 19. Juni 2020 (Aktienrecht), in Kraft seit 1. Jan. 2023 (AS 2020 4005; 2022 109; BBl 2017 399).).

2. die zurückbehaltene Einzahlung auf ausgefallene Aktien (Art. 681 Abs. 2), soweit für die dafür neu ausgegebenen Aktien kein Mindererlös erzielt wird;
3. weitere durch Inhaber von Beteiligungspapieren geleistete Einlagen und Zuschüsse.

² Die gesetzliche Kapitalreserve darf an die Aktionäre zurückbezahlt werden, wenn die gesetzlichen Kapital- und Gewinnreserven, abzüglich des Betrags allfälliger Verluste, die Hälfte des im Handelsregister eingetragenen Aktienkapitals übersteigen.

³ Gesellschaften, deren Zweck hauptsächlich in der Beteiligung an anderen Unternehmen besteht (Holdinggesellschaften), dürfen die gesetzliche Kapitalreserve an die Aktionäre zurückbezahlen, wenn die gesetzlichen Kapital- und Gewinnreserven 20 Prozent des im Handelsregister eingetragenen Aktienkapitals überschreiten.

⁴ Für die Berechnung der Grenzwerte nach den Absätzen 2 und 3 dürfen die gesetzliche Gewinnreserve für eigene Aktien im Konzern (Art. 659b) und die gesetzliche Gewinnreserve aus Aufwertungen (Art. 725c) nicht berücksichtigt werden.

Art. 671a und 671b[444]

II. Gesetzliche Gewinnreserve

Art. 672[445] ¹ Der gesetzlichen Gewinnreserve sind 5 Prozent des Jahresgewinns zuzuweisen. Liegt ein Verlustvortrag vor, so ist dieser vor der Zuweisung an die Reserve zu beseitigen.

² Die gesetzliche Gewinnreserve ist zu äufnen, bis sie zusammen mit der gesetzlichen Kapitalreserve die Hälfte des im Handelsregister eingetragenen Aktienkapitals erreicht. Holdinggesellschaften müssen die gesetzliche Gewinnreserve äufnen, bis diese zusammen mit der gesetzlichen Kapitalreserve 20 Prozent des im Handelsregister eingetragenen Aktienkapitals erreicht.

³ Für die Ermittlung und Verwendung der gesetzlichen Gewinnreserve gilt Artikel 671 Absätze 2, 3 und 4 entsprechend.

III. Freiwillige Gewinnreserven

Art. 673[446] ¹ Die Generalversammlung kann in den Statuten oder durch Beschluss die Bildung freiwilliger Gewinnreserven vorsehen.

---

444 Eingefügt durch Ziff. I des BG vom 4. Okt. 1991 (AS 1992 733; BBl 1983 II 745). Aufgehoben durch Ziff. I des BG vom 19. Juni 2020 (Aktienrecht), mit Wirkung seit 1. Jan. 2023 (AS 2020 4005; 2022 109; BBl 2017 399).
445 Fassung gemäss Ziff. I des BG vom 19. Juni 2020 (Aktienrecht), in Kraft seit 1. Jan. 2023 (AS 2020 4005; 2022 109; BBl 2017 399).
446 Fassung gemäss Ziff. I des BG vom 19. Juni 2020 (Aktienrecht), in Kraft seit 1. Jan. 2023 (AS 2020 4005; 2022 109; BBl 2017 399).

² Freiwillige Gewinnreserven dürfen nur gebildet werden, wenn das dauernde Gedeihen des Unternehmens unter Berücksichtigung der Interessen aller Aktionäre dies rechtfertigt.

³ Die Generalversammlung beschliesst über die Verwendung freiwilliger Gewinnreserven; vorbehalten bleiben die Vorschriften über die Verrechnung mit Verlusten.

IV. Verrechnung mit Verlusten

Art. 674[447] ¹ Verluste müssen in folgender Reihenfolge verrechnet werden mit:
1. dem Gewinnvortrag;
2. den freiwilligen Gewinnreserven;
3. der gesetzlichen Gewinnreserve;
4. der gesetzlichen Kapitalreserve.

² Anstelle der Verrechnung mit der gesetzlichen Gewinnreserve oder der gesetzlichen Kapitalreserve dürfen verbleibende Verluste auch teilweise oder ganz auf die neue Jahresrechnung vorgetragen werden.

D. Dividenden, Bauzinse und Tantiemen

I. Dividenden

Art. 675 ¹ Zinse dürfen für das Aktienkapital nicht bezahlt werden.

² Dividenden dürfen nur aus dem Bilanzgewinn und aus hierfür gebildeten Reserven ausgerichtet werden.[448]

³ Dividenden dürfen erst festgesetzt werden, nachdem die Zuweisungen an die gesetzliche Gewinnreserve und an die freiwilligen Gewinnreserven erfolgt sind.[449]

II. Zwischendividenden

Art. 675a[450] ¹ Die Generalversammlung kann gestützt auf einen Zwischenabschluss die Ausrichtung einer Zwischendividende beschliessen.

² Die Revisionsstelle muss den Zwischenabschluss vor dem Beschluss der Generalversammlung prüfen. Keine Prüfung ist erforderlich, wenn die Gesellschaft ihre Jahresrechnung nicht durch eine Revisionsstelle eingeschränkt prüfen lassen muss. Auf die Prüfung kann verzichtet werden, wenn sämtliche Aktionäre der Ausrichtung der Zwischendividende zustimmen und die Forderungen der Gläubiger dadurch nicht gefährdet werden.

---

447 Fassung gemäss Ziff. I des BG vom 19. Juni 2020 (Aktienrecht), in Kraft seit 1. Jan. 2023 (AS 2020 4005; 2022 109; BBl 2017 399).
448 Fassung gemäss Ziff. I des BG vom 4. Okt. 1991, in Kraft seit 1. Juli 1992 (AS 1992 733; BBl 1983 II 745).
449 Eingefügt durch Ziff. I des BG vom 19. Juni 2020 (Aktienrecht), in Kraft seit 1. Jan. 2023 (AS 2020 4005; 2022 109; BBl 2017 399).
450 Eingefügt durch Ziff. I des BG vom 19. Juni 2020 (Aktienrecht), in Kraft seit 1. Jan. 2023 (AS 2020 4005; 2022 109; BBl 2017 399).

³ Die Bestimmungen über die Dividenden finden Anwendung (Art. 660 Abs. 1 und 3, 661, 671–674, 675 Abs. 2, 677, 678, 731 sowie 958e).

III. Bauzinse[451]

Art. 676 ¹ Für die Zeit, die Vorbereitung und Bau bis zum Anfang des vollen Betriebes des Unternehmens erfordern, kann den Aktionären ein Zins von bestimmter Höhe zu Lasten des Anlagekontos zugesichert werden. Die Statuten müssen in diesem Rahmen den Zeitpunkt bezeichnen, in dem die Entrichtung von Zinsen spätestens aufhört.

² Wird das Unternehmen durch die Ausgabe neuer Aktien erweitert, so kann im Beschlusse über die Kapitalerhöhung den neuen Aktien eine bestimmte Verzinsung zu Lasten des Anlagekontos bis zu einem genau anzugebenden Zeitpunkt, höchstens jedoch bis zur Aufnahme des Betriebes der neuen Anlage zugestanden werden.

IV. Tantiemen[453]

Art. 677[452] Gewinnanteile an Mitglieder des Verwaltungsrates dürfen nur dem Bilanzgewinn entnommen werden und sind nur zulässig, nachdem die Zuweisung an die gesetzliche Reserve gemacht und eine Dividende von 5 Prozent oder von einem durch die Statuten festgesetzten höheren Ansatz an die Aktionäre ausgerichtet worden ist.

E. Rückerstattung von Leistungen
I. Im Allgemeinen

Art. 678[454] ¹ Aktionäre, Mitglieder des Verwaltungsrats, mit der Geschäftsführung befasste Personen und Mitglieder des Beirats sowie ihnen nahestehende Personen sind zur Rückerstattung von Dividenden, Tantiemen, anderen Gewinnanteilen, Vergütungen, Bauzinsen, gesetzlichen Kapital- und Gewinnreserven oder anderen Leistungen verpflichtet, wenn sie diese ungerechtfertigt bezogen haben.

² Übernimmt die Gesellschaft von solchen Personen Vermögenswerte oder schliesst sie mit diesen sonstige Rechtsgeschäfte ab, so werden diese Personen rückerstattungspflichtig, soweit ein offensichtliches Missverhältnis zwischen Leistung und Gegenleistung besteht.

³ Artikel 64 findet Anwendung.

⁴ Der Anspruch auf Rückerstattung steht der Gesellschaft und dem Aktionär zu. Der Anspruch des Aktionärs geht auf Leistung an die Gesellschaft.

---

451 Fassung gemäss Ziff. I des BG vom 19. Juni 2020 (Aktienrecht), in Kraft seit 1. Jan. 2023 (AS 2020 4005; 2022 109; BBl 2017 399).
452 Fassung gemäss Ziff. I des BG vom 4. Okt. 1991, in Kraft seit 1. Juli 1992 (AS 1992 733; BBl 1983 II 745).
453 Fassung gemäss Ziff. I des BG vom 19. Juni 2020 (Aktienrecht), in Kraft seit 1. Jan. 2023 (AS 2020 4005; 2022 109; BBl 2017 399).
454 Fassung gemäss Ziff. I des BG vom 19. Juni 2020 (Aktienrecht), in Kraft seit 1. Jan. 2023 (AS 2020 4005; 2022 109; BBl 2017 399).

⁵ Die Generalversammlung kann beschliessen, dass die Gesellschaft Klage auf Rückerstattung erhebt. Sie kann den Verwaltungsrat oder einen Vertreter mit der Prozessführung betrauen.

⁶ Im Konkurs der Gesellschaft kommt Artikel 757 sinngemäss zur Anwendung.

II. Verjährung

Art. 678a[455] ¹ Der Rückerstattungsanspruch verjährt mit Ablauf von drei Jahren, nachdem die Gesellschaft oder der Aktionär davon Kenntnis erhalten hat, in jedem Fall aber zehn Jahre nach Entstehung des Anspruchs. Die Frist steht während des Verfahrens auf Anordnung einer Sonderuntersuchung und deren Durchführung still.

² Hat der Empfänger durch sein Verhalten eine strafbare Handlung begangen, so verjährt der Rückerstattungsanspruch frühestens mit Eintritt der strafrechtlichen Verfolgungsverjährung. Tritt diese infolge eines erstinstanzlichen Strafurteils nicht mehr ein, so verjährt der Anspruch frühestens mit Ablauf von drei Jahren seit Eröffnung des Urteils.

III. Tantiemen im Konkurs[457]

Art. 679[456] ¹ Im Konkurs der Gesellschaft müssen die Mitglieder des Verwaltungsrates alle Tantiemen, die sie in den letzten drei Jahren vor Konkurseröffnung erhalten haben, zurückerstatten, es sei denn, sie weisen nach, dass die Voraussetzungen zur Ausrichtung der Tantiemen nach Gesetz und Statuten erfüllt waren; dabei ist insbesondere nachzuweisen, dass die Ausrichtung aufgrund vorsichtiger Bilanzierung erfolgte.

² ...[458]

F. Leistungspflicht des Aktionärs
I. Gegenstand

Art. 680 ¹ Der Aktionär kann auch durch die Statuten nicht verpflichtet werden, mehr zu leisten als den für den Bezug einer Aktie bei ihrer Ausgabe festgesetzten Betrag.

² Ein Recht, den eingezahlten Betrag zurückzufordern, steht dem Aktionär nicht zu.

II. Verzugsfolgen
1. Nach Gesetz und Statuten

Art. 681 ¹ Ein Aktionär, der den Ausgabebetrag seiner Aktie nicht zur rechten Zeit einbezahlt, ist zur Zahlung von Verzugszinsen verpflichtet.

---

455 Eingefügt durch Ziff. I des BG vom 19. Juni 2020 (Aktienrecht), in Kraft seit 1. Jan. 2023 (AS 2020 4005; 2022 109; BBl 2017 399).
456 Fassung gemäss Ziff. I des BG vom 4. Okt. 1991, in Kraft seit 1. Juli 1992 (AS 1992 733; BBl 1983 II 745).
457 Fassung gemäss Ziff. I des BG vom 19. Juni 2020 (Aktienrecht), in Kraft seit 1. Jan. 2023 (AS 2020 4005; 2022 109; BBl 2017 399).
458 Aufgehoben durch Anhang des BG vom 21. Juni 2013, mit Wirkung seit 1. Jan. 2014 (AS 2013 4111; BBl 2010 6455).

² Der Verwaltungsrat[459] ist überdies befugt, den säumigen Aktionär seiner Rechte aus der Zeichnung der Aktien und seiner geleisteten Teilzahlungen verlustig zu erklären und an Stelle der ausgefallenen neue Aktien auszugeben. Wenn die ausgefallenen Titel bereits ausgegeben sind und nicht beigebracht werden können, so ist die Verlustigerklärung im Schweizerischen Handelsamtsblatt sowie in der von den Statuten vorgesehenen Form zu veröffentlichen.

³ Die Statuten können einen Aktionär für den Fall der Säumnis auch zur Entrichtung einer Konventionalstrafe verpflichten.

2. Aufforderung zur Leistung

Art. 682 ¹ Beabsichtigt der Verwaltungsrat, den säumigen Aktionär seiner Rechte aus der Zeichnung verlustig zu erklären oder von ihm die in den Statuten vorgesehene Konventionalstrafe zu fordern, so hat er im Schweizerischen Handelsamtsblatt sowie in der von den Statuten vorgesehenen Form eine Aufforderung zur Einzahlung zu erlassen, unter Ansetzung einer Nachfrist von mindestens 30 Tagen, von der Veröffentlichung an gerechnet.[460] Der Aktionär darf seiner Rechte aus der Zeichnung erst verlustig erklärt oder für die Konventionalstrafe belangt werden, wenn er auch innerhalb der Nachfrist die Einzahlung nicht leistet.

² Bei Namenaktien tritt an die Stelle der Veröffentlichungen eine Zahlungsaufforderung und Ansetzung der Nachfrist an die im Aktienbuch eingetragenen Aktionäre durch eingeschriebenen Brief. In diesem Falle läuft die Nachfrist vom Empfang der Zahlungsaufforderung an.

³ Der säumige Aktionär haftet der Gesellschaft für den Betrag, der durch die Leistungen des neuen Aktionärs nicht gedeckt ist.

G. Ausgabe und Übertragung der Aktien
I. Inhaberaktien

Art. 683 ¹ Auf den Inhaber lautende Aktien dürfen erst nach der Einzahlung des vollen Nennwertes ausgegeben werden.

² Vor der Volleinzahlung ausgegebene Aktien sind nichtig. Schadenersatzansprüche bleiben vorbehalten.

II. Namenaktien

Art. 684[461] ¹ Die Namenaktien sind, wenn nicht Gesetz oder Statuten es anders bestimmen, ohne Beschränkung übertragbar.

² Die Übertragung durch Rechtsgeschäft kann durch Übergabe des indossierten Aktientitels an den Erwerber erfolgen.

---

459 Ausdruck gemäss Ziff. II 3 des BG vom 4. Okt. 1991, in Kraft seit 1. Juli 1992 (AS 1992 733; BBl 1983 II 745). Diese Änderung ist im ganzen Erlass berücksichtigt.
460 Fassung gemäss Ziff. I des BG vom 19. Juni 2020 (Aktienrecht), in Kraft seit 1. Jan. 2023 (AS 2020 4005; 2022 109; BBl 2017 399).
461 Fassung gemäss Ziff. I des BG vom 4. Okt. 1991, in Kraft seit 1. Juli 1992 (AS 1992 733; BBl 1983 II 745).

H. Beschränkung der Übertragbarkeit
I. Gesetzliche Beschränkung

Art. 685[462] ¹ Nicht voll liberierte Namenaktien dürfen nur mit Zustimmung der Gesellschaft übertragen werden, es sei denn, sie werden durch Erbgang, Erbteilung, eheliches Güterrecht oder Zwangsvollstreckung erworben.

² Die Gesellschaft kann die Zustimmung nur verweigern, wenn die Zahlungsfähigkeit des Erwerbers zweifelhaft ist und die von der Gesellschaft geforderte Sicherheit nicht geleistet wird.

II. Statutarische Beschränkung
1. Grundsätze

Art. 685a[463] ¹ Die Statuten können bestimmen, dass Namenaktien nur mit Zustimmung der Gesellschaft übertragen werden dürfen.

² Diese Beschränkung gilt auch für die Begründung einer Nutzniessung.

³ Tritt die Gesellschaft in Liquidation, so fällt die Beschränkung der Übertragbarkeit dahin.

2. Nicht börsenkotierte Namenaktien
a. Voraussetzungen der Ablehnung

Art. 685b[464] ¹ Die Gesellschaft kann das Gesuch um Zustimmung ablehnen, wenn sie hierfür einen wichtigen, in den Statuten genannten Grund bekanntgibt oder wenn sie dem Veräusserer der Aktien anbietet, die Aktien für eigene Rechnung, für Rechnung anderer Aktionäre oder für Rechnung Dritter zum wirklichen Wert im Zeitpunkt des Gesuches zu übernehmen.

² Als wichtige Gründe gelten Bestimmungen über die Zusammensetzung des Aktionärskreises, die im Hinblick auf den Gesellschaftszweck oder die wirtschaftliche Selbständigkeit des Unternehmens die Verweigerung rechtfertigen.

³ Die Gesellschaft kann überdies die Eintragung in das Aktienbuch verweigern, wenn der Erwerber nicht ausdrücklich erklärt, dass er die Aktien im eigenen Namen und auf eigene Rechnung erworben hat.

⁴ Sind die Aktien durch Erbgang, Erbteilung, eheliches Güterrecht oder Zwangsvollstreckung erworben worden, so kann die Gesellschaft das Gesuch um Zustimmung nur ablehnen, wenn sie dem Erwerber die Übernahme der Aktien zum wirklichen Wert anbietet.

⁵ Der Erwerber kann verlangen, dass das Gericht am Sitz der Gesellschaft den wirklichen Wert bestimmt. Die Kosten der Bewertung trägt die Gesellschaft.

⁶ Lehnt der Erwerber das Übernahmeangebot nicht innert eines Monates nach Kenntnis des wirklichen Wertes ab, so gilt es als angenommen.

---

[462] Fassung gemäss Ziff. I des BG vom 4. Okt. 1991, in Kraft seit 1. Juli 1992 (AS 1992 733; BBl 1983 II 745).
[463] Eingefügt durch Ziff. I des BG vom 4. Okt. 1991, in Kraft seit 1. Juli 1992 (AS 1992 733; BBl 1983 II 745).
[464] Eingefügt durch Ziff. I des BG vom 4. Okt. 1991, in Kraft seit 1. Juli 1992 (AS 1992 733; BBl 1983 II 745).

⁷ Die Statuten dürfen die Voraussetzungen der Übertragbarkeit nicht erschweren.

b. Wirkung

Art. 685c[465] ¹ Solange eine erforderliche Zustimmung zur Übertragung von Aktien nicht erteilt wird, verbleiben das Eigentum an den Aktien und alle damit verknüpften Rechte beim Veräusserer.

² Beim Erwerb von Aktien durch Erbgang, Erbteilung, eheliches Güterrecht oder Zwangsvollstreckung gehen das Eigentum und die Vermögensrechte sogleich, die Mitwirkungsrechte erst mit der Zustimmung der Gesellschaft auf den Erwerber über.

³ Lehnt die Gesellschaft das Gesuch um Zustimmung innert dreier Monate nach Erhalt nicht oder zu Unrecht ab, so gilt die Zustimmung als erteilt.

3. Börsenkotierte Namenaktien

a. Voraussetzungen der Ablehnung

Art. 685d[466] ¹ Bei börsenkotierten Namenaktien kann die Gesellschaft einen Erwerber als Aktionär nur ablehnen, wenn die Statuten eine prozentmässige Begrenzung der Namenaktien vorsehen, für die ein Erwerber als Aktionär anerkannt werden muss, und diese Begrenzung überschritten wird.

² Die Gesellschaft kann einen Erwerber zudem ablehnen, wenn dieser auf ihr Verlangen nicht ausdrücklich erklärt, dass er die Aktien im eigenen Namen und auf eigene Rechnung erworben hat, dass keine Vereinbarung über die Rücknahme oder die Rückgabe entsprechender Aktien besteht und dass er das mit den Aktien verbundene wirtschaftliche Risiko trägt. Sie kann die Eintragung nicht aus dem Grund verweigern, dass das Gesuch durch die Bank des Erwerbers gestellt wurde.[467]

³ Sind börsenkotierte[468] Namenaktien durch Erbgang, Erbteilung oder eheliches Güterrecht erworben worden, kann der Erwerber nicht abgelehnt werden.

b. Meldepflicht

Art. 685e[469] Werden börsenkotierte Namenaktien börsenmässig verkauft, so meldet die Veräussererbank den Namen des Veräusserers und die Anzahl der verkauften Aktien unverzüglich der Gesellschaft.

c. Rechtsübergang

Art. 685f[470] ¹ Werden börsenkotierte Namenaktien börsenmässig erworben, so gehen die Rechte mit der Übertragung auf den Erwerber

---

465 Eingefügt durch Ziff. I des BG vom 4. Okt. 1991, in Kraft seit 1. Juli 1992 (AS 1992 733; BBl 1983 II 745).
466 Eingefügt durch Ziff. I des BG vom 4. Okt. 1991, in Kraft seit 1. Juli 1992 (AS 1992 733; BBl 1983 II 745).
467 Fassung gemäss Ziff. I des BG vom 19. Juni 2020 (Aktienrecht), in Kraft seit 1. Jan. 2023 (AS 2020 4005; 2022 109; BBl 2017 399).
468 Berichtigt von der Redaktionskommission der BVers (Art. 33 GVG – AS 1974 1051).
469 Eingefügt durch Ziff. I des BG vom 4. Okt. 1991, in Kraft seit 1. Juli 1992 (AS 1992 733; BBl 1983 II 745).
470 Eingefügt durch Ziff. I des BG vom 4. Okt. 1991, in Kraft seit 1. Juli 1992 (AS 1992 733; BBl 1983 II 745).

über. Werden börsenkotierte Namenaktien ausserbörslich erworben, so gehen die Rechte auf den Erwerber über, sobald dieser bei der Gesellschaft ein Gesuch um Anerkennung als Aktionär eingereicht hat.

² Bis zur Anerkennung des Erwerbers durch die Gesellschaft kann dieser weder das mit den Aktien verknüpfte Stimmrecht noch andere mit dem Stimmrecht zusammenhängende Rechte ausüben. In der Ausübung aller übrigen Aktionärsrechte, insbesondere auch des Bezugsrechts, ist der Erwerber nicht eingeschränkt.

³ Noch nicht von der Gesellschaft anerkannte Erwerber sind nach dem Rechtsübergang als Aktionär ohne Stimmrecht ins Aktienbuch einzutragen. Die entsprechenden Aktien gelten in der Generalversammlung als nicht vertreten.

⁴ Ist die Ablehnung widerrechtlich, so hat die Gesellschaft das Stimmrecht und die damit zusammenhängenden Rechte vom Zeitpunkt des richterlichen Urteils an anzuerkennen und dem Erwerber Schadenersatz zu leisten, sofern sie nicht beweist, dass ihr kein Verschulden zur Last fällt.

d. Ablehnungsfrist

Art. 685g[471] Lehnt die Gesellschaft das Gesuch des Erwerbers um Anerkennung innert 20 Tagen nicht ab, so ist dieser als Aktionär anerkannt.

4. Aktienbuch
a. Eintragung

Art. 686[472] ¹ Die Gesellschaft führt über die Namenaktien ein Aktienbuch, in welches die Eigentümer und Nutzniesser mit Namen und Adresse eingetragen werden. Sie muss es so führen, dass in der Schweiz jederzeit darauf zugegriffen werden kann.[473]

² Die Eintragung in das Aktienbuch setzt einen Ausweis über den Erwerb der Aktie zu Eigentum oder die Begründung einer Nutzniessung voraus.

²bis Gesellschaften, deren Aktien an einer Börse kotiert sind, stellen sicher, dass die Eigentümer oder Nutzniesser das Gesuch um Eintragung in das Aktienbuch auf elektronischem Weg stellen können.[474]

³ Die Gesellschaft muss die Eintragung auf dem Aktientitel bescheinigen.

⁴ Im Verhältnis zur Gesellschaft gilt als Aktionär oder als Nutzniesser, wer im Aktienbuch eingetragen ist.

---

471 Eingefügt durch Ziff. I des BG vom 4. Okt. 1991, in Kraft seit 1. Juli 1992 (AS 1992 733; BBl 1983 II 745).
472 Fassung gemäss Ziff. I des BG vom 4. Okt. 1991, in Kraft seit 1. Juli 1992 (AS 1992 733; BBl 1983 II 745).
473 Zweiter Satz eingefügt durch Ziff. I 2 des BG vom 12. Dez. 2014 zur Umsetzung der 2012 revidierten Empfehlungen der Groupe d'action financière, in Kraft seit 1. Juli 2015 (AS 2015 1389; BBl 2014 605).
474 Eingefügt durch Ziff. I des BG vom 19. Juni 2020 (Aktienrecht), in Kraft seit 1. Jan. 2023 (AS 2020 4005; 2022 109; BBl 2017 399).

⁵ Die Belege, die einer Eintragung zugrunde liegen, müssen während zehn Jahren nach der Streichung des Eigentümers oder Nutzniessers aus dem Aktienbuch aufbewahrt werden.[475]

b. Streichung

Art. 686a[476] Die Gesellschaft kann nach Anhörung des Betroffenen Eintragungen im Aktienbuch streichen, wenn diese durch falsche Angaben des Erwerbers zustande gekommen sind. Dieser muss über die Streichung sofort informiert werden.

5. Nicht voll einbezahlte Namenaktien[477]

Art. 687 ¹ Der Erwerber einer nicht voll einbezahlten Namenaktie ist der Gesellschaft gegenüber zur Einzahlung verpflichtet, sobald er im Aktienbuch eingetragen ist.

² Veräussert der Zeichner die Aktie, so kann er für den nicht einbezahlten Betrag belangt werden, wenn die Gesellschaft binnen zwei Jahren seit ihrer Eintragung in das Handelsregister in Konkurs gerät und sein Rechtsnachfolger seines Rechtes aus der Aktie verlustig erklärt worden ist.

³ Der Veräusserer, der nicht Zeichner ist, wird durch die Eintragung des Erwerbers der Aktie im Aktienbuch von der Einzahlungspflicht befreit.

⁴ Solange Namenaktien nicht voll einbezahlt sind, ist auf jedem Titel der auf den Nennwert einbezahlte Betrag anzugeben.

III. Interimsscheine

Art. 688 ¹ Auf den Inhaber lautende Interimsscheine dürfen nur für Inhaberaktien ausgegeben werden, deren Nennwert voll einbezahlt ist. Vor der Volleinzahlung ausgegebene, auf den Inhaber lautende Interimsscheine sind nichtig. Schadenersatzansprüche bleiben vorbehalten.

² Werden für Inhaberaktien auf den Namen lautende Interimsscheine ausgestellt, so können sie nur nach den für die Abtretung von Forderungen geltenden Bestimmungen übertragen werden, jedoch ist die Übertragung der Gesellschaft gegenüber erst wirksam, wenn sie ihr angezeigt wird.

³ Interimsscheine für Namenaktien müssen auf den Namen lauten. Die Übertragung solcher Interimsscheine richtet sich nach den für die Übertragung von Namenaktien geltenden Vorschriften.

---

475 Eingefügt durch Ziff. I 2 des BG vom 12. Dez. 2014 zur Umsetzung der 2012 revidierten Empfehlungen der Groupe d'action financière, in Kraft seit 1. Juli 2015 (AS 2015 1389; BBl 2014 605).
476 Eingefügt durch Ziff. I des BG vom 4. Okt. 1991, in Kraft seit 1. Juli 1992 (AS 1992 733; BBl 1983 II 745).
477 Fassung gemäss Ziff. I des BG vom 4. Okt. 1991, in Kraft seit 1. Juli 1992 (AS 1992 733; BBl 1983 II 745).

J. Persönliche Mitgliedschaftsrechte
I. Teilnahme an der Generalversammlung
1. Grundsatz

Art. 689[478] ¹ Der Aktionär übt seine Rechte in den Angelegenheiten der Gesellschaft, wie Bestellung der Organe, Abnahme des Geschäftsberichtes und Beschlussfassung über die Gewinnverwendung, in der Generalversammlung aus.

² ...[479]

2. Berechtigung gegenüber der Gesellschaft

Art. 689a[480] ¹ Die Mitgliedschaftsrechte aus Namenaktien kann ausüben, wer durch den Eintrag im Aktienbuch ausgewiesen oder vom Aktionär dazu schriftlich bevollmächtigt ist.

² Die Mitgliedschaftsrechte aus Inhaberaktien kann ausüben, wer sich als Besitzer ausweist, indem er die Aktien vorlegt. Das Stimmrecht kann nur ausüben, wer bei der Teilnahme an der Generalversammlung Namen und Wohnort bekannt gibt.[481]

³ Wer eine Inhaberaktie aufgrund einer Verpfändung, Hinterlegung oder leihweisen Überlassung besitzt, darf die Mitgliedschaftsrechte nur ausüben, wenn er vom Aktionär dazu schriftlich bevollmächtigt ist.[482]

⁴ Der Verwaltungsrat kann weitere Formen der Berechtigung gegenüber der Gesellschaft zulassen, soweit die Statuten nichts anderes vorsehen.[483]

3. Vertretung des Aktionärs
a. Im Allgemeinen

Art. 689b[484] ¹ Der Aktionär kann seine Mitwirkungsrechte, insbesondere sein Stimmrecht, durch einen Vertreter seiner Wahl ausüben lassen.

² Die Organstimmrechtsvertretung und die Depotstimmrechtsvertretung sind unzulässig bei Gesellschaften, deren Aktien an einer Börse kotiert sind.

³ Setzt die Gesellschaft einen unabhängigen Stimmrechtsvertreter oder einen Organstimmrechtsvertreter ein, so ist dieser verpflichtet, die Stimmrechte weisungsgemäss auszuüben. Hat er keine Weisungen erhalten, so enthält er sich der Stimme. Der Verwaltungsrat

---

478 Fassung gemäss Ziff. I des BG vom 4. Okt. 1991, in Kraft seit 1. Juli 1992 (AS 1992 733; BBl 1983 II 745).
479 Aufgehoben durch Ziff. I des BG vom 19. Juni 2020 (Aktienrecht), mit Wirkung seit 1. Jan. 2023 (AS 2020 4005; 2022 109; BBl 2017 399).
480 Eingefügt durch Ziff. I des BG vom 4. Okt. 1991, in Kraft seit 1. Juli 1992 (AS 1992 733; BBl 1983 II 745).
481 Fassung gemäss Ziff. I des BG vom 19. Juni 2020 (Aktienrecht), in Kraft seit 1. Jan. 2023 (AS 2020 4005; 2022 109; BBl 2017 399).
482 Eingefügt durch Ziff. I des BG vom 19. Juni 2020 (Aktienrecht), in Kraft seit 1. Jan. 2023 (AS 2020 4005; 2022 109; BBl 2017 399).
483 Eingefügt durch Ziff. I des BG vom 19. Juni 2020 (Aktienrecht), in Kraft seit 1. Jan. 2023 (AS 2020 4005; 2022 109; BBl 2017 399).
484 Eingefügt durch Ziff. I des BG vom 4. Okt. 1991 (AS 1992 733; BBl 1983 II 745). Fassung gemäss Ziff. I des BG vom 19. Juni 2020 (Aktienrecht), in Kraft seit 1. Jan. 2023 (AS 2020 4005; 2022 109; BBl 2017 399).

erstellt Formulare, die zur Erteilung der Vollmachten und Weisungen verwendet werden müssen.

⁴ Die Unabhängigkeit des unabhängigen Stimmrechtsvertreters darf weder tatsächlich noch dem Anschein nach beeinträchtigt sein. Die Vorschriften zur Unabhängigkeit der Revisionsstelle bei der ordentlichen Revision (Art. 728 Abs. 2–6) sind entsprechend anwendbar.

⁵ Als unabhängige Stimmrechtsvertreter können natürliche oder juristische Personen oder Personengesellschaften eingesetzt werden.

b. Unabhängige Stimmrechtsvertretung in Gesellschaften, deren Aktien an einer Börse kotiert sind

Art. 689c[485] ¹ In Gesellschaften, deren Aktien an einer Börse kotiert sind, wählt die Generalversammlung den unabhängigen Stimmrechtsvertreter. Die Amtsdauer endet mit dem Abschluss der nächsten ordentlichen Generalversammlung. Wiederwahl ist möglich.

² Die Generalversammlung kann den unabhängigen Stimmrechtsvertreter auf das Ende der Generalversammlung abberufen.

³ Hat die Generalversammlung keinen unabhängigen Stimmrechtsvertreter gewählt, so ernennt der Verwaltungsrat einen solchen für die nächste Generalversammlung. Die Statuten können andere Regeln zur Behebung dieses Organisationsmangels vorsehen.

⁴ Der Verwaltungsrat stellt sicher, dass die Aktionäre insbesondere die Möglichkeit haben, dem unabhängigen Stimmrechtsvertreter:
1. zu jedem in der Einberufung gestellten Antrag zu Verhandlungsgegenständen Weisungen zu erteilen;
2. zu nicht angekündigten Anträgen zu Verhandlungsgegenständen sowie zu neuen Verhandlungsgegenständen gemäss Artikel 704*b* allgemeine Weisungen zu erteilen.

⁵ Der unabhängige Stimmrechtsvertreter behandelt die Weisungen der einzelnen Aktionäre bis zur Generalversammlung vertraulich. Er kann der Gesellschaft eine allgemeine Auskunft über die eingegangenen Weisungen erteilen. Er darf die Auskunft nicht früher als drei Werktage vor der Generalversammlung erteilen und muss anlässlich der Generalversammlung erklären, welche Informationen er der Gesellschaft erteilt hat.

⁶ Vollmachten und Weisungen können nur für die kommende Generalversammlung erteilt werden. Sie können auch elektronisch erteilt werden.

---

485 Eingefügt durch Ziff. I des BG vom 4. Okt. 1991 (AS 1992 733; BBl 1983 II 745). Fassung gemäss Ziff. I des BG vom 19. Juni 2020 (Aktienrecht), in Kraft seit 1. Jan. 2023 (AS 2020 4005; 2022 109; BBl 2017 399).

c. Unabhängige Stimmrechtsvertretung und Organstimmrechtsvertretung in Gesellschaften, deren Aktien nicht an einer Börse kotiert sind

Art. 689d[486]   ¹ Die Statuten von Gesellschaften, deren Aktien nicht an einer Börse kotiert sind, können vorsehen, dass ein Aktionär nur durch einen anderen Aktionär in der Generalversammlung vertreten werden kann.

² Enthalten die Statuten eine solche Bestimmung, so muss der Verwaltungsrat auf Verlangen eines Aktionärs einen unabhängigen Stimmrechtsvertreter oder einen Organstimmrechtsvertreter bezeichnen, dem die Ausübung der Mitwirkungsrechte übertragen werden kann.

³ Der Verwaltungsrat muss in diesem Fall spätestens zehn Tage vor der Generalversammlung den Aktionären mitteilen, wen sie mit der Vertretung beauftragen können. Kommt der Verwaltungsrat dieser Pflicht nicht nach, so kann sich der Aktionär durch einen beliebigen Dritten vertreten lassen. Die Statuten regeln die Einzelheiten der Bezeichnung des Vertreters.

⁴ Artikel 689c Absatz 4 ist im Fall einer unabhängigen Stimmrechtsvertretung wie auch einer Organstimmrechtsvertretung anwendbar.

d. Depotstimmrechtsvertretung in Gesellschaften, deren Aktien nicht an einer Börse kotiert sind

Art. 689e[487]   ¹ Wer bei einer Gesellschaft, deren Aktien nicht an einer Börse kotiert sind, Stimmrechte aus Aktien ausüben will, die bei ihm hinterlegt sind, ersucht den Hinterleger vor jeder Generalversammlung um Weisungen für die Stimmabgabe.

² Sind Weisungen des Hinterlegers nicht rechtzeitig erhältlich, so übt der Depotvertreter das Stimmrecht nach einer allgemeinen Weisung des Hinterlegers aus; fehlt eine solche, so enthält er sich der Stimme.

³ Als Depotvertreter gelten die dem Bankengesetz vom 8. November 1934[488] unterstellten Institute und die Finanzinstitute nach dem Finanzinstitutsgesetz vom 15. Juni 2018[489].

e. Bekanntgabe

Art. 689f[490]   ¹ Unabhängige Stimmrechtsvertreter, Organstimmrechtsvertreter und Depotvertreter geben der Gesellschaft Anzahl, Art, Nennwert und Kategorie der von ihnen vertretenen Aktien bekannt. Unterlassen sie dies, so sind die Beschlüsse der Generalversammlung unter den gleichen Voraussetzungen anfechtbar wie bei unbefugter Teilnahme an der Generalversammlung (Art. 691).

---

486 Eingefügt durch Ziff. I des BG vom 4. Okt. 1991 (AS 1992 733; BBl 1983 II 745). Fassung gemäss Ziff. I des BG vom 19. Juni 2020 (Aktienrecht), in Kraft seit 1. Jan. 2023 (AS 2020 4005; 2022 109; BBl 2017 399).
487 Eingefügt durch Ziff. I des BG vom 4. Okt. 1991 (AS 1992 733; BBl 1983 II 745). Fassung gemäss Ziff. I des BG vom 19. Juni 2020 (Aktienrecht), in Kraft seit 1. Jan. 2023 (AS 2020 4005; 2022 109; BBl 2017 399).
488 SR 952.0
489 SR 954.1
490 Eingefügt durch Ziff. I des BG vom 19. Juni 2020 (Aktienrecht), in Kraft seit 1. Jan. 2023 (AS 2020 4005; 2022 109; BBl 2017 399).

² Der Vorsitzende teilt der Generalversammlung diese Angaben gesamthaft für jede Vertretungsart mit. Unterlässt er dies, obschon ein Aktionär es verlangt hat, so kann jeder Aktionär die Beschlüsse der Generalversammlung mit Klage gegen die Gesellschaft anfechten.

4. Mehrere Berechtigte[491]

Art. 690 ¹ Steht eine Aktie in gemeinschaftlichem Eigentum, so können die Berechtigten die Rechte aus der Aktie nur durch einen gemeinsamen Vertreter ausüben.

² Im Falle der Nutzniessung an einer Aktie wird diese durch den Nutzniesser vertreten; er wird dem Eigentümer ersatzpflichtig, wenn er dabei dessen Interessen nicht in billiger Weise Rücksicht trägt.

II. Unbefugte Teilnahme

Art. 691 ¹ Die Überlassung von Aktien zum Zwecke der Ausübung des Stimmrechts in der Generalversammlung ist unstatthaft, wenn damit die Umgehung einer Stimmrechtsbeschränkung beabsichtigt ist.

² Jeder Aktionär ist befugt, gegen die Teilnahme unberechtigter Personen beim Verwaltungsrat oder zu Protokoll der Generalversammlung Einspruch zu erheben.

²ᵇⁱˢ Mitglieder des Verwaltungsrats und der Geschäftsleitung sind berechtigt, an der Generalversammlung teilzunehmen.[492]

³ Wirken Personen, die zur Teilnahme an der Generalversammlung nicht befugt sind, bei einem Beschlusse mit, so kann jeder Aktionär, auch wenn er nicht Einspruch erhoben hat, diesen Beschluss anfechten, sofern die beklagte Gesellschaft nicht nachweist, dass diese Mitwirkung keinen Einfluss auf die Beschlussfassung ausgeübt hatte.

III. Stimmrecht in der Generalversammlung
1. Grundsatz

Art. 692 ¹ Die Aktionäre üben ihr Stimmrecht in der Generalversammlung nach Verhältnis des gesamten Nennwerts der ihnen gehörenden Aktien aus.

² Jeder Aktionär hat, auch wenn er nur eine Aktie besitzt, zum mindesten eine Stimme. Doch können die Statuten die Stimmenzahl der Besitzer mehrerer Aktien beschränken.

³ ...[493]

2. Stimmrechtsaktien

Art. 693 ¹ Die Statuten können das Stimmrecht unabhängig vom Nennwert nach der Zahl der jedem Aktionär gehörenden Aktien festsetzen, so dass auf jede Aktie eine Stimme entfällt.

---

491 Fassung gemäss Ziff. I des BG vom 4. Okt. 1991, in Kraft seit 1. Juli 1992 (AS 1992 733; BBl 1983 II 745).
492 Eingefügt durch Ziff. I des BG vom 19. Juni 2020 (Aktienrecht), in Kraft seit 1. Jan. 2023 (AS 2020 4005; 2022 109; BBl 2017 399).
493 Aufgehoben durch Ziff. I des BG vom 19. Juni 2020 (Aktienrecht), mit Wirkung seit 1. Jan. 2023 (AS 2020 4005; 2022 109; BBl 2017 399).

² In diesem Falle können Aktien, die einen kleineren Nennwert als andere Aktien der Gesellschaft haben, nur als Namenaktien ausgegeben werden und müssen voll liberiert sein. Der Nennwert der übrigen Aktien darf das Zehnfache des Nennwertes der Stimmrechtsaktien nicht übersteigen.[494]

³ Die Bemessung des Stimmrechts nach der Zahl der Aktien ist nicht anwendbar für:
1. die Wahl der Revisionsstelle;
2. die Ernennung von Sachverständigen zur Prüfung der Geschäftsführung oder einzelner Teile;
3.[495] die Beschlussfassung über die Einleitung einer Sonderuntersuchung;
4.[496] die Beschlussfassung über die Erhebung einer Verantwortlichkeitsklage.[497]

3. Entstehung des Stimmrechts

Art. 694 Das Stimmrecht entsteht, sobald auf die Aktie der gesetzlich oder statutarisch festgesetzte Betrag einbezahlt ist.

4. Ausschliessung vom Stimmrecht

Art. 695 ¹ Bei Beschlüssen über die Entlastung des Verwaltungsrates haben Personen, die in irgendeiner Weise an der Geschäftsführung teilgenommen haben, kein Stimmrecht.

² ...[498]

Art. 696[499]

IV. Auskunfts- und Einsichtsrecht

1. Auskunftsrecht

Art. 697[500] ¹ Jeder Aktionär ist berechtigt, an der Generalversammlung vom Verwaltungsrat Auskunft über die Angelegenheiten der Gesellschaft und von der Revisionsstelle Auskunft über Durchführung und Ergebnis ihrer Prüfung zu verlangen.

² In Gesellschaften, deren Aktien nicht an einer Börse kotiert sind, können Aktionäre, die zusammen mindestens 10 Prozent des Aktienkapitals oder der Stimmen vertreten, vom Verwaltungsrat schriftlich Auskunft über die Angelegenheiten der Gesellschaft verlangen.

---

494 Fassung gemäss Ziff. I des BG vom 4. Okt. 1991, in Kraft seit 1. Juli 1992 (AS 1992 733; BBl 1983 II 745).
495 Fassung gemäss Ziff. I des BG vom 19. Juni 2020 (Aktienrecht), in Kraft seit 1. Jan. 2023 (AS 2020 4005; 2022 109; BBl 2017 399).
496 Fassung gemäss Ziff. I des BG vom 19. Juni 2020 (Aktienrecht), in Kraft seit 1. Jan. 2023 (AS 2020 4005; 2022 109; BBl 2017 399).
497 Fassung gemäss Ziff. I des BG vom 4. Okt. 1991, in Kraft seit 1. Juli 1992 (AS 1992 733; BBl 1983 II 745).
498 Aufgehoben durch Ziff. I 3 des BG vom 16. Dez. 2005 (GmbH-Recht sowie Anpassungen im Aktien-, Genossenschafts-, Handelsregister- und Firmenrecht), mit Wirkung seit 1. Jan. 2008 (AS 2007 4791; BBl 2002 3148, 2004 3969).
499 Aufgehoben durch Ziff. I des BG vom 19. Juni 2020 (Aktienrecht), mit Wirkung seit 1. Jan. 2023 (AS 2020 4005; 2022 109; BBl 2017 399).
500 Fassung gemäss Ziff. I des BG vom 19. Juni 2020 (Aktienrecht), in Kraft seit 1. Jan. 2023 (AS 2020 4005; 2022 109; BBl 2017 399).

³ Der Verwaltungsrat erteilt die Auskunft innert vier Monaten. Die Antworten des Verwaltungsrats sind zudem spätestens an der nächsten Generalversammlung zur Einsicht für die Aktionäre aufzulegen.

⁴ Die Auskunft muss erteilt werden, soweit sie für die Ausübung der Aktionärsrechte erforderlich ist und soweit keine Geschäftsgeheimnisse oder anderen schutzwürdigen Interessen der Gesellschaft gefährdet werden. Eine Verweigerung der Auskunft ist schriftlich zu begründen.

2. Einsichtsrecht

Art. 697a[501] ¹ Die Geschäftsbücher und die Akten können von Aktionären eingesehen werden, die zusammen mindestens 5 Prozent des Aktienkapitals oder der Stimmen vertreten.

² Der Verwaltungsrat gewährt die Einsicht innert vier Monaten nach Eingang der Anfrage. Die Aktionäre dürfen Notizen machen.

³ Die Einsicht muss gewährt werden, soweit sie für die Ausübung der Aktionärsrechte erforderlich ist und soweit keine Geschäftsgeheimnisse oder anderen schutzwürdigen Interessen der Gesellschaft gefährdet werden. Eine Verweigerung der Einsicht ist schriftlich zu begründen.

3. Ablehnung des Begehrens um Auskunft oder Einsicht

Art. 697b[502] Wird die Auskunft oder die Einsicht ganz oder teilweise verweigert oder verunmöglicht, so können die Aktionäre innerhalb von 30 Tagen vom Gericht die Anordnung der Auskunft oder Einsicht verlangen.

V. Recht auf Einleitung einer Sonderuntersuchung

1. Mit Genehmigung der Generalversammlung

Art. 697c[503] ¹ Jeder Aktionär, der das Recht auf Auskunft oder das Recht auf Einsicht bereits ausgeübt hat, kann der Generalversammlung beantragen, bestimmte Sachverhalte durch unabhängige Sachverständige untersuchen zu lassen, sofern dies zur Ausübung der Aktionärsrechte erforderlich ist.

² Entspricht die Generalversammlung dem Antrag, so kann die Gesellschaft oder jeder Aktionär innert 30 Tagen dem Gericht beantragen, die Sachverständigen zu bezeichnen, welche die Sonderuntersuchung durchführen.

---

501 Eingefügt durch Ziff. I des BG vom 4. Okt. 1991 (AS 1992 733; BBl 1983 II 745). Fassung gemäss Ziff. I des BG vom 19. Juni 2020 (Aktienrecht), in Kraft seit 1. Jan. 2023 (AS 2020 4005; 2022 109; BBl 2017 399).
502 Eingefügt durch Ziff. I des BG vom 4. Okt. 1991 (AS 1992 733; BBl 1983 II 745). Fassung gemäss Ziff. I des BG vom 19. Juni 2020 (Aktienrecht), in Kraft seit 1. Jan. 2023 (AS 2020 4005; 2022 109; BBl 2017 399).
503 Eingefügt durch Ziff. I des BG vom 4. Okt. 1991 (AS 1992 733; BBl 1983 II 745). Fassung gemäss Ziff. I des BG vom 19. Juni 2020 (Aktienrecht), in Kraft seit 1. Jan. 2023 (AS 2020 4005; 2022 109; BBl 2017 399).

2. Bei Ablehnung durch die Generalversammlung	**Art. 697d**[504] ¹ Entspricht die Generalversammlung dem Antrag nicht, so können Aktionäre innerhalb von drei Monaten vom Gericht die Anordnung einer Sonderuntersuchung verlangen, sofern sie zusammen mindestens über eine der folgenden Beteiligungen verfügen:

1. bei Gesellschaften, deren Aktien an einer Börse kotiert sind: 5 Prozent des Aktienkapitals oder der Stimmen;
2. bei anderen Gesellschaften, deren Aktien nicht an einer Börse kotiert sind: 10 Prozent des Aktienkapitals oder der Stimmen.

² Das Begehren auf Anordnung einer Sonderuntersuchung kann sich auf alle Fragen erstrecken, die Gegenstand des Begehrens um Auskunft oder Einsicht waren oder die in der Beratung des Antrags auf Durchführung einer Sonderuntersuchung in der Generalversammlung angesprochen wurden, soweit ihre Beantwortung für die Ausübung der Aktionärsrechte erforderlich ist.

³ Das Gericht ordnet die Sonderuntersuchung an, wenn die Gesuchsteller glaubhaft machen, dass Gründer oder Organe Gesetz oder Statuten verletzt haben und die Verletzung geeignet ist, die Gesellschaft oder die Aktionäre zu schädigen.

3. Verfahren vor Gericht	**Art. 697e**[505] ¹ Das Gericht entscheidet nach Anhörung der Gesellschaft und des Aktionärs, der den Antrag auf eine Sonderuntersuchung in der Generalversammlung gestellt hat.

² Entspricht das Gericht dem Begehren, so bezeichnet es die mit der Sonderuntersuchung betrauten unabhängigen Sachverständigen und umschreibt den Prüfungsgegenstand.

4. Durchführung der Sonderuntersuchung	**Art. 697f**[506] ¹ Die Sonderuntersuchung ist innert nützlicher Frist und ohne unnötige Störung des Geschäftsgangs durchzuführen.

² Gründer, Organe, Beauftragte, Arbeitnehmer, Sachwalter und Liquidatoren müssen den Sachverständigen Auskunft über alle erheblichen Tatsachen erteilen. Im Streitfall entscheidet das Gericht.

³ Die Sachverständigen hören die Gesellschaft zu den Ergebnissen der Sonderuntersuchung an.

⁴ Sie sind zur Geheimhaltung verpflichtet.

---

504 Eingefügt durch Ziff. I des BG vom 4. Okt. 1991 (AS 1992 733; BBl 1983 II 745). Fassung gemäss Ziff. I des BG vom 19. Juni 2020 (Aktienrecht), in Kraft seit 1. Jan. 2023 (AS 2020 4005; 2022 109; BBl 2017 399).
505 Eingefügt durch Ziff. I des BG vom 4. Okt. 1991 (AS 1992 733; BBl 1983 II 745). Fassung gemäss Ziff. I des BG vom 19. Juni 2020 (Aktienrecht), in Kraft seit 1. Jan. 2023 (AS 2020 4005; 2022 109; BBl 2017 399).
506 Eingefügt durch Ziff. I des BG vom 4. Okt. 1991 (AS 1992 733; BBl 1983 II 745). Fassung gemäss Ziff. I des BG vom 19. Juni 2020 (Aktienrecht), in Kraft seit 1. Jan. 2023 (AS 2020 4005; 2022 109; BBl 2017 399).

5. Bericht

Art. 697g[507] ¹ Die Sachverständigen berichten schriftlich einlässlich über das Ergebnis ihrer Untersuchung. Wurde die Sonderuntersuchung durch das Gericht angeordnet, so legen die Sachverständigen ihren Bericht dem Gericht vor.

² Das Gericht stellt den Bericht der Gesellschaft zu und entscheidet auf ihren Antrag, ob Teile des Berichts das Geschäftsgeheimnis oder andere schutzwürdige Interessen der Gesellschaft verletzen und deshalb den Gesuchstellern nicht vorgelegt werden dürfen.

³ Es gibt dem Verwaltungsrat und den Gesuchstellern Gelegenheit, zum bereinigten Bericht Stellung zu nehmen und Ergänzungsfragen zu stellen.

6. Behandlung und Bekanntgabe

Art. 697h[508] ¹ Der Verwaltungsrat unterbreitet der nächsten Generalversammlung den Bericht der Sachverständigen sowie seine Stellungnahme und diejenige der Gesuchsteller dazu.

² Jeder Aktionär kann während eines Jahres nach der Generalversammlung von der Gesellschaft auf deren Kosten eine Ausfertigung des Berichts und der Stellungnahmen verlangen.

7. Kosten der Sonderuntersuchung

Art. 697h[bis] [509] ¹ Die Gesellschaft trägt die Kosten der Sonderuntersuchung. Sie leistet auch allfällige Kostenvorschüsse.

² Wenn besondere Umstände es rechtfertigen, kann das Gericht die Kosten ganz oder teilweise den Gesuchstellern auferlegen.

Art. 697i[510]

K. Meldepflicht des Aktionärs

I. Meldung der an Aktien wirtschaftlich berechtigten Person

Art. 697j[511] ¹ Wer allein oder in gemeinsamer Absprache mit Dritten Aktien einer Gesellschaft, deren Beteiligungsrechte nicht an einer Börse kotiert sind, erwirbt und dadurch den Grenzwert von 25 Prozent des Aktienkapitals oder der Stimmrechte erreicht oder überschreitet, muss der Gesellschaft innert Monatsfrist den Vor- und den

---

507 Eingefügt durch Ziff. I des BG vom 4. Okt. 1991 (AS 1992 733; BBl 1983 II 745). Fassung gemäss Ziff. I des BG vom 19. Juni 2020 (Aktienrecht), in Kraft seit 1. Jan. 2023 (AS 2020 4005; 2022 109; BBl 2017 399).
508 Eingefügt durch Ziff. I des BG vom 4. Okt. 1991 (AS 1992 733; BBl 1983 II 745). Fassung gemäss Ziff. I des BG vom 19. Juni 2020 (Aktienrecht), in Kraft seit 1. Jan. 2023 (AS 2020 4005; 2022 109; BBl 2017 399).
509 Eingefügt durch Ziff. I des BG vom 19. Juni 2020 (Aktienrecht), in Kraft seit 1. Jan. 2023 (AS 2020 4005; 2022 109; BBl 2017 399).
510 Eingefügt durch Ziff. I 2 des BG vom 12. Dez. 2014 zur Umsetzung der 2012 revidierten Empfehlungen der Groupe d'action financière (AS 2015 1389; BBl 2014 605). Aufgehoben durch Ziff. I 1 des BG vom 21. Juni 2019 zur Umsetzung von Empfehlungen des Globalen Forums über Transparenz und Informationsaustausch für Steuerzwecke, mit Wirkung seit 1. Mai 2021 (AS 2019 3161; BBl 2019 279).
511 Eingefügt durch Ziff. I 2 des BG vom 12. Dez. 2014 zur Umsetzung der 2012 revidierten Empfehlungen der Groupe d'action financière (AS 2015 1389; BBl 2014 605). Fassung gemäss Ziff. I 1 des BG vom 21. Juni 2019 zur Umsetzung von Empfehlungen des Globalen Forums über Transparenz und Informationsaustausch für Steuerzwecke, in Kraft seit 1. Nov. 2019 (AS 2019 3161; BBl 2019 279).

Nachnamen und die Adresse der natürlichen Person melden, für die er letztendlich handelt (wirtschaftlich berechtigte Person).

² Ist der Aktionär eine juristische Person oder Personengesellschaft, so muss als wirtschaftlich berechtigte Person jede natürliche Person gemeldet werden, die den Aktionär in sinngemässer Anwendung von Artikel 963 Absatz 2 kontrolliert. Gibt es keine solche Person, so muss der Aktionär dies der Gesellschaft melden.

³ Ist der Aktionär eine Kapitalgesellschaft, deren Beteiligungsrechte an einer Börse kotiert sind, wird er von einer solchen Gesellschaft im Sinne von Artikel 963 Absatz 2 kontrolliert oder kontrolliert er in diesem Sinne eine solche Gesellschaft, so muss er nur diese Tatsache sowie die Firma und den Sitz der Kapitalgesellschaft melden.

⁴ Der Aktionär muss der Gesellschaft innert 3 Monaten jede Änderung des Vor- oder des Nachnamens oder der Adresse der wirtschaftlich berechtigten Person melden.

⁵ Die Meldepflicht besteht nicht, wenn die Aktien als Bucheffekten ausgestaltet und bei einer Verwahrungsstelle in der Schweiz hinterlegt oder im Hauptregister eingetragen sind. Die Gesellschaft bezeichnet die Verwahrungsstelle.

Art. 697k[512]

II. Verzeichnis der wirtschaftlich berechtigten Personen

Art. 697l[513] ¹ Die Gesellschaft führt ein Verzeichnis über die ihr gemeldeten wirtschaftlich berechtigten Personen.

² Dieses Verzeichnis enthält den Vor- und den Nachnamen sowie die Adresse der wirtschaftlich berechtigten Personen.

³ Die Belege, die einer Meldung nach Artikel 697j zugrunde liegen, müssen nach der Streichung der Person aus dem Verzeichnis während zehn Jahren aufbewahrt werden.

⁴ Das Verzeichnis muss so geführt werden, dass in der Schweiz jederzeit darauf zugegriffen werden kann.

---

512 Eingefügt durch Ziff. I 2 des BG vom 12. Dez. 2014 zur Umsetzung der 2012 revidierten Empfehlungen der Groupe d'action financière (AS 2015 1389; BBl 2014 605). Aufgehoben durch Ziff. I 1 des BG vom 21. Juni 2019 zur Umsetzung von Empfehlungen des Globalen Forums über Transparenz und Informationsaustausch für Steuerzwecke, mit Wirkung seit 1. Mai 2021 (AS 2019 3161; BBl 2019 279).

513 Eingefügt durch Ziff. I 2 des BG vom 12. Dez. 2014 zur Umsetzung der 2012 revidierten Empfehlungen der Groupe d'action financière (AS 2015 1389; BBl 2014 605). Fassung gemäss Ziff. I 1 des BG vom 21. Juni 2019 zur Umsetzung von Empfehlungen des Globalen Forums über Transparenz und Informationsaustausch für Steuerzwecke, in Kraft seit 1. Mai 2021 (AS 2019 3161; BBl 2019 279).

III. Nichteinhaltung der Meldepflichten[515]

Art. 697m[514] [1] Solange der Aktionär seinen Meldepflichten nicht nachgekommen ist, ruhen die Mitgliedschaftsrechte, die mit den Aktien verbunden sind, deren Erwerb gemeldet werden muss.

[2] Die Vermögensrechte, die mit solchen Aktien verbunden sind, kann der Aktionär erst geltend machen, wenn er seinen Meldepflichten nachgekommen ist.

[3] Kommt der Aktionär seinen Meldepflichten nicht innert eines Monats nach dem Erwerb der Aktien nach, so sind die Vermögensrechte verwirkt. Holt er die Meldung zu einem späteren Zeitpunkt nach, so kann er die ab diesem Zeitpunkt entstehenden Vermögensrechte geltend machen.

[4] Der Verwaltungsrat stellt sicher, dass keine Aktionäre unter Verletzung der Meldepflichten ihre Rechte ausüben.

L. Schiedsgericht

Art. 697n[516] [1] Die Statuten können vorsehen, dass gesellschaftsrechtliche Streitigkeiten durch ein Schiedsgericht mit Sitz in der Schweiz beurteilt werden. Wenn die Statuten es nicht anders bestimmen, bindet die Schiedsklausel die Gesellschaft, die Organe der Gesellschaft, die Mitglieder der Organe und die Aktionäre.

[2] Für das Verfahren vor dem Schiedsgericht gelten die Bestimmungen des 3. Teils der Zivilprozessordnung[517]; das zwölfte Kapitel des Bundesgesetzes vom 18. Dezember 1987[518] über das Internationale Privatrecht ist nicht anwendbar.

[3] Die Statuten können die Einzelheiten regeln, insbesondere durch Verweisung auf eine Schiedsordnung. Sie stellen jedenfalls sicher, dass Personen, die von den Rechtswirkungen des Schiedsspruchs direkt betroffen sein können, über die Einleitung und die Beendigung des Verfahrens informiert werden und sich bei der Bestellung des Schiedsgerichts und als Intervenienten am Verfahren beteiligen können.

---

514 Eingefügt durch Ziff. I 2 des BG vom 12. Dez. 2014 zur Umsetzung der 2012 revidierten Empfehlungen der Groupe d'action financière, in Kraft seit 1. Juli 2015 (AS 2015 1389; BBl 2014 605).
515 Fassung gemäss Ziff. I 1 des BG vom 21. Juni 2019 zur Umsetzung von Empfehlungen des Globalen Forums über Transparenz und Informationsaustausch für Steuerzwecke, in Kraft seit 1. Mai 2021 (AS 2019 3161; BBl 2019 279).
516 Eingefügt durch Ziff. I des BG vom 19. Juni 2020 (Aktienrecht), in Kraft seit 1. Jan. 2023 (AS 2020 4005; 2022 109; BBl 2017 399).
517 SR 272
518 SR 291

Dritter Abschnitt: Organisation der Aktiengesellschaft
A. Die Generalversammlung

I. Befugnisse

Art. 698 [1] Oberstes Organ der Aktiengesellschaft ist die Generalversammlung der Aktionäre.

[2] Ihr stehen folgende unübertragbare Befugnisse zu:
1. die Festsetzung und Änderung der Statuten;
2. die Wahl der Mitglieder des Verwaltungsrates und der Revisionsstelle;
3.[519] die Genehmigung des Lageberichts und der Konzernrechnung;
4. die Genehmigung der Jahresrechnung sowie die Beschlussfassung über die Verwendung des Bilanzgewinnes, insbesondere die Festsetzung der Dividende und der Tantieme;
5.[520] die Festsetzung der Zwischendividende und die Genehmigung des dafür erforderlichen Zwischenabschlusses;
6.[521] die Beschlussfassung über die Rückzahlung der gesetzlichen Kapitalreserve;
7.[522] die Entlastung der Mitglieder des Verwaltungsrats;
8.[523] die Dekotierung der Beteiligungspapiere der Gesellschaft;
9.[524] die Beschlussfassung über die Gegenstände, die der Generalversammlung durch das Gesetz oder die Statuten vorbehalten sind.[525]

[3] Bei Gesellschaften, deren Aktien an einer Börse kotiert sind, stehen ihr folgende weitere unübertragbare Befugnisse zu:
1. die Wahl des Präsidenten des Verwaltungsrats;
2. die Wahl der Mitglieder des Vergütungsausschusses;
3. die Wahl des unabhängigen Stimmrechtsvertreters;
4. die Abstimmung über die Vergütungen des Verwaltungsrats, der Geschäftsleitung und des Beirats.[526]

---

519 Fassung gemäss Ziff. I 1 des BG vom 23. Dez. 2011 (Rechnungslegungsrecht), in Kraft seit 1. Jan. 2013 (AS 2012 6679; BBl 2008 1589).
520 Fassung gemäss Ziff. I des BG vom 19. Juni 2020 (Aktienrecht), in Kraft seit 1. Jan. 2023 (AS 2020 4005; 2022 109; BBl 2017 399).
521 Fassung gemäss Ziff. I des BG vom 19. Juni 2020 (Aktienrecht), in Kraft seit 1. Jan. 2023 (AS 2020 4005; 2022 109; BBl 2017 399).
522 Eingefügt durch Ziff. I des BG vom 19. Juni 2020 (Aktienrecht), in Kraft seit 1. Jan. 2023 (AS 2020 4005; 2022 109; BBl 2017 399).
523 Eingefügt durch Ziff. I des BG vom 19. Juni 2020 (Aktienrecht), in Kraft seit 1. Jan. 2023 (AS 2020 4005; 2022 109; BBl 2017 399).
524 Eingefügt durch Ziff. I des BG vom 19. Juni 2020 (Aktienrecht), in Kraft seit 1. Jan. 2023 (AS 2020 4005; 2022 109; BBl 2017 399).
525 Fassung gemäss Ziff. I des BG vom 4. Okt. 1991, in Kraft seit 1. Juli 1992 (AS 1992 733; BBl 1983 II 745).
526 Eingefügt durch Ziff. I des BG vom 19. Juni 2020 (Aktienrecht), in Kraft seit 1. Jan. 2023 (AS 2020 4005; 2022 109; BBl 2017 399).

II. Einberufung und Durchführung der Generalversammlung
1. Art der Einberufung

Art. 699[527] ¹ Die Generalversammlung wird durch den Verwaltungsrat, nötigenfalls durch die Revisionsstelle einberufen. Das Einberufungsrecht steht auch den Liquidatoren und den Vertretern der Anleihensgläubiger zu.

² Die ordentliche Generalversammlung findet jährlich innerhalb von sechs Monaten nach Abschluss des Geschäftsjahres statt.

³ Aktionäre können die Einberufung einer Generalversammlung verlangen, sofern sie zusammen mindestens über eine der folgenden Beteiligungen verfügen:
1. bei Gesellschaften, deren Aktien an einer Börse kotiert sind: 5 Prozent des Aktienkapitals oder der Stimmen;
2. bei anderen Gesellschaften: 10 Prozent des Aktienkapitals oder der Stimmen.

⁴ Sie müssen die Einberufung schriftlich verlangen. Die Verhandlungsgegenstände und Anträge müssen im Begehren enthalten sein.

⁵ Entspricht der Verwaltungsrat dem Begehren nicht innert angemessener Frist, längstens aber innert 60 Tagen, so können die Gesuchsteller dem Gericht beantragen, die Einberufung anzuordnen.

2. Bekanntmachung des Geschäftsberichts

Art. 699a[528] ¹ Mindestens 20 Tage vor der Generalversammlung sind den Aktionären der Geschäftsbericht und die Revisionsberichte zugänglich zu machen. Sofern die Unterlagen nicht elektronisch zugänglich sind, kann jeder Aktionär verlangen, dass ihm diese rechtzeitig zugestellt werden.

² Sofern die Unterlagen nicht elektronisch zugänglich sind, kann jeder Aktionär während eines Jahres nach der Generalversammlung verlangen, dass ihm der Geschäftsbericht in der von der Generalversammlung genehmigten Form sowie die Revisionsberichte zugestellt werden.

3. Traktandierungs- und Antragsrecht

Art. 699b[529] ¹ Aktionäre können die Traktandierung von Verhandlungsgegenständen verlangen, sofern sie zusammen mindestens über eine der folgenden Beteiligungen verfügen:
1. in Gesellschaften, deren Aktien an einer Börse kotiert sind: 0,5 Prozent des Aktienkapitals oder der Stimmen;
2. in anderen Gesellschaften: 5 Prozent des Aktienkapitals oder der Stimmen.

---

527 Fassung gemäss Ziff. I des BG vom 19. Juni 2020 (Aktienrecht), in Kraft seit 1. Jan. 2023 (AS 2020 4005; 2022 109; BBl 2017 399).
528 Eingefügt durch Ziff. I des BG vom 19. Juni 2020 (Aktienrecht), in Kraft seit 1. Jan. 2023 (AS 2020 4005; 2022 109; BBl 2017 399).
529 Eingefügt durch Ziff. I des BG vom 19. Juni 2020 (Aktienrecht), in Kraft seit 1. Jan. 2023 (AS 2020 4005; 2022 109; BBl 2017 399).

² Unter den gleichen Voraussetzungen können die Aktionäre verlangen, dass Anträge zu Verhandlungsgegenständen in die Einberufung der Generalversammlung aufgenommen werden.

³ Mit der Traktandierung oder den Anträgen können die Aktionäre eine kurze Begründung einreichen. Diese muss in die Einberufung der Generalversammlung aufgenommen werden.

⁴ Entspricht der Verwaltungsrat einem Begehren nicht, so können die Gesuchsteller dem Gericht beantragen, die Traktandierung von Verhandlungsgegenständen oder die Aufnahme von Anträgen und entsprechenden Begründungen in die Einberufung der Generalversammlung anzuordnen.

⁵ In der Generalversammlung kann jeder Aktionär Anträge im Rahmen der Verhandlungsgegenstände stellen.

4. Inhalt der Einberufung

Art. 700[530] ¹ Der Verwaltungsrat teilt den Aktionären die Einberufung der Generalversammlung mindestens 20 Tage vor dem Versammlungstag mit.

² In der Einberufung sind bekanntzugeben:
1. das Datum, der Beginn, die Art und der Ort der Generalversammlung;
2. die Verhandlungsgegenstände;
3. die Anträge des Verwaltungsrats und bei Gesellschaften, deren Aktien an einer Börse kotiert sind, eine kurze Begründung dieser Anträge;
4. gegebenenfalls die Anträge der Aktionäre samt kurzer Begründung;
5. gegebenenfalls der Name und die Adresse des unabhängigen Stimmrechtsvertreters.

³ Der Verwaltungsrat stellt sicher, dass die Verhandlungsgegenstände die Einheit der Materie wahren, und legt der Generalversammlung alle Informationen vor, die für ihre Beschlussfassung notwendig sind.

⁴ Er darf die Verhandlungsgegenstände in der Einberufung summarisch darstellen, sofern er den Aktionären weiterführende Informationen auf anderem Weg zugänglich macht.

5. Universalversammlung und Zustimmung zu einem Antrag

Art. 701[531] ¹ Die Eigentümer oder Vertreter sämtlicher Aktien können, falls kein Widerspruch erhoben wird, eine Generalversammlung

---

530 Fassung gemäss Ziff. I des BG vom 19. Juni 2020 (Aktienrecht), in Kraft seit 1. Jan. 2023 (AS 2020 4005; 2022 109; BBl 2017 399).
531 Fassung gemäss Ziff. I des BG vom 19. Juni 2020 (Aktienrecht), in Kraft seit 1. Jan. 2023 (AS 2020 4005; 2022 109; BBl 2017 399).

ohne Einhaltung der für die Einberufung geltenden Vorschriften abhalten.

² In dieser Versammlung kann über alle in den Geschäftskreis der Generalversammlung fallenden Gegenstände gültig verhandelt und Beschluss gefasst werden, solange die Eigentümer oder Vertreter sämtlicher Aktien daran teilnehmen.

³ Eine Generalversammlung kann ebenfalls ohne Einhaltung der für die Einberufung geltenden Vorschriften abgehalten werden, wenn die Beschlüsse auf schriftlichem Weg auf Papier oder in elektronischer Form erfolgen, sofern nicht ein Aktionär oder dessen Vertreter die mündliche Beratung verlangt.

6. Tagungsort
a. Im Allgemeinen

Art. 701a[532] ¹ Der Verwaltungsrat bestimmt den Tagungsort der Generalversammlung.

² Durch die Festlegung des Tagungsortes darf für keinen Aktionär die Ausübung seiner Rechte im Zusammenhang mit der Generalversammlung in unsachlicher Weise erschwert werden.

³ Die Generalversammlung kann an verschiedenen Orten gleichzeitig durchgeführt werden. Die Voten der Teilnehmer müssen in diesem Fall unmittelbar in Bild und Ton an sämtliche Tagungsorte übertragen werden.

b. Ausländischer Tagungsort

Art. 701b[533] ¹ Die Generalversammlung kann im Ausland durchgeführt werden, wenn die Statuten dies vorsehen und der Verwaltungsrat in der Einberufung einen unabhängigen Stimmrechtsvertreter bezeichnet.

² Bei Gesellschaften, deren Aktien nicht an einer Börse kotiert sind, kann der Verwaltungsrat auf die Bezeichnung eines unabhängigen Stimmrechtsvertreters verzichten, sofern alle Aktionäre damit einverstanden sind.

7. Verwendung elektronischer Mittel
a. Ausübung der Aktionärsrechte

Art. 701c[534] Der Verwaltungsrat kann vorsehen, dass Aktionäre, die nicht am Ort der Generalversammlung anwesend sind, ihre Rechte auf elektronischem Weg ausüben können.

---

532 Eingefügt durch Ziff. I des BG vom 19. Juni 2020 (Aktienrecht), in Kraft seit 1. Jan. 2023 (AS 2020 4005; 2022 109; BBl 2017 399).
533 Eingefügt durch Ziff. I des BG vom 19. Juni 2020 (Aktienrecht), in Kraft seit 1. Jan. 2023 (AS 2020 4005; 2022 109; BBl 2017 399).
534 Eingefügt durch Ziff. I des BG vom 19. Juni 2020 (Aktienrecht), in Kraft seit 1. Jan. 2023 (AS 2020 4005; 2022 109; BBl 2017 399).

Die Aktiengesellschaft

b. Virtuelle Generalversammlung

Art. 701d[535] ¹ Eine Generalversammlung kann mit elektronischen Mitteln ohne Tagungsort durchgeführt werden, wenn die Statuten dies vorsehen und der Verwaltungsrat in der Einberufung einen unabhängigen Stimmrechtsvertreter bezeichnet.

² Bei Gesellschaften, deren Aktien nicht an einer Börse kotiert sind, können die Statuten vorsehen, dass auf die Bezeichnung eines unabhängigen Stimmrechtsvertreters verzichtet werden kann.

c. Voraussetzungen für die Verwendung elektronischer Mittel

Art. 701e[536] ¹ Der Verwaltungsrat regelt die Verwendung elektronischer Mittel.

² Er stellt sicher, dass:
1. die Identität der Teilnehmer feststeht;
2. die Voten in der Generalversammlung unmittelbar übertragen werden;
3. jeder Teilnehmer Anträge stellen und sich an der Diskussion beteiligen kann;
4. das Abstimmungsergebnis nicht verfälscht werden kann.

d. Technische Probleme

Art. 701f[537] ¹ Treten während der Generalversammlung technische Probleme auf, sodass die Generalversammlung nicht ordnungsgemäss durchgeführt werden kann, so muss sie wiederholt werden.

² Beschlüsse, welche die Generalversammlung vor dem Auftreten der technischen Probleme gefasst hat, bleiben gültig.

III. Vorbereitende Massnahmen; Protokoll

Art. 702[538] ¹ Der Verwaltungsrat trifft die für die Feststellung der Stimmrechte erforderlichen Anordnungen.

² Er sorgt für die Führung des Protokolls. Dieses hält fest:
1. das Datum, den Beginn und das Ende sowie die Art und den Ort der Generalversammlung;
2. die Anzahl, die Art, den Nennwert und die Kategorie der vertretenen Aktien, unter Angabe der Aktien, die vom unabhängigen Stimmrechtsvertreter, von den Organstimmrechtsvertretern oder von Depotvertretern vertreten werden;
3. die Beschlüsse und die Wahlergebnisse;
4. die in der Generalversammlung gestellten Begehren um Auskunft und die darauf erteilten Antworten;
5. die von den Aktionären zu Protokoll gegebenen Erklärungen;

---

[535] Eingefügt durch Ziff. I des BG vom 19. Juni 2020 (Aktienrecht), in Kraft seit 1. Jan. 2023 (AS 2020 4005; 2022 109; BBl 2017 399).
[536] Eingefügt durch Ziff. I des BG vom 19. Juni 2020 (Aktienrecht), in Kraft seit 1. Jan. 2023 (AS 2020 4005; 2022 109; BBl 2017 399).
[537] Eingefügt durch Ziff. I des BG vom 19. Juni 2020 (Aktienrecht), in Kraft seit 1. Jan. 2023 (AS 2020 4005; 2022 109; BBl 2017 399).
[538] Fassung gemäss Ziff. I des BG vom 4. Okt. 1991. in Kraft seit 1. Juli 1992 (AS 1992 733; BBl 1983 II 745).

6. relevante technische Probleme, die bei der Durchführung der Generalversammlung auftreten.[539]

[3] Das Protokoll muss vom Protokollführer und vom Vorsitzenden der Generalversammlung unterzeichnet werden.[540]

[4] Jeder Aktionär kann verlangen, dass ihm das Protokoll innerhalb von 30 Tagen nach der Generalversammlung zugänglich gemacht wird.[541]

[5] Bei Gesellschaften, deren Aktien an einer Börse kotiert sind, sind die Beschlüsse und die Wahlergebnisse unter Angabe der genauen Stimmenverhältnisse innerhalb von 15 Tagen nach der Generalversammlung auf elektronischem Weg zugänglich zu machen.[542]

IV. Äusserungsrecht der Mitglieder des Verwaltungsrats und der Geschäftsleitung; Antragsrecht des Verwaltungsrats

Art. 702a[543] [1] Nehmen die Mitglieder des Verwaltungsrats oder der Geschäftsleitung an der Generalversammlung teil, so dürfen sie sich zu jedem Verhandlungsgegenstand äussern.

[2] Der Verwaltungsrat kann zu jedem Verhandlungsgegenstand Anträge stellen.

V. Beschlussfassung und Wahlen

1. Im Allgemeinen

Art. 703[544] [1] Die Generalversammlung fasst ihre Beschlüsse und vollzieht ihre Wahlen, soweit das Gesetz oder die Statuten es nicht anders bestimmen, mit der Mehrheit der vertretenen Aktienstimmen.

[2] Die Statuten können für den Fall von Stimmengleichheit vorsehen, dass der Vorsitzende den Stichentscheid hat.

2. Wichtige Beschlüsse

Art. 704[545] [1] Ein Beschluss der Generalversammlung, der mindestens zwei Drittel der vertretenen Stimmen und die Mehrheit der vertretenen Aktiennennwerte auf sich vereinigt, ist erforderlich für:
1. die Änderung des Gesellschaftszwecks;
2. die Zusammenlegung von Aktien, soweit dafür nicht die Zustimmung aller betroffenen Aktionäre erforderlich ist;

---

539 Fassung gemäss Ziff. I des BG vom 19. Juni 2020 (Aktienrecht), in Kraft seit 1. Jan. 2023 (AS 2020 4005; 2022 109; BBl 2017 399).
540 Fassung gemäss Ziff. I des BG vom 19. Juni 2020 (Aktienrecht), in Kraft seit 1. Jan. 2023 (AS 2020 4005; 2022 109; BBl 2017 399).
541 Eingefügt durch Ziff. I des BG vom 19. Juni 2020 (Aktienrecht), in Kraft seit 1. Jan. 2023 (AS 2020 4005; 2022 109; BBl 2017 399).
542 Eingefügt durch Ziff. I des BG vom 19. Juni 2020 (Aktienrecht), in Kraft seit 1. Jan. 2023 (AS 2020 4005; 2022 109; BBl 2017 399).
543 Eingefügt durch Ziff. I 3 des BG vom 16. Dez. 2005 (GmbH-Recht sowie Anpassungen im Aktien-, Genossenschafts-, Handelsregister- und Firmenrecht) (AS 2007 4791; BBl 2002 3148, 2004 3969). Fassung gemäss Ziff. I des BG vom 19. Juni 2020 (Aktienrecht), in Kraft seit 1. Jan. 2023 (AS 2020 4005; 2022 109; BBl 2017 399).
544 Fassung gemäss Ziff. I des BG vom 19. Juni 2020 (Aktienrecht), in Kraft seit 1. Jan. 2023 (AS 2020 4005; 2022 109; BBl 2017 399).
545 Fassung gemäss Ziff. I des BG vom 4. Okt. 1991. in Kraft seit 1. Juli 1992 (AS 1992 733; BBl 1983 II 745).

3. die Kapitalerhöhung aus Eigenkapital, gegen Sacheinlagen oder durch Verrechnung mit einer Forderung und die Gewährung von besonderen Vorteilen;
4. die Einschränkung oder Aufhebung des Bezugsrechts;
5. die Einführung eines bedingten Kapitals, die Einführung eines Kapitalbands oder die Schaffung von Vorratskapital gemäss Artikel 12 des Bankengesetzes vom 8. November 1934[546];
6. die Umwandlung von Partizipationsscheinen in Aktien;
7. die Beschränkung der Übertragbarkeit von Namenaktien;
8. die Einführung von Stimmrechtsaktien;
9. den Wechsel der Währung des Aktienkapitals;
10. die Einführung des Stichentscheids des Vorsitzenden in der Generalversammlung;
11. eine Statutenbestimmung zur Durchführung der Generalversammlung im Ausland;
12. die Dekotierung der Beteiligungspapiere der Gesellschaft;
13. die Verlegung des Sitzes der Gesellschaft;
14. die Einführung einer statutarischen Schiedsklausel;
15. der Verzicht auf die Bezeichnung eines unabhängigen Stimmrechtsvertreters für die Durchführung einer virtuellen Generalversammlung bei Gesellschaften, deren Aktien nicht an einer Börse kotiert sind;
16. die Auflösung der Gesellschaft.[547]

[2] Statutenbestimmungen, die für die Fassung bestimmter Beschlüsse grössere Mehrheiten als die vom Gesetz vorgeschriebenen festlegen, können nur mit dem vorgesehenen Mehr eingeführt, geändert oder aufgehoben werden.[548]

[3] Namenaktionäre, die einem Beschluss über die Zweckänderung oder die Einführung von Stimmrechtsaktien nicht zugestimmt haben, sind während sechs Monaten nach dessen Veröffentlichung im Schweizerischen Handelsamtsblatt an statutarische Beschränkungen der Übertragbarkeit der Aktien nicht gebunden.

3. Umwandlung von Inhaber- in Namenaktien

Art. 704a[549] Der Beschluss der Generalversammlung über die Umwandlung von Inhaberaktien in Namenaktien kann mit der Mehrheit der abgegebenen Stimmen gefasst werden. Die Statuten dürfen die Umwandlung nicht erschweren.

---

[546] SR 952.0
[547] Fassung gemäss Ziff. I des BG vom 19. Juni 2020 (Aktienrecht), in Kraft seit 1. Jan. 2023 (AS 2020 4005; 2022 109; BBl 2017 399).
[548] Fassung gemäss Ziff. I des BG vom 19. Juni 2020 (Aktienrecht), in Kraft seit 1. Jan. 2023 (AS 2020 4005; 2022 109; BBl 2017 399).
[549] Eingefügt durch Ziff. I 2 des BG vom 12. Dez. 2014 zur Umsetzung der 2012 revidierten Empfehlungen der Groupe d'action financière, in Kraft seit 1. Juli 2015 (AS 2015 1389; BBl 2014 605).

4. Ankündigung der Verhandlungsgegenstände

Art. 704b[550] Über Anträge zu nicht gehörig angekündigten Verhandlungsgegenständen können keine Beschlüsse gefasst werden; ausgenommen sind Anträge auf Einberufung einer ausserordentlichen Generalversammlung, auf Durchführung einer Sonderuntersuchung und auf Wahl einer Revisionsstelle.

VI. Abberufungsrecht[551]

Art. 705 [1] Die Generalversammlung kann alle Personen, die sie gewählt hat, abberufen.[552]

[2] Entschädigungsansprüche der Abberufenen bleiben vorbehalten.

VII. Anfechtung von Generalversammlungsbeschlüssen
1. Legitimation und Gründe[553]

Art. 706 [1] Der Verwaltungsrat und jeder Aktionär können Beschlüsse der Generalversammlung, die gegen das Gesetz oder die Statuten verstossen, beim Gericht mit Klage gegen die Gesellschaft anfechten.

[2] Anfechtbar sind insbesondere Beschlüsse, die:
1. unter Verletzung von Gesetz oder Statuten Rechte von Aktionären entziehen oder beschränken;
2. in unsachlicher Weise Rechte von Aktionären entziehen oder beschränken;
3. eine durch den Gesellschaftszweck nicht gerechtfertigte Ungleichbehandlung oder Benachteiligung der Aktionäre bewirken;
4. die Gewinnstrebigkeit der Gesellschaft ohne Zustimmung sämtlicher Aktionäre aufheben.[554]

3–4 …[555]

[5] Das Urteil, das einen Beschluss der Generalversammlung aufhebt, wirkt für und gegen alle Aktionäre.

2. Verfahren

Art. 706a[556] [1] Das Anfechtungsrecht erlischt, wenn die Klage nicht spätestens zwei Monate nach der Generalversammlung angehoben wird.

[2] Ist der Verwaltungsrat Kläger, so bestellt das Gericht einen Vertreter für die Gesellschaft.

---

550 Eingefügt durch Ziff. I des BG vom 19. Juni 2020 (Aktienrecht), in Kraft seit 1. Jan. 2023 (AS 2020 4005; 2022 109; BBl 2017 399).
551 Fassung gemäss Ziff. I des BG vom 19. Juni 2020 (Aktienrecht), in Kraft seit 1. Jan. 2023 (AS 2020 4005; 2022 109; BBl 2017 399).
552 Fassung gemäss Ziff. I des BG vom 19. Juni 2020 (Aktienrecht), in Kraft seit 1. Jan. 2023 (AS 2020 4005; 2022 109; BBl 2017 399).
553 Fassung gemäss Ziff. I 3 des BG vom 16. Dez. 2005 (GmbH-Recht sowie Anpassungen im Aktien-, Genossenschafts-, Handelsregister- und Firmenrecht), in Kraft seit 1. Jan. 2008 (AS 2007 4791; BBl 2002 3148, 2004 3969).
554 Fassung gemäss Ziff. I des BG vom 4. Okt. 1991, in Kraft seit 1. Juli 1992 (AS 1992 733; BBl 1983 II 745).
555 Aufgehoben durch Ziff. I des BG vom 4. Okt. 1991, mit Wirkung seit 1. Juli 1992 (AS 1992 733; BBl 1983 II 745).
556 Eingefügt durch Ziff. I des BG vom 4. Okt. 1991, in Kraft seit 1. Juli 1992 (AS 1992 733; BBl 1983 II 745).

Die Aktiengesellschaft — Art. 709 **OR** | 1

3 ...[557]

VIII. Nichtigkeit[559] **Art. 706b**[558] Nichtig sind insbesondere Beschlüsse der Generalversammlung, die:
1. das Recht auf Teilnahme an der Generalversammlung, das Mindeststimmrecht, die Klagerechte oder andere vom Gesetz zwingend gewährte Rechte des Aktionärs entziehen oder beschränken;
2. Kontrollrechte von Aktionären über das gesetzlich zulässige Mass hinaus beschränken oder
3. die Grundstrukturen der Aktiengesellschaft missachten oder die Bestimmungen zum Kapitalschutz verletzen.

B. Der Verwaltungsrat[560]

I. Im Allgemeinen
1. Wählbarkeit[561]

Art. 707 [1] Der Verwaltungsrat der Gesellschaft besteht aus einem oder mehreren Mitgliedern.[562]

2 ...[563]

[3] Ist an der Gesellschaft eine juristische Person oder eine Handelsgesellschaft beteiligt, so ist sie als solche nicht als Mitglied des Verwaltungsrates wählbar; dagegen können an ihrer Stelle ihre Vertreter gewählt werden.

Art. 708[564]

2. Vertretung von Aktionärskategorien und -gruppen[566]

Art. 709[565] [1] Bestehen in Bezug auf das Stimmrecht oder die vermögensrechtlichen Ansprüche mehrere Kategorien von Aktien, so ist

---

557 Aufgehoben durch Anhang 1 Ziff. II 5 der Zivilprozessordnung vom 19. Dez. 2008, mit Wirkung seit 1. Jan. 2011 (AS 2010 1739; BBl 2006 7221).
558 Eingefügt durch Ziff. I des BG vom 4. Okt. 1991, in Kraft seit 1. Juli 1992 (AS 1992 733; BBl 1983 II 745).
559 Fassung gemäss Ziff. I 3 des BG vom 16. Dez. 2005 (GmbH-Recht sowie Anpassungen im Aktien-, Genossenschafts-, Handelsregister- und Firmenrecht), in Kraft seit 1. Jan. 2008 (AS 2007 4791; BBl 2002 3148, 2004 3969).
560 Fassung gemäss Ziff. I des BG vom 4. Okt. 1991, in Kraft seit 1. Juli 1992 (AS 1992 733; BBl 1983 II 745).
561 Fassung gemäss Ziff. I des BG vom 4. Okt. 1991, in Kraft seit 1. Juli 1992 (AS 1992 733; BBl 1983 II 745).
562 Fassung gemäss Ziff. I 3 des BG vom 16. Dez. 2005 (GmbH-Recht sowie Anpassungen im Aktien-, Genossenschafts-, Handelsregister- und Firmenrecht), in Kraft seit 1. Jan. 2008 (AS 2007 4791; BBl 2002 3148, 2004 3969).
563 Aufgehoben durch Ziff. I 3 des BG vom 16. Dez. 2005 (GmbH-Recht sowie Anpassungen im Aktien-, Genossenschafts-, Handelsregister- und Firmenrecht), mit Wirkung seit 1. Jan. 2008 (AS 2007 4791; BBl 2002 3148, 2004 3969).
564 Aufgehoben durch Ziff. I 3 des BG vom 16. Dez. 2005 (GmbH-Recht sowie Anpassungen im Aktien-, Genossenschafts-, Handelsregister- und Firmenrecht), mit Wirkung seit 1. Jan. 2008 (AS 2007 4791; BBl 2002 3148, 2004 3969).
565 Fassung gemäss Ziff. I des BG vom 4. Okt. 1991, in Kraft seit 1. Juli 1992 (AS 1992 733; BBl 1983 II 745).
566 Fassung gemäss Ziff. I 3 des BG vom 16. Dez. 2005 (GmbH-Recht sowie Anpassungen im Aktien-, Genossenschafts-, Handelsregister- und Firmenrecht), in Kraft seit 1. Jan. 2008 (AS 2007 4791; BBl 2002 3148, 2004 3969).

durch die Statuten den Aktionären jeder Kategorie die Wahl wenigstens eines Vertreters im Verwaltungsrat zu sichern.

² Die Statuten können besondere Bestimmungen zum Schutz von Minderheiten oder einzelnen Gruppen von Aktionären vorsehen.

3. Amtsdauer

Art. 710[567] ¹ Die Amtsdauer der Mitglieder des Verwaltungsrats von Gesellschaften, deren Aktien an einer Börse kotiert sind, endet spätestens mit dem Abschluss der nächsten ordentlichen Generalversammlung. Die Mitglieder werden einzeln gewählt.

² Bei Gesellschaften, deren Aktien nicht an einer Börse kotiert sind, beträgt die Amtsdauer drei Jahre, sofern die Statuten nichts anderes bestimmen; die Amtsdauer darf jedoch sechs Jahre nicht übersteigen. Die Mitglieder werden einzeln gewählt, es sei denn, die Statuten sehen es anders vor oder der Vorsitzende der Generalversammlung ordnet es mit Zustimmung aller vertretenen Aktionäre anders an.

³ Wiederwahl ist möglich.

Art. 711[568]

II. Organisation
1. Präsident

Art. 712[569] ¹ Bei Gesellschaften, deren Aktien an einer Börse kotiert sind, wählt die Generalversammlung eines der Mitglieder des Verwaltungsrats zum Präsidenten. Dessen Amtsdauer endet spätestens mit dem Abschluss der nächsten ordentlichen Generalversammlung.

² Bei Gesellschaften, deren Aktien nicht an einer Börse kotiert sind, wählt der Verwaltungsrat eines seiner Mitglieder zum Präsidenten. Die Statuten können bestimmen, dass der Präsident durch die Generalversammlung gewählt wird.

³ Wiederwahl ist möglich.

⁴ Ist das Amt des Präsidenten vakant, so ernennt der Verwaltungsrat für die verbleibende Amtsdauer einen neuen Präsidenten. Die Statuten können andere Regeln zur Behebung dieses Organisationsmangels vorsehen.

2. Beschlüsse

Art. 713[570] ¹ Die Beschlüsse des Verwaltungsrates werden mit der Mehrheit der abgegebenen Stimmen gefasst. Der Vorsitzende hat den Stichentscheid, sofern die Statuten nichts anderes vorsehen.

---

567 Fassung gemäss Ziff. I des BG vom 19. Juni 2020 (Aktienrecht), in Kraft seit 1. Jan. 2023 (AS 2020 4005; 2022 109; BBl 2017 399).
568 Aufgehoben durch Ziff. I 3 des BG vom 16. Dez. 2005 (GmbH-Recht sowie Anpassungen im Aktien-, Genossenschafts-, Handelsregister- und Firmenrecht), mit Wirkung seit 1. Jan. 2008 (AS 2007 4791; BBl 2002 3148, 2004 3969).
569 Fassung gemäss Ziff. I des BG vom 19. Juni 2020 (Aktienrecht), in Kraft seit 1. Jan. 2023 (AS 2020 4005; 2022 109; BBl 2017 399).
570 Fassung gemäss Ziff. I des BG vom 4. Okt. 1991, in Kraft seit 1. Juli 1992 (AS 1992 733; BBl 1983 II 745).

² Der Verwaltungsrat kann seine Beschlüsse fassen:
1. an einer Sitzung mit Tagungsort;
2. unter Verwendung elektronischer Mittel, in sinngemässer Anwendung der Artikel 701c–701e;
3. auf schriftlichem Weg auf Papier oder in elektronischer Form, sofern nicht ein Mitglied die mündliche Beratung verlangt. Im Fall der Beschlussfassung auf elektronischem Weg ist keine Unterschrift erforderlich; vorbehalten bleibt eine anderslautende, schriftliche Festlegung des Verwaltungsrats.[571]

³ Über die Verhandlungen und Beschlüsse ist ein Protokoll zu führen; dieses wird vom Vorsitzenden und vom Protokollführer unterzeichnet.[572]

3. Nichtige Beschlüsse

Art. 714[573] Für die Beschlüsse des Verwaltungsrates gelten sinngemäss die gleichen Nichtigkeitsgründe wie für die Beschlüsse der Generalversammlung.

4. Recht auf Einberufung

Art. 715[574] Jedes Mitglied des Verwaltungsrates kann unter Angabe der Gründe vom Präsidenten die unverzügliche Einberufung einer Sitzung verlangen.

5. Recht auf Auskunft und Einsicht

Art. 715a[575] ¹ Jedes Mitglied des Verwaltungsrates kann Auskunft über alle Angelegenheiten der Gesellschaft verlangen.

² In den Sitzungen sind alle Mitglieder des Verwaltungsrates sowie die mit der Geschäftsführung betrauten Personen zur Auskunft verpflichtet.

³ Ausserhalb der Sitzungen kann jedes Mitglied von den mit der Geschäftsführung betrauten Personen Auskunft über den Geschäftsgang und, mit Ermächtigung des Präsidenten, auch über einzelne Geschäfte verlangen.

⁴ Soweit es für die Erfüllung einer Aufgabe erforderlich ist, kann jedes Mitglied dem Präsidenten beantragen, dass ihm Bücher und Akten vorgelegt werden.

⁵ Weist der Präsident ein Gesuch auf Auskunft, Anhörung oder Einsicht ab, so entscheidet der Verwaltungsrat.

---

571 Fassung gemäss Ziff. I des BG vom 19. Juni 2020 (Aktienrecht), in Kraft seit 1. Jan. 2023 (AS 2020 4005; 2022 109; BBl 2017 399).
572 Fassung gemäss Ziff. I des BG vom 19. Juni 2020 (Aktienrecht), in Kraft seit 1. Jan. 2023 (AS 2020 4005; 2022 109; BBl 2017 399).
573 Fassung gemäss Ziff. I des BG vom 4. Okt. 1991, in Kraft seit 1. Juli 1992 (AS 1992 733; BBl 1983 II 745).
574 Fassung gemäss Ziff. I des BG vom 4. Okt. 1991, in Kraft seit 1. Juli 1992 (AS 1992 733; BBl 1983 II 745).
575 Eingefügt durch Ziff. I des BG vom 4. Okt. 1991, in Kraft seit 1. Juli 1992 (AS 1992 733; BBl 1983 II 745).

⁶ Regelungen oder Beschlüsse des Verwaltungsrates, die das Recht auf Auskunft und Einsichtnahme der Verwaltungsräte erweitern, bleiben vorbehalten.

III. Aufgaben
1. Im Allgemeinen

Art. 716[576] ¹ Der Verwaltungsrat kann in allen Angelegenheiten Beschluss fassen, die nicht nach Gesetz oder Statuten der Generalversammlung zugeteilt sind.

² Der Verwaltungsrat führt die Geschäfte der Gesellschaft, soweit er die Geschäftsführung nicht übertragen hat.

2. Unübertragbare Aufgaben

Art. 716a[577] ¹ Der Verwaltungsrat hat folgende unübertragbare und unentziehbare Aufgaben:
1. die Oberleitung der Gesellschaft und die Erteilung der nötigen Weisungen;
2. die Festlegung der Organisation;
3. die Ausgestaltung des Rechnungswesens, der Finanzkontrolle sowie der Finanzplanung, sofern diese für die Führung der Gesellschaft notwendig ist;
4. die Ernennung und Abberufung der mit der Geschäftsführung und der Vertretung betrauten Personen;
5. die Oberaufsicht über die mit der Geschäftsführung betrauten Personen, namentlich im Hinblick auf die Befolgung der Gesetze, Statuten, Reglemente und Weisungen;
6. die Erstellung des Geschäftsberichtes[578] sowie die Vorbereitung der Generalversammlung und die Ausführung ihrer Beschlüsse;
7.[579] die Einreichung eines Gesuchs um Nachlassstundung und die Benachrichtigung des Gerichts im Falle der Überschuldung;
8.[580] bei Gesellschaften, deren Aktien an einer Börse kotiert sind: die Erstellung des Vergütungsberichts.

² Der Verwaltungsrat kann die Vorbereitung und die Ausführung seiner Beschlüsse oder die Überwachung von Geschäften Ausschüssen oder einzelnen Mitgliedern zuweisen. Er hat für eine angemessene Berichterstattung an seine Mitglieder zu sorgen.

3. Übertragung der Geschäftsführung

Art. 716b[581] ¹ Sehen die Statuten nichts anderes vor, so kann der Verwaltungsrat die Geschäftsführung nach Massgabe eines Organi-

---

576 Fassung gemäss Ziff. I des BG vom 4. Okt. 1991, in Kraft seit 1. Juli 1992 (AS 1992 733; BBl 1983 II 745).
577 Eingefügt durch Ziff. I des BG vom 4. Okt. 1991, in Kraft seit 1. Juli 1992 (AS 1992 733; BBl 1983 II 745).
578 Berichtigt von der Redaktionskommission der BVers [Art. 33 GVG – AS 1974 1051].
579 Fassung gemäss Ziff. I des BG vom 19. Juni 2020 (Aktienrecht), in Kraft seit 1. Jan. 2023 (AS 2020 4005; 2022 109; BBl 2017 399).
580 Eingefügt durch Ziff. I des BG vom 19. Juni 2020 (Aktienrecht), in Kraft seit 1. Jan. 2023 (AS 2020 4005; 2022 109; BBl 2017 399).
581 Eingefügt durch Ziff. I des BG vom 4. Okt. 1991 (AS 1992 733, BBl 1983 II 745). Fassung gemäss Ziff. I des BG vom 19. Juni 2020 (Aktienrecht), in Kraft seit 1. Jan. 2023 (AS 2020 4005; 2022 109; BBl 2017 399).

sationsreglements ganz oder zum Teil einzelnen Mitgliedern oder Dritten übertragen (Geschäftsleitung).

[2] Bei Gesellschaften, deren Aktien an einer Börse kotiert sind, kann die Geschäftsführung einzelnen Mitgliedern des Verwaltungsrats oder anderen natürlichen Personen übertragen werden. Die Vermögensverwaltung kann auch juristischen Personen übertragen werden.

[3] Das Organisationsreglement ordnet die Geschäftsführung, bestimmt die hierfür erforderlichen Stellen, umschreibt deren Aufgaben und regelt insbesondere die Berichterstattung.

[4] Der Verwaltungsrat orientiert Aktionäre und Gesellschaftsgläubiger, die ein schutzwürdiges Interesse glaubhaft machen, auf Anfrage hin schriftlich oder in elektronischer Form über die Organisation der Geschäftsführung.

[5] Soweit die Geschäftsführung nicht übertragen worden ist, steht sie allen Mitgliedern des Verwaltungsrates gesamthaft zu.

IV. Sorgfalts- und Treuepflicht
1. Im Allgemeinen[583]

Art. 717[582] [1] Die Mitglieder des Verwaltungsrates sowie Dritte, die mit der Geschäftsführung befasst sind, müssen ihre Aufgaben mit aller Sorgfalt erfüllen und die Interessen der Gesellschaft in guten Treuen wahren.

[2] Sie haben die Aktionäre unter gleichen Voraussetzungen gleich zu behandeln.

2. Interessenkonflikte

Art. 717a[584] [1] Die Mitglieder des Verwaltungsrats und der Geschäftsleitung informieren den Verwaltungsrat unverzüglich und vollständig über sie betreffende Interessenkonflikte.

[2] Der Verwaltungsrat ergreift die Massnahmen, die zur Wahrung der Interessen der Gesellschaft nötig sind.

V. Vertretung
1. Im Allgemeinen

Art. 718[585] [1] Der Verwaltungsrat vertritt die Gesellschaft nach aussen. Bestimmen die Statuten oder das Organisationsreglement nichts anderes, so steht die Vertretungsbefugnis jedem Mitglied einzeln zu.

[2] Der Verwaltungsrat kann die Vertretung einem oder mehreren Mitgliedern (Delegierte) oder Dritten (Direktoren) übertragen.

[3] Mindestens ein Mitglied des Verwaltungsrates muss zur Vertretung befugt sein.

---

582 Fassung gemäss Ziff. I des BG vom 4. Okt. 1991, in Kraft seit 1. Juli 1992 (AS 1992 733; BBl 1983 II 745).
583 Fassung gemäss Ziff. I des BG vom 19. Juni 2020 (Aktienrecht), in Kraft seit 1. Jan. 2023 (AS 2020 4005; 2022 109; BBl 2017 399).
584 Eingefügt durch Ziff. I des BG vom 19. Juni 2020 (Aktienrecht), in Kraft seit 1. Jan. 2023 (AS 2020 4005; 2022 109; BBl 2017 399).
585 Fassung gemäss Ziff. I des BG vom 4. Okt. 1991, in Kraft seit 1. Juli 1992 (AS 1992 733; BBl 1983 II 745).

⁴ Die Gesellschaft muss durch eine Person vertreten werden können, die Wohnsitz in der Schweiz hat. Diese Person muss Mitglied des Verwaltungsrates oder Direktor sein. Sie muss Zugang zum Aktienbuch sowie zum Verzeichnis nach Artikel 697*l* haben, soweit dieses Verzeichnis nicht von einem Finanzintermediär geführt wird.[586]

2. Umfang und Beschränkung

Art. 718a[587] ¹ Die zur Vertretung befugten Personen können im Namen der Gesellschaft alle Rechtshandlungen vornehmen, die der Zweck der Gesellschaft mit sich bringen kann.

² Eine Beschränkung dieser Vertretungsbefugnis hat gegenüber gutgläubigen Dritten keine Wirkung; ausgenommen sind die im Handelsregister eingetragenen Bestimmungen über die ausschliessliche Vertretung der Hauptniederlassung oder einer Zweigniederlassung oder über die gemeinsame Vertretung der Gesellschaft.

3. Verträge zwischen der Gesellschaft und ihrem Vertreter

Art. 718b[588] Wird die Gesellschaft beim Abschluss eines Vertrages durch diejenige Person vertreten, mit der sie den Vertrag abschliesst, so muss der Vertrag schriftlich abgefasst werden. Dieses Erfordernis gilt nicht für Verträge des laufenden Geschäfts, bei denen die Leistung der Gesellschaft den Wert von 1000 Franken nicht übersteigt.

4. Zeichnung[589]

Art. 719 Die zur Vertretung der Gesellschaft befugten Personen haben in der Weise zu zeichnen, dass sie der Firma der Gesellschaft ihre Unterschrift beifügen.

Art. 720[590]

5. Prokuristen und Bevollmächtigte[592]

Art. 721[591] Der Verwaltungsrat kann Prokuristen und andere Bevollmächtigte ernennen.

---

586 Eingefügt durch Ziff. I 3 des BG vom 16. Dez. 2005 (GmbH-Recht sowie Anpassungen im Aktien-, Genossenschafts-, Handelsregister- und Firmenrecht) (AS 2007 4791; BBl 2002 3148, 2004 3969). Fassung gemäss Ziff. I 2 des BG vom 12. Dez. 2014 zur Umsetzung der 2012 revidierten Empfehlungen der Groupe d'action financière, in Kraft seit 1. Juli 2015 (AS 2015 1389; BBl 2014 605).
587 Eingefügt durch Ziff. I des BG vom 4. Okt. 1991, in Kraft seit 1. Juli 1992 (AS 1992 733, BBl 1983 II 745).
588 Eingefügt durch Ziff. I des BG vom 4. Okt. 1991 (AS 1992 733, BBl 1983 II 745). Fassung gemäss Ziff. I 3 des BG vom 16. Dez. 2005 (GmbH-Recht sowie Anpassungen im Aktien-, Genossenschafts-, Handelsregister- und Firmenrecht), in Kraft seit 1. Jan. 2008 (AS 2007 4791; BBl 2002 3148, 2004 3969).
589 Fassung gemäss Ziff. I 3 des BG vom 16. Dez. 2005 (GmbH-Recht sowie Anpassungen im Aktien-, Genossenschafts-, Handelsregister- und Firmenrecht), in Kraft seit 1. Jan. 2008 (AS 2007 4791; BBl 2002 3148, 2004 3969).
590 Aufgehoben durch Ziff. I des BG vom 19. Juni 2020 (Aktienrecht), mit Wirkung seit 1. Jan. 2023 (AS 2020 4005; 2022 109; BBl 2017 399).
591 Fassung gemäss Ziff. I des BG vom 4. Okt. 1991, in Kraft seit 1. Juli 1992 (AS 1992 733; BBl 1983 II 745).
592 Fassung gemäss Ziff. I des BG vom 19. Juni 2020 (Aktienrecht), in Kraft seit 1. Jan. 2023 (AS 2020 4005; 2022 109; BBl 2017 399).

Die Aktiengesellschaft

VI. Haftung für Organe[594]

Art. 722[593] Die Gesellschaft haftet für den Schaden aus unerlaubten Handlungen, die eine zur Geschäftsführung oder zur Vertretung befugte Person in Ausübung ihrer geschäftlichen Verrichtungen begeht.

Art. 723–724[595]

VII. Drohende Zahlungsunfähigkeit, Kapitalverlust und Überschuldung

1. Drohende Zahlungsunfähigkeit

Art. 725[596] ¹ Der Verwaltungsrat überwacht die Zahlungsfähigkeit der Gesellschaft.

² Droht die Gesellschaft zahlungsunfähig zu werden, so ergreift der Verwaltungsrat Massnahmen zur Sicherstellung der Zahlungsfähigkeit. Er trifft, soweit erforderlich, weitere Massnahmen zur Sanierung der Gesellschaft oder beantragt der Generalversammlung solche, soweit sie in deren Zuständigkeit fallen. Er reicht nötigenfalls ein Gesuch um Nachlassstundung ein.

³ Der Verwaltungsrat handelt mit der gebotenen Eile.

2. Kapitalverlust

Art. 725a[597] ¹ Zeigt die letzte Jahresrechnung, dass die Aktiven abzüglich der Verbindlichkeiten die Hälfte der Summe aus Aktienkapital, nicht an die Aktionäre zurückzahlbarer gesetzlicher Kapitalreserve und gesetzlicher Gewinnreserve nicht mehr decken, so ergreift der Verwaltungsrat Massnahmen zur Beseitigung des Kapitalverlusts. Er trifft, soweit erforderlich, weitere Massnahmen zur Sanierung der Gesellschaft oder beantragt der Generalversammlung solche, soweit sie in deren Zuständigkeit fallen.

² Hat die Gesellschaft keine Revisionsstelle, so muss die letzte Jahresrechnung vor ihrer Genehmigung durch die Generalversammlung überdies einer eingeschränkten Revision durch einen zugelassenen Revisor unterzogen werden. Der Verwaltungsrat ernennt den zugelassenen Revisor.

³ Die Revisionspflicht nach Absatz 2 entfällt, wenn der Verwaltungsrat ein Gesuch um Nachlassstundung einreicht.

⁴ Der Verwaltungsrat und die Revisionsstelle oder der zugelassene Revisor handeln mit der gebotenen Eile.

---

593 Fassung gemäss Ziff. I des BG vom 4. Okt. 1991, in Kraft seit 1. Juli 1992 (AS 1992 733; BBl 1983 II 745).
594 Fassung gemäss Ziff. I des BG vom 19. Juni 2020 (Aktienrecht), in Kraft seit 1. Jan. 2023 (AS 2020 4005; 2022 109; BBl 2017 399).
595 Aufgehoben durch Ziff. I des BG vom 4. Okt. 1991, mit Wirkung seit 1. Juli 1992 (AS 1992 733; BBl 1983 II 745).
596 Fassung gemäss Ziff. I des BG vom 19. Juni 2020 (Aktienrecht), in Kraft seit 1. Jan. 2023 (AS 2020 4005; 2022 109; BBl 2017 399).
597 Eingefügt durch Ziff. I des BG vom 4. Okt. 1991 (AS 1992 733; BBl 1983 II 745). Fassung gemäss Ziff. I des BG vom 19. Juni 2020 (Aktienrecht), in Kraft seit 1. Jan. 2023 (AS 2020 4005; 2022 109; BBl 2017 399).

3. Überschuldung

Art. 725b[598] ¹ Besteht begründete Besorgnis, dass die Verbindlichkeiten der Gesellschaft nicht mehr durch die Aktiven gedeckt sind, so erstellt der Verwaltungsrat unverzüglich je einen Zwischenabschluss zu Fortführungswerten und Veräusserungswerten. Auf den Zwischenabschluss zu Veräusserungswerten kann verzichtet werden, wenn die Annahme der Fortführung gegeben ist und der Zwischenabschluss zu Fortführungswerten keine Überschuldung aufweist. Ist die Annahme der Fortführung nicht gegeben, so genügt ein Zwischenabschluss zu Veräusserungswerten.

² Der Verwaltungsrat lässt die Zwischenabschlüsse durch die Revisionsstelle oder, wenn eine solche fehlt, durch einen zugelassenen Revisor prüfen; er ernennt den zugelassenen Revisor.

³ Ist die Gesellschaft gemäss den beiden Zwischenabschlüssen überschuldet, so benachrichtigt der Verwaltungsrat das Gericht. Dieses eröffnet den Konkurs oder verfährt nach Artikel 173*a* des Bundesgesetzes vom 11. April 1889[599] über Schuldbetreibung und Konkurs.

⁴ Die Benachrichtigung des Gerichts kann unterbleiben:
1. wenn Gesellschaftsgläubiger im Ausmass der Überschuldung im Rang hinter alle anderen Gläubiger zurücktreten und ihre Forderungen stunden, sofern der Rangrücktritt den geschuldeten Betrag und die Zinsforderungen während der Dauer der Überschuldung umfasst; oder
2. solange begründete Aussicht besteht, dass die Überschuldung innert angemessener Frist, spätestens aber 90 Tage nach Vorliegen der geprüften Zwischenabschlüssen, behoben werden kann und dass die Forderungen der Gläubiger nicht zusätzlich gefährdet werden.

⁵ Verfügt die Gesellschaft über keine Revisionsstelle, so obliegen dem zugelassenen Revisor die Anzeigepflichten der eingeschränkt prüfenden Revisionsstelle.

⁶ Der Verwaltungsrat und die Revisionsstelle oder der zugelassene Revisor handeln mit der gebotenen Eile.

4. Aufwertung von Grundstücken und Beteiligungen

Art. 725c[600] ¹ Zur Behebung eines Kapitalverlusts nach Artikel 725*a* oder einer Überschuldung nach Artikel 725*b* dürfen Grundstücke und Beteiligungen, deren wirklicher Wert über die Anschaffungs- oder Herstellungskosten gestiegen ist, bis höchstens zu diesem Wert

---

598 Eingefügt durch Ziff. I des BG vom 19. Juni 2020 (Aktienrecht), in Kraft seit 1. Jan. 2023 (AS 2020 4005; 2022 109; BBl 2017 399).
599 SR 281.1
600 Eingefügt durch Ziff. I des BG vom 19. Juni 2020 (Aktienrecht), in Kraft seit 1. Jan. 2023 (AS 2020 4005; 2022 109; BBl 2017 399).

aufgewertet werden. Der Aufwertungsbetrag ist unter der gesetzlichen Gewinnreserve gesondert als Aufwertungsreserve auszuweisen.

² Die Aufwertung ist nur zulässig, wenn die Revisionsstelle oder, wenn eine solche fehlt, ein zugelassener Revisor schriftlich bestätigt, dass die gesetzlichen Bestimmungen eingehalten sind.

³ Die Aufwertungsreserve kann nur durch Umwandlung in Aktien- oder Partizipationskapital sowie durch Wertberichtigung oder Veräusserung der aufgewerteten Aktiven aufgelöst werden.

VIII. Abberufung und Einstellung[601]

Art. 726 ¹ Der Verwaltungsrat kann die von ihm bestellten Ausschüsse, Delegierten, Direktoren und andern Bevollmächtigten und Beauftragten jederzeit abberufen.

² Die von der Generalversammlung bestellten Bevollmächtigten und Beauftragten können vom Verwaltungsrat jederzeit in ihren Funktionen eingestellt werden, unter sofortiger Einberufung einer Generalversammlung.

³ Entschädigungsansprüche der Abberufenen oder in ihren Funktionen Eingestellten bleiben vorbehalten.

C.[602] Revisionsstelle

I. Revisionspflicht
1. Ordentliche Revision

Art. 727 ¹ Folgende Gesellschaften müssen ihre Jahresrechnung und gegebenenfalls ihre Konzernrechnung durch eine Revisionsstelle ordentlich prüfen lassen:
1. Publikumsgesellschaften; als solche gelten Gesellschaften, die:
   a. Beteiligungspapiere an einer Börse kotiert haben,
   b. Anleihensobligationen ausstehend haben,
   c. mindestens 20 Prozent der Aktiven oder des Umsatzes zur Konzernrechnung einer Gesellschaft nach Buchstabe a oder b beitragen;
2.[603] Gesellschaften, die zwei der nachstehenden Grössen in zwei aufeinander folgenden Geschäftsjahren überschreiten:
   a. Bilanzsumme von 20 Millionen Franken,
   b. Umsatzerlös von 40 Millionen Franken,
   c. 250 Vollzeitstellen im Jahresdurchschnitt;

---

601 Fassung gemäss Ziff. I des BG vom 4. Okt. 1991, in Kraft seit 1. Juli 1992 (AS 1992 733; BBl 1983 II 745).
602 Fassung gemäss Ziff. I 1 des BG vom 16. Dez. 2005 (GmbH-Recht sowie Anpassungen im Aktien-, Genossenschafts-, Handelsregister- und Firmenrecht), in Kraft seit 1. Jan. 2008 (AS 2007 4791; BBl 2002 3148, 2004 3969).
603 Fassung gemäss Ziff. I des BG vom 17. Juni 2011 (Revisionsrecht), in Kraft seit 1. Jan. 2012 (AS 2011 5863; BBl 2008 1589). Siehe auch die UeB dieser Änd. hiernach.

3. Gesellschaften, die zur Erstellung einer Konzernrechnung verpflichtet sind.

^{1bis} Erfolgt die Rechnungslegung nicht in Franken, so ist zur Festlegung der Werte gemäss Absatz 1 Ziffer 2 für die Bilanzsumme der Umrechnungskurs zum Bilanzstichtag und für den Umsatzerlös der Jahresdurchschnittskurs massgebend.[604]

² Eine ordentliche Revision muss auch dann vorgenommen werden, wenn Aktionäre, die zusammen mindestens 10 Prozent des Aktienkapitals vertreten, dies verlangen.

³ Verlangt das Gesetz keine ordentliche Revision der Jahresrechnung, so können die Statuten vorsehen oder kann die Generalversammlung beschliessen, dass die Jahresrechnung ordentlich geprüft wird.

2. Eingeschränkte Revision

Art. 727a ¹ Sind die Voraussetzungen für eine ordentliche Revision nicht gegeben, so muss die Gesellschaft ihre Jahresrechnung durch eine Revisionsstelle eingeschränkt prüfen lassen.

² Mit der Zustimmung sämtlicher Aktionäre kann auf die eingeschränkte Revision verzichtet werden, wenn die Gesellschaft nicht mehr als zehn Vollzeitstellen im Jahresdurchschnitt hat.

³ Der Verwaltungsrat kann die Aktionäre schriftlich um Zustimmung ersuchen. Er kann für die Beantwortung eine Frist von mindestens 20 Tagen ansetzen und darauf hinweisen, dass das Ausbleiben einer Antwort als Zustimmung gilt.

⁴ Haben die Aktionäre auf eine eingeschränkte Revision verzichtet, so gilt dieser Verzicht auch für die nachfolgenden Jahre. Jeder Aktionär hat jedoch das Recht, spätestens zehn Tage vor der Generalversammlung eine eingeschränkte Revision zu verlangen. Die Generalversammlung muss diesfalls die Revisionsstelle wählen.

⁵ Soweit erforderlich passt der Verwaltungsrat die Statuten an und meldet dem Handelsregister die Löschung oder die Eintragung der Revisionsstelle an.

II. Anforderungen an die Revisionsstelle

1. Bei ordentlicher Revision

Art. 727b ¹ Publikumsgesellschaften müssen als Revisionsstelle ein staatlich beaufsichtigtes Revisionsunternehmen nach den Vorschriften des Revisionsaufsichtsgesetzes vom 16. Dezember 2005[605] bezeichnen. Sie müssen Prüfungen, die nach den gesetzlichen Vorschriften durch einen zugelassenen Revisor oder einen zugelassenen Revisionsexperten vorzunehmen sind, ebenfalls von einem staatlich beaufsichtigten Revisionsunternehmen durchführen lassen.

---

[604] Eingefügt durch Ziff. I des BG vom 19. Juni 2020 (Aktienrecht), in Kraft seit 1. Jan. 2023 (AS 2020 4005; 2022 109; BBl 2017 399).
[605] SR 221.302

² Die übrigen Gesellschaften, die zur ordentlichen Revision verpflichtet sind, müssen als Revisionsstelle einen zugelassenen Revisionsexperten nach den Vorschriften des Revisionsaufsichtsgesetzes vom 16. Dezember 2005 bezeichnen. Sie müssen Prüfungen, die nach den gesetzlichen Vorschriften durch einen zugelassenen Revisor vorzunehmen sind, ebenfalls von einem zugelassenen Revisionsexperten durchführen lassen.

2. Bei eingeschränkter Revision

Art. 727c Die Gesellschaften, die zur eingeschränkten Revision verpflichtet sind, müssen als Revisionsstelle einen zugelassenen Revisor nach den Vorschriften des Revisionsaufsichtsgesetzes vom 16. Dezember 2005[606] bezeichnen.

III. Ordentliche Revision
1. Unabhängigkeit der Revisionsstelle

Art. 728 ¹ Die Revisionsstelle muss unabhängig sein und sich ihr Prüfungsurteil objektiv bilden. Die Unabhängigkeit darf weder tatsächlich noch dem Anschein nach beeinträchtigt sein.

² Mit der Unabhängigkeit nicht vereinbar ist insbesondere:
1. die Mitgliedschaft im Verwaltungsrat, eine andere Entscheidfunktion in der Gesellschaft oder ein arbeitsrechtliches Verhältnis zu ihr;
2. eine direkte oder bedeutende indirekte Beteiligung am Aktienkapital oder eine wesentliche Forderung oder Schuld gegenüber der Gesellschaft;
3. eine enge Beziehung des leitenden Prüfers zu einem Mitglied des Verwaltungsrats, zu einer anderen Person mit Entscheidfunktion oder zu einem bedeutenden Aktionär;
4. das Mitwirken bei der Buchführung sowie das Erbringen anderer Dienstleistungen, durch die das Risiko entsteht, als Revisionsstelle eigene Arbeiten überprüfen zu müssen;
5. die Übernahme eines Auftrags, der zur wirtschaftlichen Abhängigkeit führt;
6. der Abschluss eines Vertrags zu nicht marktkonformen Bedingungen oder eines Vertrags, der ein Interesse der Revisionsstelle am Prüfergebnis begründet;
7. die Annahme von wertvollen Geschenken oder von besonderen Vorteilen.

³ Die Bestimmungen über die Unabhängigkeit gelten für alle an der Revision beteiligten Personen. Ist die Revisionsstelle eine Personengesellschaft oder eine juristische Person, so gelten die Bestimmungen über die Unabhängigkeit auch für die Mitglieder des obersten

---

606 SR 221.302

Leitungs- oder Verwaltungsorgans und für andere Personen mit Entscheidfunktion.

⁴ Arbeitnehmer der Revisionsstelle, die nicht an der Revision beteiligt sind, dürfen in der zu prüfenden Gesellschaft weder Mitglied des Verwaltungsrates sein noch eine andere Entscheidfunktion ausüben.

⁵ Die Unabhängigkeit ist auch dann nicht gegeben, wenn Personen die Unabhängigkeitsvoraussetzungen nicht erfüllen, die der Revisionsstelle, den an der Revision beteiligten Personen, den Mitgliedern des obersten Leitungs- oder Verwaltungsorgans oder anderen Personen mit Entscheidfunktion nahe stehen.

⁶ Die Bestimmungen über die Unabhängigkeit erfassen auch Unternehmen, die durch die Gesellschaft oder die Revisionsstelle kontrolliert werden oder die Gesellschaft oder die Revisionsstelle kontrollieren.[607]

2. Aufgaben der Revisionsstelle
a. Gegenstand und Umfang der Prüfung

Art. 728a ¹ Die Revisionsstelle prüft, ob:
1. die Jahresrechnung und gegebenenfalls die Konzernrechnung den gesetzlichen Vorschriften, den Statuten und dem gewählten Regelwerk entsprechen;
2. der Antrag des Verwaltungsrats an die Generalversammlung über die Verwendung des Bilanzgewinnes den gesetzlichen Vorschriften und den Statuten entspricht;
3. ein internes Kontrollsystem existiert;
4.[608] bei Gesellschaften, deren Aktien an einer Börse kotiert sind, der Vergütungsbericht den gesetzlichen Vorschriften und den Statuten entspricht.

² Die Revisionsstelle berücksichtigt bei der Durchführung und bei der Festlegung des Umfangs der Prüfung das interne Kontrollsystem.

³ Die Geschäftsführung des Verwaltungsrats ist nicht Gegenstand der Prüfung durch die Revisionsstelle.

b. Revisionsbericht

Art. 728b ¹ Die Revisionsstelle erstattet dem Verwaltungsrat einen umfassenden Bericht mit Feststellungen über die Rechnungslegung, das interne Kontrollsystem sowie die Durchführung und das Ergebnis der Revision.

² Die Revisionsstelle erstattet der Generalversammlung schriftlich einen zusammenfassenden Bericht über das Ergebnis der Revision. Dieser Bericht enthält:

---

607 Fassung gemäss Ziff. I des BG vom 19. Juni 2020 (Aktienrecht), in Kraft seit 1. Jan. 2023 (AS 2020 4005; 2022 109; BBl 2017 399).
608 Eingefügt durch Ziff. I des BG vom 19. Juni 2020 (Aktienrecht), in Kraft seit 1. Jan. 2023 (AS 2020 4005; 2022 109; BBl 2017 399).

1. eine Stellungnahme zum Ergebnis der Prüfung;
2. Angaben zur Unabhängigkeit;
3. Angaben zu der Person, welche die Revision geleitet hat, und zu deren fachlicher Befähigung;
4. eine Empfehlung, ob die Jahresrechnung und die Konzernrechnung mit oder ohne Einschränkung zu genehmigen oder zurückzuweisen ist.

³ Beide Berichte müssen von der Person unterzeichnet werden, die die Revision geleitet hat.

c. Anzeigepflichten

Art. 728c ¹ Stellt die Revisionsstelle Verstösse gegen das Gesetz, die Statuten oder das Organisationsreglement fest, so meldet sie dies schriftlich dem Verwaltungsrat.

² Zudem informiert sie die Generalversammlung über Verstösse gegen das Gesetz oder die Statuten, wenn:
1. diese wesentlich sind; oder
2. der Verwaltungsrat auf Grund der schriftlichen Meldung der Revisionsstelle keine angemessenen Massnahmen ergreift.

³ Ist die Gesellschaft offensichtlich überschuldet und unterlässt der Verwaltungsrat die Anzeige, so benachrichtigt die Revisionsstelle das Gericht.

IV. Eingeschränkte Revision
1. Unabhängigkeit der Revisionsstelle[609]

Art. 729 ¹ Die Revisionsstelle muss unabhängig sein und sich ihr Prüfungsurteil objektiv bilden. Die Unabhängigkeit darf weder tatsächlich noch dem Anschein nach beeinträchtigt sein.

² Das Mitwirken bei der Buchführung und das Erbringen anderer Dienstleistungen für die zu prüfende Gesellschaft sind zulässig. Sofern das Risiko der Überprüfung eigener Arbeiten entsteht, muss durch geeignete organisatorische und personelle Massnahmen eine verlässliche Prüfung sichergestellt werden.

2. Aufgaben der Revisionsstelle
a. Gegenstand und Umfang der Prüfung

Art. 729a ¹ Die Revisionsstelle prüft, ob Sachverhalte vorliegen, aus denen zu schliessen ist, dass:
1. die Jahresrechnung nicht den gesetzlichen Vorschriften und den Statuten entspricht;
2. der Antrag des Verwaltungsrats an die Generalversammlung über die Verwendung des Bilanzgewinnes nicht den gesetzlichen Vorschriften und den Statuten entspricht.

² Die Prüfung beschränkt sich auf Befragungen, analytische Prüfungshandlungen und angemessene Detailprüfungen.

---

609 Fassung gemäss Ziff. I des BG vom 19. Juni 2020 (Aktienrecht), in Kraft seit 1. Jan. 2023 (AS 2020 4005; 2022 109; BBl 2017 399).

³ Die Geschäftsführung des Verwaltungsrats ist nicht Gegenstand der Prüfung durch die Revisionsstelle.

b. Revisionsbericht

Art. 729b ¹ Die Revisionsstelle erstattet der Generalversammlung schriftlich einen zusammenfassenden Bericht über das Ergebnis der Revision. Dieser Bericht enthält:
1. einen Hinweis auf die eingeschränkte Natur der Revision;
2. eine Stellungnahme zum Ergebnis der Prüfung;
3. Angaben zur Unabhängigkeit und gegebenenfalls zum Mitwirken bei der Buchführung und zu anderen Dienstleistungen, die für die zu prüfende Gesellschaft erbracht wurden;
4. Angaben zur Person, welche die Revision geleitet hat, und zu deren fachlicher Befähigung.

² Der Bericht muss von der Person unterzeichnet werden, die die Revision geleitet hat.

c. Anzeigepflicht

Art. 729c Ist die Gesellschaft offensichtlich überschuldet und unterlässt der Verwaltungsrat die Anzeige, so benachrichtigt die Revisionsstelle das Gericht.

V. Gemeinsame Bestimmungen
1. Wahl der Revisionsstelle

Art. 730 ¹ Die Generalversammlung wählt die Revisionsstelle.

² Als Revisionsstelle können eine oder mehrere natürliche oder juristische Personen oder Personengesellschaften gewählt werden.

³ Finanzkontrollen der öffentlichen Hand oder deren Mitarbeiter können als Revisionsstelle gewählt werden, wenn sie die Anforderungen dieses Gesetzes erfüllen. Die Vorschriften über die Unabhängigkeit gelten sinngemäss.

⁴ Wenigstens ein Mitglied der Revisionsstelle muss seinen Wohnsitz, seinen Sitz oder eine eingetragene Zweigniederlassung in der Schweiz haben.

2. Amtsdauer der Revisionsstelle

Art. 730a ¹ Die Revisionsstelle wird für ein bis drei Geschäftsjahre gewählt. Ihr Amt endet mit der Abnahme der letzten Jahresrechnung. Eine Wiederwahl ist möglich.

² Bei der ordentlichen Revision darf die Person, die die Revision leitet, das Mandat längstens während sieben Jahren ausführen. Sie darf das gleiche Mandat erst nach einem Unterbruch von drei Jahren wieder aufnehmen.

³ Tritt eine Revisionsstelle zurück, so hat sie den Verwaltungsrat über die Gründe zu informieren; dieser teilt sie der nächsten Generalversammlung mit.

⁴ Die Generalversammlung kann die Revisionsstelle nur aus wichtigen Gründen abberufen.⁶¹⁰

3. Auskunft und Geheimhaltung

Art. 730b ¹ Der Verwaltungsrat übergibt der Revisionsstelle alle Unterlagen und erteilt ihr die Auskünfte, die sie für die Erfüllung ihrer Aufgaben benötigt, auf Verlangen auch schriftlich.

² Die Revisionsstelle wahrt das Geheimnis über ihre Feststellungen, soweit sie nicht von Gesetzes wegen zur Bekanntgabe verpflichtet ist. Sie wahrt bei der Berichterstattung, bei der Erstattung von Anzeigen und bei der Auskunftserteilung an die Generalversammlung die Geschäftsgeheimnisse der Gesellschaft.

4. Dokumentation und Aufbewahrung

Art. 730c ¹ Die Revisionsstelle muss sämtliche Revisionsdienstleistungen dokumentieren und Revisionsberichte sowie alle wesentlichen Unterlagen mindestens während zehn Jahren aufbewahren. Elektronische Daten müssen während der gleichen Zeitperiode wieder lesbar gemacht werden können.

² Die Unterlagen müssen es ermöglichen, die Einhaltung der gesetzlichen Vorschriften in effizienter Weise zu prüfen.

5. Abnahme der Rechnung und Gewinnverwendung

Art. 731 ¹ Bei Gesellschaften, die verpflichtet sind, ihre Jahresrechnung und gegebenenfalls ihre Konzernrechnung durch eine Revisionsstelle prüfen zu lassen, muss der Revisionsbericht vorliegen, bevor die Generalversammlung die Jahresrechnung und die Konzernrechnung genehmigt und über die Verwendung des Bilanzgewinns beschliesst.

² Wird eine ordentliche Revision durchgeführt, so muss die Revisionsstelle an der Generalversammlung anwesend sein. Die Generalversammlung kann durch einstimmigen Beschluss auf die Anwesenheit der Revisionsstelle verzichten.

³ Liegt der erforderliche Revisionsbericht nicht vor, so sind die Beschlüsse zur Genehmigung der Jahresrechnung und der Konzernrechnung sowie zur Verwendung des Bilanzgewinnes nichtig. Werden die Bestimmungen über die Anwesenheit der Revisionsstelle missachtet, so sind diese Beschlüsse anfechtbar.

6. Besondere Bestimmungen

Art. 731a ¹ Die Statuten und die Generalversammlung können die Organisation der Revisionsstelle eingehender regeln und deren Aufgaben erweitern.

---

610 Fassung gemäss Ziff. I des BG vom 19. Juni 2020 (Aktienrecht), in Kraft seit 1. Jan. 2023 (AS 2020 4005; 2022 109; BBl 2017 399).

² Der Revisionsstelle dürfen weder Aufgaben des Verwaltungsrates, noch Aufgaben, die ihre Unabhängigkeit beeinträchtigen, zugeteilt werden.

³ Die Generalversammlung kann zur Prüfung der Geschäftsführung oder einzelner Teile Sachverständige ernennen.

D.[611] Mängel in der Organisation der Gesellschaft

Art. 731b

¹ Ein Aktionär oder ein Gläubiger kann dem Gericht bei folgenden Mängeln in der Organisation der Gesellschaft beantragen, die erforderlichen Massnahmen zu ergreifen:
1. Der Gesellschaft fehlt eines der vorgeschriebenen Organe.
2. Ein vorgeschriebenes Organ der Gesellschaft ist nicht richtig zusammengesetzt.
3. Die Gesellschaft führt das Aktienbuch oder das Verzeichnis über die ihr gemeldeten wirtschaftlich berechtigten Personen nicht vorschriftsgemäss.
4. Die Gesellschaft hat Inhaberaktien ausgegeben, ohne dass sie Beteiligungspapiere an einer Börse kotiert hat oder die Inhaberaktien als Bucheffekten ausgestaltet sind.
5. Die Gesellschaft hat an ihrem Sitz kein Rechtsdomizil mehr.[612]

¹ᵇⁱˢ Das Gericht kann insbesondere:
1. der Gesellschaft unter Androhung ihrer Auflösung eine Frist ansetzen, binnen deren der rechtmässige Zustand wiederherzustellen ist;
2. das fehlende Organ oder einen Sachwalter ernennen;
3. die Gesellschaft auflösen und ihre Liquidation nach den Vorschriften über den Konkurs anordnen.[613]

² Ernennt das Gericht das fehlende Organ oder einen Sachwalter, so bestimmt es die Dauer, für die die Ernennung gültig ist. Es verpflichtet die Gesellschaft, die Kosten zu tragen und den ernannten Personen einen Vorschuss zu leisten.

---

611 Eingefügt durch Ziff. I 3 des BG vom 16. Dez. 2005 (GmbH-Recht sowie Anpassungen im Aktien-, Genossenschafts-, Handelsregister- und Firmenrecht), in Kraft seit 1. Jan. 2008 (AS 2007 4791; BBl 2002 3148, 2004 3969).
612 Fassung gemäss Ziff. II des BG vom 21. Juni 2019 zur Umsetzung von Empfehlungen des Globalen Forums über Transparenz und Informationsaustausch für Steuerzwecke, in Kraft seit 1. Jan. 2021, Ziff. 4 in Kraft seit 1. Mai 2021 (AS 2019 3161, 2020 957; BBl 2019 279).
613 Eingefügt durch Ziff. I 1 des BG vom 21. Juni 2019 zur Umsetzung von Empfehlungen des Globalen Forums über Transparenz und Informationsaustausch für Steuerzwecke, in Kraft seit 1. Nov. 2019 (AS 2019 3161; BBl 2019 279).

³ Liegt ein wichtiger Grund vor, so kann die Gesellschaft vom Gericht die Abberufung von Personen verlangen, die dieses eingesetzt hat.

⁴ Die zur Liquidation der Gesellschaft nach den Vorschriften über den Konkurs eingesetzten Liquidatoren haben, sobald sie eine Überschuldung feststellen, das Gericht zu benachrichtigen; es eröffnet den Konkurs.[614]

Vierter Abschnitt:[615] Vergütungen bei Gesellschaften, deren Aktien an einer Börse kotiert sind

A. Geltungsbereich

Art. 732 ¹ Die Bestimmungen dieses Abschnitts gelten für Gesellschaften, deren Aktien an einer Börse kotiert sind.

² Andere Gesellschaften können in ihren Statuten vorsehen, dass sie diesen Abschnitt teilweise oder vollständig anwenden.

Art. 732a

Aufgehoben

B. Vergütungsausschuss

Art. 733 ¹ Die Generalversammlung wählt die Mitglieder des Vergütungsausschusses einzeln.

² Wählbar sind nur Mitglieder des Verwaltungsrats.

³ Die Amtsdauer endet mit dem Abschluss der nächsten ordentlichen Generalversammlung. Wiederwahl ist möglich.

⁴ Ist der Vergütungsausschuss nicht vollständig besetzt, so ernennt der Verwaltungsrat für die verbleibende Amtsdauer die fehlenden Mitglieder. Die Statuten können andere Regeln zur Behebung dieses Organisationsmangels vorsehen.

⁵ Die Statuten regeln die Grundsätze zu den Aufgaben und Zuständigkeiten des Vergütungsausschusses.

C. Vergütungsbericht
I. Im Allgemeinen

Art. 734 ¹ Der Verwaltungsrat erstellt jährlich einen schriftlichen Vergütungsbericht.

² Die Bestimmungen des zweiunddreissigsten Titels über die Grundsätze ordnungsmässiger Rechnungslegung, die Darstellung, Währung und Sprache und die Führung und Aufbewahrung der Geschäftsbücher sind für den Vergütungsbericht entsprechend anwendbar.

---

614 Eingefügt durch Ziff. I 2 des BG vom 17. März 2017 (Handelsregisterrecht), in Kraft seit 1. Jan. 2021 (AS 2020 957; BBl 2015 3617).
615 Fassung gemäss Ziff. I des BG vom 19. Juni 2020 (Aktienrecht), in Kraft seit 1. Jan. 2023, Art. 734*f* in Kraft seit 1. Jan. 2021 (AS 2020 4005; 2022 109; BBl 2017 399).

³ Für die Bekanntgabe und die Veröffentlichung des Vergütungsberichts sind die Bestimmungen über die Bekanntmachung und Veröffentlichung des Geschäftsberichts entsprechend anwendbar.

II. Vergütungen an den Verwaltungsrat, die Geschäftsleitung und den Beirat

Art. 734a ¹ Im Vergütungsbericht sind alle Vergütungen anzugeben, welche die Gesellschaft direkt oder indirekt ausgerichtet hat an:
1. gegenwärtige Mitglieder des Verwaltungsrats;
2. gegenwärtige Mitglieder der Geschäftsleitung;
3. gegenwärtige Mitglieder des Beirats;
4. frühere Mitglieder des Verwaltungsrats, der Geschäftsleitung und des Beirats, sofern sie in einem Zusammenhang mit der früheren Tätigkeit als Organ der Gesellschaft stehen; ausgenommen sind Leistungen der beruflichen Vorsorge.

² Als Vergütungen gelten insbesondere:
1. Honorare, Löhne, Bonifikationen und Gutschriften;
2. Tantiemen, Beteiligungen am Umsatz und andere Beteiligungen am Geschäftsergebnis;
3. Dienst- und Sachleistungen;
4. die Zuteilung von Beteiligungspapieren, Wandel- und Optionsrechten;
5. Antrittsprämien;
6. Bürgschaften, Garantieverpflichtungen, Pfandbestellungen und andere Sicherheiten;
7. der Verzicht auf Forderungen;
8. Aufwendungen, die Ansprüche auf Vorsorgeleistungen begründen oder erhöhen;
9. sämtliche Leistungen für zusätzliche Arbeiten;
10. Entschädigungen im Zusammenhang mit Konkurrenzverboten.

³ Die Angaben zu den Vergütungen umfassen:
1. den Gesamtbetrag für den Verwaltungsrat und den auf jedes Mitglied entfallenden Betrag unter Nennung des Namens und der Funktion des betreffenden Mitglieds;
2. den Gesamtbetrag für die Geschäftsleitung und den höchsten auf ein Mitglied entfallenden Betrag unter Nennung des Namens und der Funktion des betreffenden Mitglieds;
3. den Gesamtbetrag für den Beirat und den auf jedes Mitglied entfallenden Betrag unter Nennung des Namens und der Funktion des betreffenden Mitglieds;
4. gegebenenfalls die Namen und Funktionen der Mitglieder der Geschäftsleitung, an die Zusatzbeträge bezahlt wurden.

III. Darlehen und Kredite an den Verwaltungsrat, die Geschäftsleitung und den Beirat	**Art. 734b** ¹ Im Vergütungsbericht sind anzugeben: 1. die Darlehen und Kredite, die den gegenwärtigen Mitgliedern des Verwaltungsrats, der Geschäftsleitung und des Beirats gewährt wurden und noch ausstehen; 2. die Darlehen und Kredite, die früheren Mitgliedern des Verwaltungsrats, der Geschäftsleitung und des Beirats zu nicht marktüblichen Bedingungen gewährt wurden und noch ausstehen. ² Für die Angaben zu den Darlehen und Krediten gilt Artikel 734a Absatz 3 sinngemäss.
IV. Vergütungen, Darlehen und Kredite an nahestehende Personen	**Art. 734c** ¹ Im Vergütungsbericht sind gesondert anzugeben: 1. die nicht marktüblichen Vergütungen, welche die Gesellschaft direkt oder indirekt an Personen ausgerichtet hat, die gegenwärtigen oder früheren Mitgliedern des Verwaltungsrats, der Geschäftsleitung oder des Beirats nahestehen; 2. die Darlehen und Kredite, die Personen, die gegenwärtigen oder früheren Mitgliedern des Verwaltungsrats, der Geschäftsleitung oder des Beirats nahestehen, zu nicht marktüblichen Bedingungen gewährt wurden und noch ausstehen. ² Die Namen der nahestehenden Personen müssen nicht angegeben werden. ³ Im Übrigen finden die Vorschriften über die Angaben zu Vergütungen, Darlehen und Krediten an Mitglieder des Verwaltungsrats, der Geschäftsleitung und des Beirats Anwendung.
V. Beteiligungsrechte und Optionen auf solche Rechte	**Art. 734d** Im Vergütungsbericht sind die Beteiligungsrechte an der Gesellschaft sowie die Optionen auf solche Rechte jedes gegenwärtigen Mitglieds des Verwaltungsrats, der Geschäftsleitung und des Beirats mit Einschluss der dem Mitglied nahestehenden Personen unter Nennung des Namens und der Funktion des betreffenden Mitglieds anzugeben.
VI. Tätigkeiten bei anderen Unternehmen	**Art. 734e** ¹ Der Vergütungsbericht nennt die Funktionen der Mitglieder des Verwaltungsrats, der Geschäftsleitung und des Beirats in anderen Unternehmen gemäss Artikel 626 Absatz 2 Ziffer 1. ² Die Angaben umfassen den Namen des Mitglieds, die Bezeichnung des Unternehmens und die ausgeübte Funktion.
VII. Vertretung der Geschlechter im Verwaltungsrat und in der Geschäftsleitung	**Art. 734f**[616] Sofern nicht jedes Geschlecht mindestens zu 30 Prozent im Verwaltungsrat und zu 20 Prozent in der Geschäftsleitung vertreten ist, sind im Vergütungsbericht bei Gesellschaften, welche

---

[616] Siehe auch Art. 4 der UeB Änd. 19.06.2020 am Schluss des Textes.

die Schwellenwerte gemäss Artikel 727 Absatz 1 Ziffer 2 überschreiten, anzugeben:
1. die Gründe, weshalb die Geschlechter nicht wie vorgesehen vertreten sind; und
2. die Massnahmen zur Förderung des weniger stark vertretenen Geschlechts.

D. Abstimmungen der Generalversammlung
I. Vergütungen

Art. 735 ¹ Die Generalversammlung stimmt über die Vergütungen ab, die der Verwaltungsrat, die Geschäftsleitung und der Beirat direkt oder indirekt von der Gesellschaft erhalten.

² Die Statuten regeln die Einzelheiten zur Abstimmung. Sie können das weitere Vorgehen bei einer Ablehnung der Vergütungen durch die Generalversammlung regeln.

³ Die folgenden Regeln müssen eingehalten werden:
1. Die Generalversammlung stimmt jährlich über die Vergütungen ab.
2. Die Generalversammlung stimmt gesondert über den Gesamtbetrag der Vergütungen des Verwaltungsrats, der Geschäftsleitung und des Beirats ab.
3. Die Abstimmung der Generalversammlung hat bindende Wirkung.
4. Wird prospektiv über variable Vergütungen abgestimmt, so muss der Generalversammlung der Vergütungsbericht zur Konsultativabstimmung vorgelegt werden.

II. Zusatzbetrag für die Geschäftsleitung

Art. 735a ¹ Für den Fall, dass die Generalversammlung über die Vergütungen der Geschäftsleitung prospektiv abstimmt, können die Statuten einen Zusatzbetrag vorsehen für die Vergütungen von Personen, die nach der Abstimmung neu als Mitglieder der Geschäftsleitung ernannt werden.

² Der Zusatzbetrag darf nur verwendet werden, wenn der von der Generalversammlung beschlossene Gesamtbetrag der Vergütungen der Geschäftsleitung bis zur nächsten Abstimmung der Generalversammlung nicht für die Vergütungen der neuen Mitglieder ausreicht.

³ Die Generalversammlung stimmt nicht über den verwendeten Zusatzbetrag ab.

E. Dauer der Verträge

Art. 735b ¹ Die Dauer der Verträge, die den Vergütungen für die Mitglieder des Verwaltungsrats zugrunde liegen, darf die Amtsdauer nicht überschreiten.

² Die Dauer befristeter Verträge und die Kündigungsfrist unbefristeter Verträge, die den Vergütungen für die Mitglieder der Geschäftsleitung und des Beirats zugrunde liegen, dürfen höchstens ein Jahr betragen.

F. Unzulässige Vergütungen
I. In der Gesellschaft

Art. 735c Folgende Vergütungen für gegenwärtige und frühere Mitglieder des Verwaltungsrats, der Geschäftsleitung und des Beirats oder für ihnen nahestehende Personen sind unzulässig:
1. Abgangsentschädigungen, die vertraglich vereinbart oder statutarisch vorgesehen sind; nicht als Abgangsentschädigungen gelten Vergütungen, die bis zur Beendigung der Verträge geschuldet sind;
2. Entschädigungen aufgrund eines Konkurrenzverbots, die den Durchschnitt der Vergütungen der letzten drei Geschäftsjahre übersteigen, oder aufgrund eines geschäftsmässig nicht begründeten Konkurrenzverbots;
3. nicht marktübliche Vergütungen im Zusammenhang mit einer früheren Tätigkeit als Organ der Gesellschaft;
4. Antrittsprämien, die keinen nachweisbaren finanziellen Nachteil kompensieren;
5. Vergütungen, die im Voraus ausgerichtet werden;
6. Provisionen für die Übernahme oder Übertragung von Unternehmen oder Teilen davon;
7. Darlehen, Kredite, Vorsorgeleistungen ausserhalb der beruflichen Vorsorge und erfolgsabhängige Vergütungen, deren Grundsätze in den Statuten nicht vorgesehen sind;
8. die Zuteilung von Beteiligungspapieren, Wandel- und Optionsrechten, deren Grundsätze in den Statuten nicht vorgesehen sind.

II. Im Konzern

Art. 735d Unzulässig sind Vergütungen an Mitglieder des Verwaltungsrats, der Geschäftsleitung und des Beirats oder an ihnen nahestehende Personen für Tätigkeiten in Unternehmen, die durch die Gesellschaft kontrolliert werden, sofern diese Vergütungen:
1. unzulässig wären, wenn sie direkt von der Gesellschaft ausgerichtet würden;
2. in den Statuten der Gesellschaft nicht vorgesehen sind; oder
3. von der Generalversammlung der Gesellschaft nicht gutgeheissen worden sind.

Fünfter Abschnitt: Auflösung der Aktiengesellschaft

A. Auflösung im Allgemeinen
I. Gründe

Art. 736 ¹ Die Gesellschaft wird aufgelöst:
1. nach Massgabe der Statuten;
2. durch einen Beschluss der Generalversammlung, über den eine öffentliche Urkunde zu errichten ist;
3. durch die Eröffnung des Konkurses;

4.[617] durch Urteil des Gerichts, wenn Aktionäre, die zusammen mindestens 10 Prozent des Aktienkapitals oder der Stimmen vertreten, aus wichtigen Gründen die Auflösung verlangen;
5. in den übrigen vom Gesetze vorgesehenen Fällen.

² Bei der Klage auf Auflösung aus wichtigen Gründen kann das Gericht anstelle der Auflösung eine andere sachgemässe und den Beteiligten zumutbare Lösung anordnen.[618]

II. Eintragung ins Handelsregister

Art. 737[619] ¹ Die Auflösung einer Gesellschaft muss ins Handelsregister eingetragen werden.

² Die Auflösung durch Urteil ist vom Gericht dem Handelsregisteramt unverzüglich zu melden.

³ Die Auflösung aus anderen Gründen ist von der Gesellschaft beim Handelsregisteramt anzumelden.

III. Folgen

Art. 738[620] Die aufgelöste Gesellschaft tritt in Liquidation, unter Vorbehalt der Fälle der Fusion, der Aufspaltung und der Übertragung ihres Vermögens auf eine Körperschaft des öffentlichen Rechts.

B. Auflösung mit Liquidation
I. Zustand der Liquidation. Befugnisse

Art. 739 ¹ Tritt die Gesellschaft in Liquidation, so behält sie die juristische Persönlichkeit und führt ihre bisherige Firma, jedoch mit dem Zusatz «in Liquidation», bis die Auseinandersetzung auch mit den Aktionären durchgeführt ist.

² Die Befugnisse der Organe der Gesellschaft werden mit dem Eintritt der Liquidation auf die Handlungen beschränkt, die für die Durchführung der Liquidation erforderlich sind, ihrer Natur nach jedoch nicht von den Liquidatoren vorgenommen werden können.

II. Bestellung und Abberufung der Liquidatoren
1. Bestellung[621]

Art. 740 ¹ Die Liquidation wird durch den Verwaltungsrat besorgt, sofern sie nicht in den Statuten oder durch einen Beschluss der Generalversammlung anderen Personen übertragen wird.

² Die Liquidatoren sind vom Verwaltungsrat zur Eintragung in das Handelsregister anzumelden, auch wenn die Liquidation vom Verwaltungsrat besorgt wird.

---

617 Fassung gemäss Ziff. I des BG vom 19. Juni 2020 (Aktienrecht), in Kraft seit 1. Jan. 2023 (AS 2020 4005; 2022 109; BBl 2017 399).
618 Eingefügt durch Ziff. I des BG vom 19. Juni 2020 (Aktienrecht), in Kraft seit 1. Jan. 2023 (AS 2020 4005; 2022 109; BBl 2017 399).
619 Fassung gemäss Ziff. I des BG vom 19. Juni 2020 (Aktienrecht), in Kraft seit 1. Jan. 2023 (AS 2020 4005; 2022 109; BBl 2017 399).
620 Fassung gemäss Anhang Ziff. 2 des Fusionsgesetzes vom 3. Okt. 2003, in Kraft seit 1. Juli 2004 (AS 2004 2617; BBl 2000 4337).
621 Fassung gemäss Ziff. I des BG vom 4. Okt. 1991, in Kraft seit 1. Juli 1992 (AS 1992 733; BBl 1983 II 745).

³ Wenigstens einer der Liquidatoren muss in der Schweiz wohnhaft und zur Vertretung berechtigt sein.[622]

⁴ Wird die Gesellschaft durch richterliches Urteil aufgelöst, so bestimmt das Gericht die Liquidatoren.[623]

⁵ Im Falle des Konkurses besorgt die Konkursverwaltung die Liquidation nach den Vorschriften des Konkursrechtes. Die Organe der Gesellschaft behalten die Vertretungsbefugnis nur, soweit eine Vertretung durch sie noch notwendig ist.

2. Abberufung

Art. 741[624] ¹ Die Generalversammlung kann die von ihr ernannten Liquidatoren jederzeit abberufen.

² Auf Antrag eines Aktionärs kann das Gericht, sofern wichtige Gründe vorliegen, Liquidatoren abberufen und nötigenfalls andere ernennen.

III. Liquidationstätigkeit
1. Bilanz. Schuldenruf

Art. 742 ¹ Die Liquidatoren haben bei der Übernahme ihres Amtes eine Bilanz aufzustellen.

² Die aus den Geschäftsbüchern ersichtlichen oder in anderer Weise bekannten Gläubiger sind durch besondere Mitteilung, unbekannte Gläubiger und solche mit unbekanntem Wohnort durch öffentliche Bekanntmachung im Schweizerischen Handelsamtsblatt und überdies in der von den Statuten vorgesehenen Form von der Auflösung der Gesellschaft in Kenntnis zu setzen und zur Anmeldung ihrer Ansprüche aufzufordern.

2. Übrige Aufgaben

Art. 743 ¹ Die Liquidatoren haben die laufenden Geschäfte zu beendigen, noch ausstehende Aktienbeträge nötigenfalls einzuziehen, die Aktiven zu verwerten und die Verpflichtungen der Gesellschaft, sofern die Bilanz und der Schuldenruf keine Überschuldung ergeben, zu erfüllen.

² Sie haben, sobald sie eine Überschuldung feststellen, das Gericht zu benachrichtigen; dieses hat die Eröffnung des Konkurses auszusprechen.

³ Sie haben die Gesellschaft in den zur Liquidation gehörenden Rechtsgeschäften zu vertreten, können für sie Prozesse führen, Vergleiche und Schiedsverträge abschliessen und, soweit erforderlich, auch neue Geschäfte eingehen.

---

622 Fassung gemäss Ziff. I 3 des BG vom 16. Dez. 2005 (GmbH-Recht sowie Anpassungen im Aktien-, Genossenschafts-, Handelsregister- und Firmenrecht), in Kraft seit 1. Jan. 2008 (AS 2007 4791; BBl 2002 3148, 2004 3969).
623 Fassung gemäss Ziff. I des BG vom 4. Okt. 1991, in Kraft seit 1. Juli 1992 (AS 1992 733; BBl 1983 II 745).
624 Fassung gemäss Ziff. I des BG vom 4. Okt. 1991, in Kraft seit 1. Juli 1992 (AS 1992 733; BBl 1983 II 745).

⁴ Sie dürfen Aktiven auch freihändig verkaufen, wenn die Generalversammlung nichts anderes angeordnet hat.

⁵ Sie haben bei länger andauernder Liquidation jährliche Zwischenabschlüsse aufzustellen.

⁶ Die Gesellschaft haftet für den Schaden aus unerlaubten Handlungen, die ein Liquidator in Ausübung seiner geschäftlichen Verrichtungen begeht.

3. Gläubigerschutz

Art. 744 ¹ Haben bekannte Gläubiger die Anmeldung unterlassen, so ist der Betrag ihrer Forderungen gerichtlich zu hinterlegen.

² Ebenso ist für die nicht fälligen und die streitigen Verbindlichkeiten der Gesellschaft ein entsprechender Betrag zu hinterlegen, sofern nicht den Gläubigern eine gleichwertige Sicherheit bestellt oder die Verteilung des Gesellschaftsvermögens bis zur Erfüllung dieser Verbindlichkeiten ausgesetzt wird.

4. Verteilung des Vermögens

Art. 745 ¹ Das Vermögen der aufgelösten Gesellschaft wird nach Tilgung ihrer Schulden, soweit die Statuten nichts anderes bestimmen, unter die Aktionäre nach Massgabe der einbezahlten Beträge und unter Berücksichtigung der Vorrechte einzelner Aktienkategorien verteilt.[625]

² Die Verteilung darf frühestens nach Ablauf eines Jahres vollzogen werden, von dem Tag an gerechnet, an dem der Schuldenruf ergangen ist.[626]

³ Eine Verteilung darf bereits nach Ablauf von drei Monaten erfolgen, wenn ein zugelassener Revisionsexperte bestätigt, dass die Schulden getilgt sind und nach den Umständen angenommen werden kann, dass keine Interessen Dritter gefährdet werden.[627]

IV. Löschung im Handelsregister

Art. 746 Nach Beendigung der Liquidation ist das Erlöschen der Firma von den Liquidatoren beim Handelsregisteramt anzumelden.

V. Aufbewahrung von Aktienbuch, Geschäftsbüchern und Verzeichnis

Art. 747[628] ¹ Das Aktienbuch, die Geschäftsbücher und das Verzeichnis nach Artikel 697*l* sowie die diesem zugrunde liegenden Belege müssen während zehn Jahren nach der Löschung der Gesellschaft an einem sicheren Ort aufbewahrt werden. Dieser Ort wird

---

625 Fassung gemäss Ziff. I des BG vom 4. Okt. 1991, in Kraft seit 1. Juli 1992 (AS 1992 733; BBl 1983 II 745).
626 Fassung gemäss Ziff. I des BG vom 19. Juni 2020 (Aktienrecht), in Kraft seit 1. Jan. 2023 (AS 2020 4005; 2022 109; BBl 2017 399).
627 Fassung gemäss Ziff. I 3 des BG vom 16. Dez. 2005 (GmbH-Recht sowie Anpassungen im Aktien-, Genossenschafts-, Handelsregister- und Firmenrecht), in Kraft seit 1. Jan. 2008 (AS 2007 4791; BBl 2002 3148, 2004 3969).
628 Fassung gemäss Ziff. I 2 des BG vom 12. Dez. 2014 zur Umsetzung der 2012 revidierten Empfehlungen der Groupe d'action financière, in Kraft seit 1. Juli 2015 (AS 2015 1389; BBl 2014 605).

C. Auflösung ohne Liquidation
I. ...

Art. 748–750[629]

II. Übernahme durch eine Körperschaft des öffentlichen Rechts

Art. 751 [1] Wird das Vermögen einer Aktiengesellschaft vom Bunde, von einem Kanton oder unter Garantie des Kantons von einem Bezirk oder von einer Gemeinde übernommen, so kann mit Zustimmung der Generalversammlung vereinbart werden, dass die Liquidation unterbleiben soll.

[2] Der Beschluss der Generalversammlung ist nach den Vorschriften über die Auflösung zu fassen und beim Handelsregisteramt anzumelden.

[3] Mit der Eintragung dieses Beschlusses ist der Übergang des Vermögens der Gesellschaft mit Einschluss der Schulden vollzogen, und es ist die Firma der Gesellschaft zu löschen.

Sechster Abschnitt: Verantwortlichkeit

A. Haftung
I. ...

Art. 752[630]

II. Gründungshaftung

Art. 753[631] Gründer, Mitglieder des Verwaltungsrates und alle Personen, die bei der Gründung mitwirken, werden sowohl der Gesellschaft als den einzelnen Aktionären und Gesellschaftsgläubigern für den Schaden verantwortlich, wenn sie:

1. [632] in den Statuten, einem Gründungsbericht oder einem Kapitalerhöhungsbericht absichtlich oder fahrlässig Sacheinlagen oder die Gewährung besonderer Vorteile zugunsten von Aktionären und anderen Personen unrichtig oder irreführend angeben, verschweigen oder verschleiern oder bei der Genehmigung einer solchen Massnahme in anderer Weise dem Gesetz zuwiderhandeln;

---

629 Aufgehoben durch Anhang Ziff. 2 des Fusionsgesetzes vom 3. Okt. 2003, mit Wirkung seit 1. Juli 2004 (AS 2004 2617; BBl 2000 4337).
630 Aufgehoben durch Anhang Ziff. 1 des Finanzdienstleistungsgesetzes vom 15. Juni 2018, mit Wirkung seit 1. Jan. 2020 (AS 2019 4417; BBl 2015 8901).
631 Fassung gemäss Ziff. I des BG vom 4. Okt. 1991, in Kraft seit 1. Juli 1992 (AS 1992 733; BBl 1983 II 745).
632 Fassung gemäss Ziff. I des BG vom 19. Juni 2020 (Aktienrecht), in Kraft seit 1. Jan. 2023 (AS 2020 4005; 2022 109; BBl 2017 399).

2. absichtlich oder fahrlässig die Eintragung der Gesellschaft in das Handelsregister aufgrund einer Bescheinigung oder Urkunde veranlassen, die unrichtige Angaben enthält;
3. wissentlich dazu beitragen, dass Zeichnungen zahlungsunfähiger Personen angenommen werden.

III. Haftung für Verwaltung, Geschäftsführung und Liquidation

Art. 754[633] ¹ Die Mitglieder des Verwaltungsrates und alle mit der Geschäftsführung oder mit der Liquidation befassten Personen sind sowohl der Gesellschaft als den einzelnen Aktionären und Gesellschaftsgläubigern für den Schaden verantwortlich, den sie durch absichtliche oder fahrlässige Verletzung ihrer Pflichten verursachen.

² Wer die Erfüllung einer Aufgabe befugterweise einem anderen Organ überträgt, haftet für den von diesem verursachten Schaden, sofern er nicht nachweist, dass er bei der Auswahl, Unterrichtung und Überwachung die nach den Umständen gebotene Sorgfalt angewendet hat.

IV. Revisionshaftung

Art. 755[634] ¹ Alle mit der Prüfung der Jahres- und Konzernrechnung, der Gründung, der Kapitalerhöhung oder Kapitalherabsetzung befassten Personen sind sowohl der Gesellschaft als auch den einzelnen Aktionären und Gesellschaftsgläubigern für den Schaden verantwortlich, den sie durch absichtliche oder fahrlässige Verletzung ihrer Pflichten verursachen.

² Wurde die Prüfung von einer Finanzkontrolle der öffentlichen Hand oder von einem ihrer Mitarbeiter durchgeführt, so haftet das betreffende Gemeinwesen. Der Rückgriff auf die an der Prüfung beteiligten Personen richtet sich nach dem öffentlichen Recht.[635]

B. Schaden der Gesellschaft
I. Ansprüche ausser Konkurs

Art. 756[636] ¹ Neben der Gesellschaft sind auch die einzelnen Aktionäre berechtigt, den der Gesellschaft verursachten Schaden einzuklagen. Der Anspruch des Aktionärs geht auf Leistung an die Gesellschaft.

² Die Generalversammlung kann beschliessen, dass die Gesellschaft die Klage erhebt. Sie kann den Verwaltungsrat oder einen Vertreter mit der Prozessführung betrauen.[637]

---

633 Fassung gemäss Ziff. I des BG vom 4. Okt. 1991, in Kraft seit 1. Juli 1992 (AS 1992 733; BBl 1983 II 745).
634 Fassung gemäss Ziff. I des BG vom 4. Okt. 1991, in Kraft seit 1. Juli 1992 (AS 1992 733; BBl 1983 II 745).
635 Eingefügt durch Ziff. I 3 des BG vom 16. Dez. 2005 (GmbH-Recht sowie Anpassungen im Aktien-, Genossenschafts-, Handelsregister- und Firmenrecht), in Kraft seit 1. Jan. 2008 (AS 2007 4791; BBl 2002 3148, 2004 3969).
636 Fassung gemäss Ziff. I des BG vom 4. Okt. 1991, in Kraft seit 1. Juli 1992 (AS 1992 733; BBl 1983 II 745).
637 Fassung gemäss Ziff. I des BG vom 19. Juni 2020 (Aktienrecht), in Kraft seit 1. Jan. 2023 (AS 2020 4005; 2022 109; BBl 2017 399).

II. Ansprüche im Konkurs	**Art. 757**[638] ¹ Im Konkurs der geschädigten Gesellschaft sind auch die Gesellschaftsgläubiger berechtigt, Ersatz des Schadens an die Gesellschaft zu verlangen. Zunächst steht es jedoch der Konkursverwaltung zu, die Ansprüche von Aktionären und Gesellschaftsgläubigern geltend zu machen.

² Verzichtet die Konkursverwaltung auf die Geltendmachung dieser Ansprüche, so ist hierzu jeder Aktionär oder Gläubiger berechtigt. Das Ergebnis wird vorab zur Deckung der Forderungen der klagenden Gläubiger gemäss den Bestimmungen des Schuldbetreibungs- und Konkursgesetzes vom 11. April 1889[639] verwendet. Am Überschuss nehmen die klagenden Aktionäre im Ausmass ihrer Beteiligung an der Gesellschaft teil; der Rest fällt in die Konkursmasse.

³ Vorbehalten bleibt die Abtretung von Ansprüchen der Gesellschaft gemäss Artikel 260 des Schuldbetreibungs- und Konkursgesetzes vom 11. April 1889.

⁴ In die Berechnung des Schadens der Gesellschaft sind Forderungen von Gesellschaftsgläubigern, die im Rang hinter alle anderen Gläubiger zurückgetreten sind, nicht einzubeziehen.[640] |
| III. Wirkung des Entlastungsbeschlusses | **Art. 758**[641] ¹ Der Entlastungsbeschluss der Generalversammlung wirkt nur für bekanntgegebene Tatsachen und nur gegenüber der Gesellschaft sowie gegenüber den Aktionären, die dem Beschluss zugestimmt oder die Aktien seither in Kenntnis des Beschlusses erworben haben.

² Das Klagerecht der übrigen Aktionäre erlischt zwölf Monate nach dem Entlastungsbeschluss. Die Frist steht während des Verfahrens auf Anordnung einer Sonderuntersuchung und während deren Durchführung still.[642] |
| C. Solidarität und Rückgriff | **Art. 759**[643] ¹ Sind für einen Schaden mehrere Personen ersatzpflichtig, so ist jede von ihnen insoweit mit den anderen solidarisch haftbar, als ihr der Schaden aufgrund ihres eigenen Verschuldens und der Umstände persönlich zurechenbar ist. |

---

638 Fassung gemäss Ziff. I des BG vom 4. Okt. 1991, in Kraft seit 1. Juli 1992 (AS 1992 733; BBl 1983 II 745).
639 SR 281.1
640 Eingefügt durch Ziff. I des BG vom 19. Juni 2020 (Aktienrecht), in Kraft seit 1. Jan. 2023 (AS 2020 4005; 2022 109; BBl 2017 399).
641 Fassung gemäss Ziff. I des BG vom 4. Okt. 1991, in Kraft seit 1. Juli 1992 (AS 1992 733; BBl 1983 II 745).
642 Fassung gemäss Ziff. I des BG vom 19. Juni 2020 (Aktienrecht), in Kraft seit 1. Jan. 2023 (AS 2020 4005; 2022 109; BBl 2017 399).
643 Fassung gemäss Ziff. I des BG vom 4. Okt. 1991, in Kraft seit 1. Juli 1992 (AS 1992 733; BBl 1983 II 745).

² Der Kläger kann mehrere Beteiligte gemeinsam für den Gesamtschaden einklagen und verlangen, dass das Gericht im gleichen Verfahren die Ersatzpflicht jedes einzelnen Beklagten festsetzt.

³ Der Rückgriff unter mehreren Beteiligten wird vom Gericht in Würdigung aller Umstände bestimmt.

D. Verjährung

Art. 760[644] ¹ Der Anspruch auf Schadenersatz gegen die nach den vorstehenden Bestimmungen verantwortlichen Personen verjährt in drei Jahren von dem Tag an, an dem der Geschädigte Kenntnis vom Schaden und von der Person des Ersatzpflichtigen erlangt hat, jedenfalls aber mit dem Ablauf von zehn Jahren, vom Tage an gerechnet, an welchem das schädigende Verhalten erfolgte oder aufhörte. Die Frist steht während des Verfahrens auf Anordnung einer Sonderuntersuchung und während deren Durchführung still.[645]

² Hat die ersatzpflichtige Person durch ihr schädigendes Verhalten eine strafbare Handlung begangen, so verjährt der Anspruch auf Schadenersatz frühestens mit Eintritt der strafrechtlichen Verfolgungsverjährung. Tritt diese infolge eines erstinstanzlichen Strafurteils nicht mehr ein, so verjährt der Anspruch frühestens mit Ablauf von drei Jahren seit Eröffnung des Urteils.

Art. 761[646]

Siebenter Abschnitt: Beteiligung von Körperschaften des öffentlichen Rechts

Art. 762

¹ Haben Körperschaften des öffentlichen Rechts wie Bund, Kanton, Bezirk oder Gemeinde ein öffentliches Interesse an einer Aktiengesellschaft, so kann der Körperschaft in den Statuten der Gesellschaft das Recht eingeräumt werden, Vertreter in den Verwaltungsrat oder in die Revisionsstelle abzuordnen, auch wenn sie nicht Aktionärin ist.[647]

² Bei solchen Gesellschaften sowie bei gemischtwirtschaftlichen Unternehmungen, an denen eine Körperschaft des öffentlichen Rechts als Aktionär beteiligt ist, steht das Recht zur Abberufung der

---

644 Fassung gemäss Ziff. I des BG vom 15. Juni 2018 (Revision des Verjährungsrechts), in Kraft seit 1. Jan. 2020 (AS 2018 5343; BBl 2014 235).
645 Fassung gemäss Ziff. I des BG vom 19. Juni 2020 (Aktienrecht), in Kraft seit 1. Jan. 2023 (AS 2020 4005; 2022 109; BBl 2017 399).
646 Aufgehoben durch Anhang Ziff. 5 des Gerichtsstandsgesetzes vom 24. März 2000, mit Wirkung seit seit 1. Jan. 2001 (AS 2000 2355; BBl 1999 III 2829).
647 Fassung gemäss Ziff. I des BG vom 4. Okt. 1991, in Kraft seit 1. Juli 1992 (AS 1992 733; BBl 1983 II 745).

von ihr abgeordneten Mitglieder des Verwaltungsrates und der Revisionsstelle[648] nur ihr selbst zu.

³ Die von einer Körperschaft des öffentlichen Rechts abgeordneten Mitglieder des Verwaltungsrates und der Revisionsstelle haben die gleichen Rechte und Pflichten wie die von der Generalversammlung gewählten.[649]

⁴ Für die von einer Körperschaft des öffentlichen Rechts abgeordneten Mitglieder haftet die Körperschaft der Gesellschaft, den Aktionären und den Gläubigern gegenüber, unter Vorbehalt des Rückgriffs nach dem Recht des Bundes und der Kantone.

⁵ Das Recht von Körperschaften des öffentlichen Rechts, Vertreter in den Verwaltungsrat abzuordnen oder abzuberufen, gilt auch bei Gesellschaften, deren Aktien an einer Börse kotiert sind.[650]

Achter Abschnitt: Ausschluss der Anwendung des Gesetzes auf öffentlich-rechtliche Anstalten

Art. 763

¹ Auf Gesellschaften und Anstalten, wie Banken, Versicherungs- oder Elektrizitätsunternehmen, die durch besondere kantonale Gesetze gegründet worden sind und unter Mitwirkung öffentlicher Behörden verwaltet werden, kommen, sofern der Kanton die subsidiäre Haftung für deren Verbindlichkeiten übernimmt, die Bestimmungen über die Aktiengesellschaft auch dann nicht zur Anwendung, wenn das Kapital ganz oder teilweise in Aktien zerlegt ist und unter Beteiligung von Privatpersonen aufgebracht wird.

² Auf Gesellschaften und Anstalten, die vor dem 1. Januar 1883 durch besondere kantonale Gesetze gegründet worden sind und unter Mitwirkung öffentlicher Behörden verwaltet werden, finden die Bestimmungen über die Aktiengesellschaft auch dann keine Anwendung, wenn der Kanton die subsidiäre Haftung für die Verbindlichkeiten nicht übernimmt.

---

648 Ausdruck gemäss Ziff. II 2 des BG vom 4. Okt. 1991, in Kraft seit 1. Juli 1992 (AS 1992 733; BBl 1983 II 745). Diese Änderung ist im ganzen Erlass berücksichtigt.
649 Fassung gemäss Ziff. I des BG vom 4. Okt. 1991, in Kraft seit 1. Juli 1992 (AS 1992 733; BBl 1983 II 745).
650 Eingefügt durch Ziff. I des BG vom 19. Juni 2020 (Aktienrecht), in Kraft seit 1. Jan. 2023 (AS 2020 4005; 2022 109; BBl 2017 399).

Siebenundzwanzigster Titel: Die Kommanditaktiengesellschaft

A. Begriff

Art. 764 ¹ Die Kommanditaktiengesellschaft ist eine Gesellschaft, deren Kapital in Aktien zerlegt ist und bei der ein oder mehrere Mitglieder den Gesellschaftsgläubigern unbeschränkt und solidarisch gleich einem Kollektivgesellschafter haftbar sind.

² Für die Kommanditaktiengesellschaft kommen, soweit nicht etwas anderes vorgesehen ist, die Bestimmungen über die Aktiengesellschaft zur Anwendung.

³ Wird ein Kommanditkapital nicht in Aktien zerlegt, sondern in Teile, die lediglich das Mass der Beteiligung mehrerer Kommanditäre regeln, so gelten die Vorschriften über die Kommanditgesellschaft.

B. Verwaltung
I. Bezeichnung und Befugnisse

Art. 765 ¹ Die unbeschränkt haftenden Mitglieder bilden die Verwaltung der Kommanditaktiengesellschaft. Ihnen steht die Geschäftsführung und die Vertretung zu. Sie sind in den Statuten zu nennen.

² ...[651]

³ Für Änderungen im Bestande der unbeschränkt haftenden Mitglieder bedarf es der Zustimmung der bisherigen Mitglieder und der Änderung der Statuten.

II. Zustimmung zu Generalversammlungsbeschlüssen

Art. 766 Beschlüsse der Generalversammlung über Umwandlung des Gesellschaftszweckes, Erweiterung oder Verengerung des Geschäftsbereiches und Fortsetzung der Gesellschaft über die in den Statuten bestimmte Zeit hinaus bedürfen der Zustimmung der Mitglieder der Verwaltung.

III. Entziehung der Geschäftsführung und Vertretung

Art. 767 ¹ Den Mitgliedern der Verwaltung kann die Geschäftsführung und Vertretung unter den gleichen Voraussetzungen wie bei der Kollektivgesellschaft entzogen werden.

² Mit der Entziehung endigt auch die unbeschränkte Haftbarkeit des Mitgliedes für die künftig entstehenden Verbindlichkeiten der Gesellschaft.

C. Aufsichtsstelle
I. Bestellung und Befugnisse

Art. 768 ¹ Die Kontrolle, in Verbindung mit der dauernden Überwachung der Geschäftsführung, ist einer Aufsichtsstelle zu übertragen, der durch die Statuten weitere Obliegenheiten zugewiesen werden können.

---

[651] Aufgehoben durch Ziff. I des BG vom 19. Juni 2020 (Aktienrecht), mit Wirkung seit 1. Jan. 2023 (AS 2020 4005; 2022 109; BBl 2017 399).

² Bei der Bestellung der Aufsichtsstelle haben die Mitglieder der Verwaltung kein Stimmrecht.

³ Die Mitglieder der Aufsichtsstelle sind in das Handelsregister einzutragen.

II. Verantwortlichkeitsklage

Art. 769 ¹ Die Aufsichtsstelle kann namens der Gesellschaft die Mitglieder der Verwaltung zur Rechenschaft ziehen und vor Gericht belangen.

² Bei arglistigem Verhalten von Mitgliedern der Verwaltung ist die Aufsichtsstelle zur Durchführung von Prozessen auch dann berechtigt, wenn ein Beschluss der Generalversammlung entgegensteht.

D. Auflösung

Art. 770 ¹ Die Gesellschaft wird beendigt durch das Ausscheiden, den Tod, die Handlungsunfähigkeit oder den Konkurs sämtlicher unbeschränkt haftender Gesellschafter.

² Im übrigen gelten für die Auflösung der Kommanditaktiengesellschaft die gleichen Vorschriften wie für die Auflösung der Aktiengesellschaft; doch kann eine Auflösung durch Beschluss der Generalversammlung vor dem in den Statuten festgesetzten Termin nur mit Zustimmung der Verwaltung erfolgen.

³ ...[652]

E. Kündigung

Art. 771 ¹ Dem unbeschränkt haftenden Gesellschafter steht das Recht der Kündigung gleich einem Kollektivgesellschafter zu.

² Macht einer von mehreren unbeschränkt haftenden Gesellschaftern von seinem Kündigungsrechte Gebrauch, so wird die Gesellschaft, sofern die Statuten es nicht anders bestimmen, von den übrigen fortgesetzt.

Achtundzwanzigster Titel:[653] Die Gesellschaft mit beschränkter Haftung

Erster Abschnitt: Allgemeine Bestimmungen

A. Begriff

Art. 772 ¹ Die Gesellschaft mit beschränkter Haftung ist eine personenbezogene Kapitalgesellschaft, an der eine oder mehrere Personen oder Handelsgesellschaften beteiligt sind. Ihr Stammkapital ist

---

[652] Aufgehoben durch Anhang Ziff. 2 des Fusionsgesetzes vom 3. Okt. 2003, mit Wirkung seit 1. Juli 2004 (AS 2004 2617; BBl 2000 4337).

[653] Fassung gemäss Ziff. I 2 des BG vom 16. Dez. 2005 (GmbH-Recht sowie Anpassungen im Aktien-, Genossenschafts-, Handelsregister- und Firmenrecht), in Kraft seit 1. Jan. 2008 (AS 2007 4791; BBl 2002 3148, 2004 3969).

in den Statuten festgelegt. Für ihre Verbindlichkeiten haftet nur das Gesellschaftsvermögen.

² Die Gesellschafter sind mindestens mit je einem Stammanteil am Stammkapital beteiligt. Die Statuten können für sie Nachschuss- und Nebenleistungspflichten vorsehen.

B. Stammkapital

Art. 773[654] ¹ Das Stammkapital beträgt mindestens 20 000 Franken.

² Zulässig ist auch ein Stammkapital in der für die Geschäftstätigkeit wesentlichen ausländischen Währung. Die Bestimmungen des Aktienrechts über das Aktienkapital in einer ausländischen Währung finden sinngemäss Anwendung.

C. Stammanteile

Art. 774 ¹ Die Stammanteile weisen einen Nennwert auf, der grösser als null ist.[655]

² Die Stammanteile müssen mindestens zum Nennwert ausgegeben werden.

D. Genussscheine

Art. 774a Die Statuten können die Schaffung von Genussscheinen vorsehen; die Vorschriften des Aktienrechts sind entsprechend anwendbar.

E. ...

Art. 775[656]

F. Statuten
I. Gesetzlich vorgeschriebener Inhalt

Art. 776 Die Statuten müssen Bestimmungen enthalten über:
1. die Firma und den Sitz der Gesellschaft;
2. den Zweck der Gesellschaft;
3. die Höhe des Stammkapitals sowie die Anzahl und den Nennwert der Stammanteile;
4.[657] die Form der Mitteilungen der Gesellschaft an ihre Gesellschafter.

II. ...

Art. 776a[658]

G. Gründung
I. Errichtungsakt

Art. 777 ¹ Die Gesellschaft wird errichtet, indem die Gründer in öffentlicher Urkunde erklären, eine Gesellschaft mit beschränkter

---

654 Fassung gemäss Ziff. I des BG vom 19. Juni 2020 (Aktienrecht), in Kraft seit 1. Jan. 2023 (AS 2020 4005; 2022 109; BBl 2017 399).
655 Fassung gemäss Ziff. I des BG vom 19. Juni 2020 (Aktienrecht), in Kraft seit 1. Jan. 2023 (AS 2020 4005; 2022 109; BBl 2017 399).
656 Aufgehoben durch Ziff. I des BG vom 19. Juni 2020 (Aktienrecht), mit Wirkung seit 1. Jan. 2023 (AS 2020 4005; 2022 109; BBl 2017 399).
657 Fassung gemäss Ziff. I des BG vom 19. Juni 2020 (Aktienrecht), in Kraft seit 1. Jan. 2023 (AS 2020 4005; 2022 109; BBl 2017 399).
658 Aufgehoben durch Ziff. I des BG vom 19. Juni 2020 (Aktienrecht), mit Wirkung seit 1. Jan. 2023 (AS 2020 4005; 2022 109; BBl 2017 399).

Haftung zu gründen, darin die Statuten festlegen und die Organe bestellen.

² In diesem Errichtungsakt zeichnen die Gründer die Stammanteile und stellen fest, dass:
1. sämtliche Stammanteile gültig gezeichnet sind;
2. die Einlagen dem gesamten Ausgabebetrag entsprechen;
3.[659] die gesetzlichen und statutarischen Anforderungen an die Einlagen im Zeitpunkt der Unterzeichnung des Errichtungsakts erfüllt sind;
4. sie die statutarischen Nachschuss- oder Nebenleistungspflichten übernehmen;
5.[660] dass keine anderen Sacheinlagen, Verrechnungstatbestände oder besonderen Vorteile bestehen, als die in den Belegen genannten.

II. Zeichnung der Stammanteile

Art. 777a ¹ Die Zeichnung der Stammanteile bedarf zu ihrer Gültigkeit der Angabe von Anzahl, Nennwert und Ausgabebetrag sowie gegebenenfalls der Kategorie der Stammanteile.

² In der Urkunde über die Zeichnung muss hingewiesen werden auf statutarische Bestimmungen über:
1. Nachschusspflichten;
2. Nebenleistungspflichten;
3. Konkurrenzverbote für die Gesellschafter;
4. Vorhand-, Vorkaufs- und Kaufsrechte der Gesellschafter oder der Gesellschaft;
5. Konventionalstrafen.

III. Belege

Art. 777b ¹ Im Errichtungsakt muss die Urkundsperson die Belege über die Gründung einzeln nennen und bestätigen, dass sie ihr und den Gründern vorgelegen haben.

² Dem Errichtungsakt sind folgende Unterlagen beizulegen:
1. die Statuten;
2. der Gründungsbericht;
3. die Prüfungsbestätigung;
4. die Bestätigung über die Hinterlegung von Einlagen in Geld;
5. die Sacheinlageverträge;
6.[661] ...

---

659 Fassung gemäss Ziff. I des BG vom 19. Juni 2020 (Aktienrecht), in Kraft seit 1. Jan. 2023 (AS 2020 4005; 2022 109; BBl 2017 399).
660 Eingefügt durch Ziff. I 2 des BG vom 17. März 2017 (Handelsregisterrecht) (AS 2020 957; BBl 2015 3617). Fassung gemäss Ziff. I des BG vom 19. Juni 2020 (Aktienrecht), in Kraft seit 1. Jan. 2023 (AS 2020 4005; 2022 109; BBl 2017 399).
661 Aufgehoben durch Ziff. I des BG vom 19. Juni 2020 (Aktienrecht), mit Wirkung seit 1. Jan. 2023 (AS 2020 4005; 2022 109; BBl 2017 399).

IV. Einlagen

Art. 777c ¹ Bei der Gründung muss für jeden Stammanteil eine dem Ausgabebetrag entsprechende Einlage vollständig geleistet werden.

² Im Übrigen sind die Vorschriften des Aktienrechts entsprechend anwendbar für:

1.[662] die Angabe der Sacheinlagen, der Verrechnungen und der besonderen Vorteile in den Statuten;

2.[663] ...

3. die Leistung und die Prüfung der Einlagen.

H. Eintragung ins Handelsregister
I. Gesellschaft

Art. 778 Die Gesellschaft ist ins Handelsregister des Ortes einzutragen, an dem sie ihren Sitz hat.

II. ...

Art. 778a[664]

J. Erwerb der Persönlichkeit
I. Zeitpunkt; mangelnde Voraussetzungen

Art. 779 ¹ Die Gesellschaft erlangt das Recht der Persönlichkeit durch die Eintragung ins Handelsregister.

² Sie erlangt das Recht der Persönlichkeit auch dann, wenn die Voraussetzungen für die Eintragung tatsächlich nicht erfüllt sind.

³ Waren bei der Gründung gesetzliche oder statutarische Voraussetzungen nicht erfüllt und sind dadurch die Interessen von Gläubigern oder Gesellschaftern in erheblichem Masse gefährdet oder verletzt worden, so kann das Gericht auf Begehren einer dieser Personen die Auflösung der Gesellschaft verfügen.

⁴ Das Klagerecht erlischt drei Monate nach der Veröffentlichung der Gründung der Gesellschaft im Schweizerischen Handelsamtsblatt.

II. Vor der Eintragung eingegangene Verpflichtungen

Art. 779a ¹ Personen, die vor der Eintragung ins Handelsregister im Namen der Gesellschaft handeln, haften dafür persönlich und solidarisch.

² Übernimmt die Gesellschaft innerhalb von drei Monaten nach ihrer Eintragung Verpflichtungen, die ausdrücklich in ihrem Namen eingegangen werden, so werden die Handelnden befreit, und es haftet nur die Gesellschaft.

---

662 Fassung gemäss Ziff. I des BG vom 19. Juni 2020 (Aktienrecht), in Kraft seit 1. Jan. 2023 (AS 2020 4005; 2022 109; BBl 2017 399).

663 Aufgehoben durch Ziff. I des BG vom 19. Juni 2020 (Aktienrecht), mit Wirkung seit 1. Jan. 2023 (AS 2020 4005; 2022 109; BBl 2017 399).

664 Aufgehoben durch Ziff. I 2 des BG vom 17. März 2017 (Handelsregisterrecht), mit Wirkung seit 1. Jan. 2021 (AS 2020 957; BBl 2015 3617).

K. Statutenänderung	**Art. 780**[665] Der Beschluss der Gesellschafterversammlung oder der Geschäftsführer über eine Änderung der Statuten ist öffentlich zu beurkunden und ins Handelsregister einzutragen.
L. Erhöhung des Stammkapitals	**Art. 781** [1] Die Gesellschafterversammlung kann die Erhöhung des Stammkapitals beschliessen.

[2] Die Ausführung des Beschlusses obliegt den Geschäftsführern.

[3] Die Zeichnung und die Einlagen richten sich nach den Vorschriften über die Gründung. Der Hinweis auf statutarische Rechte und Pflichten ist nicht erforderlich, wenn der Zeichner bereits Gesellschafter ist. Für den Zeichnungsschein sind zudem die Vorschriften über die Erhöhung des Aktienkapitals entsprechend anwendbar. Ein öffentliches Angebot zur Zeichnung der Stammanteile ist ausgeschlossen.[666]

[4] Die Erhöhung des Stammkapitals muss innerhalb von sechs Monaten nach dem Beschluss der Gesellschafterversammlung beim Handelsregisteramt zur Eintragung angemeldet werden; sonst fällt der Beschluss dahin.[667]

[5] Im Übrigen sind die Vorschriften des Aktienrechts über die ordentliche Kapitalerhöhung entsprechend anwendbar für:
1. die Form und den Inhalt des Beschlusses der Gesellschafterversammlung;
2. das Bezugsrecht der Gesellschafter;
3. die Erhöhung des Stammkapitals aus Eigenkapital;
4. den Kapitalerhöhungsbericht und die Prüfungsbestätigung;
5. die Statutenänderung und die Feststellungen der Geschäftsführer;
6. die Eintragung der Erhöhung des Stammkapitals ins Handelsregister und die Nichtigkeit vorher ausgegebener Urkunden.

M. Herabsetzung des Stammkapitals	**Art. 782** [1] Die Gesellschafterversammlung kann die Herabsetzung des Stammkapitals beschliessen.

[2] Das Stammkapital darf nur unter 20 000 Franken herabgesetzt werden, sofern es gleichzeitig mindestens bis zu diesem Betrag wieder erhöht wird.[668]

---

665 Fassung gemäss Ziff. I des BG vom 19. Juni 2020 (Aktienrecht), in Kraft seit 1. Jan. 2023 (AS 2020 4005; 2022 109; BBl 2017 399).
666 Fassung gemäss Ziff. I 2 des BG vom 17. März 2017 (Handelsregisterrecht), in Kraft seit 1. Jan. 2021 (AS 2020 957; BBl 2015 3617).
667 Fassung gemäss Ziff. I des BG vom 19. Juni 2020 (Aktienrecht), in Kraft seit 1. Jan. 2023 (AS 2020 4005; 2022 109; BBl 2017 399).
668 Fassung gemäss Ziff. I des BG vom 19. Juni 2020 (Aktienrecht), in Kraft seit 1. Jan. 2023 (AS 2020 4005; 2022 109; BBl 2017 399).

³ Zur Beseitigung einer durch Verluste entstandenen Unterbilanz darf das Stammkapital nur herabgesetzt werden, wenn die Gesellschafter die in den Statuten vorgesehenen Nachschüsse voll geleistet haben.

⁴ Im Übrigen sind die Vorschriften über die Herabsetzung des Aktienkapitals entsprechend anwendbar.

N. Erwerb eigener Stammanteile

Art. 783 ¹ Die Gesellschaft darf eigene Stammanteile nur dann erwerben, wenn frei verwendbares Eigenkapital in der Höhe der dafür nötigen Mittel vorhanden ist und der gesamte Nennwert dieser Stammanteile zehn Prozent des Stammkapitals nicht übersteigt.

² Werden im Zusammenhang mit einer Übertragbarkeitsbeschränkung, einem Austritt oder einem Ausschluss Stammanteile erworben, so beträgt die Höchstgrenze 35 Prozent. Die über 10 Prozent des Stammkapitals hinaus erworbenen eigenen Stammanteile sind innerhalb von zwei Jahren zu veräussern oder durch Kapitalherabsetzung zu vernichten.

³ Ist mit den Stammanteilen, die erworben werden sollen, eine Nachschusspflicht oder eine Nebenleistungspflicht verbunden, so muss diese vor deren Erwerb aufgehoben werden.

⁴ Im Übrigen sind für den Erwerb eigener Stammanteile durch die Gesellschaft die Vorschriften über eigene Aktien entsprechend anwendbar.

Zweiter Abschnitt: Rechte und Pflichten der Gesellschafter

A. Stammanteile
I. Urkunde

Art. 784 ¹ Wird über Stammanteile eine Urkunde ausgestellt, so kann diese nur als Beweisurkunde oder Namenpapier errichtet werden.

² In die Urkunde müssen dieselben Hinweise auf statutarische Rechte und Pflichten aufgenommen werden wie in die Urkunde über die Zeichnung der Stammanteile.

II. Übertragung
1. Abtretung
a. Form

Art. 785 ¹ Die Abtretung von Stammanteilen sowie die Verpflichtung zur Abtretung bedürfen der schriftlichen Form.

² In den Abtretungsvertrag müssen dieselben Hinweise auf statutarische Rechte und Pflichten aufgenommen werden wie in die Urkunde über die Zeichnung der Stammanteile, ausser wenn der Erwerber bereits Gesellschafter ist.[669]

---

[669] Fassung gemäss Ziff. I 2 des BG vom 17. März 2017 (Handelsregisterrecht), in Kraft seit 1. Jan. 2021 (AS 2020 957; BBl 2015 3617).

Die Gesellschaft mit beschränkter Haftung

b. Zustimmungserfordernisse

Art. 786 ¹ Die Abtretung von Stammanteilen bedarf der Zustimmung der Gesellschafterversammlung. Die Gesellschafterversammlung kann die Zustimmung ohne Angabe von Gründen verweigern.

² Von dieser Regelung können die Statuten abweichen, indem sie:
1. auf das Erfordernis der Zustimmung zur Abtretung verzichten;
2. die Gründe festlegen, die die Verweigerung der Zustimmung zur Abtretung rechtfertigen;
3. vorsehen, dass die Zustimmung zur Abtretung verweigert werden kann, wenn die Gesellschaft dem Veräusserer die Übernahme der Stammanteile zum wirklichen Wert anbietet;
4. die Abtretung ausschliessen;
5. vorsehen, dass die Zustimmung zur Abtretung verweigert werden kann, wenn die Erfüllung statutarischer Nachschuss- oder Nebenleistungspflichten zweifelhaft ist und eine von der Gesellschaft geforderte Sicherheit nicht geleistet wird.

³ Schliessen die Statuten die Abtretung aus oder verweigert die Gesellschafterversammlung die Zustimmung zur Abtretung, so bleibt das Recht auf Austritt aus wichtigem Grund vorbehalten.

c. Rechtsübergang

Art. 787 ¹ Ist für die Abtretung von Stammanteilen die Zustimmung der Gesellschafterversammlung erforderlich, so wird die Abtretung erst mit dieser Zustimmung rechtswirksam.

² Lehnt die Gesellschafterversammlung das Gesuch um Zustimmung zur Abtretung nicht innerhalb von sechs Monaten nach Eingang ab, so gilt die Zustimmung als erteilt.

2. Besondere Erwerbsarten

Art. 788 ¹ Werden Stammanteile durch Erbgang, Erbteilung, eheliches Güterrecht oder Zwangsvollstreckung erworben, so gehen alle Rechte und Pflichten, die damit verbunden sind, ohne Zustimmung der Gesellschafterversammlung auf die erwerbende Person über.

² Für die Ausübung des Stimmrechts und der damit zusammenhängenden Rechte bedarf die erwerbende Person jedoch der Anerkennung der Gesellschafterversammlung als stimmberechtigter Gesellschafter.

³ Die Gesellschafterversammlung kann ihr die Anerkennung nur verweigern, wenn ihr die Gesellschaft die Übernahme der Stammanteile zum wirklichen Wert im Zeitpunkt des Gesuches anbietet. Das Angebot kann auf eigene Rechnung oder auf Rechnung anderer Gesellschafter oder Dritter erfolgen. Lehnt die erwerbende Person das Angebot nicht innerhalb eines Monats nach Kenntnis des wirklichen Wertes ab, so gilt es als angenommen.

⁴ Lehnt die Gesellschafterversammlung das Gesuch um Anerkennung nicht innerhalb von sechs Monaten ab Eingang ab, so gilt die Anerkennung als erteilt.

⁵ Die Statuten können auf das Erfordernis der Anerkennung verzichten.

3. Bestimmung des wirklichen Werts

Art. 789 ¹ Stellen das Gesetz oder die Statuten auf den wirklichen Wert der Stammanteile ab, so können die Parteien verlangen, dass dieser vom Gericht bestimmt wird.

² Das Gericht verteilt die Kosten des Verfahrens und der Bewertung nach seinem Ermessen.

4. Nutzniessung

Art. 789a ¹ Für die Bestellung einer Nutzniessung an einem Stammanteil sind die Vorschriften über die Übertragung der Stammanteile entsprechend anwendbar.

² Schliessen die Statuten die Abtretung aus, so ist auch die Bestellung einer Nutzniessung an den Stammanteilen ausgeschlossen.

5. Pfandrecht

Art. 789b ¹ Die Statuten können vorsehen, dass die Bestellung eines Pfandrechts an Stammanteilen der Zustimmung der Gesellschafterversammlung bedarf. Diese darf die Zustimmung nur verweigern, wenn ein wichtiger Grund vorliegt.

² Schliessen die Statuten die Abtretung aus, so ist auch die Bestellung eines Pfandrechts an den Stammanteilen ausgeschlossen.

III. Anteilbuch

Art. 790 ¹ Die Gesellschaft führt über die Stammanteile ein Anteilbuch. Sie muss es so führen, dass in der Schweiz jederzeit darauf zugegriffen werden kann.[670]

² In das Anteilbuch sind einzutragen:
1. die Gesellschafter mit Namen und Adresse;
2. die Anzahl, der Nennwert sowie allenfalls die Kategorien der Stammanteile jedes Gesellschafters;
3. die Nutzniesser mit Namen und Adresse;
4. die Pfandgläubiger mit Namen und Adresse.

³ Gesellschafter, die nicht zur Ausübung des Stimmrechts und der damit zusammenhängenden Rechte befugt sind, müssen als Gesellschafter ohne Stimmrecht bezeichnet werden.

⁴ Den Gesellschaftern steht das Recht zu, in das Anteilbuch Einsicht zu nehmen.

---

[670] Zweiter Satz eingefügt durch Ziff. I 2 des BG vom 12. Dez. 2014 zur Umsetzung der 2012 revidierten Empfehlungen der Groupe d'action financière, in Kraft seit 1. Juli 2015 (AS 2015 1389; BBl 2014 605).

⁵ Die Belege, die einer Eintragung zugrunde liegen, müssen während zehn Jahren nach der Streichung der eingetragenen Person aus dem Anteilbuch aufbewahrt werden.[671]

IIIbis. Meldung der an Stammanteilen wirtschaftlich berechtigten Person

Art. 790a[672] ¹ Wer allein oder in gemeinsamer Absprache mit Dritten Stammanteile erwirbt und dadurch den Grenzwert von 25 Prozent des Stammkapitals oder der Stimmrechte erreicht oder überschreitet, muss der Gesellschaft innert Monatsfrist den Vor- und den Nachnamen und die Adresse der natürlichen Person melden, für die er letztendlich handelt (wirtschaftlich berechtigte Person).

² Ist der Gesellschafter eine juristische Person oder Personengesellschaft, so muss als wirtschaftlich berechtigte Person jede natürliche Person gemeldet werden, die den Gesellschafter in sinngemässer Anwendung von Artikel 963 Absatz 2 kontrolliert. Gibt es keine solche Person, so muss der Gesellschafter dies der Gesellschaft melden.

³ Ist der Gesellschafter eine Kapitalgesellschaft, deren Beteiligungsrechte an einer Börse kotiert sind, wird er von einer solchen Gesellschaft im Sinne von Artikel 963 Absatz 2 kontrolliert oder kontrolliert er in diesem Sinne eine solche Gesellschaft, so muss er nur diese Tatsache sowie die Firma und den Sitz dieser Kapitalgesellschaft melden.

⁴ Der Gesellschafter muss der Gesellschaft innert 3 Monaten jede Änderung des Vor- oder des Nachnamens oder der Adresse der wirtschaftlich berechtigten Person melden.

⁵ Die Bestimmungen des Aktienrechts betreffend das Verzeichnis über die wirtschaftlich berechtigten Personen (Art. 697*l*) und die Folgen der Nichteinhaltung der Meldepflichten (Art. 697*m*) sind sinngemäss anwendbar.

IV. Eintragung ins Handelsregister

Art. 791[673] Die Gesellschafter sind mit der Anzahl und dem Nennwert ihrer Stammanteile ins Handelsregister einzutragen.

V. Gemeinschaftliches Eigentum

Art. 792 Steht ein Stammanteil mehreren Berechtigten ungeteilt zu, so:
1. haben diese gemeinsam eine Person zu bezeichnen, die sie vertritt; sie können die Rechte aus dem Stammanteil nur durch diese Person ausüben;

---

671 Eingefügt durch Ziff. I 2 des BG vom 12. Dez. 2014 zur Umsetzung der 2012 revidierten Empfehlungen der Groupe d'action financière, in Kraft seit 1. Juli 2015 (AS 2015 1389; BBl 2014 605).
672 Eingefügt durch Ziff. I 2 des BG vom 12. Dez. 2014 zur Umsetzung der 2012 revidierten Empfehlungen der Groupe d'action financière (AS 2015 1389; BBl 2014 605). Fassung gemäss Ziff. I 1 des BG vom 21. Juni 2019 zur Umsetzung von Empfehlungen des Globalen Forums über Transparenz und Informationsaustausch für Steuerzwecke, in Kraft seit 1. Nov. 2019 (AS 2019 3161; BBl 2019 279).
673 Fassung gemäss Ziff. I des BG vom 19. Juni 2020 (Aktienrecht), in Kraft seit 1. Jan. 2023 (AS 2020 4005; 2022 109; BBl 2017 399).

2. haften diese für Nachschusspflichten und Nebenleistungspflichten solidarisch.

B. Leistung der Einlagen

Art. 793 ¹ Die Gesellschafter sind zur Leistung einer dem Ausgabebetrag ihrer Stammanteile entsprechenden Einlage verpflichtet.

² Die Einlagen dürfen nicht zurückerstattet werden.

C. Haftung der Gesellschafter

Art. 794 Für die Verbindlichkeiten der Gesellschaft haftet nur das Gesellschaftsvermögen.

D. Nachschüsse und Nebenleistungen
I. Nachschüsse
1. Grundsatz und Betrag

Art. 795 ¹ Die Statuten können die Gesellschafter zur Leistung von Nachschüssen verpflichten.

² Sehen die Statuten eine Nachschusspflicht vor, so müssen sie den Betrag der mit einem Stammanteil verbundenen Nachschusspflicht festlegen. Dieser darf das Doppelte des Nennwertes des Stammanteils nicht übersteigen.

³ Die Gesellschafter haften nur für die mit den eigenen Stammanteilen verbundenen Nachschüsse.

2. Einforderung

Art. 795a ¹ Die Nachschüsse werden durch die Geschäftsführer eingefordert.

² Sie dürfen nur eingefordert werden, wenn:
1. die Summe von Stammkapital und gesetzlichen Reserven nicht mehr gedeckt ist;
2. die Gesellschaft ihre Geschäfte ohne diese zusätzlichen Mittel nicht ordnungsgemäss weiterführen kann;
3. die Gesellschaft aus in den Statuten umschriebenen Gründen Eigenkapital benötigt.

³ Mit Eintritt des Konkurses werden ausstehende Nachschüsse fällig.

3. Rückzahlung

Art. 795b Geleistete Nachschüsse dürfen nur dann ganz oder teilweise zurückbezahlt werden, wenn der Betrag durch frei verwendbares Eigenkapital gedeckt ist und ein zugelassener Revisionsexperte dies schriftlich bestätigt.

4. Herabsetzung

Art. 795c ¹ Eine statutarische Nachschusspflicht darf nur dann herabgesetzt oder aufgehoben werden, wenn das Stammkapital und die gesetzlichen Reserven voll gedeckt sind.

² Die Vorschriften über die Herabsetzung des Stammkapitals sind entsprechend anwendbar.

5. Fortdauer

Art. 795d ¹ Für Gesellschafter, die aus der Gesellschaft ausscheiden, besteht die Nachschusspflicht unter Vorbehalt der nachfolgenden

Einschränkungen während dreier Jahre weiter. Der Zeitpunkt des Ausscheidens bestimmt sich nach der Eintragung ins Handelsregister.

² Ausgeschiedene Gesellschafter müssen Nachschüsse nur leisten, wenn die Gesellschaft in Konkurs fällt.

³ Ihre Nachschusspflicht entfällt, soweit sie von einem Rechtsnachfolger erfüllt wurde.

⁴ Die Nachschusspflicht ausgeschiedener Gesellschafter darf nicht erhöht werden.

II. Nebenleistungen

Art. 796 ¹ Die Statuten können die Gesellschafter zu Nebenleistungen verpflichten.

² Sie können nur Nebenleistungspflichten vorsehen, die dem Zweck der Gesellschaft, der Erhaltung ihrer Selbstständigkeit oder der Wahrung der Zusammensetzung des Kreises der Gesellschafter dienen.

³ Gegenstand und Umfang wie auch andere nach den Umständen wesentliche Punkte einer mit einem Stammanteil verbundenen Nebenleistungspflicht müssen in den Statuten bestimmt werden. Für die nähere Umschreibung kann auf ein Reglement der Gesellschafterversammlung verwiesen werden.

⁴ Statutarische Verpflichtungen zur Zahlung von Geld oder zur Leistung anderer Vermögenswerte unterstehen den Bestimmungen über Nachschüsse, wenn keine angemessene Gegenleistung vorgesehen wird und die Einforderung der Deckung des Eigenkapitalbedarfs der Gesellschaft dient.

III. Nachträgliche Einführung

Art. 797 Die nachträgliche Einführung oder Erweiterung statutarischer Nachschuss- oder Nebenleistungspflichten bedarf der Zustimmung aller davon betroffenen Gesellschafter.

IV. Schiedsgericht

Art. 797a[674] Die Vorschriften des Aktienrechts zum Schiedsgericht sind entsprechend anwendbar.

E. Dividenden, Zinse, Tantiemen

Art. 798[675] Die Vorschriften des Aktienrechts über Dividenden, Zwischendividenden, Bauzinse und Tantiemen sind entsprechend anwendbar.

Art. 798a und **798b**[676]

---

674 Eingefügt durch Ziff. I des BG vom 19. Juni 2020 (Aktienrecht), in Kraft seit 1. Jan. 2023 (AS 2020 4005; 2022 109; BBl 2017 399).
675 Fassung gemäss Ziff. I des BG vom 19. Juni 2020 (Aktienrecht), in Kraft seit 1. Jan. 2023 (AS 2020 4005; 2022 109; BBl 2017 399).
676 Aufgehoben durch Ziff. I des BG vom 19. Juni 2020 (Aktienrecht), mit Wirkung seit 1. Jan. 2023 (AS 2020 4005; 2022 109; BBl 2017 399).

F. Vorzugsstammanteile	**Art. 799** Für Vorzugsstammanteile sind die Vorschriften des Aktienrechts über Vorzugsaktien entsprechend anwendbar.
G. Rückerstattung von Leistungen	**Art. 800** Für die Rückerstattung von Leistungen der Gesellschaft an Gesellschafter, Geschäftsführer sowie diesen nahe stehende Personen sind die Vorschriften des Aktienrechts entsprechend anwendbar.
H. Reserven	**Art. 801**[677] Für die Reserven sind die Vorschriften des Aktienrechts entsprechend anwendbar.
J. Zustellung des Geschäftsberichts	**Art. 801a** ¹ Der Geschäftsbericht und der Revisionsbericht sind den Gesellschaftern spätestens zusammen mit der Einladung zur ordentlichen Gesellschafterversammlung zuzustellen.
	² Die Gesellschafter können verlangen, dass ihnen nach der Gesellschafterversammlung die von ihr genehmigte Fassung des Geschäftsberichts zugestellt wird.
K. Auskunfts- und Einsichtsrecht	**Art. 802** ¹ Jeder Gesellschafter kann von den Geschäftsführern Auskunft über alle Angelegenheiten der Gesellschaft verlangen.
	² Hat die Gesellschaft keine Revisionsstelle, so kann jeder Gesellschafter in die Geschäftsbücher und Akten uneingeschränkt Einsicht nehmen.[678] Hat sie eine Revisionsstelle, so besteht ein Recht zur Einsichtnahme nur, soweit ein berechtigtes Interesse glaubhaft gemacht wird.
	³ Besteht Gefahr, dass der Gesellschafter die erlangten Kenntnisse zum Schaden der Gesellschaft für gesellschaftsfremde Zwecke verwendet, so können die Geschäftsführer die Auskunft und die Einsichtnahme im erforderlichen Umfang verweigern; auf Antrag des Gesellschafters entscheidet die Gesellschafterversammlung.
	⁴ Verweigert die Gesellschafterversammlung die Auskunft oder die Einsicht ungerechtfertigterweise, so ordnet sie das Gericht auf Antrag des Gesellschafters an.
L. Treuepflicht und Konkurrenzverbot	**Art. 803** ¹ Die Gesellschafter sind zur Wahrung des Geschäftsgeheimnisses verpflichtet.
	² Sie müssen alles unterlassen, was die Interessen der Gesellschaft beeinträchtigt. Insbesondere dürfen sie nicht Geschäfte betreiben, die ihnen zum besonderen Vorteil gereichen und durch die der Zweck der Gesellschaft beeinträchtigt würde. Die Statuten können vor-

---

[677] Fassung gemäss Ziff. I 3 des BG vom 23. Dez. 2011 (Rechnungslegungsrecht), in Kraft seit 1. Jan. 2013 (AS 2012 6679; BBl 2008 1589).

[678] Fassung gemäss Ziff. I des BG vom 19. Juni 2020 (Aktienrecht), in Kraft seit 1. Jan. 2023 (AS 2020 4005; 2022 109; BBl 2017 399).

sehen, dass die Gesellschafter konkurrenzierende Tätigkeiten unterlassen müssen.

³ Die Gesellschafter dürfen Tätigkeiten ausüben, die gegen die Treuepflicht oder ein allfälliges Konkurrenzverbot verstossen, sofern alle übrigen Gesellschafter schriftlich zustimmen. Die Statuten können vorsehen, dass stattdessen die Zustimmung der Gesellschafterversammlung erforderlich ist.

⁴ Die besonderen Vorschriften über das Konkurrenzverbot von Geschäftsführern bleiben vorbehalten.

Dritter Abschnitt: Organisation der Gesellschaft

A. Gesellschafterversammlung
I. Aufgaben

Art. 804 ¹ Oberstes Organ der Gesellschaft ist die Gesellschafterversammlung.

² Der Gesellschafterversammlung stehen folgende unübertragbare Befugnisse zu:
1. die Änderung der Statuten;
2. die Bestellung und die Abberufung von Geschäftsführern;
3.⁶⁷⁹ die Bestellung und die Abberufung der Mitglieder der Revisionsstelle;
4.⁶⁸⁰ die Genehmigung des Lageberichts und der Konzernrechnung;
5. die Genehmigung der Jahresrechnung sowie die Beschlussfassung über die Verwendung des Bilanzgewinnes, insbesondere die Festsetzung der Dividende und der Tantieme;
5bis.⁶⁸¹ die Beschlussfassung über die Rückzahlung von Kapitalreserven;
6. die Festsetzung der Entschädigung der Geschäftsführer;
7. die Entlastung der Geschäftsführer;
8. die Zustimmung zur Abtretung von Stammanteilen beziehungsweise die Anerkennung als stimmberechtigter Gesellschafter;
9. die Zustimmung zur Bestellung eines Pfandrechts an Stammanteilen, falls die Statuten dies vorsehen;
10. die Beschlussfassung über die Ausübung statutarischer Vorhand-, Vorkaufs- oder Kaufsrechte;

---

679 Fassung gemäss Ziff. I des BG vom 19. Juni 2020 (Aktienrecht), in Kraft seit 1. Jan. 2023 (AS 2020 4005; 2022 109; BBl 2017 399).
680 Fassung gemäss Ziff. I 3 des BG vom 23. Dez. 2011 (Rechnungslegungsrecht), in Kraft seit 1. Jan. 2013 (AS 2012 6679; BBl 2008 1589).
681 Eingefügt durch Ziff. I des BG vom 19. Juni 2020 (Aktienrecht), in Kraft seit 1. Jan. 2023 (AS 2020 4005; 2022 109; BBl 2017 399).

11. die Ermächtigung der Geschäftsführer zum Erwerb eigener Stammanteile durch die Gesellschaft oder die Genehmigung eines solchen Erwerbs;
12. die nähere Regelung von Nebenleistungspflichten in einem Reglement, falls die Statuten auf ein Reglement verweisen;
13. die Zustimmung zu Tätigkeiten der Geschäftsführer und der Gesellschafter, die gegen die Treuepflicht oder das Konkurrenzverbot verstossen, sofern die Statuten auf das Erfordernis der Zustimmung aller Gesellschafter verzichten;
14. die Beschlussfassung darüber, ob dem Gericht beantragt werden soll, einen Gesellschafter aus wichtigem Grund auszuschliessen;
15. der Ausschluss eines Gesellschafters aus in den Statuten vorgesehenen Gründen;
16. die Auflösung der Gesellschaft;
17. die Genehmigung von Geschäften der Geschäftsführer, für die die Statuten die Zustimmung der Gesellschafterversammlung fordern;
18. die Beschlussfassung über die Gegenstände, die das Gesetz oder die Statuten der Gesellschafterversammlung vorbehalten oder die ihr die Geschäftsführer vorlegen.

³ Die Gesellschafterversammlung ernennt die Direktoren, die Prokuristen sowie die Handlungsbevollmächtigten. Die Statuten können diese Befugnis auch den Geschäftsführern einräumen.

II. Einberufung und Durchführung

Art. 805 ¹ Die Gesellschafterversammlung wird von den Geschäftsführern, nötigenfalls durch die Revisionsstelle, einberufen. Das Einberufungsrecht steht auch den Liquidatoren zu.

² Die ordentliche Versammlung findet alljährlich innerhalb von sechs Monaten nach Schluss des Geschäftsjahres statt. Ausserordentliche Versammlungen werden nach Massgabe der Statuten und bei Bedarf einberufen.

³ Die Gesellschafterversammlung ist spätestens 20 Tage vor dem Versammlungstag einzuberufen. Die Statuten können diese Frist verlängern oder bis auf zehn Tage verkürzen. Die Möglichkeit einer Universalversammlung bleibt vorbehalten.

⁴ ...[682]

⁵ Im Übrigen sind die Vorschriften des Aktienrechts über die Generalversammlung entsprechend anwendbar für:
1. die Einberufung;

---

682 Aufgehoben durch Ziff. I des BG vom 19. Juni 2020 (Aktienrecht), mit Wirkung seit 1. Jan. 2023 (AS 2020 4005; 2022 109; BBl 2017 399).

2.[683] das Einberufungs-, das Traktandierungs- und das Antragsrecht der Gesellschafter;

2bis.[684] den Tagungsort und die Verwendung elektronischer Mittel;

3. die Verhandlungsgegenstände;
4. die Anträge;
5.[685] die Universalversammlung und die Zustimmung zu einem Antrag;
6. die vorbereitenden Massnahmen;
7. das Protokoll;
8. die Vertretung der Gesellschafter;
9. die unbefugte Teilnahme.

III. Stimmrecht
1. Bemessung

Art. 806 ¹ Das Stimmrecht der Gesellschafter bemisst sich nach dem Nennwert ihrer Stammanteile. Die Gesellschafter haben je mindestens eine Stimme. Die Statuten können die Stimmzahl der Besitzer mehrerer Stammanteile beschränken.

² Die Statuten können das Stimmrecht unabhängig vom Nennwert so festsetzen, dass auf jeden Stammanteil eine Stimme entfällt. In diesem Fall müssen die Stammanteile mit dem tiefsten Nennwert mindestens einen Zehntel des Nennwerts der übrigen Stammanteile aufweisen.

³ Die Bemessung des Stimmrechts nach der Zahl der Stammanteile ist nicht anwendbar für:
1. die Wahl der Mitglieder der Revisionsstelle;
2. die Ernennung von Sachverständigen zur Prüfung der Geschäftsführung oder einzelner Teile davon;
3. die Beschlussfassung über die Anhebung einer Verantwortlichkeitsklage.

2. Ausschliessung vom Stimmrecht

Art. 806a ¹ Bei Beschlüssen über die Entlastung der Geschäftsführer haben Personen, die in irgendeiner Weise an der Geschäftsführung teilgenommen haben, kein Stimmrecht.

² Bei Beschlüssen über den Erwerb eigener Stammanteile durch die Gesellschaft hat der Gesellschafter, der die Stammanteile abtritt, kein Stimmrecht.

³ Bei Beschlüssen über die Zustimmung zu Tätigkeiten der Gesellschafter, die gegen die Treuepflicht oder das Konkurrenzverbot verstossen, hat die betroffene Person kein Stimmrecht.

---

683 Fassung gemäss Ziff. I des BG vom 19. Juni 2020 (Aktienrecht), in Kraft seit 1. Jan. 2023 (AS 2020 4005; 2022 109; BBl 2017 399).

684 Eingefügt durch Ziff. I des BG vom 19. Juni 2020 (Aktienrecht), in Kraft seit 1. Jan. 2023 (AS 2020 4005; 2022 109; BBl 2017 399).

685 Fassung gemäss Ziff. I des BG vom 19. Juni 2020 (Aktienrecht), in Kraft seit 1. Jan. 2023 (AS 2020 4005; 2022 109; BBl 2017 399).

3. Nutzniessung	**Art. 806b** Im Falle der Nutzniessung an einem Stammanteil stehen das Stimmrecht und die damit zusammenhängenden Rechte dem Nutzniesser zu. Dieser wird dem Eigentümer ersatzpflichtig, wenn er bei der Ausübung seiner Rechte nicht in billiger Weise auf dessen Interessen Rücksicht nimmt.
IV. Vetorecht	**Art. 807** [1] Die Statuten können Gesellschaftern ein Vetorecht gegen bestimmte Beschlüsse der Gesellschafterversammlung einräumen. Sie müssen die Beschlüsse umschreiben, für die das Vetorecht gilt. [2] Die nachträgliche Einführung eines Vetorechts bedarf der Zustimmung aller Gesellschafter. [3] Das Vetorecht kann nicht übertragen werden.
V. Beschlussfassung 1. Im Allgemeinen	**Art. 808** Die Gesellschafterversammlung fasst ihre Beschlüsse und vollzieht ihre Wahlen mit der absoluten Mehrheit der vertretenen Stimmen, soweit das Gesetz oder die Statuten es nicht anders bestimmen.
2. Stichentscheid	**Art. 808a** Der Vorsitzende der Gesellschafterversammlung hat den Stichentscheid. Die Statuten können eine andere Regelung vorsehen.
3. Wichtige Beschlüsse	**Art. 808b** [1] Ein Beschluss der Gesellschafterversammlung, der mindestens zwei Drittel der vertretenen Stimmen sowie die absolute Mehrheit des gesamten Stammkapitals auf sich vereinigt, mit dem ein ausübbares Stimmrecht verbunden ist, ist erforderlich für: 1. die Änderung des Gesellschaftszweckes; 2. die Einführung von stimmrechtsprivilegierten Stammanteilen; 3. die Erschwerung, den Ausschluss oder die Erleichterung der Übertragbarkeit der Stammanteile; 4. die Zustimmung zur Abtretung von Stammanteilen beziehungsweise die Anerkennung als stimmberechtigter Gesellschafter; 5. die Erhöhung des Stammkapitals; 6. die Einschränkung oder Aufhebung des Bezugsrechtes; 6bis.[686] den Wechsel der Währung für das Stammkapital; 7. die Zustimmung zu Tätigkeiten der Geschäftsführer sowie der Gesellschafter, die gegen die Treuepflicht oder das Konkurrenzverbot verstossen; 8. den Antrag an das Gericht, einen Gesellschafter aus wichtigem Grund auszuschliessen; 9. den Ausschluss eines Gesellschafters aus in den Statuten vorgesehenen Gründen;

---

[686] Eingefügt durch Ziff. I des BG vom 19. Juni 2020 (Aktienrecht), in Kraft seit 1. Jan. 2023 (AS 2020 4005; 2022 109; BBl 2017 399).

Die Gesellschaft mit beschränkter Haftung

10. die Verlegung des Sitzes der Gesellschaft;
10bis.[687] die Einführung einer statutarischen Schiedsklausel;
11. die Auflösung der Gesellschaft.

² Statutenbestimmungen, die für die Fassung bestimmter Beschlüsse grössere Mehrheiten als die vom Gesetz vorgeschriebenen festlegen, können nur mit dem vorgesehenen Mehr eingeführt, geändert oder aufgehoben werden.[688]

VI. Anfechtung von Beschlüssen der Gesellschafterversammlung

Art. 808c Für die Anfechtung der Beschlüsse der Gesellschafterversammlung sind die Vorschriften des Aktienrechts entsprechend anwendbar.

B. Geschäftsführung und Vertretung
I. Bezeichnung der Geschäftsführer und Organisation

Art. 809 ¹ Alle Gesellschafter üben die Geschäftsführung gemeinsam aus. Die Statuten können die Geschäftsführung abweichend regeln.

² Als Geschäftsführer können nur natürliche Personen eingesetzt werden. Ist an der Gesellschaft eine juristische Person oder eine Handelsgesellschaft beteiligt, so bezeichnet sie gegebenenfalls eine natürliche Person, die diese Funktion an ihrer Stelle ausübt. Die Statuten können dafür die Zustimmung der Gesellschafterversammlung verlangen.

³ Hat die Gesellschaft mehrere Geschäftsführer, so muss die Gesellschafterversammlung den Vorsitz regeln.

⁴ Hat die Gesellschaft mehrere Geschäftsführer, so entscheiden diese mit der Mehrheit der abgegebenen Stimmen. Der Vorsitzende hat den Stichentscheid. Die Statuten können eine andere Regelung der Beschlussfassung durch die Geschäftsführer vorsehen.

II. Aufgaben der Geschäftsführer

Art. 810 ¹ Die Geschäftsführer sind zuständig in allen Angelegenheiten, die nicht nach Gesetz oder Statuten der Gesellschafterversammlung zugewiesen sind.

² Unter Vorbehalt der nachfolgenden Bestimmungen haben die Geschäftsführer folgende unübertragbare und unentziehbare Aufgaben:
1. die Oberleitung der Gesellschaft und die Erteilung der nötigen Weisungen;
2. die Festlegung der Organisation im Rahmen von Gesetz und Statuten;

---

687 Eingefügt durch Ziff. I des BG vom 19. Juni 2020 (Aktienrecht), in Kraft seit 1. Jan. 2023 (AS 2020 4005; 2022 109; BBl 2017 399).
688 Fassung gemäss Ziff. I des BG vom 19. Juni 2020 (Aktienrecht), in Kraft seit 1. Jan. 2023 (AS 2020 4005; 2022 109; BBl 2017 399).

3. die Ausgestaltung des Rechnungswesens und der Finanzkontrolle sowie der Finanzplanung, sofern diese für die Führung der Gesellschaft notwendig ist;
4. die Aufsicht über die Personen, denen Teile der Geschäftsführung übertragen sind, namentlich im Hinblick auf die Befolgung der Gesetze, Statuten, Reglemente und Weisungen;
5.[689] die Erstellung des Geschäftsberichts;
6. die Vorbereitung der Gesellschafterversammlung sowie die Ausführung ihrer Beschlüsse;
7.[690] die Einreichung eines Gesuchs um Nachlassstundung und die Benachrichtigung des Gerichts im Falle der Überschuldung.

³ Wer den Vorsitz der Geschäftsführung innehat, beziehungsweise der einzige Geschäftsführer hat folgende Aufgaben:
1. die Einberufung und Leitung der Gesellschafterversammlung;
2. Bekanntmachungen gegenüber den Gesellschaftern;
3. die Sicherstellung der erforderlichen Anmeldungen beim Handelsregister.

III. Genehmigung durch die Gesellschafterversammlung

Art. 811 ¹ Die Statuten können vorsehen, dass die Geschäftsführer der Gesellschafterversammlung:
1. bestimmte Entscheide zur Genehmigung vorlegen müssen;
2. einzelne Fragen zur Genehmigung vorlegen können.

² Die Genehmigung der Gesellschafterversammlung schränkt die Haftung der Geschäftsführer nicht ein.

IV. Sorgfalts- und Treuepflicht; Konkurrenzverbot

Art. 812 ¹ Die Geschäftsführer sowie Dritte, die mit der Geschäftsführung befasst sind, müssen ihre Aufgabe mit aller Sorgfalt erfüllen und die Interessen der Gesellschaft in guten Treuen wahren.

² Sie unterstehen der gleichen Treuepflicht wie die Gesellschafter.

³ Sie dürfen keine konkurrenzierenden Tätigkeiten ausüben, es sei denn, die Statuten sehen etwas anderes vor oder alle übrigen Gesellschafter stimmen der Tätigkeit schriftlich zu. Die Statuten können vorsehen, dass stattdessen die Zustimmung durch die Gesellschafterversammlung erforderlich ist.

V. Gleichbehandlung

Art. 813 Die Geschäftsführer sowie Dritte, die mit der Geschäftsführung befasst sind, haben die Gesellschafter unter gleichen Voraussetzungen gleich zu behandeln.

---

689 Fassung gemäss Ziff. I des BG vom 19. Juni 2020 (Aktienrecht), in Kraft seit 1. Jan. 2023 (AS 2020 4005; 2022 109; BBl 2017 399).
690 Fassung gemäss Ziff. I des BG vom 19. Juni 2020 (Aktienrecht), in Kraft seit 1. Jan. 2023 (AS 2020 4005; 2022 109; BBl 2017 399).

VI. Vertretung	**Art. 814** ¹ Jeder Geschäftsführer ist zur Vertretung der Gesellschaft berechtigt.

² Die Statuten können die Vertretung abweichend regeln, jedoch muss mindestens ein Geschäftsführer zur Vertretung befugt sein. Für Einzelheiten können die Statuten auf ein Reglement verweisen.

³ Die Gesellschaft muss durch eine Person vertreten werden können, die Wohnsitz in der Schweiz hat. Diese Person muss Geschäftsführer oder Direktor sein. Sie muss Zugang zum Anteilbuch sowie zum Verzeichnis über die wirtschaftlich berechtigten Personen nach Artikel 697*l* haben.[691]

⁴ Für den Umfang und die Beschränkung der Vertretungsbefugnis sowie für Verträge zwischen der Gesellschaft und der Person, die sie vertritt, sind die Vorschriften des Aktienrechts entsprechend anwendbar.

⁵ Die zur Vertretung der Gesellschaft befugten Personen haben in der Weise zu zeichnen, dass sie der Firma der Gesellschaft ihre Unterschrift beifügen.

⁶ ...[692] |
| **VII. Abberufung von Geschäftsführern; Entziehung der Vertretungsbefugnis** | **Art. 815** ¹ Die Gesellschafterversammlung kann von ihr gewählte Geschäftsführer jederzeit abberufen.

² Jeder Gesellschafter kann dem Gericht beantragen, einem Geschäftsführer die Geschäftsführungs- und Vertretungsbefugnis zu entziehen oder zu beschränken, wenn ein wichtiger Grund vorliegt, namentlich wenn die betreffende Person ihre Pflichten grob verletzt oder die Fähigkeit zu einer guten Geschäftsführung verloren hat.

³ Die Geschäftsführer können Direktoren, Prokuristen oder Handlungsbevollmächtigte jederzeit in ihrer Funktion einstellen.

⁴ Sind diese Personen durch die Gesellschafterversammlung eingesetzt worden, so ist unverzüglich eine Gesellschafterversammlung einzuberufen.

⁵ Entschädigungsansprüche der abberufenen oder in ihren Funktionen eingestellten Personen bleiben vorbehalten. |
| **VIII. Nichtigkeit von Beschlüssen** | **Art. 816** Für die Beschlüsse der Geschäftsführer gelten sinngemäss die gleichen Nichtigkeitsgründe wie für die Beschlüsse der Generalversammlung der Aktiengesellschaft. |

---

[691] Fassung gemäss Ziff. I 2 des BG vom 12. Dez. 2014 zur Umsetzung der 2012 revidierten Empfehlungen der Groupe d'action financière, in Kraft seit 1. Juli 2015 (AS 2015 1389; BBl 2014 605).

[692] Aufgehoben durch Ziff. I des BG vom 19. Juni 2020 (Aktienrecht), mit Wirkung seit 1. Jan. 2023 (AS 2020 4005; 2022 109; BBl 2017 399).

IX. Haftung	**Art. 817** Die Gesellschaft haftet für den Schaden aus unerlaubten Handlungen, die eine zur Geschäftsführung oder zur Vertretung befugte Person in Ausübung ihrer geschäftlichen Verrichtungen begeht.
C. Revisionsstelle	**Art. 818** [1] Für die Revisionsstelle sind die Vorschriften des Aktienrechts entsprechend anwendbar. [2] Ein Gesellschafter, der einer Nachschusspflicht unterliegt, kann eine ordentliche Revision der Jahresrechnung verlangen.
D. Mängel in der Organisation der Gesellschaft	**Art. 819** Bei Mängeln in der Organisation der Gesellschaft sind die Vorschriften des Aktienrechts entsprechend anwendbar.
E. Drohende Zahlungsunfähigkeit, Kapitalverlust und Überschuldung	**Art. 820**[693] Die Bestimmungen des Aktienrechts zur drohenden Zahlungsunfähigkeit, zum Kapitalverlust, zur Überschuldung sowie zur Aufwertung von Grundstücken und Beteiligungen sind entsprechend anwendbar.

Vierter Abschnitt: Auflösung und Ausscheiden

A. Auflösung I. Gründe	**Art. 821** [1] Die Gesellschaft mit beschränkter Haftung wird aufgelöst: 1. wenn ein in den Statuten vorgesehener Auflösungsgrund eintritt; 2. wenn die Gesellschafterversammlung dies beschliesst; 3. wenn der Konkurs eröffnet wird; 4. in den übrigen vom Gesetz vorgesehenen Fällen. [2] Beschliesst die Gesellschafterversammlung die Auflösung, so bedarf der Beschluss der öffentlichen Beurkundung. [3] Jeder Gesellschafter kann beim Gericht die Auflösung der Gesellschaft aus wichtigem Grund verlangen. Das Gericht kann statt auf Auflösung auf eine andere sachgemässe und den Beteiligten zumutbare Lösung erkennen, so insbesondere auf die Abfindung des klagenden Gesellschafters zum wirklichen Wert seiner Stammanteile.
II. Folgen	**Art. 821a** [1] Für die Folgen der Auflösung sind die Vorschriften des Aktienrechts entsprechend anwendbar. [2] Die Auflösung einer Gesellschaft muss ins Handelsregister eingetragen werden. Die Auflösung durch Urteil ist vom Gericht dem Handelsregister unverzüglich zu melden. Die Auflösung aus anderen Gründen muss die Gesellschaft beim Handelsregister anmelden.

---

[693] Fassung gemäss Ziff. I des BG vom 19. Juni 2020 (Aktienrecht), in Kraft seit 1. Jan. 2023 (AS 2020 4005; 2022 109; BBl 2017 399).

B. Ausscheiden von Gesellschaftern	**Art. 822** ¹ Ein Gesellschafter kann aus wichtigem Grund beim Gericht auf Bewilligung des Austritts klagen.
I. Austritt	² Die Statuten können den Gesellschaftern ein Recht auf Austritt einräumen und dieses von bestimmten Bedingungen abhängig machen.
II. Anschlussaustritt	**Art. 822a** ¹ Reicht ein Gesellschafter eine Klage auf Austritt aus wichtigem Grund ein oder erklärt ein Gesellschafter seinen Austritt gestützt auf ein statutarisches Austrittsrecht, so müssen die Geschäftsführer unverzüglich die übrigen Gesellschafter informieren.
	² Falls andere Gesellschafter innerhalb von drei Monaten nach Zugang dieser Mitteilung auf Austritt aus wichtigem Grund klagen oder ein statutarisches Austrittsrecht ausüben, sind alle austretenden Gesellschafter im Verhältnis des Nennwerts ihrer Stammanteile gleich zu behandeln. Wurden Nachschüsse geleistet, so ist deren Betrag dem Nennwert zuzurechnen.
III. Ausschluss	**Art. 823** ¹ Liegt ein wichtiger Grund vor, so kann die Gesellschaft beim Gericht auf Ausschluss eines Gesellschafters klagen.
	² Die Statuten können vorsehen, dass die Gesellschafterversammlung Gesellschafter aus der Gesellschaft ausschliessen darf, wenn bestimmte Gründe vorliegen.
	³ Die Vorschriften über den Anschlussaustritt sind nicht anwendbar.
IV. Vorsorgliche Massnahme	**Art. 824** In einem Verfahren betreffend das Ausscheiden eines Gesellschafters kann das Gericht auf Antrag einer Partei bestimmen, dass einzelne oder alle mitgliedschaftlichen Rechte und Pflichten der betroffenen Person ruhen.
V. Abfindung **1. Anspruch und Höhe**	**Art. 825** ¹ Scheidet ein Gesellschafter aus der Gesellschaft aus, so hat er Anspruch auf eine Abfindung, die dem wirklichen Wert seiner Stammanteile entspricht.
	² Für das Ausscheiden auf Grund eines statutarischen Austrittsrechts können die Statuten die Abfindung abweichend festlegen.
2. Auszahlung	**Art. 825a** ¹ Die Abfindung wird mit dem Ausscheiden fällig, soweit die Gesellschaft:
	1. über verwendbares Eigenkapital verfügt;
	2. die Stammanteile der ausscheidenden Person veräussern kann;
	3. ihr Stammkapital unter Beachtung der entsprechenden Vorschriften herabsetzen darf.
	² Ein zugelassener Revisionsexperte muss die Höhe des verwendbaren Eigenkapitals feststellen. Reicht dieses zur Auszahlung der

Abfindung nicht aus, so muss er zudem zur Frage Stellung nehmen, wie weit das Stammkapital herabgesetzt werden könnte.

³ Für den nicht ausbezahlten Teil der Abfindung hat der ausgeschiedene Gesellschafter eine unverzinsliche nachrangige Forderung. Diese wird fällig, soweit im jährlichen Geschäftsbericht verwendbares Eigenkapital festgestellt wird.

⁴ Solange die Abfindung nicht vollständig ausbezahlt ist, kann der ausgeschiedene Gesellschafter verlangen, dass die Gesellschaft eine Revisionsstelle bezeichnet und die Jahresrechnung ordentlich revidieren lässt.

C. Liquidation

Art. 826 ¹ Jeder Gesellschafter hat Anspruch auf einen Anteil am Liquidationsergebnis, der dem Verhältnis der Nennwerte seiner Stammanteile zum Stammkapital entspricht. Wurden Nachschüsse geleistet und nicht zurückbezahlt, so ist deren Betrag den Stammanteilen der betreffenden Gesellschafter und dem Stammkapital zuzurechnen. Die Statuten können eine abweichende Regelung vorsehen.

² Für die Auflösung der Gesellschaft mit Liquidation sind die Vorschriften des Aktienrechts entsprechend anwendbar.

Fünfter Abschnitt: Verantwortlichkeit

Art. 827

Für die Verantwortlichkeit der Personen, die bei der Gründung mitwirken oder mit der Geschäftsführung, der Revision oder der Liquidation befasst sind, sind die Vorschriften des Aktienrechts entsprechend anwendbar.

Neunundzwanzigster Titel: Die Genossenschaft

Erster Abschnitt: Begriff und Errichtung

A. Genossenschaft des Obligationenrechts

Art. 828 ¹ Die Genossenschaft ist eine als Körperschaft organisierte Verbindung einer nicht geschlossenen Zahl von Personen oder Handelsgesellschaften, die in der Hauptsache die Förderung oder Sicherung wirtschaftlicher Interessen ihrer Mitglieder in gemeinsamer Selbsthilfe bezweckt oder die gemeinnützig ausgerichtet ist.[694]

---

694 Fassung gemäss Ziff. I 2 des BG vom 17. März 2017 (Handelsregisterrecht), in Kraft seit 1. Jan. 2021 (AS 2020 957; BBl 2015 3617).

² Genossenschaften mit einem zum voraus festgesetzten Grundkapital sind unzulässig.

B. Genossenschaften des öffentlichen Rechts

Art. 829 Öffentlich-rechtliche Personenverbände stehen, auch wenn sie genossenschaftlichen Zwecken dienen, unter dem öffentlichen Recht des Bundes und der Kantone.

C. Errichtung
I. Erfordernisse
1. Im Allgemeinen

Art. 830[695] Die Genossenschaft wird errichtet, indem die Gründer in öffentlicher Urkunde erklären, eine Genossenschaft zu gründen, und darin die Statuten und die Organe festlegen.

2. Zahl der Mitglieder

Art. 831 ¹ Bei der Gründung einer Genossenschaft müssen mindestens sieben Mitglieder beteiligt sein.

² Sinkt in der Folge die Zahl der Genossenschafter unter diese Mindestzahl, so sind die Vorschriften des Aktienrechts über Mängel in der Organisation der Gesellschaft entsprechend anwendbar.[696]

II. Statuten
1. Gesetzlich vorgeschriebener Inhalt

Art. 832 Die Statuten müssen Bestimmungen enthalten über:
1.[697] die Firma und den Sitz der Genossenschaft;
2. den Zweck der Genossenschaft;
3. und 4.[698] ...
5.[699] die Form der Mitteilungen der Genossenschaft an ihre Genossenschafter.

2. Weitere Bestimmungen

Art. 833 Zu ihrer Verbindlichkeit bedürfen der Aufnahme in die Statuten:
1. Vorschriften über die Schaffung eines Genossenschaftskapitals durch Genossenschaftsanteile (Anteilscheine);
2. Bestimmungen über nicht durch Einzahlung geleistete Einlagen auf das Genossenschaftskapital (Sacheinlagen), deren Gegenstand und deren Anrechnungsbetrag, sowie über die Person des einlegenden Genossenschafters;
3.[700] ...

---

695 Fassung gemäss Ziff. I des BG vom 19. Juni 2020 (Aktienrecht), in Kraft seit 1. Jan. 2023 (AS 2020 4005; 2022 109; BBl 2017 399).
696 Fassung gemäss Ziff. I 3 des BG vom 16. Dez. 2005 (GmbH-Recht sowie Anpassungen im Aktien-, Genossenschafts-, Handelsregister- und Firmenrecht), in Kraft seit 1. Jan. 2008 (AS 2007 4791; BBl 2002 3148, 2004 3969).
697 Fassung gemäss Ziff. I des BG vom 19. Juni 2020 (Aktienrecht), in Kraft seit 1. Jan. 2023 (AS 2020 4005; 2022 109; BBl 2017 399).
698 Aufgehoben durch Ziff. I des BG vom 19. Juni 2020 (Aktienrecht), mit Wirkung seit 1. Jan. 2023 (AS 2020 4005; 2022 109; BBl 2017 399).
699 Fassung gemäss Ziff. I des BG vom 19. Juni 2020 (Aktienrecht), in Kraft seit 1. Jan. 2023 (AS 2020 4005; 2022 109; BBl 2017 399).
700 Aufgehoben durch Ziff. I des BG vom 19. Juni 2020 (Aktienrecht), mit Wirkung seit 1. Jan. 2023 (AS 2020 4005; 2022 109; BBl 2017 399).

4. von den gesetzlichen Bestimmungen abweichende Vorschriften über den Eintritt in die Genossenschaft und über den Verlust der Mitgliedschaft;
5.[701] Bestimmungen über die persönliche Haftung, die Nachschusspflicht und eine Verpflichtung der Genossenschafter zu Geld- oder anderen Leistungen sowie die Art und Höhe der entsprechenden Leistungen;
6. von den gesetzlichen Bestimmungen abweichende Vorschriften über die Organisation, die Vertretung, die Abänderung der Statuten und über die Beschlussfassung der Generalversammlung;
7. Beschränkungen und Erweiterungen in der Ausübung des Stimmrechtes;
8.[702] Bestimmungen über die Berechnung und die Verwendung des Bilanzgewinns und des Liquidationsüberschusses.

III. Konstituierende Versammlung

Art. 834 [1] Die Statuten sind schriftlich abzufassen und einer von den Gründern einzuberufenden Versammlung zur Beratung und Genehmigung vorzulegen.

[2] Überdies ist ein schriftlicher Bericht der Gründer über allfällige Sacheinlagen der Versammlung bekanntzugeben und von ihr zu beraten. Die Gründer haben zu bestätigen, dass keine anderen Sacheinlagen, Verrechnungstatbestände oder besonderen Vorteile bestehen, als die in den Belegen genannten.[703]

[3] Diese Versammlung bestellt auch die notwendigen Organe.

[4] Bis zur Eintragung der Genossenschaft in das Handelsregister kann die Mitgliedschaft nur durch Unterzeichnung der Statuten begründet werden.

IV. Eintragung ins Handelsregister
1. Gesellschaft

Art. 835[704] Die Gesellschaft ist ins Handelsregister des Ortes einzutragen, an dem sie ihren Sitz hat.

2. …

Art. 836[705]

---

701 Fassung gemäss Ziff. I des BG vom 19. Juni 2020 (Aktienrecht), in Kraft seit 1. Jan. 2023 (AS 2020 4005; 2022 109; BBl 2017 399).
702 Fassung gemäss Ziff. I des BG vom 19. Juni 2020 (Aktienrecht), in Kraft seit 1. Jan. 2023 (AS 2020 4005; 2022 109; BBl 2017 399).
703 Fassung gemäss Ziff. I des BG vom 19. Juni 2020 (Aktienrecht), in Kraft seit 1. Jan. 2023 (AS 2020 4005; 2022 109; BBl 2017 399).
704 Fassung gemäss Ziff. I 3 des BG vom 16. Dez. 2005 (GmbH-Recht sowie Anpassungen im Aktien-, Genossenschafts-, Handelsregister- und Firmenrecht), in Kraft seit 1. Jan. 2008 (AS 2007 4791; BBl 2002 3148, 2004 3969).
705 Aufgehoben durch Ziff. I 2 des BG vom 17. März 2017 (Handelsregisterrecht), mit Wirkung seit 1. Jan. 2021 (AS 2020 957; BBl 2015 3617).

3. Genossenschafterverzeichnis	**Art. 837**[706] ¹ Die Genossenschaft führt ein Verzeichnis, in dem der Vor- und der Nachname oder die Firma der Genossenschafter sowie die Adresse eingetragen werden. Sie muss das Verzeichnis so führen, dass in der Schweiz jederzeit darauf zugegriffen werden kann.

² Die Belege, die einer Eintragung zugrunde liegen, müssen während zehn Jahren nach der Streichung des Genossenschafters aus dem Verzeichnis aufbewahrt werden. |
| V. Erwerb der Persönlichkeit | **Art. 838** ¹ Die Genossenschaft erlangt das Recht der Persönlichkeit erst durch die Eintragung in das Handelsregister.

² Ist vor der Eintragung im Namen der Genossenschaft gehandelt worden, so haften die Handelnden persönlich und solidarisch.

³ Wurden solche Verpflichtungen ausdrücklich im Namen der zu bildenden Genossenschaft eingegangen und innerhalb einer Frist von drei Monaten nach der Eintragung in das Handelsregister von der Genossenschaft übernommen, so werden die Handelnden befreit, und es haftet die Genossenschaft. |
| D. Statutenänderung | **Art. 838a**[707] Der Beschluss der Generalversammlung oder der Verwaltung über eine Änderung der Statuten ist öffentlich zu beurkunden und ins Handelsregister einzutragen. |

Zweiter Abschnitt: Erwerb der Mitgliedschaft

A. Grundsatz	**Art. 839** ¹ In eine Genossenschaft können jederzeit neue Mitglieder aufgenommen werden.

² Die Statuten können unter Wahrung des Grundsatzes der nicht geschlossenen Mitgliederzahl die nähern Bestimmungen über den Eintritt treffen; sie dürfen jedoch den Eintritt nicht übermässig erschweren. |
| B. Beitrittserklärung | **Art. 840** ¹ Zum Beitritt bedarf es einer schriftlichen Erklärung.

² Besteht bei einer Genossenschaft neben der Haftung des Genossenschaftsvermögens eine persönliche Haftung oder eine Nachschusspflicht der einzelnen Genossenschafter, so muss die Beitrittserklärung diese Verpflichtungen ausdrücklich enthalten. |

---

706 Fassung gemäss Ziff. I 2 des BG vom 12. Dez. 2014 zur Umsetzung der 2012 revidierten Empfehlungen der Groupe d'action financière, in Kraft seit 1. Juli 2015 (AS 2015 1389; BBl 2014 605).
707 Eingefügt durch Ziff. I des BG vom 19. Juni 2020 (Aktienrecht), in Kraft seit 1. Jan. 2023 (AS 2020 4005; 2022 109; BBl 2017 399).

³ Über die Aufnahme neuer Mitglieder entscheidet die Verwaltung, soweit nicht nach den Statuten die blosse Beitrittserklärung genügt oder ein Beschluss der Generalversammlung nötig ist.

C. Verbindung mit einem Versicherungsvertrag

Art. 841 ¹ Ist die Zugehörigkeit zur Genossenschaft mit einem Versicherungsvertrag bei dieser Genossenschaft verknüpft, so wird die Mitgliedschaft erworben mit der Annahme des Versicherungsantrages durch das zuständige Organ.

² Die von einer konzessionierten Versicherungsgenossenschaft mit den Mitgliedern abgeschlossenen Versicherungsverträge unterstehen in gleicher Weise wie die von ihr mit Dritten abgeschlossenen Versicherungsverträge den Bestimmungen des Bundesgesetzes vom 2. April 1908[708] über den Versicherungsvertrag.

Dritter Abschnitt: Verlust der Mitgliedschaft

A. Austritt
I. Freiheit des Austrittes

Art. 842 ¹ Solange die Auflösung der Genossenschaft nicht beschlossen ist, steht jedem Genossenschafter der Austritt frei.

² Die Statuten können vorschreiben, dass der Austretende zur Bezahlung einer angemessenen Auslösungssumme verpflichtet ist, wenn nach den Umständen durch den Austritt der Genossenschaft ein erheblicher Schaden erwächst oder deren Fortbestand gefährdet wird.

³ Ein dauerndes Verbot oder eine übermässige Erschwerung des Austrittes durch die Statuten oder durch Vertrag sind ungültig.

II. Beschränkung des Austrittes

Art. 843 ¹ Der Austritt kann durch die Statuten oder durch Vertrag auf höchstens fünf Jahre ausgeschlossen werden.

² Auch während dieser Frist kann aus wichtigen Gründen der Austritt erklärt werden. Die Pflicht zur Bezahlung einer angemessenen Auslösungssumme unter den für den freien Austritt vorgesehenen Voraussetzungen bleibt vorbehalten.

III. Kündigungsfrist und Zeitpunkt des Austrittes

Art. 844 ¹ Der Austritt kann nur auf Schluss des Geschäftsjahres und unter Beobachtung einer einjährigen Kündigungsfrist stattfinden.

² Den Statuten bleibt vorbehalten, eine kürzere Kündigungsfrist vorzuschreiben und den Austritt auch im Laufe des Geschäftsjahres zu gestatten.

IV. Geltendmachung im Konkurs und bei Pfändung

Art. 845 Falls die Statuten dem ausscheidenden Mitglied einen Anteil am Vermögen der Genossenschaft gewähren, kann ein dem

---

708 SR 221.229.1

	Genossenschafter zustehendes Austrittsrecht in dessen Konkurse von der Konkursverwaltung oder, wenn dieser Anteil gepfändet wird, vom Betreibungsamt geltend gemacht werden.
B. Ausschliessung	**Art. 846** ¹ Die Statuten können die Gründe bestimmen, aus denen ein Genossenschafter ausgeschlossen werden darf. ² Überdies kann er jederzeit aus wichtigen Gründen ausgeschlossen werden. ³ Über die Ausschliessung entscheidet die Generalversammlung. Die Statuten können die Verwaltung als zuständig erklären, wobei dem Ausgeschlossenen ein Rekursrecht an die Generalversammlung zusteht. Dem Ausgeschlossenen steht innerhalb drei Monaten die Anrufung des Gerichts offen. ⁴ Das ausgeschlossene Mitglied kann unter den für den freien Austritt aufgestellten Voraussetzungen zur Entrichtung einer Auslösungssumme verhalten werden.
C. Tod des Genossenschafters	**Art. 847** ¹ Die Mitgliedschaft erlischt mit dem Tode des Genossenschafters. ² Die Statuten können jedoch bestimmen, dass die Erben ohne weiteres Mitglieder der Genossenschaft sind. ³ Die Statuten können ferner bestimmen, dass die Erben oder einer unter mehreren Erben auf schriftliches Begehren an Stelle des verstorbenen Genossenschafters als Mitglied anerkannt werden müssen. ⁴ Die Erbengemeinschaft hat für die Beteiligung an der Genossenschaft einen gemeinsamen Vertreter zu bestellen.
D. Wegfall einer Beamtung oder Anstellung oder eines Vertrages	**Art. 848** Ist die Zugehörigkeit zu einer Genossenschaft mit einer Beamtung oder Anstellung verknüpft oder die Folge eines Vertragsverhältnisses, wie bei einer Versicherungsgenossenschaft, so fällt die Mitgliedschaft, sofern die Statuten es nicht anders ordnen, mit dem Aufhören der Beamtung oder Anstellung oder des Vertrages dahin.
E. Übertragung der Mitgliedschaft **I. Im Allgemeinen**	**Art. 849** ¹ Die Abtretung der Genossenschaftsanteile und, wenn über die Mitgliedschaft oder den Genossenschaftsanteil eine Urkunde ausgestellt worden ist, die Übertragung dieser Urkunde machen den Erwerber nicht ohne weiteres zum Genossenschafter. Der Erwerber wird erst durch einen dem Gesetz und den Statuten entsprechenden Aufnahmebeschluss Genossenschafter. ² Solange der Erwerber nicht als Genossenschafter aufgenommen ist, steht die Ausübung der persönlichen Mitgliedschaftsrechte dem Veräusserer zu.

³ Ist die Zugehörigkeit zu einer Genossenschaft mit einem Vertrage verknüpft, so können die Statuten bestimmen, dass die Mitgliedschaft mit der Übernahme des Vertrages ohne weiteres auf den Rechtsnachfolger übergeht.

II. Durch Übertragung von Grundstücken oder wirtschaftlichen Betrieben

Art. 850 ¹ Die Mitgliedschaft bei einer Genossenschaft kann durch die Statuten vom Eigentum an einem Grundstück oder vom wirtschaftlichen Betrieb eines solchen abhängig gemacht werden.

² Die Statuten können für solche Fälle vorschreiben, dass mit der Veräusserung des Grundstückes oder mit der Übernahme des wirtschaftlichen Betriebes die Mitgliedschaft ohne weiteres auf den Erwerber oder den Übernehmer übergeht.

³ Die Bestimmung betreffend den Übergang der Mitgliedschaft bei Veräusserung des Grundstückes bedarf zu ihrer Gültigkeit gegenüber Dritten der Vormerkung im Grundbuche.

F. Austritt des Rechtsnachfolgers

Art. 851 Bei Übertragung und Vererbung der Mitgliedschaft gelten für den Rechtsnachfolger die gleichen Austrittsbedingungen wie für das frühere Mitglied.

Vierter Abschnitt: Rechte und Pflichten der Genossenschafter

A. Ausweis der Mitgliedschaft

Art. 852 ¹ Die Statuten können vorschreiben, dass für den Ausweis der Mitgliedschaft eine Urkunde ausgestellt wird.

² Dieser Ausweis kann auch im Anteilschein enthalten sein.

B. Genossenschaftsanteile

Art. 853 ¹ Bestehen bei einer Genossenschaft Anteilscheine, so hat jeder der Genossenschaft Beitretende mindestens einen Anteilschein zu übernehmen.

² Die Statuten können bestimmen, dass bis zu einer bestimmten Höchstzahl mehrere Anteilscheine erworben werden dürfen.

³ Die Anteilscheine werden auf den Namen des Mitgliedes ausgestellt. Sie können aber nicht als Wertpapiere, sondern nur als Beweisurkunden errichtet werden.

C. Rechtsgleichheit

Art. 854 Die Genossenschafter stehen in gleichen Rechten und Pflichten, soweit sich aus dem Gesetz nicht eine Ausnahme ergibt.

D. Rechte
I. Stimmrecht

Art. 855 Die Rechte, die den Genossenschaftern in den Angelegenheiten der Genossenschaft, insbesondere in Bezug auf die Führung der genossenschaftlichen Geschäfte und die Förderung der Genossenschaft zustehen, werden durch die Teilnahme an der Generalversammlung oder in den vom Gesetz vorgesehenen Fällen durch schriftliche Stimmabgabe (Urabstimmung) ausgeübt.

II. Kontrollrecht der Genossenschafter
1. Bekanntmachung des Geschäftsberichts[709]

Art. 856 ¹ Spätestens zehn Tage vor der Generalversammlung oder der Urabstimmung, die über die Genehmigung des Lageberichts, der Konzernrechnung und der Jahresrechnung zu entscheiden hat, sind diese mit dem Revisionsbericht zur Einsicht der Genossenschafter am Sitz der Genossenschaft aufzulegen.[710]

² Sofern die Unterlagen nicht elektronisch zugänglich sind, kann jeder Genossenschafter während eines Jahres nach der Generalversammlung verlangen, dass ihm der Geschäftsbericht in der von der Generalversammlung genehmigten Form sowie der Revisionsbericht zugestellt werden.[711]

2. Auskunfterteilung

Art. 857 ¹ Die Genossenschafter können die Revisionsstelle auf zweifelhafte Ansätze aufmerksam machen und die erforderlichen Aufschlüsse verlangen.[712]

² Eine Einsichtnahme in die Geschäftsbücher und Korrespondenzen ist nur mit ausdrücklicher Ermächtigung der Generalversammlung oder durch Beschluss der Verwaltung und unter Wahrung des Geschäftsgeheimnisses gestattet.

³ Das Gericht kann verfügen, dass die Genossenschaft dem Genossenschafter über bestimmte, für die Ausübung des Kontrollrechts erhebliche Tatsachen durch beglaubigte Abschrift aus ihren Geschäftsbüchern oder von Korrespondenzen Auskunft zu erteilen hat. Durch diese Verfügung dürfen die Interessen der Genossenschaft nicht gefährdet werden.

⁴ Das Kontrollrecht der Genossenschafter kann weder durch die Statuten noch durch Beschlüsse eines Genossenschaftsorgans aufgehoben oder beschränkt werden.

---

709 Fassung gemäss Ziff. I des BG vom 19. Juni 2020 (Aktienrecht), in Kraft seit 1. Jan. 2023 (AS 2020 4005; 2022 109; BBl 2017 399).
710 Fassung gemäss Ziff. I 3 des BG vom 23. Dez. 2011 (Rechnungslegungsrecht), in Kraft seit 1. Jan. 2013 (AS 2012 6679; BBl 2008 1589).
711 Fassung gemäss Ziff. I des BG vom 19. Juni 2020 (Aktienrecht), in Kraft seit 1. Jan. 2023 (AS 2020 4005; 2022 109; BBl 2017 399).
712 Fassung gemäss Ziff. I 3 des BG vom 16. Dez. 2005 (GmbH-Recht sowie Anpassungen im Aktien-, Genossenschafts-, Handelsregister- und Firmenrecht), in Kraft seit 1. Jan. 2008 (AS 2007 4791; BBl 2002 3148, 2004 3969).

III. Allfällige Rechte auf den Jahresgewinn[714]

Art. 858[713]

1. ...

2. Verteilungsgrundsätze

Art. 859 ¹ Ein Jahresgewinn aus dem Betriebe der Genossenschaft fällt, wenn die Statuten es nicht anders bestimmen, in seinem ganzen Umfange in das Genossenschaftsvermögen.

² Ist eine Verteilung des Jahresgewinns unter die Genossenschafter vorgesehen, so erfolgt sie, soweit die Statuten es nicht anders ordnen, nach dem Masse der Benützung der genossenschaftlichen Einrichtungen durch die einzelnen Mitglieder.

³ Bestehen Anteilscheine, so darf die auf sie entfallende Quote des Jahresgewinns den landesüblichen Zinsfuss für langfristige Darlehen ohne besondere Sicherheiten nicht übersteigen.

3. Pflicht zur Bildung und Äufnung eines Reservefonds

Art. 860 ¹ Soweit der Jahresgewinn in anderer Weise als zur Äufnung des Genossenschaftsvermögens verwendet wird, ist davon jährlich ein Zwanzigstel einem Reservefonds zuzuweisen. Diese Zuweisung hat während mindestens 20 Jahren zu erfolgen; wenn Anteilscheine bestehen, hat die Zuweisung auf alle Fälle so lange zu erfolgen, bis der Reservefonds einen Fünftel des Genossenschaftskapitals ausmacht.

² Durch die Statuten kann eine weitergehende Äufnung des Reservefonds vorgeschrieben werden.

³ Soweit der Reservefonds die Hälfte des übrigen Genossenschaftsvermögens oder, wenn Anteilscheine bestehen, die Hälfte des Genossenschaftskapitals nicht übersteigt, darf er nur zur Deckung von Verlusten oder zu Massnahmen verwendet werden, die geeignet sind, in Zeiten schlechten Geschäftsganges die Erreichung des Genossenschaftszweckes sicherzustellen.

⁴ ...[715]

4. Jahresgewinn bei Kreditgenossenschaften

Art. 861 ¹ Kreditgenossenschaften können in den Statuten von den Bestimmungen der vorstehenden Artikel abweichende Vorschriften über die Verteilung des Jahresgewinns erlassen, doch sind auch sie gehalten, einen Reservefonds zu bilden und den vorstehenden Bestimmungen gemäss zu verwenden.

---

713 Aufgehoben durch Ziff. I 3 des BG vom 23. Dez. 2011 (Rechnungslegungsrecht), mit Wirkung seit 1. Jan. 2013 (AS 2012 6679; BBl 2008 1589).

714 Ausdruck gemäss Ziff. I des BG vom 19. Juni 2020 (Aktienrecht), in Kraft seit 1. Jan. 2023 (AS 2020 4005; 2022 109; BBl 2017 399). Diese Änd. wurde in den in der AS genannten Bestimmungen vorgenommen.

715 Aufgehoben durch Anhang Ziff. II 1 des Versicherungsaufsichtsgesetzes vom 17. Dez. 2004, mit Wirkung seit 1. Jan. 2006 (AS 2005 5269; BBl 2003 3789).

² Dem Reservefonds ist alljährlich mindestens ein Zehntel des Jahresgewinns zuzuweisen, bis der Fonds die Höhe von einem Zehntel des Genossenschaftskapitals erreicht hat.

³ Wird auf die Genossenschaftsanteile eine Quote des Jahresgewinns verteilt, die den landesüblichen Zinsfuss für langfristige Darlehen ohne besondere Sicherheiten übersteigt, so ist von dem diesen Zinsfuss übersteigenden Betrag ein Zehntel ebenfalls dem Reservefonds zuzuweisen.

5. Fonds zu Wohlfahrtszwecken

Art. 862 ¹ Die Statuten können insbesondere auch Fonds zur Gründung und Unterstützung von Wohlfahrtseinrichtungen für Angestellte und Arbeiter des Unternehmens sowie für Genossenschafter vorsehen.

2–4 ...[716]

6. Weitere Reserveanlagen

Art. 863 ¹ Die dem Gesetz und den Statuten entsprechenden Einlagen in Reserve- und andere Fonds sind in erster Linie von dem zur Verteilung gelangenden Jahresgewinn in Abzug zu bringen.

² Soweit die Rücksicht auf das dauernde Gedeihen des Unternehmens es als angezeigt erscheinen lässt, kann die Generalversammlung auch solche Reserveanlagen beschliessen, die im Gesetz oder in den Statuten nicht vorgesehen sind oder über deren Anforderungen hinausgehen.

³ In gleicher Weise können zum Zwecke der Gründung und Unterstützung von Wohlfahrtseinrichtungen für Angestellte, Arbeiter und Genossenschafter sowie zu andern Wohlfahrtszwecken Beiträge aus dem Jahresgewinn auch dann ausgeschieden werden, wenn sie in den Statuten nicht vorgesehen sind; solche Beiträge stehen unter den Bestimmungen über die statutarischen Wohlfahrtsfonds.

IV. Abfindungsanspruch
1. Nach Massgabe der Statuten

Art. 864 ¹ Die Statuten bestimmen, ob und welche Ansprüche an das Genossenschaftsvermögen den ausscheidenden Genossenschaftern oder deren Erben zustehen. Diese Ansprüche sind auf Grund des bilanzmässigen Reinvermögens im Zeitpunkt des Ausscheidens mit Ausschluss der Reserven zu berechnen.

² Die Statuten können dem Ausscheidenden oder seinen Erben ein Recht auf gänzliche oder teilweise Rückzahlung der Anteilscheine mit Ausschluss des Eintrittsgeldes zuerkennen. Sie können die Hinausschiebung der Rückzahlung bis auf die Dauer von drei Jahren nach dem Ausscheiden vorsehen.

---

716 Aufgehoben durch Ziff. I Buchst. *b* des BG vom 21. März 1958, mit Wirkung seit 1. Juli 1958 (AS 1958 379; BBl 1956 II 825).

³ Die Genossenschaft bleibt indessen auch ohne statutarische Bestimmung hierüber berechtigt, die Rückzahlung bis auf drei Jahre hinauszuschieben, sofern ihr durch diese Zahlung ein erheblicher Schaden erwachsen oder ihr Fortbestand gefährdet würde. Ein allfälliger Anspruch der Genossenschaft auf Bezahlung einer angemessenen Auslösungssumme wird durch diese Bestimmung nicht berührt.

⁴ Die Ansprüche des Ausscheidenden oder seiner Erben verjähren in drei Jahren vom Zeitpunkt an gerechnet, auf den die Auszahlung verlangt werden kann.

2. Nach Gesetz

Art. 865 ¹ Enthalten die Statuten keine Bestimmung über einen Abfindungsanspruch, so können die ausscheidenden Genossenschafter oder ihre Erben keine Abfindung beanspruchen.

² Wird die Genossenschaft innerhalb eines Jahres nach dem Ausscheiden oder nach dem Tode eines Genossenschafters aufgelöst und wird das Vermögen verteilt, so steht dem Ausgeschiedenen oder seinen Erben der gleiche Anspruch zu wie den bei der Auflösung vorhandenen Genossenschaftern.

E. Pflichten
I. Treuepflicht

Art. 866 Die Genossenschafter sind verpflichtet, die Interessen der Genossenschaft in guten Treuen zu wahren.

II. Pflicht zu Beiträgen und Leistungen

Art. 867 ¹ Die Statuten regeln die Beitrags- und Leistungspflicht.

² Sind die Genossenschafter zur Einzahlung von Genossenschaftsanteilen oder zu andern Beitragsleistungen verpflichtet, so hat die Genossenschaft diese Leistungen unter Ansetzung einer angemessenen Frist und mit eingeschriebenem Brief einzufordern.

³ Wird auf die erste Aufforderung nicht bezahlt und kommt der Genossenschafter auch einer zweiten Zahlungsaufforderung innert Monatsfrist nicht nach, so kann er, sofern ihm dies mit eingeschriebenem Brief angedroht worden ist, seiner Genossenschaftsrechte verlustig erklärt werden.

⁴ Sofern die Statuten es nicht anders ordnen, wird der Genossenschafter durch die Verlustigerklärung nicht von fälligen oder durch die Ausschliessung fällig werdenden Verpflichtungen befreit.

III. Haftung
1. Der Genossenschaft

Art. 868 Für die Verbindlichkeiten der Genossenschaft haftet das Genossenschaftsvermögen. Es haftet ausschliesslich, sofern die Statuten nichts anderes bestimmen.

2. Der Genossenschafter
a. Unbeschränkte Haftung

Art. 869 ¹ Die Statuten können, ausgenommen bei konzessionierten Versicherungsgenossenschaften, die Bestimmung aufstellen, dass nach dem Genossenschaftsvermögen die Genossenschafter persönlich unbeschränkt haften.

² In diesem Falle haften, soweit die Gläubiger im Genossenschaftskonkurse zu Verlust kommen, die Genossenschafter für alle Verbindlichkeiten der Genossenschaft solidarisch mit ihrem ganzen Vermögen. Diese Haftung wird bis zur Beendigung des Konkurses durch die Konkursverwaltung geltend gemacht.

b. Beschränkte Haftung

Art. 870 ¹ Die Statuten können, ausgenommen bei konzessionierten Versicherungsgenossenschaften, die Bestimmung aufstellen, dass die Genossenschafter über die Mitgliederbeiträge und Genossenschaftsanteile hinaus für die Verbindlichkeiten der Genossenschaft nach dem Genossenschaftsvermögen persönlich, jedoch nur bis zu einem bestimmten Betrage haften.

² Wenn Genossenschaftsanteile bestehen, ist der Haftungsbetrag für die einzelnen Genossenschafter nach dem Betrag ihrer Genossenschaftsanteile zu bestimmen.

³ Die Haftung wird bis zur Beendigung des Konkurses durch die Konkursverwaltung geltend gemacht.

c. Nachschusspflicht

Art. 871 ¹ Die Statuten können die Genossenschafter an Stelle oder neben der Haftung zur Leistung von Nachschüssen verpflichten, die jedoch nur zur Deckung von Bilanzverlusten dienen dürfen.

² Die Nachschusspflicht kann unbeschränkt sein, sie kann aber auch auf bestimmte Beträge oder im Verhältnis zu den Mitgliederbeiträgen oder den Genossenschaftsanteilen beschränkt werden.

³ Enthalten die Statuten keine Bestimmungen über die Verteilung der Nachschüsse auf die einzelnen Genossenschafter, so richtet sich diese nach dem Betrag der Genossenschaftsanteile oder, wenn solche nicht bestehen, nach Köpfen.

⁴ Die Nachschüsse können jederzeit eingefordert werden. Im Konkurse der Genossenschaft steht die Einforderung der Nachschüsse der Konkursverwaltung zu.

⁵ Im Übrigen sind die Vorschriften über die Einforderung der Leistungen und über die Verlustigerklärung anwendbar.

d. Unzulässige Beschränkungen

Art. 872 Bestimmungen der Statuten, welche die Haftung auf bestimmte Zeit oder auf besondere Verbindlichkeiten oder auf einzelne Gruppen von Mitgliedern beschränken, sind ungültig.

e. Verfahren im Konkurs

Art. 873 ¹ Im Konkurs einer Genossenschaft mit persönlicher Haftung oder mit Nachschusspflicht der Genossenschafter hat die

Konkursverwaltung gleichzeitig mit der Aufstellung des Kollokationsplanes die auf die einzelnen Genossenschafter entfallenden vorläufigen Haftungsanteile oder Nachschussbeträge festzustellen und einzufordern.

² Uneinbringliche Beträge sind auf die übrigen Genossenschafter im gleichen Verhältnis zu verteilen, Überschüsse nach endgültiger Feststellung der Verteilungsliste zurückzuerstatten. Der Rückgriff der Genossenschafter unter sich bleibt vorbehalten.

³ Die vorläufige Feststellung der Verpflichtungen der Genossenschafter und die Verteilungsliste können nach den Vorschriften des Schuldbetreibungs- und Konkursgesetzes vom 11. April 1889[717] durch Beschwerde angefochten werden.

⁴ Das Verfahren wird durch eine Verordnung des Bundesrates geregelt.[718]

f. Änderung der Haftungsbestimmungen

Art. 874 ¹ Änderungen an den Haftungs- oder Nachschussverpflichtungen der Genossenschafter sowie die Herabsetzung oder Aufhebung der Anteilscheine können nur auf dem Wege der Statutenrevision vorgenommen werden.

² Auf die Herabsetzung oder Aufhebung der Anteilscheine finden überdies die Bestimmungen über die Kapitalherabsetzung bei der Aktiengesellschaft Anwendung.[719]

³ Von einer Verminderung der Haftung oder der Nachschusspflicht werden die vor der Veröffentlichung der Statutenrevision entstandenen Verbindlichkeiten nicht betroffen.

⁴ Die Neubegründung oder Vermehrung der Haftung oder der Nachschusspflicht wirkt mit der Eintragung des Beschlusses zugunsten aller Gläubiger der Genossenschaft.

g. Haftung neu eintretender Genossenschafter

Art. 875 ¹ Wer in eine Genossenschaft mit persönlicher Haftung oder mit Nachschusspflicht der Genossenschafter eintritt, haftet gleich den andern Genossenschaftern auch für die vor seinem Eintritt entstandenen Verbindlichkeiten.

² Eine entgegenstehende Bestimmung der Statuten oder Verabredung unter den Genossenschaftern hat Dritten gegenüber keine Wirkung.

h. Haftung nach Ausscheiden oder nach Auflösung

Art. 876 ¹ Wenn ein unbeschränkt oder beschränkt haftender Genossenschafter durch Tod oder in anderer Weise ausscheidet, dauert

---

717 SR 281.1
718 Fassung gemäss Ziff. II 10 des BG vom 20. März 2008 zur formellen Bereinigung des Bundesrechts, in Kraft seit 1. Aug. 2008 (AS 2008 3437; BBl 2007 6121).
719 Fassung gemäss Ziff. I des BG vom 19. Juni 2020 (Aktienrecht), in Kraft seit 1. Jan. 2023 (AS 2020 4005; 2022 109; BBl 2017 399).

die Haftung für die vor seinem Ausscheiden entstandenen Verbindlichkeiten fort, sofern die Genossenschaft innerhalb eines Jahres oder einer statutarisch festgesetzten längern Frist seit der Eintragung des Ausscheidens in das Handelsregister in Konkurs gerät.

² Unter den gleichen Voraussetzungen und für die gleichen Fristen besteht auch die Nachschusspflicht fort.

³ Wird eine Genossenschaft aufgelöst, so bleiben die Mitglieder in gleicher Weise haftbar oder zu Nachschüssen verpflichtet, falls innerhalb eines Jahres oder einer statutarisch festgesetzten längere Frist seit der Eintragung der Auflösung in das Handelsregister der Konkurs über die Genossenschaft eröffnet wird.

i. Anmeldung von Ein- und Austritt im Handelsregister

Art. 877 ¹ Sind die Genossenschafter für die Genossenschaftsschulden unbeschränkt oder beschränkt haftbar oder sind sie zu Nachschüssen verpflichtet, so hat die Verwaltung jeden Eintritt oder Austritt eines Genossenschafters innerhalb drei Monaten beim Handelsregisteramt anzumelden.

² Überdies steht jedem austretenden oder ausgeschlossenen Mitgliede sowie den Erben eines Mitgliedes die Befugnis zu, die Eintragung des Austrittes, des Ausschlusses oder des Todesfalles von sich aus vornehmen zu lassen. Das Handelsregisteramt hat der Verwaltung der Genossenschaft von einer solchen Anmeldung sofort Kenntnis zu geben.

³ Die konzessionierten Versicherungsgenossenschaften sind von der Pflicht zur Anmeldung ihrer Mitglieder beim Handelsregisteramt befreit.

k. Verjährung der Haftung

Art. 878 ¹ Die Ansprüche der Gläubiger aus der persönlichen Haftung der einzelnen Genossenschafter können noch während der Dauer eines Jahres vom Schlusse des Konkursverfahrens an von jedem Gläubiger geltend gemacht werden, sofern sie nicht nach gesetzlicher Vorschrift schon vorher erloschen sind.

² Der Rückgriff der Genossenschafter unter sich verjährt mit Ablauf von drei Jahren vom Zeitpunkt der Zahlung an, für die er geltend gemacht wird.[720]

---

[720] Fassung gemäss Ziff. I des BG vom 15. Juni 2018 (Revision des Verjährungsrechts), in Kraft seit 1. Jan. 2020 (AS 2018 5343; BBl 2014 235).

Fünfter Abschnitt: Organisation der Genossenschaft

A. Generalversammlung
I. Befugnisse

Art. 879 ¹ Oberstes Organ der Genossenschaft ist die Generalversammlung der Genossenschafter.

² Ihr stehen folgende unübertragbare Befugnisse zu:
1. die Festsetzung und Änderung der Statuten;
2.⁷²¹ Wahl der Verwaltung und der Revisionsstelle;
2bis.⁷²² die Genehmigung der Jahresrechnung sowie gegebenenfalls die Beschlussfassung über die Verwendung des Bilanzgewinns;
3.⁷²³ die Genehmigung des Lageberichts und der Konzernrechnung;
3bis.⁷²⁴ die Beschlussfassung über die Rückzahlung von Kapitalreserven;
4. die Entlastung der Verwaltung;
5. die Beschlussfassung über die Gegenstände, die der Generalversammlung durch das Gesetz oder die Statuten vorbehalten sind.

II. Urabstimmung

Art. 880 Bei Genossenschaften, die mehr als 300 Mitglieder zählen oder bei denen die Mehrheit der Mitglieder aus Genossenschaften besteht, können die Statuten bestimmen, dass die Befugnisse der Generalversammlung ganz oder zum Teil durch schriftliche Stimmabgabe (Urabstimmung) der Genossenschafter ausgeübt werden.

III. Einberufung
1. Recht und Pflicht

Art. 881 ¹ Die Generalversammlung wird durch die Verwaltung oder ein anderes nach den Statuten dazu befugtes Organ, nötigenfalls durch die Revisionsstelle einberufen.⁷²⁵ Das Einberufungsrecht steht auch den Liquidatoren und den Vertretern der Anleihensgläubiger zu.

² Die Generalversammlung muss einberufen werden, wenn wenigstens der zehnte Teil der Genossenschafter oder, bei Genossenschaften von weniger als 30 Mitgliedern, mindestens drei Genossenschafter die Einberufung verlangen.

³ Entspricht die Verwaltung diesem Begehren nicht binnen angemessener Frist, so hat das Gericht auf Antrag der Gesuchsteller die Einberufung anzuordnen.

---

721 Fassung gemäss Ziff. I 3 des BG vom 16. Dez. 2005 (GmbH-Recht sowie Anpassungen im Aktien-, Genossenschafts-, Handelsregister- und Firmenrecht), in Kraft seit 1. Jan. 2008 (AS 2007 4791; BBl 2002 3148, 2004 3969).
722 Eingefügt durch Ziff. I des BG vom 19. Juni 2020 (Aktienrecht), in Kraft seit 1. Jan. 2023 (AS 2020 4005; 2022 109; BBl 2017 399).
723 Fassung gemäss Ziff. I 3 des BG vom 23. Dez. 2011 (Rechnungslegungsrecht), in Kraft seit 1. Jan. 2013 (AS 2012 6679; BBl 2008 1589).
724 Eingefügt durch Ziff. I des BG vom 19. Juni 2020 (Aktienrecht), in Kraft seit 1. Jan. 2023 (AS 2020 4005; 2022 109; BBl 2017 399).
725 Fassung erster Satz gemäss Ziff. I 3 des BG vom 16. Dez. 2005 (GmbH-Recht sowie Anpassungen im Aktien-, Genossenschafts-, Handelsregister- und Firmenrecht), in Kraft seit 1. Jan. 2008 (AS 2007 4791; BBl 2002 3148, 2004 3969).

2. Form	**Art. 882** ¹ Die Generalversammlung ist in der durch die Statuten vorgesehenen Form, jedoch mindestens fünf Tage vor dem Versammlungstag einzuberufen. ² Bei Genossenschaften von über 30 Mitgliedern ist die Einberufung wirksam, sobald sie durch öffentliche Auskündigung erfolgt.
3. Verhandlungsgegenstände	**Art. 883** ¹ Bei der Einberufung sind die Verhandlungsgegenstände, bei Abänderung der Statuten der wesentliche Inhalt der vorgeschlagenen Änderungen bekanntzugeben. ² Über Gegenstände, die nicht in dieser Weise angekündigt worden sind, können Beschlüsse nicht gefasst werden, ausser über einen Antrag auf Einberufung einer weitern Generalversammlung. ³ Zur Stellung von Anträgen und zu Verhandlungen ohne Beschlussfassung bedarf es der vorgängigen Ankündigung nicht.
4. Universalversammlung	**Art. 884** Wenn und solange alle Genossenschafter in einer Versammlung anwesend sind, können sie, falls kein Widerspruch erhoben wird, Beschlüsse fassen, auch wenn die Vorschriften über die Einberufung nicht eingehalten wurden.
IV. Stimmrecht	**Art. 885** Jeder Genossenschafter hat in der Generalversammlung oder in der Urabstimmung eine Stimme.
V. Vertretung	**Art. 886** ¹ Bei der Ausübung seines Stimmrechts in der Generalversammlung kann sich ein Genossenschafter durch einen andern Genossenschafter vertreten lassen, doch kann kein Bevollmächtigter mehr als einen Genossenschafter vertreten. ² Bei Genossenschaften mit über 1000 Mitgliedern können die Statuten vorsehen, dass jeder Genossenschafter mehr als einen, höchstens aber neun andere Genossenschafter vertreten darf. ³ Den Statuten bleibt vorbehalten, die Vertretung durch einen handlungsfähigen Familienangehörigen zulässig zu erklären.
VI. Ausschliessung vom Stimmrecht	**Art. 887** ¹ Bei Beschlüssen über die Entlastung der Verwaltung haben Personen, die in irgendeiner Weise an der Geschäftsführung teilgenommen haben, kein Stimmrecht. ² ...[726]
VII. Beschlussfassung 1. Im Allgemeinen	**Art. 888** ¹ Die Generalversammlung fasst ihre Beschlüsse und vollzieht ihre Wahlen, soweit das Gesetz oder die Statuten es nicht an-

---

[726] Aufgehoben durch Ziff. I 3 des BG vom 16. Dez. 2005 (GmbH-Recht sowie Anpassungen im Aktien-, Genossenschafts-, Handelsregister- und Firmenrecht), mit Wirkung seit 1. Jan. 2008 (AS 2007 4791; BBl 2002 3148, 2004 3969).

ders bestimmen, mit absoluter Mehrheit der abgegebenen Stimmen. Dasselbe gilt für Beschlüsse und Wahlen, die auf dem Wege der Urabstimmung vorgenommen werden.

² Für die Auflösung der Genossenschaft sowie für die Abänderung der Statuten bedarf es einer Mehrheit von zwei Dritteln der abgegebenen Stimmen. Die Statuten können die Bedingungen für diese Beschlüsse noch erschweren.[727]

2. Bei Erhöhung der Leistungen der Genossenschafter

Art. 889 ¹ Beschlüsse über die Einführung oder die Vermehrung der persönlichen Haftung oder der Nachschusspflicht der Genossenschafter bedürfen der Zustimmung von drei Vierteilen sämtlicher Genossenschafter.

² Solche Beschlüsse sind für Genossenschafter, die nicht zugestimmt haben, nicht verbindlich, wenn sie binnen drei Monaten seit der Veröffentlichung des Beschlusses den Austritt erklären. Dieser Austritt ist wirksam auf den Zeitpunkt des Inkrafttretens des Beschlusses.

³ Der Austritt darf in diesem Falle nicht von der Leistung einer Auslösungssumme abhängig gemacht werden.

VIII. Abberufung der Verwaltung und der Revisionsstelle[728]

Art. 890 ¹ Die Generalversammlung ist berechtigt, die Mitglieder der Verwaltung und der Revisionsstelle sowie andere von ihr gewählte Bevollmächtigte und Beauftragte abzuberufen.[729]

² Auf den Antrag von wenigstens einem Zehntel der Genossenschafter kann das Gericht die Abberufung verfügen, wenn wichtige Gründe vorliegen, insbesondere wenn die Abberufenen die ihnen obliegenden Pflichten vernachlässigt haben oder zu erfüllen ausserstande waren. Es hat in einem solchen Falle, soweit notwendig, eine Neuwahl durch die zuständigen Genossenschaftsorgane zu verfügen und für die Zwischenzeit die geeigneten Anordnungen zu treffen.

³ Entschädigungsansprüche der Abberufenen bleiben vorbehalten.

IX. Anfechtung der Generalversammlungsbeschlüsse

Art. 891 ¹ Die Verwaltung und jeder Genossenschafter können von der Generalversammlung oder in der Urabstimmung gefasste Beschlüsse, die gegen das Gesetz oder die Statuten verstossen, beim Gericht mit Klage gegen die Genossenschaft anfechten. Ist die Ver-

---

727 Fassung gemäss Anhang Ziff. 2 des Fusionsgesetzes vom 3. Okt. 2003, in Kraft seit 1. Juli 2004 (AS 2004 2617; BBl 2000 4337).
728 Fassung gemäss Ziff. I 3 des BG vom 16. Dez. 2005 (GmbH-Recht sowie Anpassungen im Aktien-, Genossenschafts-, Handelsregister- und Firmenrecht), in Kraft seit 1. Jan. 2008 (AS 2007 4791; BBl 2002 3148, 2004 3969).
729 Fassung gemäss Ziff. I 3 des BG vom 16. Dez. 2005 (GmbH-Recht sowie Anpassungen im Aktien-, Genossenschafts-, Handelsregister- und Firmenrecht), in Kraft seit 1. Jan. 2008 (AS 2007 4791; BBl 2002 3148, 2004 3969).

waltung Klägerin, so bestimmt das Gericht einen Vertreter für die Genossenschaft.

² Das Anfechtungsrecht erlischt, wenn die Klage nicht spätestens zwei Monate nach der Beschlussfassung angehoben wird.

³ Das Urteil, das einen Beschluss aufhebt, wirkt für und gegen alle Genossenschafter.

X. Delegiertenversammlung

Art. 892 ¹ Genossenschaften, die mehr als 300 Mitglieder zählen oder bei denen die Mehrheit der Mitglieder aus Genossenschaften besteht, können durch die Statuten die Befugnisse der Generalversammlung ganz oder zum Teil einer Delegiertenversammlung übertragen.

² Zusammensetzung, Wahlart und Einberufung der Delegiertenversammlung werden durch die Statuten geregelt.

³ Jeder Delegierte hat in der Delegiertenversammlung eine Stimme, sofern die Statuten das Stimmrecht nicht anders ordnen.

⁴ Im Übrigen gelten für die Delegiertenversammlung die gesetzlichen Vorschriften über die Generalversammlung.

XI. Ausnahmebestimmungen für Versicherungsgenossenschaften

Art. 893 ¹ Die konzessionierten Versicherungsgenossenschaften mit über 1000 Mitgliedern können durch die Statuten die Befugnisse der Generalversammlung ganz oder zum Teil der Verwaltung übertragen.

² Unübertragbar sind die Befugnisse der Generalversammlung zur Einführung oder Vermehrung der Nachschusspflicht, zur Auflösung, zur Fusion, zur Spaltung und zur Umwandlung der Rechtsform der Genossenschaft.[730]

XII. Tagungsort und Verwendung elektronischer Mittel

Art. 893a[731] Die Vorschriften des Aktienrechts über den Tagungsort und die Verwendung elektronischer Mittel bei der Vorbereitung und Durchführung der Generalversammlung sind sinngemäss anwendbar.

B. Verwaltung
I. Wählbarkeit
1. Mitgliedschaft

Art. 894 ¹ Die Verwaltung der Genossenschaft besteht aus mindestens drei Personen; die Mehrheit muss aus Genossenschaftern bestehen.

² Ist an der Genossenschaft eine juristische Person oder eine Handelsgesellschaft beteiligt, so ist sie als solche nicht als Mitglied der Verwaltung wählbar; dagegen können an ihrer Stelle ihre Vertreter gewählt werden.

---

[730] Fassung gemäss Anhang Ziff. 2 des Fusionsgesetzes vom 3. Okt. 2003, in Kraft seit 1. Juli 2004 (AS 2004 2617; BBl 2000 4337).
[731] Eingefügt durch Ziff. I des BG vom 19. Juni 2020 (Aktienrecht), in Kraft seit 1. Jan. 2023 (AS 2020 4005; 2022 109; BBl 2017 399).

2. ... **Art. 895**[732]

II. Amtsdauer **Art. 896** ¹ Die Mitglieder der Verwaltung werden auf höchstens vier Jahre gewählt, sind aber, wenn die Statuten nicht etwas anderes bestimmen, wieder wählbar.

² Bei den konzessionierten Versicherungsgenossenschaften finden für die Amtsdauer der Verwaltung die für die Aktiengesellschaft geltenden Vorschriften Anwendung.

III. Verwaltungsausschuss **Art. 897** Die Statuten können einen Teil der Pflichten und Befugnisse der Verwaltung einem oder mehreren von dieser gewählten Verwaltungsausschüssen übertragen.

IV. Geschäftsführung und Vertretung
1. Im Allgemeinen **Art. 898**[733] ¹ Die Statuten können die Generalversammlung oder die Verwaltung ermächtigen, die Geschäftsführung oder einzelne Zweige derselben und die Vertretung an eine oder mehrere Personen, Geschäftsführer oder Direktoren zu übertragen, die nicht Mitglieder der Genossenschaft zu sein brauchen.

² Die Genossenschaft muss durch eine Person vertreten werden können, die Wohnsitz in der Schweiz hat. Diese Person muss Mitglied der Verwaltung, Geschäftsführer oder Direktor sein. Diese Person muss Zugang zum Verzeichnis nach Artikel 837 haben.[734]

2. Umfang und Beschränkung **Art. 899** ¹ Die zur Vertretung befugten Personen sind ermächtigt, im Namen der Genossenschaft alle Rechtshandlungen vorzunehmen, die der Zweck der Genossenschaft mit sich bringen kann.

² Eine Beschränkung dieser Vertretungsbefugnis hat gegenüber gutgläubigen Dritten keine Wirkung, unter Vorbehalt der im Handelsregister eingetragenen Bestimmungen über die ausschliessliche Vertretung der Hauptniederlassung oder einer Zweigniederlassung oder über die gemeinsame Führung der Firma.

³ Die Genossenschaft haftet für den Schaden aus unerlaubten Handlungen, die eine zur Geschäftsführung oder zur Vertretung befugte Person in Ausübung ihrer geschäftlichen Verrichtungen begeht.

---

[732] Aufgehoben durch Ziff. I 3 des BG vom 16. Dez. 2005 (GmbH-Recht sowie Anpassungen im Aktien-, Genossenschafts-, Handelsregister- und Firmenrecht), mit Wirkung seit 1. Jan. 2008 (AS 2007 4791; BBl 2002 3148, 2004 3969).

[733] Fassung gemäss Ziff. I 3 des BG vom 16. Dez. 2005 (GmbH-Recht sowie Anpassungen im Aktien-, Genossenschafts-, Handelsregister- und Firmenrecht), in Kraft seit 1. Jan. 2008 (AS 2007 4791; BBl 2002 3148, 2004 3969).

[734] Fassung gemäss Ziff. I 2 des BG vom 12. Dez. 2014 zur Umsetzung der 2012 revidierten Empfehlungen der Groupe d'action financière, in Kraft seit 1. Juli 2015 (AS 2015 1389; BBl 2014 605).

Die Genossenschaft

3. Verträge zwischen der Genossenschaft und ihrem Vertreter

Art. 899a[735] Wird die Genossenschaft beim Abschluss eines Vertrages durch diejenige Person vertreten, mit der sie den Vertrag abschliesst, so muss der Vertrag schriftlich abgefasst werden. Dieses Erfordernis gilt nicht für Verträge des laufenden Geschäfts, bei denen die Leistung der Gesellschaft den Wert von 1000 Franken nicht übersteigt.

4. Zeichnung[736]

Art. 900 Die zur Vertretung der Genossenschaft befugten Personen haben in der Weise zu zeichnen, dass sie der Firma der Genossenschaft ihre Unterschrift beifügen.

5. ...

Art. 901[737]

V. Pflichten
1. Im Allgemeinen

Art. 902 ¹ Die Verwaltung hat die Geschäfte der Genossenschaft mit aller Sorgfalt zu leiten und die genossenschaftliche Aufgabe mit besten Kräften zu fördern.

² Sie ist insbesondere verpflichtet:
1. die Geschäfte der Generalversammlung vorzubereiten und deren Beschlüsse auszuführen;
2. die mit der Geschäftsführung und Vertretung Beauftragten im Hinblick auf die Beobachtung der Gesetze, der Statuten und allfälliger Reglemente zu überwachen und sich über den Geschäftsgang regelmässig unterrichten zu lassen.

³ Die Verwaltung ist dafür verantwortlich, dass:
1. ihre Protokolle und diejenigen der Generalversammlung, die notwendigen Geschäftsbücher sowie das Genossenschafterverzeichnis geführt werden;
2. der Geschäftsbericht nach den gesetzlichen Vorschriften aufgestellt und der Revisionsstelle zur Prüfung unterbreitet wird; und
3. die Anzeigen an das Handelsregisteramt über Eintritt und Austritt der Genossenschafter gemacht werden.[738]

2. Rückerstattung von Leistungen

Art. 902a[739] Auf die Rückerstattung von Leistungen sind die Vorschriften des Aktienrechts entsprechend anwendbar.

---

735 Eingefügt durch Ziff. I 3 des BG vom 16. Dez. 2005 (GmbH-Recht sowie Anpassungen im Aktien-, Genossenschafts-, Handelsregister- und Firmenrecht), in Kraft seit 1. Jan. 2008 (AS 2007 4791; BBl 2002 3148, 2004 3969).
736 Fassung gemäss Ziff. I 3 des BG vom 16. Dez. 2005 (GmbH-Recht sowie Anpassungen im Aktien-, Genossenschafts-, Handelsregister- und Firmenrecht), in Kraft seit 1. Jan. 2008 (AS 2007 4791; BBl 2002 3148, 2004 3969).
737 Aufgehoben durch Ziff. I des BG vom 19. Juni 2020 (Aktienrecht), mit Wirkung seit 1. Jan. 2023 (AS 2020 4005; 2022 109; BBl 2017 399).
738 Fassung gemäss Ziff. I des BG vom 19. Juni 2020 (Aktienrecht), in Kraft seit 1. Jan. 2023 (AS 2020 4005; 2022 109; BBl 2017 399).
739 Eingefügt durch Ziff. I des BG vom 19. Juni 2020 (Aktienrecht), in Kraft seit 1. Jan. 2023 (AS 2020 4005; 2022 109; BBl 2017 399).

3. Drohende Zahlungsunfähigkeit, Kapitalverlust und Überschuldung

Art. 903[740] ¹ Die Bestimmungen des Aktienrechts zur drohenden Zahlungsunfähigkeit, zur Überschuldung sowie zur Aufwertung von Grundstücken und Beteiligungen sind entsprechend anwendbar.

² Bei Genossenschaften mit Anteilscheinen sind überdies die Bestimmungen des Aktienrechts über den Kapitalverlust entsprechend anwendbar.

VI. Rückerstattung entrichteter Zahlungen

Art. 904 ¹ Im Konkurse der Genossenschaft sind die Mitglieder der Verwaltung den Genossenschaftsgläubigern gegenüber zur Rückerstattung aller in den letzten drei Jahren vor Konkursausbruch als Gewinnanteile oder unter anderer Bezeichnung gemachten Bezüge verpflichtet, soweit diese ein angemessenes Entgelt für Gegenleistungen übersteigen und bei vorsichtiger Bilanzierung nicht hätten ausgerichtet werden sollen.

² Die Rückerstattung ist ausgeschlossen, soweit sie nach den Bestimmungen über die ungerechtfertigte Bereicherung nicht gefordert werden kann.

³ Das Gericht entscheidet unter Würdigung aller Umstände nach freiem Ermessen.

VII. Einstellung und Abberufung

Art. 905 ¹ Die Verwaltung kann die von ihr bestellten Ausschüsse, Geschäftsführer, Direktoren und andern Bevollmächtigten und Beauftragten jederzeit abberufen.

² Die von der Generalversammlung bestellten Bevollmächtigten und Beauftragten können von der Verwaltung jederzeit in ihren Funktionen eingestellt werden unter sofortiger Einberufung einer Generalversammlung.

³ Entschädigungsansprüche der Abberufenen oder in ihren Funktionen Eingestellten bleiben vorbehalten.

C. Revisionsstelle
I. Im Allgemeinen

Art. 906[741] ¹ Für die Revisionsstelle sind die Vorschriften des Aktienrechts entsprechend anwendbar.

² Eine ordentliche Revision der Jahresrechnung durch eine Revisionsstelle können verlangen:
1. 10 Prozent der Genossenschafter;
2. Genossenschafter, die zusammen mindestens 10 Prozent des Anteilscheinkapitals vertreten;

---

[740] Fassung gemäss Ziff. I des BG vom 19. Juni 2020 (Aktienrecht), in Kraft seit 1. Jan. 2023 (AS 2020 4005; 2022 109; BBl 2017 399).

[741] Fassung gemäss Ziff. I 3 des BG vom 16. Dez. 2005 (GmbH-Recht sowie Anpassungen im Aktien-, Genossenschafts-, Handelsregister- und Firmenrecht), in Kraft seit 1. Jan. 2008 (AS 2007 4791; BBl 2002 3148, 2004 3969).

3. Genossenschafter, die einer persönlichen Haftung oder einer Nachschusspflicht unterliegen.

II. Prüfung des Genossenschafterverzeichnisses

Art. 907[742] Bei Genossenschaften mit persönlicher Haftung oder Nachschusspflicht der Genossenschafter hat die Revisionsstelle festzustellen, ob das Genossenschafterverzeichnis[743] korrekt geführt wird. Verfügt die Genossenschaft über keine Revisionsstelle, so muss die Verwaltung das Genossenschafterverzeichnis[744] durch einen zugelassenen Revisor prüfen lassen.

D. Mängel in der Organisation

Art. 908[745] Bei Mängeln in der Organisation der Genossenschaft sind die Vorschriften des Aktienrechts entsprechend anwendbar.

Art. 909 und **910**[746]

Sechster Abschnitt: Auflösung der Genossenschaft

A. Auflösungsgründe

Art. 911 Die Genossenschaft wird aufgelöst:
1. nach Massgabe der Statuten;
2. durch einen Beschluss der Generalversammlung;
3. durch Eröffnung des Konkurses;
4. in den übrigen vom Gesetze vorgesehenen Fällen.

B. Eintragung ins Handelsregister

Art. 912[747] ^{1} Die Auflösung einer Genossenschaft muss ins Handelsregister eingetragen werden.

^{2} Die Auflösung durch Urteil ist vom Gericht dem Handelsregisteramt unverzüglich zu melden.

^{3} Die Auflösung aus anderen Gründen ist von der Genossenschaft beim Handelsregisteramt anzumelden.

---

742 Fassung gemäss Ziff. I 3 des BG vom 16. Dez. 2005 (GmbH-Recht sowie Anpassungen im Aktien-, Genossenschafts-, Handelsregister- und Firmenrecht), in Kraft seit 1. Jan. 2008 (AS 2007 4791; BBl 2002 3148, 2004 3969).
743 Berichtigt von der Redaktionskommission der BVers (Art. 58 Abs. 1 ParlG – SR 171.10).
744 Berichtigt von der Redaktionskommission der BVers (Art. 58 Abs. 1 ParlG – SR 171.10).
745 Fassung gemäss Ziff. I 3 des BG vom 16. Dez. 2005 (GmbH-Recht sowie Anpassungen im Aktien-, Genossenschafts-, Handelsregister- und Firmenrecht), in Kraft seit 1. Jan. 2008 (AS 2007 4791; BBl 2002 3148, 2004 3969).
746 Aufgehoben durch Ziff. I 3 des BG vom 16. Dez. 2005 (GmbH-Recht sowie Anpassungen im Aktien-, Genossenschafts-, Handelsregister- und Firmenrecht), mit Wirkung seit 1. Jan. 2008 (AS 2007 4791; BBl 2002 3148, 2004 3969).
747 Fassung gemäss Ziff. I des BG vom 19. Juni 2020 (Aktienrecht), in Kraft seit 1. Jan. 2023 (AS 2020 4005; 2022 109; BBl 2017 399).

C. Liquidation, Verteilung des Vermögens

Art. 913 ¹ Die Genossenschaft wird, unter Vorbehalt der nachfolgenden Bestimmungen, nach den für die Aktiengesellschaft geltenden Vorschriften liquidiert.

² Das nach Tilgung sämtlicher Schulden und Rückzahlung allfälliger Genossenschaftsanteile verbleibende Vermögen der aufgelösten Genossenschaft darf nur dann unter die Genossenschafter verteilt werden, wenn die Statuten eine solche Verteilung vorsehen.

³ Die Verteilung erfolgt in diesem Falle, wenn die Statuten nicht etwas anderes bestimmen, unter die zur Zeit der Auflösung vorhandenen Genossenschafter oder ihre Rechtsnachfolger nach Köpfen. Der gesetzliche Abfindungsanspruch der ausgeschiedenen Genossenschafter oder ihrer Erben bleibt vorbehalten.

⁴ Enthalten die Statuten keine Vorschrift über die Verteilung unter die Genossenschafter, so muss der Liquidationsüberschuss zu genossenschaftlichen Zwecken oder zur Forderung gemeinnütziger Bestrebungen verwendet werden.

⁵ Der Entscheid hierüber steht, wenn die Statuten es nicht anders ordnen, der Generalversammlung zu.

D. ...

Art. 914[748]

E. Übernahme durch eine Körperschaft des öffentlichen Rechts

Art. 915 ¹ Wird das Vermögen einer Genossenschaft vom Bunde, von einem Kanton oder unter Garantie des Kantons von einem Bezirk oder von einer Gemeinde übernommen, so kann mit Zustimmung der Generalversammlung vereinbart werden, dass die Liquidation unterbleiben soll.

² Der Beschluss der Generalversammlung ist nach den Vorschriften über die Auflösung zu fassen und beim Handelsregisteramt anzumelden.

³ Mit der Eintragung dieses Beschlusses ist der Übergang des Vermögens der Genossenschaft mit Einschluss der Schulden vollzogen, und es ist die Firma der Genossenschaft zu löschen.

Siebenter Abschnitt: Verantwortlichkeit

A. Haftung gegenüber der Genossenschaft

Art. 916[749] Alle mit der Verwaltung, Geschäftsführung, Revision oder Liquidation befassten Personen sind der Genossenschaft für den

---

748 Aufgehoben durch Anhang Ziff. 2 des Fusionsgesetzes vom 3. Okt. 2003, mit Wirkung seit 1. Juli 2004 (AS 2004 2617; BBl 2000 4337).
749 Fassung gemäss Ziff. I 3 des BG vom 16. Dez. 2005 (GmbH-Recht sowie Anpassungen im Aktien-, Genossenschafts-, Handelsregister- und Firmenrecht), in Kraft seit 1. Jan. 2008 (AS 2007 4791; BBl 2002 3148, 2004 3969).

B. Haftung gegenüber Genossenschaft, Genossenschaftern und Gläubigern

Art. 917 ¹ Die Mitglieder der Verwaltung und die Liquidatoren, welche die für den Fall der Überschuldung der Genossenschaft vom Gesetz aufgestellten Pflichten absichtlich oder fahrlässig verletzen, haften der Genossenschaft, den einzelnen Genossenschaftern und den Gläubigern für den entstandenen Schaden.

² Der Ersatz des Schadens, der den Genossenschaftern und den Gläubigern nur mittelbar durch Schädigung der Genossenschaft verursacht wurde, ist nach den für die Aktiengesellschaft aufgestellten Vorschriften geltend zu machen.

Schaden verantwortlich, den sie ihr durch absichtliche oder fahrlässige Verletzung der ihnen obliegenden Pflichten verursachen.

C. Solidarität und Rückgriff

Art. 918 ¹ Sind mehrere Personen für denselben Schaden verantwortlich, so haften sie solidarisch.

² Der Rückgriff unter mehreren Beteiligten wird vom Gericht nach dem Grade des Verschuldens des einzelnen bestimmt.

D. Verjährung

Art. 919[750] ¹ Der Anspruch auf Schadenersatz gegen die nach den vorstehenden Bestimmungen verantwortlichen Personen verjährt in drei Jahren von dem Tag an, an dem der Geschädigte Kenntnis vom Schaden und von der Person des Ersatzpflichtigen erlangt hat, jedenfalls aber mit dem Ablauf von zehn Jahren, vom Tage an gerechnet, an welchem das schädigende Verhalten erfolgte oder aufhörte.[751]

² Hat die ersatzpflichtige Person durch ihr schädigendes Verhalten eine strafbare Handlung begangen, so verjährt der Anspruch auf Schadenersatz frühestens mit Eintritt der strafrechtlichen Verfolgungsverjährung. Tritt diese infolge eines erstinstanzlichen Strafurteils nicht mehr ein, so verjährt der Anspruch frühestens mit Ablauf von drei Jahren seit Eröffnung des Urteils.

E. Bei Kredit- und Versicherungsgenossenschaften

Art. 920 Bei Kreditgenossenschaften und konzessionierten Versicherungsgenossenschaften richtet sich die Verantwortlichkeit nach den Bestimmungen des Aktienrechts.

Achter Abschnitt: Genossenschaftsverbände

A. Voraussetzungen

Art. 921 Drei oder mehr Genossenschaften können einen Genossenschaftsverband bilden und ihn als Genossenschaft ausgestalten.

---

750 Fassung gemäss Ziff. I des BG vom 15. Juni 2018 (Revision des Verjährungsrechts), in Kraft seit 1. Jan. 2020 (AS 2018 5343; BBl 2014 235).
751 Fassung gemäss Ziff. I des BG vom 19. Juni 2020 (Aktienrecht), in Kraft seit 1. Jan. 2023 (AS 2020 4005; 2022 109; BBl 2017 399).

B. Organisation
I. Delegiertenversammlung

Art. 922 [1] Oberstes Organ des Genossenschaftsverbandes ist, sofern die Statuten es nicht anders ordnen, die Delegiertenversammlung.

[2] Die Statuten bestimmen die Zahl der Delegierten der angeschlossenen Genossenschaften.

[3] Jeder Delegierte hat, unter Vorbehalt anderer Regelung durch die Statuten, eine Stimme.

II. Verwaltung

Art. 923 Die Verwaltung wird, sofern die Statuten es nicht anders bestimmen, aus Mitgliedern der angeschlossenen Genossenschaften gebildet.

III. Überwachung. Anfechtung

Art. 924 [1] Die Statuten können der Verwaltung des Verbandes das Recht einräumen, die geschäftliche Tätigkeit der angeschlossenen Genossenschaften zu überwachen.

[2] Sie können der Verwaltung des Verbandes das Recht verleihen, Beschlüsse, die von den einzelnen angeschlossenen Genossenschaften gefasst worden sind, beim Gericht durch Klage anzufechten.

IV. Ausschluss neuer Verpflichtungen

Art. 925 Der Eintritt in einen Genossenschaftsverband darf für die Mitglieder der eintretenden Genossenschaft keine Verpflichtungen zur Folge haben, denen sie nicht schon durch das Gesetz oder die Statuten ihrer Genossenschaft unterworfen sind.

Neunter Abschnitt: Beteiligung von Körperschaften des öffentlichen Rechts

Art. 926

[1] Bei Genossenschaften, an denen Körperschaften des öffentlichen Rechts, wie Bund, Kanton, Bezirk oder Gemeinde, ein öffentliches Interesse besitzen, kann der Körperschaft in den Statuten der Genossenschaft das Recht eingeräumt werden, Vertreter in die Verwaltung oder in die Revisionsstelle abzuordnen.[752]

[2] Die von einer Körperschaft des öffentlichen Rechts abgeordneten Mitglieder haben die gleichen Rechte und Pflichten wie die von der Genossenschaft gewählten.

[3] Die Abberufung der von einer Körperschaft des öffentlichen Rechts abgeordneten Mitglieder der Verwaltung und der Revisionsstelle steht

---

752 Fassung gemäss Ziff. I 3 des BG vom 16. Dez. 2005 (GmbH-Recht sowie Anpassungen im Aktien-, Genossenschafts-, Handelsregister- und Firmenrecht), in Kraft seit 1. Jan. 2008 (AS 2007 4791; BBl 2002 3148, 2004 3969).

nur der Körperschaft selbst zu.[753] Diese haftet gegenüber der Genossenschaft, den Genossenschaftern und den Gläubiger für diese Mitglieder, unter Vorbehalt des Rückgriffs nach dem Rechte des Bundes und der Kantone.

Vierte Abteilung:[754] Handelsregister, Geschäftsfirmen und kaufmännische Buchführung

Dreissigster Titel:[755] Das Handelsregister

A. Begriff und Zweck

Art. 927 ¹ Das Handelsregister ist ein Verbund staatlich geführter Datenbanken. Es bezweckt namentlich die Erfassung und die Offenlegung rechtlich relevanter Tatsachen über Rechtseinheiten und dient der Rechtssicherheit sowie dem Schutz Dritter.

² Rechtseinheiten im Sinne dieses Titels sind:
1. Einzelunternehmen;
2. Kollektivgesellschaften;
3. Kommanditgesellschaften;
4. Aktiengesellschaften;
5. Kommanditaktiengesellschaften;
6. Gesellschaften mit beschränkter Haftung;
7. Genossenschaften;
8. Vereine;
9. Stiftungen;
10. Kommanditgesellschaften für kollektive Kapitalanlagen;
11. Investmentgesellschaften mit festem Kapital;
12. Investmentgesellschaften mit variablem Kapital;
13. Institute des öffentlichen Rechts;
14. Zweigniederlassungen.

B. Organisation
I. Handelsregisterbehörden

Art. 928 ¹ Die Führung der Handelsregisterämter obliegt den Kantonen. Es steht ihnen frei, das Handelsregister kantonsübergreifend zu führen.

² Der Bund übt die Oberaufsicht über die Handelsregisterführung aus.

---

753 Fassung erster Satz gemäss Ziff. I 3 des BG vom 16. Dez. 2005 (GmbH-Recht sowie Anpassungen im Aktien-, Genossenschafts-, Handelsregister- und Firmenrecht), in Kraft seit 1. Jan. 2008 (AS 2007 4791; BBl 2002 3148, 2004 3969).

754 Fassung gemäss BG vom 18. Dez. 1936, in Kraft seit 1. Juli 1937 (AS 53 185; BBl 1928 I 205, 1932 I 217). Siehe die Schl- und UeB zu den Tit. XXIV–XXXIII am Schluss des OR.

755 Fassung gemäss Ziff. I 1 des BG vom 17. März 2017 (Handelsregisterrecht), in Kraft seit 1. Jan. 2021, Art. 928 b und 928 c in Kraft seit 1. April 2020 (AS 2020 957; BBl 2015 3617).

II. Zusammenarbeit zwischen den Behörden

Art. 928a ¹ Die Handelsregisterbehörden arbeiten zur Erfüllung ihrer Aufgaben zusammen. Sie erteilen einander diejenigen Auskünfte und übermitteln einander diejenigen Unterlagen, die sie zur Erfüllung ihrer Aufgaben benötigen.

² Sofern das Gesetz nichts anderes vorsieht, teilen Gerichte und Verwaltungsbehörden des Bundes und der Kantone den Handelsregisterämtern Tatsachen mit, die eine Pflicht zur Eintragung, Änderung oder Löschung im Handelsregister begründen.

³ Auskünfte und Mitteilungen erfolgen gebührenfrei.

C. Zentrale Datenbanken

Art. 928b ¹ Die Oberaufsichtsbehörde des Bundes betreibt die zentralen Datenbanken über die Rechtseinheiten und die Personen, die in den kantonalen Registern eingetragen sind. Die zentralen Datenbanken dienen der Verknüpfung der Daten, der Unterscheidung und dem Auffinden der eingetragenen Rechtseinheiten und Personen.

² Die Datenerfassung für die zentrale Datenbank Rechtseinheiten obliegt der Oberaufsichtsbehörde des Bundes. Diese macht die öffentlichen Daten der Rechtseinheiten für Einzelabfragen im Internet gebührenfrei zugänglich.

³ Die Datenerfassung für die zentrale Datenbank Personen obliegt den Handelsregisterämtern.

⁴ Der Bund ist für die Sicherheit der Informationssysteme und die Rechtmässigkeit der Datenbearbeitung verantwortlich.

D. AHV-Nummer[756]

Art. 928c ¹ Die Handelsregisterbehörden verwenden zur Identifizierung von natürlichen Personen systematisch die AHV-Nummer.

² Sie geben die AHV-Nummer nur anderen Stellen und Institutionen bekannt, die sie zur Erfüllung ihrer gesetzlichen Aufgaben im Zusammenhang mit dem Handelsregister benötigen und zur systematischen Verwendung dieser Nummer berechtigt sind.

³ Den in der zentralen Datenbank Personen erfassten natürlichen Personen wird zusätzlich eine nichtsprechende Personennummer zugeteilt.

E. Eintragung, Änderung und Löschung
I. Grundsätze

Art. 929 ¹ Einträge im Handelsregister müssen wahr sein und dürfen weder zu Täuschungen Anlass geben noch einem öffentlichen Interesse zuwiderlaufen.

² Die Eintragung ins Handelsregister beruht auf einer Anmeldung. Die einzutragenden Tatsachen sind zu belegen.

---

[756] Ausdruck gemäss Anhang Ziff. 3 des BG vom 18. Dez. 2020 (Systematische Verwendung der AHV-Nummer durch Behörden), in Kraft seit 1. Jan. 2022 (AS 2021 758; BBl 2019 7359). Diese Änd. wurde in den in der AS genannten Bestimmungen vorgenommen.

Das Handelsregister Art. 934 **OR** | 1

³ Eintragungen können auch aufgrund eines Urteils oder einer Verfügung eines Gerichts oder einer Verwaltungsbehörde oder von Amtes wegen erfolgen.

II. Unternehmens-Identifikationsnummer

Art. 930 Die im Handelsregister eingetragenen Rechtseinheiten erhalten eine Unternehmens-Identifikationsnummer nach dem Bundesgesetz vom 18. Juni 2010[757] über die Unternehmens-Identifikationsnummer.

III. Eintragungspflicht und freiwillige Eintragung
1. Einzelunternehmen und Zweigniederlassungen

Art. 931 ¹ Eine natürliche Person, die ein Gewerbe betreibt, das im letzten Geschäftsjahr einen Umsatzerlös von mindestens 100 000 Franken erzielt hat, muss ihr Einzelunternehmen am Ort der Niederlassung ins Handelsregister eintragen lassen. Von dieser Pflicht ausgenommen sind die Angehörigen der freien Berufe sowie die Landwirte, falls sie kein nach kaufmännischer Art geführtes Gewerbe betreiben.

² Zweigniederlassungen sind ins Handelsregister des Ortes einzutragen, an dem sie sich befinden.

³ Einzelunternehmen und Zweigniederlassungen, die nicht zur Eintragung verpflichtet sind, haben das Recht, sich eintragen zu lassen.

2. Institute des öffentlichen Rechts

Art. 932 ¹ Institute des öffentlichen Rechts müssen sich ins Handelsregister eintragen lassen, wenn sie überwiegend eine privatwirtschaftliche Erwerbstätigkeit ausüben oder wenn das Recht des Bundes, des Kantons oder der Gemeinde eine Eintragung vorsieht. Sie lassen sich am Ort eintragen, an dem sie ihren Sitz haben.

² Institute des öffentlichen Rechts, die nicht zur Eintragung verpflichtet sind, haben das Recht, sich eintragen zu lassen.

IV. Änderung von Tatsachen

Art. 933 ¹ Ist eine Tatsache im Handelsregister eingetragen, so muss auch jede Änderung dieser Tatsache eingetragen werden.

² Eine ausgeschiedene Person hat das Recht, die Löschung ihres Eintrags anzumelden. Die Verordnung regelt die Einzelheiten.

V. Löschung von Amtes wegen
1. Bei Rechtseinheiten ohne Geschäftstätigkeit und ohne Aktiven

Art. 934 ¹ Weist eine Rechtseinheit keine Geschäftstätigkeit mehr auf und hat sie keine verwertbaren Aktiven mehr, so löscht das Handelsregisteramt sie aus dem Handelsregister.

² Das Handelsregisteramt fordert die Rechtseinheit auf, ein Interesse an der Aufrechterhaltung des Eintrags mitzuteilen. Bleibt diese Aufforderung ergebnislos, so fordert es weitere Betroffene durch Publikation im Schweizerischen Handelsamtsblatt auf, ein solches Interesse

---

757 SR 431.03

mitzuteilen. Bleibt auch diese Aufforderung ergebnislos, so wird die Rechtseinheit gelöscht.[758]

[3] Machen weitere Betroffene ein Interesse an der Aufrechterhaltung des Eintrags geltend, so überweist das Handelsregisteramt die Angelegenheit dem Gericht zum Entscheid.

2. Bei fehlendem Rechtsdomizil von Einzelunternehmen und Zweigniederlassungen

Art. 934a [1] Hat ein Einzelunternehmen kein Rechtsdomizil mehr, so wird es vom Handelsregisteramt nach ergebnisloser Aufforderung im Schweizerischen Handelsamtsblatt aus dem Handelsregister gelöscht.[759]

[2] Hat eine Zweigniederlassung mit Hauptniederlassung in der Schweiz kein Rechtsdomizil mehr, so wird die Zweigniederlassung vom Handelsregisteramt nach ergebnisloser Aufforderung der Hauptniederlassung aus dem Handelsregister gelöscht.

VI. Wiedereintragung

Art. 935 [1] Wer ein schutzwürdiges Interesse glaubhaft macht, kann dem Gericht beantragen, eine gelöschte Rechtseinheit wieder ins Handelsregister eintragen zu lassen.

[2] Ein schutzwürdiges Interesse besteht insbesondere, wenn:
1. nach Abschluss der Liquidation der gelöschten Rechtseinheit nicht alle Aktiven verwertet oder verteilt worden sind;
2. die gelöschte Rechtseinheit in einem Gerichtsverfahren als Partei teilnimmt;
3. die Wiedereintragung für die Bereinigung eines öffentlichen Registers erforderlich ist; oder
4. im Fall eines Konkurses die Wiedereintragung der gelöschten Rechtseinheit für den Schluss des Konkursverfahrens erforderlich ist.

[3] Bestehen Mängel in der Organisation der Rechtseinheit, so ergreift das Gericht zusammen mit der Anordnung der Wiedereintragung die erforderlichen Massnahmen.

F. Öffentlichkeit und Wirksamkeit

I. Öffentlichkeit und Veröffentlichung im Internet

Art. 936 [1] Das Handelsregister ist öffentlich. Die Öffentlichkeit umfasst die Einträge, die Anmeldungen und die Belege. Die AHV-Versichertennummer ist nicht öffentlich.

[2] Die Einträge, Statuten und Stiftungsurkunden werden im Internet gebührenfrei zugänglich gemacht. Weitere Belege sowie Anmeldungen sind beim jeweiligen Handelsregisteramt einsehbar oder können

---

758 Fassung gemäss Ziff. I des BG vom 19. Juni 2020 (Aktienrecht), in Kraft seit 1. Jan. 2023 (AS 2020 4005; 2022 109; BBl 2017 399).
759 Fassung gemäss Ziff. I des BG vom 19. Juni 2020 (Aktienrecht), in Kraft seit 1. Jan. 2023 (AS 2020 4005; 2022 109; BBl 2017 399).

von diesem auf Anfrage über das Internet zugänglich gemacht werden.

³ In den im Internet zugänglich gemachten Einträgen des Handelsregisters ist eine Suche nach bestimmten Kriterien zu ermöglichen.

⁴ Änderungen im Handelsregister müssen chronologisch nachvollziehbar bleiben.

II. Veröffentlichung im Schweizerischen Handelsamtsblatt und Beginn der Wirksamkeit

Art. 936a ¹ Die Einträge ins Handelsregister werden im Schweizerischen Handelsamtsblatt elektronisch veröffentlicht. Sie werden mit der Veröffentlichung wirksam.

² Ebenso erfolgen alle gesetzlich vorgesehenen Veröffentlichungen elektronisch im Schweizerischen Handelsamtsblatt.

III. Wirkungen

Art. 936b ¹ Wurde eine Tatsache ins Handelsregister eingetragen, so kann niemand einwenden, er habe sie nicht gekannt.

² Wurde eine Tatsache, deren Eintragung vorgeschrieben ist, nicht ins Handelsregister eingetragen, so kann sie einem Dritten nur entgegengehalten werden, wenn bewiesen wird, dass sie diesem bekannt war.

³ Wer sich gutgläubig auf eine eingetragene Tatsache verlassen hat, obwohl sie unrichtig war, ist in seinem guten Glauben zu schützen, wenn dem keine überwiegenden Interessen entgegenstehen.

G. Pflichten
I. Prüfungspflicht

Art. 937 Die Handelsregisterbehörden prüfen, ob die rechtlichen Voraussetzungen für eine Eintragung ins Handelsregister erfüllt sind, insbesondere ob die Anmeldung und die Belege keinen zwingenden Vorschriften widersprechen und den rechtlich vorgeschriebenen Inhalt aufweisen.

II. Aufforderung und Eintragung von Amtes wegen

Art. 938 ¹ Das Handelsregisteramt fordert die Beteiligten zur Erfüllung der Eintragungspflicht auf und setzt ihnen dazu eine Frist.

² Kommen die Beteiligten der Aufforderung innerhalb der gesetzten Frist nicht nach, so nimmt es die vorgeschriebenen Eintragungen von Amtes wegen vor.

III. Mängel in der Organisation

Art. 939 ¹ Stellt das Handelsregisteramt Mängel fest in der gesetzlich als zwingend vorgeschriebenen Organisation von im Handelsregister eingetragenen Handelsgesellschaften, Genossenschaften, Vereinen, nicht der Aufsicht unterstellten Stiftungen oder Zweigniederlassungen mit Hauptniederlassung im Ausland, so fordert es die betreffende Rechtseinheit auf, den Mangel zu beheben, und setzt ihr dazu eine Frist.

² Wird der Mangel nicht innerhalb der Frist behoben, so überweist es die Angelegenheit dem Gericht. Dieses ergreift die erforderlichen Massnahmen.

³ Bei Stiftungen und Rechtseinheiten, die gemäss Kollektivanlagengesetz vom 23. Juni 2006[760] der Aufsicht unterstellt sind, wird die Angelegenheit der Aufsichtsbehörde überwiesen.

H. Ordnungsbussen

Art. 940 Wer vom Handelsregisteramt unter Hinweis auf die Strafdrohung dieses Artikels aufgefordert wird, seine Eintragungspflicht zu erfüllen, und dieser Pflicht nicht innerhalb der gesetzten Frist nachkommt, kann vom Handelsregisteramt mit einer Ordnungsbusse bis zu 5000 Franken bestraft werden.

I. Gebühren

Art. 941 ¹ Wer eine Verfügung einer Handelsregisterbehörde veranlasst oder von dieser eine Dienstleistung beansprucht, hat eine Gebühr zu bezahlen.

² Der Bundesrat regelt die Erhebung der Gebühren im Einzelnen, insbesondere:
1. die Bemessungsgrundlage der Gebühren;
2. den Verzicht auf die Gebührenerhebung;
3. die Haftung im Fall einer Mehrheit von Gebührenpflichtigen;
4. die Fälligkeit, Rechnungsstellung und Bevorschussung von Gebühren;
5. die Verjährung von Gebührenforderungen;
6. den Anteil des Bundes an den Gebühreneinnahmen der Kantone.

³ Er beachtet bei der Regelung der Gebühren das Äquivalenzprinzip und das Kostendeckungsprinzip.

J. Rechtsschutz

Art. 942 ¹ Verfügungen der Handelsregisterämter können innert 30 Tagen nach deren Eröffnung angefochten werden.

² Jeder Kanton bezeichnet ein oberes Gericht als einzige Beschwerdeinstanz.

³ Die kantonalen Gerichte teilen ihre Entscheide unverzüglich dem Handelsregisteramt mit und eröffnen sie der Oberaufsichtsbehörde des Bundes.

K. Verordnung

Art. 943 Der Bundesrat erlässt Vorschriften über:
1. die Führung des Handelsregisters und die Oberaufsicht;
2. die Anmeldung, Eintragung, Änderung, Löschung und Wiedereintragung;
3. den Inhalt der Einträge;

---

[760] SR 951.31

4. die Belege und deren Prüfung;
5. die Öffentlichkeit und Wirksamkeit;
6. die Organisation des Schweizerischen Handelsamtsblatts und dessen Veröffentlichung;
7. die Zusammenarbeit und Auskunftspflicht;
8. die Verwendung der AHV-Versichertennummer sowie der Personennummer;
9. die zentralen Datenbanken über die Rechtseinheiten und über die Personen;
10. die Modalitäten der elektronischen Übermittlung;
11. die Verfahren.

Einunddreissigster Titel: Die Geschäftsfirmen

A. Grundsätze der Firmenbildung
I. Allgemeine Bestimmungen

Art. 944 ¹ Jede Firma darf, neben dem vom Gesetze vorgeschriebenen wesentlichen Inhalt, Angaben enthalten, die zur näheren Umschreibung der darin erwähnten Personen dienen oder auf die Natur des Unternehmens hinweisen oder eine Phantasiebezeichnung darstellen, vorausgesetzt, dass der Inhalt der Firma der Wahrheit entspricht, keine Täuschungen verursachen kann und keinem öffentlichen Interesse zuwiderläuft.

² Der Bundesrat kann Vorschriften darüber erlassen, in welchem Umfange nationale und territoriale Bezeichnungen bei der Bildung von Firmen verwendet werden dürfen.

II. Einzelunternehmen
1. Wesentlicher Inhalt[761]

Art. 945 ¹ Wer als alleiniger Inhaber ein Geschäft betreibt, muss den wesentlichen Inhalt seiner Firma aus dem Familiennamen mit oder ohne Vornamen bilden.

² Enthält die Firma weitere Familiennamen, so muss aus ihr hervorgehen, welches der Familienname des Inhabers ist.[762]

³ Der Firma darf kein Zusatz beigefügt werden, der ein Gesellschaftsverhältnis andeutet.

2. Ausschliesslichkeit der eingetragenen Firma

Art. 946 ¹ Eine im Handelsregister eingetragene Einzelfirma[763] darf von keinem andern Geschäftsinhaber an demselben Orte verwendet

---

761 Fassung gemäss Ziff. I 3 des BG vom 16. Dez. 2005 (GmbH-Recht sowie Anpassungen im Aktien-, Genossenschafts-, Handelsregister- und Firmenrecht), in Kraft seit 1. Jan. 2008 (AS 2007 4791; BBl 2002 3148, 2004 3969).
762 Fassung gemäss Ziff. I des BG vom 25. Sept. 2015 (Firmenrecht), in Kraft seit 1. Juli 2016 (AS 2016 1507; BBl 2014 9305).
763 Heute: Firma.

werden, selbst dann nicht, wenn er den gleichen Vor- und Familiennamen hat, mit dem die ältere Firma gebildet worden ist.

² Der neue Geschäftsinhaber hat in einem solchen Falle seinem Namen in der Firma einen Zusatz beizufügen, durch den diese deutlich von der älteren Firma unterschieden wird.

³ Gegenüber einer an einem andern Orte eingetragenen Einzelfirma[764] bleiben die Ansprüche aus unlauterem Wettbewerb vorbehalten.

Art. 947 und 948[765]

Art. 949[766]

III. Gesellschaftsfirmen
1. Bildung der Firma

Art. 950[767] ¹ Handelsgesellschaften und Genossenschaften können unter Wahrung der allgemeinen Grundsätze der Firmenbildung ihre Firma frei wählen. In der Firma muss die Rechtsform angegeben werden.

² Der Bundesrat legt fest, welche Abkürzungen der Rechtsformen zulässig sind.

2. Ausschliesslichkeit der eingetragenen Firma

Art. 951[768] Die Firma einer Handelsgesellschaft oder einer Genossenschaft muss sich von allen in der Schweiz bereits eingetragenen Firmen von Handelsgesellschaften und Genossenschaften deutlich unterscheiden.

IV. Zweigniederlassungen

Art. 952 ¹ Zweigniederlassungen müssen die gleiche Firma führen wie die Hauptniederlassung; sie dürfen jedoch ihrer Firma besondere Zusätze beifügen, sofern diese nur für die Zweigniederlassung zutreffen.

² Die Firma der Zweigniederlassung eines Unternehmens, dessen Sitz sich im Auslande befindet, muss überdies den Ort der Hauptniederlassung, den Ort der Zweigniederlassung und die ausdrückliche Bezeichnung als solche enthalten.

V. ...

Art. 953[769]

---

764 Heute: Firma.
765 Aufgehoben durch Ziff. I des BG vom 25. Sept. 2015 (Firmenrecht), mit Wirkung seit 1. Juli 2016 (AS 2016 1507; BBl 2014 9305). Siehe jedoch die UeB dieser Änd. am Schluss des Textes.
766 Aufgehoben durch Ziff. I 3 des BG vom 16. Dez. 2005 (GmbH-Recht sowie Anpassungen im Aktien-, Genossenschafts-, Handelsregister- und Firmenrecht), mit Wirkung seit 1. Jan. 2008 (AS 2007 4791; BBl 2002 3148, 2004 3969).
767 Fassung gemäss Ziff. I des BG vom 25. Sept. 2015 (Firmenrecht), in Kraft seit 1. Juli 2016 (AS 2016 1507; BBl 2014 9305).
768 Fassung gemäss Ziff. I des BG vom 25. Sept. 2015 (Firmenrecht), in Kraft seit 1. Juli 2016 (AS 2016 1507; BBl 2014 9305). Siehe jedoch die UeB dieser Änd. am Schluss des Textes.
769 Aufgehoben durch Ziff. I des BG vom 25. Sept. 2015 (Firmenrecht), mit Wirkung seit 1. Juli 2016 (AS 2016 1507; BBl 2014 9305).

VI. Namensänderung	**Art. 954** Die bisherige Firma kann beibehalten werden, wenn der darin enthaltene Name des Geschäftsinhabers oder eines Gesellschafters von Gesetzes wegen oder durch die zuständige Behörde geändert worden ist.
B. Firmen- und Namensgebrauchspflicht	**Art. 954a**[770] ¹ In der Korrespondenz, auf Bestellscheinen und Rechnungen sowie in Bekanntmachungen muss die im Handelsregister eingetragene Firma oder der im Handelsregister eingetragene Name vollständig und unverändert angegeben werden. ² Zusätzlich können Kurzbezeichnungen, Logos, Geschäftsbezeichnungen, Enseignes und ähnliche Angaben verwendet werden.
C. Überwachung[771]	**Art. 955** Der Registerführer ist von Amtes wegen verpflichtet, die Beteiligten zur Beobachtung der Bestimmungen über die Firmenbildung anzuhalten.
D. Vorbehalt anderer bundesrechtlicher Vorschriften	**Art. 955a**[772] Die Eintragung einer Firma entbindet den Berechtigten nicht von der Einhaltung anderer bundesrechtlicher Vorschriften, namentlich zum Schutz vor Täuschungen im Geschäftsverkehr.
E. Schutz der Firma[773]	**Art. 956** ¹ Die im Handelsregister eingetragene und im Schweizerischen Handelsamtsblatt veröffentlichte Firma eines einzelnen Geschäftsinhabers oder einer Handelsgesellschaft oder Genossenschaft steht dem Berechtigten zu ausschliesslichem Gebrauche zu. ² Wer durch den unbefugten Gebrauch einer Firma beeinträchtigt wird, kann auf Unterlassung der weiteren Führung der Firma und bei Verschulden auf Schadenersatz klagen.

---

[770] Eingefügt durch Ziff. I 3 des BG vom 16. Dez. 2005 (GmbH-Recht sowie Anpassungen im Aktien-, Genossenschafts-, Handelsregister- und Firmenrecht), in Kraft seit 1. Jan. 2008 (AS 2007 4791; BBl 2002 3148, 2004 3969).

[771] Fassung gemäss Ziff. I 3 des BG vom 16. Dez. 2005 (GmbH-Recht sowie Anpassungen im Aktien-, Genossenschafts-, Handelsregister- und Firmenrecht), in Kraft seit 1. Jan. 2008 (AS 2007 4791; BBl 2002 3148, 2004 3969).

[772] Eingefügt durch Anhang Ziff. 2 des BG vom 21. Juni 2013, in Kraft seit 1. Jan. 2017 (AS 2015 3631; BBl 2009 8533).

[773] Fassung gemäss Anhang Ziff. 2 des BG vom 21. Juni 2013, in Kraft seit 1. Jan. 2017 (AS 2015 3631; BBl 2009 8533).

Zweiunddreissigster Titel:[774] Kaufmännische Buchführung, Rechnungslegung, weitere Transparenz- und Sorgfaltspflichten[775]

Erster Abschnitt: Allgemeine Bestimmungen

A. Pflicht zur Buchführung und Rechnungslegung

Art. 957 ¹ Der Pflicht zur Buchführung und Rechnungslegung gemäss den nachfolgenden Bestimmungen unterliegen:
1. Einzelunternehmen und Personengesellschaften, die einen Umsatzerlös von mindestens 500 000 Franken im letzten Geschäftsjahr erzielt haben;
2. juristische Personen.

² Lediglich über die Einnahmen und Ausgaben sowie über die Vermögenslage müssen Buch führen:
1. Einzelunternehmen und Personengesellschaften mit weniger als 500 000 Franken Umsatzerlös im letzten Geschäftsjahr;
2. diejenigen Vereine und Stiftungen, die nicht verpflichtet sind, sich ins Handelsregister eintragen zu lassen;
3. Stiftungen, die nach Artikel 83*b* Absatz 2 ZGB[776] von der Pflicht zur Bezeichnung einer Revisionsstelle befreit sind.

³ Für die Unternehmen nach Absatz 2 gelten die Grundsätze ordnungsmässiger Buchführung sinngemäss.

B. Buchführung

Art. 957a ¹ Die Buchführung bildet die Grundlage der Rechnungslegung. Sie erfasst diejenigen Geschäftsvorfälle und Sachverhalte, die für die Darstellung der Vermögens-, Finanzierungs- und Ertragslage des Unternehmens (wirtschaftliche Lage) notwendig sind.

² Sie folgt den Grundsätzen ordnungsmässiger Buchführung. Namentlich sind zu beachten:
1. die vollständige, wahrheitsgetreue und systematische Erfassung der Geschäftsvorfälle und Sachverhalte;
2. der Belegnachweis für die einzelnen Buchungsvorgänge;
3. die Klarheit;
4. die Zweckmässigkeit mit Blick auf die Art und Grösse des Unternehmens;
5. die Nachprüfbarkeit.

---

[774] Fassung gemäss Ziff. I 2 des BG vom 23. Dez. 2011 (Rechnungslegungsrecht), in Kraft seit 1. Jan. 2013 (AS 2012 6679; BBl 2008 1589). Siehe auch die UeB dieser Änd. am Schluss des Textes.
[775] Fassung gemäss Ziff. I des BG vom 19. Juni 2020 (Indirekter Gegenvorschlag zur Volksinitiative «Für verantwortungsvolle Unternehmen – zum Schutz von Mensch und Umwelt»), in Kraft seit 1. Jan. 2022 (AS 2021 846; BBl 2017 399).
[776] SR 210

³ Als Buchungsbeleg gelten alle schriftlichen Aufzeichnungen auf Papier oder in elektronischer oder vergleichbarer Form, die notwendig sind, um den einer Buchung zugrunde liegenden Geschäftsvorfall oder Sachverhalt nachvollziehen zu können.

⁴ Die Buchführung erfolgt in der Landeswährung oder in der für die Geschäftstätigkeit wesentlichen Währung.

⁵ Sie erfolgt in einer der Landessprachen oder in Englisch. Sie kann schriftlich, elektronisch oder in vergleichbarer Weise geführt werden.

C. Rechnungslegung
I. Zweck und Bestandteile

Art. 958 ¹ Die Rechnungslegung soll die wirtschaftliche Lage des Unternehmens so darstellen, dass sich Dritte ein zuverlässiges Urteil bilden können.

² Die Rechnungslegung erfolgt im Geschäftsbericht. Dieser enthält die Jahresrechnung (Einzelabschluss), die sich aus der Bilanz, der Erfolgsrechnung und dem Anhang zusammensetzt. Die Vorschriften für grössere Unternehmen und Konzerne bleiben vorbehalten.

³ Der Geschäftsbericht muss innerhalb von sechs Monaten nach Ablauf des Geschäftsjahres erstellt und dem zuständigen Organ oder den zuständigen Personen zur Genehmigung vorgelegt werden. Er ist vom Vorsitzenden des obersten Leitungs- oder Verwaltungsorgans und der innerhalb des Unternehmens für die Rechnungslegung zuständigen Person zu unterzeichnen.

II. Grundlagen der Rechnungslegung
1. Annahme der Fortführung

Art. 958a ¹ Die Rechnungslegung beruht auf der Annahme, dass das Unternehmen auf absehbare Zeit fortgeführt wird.

² Ist die Einstellung der Tätigkeit oder von Teilen davon in den nächsten zwölf Monaten ab Bilanzstichtag beabsichtigt oder voraussichtlich nicht abwendbar, so sind der Rechnungslegung für die betreffenden Unternehmensteile Veräusserungswerte zugrunde zu legen. Für die mit der Einstellung verbundenen Aufwendungen sind Rückstellungen zu bilden.

³ Abweichungen von der Annahme der Fortführung sind im Anhang zu vermerken; ihr Einfluss auf die wirtschaftliche Lage ist darzulegen.

2. Zeitliche und sachliche Abgrenzung

Art. 958b ¹ Aufwände und Erträge müssen voneinander in zeitlicher und sachlicher Hinsicht abgegrenzt werden.

² Sofern die Nettoerlöse aus Lieferungen und Leistungen oder die Finanzerträge 100 000 Franken nicht überschreiten, kann auf die zeitliche Abgrenzung verzichtet und stattdessen auf Ausgaben und Einnahmen abgestellt werden.

³ Erfolgt die Rechnungslegung nicht in Franken, so ist zur Festlegung des Wertes gemäss Absatz 2 der Jahresdurchschnittskurs massgebend.[777]

III. Grundsätze ordnungsmässiger Rechnungslegung

Art. 958c ¹ Für die Rechnungslegung sind insbesondere die folgenden Grundsätze massgebend:
1. Sie muss klar und verständlich sein.
2. Sie muss vollständig sein.
3. Sie muss verlässlich sein.
4. Sie muss das Wesentliche enthalten.
5. Sie muss vorsichtig sein.
6. Es sind bei der Darstellung und der Bewertung stets die gleichen Massstäbe zu verwenden.
7. Aktiven und Passiven sowie Aufwand und Ertrag dürfen nicht miteinander verrechnet werden.

² Der Bestand der einzelnen Positionen in der Bilanz und im Anhang ist durch ein Inventar oder auf andere Art nachzuweisen.

³ Die Rechnungslegung ist unter Wahrung des gesetzlichen Mindestinhalts den Besonderheiten des Unternehmens und der Branche anzupassen.

IV. Darstellung, Währung und Sprache

Art. 958d ¹ Die Bilanz und die Erfolgsrechnung können in Konto- oder in Staffelform dargestellt werden. Positionen, die keinen oder nur einen unwesentlichen Wert aufweisen, brauchen nicht separat aufgeführt zu werden.

² In der Jahresrechnung sind neben den Zahlen für das Geschäftsjahr die entsprechenden Werte des Vorjahres anzugeben.

³ Die Rechnungslegung erfolgt in der Landeswährung oder in der für die Geschäftstätigkeit wesentlichen Währung. Wird nicht die Landeswährung verwendet, so müssen die Werte zusätzlich in der Landeswährung angegeben werden. Die verwendeten Umrechnungskurse sind im Anhang offenzulegen und gegebenenfalls zu erläutern.

⁴ Die Rechnungslegung erfolgt in einer der Landessprachen oder in Englisch.

D. Veröffentlichung und Einsichtnahme[778]

Art. 958e ¹ Jahresrechnung und Konzernrechnung sind nach der Genehmigung durch das zuständige Organ mit den Revisionsberichten entweder im Schweizerischen Handelsamtsblatt zu veröffentlichen oder jeder Person, die es innerhalb eines Jahres nach

---

777 Eingefügt durch Ziff. I des BG vom 19. Juni 2020 (Aktienrecht), in Kraft seit 1. Jan. 2023 (AS 2020 4005; 2022 109; BBl 2017 399).
778 Fassung gemäss Ziff. I des BG vom 19. Juni 2020 (Aktienrecht), in Kraft seit 1. Jan. 2023 (AS 2020 4005; 2022 109; BBl 2017 399).

der Genehmigung verlangt, auf deren Kosten in einer Ausfertigung zuzustellen, wenn das Unternehmen:
1. Anleihensobligationen ausstehend hat; oder
2. Beteiligungspapiere an einer Börse kotiert hat.

² Die übrigen Unternehmen müssen den Gläubigern, die ein schutzwürdiges Interesse nachweisen, Einsicht in den Geschäftsbericht und in die Revisionsberichte gewähren. Im Streitfall entscheidet das Gericht.

³ Nutzt das Unternehmen eine Verzichtsmöglichkeit gemäss Artikel 961d Absatz 1, 962 Absatz 3 oder 963a Absatz 1 Ziffer 2, so richten sich die Veröffentlichung und die Einsichtnahme nach den Vorschriften für die eigene Jahresrechnung.[779]

E. Führung und Aufbewahrung der Geschäftsbücher

Art. 958f ¹ Die Geschäftsbücher und die Buchungsbelege sowie der Geschäftsbericht und der Revisionsbericht sind während zehn Jahren aufzubewahren. Die Aufbewahrungsfrist beginnt mit dem Ablauf des Geschäftsjahres.

² Der Geschäftsbericht und der Revisionsbericht sind schriftlich und unterzeichnet aufzubewahren.

³ Die Geschäftsbücher und die Buchungsbelege können auf Papier, elektronisch oder in vergleichbarer Weise aufbewahrt werden, soweit dadurch die Übereinstimmung mit den zugrunde liegenden Geschäftsvorfällen und Sachverhalten gewährleistet ist und wenn sie jederzeit wieder lesbar gemacht werden können.

⁴ Der Bundesrat erlässt die Vorschriften über die zu führenden Geschäftsbücher, die Grundsätze zu deren Führung und Aufbewahrung sowie über die verwendbaren Informationsträger.

Zweiter Abschnitt: Jahresrechnung und Zwischenabschluss[780]

A. Bilanz

I. Zweck der Bilanz, Bilanzierungspflicht und Bilanzierungsfähigkeit

Art. 959 ¹ Die Bilanz stellt die Vermögens- und Finanzierungslage des Unternehmens am Bilanzstichtag dar. Sie gliedert sich in Aktiven und Passiven.

² Als Aktiven müssen Vermögenswerte bilanziert werden, wenn aufgrund vergangener Ereignisse über sie verfügt werden kann, ein Mittelzufluss wahrscheinlich ist und ihr Wert verlässlich geschätzt werden kann. Andere Vermögenswerte dürfen nicht bilanziert werden.

---

779 Eingefügt durch Ziff. I des BG vom 19. Juni 2020 (Aktienrecht), in Kraft seit 1. Jan. 2023 (AS 2020 4005; 2022 109; BBl 2017 399).
780 Fassung gemäss Ziff. I des BG vom 19. Juni 2020 (Aktienrecht), in Kraft seit 1. Jan. 2023 (AS 2020 4005; 2022 109; BBl 2017 399).

³ Als Umlaufvermögen müssen die flüssigen Mittel bilanziert werden sowie andere Aktiven, die voraussichtlich innerhalb eines Jahres ab Bilanzstichtag oder innerhalb des normalen Geschäftszyklus zu flüssigen Mitteln werden oder anderweitig realisiert werden. Als Anlagevermögen müssen alle übrigen Aktiven bilanziert werden.

⁴ Als Passiven müssen das Fremd- und das Eigenkapital bilanziert werden.

⁵ Verbindlichkeiten müssen als Fremdkapital bilanziert werden, wenn sie durch vergangene Ereignisse bewirkt wurden, ein Mittelabfluss wahrscheinlich ist und ihre Höhe verlässlich geschätzt werden kann.

⁶ Als kurzfristig müssen die Verbindlichkeiten bilanziert werden, die voraussichtlich innerhalb eines Jahres ab Bilanzstichtag oder innerhalb des normalen Geschäftszyklus zur Zahlung fällig werden. Als langfristig müssen alle übrigen Verbindlichkeiten bilanziert werden.

⁷ Das Eigenkapital ist der Rechtsform entsprechend auszuweisen und zu gliedern.

II. Mindestgliederung

Art. 959a ¹ Unter den Aktiven müssen ihrem Liquiditätsgrad entsprechend mindestens folgende Positionen einzeln und in der vorgegebenen Reihenfolge ausgewiesen werden:
1. Umlaufvermögen:
    a. flüssige Mittel und kurzfristig gehaltene Aktiven mit Börsenkurs,
    b. Forderungen aus Lieferungen und Leistungen,
    c. übrige kurzfristige Forderungen,
    d. Vorräte und nicht fakturierte Dienstleistungen,
    e. aktive Rechnungsabgrenzungen;
2. Anlagevermögen:
    a. Finanzanlagen,
    b. Beteiligungen,
    c. Sachanlagen,
    d. immaterielle Werte,
    e. nicht einbezahltes Grund-, Gesellschafter- oder Stiftungskapital.

² Unter den Passiven müssen ihrer Fälligkeit entsprechend mindestens folgende Positionen einzeln und in der vorgegebenen Reihenfolge ausgewiesen werden:
1. kurzfristiges Fremdkapital:
    a. Verbindlichkeiten aus Lieferungen und Leistungen,
    b. kurzfristige verzinsliche Verbindlichkeiten,
    c. übrige kurzfristige Verbindlichkeiten,
    d. passive Rechnungsabgrenzungen;

2. langfristiges Fremdkapital:
    a. langfristige verzinsliche Verbindlichkeiten,
    b. übrige langfristige Verbindlichkeiten,
    c. Rückstellungen sowie vom Gesetz vorgesehene ähnliche Positionen;
3. Eigenkapital:
    a. Grund-, Gesellschafter- oder Stiftungskapital, gegebenenfalls gesondert nach Beteiligungskategorien,
    b. gesetzliche Kapitalreserve,
    c. gesetzliche Gewinnreserve,
    d.[781] freiwillige Gewinnreserven,
    e.[782] eigene Kapitalanteile als Minusposten,
    f.[783] Gewinnvortrag oder Verlustvortrag als Minusposten,
    g.[784] Jahresgewinn oder Jahresverlust als Minusposten.

³ Weitere Positionen müssen in der Bilanz oder im Anhang einzeln ausgewiesen werden, sofern dies für die Beurteilung der Vermögens- oder Finanzierungslage durch Dritte wesentlich oder aufgrund der Tätigkeit des Unternehmens üblich ist.

⁴ Forderungen und Verbindlichkeiten gegenüber direkt oder indirekt Beteiligten und Organen sowie gegenüber Unternehmen, an denen direkt oder indirekt eine Beteiligung besteht, müssen jeweils gesondert in der Bilanz oder im Anhang ausgewiesen werden.

B. Erfolgsrechnung; Mindestgliederung

Art. 959b ¹ Die Erfolgsrechnung stellt die Ertragslage des Unternehmens während des Geschäftsjahres dar. Sie kann als Produktionserfolgsrechnung oder als Absatzerfolgsrechnung dargestellt werden.

² In der Produktionserfolgsrechnung (Gesamtkostenverfahren) müssen mindestens folgende Positionen je einzeln und in der vorgegebenen Reihenfolge ausgewiesen werden:
1. Nettoerlöse aus Lieferungen und Leistungen;
2. Bestandesänderungen an unfertigen und fertigen Erzeugnissen sowie an nicht fakturierten Dienstleistungen;
3. Materialaufwand;
4. Personalaufwand;
5. übriger betrieblicher Aufwand;

---

781 Fassung gemäss Ziff. I des BG vom 19. Juni 2020 (Aktienrecht), in Kraft seit 1. Jan. 2023 (AS 2020 4005; 2022 109; BBl 2017 399).
782 Fassung gemäss Ziff. I des BG vom 19. Juni 2020 (Aktienrecht), in Kraft seit 1. Jan. 2023 (AS 2020 4005; 2022 109; BBl 2017 399).
783 Eingefügt durch Ziff. I des BG vom 19. Juni 2020 (Aktienrecht), in Kraft seit 1. Jan. 2023 (AS 2020 4005; 2022 109; BBl 2017 399).
784 Eingefügt durch Ziff. I des BG vom 19. Juni 2020 (Aktienrecht), in Kraft seit 1. Jan. 2023 (AS 2020 4005; 2022 109; BBl 2017 399).

6. Abschreibungen und Wertberichtigungen auf Positionen des Anlagevermögens;
7. Finanzaufwand und Finanzertrag;
8. betriebsfremder Aufwand und betriebsfremder Ertrag;
9. ausserordentlicher, einmaliger oder periodenfremder Aufwand und Ertrag;
10. direkte Steuern;
11. Jahresgewinn oder Jahresverlust.

³ In der Absatzerfolgsrechnung (Umsatzkostenverfahren) müssen mindestens folgende Positionen je einzeln und in der vorgegebenen Reihenfolge ausgewiesen werden:
1. Nettoerlöse aus Lieferungen und Leistungen;
2. Anschaffungs- oder Herstellungskosten der verkauften Produkte und Leistungen;
3. Verwaltungsaufwand und Vertriebsaufwand;
4. Finanzaufwand und Finanzertrag;
5. betriebsfremder Aufwand und betriebsfremder Ertrag;
6. ausserordentlicher, einmaliger oder periodenfremder Aufwand und Ertrag;
7. direkte Steuern;
8. Jahresgewinn oder Jahresverlust.

⁴ Bei der Absatzerfolgsrechnung müssen im Anhang zudem der Personalaufwand sowie in einer Position Abschreibungen und Wertberichtigungen auf Positionen des Anlagevermögens ausgewiesen werden.

⁵ Weitere Positionen müssen in der Erfolgsrechnung oder im Anhang einzeln ausgewiesen werden, sofern dies für die Beurteilung der Ertragslage durch Dritte wesentlich oder aufgrund der Tätigkeit des Unternehmens üblich ist.

C. Anhang

Art. 959c ¹ Der Anhang der Jahresrechnung ergänzt und erläutert die anderen Bestandteile der Jahresrechnung. Er enthält:
1. Angaben über die in der Jahresrechnung angewandten Grundsätze, soweit diese nicht vom Gesetz vorgeschrieben sind;
2. Angaben, Aufschlüsselungen und Erläuterungen zu Positionen der Bilanz und der Erfolgsrechnung;
3. den Gesamtbetrag der aufgelösten Wiederbeschaffungsreserven und der darüber hinausgehenden stillen Reserven, soweit dieser den Gesamtbetrag der neugebildeten derartigen Reserven übersteigt, wenn dadurch das erwirtschaftete Ergebnis wesentlich günstiger dargestellt wird;
4. weitere vom Gesetz verlangte Angaben.

² Der Anhang muss weiter folgende Angaben enthalten, sofern diese nicht bereits aus der Bilanz oder der Erfolgsrechnung ersichtlich sind:
1. Firma oder Name sowie Rechtsform und Sitz des Unternehmens;
2. eine Erklärung darüber, ob die Anzahl Vollzeitstellen im Jahresdurchschnitt nicht über 10, über 50 beziehungsweise über 250 liegt;
3. Firma, Rechtsform und Sitz der Unternehmen, an denen direkte oder wesentliche indirekte Beteiligungen bestehen, unter Angabe des Kapital- und des Stimmenanteils;
4.[785] Anzahl eigener Anteile, die das Unternehmen selbst oder die von ihm kontrollierten Unternehmen (Art. 963) halten;
5. Erwerb und Veräusserung eigener Anteile und die Bedingungen, zu denen sie erworben oder veräussert wurden;
6. der Restbetrag der Verbindlichkeiten aus kaufvertragsähnlichen Leasinggeschäften und anderen Leasingverpflichtungen, sofern diese nicht innert zwölf Monaten ab Bilanzstichtag auslaufen oder gekündigt werden können;
7. Verbindlichkeiten gegenüber Vorsorgeeinrichtungen;
8. der Gesamtbetrag der für Verbindlichkeiten Dritter bestellten Sicherheiten;
9. je der Gesamtbetrag der zur Sicherung eigener Verbindlichkeiten verwendeten Aktiven sowie der Aktiven unter Eigentumsvorbehalt;
10. rechtliche oder tatsächliche Verpflichtungen, bei denen ein Mittelabfluss entweder als unwahrscheinlich erscheint oder in der Höhe nicht verlässlich geschätzt werden kann (Eventualverbindlichkeit);
11. Anzahl und Wert von Beteiligungsrechten oder Optionen auf solche Rechte für alle Leitungs- und Verwaltungsorgane sowie für die Mitarbeitenden;
12. Erläuterungen zu ausserordentlichen, einmaligen oder periodenfremden Positionen der Erfolgsrechnung;
13. wesentliche Ereignisse nach dem Bilanzstichtag;
14.[786] bei einem vorzeitigen Rücktritt oder einer Abberufung der Revisionsstelle: die Gründe, die dazu geführt haben;
15.[787] alle Kapitalerhöhungen und Kapitalherabsetzungen, die der Verwaltungsrat innerhalb eines Kapitalbands vorgenommen hat.

---

785 Fassung gemäss Ziff. I des BG vom 19. Juni 2020 (Aktienrecht), in Kraft seit 1. Jan. 2023 (AS 2020 4005; 2022 109; BBl 2017 399).
786 Fassung gemäss Ziff. I des BG vom 19. Juni 2020 (Aktienrecht), in Kraft seit 1. Jan. 2023 (AS 2020 4005; 2022 109; BBl 2017 399).
787 Eingefügt durch Ziff. I des BG vom 19. Juni 2020 (Aktienrecht), in Kraft seit 1. Jan. 2023 (AS 2020 4005; 2022 109; BBl 2017 399).

³ Einzelunternehmen und Personengesellschaften können auf die Erstellung des Anhangs verzichten, wenn sie nicht zur Rechnungslegung nach den Vorschriften für grössere Unternehmen verpflichtet sind. Werden in den Vorschriften zur Mindestgliederung von Bilanz und Erfolgsrechnung zusätzliche Angaben gefordert und wird auf die Erstellung eines Anhangs verzichtet, so sind diese Angaben direkt in der Bilanz oder in der Erfolgsrechnung auszuweisen.

⁴ Unternehmen, die Anleihensobligationen ausstehend haben, müssen Angaben zu deren Beträgen, Zinssätzen, Fälligkeiten und zu den weiteren Konditionen machen.

D. Bewertung
I. Grundsätze

Art. 960 ¹ Aktiven und Verbindlichkeiten werden in der Regel einzeln bewertet, sofern sie wesentlich sind und aufgrund ihrer Gleichartigkeit für die Bewertung nicht üblicherweise als Gruppe zusammengefasst werden.

² Die Bewertung muss vorsichtig erfolgen, darf aber die zuverlässige Beurteilung der wirtschaftlichen Lage des Unternehmens nicht verhindern.

³ Bestehen konkrete Anzeichen für eine Überbewertung von Aktiven oder für zu geringe Rückstellungen, so sind die Werte zu überprüfen und gegebenenfalls anzupassen.

II. Aktiven
1. Im Allgemeinen

Art. 960a ¹ Bei ihrer Ersterfassung müssen die Aktiven höchstens zu den Anschaffungs- oder Herstellungskosten bewertet werden.

² In der Folgebewertung dürfen Aktiven nicht höher bewertet werden als zu den Anschaffungs- oder Herstellungskosten. Vorbehalten bleiben Bestimmungen für einzelne Arten von Aktiven.

³ Der nutzungs- und altersbedingte Wertverlust muss durch Abschreibungen, anderweitige Wertverluste müssen durch Wertberichtigungen berücksichtigt werden. Abschreibungen und Wertberichtigungen müssen nach den allgemein anerkannten kaufmännischen Grundsätzen vorgenommen werden. Sie sind direkt oder indirekt bei den betreffenden Aktiven zulasten der Erfolgsrechnung abzusetzen und dürfen nicht unter den Passiven ausgewiesen werden.

⁴ Zu Wiederbeschaffungszwecken sowie zur Sicherung des dauernden Gedeihens des Unternehmens dürfen zusätzliche Abschreibungen und Wertberichtigungen vorgenommen werden. Zu den gleichen Zwecken kann davon abgesehen werden, nicht mehr begründete Abschreibungen und Wertberichtigungen aufzulösen.

2. Aktiven mit beobachtbaren Marktpreisen

Art. 960b ¹ In der Folgebewertung dürfen Aktiven mit Börsenkurs oder einem anderen beobachtbaren Marktpreis in einem aktiven

Markt zum Kurs oder Marktpreis am Bilanzstichtag bewertet werden, auch wenn dieser über dem Nennwert oder dem Anschaffungswert liegt. Wer von diesem Recht Gebrauch macht, muss alle Aktiven der entsprechenden Positionen der Bilanz, die einen beobachtbaren Marktpreis aufweisen, zum Kurs oder Marktpreis am Bilanzstichtag bewerten. Im Anhang muss auf diese Bewertung hingewiesen werden. Der Gesamtwert der entsprechenden Aktiven muss für Wertschriften und übrige Aktiven mit beobachtbarem Marktpreis je gesondert offengelegt werden.

² Werden Aktiven zum Börsenkurs oder zum Marktpreis am Bilanzstichtag bewertet, so darf eine Wertberichtigung zulasten der Erfolgsrechnung gebildet werden, um Schwankungen im Kursverlauf Rechnung zu tragen. Solche Wertberichtigungen sind jedoch nicht zulässig, wenn dadurch sowohl der Anschaffungswert als auch der allenfalls tiefere Kurswert unterschritten würden. Der Betrag der Schwankungsreserven ist insgesamt in der Bilanz oder im Anhang gesondert auszuweisen.

3. Vorräte und nicht fakturierte Dienstleistungen

Art. 960c ¹ Liegt in der Folgebewertung von Vorräten und nicht fakturierten Dienstleistungen der Veräusserungswert unter Berücksichtigung noch anfallender Kosten am Bilanzstichtag unter den Anschaffungs- oder Herstellungskosten, so muss dieser Wert eingesetzt werden.

² Als Vorräte gelten Rohmaterial, Erzeugnisse in Arbeit, fertige Erzeugnisse und Handelswaren.

4. Anlagevermögen

Art. 960d ¹ Als Anlagevermögen gelten Werte, die in der Absicht langfristiger Nutzung oder langfristigen Haltens erworben werden.

² Als langfristig gilt ein Zeitraum von mehr als zwölf Monaten.

³ Als Beteiligungen gelten Anteile am Kapital eines anderen Unternehmens, die langfristig gehalten werden und einen massgeblichen Einfluss vermitteln. Dieser wird vermutet, wenn die Anteile mindestens 20 Prozent der Stimmrechte gewähren.

III. Verbindlichkeiten

Art. 960e ¹ Verbindlichkeiten müssen zum Nennwert eingesetzt werden.

² Lassen vergangene Ereignisse einen Mittelabfluss in künftigen Geschäftsjahren erwarten, so müssen die voraussichtlich erforderlichen Rückstellungen zulasten der Erfolgsrechnung gebildet werden.

³ Rückstellungen dürfen zudem insbesondere gebildet werden für:
1. regelmässig anfallende Aufwendungen aus Garantieverpflichtungen;

2. Sanierungen von Sachanlagen;
3. Restrukturierungen;
4. die Sicherung des dauernden Gedeihens des Unternehmens.

⁴ Nicht mehr begründete Rückstellungen müssen nicht aufgelöst werden.

E. Zwischenabschluss

Art. 960f[788] ¹ Ein Zwischenabschluss ist nach den Vorschriften zur Jahresrechnung zu erstellen und enthält eine Bilanz, eine Erfolgsrechnung und einen Anhang. Die Vorschriften für grössere Unternehmen und Konzerne bleiben vorbehalten.

² Vereinfachungen oder Verkürzungen sind zulässig, sofern keine Beeinträchtigung der Darstellung des Geschäftsgangs entsteht. Es sind mindestens die Überschriften und Zwischensummen auszuweisen, die in der letzten Jahresrechnung enthalten sind. Zudem enthält der Anhang des Zwischenabschlusses die folgenden Angaben:
1. den Zweck des Zwischenabschlusses;
2. die Vereinfachungen und Verkürzungen, einschliesslich allfälliger Abweichungen von den für die letzte Jahresrechnung verwendeten Grundsätzen;
3. weitere Faktoren, welche die wirtschaftliche Lage des Unternehmens während der Berichtsperiode wesentlich beeinflusst haben, insbesondere Ausführungen zur Saisonalität.

³ Der Zwischenabschluss ist als solcher zu bezeichnen. Er ist vom Vorsitzenden des obersten Leitungs- oder Verwaltungsorgans und der innerhalb des Unternehmens für den Zwischenabschluss zuständigen Person zu unterzeichnen.

Dritter Abschnitt: Rechnungslegung für grössere Unternehmen

A. Zusätzliche Anforderungen an den Geschäftsbericht

Art. 961 Unternehmen, die von Gesetzes wegen zu einer ordentlichen Revision verpflichtet sind, müssen:
1. zusätzliche Angaben im Anhang der Jahresrechnung machen;
2. als Teil der Jahresrechnung eine Geldflussrechnung erstellen;
3. einen Lagebericht verfassen.

B. Zusätzliche Angaben im Anhang zur Jahresrechnung

Art. 961a Im Anhang der Jahresrechnung müssen zusätzlich Angaben gemacht werden:
1. zu den langfristigen verzinslichen Verbindlichkeiten, aufgeteilt nach Fälligkeit innerhalb von einem bis fünf Jahren und nach fünf Jahren;

---

[788] Eingefügt durch Ziff. I des BG vom 19. Juni 2020 (Aktienrecht), in Kraft seit 1. Jan. 2023 (AS 2020 4005; 2022 109; BBl 2017 399).

2. zum Honorar der Revisionsstelle je gesondert für Revisionsdienstleistungen und andere Dienstleistungen.

C. Geldflussrechnung

Art. 961b Die Geldflussrechnung stellt die Veränderung der flüssigen Mittel aus der Geschäftstätigkeit, der Investitionstätigkeit und der Finanzierungstätigkeit je gesondert dar.

D. Lagebericht

Art. 961c [1] Der Lagebericht stellt den Geschäftsverlauf und die wirtschaftliche Lage des Unternehmens sowie gegebenenfalls des Konzerns am Ende des Geschäftsjahres unter Gesichtspunkten dar, die in der Jahresrechnung nicht zum Ausdruck kommen.

[2] Der Lagebericht muss namentlich Aufschluss geben über:
1. die Anzahl Vollzeitstellen im Jahresdurchschnitt;
2. die Durchführung einer Risikobeurteilung;
3. die Bestellungs- und Auftragslage;
4. die Forschungs- und Entwicklungstätigkeit;
5. aussergewöhnliche Ereignisse;
6. die Zukunftsaussichten.

[3] Der Lagebericht darf der Darstellung der wirtschaftlichen Lage in der Jahresrechnung nicht widersprechen.

E. Erleichterungen[789]

Art. 961d [1] Auf die zusätzlichen Angaben im Anhang zur Jahresrechnung, die Geldflussrechnung und den Lagebericht kann verzichtet werden, wenn:
1. das Unternehmen einen Abschluss oder eine Konzernrechnung nach einem anerkannten Standard zur Rechnungslegung erstellt; oder
2. eine juristische Person, die das Unternehmen kontrolliert, eine Konzernrechnung nach einem anerkannten Standard zur Rechnungslegung erstellt.[790]

[2] Es können eine Rechnungslegung nach den Vorschriften dieses Abschnitts verlangen:
1. Gesellschafter, die mindestens 10 Prozent des Grundkapitals vertreten;
2. 10 Prozent der Genossenschafter oder 20 Prozent der Vereinsmitglieder;
3. jeder Gesellschafter oder jedes Mitglied, das einer persönlichen Haftung oder einer Nachschusspflicht unterliegt.

---

[789] Fassung gemäss Ziff. I des BG vom 19. Juni 2020 (Aktienrecht), in Kraft seit 1. Jan. 2023 (AS 2020 4005; 2022 109; BBl 2017 399).

[790] Fassung gemäss Ziff. I des BG vom 19. Juni 2020 (Aktienrecht), in Kraft seit 1. Jan. 2023 (AS 2020 4005; 2022 109; BBl 2017 399).

Vierter Abschnitt: Abschluss nach anerkanntem Standard zur Rechnungslegung

A. Im Allgemeinen

Art. 962 ¹ Es müssen zusätzlich zur Jahresrechnung nach diesem Titel einen Abschluss nach einem anerkannten Standard zur Rechnungslegung erstellen:
1. Gesellschaften, deren Beteiligungspapiere an einer Börse kotiert sind, wenn die Börse dies verlangt;
2. Genossenschaften mit mindestens 2000 Genossenschaftern;
3. Stiftungen, die von Gesetzes wegen zu einer ordentlichen Revision verpflichtet sind.

² Es können zudem einen Abschluss nach einem anerkannten Standard verlangen:
1. Gesellschafter, die mindestens 20 Prozent des Grundkapitals vertreten;
2. 10 Prozent der Genossenschafter oder 20 Prozent der Vereinsmitglieder;
3. Gesellschafter oder Mitglieder, die einer persönlichen Haftung oder einer Nachschusspflicht unterliegen.

³ Die Pflicht zur Erstellung eines Abschlusses nach einem anerkannten Standard entfällt, wenn eine Konzernrechnung nach einem anerkannten Standard erstellt wird.

⁴ Das oberste Leitungs- oder Verwaltungsorgan ist für die Wahl des anerkannten Standards zuständig, sofern die Statuten, der Gesellschaftsvertrag oder die Stiftungsurkunde keine anderslautenden Vorgaben enthalten oder das oberste Organ den anerkannten Standard nicht festlegt.

B. Anerkannte Standards zur Rechnungslegung

Art. 962a ¹ Wird ein Abschluss nach einem anerkannten Standard zur Rechnungslegung erstellt, so muss dieser im Abschluss angegeben werden.

² Der gewählte anerkannte Standard muss in seiner Gesamtheit und für den ganzen Abschluss übernommen werden.

³ Die Einhaltung des anerkannten Standards muss durch einen zugelassenen Revisionsexperten geprüft werden. Es ist eine ordentliche Revision des Abschlusses durchzuführen.

⁴ Der Abschluss nach einem anerkannten Standard muss dem obersten Organ anlässlich der Genehmigung der Jahresrechnung vorgelegt werden, bedarf aber keiner Genehmigung.

⁵ Der Bundesrat bezeichnet die anerkannten Standards. Er kann die Voraussetzungen festlegen, die für die Wahl eines Standards oder den Wechsel von einem Standard zum andern erfüllt sein müssen.

Fünfter Abschnitt: Konzernrechnung

A. Pflicht zur Erstellung

Art. 963 ¹ Kontrolliert eine rechnungslegungspflichtige juristische Person ein oder mehrere rechnungslegungspflichtige Unternehmen, so muss sie im Geschäftsbericht für die Gesamtheit der kontrollierten Unternehmen eine konsolidierte Jahresrechnung (Konzernrechnung) erstellen.

² Eine juristische Person kontrolliert ein anderes Unternehmen, wenn sie:
1. direkt oder indirekt über die Mehrheit der Stimmen im obersten Organ verfügt;
2. direkt oder indirekt über das Recht verfügt, die Mehrheit der Mitglieder des obersten Leitungs- oder Verwaltungsorgans zu bestellen oder abzuberufen; oder
3. aufgrund der Statuten, der Stiftungsurkunde, eines Vertrags oder vergleichbarer Instrumente einen beherrschenden Einfluss ausüben kann.

³ Ein nach Artikel 963b anerkannter Standard kann den Kreis der zu konsolidierenden Unternehmen definieren.

⁴ Vereine, Stiftungen und Genossenschaften können die Pflicht zur Erstellung einer Konzernrechnung an ein kontrolliertes Unternehmen übertragen, wenn das betreffende kontrollierte Unternehmen durch Stimmenmehrheit oder auf andere Weise sämtliche weiteren Unternehmen unter einheitlicher Leitung zusammenfasst und nachweist, dass es die Beherrschung tatsächlich ausübt.

B. Befreiung von der Pflicht zur Erstellung

Art. 963a ¹ Eine juristische Person ist von der Pflicht zur Erstellung einer Konzernrechnung befreit, wenn sie:
1. zusammen mit den kontrollierten Unternehmen zwei der nachstehenden Grössen in zwei aufeinander folgenden Geschäftsjahren nicht überschreitet:
   a. Bilanzsumme von 20 Millionen Franken,
   b. Umsatzerlös von 40 Millionen Franken,
   c. 250 Vollzeitstellen im Jahresdurchschnitt;
2. von einem Unternehmen kontrolliert wird, dessen Konzernrechnung nach schweizerischen oder gleichwertigen ausländischen Vorschriften erstellt und ordentlich geprüft worden ist; oder
3. die Pflicht zur Erstellung einer Konzernrechnung an ein kontrolliertes Unternehmen nach Artikel 963 Absatz 4 übertragen hat.

² Eine Konzernrechnung ist dennoch zu erstellen, wenn:
1. dies für eine möglichst zuverlässige Beurteilung der wirtschaftlichen Lage notwendig ist;

2.[791] Gesellschafter, die mindestens 20 Prozent des Grundkapitals vertreten, oder 10 Prozent der Genossenschafter oder 20 Prozent der Vereinsmitglieder dies verlangen;
3. ein Gesellschafter oder ein Vereinsmitglied, der oder das einer persönlichen Haftung oder einer Nachschusspflicht unterliegt, dies verlangt; oder
4. die Stiftungsaufsichtsbehörde dies verlangt.

³ Erfolgt die Rechnungslegung nicht in Franken, so ist zur Festlegung der Werte gemäss Absatz 1 Ziffer 1 für die Bilanzsumme der Umrechnungskurs zum Bilanzstichtag und für den Umsatzerlös der Jahresdurchschnittskurs massgebend.[792]

C. Anerkannte Standards zur Rechnungslegung

Art. 963b ¹ Die Konzernrechnung folgender Unternehmen muss nach einem anerkannten Standard zur Rechnungslegung erstellt werden:
1. Gesellschaften, deren Beteiligungspapiere an einer Börse kotiert sind, wenn die Börse dies verlangt;
2. Genossenschaften mit mindestens 2000 Genossenschaftern;
3. Stiftungen, die von Gesetzes wegen zu einer ordentlichen Revision verpflichtet sind.

² Artikel 962a Absätze 1–3 und 5 ist sinngemäss anwendbar.

³ Die Konzernrechnung von übrigen Unternehmen untersteht den Grundsätzen ordnungsmässiger Rechnungslegung. Im Anhang zur Konzernrechnung nennt das Unternehmen die Bewertungsregeln. Weicht es davon ab, so weist es im Anhang darauf hin und vermittelt in anderer Weise die für den Einblick in die Vermögens-, Finanzierungs- und Ertragslage des Konzerns nötigen Angaben.

⁴ Eine Konzernrechnung ist dennoch nach einem anerkannten Standard zur Rechnungslegung zu erstellen, wenn:
1. Gesellschafter, die mindestens 20 Prozent des Grundkapitals vertreten oder 10 Prozent der Genossenschafter oder 20 Prozent der Vereinsmitglieder dies verlangen;
2. ein Gesellschafter oder ein Vereinsmitglied, der oder das einer persönlichen Haftung oder einer Nachschusspflicht unterliegt, dies verlangt; oder
3. die Stiftungsaufsichtsbehörde dies verlangt.

---

791 Fassung gemäss Ziff. I des BG vom 19. Juni 2020 (Aktienrecht), in Kraft seit 1. Jan. 2023 (AS 2020 4005; 2022 109; BBl 2017 399).
792 Fassung gemäss Ziff. I des BG vom 19. Juni 2020 (Aktienrecht), in Kraft seit 1. Jan. 2023 (AS 2020 4005; 2022 109; BBl 2017 399).

Art. 964[793]

Sechster Abschnitt:[794] Transparenz über nichtfinanzielle Belange

A. Grundsatz

Art. 964a [1] Unternehmen erstatten jährlich einen Bericht über nichtfinanzielle Belange, wenn sie:
1. Gesellschaften des öffentlichen Interesses im Sinne von Artikel 2 Buchstabe c des Revisionsaufsichtsgesetzes vom 16. Dezember 2005[795] sind;
2. zusammen mit den von ihnen kontrollierten in- oder ausländischen Unternehmen, in zwei aufeinanderfolgenden Geschäftsjahren mindestens 500 Vollzeitstellen im Jahresdurchschnitt haben; und
3. zusammen mit den von ihnen kontrollierten in- oder ausländischen Unternehmen, mindestens eine der nachstehenden Grössen in zwei aufeinanderfolgenden Geschäftsjahren überschreiten:
   a. Bilanzsumme von 20 Millionen Franken,
   b. Umsatzerlös von 40 Millionen Franken.

[2] Von dieser Pflicht befreit sind Unternehmen, die von einem anderen Unternehmen kontrolliert werden:
1. für welches Absatz 1 anwendbar ist; oder
2. das einen gleichwertigen Bericht nach ausländischem Recht erstellen muss.

B. Zweck und Inhalt des Berichts

Art. 964b [1] Der Bericht über nichtfinanzielle Belange gibt Rechenschaft über Umweltbelange, insbesondere die CO_2-Ziele, über Sozialbelange, Arbeitnehmerbelange, die Achtung der Menschenrechte sowie die Bekämpfung der Korruption. Der Bericht enthält diejenigen Angaben, welche zum Verständnis des Geschäftsverlaufs, des Geschäftsergebnisses, der Lage des Unternehmens sowie der Auswirkungen seiner Tätigkeit auf diese Belange erforderlich sind.

[2] Der Bericht umfasst insbesondere:
1. eine Beschreibung des Geschäftsmodells;
2. eine Beschreibung der in Bezug auf die Belange gemäss Absatz 1 verfolgten Konzepte, einschliesslich der angewandten Sorgfaltsprüfung;

---

[793] Aufgehoben durch Ziff. I des BG vom 22. Dez. 1999, mit Wirkung seit 1. Juni 2002 (AS 2002 949; BBl 1999 5149).
[794] Eingefügt durch Ziff. I und III 1 des BG vom 19. Juni 2020 (Indirekter Gegenvorschlag zur Volksinitiative «Für verantwortungsvolle Unternehmen – zum Schutz von Mensch und Umwelt»), in Kraft seit 1. Jan. 2022 (AS 2021 846; BBl 2017 399). Siehe auch die UeB dieser Änd. am Schluss des Textes.
[795] SR 221.302

3. eine Darstellung der zur Umsetzung dieser Konzepte ergriffenen Massnahmen sowie eine Bewertung der Wirksamkeit dieser Massnahmen;
4. eine Beschreibung der wesentlichen Risiken im Zusammenhang mit den Belangen gemäss Absatz 1 sowie der Handhabung dieser Risiken durch das Unternehmen; massgebend sind Risiken:
   a. die sich aus der eigenen Geschäftstätigkeit des Unternehmens ergeben, und
   b. wenn dies relevant und verhältnismässig ist, die sich aus seinen Geschäftsbeziehungen, seinen Erzeugnissen oder seinen Dienstleistungen ergeben;
5. die für die Unternehmenstätigkeit wesentlichen Leistungsindikatoren in Bezug auf die Belange gemäss Absatz 1.

[3] Stützt sich der Bericht auf nationale, europäische oder internationale Regelwerke, wie insbesondere die Leitsätze der Organisation für wirtschaftliche Zusammenarbeit und Entwicklung (OECD), so ist das angewandte Regelwerk im Bericht zu nennen. Bei der Anwendung solcher Regelwerke ist sicherzustellen, dass alle Vorgaben dieses Artikels erfüllt sind. Nötigenfalls ist ein ergänzender Bericht zu verfassen.

[4] Kontrolliert ein Unternehmen allein oder zusammen mit anderen Unternehmen ein oder mehrere andere in- oder ausländische Unternehmen, so umfasst der Bericht alle diese Unternehmen.

[5] Verfolgt das Unternehmen in Bezug auf einen oder mehrere Belange gemäss Absatz 1 kein Konzept, so hat es dies im Bericht klar und begründet zu erläutern.

[6] Der Bericht ist in einer Landessprache oder auf Englisch abzufassen.

C. Genehmigung, Veröffentlichung, Führung und Aufbewahrung

Art. 964c [1] Der Bericht über nichtfinanzielle Belange bedarf der Genehmigung und Unterzeichnung durch das oberste Leitungs- oder Verwaltungsorgan sowie der Genehmigung des für die Genehmigung der Jahresrechnung zuständigen Organs.

[2] Das oberste Leitungs- oder Verwaltungsorgan stellt sicher, dass der Bericht:
1. umgehend nach der Genehmigung elektronisch veröffentlicht wird;
2. mindestens zehn Jahre lang öffentlich zugänglich bleibt.

[3] Für die Führung und Aufbewahrung der Berichte gilt Artikel 958*f* sinngemäss.

Siebter Abschnitt:[796] Transparenz bei Rohstoffunternehmen

A. Grundsatz

Art. 964d ¹ Unternehmen, die von Gesetzes wegen zu einer ordentlichen Revision verpflichtet und selber oder durch ein von ihnen kontrolliertes Unternehmen im Bereich der Gewinnung von Mineralien, Erdöl oder Erdgas oder des Einschlags von Holz in Primärwäldern tätig sind, müssen jährlich einen Bericht über die Zahlungen an staatliche Stellen verfassen.

² Hat das Unternehmen eine konsolidierte Jahresrechnung zu erstellen, so muss es einen konsolidierten Bericht über Zahlungen an staatliche Stellen verfassen (Konzernzahlungsbericht); dieser ersetzt die Berichterstattung der einzelnen Gesellschaften.

³ Ist das Unternehmen mit Sitz in der Schweiz in den von ihm oder einem anderen Unternehmen mit Sitz im Ausland nach schweizerischen oder gleichwertigen Vorschriften erstellten Konzernzahlungsbericht einbezogen, so muss es keinen separaten Bericht über Zahlungen an staatliche Stellen verfassen. Es muss jedoch im Anhang der Jahresrechnung angeben, bei welchem anderen Unternehmen es in den Bericht einbezogen wurde, und diesen Bericht veröffentlichen.

⁴ Die Gewinnung umfasst alle Unternehmenstätigkeiten auf den Gebieten der Exploration, Prospektion, Entdeckung, Erschliessung und Förderung von Mineralien, Erdöl- und Erdgasvorkommen und des Einschlags von Holz in Primärwäldern.

⁵ Als staatliche Stellen gelten nationale, regionale oder kommunale Behörden eines Drittlandes sowie von diesen Behörden kontrollierte Abteilungen oder Unternehmen.

B. Arten von Leistungen

Art. 964e ¹ Die Zahlungen an staatliche Stellen können in Geld- oder Sachleistungen bestehen. Sie umfassen insbesondere folgende Arten von Leistungen:
1. Zahlungen für Produktionsansprüche;
2. Steuern auf der Produktion, den Erträgen oder Gewinnen von Unternehmen, ausgenommen Mehrwert- oder Umsatzsteuern und andere Steuern auf dem Verbrauch;
3. Nutzungsentgelte;
4. Dividenden, ausgenommen die an eine staatliche Stelle als Gesellschafterin dieses Unternehmens gezahlten Dividenden, solange diese unter denselben Bedingungen an die staatliche Stelle wie an die anderen Gesellschafter gezahlt werden;

---

[796] Ursprünglich: Sechster Abschnitt und Art. 964a–964f. Eingefügt durch Ziff. I des BG vom 19. Juni 2020 (Aktienrecht), in Kraft seit 1. Jan. 2021 (AS 2020 4005; BBl 2017 399). Siehe auch Art. 7 der UeB dieser Änd. am Schluss des Textes.

5. Unterzeichnungs-, Entdeckungs- und Produktionsboni;
6. Lizenz-, Miet- und Zugangsgebühren oder sonstige Gegenleistungen für Bewilligungen oder Konzessionen;
7. Zahlungen für die Verbesserung der Infrastruktur.

² Bei Sachleistungen sind Gegenstand, Wert, Bewertungsmethode und gegebenenfalls Umfang anzugeben.

C. Form und Inhalt des Berichts

Art. 964f ¹ Der Bericht über Zahlungen an staatliche Stellen erstreckt sich nur auf Zahlungen, die sich aus der Geschäftstätigkeit in der mineral-, erdöl- oder erdgasgewinnenden Industrie oder auf dem Gebiet des Holzeinschlags in Primärwäldern ergeben.

² Er umfasst alle Zahlungen von mindestens 100 000 Franken pro Geschäftsjahr an staatliche Stellen, und zwar sowohl Einzelzahlungen wie auch Zahlungen in mehreren Teilbeträgen, die zusammen mindestens 100 000 Franken erreichen.

³ Anzugeben ist der Betrag der Zahlungen, die insgesamt und aufgeschlüsselt nach Art der Leistung an jede staatliche Stelle und an jedes Projekt geleistet werden.

⁴ Der Bericht ist schriftlich in einer Landessprache oder in Englisch abzufassen und vom obersten Leitungs- oder Verwaltungsorgan zu genehmigen.

D. Veröffentlichung

Art. 964g ¹ Der Bericht über Zahlungen an staatliche Stellen ist innerhalb von sechs Monaten nach Ablauf des Geschäftsjahres elektronisch zu veröffentlichen.

² Er muss mindestens zehn Jahre lang öffentlich zugänglich sein.

³ Der Bundesrat kann Vorschriften zur Struktur der im Bericht verlangten Daten erlassen.

E. Führung und Aufbewahrung

Art. 964h Für die Führung und die Aufbewahrung des Berichts über Zahlungen an staatliche Stellen gilt Artikel 958*f* entsprechend.

F. Ausdehnung des Anwendungsbereichs

Art. 964i Der Bundesrat kann im Rahmen eines international abgestimmten Vorgehens festlegen, dass die Verpflichtungen nach den Artikeln 964*d*–964*h* auch auf Unternehmen Anwendung finden, die mit Rohstoffen handeln.

Achter Abschnitt:[797] Sorgfaltspflichten und Transparenz bezüglich Mineralien und Metallen aus Konfliktgebieten und Kinderarbeit

A. Grundsatz

Art. 964j [1] Unternehmen, deren Sitz, Hauptverwaltung oder Hauptniederlassung sich in der Schweiz befindet, müssen in der Lieferkette Sorgfaltspflichten einhalten und darüber Bericht erstatten, wenn sie:
1. Zinn, Tantal, Wolfram oder Gold enthaltende Mineralien oder Metalle aus Konflikt- und Hochrisikogebieten in den freien Verkehr der Schweiz überführen oder in der Schweiz bearbeiten; oder
2. Produkte oder Dienstleistungen anbieten, bei denen ein begründeter Verdacht besteht, dass sie unter Einsatz von Kinderarbeit hergestellt oder erbracht wurden.

[2] Der Bundesrat legt jährliche Einfuhrmengen von Mineralien und Metallen fest, bis zu denen ein Unternehmen von der Sorgfalts- und Berichterstattungspflicht befreit ist.

[3] Er legt fest, unter welchen Voraussetzungen kleine und mittlere Unternehmen sowie Unternehmen mit geringen Risiken im Bereich Kinderarbeit nicht prüfen müssen, ob ein begründeter Verdacht auf Kinderarbeit besteht.

[4] Er legt fest, unter welchen Voraussetzungen die Unternehmen von den Sorgfalts- und Berichterstattungspflichten ausgenommen sind, die sich an ein international anerkanntes gleichwertiges Regelwerk, wie insbesondere die Leitsätze der OECD, halten.

B. Sorgfaltspflichten

Art. 964k [1] Die Unternehmen führen ein Managementsystem und legen darin Folgendes fest:
1. die Lieferkettenpolitik für möglicherweise aus Konflikt- und Hochrisikogebieten stammende Mineralien und Metalle;
2. die Lieferkettenpolitik für Produkte oder Dienstleistungen, bei denen ein begründeter Verdacht auf Kinderarbeit besteht;
3. ein System, mit dem die Lieferkette zurückverfolgt werden kann.

[2] Sie ermitteln und bewerten die Risiken schädlicher Auswirkungen in ihrer Lieferkette. Sie erstellen einen Risikomanagementplan und treffen Massnahmen zur Minimierung der festgestellten Risiken.

[3] Sie lassen die Einhaltung der Sorgfaltspflichten bezüglich der Mineralien und Metalle durch eine unabhängige Fachperson prüfen.

---

[797] Eingefügt durch Ziff. I und III 1 des BG vom 19. Juni 2020 (Indirekter Gegenvorschlag zur Volksinitiative «Für verantwortungsvolle Unternehmen – zum Schutz von Mensch und Umwelt»), in Kraft seit 1. Jan. 2022 (AS 2021 846; BBl 2017 399). Siehe auch die UeB dieser Änd. am Schluss des Textes.

⁴ Der Bundesrat erlässt die näheren Vorschriften; er orientiert sich dabei an international anerkannten Regelwerken, wie insbesondere den Leitsätzen der OECD.

C. Berichterstattung

Art. 964l ¹ Das oberste Leitungs- oder Verwaltungsorgan erstattet jährlich Bericht über die Erfüllung der Sorgfaltspflichten.

² Der Bericht ist in einer Landessprache oder auf Englisch abzufassen.

³ Das oberste Leitungs- oder Verwaltungsorgan stellt sicher, dass der Bericht:
1. innerhalb von sechs Monaten seit Ablauf des Geschäftsjahres elektronisch veröffentlicht wird;
2. mindestens zehn Jahre lang öffentlich zugänglich bleibt.

⁴ Für die Führung und Aufbewahrung der Berichte gilt Artikel 958*f* sinngemäss.

⁵ Unternehmen, die Produkte und Dienstleistungen von Unternehmen anbieten, die einen Bericht verfasst haben, müssen für diese Produkte und Dienstleistungen selber keinen Bericht erstellen.

Fünfte Abteilung:[798] Die Wertpapiere

Dreiunddreissigster Titel: Die Namen-, Inhaber- und Ordrepapiere

Erster Abschnitt: Allgemeine Bestimmungen

A. Begriff des Wertpapiers

Art. 965 Wertpapier ist jede Urkunde, mit der ein Recht derart verknüpft ist, dass es ohne die Urkunde weder geltend gemacht noch auf andere übertragen werden kann.

B. Verpflichtung aus dem Wertpapier

Art. 966 ¹ Der Schuldner aus einem Wertpapier ist nur gegen Aushändigung der Urkunde zu leisten verpflichtet.

² Der Schuldner wird durch eine bei Verfall erfolgte Leistung an den durch die Urkunde ausgewiesenen Gläubiger befreit, wenn ihm nicht Arglist oder grobe Fahrlässigkeit zur Last fällt.

C. Übertragung des Wertpapiers
I. Allgemeine Form

Art. 967 ¹ Zur Übertragung des Wertpapiers zu Eigentum oder zu einem beschränkten dinglichen Recht bedarf es in allen Fällen der Übertragung des Besitzes an der Urkunde.

---

798 Fassung gemäss BG vom 18. Dez. 1936, in Kraft seit 1. Juli 1937 (AS 53 185; BBl 1928 I 205, 1932 I 217). Siehe die Schl- und UeB zu den Tit. XXIV–XXXIII am Schluss des OR.

² Bei Ordrepapieren bedarf es überdies der Indossierung, bei Namenpapieren einer schriftlichen Erklärung, die nicht auf das Wertpapier selbst gesetzt werden muss.

³ Durch Gesetz oder Vertrag kann für die Übertragung die Mitwirkung anderer Personen, wie namentlich des Schuldners, vorgeschrieben werden.

II. Indossierung
1. Form

Art. 968 ¹ Die Indossierung erfolgt in allen Fällen nach den Vorschriften über den Wechsel.

² Das ausgefüllte Indossament gilt in Verbindung mit der Übergabe der Urkunde als genügende Form der Übertragung.

2. Wirkung

Art. 969 Mit der Indossierung und der Übergabe der indossierten Urkunde gehen bei allen übertragbaren Wertpapieren, soweit sich aus dem Inhalt oder der Natur der Urkunde nicht etwas anderes ergibt, die Rechte des Indossanten auf den Erwerber über.

D. Umwandlung

Art. 970 ¹ Ein Namen- oder Ordrepapier kann nur mit Zustimmung aller berechtigten und verpflichteten Personen in ein Inhaberpapier umgewandelt werden. Diese Zustimmung ist auf der Urkunde selbst zu erklären.

² Der gleiche Grundsatz gilt für die Umwandlung von Inhaberpapieren in Namen- oder Ordrepapiere. Fehlt in diesem Falle die Zustimmung einer der berechtigten oder verpflichteten Personen, so ist die Umwandlung wirksam, jedoch nur zwischen dem Gläubiger, der sie vorgenommen hat, und seinem unmittelbaren Rechtsnachfolger.

E. Kraftloserklärung
I. Geltendmachung

Art. 971 ¹ Wird ein Wertpapier vermisst, so kann es durch das Gericht[799] kraftlos erklärt werden.

² Die Kraftloserklärung kann verlangen, wer zur Zeit des Verlustes oder der Entdeckung des Verlustes an dem Papier berechtigt ist.

II. Verfahren. Wirkung

Art. 972 ¹ Nach der Kraftloserklärung kann der Berechtigte sein Recht auch ohne die Urkunde geltend machen oder die Ausstellung einer neuen Urkunde verlangen.

² Im übrigen kommen für das Verfahren und die Wirkung der Kraftloserklärung die bei den einzelnen Arten von Wertpapieren aufgestellten Bestimmungen zur Anwendung.

---

[799] Ausdruck gemäss Ziff. I des BG vom 19. Juni 2020 (Aktienrecht), in Kraft seit 1. Jan. 2023 (AS 2020 4005; 2022 109; BBl 2017 399). Diese Änd. wurde in der in der AS genannten Bestimmungen vorgenommen.

F. Besondere Vorschriften

Art. 973 Die besondern Vorschriften über die Wertpapiere, wie namentlich über den Wechsel, den Check und die Pfandtitel, bleiben vorbehalten.

G. Sammelverwahrung, Globalurkunde und einfache Wertrechte[801]

Art. 973a[800] ¹ Der Aufbewahrer ist befugt, vertretbare Wertpapiere mehrerer Hinterleger ungetrennt zu verwahren, es sei denn, ein Hinterleger verlangt ausdrücklich die gesonderte Verwahrung seiner Wertpapiere.

² Werden vertretbare Wertpapiere einem Aufbewahrer zur Sammelverwahrung anvertraut, so erwirbt der Hinterleger mit der Einlieferung beim Aufbewahrer Miteigentum nach Bruchteilen an den zum Sammelbestand gehörenden Wertpapieren gleicher Gattung. Für die Bestimmung des Bruchteils ist der Nennwert, bei Wertpapieren ohne Nennwert die Stückzahl massgebend.

³ Der Hinterleger hat einen jederzeitigen, von der Mitwirkung oder Zustimmung der anderen Hinterleger unabhängigen Anspruch auf Herausgabe von Wertpapieren aus dem Sammelbestand im Umfang seines Bruchteils.

II. Globalurkunde

Art. 973b[802] ¹ Der Schuldner kann Globalurkunden ausgeben oder mehrere vertretbare Wertpapiere, die einem einzigen Aufbewahrer anvertraut sind, durch eine Globalurkunde ersetzen, sofern die Ausgabebedingungen oder die Gesellschaftsstatuten dies vorsehen oder die Hinterleger dazu ihre Zustimmung erteilt haben.

² Die Globalurkunde ist ein Wertpapier gleicher Art wie die durch sie verkörperten Einzelrechte. Sie steht im Miteigentum der daran beteiligten Hinterleger, und zwar im Verhältnis ihrer Beteiligung. Für die Stellung und die Rechte der Miteigentümer an der Globalurkunde gilt Artikel 973*a* Absatz 2 sinngemäss.

III. Einfache Wertrechte[804]

Art. 973c[803] ¹ Der Schuldner kann einfache Wertrechte ausgeben oder vertretbare Wertpapiere oder Globalurkunden, die einem einzigen Aufbewahrer anvertraut sind, durch einfache Wertrechte

---

800 Eingefügt durch Anhang Ziff. 3 des Bucheffektengesetzes vom 3. Okt. 2008, in Kraft seit 1. Jan. 2010 (AS 2009 3577; BBl 2006 9315).
801 Fassung gemäss Ziff. I 1 des BG vom 25. Sept. 2020 zur Anpassung des Bundesrechts an Entwicklungen der Technik verteilter elektronischer Register, in Kraft seit 1. Febr. 2021 (AS 2021 33; BBl 2020 233).
802 Eingefügt durch Anhang Ziff. 3 des Bucheffektengesetzes vom 3. Okt. 2008, in Kraft seit 1. Jan. 2010 (AS 2009 3577; BBl 2006 9315).
803 Eingefügt durch Anhang Ziff. 3 des Bucheffektengesetzes vom 3. Okt. 2008, in Kraft seit 1. Jan. 2010 (AS 2009 3577; BBl 2006 9315).
804 Fassung gemäss Ziff. I 1 des BG vom 25. Sept. 2020 zur Anpassung des Bundesrechts an Entwicklungen der Technik verteilter elektronischer Register, in Kraft seit 1. Febr. 2021 (AS 2021 33; BBl 2020 233).

ersetzen, sofern die Ausgabebedingungen oder seine Statuten dies vorsehen oder die Hinterleger dazu ihre Zustimmung erteilt haben.[805]

² Der Schuldner führt über die von ihm ausgegebenen Wertrechte ein Buch, in das die Anzahl und Stückelung der ausgegebenen Wertrechte sowie die Gläubiger einzutragen sind. Das Buch ist nicht öffentlich.

³ Die Wertrechte entstehen mit Eintragung in das Buch und bestehen nur nach Massgabe dieser Eintragung.

⁴ Zur Übertragung von Wertrechten bedarf es einer schriftlichen Abtretungserklärung. Ihre Verpfändung richtet sich nach den Vorschriften über das Pfandrecht an Forderungen.

H. Registerwertrechte
I. Errichtung

Art. 973d[806] ¹ Ein Registerwertrecht ist ein Recht, das gemäss einer Vereinbarung der Parteien:
1. in einem Wertrechteregister gemäss Absatz 2 eingetragen ist; und
2. nur über dieses Wertrechteregister geltend gemacht und auf andere übertragen werden kann.

² Das Wertrechteregister muss die folgenden Anforderungen erfüllen:
1. Es vermittelt den Gläubigern, nicht aber dem Schuldner, mittels technischer Verfahren die Verfügungsmacht über ihre Rechte.
2. Seine Integrität ist geschützt, indem es durch angemessene technische und organisatorische Massnahmen, wie die gemeinsame Verwaltung durch mehrere voneinander unabhängige Beteiligte, gegen unbefugte Veränderungen geschützt ist.
3. Der Inhalt der Rechte, die Funktionsweise des Registers und die Registrierungsvereinbarung sind im Register oder in damit verknüpften Begleitdaten festgehalten.
4. Die Gläubiger können die sie betreffenden Informationen und Registereinträge einsehen sowie die Integrität des sie betreffenden Registerinhalts ohne Zutun Dritter überprüfen.

³ Der Schuldner hat sicherzustellen, dass das Wertrechteregister dessen Zweck entsprechend organisiert ist. Insbesondere ist sicherzustellen, dass das Register jederzeit gemäss Registrierungsvereinbarung funktioniert.

II. Wirkungen

Art. 973e[807] ¹ Der Schuldner aus einem Registerwertrecht ist nur an den durch das Wertrechteregister ausgewiesenen Gläubiger sowie

---

805 Fassung gemäss Ziff. I 1 des BG vom 25. Sept. 2020 zur Anpassung des Bundesrechts an Entwicklungen der Technik verteilter elektronischer Register, in Kraft seit 1. Febr. 2021 (AS 2021 33; BBl 2020 233).
806 Eingefügt durch Ziff. I 1 des BG vom 25. Sept. 2020 zur Anpassung des Bundesrechts an Entwicklungen der Technik verteilter elektronischer Register, in Kraft seit 1. Febr. 2021 (AS 2021 33; BBl 2020 233).
807 Eingefügt durch Ziff. I 1 des BG vom 25. Sept. 2020 zur Anpassung des Bundesrechts an Entwicklungen der Technik verteilter elektronischer Register, in Kraft seit 1. Febr. 2021 (AS 2021 33; BBl 2020 233).

gegen entsprechende Anpassung des Registers zu leisten berechtigt und verpflichtet.

² Er wird durch eine bei Verfall erfolgte Leistung an den durch das Wertrechteregister ausgewiesenen Gläubiger befreit, auch wenn der ausgewiesene nicht der tatsächliche Gläubiger ist, wenn dem Schuldner nicht Arglist oder grobe Fahrlässigkeit zur Last fällt.

³ Wer in einem Wertrechteregister vom dort ausgewiesenen Gläubiger ein Registerwertrecht erworben hat, ist in seinem Erwerb zu schützen, auch wenn der Veräusserer zur Verfügung nicht befugt war, es sei denn, der Erwerber handelte beim Erwerb bösgläubig oder grobfahrlässig.

⁴ Der Schuldner kann der Forderung aus einem Registerwertrecht nur Einreden entgegensetzen, die:
1. entweder gegen die Gültigkeit der Registrierung gerichtet sind oder aus dem Wertrechteregister oder dessen Begleitdaten selbst hervorgehen;
2. ihm persönlich gegen den aktuellen Gläubiger des Registerwertrechts zustehen; oder
3. sich auf die unmittelbare Beziehung des Schuldners zu einem früheren Gläubiger des Registerwertrechts gründen, wenn der aktuelle Gläubiger bei dem Erwerb des Registerwertrechts bewusst zum Nachteil des Schuldners gehandelt hat.

III. Übertragung

Art. 973f[808] ¹ Die Übertragung des Registerwertrechts untersteht den Regeln der Registrierungsvereinbarung.

² Wird über den Gläubiger eines Registerwertrechts der Konkurs eröffnet, die Pfändung vollzogen oder die Nachlassstundung bewilligt, so sind seine Verfügungen über Registerwertrechte rechtlich verbindlich und Dritten gegenüber wirksam, wenn sie:
1. vorgängig eingebracht wurden;
2. nach den Regeln des Wertrechteregisters oder eines anderen Handelssystems unwiderruflich wurden; sowie
3. innerhalb von 24 Stunden tatsächlich in das Wertrechteregister eingetragen wurden.

³ Steht in Bezug auf dasselbe Recht dem gutgläubigen Empfänger eines Wertpapiers ein gutgläubiger Empfänger des Registerwertrechts gegenüber, so geht der Erste dem Letzteren vor.

---

808 Eingefügt durch Ziff. I 1 des BG vom 25. Sept. 2020 zur Anpassung des Bundesrechts an Entwicklungen der Technik verteilter elektronischer Register, in Kraft seit 1. Febr. 2021 (AS 2021 33; BBl 2020 233).

IV. Sicherheiten	**Art. 973g**[809] [1] Eine Sicherheit kann auch ohne Übertragung des Registerwertrechts errichtet werden, wenn:

1. die Sicherheit im Wertrechteregister ersichtlich ist; und
2. gewährleistet ist, dass ausschliesslich der Sicherungsnehmer im Falle der Nichtbefriedigung über das Registerwertrecht verfügen kann.

[2] Im Übrigen richtet sich:
1. das Retentionsrecht an Registerwertrechten nach den für Wertpapiere geltenden Bestimmungen über das Retentionsrecht (Art. 895–898 ZGB[810]);
2. das Pfandrecht an Registerwertrechten nach den für Wertpapiere geltenden Bestimmungen über das Pfandrecht an Forderungen und anderen Rechten (Art. 899–906 ZGB).

V. Kraftloserklärung	**Art. 973h**[811] [1] Der an einem Registerwertrecht Berechtigte kann verlangen, dass das Gericht das Registerwertrecht kraftlos erklärt, sofern er seine ursprüngliche Verfügungsmacht sowie deren Verlust glaubhaft macht. Nach der Kraftloserklärung kann er sein Recht auch ausserhalb des Registers geltend machen oder auf seine Kosten vom Schuldner die Zuteilung eines neuen Registerwertrechts verlangen. Im Übrigen sind für das Verfahren und die Wirkung der Kraftloserklärung die Artikel 982–986 sinngemäss anwendbar.

[2] Die Parteien können eine vereinfachte Kraftloserklärung durch Herabsetzung der Zahl der öffentlichen Aufforderungen oder durch Verkürzung der Fristen vorsehen.

VI. Information und Haftung	**Art. 973i**[812] [1] Der Schuldner aus einem Registerwertrecht oder einem Recht, das als solches angeboten wird, hat jedem Erwerber bekannt zu geben:

1. den Inhalt des Wertrechts;
2. die Funktionsweise des Wertrechteregisters sowie die Massnahmen zum Schutz des Funktionierens und der Integrität des Wertrechteregisters nach Artikel 973*d* Absätze 2 und 3.

[2] Er haftet für den Schaden, der dem Erwerber durch unrichtige, irreführende oder den gesetzlichen Anforderungen nicht entsprechende Angaben entsteht, sofern er nicht nachweist, dass er die erforderliche Sorgfalt angewendet hat.

---

[809] Eingefügt durch Ziff. I 1 des BG vom 25. Sept. 2020 zur Anpassung des Bundesrechts an Entwicklungen der Technik verteilter elektronischer Register, in Kraft seit 1. Febr. 2021 (AS 2021 33; BBl 2020 233).
[810] SR 210
[811] Eingefügt durch Ziff. I 1 des BG vom 25. Sept. 2020 zur Anpassung des Bundesrechts an Entwicklungen der Technik verteilter elektronischer Register, in Kraft seit 1. Febr. 2021 (AS 2021 33; BBl 2020 233).
[812] Eingefügt durch Ziff. I 1 des BG vom 25. Sept. 2020 zur Anpassung des Bundesrechts an Entwicklungen der Technik verteilter elektronischer Register, in Kraft seit 1. Febr. 2021 (AS 2021 33; BBl 2020 233).

³ Vereinbarungen, welche diese Haftung beschränken oder wegbedingen, sind nichtig.

Zweiter Abschnitt: Die Namenpapiere

A. Begriff

Art. 974 Ein Wertpapier gilt als Namenpapier, wenn es auf einen bestimmten Namen lautet und weder an Ordre gestellt noch gesetzlich als Ordrepapier erklärt ist.

B. Ausweis über das Gläubigerrecht
I. In der Regel

Art. 975 ¹ Der Schuldner ist nur demjenigen zu leisten verpflichtet, der Inhaber der Urkunde ist und der sich als die Person oder als Rechtsnachfolger der Person ausweist, auf welche die Urkunde lautet.

² Leistet der Schuldner ohne diesen Ausweis, so wird er gegenüber einem Dritten, der seine Berechtigung nachweist, nicht befreit.

II. Beim hinkenden Inhaberpapier

Art. 976 Hat sich der Schuldner im Namenpapier das Recht vorbehalten, jedem Inhaber der Urkunde leisten zu dürfen, so wird er durch die in gutem Glauben erfolgte Leistung an den Inhaber befreit, auch wenn er den Ausweis über das Gläubigerrecht nicht verlangt hat; er ist indessen nicht verpflichtet, an den Inhaber zu leisten.

C. Kraftloserklärung

Art. 977 ¹ Die Namenpapiere werden, wenn keine besondern Vorschriften aufgestellt sind, nach den für die Inhaberpapiere geltenden Bestimmungen kraftlos erklärt.

² Der Schuldner kann in der Urkunde eine vereinfachte Kraftloserklärung durch Herabsetzung der Zahl der öffentlichen Aufforderungen oder durch Verkürzung der Fristen vorsehen, oder sich das Recht vorbehalten, auch ohne Vorweisung der Urkunde und ohne Kraftloserklärung gültig zu leisten, wenn der Gläubiger die Entkräftung des Schuldscheins und die Tilgung der Schuld in einer öffentlichen oder beglaubigten Urkunde ausspricht.

Dritter Abschnitt: Die Inhaberpapiere

A. Begriff

Art. 978 ¹ Ein Wertpapier gilt als Inhaberpapier, wenn aus dem Wortlaut oder der Form der Urkunde ersichtlich ist, dass der jeweilige Inhaber als Berechtigter anerkannt wird.

² Der Schuldner darf jedoch nicht mehr bezahlen, wenn ein gerichtliches oder polizeiliches Zahlungsverbot an ihn erlassen worden ist.

B. Einreden des Schuldners **I. Im Allgemeinen**	**Art. 979** [1] Der Schuldner kann der Forderung aus einem Inhaberpapier nur solche Einreden entgegensetzen, die entweder gegen die Gültigkeit der Urkunde gerichtet sind oder aus der Urkunde selbst hervorgehen, sowie solche, die ihm persönlich gegen den jeweiligen Gläubiger zustehen. [2] Einreden, die sich auf die unmittelbaren Beziehungen des Schuldners zu einem früheren Inhaber gründen, sind zulässig, wenn der Inhaber bei dem Erwerb der Urkunde bewusst zum Nachteil des Schuldners gehandelt hat. [3] Ausgeschlossen ist die Einrede, dass die Urkunde wider den Willen des Schuldners in den Verkehr gelangt sei.
II. Bei Inhaberzinscoupons	**Art. 980** [1] Gegen die Forderung aus Inhaberzinscoupons kann der Schuldner die Einrede, dass die Kapitalschuld getilgt sei, nicht erheben. [2] Der Schuldner ist aber berechtigt, bei Bezahlung der Kapitalschuld den Betrag der erst in Zukunft verfallenden Inhaberzinscoupons, die ihm nicht mit dem Haupttitel abgeliefert werden, bis nach Ablauf der für diese Coupons geltenden Verjährungsfrist zurückzubehalten, es sei denn, dass die nicht abgelieferten Coupons kraftlos erklärt worden sind oder dass deren Betrag sichergestellt wird.
C. Kraftloserklärung **I. Im Allgemeinen** **1. Begehren**[813]	**Art. 981** [1] Inhaberpapiere, wie Aktien, Obligationen, Genussscheine, Couponsbogen, Bezugsscheine für Couponsbogen, jedoch mit Ausschluss einzelner Coupons, werden auf Begehren des Berechtigten durch das Gericht kraftlos erklärt. [2] ...[814] [3] Der Gesuchsteller hat den Besitz und Verlust der Urkunde glaubhaft zu machen. [4] Ist dem Inhaber eines mit Couponsbogen oder Bezugsschein versehenen Papiers bloss der Couponsbogen oder Bezugsschein abhanden gekommen, so genügt zur Begründung des Begehrens die Vorzeigung des Haupttitels.
2. Zahlungsverbot	**Art. 982** [1] Dem aus dem Wertpapier Verpflichteten kann auf Verlangen des Gesuchstellers die Einlösung unter Hinweis auf die Gefahr doppelter Zahlung verboten werden.

---

813 Fassung gemäss Anhang Ziff. 5 des Gerichtsstandsgesetzes vom 24. März 2000, in Kraft seit 1. Jan. 2001 (AS 2000 2355; BBl 1999 III 2829).
814 Aufgehoben durch Anhang Ziff. 5 des Gerichtsstandsgesetzes vom 24. März 2000, mit Wirkung seit 1. Jan. 2001 (AS 2000 2355; BBl 1999 III 2829).

² Soll ein Couponsbogen kraftlos erklärt werden, so findet auf die während des Verfahrens verfallenden einzelnen Coupons die Bestimmung über die Kraftloserklärung der Zinscoupons entsprechende Anwendung.

3. Aufgebot, Anmeldungsfrist

Art. 983 Erachtet der Richter die Darstellung des Gesuchstellers über seinen frühern Besitz und über den Verlust der Urkunde für glaubhaft, so fordert er durch öffentliche Bekanntmachung den unbekannten Inhaber auf, das Wertpapier innerhalb bestimmter Frist vorzulegen, widrigenfalls die Kraftloserklärung ausgesprochen werde. Die Frist ist auf mindestens sechs Monate festzusetzen; sie läuft vom Tage der ersten Bekanntmachung an.

4. Art der Bekanntmachung

Art. 984 ¹ Die Aufforderung zur Vorlegung der Urkunde ist im Schweizerischen Handelsamtsblatt zu veröffentlichen.[815]

² In besonderen Fällen kann das Gericht noch in anderer Weise für angemessene Veröffentlichung sorgen.

5. Wirkung
a. Bei Vorlegung der Urkunde

Art. 985 ¹ Wird das abhanden gekommene Inhaberpapier vorgelegt, so setzt das Gericht dem Gesuchsteller Frist zur Anhebung der Klage auf Herausgabe der Urkunde.

² Klagt der Gesuchsteller nicht binnen dieser Frist, so gibt das Gericht die Urkunde zurück und hebt das Zahlungsverbot auf.

b. Bei Nichtvorlegung

Art. 986 ¹ Wird das abhanden gekommene Inhaberpapier innert der angesetzten Frist nicht vorgelegt, so kann das Gericht die Urkunde kraftlos erklären oder je nach Umständen weitere Anordnungen treffen.

² Die Kraftloserklärung eines Inhaberpapiers ist sofort im Schweizerischen Handelsamtsblatt, nach Ermessen des Gerichts auch anderweitig zu veröffentlichen.

³ Nach der Kraftloserklärung ist der Gesuchsteller berechtigt, auf seine Kosten die Ausfertigung einer neuen Urkunde oder die Erfüllung der fälligen Leistung zu fordern.

II. Bei Coupons im besondern

Art. 987 ¹ Sind einzelne Coupons abhanden gekommen, so hat das Gericht auf Begehren des Berechtigten zu verfügen, dass der Betrag bei Verfall oder, sofern der Coupon bereits verfallen ist, sofort gerichtlich hinterlegt werde.

---

815 Fassung gemäss Ziff. I des BG vom 19. Juni 2020 (Aktienrecht), in Kraft seit 1. Jan. 2023 (AS 2020 4005; 2022 109; BBl 2017 399).

² Nach Ablauf von drei Jahren seit dem Verfalltage ist, wenn sich inzwischen kein Berechtigter gemeldet hat, der Betrag nach Verfügung des Gerichts an den Gesuchsteller herauszugeben.

III. Bei Banknoten und ähnlichen Papieren

Art. 988 Bei Banknoten und andern in grösserer Anzahl ausgegebenen, auf Sicht zahlbaren Inhaberpapieren, die zum Umlauf als Ersatzmittel für Geld bestimmt sind und auf feste Beträge lauten, findet eine Kraftloserklärung nicht statt.

D. Schuldbrief

Art. 989[816] Vorbehalten bleiben die besondern Bestimmungen über den Schuldbrief, der auf den Inhaber lautet.

Vierter Abschnitt: Der Wechsel

A. Wechselfähigkeit

Art. 990

Wer sich durch Verträge verpflichten kann, ist wechselfähig.

B. Gezogener Wechsel

I. Ausstellung und Form des gezogenen Wechsels

1. Erfordernisse

Art. 991 Der gezogene Wechsel enthält:
1. die Bezeichnung als Wechsel im Texte der Urkunde, und zwar in der Sprache, in der sie ausgestellt ist;
2. die unbedingte Anweisung, eine bestimmte Geldsumme zu zahlen;
3. den Namen dessen, der zahlen soll (Bezogener);
4. die Angabe der Verfallzeit;
5. die Angabe des Zahlungsortes;
6. den Namen dessen, an den oder an dessen Ordre gezahlt werden soll;
7. die Angabe des Tages und des Ortes der Ausstellung;
8. die Unterschrift des Ausstellers.

2. Fehlen von Erfordernissen

Art. 992 ¹ Eine Urkunde, der einer der im vorstehenden Artikel bezeichneten Bestandteile fehlt, gilt nicht als gezogener Wechsel, vorbehaltlich der in den folgenden Absätzen bezeichneten Fälle.

² Ein Wechsel ohne Angabe der Verfallzeit gilt als Sichtwechsel.

---

816 Fassung gemäss Ziff. II 2 des BG vom 11. Dez. 2009 (Register-Schuldbrief und weitere Änderungen im Sachenrecht), in Kraft seit 1. Jan. 2012 (AS 2011 4637; BBl 2007 5283).

³ Mangels einer besonderen Angabe gilt der bei dem Namen des Bezogenen angegebene Ort als Zahlungsort und zugleich als Wohnort des Bezogenen.

⁴ Ein Wechsel ohne Angabe des Ausstellungsortes gilt als ausgestellt an dem Orte, der bei dem Namen des Ausstellers angegeben ist.

3. Arten

Art. 993 ¹ Der Wechsel kann an die eigene Ordre des Ausstellers lauten.

² Er kann auf den Aussteller selbst gezogen werden.

³ Er kann für Rechnung eines Dritten gezogen werden.

4. Zahlstellen. Domizilwechsel

Art. 994 Der Wechsel kann bei einem Dritten, am Wohnorte des Bezogenen oder an einem anderen Orte zahlbar gestellt werden.

5. Zinsversprechen

Art. 995 ¹ In einem Wechsel, der auf Sicht oder auf eine bestimmte Zeit nach Sicht lautet, kann der Aussteller bestimmen, dass die Wechselsumme zu verzinsen ist. Bei jedem anderen Wechsel gilt der Zinsvermerk als nicht geschrieben.

² Der Zinsfuss ist im Wechsel anzugeben; fehlt diese Angabe, so gilt der Zinsvermerk als nicht geschrieben.

³ Die Zinsen laufen vom Tage der Ausstellung des Wechsels, sofern nicht ein anderer Tag bestimmt ist.

6. Verschiedene Bezeichnung der Wechselsumme

Art. 996 ¹ Ist die Wechselsumme in Buchstaben und in Ziffern angegeben, so gilt bei Abweichungen die in Buchstaben angegebene Summe.

² Ist die Wechselsumme mehrmals in Buchstaben oder mehrmals in Ziffern angegeben, so gilt bei Abweichungen die geringste Summe.

7. Unterschriften von Wechselunfähigen

Art. 997 Trägt ein Wechsel Unterschriften von Personen, die eine Wechselverbindlichkeit nicht eingehen können, gefälschte Unterschriften, Unterschriften erdichteter Personen oder Unterschriften, die aus irgendeinem anderen Grunde für die Personen, die unterschrieben haben oder mit deren Namen unterschrieben worden ist, keine Verbindlichkeit begründen, so hat dies auf die Gültigkeit der übrigen Unterschriften keinen Einfluss.

8. Unterschrift ohne Ermächtigung

Art. 998 Wer auf einem Wechsel seine Unterschrift als Vertreter eines anderen setzt, ohne hierzu ermächtigt zu sein, haftet selbst wechselmässig und hat, wenn er den Wechsel einlöst, dieselben Rechte, die der angeblich Vertretene haben würde. Das gleiche gilt von einem Vertreter, der seine Vertretungsbefugnis überschritten hat.

9. Haftung des Ausstellers	**Art. 999** ¹ Der Aussteller haftet für die Annahme und die Zahlung des Wechsels. ² Er kann die Haftung für die Annahme ausschliessen; jeder Vermerk, durch den er die Haftung für die Zahlung ausschliesst, gilt als nicht geschrieben.
10. Blankowechsel	**Art. 1000** Wenn ein Wechsel, der bei der Begebung unvollständig war, den getroffenen Vereinbarungen zuwider ausgefüllt worden ist, so kann die Nichteinhaltung dieser Vereinbarungen dem Inhaber nicht entgegengesetzt werden, es sei denn, dass er den Wechsel in bösem Glauben erworben hat oder ihm beim Erwerb eine grobe Fahrlässigkeit zur Last fällt.

II. Indossament

1. Übertragbarkeit	**Art. 1001** ¹ Jeder Wechsel kann durch Indossament übertragen werden, auch wenn er nicht ausdrücklich an Ordre lautet. ² Hat der Aussteller in den Wechsel die Worte: «nicht an Ordre» oder einen gleichbedeutenden Vermerk aufgenommen, so kann der Wechsel nur in der Form und mit den Wirkungen einer gewöhnlichen Abtretung übertragen werden. ³ Das Indossament kann auch auf den Bezogenen, gleichviel ob er den Wechsel angenommen hat oder nicht, auf den Aussteller oder auf jeden anderen Wechselverpflichteten lauten. Diese Personen können den Wechsel weiter indossieren.
2. Erfordernisse	**Art. 1002** ¹ Das Indossament muss unbedingt sein. Bedingungen, von denen es abhängig gemacht wird, gelten als nicht geschrieben. ² Ein Teilindossament ist nichtig. ³ Ein Indossament an den Inhaber gilt als Blankoindossament.
3. Form	**Art. 1003** ¹ Das Indossament muss auf den Wechsel oder auf ein mit dem Wechsel verbundenes Blatt (Anhang, Allonge) gesetzt werden. Es muss von dem Indossanten unterschrieben werden. ² Das Indossament braucht den Indossatar nicht zu bezeichnen und kann selbst in der blossen Unterschrift des Indossanten bestehen (Blankoindossament). In diesem letzteren Falle muss das Indossament, um gültig zu sein, auf die Rückseite des Wechsels oder auf den Anhang gesetzt werden.
4. Wirkungen a. Übertragungsfunktion	**Art. 1004** ¹ Das Indossament überträgt alle Rechte aus dem Wechsel.

² Ist es ein Blankoindossament, so kann der Inhaber
1. das Indossament mit seinem Namen oder mit dem Namen eines anderen ausfüllen;
2. den Wechsel durch ein Blankoindossament oder an eine bestimmte Person weiter indossieren;
3. den Wechsel weiter begeben, ohne das Blankoindossament auszufüllen und ohne ihn zu indossieren.

b. Garantiefunktion

Art. 1005 ¹ Der Indossant haftet mangels eines entgegenstehenden Vermerks für die Annahme und die Zahlung.

² Er kann untersagen, dass der Wechsel weiter indossiert wird; in diesem Falle haftet er denen nicht, an die der Wechsel weiter indossiert wird.

c. Legitimation des Inhabers

Art. 1006 ¹ Wer den Wechsel in Händen hat, gilt als rechtmässiger Inhaber, sofern er sein Recht durch eine ununterbrochene Reihe von Indossamenten nachweist, und zwar auch dann, wenn das letzte ein Blankoindossament ist. Ausgestrichene Indossamente gelten hiebei als nicht geschrieben. Folgt auf ein Blankoindossament ein weiteres Indossament, so wird angenommen, dass der Aussteller dieses Indossaments den Wechsel durch das Blankoindossament erworben hat.

² Ist der Wechsel einem früheren Inhaber irgendwie abhanden gekommen, so ist der neue Inhaber, der sein Recht nach den Vorschriften des vorstehenden Absatzes nachweist, zur Herausgabe des Wechsels nur verpflichtet, wenn er ihn in bösem Glauben erworben hat oder ihm beim Erwerb eine grobe Fahrlässigkeit zur Last fällt.

5. Einreden

Art. 1007 Wer aus dem Wechsel in Anspruch genommen wird, kann dem Inhaber keine Einwendungen entgegensetzen, die sich auf seine unmittelbaren Beziehungen zu dem Aussteller oder zu einem früheren Inhaber gründen, es sei denn, dass der Inhaber bei dem Erwerb des Wechsels bewusst zum Nachteil des Schuldners gehandelt hat.

6. Vollmachtsindossament

Art. 1008 ¹ Enthält das Indossament den Vermerk «Wert zur Einziehung», «zum Inkasso», «in Prokura» oder einen anderen nur eine Bevollmächtigung ausdrückenden Vermerk, so kann der Inhaber alle Rechte aus dem Wechsel geltend machen; aber er kann ihn nur durch ein weiteres Vollmachtsindossament übertragen.

² Die Wechselverpflichteten können in diesem Falle dem Inhaber nur solche Einwendungen entgegensetzen, die ihnen gegen den Indossanten zustehen.

	[3] Die in dem Vollmachtsindossament enthaltene Vollmacht erlischt weder mit dem Tod noch mit dem Eintritt der Handlungsunfähigkeit des Vollmachtgebers.
7. Offenes Pfandindossament	**Art. 1009** [1] Enthält das Indossament den Vermerk «Wert zur Sicherheit», «Wert zum Pfande» oder einen anderen eine Verpfändung ausdrückenden Vermerk, so kann der Inhaber alle Rechte aus dem Wechsel geltend machen; ein von ihm ausgestelltes Indossament hat aber nur die Wirkung eines Vollmachtsindossaments. [2] Die Wechselverpflichteten können dem Inhaber keine Einwendungen entgegensetzen, die sich auf ihre unmittelbaren Beziehungen zu dem Indossanten gründen, es sei denn, dass der Inhaber bei dem Erwerb des Wechsels bewusst zum Nachteil des Schuldners gehandelt hat.
8. Nachindossament	**Art. 1010** [1] Ein Indossament nach Verfall hat dieselben Wirkungen wie ein Indossament vor Verfall. Ist jedoch der Wechsel erst nach Erhebung des Protestes mangels Zahlung oder nach Ablauf der hiefür bestimmten Frist indossiert worden, so hat das Indossament nur die Wirkungen einer gewöhnlichen Abtretung. [2] Bis zum Beweis des Gegenteils wird vermutet, dass ein nicht datiertes Indossament vor Ablauf der für die Erhebung des Protestes bestimmten Frist auf den Wechsel gesetzt worden ist.

III. Annahme

1. Recht zur Vorlegung	**Art. 1011** Der Wechsel kann von dem Inhaber oder von jedem, der den Wechsel auch nur in Händen hat, bis zum Verfall dem Bezogenen an seinem Wohnorte zur Annahme vorgelegt werden.
2. Gebot und Verbot der Vorlegung	**Art. 1012** [1] Der Aussteller kann in jedem Wechsel mit oder ohne Bestimmung einer Frist vorschreiben, dass der Wechsel zur Annahme vorgelegt werden muss. [2] Er kann im Wechsel die Vorlegung zur Annahme untersagen wenn es sich nicht um einen Wechsel handelt, der bei einem Dritten oder an einem von dem Wohnort des Bezogenen verschiedenen Ort zahlbar ist oder der auf eine bestimmte Zeit nach Sicht lautet. [3] Er kann auch vorschreiben, dass der Wechsel nicht vor einem bestimmten Tage zur Annahme vorgelegt werden darf. [4] Jeder Indossant kann, wenn nicht der Aussteller die Vorlegung zur Annahme untersagt hat, mit oder ohne Bestimmung einer Frist vorschreiben, dass der Wechsel zur Annahme vorgelegt werden muss.

3. Pflicht zur Vorlegung bei Nachsichtwechseln

Art. 1013 ¹ Wechsel, die auf eine bestimmte Zeit nach Sicht lauten, müssen binnen einem Jahre nach dem Tage der Ausstellung zur Annahme vorgelegt werden.

² Der Aussteller kann eine kürzere oder eine längere Frist bestimmen.

³ Die Indossanten können die Vorlegungsfristen abkürzen.

4. Nochmalige Vorlegung

Art. 1014 ¹ Der Bezogene kann verlangen, dass ihm der Wechsel am Tage nach der ersten Vorlegung nochmals vorgelegt wird. Die Beteiligten können sich darauf, dass diesem Verlangen nicht entsprochen worden ist, nur berufen, wenn das Verlangen im Protest vermerkt ist.

² Der Inhaber ist nicht verpflichtet, den zur Annahme vorgelegten Wechsel in der Hand des Bezogenen zu lassen.

5. Form der Annahme

Art. 1015 ¹ Die Annahmeerklärung wird auf den Wechsel gesetzt. Sie wird durch das Wort «angenommen» oder ein gleichbedeutendes Wort ausgedrückt; sie ist vom Bezogenen zu unterschreiben. Die blosse Unterschrift des Bezogenen auf der Vorderseite des Wechsels gilt als Annahme.

² Lautet der Wechsel auf eine bestimmte Zeit nach Sicht oder ist er infolge eines besonderen Vermerks innerhalb einer bestimmten Frist zur Annahme vorzulegen, so muss die Annahmeerklärung den Tag bezeichnen, an dem sie erfolgt ist, sofern nicht der Inhaber die Angabe des Tages der Vorlegung verlangt. Ist kein Tag angegeben, so muss der Inhaber, um seine Rückgriffsrechte gegen die Indossanten und den Aussteller zu wahren, diese Unterlassung rechtzeitig durch einen Protest feststellen lassen.

6. Einschränkungen der Annahme

Art. 1016 ¹ Die Annahme muss unbedingt sein; der Bezogene kann sie aber auf einen Teil der Wechselsumme beschränken.

² Wenn die Annahmeerklärung irgendeine andere Abweichung von den Bestimmungen des Wechsels enthält, so gilt die Annahme als verweigert. Der Annehmende haftet jedoch nach dem Inhalte seiner Annahmeerklärung.

7. Domiziliat und Zahlstelle

Art. 1017 ¹ Hat der Aussteller im Wechsel einen von dem Wohnorte des Bezogenen verschiedenen Zahlungsort angegeben, ohne einen Dritten zu bezeichnen, bei dem die Zahlung geleistet werden soll, so kann der Bezogene bei der Annahmeerklärung einen Dritten bezeichnen. Mangels einer solchen Bezeichnung wird angenommen, dass sich der Annehmer verpflichtet hat, selbst am Zahlungsorte zu zahlen.

² Ist der Wechsel beim Bezogenen selbst zahlbar, so kann dieser in der Annahmeerklärung eine am Zahlungsorte befindliche Stelle bezeichnen, wo die Zahlung geleistet werden soll.

8. Wirkung der Annahme
a. Im Allgemeinen

Art. 1018 ¹ Der Bezogene wird durch die Annahme verpflichtet, den Wechsel bei Verfall zu bezahlen.

² Mangels Zahlung hat der Inhaber, auch wenn er der Aussteller ist, gegen den Annehmer einen unmittelbaren Anspruch aus dem Wechsel auf alles, was auf Grund der Artikel 1045 und 1046 gefordert werden kann.

b. Bei Streichung

Art. 1019 ¹ Hat der Bezogene die auf den Wechsel gesetzte Annahmeerklärung vor der Rückgabe des Wechsels gestrichen, so gilt die Annahme als verweigert. Bis zum Beweis des Gegenteils wird vermutet, dass die Streichung vor der Rückgabe des Wechsels erfolgt ist.

² Hat der Bezogene jedoch dem Inhaber oder einer Person, deren Unterschrift sich auf dem Wechsel befindet, die Annahme schriftlich mitgeteilt, so haftet er diesen nach dem Inhalt seiner Annahmeerklärung.

IV. Wechselbürgschaft

1. Wechselbürgen

Art. 1020 ¹ Die Zahlung der Wechselsumme kann ganz oder teilweise durch Wechselbürgschaft gesichert werden.

² Diese Sicherheit kann von einem Dritten oder auch von einer Person geleistet werden, deren Unterschrift sich schon auf dem Wechsel befindet.

2. Form

Art. 1021 ¹ Die Bürgschaftserklärung wird auf den Wechsel oder auf einen Anhang (Allonge) gesetzt.

² Sie wird durch die Worte «als Bürge» oder einen gleichbedeutenden Vermerk ausgedrückt; sie ist von dem Wechselbürgen zu unterschreiben.

³ Die blosse Unterschrift auf der Vorderseite des Wechsels gilt als Bürgschaftserklärung, soweit es sich nicht um die Unterschrift des Bezogenen oder des Ausstellers handelt.

⁴ In der Erklärung ist anzugeben, für wen die Bürgschaft geleistet wird; mangels einer solchen Angabe gilt sie für den Aussteller.

3. Wirkungen

Art. 1022 ¹ Der Wechselbürge haftet in der gleichen Weise wie derjenige, für den er sich verbürgt hat.

² Seine Verpflichtungserklärung ist auch gültig, wenn die Verbindlichkeit, für die er sich verbürgt hat, aus einem andern Grund als wegen eines Formfehlers nichtig ist.

³ Der Wechselbürge, der den Wechsel bezahlt, erwirbt die Rechte aus dem Wechsel gegen denjenigen, für den er sich verbürgt hat, und gegen alle, die diesem wechselmässig haften.

V. Verfall

1. Im Allgemeinen

Art. 1023 ¹ Ein Wechsel kann gezogen werden:
auf Sicht;
auf eine bestimmte Zeit nach Sicht;
auf eine bestimmte Zeit nach der Ausstellung;
auf einen bestimmten Tag.

² Wechsel mit anderen oder mit mehreren aufeinander folgenden Verfallzeiten sind nichtig.

2. Bei Sichtwechseln

Art. 1024 ¹ Der Sichtwechsel ist bei der Vorlegung fällig. Er muss binnen einem Jahre nach der Ausstellung zur Zahlung vorgelegt werden. Der Aussteller kann eine kürzere oder eine längere Frist bestimmen. Die Indossanten können die Vorlegungsfristen abkürzen.

² Der Aussteller kann vorschreiben, dass der Sichtwechsel nicht vor einem bestimmten Tage zur Zahlung vorgelegt werden darf. In diesem Fall beginnt die Vorlegungsfrist mit diesem Tage.

3. Bei Nachsichtwechseln

Art. 1025 ¹ Der Verfall eines Wechsels, der auf eine bestimmte Zeit nach Sicht lautet, richtet sich nach dem in der Annahmeerklärung angegebenen Tage oder nach dem Tage des Protestes.

² Ist in der Annahmeerklärung ein Tag nicht angegeben und ein Protest nicht erhoben worden, so gilt dem Annehmer gegenüber der Wechsel als am letzten Tage der für die Vorlegung zur Annahme vorgesehenen Frist angenommen.

4. Fristenberechnung

Art. 1026 ¹ Ein Wechsel, der auf einen oder mehrere Monate nach der Ausstellung oder nach Sicht lautet, verfällt an dem entsprechenden Tage des Zahlungsmonats. Fehlt dieser Tag, so ist der Wechsel am letzten Tage des Monats fällig.

² Lautet der Wechsel auf einen oder mehrere Monate und einen halben Monat nach der Ausstellung oder nach Sicht, so werden die ganzen Monate zuerst gezählt.

³ Ist als Verfallzeit der Anfang, die Mitte oder das Ende eines Monats angegeben, so ist darunter der erste, der fünfzehnte oder der letzte Tag des Monats zu verstehen.

⁴ Die Ausdrücke «acht Tage» oder «fünfzehn Tage» bedeuten nicht eine oder zwei Wochen, sondern volle acht oder fünfzehn Tage.

⁵ Der Ausdruck «halber Monat» bedeutet fünfzehn Tage.

5. Zeitberechnung nach altem Stil

Art. 1027 ¹ Ist ein Wechsel an einem bestimmten Tag an einem Orte zahlbar, dessen Kalender von dem des Ausstellungsortes abweicht, so ist für den Verfalltag der Kalender des Zahlungsortes massgebend.

² Ist ein zwischen zwei Orten mit verschiedenem Kalender gezogener Wechsel eine bestimmte Zeit nach der Ausstellung zahlbar, so wird der Tag der Ausstellung in den nach dem Kalender des Zahlungsortes entsprechenden Tag umgerechnet und hienach der Verfalltag ermittelt.

³ Auf die Berechnung der Fristen für die Vorlegung von Wechseln findet die Vorschrift des vorstehenden Absatzes entsprechende Anwendung.

⁴ Die Vorschriften dieses Artikels finden keine Anwendung wenn sich aus einem Vermerk im Wechsel oder sonst aus dessen Inhalt ergibt, dass etwas anderes beabsichtigt war.

VI. Zahlung

1. Vorlegung zur Zahlung

Art. 1028 ¹ Der Inhaber eines Wechsels, der an einem bestimmten Tag oder bestimmte Zeit nach der Ausstellung oder nach Sicht zahlbar ist, hat den Wechsel am Zahlungstag oder an einem der beiden folgenden Werktage zur Zahlung vorzulegen.

² Die Einlieferung in eine von der Schweizerischen Nationalbank anerkannte Abrechnungsstelle steht der Vorlegung zur Zahlung gleich.[817]

2. Recht auf Quittung. Teilzahlung

Art. 1029 ¹ Der Bezogene kann vom Inhaber gegen Zahlung die Aushändigung des quittierten Wechsels verlangen.

² Der Inhaber darf eine Teilzahlung nicht zurückweisen.

³ Im Falle der Teilzahlung kann der Bezogene verlangen, dass sie auf dem Wechsel vermerkt und ihm eine Quittung erteilt wird.

---

[817] Fassung gemäss Anhang Ziff. II 2 des Nationalbankgesetzes vom 3. Okt. 2003, in Kraft seit 1. Mai 2004 (AS 2004 1985; BBl 2002 6097).

3. Zahlung vor und bei Verfall

Art. 1030 [1] Der Inhaber des Wechsels ist nicht verpflichtet, die Zahlung vor Verfall anzunehmen.

[2] Der Bezogene, der vor Verfall zahlt, handelt auf eigene Gefahr.

[3] Wer bei Verfall zahlt, wird von seiner Verbindlichkeit befreit, wenn ihm nicht Arglist oder grobe Fahrlässigkeit zur Last fällt. Er ist verpflichtet, die Ordnungsmässigkeit der Reihe der Indossamente, aber nicht die Unterschriften der Indossanten zu prüfen.

4. Zahlung in fremder Währung

Art. 1031 [1] Lautet der Wechsel auf eine Währung, die am Zahlungsorte nicht gilt, so kann die Wechselsumme in der Landeswährung nach dem Werte gezahlt werden, den sie am Verfalltage besitzt. Wenn der Schuldner die Zahlung verzögert, so kann der Inhaber wählen, ob die Wechselsumme nach dem Kurs des Verfalltages oder nach dem Kurs des Zahlungstages in die Landeswährung umgerechnet werden soll.

[2] Der Wert der fremden Währung bestimmt sich nach den Handelsgebräuchen des Zahlungsortes. Der Aussteller kann jedoch im Wechsel für die zu zahlende Summe einen Umrechnungskurs bestimmen.

[3] Die Vorschriften der beiden ersten Absätze finden keine Anwendung, wenn der Aussteller die Zahlung in einer bestimmten Währung vorgeschrieben hat (Effektivvermerk).

[4] Lautet der Wechsel auf eine Geldsorte, die im Lande der Ausstellung dieselbe Bezeichnung, aber einen anderen Wert hat als in dem der Zahlung, so wird vermutet, dass die Geldsorte des Zahlungsortes gemeint ist.

5. Hinterlegung

Art. 1032 Wird der Wechsel nicht innerhalb der im Artikel 1028 bestimmten Frist zur Zahlung vorgelegt, so kann der Schuldner die Wechselsumme bei der zuständigen Behörde auf Gefahr und Kosten des Inhabers hinterlegen.

VII. Rückgriff mangels Annahme und mangels Zahlung

1. Rückgriff des Inhabers

Art. 1033[818] [1] Der Inhaber kann gegen die Indossanten, den Aussteller und die anderen Wechselverpflichteten bei Verfall des Wechsels Rückgriff nehmen, wenn der Wechsel nicht bezahlt worden ist.

[2] Das gleiche Recht steht dem Inhaber schon vor Verfall zu:
1. wenn die Annahme ganz oder teilweise verweigert worden ist;
2. wenn über das Vermögen des Bezogenen, gleichviel ob er den Wechsel angenommen hat oder nicht, der Konkurs eröffnet

---

[818] Im französischen und italienischen Text besteht dieser Artikel aus einem einzigen Absatz.

worden ist oder wenn der Bezogene auch nur seine Zahlungen eingestellt hat oder wenn eine Zwangsvollstreckung in sein Vermögen fruchtlos verlaufen ist;
3. wenn über das Vermögen des Ausstellers eines Wechsels, dessen Vorlegung zur Annahme untersagt ist, der Konkurs eröffnet worden ist.

2. Protest
a. Fristen und Erfordernisse

Art. 1034 ¹ Die Verweigerung der Annahme oder der Zahlung muss durch eine öffentliche Urkunde (Protest mangels Annahme oder mangels Zahlung) festgestellt werden.

² Der Protest mangels Annahme muss innerhalb der Frist erhoben werden, die für die Vorlegung zur Annahme gilt. Ist im Falle des Artikels 1014 Absatz 1 der Wechsel am letzten Tage der Frist zum ersten Male vorgelegt worden, so kann der Protest noch am folgenden Tage erhoben werden.

³ Der Protest mangels Zahlung muss bei einem Wechsel, der an einem bestimmten Tag oder bestimmte Zeit nach der Ausstellung oder nach Sicht zahlbar ist, an einem der beiden auf den Zahlungstag folgenden Werktage erhoben werden. Bei einem Sichtwechsel muss der Protest mangels Zahlung in den gleichen Fristen erhoben werden, wie sie im vorhergehenden Absatz für den Protest mangels Annahme vorgesehen sind.

⁴ Ist Protest mangels Annahme erhoben worden, so bedarf es weder der Vorlegung zur Zahlung noch des Protestes mangels Zahlung.

⁵ Hat der Bezogene, gleichviel ob er den Wechsel angenommen hat oder nicht, seine Zahlungen eingestellt, oder ist eine Zwangsvollstreckung in sein Vermögen fruchtlos verlaufen, so kann der Inhaber nur Rückgriff nehmen, nachdem der Wechsel dem Bezogenen zur Zahlung vorgelegt und Protest erhoben worden ist.

⁶ Ist über das Vermögen des Bezogenen, gleichviel ob er den Wechsel angenommen hat oder nicht, oder über das Vermögen des Ausstellers eines Wechsels, dessen Vorlegung zur Annahme untersagt ist, Konkurs eröffnet worden, so genügt es zur Ausübung des Rückgriffsrechts, dass der gerichtliche Beschluss über die Eröffnung des Konkurses vorgelegt wird.

b. Zuständigkeit

Art. 1035 Der Protest muss durch eine hierzu ermächtigte Urkundsperson oder Amtsstelle erhoben werden.

c. Inhalt

Art. 1036 ¹ Der Protest enthält:
1. den Namen der Person oder die Firma, für die und gegen die der Protest erhoben wird;

2. die Angabe, dass die Person oder die Firma, gegen die der Protest erhoben wird, ohne Erfolg zur Vornahme der wechselrechtlichen Leistung aufgefordert worden oder nicht anzutreffen gewesen ist oder dass ihr Geschäftslokal oder ihre Wohnung sich nicht hat ermitteln lassen;
3. die Angabe des Ortes und des Tages, an dem die Aufforderung vorgenommen oder ohne Erfolg versucht worden ist;
4. die Unterschrift der den Protest erhebenden Person oder Amtsstelle.

² Wird eine Teilzahlung geleistet, so ist dies im Protest zu vermerken.

³ Verlangt der Bezogene, dem der Wechsel zur Annahme vorgelegt worden ist, die nochmalige Vorlegung am nächsten Tage, so ist auch dies im Protest zu vermerken.

d. Form

Art. 1037 ¹ Der Protest ist auf ein besonderes Blatt zu setzen, das mit dem Wechsel verbunden wird.

² Wird der Protest unter Vorlegung mehrerer Ausfertigungen desselben Wechsels oder unter Vorlegung der Urschrift und einer Abschrift erhoben, so genügt die Verbindung des Protestes mit einer der Ausfertigungen oder dem Originalwechsel.

³ Auf den anderen Ausfertigungen oder der Abschrift ist zu vermerken, dass sich der Protest auf einer der übrigen Ausfertigungen oder auf der Urschrift befindet.

e. Bei Teilannahme

Art. 1038 Ist der Wechsel nur zu einem Teil der Wechselsumme angenommen worden und wird deshalb Protest erhoben, so ist eine Abschrift des Wechsels auszufertigen und der Protest auf diese Abschrift zu setzen.

f. Gegen mehrere Personen

Art. 1039 Muss eine wechselrechtliche Leistung von mehreren Verpflichteten verlangt werden, so ist über die Proteste nur eine Urkunde erforderlich.

g. Abschrift der Protesturkunde

Art. 1040 ¹ Die den Protest erhebende Urkundsperson oder Amtsstelle hat eine Abschrift der Protesturkunde zu erstellen.

² Auf dieser Abschrift sind anzugeben:
1. der Betrag des Wechsels;
2. die Verfallzeit;
3. Ort und Tag der Ausstellung;
4. der Aussteller des Wechsels, der Bezogene sowie der Name der Person oder die Firma, an die oder an deren Ordre gezahlt werden soll;

5. wenn eine vom Bezogenen verschiedene Person oder Firma angegeben ist, durch die die Zahlung erfolgen soll, der Name dieser Person oder diese Firma;
6. die Notadressen und Ehrenannehmer.

³ Die Abschriften der Protesturkunden sind durch die den Protest erhebende Urkundsperson oder Amtsstelle in der Zeitfolge geordnet aufzubewahren.

h. Mangelhafter Protest **Art. 1041** Ist der Protest von einer zuständigen Urkundsperson oder Amtsstelle unterschrieben worden, so ist er auch dann gültig, wenn er nicht vorschriftsgemäss erhoben worden ist oder wenn die darin enthaltenen Angaben unrichtig sind.

3. Benachrichtigung **Art. 1042** ¹ Der Inhaber muss seinen unmittelbaren Vormann und den Aussteller von dem Unterbleiben der Annahme oder der Zahlung innerhalb der vier Werktage benachrichtigen, die auf den Tag der Protesterhebung oder, im Falle des Vermerks «ohne Kosten», auf den Tag der Vorlegung folgen. Jeder Indossant muss innerhalb zweier Werktage nach Empfang der Nachricht seinem unmittelbaren Vormanne von der Nachricht, die er erhalten hat, Kenntnis geben und ihm die Namen und Adressen derjenigen mitteilen, die vorher Nachricht gegeben haben, und so weiter in der Reihenfolge bis zum Aussteller. Die Fristen laufen vom Empfang der vorhergehenden Nachricht.

² Wird nach Massgabe des vorhergehenden Absatzes einer Person, deren Unterschrift sich auf dem Wechsel befindet, Nachricht gegeben, so muss die gleiche Nachricht in derselben Frist ihrem Wechselbürgen gegeben werden.

³ Hat ein Indossant seine Adresse nicht oder in unleserlicher Form angegeben, so genügt es, dass sein unmittelbarer Vormann benachrichtigt wird.

⁴ Die Nachricht kann in jeder Form gegeben werden, auch durch die blosse Rücksendung des Wechsels.

⁵ Der zur Benachrichtigung Verpflichtete hat zu beweisen, dass er in der vorgeschriebenen Frist benachrichtigt hat. Die Frist gilt als eingehalten, wenn ein Schreiben, das die Benachrichtigung enthält, innerhalb der Frist zur Post gegeben worden ist.

⁶ Wer die rechtzeitige Benachrichtigung versäumt, verliert nicht den Rückgriff; er haftet für den etwa durch seine Nachlässigkeit entstandenen Schaden, jedoch nur bis zur Höhe der Wechselsumme.

4. Protesterlass **Art. 1043** ¹ Der Aussteller sowie jeder Indossant oder Wechselbürge kann durch den Vermerk «ohne Kosten», «ohne Protest» oder einen gleichbedeutenden auf den Wechsel gesetzten und unterzeichneten Vermerk den Inhaber von der Verpflichtung befreien, zum Zwecke der Ausübung des Rückgriffs Protest mangels Annahme oder mangels Zahlung erheben zu lassen.

² Der Vermerk befreit den Inhaber nicht von der Verpflichtung, den Wechsel rechtzeitig vorzulegen und die erforderlichen Nachrichten zu geben. Der Beweis, dass die Frist nicht eingehalten worden ist, liegt demjenigen ob, der sich dem Inhaber gegenüber darauf beruft.

³ Ist der Vermerk vom Aussteller beigefügt, so wirkt er gegenüber allen Wechselverpflichteten; ist er von einem Indossanten oder einem Wechselbürgen beigefügt, so wirkt er nur diesen gegenüber. Lässt der Inhaber ungeachtet des vom Aussteller beigefügten Vermerks Protest erheben, so fallen ihm die Kosten zur Last. Ist der Vermerk von einem Indossanten oder einem Wechselbürgen beigefügt, so sind alle Wechselverpflichteten zum Ersatze der Kosten eines dennoch erhobenen Protestes verpflichtet.

5. Solidarische Haftung der Wechselverpflichteten

Art. 1044 ¹ Alle die einen Wechsel ausgestellt, angenommen, indossiert oder mit einer Bürgschaftserklärung versehen haben, haften dem Inhaber als Gesamtschuldner.

² Der Inhaber kann jeden einzeln oder mehrere oder alle zusammen in Anspruch nehmen, ohne an die Reihenfolge gebunden zu sein, in der sie sich verpflichtet haben.

³ Das gleiche Recht steht jedem Wechselverpflichteten zu, der den Wechsel eingelöst hat.

⁴ Durch die Geltendmachung des Anspruches gegen einen Wechselverpflichteten verliert der Inhaber nicht seine Rechte gegen die anderen Wechselverpflichteten, auch nicht gegen die Nachmänner desjenigen, der zuerst in Anspruch genommen worden ist.

6. Inhalt des Rückgriffs
a. Des Inhabers

Art. 1045 ¹ Der Inhaber kann im Wege des Rückgriffs verlangen:
1. die Wechselsumme, soweit der Wechsel nicht angenommen oder nicht eingelöst worden ist, mit den etwa bedungenen Zinsen;
2. Zinsen zu sechs vom Hundert seit dem Verfalltage;
3. die Kosten des Protestes und der Nachrichten sowie die anderen Auslagen;
4. eine Provision von höchstens einem Drittel Prozent.

² Wird der Rückgriff vor Verfall genommen, so werden von der Wechselsumme Zinsen abgezogen. Diese Zinsen werden auf Grund des öffentlich bekanntgemachten Diskontsatzes (Satz der Schweizerischen Nationalbank) berechnet, der am Tage des Rückgriffs am Wohnorte des Inhabers gilt.

b. Des Einlösers	**Art. 1046** Wer den Wechsel eingelöst hat, kann von seinen Vormännern verlangen: 1. den vollen Betrag, den er gezahlt hat; 2. die Zinsen dieses Betrages zu sechs vom Hundert seit dem Tage der Einlösung; 3. seine Auslagen; 4. eine Provision von höchstens 2 Promille.
c. Recht auf Aushändigung von Wechsel, Protest und Quittung	**Art. 1047** ¹ Jeder Wechselverpflichtete, gegen den Rückgriff genommen wird oder genommen werden kann, ist berechtigt, zu verlangen, dass ihm gegen Entrichtung der Rückgriffssumme der Wechsel mit dem Protest und eine quittierte Rechnung ausgehändigt werden. ² Jeder Indossant, der den Wechsel eingelöst hat, kann sein Indossament und die Indossamente seiner Nachmänner ausstreichen.
d. Bei Teilannahme	**Art. 1048** Bei dem Rückgriff nach einer Teilannahme kann derjenige, der den nicht angenommenen Teil der Wechselsumme entrichtet, verlangen, dass dies auf dem Wechsel vermerkt und ihm darüber Quittung erteilt wird. Der Inhaber muss ihm ferner eine beglaubigte Abschrift des Wechsels und den Protest aushändigen, um den weiteren Rückgriff zu ermöglichen.
e. Rückwechsel	**Art. 1049** ¹ Wer zum Rückgriff berechtigt ist, kann mangels eines entgegenstehenden Vermerks den Rückgriff dadurch nehmen, dass er auf einen seiner Vormänner einen neuen Wechsel (Rückwechsel) zieht, der auf Sicht lautet und am Wohnort dieses Vormannes zahlbar ist. ² Der Rückwechsel umfasst, ausser den in den Artikeln 1045 und 1046 angegebenen Beträgen, die Mäklergebühr und die Stempelgebühr für den Rückwechsel. ³ Wird der Rückwechsel vom Inhaber gezogen, so richtet sich die Höhe der Wechselsumme nach dem Kurse, den ein vom Zahlungsorte des ursprünglichen Wechsels auf den Wohnort des Vormannes gezogener Sichtwechsel hat. Wird der Rückwechsel von einem Indossanten gezogen, so richtet sich die Höhe der Wechselsumme nach dem Kurse, den ein vom Wohnorte des Ausstellers des Rückwechsels auf den Wohnort des Vormannes gezogener Sichtwechsel hat.
7. Präjudizierung a. Im Allgemeinen	**Art. 1050** ¹ Mit der Versäumung der Fristen für die Vorlegung eines Wechsels, der auf Sicht oder auf eine bestimmte Zeit nach Sicht lautet,

für die Erhebung des Protestes mangels Annahme oder mangels Zahlung,

für die Vorlegung zur Zahlung im Falle des Vermerkes «ohne Kosten»

verliert der Inhaber seine Rechte gegen die Indossanten, den Aussteller und alle anderen Wechselverpflichteten, mit Ausnahme des Annehmers.

² Versäumt der Inhaber die vom Aussteller für die Vorlegung zur Annahme vorgeschriebene Frist, so verliert er das Recht, mangels Annahme und mangels Zahlung Rückgriff zu nehmen, sofern nicht der Wortlaut des Vermerkes ergibt, dass der Aussteller nur die Haftung für die Annahme hat ausschliessen wollen.

³ Ist die Frist für die Vorlegung in einem Indossament enthalten, so kann sich nur der Indossant darauf berufen.

b. Höhere Gewalt

Art. 1051 ¹ Steht der rechtzeitigen Vorlegung des Wechsels oder der rechtzeitigen Erhebung des Protestes ein unüberwindliches Hindernis entgegen (gesetzliche Vorschrift eines Staates oder ein anderer Fall höherer Gewalt), so werden die für diese Handlungen bestimmten Fristen verlängert.

² Der Inhaber ist verpflichtet, seinen unmittelbaren Vormann von dem Falle der höheren Gewalt unverzüglich zu benachrichtigen und die Benachrichtigung unter Beifügung des Tages und Ortes sowie seiner Unterschrift auf dem Wechsel oder einem Anhange zu vermerken; im übrigen finden die Vorschriften des Artikels 1042 Anwendung.

³ Fällt die höhere Gewalt weg, so muss der Inhaber den Wechsel unverzüglich zur Annahme oder zur Zahlung vorlegen und gegebenenfalls Protest erheben lassen.

⁴ Dauert die höhere Gewalt länger als 30 Tage nach Verfall, so kann Rückgriff genommen werden, ohne dass es der Vorlegung oder der Protesterhebung bedarf.

⁵ Bei Wechseln, die auf Sicht oder auf eine bestimmte Zeit nach Sicht lauten, läuft die dreissigtägige Frist von dem Tage, an dem der Inhaber seinen Vormann von dem Falle der höheren Gewalt benachrichtigt hat; diese Nachricht kann schon vor Ablauf der Vorlegungsfrist gegeben werden. Bei Wechseln, die auf bestimmte Zeit nach Sicht lauten, verlängert sich die dreissigtägige Frist um die im Wechsel angegebene Nachsichtfrist.

⁶ Tatsachen, die rein persönlich den Inhaber oder denjenigen betreffen, den er mit der Vorlegung des Wechsels oder mit der Protesterhebung beauftragt hat, gelten nicht als Fälle höherer Gewalt.

c. Ungerechtfertigte Bereicherung

Art. 1052 ¹ Soweit der Aussteller eines Wechsels und der Annehmer zum Schaden des Wechselinhabers ungerechtfertigt bereichert sind bleiben sie diesem verpflichtet, auch wenn ihre wechselmässige Verbindlichkeit durch Verjährung oder wegen Unterlassung der zur Erhaltung des Wechselanspruches gesetzlich vorgeschriebenen Handlungen erloschen ist.

² Der Bereicherungsanspruch besteht auch gegen den Bezogenen, den Domiziliaten und die Person oder Firma, für deren Rechnung der Aussteller den Wechsel gezogen hat.

³ Ein solcher Anspruch besteht dagegen nicht gegen die Indossanten, deren wechselmässige Verbindlichkeit erloschen ist.

VIII. Übergang der Deckung

Art. 1053

¹ Ist über den Aussteller eines Wechsels der Konkurs eröffnet worden, so geht ein allfälliger zivilrechtlicher Anspruch des Ausstellers gegen den Bezogenen auf Rückgabe der Deckung oder Erstattung gutgebrachter Beträge auf den Inhaber des Wechsels über.

² Erklärt der Aussteller auf dem Wechsel, dass er seine Ansprüche aus dem Deckungsverhältnisse abtrete, so stehen diese dem jeweiligen Wechselinhaber zu.

³ Der Bezogene darf, sobald der Konkurs veröffentlicht oder ihm die Abtretung angezeigt ist, nur an den gehörig ausgewiesenen Inhaber gegen Rückgabe des Wechsels Zahlung leisten.

IX. Ehreneintritt

1. Allgemeine Vorschriften

Art. 1054 ¹ Der Aussteller sowie jeder Indossant oder Wechselbürge kann eine Person angeben, die im Notfall annehmen oder zahlen soll.

² Der Wechsel kann unter den nachstehend bezeichneten Voraussetzungen zu Ehren eines jeden Wechselverpflichteten, gegen den Rückgriff genommen werden kann, angenommen oder bezahlt werden.

³ Jeder Dritte, auch der Bezogene, sowie jeder aus dem Wechsel bereits Verpflichtete, mit Ausnahme des Annehmers, kann einen Wechsel zu Ehren annehmen oder bezahlen.

⁴ Wer zu Ehren annimmt oder zahlt, ist verpflichtet, den Wechselverpflichteten, für den er eintritt, innerhalb zweier Werktage hiervon zu benachrichtigen. Hält er die Frist nicht ein, so haftet er für den etwa

durch seine Nachlässigkeit entstandenen Schaden, jedoch nur bis zur Höhe der Wechselsumme.

2. Ehrenannahme
a. Voraussetzungen. Stellung des Inhabers

Art. 1055 ¹ Die Ehrenannahme ist in allen Fällen zulässig, in denen der Inhaber vor Verfall Rückgriff nehmen kann, es sei denn, dass es sich um einen Wechsel handelt, dessen Vorlegung zur Annahme untersagt ist.

² Ist auf dem Wechsel eine Person angegeben, die im Notfall am Zahlungsort annehmen oder zahlen soll, so kann der Inhaber vor Verfall gegen denjenigen, der die Notadresse beigefügt hat, und gegen seine Nachmänner nur Rückgriff nehmen, wenn er den Wechsel der in der Notadresse bezeichneten Person vorgelegt hat und im Falle der Verweigerung der Ehrenannahme die Verweigerung durch einen Protest hat feststellen lassen.

³ In den anderen Fällen des Ehreneintritts kann der Inhaber die Ehrenannahme zurückweisen. Lässt er sie aber zu, so verliert er den Rückgriff vor Verfall gegen denjenigen, zu dessen Ehren die Annahme erklärt worden ist, und gegen dessen Nachmänner.

b. Form

Art. 1056 Die Ehrenannahme wird auf dem Wechsel vermerkt; sie ist von demjenigen, der zu Ehren annimmt, zu unterschreiben. In der Annahmeerklärung ist anzugeben, für wen die Ehrenannahme stattfindet; mangels einer solchen Angabe gilt sie für den Aussteller.

c. Haftung des Ehrenannehmenden. Wirkung auf das Rückgriffsrecht

Art. 1057 ¹ Wer zu Ehren annimmt, haftet dem Inhaber und den Nachmännern desjenigen, für den er eingetreten ist, in der gleichen Weise wie dieser selbst.

² Trotz der Ehrenannahme können der Wechselverpflichtete, zu dessen Ehren der Wechsel angenommen worden ist, und seine Vormänner vom Inhaber gegen Erstattung des im Artikel 1045 angegebenen Betrags die Aushändigung des Wechsels und gegebenenfalls des erhobenen Protestes sowie einer quittierten Rechnung verlangen.

3. Ehrenzahlung
a. Voraussetzungen

Art. 1058 ¹ Die Ehrenzahlung ist in allen Fällen zulässig, in denen der Inhaber bei Verfall oder vor Verfall Rückgriff nehmen kann.

² Die Ehrenzahlung muss den vollen Betrag umfassen, den der Wechselverpflichtete, für den sie stattfindet, zahlen müsste.

³ Sie muss spätestens am Tage nach Ablauf der Frist für die Erhebung des Protestes mangels Zahlung stattfinden.

b. Verpflichtung des Inhabers

Art. 1059 ¹ Ist der Wechsel von Personen zu Ehren angenommen, die ihren Wohnsitz am Zahlungsort haben, oder sind am Zahlungsort wohnende Personen angegeben, die im Notfall zahlen sollen, so muss der Inhaber spätestens am Tage nach Ablauf der Frist für die Erhebung des Protestes mangels Zahlung den Wechsel allen diesen Personen vorlegen und gegebenenfalls Protest wegen unterbliebener Ehrenzahlung erheben lassen.

² Wird der Protest nicht rechtzeitig erhoben, so werden derjenige, der die Notadresse angegeben hat oder zu dessen Ehren der Wechsel angenommen worden ist, und die Nachmänner frei.

c. Folge der Zurückweisung

Art. 1060 Weist der Inhaber die Ehrenzahlung zurück, so verliert er den Rückgriff gegen diejenigen, die frei geworden wären.

d. Recht auf Aushändigung von Wechsel, Protest und Quittung

Art. 1061 ¹ Über die Ehrenzahlung ist auf dem Wechsel eine Quittung auszustellen, die denjenigen bezeichnet, für den gezahlt wird. Fehlt die Bezeichnung, so gilt die Zahlung für den Aussteller.

² Der Wechsel und der etwa erhobene Protest sind dem Ehrenzahler auszuhändigen.

e. Übergang der Inhaberrechte. Mehrere Ehrenzahlungen

Art. 1062 ¹ Der Ehrenzahler erwirbt die Rechte aus dem Wechsel gegen den Wechselverpflichteten, für den er gezahlt hat, und gegen die Personen, die diesem aus dem Wechsel haften. Er kann jedoch den Wechsel nicht weiter indossieren.

² Die Nachmänner des Wechselverpflichteten, für den gezahlt worden ist, werden frei.

³ Sind mehrere Ehrenzahlungen angeboten, so gebührt derjenigen der Vorzug, durch welche die meisten Wechselverpflichteten frei werden. Wer entgegen dieser Vorschrift in Kenntnis der Sachlage zu Ehren zahlt, verliert den Rückgriff gegen diejenigen, die sonst frei geworden wären.

X. Ausfertigung mehrerer Stücke eines Wechsels (Duplikate), Wechselabschriften (Wechselkopien)

1. Ausfertigungen
a. Recht auf mehrere Ausfertigungen

Art. 1063 ¹ Der Wechsel kann in mehreren gleichen Ausfertigungen (Duplikaten) ausgestellt werden.

² Diese Ausfertigungen müssen im Texte der Urkunde mit fortlaufenden Nummern versehen sein; andernfalls gilt jede Ausfertigung als besonderer Wechsel.

³ Jeder Inhaber eines Wechsels kann auf seine Kosten die Übergabe mehrerer Ausfertigungen verlangen, sofern nicht aus dem Wechsel zu ersehen ist, dass er in einer einzigen Ausfertigung ausgestellt worden ist. Zu diesem Zwecke hat sich der Inhaber an seinen unmittelbaren Vormann zu wenden, der wieder an seinen Vormann zurückgehen

muss, und so weiter in der Reihenfolge bis zum Aussteller. Die Indossanten sind verpflichtet, ihre Indossamente auf den neuen Ausfertigungen zu wiederholen.

b. Verhältnis der Ausfertigungen

Art. 1064 [1] Wird eine Ausfertigung bezahlt, so erlöschen die Rechte aus allen Ausfertigungen, auch wenn diese nicht den Vermerk tragen, dass durch die Zahlung auf eine Ausfertigung die anderen ihre Gültigkeit verlieren. Jedoch bleibt der Bezogene aus jeder angenommenen Ausfertigung, die ihm nicht zurückgegeben worden ist, verpflichtet.

[2] Hat ein Indossant die Ausfertigungen an verschiedene Personen übertragen, so haften er und seine Nachmänner aus allen Ausfertigungen, die ihre Unterschrift tragen und nicht herausgegeben worden sind.

c. Annahmevermerk

Art. 1065 [1] Wer eine Ausfertigung zur Annahme versendet, hat auf den anderen Ausfertigungen den Namen dessen anzugeben, bei dem sich die versendete Ausfertigung befindet. Dieser ist verpflichtet, sie dem rechtmässigen Inhaber einer anderen Ausfertigung auszuhändigen.

[2] Wird die Aushändigung verweigert, so kann der Inhaber nur Rückgriff nehmen, nachdem er durch einen Protest hat feststellen lassen:
1. dass ihm die zur Annahme versendete Ausfertigung auf sein Verlangen nicht ausgehändigt worden ist;
2. dass die Annahme oder die Zahlung auch nicht auf eine andere Ausfertigung zu erlangen war.

2. Abschriften
a. Form und Wirkung

Art. 1066 [1] Jeder Inhaber eines Wechsels ist befugt, Abschriften (Wechselkopien) davon herzustellen.

[2] Die Abschrift muss die Urschrift mit den Indossamenten und allen anderen darauf befindlichen Vermerken genau wiedergeben. Es muss angegeben sein, wie weit die Abschrift reicht.

[3] Die Abschrift kann auf dieselbe Weise und mit denselben Wirkungen indossiert und mit einer Bürgschaftserklärung versehen werden wie die Urschrift.

b. Auslieferung der Urschrift

Art. 1067 [1] In der Abschrift ist der Verwahrer der Urschrift zu bezeichnen. Dieser ist verpflichtet, die Urschrift dem rechtmässigen Inhaber der Abschrift auszuhändigen.

[2] Wird die Aushändigung verweigert, so kann der Inhaber gegen die Indossanten der Abschrift und gegen diejenigen, die eine Bürgschaftserklärung auf die Abschrift gesetzt haben, nur Rückgriff nehmen, nachdem er durch einen Protest hat feststellen lassen, dass ihm die Urschrift auf sein Verlangen nicht ausgehändigt worden ist.

³ Enthält die Urschrift nach dem letzten, vor Anfertigung der Abschrift daraufgesetzten Indossament den Vermerk «von hier ab gelten Indossamente nur noch auf der Abschrift» oder einen gleichbedeutenden Vermerk, so ist ein später auf die Urschrift gesetztes Indossament nichtig.

XI. Änderungen des Wechsels

Art. 1068
Wird der Text eines Wechsels geändert, so haften diejenigen, die nach der Änderung ihre Unterschrift auf den Wechsel gesetzt haben, entsprechend dem geänderten Text. Wer früher unterschrieben hat, haftet nach dem ursprünglichen Text.

XII. Verjährung

1. Fristen

Art. 1069 ¹ Die wechselmässigen Ansprüche gegen den Annehmer verjähren in drei Jahren vom Verfalltage.

² Die Ansprüche des Inhabers gegen die Indossanten und gegen den Aussteller verjähren in einem Jahre vom Tage des rechtzeitig erhobenen Protestes oder im Falle des Vermerks «ohne Kosten» vom Verfalltage.

³ Die Ansprüche eines Indossanten gegen andere Indossanten und gegen den Aussteller verjähren in sechs Monaten von dem Tage, an dem der Wechsel vom Indossanten eingelöst oder ihm gegenüber gerichtlich geltend gemacht worden ist.

2. Unterbrechung
a. Gründe

Art. 1070 Die Verjährung wird durch Anhebung der Klage, durch Einreichung des Betreibungsbegehrens, durch Streitverkündung oder durch Eingabe im Konkurse unterbrochen.

b. Wirkungen

Art. 1071 ¹ Die Unterbrechung der Verjährung wirkt nur gegen den Wechselverpflichteten, in Ansehung dessen die Tatsache eingetreten ist, welche die Unterbrechung bewirkt.

² Mit der Unterbrechung der Verjährung beginnt eine neue Verjährungsfrist von gleicher Dauer zu laufen.

XIII. Kraftloserklärung

1. Vorsorgliche Massnahmen

Art. 1072 [1] Derjenige, dem ein Wechsel abhanden gekommen ist, kann beim Gericht verlangen, dass dem Bezogenen die Bezahlung des Wechsels verboten werde.[819]

[2] Das Gericht ermächtigt mit dem Zahlungsverbot den Bezogenen, am Verfalltage den Wechselbetrag zu hinterlegen, und bestimmt den Ort der Hinterlegung.

2. Bekannter Inhaber

Art. 1073 [1] Ist der Inhaber des Wechsels bekannt, so setzt das Gericht dem Gesuchsteller eine angemessene Frist zur Anhebung der Klage auf Herausgabe des Wechsels.

[2] Klagt der Gesuchsteller nicht binnen dieser Frist, so hebt das Gericht das dem Bezogenen auferlegte Zahlungsverbot auf.

3. Unbekannter Inhaber
a. Pflichten des Gesuchstellers

Art. 1074 [1] Ist der Inhaber des Wechsels unbekannt, so kann die Kraftloserklärung des Wechsels verlangt werden.

[2] Wer die Kraftloserklärung begehrt, hat den Besitz und Verlust des Wechsels glaubhaft zu machen und entweder eine Abschrift des Wechsels oder Angaben über dessen wesentlichen Inhalt beizubringen.

b. Einleitung des Aufgebots

Art. 1075 Erachtet das Gericht die Darstellung des Gesuchstellers über den frühern Besitz und über den Verlust des Wechsels für glaubhaft, so fordert es durch öffentliche Bekanntmachung den Inhaber auf, innerhalb bestimmter Frist den Wechsel vorzulegen, widrigenfalls die Kraftloserklärung ausgesprochen werde.

c. Fristen

Art. 1076 [1] Die Vorlegungsfrist beträgt mindestens drei Monate und höchstens ein Jahr.

[2] Das Gericht ist indessen an die Mindestdauer von drei Monaten nicht gebunden, wenn bei verfallenen Wechseln die Verjährung vor Ablauf der drei Monate eintreten würde.

[3] Die Frist läuft bei verfallenen Wechseln vom Tage der ersten öffentlichen Bekanntmachung, bei noch nicht verfallenen Wechseln vom Verfall an.

d. Veröffentlichung

Art. 1077 [1] Die Aufforderung zur Vorlegung des Wechsels ist im Schweizerischen Handelsamtsblatt zu veröffentlichen.[820]

---

[819] Fassung gemäss Anhang Ziff. 5 des Gerichtsstandsgesetzes vom 24. März 2000, in Kraft seit 1. Jan. 2001 (AS 2000 2355; BBl 1999 III 2829).

[820] Fassung gemäss Ziff. I des BG vom 19. Juni 2020 (Aktienrecht), in Kraft seit 1. Jan. 2023 (AS 2020 4005; 2022 109; BBl 2017 399).

² In besondern Fällen kann das Gericht noch in anderer Weise für angemessene Veröffentlichung sorgen.

4. Wirkung
a. Bei Vorlegung des Wechsels

Art. 1078 ¹ Wird der abhanden gekommene Wechsel vorgelegt, so setzt das Gericht dem Gesuchsteller eine Frist zur Anhebung der Klage auf Herausgabe des Wechsels.

² Klagt der Gesuchsteller nicht binnen dieser Frist, so gibt das Gericht den Wechsel zurück und hebt das dem Bezogenen auferlegte Zahlungsverbot auf.

b. Bei Nichtvorlegung

Art. 1079 ¹ Wird der abhanden gekommene Wechsel innert der angesetzten Frist nicht vorgelegt, so hat das Gericht ihn kraftlos zu erklären.

² Nach der Kraftloserklärung des Wechsels kann der Gesuchsteller seinen wechselmässigen Anspruch noch gegen den Annehmenden geltend machen.

5. Gerichtliche Verfügungen

Art. 1080 ¹ Das Gericht kann schon vor der Kraftloserklärung dem Annehmer die Hinterlegung und gegen Sicherstellung selbst die Zahlung des Wechselbetrages zur Pflicht machen.

² Die Sicherheit haftet dem gutgläubigen Erwerber des Wechsels. Sie wird frei, wenn der Wechsel kraftlos erklärt wird oder die Ansprüche aus ihm sonst erlöschen.

XIV. Allgemeine Vorschriften

1. Fristbestimmungen
a. Feiertage

Art. 1081 ¹ Verfällt der Wechsel an einem Sonntag oder einem anderen staatlich anerkannten Feiertag, so kann die Zahlung erst am nächsten Werktage verlangt werden. Auch alle anderen auf den Wechsel bezüglichen Handlungen, insbesondere die Vorlegung zur Annahme und die Protesterhebung, können nur an einem Werktage stattfinden.

² Fällt der letzte Tag einer Frist, innerhalb deren eine dieser Handlungen vorgenommen werden muss, auf einen Sonntag oder einen anderen staatlich anerkannten Feiertag[821], so wird die Frist bis zum nächsten Werktage verlängert. Feiertage, die in den Lauf einer Frist fallen, werden bei der Berechnung der Frist mitgezählt.

---

[821] Hinsichtlich der gesetzlichen Fristen des eidgenössischen Rechts und der kraft eidgenössischen Rechts von Behörden angesetzten Fristen wird heute der Samstag einem anerkannten Feiertag gleichgestellt (Art. 1 des BG vom 21. Juni 1963 über den Fristenlauf an Samstagen – SR 173.110.3).

b. Fristberechnung

Art. 1082 Bei der Berechnung der gesetzlichen oder im Wechsel bestimmten Fristen wird der Tag, von dem sie zu laufen beginnen, nicht mitgezählt.

c. Ausschluss von Respekttagen

Art. 1083 Weder gesetzliche noch richterliche Respekttage werden anerkannt.

2. Ort der Vornahme wechselrechtlicher Handlungen

Art. 1084 [1] Die Vorlegung zur Annahme oder zur Zahlung, die Protesterhebung, das Begehren um Aushändigung einer Ausfertigung des Wechsels sowie alle übrigen bei einer bestimmten Person vorzunehmenden Handlungen müssen in deren Geschäftslokal oder in Ermangelung eines solchen in deren Wohnung vorgenommen werden.

[2] Geschäftslokal oder Wohnung sind sorgfältig zu ermitteln.

[3] Ist jedoch eine Nachfrage bei der Polizeibehörde oder Poststelle des Ortes ohne Erfolg geblieben, so bedarf es keiner weiteren Nachforschungen.

3. Eigenhändige Unterschrift. Unterschrift des Blinden

Art. 1085 [1] Wechselerklärungen müssen eigenhändig unterschrieben sein.

[2] Die Unterschrift kann nicht durch eine auf mechanischem Wege bewirkte Nachbildung der eigenhändigen Schrift, durch Handzeichen, auch wenn sie beglaubigt sind, oder durch eine öffentliche Beurkundung ersetzt werden.

[3] Die Unterschrift des Blinden muss beglaubigt sein.

XV. Geltungsbereich der Gesetze

1. Wechselfähigkeit

Art. 1086 [1] Die Fähigkeit einer Person, eine Wechselverbindlichkeit einzugehen, bestimmt sich nach dem Recht des Landes, dem sie angehört. Erklärt dieses Recht das Recht eines anderen Landes für massgebend, so ist das letztere Recht anzuwenden.

[2] Wer nach dem im vorstehenden Absatz bezeichneten Recht nicht wechselfähig ist, wird gleichwohl gültig verpflichtet, wenn die Unterschrift in dem Gebiet eines Landes abgegeben worden ist, nach dessen Recht er wechselfähig wäre.

2. Form und Fristen der Wechselerklärungen
a. Im Allgemeinen

Art. 1087 [1] Die Form einer Wechselerklärung bestimmt sich nach dem Recht des Landes, in dessen Gebiete die Erklärung unterschrieben worden ist.

[2] Wenn jedoch eine Wechselerklärung, die nach den Vorschriften des vorstehenden Absatzes ungültig ist, dem Recht des Landes entspricht, in dessen Gebiet eine spätere Wechselerklärung unterschrieben wor-

den ist, so wird durch Mängel in der Form der ersten Wechselerklärung die Gültigkeit der späteren Wechselerklärung nicht berührt.

³ Ebenso ist eine Wechselerklärung, die ein Schweizer im Ausland abgegeben hat, in der Schweiz gegenüber einem anderen Schweizer gültig, wenn sie den Formerfordernissen des schweizerischen Rechtes genügt.

b. Handlungen zur Ausübung und Erhaltung des Wechselrechts

Art. 1088 Die Form des Protestes und die Fristen für die Protesterhebung sowie die Form der übrigen Handlungen, die zur Ausübung oder Erhaltung der Wechselrechte erforderlich sind, bestimmen sich nach dem Recht des Landes, in dessen Gebiet der Protest zu erheben oder die Handlung vorzunehmen ist.

c. Ausübung des Rückgriffs

Art. 1089 Die Fristen für die Ausübung der Rückgriffsrechte werden für alle Wechselverpflichteten durch das Recht des Ortes bestimmt, an dem der Wechsel ausgestellt worden ist.

3. Wirkung der Wechselerklärungen
a. Im Allgemeinen

Art. 1090 ¹ Die Wirkungen der Verpflichtungserklärungen des Annehmers eines gezogenen Wechsels und des Ausstellers eines eigenen Wechsels bestimmen sich nach dem Recht des Zahlungsorts.

² Die Wirkungen der übrigen Wechselerklärungen bestimmen sich nach dem Recht des Landes, in dessen Gebiete die Erklärungen unterschrieben worden sind.

b. Teilannahme und Teilzahlung

Art. 1091 Das Recht des Zahlungsortes bestimmt, ob die Annahme eines gezogenen Wechsels auf einen Teil der Summe beschränkt werden kann und ob der Inhaber verpflichtet oder nicht verpflichtet ist, eine Teilzahlung anzunehmen.

c. Zahlung

Art. 1092 Die Zahlung des Wechsels bei Verfall, insbesondere die Berechnung des Verfalltages und des Zahlungstages sowie die Zahlung von Wechseln, die auf eine fremde Währung lauten, bestimmen sich nach dem Recht des Landes, in dessen Gebiete der Wechsel zahlbar ist.

d. Bereicherungsanspruch

Art. 1093 Der Bereicherungsanspruch gegen den Bezogenen, den Domiziliaten und die Person oder Firma, für deren Rechnung der Aussteller den Wechsel gezogen hat, bestimmt sich nach dem Recht des Landes, in dessen Gebiet diese Personen ihren Wohnsitz haben.

e. Übergang der Deckung

Art. 1094 Das Recht des Ausstellungsortes bestimmt, ob der Inhaber eines gezogenen Wechsels die seiner Ausstellung zugrunde liegende Forderung erwirbt.

f. Kraftloserklärung **Art. 1095** Das Recht des Zahlungsortes bestimmt die Massnahmen, die bei Verlust oder Diebstahl eines Wechsels zu ergreifen sind.

C. Eigener Wechsel

1. Erfordernisse **Art. 1096** Der eigene Wechsel enthält:
1. die Bezeichnung als Wechsel im Texte der Urkunde, und zwar in der Sprache, in der sie ausgestellt ist;
2. das unbedingte Versprechen, eine bestimmte Geldsumme zu zahlen;
3. die Angabe der Verfallzeit;
4. die Angabe des Zahlungsortes;
5. den Namen dessen, an den oder an dessen Ordre gezahlt werden soll;
6. die Angabe des Tages und des Ortes der Ausstellung;
7. die Unterschrift des Ausstellers.

2. Fehlen von Erfordernissen **Art. 1097** ¹ Eine Urkunde, der einer der im vorstehenden Artikel bezeichneten Bestandteile fehlt, gilt nicht als eigener Wechsel, vorbehaltlich der in den folgenden Absätzen bezeichneten Fälle.

² Ein eigener Wechsel ohne Angabe der Verfallzeit gilt als Sichtwechsel.

³ Mangels einer besonderen Angabe gilt der Ausstellungsort als Zahlungsort und zugleich als Wohnort des Ausstellers.

⁴ Ein eigener Wechsel ohne Angabe des Ausstellungsortes gilt als ausgestellt an dem Orte, der bei dem Namen des Ausstellers angegeben ist.

3. Verweisung auf den gezogenen Wechsel **Art. 1098** ¹ Für den eigenen Wechsel gelten, soweit sie nicht mit seinem Wesen in Widerspruch stehen, die für den gezogenen Wechsel gegebenen Vorschriften über:
das Indossament (Art. 1001–1010);
den Verfall (Art. 1023–1027);
die Zahlung (Art. 1028–1032);
den Rückgriff mangels Zahlung (Art. 1033–1047, 1049–1051);
die Ehrenzahlung (Art. 1054, 1058–1062);
die Abschriften (Art. 1066 und 1067);
die Änderungen (Art. 1068);
die Verjährung (Art. 1069–1071);
die Kraftloserklärung (Art. 1072–1080);
die Feiertage, die Fristenberechnung, das Verbot der Respekttage, den

Ort der Vornahme wechselrechtlicher Handlungen und die Unterschrift (Art. 1081–1085).

² Ferner gelten für den eigenen Wechsel die Vorschriften über gezogene Wechsel, die bei einem Dritten oder an einem von dem Wohnort des Bezogenen verschiedenen Ort zahlbar sind (Art. 994 und 1017), über den Zinsvermerk (Art. 995), über die Abweichungen bei der Angabe der Wechselsumme (Art. 996), über die Folgen einer ungültigen Unterschrift (Art. 997) oder die Unterschrift einer Person, die ohne Vertretungsbefugnis handelt oder ihre Vertretungsbefugnis überschreitet (Art. 998), und über den Blankowechsel (Art. 1000).

³ Ebenso finden auf den eigenen Wechsel die Vorschriften über die Wechselbürgschaft Anwendung (Art. 1020–1022); im Falle des Artikels 1021 Absatz 4 gilt die Wechselbürgschaft, wenn die Erklärung nicht angibt, für wen sie geleistet wird, für den Aussteller des eigenen Wechsels.

4. Haftung des Ausstellers. Vorlegung zur Sichtnahme

Art. 1099 ¹ Der Aussteller eines eigenen Wechsels haftet in der gleichen Weise wie der Annehmer eines gezogenen Wechsels.

² Eigene Wechsel, die auf eine bestimmte Zeit nach Sicht lauten, müssen dem Aussteller innerhalb der im Artikel 1013 bezeichneten Fristen zur Sicht vorgelegt werden. Die Sicht ist von dem Aussteller auf dem Wechsel unter Angabe des Tages und Beifügung der Unterschrift zu bestätigen. Die Nachsichtfrist läuft vom Tage des Sichtvermerks. Weigert sich der Aussteller, die Sicht unter Angabe des Tages zu bestätigen, so ist dies durch einen Protest festzustellen (Art. 1015); die Nachsichtfrist läuft dann vom Tage des Protestes.

Fünfter Abschnitt: Der Check

I. Ausstellung und Form des Checks

1. Erfordernisse

Art. 1100 Der Check enthält:
1. die Bezeichnung als Check im Texte der Urkunde, und zwar in der Sprache, in der sie ausgestellt ist;
2. die unbedingte Anweisung, eine bestimmte Geldsumme zu zahlen;
3. den Namen dessen, der zahlen soll (Bezogener);
4. die Angabe des Zahlungsortes;
5. die Angabe des Tages und des Ortes der Ausstellung;
6. die Unterschrift des Ausstellers.

2. Fehlen von Erfordernissen

Art. 1101 ¹ Eine Urkunde, in der einer der im vorstehenden Artikel bezeichneten Bestandteile fehlt, gilt nicht als Check, vorbehältlich der in den folgenden Absätzen bezeichneten Fälle.

² Mangels einer besonderen Angabe gilt der bei dem Namen des Bezogenen angegebene Ort als Zahlungsort. Sind mehrere Orte bei dem Namen des Bezogenen angegeben, so ist der Check an dem an erster Stelle angegebenen Orte zahlbar.

³ Fehlt eine solche und jede andere Angabe, so ist der Check an dem Orte zahlbar, an dem der Bezogene seine Hauptniederlassung hat.

⁴ Ein Check ohne Angabe des Ausstellungsortes gilt als ausgestellt an dem Orte, der bei dem Namen des Ausstellers angegeben ist.

3. Passive Checkfähigkeit

Art. 1102 ¹ Auf Checks, die in der Schweiz zahlbar sind kann als Bezogener nur ein Bankier bezeichnet werden.

² Ein auf eine andere Person gezogener Check gilt nur als Anweisung.

4. Deckungserfordernis

Art. 1103 ¹ Ein Check darf nur ausgestellt werden, wenn der Aussteller beim Bezogenen ein Guthaben besitzt und gemäss einer ausdrücklichen oder stillschweigenden Vereinbarung, wonach der Aussteller das Recht hat, über dieses Guthaben mittels Checks zu verfügen. Die Gültigkeit der Urkunde als Check wird jedoch durch die Nichtbeachtung dieser Vorschriften nicht berührt.

² Kann der Aussteller beim Bezogenen nur über einen Teilbetrag verfügen, so ist der Bezogene zur Zahlung dieses Teilbetrages verpflichtet.

³ Wer einen Check ausstellt, ohne bei dem Bezogenen für den angewiesenen Betrag verfügungsberechtigt zu sein, hat dem Inhaber des Checks ausser dem verursachten Schaden fünf vom Hundert des nicht gedeckten Betrages der angewiesenen Summe zu vergüten.

5. Ausschluss der Annahme

Art. 1104 Der Check kann nicht angenommen werden. Ein auf den Check gesetzter Annahmevermerk gilt als nicht geschrieben.

6. Bezeichnung des Remittenten

Art. 1105 ¹ Der Check kann zahlbar gestellt werden:
an eine bestimmte Person, mit oder ohne den ausdrücklichen Vermerk «an Ordre»;
an eine bestimmte Person, mit dem Vermerk «nicht an Ordre» oder mit einem gleichbedeutenden Vermerk;
an den Inhaber.

² Ist dem Check eine bestimmte Person mit dem Zusatz «oder Überbringer» oder mit einem gleichbedeutenden Vermerk als Zahlungsempfänger bezeichnet, so gilt der Check als auf den Inhaber gestellt.

³ Ein Check ohne Angabe des Nehmers gilt als zahlbar an den Inhaber.

7. Zinsvermerk **Art. 1106** Ein in den Check aufgenommener Zinsvermerk gilt als nicht geschrieben.

8. Zahlstellen. Domizilcheck **Art. 1107** Der Check kann bei einem Dritten, am Wohnort des Bezogenen oder an einem andern Orte zahlbar gestellt werden, sofern der Dritte Bankier ist.

II. Übertragung

1. Übertragbarkeit **Art. 1108** ¹ Der auf eine bestimmte Person zahlbar gestellte Check mit oder ohne den ausdrücklichen Vermerk «an Ordre» kann durch Indossament übertragen werden.

² Der auf eine bestimmte Person zahlbar gestellte Check mit dem Vermerk «nicht an Ordre» oder mit einem gleichbedeutenden Vermerk kann nur in der Form und mit den Wirkungen einer gewöhnlichen Abtretung übertragen werden.

³ Das Indossament kann auch auf den Aussteller oder jeden anderen Checkverpflichteten lauten. Diese Personen können den Check weiter indossieren.

2. Erfordernisse **Art. 1109** ¹ Das Indossament muss unbedingt sein. Bedingungen, von denen es abhängig gemacht wird, gelten als nicht geschrieben.

² Ein Teilindossament ist nichtig.

³ Ebenso ist ein Indossament des Bezogenen nichtig.

⁴ Ein Indossament an den Inhaber gilt als Blankoindossament.

⁵ Das Indossament an den Bezogenen gilt nur als Quittung, es sei denn, dass der Bezogene mehrere Niederlassungen hat und das Indossament auf eine andere Niederlassung lautet als diejenige, auf die der Check gezogen worden ist.

3. Legitimation des Inhabers **Art. 1110** Wer einen durch Indossament übertragbaren Check in Händen hat, gilt als rechtmässiger Inhaber, sofern er sein Recht durch eine ununterbrochene Reihe von Indossamenten nachweist, und zwar auch dann, wenn das letzte ein Blankoindossament ist. Ausgestrichene Indossamente gelten hiebei als nicht geschrieben. Folgt auf ein Blankoindossament ein weiteres Indossament, so wird angenommen, dass der Aussteller dieses Indossaments den Check durch das Blankoindossament erworben hat.

4. Inhabercheck

Art. 1111 Ein Indossament auf einem Inhabercheck macht den Indossanten nach den Vorschriften über den Rückgriff haftbar, ohne aber die Urkunde in einen Ordrecheck umzuwandeln.

5. Abhandengekommener Check

Art. 1112 Ist der Check einem früheren Inhaber irgendwie abhanden gekommen, so ist der Inhaber, in dessen Hände der Check gelangt ist – sei es, dass es sich um einen Inhabercheck handelt, sei es, dass es sich um einen durch Indossament übertragbaren Check handelt und der Inhaber sein Recht gemäss Artikel 1110 nachweist –, zur Herausgabe des Checks nur verpflichtet, wenn er ihn in bösem Glauben erworben hat oder ihm beim Erwerb eine grobe Fahrlässigkeit zur Last fällt.

6. Rechte aus dem Nachindossament

Art. 1113 [1] Ein Indossament, das nach Erhebung des Protests oder nach Vornahme einer gleichbedeutenden Feststellung oder nach Ablauf der Vorlegungsfrist auf den Check gesetzt wird, hat nur die Wirkungen einer gewöhnlichen Abtretung.

[2] Bis zum Beweis des Gegenteils wird vermutet, dass ein nicht datiertes Indossament vor Erhebung des Protests oder vor der Vornahme einer gleichbedeutenden Feststellung oder vor Ablauf der Vorlegungsfrist auf den Check gesetzt worden ist.

III. Checkbürgschaft

Art. 1114

[1] Die Zahlung der Checksumme kann ganz oder teilweise durch Checkbürgschaft gesichert werden.

[2] Diese Sicherheit kann von einem Dritten, mit Ausnahme des Bezogenen, oder auch von einer Person geleistet werden, deren Unterschrift sich schon auf dem Check befindet.

IV. Vorlegung und Zahlung

1. Verfallzeit

Art. 1115 [1] Der Check ist bei Sicht zahlbar. Jede gegenteilige Angabe gilt als nicht geschrieben.

[2] Ein Check, der vor Eintritt des auf ihm angegebenen Ausstellungstages zur Zahlung vorgelegt wird, ist am Tage der Vorlegung zahlbar.

2. Vorlegung zur Zahlung

Art. 1116 [1] Ein Check, der in dem Lande der Ausstellung zahlbar ist, muss binnen acht Tagen zur Zahlung vorgelegt werden.

² Ein Check, der in einem anderen Lande als dem der Ausstellung zahlbar ist, muss binnen 20 Tagen vorgelegt werden, wenn Ausstellungsort und Zahlungsort sich in demselben Erdteile befinden, und binnen 70 Tagen, wenn Ausstellungsort und Zahlungsort sich in verschiedenen Erdteilen befinden.

³ Hiebei gelten die in einem Lande Europas ausgestellten und in einem an das Mittelmeer grenzenden Lande zahlbaren Checks, ebenso wie die in einem an das Mittelmeer grenzenden Lande ausgestellten und in einem Lande Europas zahlbaren Checks als Checks, die in demselben Erdteile ausgestellt und zahlbar sind.

⁴ Die vorstehend erwähnten Fristen beginnen an dem Tage zu laufen, der in dem Check als Ausstellungstag angegeben ist.

3. Zeitberechnung nach altem Stil

Art. 1117 Ist ein Check auf einen Ort gezogen, dessen Kalender von dem des Ausstellungsortes abweicht, so wird der Tag der Ausstellung in den nach dem Kalender des Zahlungsortes entsprechenden Tag umgerechnet.

4. Einlieferung in eine Abrechnungsstelle

Art. 1118 Die Einlieferung in eine von der Schweizerischen Nationalbank anerkannte Abrechnungsstelle steht der Vorlegung zur Zahlung gleich.[822]

5. Widerruf
a. Im Allgemeinen

Art. 1119 ¹ Ein Widerruf des Checks ist erst nach Ablauf der Vorlegungsfrist wirksam.

² Wenn der Check nicht widerrufen ist, kann der Bezogene auch nach Ablauf der Vorlegungsfrist Zahlung leisten.

³ Behauptet der Aussteller, dass der Check ihm oder einem Dritten abhanden gekommen sei, so kann er dem Bezogenen die Einlösung verbieten.

b. Bei Tod, Handlungsunfähigkeit, Konkurs

Art. 1120 Auf die Wirksamkeit des Checks ist es ohne Einfluss, wenn nach der Begebung des Checks der Aussteller stirbt oder handlungsunfähig wird oder wenn über sein Vermögen der Konkurs eröffnet wird.

6. Prüfung der Indossamente

Art. 1121 Der Bezogene, der einen durch Indossament übertragbaren Check einlöst, ist verpflichtet, die Ordnungsmässigkeit der Reihe der Indossamente, aber nicht die Unterschriften der Indossanten, zu prüfen.

---

[822] Fassung gemäss Anhang Ziff. II 2 des Nationalbankgesetzes vom 3. Okt. 2003, in Kraft seit 1. Mai 2004 (AS 2004 1985; BBl 2002 6097).

7. Zahlung in fremder Währung

Art. 1122 ¹ Lautet der Check auf eine Währung, die am Zahlungsorte nicht gilt, so kann die Checksumme in der Landeswährung nach dem Werte gezahlt werden, den sie am Tage der Vorlegung besitzt. Wenn die Zahlung bei Vorlegung nicht erfolgt ist, so kann der Inhaber wählen, ob die Checksumme nach dem Kurs des Vorlegungstages oder nach dem Kurs des Zahlungstages in die Landeswährung umgerechnet werden soll.

² Der Wert der fremden Währung bestimmt sich nach den Handelsgebräuchen des Zahlungsortes. Der Aussteller kann jedoch im Check für die zu zahlende Summe einen Umrechnungskurs bestimmen.

³ Die Vorschriften der beiden ersten Absätze finden keine Anwendung, wenn der Aussteller die Zahlung in einer bestimmten Währung vorgeschrieben hat (Effektivvermerk).

⁴ Lautet der Check auf eine Geldsorte, die im Lande der Ausstellung dieselbe Bezeichnung, aber einen andern Wert hat als in dem der Zahlung, so wird vermutet, dass die Geldsorte des Zahlungsortes gemeint ist.

V. Gekreuzter Check und Verrechnungscheck

1. Gekreuzter Check
a. Begriff

Art. 1123 ¹ Der Aussteller sowie jeder Inhaber können den Check mit den im Artikel 1124 vorgesehenen Wirkungen kreuzen.

² Die Kreuzung erfolgt durch zwei gleichlaufende Striche auf der Vorderseite des Checks. Die Kreuzung kann allgemein oder besonders sein.

³ Die Kreuzung ist allgemein, wenn zwischen den beiden Strichen keine Angabe oder die Bezeichnung «Bankier» oder ein gleichbedeutender Vermerk steht; sie ist eine besondere, wenn der Name eines Bankiers zwischen die beiden Striche gesetzt ist.

⁴ Die allgemeine Kreuzung kann in eine besondere, nicht aber die besondere Kreuzung in eine allgemeine umgewandelt werden.

⁵ Die Streichung der Kreuzung oder des Namens des bezeichneten Bankiers gilt als nicht erfolgt.

b. Wirkungen

Art. 1124 ¹ Ein allgemein gekreuzter Check darf vom Bezogenen nur an einen Bankier oder an einen Kunden des Bezogenen bezahlt werden.

² Ein besonders gekreuzter Check darf vom Bezogenen nur an den bezeichneten Bankier oder, wenn dieser selbst der Bezogene ist, an dessen Kunden bezahlt werden. Immerhin kann der bezeichnete Bankier einen andern Bankier mit der Einziehung des Checks betrauen.

³ Ein Bankier darf einen gekreuzten Check nur von einem seiner Kunden oder von einem anderen Bankier erwerben. Auch darf er ihn nicht für Rechnung anderer als der vorgenannten Personen einziehen.

⁴ Befinden sich auf einem Check mehrere besondere Kreuzungen, so darf der Check vom Bezogenen nur dann bezahlt werden, wenn nicht mehr als zwei Kreuzungen vorliegen und die eine zum Zwecke der Einziehung durch Einlieferung in eine Abrechnungsstelle erfolgt ist.

⁵ Der Bezogene oder der Bankier, der den vorstehenden Vorschriften zuwiderhandelt, haftet für den entstandenen Schaden, jedoch nur bis zur Höhe der Checksumme.

2. Verrechnungscheck
a. Im Allgemeinen

Art. 1125 ¹ Der Aussteller sowie jeder Inhaber eines Checks kann durch den quer über die Vorderseite gesetzten Vermerk «nur zur Verrechnung» oder durch einen gleichbedeutenden Vermerk untersagen, dass der Check bar bezahlt wird.

² Der Bezogene darf in diesem Falle den Check nur im Wege der Gutschrift einlösen (Verrechnung, Überweisung, Ausgleichung). Die Gutschrift gilt als Zahlung.

³ Die Streichung des Vermerks «nur zur Verrechnung» gilt als nicht erfolgt.

⁴ Der Bezogene, der den vorstehenden Vorschriften zuwiderhandelt, haftet für den entstandenen Schaden, jedoch nur bis zur Höhe der Checksumme.

b. Rechte des Inhabers bei Konkurs, Zahlungseinstellung, Zwangsvollstreckung

Art. 1126 ¹ Der Inhaber eines Verrechnungschecks ist jedoch befugt, vom Bezogenen Barzahlung zu verlangen und bei Nichtzahlung Rückgriff zu nehmen, wenn über das Vermögen des Bezogenen der Konkurs eröffnet worden ist oder wenn er seine Zahlungen eingestellt hat oder wenn eine Zwangsvollstreckung in sein Vermögen fruchtlos verlaufen ist.

² Dasselbe gilt, wenn der Inhaber infolge von Massnahmen, die auf Grund des Bankengesetzes vom 8. November 1934[823] getroffen worden sind, über die Gutschrift beim Bezogenen nicht verfügen kann.

c. Rechte des Inhabers bei Verweigerung der Gutschrift oder der Ausgleichung

Art. 1127 Der Inhaber eines Verrechnungschecks ist ferner berechtigt, Rückgriff zu nehmen, wenn er nachweist, dass der Bezogene die bedingungslose Gutschrift ablehnt oder dass der Check von der Abrechnungsstelle des Zahlungsortes als zur Ausgleichung von Verbindlichkeiten des Inhabers ungeeignet erklärt worden ist.

---

[823] SR 952.0

VI. Rückgriff mangels Zahlung

1. Rückgriffsrechte des Inhabers

Art. 1128 Der Inhaber kann gegen die Indossanten, den Aussteller und die anderen Checkverpflichteten Rückgriff nehmen, wenn der rechtzeitig vorgelegte Check nicht eingelöst und die Verweigerung der Zahlung festgestellt worden ist:
1. durch eine öffentliche Urkunde (Protest) oder
2. durch eine schriftliche, datierte Erklärung des Bezogenen auf dem Check, die den Tag der Vorlegung angibt, oder
3. durch eine datierte Erklärung einer Abrechnungsstelle, dass der Check rechtzeitig eingeliefert und nicht bezahlt worden ist.

2. Protesterhebung. Fristen

Art. 1129 ¹ Der Protest oder die gleichbedeutende Feststellung muss vor Ablauf der Vorlegungsfrist vorgenommen werden.

² Ist die Vorlegung am letzten Tage der Frist erfolgt, so kann der Protest oder die gleichbedeutende Feststellung auch noch an dem folgenden Werktage vorgenommen werden.

3. Inhalt der Rückgriffsforderung

Art. 1130 Der Inhaber kann im Wege des Rückgriffs verlangen:
1. die Checksumme, soweit der Check nicht eingelöst worden ist;
2. Zinsen zu sechs vom Hundert seit dem Tage der Vorlegung;
3. die Kosten des Protestes oder der gleichbedeutenden Feststellung und der Nachrichten sowie die anderen Auslagen;
4. eine Provision von höchstens einem Drittel Prozent.

4. Vorbehalt der höheren Gewalt

Art. 1131 ¹ Steht der rechtzeitigen Vorlegung des Checks oder der rechtzeitigen Erhebung des Protestes oder der Vornahme einer gleichbedeutenden Feststellung ein unüberwindliches Hindernis entgegen (gesetzliche Vorschrift eines Staates oder ein anderer Fall höherer Gewalt), so werden die für diese Handlungen bestimmten Fristen verlängert.

² Der Inhaber ist verpflichtet, seinen unmittelbaren Vormann von dem Falle der höheren Gewalt unverzüglich zu benachrichtigen und die Benachrichtigung unter Beifügung des Tages und Ortes sowie seiner Unterschrift auf dem Check oder einem Anhang zu vermerken; im übrigen finden die Vorschriften des Artikels 1042 Anwendung.

³ Fällt die höhere Gewalt weg, so muss der Inhaber den Check unverzüglich zur Zahlung vorlegen und gegebenenfalls Protest erheben oder eine gleichbedeutende Feststellung vornehmen lassen.

⁴ Dauert die höhere Gewalt länger als 15 Tage seit dem Tage, an dem der Inhaber selbst vor Ablauf der Vorlegungsfrist seinen Vormann von dem Falle der höheren Gewalt benachrichtigt hat, so kann Rückgriff

genommen werden, ohne dass es der Vorlegung oder der Protesterhebung oder einer gleichbedeutenden Feststellung bedarf.

⁵ Tatsachen, die rein persönlich den Inhaber oder denjenigen betreffen, den er mit der Vorlegung des Checks oder mit der Erhebung des Protestes oder mit der Herbeiführung einer gleichbedeutenden Feststellung beauftragt hat, gelten nicht als Fälle höherer Gewalt.

VII. Gefälschter Check

Art. 1132

Der aus der Einlösung eines falschen oder verfälschten Checks sich ergebende Schaden trifft den Bezogenen, sofern nicht dem in dem Check genannten Aussteller ein Verschulden zur Last fällt, wie namentlich eine nachlässige Verwahrung der ihm überlassenen Checkformulare.

VIII. Ausfertigung mehrerer Stücke eines Checks

Art. 1133

Checks, die nicht auf den Inhaber gestellt sind und in einem anderen Lande als dem der Ausstellung oder in einem überseeischen Gebiete des Landes der Ausstellung zahlbar sind, und umgekehrt, oder in dem überseeischen Gebiete eines Landes ausgestellt und zahlbar sind, oder in dem überseeischen Gebiete eines Landes ausgestellt und in einem anderen überseeischen Gebiete desselben Landes zahlbar sind, können in mehreren gleichen Ausfertigungen ausgestellt werden. Diese Ausfertigungen müssen im Texte der Urkunde mit fortlaufenden Nummern versehen sein; andernfalls gilt jede Ausfertigung als besonderer Check.

IX. Verjährung

Art. 1134

¹ Die Rückgriffsansprüche des Inhabers gegen die Indossanten, den Aussteller und die anderen Checkverpflichteten verjähren in sechs Monaten vom Ablauf der Vorlegungsfrist.

² Die Rückgriffsansprüche eines Verpflichteten gegen einen andern Checkverpflichteten verjähren in sechs Monaten von dem Tage, an dem der Check von dem Verpflichteten eingelöst oder ihm gegenüber gerichtlich geltend gemacht worden ist.

X. Allgemeine Vorschriften

1. Begriff des «Bankiers»

Art. 1135 In diesem Abschnitt sind unter der Bezeichnung «Bankier» Firmen zu verstehen, die dem Bankengesetz vom 8. November 1934[824] unterstehen.

2. Fristbestimmungen
a. Feiertage

Art. 1136 [1] Die Vorlegung und der Protest eines Checks können nur an einem Werktage stattfinden.

[2] Fällt der letzte Tag einer Frist, innerhalb derer eine auf den Check bezügliche Handlung, insbesondere die Vorlegung, der Protest oder eine gleichbedeutende Feststellung vorgenommen werden muss, auf einen Sonntag oder einen anderen staatlich anerkannten Feiertag[825], so wird die Frist bis zum nächsten Werktag verlängert.

Feiertage, die in den Lauf einer Frist fallen, werden bei der Berechnung der Frist mitgezählt.

b. Fristberechnung

Art. 1137 Bei der Berechnung der in diesem Gesetz vorgesehenen Fristen wird der Tag, an dem sie zu laufen beginnen, nicht mitgezählt.

XI. Geltungsbereich der Gesetze

1. Passive Checkfähigkeit

Art. 1138 [1] Das Recht des Landes, in dem der Check zahlbar ist, bestimmt die Personen, auf die ein Check gezogen werden kann.

[2] Ist nach diesem Recht der Check im Hinblick auf die Person des Bezogenen nichtig, so sind gleichwohl die Verpflichtungen aus Unterschriften gültig, die in Ländern auf den Check gesetzt worden sind, deren Recht die Nichtigkeit aus einem solchen Grunde nicht vorsieht.

2. Form und Fristen der Checkerklärungen

Art. 1139 [1] Die Form einer Checkerklärung bestimmt sich nach dem Recht des Landes, in dessen Gebiete die Erklärung unterschrieben worden ist. Es genügt jedoch die Beobachtung der Form, die das Recht des Zahlungsortes vorschreibt.

[2] Wenn eine Checkerklärung, die nach den Vorschriften des vorstehenden Absatzes ungültig ist, dem Recht des Landes entspricht, in dessen Gebiet eine spätere Checkerklärung unterschrieben worden ist, so wird durch Mängel in der Form der ersten Checkerklärung die Gültigkeit der späteren Checkerklärung nicht berührt.

---

824 SR 952.0
825 Hinsichtlich der gesetzlichen Fristen des eidgenössischen Rechts und der kraft eidgenössischen Rechts von Behörden angesetzten Fristen wird heute der Samstag einem anerkannten Feiertag gleichgestellt (Art. 1 des BG vom 21. Juni 1963 über den Fristenlauf an Samstagen – SR 173.110.3).

³ Ebenso ist eine Checkerklärung, die ein Schweizer im Ausland abgegeben hat, in der Schweiz gegenüber einem anderen Schweizer gültig, wenn sie den Formerfordernissen des schweizerischen Rechts genügt.

3. Wirkung der Checkerklärungen
a. Recht des Ausstellungsortes

Art. 1140 Die Wirkungen der Checkerklärungen bestimmen sich nach dem Recht des Landes, in dessen Gebiete die Erklärungen unterschrieben worden sind.

b. Recht des Zahlungsortes

Art. 1141 Das Recht des Landes, in dessen Gebiet der Check zahlbar ist, bestimmt:
1. ob der Check notwendigerweise bei Sicht zahlbar ist oder ob er auf eine bestimmte Zeit nach Sicht gezogen werden kann und welches die Wirkungen sind, wenn auf dem Check ein späterer als der wirkliche Ausstellungstag angegeben ist.
2. die Vorlegungsfrist;
3. ob ein Check angenommen, zertifiziert, bestätigt oder mit einem Visum versehen werden kann, und welches die Wirkungen dieser Vermerke sind;
4. ob der Inhaber eine Teilzahlung verlangen kann und ob er eine solche annehmen muss;
5. ob ein Check gekreuzt oder mit dem Vermerk «nur zur Verrechnung» oder mit einem gleichbedeutenden Vermerk versehen werden kann, und welches die Wirkungen der Kreuzung oder des Verrechnungsvermerks oder eines gleichbedeutenden Vermerks sind;
6. ob der Inhaber besondere Rechte auf die Deckung hat und welches der Inhalt dieser Rechte ist;
7. ob der Aussteller den Check widerrufen oder gegen die Einlösung des Checks Widerspruch erheben kann;
8. die Massnahmen, die im Falle des Verlustes oder des Diebstahls des Checks zu ergreifen sind;
9. ob ein Protest oder eine gleichbedeutende Feststellung zur Erhaltung des Rückgriffs gegen die Indossanten, den Aussteller und die anderen Checkverpflichteten notwendig ist.

c. Recht des Wohnsitzes

Art. 1142 Der Bereicherungsanspruch gegen den Bezogenen oder den Domiziliaten bestimmt sich nach dem Recht des Landes, in dessen Gebiet diese Personen ihren Wohnsitz haben.

XII. Anwendbarkeit des Wechselrechts

Art. 1143 ¹ Auf den Check finden die nachstehenden Bestimmungen des Wechselrechts Anwendung:
1. Artikel 990 über die Wechselfähigkeit;
2. Artikel 993 über Wechsel an eigene Ordre, auf den Aussteller und für Rechnung eines Dritten;
3. Artikel 996–1000 über verschiedene Bezeichnung der Wechselsumme, Unterschriften von Wechselunfähigen, Unterschrift ohne Ermächtigung, Haftung des Ausstellers und Blankowechsel;
4. Artikel 1003–1005 über das Indossament;
5. Artikel 1007 über die Wechseleinreden;
6. Artikel 1008 über die Rechte aus dem Vollmachtsindossament;
7. Artikel 1021 und 1022 über Form und Wirkungen der Wechselbürgschaft;
8. Artikel 1029 über das Recht auf Quittung und Teilzahlung;
9. Artikel 1035–1037 und 1039–1041 über den Protest;
10. Artikel 1042 über die Benachrichtigung;
11. Artikel 1043 über den Protesterlass;
12. Artikel 1044 über die solidarische Haftung der Wechselverpflichteten;
13. Artikel 1046 und 1047 über die Rückgriffsforderung bei Einlösung des Wechsels und das Recht auf Aushändigung von Wechsel, Protest und Quittung;
14. Artikel 1052 über den Bereicherungsanspruch;
15. Artikel 1053 über den Übergang der Deckung;
16. Artikel 1064 über das Verhältnis mehrerer Ausfertigungen;
17. Artikel 1068 über Änderungen;
18. Artikel 1070 und 1071 über die Unterbrechung der Verjährung;
19. Artikel 1072–1078 und 1079 Absatz 1 über die Kraftloserklärung;
20. Artikel 1083–1085 über den Ausschluss von Respekttagen, den Ort der Vornahme wechselrechtlicher Handlungen und die eigenhändige Unterschrift;
21. Artikel 1086, 1088 und 1089 über den Geltungsbereich der Gesetze in Bezug auf Wechselfähigkeit, Handlungen zur Ausübung und Erhaltung des Wechselrechts und Ausübung der Rückgriffsrechte.

² In Wegfall kommen bei diesen Artikeln die Bestimmungen, die sich auf die Annahme des Wechsels beziehen.

³ Die Artikel 1042 Absatz 1, 1043 Absätze 1 und 3 und 1047 werden für die Anwendung auf den Check in dem Sinne ergänzt, dass

an die Stelle des Protestes die gleichbedeutende Feststellung nach Artikel 1128 Ziffern 2 und 3 treten kann.

XIII. Vorbehalt besondern Rechtes

Art. 1144
Vorbehalten bleiben die besondern Bestimmungen über den Postcheck.

Sechster Abschnitt: Wechselähnliche und andere Ordrepapiere

A. Im Allgemeinen
I. Voraussetzungen

Art. 1145 Ein Wertpapier gilt als Ordrepapier, wenn es an Ordre lautet oder vom Gesetze als Ordrepapier erklärt ist.

II. Einreden des Schuldners

Art. 1146 [1] Wer aus einem Ordrepapier in Anspruch genommen wird, kann sich nur solcher Einreden bedienen, die entweder gegen die Gültigkeit der Urkunde gerichtet sind oder aus der Urkunde selbst hervorgehen, sowie solcher, die ihm persönlich gegen den jeweiligen Gläubiger zustehen.

[2] Einreden, die sich auf die unmittelbaren Beziehungen des Schuldners zum Aussteller oder zu einem frühern Inhaber gründen, sind zulässig, wenn der Inhaber bei dem Erwerb des Ordrepapiers bewusst zum Nachteil des Schuldners gehandelt hat.

B. Wechselähnliche Papiere
I. Anweisungen an Ordre
1. Im Allgemeinen

Art. 1147 Anweisungen, die im Texte der Urkunde nicht als Wechsel bezeichnet sind, aber ausdrücklich an Ordre lauten und im übrigen den Erfordernissen des gezogenen Wechsels entsprechen, stehen den gezogenen Wechseln gleich.

2. Keine Annahmepflicht

Art. 1148 [1] Die Anweisung an Ordre ist nicht zur Annahme vorzulegen.

[2] Wird sie trotzdem vorgelegt, aber ihre Annahme verweigert, so steht dem Inhaber ein Rückgriffsrecht aus diesem Grunde nicht zu.

3. Folgen der Annahme

Art. 1149 [1] Wird die Anweisung an Ordre freiwillig angenommen, so steht der Annehmer der Anweisung dem Annehmer des gezogenen Wechsels gleich.

[2] Der Inhaber kann jedoch nicht vor Verfall Rückgriff nehmen, wenn über den Angewiesenen der Konkurs eröffnet worden ist oder wenn der Angewiesene seine Zahlungen eingestellt hat oder wenn eine Zwangsvollstreckung in sein Vermögen fruchtlos verlaufen ist.

³ Ebenso steht dem Inhaber der Rückgriff vor Verfall nicht zu, wenn über den Anweisenden der Konkurs eröffnet worden ist.

4. Keine Wechselbetreibung

Art. 1150 Die Bestimmungen des Schuldbetreibungs- und Konkursgesetzes vom 11. April 1889[826] betreffend die Wechselbetreibung finden auf die Anweisung an Ordre keine Anwendung.

II. Zahlungsversprechen an Ordre

Art. 1151 ¹ Zahlungsversprechen, die im Texte der Urkunde nicht als Wechsel bezeichnet sind, aber ausdrücklich an Ordre lauten und im übrigen den Erfordernissen des eigenen Wechsels entsprechen, stehen den eigenen Wechseln gleich.

² Für das Zahlungsversprechen an Ordre gelten jedoch die Bestimmungen über die Ehrenzahlung nicht.

³ Die Bestimmungen des Schuldbetreibungs- und Konkursgesetzes vom 11. April 1889[827] betreffend die Wechselbetreibung finden auf das Zahlungsversprechen an Ordre keine Anwendung.

C. Andere indossierbare Papiere

Art. 1152 ¹ Urkunden, in denen der Zeichner sich verpflichtet, nach Ort, Zeit und Summe bestimmte Geldzahlungen zu leisten oder bestimmte Mengen vertretbarer Sachen zu liefern, können, wenn sie ausdrücklich an Ordre lauten, durch Indossament übertragen werden.

² Für diese Urkunden sowie für andere indossierbare Papiere, wie Lagerscheine, Warrants, Ladescheine, gelten die Vorschriften des Wechselrechtes über die Form des Indossaments, die Legitimation des Inhabers, die Kraftloserklärung sowie über die Pflicht des Inhabers zur Herausgabe.

³ Dagegen sind die Bestimmungen über den Wechselrückgriff auf solche Papiere nicht anwendbar.

Siebenter Abschnitt: Die Warenpapiere

A. Erfordernisse
I. Im Allgemeinen[828]

Art. 1153 Warenpapiere, die von einem Lagerhalter oder Frachtführer als Wertpapier ausgestellt werden, müssen enthalten:
1. den Ort und den Tag der Ausstellung und die Unterschrift des Ausstellers;
2. den Namen und den Wohnort des Ausstellers;
3. den Namen und den Wohnort des Einlagerers oder des Absenders;

---

826 SR 281.1
827 SR 281.1
828 Eingefügt durch Ziff. I 1 des BG vom 25. Sept. 2020 zur Anpassung des Bundesrechts an Entwicklungen der Technik verteilter elektronischer Register, in Kraft seit 1. Febr. 2021 (AS 2021 33; BBl 2020 233).

4. die Bezeichnung der eingelagerten oder aufgegebenen Ware nach Beschaffenheit, Menge und Merkzeichen;
5. die Gebühren und Löhne, die zu entrichten sind oder die vorausbezahlt wurden;
6. die besondern Vereinbarungen, die von den Beteiligten über die Behandlung der Ware getroffen worden sind;
7. die Zahl der Ausfertigungen des Warenpapiers;
8. die Angabe des Verfügungsberechtigten mit Namen oder an Ordre oder als Inhaber.

II. Gleichwertige Titel in Wertrechteregistern

Art. 1153a[829] ¹ Die Parteien können Warenpapiere in der Form von Registerwertrechten vorsehen. Die Artikel 1154 und 1155 sind sinngemäss anwendbar.

² Die Unterschrift des Ausstellers kann entfallen, wenn der Titel ihm auf andere Weise eindeutig zugeordnet werden kann. Der weitere Inhalt des Titels samt dessen Lasten muss im Wertrechteregister selbst oder in damit verknüpften Begleitdaten festgehalten werden.

B. Der Pfandschein

Art. 1154 ¹ Wird von mehreren Warenpapieren eines für die Pfandbestellung bestimmt, so muss es als Pfandschein (Warrant) bezeichnet sein und im Übrigen der Gestalt eines Warenpapiers entsprechen.

² Auf den andern Ausfertigungen ist die Ausstellung des Pfandscheines anzugeben und jede vorgenommene Verpfändung mit Forderungsbetrag und Verfalltag einzutragen.

C. Bedeutung der Formvorschriften

Art. 1155 ¹ Scheine, die über lagernde oder verfrachtete Waren ausgestellt werden, ohne den gesetzlichen Formvorschriften für Warenpapiere zu entsprechen, werden nicht als Wertpapiere anerkannt, sondern gelten nur als Empfangsscheine oder andere Beweisurkunden.

² Scheine, die von Lagerhaltern ausgegeben werden, ohne dass die zuständige Behörde die vom Gesetz verlangte Bewilligung erteilt hat, sind, wenn sie den gesetzlichen Formvorschriften entsprechen, als Wertpapiere anzuerkennen. Ihre Aussteller unterliegen einer von der zuständigen kantonalen Behörde zu verhängenden Ordnungsbusse bis zu 1000 Franken.

---

[829] Eingefügt durch Ziff. I 1 des BG vom 25. Sept. 2020 zur Anpassung des Bundesrechts an Entwicklungen der Technik verteilter elektronischer Register, in Kraft seit 1. Febr. 2021 (AS 2021 33; BBl 2020 233).

Vierunddreissigster Titel: Anleihensobligationen

Erster Abschnitt: ...

Art. 1156[830]

Zweiter Abschnitt:[831] Gläubigergemeinschaft bei Anleihensobligationen

A. Voraussetzungen

Art. 1157 [1] Sind Anleihensobligationen von einem Schuldner, der in der Schweiz seinen Wohnsitz oder eine geschäftliche Niederlassung hat, mit einheitlichen Anleihensbedingungen unmittelbar oder mittelbar durch öffentliche Zeichnung ausgegeben, so bilden die Gläubiger von Gesetzes wegen eine Gläubigergemeinschaft.

[2] Sind mehrere Anleihen ausgegeben, so bilden die Gläubiger jedes Anleihens eine besondere Gläubigergemeinschaft.

[3] Die Vorschriften dieses Abschnittes sind nicht anwendbar auf Anleihen des Bundes, der Kantone, der Gemeinden und anderer Körperschaften und Anstalten des öffentlichen Rechts.

B. Anleihensvertreter
I. Bestellung

Art. 1158 [1] Vertreter, die durch die Anleihensbedingungen bestellt sind, gelten mangels gegenteiliger Bestimmung als Vertreter sowohl der Gläubigergemeinschaft wie des Schuldners.

[2] Die Gläubigerversammlung kann einen oder mehrere Vertreter der Gläubigergemeinschaft wählen.

[3] Mehrere Vertreter üben, wenn es nicht anders bestimmt ist, die Vertretung gemeinsam aus.

II. Befugnisse
1. Im Allgemeinen

Art. 1159 [1] Der Vertreter hat die Befugnisse, die ihm durch das Gesetz, die Anleihensbedingungen oder die Gläubigerversammlung übertragen werden.

[2] Er verlangt vom Schuldner, wenn die Voraussetzungen vorliegen, die Einberufung einer Gläubigerversammlung, vollzieht deren Beschlüsse und vertritt die Gemeinschaft im Rahmen der ihn übertragenen Befugnisse.

[3] Soweit der Vertreter zur Geltendmachung von Rechten der Gläubiger ermächtigt ist, sind die einzelnen Gläubiger zur selbständigen Ausübung ihrer Rechte nicht befugt.

---

830 Aufgehoben durch Anhang Ziff. 1 des Finanzdienstleistungsgesetzes vom 15. Juni 2018, mit Wirkung seit 1. Jan. 2020 (AS 2019 4417; BBl 2015 8901).
831 Fassung gemäss Ziff. I des BG vom 1. April 1949, in Kraft seit 1. Jan. 1950 (AS 1949 I 791; BBl 1947 III 869). Siehe die SchlB zu diesem Abschn. (zweiter Abschn. des XXXIV. Tit.) am Schluss des OR.

2. Kontrolle des Schuldners

Art. 1160 ¹ Solange der Schuldner sich mit der Erfüllung seiner Verpflichtungen aus dem Anleihen im Rückstande befindet, ist der Vertreter der Gläubigergemeinschaft befugt, vom Schuldner alle Aufschlüsse zu verlangen, die für die Gemeinschaft von Interesse sind.

² Ist eine Aktiengesellschaft, Kommanditaktiengesellschaft, Gesellschaft mit beschränkter Haftung oder Genossenschaft Schuldnerin, so kann der Vertreter unter den gleichen Voraussetzungen an den Verhandlungen ihrer Organe mit beratender Stimme teilnehmen, soweit Gegenstände behandelt werden, welche die Interessen der Anleihensgläubiger berühren.

³ Der Vertreter ist zu solchen Verhandlungen einzuladen und hat Anspruch auf rechtzeitige Mitteilung der für die Verhandlungen massgebenden Grundlagen.

3. Bei pfandgesicherten Anleihen

Art. 1161 ¹ Ist für ein Anleihen mit Grundpfandrecht oder mit Fahrnispfand ein Vertreter des Schuldners und der Gläubiger bestellt worden, so stehen ihm die gleichen Befugnisse zu wie dem Pfandhalter nach Grundpfandrecht.

² Der Vertreter hat die Rechte der Gläubiger, des Schuldners und des Eigentümers der Pfandsache mit aller Sorgfalt und Unparteilichkeit zu wahren.

III. Dahinfallen der Vollmacht

Art. 1162 ¹ Die Gläubigerversammlung kann die Vollmacht, die sie einem Vertreter erteilt hat, jederzeit widerrufen oder abändern.

² Die Vollmacht eines durch die Anleihensbedingungen bestellten Vertreters kann durch einen Beschluss der Gläubigergemeinschaft mit Zustimmung des Schuldners jederzeit widerrufen oder abgeändert werden.

³ Das Gericht kann aus wichtigen Gründen auf Antrag eines Anleihensgläubigers oder des Schuldners die Vollmacht als erloschen erklären.

⁴ Fällt die Vollmacht aus irgendeinem Grunde dahin, so trifft auf Verlangen eines Anleihensgläubigers oder des Schuldners das Gericht die zum Schutze der Anleihensgläubiger und des Schuldners notwendigen Anordnungen.

IV. Kosten

Art. 1163 ¹ Die Kosten einer in den Anleihensbedingungen vorgesehenen Vertretung sind vom Anleihensschuldner zu tragen.

² Die Kosten einer von der Gläubigergemeinschaft gewählten Vertretung werden aus den Leistungen des Anleihensschuldners gedeckt und allen Anleihensgläubigern nach Massgabe des Nennwertes der Obligationen, die sie besitzen, in Abzug gebracht.

C. Gläubigerversammlung
I. Im Allgemeinen

Art. 1164 [1] Die Gläubigergemeinschaft ist befugt, in den Schranken des Gesetzes die geeigneten Massnahmen zur Wahrung der gemeinsamen Interessen der Anleihensgläubiger, insbesondere gegenüber einer Notlage des Schuldners, zu treffen.

[2] Die Beschlüsse der Gläubigergemeinschaft werden von der Gläubigerversammlung gefasst und sind gültig, wenn die Voraussetzungen erfüllt sind, die das Gesetz im Allgemeinen oder für einzelne Massnahmen vorsieht.

[3] Soweit rechtsgültige Beschlüsse der Gläubigerversammlung entgegenstehen, können die einzelnen Anleihensgläubiger ihre Rechte nicht mehr selbständig geltend machen.

[4] Die Kosten der Einberufung und der Abhaltung der Gläubigerversammlung trägt der Schuldner.

II. Einberufung
1. Im Allgemeinen

Art. 1165 [1] Die Gläubigerversammlung wird durch den Schuldner einberufen.

[2] Der Schuldner ist verpflichtet, sie binnen 20 Tagen einzuberufen, wenn Anleihensgläubiger, denen zusammen der zwanzigste Teil des im Umlauf befindlichen Kapitals zusteht, oder der Anleihensvertreter die Einberufung schriftlich und unter Angabe des Zweckes und der Gründe verlangen.

[3] Entspricht der Schuldner diesem Begehren nicht, so kann das Gericht die Gesuchsteller ermächtigen, von sich aus eine Gläubigerversammlung einzuberufen. Zwingend zuständig ist das Gericht am gegenwärtigen oder letzten Sitz des Schuldners in der Schweiz.[832]

[4] Hat oder hatte der Schuldner nur eine Niederlassung in der Schweiz, so ist das Gericht am Ort dieser Niederlassung zwingend zuständig.[833]

2. Stundung

Art. 1166 [1] Vom Zeitpunkte der ordnungsmässigen Veröffentlichung der Einladung zur Gläubigerversammlung an bis zur rechtskräftigen Beendigung des Verfahrens vor der Nachlassbehörde bleiben die fälligen Ansprüche der Anleihensgläubiger gestundet.

[2] Diese Stundung gilt nicht als Zahlungseinstellung im Sinne des Schuldbetreibungs- und Konkursgesetzes vom 11. April 1889[834]; eine Konkurseröffnung ohne vorgängige Betreibung kann nicht verlangt werden.

---

[832] Fassung gemäss Anhang 1 Ziff. II 5 der Zivilprozessordnung vom 19. Dez. 2008, in Kraft seit 1. Jan. 2011 (AS 2010 1739; BBl 2006 7221).
[833] Fassung gemäss Anhang 1 Ziff. II 5 der Zivilprozessordnung vom 19. Dez. 2008, in Kraft seit 1. Jan. 2011 (AS 2010 1739; BBl 2006 7221).
[834] SR 281.1

³ Während der Dauer der Stundung ist der Lauf der Verjährungs- und Verwirkungsfristen, welche durch Betreibung unterbrochen werden können, für die fälligen Ansprüche der Anleihensgläubiger gehemmt.

⁴ Missbraucht der Schuldner das Recht auf Stundung, so kann sie von der oberen kantonalen Nachlassbehörde auf Begehren eines Anleihensgläubigers aufgehoben werden.

III. Abhaltung
1. Stimmrecht

Art. 1167 ¹ Stimmberechtigt ist der Eigentümer einer Obligation oder sein Vertreter, bei in Nutzniessung stehenden Obligationen jedoch der Nutzniesser oder sein Vertreter. Der Nutzniesser wird aber dem Eigentümer ersatzpflichtig, wenn er bei der Ausübung des Stimmrechts auf dessen Interessen nicht in billiger Weise Rücksicht nimmt.

² Obligationen, die im Eigentum oder in der Nutzniessung des Schuldners stehen, gewähren kein Stimmrecht. Sind hingegen Obligationen verpfändet, die dem Schuldner gehören, so steht das Stimmrecht dem Pfandgläubiger zu.

³ Ein dem Schuldner an Obligationen zustehendes Pfandrecht oder Retentionsrecht schliesst das Stimmrecht ihres Eigentümers nicht aus.

2. Vertretung einzelner Anleihensgläubiger

Art. 1168 ¹ Zur Vertretung von Anleihensgläubigern bedarf es, sofern die Vertretung nicht auf Gesetz beruht, einer schriftlichen Vollmacht.

² Die Ausübung der Vertretung der stimmberechtigten Anleihensgläubiger durch den Schuldner ist ausgeschlossen.

IV. Verfahrensvorschriften

Art. 1169 Der Bundesrat erlässt die Vorschriften über die Einberufung der Gläubigerversammlung, die Mitteilung der Tagesordnung, die Ausweise zur Teilnahme an der Gläubigerversammlung, die Leitung der Versammlung, die Beurkundung und die Mitteilung der Beschlüsse.

D. Gemeinschaftsbeschlüsse
I. Eingriffe in die Gläubigerrechte
1. Zulässigkeit und erforderliche Mehrheit
a. Bei nur einer Gemeinschaft

Art. 1170 ¹ Eine Mehrheit von mindestens zwei Dritteln des im Umlauf befindlichen Kapitals ist zur Gültigkeit des Beschlusses erforderlich, wenn es sich um folgende Massnahmen handelt:
1. Stundung von Zinsen für die Dauer von höchstens fünf Jahren, mit der Möglichkeit der zweimaligen Verlängerung der Stundung um je höchstens fünf Jahre;
2. Erlass von höchstens fünf Jahreszinsen innerhalb eines Zeitraumes von sieben Jahren;
3. Ermässigung des Zinsfusses bis zur Hälfte des in den Anleihensbedingungen vereinbarten Satzes oder Umwandlung eines festen Zinsfusses in einen vom Geschäftsergebnis abhängigen Zinsfuss,

beides für höchstens zehn Jahre, mit der Möglichkeit der Verlängerung um höchstens fünf Jahre;
4. Verlängerung der Amortisationsfrist um höchstens zehn Jahre durch Herabsetzung der Annuität oder Erhöhung der Zahl der Rückzahlungsquoten oder vorübergehende Einstellung dieser Leistungen, mit der Möglichkeit der Erstreckung um höchstens fünf Jahre;
5. Stundung eines fälligen oder binnen fünf Jahren verfallenden Anleihens oder von Teilbeträgen eines solchen auf höchstens zehn Jahre, mit der Möglichkeit der Verlängerung um höchstens fünf Jahre;
6. Ermächtigung zu einer vorzeitigen Rückzahlung des Kapitals;
7. Einräumung eines Vorgangspfandrechts für dem Unternehmen neu zugeführtes Kapital sowie Änderung an den für ein Anleihen bestellten Sicherheiten oder gänzlicher oder teilweiser Verzicht auf solche;
8. Zustimmung zu einer Änderung der Bestimmungen über Beschränkung der Obligationenausgabe im Verhältnis zum Aktienkapital;
9. Zustimmung zu einer gänzlichen oder teilweisen Umwandlung von Anleihensobligationen in Aktien.

² Diese Massnahmen können miteinander verbunden werden.

b. Bei mehreren Gemeinschaften

Art. 1171 ¹ Bei einer Mehrheit von Gläubigergemeinschaften kann der Schuldner eine oder mehrere der im vorangehenden Artikel vorgesehenen Massnahmen den Gemeinschaften gleichzeitig unterbreiten, im ersten Falle mit dem Vorbehalte, dass die Massnahme nur gültig sein soll, falls sie von allen Gemeinschaften angenommen wird, im zweiten Falle mit dem weitern Vorbehalte, dass die Gültigkeit jeder Massnahme von der Annahme der übrigen abhängig ist.

² Die Vorschläge gelten als angenommen, wenn sie die Zustimmung der Vertretung von mindestens zwei Dritteln des im Umlauf befindlichen Kapitals aller dieser Gläubigergemeinschaften zusammen gefunden haben, gleichzeitig von der Mehrheit der Gemeinschaften angenommen worden sind und in jeder Gemeinschaft mindestens die einfache Mehrheit des vertretenen Kapitals zugestimmt hat.

c. Feststellung der Mehrheit

Art. 1172 ¹ Für die Feststellung des im Umlauf befindlichen Kapitals fallen Anleihensobligationen, die kein Stimmrecht gewähren, ausser Betracht.

² Erreicht ein Antrag in der Gläubigerversammlung nicht die erforderliche Stimmenzahl, so kann der Schuldner die fehlenden Stimmen durch schriftliche und beglaubigte Erklärungen binnen zwei Monaten

	nach dem Versammlungstage beim Leiter der Versammlung beibringen und dadurch einen gültigen Beschluss herstellen.
2. Beschränkungen **a. Im Allgemeinen**	**Art. 1173** ¹ Kein Anleihensgläubiger kann durch Gemeinschaftsbeschluss verpflichtet werden, andere als die in Artikel 1170 vorgesehenen Eingriffe in die Gläubigerrechte zu dulden oder Leistungen zu machen, die weder in den Anleihensbedingungen vorgesehen noch mit ihm bei der Begebung der Obligation vereinbart worden sind. ² Zu einer Vermehrung der Gläubigerrechte ist die Gläubigergemeinschaft ohne Zustimmung des Schuldners nicht befugt.
b. Gleichbehandlung	**Art. 1174** ¹ Die einer Gemeinschaft angehörenden Gläubiger müssen alle gleichmässig von den Zwangsbeschlüssen betroffen werden, es sei denn, dass jeder etwa ungünstiger behandelte Gläubiger ausdrücklich zustimmt. ² Unter Pfandgläubigern darf die bisherige Rangordnung ohne deren Zustimmung nicht abgeändert werden. Vorbehalten bleibt Artikel 1170 Ziffer 7. ³ Zusicherungen oder Zuwendungen an einzelne Gläubiger, durch die sie gegenüber andern der Gemeinschaft angehörenden Gläubigern begünstigt werden, sind ungültig.
c. Status und Bilanz	**Art. 1175**[835] Ein Antrag auf Ergreifung der in Artikel 1170 genannten Massnahmen darf vom Schuldner nur eingebracht und von der Gläubigerversammlung nur in Beratung gezogen werden auf Grund eines auf den Tag der Gläubigerversammlung aufgestellten Status oder einer ordnungsgemäss errichteten und gegebenenfalls von der Revisionsstelle als richtig bescheinigten Bilanz, die auf einen höchstens sechs Monate zurückliegenden Zeitpunkt abgeschlossen ist.
3. Genehmigung **a. Im Allgemeinen**	**Art. 1176** ¹ Die Beschlüsse, die einen Eingriff in Gläubigerrechte enthalten, sind nur wirksam und für die nicht zustimmenden Anleihensgläubiger verbindlich, wenn sie von der oberen kantonalen Nachlassbehörde genehmigt worden sind. ² Der Schuldner hat sie dieser Behörde innerhalb eines Monats seit dem Zustandekommen zur Genehmigung zu unterbreiten. ³ Die Zeit der Verhandlung wird öffentlich bekanntgemacht mit der Anzeige an die Anleihensgläubiger, dass sie ihre Einwendungen schriftlich oder in der Verhandlung auch mündlich anbringen können. ⁴ Die Kosten des Genehmigungsverfahrens trägt der Schuldner.

---

835 Fassung gemäss Ziff. I 3 des BG vom 16. Dez. 2005 (GmbH-Recht sowie Anpassungen im Aktien-, Genossenschafts-, Handelsregister- und Firmenrecht), in Kraft seit 1. Jan. 2008 (AS 2007 4791; BBl 2002 3148, 2004 3969).

b. Voraussetzungen

Art. 1177 Die Genehmigung darf nur verweigert werden:
1. wenn die Vorschriften über die Einberufung und das Zustandekommen der Beschlüsse der Gläubigerversammlung verletzt worden sind;
2. wenn der zur Abwendung einer Notlage des Schuldners gefasste Beschluss sich als nicht notwendig herausstellt;
3. wenn die gemeinsamen Interessen der Anleihensgläubiger nicht genügend gewahrt sind;
4. wenn der Beschluss auf unredliche Weise zustande gekommen ist.

c. Weiterzug

Art. 1178 ¹ Wird die Genehmigung erteilt, so kann sie von jedem Anleihensgläubiger, der dem Beschluss nicht zugestimmt hat, innerhalb 30 Tagen beim Bundesgericht wegen Gesetzesverletzung oder Unangemessenheit angefochten werden, wobei das für die Rechtspflege in Schuldbetreibungs- und Konkurssachen vorgesehene Verfahren Anwendung findet.

² Ebenso kann der Entscheid, mit dem die Genehmigung verweigert wird, von einem Anleihensgläubiger, der dem Beschluss zugestimmt hat, oder vom Schuldner angefochten werden.

d. Widerruf

Art. 1179 ¹ Stellt sich nachträglich heraus, dass der Beschluss der Gläubigerversammlung auf unredliche Weise zustande gekommen ist, so kann die obere kantonale Nachlassbehörde auf Begehren eines Anleihensgläubigers die Genehmigung ganz oder teilweise widerrufen.

² Das Begehren ist binnen sechs Monaten, nachdem der Anleihensgläubiger vom Anfechtungsgrunde Kenntnis erhalten hat, zu stellen.

³ Der Widerruf kann vom Schuldner und von jedem Anleihensgläubiger innerhalb 30 Tagen beim Bundesgericht wegen Gesetzesverletzung oder Unangemessenheit in dem für die Rechtspflege in Schuldbetreibungs- und Konkurssachen vorgesehenen Verfahren angefochten werden. Ebenso kann die Verweigerung des Widerrufs von jedem Anleihensgläubiger, der den Widerruf verlangt hat, angefochten werden.

II. Andere Beschlüsse
1. Vollmacht des Anleihensvertreters

Art. 1180 ¹ Die Zustimmung der Vertretung von mehr als der Hälfte des im Umlauf befindlichen Kapitals ist erforderlich für den Widerruf und für die Abänderung der einem Anleihensvertreter erteilten Vollmacht.

² Der gleichen Mehrheit bedarf ein Beschluss, durch welchen einem Anleihensvertreter Vollmacht zur einheitlichen Wahrung der Rechte der Anleihensgläubiger im Konkurs erteilt wird.

2. Die übrigen Fälle

Art. 1181 ¹ Für Beschlüsse, die weder in die Gläubigerrechte eingreifen noch den Gläubigern Leistungen auferlegen, genügt die absolute Mehrheit der vertretenen Stimmen, soweit das Gesetz es nicht anders bestimmt oder die Anleihensbedingungen nicht strengere Bestimmungen aufstellen.

² Diese Mehrheit berechnet sich in allen Fällen nach dem Nennwert des in der Versammlung vertretenen stimmberechtigten Kapitals.

3. Anfechtung

Art. 1182 Beschlüsse im Sinne der Artikel 1180 und 1181, die das Gesetz oder vertragliche Vereinbarungen verletzen, können von jedem Anleihensgläubiger der Gemeinschaft, der nicht zugestimmt hat, binnen 30 Tagen, nachdem er von ihnen Kenntnis erhalten hat, beim Gericht angefochten werden.

E. Besondere Anwendungsfälle
I. Konkurs des Schuldners

Art. 1183 ¹ Gerät ein Anleihensschuldner in Konkurs, so beruft die Konkursverwaltung unverzüglich eine Versammlung der Anleihensgläubiger ein, die dem bereits ernannten oder einem von ihr zu ernennenden Vertreter die Vollmacht zur einheitlichen Wahrung der Rechte der Anleihensgläubiger im Konkursverfahren erteilt.

² Kommt kein Beschluss über die Erteilung einer Vollmacht zustande, so vertritt jeder Anleihensgläubiger seine Rechte selbständig.

II. Nachlassvertrag

Art. 1184 ¹ Im Nachlassverfahren wird unter Vorbehalt der Vorschriften über die pfandversicherten Anleihen ein besonderer Beschluss der Anleihensgläubiger über die Stellungnahme zum Nachlassvertrag nicht gefasst, und es gelten für ihre Zustimmung ausschliesslich die Vorschriften des Schuldbetreibungs- und Konkursgesetzes vom 11. April 1889[836].

² Auf die pfandversicherten Anleihensgläubiger kommen, soweit eine über die Wirkungen des Nachlassverfahrens hinausgehende Einschränkung ihrer Gläubigerrechte stattfinden soll, die Bestimmungen über die Gläubigergemeinschaft zur Anwendung.

III. Anleihen von Eisenbahn- oder Schifffahrtsunternehmungen

Art. 1185 ¹ Auf die Anleihensgläubiger einer Eisenbahn- oder Schifffahrtsunternehmung sind die Bestimmungen des gegenwärtigen Abschnittes unter Vorbehalt der nachfolgenden besondern Vorschriften anwendbar.

² Das Gesuch um Einberufung einer Gläubigerversammlung ist an das Bundesgericht zu richten.

---

[836] SR 281.1

³ Für die Einberufung der Gläubigerversammlung, die Beurkundung, die Genehmigung und die Ausführung ihrer Beschlüsse ist das Bundesgericht zuständig.

⁴ Das Bundesgericht kann nach Eingang des Gesuches um Einberufung einer Gläubigerversammlung eine Stundung mit den in Artikel 1166 vorgesehenen Wirkungen anordnen.

F. Abweichende Abreden

Art. 1186[837] ¹ Die Rechte, die das Gesetz der Gläubigergemeinschaft und dem Anleihensvertreter zuweist, können durch die Anleihensbedingungen oder durch besondere Abreden zwischen den Gläubigern und dem Schuldner nur ausgeschlossen, geändert oder beschränkt werden, wenn eine Mehrheit der Gläubiger weiterhin die Anleihensbedingungen anpassen kann.

² Soweit Anleihensobligationen gesamthaft oder teilweise ausserhalb der Schweiz öffentlich ausgegeben werden, können anstelle der Bestimmungen dieses Abschnitts die Bestimmungen einer anderen mit der öffentlichen Ausgabe zusammenhängenden Rechtsordnung über die Gläubigergemeinschaft, ihre Vertretung, Versammlung und Beschlüsse für anwendbar erklärt werden.

---

[837] Fassung gemäss Anhang Ziff. 2 des BG vom 17. Dez. 2021 (Insolvenz und Einlagensicherung), in Kraft seit 1. Jan. 2023 (AS 2022 732; BBl 2020 6359).

Übergangsbestimmungen des Bundesgesetzes vom 30. März 1911

I. Der Schlusstitel des Zivilgesetzbuches[838] wird abgeändert wie folgt:

...[839]

II. Dieses Gesetz tritt mit dem 1. Januar 1912 in Kraft.

Der Bundesrat ist beauftragt, auf Grundlage der Bestimmungen des Bundesgesetzes vom 17. Juni 1874[840] betreffend die Volksabstimmung über Bundesgesetze und Bundesbeschlüsse die Bekanntmachung dieses Gesetzes zu veranstalten.

Schlussbestimmungen der Änderung vom 23. März 1962[841]
(Abzahlungs- und Vorauszahlungsvertrag)

A. Konkursprivileg	**Art. 1** ...[842]
B. Unlauterer Wettbewerb	**Art. 2** ...[843]
C. Übergangsrecht	**Art. 3** ¹ Die Artikel 226*f*, 226*g*, 226*h*, 226*i* und 226*k*[844] finden auch auf Abzahlungsverträge Anwendung, die vor dem Inkrafttreten dieses Gesetzes abgeschlossen worden sind. ² Auf Vorauszahlungsverträge, die vor dem Inkrafttreten dieses Gesetzes abgeschlossen wurden, findet nur Artikel 226*k* Anwendung. Solche Verträge sind indessen innert Jahresfrist den Bestimmungen des Artikels 227*b* anzupassen, widrigenfalls sie dahinfallen und dem Käufer sein gesamtes Guthaben mit allen ihm gutgeschriebenen Zinsen und Vergünstigungen auszuzahlen ist.
D. Inkrafttreten	**Art. 4** Der Bundesrat bestimmt den Zeitpunkt des Inkrafttretens dieses Gesetzes.

---

838 SR 210.
839 Die Änderungen können unter AS 27 317 konsultiert werden.
840 [BS 1 173; AS 1962 789 Art. 11 Abs. 3; 1978 712 Art. 89 Bst. b]
841 Eingefügt durch Ziff. II des BG vom 23. März 1962, in Kraft seit 1. Jan. 1963 (AS 1962 1047; BBl 1960 I 523).
842 Die Änderungen können unter AS 1962 1047 konsultiert werden.
843 Die Änderungen können unter AS 1962 1047 konsultiert werden.
844 Diese Art. sind heute aufgehoben.

Übergangsbestimmungen der Änderung vom 16. Dezember 2005[845] *(GmbH-Recht)*

A. Allgemeine Regel

Art. 1 [1] Der Schlusstitel des Zivilgesetzbuches gilt für dieses Gesetz, soweit die folgenden Bestimmungen nichts anderes vorsehen.

[2] Die Bestimmungen des neuen Gesetzes werden mit seinem Inkrafttreten auf bestehende Gesellschaften anwendbar.

B. Anpassungsfrist

Art. 2 [1] Gesellschaften mit beschränkter Haftung, die im Zeitpunkt des Inkrafttretens dieses Gesetzes im Handelsregister eingetragen sind, jedoch den neuen Vorschriften nicht entsprechen, müssen innerhalb von zwei Jahren ihre Statuten und Reglemente den neuen Bestimmungen anpassen.

[2] Bestimmungen der Statuten und Reglemente, die mit dem neuen Recht nicht vereinbar sind, bleiben bis zur Anpassung, längstens aber noch zwei Jahre, in Kraft.

[3] Für Gesellschaften mit beschränkter Haftung, die im Zeitpunkt des Inkrafttretens dieses Gesetzes im Handelsregister eingetragen sind, finden die Artikel 808a und 809 Absatz 4 zweiter Satz erst nach Ablauf der Frist zur Anpassung der Statuten Anwendung.

[4] Aktiengesellschaften und Genossenschaften, die im Zeitpunkt des Inkrafttretens dieses Gesetzes im Handelsregister eingetragen sind und deren Firma den neuen gesetzlichen Vorschriften nicht entspricht, müssen ihre Firma innerhalb von zwei Jahren den neuen Bestimmungen anpassen. Nach Ablauf dieser Frist ergänzt das Handelsregisteramt die Firma von Amtes wegen.

C. Leistung der Einlagen

Art. 3 [1] Wurden in Gesellschaften mit beschränkter Haftung, die im Zeitpunkt des Inkrafttretens dieses Gesetzes im Handelsregister eingetragen sind, keine dem Ausgabebetrag aller Stammanteile entsprechenden Einlagen geleistet, so müssen diese innerhalb von zwei Jahren erbracht werden.

[2] Bis zur vollständigen Leistung der Einlagen in der Höhe des Stammkapitals haften die Gesellschafter nach Artikel 802 des Obligationenrechts in der Fassung vom 18. Dezember 1936[846].

D. Partizipationsscheine und Genussscheine

Art. 4 [1] Anteile an Gesellschaften mit beschränkter Haftung, die einen Nennwert aufweisen und in den Passiven der Bilanz ausge-

---

[845] Eingefügt durch Ziff. III des BG vom 16. Dez. 2005 (GmbH-Recht sowie Anpassungen im Aktien-, Genossenschafts-, Handelsregister- und Firmenrecht), in Kraft seit 1. Jan. 2008 (AS 2007 4791; BBl 2002 3148, 2004 3969).
[846] AS 53 185

wiesen werden, die aber kein Stimmrecht vermitteln (Partizipationsscheine), gelten nach Ablauf von zwei Jahren als Stammanteile mit gleichen Vermögensrechten, wenn sie nicht innerhalb dieser Frist durch Kapitalherabsetzung vernichtet werden. Werden die Anteile vernichtet, so muss den bisherigen Partizipanten eine Abfindung in der Höhe des wirklichen Werts ausgerichtet werden.

[2] Die erforderlichen Beschlüsse der Gesellschafterversammlung können mit der absoluten Mehrheit der vertretenen Stimmen gefasst werden, auch wenn die Statuten etwas anderes vorsehen.

[3] Für Anteile an Gesellschaften mit beschränkter Haftung, die nicht in den Passiven der Bilanz ausgewiesen werden, finden nach dem Inkrafttreten dieses Gesetzes die Vorschriften über die Genussscheine Anwendung, dies auch dann, wenn sie als Partizipationsscheine bezeichnet sind. Sie dürfen keinen Nennwert angeben und müssen als Genussscheine bezeichnet werden. Die Bezeichnung der Titel und die Statuten sind innerhalb von zwei Jahren anzupassen.

E. Eigene Stammanteile **Art. 5** Haben Gesellschaften mit beschränkter Haftung vor dem Inkrafttreten dieses Gesetzes eigene Stammanteile erworben, so müssen sie diese, soweit sie 10 Prozent des Stammkapitals übersteigen, innerhalb von zwei Jahren veräussern oder durch Kapitalherabsetzung vernichten.

F. Nachschusspflicht **Art. 6** [1] Statutarische Verpflichtungen zur Leistung von Nachschüssen, die vor dem Inkrafttreten dieses Gesetzes begründet wurden und die das Doppelte des Nennwerts der Stammanteile übersteigen, bleiben rechtsgültig und können nur im Verfahren nach Artikel 795c herabgesetzt werden.

[2] Im Übrigen finden nach dem Inkrafttreten dieses Gesetzes die neuen Vorschriften Anwendung, so namentlich für die Einforderung der Nachschüsse.

G. Revisionsstelle **Art. 7** Die Bestimmungen dieses Gesetzes zur Revisionsstelle gelten vom ersten Geschäftsjahr an, das mit dem Inkrafttreten dieses Gesetzes oder danach beginnt.

H. Stimmrecht **Art. 8** [1] Gesellschaften mit beschränkter Haftung, die das Stimmrecht vor dem Inkrafttreten dieses Gesetzes unabhängig vom Nennwert der Stammanteile festgelegt haben, müssen die entsprechenden Bestimmungen nicht an die Anforderungen von Artikel 806 anpassen.

[2] Bei der Ausgabe neuer Stammanteile muss Artikel 806 Absatz 2 zweiter Satz in jedem Fall beachtet werden.

J. Anpassung statutarischer Mehrheitserfordernisse	**Art. 9** Hat eine Gesellschaft mit beschränkter Haftung durch blosse Wiedergabe von Bestimmungen des alten Rechts Vorschriften in die Statuten aufgenommen, die für die Beschlussfassung der Gesellschafterversammlung qualifizierte Mehrheiten vorsehen, so kann die Gesellschafterversammlung innerhalb von zwei Jahren mit der absoluten Mehrheit der vertretenen Stimmen die Anpassung dieser Bestimmungen an das neue Recht beschliessen.
K. Vernichtung von Aktien und Stammanteilen im Fall einer Sanierung	**Art. 10** Wurde das Aktienkapital oder das Stammkapital vor dem Inkrafttreten dieses Gesetzes zum Zwecke der Sanierung auf null herabgesetzt und anschliessend wieder erhöht, so gehen die Mitgliedschaftsrechte der früheren Aktionäre oder Gesellschafter mit dem Inkrafttreten unter.
L. Ausschliesslichkeit eingetragener Firmen	**Art. 11** Die Ausschliesslichkeit von Firmen, die vor dem Inkrafttreten dieses Gesetzes im Handelsregister eingetragen wurden, beurteilt sich nach Artikel 951 des Obligationenrechts in der Fassung vom 18. Dezember 1936[847].

Übergangsbestimmung zur Änderung vom 17. Juni 2011[848]
(Revisionsrecht)

Die Bestimmung dieser Änderung gilt vom ersten Geschäftsjahr an, das mit dem Inkrafttreten dieser Änderung oder danach beginnt.

Übergangsbestimmungen der Änderung vom 23. Dezember 2011[849] *(Rechnungslegungsrecht)*

A. Allgemeine Regel	**Art. 1** ¹ Die Bestimmungen des Schlusstitels des Zivilgesetzbuches[850] gelten für dieses Gesetz, soweit die folgenden Bestimmungen nichts anderes vorsehen. ² Die Bestimmungen der Gesetzesänderung vom 23. Dezember 2011 werden mit ihrem Inkrafttreten auf bestehende Unternehmen anwendbar.

---

847 AS 53 185
848 AS 2011 5863; BBl 2008 1589
849 AS 2012 6679; BBl 2008 1589
850 SR 210

altes Rechnungslegungsrecht OR | 1

B. Kaufmännische Buchführung und Rechnungslegung

Art. 2 ¹ Die Vorschriften des 32. Titels finden erstmals Anwendung für das Geschäftsjahr, das zwei Jahre nach Inkrafttreten dieser Gesetzesänderung beginnt.

² Für die Anwendung der Bestimmungen zur Rechnungslegung von grösseren Unternehmen sind die Bilanzsumme, der Umsatzerlös und die Vollzeitstellen im Jahresdurchschnitt in den zwei vor dem Inkrafttreten dieser Gesetzesänderung vorangegangenen Geschäftsjahren massgebend.

³ Die Bestimmungen zur Konzernrechnung finden erstmals Anwendung auf das Geschäftsjahr, das drei Jahre nach Inkrafttreten dieser Gesetzesänderung beginnt. Für die Befreiung von der Pflicht zur Erstellung einer Konzernrechnung sind die zwei vorangehenden Geschäftsjahre massgebend.

⁴ Bei erstmaliger Anwendung der Vorschriften zur Rechnungslegung kann auf die Nennung der Zahlen der Vorjahre verzichtet werden. Bei der zweiten Anwendung müssen nur die Zahlen des Vorjahres angegeben werden. Werden Zahlen der vorgängigen Geschäftsjahre genannt, so kann auf die Stetigkeit der Darstellung und die Gliederung verzichtet werden. Im Anhang ist auf diesen Umstand hinzuweisen.

Hinweis der Herausgeberin: Das alte Rechnungslegungsrecht, aufgehoben per 1.1.2013, könnte aufgrund diverser Aufbewahrungspflichten (vgl. Art. 985f Abs. 1 OR; Art. 126 Abs. 3 DBG; Art. 70 Abs. 3 MwStG) weiterhin für Abschlüsse relevant sein, die vor Inkrafttreten der Revision erstellt worden sind. Die früheren Bestimmungen lauteten wie folgt:

B. Geschäftsbericht
I. Im Allgemeinen
1. Inhalt

Art. 662 ¹ Der Verwaltungsrat erstellt für jedes Geschäftsjahr einen Geschäftsbericht, der sich aus der Jahresrechnung, dem Jahresbericht und einer Konzernrechnung zusammensetzt, soweit das Gesetz eine solche verlangt.

² Die Jahresrechnung besteht aus der Erfolgsrechnung, der Bilanz und dem Anhang.

2. Ordnungsmässige Rechnungslegung

Art. 662a ¹ Die Jahresrechnung wird nach den Grundsätzen der ordnungsmässigen Rechnungslegung so aufgestellt, dass die Vermögens- und Ertragslage der Gesellschaft möglichst zuverlässig beurteilt werden kann. Sie enthält auch die Vorjahreszahlen.

² Die ordnungsmässige Rechnungslegung erfolgt insbesondere nach den Grundsätzen der:
1. Vollständigkeit der Jahresrechnung;
2. Klarheit und Wesentlichkeit der Angaben;

3. Vorsicht;
4. Fortführung der Unternehmenstätigkeit;
5. Stetigkeit in Darstellung und Bewertung;
6. Unzulässigkeit der Verrechnung von Aktiven und Passiven sowie von Aufwand und Ertrag.

³ Abweichungen vom Grundsatz der Unternehmensfortführung, von der Stetigkeit der Darstellung und Bewertung und vom Verrechnungsverbot sind in begründeten Fällen zulässig. Sie sind im Anhang darzulegen.

⁴ Im Übrigen gelten die Bestimmungen über die kaufmännische Buchführung.

II. Erfolgsrechnung; Mindestgliederung

Art. 663 ¹ Die Erfolgsrechnung weist betriebliche und betriebsfremde sowie ausserordentliche Erträge und Aufwendungen aus.

² Unter Ertrag werden der Erlös aus Lieferungen und Leistungen, der Finanzertrag sowie die Gewinne aus Veräusserungen von Anlagevermögen gesondert ausgewiesen.

³ Unter Aufwand werden Material- und Warenaufwand, Personalaufwand, Finanzaufwand sowie Aufwand für Abschreibungen gesondert ausgewiesen.

⁴ Die Erfolgsrechnung zeigt den Jahresgewinn oder den Jahresverlust.

III. Bilanz; Mindestgliederung

Art. 663a ¹ Die Bilanz weist das Umlaufvermögen und das Anlagevermögen, das Fremdkapital und das Eigenkapital aus.

² Das Umlaufvermögen wird in flüssige Mittel, Forderungen aus Lieferungen und Leistungen, andere Forderungen sowie Vorräte unterteilt, das Anlagevermögen in Finanzanlagen, Sachanlagen und immaterielle Anlagen.

³ Das Fremdkapital wird in Schulden aus Lieferungen und Leistungen, andere kurzfristige Verbindlichkeiten, langfristige Verbindlichkeiten und Rückstellungen unterteilt, das Eigenkapital in Aktienkapital, gesetzliche und andere Reserven sowie in einen Bilanzgewinn.

⁴ Gesondert angegeben werden auch das nicht einbezahlte Aktienkapital, die Gesamtbeträge der Beteiligungen, der Forderungen und der Verbindlichkeiten gegenüber anderen Gesellschaften des Konzerns oder Aktionären, die eine Beteiligung an der Gesellschaft halten, die Rechnungsabgrenzungsposten sowie ein Bilanzverlust.

IV. Anhang
1. Im Allgemeinen

Art. 663b Der Anhang enthält:
1. den Gesamtbetrag der Bürgschaften, Garantieverpflichtungen und Pfandbestellungen zugunsten Dritter;

2. den Gesamtbetrag der zur Sicherung eigener Verpflichtungen verpfändeten oder abgetretenen Aktiven sowie der Aktiven unter Eigentumsvorbehalt;
3. den Gesamtbetrag der nichtbilanzierten Leasingverbindlichkeiten;
4. die Brandversicherungswerte der Sachanlagen;
5. Verbindlichkeiten gegenüber Vorsorgeeinrichtungen;
6. die Beträge, Zinssätze und Fälligkeiten der von der Gesellschaft ausgegebenen Anleihensobligationen;
7. jede Beteiligung, die für die Beurteilung der Vermögens- und Ertragslage der Gesellschaft wesentlich ist;
8. den Gesamtbetrag der aufgelösten Wiederbeschaffungsreserven und der darüber hinausgehenden stillen Reserven, soweit dieser den Gesamtbetrag der neugebildeten derartigen Reserven übersteigt, wenn dadurch das erwirtschaftete Ergebnis wesentlich günstiger dargestellt wird;
9. Angaben über Gegenstand und Betrag von Aufwertungen;
10. Angaben über Erwerb, Veräusserung und Anzahl der von der Gesellschaft gehaltenen eigenen Aktien, einschliesslich ihrer Aktien, die eine andere Gesellschaft hält, an der sie mehrheitlich beteiligt ist; anzugeben sind ebenfalls die Bedingungen, zu denen die Gesellschaft die eigenen Aktien erworben oder veräussert hat;
11. den Betrag der genehmigten und der bedingten Kapitalerhöhung;
12. Angaben über die Durchführung einer Risikobeurteilung;
13. allenfalls die Gründe, die zum vorzeitigen Rücktritt der Revisionsstelle geführt haben;
14. die anderen vom Gesetz vorgeschriebenen Angaben.

2. Zusätzliche Angaben bei Gesellschaften mit kotierten Aktien
a. Vergütungen

Art. 663b^{bis} ¹ Gesellschaften, deren Aktien an einer Börse kotiert sind, haben im Anhang zur Bilanz anzugeben:
1. alle Vergütungen, die sie direkt oder indirekt an gegenwärtige Mitglieder des Verwaltungsrates ausgerichtet haben;
2. alle Vergütungen, die sie direkt oder indirekt an Personen ausgerichtet haben, die vom Verwaltungsrat ganz oder zum Teil mit der Geschäftsführung betraut sind (Geschäftsleitung);
3. alle Vergütungen, die sie direkt oder indirekt an gegenwärtige Mitglieder des Beirates ausgerichtet haben;
4. Vergütungen, die sie direkt oder indirekt an frühere Mitglieder des Verwaltungsrates, der Geschäftsleitung und des Beirates ausgerichtet haben, sofern sie in einem Zusammenhang mit der früheren Tätigkeit als Organ der Gesellschaft stehen oder nicht marktüblich sind;

5. nicht marktübliche Vergütungen, die sie direkt oder indirekt an Personen ausgerichtet haben, die den in den Ziffern 1–4 genannten Personen nahe stehen.

² Als Vergütungen gelten insbesondere:
1. Honorare, Löhne, Bonifikationen und Gutschriften;
2. Tantiemen, Beteiligungen am Umsatz und andere Beteiligungen am Geschäftsergebnis;
3. Sachleistungen;
4. die Zuteilung von Beteiligungen, Wandel- und Optionsrechten;
5. Abgangsentschädigungen;
6. Bürgschaften, Garantieverpflichtungen, Pfandbestellungen zugunsten Dritter und andere Sicherheiten;
7. der Verzicht auf Forderungen;
8. Aufwendungen, die Ansprüche auf Vorsorgeleistungen begründen oder erhöhen;
9. sämtliche Leistungen für zusätzliche Arbeiten.

³ Im Anhang zur Bilanz sind zudem anzugeben:
1. alle Darlehen und Kredite, die den gegenwärtigen Mitgliedern des Verwaltungsrates, der Geschäftsleitung und des Beirates gewährt wurden und noch ausstehen;
2. Darlehen und Kredite, die zu nicht marktüblichen Bedingungen an frühere Mitglieder des Verwaltungsrates, der Geschäftsleitung und des Beirates gewährt wurden und noch ausstehen;
3. Darlehen und Kredite, die zu nicht marktüblichen Bedingungen an Personen, die den in den Ziffern 1 und 2 genannten Personen nahe stehen, gewährt wurden und noch ausstehen.

⁴ Die Angaben zu Vergütungen und Krediten müssen umfassen:
1. den Gesamtbetrag für den Verwaltungsrat und den auf jedes Mitglied entfallenden Betrag unter Nennung des Namens und der Funktion des betreffenden Mitglieds;
2. den Gesamtbetrag für die Geschäftsleitung und den höchsten auf ein Mitglied entfallenden Betrag unter Nennung des Namens und der Funktion des betreffenden Mitglieds;
3. den Gesamtbetrag für den Beirat und den auf jedes Mitglied entfallenden Betrag unter Nennung des Namens und der Funktion des betreffenden Mitglieds.

⁵ Vergütungen und Kredite an nahe stehende Personen sind gesondert auszuweisen. Die Namen der nahe stehenden Personen müssen nicht angegeben werden. Im Übrigen finden die Vorschriften über die Angaben zu Vergütungen und Krediten an Mitglieder des Verwaltungsrates, der Geschäftsleitung und des Beirates entsprechende Anwendung.

altes Rechnungslegungsrecht OR | 1

V. Jahresbericht

Art. 663c ¹ Gesellschaften, deren Aktien an einer Börse kotiert sind, haben im Anhang zur Bilanz bedeutende Aktionäre und deren Beteiligungen anzugeben, sofern diese ihnen bekannt sind oder bekannt sein müssten.

² Als bedeutende Aktionäre gelten Aktionäre und stimmrechtsverbundene Aktionärsgruppen, deren Beteiligung 5 Prozent aller Stimmrechte übersteigt. Enthalten die Statuten eine tiefere prozentmässige Begrenzung der Namenaktien (Art. 685d Abs. 1), so gilt für die Bekanntgabepflicht diese Grenze.

³ Anzugeben sind weiter die Beteiligungen an der Gesellschaft sowie die Wandel- und Optionsrechte jedes gegenwärtigen Mitglieds des Verwaltungsrates, der Geschäftsleitung und des Beirates mit Einschluss der Beteiligungen der ihm nahe stehenden Personen unter Nennung des Namens und der Funktion des betreffenden Mitglieds.

V. Jahresbericht

Art. 663d ¹ Der Jahresbericht stellt den Geschäftsverlauf sowie die wirtschaftliche und finanzielle Lage der Gesellschaft dar.

² Er nennt die im Geschäftsjahr eingetretenen Kapitalerhöhungen und gibt die Prüfungsbestätigung wieder.

VI. Konzernrechnung
1. Pflicht zur Erstellung

Art. 663e ¹ Fasst die Gesellschaft durch Stimmenmehrheit oder auf andere Weise eine oder mehrere Gesellschaften unter einheitlicher Leitung zusammen (Konzern), so erstellt sie eine konsolidierte Jahresrechnung (Konzernrechnung).

² Die Gesellschaft ist von der Pflicht zur Erstellung einer Konzernrechnung befreit, wenn sie zusammen mit ihren Untergesellschaften zwei der nachstehenden Grössen in zwei aufeinander folgenden Geschäftsjahren nicht überschreitet:
1. Bilanzsumme von 10 Millionen Franken;
2. Umsatzerlös von 20 Millionen Franken;
3. 200 Vollzeitstellen im Jahresdurchschnitt.

³ Eine Konzernrechnung ist dennoch zu erstellen wenn:
1. die Gesellschaft Beteiligungspapiere an einer Börse kotiert hat;
2. die Gesellschaft Anleihensobligationen ausstehend hat;
3. Aktionäre, die zusammen mindestens 10 Prozent des Aktienkapitals vertreten, es verlangen;
4. dies für eine möglichst zuverlässige Beurteilung der Vermögens und Ertragslage der Gesellschaft notwendig ist.

2. Zwischengesellschaften

Art. 663f ¹ Ist eine Gesellschaft in die Konzernrechnung einer Obergesellschaft einbezogen, die nach schweizerischen oder gleichwertigen ausländischen Vorschriften erstellt und geprüft worden ist, so muss sie keine besondere Konzernrechnung erstellen, wenn sie die Konzernrechnung der Obergesellschaft ihren Aktionären und Gläubigern wie die eigene Jahresrechnung bekanntmacht.

² Sie ist jedoch verpflichtet, eine besondere Konzernrechnung zu erstellen, wenn sie ihre Jahresrechnung veröffentlichen muss oder wenn Aktionäre, die zusammen mindestens 10 Prozent des Aktienkapitals vertreten, es verlangen.

3. Erstellung

Art. 663g ¹ Die Konzernrechnung untersteht den Grundsätzen ordnungsmässiger Rechnungslegung.

² Im Anhang zur Konzernrechnung nennt die Gesellschaft die Konsolidierungs- und Bewertungsregeln. Weicht sie davon ab, so weist sie im Anhang darauf hin und vermittelt in anderer Weise die für den Einblick in die Vermögens- und Ertragslage des Konzerns nötigen Angaben.

VII. Schutz und Anpassung

Art. 663h ¹ In der Jahresrechnung, im Jahresbericht und in der Konzernrechnung kann auf Angaben verzichtet werden, welche der Gesellschaft oder dem Konzern erhebliche Nachteile bringen können. Die Revisionsstelle ist über die Gründe zu unterrichten.

² Die Jahresrechnung kann im Rahmen der Grundsätze der ordnungsmässigen Rechnungslegung den Besonderheiten des Unternehmens angepasst werden. Sie hat jedoch den gesetzlich vorgeschriebenen Mindestinhalt aufzuweisen.

VIII. Bewertung
1. Gründungs-, Kapitalerhöhungs- und Organisationskosten

Art. 664 Gründungs-, Kapitalerhöhungs- und Organisationskosten, die aus der Errichtung, der Erweiterung oder der Umstellung des Geschäfts entstehen, dürfen bilanziert werden. Sie werden gesondert ausgewiesen und innerhalb von fünf Jahren abgeschrieben.

2. Anlagevermögen
a. Im Allgemeinen

Art. 665 Das Anlagevermögen darf höchstens zu den Anschaffungs- oder den Herstellungskosten bewertet werden, unter Abzug der notwendigen Abschreibungen.

b. Beteiligungen

Art. 665a ¹ Zum Anlagevermögen gehören auch Beteiligungen und andere Finanzanlagen.

² Beteiligungen sind Anteile am Kapital anderer Unternehmen, die mit der Absicht dauernder Anlage gehalten werden und einen massgeblichen Einfluss vermitteln.

³ Stimmberechtigte Anteile von mindestens 20 Prozent gelten als Beteiligung.

altes Rechnungslegungsrecht OR | 1

3. Vorräte

Art. 666 ¹ Rohmaterialien, teilweise oder ganz fertig gestellte Erzeugnisse sowie Waren dürfen höchstens zu den Anschaffungs- oder den Herstellungskosten bewertet werden.

² Sind die Kosten höher als der am Bilanzstichtag allgemein geltende Marktpreis, so ist dieser massgebend.

4. Wertschriften

Art. 667 ¹ Wertschriften mit Kurswert dürfen höchstens zum Durchschnittskurs des letzten Monats vor dem Bilanzstichtag bewertet werden.

² Wertschriften ohne Kurswert dürfen höchstens zu den Anschaffungskosten bewertet werden, unter Abzug der notwendigen Wertberichtigungen.

Art. 668

5. Abschreibungen, Wertberichtigungen und Rückstellungen

Art. 669 ¹ Abschreibungen, Wertberichtigungen und Rückstellungen müssen vorgenommen werden, soweit sie nach allgemein anerkannten kaufmännischen Grundsätzen notwendig sind. Rückstellungen sind insbesondere zu bilden, um ungewisse Verpflichtungen und drohende Verluste aus schwebenden Geschäften zu decken.

² Der Verwaltungsrat darf zu Wiederbeschaffungszwecken zusätzliche Abschreibungen, Wertberichtigungen und Rückstellungen vornehmen und davon absehen, überflüssig gewordene Rückstellungen aufzulösen.

³ Stille Reserven, die darüber hinausgehen, sind zulässig, soweit die Rücksicht auf das dauernde Gedeihen des Unternehmens oder auf die Ausrichtung einer möglichst gleichmässigen Dividende es unter Berücksichtigung der Interessen der Aktionäre rechtfertigt.

⁴ Bildung und Auflösung von Wiederbeschaffungsreserven und darüber hinausgehenden stillen Reserven sind der Revisionsstelle im einzelnen mitzuteilen.

6. Aufwertung

Art. 670 ¹ Ist die Hälfte des Aktienkapitals und der gesetzlichen Reserven infolge eines Bilanzverlustes nicht mehr gedeckt, so dürfen zur Beseitigung der Unterbilanz Grundstücke oder Beteiligungen, deren wirklicher Wert über die Anschaffungs- oder Herstellungskosten gestiegen ist, bis höchstens zu diesem Wert aufgewertet werden. Der Aufwertungsbetrag ist gesondert als Aufwertungsreserve auszuweisen.

² Die Aufwertung ist nur zulässig, wenn ein zugelassener Revisor zuhanden der Generalversammlung schriftlich bestätigt, dass die gesetzlichen Bestimmungen eingehalten sind.

1 | OR altes Rechnungslegungsrecht

K. Offenlegung von Jahresrechnung und Konzernrechnung

Art. 697h ¹ Jahresrechnung und Konzernrechnung sind nach der Abnahme durch die Generalversammlung mit den Revisionsberichten entweder im Schweizerischen Handelsamtsblatt zu veröffentlichen oder jeder Person, die es innerhalb eines Jahres seit Abnahme verlangt, auf deren Kosten in einer Ausfertigung zuzustellen, wenn
1. die Gesellschaft Anleihensobligationen ausstehend hat;
2. die Aktien der Gesellschaft an einer Börse kotiert sind.

² Die übrigen Aktiengesellschaften müssen den Gläubigern, die ein schutzwürdiges Interesse nachweisen, Einsicht in die Jahresrechnung, die Konzernrechnung und die Revisionsberichte gewähren. ...

I. Befugnisse

Art. 698 ¹ Oberstes Organ der Aktiengesellschaft ist die Generalversammlung der Aktionäre.

² Ihr stehen folgende unübertragbare Befugnisse zu:
1. die Festsetzung und Änderung der Statuten;
2. die Wahl der Mitglieder des Verwaltungsrates und der Revisionsstelle;
3. die Genehmigung des Jahresberichtes und der Konzernrechnung;
4. die Genehmigung der Jahresrechnung sowie die Beschlussfassung über die Verwendung des Bilanzgewinnes, insbesondere die Festsetzung der Dividende und der Tantieme;
5. die Entlastung der Mitglieder des Verwaltungsrates;
6. die Beschlussfassung über die Gegenstände, die der Generalversammlung durch das Gesetz oder die Statuten vorbehalten sind.

H. Geschäftsbericht, Reserven und Offenlegung

Art. 801 Für den Geschäftsbericht, für die Reserven sowie für die Offenlegung der Jahresrechnung und der Konzernrechnung sind die Vorschriften des Aktienrechts entsprechend anwendbar.

A. Gesellschafterversammlung
I. Aufgaben

Art. 804 ¹ Oberstes Organ der Gesellschaft ist die Gesellschafterversammlung.

² Der Gesellschafterversammlung stehen folgende unübertragbare Befugnisse zu:
1. die Änderung der Statuten;
2. die Bestellung und die Abberufung von Geschäftsführern;
3. die Bestellung und die Abberufung der Mitglieder der Revisionsstelle und des Konzernrechnungsprüfers;
4. die Genehmigung des Jahresberichtes und der Konzernrechnung;
5. die Genehmigung der Jahresrechnung sowie die Beschlussfassung über die Verwendung des Bilanzgewinnes, insbesondere die Festsetzung der Dividende und der Tantieme;
6. die Festsetzung der Entschädigung der Geschäftsführer;
7. die Entlastung der Geschäftsführer;

8. die Zustimmung zur Abtretung von Stammanteilen beziehungsweise die Anerkennung als stimmberechtigter Gesellschafter;
9. die Zustimmung zur Bestellung eines Pfandrechts an Stammanteilen, falls die Statuten dies vorsehen;
10. die Beschlussfassung über die Ausübung statutarischer Vorhand-, Vorkaufs- oder Kaufsrechte;
11. die Ermächtigung der Geschäftsführer zum Erwerb eigener Stammanteile durch die Gesellschaft oder die Genehmigung eines solchen Erwerbs;
12. die nähere Regelung von Nebenleistungspflichten in einem Reglement, falls die Statuten auf ein Reglement verweisen;
13. die Zustimmung zu Tätigkeiten der Geschäftsführer und der Gesellschafter, die gegen die Treuepflicht oder das Konkurrenzverbot verstossen, sofern die Statuten auf das Erfordernis der Zustimmung aller Gesellschafter verzichten;
14. die Beschlussfassung darüber, ob dem Gericht beantragt werden soll, ein Gesellschafter aus wichtigem Grund auszuschliessen;
15. der Ausschluss eines Gesellschafters aus in den Statuten vorgesehenen Gründen;
16. die Auflösung der Gesellschaft;
17. die Genehmigung von Geschäften der Geschäftsführer, für die die Statuten die Zustimmung der Gesellschafterversammlung fordern;
18. die Beschlussfassung über die Gegenstände, die das Gesetz oder die Statuten der Gesellschafterversammlung vorbehalten oder die ihr die Geschäftsführer vorlegen;

³ Die Gesellschafterversammlung ernennt die Direktoren, die Prokuristen sowie die Handlungsbevollmächtigten. Die Statuten können diese Befugnis auch den Geschäftsführern einräumen.

II. Kontrollrecht der Genossenschafter
1. Bekanntgabe der Bilanz

Art. 856 ¹ Spätestens zehn Tage vor der Generalversammlung oder der Urabstimmung, die über die Abnahme der Betriebsrechnung und der Bilanz zu entscheiden hat, sind die Betriebsrechnung und die Bilanz mit dem Revisionsbericht zur Einsicht der Genossenschafter am Sitz der Genossenschaft aufzulegen.

² Die Statuten können bestimmen, dass jeder Genossenschafter berechtigt ist, auf Kosten der Genossenschaft eine Abschrift der Betriebsrechnung und der Bilanz zu verlangen.

III. Allfällige Rechte auf den Reinertrag
1. Feststellung des Reinertrages

Art. 858 ¹ Die Berechnung des Reinertrages erfolgt auf Grund der Jahresbilanz, die nach den Vorschriften über die kaufmännische Buchführung zu erstellen ist.

1 | OR altes Rechnungslegungsrecht

² Kreditgenossenschaften und konzessionierte Versicherungsgenossenschaften stehen unter den für die Aktiengesellschaft geltenden Bilanzvorschriften.

A. Generalversammlung
I. Befugnisse

Art. 879 ¹ Oberstes Organ der Genossenschaft ist die Generalversammlung der Genossenschafter.

² Ihr stehen folgende unübertragbare Befugnisse zu:
1. die Festsetzung und Änderung der Statuten;
2. Wahl der Verwaltung und der Revisionsstelle;
3. die Abnahme der Betriebsrechnung und der Bilanz und gegebenenfalls die Beschlussfassung über die Verteilung des Reinertrages;
4. die Entlastung der Verwaltung;
5. die Beschlussfassung über die Gegenstände, die der Generalversammlung durch das Gesetz oder die Statuten vorbehalten sind.

A. Pflicht zur Führung und Aufbewahrung der Geschäftsbücher

Art. 957 ¹ Wer verpflichtet ist, seine Firma in das Handelsregister eintragen zu lassen, ist gehalten, diejenigen Bücher ordnungsgemäss zu führen und aufzubewahren, die nach Art und Umfang seines Geschäftes nötig sind, um die Vermögenslage des Geschäftes und die mit dem Geschäftsbetriebe zusammenhängenden Schuld- und Forderungsverhältnisse sowie die Ergebnisse der einzelnen Geschäftsjahre festzustellen.

² Die Bücher, die Buchungsbelege und die Geschäftskorrespondenz können schriftlich, elektronisch oder in vergleichbarer Weise geführt und aufbewahrt werden, soweit dadurch die Übereinstimmung mit den zu Grunde liegenden Geschäftsvorfällen gewährleistet ist.

³ Betriebsrechnung und Bilanz sind schriftlich und unterzeichnet aufzubewahren. Die übrigen Geschäftsbücher, die Buchungsbelege und die Geschäftskorrespondenz können auch elektronisch oder in vergleichbarer Weise aufbewahrt werden, wenn sie jederzeit lesbar gemacht werden können.

⁴ ...

⁵ Der Bundesrat kann die Voraussetzungen näher umschreiben.

B. Bilanzvorschriften
I. Bilanzpflicht

Art. 958 ¹ Wer zur Führung von Geschäftsbüchern verpflichtet ist, hat bei Eröffnung des Geschäftsbetriebes ein Inventar und eine Bilanz und auf Schluss eines jeden Geschäftsjahres ein Inventar, eine Betriebsrechnung und eine Bilanz aufzustellen.

² Inventar, Betriebsrechnung und Bilanz sind innerhalb einer dem ordnungsmässigen Geschäftsgang entsprechenden Frist abzuschliessen.

II. Bilanzgrundsätze
1. Bilanzwahrheit und -klarheit

Art. 959 Betriebsrechnung und Jahresbilanz sind nach allgemein anerkannten kaufmännischen Grundsätzen vollständig, klar und übersichtlich aufzustellen, damit die Beteiligten einen möglichst sicheren Einblick in die wirtschaftliche Lage des Geschäftes erhalten.

2. Wertansätze

Art. 960 [1] Inventar, Betriebsrechnung und Bilanz sind in Landeswährung aufzustellen.

[2] Bei ihrer Errichtung sind alle Aktiven höchstens nach dem Werte anzusetzen, der ihnen im Zeitpunkt, auf welchen die Bilanz errichtet wird, für das Geschäft zukommt.

[3] Vorbehalten bleiben die abweichenden Bilanzvorschriften, die für Aktiengesellschaften, Kommanditaktiengesellschaften, Gesellschaften mit beschränkter Haftung sowie Versicherungs- und Kreditgenossenschaften aufgestellt sind.

III. Unterzeichnung

Art. 961 Betriebsrechnung und Bilanz sind vom Firmeninhaber, gegebenenfalls von sämtlichen persönlich haftenden Gesellschaftern und, wenn es sich um eine Aktiengesellschaft, Kommanditaktiengesellschaft, Gesellschaft mit beschränkter Haftung oder Genossenschaft handelt, von den mit der Geschäftsführung betrauten Personen zu unterzeichnen.

C. Dauer der Aufbewahrungspflicht

Art. 962 [1] Die Geschäftsbücher, die Buchungsbelege und die Geschäftskorrespondenz sind während zehn Jahren aufzubewahren.

[2] Die Aufbewahrungsfrist beginnt mit dem Ablauf des Geschäftsjahres, in dem die letzten Eintragungen vorgenommen wurden, die Buchungsbelege entstanden sind und die Geschäftskorrespondenz ein- oder ausgegangen ist.

Art. 963

Art. 964

Übergangsbestimmungen der Änderung vom 12. Dezember 2014[851] *(Empfehlungen der Groupe d'action financière)*

A. Allgemeine Regel

Art. 1 [1] Die Artikel 1–4 des Schlusstitels des Zivilgesetzbuches[852] gelten für dieses Gesetz, soweit die folgenden Bestimmungen nichts anderes vorsehen.

---

851 AS 2015 1389; BBl 2014 605
852 SR 210

² Die Bestimmungen der Änderung vom 12. Dezember 2014 werden mit ihrem Inkrafttreten auf bestehende Gesellschaften anwendbar.

B. Anpassung von Statuten und Reglementen

Art. 2 ¹ Gesellschaften, die im Zeitpunkt des Inkrafttretens der Änderung vom 12. Dezember 2014 im Handelsregister eingetragen sind, jedoch den neuen Vorschriften nicht entsprechen, müssen innerhalb von zwei Jahren ihre Statuten und Reglemente den neuen Bestimmungen anpassen.

² Bestimmungen der Statuten und Reglemente, die mit dem neuen Recht nicht vereinbar sind, bleiben bis zur Anpassung, längstens aber noch zwei Jahre in Kraft.

C. Meldepflichten

Art. 3 ¹ Personen, die beim Inkrafttreten der Änderung vom 12. Dezember 2014 bereits Inhaberaktien halten, müssen den Meldepflichten nachkommen, die nach den Artikeln 697*i* und 697*j* beim Aktienerwerb gelten.

² Die Frist für die Verwirkung der Vermögensrechte (Art. 697*m* Abs. 3) läuft in diesem Fall sechs Monate nach Inkrafttreten der Änderung vom 12. Dezember 2014 ab.

Übergangsbestimmungen der Änderung vom 25. September 2015[853] *(Firmenrecht)*

A. Allgemeine Regel

Art. 1 ¹ Die Artikel 1–4 des Schlusstitels des Zivilgesetzbuches[854] gelten für dieses Gesetz, soweit die folgenden Bestimmungen nichts anderes vorsehen.

² Die Bestimmungen der Änderung vom 25. September 2015 werden mit ihrem Inkrafttreten auf bestehende Rechtseinheiten anwendbar.

B. Anpassung eingetragener Firmen

Art. 2 Kollektiv-, Kommandit- und Kommanditaktiengesellschaften, die im Zeitpunkt des Inkrafttretens der Änderung vom 25. September 2015 im Handelsregister eingetragen sind und deren Firma den Vorschriften dieser Änderung vom 25. September 2015 nicht entspricht, können ihre Firma unverändert fortführen, solange die Artikel 947 und 948 des bisherigen Rechts keine Änderung erfordern.

C. Ausschliesslichkeit der eingetragenen Firma

Art. 3 Wurde die Firma einer Kollektiv-, Kommandit- oder Kommanditaktiengesellschaft vor dem Inkrafttreten der Änderung vom 25. September 2015 ins Handelsregister eingetragen, so beurteilt sich

---

853 AS 2016 1507; BBl 2014 9305
854 SR 210

ihre Ausschliesslichkeit nach Artikel 946 des geltenden und nach Artikel 951 des bisherigen Rechts.

Übergangsbestimmungen zur Änderung vom 17. März 2017[855] *(Handelsregisterrecht)*

A. Allgemeine Regeln

Art. 1 ¹ Die Artikel 1–4 des Schlusstitels des Zivilgesetzbuches[856] gelten für die Änderung vom 17. März 2017, soweit die folgenden Bestimmungen nichts anderes vorsehen.

² Das neue Recht wird mit seinem Inkrafttreten auf bestehende Rechtseinheiten anwendbar.

B. Eintragungspflicht von Instituten des öffentlichen Rechts

Art. 2 Institute des öffentlichen Rechts, die vor Inkrafttreten des neuen Rechts errichtet wurden und die eine überwiegend privatwirtschaftliche Erwerbstätigkeit ausüben, müssen sich innert zwei Jahren ins Handelsregister eintragen lassen.

Übergangsbestimmungen zur Änderung vom 21. Juni 2019[857] *(Empfehlungen des Globalen Forums über Transparenz und Informationsaustausch in Steuerfragen)*

A. Allgemeine Bestimmungen

Art. 1 ¹ Die Artikel 1–4 des Schlusstitels des Zivilgesetzbuches[858] gelten für dieses Gesetz, soweit die folgenden Bestimmungen nichts anderes vorsehen.

² Die Bestimmungen der Änderung vom 21. Juni 2019 werden mit Inkrafttreten auf bestehende Gesellschaften anwendbar.

B. Meldung der Ausnahmefälle beim Handelsregisteramt

Art. 2 Aktiengesellschaften und Kommanditaktiengesellschaften mit Inhaberaktien, die Beteiligungspapiere an einer Börse kotiert haben oder deren Inhaberaktien als Bucheffekten ausgestaltet sind, müssen vom Handelsregisteramt innerhalb einer Frist von 18 Monaten ab dem Inkrafttreten von Artikel 622 Absatz 1bis die Eintragung nach Artikel 622 Absatz 2bis verlangen.

---

855 AS 2020 957; BBl 2015 3617
856 SR 210
857 AS 2019 3161; BBl 2019 279
858 SR 210

C. Gesellschaften ohne börsenkotierte Beteiligungspapiere mit nicht als Bucheffekten ausgestalteten Inhaberaktien

1. Geltungsbereich

Art. 3 Die Artikel 4–8 gelten für Gesellschaften, die keine Beteiligungspapiere an einer Börse kotiert haben und deren Inhaberaktien nicht als Bucheffekten ausgestaltet sind, sowie für Gesellschaften, die keine Eintragung nach Artikel 622 Absatz 2bis verlangt haben.

2. Umwandlung von Inhaberaktien in Namenaktien

Art. 4 ^{1} Haben Aktiengesellschaften und Kommanditaktiengesellschaften 18 Monate nach Inkrafttreten von Artikel 622 Absatz 1bis noch Inhaberaktien, die nicht Gegenstand einer Eintragung nach Artikel 622 Absatz 2bis sind, so werden diese von Gesetzes wegen in Namenaktien umgewandelt. Die Umwandlung wirkt gegenüber jeder Person, unabhängig von allfälligen anderslautenden Statutenbestimmungen oder Handelsregistereinträgen und unabhängig davon, ob Aktientitel ausgegeben worden sind oder nicht.

^{2} Das Handelsregisteramt nimmt die sich aus Absatz 1 ergebenden Änderungen der Einträge von Amtes wegen vor. Es trägt auch eine Bemerkung ein, dass die Belege vom Eintrag abweichende Angaben enthalten.

^{3} Die umgewandelten Aktien behalten ihren Nennwert, ihre Liberierungsquote und ihre Eigenschaften in Bezug auf das Stimmrecht und die vermögensrechtlichen Ansprüche. Ihre Übertragbarkeit ist nicht beschränkt.

3. Anpassung der Statuten und Eintragung ins Handelsregister

Art. 5 ^{1} Die Aktiengesellschaften und Kommanditaktiengesellschaften, deren Aktien umgewandelt worden sind, müssen bei der nächsten Statutenänderung die Statuten an die Umwandlung anpassen.

^{2} Das Handelsregisteramt weist jede Anmeldung zur Eintragung einer anderen Statutenänderung in das Handelsregister zurück, solange diese Anpassung nicht vorgenommen worden ist.

^{3} Eine Gesellschaft, die börsenkotierte Beteiligungspapiere hat oder deren umgewandelte Aktien als Bucheffekten ausgestaltet sind, muss ihre Statuten nicht anpassen, sofern:
a. die Generalversammlung beschliesst, die umgewandelten Aktien in Inhaberaktien umzuwandeln, ohne die Anzahl, den Nennwert oder die Aktienkategorie zu ändern; und
b. die Gesellschaft die Eintragung nach Artikel 622 Absatz 2bis verlangt.

^{4} Hat die Gesellschaft die Statuten nach Absatz 1 an die Umwandlung angepasst oder ist eine Anpassung nach Absatz 3 nicht erforderlich, so löscht das Handelsregisteramt die Bemerkung nach Artikel 4 Absatz 2.

4. Aktualisierung des Aktienbuchs und Suspendierung von Rechten	**Art. 6** ¹ Nach der Umwandlung von Inhaberaktien in Namenaktien trägt die Gesellschaft die Aktionäre, die ihre in Artikel 697*i* des bisherigen Rechts vorgesehene Meldepflicht erfüllt haben, in das Aktienbuch ein.
² Die Mitgliedschaftsrechte der Aktionäre, die der Meldepflicht nicht nachgekommen sind, ruhen, und die Vermögensrechte verwirken. Der Verwaltungsrat stellt sicher, dass keine Aktionäre unter Verletzung dieser Bestimmung ihre Rechte ausüben.
³ In das Aktienbuch wird eingetragen, dass diese Aktionäre der Meldepflicht nicht nachgekommen sind und die mit den Aktien verbundenen Rechte nicht ausgeübt werden können.
5. Nachholen der Meldung	**Art. 7** ¹ Aktionäre, die ihrer Meldepflicht nach Artikel 697*i* des bisherigen Rechts nicht nachgekommen sind und deren Inhaberaktien nach Artikel 4 in Namenaktien umgewandelt worden sind, können innert fünf Jahren nach Inkrafttreten von Artikel 622 Absatz 1bis mit vorgängiger Zustimmung der Gesellschaft beim Gericht ihre Eintragung in das Aktienbuch der Gesellschaft beantragen. Das Gericht heisst den Antrag gut, wenn der Aktionär seine Aktionärseigenschaft nachweist.
² Das Gericht entscheidet im summarischen Verfahren. Der Aktionär trägt die Gerichtskosten.
³ Heisst das Gericht den Antrag gut, so nimmt die Gesellschaft die Eintragung vor. Die Aktionäre können die ab diesem Zeitpunkt entstehenden Vermögensrechte geltend machen.
6. Endgültiger Verlust der Aktionärseigenschaft	**Art. 8** ¹ Aktien von Aktionären, die fünf Jahre nach Inkrafttreten von Artikel 622 Absatz 1bis beim Gericht ihre Eintragung in das Aktienbuch der Gesellschaft nach Artikel 7 nicht beantragt haben, werden von Gesetzes wegen nichtig. Die Aktionäre verlieren ihre mit den Aktien verbundenen Rechte. Die nichtigen Aktien werden durch eigene Aktien ersetzt.
² Aktionäre, deren Aktien ohne eigenes Verschulden nichtig geworden sind, können unter Nachweis ihrer Aktionärseigenschaft zum Zeitpunkt des Nichtigwerdens der Aktien innerhalb von zehn Jahren nach diesem Zeitpunkt gegenüber der Gesellschaft einen Anspruch auf Entschädigung geltend machen. Die Entschädigung entspricht dem wirklichen Wert der Aktien zum Zeitpunkt ihrer Umwandlung nach Artikel 4. Ist der wirkliche Wert der Aktien zum Zeitpunkt der Geltendmachung des Anspruchs tiefer als zum Zeitpunkt ihrer Umwandlung, so schuldet die Gesellschaft diesen tieferen Wert. Eine

Entschädigung ist ausgeschlossen, wenn die Gesellschaft nicht über das erforderliche frei verwendbare Eigenkapital verfügt.

Übergangsbestimmungen zur Änderung vom 19. Juni 2020[859] *(Aktienrecht)*

A. Allgemeine Regel

Art. 1 ¹ Die Artikel 1–4 des Schlusstitels des Zivilgesetzbuches[860] gelten für die Änderung vom 19. Juni 2020, soweit die folgenden Bestimmungen nichts anderes vorsehen.

² Die Bestimmungen des neuen Rechts werden mit seinem Inkrafttreten auf bestehende Gesellschaften anwendbar.

B. Anpassung von Statuten und Reglementen

Art. 2 ¹ Gesellschaften, die im Zeitpunkt des Inkrafttretens des neuen Rechts im Handelsregister eingetragen sind, jedoch den neuen Vorschriften nicht entsprechen, müssen innerhalb von zwei Jahren ihre Statuten und Reglemente den neuen Bestimmungen anpassen.

² Bestimmungen der Statuten und Reglemente, die mit dem neuen Recht nicht vereinbar sind, bleiben bis zur Anpassung, längstens aber noch zwei Jahre nach Inkrafttreten des neuen Rechts in Kraft.

C. Genehmigte Kapitalerhöhung und Kapitalerhöhung aus bedingtem Kapital

Art. 3 Für genehmigte Kapitalerhöhungen und Kapitalerhöhungen aus bedingtem Kapital, die vor Inkrafttreten des neuen Rechts beschlossen wurden, kommt das bisherige Recht zur Anwendung. Die Beschlüsse der Generalversammlung können nicht mehr verlängert oder geändert werden.

D. Vertretung der Geschlechter

Art. 4 ¹ Die Pflicht zur Berichterstattung im Vergütungsbericht gemäss Artikel 734*f* gilt für den Verwaltungsrat spätestens ab dem Geschäftsjahr, das fünf Jahre nach Inkrafttreten des neuen Rechts beginnt.

² Die Pflicht zur Berichterstattung im Vergütungsbericht gemäss Artikel 734*f* gilt für die Geschäftsleitung spätestens ab dem Geschäftsjahr, das zehn Jahre nach Inkrafttreten des neuen Rechts beginnt.

E. Konkursaufschub

Art. 5 Auf einen Konkursaufschub, der vor Inkrafttreten des neuen Rechts bewilligt worden ist, kommt bis zu dessen Abschluss das bisherige Recht zur Anwendung.

F. Anpassung altrechtlicher Verträge

Art. 6 Die im Zeitpunkt des Inkrafttretens des neuen Rechts bestehenden Verträge sind innerhalb von zwei Jahren ab Inkrafttreten

---

859 AS 2020 4005; 2021 846 Ziff. III 1; 2022 109; BBl 2017 399
860 SR 210

G. Transparenz bei Rohstoffunternehmen

Art. 7 Die Artikel 964*d*–964*h* finden erstmals Anwendung auf das Geschäftsjahr, das ein Jahr nach Inkrafttreten des neuen Rechts beginnt.

Übergangsbestimmung zur Änderung vom 19. Juni 2020[861]
(Indirekter Gegenvorschlag zur Volksinitiative «Für verantwortungsvolle Unternehmen – zum Schutz von Mensch und Umwelt»)

Die Vorschriften des 6. Abschnitts und des 8. Abschnitts des 32. Titels finden erstmals Anwendung auf das Geschäftsjahr, das ein Jahr nach Inkrafttreten der Änderung vom 19. Juni 2020 beginnt.

Schlussbestimmungen zum VIII. Titel und zum VIIIbis. Titel[862]
(Miete und Pacht)

Art. 1
Der Bundesbeschluss vom 30. Juni 1972[863] über Massnahmen gegen Missbräuche im Mietwesen wird aufgehoben.

Art. 2–4
...[864]

Art. 5
[1] Die Vorschriften über den Kündigungsschutz bei Miete und Pacht von Wohn- und Geschäftsräumen sind auf alle Miet- und Pachtverhältnisse anwendbar, die nach dem Inkrafttreten dieses Gesetzes gekündigt werden.

[2] Wurde jedoch ein Miet- oder Pachtverhältnis vor dem Inkrafttreten dieses Gesetzes, aber mit Wirkung auf einen Zeitpunkt danach gekündigt, so beginnen die Fristen für die Anfechtung der Kündigung und das Erstreckungsbegehren (Art. 273) mit dem Inkrafttreten des Gesetzes.

---

861 AS 2021 846; BBl 2017 399
862 Eingefügt durch Ziff. II des BG vom 15. Dez. 1989, in Kraft seit 1. Juli 1990 (AS 1990 802; BBl 1985 I 1389).
863 [AS 1972 1502; 1977 1269; 1982 1234; 1987 1189]
864 Die Änderungen können unter AS 1990 802 konsultiert werden.

Art. 6

¹ Dieses Gesetz untersteht dem fakultativen Referendum.
² Der Bundesrat bestimmt das Inkrafttreten.

Schluss- und Übergangsbestimmungen zum X. Titel[865]
(Arbeitsvertrag)

Änderung des OR	**Art. 1** ...[866]
Änderung des ZGB	**Art. 2** ...[867]
Änderung des Versicherungsvertragsgesetzes	**Art. 3** ...[868]
Änderung des Landwirtschaftsgesetzes	**Art. 4** ...[869]
Änderung des Arbeitsgesetzes	**Art. 5** ...[870]

Aufhebung eidgenössischer Vorschriften

Art. 6 Mit dem Inkrafttreten dieses Gesetzes werden aufgehoben:
1. Artikel 159 und 463 des Obligationenrechts,
2. Artikel 130 des Bundesgesetzes vom 13. Juni 1911[871] über die Kranken- und Unfallversicherung,
3. Artikel 20 bis 26, 28, 29 und 69 Absätze 2 und 5 des Bundesgesetzes vom 18. Juni 1914[872] über die Arbeit in den Fabriken,
4. Artikel 4, 8 Absätze 1, 2 und 5, 9 und 19 des Bundesgesetzes vom 12. Dezember 1940[873] über die Heimarbeit,
5. das Bundesgesetz vom 13. Juni 1941[874] über das Anstellungsverhältnis der Handelsreisenden,
6. das Bundesgesetz vom 1. April 1949[875] über die Beschränkung der Kündigung von Anstellungsverhältnissen bei Militärdienst,

---

865 Eingefügt durch Ziff. II des BG vom 25. Juni 1971, in Kraft seit 1. Jan. 1972 (AS 1971 1465; BBl 1967 II 241).
866 Die Änderungen können unter AS 1971 1465 konsultiert werden.
867 Die Änderungen können unter AS 1971 1465 konsultiert werden.
868 Die Änderungen können unter AS 1971 1465 konsultiert werden.
869 Die Änderungen können unter AS 1971 1465 konsultiert werden.
870 Die Änderungen können unter AS 1971 1465 konsultiert werden.
871 [BS 8 281; AS 1959 858; 1964 965 Ziff. I-III, 1968 64; 1977 2249 Ziff. I 611; 1978 1836 Anhang Ziff. 4; 1982 196, 1676 Anhang Ziff. 1, 2184 Art. 114; 1990 1091; 1991 362 Ziff. II 412; 1992 288 Anhang Ziff. 37, 2350; 1995 511. AS 1995 1328 Anhang Ziff. 1]
872 SR 821.41
873 [BS 8 229; AS 1951 1231 Art. 14 Abs. 2; 1966 57 Art. 68. AS 1983 108 Art. 21 Ziff. 3]
874 [BS 2 776; AS 1966 57 Art. 69]
875 [AS 1949 II 1293]

7. Artikel 96 und 97 des Landwirtschaftsgesetzes vom 3. Oktober 1951[876],
8. Artikel 32 des Bundesgesetzes vom 25. September 1952[877] über die Erwerbsausfallentschädigung an Wehrpflichtige (Erwerbsersatzordnung),
9. Artikel 19 des Bundesgesetzes vom 28. September 1956[878] über die Allgemeinverbindlicherklärung von Gesamtarbeitsverträgen,
10. Artikel 49 des Zivilschutzgesetzes[879],
11. Artikel 20 Absatz 2 und 59 des Bundesgesetzes vom 20. September 1963[880] über die Berufsbildung,
12. Artikel 64[881] und 72 Absatz 2 Buchstabe *a* des Arbeitsgesetzes vom 13. März 1964[882].

Anpassung altrechtlicher Verhältnisse

Art. 7 [1] Die im Zeitpunkt des Inkrafttretens dieses Gesetzes bestehenden Arbeitsverträge (Einzelarbeitsverträge, Normalarbeitsverträge und Gesamtarbeitsverträge) sind innert der Frist von einem Jahr seinen Vorschriften anzupassen; nach Ablauf dieser Frist sind seine Vorschriften auf alle Arbeitsverträge anwendbar.

[2] Die im Zeitpunkt des Inkrafttretens[883] bestehenden Personalfürsorgeeinrichtungen haben bis spätestens zum 1. Januar 1977 ihre Statuten oder Reglemente unter Beachtung der für die Änderung geltenden Formvorschriften den Artikeln 331*a*, 331*b* und 331*c* anzupassen; ab 1. Januar 1977 sind diese Bestimmungen auf alle Personalfürsorgeeinrichtungen anwendbar.[884]

Inkrafttreten des Gesetzes

Art. 8 Der Bundesrat bestimmt den Zeitpunkt des Inkrafttretens dieses Gesetzes.

---

876 [AS 1953 1073; 1954 1364 Art. 1; 1958 659; 1959 588; 1960 1279; 1962 203, 1144 Art. 14, 1412; 1967 722; 1968 92; 1974 763; 1975 1088; 1977 2249 Ziff. I, 921, 942, 931; 1979 2058; 1982 1676 Anhang Ziff. 6; 1988 640; 1989 504 Art. 33 Bst. c; 1991 362 Ziff. II 51; 857 Anhang Ziff. 25; 2611; 1992 1860 Art. 75 Ziff. 5, 1986 Art. 36 Abs. 1; 1993 1410 Art. 92 Ziff. 4, 1571, 2080 Anhang Ziff. 11; 1994 28; 1995 1469 Art. 59 Ziff. 3, 1837, 3517 Ziff. I 2; 1996 2588 Anhang Ziff. 2, 2783; 1997 1187, 1190; 1998 1822. AS 1998 3033 Anhang Bst. c]
877 SR 834.1. Heute: BG über den Erwerbsersatz für Dienstleistende und bei Mutterschaft (Erwerbsersatzgesetz, EOG).
878 SR 221.215.311
879 [AS 1962 1089; 1964 487 Art. 22 Abs. 2 Bst. b; 1968 1025 Art. 35; 1969 310 Ziff. III; 1971 751; 1978 50, 570; 1985 1649; 1990 1882 Anhang Ziff. 7; 1992 288 Anhang Ziff. 22; 1993 2043 Anhang Ziff. 3; 1994 2626 Art. 71]
880 [AS 1965 321, 428; 1968 86; 1972 1681; 1975 1078 Ziff. III; 1977 2249 Ziff. I 331. AS 1979 1687 Art. 75]
881 Dieser Art. ist heute aufgehoben.
882 SR 822.11
883 1. Jan. 1972
884 Fassung gemäss Ziff. I des BG vom 25. Juni 1976, in Kraft seit 1. Jan. 1977 (AS 1976 1972 1974; BBl 1976 I 1269).

Schlussbestimmungen zum vierten Abschnitt des XIII. Titels[885] *(Agenturvertrag)*

A. Übergangsrecht

Art. 1 ¹ Auf die beim Inkrafttreten des neuen Rechts bereits bestehenden Agenturverträge finden die Artikel 418*d* Absatz 1, 418*f* Absatz 1, 418*k* Absatz 2, 418*o*, 418*p*, 418*r* und 418*s* sofort Anwendung.

² Im übrigen sind die im Zeitpunkt des Inkrafttretens des neuen Rechts bestehenden Agenturverträge innerhalb der Frist von zwei Jahren seinen Vorschriften anzupassen. Nach Ablauf dieser Frist ist das neue Recht auch auf die früher abgeschlossenen Agenturverträge anwendbar.

³ Auf die beim Inkrafttreten des neuen Rechts bestehenden Agenturverträge von Agenten, die als solche bloss im Nebenberuf tätig sind, finden die Vorschriften dieses Abschnittes mangels gegenteiliger Abrede nach Ablauf von zwei Jahren ebenfalls Anwendung.

B. Konkursprivileg

Art. 2 ...[886]

C. Inkrafttreten

Art. 3 Der Bundesrat bestimmt den Zeitpunkt des Inkrafttretens dieses Gesetzes.

Übergangsbestimmungen zum XX. Titel[887] *(Bürgschaft)*

¹ Die Bestimmungen des neuen Rechts finden Anwendung auf alle Bürgschaften, die nach dem Inkrafttreten dieses Gesetzes eingegangen worden sind.

² Auf Bürgschaften, die vor dem Inkrafttreten dieses Gesetzes eingegangen worden sind, finden die Bestimmungen des neuen Rechts nur hinsichtlich der später eintretenden Tatsachen und mit folgenden Einschränkungen Anwendung:
1. Nicht anwendbar sind die neuen Artikel 492 Absatz 3, 496 Absatz 2, 497 Absätze 3 und 4, 499, 500, 501 Absatz 4, 507 Absätze 4 und 6, 511 Absatz 1.
2. Die Vorschriften der neuen Artikel 493 über die Form und 494 über das Erfordernis der Zustimmung des Ehegatten sind auf altrechtliche Bürgschaften nur anwendbar, soweit sie sich auf nachträgliche Änderungen der Bürgschaft beziehen.

---

885 Eingefügt durch Ziff. II des BG vom 4. Febr. 1949, in Kraft seit 1. Jan. 1950 (AS 1949 I 802; BBl 1947 III 661).
886 Die Änderungen können unter AS 1949 I 802 konsultiert werden.
887 Eingefügt durch Ziff. II des BG vom 10. Dez. 1941, in Kraft seit 1. Juli 1942 (AS 58 279 644; BBl 1939 II 841).

3. Artikel 496 Absatz 1 gilt mit der Massgabe, dass der Bürge nicht nur vor dem Hauptschuldner und vor Verwertung der Grundpfänder, sondern auch vor Verwertung der übrigen Pfandrechte belangt werden kann, sofern der Hauptschuldner mit seiner Leistung im Rückstand und erfolglos gemahnt worden oder seine Zahlungsunfähigkeit offenkundig ist.
4. Für die Mitteilung des Rückstandes gemäss Artikel 505 Absatz 1 wird dem Gläubiger eine Frist von sechs Monaten nach Eintritt des Rückstandes, mindestens aber eine solche von drei Monaten seit dem Inkrafttreten des Gesetzes gewährt.
5. Die Bestimmung des Artikels 505 Absatz 2 findet nur Anwendung auf Konkurse, die mindestens drei Monate nach Inkrafttreten des Gesetzes eröffnet, sowie auf Nachlassstundungen, die mindestens drei Monate nach Inkrafttreten des Gesetzes bewilligt worden sind.
6. Die in Artikel 509 Absatz 3 genannte Frist beginnt für altrechtliche Bürgschaften erst mit dem Inkrafttreten des Gesetzes zu laufen.

³ Die Vorschriften der Artikel 77–80 des Zollgesetzes vom 18. März 2005[888] bleiben vorbehalten.[889]

⁴ Der Bundesrat bestimmt den Zeitpunkt des Inkrafttretens dieses Gesetzes.

Schluss- und Übergangsbestimmungen zu den Titeln XXIV–XXXIII[890] *(Handelsgesellschaften, Genossenschaft, Handelsregister, Firmenrecht, Buchführung, Wertpapierrecht)*

A. Anwendbarkeit des Schlusstitels

Art. 1 Die Vorschriften des Schlusstitels des Zivilgesetzbuches[891] finden auch Anwendung auf dieses Gesetz.

B. Anpassung alter Gesellschaften an das neue Recht
I. Im Allgemeinen

Art. 2 ¹ Aktiengesellschaften, Kommanditaktiengesellschaften und Genossenschaften, die im Zeitpunkte des Inkrafttretens dieses Gesetzes im Handelsregister eingetragen sind, jedoch den gesetzlichen Vorschriften nicht entsprechen, haben binnen einer Frist von fünf Jahren ihre Statuten den neuen Bestimmungen anzupassen.

---

888 SR 631.0
889 Fassung gemäss Anhang Ziff. 2 des Zollgesetzes vom 18. März 2005, in Kraft seit 1. Mai 2007 (AS 2007 1411; BBl 2004 567).
890 Eingefügt durch das BG vom 18. Dez. 1936, in Kraft seit 1. Juli 1937 (AS 53 185; BBl 1928 I 205, 1932 I 217).
891 SR 210

² Während dieser Frist unterstehen sie dem bisherigen Rechte, soweit ihre Statuten den neuen Bestimmungen widersprechen.

³ Kommen die Gesellschaften dieser Vorschrift nicht nach, so sind sie nach Ablauf der Frist durch den Handelsregisterführer von Amtes wegen als aufgelöst zu erklären.

⁴ Für Versicherungs- und Kreditgenossenschaften kann der Bundesrat im einzelnen Fall die Anwendbarkeit des alten Rechts verlängern. Der Antrag hierzu muss vor Ablauf von drei Jahren seit Inkrafttreten des Gesetzes gestellt werden.

II. Wohlfahrtsfonds

Art. 3 Haben Aktiengesellschaften, Kommanditaktiengesellschaften und Genossenschaften vor dem Inkrafttreten dieses Gesetzes Vermögensteile zur Gründung und Unterstützung von Wohlfahrtseinrichtungen für Angestellte und Arbeiter sowie für Genossenschafter erkennbar gewidmet, so haben sie diese Fonds binnen fünf Jahren den Bestimmungen der Artikel 673[892] und 862[893] anzupassen.

Art. 4[894]

C. Bilanzvorschriften
I. Vorbehalt ausserordentlicher Verhältnisse

Art. 5 ¹ Der Bundesrat ist berechtigt, wenn ausserordentliche wirtschaftliche Verhältnisse es erfordern, Bestimmungen zu erlassen, die den Bilanzpflichtigen Abweichungen von den in diesem Gesetz aufgestellten Bilanzierungsvorschriften gestatten. Ein solcher Beschluss des Bundesrates ist zu veröffentlichen.

² Wenn bei der Aufstellung einer Bilanz ein solcher Bundesratsbeschluss zur Anwendung gekommen ist, ist dies in der Bilanz zu vermerken.

II. ...

Art. 6[895]

D. Haftungsverhältnisse der Genossenschafter

Art. 7 ¹ Durch Veränderungen, die nach den Vorschriften dieses Gesetzes in den Haftungsverhältnissen der Genossenschafter eintreten, werden die Rechte der im Zeitpunkte des Inkrafttretens vorhandenen Gläubiger nicht beeinträchtigt.

² Genossenschaften, deren Mitglieder lediglich kraft der Vorschrift des Artikels 689 des bisherigen Obligationenrechts[896] persönlich für die Verbindlichkeiten der Genossenschaft haften, stehen während fünf Jahren unter den Bestimmungen des bisherigen Rechts.

---

892 Dieser Art. hat heute eine neue Fassung.
893 Dieser Art. hat heute eine neue Fassung.
894 Aufgehoben durch Anhang Ziff. 2 des Fusionsgesetzes vom 3. Okt. 2003, mit Wirkung seit 1. Juli 2004 (AS 2004 2617; BBl 2000 4337).
895 Gegenstandslos.
896 AS 27 317

³ Während dieser Frist können Beschlüsse über ganze oder teilweise Ausschliessung der persönlichen Haftung oder über ausdrückliche Feststellung der Haftung in der Generalversammlung mit absoluter Mehrheit der Stimmen gefasst werden. Die Vorschrift des Artikels 889 Absatz 2 über den Austritt findet keine Anwendung.

E. Geschäftsfirmen

Art. 8 ¹ Die beim Inkrafttreten dieses Gesetzes bestehenden Firmen, die dessen Vorschriften nicht entsprechen, dürfen während zwei Jahren von diesem Zeitpunkte an unverändert fortbestehen.

² Bei irgendwelcher Änderung vor Ablauf dieser Frist sind sie jedoch mit gegenwärtigem Gesetze in Einklang zu bringen.

F. Früher ausgegebene Wertpapiere
I. Namenpapiere

Art. 9 Die vor dem Inkrafttreten dieses Gesetzes als Namenpapiere ausgestellten Sparkassen- und Depositenhefte, Spareinlage- und Depositenscheine unterstehen den Vorschriften von Artikel 977 über Kraftloserklärung von Schuldurkunden auch dann, wenn der Schuldner in der Urkunde sich nicht ausdrücklich vorbehalten hat, ohne Vorweisung der Schuldurkunde und ohne Kraftloserklärung zu leisten.

II. Aktien
1. Nennwert

Art. 10 Aktien, die vor dem Inkrafttreten des Gesetzes ausgegeben worden sind, können
1. einen Nennwert unter 100 Franken beibehalten;
2. innerhalb dreier Jahre seit dem Inkrafttreten des Gesetzes bei einer Herabsetzung des Grundkapitals auf einen Nennwert unter 100 Franken gebracht werden.

2. Nicht voll einbezahlte Inhaberaktien

Art. 11 ¹ Auf den Inhaber lautende Aktien und Interimsscheine, die vor dem Inkrafttreten des Gesetzes ausgegeben worden sind, unterstehen den Bestimmungen der Artikel 683 und 688 Absätze 1 und 3 nicht.

² Das Rechtsverhältnis der Zeichner und Erwerber dieser Aktien richtet sich nach dem bisherigen Rechte.

III. Wechsel und Checks

Art. 12 Vor dem Inkrafttreten dieses Gesetzes ausgestellte Wechsel und Checks unterstehen in allen Beziehungen dem bisherigen Rechte.

G. Gläubigergemeinschaft

Art. 13 Für Fälle, auf die die Bestimmungen der Verordnung vom 20. Februar 1918[897] betreffend die Gläubigergemeinschaft bei Anleihensobligationen und der ergänzenden Bundesratsbeschlüsse[898] angewendet worden sind, gelten diese Vorschriften auch fernerhin.

---

[897] [AS 34 231; 35 297; 36 623 893]
[898] [AS 51 673; 53 454; 57 1514; 58 934; 62 1088; 63 1342]

H. ...	**Art. 14**[899]
J. Abänderung des Schuldbetreibungs- und Konkursgesetzes	**Art. 15** ...[900]
K. Verhältnis zum Bankengesetz I. Allgemeiner Vorbehalt	**Art. 16** Die Vorschriften des Bankengesetzes vom 8. November 1934[901] bleiben vorbehalten.
II. Abänderung einzelner Vorschriften	**Art. 17** ...[902]
L. Aufhebung von Bundeszivilrecht	**Art. 18** Mit dem Inkrafttreten dieses Gesetzes sind die damit im Widerspruch stehenden zivilrechtlichen Bestimmungen des Bundes, insbesondere die dritte Abteilung des Obligationenrechts, betitelt: «Die Handelsgesellschaften, Wertpapiere und Geschäftsfirmen» (BG vom 14. Juni 1881[903] über das Obligationenrecht, Art. 552–715 und 720–880), aufgehoben.
M. Inkrafttreten dieses Gesetzes	**Art. 19** [1] Dieses Gesetz tritt mit dem 1. Juli 1937 in Kraft. [2] Ausgenommen ist der Abschnitt über die Gläubigergemeinschaft bei Anleihensobligationen (Art. 1157–1182), dessen Inkrafttreten der Bundesrat festsetzen wird.[904] [3] Der Bundesrat wird mit dem Vollzug dieses Gesetzes beauftragt.

Schlussbestimmungen zum XXVI. Titel[905] *(Aktienrecht)*

A. Schlusstitel des Zivilgesetzbuches	**Art. 1** Der Schlusstitel des Zivilgesetzbuches[906] gilt für dieses Gesetz.
B. Anpassung an das neue Recht I. Im Allgemeinen	**Art. 2** [1] Aktiengesellschaften und Kommanditaktiengesellschaften, die im Zeitpunkt des Inkrafttretens dieses Gesetzes im Handelsregister eingetragen sind, jedoch den neuen gesetzlichen Vorschriften nicht entsprechen, müssen innert fünf Jahren ihre Statuten den neuen Bestimmungen anpassen.

---

[899] Aufgehoben durch Ziff. I Bst. *c* des Anhangs zum IPRG vom 18. Dez. 1987, mit Wirkung seit 1. Jan. 1989 (AS 1988 1776; BBl 1983 I 263).
[900] Die Änderungen können unter AS 53 185 konsultiert werden.
[901] SR 952.0
[902] Die Änderungen können unter AS 53 185 konsultiert werden.
[903] [AS 5 635, 11 490; BS 2 784 Art. 103 Abs. 1. BS 2 3 SchlT Art. 60 Abs. 2]
[904] Dieser Abschnitt ist in der Fassung des BG vom 1. April 1949 in Kraft gesetzt worden. Für den Text in der ursprünglichen Fassung siehe AS 53 185.
[905] Eingefügt durch Ziff. III des BG vom 4. Okt. 1991, in Kraft seit 1. Juli 1992 (AS 1992 733; BBl 1983 II 745).
[906] SR 210

² Gesellschaften die ihre Statuten trotz öffentlicher Aufforderung durch mehrfache Publikation im Schweizerischen Handelsamtsblatt und in den kantonalen Amtsblättern nicht innert fünf Jahren den Bestimmungen über das Mindestkapital, die Mindesteinlage und die Partizipations- und Genussscheine anpassen, werden auf Antrag des Handelsregisterführers vom Richter aufgelöst. Der Richter kann eine Nachfrist von höchstens sechs Monaten ansetzen. Gesellschaften, die vor dem 1. Januar 1985 gegründet wurden, sind von der Anpassung ihrer Statutenbestimmung über das Mindestkapital ausgenommen. Gesellschaften, deren Partizipationskapital am 1. Januar 1985 das Doppelte des Aktienkapitals überstieg, sind von dessen Anpassung an die gesetzliche Begrenzung ausgenommen.

³ Andere statutarische Bestimmungen, die mit dem neuen Recht unvereinbar sind, bleiben bis zur Anpassung, längstens aber noch fünf Jahre, in Kraft.

II. Einzelne Bestimmungen
1. Partizipations- und Genussscheine

Art. 3 ¹ Die Artikel 656*a*, 656*b* Absätze 2 und 3, 656*c* und 656*d* sowie 656*g* gelten für bestehende Gesellschaften mit dem Inkrafttreten dieses Gesetzes, auch wenn ihnen die Statuten oder Ausgabebedingungen widersprechen. Sie gelten für Titel, die als Partizipationsscheine oder Genussscheine bezeichnet sind, einen Nennwert haben und in den Passiven der Bilanz ausgewiesen sind.

² Die Gesellschaften müssen für die in Absatz 1 genannten Titel innert fünf Jahren die Ausgabebedingungen in den Statuten niederlegen und Artikel 656*f* anpassen, die erforderlichen Eintragungen in das Handelsregister veranlassen und die Titel, die sich im Umlauf befinden und nicht als Partizipationsscheine bezeichnet sind, mit dieser Bezeichnung versehen.

³ Für andere als in Absatz 1 genannte Titel gelten die neuen Vorschriften über die Genussscheine, auch wenn sie als Partizipationsscheine bezeichnet sind. Innert fünf Jahren müssen sie nach dem neuen Recht bezeichnet werden und dürfen keinen Nennwert mehr angeben. Die Statuten sind entsprechend abzuändern. Vorbehalten bleibt die Umwandlung in Partizipationsscheine.

2. Ablehnung von Namenaktionären

Art. 4 In Ergänzung zu Artikel 685*d* Absatz 1 kann die Gesellschaft, aufgrund statutarischer Bestimmung, Personen als Erwerber börsenkotierter Namenaktien ablehnen, soweit und solange deren Anerkennung die Gesellschaft daran hindern könnte, durch Bundesgesetze geforderte Nachweise über die Zusammensetzung des Kreises der Aktionäre zu erbringen.

3. Stimmrechtsaktien	**Art. 5** Gesellschaften, die in Anwendung von Artikel 10 der Schluss- und Übergangsbestimmungen des Bundesgesetzes vom 18. Dezember 1936 über die Revision der Titel 24–33 des Obligationenrechtes[907] Stimmrechtsaktien mit einem Nennwert von unter zehn Franken beibehalten haben, sowie Gesellschaften, bei denen der Nennwert der grösseren Aktien mehr als das Zehnfache des Nennwertes der kleineren Aktien beträgt, müssen ihre Statuten dem Artikel 693 Absatz 2 zweiter Satz nicht anpassen. Sie dürfen jedoch keine neuen Aktien mehr ausgeben, deren Nennwert mehr als das Zehnfache des Nennwertes der kleineren Aktien oder weniger als zehn Prozent des Nennwertes der grösseren Aktien beträgt.
4. Qualifizierte Mehrheiten	**Art. 6** Hat eine Gesellschaft durch blosse Wiedergabe von Bestimmungen des bisherigen Rechts für bestimmte Beschlüsse Vorschriften über qualifizierte Mehrheiten in die Statuten übernommen, so kann binnen eines Jahres seit dem Inkrafttreten dieses Gesetzes mit absoluter Mehrheit aller an einer Generalversammlung vertretenen Aktienstimmen die Anpassung an das neue Recht beschlossen werden.
C. Änderung von Bundesgesetzen	**Art. 7** …[908]
D. Referendum	**Art. 8** Dieses Gesetz untersteht dem fakultativen Referendum.
E. Inkrafttreten	**Art. 9** Der Bundesrat bestimmt das Inkrafttreten.

Schlussbestimmungen zum zweiten Abschnitt des XXXIV. Titels[909] *(Gläubigergemeinschaft bei Anleihensobligationen)*

1.[910] …
2.[911] …
3. Die unter dem bisherigen Recht gefassten Gemeinschaftsbeschlüsse behalten ihre Gültigkeit unter dem neuen Recht.
   Für Beschlüsse, die nach Inkrafttreten dieses Gesetzes gefasst werden, sind die Vorschriften des neuen Rechts massgebend.
   Sind indessen einem Schuldner schon unter dem bisherigen Recht durch Gläubigergemeinschaftsbeschlüsse Erleichterungen gewährt worden, die den in Artikel 1170 vorgesehenen gleich

---

[907] Siehe hiervor.
[908] Die Änderungen können unter AS 1992 733 konsultiert werden.
[909] Eingefügt durch Ziff. II des BG vom 1. April 1949, in Kraft seit 1. Jan. 1950 (AS 1949 I 791; BBl 1947 III 869).
[910] Die Änderungen können unter AS 1949 I 791 konsultiert werden.
[911] Die Änderungen können unter AS 1949 I 791 konsultiert werden.

oder entsprechend sind, so müssen sie bei der Anwendung dieser Vorschrift angemessen berücksichtigt werden.

Im Übrigen sind die Schluss- und Übergangsbestimmungen des Bundesgesetzes vom 18. Dezember 1936 über die Revision der Titel XXIV–XXXIII des Obligationenrechts anwendbar.

4. Mit dem Inkrafttreten dieses Gesetzes werden die widersprechenden Bestimmungen, insbesondere die Verordnung des Bundesrates vom 20. Februar 1918[912] betreffend die Gläubigergemeinschaft bei Anleihensobligationen, aufgehoben.

5. Der Bundesrat bestimmt den Zeitpunkt des Inkrafttretens dieses Gesetzes.

---

912 [AS 34 231, 35 297, 36 623 893]

2. Strassenverkehrsgesetz (SVG)[1]

vom 19. Dezember 1958

(Auszug: Geltungsbereich sowie Haftpflicht- und Versicherungsbestimmungen, Art. 1, 7, 58–89)

Die Bundesversammlung der Schweizerischen Eidgenossenschaft,

gestützt auf die Artikel 82 Absätze 1 und 2, 110 Absatz 1 Buchstabe a, 122 Absatz 1 und 123 Absatz 1 der Bundesverfassung[2],[3]
nach Einsicht in eine Botschaft des Bundesrates vom 24. Juni 1955[4],

beschliesst:

I. Titel: Allgemeine Bestimmungen

Geltungsbereich   **Art. 1** [1] Dieses Gesetz ordnet den Verkehr auf den öffentlichen Strassen sowie die Haftung und die Versicherung für Schäden, die durch Motorfahrzeuge, Fahrräder oder fahrzeugähnliche Geräte verursacht werden.[5]

[2] Die Verkehrsregeln (Art. 26–57a) gelten für die Führer von Motorfahrzeugen und die Radfahrer auf allen dem öffentlichen Verkehr dienenden Strassen; für die übrigen Strassenbenützer nur auf den für Motorfahrzeuge oder Fahrräder ganz oder beschränkt offenen Strassen.[6]

[3] Für das Inverkehrbringen von Motorfahrzeugen, Fahrrädern und Anhängern sowie von deren Bestandteilen gilt, soweit dieses Gesetz nichts anderes vorsieht, das Bundesgesetz vom 12. Juni 2009[7] über die Produktesicherheit.[8]

(...)

SR 741.01. AS 1959 679
1 Tit. gemäss Ziff. I des BG vom 6. Okt. 1989, in Kraft seit 1. Febr. 1991 (AS 1991 71; BBl 1986 III 209).
2 SR 101
3 Fassung gemäss Ziff. I des BG vom 15. Juni 2012, in Kraft seit 1. Jan. 2013 (AS 2012 6291; BBl 2010 8447).
4 BBl 1955 II 1
5 Fassung gemäss Ziff. I des BG vom 1. Okt. 2010, in Kraft seit 1. Jan. 2012 (AS 2011 4925; BBl 2010 4137 4149).
6 Fassung gemäss Ziff. I des BG vom 15. Juni 2012, in Kraft seit 1. Jan. 2013 (AS 2012 6291; BBl 2010 8447).
7 SR 930.11
8 Eingefügt durch Art. 20 Abs. 2 Ziff. 2 des BG vom 12. Juni 2009 über die Produktesicherheit (AS 2010 2573; BBl 2008 7407). Fassung gemäss Ziff. I des BG vom 15. Juni 2012, in Kraft seit 1. Jan. 2013 (AS 2012 6291; BBl 2010 8447).

II. Titel: Fahrzeuge und Fahrzeugführer

1. Abschnitt: Motorfahrzeuge und ihre Führer

Motorfahrzeuge

Art. 7 ¹ Motorfahrzeug im Sinne dieses Gesetzes ist jedes Fahrzeug mit eigenem Antrieb, durch den es auf dem Erdboden unabhängig von Schienen fortbewegt wird.

² Trolleybusse und ähnliche Fahrzeuge unterstehen diesem Gesetz nach Massgabe der Gesetzgebung über die Trolleybusunternehmungen.

(...)

IV. Titel: Haftpflicht und Versicherung

1. Abschnitt: Haftpflicht

Haftpflicht des Motorfahrzeughalters

Art. 58 ¹ Wird durch den Betrieb eines Motorfahrzeuges ein Mensch getötet oder verletzt oder Sachschaden verursacht, so haftet der Halter für den Schaden.

² Wird ein Verkehrsunfall durch ein nicht in Betrieb befindliches Motorfahrzeug veranlasst, so haftet der Halter, wenn der Geschädigte beweist, dass den Halter oder Personen, für die er verantwortlich ist, ein Verschulden trifft oder dass fehlerhafte Beschaffenheit des Motorfahrzeuges mitgewirkt hat.

³ Der Halter haftet nach Ermessen des Richters auch für Schäden infolge der Hilfeleistung nach Unfällen seines Motorfahrzeuges, sofern er für den Unfall haftbar ist oder die Hilfe ihm selbst oder den Insassen seines Fahrzeuges geleistet wurde.

⁴ Für das Verschulden des Fahrzeugführers und mitwirkender Hilfspersonen ist der Halter wie für eigenes Verschulden verantwortlich.

Ermässigung oder Ausschluss der Halterhaftung

Art. 59 ¹ Der Halter wird von der Haftpflicht befreit, wenn er beweist, dass der Unfall durch höhere Gewalt oder grobes Verschulden des Geschädigten oder eines Dritten verursacht wurde ohne dass ihn selbst oder Personen, für die er verantwortlich ist, ein Verschulden trifft und ohne dass fehlerhafte Beschaffenheit des Fahrzeuges zum Unfall beigetragen hat.

² Beweist der Halter, der nicht nach Absatz 1 befreit wird, dass ein Verschulden des Geschädigten beim Unfall mitgewirkt hat, so bestimmt der Richter die Ersatzpflicht unter Würdigung aller Umstände.

3 ...[140]

[4] Nach dem Obligationenrecht[141] bestimmt sich:
a. die Haftung im Verhältnis zwischen dem Halter und dem Eigentümer eines Fahrzeuges für Schaden an diesem Fahrzeug;
b.[142] die Haftung des Halters für Schaden an den mit seinem Fahrzeug beförderten Sachen, ausgenommen an Gegenständen, die der Geschädigte mit sich führte, namentlich Reisegepäck u. dgl.; vorbehalten ist das Transportgesetz vom 4. Oktober 1985[143].

Mehrere Schädiger

Art. 60[144] [1] Sind bei einem Unfall, an dem ein Motorfahrzeug beteiligt ist, mehrere für den Schaden eines Dritten ersatzpflichtig, so haften sie solidarisch.

[2] Auf die beteiligten Haftpflichtigen wird der Schaden unter Würdigung aller Umstände verteilt. Mehrere Motorfahrzeughalter tragen den Schaden nach Massgabe des von ihnen zu vertretenden Verschuldens, wenn nicht besondere Umstände, namentlich die Betriebsgefahren, eine andere Verteilung rechtfertigen.

Schadenersatz zwischen Motorfahrzeughaltern

Art. 61 [1] Wird bei einem Unfall, an dem mehrere Motorfahrzeuge beteiligt sind, ein Halter körperlich geschädigt, so wird der Schaden den Haltern aller beteiligten Motorfahrzeuge nach Massgabe des von ihnen zu vertretenden Verschuldens auferlegt, wenn nicht besondere Umstände, namentlich die Betriebsgefahren, eine andere Verteilung rechtfertigen.[145]

[2] Für Sachschaden eines Halters haftet ein anderer Halter nur, wenn der Geschädigte beweist, dass der Schaden verursacht wurde durch Verschulden oder vorübergehenden Verlust der Urteilsfähigkeit des beklagten Halters oder einer Person, für die er verantwortlich ist, oder durch fehlerhafte Beschaffenheit seines Fahrzeuges.

[3] Mehrere ersatzpflichtige Halter haften dem geschädigten Halter solidarisch.[146]

---

140 Aufgehoben durch Ziff. I des BG vom 20. März 1975, mit Wirkung seit 1. Jan. 1976 (AS 1975 1257 1857 Ziff. III; BBl 1973 II 1173).
141 SR 220
142 Fassung gemäss Art. 54 Ziff. 2 des BG vom 4. Okt. 1985 über den Transport im öffentlichen Verkehr, in Kraft seit 1. Jan. 1987 (AS 1986 1974; BBl 1983 II 167).
143 [AS 1986 1974, 1994 2290 Ziff. V, 1995 3517 Ziff. I 10 4093 Anhang Ziff. 13, 1998 2856. AS 2009 5597 Ziff. III]. Siehe heute: das Personenbeförderungsgesetz vom 20. März 2009 (SR 745.1).
144 Fassung gemäss Ziff. I des BG vom 20. März 1975, in Kraft seit 1. Aug. 1975 (AS 1975 1257 1268 Art. 1; BBl 1973 II 1173).
145 Fassung gemäss Ziff. I des BG vom 20. März 1975, in Kraft seit 1. Aug. 1975 (AS 1975 1257 1268 Art. 1; BBl 1973 II 1173).
146 Eingefügt durch Ziff. I des BG vom 20. März 1975, in Kraft seit 1. Aug. 1975 (AS 1975 1257 1268 Art. 1; BBl 1973 II 1173).

Schadenersatz, Genugtuung	**Art. 62** [1] Art und Umfang des Schadenersatzes sowie die Zusprechung einer Genugtuung richten sich nach den Grundsätzen des Obligationenrechtes[147] über unerlaubte Handlungen.

[2] Hatte der Getötete oder Verletzte ein ungewöhnlich hohes Einkommen, so kann der Richter die Entschädigung unter Würdigung aller Umstände angemessen ermässigen.

[3] Leistungen an den Geschädigten aus einer privaten Versicherung, deren Prämien ganz oder teilweise vom Halter bezahlt wurden, sind im Verhältnis seines Prämienbeitrages auf seine Ersatzpflicht anzurechnen, wenn der Versicherungsvertrag nichts anderes vorsieht.

2. Abschnitt: Versicherung

Versicherungspflicht	**Art. 63** [1] Kein Motorfahrzeug darf in den öffentlichen Verkehr gebracht werden, bevor eine Haftpflichtversicherung nach den folgenden Bestimmungen abgeschlossen ist.

[2] Die Versicherung deckt die Haftpflicht des Halters und der Personen, für die er nach diesem Gesetz verantwortlich ist, zumindest in jenen Staaten, in denen das schweizerische Kontrollschild als Versicherungsnachweis gilt.[148]

[3] Von der Versicherung können ausgeschlossen werden:
a.[149] Ansprüche des Halters aus Sachschäden, die Personen verursacht haben, für die er nach diesem Gesetz verantwortlich ist;
b.[150] Ansprüche aus Sachschäden des Ehegatten, der eingetragenen Partnerin oder des eingetragenen Partners des Halters, seiner Verwandten in auf- und absteigender Linie sowie seiner mit ihm in gemeinsamem Haushalt lebenden Geschwister;
c. Ansprüche aus Sachschäden, für die der Halter nicht nach diesem Gesetz haftet;
d. Ansprüche aus Unfällen bei Rennen, für welche die nach Artikel 72 vorgeschriebene Versicherung besteht.

---

147 SR 220
148 Fassung gemäss Ziff. I des BG vom 23. Juni 1995, in Kraft seit 1. Jan. 1996 (AS 1995 5462; BBl 1995 I 49).
149 Fassung gemäss Ziff. I des BG vom 23. Juni 1995, in Kraft seit 1. Jan. 1996 (AS 1995 5462; BBl 1995 I 49). Siehe auch die SchlB dieser Änd. am Ende dieses Textes.
150 Fassung gemäss Anhang Ziff. 26 des Partnerschaftsgesetzes vom 18. Juni 2004, in Kraft seit 1. Jan. 2007 (AS 2005 5685; BBl 2003 1288).

Mindestversicherung	**Art. 64**[151] Der Bundesrat bestimmt die Beträge, die als Ersatzansprüche der Geschädigten aus Personen- und Sachschäden von der Haftpflichtversicherung gedeckt werden müssen.
Unmittelbarer Anspruch gegen den Versicherer, Einreden	**Art. 65** [1] Der Geschädigte hat im Rahmen der vertraglichen Versicherungsdeckung ein Forderungsrecht unmittelbar gegen den Versicherer.

[2] Einreden aus dem Versicherungsvertrag oder aus dem Bundesgesetz vom 2. April 1908[152] über den Versicherungsvertrag können dem Geschädigten nicht entgegengehalten werden.

[3] Der Versicherer hat ein Rückgriffsrecht gegen den Versicherungsnehmer oder den Versicherten, soweit er nach dem Versicherungsvertrag oder dem Bundesgesetz vom 2. April 1908 über den Versicherungsvertrag zur Ablehnung oder Kürzung seiner Leistung befugt wäre. Wurde der Schaden in angetrunkenem oder fahrunfähigem Zustand oder durch ein Geschwindigkeitsdelikt im Sinne des Artikels 90 Absatz 4 verursacht, so muss der Versicherer Rückgriff nehmen. Der Umfang des Rückgriffs trägt dem Verschulden und der wirtschaftlichen Leistungsfähigkeit der Person Rechnung, auf die Rückgriff genommen wird.[153]

Mehrere Geschädigte	**Art. 66** [1] Übersteigen die den Geschädigten zustehenden Forderungen die vertragliche Versicherungsdeckung, so ermässigt sich der Anspruch jedes Geschädigten gegen den Versicherer im Verhältnis der Versicherungsdeckung zur Summe der Forderungen.

[2] Der Geschädigte, der als erster klagt, sowie der beklagte Versicherer können die übrigen Geschädigten durch den angerufenen Richter unter Hinweis auf die Rechtsfolgen auffordern lassen, ihre Ansprüche innert bestimmter Frist beim gleichen Richter einzuklagen. Der angerufene Richter hat über die Verteilung der Versicherungsleistung auf die mehreren Ansprüche zu entscheiden. Bei der Verteilung der Versicherungsleistung sind die fristgemäss eingeklagten Ansprüche, ohne Rücksicht auf die übrigen, vorab zu decken.

[3] Hat der Versicherer in Unkenntnis anderweitiger Ansprüche gutgläubig einem Geschädigten eine Zahlung geleistet, die dessen verhältnismässigen Anteil übersteigt, so ist er im Umfang seiner Leistung auch gegenüber den andern Geschädigten befreit.

---

151 Fassung gemäss Ziff. I des BG vom 20. März 1975, in Kraft seit 1. Jan. 1976 (AS 1975 1257 1857 Ziff. III; BBl 1973 II 1173).
152 SR 221.229.1
153 Zweiter und dritter Satz eingefügt durch Ziff. I des BG vom 15. Juni 2012, in Kraft seit 1. Jan. 2015 (AS 2012 6291, 2013 4669; BBl 2010 8447).

Halterwechsel, Ersatzfahrzeuge

Art. 67 ¹ Beim Halterwechsel gehen die Rechte und Pflichten aus dem Versicherungsvertrag auf den neuen Halter über. Wird der neue Fahrzeugausweis auf Grund einer andern Haftpflichtversicherung ausgestellt, so erlischt der alte Vertrag.

² Der bisherige Versicherer ist berechtigt, innert 14 Tagen, seitdem er vom Halterwechsel Kenntnis erhalten hat, vom Vertrag zurückzutreten.

³ Der Bundesrat regelt die Voraussetzungen, unter welchen der Halter an Stelle des versicherten Fahrzeuges und mit dessen Kontrollschildern ein anderes Fahrzeug verwenden darf. Die Versicherung gilt ausschliesslich für das verwendete Fahrzeug. Der Versicherer kann auf den Halter Rückgriff nehmen, wenn die Verwendung nicht zulässig war.[154]

4 ...[155]

Versicherungsnachweis, Aussetzen und Aufhören der Versicherung

Art. 68 ¹ Der Versicherer hat zuhanden der Behörde, die den Fahrzeugausweis abgibt, eine Versicherungsbescheinigung auszustellen.

² Aussetzen und Aufhören der Versicherung sind vom Versicherer der Behörde zu melden und werden, sofern die Versicherung nicht vorher durch eine andere ersetzt wurde, gegenüber Geschädigten erst wirksam, wenn der Fahrzeugausweis und die Kontrollschilder abgegeben sind, spätestens jedoch 60 Tage nach Eingang der Meldung des Versicherers. Die Behörde hat Fahrzeugausweis und Kontrollschilder einzuziehen, sobald die Meldung eintrifft.

³ Werden die Kontrollschilder bei der zuständigen Behörde hinterlegt, so ruht die Versicherung. Die Behörde gibt dem Versicherer davon Kenntnis.[156]

Schadenverlaufserklärung

Art. 68a[157] Der Versicherungsnehmer hat während des Vertragsverhältnisses jederzeit Anspruch auf eine Schadenverlaufs- beziehungsweise Schadenfreiheitserklärung. Auf seinen Antrag hin hat ihm der Versicherer innert 14 Tagen eine wahrheitsgetreue Erklärung über die ganze Vertragslaufzeit, maximal über die letzten fünf Jahre des Vertragsverhältnisses auszuhändigen.

---

154 Fassung gemäss Ziff. I des BG vom 14. Dez. 2001, in Kraft seit 1. März 2004 (AS 2002 2767, 2004 647; BBl 1999 4462).
155 Aufgehoben durch Ziff. I des BG vom 14. Dez. 2001, mit Wirkung seit 1. März 2004 (AS 2002 2767, 2004 647; BBl 1999 4462).
156 Fassung gemäss Ziff. I des BG vom 20. März 1975, in Kraft seit 1. Aug. 1975 (AS 1975 1257 1268 Art. 1; BBl 1973 II 1173).
157 Eingefügt durch Ziff. I des BG vom 15. Juni 2012, in Kraft seit 1. Jan. 2014 (AS 2012 6291, 2013 4669; BBl 2010 8447).

3. Abschnitt: Besondere Fälle

Motorfahrzeuganhänger; geschleppte Motorfahrzeuge

Art. 69[158] ¹ Für den durch einen Anhänger oder ein geschlepptes Motorfahrzeug verursachten Schaden haftet der Halter des ziehenden Motorfahrzeuges; die Bestimmungen über die Haftung bei Motorfahrzeugen gelten sinngemäss. Wird das geschleppte Motorfahrzeug von einem Führer gelenkt, so haftet sein Halter solidarisch mit dem Halter des Zugfahrzeuges.

² Die Versicherung des Zugfahrzeuges erstreckt sich auch auf die Haftpflicht für Schäden, die verursacht werden:
a. vom Anhänger;
b. vom geschleppten Motorfahrzeug, das nicht von einem Führer gelenkt wird;
c. vom geschleppten Motorfahrzeug, das von einem Führer gelenkt wird und nicht versichert ist.

³ Anhänger zum Personentransport dürfen nur in Verkehr gebracht werden, wenn durch eine Zusatzversicherung auf den Anhänger die vom Bundesrat nach Artikel 64 festgelegte Mindestversicherung des ganzen Zuges gewährleistet ist.

⁴ Nach diesem Gesetz richten sich die Haftung des Halters des Zugfahrzeuges für körperliche Schäden der Mitfahrer auf Anhängern sowie die Haftung für Schäden zwischen dem Zugfahrzeug und dem geschleppten Motorfahrzeug. Für Sachschäden am Anhänger haftet der Halter des Zugfahrzeuges nach dem Obligationenrecht[159].

Fahrräder

Art. 70[160] Radfahrer haften nach Obligationenrecht[161].

Unternehmen des Motorfahrzeuggewerbes

Art. 71[162] ¹ Der Unternehmer im Motorfahrzeuggewerbe haftet wie ein Halter für den Schaden, der durch ein Motorfahrzeug verursacht wird, das ihm zur Aufbewahrung, Reparatur, Wartung, zum Umbau oder zu ähnlichen Zwecken übergeben wurde. Der Halter und sein Haftpflichtversicherer haften nicht.

² Diese Unternehmer sowie solche, die Motorfahrzeuge herstellen oder damit Handel treiben, haben für die Gesamtheit ihrer eigenen und der ihnen übergebenen Motorfahrzeuge eine Haftpflichtversicherung abzuschliessen. Die Bestimmungen über die Halterversicherung gelten sinngemäss.

---

158 Fassung gemäss Ziff. I des BG vom 6. Okt. 1989, in Kraft seit 1. Febr. 1991 (AS 1991 71; BBl 1986 III 209).
159 SR 220
160 Fassung gemäss Ziff. I des BG vom 1. Okt. 2010, in Kraft seit 1. Jan. 2012 (AS 2011 4925; BBl 2010 4137 4149).
161 SR 220
162 Fassung gemäss Ziff. I des BG vom 20. März 1975, in Kraft seit 1. Jan. 1976 (AS 1975 1257 1857 Ziff. III; BBl 1973 II 1173).

Rennen

Art. 72 ¹ Die Bestimmungen dieses Artikels gelten für motor- und radsportliche Veranstaltungen, bei denen die Bewertung hauptsächlich nach der erzielten Geschwindigkeit erfolgt oder eine Durchschnittsgeschwindigkeit von mehr als 50 km/Std. verlangt wird. Sie gelten auch, wenn die Strecke für den übrigen Verkehr gesperrt ist. Der Bundesrat kann weitere Veranstaltungen einbeziehen.

² Die Veranstalter haften in sinngemässer Anwendung der Bestimmungen über die Haftung der Motorfahrzeughalter für den Schaden, der durch Fahrzeuge der Teilnehmer oder Begleitfahrzeuge oder andere im Dienst der Veranstaltung verwendete Fahrzeuge verursacht wird.

³ Die Haftung für Schäden der Rennfahrer und ihrer Mitfahrer sowie an den im Dienst der Veranstaltung verwendeten Fahrzeugen richtet sich nicht nach diesem Gesetz.

⁴ Zur Deckung der Haftpflicht der Veranstalter, Teilnehmer und Hilfspersonen gegenüber Dritten, wie Zuschauern, andern Strassenbenützern und Anwohnern, ist eine Versicherung abzuschliessen. Die Bewilligungsbehörde setzt die Mindestdeckung nach den Umständen fest; bei Rennen mit Motorfahrzeugen darf diese jedoch nicht geringer sein als bei der ordentlichen Versicherung.[163] Die Artikel 65 und 66 gelten sinngemäss.

⁵ Muss bei einem nicht behördlich bewilligten Rennen ein Schaden durch die ordentliche Versicherung des schadenverursachenden Motorfahrzeuges, den schadenverursachenden Radfahrer oder seine private Haftpflichtversicherung gedeckt werden, so hat der Versicherer oder der Radfahrer den Rückgriff auf die Haftpflichtigen, die wussten oder bei pflichtgemässer Aufmerksamkeit wissen konnten, dass eine besondere Versicherung für das Rennen fehlte.[164]

Motorfahrzeuge und Fahrräder des Bundes und der Kantone

Art. 73 ¹ Bund und Kantone unterstehen als Halter von Motorfahrzeugen den Haftpflichtbestimmungen dieses Gesetzes, jedoch nicht der Versicherungspflicht. Ausserdem sind von der Versicherungspflicht Motorfahrzeuge ausgenommen, für die der Bund die Deckungspflicht wie ein Versicherer übernimmt.

² ...[165]

³ Bund und Kantone regulieren nach den für die Haftpflichtversicherung geltenden Bestimmungen die Schäden, die durch Motorfahr-

---

[163] Fassung des zweiten Satzes gemäss Ziff. I des BG vom 1. Okt. 2010, in Kraft seit 1. Jan. 2012 (AS 2011 4925; BBl 2010 4137 4149).
[164] Fassung gemäss Ziff. I des BG vom 1. Okt. 2010, in Kraft seit 1. Jan. 2012 (AS 2011 4925; BBl 2010 4137 4149).
[165] Aufgehoben durch Ziff. I des BG vom 1. Okt. 2010, mit Wirkung seit 1. Jan. 2012 (AS 2011 4925; BBl 2010 4137 4149).

zeuge, Anhänger und Fahrräder verursacht werden, für die sie haften. Sie teilen der Auskunftsstelle (Art. 79a) mit, welche Stellen für die Schadenregulierung zuständig sind.[166]

Nationales Versicherungsbüro

Art. 74[167] [1] Die in der Schweiz zum Betrieb der Motorfahrzeug-Haftpflichtversicherung zugelassenen Versicherungseinrichtungen bilden und betreiben gemeinsam das Nationale Versicherungsbüro, das eigene Rechtspersönlichkeit hat.

[2] Das Nationale Versicherungsbüro hat folgende Aufgaben:
a. Es deckt die Haftung für Schäden, die durch ausländische Motorfahrzeuge und Anhänger in der Schweiz verursacht werden, soweit nach diesem Gesetz eine Versicherungspflicht besteht.
b. Es betreibt die Auskunftsstelle nach Artikel 79a.
c. Es koordiniert den Abschluss von Grenzversicherungen für in die Schweiz einreisende Motorfahrzeuge, die nicht über den erforderlichen Versicherungsschutz verfügen.

[3] Der Bundesrat regelt:
a. die Pflicht zum Abschluss einer Grenzversicherung;
b. die Koordination der Leistungen der Sozialversicherungen mit den Schadenersatzleistungen des Nationalen Versicherungsbüros.

[4] Er kann den Arrest zur Sicherung von Ersatzansprüchen für Schäden, die durch ausländische Motorfahrzeuge oder Anhänger verursacht werden, ausschliessen oder beschränken.

Strolchenfahrten

Art. 75[168] [1] Wer ein Motorfahrzeug zum Gebrauch entwendet, haftet wie ein Halter. Solidarisch mit ihm haftet der Führer, der bei Beginn der Fahrt wusste oder bei pflichtgemässer Aufmerksamkeit wissen konnte, dass das Fahrzeug zum Gebrauch entwendet wurde. Der Halter haftet mit, ausser gegenüber Benützern des Fahrzeugs, die bei Beginn der Fahrt von der Entwendung zum Gebrauch Kenntnis hatten oder bei pflichtgemässer Aufmerksamkeit haben konnten.

[2] Der Halter und sein Haftpflichtversicherer haben den Rückgriff auf die Personen, die das Motorfahrzeug entwendeten, sowie auf den Führer, der bei Beginn der Fahrt von der Entwendung zum Gebrauch Kenntnis hatte oder bei pflichtgemässer Aufmerksamkeit haben konnte.

[3] Der Versicherer darf den Halter nicht finanziell belasten, wenn diesen an der Entwendung keine Schuld trifft.

---
166 Eingefügt durch Ziff. I des BG vom 4. Okt. 2002, in Kraft seit 1. Febr. 2003 (AS 2003 222; BBl 2002 4397).
167 Fassung gemäss Ziff. I des BG vom 4. Okt. 2002, in Kraft seit 1. Febr. 2003 (AS 2003 222; BBl 2002 4397).
168 Fassung gemäss Ziff. I des BG vom 20. März 1975, in Kraft seit 1. Jan. 1976 (AS 1975 1257 1857 Ziff. III; BBl 1973 II 1173).

Nationaler Garantiefonds

Art. 76[169] ¹ Die in der Schweiz zum Betrieb der Motorfahrzeug-Haftpflichtversicherung zugelassenen Versicherungseinrichtungen bilden und betreiben gemeinsam den Nationalen Garantiefonds, der eigene Rechtspersönlichkeit hat.

² Der Nationale Garantiefonds hat folgende Aufgaben:

a.[170] Er deckt die Haftung für Schäden, die in der Schweiz verursacht werden durch:
  1. nicht ermittelte oder nicht versicherte Motorfahrzeuge und Anhänger, soweit nach diesem Gesetz eine Versicherungspflicht besteht,
  2. Radfahrer oder Benützer fahrzeugähnlicher Geräte, sofern der Schädiger nicht ermittelt werden kann oder der Schaden weder vom Schädiger noch von einer Haftpflichtversicherung noch von einer für ihn verantwortlichen Person oder einer anderen Versicherung gedeckt wird.

b. Er deckt die Haftung für Schäden, die durch in der Schweiz zugelassene Motorfahrzeuge und Anhänger verursacht werden, wenn über den leistungspflichtigen Haftpflichtversicherer der Konkurs eröffnet worden ist.

c. Er betreibt die Entschädigungsstelle nach Artikel 79*d*.

³ Der Bundesrat regelt:

a. die Aufgaben des Nationalen Garantiefonds nach Absatz 2;
b. einen Selbstbehalt des Geschädigten für Sachschäden;
c. die Koordination der Leistungen der Sozialversicherungen mit den Schadenersatzleistungen des Nationalen Garantiefonds.

⁴ Im Falle von Absatz 2 Buchstabe a entfällt die Leistungspflicht des Nationalen Garantiefonds in dem Umfange, in dem der Geschädigte Leistungen aus einer Schadensversicherung oder einer Sozialversicherung beanspruchen kann.

⁵ Der Bundesrat kann im Falle von Absatz 2 Buchstabe a:

a.[171] den Nationalen Garantiefonds zur Vorleistung verpflichten, wenn der Schädiger keine leistungspflichtige Haftpflichtversicherung hat oder das Fehlen einer solchen Versicherung strittig ist;
b. die Leistungspflicht des Nationalen Garantiefonds gegenüber im Ausland wohnhaften ausländischen Geschädigten bei fehlender Reziprozität beschränken oder aufheben.

⁶ Mit der Zahlung der Ersatzleistung an den Geschädigten tritt der Nationale Garantiefonds für die von ihm gedeckten gleichartigen Schadensposten in die Rechte des Geschädigten ein.

---

169 Fassung gemäss Ziff. I des BG vom 4. Okt. 2002, in Kraft seit 1. Febr. 2003 (AS 2003 222; BBl 2002 4397).
170 Fassung gemäss Ziff. I des BG vom 1. Okt. 2010, in Kraft seit 1. Jan. 2012 (AS 2011 4925; BBl 2010 4137 4149).
171 Fassung gemäss Ziff. I des BG vom 1. Okt. 2010, in Kraft seit 1. Jan. 2012 (AS 2011 4925; BBl 2010 4137 4149).

Finanzierung, Durchführung

Art. 76a[172] ¹ Der Halter eines Motorfahrzeuges leistet jährlich je einen Beitrag nach der Art des versicherten Risikos, der zur Deckung des Aufwandes nach den Artikeln 74, 76, 79a und 79d bestimmt ist.[173]

² Das nationale Versicherungsbüro und der nationale Garantiefonds bestimmen diese Beiträge; sie bedürfen der Genehmigung durch die Eidgenössische Finanzmarktaufsicht (FINMA).[174]

³ Die Motorfahrzeug-Haftpflichtversicherer erheben diese Beiträge gleichzeitig mit der Prämie.[175]

⁴ Der Bund sowie seine Betriebe und Anstalten sind von der Beitragspflicht ausgenommen. Kantone als Halter von Motorfahrzeugen, für die keine Haftpflichtversicherungspflicht besteht (Art. 73 Abs. 1), sind insoweit beitragspflichtig, als ihre Fahrzeuge versichert sind.

⁵ Der Bundesrat bestimmt die Einzelheiten; er regelt namentlich die Berechnungsgrundlagen für den Beitrag und dessen Genehmigung.

Gemeinsame Bestimmungen für das Nationale Versicherungsbüro und den Nationalen Garantiefonds

Art. 76b[176] ¹ Geschädigte haben ein Forderungsrecht unmittelbar gegen das Nationale Versicherungsbüro und den Nationalen Garantiefonds.

² Das Nationale Versicherungsbüro und der Nationale Garantiefonds stehen unter der Aufsicht des ASTRA[177].

³ Personen, die Aufgaben des Nationalen Versicherungsbüros und des Nationalen Garantiefonds wahrnehmen oder deren Ausführung beaufsichtigen, sind Dritten gegenüber zur Verschwiegenheit verpflichtet. Sie sind zur Erfüllung der ihnen übertragenen Aufgaben befugt, die dafür benötigten Personendaten, einschliesslich besonders schützenswerter Daten und Persönlichkeitsprofile, zu bearbeiten oder bearbeiten zu lassen.

⁴ Das Nationale Versicherungsbüro und der Nationale Garantiefonds können:
a. ihre Mitglieder oder Dritte mit der Erfüllung der ihnen obliegenden Aufgaben betrauen und einen geschäftsführenden Versicherer bezeichnen;

---

172 Eingefügt durch Ziff. I des BG vom 20. Juni 1980, in Kraft seit 1. Jan. 1981 (AS 1980 1509; BBl 1980 I 477). Siehe auch Art. 108 hiernach.
173 Fassung gemäss Ziff. I des BG vom 4. Okt. 2002, in Kraft seit 1. Febr. 2003 (AS 2003 222; BBl 2002 4397).
174 Fassung gemäss Anhang Ziff. 10 des Finanzmarktaufsichtsgesetzes vom 22. Juni 2007, in Kraft seit 1. Jan. 2009 (AS 2008 5207; BBl 2006 2829).
175 Fassung gemäss Ziff. I des BG vom 23. Juni 1995, in Kraft seit 1. Jan. 1996 (AS 1995 5462; BBl 1995 I 49).
176 Eingefügt durch Ziff. I des BG vom 4. Okt. 2002, in Kraft seit 1. Febr. 2003 (AS 2003 222; BBl 2002 4397).
177 Ausdruck gemäss Ziff. I des BG vom 15. Juni 2012, in Kraft seit 1. Jan. 2013 (AS 2012 6291; BBl 2010 8447). Die Anpassung wurde im ganzen Text vorgenommen.

b. mit anderen nationalen Versicherungsbüros und nationalen Garantiefonds sowie mit ausländischen Stellen, die gleichartige Aufgaben wahrnehmen, Vereinbarungen zur Erleichterung des grenzüberschreitenden Verkehrs und über den Schutz von Verkehrsopfern im grenzüberschreitenden Verkehr abschliessen.

[5] Der Bundesrat erlässt Bestimmungen über die Aufgaben und Befugnisse des Nationalen Versicherungsbüros und des Nationalen Garantiefonds betreffend:
a. Schadendeckung im In- und Ausland;
b. Förderung und Entwicklung des Versicherungsschutzes und des Verkehrsopferschutzes im grenzüberschreitenden Verkehr.

Abs. 3 zweiter Satz*

[3] *... Sie sind zur Erfüllung der ihnen übertragenen Aufgaben befugt, die dafür benötigten Personendaten, einschliesslich besonders schützenswerter Personendaten, zu bearbeiten oder bearbeiten zu lassen.*

Nichtversicherte Fahrzeuge

Art. 77 [1] Gibt ein Kanton Fahrzeugausweise und Kontrollschilder für Motorfahrzeuge ab, ohne dass die vorgeschriebene Versicherung besteht, so haftet er im Rahmen der gesetzlichen Mindestversicherung für den Schaden, für den die Halter der Motorfahrzeuge aufzukommen haben.[178] Er haftet in gleicher Weise, wenn er es versäumt, Fahrzeugausweis und Kontrollschilder innert 60 Tagen nach der Meldung des Versicherers im Sinne von Artikel 68 oder nach der Meldung des Halters über die endgültige Ausserverkehrsetzung eines Fahrzeuges einzuziehen.[179]

[2] Der Kanton oder sein Versicherer hat den Rückgriff gegen den Halter, der nicht im guten Glauben war, er sei durch die vorgeschriebene Versicherung gedeckt.

[3] Diese Bestimmungen gelten sinngemäss für die Abgabe von Fahrzeugausweisen und Kontrollschildern durch den Bund.[180]

Art. 78[181]

---

* Fassung des zweiten Satzes gemäss Anhang 1 Ziff. II 60 des Datenschutzgesetzes vom 25. Sept. 2020, in Kraft ab 1. Sept. 2023 (AS 2022 491; BBl 2017 6941).
178 Fassung gemäss Ziff. I des BG vom 1. Okt. 2010, in Kraft seit 1. Jan. 2012 (AS 2011 4925; BBl 2010 4137 4149).
179 Fassung des zweiten Satzes gemäss Ziff. I des BG vom 6. Okt. 1989, in Kraft seit 1. Febr. 1991 (AS 1991 71; BBl 1986 III 209).
180 Fassung gemäss Ziff. I des BG vom 1. Okt. 2010, in Kraft seit 1. Jan. 2012 (AS 2011 4925; BBl 2010 4137 4149).
181 Aufgehoben durch Ziff. 7 des Anhangs zum BG vom 20. März 1981 über die Unfallversicherung, mit Wirkung seit 1. Jan. 1984 (AS 1982 1676; BBl 1976 III 141).

Art. 79[182]

Auskunftsstelle

Art. 79a[183] ¹ Die Auskunftsstelle erteilt Geschädigten und Sozialversicherungen die erforderlichen Auskünfte, damit sie Schadenersatzansprüche geltend machen können.

² Der Bundesrat bestimmt, welche Auskünfte zu erteilen sind.

³ Er kann Behörden und Private verpflichten, der Auskunftsstelle die erforderlichen Daten zur Verfügung zu stellen.

Schadenregulierungsbeauftragte

Art. 79b[184] ¹ In der Schweiz zum Betrieb der Motorfahrzeug-Haftpflichtversicherung zugelassene Versicherungseinrichtungen sind verpflichtet, in jedem Staat des Europäischen Wirtschaftsraumes einen Schadenregulierungsbeauftragten zu benennen. Sie übermitteln dessen Namen und Adresse den Auskunftsstellen dieser Staaten und der Auskunftsstelle nach Artikel 79a.

² Der Bundesrat kann die Versicherungseinrichtungen nach Absatz 1 zur Ernennung von Schadenregulierungsbeauftragten in weiteren Staaten verpflichten.

³ Schadenregulierungsbeauftragte sind natürliche oder juristische Personen, die in ihrem Tätigkeitsstaat Versicherungseinrichtungen mit Sitz in einem anderen Staat vertreten. Sie bearbeiten und regulieren nach Artikel 79c Haftpflichtansprüche, die Geschädigte mit Wohnsitz in ihrem Tätigkeitsstaat gegen die von ihnen vertretene Versicherungseinrichtung erheben.

⁴ Sie müssen:
a. in ihrem Tätigkeitsstaat domiziliert sein;
b. über ausreichende Befugnisse verfügen, um die Versicherungseinrichtung gegenüber Geschädigten zu vertreten und deren Schadenersatzansprüche in vollem Umfang zu befriedigen;
c. in der Lage sein, die Fälle in der Amtssprache beziehungsweise den Amtssprachen ihrer Tätigkeitsstaaten zu bearbeiten.

⁵ Sie können auf Rechnung einer oder mehrerer Versicherungseinrichtungen tätig sein.

Schadenregulierung

Art. 79c[185] ¹ Die in der Schweiz zum Betrieb der Motorfahrzeug-Haftpflichtversicherung zugelassenen Versicherungseinrichtungen, die in der Schweiz tätigen Schadenregulierungsbeauftragten, der Bund und die Kantone für ihre Fahrzeuge, die nicht versichert sind,

---

[182] Aufgehoben durch Ziff. I des BG vom 4. Okt. 2002, mit Wirkung seit 1. Febr. 2003 (AS 2003 222; BBl 2002 4397).
[183] Eingefügt durch Ziff. I des BG vom 4. Okt. 2002, in Kraft seit 1. Febr. 2003 (AS 2003 222; BBl 2002 4397).
[184] Eingefügt durch Ziff. I des BG vom 4. Okt. 2002, in Kraft seit 1. Febr. 2003 (AS 2003 222; BBl 2002 4397).
[185] Eingefügt durch Ziff. I des BG vom 4. Okt. 2002, in Kraft seit 1. Febr. 2003 (AS 2003 222; BBl 2002 4397).

sowie das Nationale Versicherungsbüro und der Nationale Garantiefonds haben Geschädigten, die Haftpflichtansprüche gegen sie erheben, innert dreier Monate:
a. ein begründetes Schadenersatzangebot vorzulegen, sofern die Haftung unstreitig und der Schaden beziffert worden ist;
b. eine begründete Antwort auf die mit der Schadenersatzforderung gemachten Darlegungen zu erteilen, sofern die Haftung bestritten wird oder nicht eindeutig feststeht oder der Schaden nicht vollständig beziffert worden ist.

² Die dreimonatige Frist beginnt für die mit der Schadenersatzforderung konkret geltend gemachten Ansprüche mit dem Eingang der Ersatzforderung bei der vom Geschädigten angegangenen Stelle.

³ Nach Ablauf der dreimonatigen Frist beginnt die Pflicht zur Leistung von Verzugszinsen. Weitergehende Ansprüche des Geschädigten bleiben vorbehalten.

Entschädigungsstelle   **Art. 79d**[186] ¹ Geschädigte mit Wohnsitz in der Schweiz können ihre Haftpflichtansprüche bei der Entschädigungsstelle des Nationalen Garantiefonds geltend machen, wenn:
a. die zur Schadenregulierung angegangene Stelle ihren Verpflichtungen gemäss Artikel 79c nicht nachgekommen ist;
b. der leistungspflichtige ausländische Haftpflichtversicherer in der Schweiz keinen Schadenregulierungsbeauftragten benannt hat;
c. sie in einem ausländischen Staat, dessen nationales Versicherungsbüro dem System der grünen Karte beigetreten ist, durch ein Motorfahrzeug geschädigt worden sind, das nicht ermittelt werden kann oder dessen Versicherer nicht innert zweier Monate ermittelt werden kann.

² Keine Ansprüche gegen die Entschädigungsstelle bestehen, wenn die geschädigte Person:
a. im In- oder Ausland gerichtliche Schritte zur Durchsetzung ihrer Ersatzansprüche eingeleitet hat; oder
b. einen Schadenersatzanspruch direkt an den ausländischen Versicherer gerichtet und dieser innert dreier Monate eine begründete Antwort erteilt hat.

Reziprozität   **Art. 79e**[187] ¹ Die Artikel 79a–79d sind gegenüber einem anderen Staat nur anwendbar, wenn der betreffende Staat der Schweiz Gegenrecht gewährt.

---

186 Eingefügt durch Ziff. I des BG vom 4. Okt. 2002, in Kraft seit 1. Febr. 2003 (AS 2003 222; BBl 2002 4397).
187 Eingefügt durch Ziff. I des BG vom 4. Okt. 2002, in Kraft seit 1. Febr. 2003 (AS 2003 222; BBl 2002 4397).

² Die FINMA veröffentlicht eine Liste der Staaten, welche Gegenrecht gewähren.[188]

4. Abschnitt: Verhältnis zu andern Versicherungen

Obligatorische Unfallversicherung

Art. 80[189] Geschädigten, die nach dem Unfallversicherungsgesetz vom 20. März 1981[190] versichert sind, bleiben die Ansprüche aus diesem Gesetz gewahrt.

Militärversicherung

Art. 81[191] Wird ein Versicherter der Militärversicherung durch ein Militärfahrzeug verletzt oder getötet, so hat der Bund den Schaden ausschliesslich nach dem Bundesgesetz vom 19. Juni 1992[192] über die Militärversicherung zu decken.

5. Abschnitt: Gemeinsame Bestimmungen

Versicherer

Art. 82[193] Die durch dieses Gesetz vorgeschriebenen Versicherungen sind bei einer zum Geschäftsbetrieb in der Schweiz zugelassenen Versicherungseinrichtung abzuschliessen. Vorbehalten bleibt die Anerkennung der im Ausland abgeschlossenen Versicherungen für ausländische Fahrzeuge.

Verjährung

Art. 83[194] ¹ Schadenersatz- und Genugtuungsansprüche aus Unfällen mit Motorfahrzeugen, Fahrrädern und fahrzeugähnlichen Geräten verjähren nach den Bestimmungen des Obligationenrechts[195] über die unerlaubten Handlungen.

² Der Rückgriff unter den Haftpflichtigen aus einem Unfall mit Motorfahrzeugen, Fahrrädern oder fahrzeugähnlichen Geräten und die übrigen in diesem Gesetz vorgesehenen Rückgriffsrechte verjähren in drei Jahren vom Tag hinweg, an dem die zugrunde liegende Leistung vollständig erbracht und der Pflichtige bekannt wurde.

---

188 Fassung gemäss Anhang Ziff. 10 des Finanzmarktaufsichtsgesetzes vom 22. Juni 2007, in Kraft seit 1. Jan. 2009 (AS 2008 5207; BBl 2006 2829).
189 Fassung gemäss Anhang Ziff. 4 des BG vom 6. Okt. 2000 über den Allgemeinen Teil des Sozialversicherungsrechts, in Kraft seit 1. Jan. 2003 (AS 2002 3371; BBl 1991 II 185 910, 1994 V 921, 1999 4523).
190 SR 832.20
191 Fassung gemäss Anhang Ziff. 4 des BG vom 19. Juni 1992 über die Militärversicherung, in Kraft seit 1. Jan. 1994 (AS 1993 3043; BBl 1990 III 201).
192 SR 833.1
193 Fassung gemäss Ziff. I des BG vom 18. Juni 1993, in Kraft seit 1. April 1994 (AS 1993 3330, 1994 815; BBl 1993 I 805).
194 Fassung gemäss Anhang Ziff. 12 des BG vom 15. Juni 2018 (Revision des Verjährungsrechts), in Kraft seit 1. Jan. 2020 (AS 2018 5343; BBl 2014 235).
195 SR 220

Art. 84[196]

Art. 85[197]

Art. 86[198]

Vereinbarungen **Art. 87** ¹ Vereinbarungen, welche die Haftpflicht nach diesem Gesetz wegbedingen oder beschränken, sind nichtig.

² Vereinbarungen, die offensichtlich unzulängliche Entschädigungen festsetzen, sind binnen Jahresfrist seit ihrem Abschluss anfechtbar.

Bedingungen des Rückgriffs **Art. 88** Wird einem Geschädigten durch Versicherungsleistungen der Schaden nicht voll gedeckt, so können Versicherer ihre Rückgriffsrechte gegen den Haftpflichtigen oder dessen Haftpflichtversicherer nur geltend machen, soweit dadurch der Geschädigte nicht benachteiligt wird.

Zusatzbestimmungen über Haftpflicht und Versicherung **Art. 89** ¹ Der Bundesrat kann Motorfahrzeuge von geringer Motorkraft oder Geschwindigkeit und solche, die selten auf öffentlichen Strassen verwendet werden, von den Bestimmungen dieses Titels ganz oder teilweise ausnehmen und nötigenfalls ergänzende Vorschriften für sie aufstellen.[199]

² Er erlässt die erforderlichen Vorschriften über die Versicherung bei Händlerschildern, Wechselschildern und in ähnlichen Fällen.

³ Gegen Verfügungen der kantonalen Behörden über die Unterstellung eines Fahrzeugs, eines Unternehmens oder einer sportlichen Veranstaltung unter die Haftpflichtbestimmungen dieses Gesetzes und unter die Versicherungspflicht kann nach den allgemeinen Bestimmungen über die Bundesrechtspflege Beschwerde geführt werden.[200]

(...)

---

196 Aufgehoben durch Anhang Ziff. 17 des Gerichtsstandsgesetzes vom 24. März 2000, mit Wirkung seit 1. Jan. 2001 (AS 2000 2355; BBl 1999 2829).
197 Aufgehoben durch Ziff. I Bst. d des Anhangs zum IPRG vom 18. Dez. 1987, mit Wirkung seit 1. Jan. 1989 (AS 1988 1776; BBl 1983 I 263).
198 Aufgehoben durch Anhang 1 Ziff. II 21 der Zivilprozessordnung vom 19. Dez. 2008, mit Wirkung seit 1. Jan. 2011 (AS 2010 1739; BBl 2006 7221).
199 Fassung gemäss Ziff. I des BG vom 15. Juni 2012, in Kraft seit 1. Jan. 2013 (AS 2012 6291; BBl 2010 8447).
200 Fassung gemäss Anhang Ziff. 73 des Verwaltungsgerichtsgesetzes vom 17. Juni 2005, in Kraft seit 1. Jan. 2007 (AS 2006 2197; BBl 2001 4202).

Datum des Inkrafttretens:

Art. 10 Abs. 3, 104–107: 1. Oktober 1959[249]
Art. 58–75, 77–89, 96, 97, 99 Ziff. 4: 1. Januar 1960[250]
Art. 8, 9, 93. 100, 101, 103: 1. November 1960[251]
Art. 10 Abs. 1, 2, 4, Art. 95, 99 Ziff. 3: 1. Dezember 1960[252]
Alle übrigen Bestimmungen ohne Art. 12: 1. Januar 1963[253]
Art. 12: 1. März 1967[254]

(...)

---

[249] Ziff. 4 des BRB vom 25. Aug. 1959 (AS 1959 715).
[250] Art. 61 Abs. 1 der V vom 20. Nov. 1959 (SR 741.31). Siehe jedoch die Art. 71 Abs. 1 und 73 Abs. 1 dieser Verordnung.
[251] Art. 29 Abs. 1 Bst. a und Art. 30 des BRB vom 21. Okt. 1960 (AS 1960 1157).
[252] Art. 4 Abs. 1 des BRB vom 8. Nov. 1960 (AS 1960 1308).
[253] Art. 99 Abs. 2 der V vom 13. Nov. 1962 (SR 741.11).
[254] Art. 14 Abs. 1 des BRB vom 22. Nov. 1966 (AS 1966 1493).

3. Eisenbahngesetz
(EBG)[1]

vom 20. Dezember 1957

(Auszug: Haftpflichtbestimmungen)

Die Bundesversammlung der Schweizerischen Eidgenossenschaft,
gestützt auf die Artikel 81, 87 und 87a der Bundesverfassung[2],[3]
nach Einsicht in die Botschaft des Bundesrates vom 3. Februar 1956[4],
beschliesst:

[...]

13. Abschnitt:[211] Haftung[212]

Art. 40b Grundsätze

¹ Der Inhaber eines Eisenbahnunternehmens haftet für den Schaden, wenn die charakteristischen Risiken, die mit dem Betrieb der Eisenbahn verbunden sind, dazu führen, dass ein Mensch getötet oder verletzt wird oder ein Sachschaden entsteht.

² Er haftet für Schäden:

a.[213] an Sachen in der Obhut der reisenden Person ausschliesslich nach dem Personenbeförderungsgesetz vom 20. März 2009[214];

SR 742.101. AS 1958 335

1 Abkürzung eingefügt durch Ziff. I des BG vom 20. März 1998, in Kraft seit 1. Jan. 1999 (AS 1998 2835; BBl 1997 I 909).

2 SR 101

3 Fassung gemäss Ziff. II 3 des BG vom 21. Juni 2013 über die Finanzierung und den Ausbau der Eisenbahninfrastruktur, in Kraft seit 1. Jan. 2016 (AS 2015 651; BBl 2012 1577).

4 BBl 1956 I 213

211 Fassung gemäss Ziff. I 1 des BG vom 19. Dez. 2008 (Änderungen des Transportrechts), in Kraft seit 1. Jan. 2010 (AS 2009 5973; BBl 2007 4377).

212 Eingefügt durch Ziff. II 13 des BG vom 20. März 2009 über die Bahnreform 2, in Kraft seit 1. Jan. 2010 (AS 2009 5597; BBl 2005 2415, 2007 2681).

213 Fassung gemäss Ziff. II 13 des BG vom 20. März 2009 über die Bahnreform 2, in Kraft seit 1. Jan. 2010 (AS 2009 5597; BBl 2005 2415, 2007 2681).

214 SR 745.1

b.[215] an beförderten Sachen ausschliesslich nach dem Obligationenrecht[216] und den massgeblichen internationalen Vereinbarungen.

³ Soweit die Haftung nach Absatz 2 nicht im Personenbeförderungsgesetz oder im Gütertransportgesetz vom 25. September 2015[217] geregelt ist, gelten ausschliesslich die vertragsrechtlichen Bestimmungen des Obligationenrechts.[218]

Art. 40c Entlastung

¹ Der Inhaber wird von der Haftpflicht entlastet, wenn ein Sachverhalt, der ihm nicht zugerechnet werden kann, so sehr zur Entstehung des Schadens beigetragen hat, dass er als dessen Hauptursache anzusehen ist.

² Derartige Sachverhalte sind insbesondere:
a. höhere Gewalt; oder
b. grobes Verschulden der geschädigten oder einer dritten Person.

Art. 40d Benützung der Infrastruktur

¹ Der Inhaber eines Eisenbahnunternehmens, das die Infrastruktur eines anderen Eisenbahnunternehmens benützt, haftet den Geschädigten.

² Er kann Rückgriff auf den Inhaber des Unternehmens nehmen, das die Infrastruktur betreibt, wenn diese die Entstehung des Schadens mitverursacht hat.

³ Ist das schädigende Eisenbahnunternehmen nicht bestimmbar, so haftet der Inhaber des Unternehmens, das die Infrastruktur betreibt.

Art. 40e Vereinbarungen

¹ Vereinbarungen, welche die Haftpflicht nach diesem Gesetz wegbedingen oder beschränken, sind nichtig.

² Vereinbarungen, die offensichtlich unzulängliche Entschädigungen festsetzen, sind innert eines Jahres nach ihrem Abschluss anfechtbar.

Art. 40f Anwendbarkeit des Obligationenrechts

Soweit dieses Gesetz nichts anderes vorsieht, richtet sich die Haftung nach den Bestimmungen des Obligationenrechts[219] über die unerlaubten Handlungen.

[...]

---

215 Fassung gemäss Anhang Ziff. II 3 des Gütertransportgesetzes vom 25. Sept. 2015, in Kraft seit 1. Juli 2016 (AS 2016 1845; BBl 2014 3827).
216 SR 220
217 SR 742.41
218 Fassung gemäss Anhang Ziff. II 3 des Gütertransportgesetzes vom 25. Sept. 2015, in Kraft seit 1. Juli 2016 (AS 2016 1845; BBl 2014 3827).
219 SR 220

4. Bundesgesetz über die Produktehaftpflicht
(Produktehaftpflichtgesetz, PrHG)

vom 18. Juni 1993

Die Bundesversammlung der Schweizerischen Eidgenossenschaft,
gestützt auf Artikel 64 der Bundesverfassung[1],
nach Einsicht in die Botschaft des Bundesrates vom 24. Februar 1993[2],
beschliesst:

Art. 1 Grundsatz

[1] Die herstellende Person (Herstellerin)[3] haftet für den Schaden, wenn ein fehlerhaftes Produkt dazu führt, dass:
a. eine Person getötet oder verletzt wird;
b. eine Sache beschädigt oder zerstört wird, die nach ihrer Art gewöhnlich zum privaten Gebrauch oder Verbrauch bestimmt und vom Geschädigten[4] hauptsächlich privat verwendet worden ist.

[2] Die Herstellerin haftet nicht für den Schaden am fehlerhaften Produkt.

Art. 2 Herstellerin

[1] Als Herstellerin im Sinne dieses Gesetzes gilt:
a. die Person, die das Endprodukt, einen Grundstoff oder ein Teilprodukt hergestellt hat;
b. jede Person, die sich als Herstellerin ausgibt, indem sie ihren Namen, ihr Warenzeichen oder ein anderes Erkennungszeichen auf dem Produkt anbringt;
c. jede Person, die ein Produkt zum Zweck des Verkaufs, der Vermietung, des Mietkaufs oder einer andern Form des Vertriebs im Rahmen ihrer geschäftlichen Tätigkeit einführt; dabei bleiben abweichende Bestimmungen in völkerrechtlichen Verträgen vorbehalten.

[2] Kann die Herstellerin des Produkts nicht festgestellt werden, so gilt jede Person als Herstellerin, welche das Produkt geliefert hat, sofern sie dem Geschädigten nach einer entsprechenden Aufforderung nicht innerhalb einer

---

SR 221.112.944. AS 1993 3122
1 [BS 1 3]
2 BBl 1993 I 805
3 Die Personenbezeichnung ist weiblich, weil sie sich nach dem grammatischen Geschlecht des voranstehenden Substantivs richtet.
4 Da es sich um einen feststehenden Rechtsbegriff handelt, wird dem Grundsatz der sprachlichen Gleichbehandlung nicht Rechnung getragen.

angemessenen Frist die Herstellerin oder die Person nennt, die ihr das Produkt geliefert hat.

³ Absatz 2 gilt auch für Produkte, bei denen nicht festgestellt werden kann, wer sie eingeführt hat, selbst wenn der Name der Herstellerin angegeben ist.

Art. 3 Produkt

¹ Als Produkte im Sinne dieses Gesetzes gelten:
a. jede bewegliche Sache, auch wenn sie einen Teil einer anderen beweglichen Sache oder einer unbeweglichen Sache bildet, und
b. Elektrizität.

² ...[5]

Art. 4 Fehler

¹ Ein Produkt ist fehlerhaft, wenn es nicht die Sicherheit bietet, die man unter Berücksichtigung aller Umstände zu erwarten berechtigt ist; insbesondere sind zu berücksichtigen:
a. die Art und Weise, in der es dem Publikum präsentiert wird;
b. der Gebrauch, mit dem vernünftigerweise gerechnet werden kann;
c. der Zeitpunkt, in dem es in Verkehr gebracht wurde.

² Ein Produkt ist nicht allein deshalb fehlerhaft, weil später ein verbessertes Produkt in Verkehr gebracht wurde.

Art. 5 Ausnahmen von der Haftung

¹ Die Herstellerin haftet nicht, wenn sie beweist, dass:
a. sie das Produkt nicht in Verkehr gebracht hat;
b. nach den Umständen davon auszugehen ist, dass der Fehler, der den Schaden verursacht hat, noch nicht vorlag, als sie das Produkt in Verkehr brachte;
c. sie das Produkt weder für den Verkauf oder eine andere Form des Vertriebs mit wirtschaftlichem Zweck hergestellt noch im Rahmen ihrer beruflichen Tätigkeit hergestellt oder vertrieben hat;
d. der Fehler darauf zurückzuführen ist, dass das Produkt verbindlichen, hoheitlich erlassenen Vorschriften entspricht;
e. der Fehler nach dem Stand der Wissenschaft und Technik im Zeitpunkt, in dem das Produkt in Verkehr gebracht wurde, nicht erkannt werden konnte.

---

5 Aufgehoben durch Art. 20 Abs. 2 Ziff. 1 des BG vom 12. Juni 2010 über die Produktesicherheit, mit Wirkung seit 1. Juli 2010 (AS 2010 2573; BBl 2008 7407).

¹ᵇⁱˢ Die Ausnahme von der Haftung nach Absatz 1 Buchstabe e gilt nicht für tierische Organe, Gewebe oder Zellen oder daraus hergestellte Transplantatprodukte, die zur Transplantation auf den Menschen bestimmt sind.[6]

² Die Herstellerin eines Grundstoffs oder eines Teilprodukts haftet ferner nicht, wenn sie beweist, dass der Fehler durch die Konstruktion des Produkts, in das der Grundstoff oder das Teilprodukt eingearbeitet wurde, oder durch die Anleitungen der Herstellerin dieses Produkts verursacht worden ist.

Art. 6 Selbstbehalt bei Sachschäden

¹ Der Geschädigte muss Sachschäden bis zur Höhe von 900 Franken selber tragen.

² Der Bundesrat kann den Betrag gemäss Absatz 1 den veränderten Verhältnissen anpassen.

Art. 7 Solidarhaftung

Sind für den Schaden, der durch ein fehlerhaftes Produkt verursacht worden ist, mehrere Personen ersatzpflichtig, so haften sie solidarisch.

Art. 8 Wegbedingung der Haftung

Vereinbarungen, welche die Haftpflicht nach diesem Gesetz gegenüber dem Geschädigten beschränken oder wegbedingen, sind nichtig.

Art. 9 Verjährung

Ansprüche nach diesem Gesetz verjähren drei Jahre nach dem Tag, an dem der Geschädigte Kenntnis vom Schaden, dem Fehler und von der Person der Herstellerin erlangt hat oder hätte erlangen müssen.

Art. 10 Verwirkung

¹ Ansprüche nach diesem Gesetz verwirken zehn Jahre nach dem Tag, an dem die Herstellerin das Produkt, das den Schaden verursacht hat, in Verkehr gebracht hat.

² Die Verwirkungsfrist gilt als gewahrt, wenn gegen die Herstellerin binnen zehn Jahren geklagt wird.

Art. 11 Verhältnis zu anderen Bestimmungen des eidgenössischen oder kantonalen Rechts

¹ Soweit dieses Gesetz nichts anderes vorsieht, gelten die Bestimmungen des Obligationenrechts[7].

---

6 Eingefügt durch Art. 73 Ziff. 1 des Transplantationsgesetzes vom 8. Okt. 2004, in Kraft seit 1. Juli 2007 (AS 2007 1935; BBl 2002 29).

7 SR 220

² Schadenersatzansprüche aufgrund des Obligationenrechts oder anderer Bestimmungen des eidgenössischen oder des kantonalen öffentlichen Rechts bleiben dem Geschädigten gewahrt.

³ Dieses Gesetz ist nicht anwendbar auf Schäden infolge eines nuklearen Zwischenfalls. Abweichende Bestimmungen in völkerrechtlichen Verträgen sind vorbehalten.

Art. 12 Änderung bisherigen Rechts

...[8]

Art. 13 Übergangsbestimmung

Dieses Gesetz gilt nur für Produkte, die nach seinem Inkrafttreten in Verkehr gebracht wurden.

Art. 14 Referendum und Inkrafttreten

¹ Dieses Gesetz untersteht dem fakultativen Referendum.

² Der Bundesrat bestimmt das Inkrafttreten.

Datum des Inkrafttretens: 1. Januar 1994[9]

---

8 Die Änd. kann unter AS 1993 3122 konsultiert werden.
9 BRB vom 25. Nov. 1993

5. Übereinkommen der Vereinten Nationen über Verträge über den internationalen Warenkauf
(«Wiener Kaufrecht», CISG)*

*Übersetzung***

Abgeschlossen in Wien am 11. April 1980
Von der Bundesversammlung genehmigt am 6. Oktober 1989[1]
Schweizerische Beitrittsurkunde hinterlegt am 21. Februar 1990
In Kraft getreten für die Schweiz am 1. März 1991

Die Vertragsstaaten dieses Übereinkommens,

im Hinblick auf die allgemeinen Ziele der Entschliessungen, die von der Sechsten Ausserordentlichen Tagung der Generalversammlung der Vereinten Nationen über die Errichtung einer neuen Weltwirtschaftsordnung angenommen worden sind,

in der Erwägung, dass die Entwicklung des internationalen Handels auf der Grundlage der Gleichberechtigung und des gegenseitigen Nutzens ein wichtiges Element zur Förderung freundschaftlicher Beziehungen zwischen den Staaten ist,

in der Meinung, dass die Annahme einheitlicher Bestimmungen, die auf Verträge über den internationalen Warenkauf Anwendung finden und die verschiedenen Gesellschafts-, Wirtschafts- und Rechtsordnungen berücksichtigen, dazu beitragen würde, die rechtlichen Hindernisse im internationalen Handel zu beseitigen und seine Entwicklung zu fördern,

haben folgendes vereinbart:

Teil I Anwendungsbereich und allgemeine Bestimmungen
Kapitel I Anwendungsbereich

Art. 1 [1] Dieses Übereinkommen ist auf Kaufverträge über Waren zwischen Parteien anzuwenden, die ihre Niederlassung in verschiedenen Staaten haben
a) wenn diese Staaten Vertragsstaaten sind oder

SR 0.221.211.1. AS 1991 307; BBl 1989 I 745
* Kurztitel und Abkürzung nicht amtlich.
** Der französische Originaltext findet sich unter der gleichen Nummer in der entsprechenden Ausgabe dieser Sammlung.
1 AS 1991 306

b) wenn die Regeln des internationalen Privatrechts zur Anwendung des Rechts eines Vertragsstaates führen.

² Die Tatsache, dass die Parteien ihre Niederlassung in verschiedenen Staaten haben, wird nicht berücksichtigt, wenn sie sich nicht aus dem Vertrag, aus früheren Geschäftsbeziehungen oder aus Verhandlungen oder Auskünften ergibt, die vor oder bei Vertragsabschluss zwischen den Parteien geführt oder von ihnen erteilt worden sind.

³ Bei Anwendung dieses Übereinkommens wird weder berücksichtigt, welche Staatsangehörigkeit die Parteien haben, noch ob sie Kaufleute oder Nichtkaufleute sind oder ob der Vertrag handelsrechtlicher oder zivilrechtlicher Art ist.

Art. 2 Dieses Übereinkommen findet keine Anwendung auf den Kauf
a) von Ware für den persönlichen Gebrauch oder den Gebrauch in der Familie oder im Haushalt, es sei denn, dass der Verkäufer vor oder bei Vertragsabschluss weder wusste noch wissen musste, dass die Ware für einen solchen Gebrauch gekauft wurde;
b) bei Versteigerungen;
c) aufgrund von Zwangsvollstreckungs- oder anderen gerichtlichen Massnahmen;
d) von Wertpapieren oder Zahlungsmitteln;
e) von Seeschiffen, Binnenschiffen, Luftkissenfahrzeugen oder Luftfahrzeugen;
f) von elektrischer Energie.

Art. 3 ¹ Den Kaufverträgen stehen Verträge über die Lieferung herzustellender oder zu erzeugender Ware gleich, es sei denn, dass der Besteller einen wesentlichen Teil der für die Herstellung oder Erzeugung notwendigen Stoffe selbst zu liefern hat.

² Dieses Übereinkommen ist auf Verträge nicht anzuwenden, bei denen der überwiegende Teil der Pflichten der Partei, welche die Ware liefert, in der Ausführung von Arbeiten oder anderen Dienstleistungen besteht.

Art. 4 Dieses Übereinkommen regelt ausschliesslich den Abschluss des Kaufvertrages und die aus ihm erwachsenden Rechte und Pflichten des Verkäufers und des Käufers. Soweit in diesem Übereinkommen nicht ausdrücklich etwas anderes bestimmt ist, betrifft es insbesondere nicht
a) die Gültigkeit des Vertrages oder einzelner Vertragsbestimmungen oder die Gültigkeit von Handelsbräuchen;
b) die Wirkungen, die der Vertrag auf das Eigentum an der verkauften Ware haben kann.

Art. 5 Dieses Übereinkommen findet keine Anwendung auf die Haftung des Verkäufers für den durch die Ware verursachten Tod oder die Körperverletzung einer Person.

Art. 6 Die Parteien können die Anwendung dieses Übereinkommens ausschliessen oder, vorbehaltlich des Artikels 12, von seinen Bestimmungen abweichen oder deren Wirkung ändern.

Kapitel II Allgemeine Bestimmungen

Art. 7 ¹ Bei der Auslegung dieses Übereinkommens sind sein internationaler Charakter und die Notwendigkeit zu berücksichtigen, seine einheitliche Anwendung und die Wahrung des guten Glaubens im internationalen Handel zu fördern.

² Fragen, die in diesem Übereinkommen geregelte Gegenstände betreffen, aber in diesem Übereinkommen nicht ausdrücklich entschieden werden, sind nach den allgemeinen Grundsätzen, die diesem Übereinkommen zugrunde liegen, oder mangels solcher Grundsätze nach dem Recht zu entscheiden, das nach den Regeln des internationalen Privatrechts anzuwenden ist.

Art. 8 ¹ Für die Zwecke dieses Übereinkommens sind Erklärungen und das sonstige Verhalten einer Partei nach deren Willen auszulegen, wenn die andere Partei diesen Willen kannte oder darüber nicht in Unkenntnis sein konnte.

² Ist Absatz 1 nicht anwendbar, so sind Erklärungen und das sonstige Verhalten einer Partei so auszulegen, wie eine vernünftige Person in gleicher Stellung wie die andere Partei sie unter den gleichen Umständen aufgefasst hätte.

³ Um den Willen einer Partei oder die Auffassung festzustellen, die eine vernünftige Person gehabt hätte, sind alle erheblichen Umstände zu berücksichtigen, insbesondere die Verhandlungen zwischen den Parteien, die zwischen ihnen entstandenen Gepflogenheiten, die Handelsbräuche und das spätere Verhalten der Parteien.

Art. 9 ¹ Die Parteien sind an die Handelsbräuche, mit denen sie sich einverstanden erklärt haben, und an die Gepflogenheiten gebunden, die zwischen ihnen entstanden sind.

² Haben die Parteien nichts anderes vereinbart, so wird angenommen, dass sie sich in ihrem Vertrag oder bei seinem Abschluss stillschweigend auf Handelsbräuche bezogen haben, die sie kannten oder kennen mussten und die im internationalen Handel den Parteien von Verträgen dieser Art in dem betreffenden Geschäftszweig weithin bekannt sind und von ihnen regelmässig beachtet werden.

Art. 10 Für die Zwecke dieses Übereinkommens ist,
a) falls eine Partei mehr als eine Niederlassung hat, die Niederlassung massgebend, die unter Berücksichtigung der vor oder bei Vertragsabschluss den Parteien bekannten oder von ihnen in Betracht gezogenen Umstände die engste Beziehung zu dem Vertrag und zu seiner Erfüllung hat;
b) falls eine Partei keine Niederlassung hat, ihr gewöhnlicher Aufenthalt massgebend.

Art. 11 Der Kaufvertrag braucht nicht schriftlich geschlossen oder nachgewiesen zu werden und unterliegt auch sonst keinen Formvorschriften. Er kann auf jede Weise bewiesen werden, auch durch Zeugen.

Art. 12 Die Bestimmungen der Artikel 11 und 29 oder des Teils II dieses Übereinkommens, die für den Abschluss eines Kaufvertrages, seine Änderung oder Aufhebung durch Vereinbarung oder für ein Angebot, eine Annahme oder eine sonstige Willenserklärung eine andere als die schriftliche Form gestatten, gelten nicht, wenn eine Partei ihre Niederlassung in einem Vertragsstaat hat, der eine Erklärung nach Artikel 96 abgegeben hat. Die Parteien dürfen von dem vorliegenden Artikel weder abweichen noch seine Wirkung ändern.

Art. 13 Für die Zwecke dieses Übereinkommens umfasst der Ausdruck «schriftlich» auch Mitteilungen durch Telegramm oder Fernschreiben.

Teil II Abschluss des Vertrages

Art. 14 [1] Der an eine oder mehrere bestimmte Personen gerichtete Vorschlag zum Abschluss eines Vertrages stellt ein Angebot dar, wenn er bestimmt genug ist und den Willen des Anbietenden zum Ausdruck bringt, im Falle der Annahme gebunden zu sein. Ein Vorschlag ist bestimmt genug, wenn er die Ware bezeichnet und ausdrücklich oder stillschweigend die Menge und den Preis festsetzt oder deren Festsetzung ermöglicht.

[2] Ein Vorschlag, der nicht an eine oder mehrere bestimmte Personen gerichtet ist, gilt nur als Einladung zu einem Angebot, wenn nicht die Person, die den Vorschlag macht, das Gegenteil deutlich zum Ausdruck bringt.

Art. 15 [1] Ein Angebot wird wirksam, sobald es dem Empfänger zugeht.

[2] Ein Angebot kann, selbst wenn es unwiderruflich ist, zurückgenommen werden, wenn die Rücknahmeerklärung dem Empfänger vor oder gleichzeitig mit dem Angebot zugeht.

Art. 16 ¹ Bis zum Abschluss des Vertrages kann ein Angebot widerrufen werden, wenn der Widerruf dem Empfänger zugeht, bevor dieser eine Annahmeerklärung abgesandt hat.

² Ein Angebot kann jedoch nicht widerrufen werden,
a) wenn es durch Bestimmung einer festen Frist zur Annahme oder auf andere Weise zum Ausdruck bringt, dass es unwiderruflich ist, oder
b) wenn der Empfänger vernünftigerweise darauf vertrauen konnte, dass das Angebot unwiderruflich ist, und er im Vertrauen auf das Angebot gehandelt hat.

Art. 17 Ein Angebot erlischt, selbst wenn es unwiderruflich ist, sobald dem Anbietenden eine Ablehnung zugeht.

Art. 18 ¹ Eine Erklärung oder ein sonstiges Verhalten des Empfängers, das eine Zustimmung zum Angebot ausdrückt, stellt eine Annahme dar. Schweigen oder Untätigkeit allein stellen keine Annahme dar.

² Die Annahme eines Angebots wird wirksam, sobald die Äusserung der Zustimmung dem Anbietenden zugeht. Sie wird nicht wirksam, wenn die Äusserung der Zustimmung dem Anbietenden nicht innerhalb der von ihm gesetzten Frist oder, bei Fehlen einer solchen Frist, innerhalb einer angemessenen Frist zugeht; dabei sind die Umstände des Geschäfts einschliesslich der Schnelligkeit der vom Anbietenden gewählten Übermittlungsart zu berücksichtigen. Ein mündliches Angebot muss sofort angenommen werden, wenn sich aus den Umständen nichts anderes ergibt.

³ Äussert jedoch der Empfänger aufgrund des Angebots, der zwischen den Parteien entstandenen Gepflogenheiten oder der Handelsbräuche seine Zustimmung durch eine Handlung, die sich zum Beispiel auf die Absendung der Ware oder die Bezahlung des Preises bezieht, ohne den Anbietenden davon zu unterrichten, so ist die Annahme zum Zeitpunkt der Handlung wirksam, sofern diese innerhalb der in Absatz 2 vorgeschriebenen Frist vorgenommen wird.

Art. 19 ¹ Eine Antwort auf ein Angebot, die eine Annahme darstellen soll, aber Ergänzungen, Einschränkungen oder sonstige Änderungen enthält, ist eine Ablehnung des Angebotes und stellt ein Gegenangebot dar.

² Eine Antwort auf ein Angebot, die eine Annahme darstellen soll, aber Ergänzungen oder Abweichungen enthält, welche die Bedingungen des Angebots nicht wesentlich ändern, stellt jedoch eine Annahme dar, wenn der Anbietende das Fehlen der Übereinstimmung nicht unverzüglich mündlich beanstandet oder eine entsprechende Mitteilung absendet. Unterlässt er dies, so bilden die Bedingungen des Angebots mit den in der Annahme enthaltenen Änderungen den Vertragsinhalt.

[3] Ergänzungen oder Abweichungen, die sich insbesondere auf Preis, Bezahlung, Qualität und Menge der Ware, auf Ort und Zeit der Lieferung, auf den Umfang der Haftung der einen Partei gegenüber der anderen oder auf die Beilegung von Streitigkeiten beziehen, werden so angesehen, als änderten sie die Bedingungen des Angebots wesentlich.

Art. 20 [1] Eine vom Anbietenden in einem Telegramm oder einem Brief gesetzte Annahmefrist beginnt mit Aufgabe des Telegramms oder mit dem im Brief angegebenen Datum oder, wenn kein Datum angegeben ist, mit dem auf dem Umschlag angegebenen Datum zu laufen. Eine vom Anbietenden telefonisch, durch Fernschreiben oder eine andere sofortige Übermittlungsart gesetzte Annahmefrist beginnt zu laufen, sobald das Angebot dem Empfänger zugeht.

[2] Gesetzliche Feiertage oder arbeitsfreie Tage, die in die Laufzeit der Annahmefrist fallen, werden bei der Fristberechnung mitgezählt. Kann jedoch die Mitteilung der Annahme am letzten Tag der Frist nicht an die Anschrift des Anbietenden zugestellt werden, weil dieser Tag am Ort der Niederlassung des Anbietenden auf einen gesetzlichen Feiertag oder arbeitsfreien Tag fällt, so verlängert sich die Frist bis zum ersten darauf folgenden Arbeitstag.

Art. 21 [1] Eine verspätete Annahme ist dennoch als Annahme wirksam, wenn der Anbietende unverzüglich den Annehmenden in diesem Sinne mündlich unterrichtet oder eine entsprechende schriftliche Mitteilung absendet.

[2] Ergibt sich aus dem eine verspätete Annahme enthaltenden Brief oder anderen Schriftstück, dass die Mitteilung nach den Umständen, unter denen sie abgesandt worden ist, bei normaler Beförderung dem Anbietenden rechtzeitig zugegangen wäre, so ist die verspätete Annahme als Annahme wirksam, wenn der Anbietende nicht unverzüglich den Annehmenden mündlich davon unterrichtet, dass er sein Angebot als erloschen betrachtet, oder eine entsprechende schriftliche Mitteilung absendet.

Art. 22 Eine Annahme kann zurückgenommen werden, wenn die Rücknahmeerklärung dem Anbietenden vor oder in dem Zeitpunkt zugeht, in dem die Annahme wirksam geworden wäre.

Art. 23 Ein Vertrag ist in dem Zeitpunkt geschlossen, in dem die Annahme eines Angebots nach diesem Übereinkommen wirksam wird.

Art. 24 Für die Zwecke dieses Teils des Übereinkommens «geht» ein Angebot, eine Annahmeerklärung oder sonstige Willenserklärung dem Empfänger «zu», wenn sie ihm mündlich gemacht wird oder wenn sie auf anderem Weg ihm persönlich, an seiner Niederlassung oder Postanschrift oder, wenn diese fehlen, an seinem gewöhnlichen Aufenthaltsort zugestellt wird.

Teil III Warenkauf

Kapitel I Allgemeine Bestimmungen

Art. 25 Eine von einer Partei begangene Vertragsverletzung ist wesentlich, wenn sie für die andere Partei solchen Nachteil zur Folge hat, dass ihr im wesentlichen entgeht, was sie nach dem Vertrag hätte erwarten dürfen, es sei denn, dass die vertragsbrüchige Partei diese Folge nicht vorausgesehen hat und eine vernünftige Person in gleicher Stellung diese Folge unter den gleichen Umständen auch nicht vorausgesehen hätte.

Art. 26 Eine Erklärung, dass der Vertrag aufgehoben wird, ist nur wirksam, wenn sie der anderen Partei mitgeteilt wird.

Art. 27 Soweit in diesem Teil des Übereinkommens nicht ausdrücklich etwas anderes bestimmt wird, nimmt bei einer Anzeige, Aufforderung oder sonstigen Mitteilung, die eine Partei gemäss diesem Teil mit den nach den Umständen geeigneten Mitteln macht, eine Verzögerung oder ein Irrtum bei der Übermittlung der Mitteilung oder deren Nichteintreffen dieser Partei nicht das Recht, sich auf die Mitteilung zu berufen.

Art. 28 Ist eine Partei nach diesem Übereinkommen berechtigt, von der anderen Partei die Erfüllung einer Verpflichtung zu verlangen, so braucht ein Gericht eine Entscheidung auf Erfüllung in Natur nur zu fällen, wenn es dies auch nach seinem eigenen Recht bei gleichartigen Kaufverträgen täte, die nicht unter dieses Übereinkommen fallen.

Art. 29 [1] Ein Vertrag kann durch blosse Vereinbarung der Parteien geändert oder aufgehoben werden.

[2] Enthält ein schriftlicher Vertrag eine Bestimmung, wonach jede Änderung oder Aufhebung durch Vereinbarung schriftlich zu erfolgen hat, so darf er nicht auf andere Weise geändert oder aufgehoben werden. Eine Partei kann jedoch aufgrund ihres Verhaltens davon ausgeschlossen sein, sich auf eine solche Bestimmung zu berufen, soweit die andere Partei sich auf dieses Verhalten verlassen hat.

Kapitel II Pflichten des Verkäufers

Art. 30 Der Verkäufer ist nach Massgabe des Vertrages und dieses Übereinkommens verpflichtet, die Ware zu liefern, die sie betreffenden Dokumente zu übergeben und das Eigentum an der Ware zu übertragen.

Abschnitt I Lieferung der Ware und Übergabe der Dokumente

Art. 31 Hat der Verkäufer die Ware nicht an einem anderen bestimmten Ort zu liefern, so besteht seine Lieferpflicht in folgendem:
a) Erfordert der Kaufvertrag eine Beförderung der Ware, so hat sie der Verkäufer dem ersten Beförderer zur Übermittlung an den Käufer zu übergeben;
b) bezieht sich der Vertrag in Fällen, die nicht unter Buchstabe a fallen, auf bestimmte Ware oder auf gattungsmässig bezeichnete Ware, die aus einem bestimmten Bestand zu entnehmen ist, oder auf herzustellende oder zu erzeugende Ware und wussten die Parteien bei Vertragsabschluss, dass die Ware sich an einem bestimmten Ort befand oder dort herzustellen oder zu erzeugen war, so hat der Verkäufer die Ware dem Käufer an diesem Ort zur Verfügung zu stellen;
c) in den anderen Fällen hat der Verkäufer die Ware dem Käufer an dem Ort zur Verfügung zu stellen, an dem der Verkäufer bei Vertragsabschluss seine Niederlassung hatte.

Art. 32 ¹ Übergibt der Verkäufer nach dem Vertrag oder diesem Übereinkommen die Ware einem Beförderer und ist die Ware nicht deutlich durch daran angebrachte Kennzeichen oder durch Beförderungsdokumente oder auf andere Weise dem Vertrag zugeordnet, so hat der Verkäufer dem Käufer die Versendung anzuzeigen und dabei die Ware im einzelnen zu bezeichnen.

² Hat der Verkäufer für die Beförderung der Ware zu sorgen, so hat er die Verträge zu schliessen, die zur Beförderung an den festgesetzten Ort mit den nach den Umständen angemessenen Beförderungsmitteln und zu den für solche Beförderungen üblichen Bedingungen erforderlich sind.

³ Ist der Verkäufer nicht zum Abschluss einer Transportversicherung verpflichtet, so hat er dem Käufer auf dessen Verlangen alle ihm verfügbaren, zum Abschluss einer solchen Versicherung erforderlichen Auskünfte zu erteilen.

Art. 33 Der Verkäufer hat die Ware zu liefern:
a) wenn ein Zeitpunkt im Vertrag bestimmt ist oder aufgrund des Vertrages bestimmt werden kann, zu diesem Zeitpunkt;
b) wenn ein Zeitraum im Vertrag bestimmt ist oder aufgrund des Vertrages bestimmt werden kann, jederzeit innerhalb dieses Zeitraums, sofern sich nicht aus den Umständen ergibt, dass der Käufer den Zeitpunkt zu wählen hat, oder
c) in allen anderen Fällen innerhalb einer angemessenen Frist nach Vertragsabschluss.

Art. 34 Hat der Verkäufer Dokumente zu übergeben, die sich auf die Ware beziehen, so hat er sie zu dem Zeitpunkt, an dem Ort und in der Form zu übergeben, die im Vertrag vorgesehen sind. Hat der Verkäufer die Dokumente bereits vorher übergeben, so kann er bis zu dem für die Übergabe vorgesehenen Zeitpunkt jede Vertragswidrigkeit der Dokumente beheben, wenn die Ausübung dieses Rechts dem Käufer nicht unzumutbare Unannehmlichkeiten oder unverhältnismässige Kosten verursacht. Der Käufer behält jedoch das Recht, Schadenersatz nach diesem Übereinkommen zu verlangen.

Abschnitt II Vertragsmässigkeit der Ware und Rechte oder Ansprüche Dritter

Art. 35 [1] Der Verkäufer hat Ware zu liefern, die in Menge, Qualität und Art sowie hinsichtlich Verpackung oder Behältnis den Anforderungen des Vertrages entspricht.

[2] Haben die Parteien nichts anderes vereinbart, so entspricht die Ware dem Vertrag nur:
a) wenn sie sich für die Zwecke eignet, für die Ware der gleichen Art gewöhnlich gebraucht wird;
b) wenn sie sich für einen bestimmten Zweck eignet, der dem Verkäufer bei Vertragsabschluss ausdrücklich oder auf andere Weise zur Kenntnis gebracht wurde, sofern sich nicht aus den Umständen ergibt, dass der Käufer auf die Sachkenntnis und das Urteilsvermögen des Verkäufers nicht vertraute oder vernünftigerweise nicht vertrauen konnte;
c) wenn sie die Eigenschaften einer Ware besitzt, die der Verkäufer dem Käufer als Probe oder Muster vorgelegt hat;
d) wenn sie in der für Ware dieser Art üblichen Weise oder, falls es eine solche Weise nicht gibt, in einer für die Erhaltung und den Schutz der Ware angemessenen Weise verpackt ist.

[3] Der Verkäufer haftet nach Absatz 2 Buchstaben a-d nicht für eine Vertragswidrigkeit der Ware, wenn der Käufer bei Vertragsabschluss diese Vertragswidrigkeit kannte oder darüber nicht in Unkenntnis sein konnte.

Art. 36 [1] Der Verkäufer haftet nach dem Vertrag und diesem Übereinkommen für eine Vertragswidrigkeit, die im Zeitpunkt des Überganges der Gefahr auf den Käufer besteht, auch wenn die Vertragswidrigkeit erst nach diesem Zeitpunkt offenbar wird.

[2] Der Verkäufer haftet auch für eine Vertragswidrigkeit, die nach dem in Absatz 1 angegebenen Zeitpunkt eintritt und auf die Verletzung einer seiner Pflichten zurückzuführen ist, einschliesslich der Verletzung einer Garantie dafür, dass die Ware für eine bestimmte Zeit für den üblichen Zweck oder für einen bestimmten Zweck geeignet bleiben oder besondere Eigenschaften oder Merkmale behalten wird.

Art. 37 Bei vorzeitiger Lieferung der Ware behält der Verkäufer bis zu dem für die Lieferung festgesetzten Zeitpunkt das Recht, fehlende Teile nachzuliefern, eine fehlende Menge auszugleichen, für nicht vertragsgemässe Ware Ersatz zu liefern oder die Vertragswidrigkeit der gelieferten Ware zu beheben, wenn die Ausübung dieses Rechts dem Käufer nicht unzumutbare Unannehmlichkeiten oder unverhältnismässige Kosten verursacht. Der Käufer behält jedoch das Recht, Schadenersatz nach diesem Übereinkommen zu verlangen.

Art. 38 [1] Der Käufer hat die Ware innerhalb einer so kurzen Frist zu untersuchen oder untersuchen zu lassen, wie es die Umstände erlauben.

[2] Erfordert der Vertrag eine Beförderung der Ware, so kann die Untersuchung bis nach dem Eintreffen der Ware am Bestimmungsort aufgeschoben werden.

[3] Wird die Ware vom Käufer umgeleitet oder von ihm weiterversandt, ohne dass er ausreichend Gelegenheit hatte, sie zu untersuchen, und kannte der Verkäufer bei Vertragsabschluss die Möglichkeit einer solchen Umleitung oder Weiterversendung oder musste er sie kennen, so kann die Untersuchung bis nach dem Eintreffen der Ware an ihrem neuen Bestimmungsort aufgeschoben werden.

Art. 39 [1] Der Käufer verliert das Recht, sich auf eine Vertragswidrigkeit der Ware zu berufen, wenn er sie dem Verkäufer nicht innerhalb einer angemessenen Frist nach dem Zeitpunkt, in dem er sie festgestellt hat oder hätte feststellen müssen, anzeigt und dabei die Art der Vertragswidrigkeit genau bezeichnet.

[2] Der Käufer verliert in jedem Fall das Recht, sich auf die Vertragswidrigkeit der Ware zu berufen, wenn er sie nicht spätestens innerhalb von zwei Jahren, nachdem ihm die Ware tatsächlich übergeben worden ist, dem Verkäufer anzeigt, es sei denn, dass diese Frist mit einer vertraglichen Garantiefrist unvereinbar ist.

Art. 40 Der Verkäufer kann sich auf die Artikel 38 und 39 nicht berufen, wenn die Vertragswidrigkeit auf Tatsachen beruht, die er kannte oder über die er nicht in Unkenntnis sein konnte und die er dem Käufer nicht offenbart hat.

Art. 41 Der Verkäufer hat Ware zu liefern, die frei von Rechten oder Ansprüchen Dritter ist, es sei denn, dass der Käufer eingewilligt hat, die mit einem solchen Recht oder Anspruch belastete Ware anzunehmen. Beruhen jedoch solche Rechte oder Ansprüche auf gewerblichem oder anderem geistigem Eigentum, so regelt Artikel 42 die Verpflichtung des Verkäufers.

Art. 42 [1] Der Verkäufer hat Ware zu liefern, die frei von Rechten oder Ansprüchen Dritter ist, die auf gewerblichem oder anderem geistigen Eigentum beruhen und die der Verkäufer bei Vertragsabschluss kannte oder über die er

nicht in Unkenntnis sein konnte, vorausgesetzt, das Recht oder der Anspruch beruht auf gewerblichem oder anderem geistigen Eigentum:
a) nach dem Recht des Staates, in dem die Ware weiterverkauft oder in dem sie in anderer Weise verwendet wird oder verwendet werden soll, wenn die Parteien bei Vertragsabschluss in Betracht gezogen haben, dass die Ware dort weiterverkauft oder verwendet wird, oder
b) in jedem anderen Falle nach dem Recht des Staates, in dem der Käufer seine Niederlassung hat.

² Die Verpflichtung des Verkäufers nach Absatz 1 erstreckt sich nicht auf Fälle:
a) in denen der Käufer im Zeitpunkt des Vertragsabschlusses das Recht oder den Anspruch kannte oder darüber nicht in Unkenntnis sein konnte, oder
b) in denen das Recht oder der Anspruch sich daraus ergibt, dass der Verkäufer sich nach technischen Zeichnungen, Entwürfen, Formeln oder sonstigen Angaben gerichtet hat, die der Käufer zur Verfügung gestellt hat.

Art. 43 ¹ Der Käufer kann sich auf die Artikel 41 oder 42 nicht berufen, wenn er dem Verkäufer das Recht oder den Anspruch des Dritten nicht innerhalb einer angemessenen Frist nach dem Zeitpunkt, von dem an er davon Kenntnis hatte oder haben musste, anzeigt und dabei genau bezeichnet, welcher Art das Recht oder der Anspruch des Dritten ist.

² Der Verkäufer kann sich nicht auf Absatz 1 berufen, wenn er das Recht oder den Anspruch des Dritten und seine Art kannte.

Art. 44 Ungeachtet der Artikel 39 Absatz 1 und 43 Absatz 1 kann der Käufer den Preis nach Artikel 50 herabsetzen oder Schadenersatz, ausser für entgangenen Gewinn, verlangen, wenn er eine vernünftige Entschuldigung dafür hat, dass er die erforderliche Anzeige unterlassen hat.

Abschnitt III Rechte des Käufers wegen Vertragsverletzung durch den Verkäufer

Art. 45 ¹ Erfüllt der Verkäufer eine seiner Pflichten nach dem Vertrag oder diesem Übereinkommen nicht, so kann der Käufer
a) die in den Artikel 46–52 vorgesehenen Rechte ausüben;
b) Schadenersatz nach den Artikeln 74–77 verlangen.

² Der Käufer verliert das Recht, Schadenersatz zu verlangen, nicht dadurch, dass er andere Rechte ausübt.

³ Übt der Käufer ein Recht wegen Vertragsverletzung aus, so darf ein Gericht oder Schiedsgericht dem Verkäufer keine zusätzliche Frist gewähren.

Art. 46 ¹ Der Käufer kann vom Verkäufer Erfüllung seiner Pflichten verlangen, es sei denn, dass der Käufer ein Recht ausgeübt hat, das mit diesem Verlangen unvereinbar ist.

² Ist die Ware nicht vertragsgemäss, so kann der Käufer Ersatzlieferung nur verlangen, wenn die Vertragswidrigkeit eine wesentliche Vertragsverletzung darstellt und die Ersatzlieferung entweder zusammen mit einer Anzeige nach Artikel 39 oder innerhalb einer angemessenen Frist danach verlangt wird.

³ Ist die Ware nicht vertragsgemäss, so kann der Käufer den Verkäufer auffordern, die Vertragswidrigkeit durch Nachbesserung zu beheben, es sei denn, dass dies unter Berücksichtigung aller Umstände unzumutbar ist. Nachbesserung muss entweder zusammen mit einer Anzeige nach Artikel 39 oder innerhalb einer angemessenen Frist danach verlangt werden.

Art. 47 ¹ Der Käufer kann dem Verkäufer eine angemessene Nachfrist zur Erfüllung seiner Pflichten setzen.

² Der Käufer kann vor Ablauf dieser Frist kein Recht wegen Vertragsverletzung ausüben, ausser wenn er vom Verkäufer die Anzeige erhalten hat, dass dieser seine Pflichten nicht innerhalb der so gesetzten Frist erfüllen wird. Der Käufer behält jedoch das Recht, Schadenersatz wegen verspäteter Erfüllung zu verlangen.

Art. 48 ¹ Vorbehaltlich des Artikels 49 kann der Verkäufer einen Mangel in der Erfüllung seiner Pflichten auch nach dem Liefertermin auf eigene Kosten beheben, wenn dies keine unzumutbare Verzögerung nach sich zieht und dem Käufer weder unzumutbare Unannehmlichkeiten noch Ungewissheit über die Erstattung seiner Auslagen durch den Verkäufer verursacht. Der Käufer behält jedoch das Recht, Schadenersatz nach diesem Übereinkommen zu verlangen.

² Fordert der Verkäufer den Käufer auf, ihm mitzuteilen, ob er die Erfüllung annehmen will, und entspricht der Käufer der Aufforderung nicht innerhalb einer angemessenen Frist, so kann der Verkäufer innerhalb der in seiner Aufforderung angegebenen Frist erfüllen. Der Käufer kann vor Ablauf dieser Frist kein Recht ausüben, das mit der Erfüllung durch den Verkäufer unvereinbar ist.

³ Zeigt der Verkäufer dem Käufer an, dass er innerhalb einer bestimmten Frist erfüllen wird, so wird vermutet, dass die Anzeige eine Aufforderung an den Käufer nach Absatz 2 enthält, seine Entscheidung mitzuteilen.

⁴ Eine Aufforderung oder Anzeige des Verkäufers nach den Absätzen 2 oder 3 ist nur wirksam, wenn der Käufer sie erhalten hat.

Art. 49 [1] Der Käufer kann die Aufhebung des Vertrages erklären,
a) wenn die Nichterfüllung einer dem Verkäufer nach dem Vertrag oder diesem Übereinkommen obliegenden Pflicht eine wesentliche Vertragsverletzung darstellt, oder
b) wenn im Falle der Nichtlieferung der Verkäufer die Ware nicht innerhalb der vom Käufer nach Artikel 47 Absatz 1 gesetzten Nachfrist liefert oder wenn er erklärt, dass er nicht innerhalb der so gesetzten Frist liefern wird.

[2] Hat der Verkäufer die Ware geliefert, so verliert jedoch der Käufer sein Recht, die Aufhebung des Vertrages zu erklären, wenn er
a) im Falle der verspäteten Lieferung die Aufhebung nicht innerhalb einer angemessenen Frist erklärt, nachdem er erfahren hat, dass die Lieferung erfolgt ist, oder
b) im Falle einer anderen Vertragsverletzung als verspäteter Lieferung die Aufhebung nicht innerhalb einer angemessenen Frist erklärt,
   i) nachdem er die Vertragsverletzung kannte oder kennen musste,
   ii) nachdem eine vom Käufer nach Artikel 47 Absatz 1 gesetzte Nachfrist abgelaufen ist oder nachdem der Verkäufer erklärt hat, dass er seine Pflichten nicht innerhalb der Nachfrist erfüllen wird, oder
   iii) nachdem eine vom Verkäufer nach Artikel 48 Absatz 2 gesetzte Frist abgelaufen ist oder nachdem der Käufer erklärt hat, dass er die Erfüllung nicht annehmen wird.

Art. 50 Ist die Ware nicht vertragsgemäss, so kann der Käufer unabhängig davon, ob der Kaufpreis bereits gezahlt worden ist oder nicht, den Preis in dem Verhältnis herabsetzen, in dem der Wert, den die tatsächlich gelieferte Ware im Zeitpunkt der Lieferung hatte, zu dem Wert steht, den vertragsgemässe Ware zu diesem Zeitpunkt gehabt hätte. Behebt jedoch der Verkäufer nach den Artikeln 37 oder 48 einen Mangel in der Erfüllung seiner Pflichten oder weigert sich der Käufer, Erfüllung durch den Verkäufer nach den genannten Artikeln anzunehmen, so kann der Käufer den Preis nicht herabsetzen.

Art. 51 [1] Liefert der Verkäufer nur einen Teil der Ware oder ist nur ein Teil der gelieferten Ware vertragsgemäss, so gelten für den Teil, der fehlt oder der nicht vertragsgemäss ist, die Artikel 46–50.

[2] Der Käufer kann nur dann die Aufhebung des gesamten Vertrages erklären, wenn die unvollständige oder nicht vertragsgemässe Lieferung eine wesentliche Vertragsverletzung darstellt.

Art. 52 [1] Liefert der Verkäufer die Ware vor dem festgesetzten Zeitpunkt, so steht es dem Käufer frei, sie anzunehmen oder die Annahme zu verweigern.

[2] Liefert der Verkäufer eine grössere als die vereinbarte Menge, so kann der Käufer die zuviel gelieferte Menge annehmen oder ihre Annahme verweigern.

Nimmt der Käufer die zuviel gelieferte Menge ganz oder teilweise an, so hat er sie entsprechend dem vertraglichen Preis zu bezahlen.

Kapitel III Pflichten des Käufers

Art. 53 Der Käufer ist nach Massgabe des Vertrages und dieses Übereinkommens verpflichtet, den Kaufpreis zu zahlen und die Ware anzunehmen.

Abschnitt I Zahlung des Kaufpreises

Art. 54 Zur Pflicht des Käufers, den Kaufpreis zu zahlen, gehört es auch, die Massnahmen zu treffen und die Formalitäten zu erfüllen, die nach Vertrag oder Gesetz erforderlich sind, damit Zahlung geleistet werden kann.

Art. 55 Ist ein Vertrag gültig geschlossen worden, ohne dass er den Kaufpreis ausdrücklich oder stillschweigend festsetzt oder dessen Festsetzung ermöglicht, so wird mangels gegenteiliger Anhaltspunkte vermutet, dass die Parteien sich stillschweigend auf den Kaufpreis bezogen haben, der bei Vertragsabschluss allgemein für derartige Ware berechnet wurde, die in dem betreffenden Geschäftszweig unter vergleichbaren Umständen verkauft wurde.

Art. 56 Ist der Kaufpreis nach dem Gewicht der Ware festgesetzt, so bestimmt er sich im Zweifel nach dem Nettogewicht.

Art. 57 [1] Ist der Käufer nicht verpflichtet, den Kaufpreis an einem anderen bestimmten Ort zu zahlen, so hat er ihn dem Verkäufer wie folgt zu zahlen:
a) am Ort der Niederlassung des Verkäufers oder,
b) wenn die Zahlung gegen Übergabe der Ware oder von Dokumenten zu leisten ist, an dem Ort, an dem die Übergabe stattfindet.

[2] Der Verkäufer hat alle mit der Zahlung zusammenhängenden Mehrkosten zu tragen, die durch einen Wechsel seiner Niederlassung nach Vertragsschluss entstehen.

Art. 58 [1] Ist der Käufer nicht verpflichtet, den Kaufpreis zu einer bestimmten Zeit zu zahlen, so hat er den Preis zu zahlen, sobald ihm der Verkäufer entweder die Ware oder die Dokumente, die zur Verfügung darüber berechtigen, nach dem Vertrag und diesem Übereinkommen zur Verfügung gestellt hat. Der Verkäufer kann die Übergabe der Ware oder der Dokumente von der Zahlung abhängig machen.

[2] Erfordert der Vertrag eine Beförderung der Ware, so kann der Verkäufer sie mit der Massgabe versenden, dass die Ware oder die Dokumente, die zur Ver-

fügung darüber berechtigen, dem Käufer nur gegen Zahlung des Kaufpreises zu übergeben sind.

³ Der Käufer ist nicht verpflichtet, den Kaufpreis zu zahlen, bevor er Gelegenheit gehabt hat, die Ware zu untersuchen, es sei denn, die von den Parteien vereinbarten Lieferungs- oder Zahlungsmodalitäten bieten hierzu keine Gelegenheit.

Art. 59 Der Käufer hat den Kaufpreis zu dem Zeitpunkt, der in dem Vertrag festgesetzt oder nach dem Vertrag und diesem Übereinkommen bestimmbar ist, zu zahlen, ohne dass es einer Aufforderung oder der Einhaltung von Formalitäten seitens des Verkäufers bedarf.

Abschnitt II Annahme

Art. 60 Die Pflicht des Käufers zur Annahme besteht darin:
a) alle Handlungen vorzunehmen, die vernünftigerweise von ihm erwartet werden können, damit dem Verkäufer die Lieferung ermöglicht wird und
b) die Ware zu übernehmen.

Abschnitt III Rechte des Verkäufers wegen Vertragsverletzung durch den Käufer

Art. 61 ¹ Erfüllt der Käufer eine seiner Pflichten nach dem Vertrag oder diesem Übereinkommen nicht, so kann der Verkäufer:
a) die in den Artikeln 62–65 vorgesehenen Rechte ausüben;
b) Schadenersatz nach den Artikeln 74–77 verlangen.

² Der Verkäufer verliert das Recht, Schadenersatz zu verlangen, nicht dadurch, dass er andere Rechte ausübt.

³ Übt der Verkäufer ein Recht wegen Vertragsverletzung aus, so darf ein Gericht oder Schiedsgericht dem Käufer keine zusätzliche Frist gewähren.

Art. 62 Der Verkäufer kann vom Käufer verlangen, dass er den Kaufpreis zahlt, die Ware annimmt sowie seine sonstigen Pflichten erfüllt, es sei denn, dass der Verkäufer ein Recht ausgeübt hat, das mit diesem Verlangen unvereinbar ist.

Art. 63 ¹ Der Verkäufer kann dem Käufer eine angemessene Nachfrist zur Erfüllung seiner Pflichten setzen.

² Der Verkäufer kann vor Ablauf dieser Frist kein Recht wegen Vertragsverletzung ausüben, ausser wenn er vom Käufer die Anzeige erhalten hat, dass dieser seine Pflichten nicht innerhalb der so gesetzten Frist erfüllen wird. Der

Verkäufer verliert dadurch jedoch nicht das Recht, Schadenersatz wegen verspäteter Erfüllung zu verlangen.

Art. 64 [1] Der Verkäufer kann die Aufhebung des Vertrages erklären:
a) wenn die Nichterfüllung einer dem Käufer nach dem Vertrag oder diesem Übereinkommen obliegenden Pflicht eine wesentliche Vertragsverletzung darstellt, oder
b) wenn der Käufer nicht innerhalb der vom Verkäufer nach Artikel 63 Absatz 1 gesetzten Nachfrist seine Pflicht zur Zahlung des Kaufpreises oder zur Annahme der Ware erfüllt oder wenn er erklärt, dass er dies nicht innerhalb der so gesetzten Frist tun wird.

[2] Hat der Käufer den Kaufpreis gezahlt, so verliert jedoch der Verkäufer sein Recht, die Aufhebung des Vertrages zu erklären, wenn er:
a) im Falle verspäteter Erfüllung durch den Käufer die Aufhebung nicht erklärt, bevor er erfahren hat, dass erfüllt worden ist, oder
b) im Falle einer anderen Vertragsverletzung als verspäteter Erfüllung durch den Käufer die Aufhebung nicht innerhalb einer angemessenen Zeit erklärt:
   i) nachdem der Verkäufer die Vertragsverletzung kannte oder kennen musste, oder
   ii) nachdem eine vom Verkäufer nach Artikel 63 Absatz 1 gesetzte Nachfrist abgelaufen ist, oder nachdem der Käufer erklärt hat, dass er seine Pflichten nicht innerhalb der Nachfrist erfüllen wird.

Art. 65 [1] Hat der Käufer nach dem Vertrag die Form, die Masse oder andere Merkmale der Ware näher zu spezifizieren und nimmt er diese Spezifizierung nicht zu dem vereinbarten Zeitpunkt oder innerhalb einer angemessenen Frist nach Eingang einer Aufforderung durch den Verkäufer vor, so kann der Verkäufer unbeschadet aller ihm zustehenden sonstigen Rechte die Spezifizierung nach den Bedürfnissen des Käufers, soweit ihm diese bekannt sind, selbst vornehmen.

[2] Nimmt der Verkäufer die Spezifizierung selbst vor, so hat er dem Käufer deren Einzelheiten mitzuteilen und ihm eine angemessene Frist zu setzen, innerhalb derer der Käufer eine abweichende Spezifizierung vornehmen kann. Macht der Käufer nach Eingang einer solchen Mitteilung von dieser Möglichkeit innerhalb der so gesetzten Frist keinen Gebrauch, so ist die vom Verkäufer vorgenommene Spezifizierung verbindlich.

Kapitel IV Übergang der Gefahr

Art. 66 Untergang oder Beschädigung der Ware nach Übergang der Gefahr auf den Käufer befreit diesen nicht von der Pflicht, den Kaufpreis zu zahlen, es sei denn, dass der Untergang oder die Beschädigung auf eine Handlung oder Unterlassung des Verkäufers zurückzuführen ist.

Art. 67 [1] Erfordert der Kaufvertrag eine Beförderung der Ware und ist der Verkäufer nicht verpflichtet, sie an einem bestimmten Ort zu übergeben, so geht die Gefahr auf den Käufer über, sobald die Ware gemäss dem Kaufvertrag dem ersten Beförderer zur Übermittlung an den Käufer übergeben wird. Hat der Verkäufer dem Beförderer die Ware an einem bestimmten Ort zu übergeben, so geht die Gefahr erst auf den Käufer über, wenn die Ware dem Beförderer an diesem Ort übergeben wird. Ist der Verkäufer befugt, die Dokumente, die zur Verfügung über die Ware berechtigen, zurückzubehalten, so hat dies keinen Einfluss auf den Übergang der Gefahr.

[2] Die Gefahr geht jedoch erst auf den Käufer über, wenn die Ware eindeutig dem Vertrag zugeordnet ist, sei es durch an der Ware angebrachte Kennzeichen, durch Beförderungsdokumente, durch eine Anzeige an den Käufer oder auf andere Weise.

Art. 68 Wird Ware, die sich auf dem Transport befindet, verkauft, so geht die Gefahr im Zeitpunkt des Vertragsabschlusses auf den Käufer über. Die Gefahr wird jedoch bereits im Zeitpunkt der Übergabe der Ware an den Beförderer, der die Dokumente über den Beförderungsvertrag ausgestellt hat, von dem Käufer übernommen, falls die Umstände diesen Schluss nahe legen. Wenn dagegen der Verkäufer bei Abschluss des Kaufvertrages wusste oder wissen musste, dass die Ware untergegangen oder beschädigt war und er dies dem Käufer nicht offenbart hat, geht der Untergang oder die Beschädigung zu Lasten des Verkäufers.

Art. 69 [1] In den durch die Artikel 67 und 68 nicht geregelten Fällen geht die Gefahr auf den Käufer über, sobald er die Ware übernimmt oder, wenn er sie nicht rechtzeitig übernimmt, in dem Zeitpunkt, in dem ihm die Ware zur Verfügung gestellt wird und er durch Nichtannahme eine Vertragsverletzung begeht.

[2] Hat jedoch der Käufer die Ware an einem anderen Ort als einer Niederlassung des Verkäufers zu übernehmen, so geht die Gefahr über, sobald die Lieferung fällig ist und der Käufer Kenntnis davon hat, dass ihm die Ware an diesem Ort zur Verfügung steht.

[3] Betrifft der Vertrag Ware, die noch nicht individualisiert ist, so gilt sie erst dann als dem Käufer zur Verfügung gestellt, wenn sie eindeutig dem Vertrag zugeordnet worden ist.

Art. 70 Hat der Verkäufer eine wesentliche Vertragsverletzung begangen, so berühren die Artikel 67, 68 und 69 nicht die dem Käufer wegen einer solchen Verletzung zustehenden Rechte.

Kapitel V Gemeinsame Bestimmungen über die Pflichten des Verkäufers und des Käufers

Abschnitt I Vorweggenommene Vertragsverletzung und Verträge über aufeinander folgende Lieferungen

Art. 71 ¹ Eine Partei kann die Erfüllung ihrer Pflichten aussetzen, wenn sich nach Vertragsabschluss herausstellt, dass die andere Partei einen wesentlichen Teil ihrer Pflichten nicht erfüllen wird:
a) wegen eines schwerwiegenden Mangels ihrer Fähigkeit, den Vertrag zu erfüllen, oder ihrer Zahlungsfähigkeit oder
b) wegen ihres Verhaltens bei der Vorbereitung der Erfüllung oder bei der Erfüllung des Vertrages.

² Hat der Verkäufer die Ware bereits abgesandt, bevor sich die in Absatz 1 bezeichneten Gründe herausstellen, so kann er sich der Übergabe der Ware an den Käufer widersetzen, selbst wenn der Käufer ein Dokument hat, das ihn berechtigt, die Ware zu erlangen. Der vorliegende Absatz betrifft nur die Rechte auf die Ware im Verhältnis zwischen Käufer und Verkäufer.

³ Setzt eine Partei vor oder nach der Absendung der Ware die Erfüllung aus, so hat sie dies der anderen Partei sofort anzuzeigen; sie hat die Erfüllung fortzusetzen, wenn die andere Partei für die Erfüllung ihrer Pflichten ausreichende Sicherheit bietet.

Art. 72 ¹ Ist schon vor dem für die Vertragserfüllung festgesetzten Zeitpunkt offensichtlich, dass eine Partei eine wesentliche Vertragsverletzung begehen wird, so kann die andere Partei die Aufhebung des Vertrages erklären.

² Wenn es die Zeit erlaubt und es nach den Umständen vernünftig ist, hat die Partei, welche die Aufhebung des Vertrages erklären will, dies der anderen Partei anzuzeigen, um ihr zu ermöglichen, für die Erfüllung ihrer Pflichten ausreichende Sicherheit zu bieten.

³ Absatz 2 ist nicht anzuwenden, wenn die andere Partei erklärt hat, dass sie ihre Pflichten nicht erfüllen wird.

Art. 73 ¹ Sieht ein Vertrag aufeinander folgende Lieferungen von Ware vor und begeht eine Partei durch Nichterfüllung einer eine Teillieferung betreffenden Pflicht eine wesentliche Vertragsverletzung in Bezug auf diese Teillieferung, so kann die andere Partei die Aufhebung des Vertrages in Bezug auf diese Teillieferung erklären.

² Gibt die Nichterfüllung einer eine Teillieferung betreffenden Pflicht durch eine der Parteien der anderen Partei triftigen Grund zu der Annahme, dass eine wesentliche Vertragsverletzung in Bezug auf künftige Teillieferungen zu erwarten ist, so kann die andere Partei innerhalb angemessener Frist die Aufhebung des Vertrages für die Zukunft erklären.

³ Ein Käufer, der den Vertrag in Bezug auf eine Lieferung als aufgehoben erklärt, kann gleichzeitig die Aufhebung des Vertrages in Bezug auf bereits erhaltene Lieferungen oder in Bezug auf künftige Lieferungen erklären, wenn diese Lieferungen wegen des zwischen ihnen bestehenden Zusammenhangs nicht mehr für den Zweck verwendet werden können, den die Parteien im Zeitpunkt des Vertragsabschlusses in Betracht gezogen haben.

Abschnitt II Schadenersatz

Art. 74 Als Schadenersatz für die durch eine Partei begangene Vertragsverletzung ist der der anderen Partei infolge der Vertragsverletzung entstandene Verlust, einschliesslich des entgangenen Gewinns, zu ersetzen. Dieser Schadenersatz darf jedoch den Verlust nicht übersteigen, den die vertragsbrüchige Partei bei Vertragsabschluss als mögliche Folge der Vertragsverletzung vorausgesehen hat oder unter Berücksichtigung der Umstände, die sie kannte oder kennen musste, hätte voraussehen müssen.

Art. 75 Ist der Vertrag aufgehoben und hat der Käufer einen Deckungskauf oder der Verkäufer einen Deckungsverkauf in angemessener Weise und innerhalb eines angemessenen Zeitraums nach der Aufhebung vorgenommen, so kann die Partei, die Schadenersatz verlangt, den Unterschied zwischen dem im Vertrag vereinbarten Preis und dem Preis des Deckungskaufs oder des Deckungsverkaufs sowie jeden weiteren Schadenersatz nach Artikel 74 verlangen.

Art. 76 ¹ Ist der Vertrag aufgehoben und hat die Ware einen Marktpreis, so kann die Schadenersatz verlangende Partei, wenn sie keinen Deckungskauf oder Deckungsverkauf nach Artikel 75 vorgenommen hat, den Unterschied zwischen dem im Vertrag vereinbarten Preis und dem Marktpreis zur Zeit der Aufhebung sowie jeden weiteren Schadenersatz nach Artikel 74 verlangen. Hat jedoch die Partei, die Schadenersatz verlangt, den Vertrag aufgehoben, nachdem sie die Ware übernommen hat, so gilt der Marktpreis zur Zeit der Übernahme und nicht der Marktpreis zur Zeit der Aufhebung.

² Als Marktpreis im Sinne von Absatz 1 ist massgebend der Marktpreis, der an dem Ort gilt, an dem die Lieferung der Ware hätte erfolgen sollen, oder, wenn dort ein Marktpreis nicht besteht, der an einem angemessenen Ersatzort geltende Marktpreis; dabei sind Unterschiede in den Kosten der Beförderung der Ware zu berücksichtigen.

Art. 77 Die Partei, die sich auf eine Vertragsverletzung beruft, hat alle den Umständen nach angemessenen Massnahmen zur Verringerung des aus der Vertragsverletzung folgenden Verlusts, einschliesslich des entgangenen Gewinns, zu treffen. Versäumt sie dies, so kann die vertragsbrüchige Partei

Herabsetzung des Schadenersatzes in Höhe des Betrags verlangen, um den der Verlust hätte verringert werden sollen.

Abschnitt III Zinsen

Art. 78 Versäumt eine Partei, den Kaufpreis oder einen anderen fälligen Betrag zu zahlen, so hat die andere Partei für diese Beträge Anspruch auf Zinsen, unbeschadet eines Schadenersatzanspruchs nach Artikel 74.

Abschnitt IV Befreiungen

Art. 79 [1] Eine Partei hat für die Nichterfüllung einer ihrer Pflichten nicht einzustehen, wenn sie beweist, dass die Nichterfüllung auf einem ausserhalb ihres Einflussbereichs liegenden Hinderungsgrund beruht und dass von ihr vernünftigerweise nicht erwartet werden konnte, den Hinderungsgrund bei Vertragsabschluss in Betracht zu ziehen oder den Hinderungsgrund oder seine Folgen zu vermeiden oder zu überwinden.

[2] Beruht die Nichterfüllung einer Partei auf der Nichterfüllung durch einen Dritten, dessen sie sich zur völligen oder teilweisen Vertragserfüllung bedient, so ist diese Partei von der Haftung nur befreit:
a) wenn sie nach Absatz 1 befreit ist und
b) wenn der Dritte selbst ebenfalls nach Absatz 1 befreit wäre, sofern Absatz 1 auf ihn Anwendung fände.

[3] Die in diesem Artikel vorgesehene Befreiung gilt für die Zeit, während der der Hinderungsgrund besteht.

[4] Die Partei, die nicht erfüllt, hat den Hinderungsgrund und seine Auswirkung auf ihre Fähigkeit zu erfüllen, der anderen Partei mitzuteilen. Erhält die andere Partei die Mitteilung nicht innerhalb einer angemessenen Frist, nachdem die nicht erfüllende Partei den Hinderungsgrund kannte oder kennen musste, so haftet sie für den aus diesem Nichterhalt entstehenden Schaden.

[5] Dieser Artikel hindert die Parteien nicht, ein anderes als das Recht auszuüben, Schadenersatz nach diesem Übereinkommen zu verlangen.

Art. 80 Eine Partei kann sich auf die Nichterfüllung von Pflichten durch die andere Partei nicht berufen, soweit diese Nichterfüllung durch ihre Handlung oder Unterlassung verursacht wurde.

Abschnitt V Wirkungen der Aufhebung

Art. 81 ¹ Die Aufhebung des Vertrages befreit beide Parteien von ihren Vertragspflichten, mit Ausnahme etwaiger Schadenersatzpflichten. Die Aufhebung berührt nicht Bestimmungen des Vertrages über die Beilegung von Streitigkeiten oder sonstige Bestimmungen des Vertrages, welche die Rechte und Pflichten der Parteien nach Vertragsaufhebung regeln.

² Hat eine Partei den Vertrag ganz oder teilweise erfüllt, so kann sie ihre Leistung von der anderen Partei zurückfordern. Sind beide Parteien zur Rückgabe verpflichtet, so sind die Leistungen Zug um Zug zurückzugeben.

Art. 82 ¹ Der Käufer verliert das Recht, die Aufhebung des Vertrages zu erklären oder vom Verkäufer Ersatzlieferung zu verlangen, wenn es ihm unmöglich ist, die Ware im wesentlichen in dem Zustand zurückzugeben, in dem er sie erhalten hat.

² Absatz 1 findet keine Anwendung:
a) wenn die Unmöglichkeit, die Ware zurückgeben oder sie im wesentlichen in dem Zustand zurückzugeben, in dem der Käufer sie erhalten hat, nicht auf einer Handlung oder Unterlassung des Käufers beruht;
b) wenn die Ware ganz oder teilweise infolge der in Artikel 38 vorgesehenen Untersuchung untergegangen oder verschlechtert worden ist, oder
c) wenn der Käufer die Ware ganz oder teilweise im normalen Geschäftsverkehr verkauft oder der normalen Verwendung entsprechend verbraucht oder verändert hat, bevor er die Vertragswidrigkeit entdeckt hat oder hätte entdecken müssen.

Art. 83 Der Käufer, der nach Artikel 82 das Recht verloren hat, die Aufhebung des Vertrages zu erklären oder vom Verkäufer Ersatzlieferung zu verlangen, behält alle anderen Rechte, die ihm nach dem Vertrag und diesem Übereinkommen zustehen.

Art. 84 ¹ Hat der Verkäufer den Kaufpreis zurückzuzahlen, so hat er ausserdem vom Tag der Zahlung an auf den Betrag Zinsen zu zahlen.

² Der Käufer schuldet dem Verkäufer den Gegenwert aller Vorteile, die er aus der Ware oder einem Teil der Ware gezogen hat:
a) wenn er die Ware ganz oder teilweise zurückgeben muss oder
b) wenn es ihm unmöglich ist, die Ware ganz oder teilweise zurückzugeben oder sie ganz oder teilweise im wesentlichen in dem Zustand zurückzugeben, in dem er sie erhalten hat, er aber dennoch die Aufhebung des Vertrages erklärt oder vom Verkäufer Ersatzlieferung verlangt hat.

Abschnitt VI Erhaltung der Ware

Art. 85 Nimmt der Käufer die Ware nicht rechtzeitig an oder versäumt er, falls Zahlung des Kaufpreises und Lieferung der Ware Zug um Zug erfolgen sollen, den Kaufpreis zu zahlen, und hat der Verkäufer die Ware dennoch in Besitz oder ist er sonst in der Lage, über sie zu verfügen, so hat der Verkäufer die den Umständen angemessenen Massnahmen zu ihrer Erhaltung zu treffen. Er ist berechtigt, die Ware zurückzubehalten, bis ihm der Käufer seine angemessenen Aufwendungen erstattet hat.

Art. 86 [1] Hat der Käufer die Ware empfangen und beabsichtigt er, ein nach dem Vertrag oder diesem Übereinkommen bestehendes Zurückweisungsrecht auszuüben, so hat er die den Umständen angemessenen Massnahmen zu ihrer Erhaltung zu treffen. Er ist berechtigt, die Ware zurückzubehalten, bis ihm der Verkäufer seine angemessenen Aufwendungen erstattet hat.

[2] Ist die dem Käufer zugesandte Ware ihm am Bestimmungsort zur Verfügung gestellt worden und übt er das Recht aus, sie zurückzuweisen, so hat er sie für Rechnung des Verkäufers in Besitz zu nehmen, sofern dies ohne Zahlung des Kaufpreises und ohne unzumutbare Unannehmlichkeiten oder unverhältnismässige Kosten möglich ist. Dieser Absatz ist nicht anzuwenden, wenn der Verkäufer oder eine Person, die befugt ist, die Ware für Rechnung des Verkäufers in Obhut zu nehmen, am Bestimmungsort anwesend ist. Nimmt der Käufer die Ware nach diesem Absatz in Besitz, so werden seine Rechte und Pflichten durch Absatz 1 geregelt.

Art. 87 Eine Partei, die Massnahmen zur Erhaltung der Ware zu treffen hat, kann die Ware auf Kosten der anderen Partei in den Lagerräumen eines Dritten einlagern, sofern daraus keine unverhältnismässigen Kosten entstehen.

Art. 88 [1] Eine Partei, die nach den Artikeln 85 oder 86 zur Erhaltung der Ware verpflichtet ist, kann sie auf jede geeignete Weise verkaufen, wenn die andere Partei die Inbesitznahme oder die Rücknahme der Ware oder die Zahlung des Kaufpreises oder der Erhaltungskosten ungebührlich hinauszögert, vorausgesetzt, dass sie der anderen Partei ihre Verkaufsabsicht rechtzeitig angezeigt hat.

[2] Ist die Ware einer raschen Verschlechterung ausgesetzt oder würde ihre Erhaltung unverhältnismässige Kosten verursachen, so hat die Partei, der nach den Artikeln 85 oder 86 die Erhaltung der Ware obliegt, sich in angemessener Weise um ihren Verkauf zu bemühen. Soweit möglich hat sie der anderen Partei ihre Verkaufsabsicht anzuzeigen.

[3] Hat eine Partei die Ware verkauft, so kann sie aus dem Erlös des Verkaufs den Betrag behalten, der den angemessenen Kosten der Erhaltung und des Verkaufs der Ware entspricht. Den Überschuss schuldet sie der anderen Partei.

Teil IV Schlussbestimmungen

Art. 89 Der Generalsekretär der Vereinten Nationen wird hiermit zum Depositar dieses Übereinkommens bestimmt.

Art. 90 Dieses Übereinkommen geht bereits geschlossenen oder in Zukunft zu schliessenden internationalen Vereinbarungen, die Bestimmungen über in diesem Übereinkommen geregelte Gegenstände enthalten, nicht vor, sofern die Parteien ihre Niederlassung in Vertragsstaaten einer solchen Vereinbarung haben.

Art. 91 [1] Dieses Übereinkommen liegt in der Schlusssitzung der Konferenz der Vereinten Nationen über Verträge über den internationalen Warenkauf zur Unterzeichnung auf und liegt dann bis 30. September 1981 am Sitz der Vereinten Nationen in New York für alle Staaten zur Unterzeichnung auf.

[2] Dieses Übereinkommen bedarf der Ratifikation, Annahme oder Genehmigung durch die Unterzeichnerstaaten.

[3] Dieses Übereinkommen steht allen Staaten, die nicht Unterzeichnerstaaten sind, von dem Tag an zum Beitritt offen, an dem es zur Unterzeichnung aufgelegt wird.

[4] Die Ratifikations-, Annahme-, Genehmigungs- und Beitrittsurkunden werden beim Generalsekretär der Vereinten Nationen hinterlegt.

Art. 92 [1] Ein Vertragsstaat kann bei der Unterzeichnung, der Ratifikation, der Annahme, der Genehmigung oder dem Beitritt erklären, dass Teil II dieses Übereinkommens für ihn nicht verbindlich ist oder dass Teil III dieses Übereinkommens für ihn nicht verbindlich ist.

[2] Ein Vertragsstaat, der eine Erklärung nach Absatz 1 zu Teil II oder Teil III dieses Übereinkommens abgegeben hat, ist hinsichtlich solcher Gegenstände, die durch den Teil geregelt werden, auf den sich die Erklärung bezieht, nicht als Vertragsstaat im Sinne des Artikels 1 Absatz 1 zu betrachten.

Art. 93 [1] Ein Vertragsstaat, der zwei oder mehr Gebietseinheiten umfasst, in denen nach seiner Verfassung auf die in diesem Übereinkommen geregelten Gegenstände unterschiedliche Rechtsordnungen angewendet werden, kann bei der Unterzeichnung, der Ratifikation, der Annahme, der Genehmigung oder dem Beitritt erklären, dass dieses Übereinkommen sich auf alle seine Gebietseinheiten oder nur auf eine oder mehrere derselben erstreckt; er kann seine Erklärung jederzeit durch eine neue Erklärung ändern.

[2] Die Erklärungen sind dem Depositar zu notifizieren und haben ausdrücklich anzugeben, auf welche Gebietseinheiten das Übereinkommen sich erstreckt.

³ Erstreckt sich das Übereinkommen aufgrund einer Erklärung nach diesem Artikel auf eine oder mehrere, jedoch nicht auf alle Gebietseinheiten eines Vertragsstaats und liegt die Niederlassung einer Partei in diesem Staat, so wird diese Niederlassung im Sinne dieses Übereinkommens nur dann als in einem Vertragsstaat gelegen betrachtet, wenn sie in einer Gebietseinheit liegt, auf die sich das Übereinkommen erstreckt.

⁴ Gibt ein Vertragsstaat keine Erklärung nach Absatz 1 ab, so erstreckt sich dieses Übereinkommen auf alle Gebietseinheiten dieses Staates.

Art. 94 ¹ Zwei oder mehr Vertragsstaaten, welche gleiche oder einander sehr nahe kommende Rechtsvorschriften für Gegenstände haben, die in diesem Übereinkommen geregelt werden, können jederzeit erklären, dass das Übereinkommen auf Kaufverträge und ihren Abschluss keine Anwendung findet, wenn die Parteien ihre Niederlassung in diesen Staaten haben. Solche Erklärungen können als gemeinsame oder als aufeinander bezogene einseitige Erklärungen abgegeben werden.

² Hat ein Vertragsstaat für Gegenstände, die in diesem Übereinkommen geregelt werden, Rechtsvorschriften, die denen eines oder mehrerer Nichtvertragsstaaten gleich sind oder sehr nahe kommen, so kann er jederzeit erklären, dass das Übereinkommen auf Kaufverträge oder ihren Abschluss keine Anwendung findet, wenn die Parteien ihre Niederlassung in diesen Staaten haben.

³ Wird ein Staat, auf den sich eine Erklärung nach Absatz 2 bezieht, Vertragsstaat, so hat die Erklärung von dem Tag an, an dem das Übereinkommen für den neuen Vertragsstaat in Kraft tritt, die Wirkung einer nach Absatz 1 abgegebenen Erklärung, vorausgesetzt, dass der neue Vertragsstaat sich einer solchen Erklärung anschliesst oder eine darauf bezogene einseitige Erklärung abgibt.

Art. 95 Jeder Staat kann bei der Hinterlegung seiner Ratifikations-, Annahme-, Genehmigungs- oder Beitrittsurkunde erklären, dass Artikel 1 Absatz 1 Buchstabe b für ihn nicht verbindlich ist.

Art. 96 Ein Vertragsstaat, nach dessen Rechtsvorschriften Kaufverträge schriftlich zu schliessen oder nachzuweisen sind, kann jederzeit eine Erklärung nach Artikel 12 abgeben, dass die Bestimmungen der Artikel 11 und 29 oder des Teils II dieses Übereinkommens, die für den Abschluss eines Kaufvertrages, seine Änderung oder Aufhebung durch Vereinbarung oder für ein Angebot, eine Annahme oder eine sonstige Willenserklärung eine andere als die schriftliche Form gestatten, nicht gelten, wenn eine Partei ihre Niederlassung in diesem Staat hat.

Art. 97 ¹ Erklärungen, die nach diesem Übereinkommen bei der Unterzeichnung abgegeben werden, bedürfen der Bestätigung bei der Ratifikation, Annahme oder Genehmigung.

² Erklärungen und Bestätigungen von Erklärungen bedürfen der Schriftform und sind dem Depositar zu notifizieren.

³ Eine Erklärung wird gleichzeitig mit dem Inkrafttreten dieses Übereinkommens für den betreffenden Staat wirksam. Eine Erklärung, die dem Depositar nach diesem Inkrafttreten notifiziert wird, tritt jedoch am ersten Tag des Monats in Kraft, der auf einen Zeitabschnitt von sechs Monaten nach ihrem Eingang beim Depositar folgt. Aufeinander bezogene einseitige Erklärungen nach Artikel 94 werden am ersten Tag des Monats wirksam, der auf einen Zeitabschnitt von sechs Monaten nach Eingang der letzten Erklärung beim Depositar folgt.

⁴ Ein Staat, der eine Erklärung nach diesem Übereinkommen abgibt, kann sie jederzeit durch eine an den Depositar gerichtete schriftliche Notifikation zurücknehmen. Eine solche Rücknahme wird am ersten Tag des Monats wirksam, der auf einen Zeitabschnitt von sechs Monaten nach Eingang der Notifikation beim Depositar folgt.

⁵ Die Rücknahme einer nach Artikel 94 abgegebenen Erklärung macht eine von einem anderen Staat nach Artikel 94 abgegebene, darauf bezogene Erklärung von dem Tag an unwirksam, an dem die Rücknahme wirksam wird.

Art. 98 Vorbehalte sind nur zulässig, soweit sie in diesem Übereinkommen ausdrücklich für zulässig erklärt werden.

Art. 99 ¹ Vorbehaltlich des Absatzes 6 tritt dieses Übereinkommen am ersten Tag des Monats in Kraft, der auf einen Zeitabschnitt von zwölf Monaten nach Hinterlegung der zehnten Ratifikations-, Annahme-, Genehmigungs- oder Beitrittsurkunde einschliesslich einer Urkunde, die eine nach Artikel 92 abgegebene Erklärung enthält, folgt.

² Wenn ein Staat dieses Übereinkommen nach Hinterlegung der zehnten Ratifikations-, Annahme-, Genehmigungs- oder Beitrittsurkunde ratifiziert, annimmt, genehmigt oder ihm beitritt, tritt dieses Übereinkommen mit Ausnahme des ausgeschlossenen Teils für diesen Staat vorbehaltlich des Absatzes 6 am ersten Tag des Monats in Kraft, der auf einen Zeitabschnitt von zwölf Monaten nach Hinterlegung seiner Ratifikations-, Annahme-, Genehmigungs- oder Beitrittsurkunde folgt.

³ Ein Staat, der dieses Übereinkommen ratifiziert, annimmt, genehmigt oder ihm beitritt und Vertragsstaat des Haager Übereinkommens vom 1. Juli 1964 zur Einführung eines Einheitlichen Gesetzes über den Abschluss von internationalen Kaufverträgen über bewegliche Sachen (Haager Abschlussübereinkommen von 1964) oder des Haager Übereinkommens vom 1. Juli

1964 zur Einführung eines Einheitlichen Gesetzes über den internationalen Kauf beweglicher Sachen (Haager Kaufrechtsübereinkommen von 1964) ist, kündigt gleichzeitig das Haager Kaufrechtsübereinkommen von 1964 oder das Haager Abschlussübereinkommen von 1964 oder gegebenenfalls beide Übereinkommen, indem er der Regierung der Niederlande die Kündigung notifiziert.

4 Ein Vertragsstaat des Haager Kaufrechtsübereinkommens von 1964, der das vorliegende Übereinkommen ratifiziert, annimmt, genehmigt oder ihm beitritt und nach Artikel 92 erklärt oder erklärt hat, dass Teil II dieses Übereinkommens für ihn nicht verbindlich ist, kündigt bei der Ratifikation, der Annahme, der Genehmigung oder dem Beitritt das Haager Kaufrechtsübereinkommen von 1964, indem er der Regierung der Niederlande die Kündigung notifiziert.

5 Ein Vertragsstaat des Haager Abschlussübereinkommens von 1964, der das vorliegende Übereinkommen ratifiziert, annimmt, genehmigt oder ihm beitritt und nach Artikel 92 erklärt oder erklärt hat, dass Teil III dieses Übereinkommens für ihn nicht verbindlich ist, kündigt bei der Ratifikation, der Annahme, der Genehmigung oder dem Beitritt das Haager Abschlussübereinkommen von 1964, indem er der Regierung der Niederlande die Kündigung notifiziert.

6 Für die Zwecke dieses Artikels werden Ratifikationen, Annahmen, Genehmigungen und Beitritte bezüglich dieses Übereinkommens, die von Vertragsstaaten des Haager Abschlussübereinkommens von 1964 oder des Haager Kaufrechtsübereinkommens von 1964 vorgenommen werden, erst wirksam, nachdem die erforderlichen Kündigungen durch diese Staaten bezüglich der genannten Übereinkommen selbst wirksam geworden sind. Der Depositar dieses Übereinkommens setzt sich mit der Regierung der Niederlande als Depositar der Übereinkommen von 1964 in Verbindung, um die hierfür notwendige Koordinierung sicherzustellen.

Art. 100 1 Dieses Übereinkommen findet auf den Abschluss eines Vertrages nur Anwendung, wenn das Angebot zum Vertragsabschluss an oder nach dem Tag gemacht wird, an dem das Übereinkommen für die in Artikel 1 Absatz 1 Buchstabe a genannten Vertragsstaaten oder den in Artikel 1 Absatz 1 Buchstabe b genannten Vertragsstaat in Kraft tritt.

2 Dieses Übereinkommen findet nur auf Verträge Anwendung, die an oder nach dem Tag geschlossen werden, an dem das Übereinkommen für die in Artikel 1 Absatz 1 Buchstabe a genannten Vertragsstaaten oder den in Artikel 1 Absatz 1 Buchstabe b genannten Vertragsstaat in Kraft tritt.

Art. 101 1 Ein Vertragsstaat kann dieses Übereinkommen oder dessen Teil II oder Teil III durch eine an den Depositar gerichtete schriftliche Notifikation kündigen.

² Eine Kündigung wird am ersten Tag des Monats wirksam, der auf einen Zeitabschnitt von zwölf Monaten nach Eingang der Notifikation beim Depositar folgt. Ist in der Notifikation eine längere Kündigungsfrist angegeben, so wird die Kündigung nach Ablauf dieser längeren Frist nach Eingang der Notifikation beim Depositar wirksam.

Geschehen zu Wien, am 11. April 1980 in einer Urschrift in arabischer, chinesischer, englischer, französischer, russischer und spanischer Sprache, wobei jeder Wortlaut gleichermassen verbindlich ist.

Zu Urkund dessen haben die unterzeichneten, hierzu von ihren Regierungen gehörig befugten Bevollmächtigten dieses Übereinkommen unterschrieben.

(Es folgen die Unterschriften)

Geltungsbereich am 26. Oktober 2022[2]

Vertragsstaaten	Ratifikation Beitritt (B) Nachfolgeerklärung (N)		Inkrafttreten	
Ägypten	6. Dezember	1982 B	1. Januar	1988
Albanien	13. Mai	2009 B	1. Juni	2010
Argentinien*	19. Juli	1983 B	1. Januar	1988
Armenien*	2. Dezember	2008 B	1. Januar	2010
Aserbaidschan*	3. Mai	2016 B	1. Juni	2017
Australien*	17. März	1988 B	1. April	1989
Australische Aussenbesitzungen mit Ausnahme der Weihnachtsinsel, der Kokos-Inseln (Keeling) und der Ashmore- und Cartier-Inseln	17. März	1988	1. April	1989
Bundesstaaten Australiens und Territorien Australiens auf dem Kontinent	17. März	1988	1. April	1989
Bahrain	25. September	2013 B	1. Oktober	2014
Belarus*	9. Oktober	1989 B	1. November	1990
Belgien	31. Oktober	1996 B	1. November	1997

---

[2] AS 1991 307; 1993 2057; 1995 1215; 2004 3455; 2006 2021; 2009 1659; 2012 2553; 2014 2153; 2016 2891; 2018 877; 2020 485; 2022 624. Eine aktualisierte Fassung des Geltungsbereiches ist auf der Publikationsplattform des Bundesrechts «Fedlex» unter folgender Adresse veröffentlicht https://www.fedlex.admin.ch/de/treaty.

Vertragsstaaten	Ratifikation Beitritt (B) Nachfolgeerklärung (N)		Inkrafttreten	
Benin	29. Juli	2011 B	1. August	2012
Bosnien und Herzegowina	12. Januar	1994 N	6. März	1992
Brasilien	4. März	2013 B	1. April	2014
Bulgarien	9. Juli	1990 B	1. August	1991
Burundi	4. September	1998 B	1. Oktober	1999
Chile*	7. Februar	1990	1. März	1991
China*	11. Dezember	1986	1. Januar	1988
Hongkong	4. Mai	2022	4. Mai	2022
Costa Rica	12. Juli	2017 B	1. August	2018
Dänemark*	14. Februar	1989	1. März	1990
Deutschland*	21. Dezember	1989	1. Januar	1991
Dominikanische Republik	7. Juni	2010 B	1. Juli	2011
Ecuador	27. Januar	1992 B	1. Februar	1993
El Salvador	27. November	2006 B	1. Dezember	2007
Estland*	20. September	1993 B	1. Oktober	1994
Fidschi	7. Juni	2017 B	1. Juli	2018
Finnland*	15. Dezember	1987	1. Januar	1989
Frankreich	6. August	1982	1. Januar	1988
Gabun	15. Dezember	2004 B	1. Januar	2006
Georgien	16. August	1994 B	1. September	1995
Griechenland	12. Januar	1998 B	1. Februar	1999
Guatemala	11. Dezember	2019 B	1. Januar	2021
Guinea	23. Januar	1991 B	1. Februar	1992
Guyana	25. September	2014 B	1. Oktober	2015
Honduras	10. Oktober	2002 B	1. November	2003
Irak	5. März	1990 B	1. April	1991
Island*	10. Mai	2001 B	1. Juni	2002
Israel*	22. Januar	2002 B	1. Februar	2003
Italien	11. Dezember	1986	1. Januar	1988
Japan	1. Juli	2008 B	1. August	2009
Kamerun	11. Oktober	2017 B	1. November	2018

Vertragsstaaten	Ratifikation Beitritt (B) Nachfolgeerklärung (N)		Inkrafttreten	
Kanada*	23. April	1991 B	1. Mai	1992
Kirgisistan	11. Mai	1999 B	1. Juni	2000
Kolumbien	10. Juli	2001 B	1. August	2002
Kongo (Kinshasa)	11. Juni	2014 B	1. Juli	2015
Korea (Nord-)*	27. März	2019 B	1. April	2020
Korea (Süd-)	17. Februar	2004 B	1. März	2005
Kroatien	8. Juni	1998 N	8. Oktober	1991
Kuba	2. November	1994 B	1. Dezember	1995
Laos*	24. September	2019 B	1. Oktober	2020
Lesotho	18. Juni	1981	1. Januar	1988
Lettland	31. Juli	1997 B	1. August	1998
Libanon	21. November	2008 B	1. Dezember	2009
Liberia	16. September	2005 B	1. Oktober	2006
Liechtenstein	30. April	2019 B	1. Mai	2020
Litauen	18. Januar	1995 B	1. Februar	1996
Luxemburg	30. Januar	1997 B	1. Februar	1998
Madagaskar	24. September	2014 B	1. Oktober	2015
Mauretanien	20. August	1999 B	1. September	2000
Mexiko	29. Dezember	1987 B	1. Januar	1989
Moldau	13. Oktober	1994 B	1. November	1995
Mongolei	31. Dezember	1997 B	1. Januar	1999
Montenegro	23. Oktober	2006 N	3. Juni	2006
Neuseeland*	22. September	1994 B	1. Oktober	1995
Niederlande	13. Dezember	1990	1. Januar	1992
Aruba	13. Dezember	1990	1. Januar	1992
Nordmazedonien	22. November	2006 N	17. November	1991
Norwegen*	20. Juli	1988	1. August	1989
Österreich	29. Dezember	1987	1. Januar	1989
Palästina	29. Dezember	2017 B	1. Januar	2019
Paraguay*	13. Januar	2006 B	1. Februar	2007
Peru	25. März	1999 B	1. April	2000

Vertragsstaaten	Ratifikation Beitritt (B) Nachfolgeerklärung (N)		Inkrafttreten	
Polen	19. Mai	1995	1. Juni	1996
Portugal	23. September	2020 B	1. Oktober	2021
Rumänien	22. Mai	1991 B	1. Juni	1992
Russland*	16. August	1990 B	1. September	1991
Sambia	6. Juni	1986 B	1. Januar	1988
San Marino	22. Februar	2012 B	1. März	2013
Schweden*	15. Dezember	1987	1. Januar	1989
Schweiz	21. Februar	1990 B	1. März	1991
Serbien	12. März	2001 N	27. April	1992
Singapur*	16. Februar	1995	1. März	1996
Slowakei*	28. Mai	1993 N	1. Januar	1993
Slowenien	7. Januar	1994 N	25. Juni	1991
Spanien	24. Juli	1990 B	1. August	1991
St. Vincent und die Grenadinen*	12. September	2000 B	1. Oktober	2001
Syrien	19. Oktober	1982 B	1. Januar	1988
Tschechische Republik	30. September	1993 N	1. Januar	1993
Turkmenistan	4. Mai	2022 B	1. Juni	2023
Türkei	7. Juli	2010 B	1. August	2011
Uganda	12. Februar	1992 B	1. März	1993
Ukraine*	3. Januar	1990 B	1. Februar	1991
Ungarn	16. Juni	1983	1. Januar	1988
Uruguay	25. Januar	1999 B	1. Februar	2000
Usbekistan	27. November	1996 B	1. Dezember	1997
Vereinigte Staaten*	11. Dezember	1986	1. Januar	1988
Vietnam*	18. Dezember	2015 B	1. Januar	2017
Zypern	7. März	2005 B	1. April	2006

* Vorbehalte und Erklärungen.
Die Vorbehalte und Erklärungen werden in der AS nicht veröffentlicht. Die französischen und englischen Texte können auf der Internetseite der Vereinten Nationen: http://treaties.un.org/ > Enregistrement et Publication > Recueil des Traités des Nations Unies eingesehen oder bei der Direktion für Völkerrecht, Sektion Staatsverträge, 3003 Bern bezogen werden.

6. Verordnung über die Miete und Pacht von Wohn- und Geschäftsräumen (VMWG)

vom 9. Mai 1990

Der Schweizerische Bundesrat,
gestützt auf Artikel 253a Absatz 3 des Obligationenrechts (OR)[1],
verordnet:

Art. 1 Geltungsbereich (Art. 253a Abs. 1 OR)

Als Sachen, die der Vermieter dem Mieter zusammen mit Wohn- und Geschäftsräumen zum Gebrauch überlässt, gelten insbesondere Mobilien, Garagen, Autoeinstell- und Abstellplätze sowie Gärten.

Art. 2 Ausnahmen (Art. 253, Abs. 2, 253b Abs. 2 und 3 OR)

[1] Für luxuriöse Wohnungen und Einfamilienhäuser mit sechs oder mehr Wohnräumen (ohne Anrechnung der Küche) gilt der 2. Abschnitt des Achten Titels des OR (Art. 269–270e) nicht.

[2] Für Wohnungen, deren Bereitstellung von der öffentlichen Hand gefördert wurde und deren Mietzinse durch eine Behörde kontrolliert werden, gelten nur die Artikel 253–268b, 269, 269d Absatz 3, 270e und 271–273c OR sowie die Artikel 3–10 und 20–23 dieser Verordnung.[2]

Art. 3 Koppelungsgeschäfte (Art. 254 OR)

Als Koppelungsgeschäft im Sinne von Artikel 254 OR gilt insbesondere die Verpflichtung des Mieters, die Mietsache, Möbel oder Aktien zu kaufen oder einen Versicherungsvertrag abzuschliessen.

Art. 4 Nebenkosten im Allgemeinen (Art. 257a OR)

[1] Erhebt der Vermieter die Nebenkosten aufgrund einer Abrechnung, muss er diese jährlich mindestens einmal erstellen und dem Mieter vorlegen.

[2] Erhebt er sie pauschal, muss er auf Durchschnittswerte dreier Jahre abstellen.

SR 221.213.11. AS 1990 835
1 SR 220
2 Fassung gemäss Ziff. II 4 der V vom 18. Juni 2010 über die Anpassung von Verordnungen an die Schweizerische Zivilprozessordnung, in Kraft seit 1. Jan. 2011 (AS 2010 3053).

³ Die für die Erstellung der Abrechnung entstehenden Verwaltungskosten dürfen nach Aufwand oder im Rahmen der üblichen Ansätze angerechnet werden.³

Art. 5 Anrechenbare Heizungs- und Warmwasserkosten
(Art. 257b Abs. 1 OR)

¹ Als Heizungs- und Warmwasserkosten anrechenbar sind die tatsächlichen Aufwendungen, die mit dem Betrieb der Heizungsanlage oder der zentralen Warmwasseraufbereitungsanlage direkt zusammenhängen.

² Darunter fallen insbesondere die Aufwendungen für:
a. die Brennstoffe und die Energie, die verbraucht wurden;
b. die Elektrizität zum Betrieb von Brennern und Pumpen;
c. die Betriebskosten für Alternativenergien;
d. die Reinigung der Heizungsanlage und des Kamins, das Auskratzen, Ausbrennen und Einölen der Heizkessel sowie die Abfall- und Schlackenbeseitigung;
e. die periodische Revision der Heizungsanlage einschliesslich des Öltanks sowie das Entkalken der Warmwasseranlage, der Boiler und des Leitungsnetzes;
f. die Verbrauchserfassung und den Abrechnungsservice für die verbrauchsabhängige Heizkostenabrechnung sowie den Unterhalt der nötigen Apparate;
g. die Wartung;
h. die Versicherungsprämien, soweit sie sich ausschliesslich auf die Heizungsanlage beziehen;
i. die Verwaltungsarbeit, die mit dem Betrieb der Heizungsanlage zusammenhängt.

³ Die Kosten für die Wartung und die Verwaltung dürfen nach Aufwand oder im Rahmen der üblichen Ansätze angerechnet werden.

Art. 6 Nicht anrechenbare Heizungs- und Warmwasserkosten
(Art. 257b Abs. 1 OR)

Nicht als Heizungs- und Warmwasseraufbereitungskosten anrechenbar sind die Aufwendungen für:
a. die Reparatur und Erneuerung der Anlagen;
b. die Verzinsung und Abschreibung der Anlagen.

---

3 Eingefügt durch Ziff. I der V vom 26. Juni 1996, in Kraft seit 1. Aug. 1996 (AS 1996 2120).

Art. 6a[4] Energiebezug von einer ausgelagerten Zentrale

Bezieht der Vermieter Heizenergie oder Warmwasser aus einer nicht zur Liegenschaft gehörenden Zentrale, die nicht Teil der Anlagekosten ist, kann er die tatsächlich anfallenden Kosten in Rechnung stellen.

Art. 6b[5] Bezug von Elektrizität im Rahmen eines Zusammenschlusses zum Eigenverbrauch

Der Vermieter kann im Rahmen eines Zusammenschlusses gemäss Artikel 17 EnG die Kosten nach Artikel 16 EnV als Nebenkosten in Rechnung stellen.

Art. 6c[6] Energiespar-Contracting

¹ Ein Energiespar-Contracting liegt vor, wenn ein Dienstleister sich gegen Vergütung verpflichtet, den Energieverbrauch einer Liegenschaft durch geeignete Energiesparmassnahmen zu senken.

² Als Energiesparmassnahmen nach Absatz 1 gelten insbesondere:
a. die Optimierung des Betriebs von Heizungs-, Lüftungs- und Klimaanlagen und der Gebäudeautomation;
b. die Instruktion und die Beratung der Bewohnerschaft;
c. der Ersatz von Anlagen, Installationen und Leuchtmitteln;
d. die Verbesserung der Gebäudehülle.

³ Der Vermieter kann die im Rahmen eines Energiespar-Contractings anfallenden Kosten während höchstens 10 Jahren als Nebenkosten in Rechnung stellen.

⁴ Der jährlich in Rechnung gestellte Betrag darf nicht höher sein als die Energiekosten, die der Mieter mit dem Energiespar-Contracting während dieses Abrechnungszeitraums einspart.

⁵ Bei der Berechnung der Einsparung sind Witterungseinflüsse zu berücksichtigen.

⁶ Förderbeiträge für energetische Verbesserungen sind im Umfang des Anteils, der bei gleichmässiger Verteilung über die Dauer des Energiespar-Contractings auf ein Jahr entfällt, vom Betrag nach Absatz 4 in Abzug zu bringen.

Art. 7 Nicht vermietete Wohn- und Geschäftsräume (Art. 257b Abs. 1 OR)

¹ Die Heizungskosten für nicht vermietete Wohn- und Geschäftsräume trägt der Vermieter.

² Sind keine Geräte zur Erfassung des Wärmeverbrauchs der einzelnen Verbraucher installiert und wurden nicht vermietete Wohn- und Geschäftsräume nachweisbar nur soweit geheizt, als dies zur Verhinderung von Frostschä-

---

4 Eingefügt durch Ziff. I der V vom 26. Juni 1996, in Kraft seit 1. Aug. 1996 (AS 1996 2120).
5 Eingefügt durch Anhang 7 Ziff. II 1 der Energieverordnung vom 1. Nov. 2017, in Kraft seit 1. Jan. 2018 (AS 2017 6889).
6 Eingefügt durch Ziff. I der V vom 29. April 2020, in Kraft seit 1. Juni 2020 (AS 2020 1511).

den notwendig ist, muss der Vermieter nur einen Teil der Heizungskosten übernehmen, die nach dem normalen Verteilungsschlüssel auf Wohn- und Geschäftsräume entfallen. Dieser Teil beträgt in der Regel:
a. ein Drittel für Zwei- bis Dreifamilienhäuser;
b. die Hälfte für Vier- bis Achtfamilienhäuser;
c. zwei Drittel für grössere Gebäude sowie für Büro- und Geschäftshäuser.

Art. 8 Abrechnung (Art. 257b OR)

¹ Erhält der Mieter mit der jährlichen Heizungskostenrechnung nicht eine detaillierte Abrechnung und Aufteilung der Heizungs- und Warmwasseraufbereitungskosten, so ist auf der Rechnung ausdrücklich darauf hinzuweisen, dass er die detaillierte Abrechnung verlangen kann.

² Der Mieter oder sein bevollmächtigter Vertreter ist berechtigt, die sachdienlichen Originalunterlagen einzusehen und über den Anfangs- und Endbestand von Heizmaterialien Auskunft zu verlangen.

Art. 9 Kündigungen (Art. 266l Abs. 2 OR)

¹ Das Formular für die Mitteilung der Kündigung im Sinne von Artikel 266*l* Absatz 2 OR muss enthalten:
a. die Bezeichnung des Mietgegenstandes, auf welchen sich die Kündigung bezieht;
b. den Zeitpunkt, auf den die Kündigung wirksam wird;
c. den Hinweis, dass der Vermieter die Kündigung auf Verlangen des Mieters begründen muss;
d. die gesetzlichen Voraussetzungen der Anfechtung der Kündigung und der Erstreckung des Mietverhältnisses (Art. 271–273 OR);
e. das Verzeichnis der Schlichtungsbehörden und ihre örtliche Zuständigkeit.

² Die Kantone sorgen dafür, dass in den Gemeinden Formulare in genügender Zahl zur Verfügung stehen. Sie können zu diesem Zweck eigene Formulare in den Gemeindekanzleien auflegen.

Art. 10 Offensichtlich übersetzter Kaufpreis (Art. 269 OR)

Als offensichtlich übersetzt im Sinne von Artikel 269 OR gilt ein Kaufpreis, der den Ertragswert einer Liegenschaft, berechnet auf den orts- oder quartierüblichen Mietzinsen für gleichartige Objekte, erheblich übersteigt.

Art. 11 Orts- und quartierübliche Mietzinse (Art. 269a Bst. a OR)

¹ Massgeblich für die Ermittlung der orts- und quartierüblichen Mietzinse im Sinne von Artikel 269*a* Buchstabe a OR sind die Mietzinse für Wohn- und Geschäftsräume, die nach Lage, Grösse, Ausstattung, Zustand und Bauperiode mit der Mietsache vergleichbar sind.

² Bei Geschäftsräumen kann der Vergleich im Sinne von Artikel 269a Buchstabe a OR mit den quartierüblichen Quadratmeterpreisen gleichartiger Objekte erfolgen.

³ Ausser Betracht fallen Mietzinse, die auf einer Marktbeherrschung durch einen Vermieter oder eine Vermietergruppe beruhen.

⁴ Amtliche Statistiken sind zu berücksichtigen.

Art. 12 Kostensteigerungen (Art. 269a Bst. b OR)

¹ Als Kostensteigerungen im Sinne von Artikel 269a Buchstabe b OR gelten insbesondere Erhöhungen des Hypothekarzinssatzes, der Gebühren, Objektsteuern, Baurechtszinse, Versicherungsprämien sowie Erhöhungen der Unterhaltskosten.[7]

² Aus Handänderungen sich ergebende Kosten gelten als Teil der Erwerbskosten und nicht als Kostensteigerungen.

Art. 12a[8] Referenzzinssatz für Hypotheken

¹ Für Mietzinsanpassungen aufgrund von Änderungen des Hypothekarzinssatzes gilt ein Referenzzinssatz. Dieser stützt sich auf den vierteljährlich erhobenen, volumengewichteten Durchschnittszinssatz für inländische Hypothekarforderungen und wird durch kaufmännische Rundung in Viertelprozenten festgesetzt.[9]

² Das Eidgenössische Departement für Wirtschaft, Bildung und Forschung (WBF)[10] gibt den Referenzzinssatz vierteljährlich bekannt.[11]

³ Das WBF kann für den technischen Vollzug der Datenerhebung und die Berechnung des Durchschnittszinssatzes für inländische Hypothekarforderungen Dritte beiziehen.

⁴ Es erlässt Bestimmungen über die technische Definition, Erhebung und Veröffentlichung des Durchschnittszinssatzes für inländische Hypothekarforderungen gemäss Absatz 1. Die Banken müssen dem WBF die notwendigen Daten melden.

Art. 13 Hypothekarzinse (Art. 269a Bst. b OR)

¹ Eine Hypothekarzinserhöhung von einem Viertel Prozent berechtigt in der Regel zu einer Mietzinserhöhung von höchstens:

a. 2 Prozent bei Hypothekarzinssätzen von mehr als 6 Prozent;
b. 2,5 Prozent bei Hypothekarzinssätzen zwischen 5 und 6 Prozent;

---

7 Fassung gemäss Ziff. I der V vom 28. Nov. 2007, in Kraft seit 1. Jan. 2008 (AS 2007 7021).
8 Eingefügt durch Ziff. I der V vom 28. Nov. 2007, in Kraft seit 1. Jan. 2008 (AS 2007 7021).
9 Fassung gemäss Ziff. I der V vom 26. Okt. 2011, in Kraft seit 1. Dez. 2011 (AS 2011 4907).
10 Die Bezeichnung der Verwaltungseinheit wurde in Anwendung von Art. 16 Abs. 3 der Publikationsverordnung vom 17. Nov. 2004 (AS 2004 4937) auf den 1. Jan. 2013 angepasst. Die Anpassung wurde im ganzen Text vorgenommen.
11 Fassung gemäss Ziff. I der V vom 26. Okt. 2011, in Kraft seit 1. Dez. 2011 (AS 2011 4907).

c. 3 Prozent bei Hypothekarzinssätzen von weniger als 5 Prozent.

Bei Hypothekarzinssenkungen sind die Mietzinse entsprechend herabzusetzen oder die Einsparungen mit inzwischen eingetretenen Kostensteigerungen zu verrechnen.

² Bei Zahlungsplänen im Sinne von Artikel 269a Buchstabe d und Rahmenmietverträgen im Sinne von Artikel 269a Buchstabe f OR gelten bei Hypothekarzinsänderungen stattdessen die für solche Fälle vereinbarten Regelungen.

³ Wird unter Verzicht auf Quartierüblichkeit und Teuerungsausgleich dauernd mit der reinen Kostenmiete gerechnet, so kann der Mietzins bei Hypothekarzinserhöhungen im Umfang der Mehrbelastung für das gesamte investierte Kapital erhöht werden.

⁴ Bei Mietzinsanpassungen infolge von Hypothekarzinsänderungen ist im Übrigen zu berücksichtigen, ob und inwieweit frühere Hypothekarzinsänderungen zu Mietzinsanpassungen geführt haben.

Art. 14[12] Mehrleistungen des Vermieters (Art. 269a Bst. b OR)

¹ Als Mehrleistungen im Sinne von Artikel 269a Buchstabe b OR gelten Investitionen für wertvermehrende Verbesserungen, die Vergrösserung der Mietsache sowie zusätzliche Nebenleistungen. Die Kosten umfassender Überholungen gelten in der Regel zu 50–70 Prozent als wertvermehrende Investitionen.

² Als Mehrleistungen gelten auch die folgenden energetischen Verbesserungen:
a. Massnahmen zur Verminderung der Energieverluste der Gebäudehülle;
b. Massnahmen zur rationelleren Energienutzung;
c. Massnahmen zur Verminderung der Emissionen bei haustechnischen Anlagen;
d. Massnahmen zum Einsatz erneuerbarer Energien;
e. der Ersatz von Haushaltgeräten mit grossem Energieverbrauch durch Geräte mit geringerem Verbrauch.

³ Als Mehrleistung kann nur der Teil der Kosten geltend gemacht werden, der die Kosten zur Wiederherstellung oder Erhaltung des ursprünglichen Zustandes übersteigt.

³ᵇⁱˢ Förderbeiträge, die für wertvermehrende Verbesserungen gewährt werden, sind vom Betrag der Mehrleistungen abzuziehen.[13]

⁴ Mietzinserhöhungen wegen wertvermehrender Investitionen und energetischer Verbesserungen sind nicht missbräuchlich, wenn sie den angemessenen Satz für Verzinsung, Amortisation und Unterhalt der Investition nicht überschreiten.

---

12 Fassung gemäss Ziff. I der V vom 28. Nov. 2007, in Kraft seit 1. Jan. 2008 (AS 2007 7021).
13 Eingefügt durch Ziff. I der V vom 15. Jan. 2014, in Kraft seit 1. Juli 2014 (AS 2014 417).

⁵ Mietzinserhöhungen wegen wertvermehrender Investitionen und energetischer Verbesserungen dürfen erst angezeigt werden, wenn die Arbeiten ausgeführt sind und die sachdienlichen Belege vorliegen. Bei grösseren Arbeiten sind gestaffelte Mietzinserhöhungen nach Massgabe bereits erfolgter Zahlungen zulässig.

Art. 15 Bruttorendite (Art. 269a Bst. c OR)

¹ Die Bruttorendite im Sinne von Artikel 269a Buchstabe c OR wird auf den Anlagekosten berechnet.

² Ausser Betracht fallen offensichtlich übersetzte Land-, Bau- und Erwerbskosten.

Art. 16 Teuerungsausgleich (Art. 269a Bst. e OR)

Zum Ausgleich der Teuerung auf dem risikotragenden Kapital im Sinne von Artikel 269a Buchstabe e OR darf der Mietzins um höchstens 40 Prozent der Steigerung des Landesindexes der Konsumentenpreise erhöht werden.

Art. 17 Indexierte Mietzinse[14] (Art. 269b OR)

¹ Haben die Parteien für die Miete einer Wohnung einen indexierten Mietzins vereinbart, darf die jeweilige Mietzinserhöhung die Zunahme des Landesindexes der Konsumentenpreise nicht übersteigen.[15]

² Bei einer Senkung des Landesindexes ist der Mietzins entsprechend anzupassen.

³ Mietzinserhöhungen gestützt auf den Landesindex der Konsumentenpreise können unter Einhaltung einer Frist von mindestens 30 Tagen auf ein Monatsende angekündigt werden.[16]

⁴ Ein Mietvertrag ist im Sinne von Artikel 269b OR für fünf Jahre abgeschlossen, wenn der Vertrag durch den Vermieter für die Dauer von mindestens fünf Jahren nicht gekündigt werden kann.[17]

Art. 18 Unvollständige Mietzinsanpassung

Macht der Vermieter die ihm zustehende Mietzinsanpassung nicht vollständig geltend, hat er diesen Vorbehalt in Franken oder in Prozenten des Mietzinses festzulegen.

---

14 Fassung gemäss Ziff. I der V vom 28. Nov. 2007, in Kraft seit 1. Jan. 2008 (AS 2007 7021).
15 Fassung gemäss Ziff. I der V vom 26. Juni 1996, in Kraft seit 1. Aug. 1996 (AS 1996 2120). Siehe auch die SchlB dieser Änd. am Ende dieses Textes.
16 Eingefügt durch Ziff. I der V vom 28. Nov. 2007, in Kraft seit 1. Jan. 2008 (AS 2007 7021).
17 Eingefügt durch Ziff. I der V vom 28. Nov. 2007, in Kraft seit 1. Jan. 2008 (AS 2007 7021).

Art. 19 Formular zur Mitteilung von Mietzinserhöhungen und anderen einseitigen Vertragsänderungen (Art. 269d OR)

¹ Das Formular für die Mitteilung von Mietzinserhöhungen und anderen einseitigen Vertragsänderungen im Sinne von Artikel 269d OR muss enthalten:
a.[18] Für Mietzinserhöhungen:
1. den bisherigen Mietzins und die bisherige Belastung des Mieters für Nebenkosten;
2. den neuen Mietzins und die neue Belastung des Mieters für Nebenkosten;
3. den Zeitpunkt, auf den die Erhöhung in Kraft tritt;
4. die klare Begründung der Erhöhung. Werden mehrere Erhöhungsgründe geltend gemacht, so sind diese je in Einzelbeträgen auszuweisen;
5[19]. bei Mehrleistungen die Angabe, ob der Vermieter Förderbeiträge für wertvermehrende Verbesserungen erhält.
b. Für andere einseitige Vertragsänderungen:
1. die Umschreibung dieser Forderung;
2. den Zeitpunkt, auf den sie wirksam wird;
3. die klare Begründung dieser Forderung.
c. Für beide Fälle:
1. die gesetzlichen Voraussetzungen der Anfechtung;
2. das Verzeichnis der Schlichtungsbehörden und ihre örtliche Zuständigkeit.

¹bis Erfolgt die Begründung in einem Begleitschreiben, so hat der Vermieter im Formular ausdrücklich darauf hinzuweisen.[20]

² Die Absätze 1 und 1bis gelten ferner sinngemäss, wenn der Vermieter den Mietzins einem vereinbarten Index anpasst oder ihn aufgrund der vereinbarten Staffelung erhöht. Bei indexgebundenen Mietverhältnissen darf die Mitteilung frühestens nach der öffentlichen Bekanntgabe des neuen Indexstandes erfolgen. Bei gestaffelten Mietzinsen darf die Mitteilung frühestens vier Monate vor Eintritt jeder Mietzinserhöhung erfolgen. Die Kantone können als rechtsgenügendes Formular in diesem Fall die Kopie der Mietzinsvereinbarung bezeichnen.[21]

³ Die Absätze 1 und 1bis sind sinngemäss anzuwenden, wenn die Kantone im Sinne von Artikel 270 Absatz 2 OR die Verwendung des Formulars beim Abschluss eines neuen Mietvertrags obligatorisch erklären.[22]

---

18 Fassung gemäss Ziff. I der V vom 26. Juni 1996, in Kraft seit 1. Aug. 1996 (AS 1996 2120).
19 Eingefügt durch Ziff. I der V vom 15. Jan. 2014, in Kraft seit 1. Juli 2014 (AS 2014 417).
20 Eingefügt durch Ziff. I der V vom 26. Juni 1996, in Kraft seit 1. Aug. 1996 (AS 1996 2120).
21 Fassung gemäss Ziff. I der V vom 26. Juni 1996, in Kraft seit 1. Aug. 1996 (AS 1996 2120).
22 Fassung gemäss Ziff. I der V vom 26. Juni 1996, in Kraft seit 1. Aug. 1996 (AS 1996 2120).

⁴ Die Kantone sorgen dafür, dass in den Gemeinden Formulare in genügender Zahl zur Verfügung stehen. Sie können zu diesem Zweck eigene Formulare in den Gemeindekanzleien auflegen.

Art. 20 Begründungspflicht des Vermieters (Art. 269d Abs. 2 und 3 OR)

¹ Bei Mietzinserhöhungen wegen Kostensteigerungen oder wegen wertvermehrenden Verbesserungen des Vermieters kann der Mieter verlangen, dass der geltend gemachte Differenzbetrag zahlenmässig begründet wird. Die 30-tägige Anfechtungsfrist wird dadurch nicht berührt.

² Im Schlichtungsverfahren kann der Mieter verlangen, dass für alle geltend gemachten Gründe der Mietzinserhöhung die sachdienlichen Belege vorgelegt werden.

Art. 21 Aufgaben der Schlichtungsbehörden (Art. 201 und 208 ZPO[23])[24]

¹ Die Schlichtungsbehörden haben im Schlichtungsverfahren eine Einigung der Parteien anzustreben, die sich auf das gesamte Mietverhältnis (Höhe des Mietzinses, Dauer des Vertrags, Kündigungsfrist usw.) erstreckt.[25]

² Die Schlichtungsbehörden sind verpflichtet, Mieter und Vermieter ausserhalb eines Anfechtungsverfahrens, insbesondere vor Abschluss eines Mietvertrags, zu beraten. Sie haben namentlich Mietern und Vermietern behilflich zu sein, sich selbst ein Urteil darüber zu bilden, ob ein Mietzins missbräuchlich ist.

³ Die Schlichtungsbehörden können einzelne Mitglieder oder das Sekretariat mit der Beratung betrauen.

Art. 22[26] Zusammensetzung der Schlichtungsbehörden
(Art. 200 Abs. 1 ZPO[27])[28]

Die Kantone sind verpflichtet, die Zusammensetzung der Schlichtungsbehörden und deren Zuständigkeit periodisch zu veröffentlichen.

Art. 23 Berichterstattung über die Schlichtungsbehörden und Bekanntgabe richterlicher Urteile

¹ Die Kantone haben dem WBF halbjährlich über die Tätigkeit der Schlichtungsbehörden Bericht zu erstatten. Aus dem Bericht müssen die Zahl der

---

23 Zivilprozessordnung vom 19. Dez. 2008 (SR 272).
24 Fassung gemäss Ziff. II 4 der V vom 18. Juni 2010 über die Anpassung von Verordnungen an die Schweizerische Zivilprozessordnung, in Kraft seit 1. Jan. 2011 (AS 2010 3053).
25 Fassung gemäss Ziff. II 4 der V vom 18. Juni 2010 über die Anpassung von Verordnungen an die Schweizerische Zivilprozessordnung, in Kraft seit 1. Jan. 2011 (AS 2010 3053).
26 Fassung gemäss Ziff. II 4 der V vom 18. Juni 2010, in Kraft seit 1. Jan. 2011 (AS 2010 3053).
27 SR 272
28 Fassung gemäss Ziff. II 4 der V vom 18. Juni 2010 über die Anpassung von Verordnungen an die Schweizerische Zivilprozessordnung, in Kraft seit 1. Jan. 2011 (AS 2010 3053).

Fälle, der jeweilige Grund der Anrufung sowie die Art der Erledigung ersichtlich sein.

² Die Kantone haben die zuständigen kantonalen richterlichen Behörden zu verpflichten, ein Doppel der Urteile über angefochtene Mietzinse und andere Forderungen der Vermieter dem WBF zuzustellen.

³ Das WBF sorgt für deren Auswertung und Veröffentlichung in geeigneter Form.

Art. 24 Vollzug

Das WBF ist mit dem Vollzug beauftragt.

Art. 25 Aufhebung bisherigen Rechts

Die Verordnung vom 10. Juli 1972[29] über Massnahmen gegen Missbräuche im Mietwesen wird aufgehoben.

Art. 26 Übergangsbestimmungen

¹ Die Vorschriften über den Schutz vor missbräuchlichen Mietzinsen und andern missbräuchlichen Forderungen des Vermieters bei der Miete von Wohn- und Geschäftsräumen sind anwendbar auf Anfangsmietzinse oder Mietzinserhöhungen, die mit Wirkung auf einen Zeitpunkt nach dem 1. Juli 1990 festgelegt oder mitgeteilt werden.

² Wurde eine Mietzinserhöhung vor dem 1. Juli 1990, aber mit Wirkung auf einen Zeitpunkt danach mitgeteilt, so beginnt die Frist für die Anfechtung (Art. 270b OR) am 1. Juli 1990 zu laufen. Für die Anfechtung eines Anfangsmietzinses, der vor dem 1. Juli 1990, aber mit Wirkung auf einen Zeitpunkt danach festgelegt wurde, gilt die Frist gemäss Artikel 270 OR.

³ Mietverhältnisse mit indexierten oder gestaffelten Mietzinsen, die nach dem 1. Juli 1990 beginnen, unterstehen dem neuen Recht; Mietverhältnisse mit indexierten oder gestaffelten Mietzinsen, die vor dem 1. Juli 1990 begonnen haben aber erst später enden, unterstehen dem alten Recht.

⁴ Basiert der Mietzins am 1. Juli 1990 auf einem Hypothekarzinsstand von weniger als 6 Prozent, so kann der Vermieter auch später für jedes Viertelprozent, das unter diesem Stand liegt, den Mietzins um 3,5 Prozent erhöhen.

Art. 27 Inkrafttreten

Diese Verordnung tritt am 1. Juli 1990 in Kraft.

---

29 [AS 1972 1559, 1975 173, 1977 2233, 1978 74 1965, 1983 256, 1989 1856]

Schlussbestimmung der Änderung vom 26. Juni 1996[30]

Die Vereinbarung einer vollen Indexierung nach Artikel 17 Absatz 1 vor dem Inkrafttreten dieser Verordnungsänderung ist möglich, soweit sie erst nach dem Inkrafttreten wirksam wird.

Übergangsbestimmungen der Änderung vom 28. November 2007[31]

¹ Bis zur erstmaligen Veröffentlichung des hypothekarischen Referenzzinssatzes gilt für Mietzinsanpassungen aufgrund von Veränderungen des Hypothekarzinssatzes das bisherige Recht.

² Ansprüche auf Senkung oder Erhöhung des Mietzinses aufgrund von Hypothekarzinsänderungen, die vor der Veröffentlichung des Referenzzinssatzes nach Absatz 1 erfolgt sind, können auch nach diesem Zeitpunkt geltend gemacht werden.

---

30 AS 1996 2120
31 AS 2007 7021

7. Bundesgesetz über Rahmenmietverträge und deren Allgemeinverbindlicherklärung (BGRA)*

vom 23. Juni 1995

Die Bundesversammlung der Schweizerischen Eidgenossenschaft,
gestützt auf Artikel 34^(septies) Absatz 2 der Bundesverfassung[1],
nach Einsicht in die Botschaft des Bundesrates vom 27. September 1993[2],
beschliesst:

1. Abschnitt: Rahmenmietverträge

Art. 1 Begriff

¹ Der Rahmenmietvertrag im Sinne dieses Gesetzes ist eine Vereinbarung, durch die Vermieter- und Mieterverbände gemeinsam Musterbestimmungen über Abschluss, Inhalt und Beendigung der einzelnen Mietverhältnisse über Wohn- und Geschäftsräume aufstellen.

² Der Rahmenmietvertrag kann auch andere Bestimmungen enthalten, soweit sie das Verhältnis zwischen Vermietenden und Mietenden betreffen. Insbesondere kann er Bestimmungen über die gemeinsame Einrichtung von Auskunfts- und Beratungsstellen enthalten.

³ Ein Rahmenmietvertrag kann abgeschlossen werden:
a. für die ganze Schweiz;
b. für das Gebiet eines oder mehrerer Kantone;
c. für Regionen, die mindestens 30 000 Wohnungen oder 10 000 Geschäftsräume umfassen.

Art. 2 Form

Ein Rahmenmietvertrag bedarf zu seiner Gültigkeit der schriftlichen Form. Er muss in den Amtssprachen des örtlichen Geltungsbereichs abgefasst sein.

SR 221.213.15. AS 1996 750
* Nicht amtliche Abkürzung.
1 SR 101
2 BBl 1993 III 957

Art. 3 Abweichung von zwingenden Vorschriften

[1] Der Bundesrat kann auf gemeinsamen Antrag der vertragsschliessenden Parteien Abweichungen von zwingenden Bestimmungen des Mietrechtes bewilligen, wenn der Rahmenmietvertrag:
a. von repräsentativen Verbänden oder Organisationen, die Vermieter- oder Mieterinteressen vertreten, abgeschlossen ist;
b. den Mietenden einen mindestens gleichwertigen Schutz vor missbräuchlichen Mietzinsen, anderen missbräuchlichen Forderungen und vor Kündigungen bietet;
c. dem übrigen zwingenden Recht von Bund und Kantonen nicht widerspricht.

[2] Repräsentativ sind Verbände und Organisationen, die:
a. seit mindestens zehn Jahren gemäss ihren Statuten den Hauptzweck haben, Vermieter- oder Mieterinteressen zu vertreten; und
b. mindestens 5 Prozent der Mietenden oder Vermietenden des Geltungsbereiches vertreten oder deren Mitglieder mindestens 10 Prozent der Einzelmietverträge des Geltungsbereiches direkt oder indirekt zeichnen.

[3] Der Rahmenmietvertrag darf jedoch von folgenden Bestimmungen des Obligationenrechtes[3] nicht abweichen:
a. Artikel 266*l*–266*o* (Form der Kündigung);
b. Artikel 269 und 269*d* (Schutz vor missbräuchlichen Mietzinsen und anderen missbräuchlichen Forderungen);
c. Artikel 270*e* (Weitergeltung des Vertrags während des Anfechtungsverfahrens);
d. Artikel 271, 273 Absätze 1, 4 und 5 und Artikel 273*a* Absatz 1 (Schutz vor missbräuchlichen Kündigungen);
e. Artikel 274–274*g* (Behörden und Verfahren).

[4] Ferner darf der Rahmenmietvertrag:
a. nicht von Artikel 270 des Obligationenrechts (Anfechtung des Anfangsmietzinses) abweichen, wenn der oder die betroffenen Kantone die Verwendung des Formulars nach Artikel 269*d* obligatorisch erklärt haben (Art. 270 Abs. 2);
b. das Recht der Mietenden nicht einschränken, die Herabsetzung von Mietzinsen zu verlangen (Art. 270*a*) und die Erhöhung von Mietzinsen anzufechten (Art. 270*b*).

[5] Der Bundesrat regelt das Verfahren zur Erteilung der Bewilligung. Im Rahmen dieses Verfahrens sind die betroffenen Kantone anzuhören.

---

[3] SR 220

2. Abschnitt: Allgemeinverbindlicherklärung

Art. 4 Allgemeines

¹ Rahmenmietverträge können auf übereinstimmenden Antrag der Vertragsparteien allgemeinverbindlich erklärt werden. Die Allgemeinverbindlicherklärung erfolgt befristet oder unbefristet.

² Bestimmungen über die Beurteilung von Streitigkeiten durch Schiedsgerichte können nicht allgemeinverbindlich erklärt werden.

Art. 5 Wirkung

¹ Allgemeinverbindliche Bestimmungen des Rahmenmietvertrages sind für alle Mietverhältnisse des örtlichen und sachlichen Geltungsbereiches zwingend.

² Bestimmungen in Einzelmietverträgen, die allgemeinverbindlichen Bestimmungen widersprechen, sind nichtig, ausser wenn sie für die Mietenden günstiger sind.

³ Die nichtigen Bestimmungen werden durch die Bestimmungen des Rahmenmietvertrages ersetzt.

Art. 6 Voraussetzungen

Die Allgemeinverbindlicherklärung darf nur angeordnet werden, wenn:
a. der Rahmenmietvertrag den Erfordernissen nach Artikel 3 genügt;
b. die repräsentativen Vermieter- und Mieterorganisationen, die nicht Vertragspartei sind, zu den Vertragsverhandlungen zugelassen waren und im Rahmen des Anhörungsverfahrens (Art. 10) die Allgemeinverbindlicherklärung nicht ausdrücklich abgelehnt haben;
c. die Vertragsparteien nachweisen, dass die Allgemeinverbindlicherklärung im öffentlichen Interesse liegt und insbesondere der Förderung des Wohnfriedens dient.

Art. 7 Zuständigkeit

¹ Erstreckt sich der Geltungsbereich des Rahmenmietvertrages auf das Gebiet mehrerer Kantone, so wird die Allgemeinverbindlichkeit vom Bundesrat erklärt.

² Beschränkt sich der Geltungsbereich des Rahmenmietvertrages auf das Gebiet eines Kantons oder auf einen Teil desselben, so wird die Allgemeinverbindlichkeit durch den Kanton erklärt.

Art. 8 Antrag

¹ Die Vertragsparteien müssen den Antrag auf Allgemeinverbindlicherklärung des Rahmenmietvertrages bei den zuständigen Behörden gemeinsam, schriftlich und begründet stellen. Die Bestimmungen, die allgemeinverbindlich

erklärt werden sollen, sind dem Antrag in den für den örtlichen Geltungsbereich massgebenden Amtssprachen beizulegen.

² Der Antrag muss enthalten:
a. den örtlichen und den sachlichen Geltungsbereich;
b. den Beginn und die Dauer der Allgemeinverbindlichkeit; und
c. die erforderlichen Angaben über die Voraussetzungen nach den Artikeln 3 und 6.

Art. 9 Veröffentlichung des Antrages

¹ Ist der Antrag nicht offensichtlich unzulässig, so veröffentlicht ihn die zuständige Behörde in den massgebenden Amtssprachen im Schweizerischen Handelsamtsblatt, in den Amtsblättern der betroffenen Kantone und in den Organen der Vermieter- und Mieterorganisationen. Sie weist in den wichtigsten Zeitungen im örtlichen Geltungsbereich des Rahmenmietvertrages durch Anzeige darauf hin.

² Die Behörde setzt eine Anhörungsfrist von 60 Tagen an.

Art. 10 Anhörung

¹ Innerhalb der Anhörungsfrist kann sich jede Person, die von der vorgesehenen Allgemeinverbindlichkeit betroffen ist, zum veröffentlichten Antrag schriftlich äussern.

² Bevor der Bundesrat die Allgemeinverbindlichkeit erklärt, holt er die Stellungnahme der betroffenen Kantone sowie der interessierten Vermieter- und Mieterorganisationen ein, welche nicht Vertragspartei sind. Er kann auch weitere, den Vermieter- oder Mieterorganisationen nahestehende Verbände zur Stellungnahme einladen.

³ Bevor der Kanton die Allgemeinverbindlichkeit erklärt, holt er die Stellungnahme der interessierten Vermieter- und Mieterorganisationen ein, welche nicht Vertragspartei sind. Er kann auch weitere, den Vermieter- oder Mieterorganisationen nahestehende Verbände zur Stellungnahme einladen.

Art. 11 Allgemeinverbindlicherklärung; Eröffnung und Veröffentlichung

¹ Erachtet die zuständige Behörde die Voraussetzungen zur Allgemeinverbindlicherklärung als erfüllt, so setzt sie den örtlichen und sachlichen Geltungsbereich fest und bestimmt Beginn und Dauer der Allgemeinverbindlichkeit.

² Der Entscheid über die Allgemeinverbindlicherklärung wird den Vertragsparteien schriftlich eröffnet.

³ Die Allgemeinverbindlicherklärungen des Bundesrates und die allgemeinverbindlichen Bestimmungen werden im Bundesblatt im Wortlaut veröffentlicht. Die Veröffentlichung ist in den Presseorganen nach Artikel 9 anzuzeigen.

⁴ Die Allgemeinverbindlicherklärungen des Kantons und die allgemeinverbindlichen Bestimmungen werden nach ihrer Genehmigung im kantonalen

Amtsblatt im Wortlaut veröffentlicht. Die Veröffentlichung ist in den Presseorganen nach Artikel 9 anzuzeigen.

Art. 12 Genehmigung der kantonalen Allgemeinverbindlicherklärung

¹ Die kantonale Allgemeinverbindlicherklärung bedarf zu ihrer Gültigkeit der Genehmigung des Bundes. Für das Verfahren gilt Artikel 7a des Verwaltungsorganisationsgesetzes[4].

² Die Genehmigung wird erteilt, wenn die Voraussetzungen zur Allgemeinverbindlicherklärung erfüllt sind und das Verfahren ordnungsgemäss durchgeführt worden ist.

³ Der Entscheid über die Genehmigung ist dem Kanton und den Vertragsparteien schriftlich und mit Begründung zu eröffnen.

⁴ Erweist sich nachträglich, dass die Voraussetzungen zur Allgemeinverbindlicherklärung nicht oder nicht mehr erfüllt sind, so widerruft der Bundesrat die Genehmigung.

Art. 13 Kosten

¹ Die Kosten für die Veröffentlichung des Antrages und des Entscheides sowie allfällige weitere Kosten gehen zu Lasten der Vertragsparteien; diese haften dafür solidarisch.

² Die zuständige Behörde erlässt nach Abschluss des Verfahrens eine Kostenverfügung und verteilt die Kosten auf die Vertragsparteien. Die rechtskräftigen Kostenverfügungen sind vollstreckbaren gerichtlichen Urteilen im Sinne von Artikel 80 des Bundesgesetzes über Schuldbetreibung und Konkurs[5] gleichgestellt.

Art. 14 Ausserkraftsetzung und Dahinfallen

¹ Die Allgemeinverbindlicherklärung wird von der zuständigen Behörde ausser Kraft gesetzt:
a. auf Antrag aller Vertragsparteien;
b. von Amtes wegen, wenn sich erweist, dass die Voraussetzungen zur Allgemeinverbindlicherklärung nicht oder nicht mehr erfüllt sind;
c. von Amtes wegen, bei vorzeitiger Auflösung des allgemeinverbindlich erklärten Vertrages.

² Die Allgemeinverbindlicherklärung fällt dahin:
a. mit Ablauf der Frist, falls die Allgemeinverbindlicherklärung befristet ausgesprochen wurde;
b. mit Ablauf der Geltungsdauer des allgemeinverbindlich erklärten Vertrages.

---

4 SR 172.010
5 SR 281.1

³ Artikel 11 Absätze 2, 3 und 4 ist sinngemäss anwendbar auf die Ausserkraftsetzung und auf das Dahinfallen der Allgemeinverbindlicherklärung.

Art. 15 Änderungen

Die Artikel 6–14 gelten sinngemäss, wenn:
a. allgemeinverbindlich erklärte Bestimmungen geändert oder neue Bestimmungen allgemeinverbindlich erklärt werden;
b. die Dauer der Allgemeinverbindlichkeit verlängert oder die Allgemeinverbindlicherklärung teilweise ausser Kraft gesetzt wird.

3. Abschnitt: Schlussbestimmungen

Art. 16 Vollzug

Der Bundesrat erlässt die Ausführungsbestimmungen.

Art. 17 Änderung bisherigen Rechts

Das Bundesrechtspflegegesetz[6] wird wie folgt geändert:

Art. 99 Bst. a^{bis}

...[7]

Art. 18 Referendum und Inkrafttreten

¹ Dieses Gesetz untersteht dem fakultativen Referendum.

² Der Bundesrat bestimmt das Inkrafttreten.

Datum des Inkrafttretens: 1. März 1996[8]

---

6 SR 173.110
7 Text eingefügt im genannten BG.
8 BRB vom 31. Jan. 1996 (AS 1996 755).

8. Bundesgesetz über die landwirtschaftliche Pacht
(LPG)

vom 4. Oktober 1985

Die Bundesversammlung der Schweizerischen Eidgenossenschaft,
gestützt auf die Artikel 31^octies und 64 der Bundesverfassung[1],[2],
nach Einsicht in die Botschaft des Bundesrates vom 11. November 1981[3],
beschliesst:

1. Kapitel: Geltungsbereich
1. Abschnitt: Grundsatz

Art. 1

[1] Dieses Gesetz gilt für die Pacht:
a. von Grundstücken zur landwirtschaftlichen Nutzung;
b.[4] von landwirtschaftlichen Gewerben im Sinne der Artikel 5 und 7 Absätze 1, 2, 3 und 5 des Bundesgesetzes vom 4. Oktober 1991[5] über das bäuerliche Bodenrecht (BGBB);
c. nichtlandwirtschaftlicher Nebengewerbe, die mit einem landwirtschaftlichen Gewerbe eine wirtschaftliche Einheit bilden.

[2] Das Gesetz gilt auch für Rechtsgeschäfte, die das gleiche bezwecken wie die landwirtschaftliche Pacht und ohne Unterstellung unter das Gesetz den von diesem angestrebten Schutz vereiteln würden.

[3] Für die Pacht von Allmenden, Alpen und Weiden sowie von Nutzungs- und Anteilsrechten an solchen gelten die Bestimmungen über die Pacht von landwirtschaftlichen Grundstücken.

SR 221.213.2. AS 1986 926
1 [BS 1 3; AS 1996 2503]. Den genannten Bestimmungen entsprechen heute Art. 104 und 122 der BV vom 18. April 1999 (SR 101).
2 Fassung gemäss Anhang Ziff. 7 des Gerichtsstandsgesetzes vom 24. März 2000, in Kraft seit 1. Jan. 2001 (AS 2000 2355; BBl 1999 2829).
3 BBl 1982 I 257
4 Fassung gemäss Ziff. I des BG vom 5. Okt. 2007, in Kraft seit 1. Sept. 2008 (AS 2008 3589; BBl 2006 6337).
5 SR 211.412.11

⁴ Soweit dieses Gesetz nicht anwendbar ist oder keine besonderen Vorschriften enthält, gilt das Obligationenrecht, mit Ausnahme der Bestimmungen über die Pacht von Wohn- und Geschäftsräumen und über die Hinterlegung des Pachtzinses.[6]

2. Abschnitt: Ausnahmen

Art. 2 Kleine Grundstücke

¹ Dieses Gesetz gilt nicht für die Pacht:
a. von Rebgrundstücken unter 15 Aren;
b. anderer landwirtschaftlicher Grundstücke ohne Gebäude und unter 25 Aren.

² Die Kantone können dem Gesetz auch kleinere Grundstücke unterstellen.

³ Die Flächen von mehreren, vom gleichen Eigentümer an den gleichen Pächter verpachteten Grundstücken werden zusammengerechnet. Das gleiche gilt, wenn ein Eigentümer ein Grundstück an verschiedene Pächter verpachtet.

Art. 2a[7] Grundstücke in der Bauzone

¹ Dieses Gesetz gilt nicht für die Pacht von Grundstücken zur landwirtschaftlichen Nutzung, wenn der Pachtgegenstand vollständig in einer Bauzone nach Artikel 15 des Raumplanungsgesetzes vom 22. Juni 1979[8] liegt.

² Landwirtschaftliche Pachtverträge, deren Gegenstand während der Vertragsdauer vollständig einer Bauzone nach Artikel 15 des Raumplanungsgesetzes vom 22. Juni 1979 zugeteilt wird, bleiben dem landwirtschaftlichen Pachtrecht während der laufenden gesetzlichen Pachtdauer oder einer längeren vertraglichen Dauer oder einer gerichtlich erstreckten Pachtdauer unterstellt.

Art. 3 Alpen und Weiden

Die Kantone können für die Pacht von Alpen und Weiden sowie von Nutzungs- und Anteilsrechten an solchen abweichende Bestimmungen erlassen.

---

6 Fassung gemäss Anhang 1 Ziff. II 7 der Zivilprozessordnung vom 19. Dez. 2008, in Kraft seit 1. Jan. 2011 (AS 2010 1739; BBl 2006 7221).
7 Eingefügt durch Ziff. I des BG vom 5. Okt. 2007, in Kraft seit 1. Sept. 2008 (AS 2008 3589; BBl 2006 6337).
8 SR 700

2. Kapitel: Der landwirtschaftliche Pachtvertrag

1. Abschnitt: Begriff

Art. 4

[1] Durch den landwirtschaftlichen Pachtvertrag verpflichtet sich der Verpächter, dem Pächter ein Gewerbe oder ein Grundstück zur landwirtschaftlichen Nutzung zu überlassen, und der Pächter, dafür einen Zins zu bezahlen.

[2] ...[9]

2. Abschnitt: Vorpachtrecht

Art. 5 Vorpachtrecht der Nachkommen des Verpächters

[1] Die Kantone können für Nachkommen des Verpächters eines landwirtschaftlichen Gewerbes, welche dieses selber bewirtschaften wollen und dafür geeignet sind, ein Vorpachtrecht vorsehen.

[2] Der Nachkomme kann ein solches Vorpachtrecht einem Dritten nur dann entgegenhalten, wenn es im Grundbuch angemerkt worden ist.[10]

[3] Im Übrigen regeln die Kantone die Einzelheiten und das Verfahren.

Art. 6 Vorpachtrecht an Alpweiden

Die Kantone können für Landwirte in Berggegenden ein Vorpachtrecht an benachbarten Alpweiden vorsehen. Sie regeln die Einzelheiten und das Verfahren.

3. Abschnitt: Pachtdauer

Art. 7 Erstmalige Verpachtung

[1] Die erste Pachtdauer beträgt für landwirtschaftliche Gewerbe mindestens neun Jahre und für einzelne Grundstücke mindestens sechs Jahre.

[2] Die Vereinbarung einer kürzeren Pachtdauer ist nur gültig, wenn die Behörde sie bewilligt hat. Das Gesuch ist spätestens drei Monate nach dem Antritt der Pacht einzureichen.

[3] Eine kürzere Pachtdauer wird bewilligt, wenn persönliche oder wirtschaftliche Verhältnisse einer Partei oder andere sachliche Gründe die Verkürzung rechtfertigen.[11]

---

9 Aufgehoben durch Ziff. I des BG vom 20. Juni 2003, mit Wirkung seit 1. Jan. 2004 (AS 2003 4127; BBl 2002 4721).
10 Fassung gemäss Ziff. I des BG vom 20. Juni 2003, in Kraft seit 1. Jan. 2004 (AS 2003 4127; BBl 2002 4721).
11 Fassung gemäss Ziff. I des BG vom 5. Okt. 2007, in Kraft seit 1. Sept. 2008 (AS 2008 3589; BBl 2006 6337).

⁴ Wird die Bewilligung verweigert oder das Gesuch zu spät eingereicht, so gilt die gesetzliche Mindestpachtdauer.

Art. 8 Fortsetzung der Pacht

¹ Der Pachtvertrag gilt unverändert für jeweils weitere sechs Jahre, wenn er:
a. auf unbestimmte Zeit abgeschlossen und nicht ordnungsgemäss gekündigt worden ist;
b. auf bestimmte Zeit abgeschlossen ist und nach der vereinbarten Pachtdauer stillschweigend fortgesetzt wird.

² Die Vereinbarung einer Fortsetzung auf kürzere Zeit ist nur gültig, wenn die Behörde sie bewilligt hat. Das Gesuch ist spätestens drei Monate nach Beginn der Fortsetzung einzureichen.

³ Die Bestimmungen über die Verkürzung der Pachtdauer bei der erstmaligen Verpachtung gelten sinngemäss.

Art. 9 Pachtdauer für Spezialkulturen

Für die Pacht von Grundstücken mit Spezialkulturen wie Reben und Obstanlagen können die Kantone eine andere Pachtdauer festsetzen.

4. Abschnitt: Anpassung an veränderte Verhältnisse

Art. 10 Pachtzinsanpassung im Allgemeinen

Ändert der Bundesrat die Ansätze für die Bemessung des zulässigen Pachtzinses, so kann jede Partei die Anpassung des vereinbarten Pachtzinses auf das folgende Pachtjahr verlangen.

Art. 11 Pachtzinsanpassung bei Änderung des Ertragswerts

Wird der Wert eines verpachteten Gewerbes oder Grundstücks infolge eines Naturereignisses, von Bodenverbesserungen, Vergrösserung oder Verminderung der Fläche, Neu- oder Umbauten, Abbruch oder Stilllegung eines Gebäudes oder anderer Umstände dauernd verändert, so kann jede Partei verlangen, dass der Ertragswert neu festgesetzt und der Pachtzins auf Beginn des folgenden Pachtjahres angepasst wird. Dies kann auch verlangt werden, wenn die allgemeinen Grundlagen für die Schätzung des Ertragswerts ändern.

Art. 12 Anpassung anderer Vertragsbestimmungen

Jede Partei kann verlangen, dass andere Vertragsbestimmungen an veränderte Verhältnisse angepasst werden, wenn der Vertrag für sie unzumutbar geworden ist.

Art. 13 Pachtzinsnachlass

Ist der gewöhnliche Ertrag wegen eines ausserordentlichen Unglücksfalles oder Naturereignisses vorübergehend beträchtlich zurückgegangen, so kann der Pächter verlangen, dass der Pachtzins für bestimmte Zeit angemessen herabgesetzt wird.

5. Abschnitt: Veräusserung des Pachtgegenstandes

Art. 14 Kauf bricht Pacht nicht

Wird der Pachtgegenstand veräussert oder dem Verpächter im Schuldbetreibungs- oder Konkursverfahren entzogen, so tritt der Erwerber in den Pachtvertrag ein.

Art. 15 Ausnahmen

[1] Der Erwerber kann den Pachtvertrag auflösen, wenn er den Pachtgegenstand unmittelbar zu Bauzwecken oder zu öffentlichen Zwecken oder zur Selbstbewirtschaftung erwirbt.

[2] Will der Erwerber den Pachtvertrag nicht übernehmen, so muss er dem Pächter innert dreier Monate seit Abschluss des Veräusserungsvertrags schriftlich anzeigen, dass die Pacht nach Ablauf einer Frist von mindestens einem Jahr auf den folgenden ortsüblichen Frühjahrs- oder Herbsttermin aufgelöst sei.

[3] Wird die Pacht aufgelöst, so kann der Pächter innert 30 Tagen seit Empfang der Anzeige des Erwerbers auf Erstreckung klagen. Der Richter erstreckt die Pacht um mindestens sechs Monate, jedoch um höchstens zwei Jahre, wenn die Beendigung für den Pächter oder seine Familie eine Härte zur Folge hat, die auch unter Würdigung der Interessen des neuen Eigentümers nicht zu rechtfertigen ist.

[4] Der Verpächter muss dem Pächter den Schaden ersetzen, der aus der vorzeitigen Beendigung der Pacht entsteht. Der Pächter braucht den Pachtgegenstand erst zu verlassen, wenn ihm Schadenersatz oder hinreichende Sicherheit geleistet worden ist.

[5] Die vorzeitige Beendigung der Pacht kann mit schriftlicher Zustimmung des Pächters im Veräusserungsvertrag geregelt werden.

6. Abschnitt: Beendigung der Pacht

Art. 16 Kündigung im Allgemeinen

[1] Die Kündigung eines Pachtvertrags ist nur gültig, wenn sie schriftlich erfolgt. Auf Verlangen ist sie zu begründen.

² Die Kündigungsfrist beträgt ein Jahr, wenn das Gesetz nichts anderes bestimmt; die Parteien können eine längere Frist vereinbaren.

³ Ist nichts anderes vereinbart, kann nur auf den ortsüblichen Frühjahrs- oder Herbsttermin gekündigt werden.

⁴ Liegt der Pachtgegenstand teilweise in einer Bauzone nach Artikel 15 des Raumplanungsgesetzes vom 22. Juni 1979[12], so kann die Kündigung für die nicht in den Geltungsbereich des BGBB[13] fallenden Grundstücke sowie für den nichtlandwirtschaftlichen Teil der Grundstücke nach Artikel 2 Absatz 2 BGBB ausgesprochen und der Pachtvertrag ohne diese fortgesetzt werden.[14]

Art. 17 Vorzeitige Kündigung

¹ Ist die Erfüllung des Vertrags für eine Partei aus wichtigen Gründen unzumutbar geworden, so kann sie die Pacht auf den folgenden Frühjahrs- oder Herbsttermin schriftlich kündigen. Die Kündigungsfrist beträgt sechs Monate.

² Der Richter bestimmt die vermögensrechtlichen Folgen unter Würdigung aller Umstände.

Art. 18 Tod des Pächters

¹ Stirbt der Pächter, so können seine Erben oder der Verpächter den Pachtvertrag auf den folgenden Frühjahrs- oder Herbsttermin schriftlich kündigen. Die Kündigungsfrist beträgt sechs Monate.

² Wird der Pachtvertrag vom Verpächter gekündigt, so kann ein Nachkomme, der Ehegatte, die eingetragene Partnerin oder der eingetragene Partner des Pächters innert 30 Tagen den Eintritt in den Pachtvertrag erklären.[15] Der Verpächter kann unter mehreren Bewerbern denjenigen bezeichnen, der in den Pachtvertrag eintreten soll.

³ Bietet der Eintretende keine Gewähr für eine ordnungsgemässe Bewirtschaftung des Pachtgegenstandes oder ist die Fortsetzung der Pacht für den Verpächter aus andern Gründen unzumutbar, so kann der Verpächter innert 30 Tagen seit der Eintrittserklärung auf Auflösung des Pachtvertrags klagen.

Art. 19 Übernahme von Zupachten bei Betriebsübergabe

¹ Übergibt der Inhaber ein landwirtschaftliches Gewerbe, das teilweise im Eigentum und teilweise gepachtet ist, einer anderen Person zur Betriebsführung, so kann der Übernehmer des Gewerbes dem Verpächter eines Zupachtgrundstücks schriftlich erklären, dass er dieses Grundstück pachtweise weiterbewirtschaften möchte.

---

12 SR 700
13 SR 211.412.11
14 Eingefügt durch Ziff. I des BG vom 5. Okt. 2007 (AS 2008 3589; BBl 2006 6337). Fassung gemäss Anhang Ziff. 3 des BG vom 22. März 2013, in Kraft seit 1. Jan. 2014 (AS 2013 3463 3863; BBl 2012 2075).
15 Fassung gemäss Anhang Ziff. 12 des Partnerschaftsgesetzes vom 18. Juni 2004, in Kraft seit 1. Jan. 2007 (AS 2005 5685; BBl 2003 1288).

² Lehnt der Verpächter nicht innert dreier Monate seit Empfang der Erklärung den Übernehmer als neuen Pächter ab, oder verlangt er innert derselben Frist nicht den Abschluss eines neuen Pachtvertrages mit dem Übernehmer, so tritt dieser in den laufenden Pachtvertrag ein.

Art. 20 Güterzusammenlegung

¹ Bringt eine Güterzusammenlegung, eine Umlegung von landwirtschaftlichem Boden oder eine Pachtlandarrondierung für ein verpachtetes Grundstück eine wesentliche Änderung in der Bewirtschaftung mit sich, so kann jede Partei den Pachtvertrag auf Antritt der neuen Bewirtschaftungsverhältnisse schriftlich auflösen.[16]

² Ein Anspruch auf Entschädigung wegen vorzeitiger Beendigung der Pacht besteht nicht.

Art. 21 Zahlungsrückstand des Pächters

¹ Ist der Pächter während der Pachtzeit mit einer Zinszahlung im Rückstand, so kann ihm der Verpächter schriftlich androhen, dass der Pachtvertrag in sechs Monaten aufgelöst sei, wenn der ausstehende Zins bis dahin nicht bezahlt sei.

² Wird der Vertrag aufgelöst, so muss der Pächter den Schaden ersetzen, sofern er nicht beweist, dass ihn kein Verschulden trifft.

7. Abschnitt: Pflichten des Pächters und des Verpächters[17]

Art. 21a[18] Bewirtschaftungspflicht

¹ Der Pächter muss den Pachtgegenstand sorgfältig bewirtschaften und namentlich für eine nachhaltige Ertragsfähigkeit des Bodens sorgen.

² Die Bewirtschaftungspflicht obliegt dem Pächter selber. Er kann jedoch den Pachtgegenstand unter seiner Verantwortung durch Familienangehörige, Angestellte oder Mitglieder einer Gemeinschaft zur Bewirtschaftung, der er angehört, bewirtschaften oder einzelne Arbeiten durch Dritte ausführen lassen.

Art. 22 Unterhaltspflicht, Reparaturen

¹ Der Verpächter ist verpflichtet, Hauptreparaturen am Pachtgegenstand, die während der Pachtzeit notwendig werden, sobald ihm der Pächter von deren Notwendigkeit Kenntnis gegeben hat, auf seine Kosten auszuführen.

---

16 Fassung gemäss Anhang Ziff. 3 des BG vom 22. März 2013, in Kraft seit 1. Jan. 2014 (AS 2013 3463 3863; BBl 2012 2075).
17 Ursprünglich vor Art. 22. Fassung gemäss Ziff. I des BG vom 20. Juni 2003, in Kraft seit 1. Jan. 2004 (AS 2003 4127; BBl 2002 4721).
18 Eingefügt durch Ziff. I des BG vom 20. Juni 2003, in Kraft seit 1. Jan. 2004 (AS 2003 4127; BBl 2002 4721).

² Der Pächter ist berechtigt, notwendige Hauptreparaturen selber auszuführen, wenn der Verpächter sie auf Anzeige hin nicht innert nützlicher Frist vorgenommen und seine Verpflichtung hiezu nicht bestritten hat. Er kann spätestens bei Beendigung der Pacht hiefür Entschädigung verlangen.

³ Der Pächter ist verpflichtet, auf seine Kosten für den ordentlichen Unterhalt des Pachtgegenstandes zu sorgen. Er hat die kleineren Reparaturen, insbesondere den gewöhnlichen Unterhalt der Wege, Stege, Gräben, Dämme, Zäune, Dächer, Wasserleitungen usw. nach Ortsgebrauch vorzunehmen.

⁴ Die Parteien können vereinbaren, dass der Pächter eine weitergehende Unterhaltspflicht übernimmt und für Hauptreparaturen aufzukommen hat.

Art. 22a[19] Erneuerungen und Änderungen durch den Pächter

¹ Der Pächter darf Erneuerungen und Änderungen am Pachtgegenstand, die über den ordentlichen Unterhalt hinausgehen, sowie Änderungen in der hergebrachten Bewirtschaftungsweise, die über die Pachtzeit hinaus von wesentlicher Bedeutung sein können, nur mit schriftlicher Zustimmung des Verpächters vornehmen.

² Hat der Verpächter zugestimmt, so kann er die Wiederherstellung des früheren Zustandes nur verlangen, wenn dies schriftlich vereinbart worden ist.

Art. 22b[20] Pflichtverletzungen des Pächters

Der Verpächter kann mit einer Frist von sechs Monaten die Pacht schriftlich auf den folgenden Frühjahr- oder Herbsttermin kündigen, wenn der Pächter trotz schriftlicher Ermahnung beziehungsweise Aufforderung des Verpächters:
a. seine Bewirtschaftungspflicht nach Artikel 21a weiter verletzt;
b. seine Unterhaltspflicht nach Artikel 22 Absatz 3 weiter verletzt;
c. eine Erneuerung oder Änderung nach Artikel 22a, die der Pächter ohne schriftliche Zustimmung des Verpächters vorgenommen hat, nicht innert angemessener Frist rückgängig macht.

Art. 23 Rückgabe. Verbesserungen und Verschlechterungen

¹ Bei Beendigung der Pacht ist der Pachtgegenstand in dem Zustand, in dem er sich befindet, zurückzugeben.

² Sofern nichts anderes vereinbart ist, kann der Pächter bei Beendigung der Pacht verlangen, dass er für den Aufwand für Verbesserungen angemessen entschädigt wird, die er mit Zustimmung des Verpächters vorgenommen hat.

³ Für Verbesserungen, die lediglich aus der gehörigen Bewirtschaftung hervorgegangen sind, kann er keinen Ersatz fordern.

---

19 Eingefügt durch Ziff. II Art. 2 des BG vom 15. Dez. 1989 über die Änderung des OR (Miete und Pacht) (AS 1990 802; BBl 1985 I 1389). Fassung gemäss Ziff. I des BG vom 20. Juni 2003, in Kraft seit 1. Jan. 2004 (AS 2003 4127; BBl 2002 4721).
20 Eingefügt durch Ziff. I des BG vom 20. Juni 2003, in Kraft seit 1. Jan. 2004 (AS 2003 4127; BBl 2002 4721).

⁴ Für Verschlechterungen, die bei gehöriger Bewirtschaftung hätten vermieden werden können, hat er Ersatz zu leisten.

Art. 24 Früchte

¹ Der Pächter hat keinen Anspruch auf die Früchte, die bei der Beendigung der Pacht noch nicht geerntet sind, wenn Vertrag oder Ortsgebrauch nichts anderes bestimmen.

² Er kann aber für seinen Aufwand eine angemessene Entschädigung verlangen.

Art. 25 Vorräte

¹ Der Pächter muss die Futter-, Streue- und Düngervorräte zurücklassen, die einer ordentlichen Bewirtschaftung im letzten Pachtjahr entsprechen, wenn Vertrag oder Ortsgebrauch nichts anderes bestimmen.

² Hat er beim Pachtantritt weniger empfangen, so hat er ein Recht auf Ersatz des Mehrwertes; hat er mehr empfangen, so hat er für Ersatz zu sorgen oder den Minderwert zu ersetzen.

7. Abschnitt^bis:[21] Retentionsrecht des Verpächters

Art. 25b

Der Verpächter hat für einen verfallenen und einen laufenden Jahrespachtzins das gleiche Retentionsrecht wie der Vermieter von Geschäftsräumen.

8. Abschnitt: Pachterstreckung durch den Richter

Art. 26 Klage

¹ Kündigt eine Partei den Pachtvertrag, so kann die andere Partei innert dreier Monate seit Empfang der Kündigung beim Richter auf Erstreckung der Pacht klagen.

² Läuft ein auf bestimmte Zeit abgeschlossener Pachtvertrag aus und kommt kein neuer Vertrag zustande, so kann jede Partei spätestens neun Monate vor Ablauf der Pacht beim Richter auf Erstreckung der Pacht klagen.

Art. 27 Urteil

¹ Der Richter erstreckt die Pacht, wenn dies für den Beklagten zumutbar ist.

---

21 Eingefügt durch Ziff. II Art. 2 des BG vom 15. Dez. 1989 über die Änderung des OR (Miete und Pacht), in Kraft seit 1. Juli 1990 (AS 1990 802; BBl 1985 I 1389).

² Hat der Verpächter gekündigt, so muss er nachweisen, dass die Fortsetzung der Pacht für ihn unzumutbar oder aus andern Gründen nicht gerechtfertigt ist. Die Fortsetzung der Pacht ist insbesondere unzumutbar oder nicht gerechtfertigt, wenn:
a. der Pächter schwerwiegend gegen seine gesetzlichen oder vertraglichen Pflichten verstossen hat;
b. der Pächter zahlungsunfähig ist;
c.[22] der Verpächter, sein Ehegatte, seine eingetragene Partnerin oder sein eingetragener Partner, ein naher Verwandter oder Verschwägerter den Pachtgegenstand selber bewirtschaften will;
d. das Gewerbe nicht erhaltenswürdig ist;
e.[23] der Pachtgegenstand teilweise in einer Bauzone nach Artikel 15 des Raumplanungsgesetzes vom 22. Juni 1979[24] liegt, für die Grundstücke, die nicht in den Geltungsbereich des BGBB[25] fallen, sowie für den nichtlandwirtschaftlichen Teil der Grundstücke nach Artikel 2 Absatz 2 BGBB.

³ Der behördliche Entscheid über den Pachtzins macht die Fortsetzung der Pacht in keinem Fall unzumutbar.

⁴ Der Richter erstreckt die Pacht um drei bis sechs Jahre. Er würdigt dabei die persönlichen Verhältnisse und berücksichtigt namentlich die Art des Pachtgegenstandes und eine allfällige Abkürzung der Pachtdauer.

Art. 28 Anpassung der Vertragsbestimmungen

Auf Begehren einer Partei kann der Richter bei Erstreckung der Pacht die Vertragsbestimmungen den veränderten Verhältnissen anpassen.

9. Abschnitt: Zwingende Bestimmungen

Art. 29

Ist nichts anderes bestimmt, so kann der Pächter auf die Rechte, die ihm oder seinen Erben nach den Vorschriften dieses Kapitels zustehen, nicht zum voraus verzichten. Abweichende Vereinbarungen sind nichtig.

---

22 Fassung gemäss Anhang Ziff. 12 des Partnerschaftsgesetzes vom 18. Juni 2004, in Kraft seit 1. Jan. 2007 (AS 2005 5685; BBl 2003 1288).
23 Fassung gemäss Anhang Ziff. 3 des BG vom 22. März 2013, in Kraft seit 1. Jan. 2014 (AS 2013 3463 3863; BBl 2012 2075).
24 SR 700
25 SR 211.412.11

3. Kapitel: Parzellenweise Verpachtung[26]

Art. 30 Bewilligungspflicht

[1] Wer von einem landwirtschaftlichen Gewerbe einzelne Grundstücke oder Teile von einzelnen Grundstücken verpachtet (parzellenweise Verpachtung), bedarf einer Bewilligung.

[2] Der Verpächter braucht keine Bewilligung, wenn er insgesamt nicht mehr als 10 Prozent der ursprünglichen Nutzfläche des Gewerbes verpachtet und der Pachtgegenstand keine Gebäude umfasst.

Art. 31 Bewilligungsgründe

[1] Der Verpächter muss die Bewilligung vor Pachtantritt bei der kantonalen Bewilligungsbehörde einholen.

[2] Die Bewilligung wird nur erteilt, wenn eine der folgenden Voraussetzungen erfüllt ist, nämlich:

a.[27] ...
b.[28] ...
c. das landwirtschaftliche Gewerbe nicht mehr erhaltungswürdig ist;
d. das landwirtschaftliche Gewerbe ganz oder überwiegend in einer Bauzone nach Artikel 15 des Raumplanungsgesetzes[29] liegt;
e. das Gewerbe nur vorübergehend parzellenweise verpachtet und später wieder als ganzes bewirtschaftet werden soll;
f. der Verpächter das Gewerbe bisher selber bewirtschaftet hat, dazu jedoch aus persönlichen Gründen, wie schwere Krankheit oder vorgerücktes Alter, nur noch teilweise in der Lage ist;
g.[30] anstelle der parzellenweise verpachteten Grundstücke oder Grundstücksteile andere Pachtsachen zugepachtet werden, die für den Betrieb des Gewerbes günstiger liegen oder geeigneter sind.

[2bis] Die Behörde bewilligt ferner die parzellenweise Verpachtung eines landwirtschaftlichen Gewerbes, wenn:

a.[31] ...
b. die parzellenweise Verpachtung überwiegend dazu dient, andere landwirtschaftliche Gewerbe strukturell zu verbessern;
c. keine vorkaufs- oder zuweisungsberechtigte Person innerhalb der Verwandtschaft das Gewerbe zur Selbstbewirtschaftung übernehmen will,

---

26 Fassung gemäss Ziff. I des BG vom 5. Okt. 2007, in Kraft seit 1. Sept. 2008 (AS 2008 3589; BBl 2006 6337).
27 Aufgehoben durch Ziff. I des BG vom 20. Juni 2003, mit Wirkung seit 1. Jan. 2004 (AS 2003 4127; BBl 2002 4721).
28 Aufgehoben durch Ziff. I des BG vom 5. Okt. 2007, mit Wirkung seit 1. Sept. 2008 (AS 2008 3589; BBl 2006 6337).
29 SR 700
30 Eingefügt durch Ziff. I des BG vom 26. Juni 1998, in Kraft seit 1. Jan. 1999 (AS 1998 3012; BBl 1996 IV 1).
31 Aufgehoben durch Ziff. I des BG vom 20. Juni 2003, mit Wirkung seit 1. Jan. 2004 (AS 2003 4127; BBl 2002 4721).

oder keine andere Person, die in der Erbteilung die Zuweisung verlangen könnte (Art. 11 Abs. 2 des BG vom 4. Okt. 1991[32] über das bäuerliche Bodenrecht), das Gewerbe zur Verpachtung als Ganzes übernehmen will; und

d.[33] der Ehegatte, die eingetragene Partnerin oder der eingetragene Partner, der oder die das Gewerbe zusammen mit dem Eigentümer bewirtschaftet hat, der parzellenweisen Verpachtung zustimmt.[34]

3 ...[35]

Art. 32 Folgen der Bewilligungsverweigerung

[1] Wird die Bewilligung verweigert, so löst die Bewilligungsbehörde den Pachtvertrag auf den nächsten zumutbaren Frühjahrs- oder Herbsttermin auf und ordnet die Räumung des Grundstücks an.

[2] Die Parteien haben keinen Anspruch auf den Ersatz des Schadens, der ihnen aus der Auflösung des Pachtvertrags entsteht.

Art. 33–35[36]

4. Kapitel: Pachtzins[37]

1. Abschnitt: Grundsätze[38]

Art. 35a[39] Vertragliche Regelungen

[1] Der Pachtzins kann in Geld, einem Teil der Früchte (Teilpacht) oder in einer Sachleistung bestehen. Bei der Teilpacht richtet sich das Recht des Verpächters an den Früchten nach dem Ortsgebrauch, wenn nichts anderes vereinbart ist.

[2] Der Pächter trägt die Nebenkosten, soweit die Parteien nichts anderes vereinbart haben.

---

32 SR 211.412.11
33 Fassung gemäss Anhang Ziff. 12 des Partnerschaftsgesetzes vom 18. Juni 2004, in Kraft seit 1. Jan. 2007 (AS 2005 5685; BBl 2003 1288).
34 Eingefügt durch Ziff. I des BG vom 26. Juni 1998, in Kraft seit 1. Jan. 1999 (AS 1998 3012; BBl 1996 IV 1).
35 Aufgehoben durch Ziff. I des BG vom 20. Juni 2003, mit Wirkung seit 1. Jan. 2004 (AS 2003 4127; BBl 2002 4721).
36 Aufgehoben durch Ziff. I des BG vom 5. Okt. 2007, mit Wirkung seit 1. Sept. 2008 (AS 2008 3589; BBl 2006 6337).
37 Ursprünglich vor Art. 36.
38 Ursprünglich vor Art. 36.
39 Eingefügt durch Ziff. I des BG vom 20. Juni 2003, in Kraft seit 1. Jan. 2004 (AS 2003 4127; BBl 2002 4721).

Art. 36 Öffentlich-rechtliche Beschränkungen[40]

¹ Der Pachtzins unterliegt der behördlichen Kontrolle; er darf das zulässige Mass nicht übersteigen.[41]

² Der Bundesrat setzt die Sätze für die Verzinsung des Ertragswerts und die Abgeltung der Verpächterlasten fest und bestimmt den Zuschlag für die allgemeinen Vorteile.

³ Naturalleistungen und andere vereinbarte Nebenleistungen sind an den Pachtzins anzurechnen.

⁴ Für die Bemessung des Pachtzinses ist auch zu berücksichtigen, was der Pächter dem Verpächter für eine Mietsache oder einen nichtlandwirtschaftlichen Pachtgegenstand bezahlt, die mit einer überwiegend landwirtschaftlichen Pacht verbunden sind.

2. Abschnitt: Bemessung

Art. 37 Pachtzins für Gewerbe

Der Pachtzins für landwirtschaftliche Gewerbe setzt sich zusammen aus:
a.[42] einer angemessenen Verzinsung des Ertragswerts nach Artikel 10 BGBB[43];
b. der Abgeltung der mittleren Aufwendungen der Verpächter für Anlagen und Einrichtungen (Verpächterlasten).

Art. 38 Pachtzins für einzelne Grundstücke

¹ Der Pachtzins für einzelne Grundstücke setzt sich zusammen aus:
a. einer angemessenen Verzinsung des Ertragswerts im Sinn von Artikel 6 des Bundesgesetzes vom 12. Dezember 1940[44] über die Entschuldung landwirtschaftlicher Heimwesen;
b. der Abgeltung der mittleren Aufwendungen der Verpächter für Anlagen und Einrichtungen (Verpächterlasten);
c. einem Zuschlag für die allgemeinen sich für den Pächter aus einer Zupacht ergebenden Vorteile.

² Im Einzelfall sind auf den Betrieb bezogene Zuschläge von je höchstens 15 Prozent zulässig, wenn das Grundstück:
a. eine bessere Arrondierung ermöglicht;
b. für den Betrieb des Gewerbes günstig liegt.

---

40 Eingefügt durch Ziff. I des BG vom 20. Juni 2003, in Kraft seit 1. Jan. 2004 (AS 2003 4127; BBl 2002 4721).
41 Fassung gemäss Ziff. I des BG vom 5. Okt. 2007, in Kraft seit 1. Sept. 2008 (AS 2008 3589; BBl 2006 6337).
42 Fassung gemäss Ziff. I des BG vom 5. Okt. 2007, in Kraft seit 1. Sept. 2008 (AS 2008 3589; BBl 2006 6337).
43 SR 211.412.11
44 [BS 9 80; AS 1955 685, 1962 1273 Art. 54 Abs. 1 Ziff. 4 Abs. 2, 1979 802. AS 1993 1410 Art. 93 Bst. b]. Heute: von Art. 10 des BG vom 4. Okt. 1991 über das bäuerliche Bodenrecht (SR 211.412.11).

³ Für landwirtschaftliche Gebäude dürfen keine Zuschläge nach den Absätzen 1 Buchstabe c und 2 eingerechnet werden.

Art. 39 Zinse für Miet- und nichtlandwirtschaftliche Pachtsachen

Für die Bemessung des Zinses für Miet- und nichtlandwirtschaftliche Pachtsachen, die mit einer überwiegend landwirtschaftlichen Pacht verbunden sind, gelten die Vorschriften über Massnahmen gegen missbräuchliche Mietzinse.

Art. 40 Zinssatz. Verpächterlasten

¹ Der Bundesrat setzt den Satz für die Verzinsung des Ertragswerts aufgrund des durchschnittlichen Zinssatzes für erste Hypotheken im Mittel mehrerer Jahre fest und passt ihn den nachhaltig veränderten Zinsverhältnissen an.

² ...[45]

³ Der Bundesrat bestimmt den Ansatz für die Verpächterlasten nach den durchschnittlichen Aufwendungen in der Bemessungsperiode, die für die Berechnung des Ertragswerts gilt.

Art. 41 Zuschlag für längere Pachtdauer

Verabreden die Parteien eine Fortsetzungsdauer, welche die gesetzliche Fortsetzungsdauer um mindestens drei Jahre übersteigt, so ist für die ganze Fortsetzungsdauer ein Zuschlag von 15 Prozent zum Pachtzins zulässig.

3. Abschnitt: Pachtzinskontrolle

Art. 42 Pachtzinsbewilligung für Gewerbe

¹ Der Pachtzins für Gewerbe bedarf der Bewilligung.

² Der Verpächter muss den Pachtzins innert dreier Monate seit dem Pachtantritt oder der mit dem Pächter vereinbarten Anpassung bewilligen lassen. Wird der Pachtzins angepasst, weil der Bundesrat die Sätze für die Bemessung des Pachtzinses geändert hat, so ist keine Bewilligung nötig. Auf Begehren einer Partei erlässt die Behörde über den zulässigen Umfang der Anpassung eine Feststellungsverfügung.

³ Erhält die vom Kanton bezeichnete Behörde Kenntnis von einem nichtbewilligten Pachtzins, so leitet sie das Bewilligungsverfahren ein.

Art. 43 Einsprache gegen den Pachtzins für Grundstücke

¹ Gegen den vereinbarten Pachtzins für einzelne Grundstücke können die vom Kanton bezeichneten Behörden bei der Bewilligungsbehörde Einsprache erheben.

---

45 Aufgehoben durch Ziff. I des BG vom 5. Okt. 2007, mit Wirkung seit 1. Sept. 2008 (AS 2008 3589; BBl 2006 6337).

² Die Einsprache ist innert drei Monaten seit Kenntnis des Vertragsabschlusses oder der Anpassung des Pachtzinses zu erheben, spätestens aber innert zwei Jahren seit Pachtantritt oder seit dem Zeitpunkt, auf den die Pachtzinsanpassung erfolgt ist.[46]

Art. 44 Entscheid der Bewilligungsbehörde

¹ Die Bewilligungsbehörde entscheidet, ob der vereinbarte Pachtzins für das Gewerbe oder das Grundstück zulässig ist.

² Sie setzt zu hohe Pachtzinse auf das erlaubte Mass herab.

³ Sie eröffnet ihren Entscheid den Parteien und teilt ihn der zur Einsprache berechtigten Behörde mit.

Art. 45 Zivilrechtliche Folgen

¹ Die Vereinbarung über den Pachtzins ist nichtig, soweit dieser das durch die Behörde festgesetzte Mass übersteigt.

² Pachtzinse, die aufgrund einer nichtigen Vereinbarung bezahlt worden sind, können innert eines Jahres seit dem rechtskräftigen Entscheid über den Pachtzins, spätestens aber fünf Jahre nach ihrer Bezahlung zurückgefordert werden.

³ Die Nichtigkeit des Pachtzinses berührt im Übrigen die Gültigkeit des Pachtvertrages nicht.

Art. 46 Nichtige Abreden

Die Vertragsparteien können auf die Rechte, die ihnen nach diesem Abschnitt zustehen, nicht zum voraus verzichten.

5. Kapitel: Verfahren und Behörden

1. Abschnitt: Verfahren und Rechtsmittel

Art. 47[47] Verfahren

Soweit dieses Gesetz das verwaltungsrechtliche Verfahren nicht regelt, ordnen es die Kantone; für zivilrechtliche Klagen gelten die Bestimmungen der Zivilprozessordnung vom 19. Dezember 2008[48].

Art. 48[49]

---

46 Fassung gemäss Ziff. I des BG vom 20. Juni 2003, in Kraft seit 1. Jan. 2004 (AS 2003 4127; BBl 2002 4721).
47 Fassung gemäss Anhang 1 Ziff. II 7 der Zivilprozessordnung vom 19. Dez. 2008, in Kraft seit 1. Jan. 2011 (AS 2010 1739; BBl 2006 7221).
48 SR 272
49 Aufgehoben durch Anhang 1 Ziff. II 7 der Zivilprozessordnung vom 19. Dez. 2008, mit Wirkung seit 1. Jan. 2011 (AS 2010 1739; BBl 2006 7221).

Art. 49 Feststellungsverfügung der Verwaltungsbehörde

¹ Eine Partei, die ein schutzwürdiges Interesse hat, kann von der zuständigen Behörde feststellen lassen, ob die Verkürzung der Pachtdauer, die parzellenweise Verpachtung, die Zupacht oder der Pachtzins genehmigt werden kann.

² Die Partei kann schon vor dem Abschluss des Pachtvertrags um Erlass einer Feststellungsverfügung nachsuchen.

Art. 50 Beschwerde an die kantonale Beschwerdeinstanz

¹ Gegen Verfügungen der erstinstanzlichen Verwaltungsbehörde kann innert 30 Tagen Beschwerde bei der kantonalen Beschwerdeinstanz erhoben werden.

² Die Beschwerdeinstanz eröffnet ihren Entscheid den Vertragsparteien und dem Einsprecher; sie teilt ihn der Vorinstanz mit.

Art. 51[50]

Art. 52 Auskunftspflicht

Die Beteiligten müssen der zuständigen Verwaltungsbehörde auf Verlangen Auskunft erteilen, Einsicht in die Urkunden gewähren und den Augenschein gestatten, soweit es für die Erteilung einer Bewilligung, einen Einsprache- oder Beschwerdeentscheid oder eine Feststellungsverfügung notwendig ist.

2. Abschnitt: Kantonale Behörden

Art. 53

Die Kantone bezeichnen:
a. die Bewilligungsbehörden;
b. die zur Einsprache berechtigten Behörden;
c. die Beschwerdeinstanz.

6. Kapitel: ...

Art. 54–57[51]

---

[50] Aufgehoben durch Anhang Ziff. 18 des Verwaltungsgerichtsgesetzes vom 17. Juni 2005, mit Wirkung seit 1. Jan. 2007 (AS 2006 2197; BBl 2001 4202).
[51] Aufgehoben durch Ziff. I des BG vom 5. Okt. 2007, mit Wirkung seit 1. Sept. 2008 (AS 2008 3589; BBl 2006 6337).

7. Kapitel: Schlussbestimmungen

1. Abschnitt: Kantonale Ausführungsbestimmungen

Art. 58

[1] Kantonale Erlasse, die sich auf dieses Gesetz stützen, müssen dem Eidgenössischen Justiz- und Polizeidepartement zur Kenntnis gebracht werden.[52]

[2] Die Kantone passen auf das Inkrafttreten dieses Gesetzes ihre Ausführungsbestimmungen und ihre Behördenorganisation an.

[3] Mit dem Inkrafttreten dieses Gesetzes sind widersprechende kantonale Vorschriften aufgehoben.

2. Abschnitt: Änderung und Aufhebung von Bundesrecht

Art. 59

1.–3. ...[53]

4. Das Bundesgesetz vom 21. Dezember 1960[54] über die Kontrolle der landwirtschaftlichen Pachtzinse wird aufgehoben.

3. Abschnitt: Übergangsbestimmungen

Art. 60 Übergangsbestimmungen zum Inkrafttreten vom 20. Oktober 1986[55]

[1] Das Gesetz gilt mit Ausnahme der Bestimmungen über die Pachtdauer und die parzellenweise Verpachtung und Zupacht auch für Pachtverträge, die vor seinem Inkrafttreten abgeschlossen oder fortgesetzt worden sind. Beginnt die Fortsetzung einer Pacht nach dem Inkrafttreten, gilt die neue Fortsetzungsdauer.

[2] Lässt sich das Datum des Pachtantritts nicht mehr feststellen, so gilt der ortsübliche Frühjahrstermin 1973 als Pachtantritt.

[3] Wird der Pachtvertrag vor dem Inkrafttreten dieses Gesetzes auf den Zeitpunkt des Inkrafttretens oder auf ein späteres Datum gekündigt, so kann die betroffene Partei bis 30 Tage nach dem Inkrafttreten des Gesetzes auf Erstreckung nach den neuen Bestimmungen klagen.

[4] Hängige Klagen und Gesuche werden nach dem Recht beurteilt, das zur Zeit des Urteils oder Entscheids gilt.

---

52 Fassung gemäss Ziff. I des BG vom 20. Juni 2003, in Kraft seit 1. Jan. 2004 (AS 2003 4127; BBl 2002 4721).
53 Die Änderungen können unter AS 1986 926 konsultiert werden.
54 [AS 1961 275, 1973 93 Ziff. I 4. AS 1987 1410]
55 Eingefügt durch Ziff. I des BG vom 20. Juni 2003, in Kraft seit 1. Jan. 2004 (AS 2003 4127; BBl 2002 4721).

Art. 60a[56] Übergangsbestimmungen zur Änderung vom 20. Juni 2003

¹ Ein Pachtvertrag über ein landwirtschaftliches Gewerbe, das den Anforderungen hinsichtlich der Mindestgrösse eines landwirtschaftlichen Gewerbes (Art. 1 Abs. 1 Bst. b) nicht mehr genügt, besteht während der laufenden gesetzlichen oder einer längeren vertraglichen oder einer richterlich erstreckten Pachtdauer als Vertrag über ein landwirtschaftliches Gewerbe weiter.

² Wird ein solcher Vertrag auf Ablauf der Pachtdauer gekündigt und verlangt der Pächter die Erstreckung, so stellt die Absicht des Verpächters, den Betrieb parzellenweise zu verpachten, keinen Grund dar, der die Fortsetzung der Pacht für den Verpächter unzumutbar macht.

Art. 60b[57] Übergangsbestimmung zur Änderung vom 5. Oktober 2007

¹ Verträge über die Pacht von Grundstücken zur landwirtschaftlichen Nutzung, deren Gegenstand vollständig in einer Bauzone nach Artikel 15 des Raumplanungsgesetzes vom 22. Juni 1979[58] liegt, bleiben dem landwirtschaftlichen Pachtrecht während der laufenden gesetzlichen Pachtdauer oder einer längeren vertraglichen Dauer oder einer bereits gerichtlich erstreckten Pachtdauer unterstellt.

² Pachtverträge über landwirtschaftliche Gewerbe, die den Anforderungen hinsichtlich der Mindestgrösse eines landwirtschaftlichen Gewerbes (Art. 1 Abs. 1 Bst. b) nicht mehr genügen, bestehen während der laufenden gesetzlichen oder einer längeren vertraglichen oder einer bereits richterlich erstreckten Pachtdauer als Vertrag über ein landwirtschaftliches Gewerbe weiter.

---

56 Eingefügt durch Ziff. I des BG vom 20. Juni 2003, in Kraft seit 1. Jan. 2004 (AS 2003 4127; BBl 2002 4721).
57 Eingefügt durch Ziff. I des BG vom 5. Okt. 2007, in Kraft seit 1. Sept. 2008 (AS 2008 3589; BBl 2006 6337).
58 SR 700

4. Abschnitt: Referendum und Inkrafttreten

Art. 61

[1] Dieses Gesetz untersteht dem fakultativen Referendum.

[2] Der Bundesrat bestimmt das Inkrafttreten.

Datum des Inkrafttretens: 20. Oktober 1986[59];
Art. 36–46, 54 Absatz 1 viertes und fünftes Lemma und 59 Ziffer 4: 25. Februar 1987[60]

---

59 BRB vom 2. Juni 1986
60 V vom 11. Febr. 1987 (AS 1987 405)

9. Bundesgesetz über den Konsumkredit
(Konsumkreditgesetz*, KKG)

vom 23. März 2001

Die Bundesversammlung der Schweizerischen Eidgenossenschaft,
gestützt auf die Artikel 97 und 122 der Bundesverfassung[1],
nach Einsicht in die Botschaft des Bundesrates vom 14. Dezember 1998[2],
beschliesst:

1. Abschnitt: Begriffe

Art. 1 Konsumkreditvertrag

[1] Der Konsumkreditvertrag ist ein Vertrag, durch den einer Konsumentin oder einem Konsumenten ein Kredit in Form eines Zahlungsaufschubs, eines Darlehens oder einer ähnlichen Finanzierungshilfe gewährt oder versprochen wird.[3]

[2] Als Konsumkreditverträge gelten auch:
 a. Leasingverträge über bewegliche, dem privaten Gebrauch des Leasingnehmers dienende Sachen, die vorsehen, dass die vereinbarten Leasingraten erhöht werden, falls der Leasingvertrag vorzeitig aufgelöst wird;
 b. Kredit- und Kundenkarten sowie Überziehungskredite, wenn sie mit einer Kreditoption verbunden sind; als Kreditoption gilt die Möglichkeit, den Saldo einer Kredit- oder Kundenkarte in Raten zu begleichen.

[3] Der Konsumkreditvertrag wird abgeschlossen zwischen der Konsumentin oder dem Konsumenten und einer Kreditgeberin nach Artikel 2.[4]

SR 221.214.1. AS 2002 3846
* Nicht amtlicher Kurztitel.
1 SR 101
2 BBl 1999 3155
3 Fassung gemäss Anhang Ziff. II 2 des Finanzinstitutsgesetzes vom 15. Juni 2018, in Kraft seit 1. April 2019 (AS 2018 5247; BBl 2015 8901).
4 Eingefügt durch Anhang Ziff. II 2 des Finanzinstitutsgesetzes vom 15. Juni 2018, in Kraft seit 1. April 2019 (AS 2018 5247; BBl 2015 8901).

Art. 2[5] **Kreditgeberin**

Als Kreditgeberin gilt jede natürliche oder juristische Person, die:
a. gewerbsmässig Konsumkredite gewährt; oder
b. unter Mitwirkung einer Schwarmkredit-Vermittlerin nicht gewerbsmässig Konsumkredite gewährt.

Art. 3 Konsumentin oder Konsument

Als Konsumentin oder Konsument gilt jede natürliche Person, die einen Konsumkreditvertrag zu einem Zweck abschliesst, der nicht ihrer beruflichen oder gewerblichen Tätigkeit zugerechnet werden kann.

Art. 4 Kreditvermittlerin

[1] Als Kreditvermittlerin gilt jede natürliche oder juristische Person, die gewerbsmässig Konsumkreditverträge vermittelt.

[2] Als Schwarmkredit-Vermittlerin gilt jede natürliche oder juristische Person, die für einzelne Konsumentinnen und Konsumenten gewerbsmässig eine koordinierte Konsumkreditvergabe organisiert, an der sich mehrere nicht gewerbsmässig tätige Kreditgeberinnen beteiligen können.[6]

Art. 5 Gesamtkosten des Kredits für die Konsumentin oder den Konsumenten

Als Gesamtkosten des Kredits für die Konsumentin oder den Konsumenten gelten sämtliche Kosten, einschliesslich der Zinsen und sonstigen Kosten, welche die Konsumentin oder der Konsument für den Kredit zu bezahlen hat.

Art. 6 Effektiver Jahreszins

Der effektive Jahreszins drückt die Gesamtkosten des Kredits für die Konsumentin oder den Konsumenten in Jahresprozenten des gewährten Kredits aus.

2. Abschnitt: Geltungsbereich

Art. 7 Ausschluss

[1] Dieses Gesetz gilt nicht für:
a. Kreditverträge oder Kreditversprechen, die direkt oder indirekt grundpfandgesichert sind;

---

[5] Fassung gemäss Anhang Ziff. II 2 des Finanzinstitutsgesetzes vom 15. Juni 2018, in Kraft seit 1. April 2019 (AS 2018 5247; BBl 2015 8901).
[6] Eingefügt durch Anhang Ziff. II 2 des Finanzinstitutsgesetzes vom 15. Juni 2018, in Kraft seit 1. April 2019 (AS 2018 5247; BBl 2015 8901).

b. Kreditverträge oder Kreditversprechen, die durch hinterlegte bankübliche Sicherheiten oder durch ausreichende Vermögenswerte, welche die Konsumentin oder der Konsument bei der Kreditgeberin hält, gedeckt sind;
c. Kredite, die zins- und gebührenfrei gewährt oder zur Verfügung gestellt werden;
d. Kreditverträge, nach denen keine Zinsen in Rechnung gestellt werden, sofern die Konsumentin oder der Konsument sich bereit erklärt, den Kredit auf einmal zurückzuzahlen;
e.[7] Verträge über Kredite von weniger als 500 Franken oder mehr als 80 000 Franken, wobei die koordiniert an die gleiche Konsumentin oder den gleichen Konsumenten vermittelten Konsumkredite zusammengezählt werden;
f.[8] Kreditverträge, nach denen die Konsumentin oder der Konsument den Kredit innert höchstens drei Monaten zurückzahlen muss;
g. Verträge über die fortgesetzte Erbringung von Dienstleistungen oder Leistungen von Versorgungsbetrieben, nach denen die Konsumentin oder der Konsument berechtigt ist, während der Dauer der Erbringung Teilzahlungen zu leisten.

² Der Bundesrat kann die Beträge gemäss Absatz 1 Buchstabe e den veränderten Verhältnissen anpassen.

Art. 8[9] Einschränkung

¹ Leasingverträge im Sinne von Artikel 1 Absatz 2 Buchstabe a unterstehen nur den Artikeln 11, 13–16, 17 Absatz 3, 18 Absätze 2 und 3, 19–24, 25 Absätze 1 und 3[10], 26, 29 und 31–40.

² Konti für Kredit- und Kundenkarten mit Kreditoption sowie Überziehungskredite auf laufendem Konto unterstehen nur den Artikeln 12–16, 17 Absätze 1 und 2, 18 Absätze 1 und 3, 19–24, 25 Absätze 1 und 3[11], 27, 30–40.

3. Abschnitt: Form und Inhalt des Vertrags

Art. 9 Barkredite

¹ Konsumkreditverträge sind schriftlich abzuschliessen; die Konsumentin oder der Konsument erhält eine Kopie des Vertrags.

---

7 Fassung gemäss Anhang Ziff. II 2 des Finanzinstitutsgesetzes vom 15. Juni 2018, in Kraft seit 1. April 2019 (AS 2018 5247; BBl 2015 8901).
8 Fassung gemäss Ziff. I des BG vom 20. März 2015, in Kraft seit 1. Jan. 2016 (AS 2015 4111; BBl 2014 3259 3279).
9 Fassung gemäss Ziff. I des BG vom 20. März 2015, in Kraft seit 1. Jan. 2016 (AS 2015 4111; BBl 2014 3259 3279).
10 Berichtigt von der Redaktionskommission der BVers (Art. 58 Abs. 1 ParlG; SR 171.10).
11 Berichtigt von der Redaktionskommission der BVers (Art. 58 Abs. 1 ParlG; SR 171.10).

² Der Vertrag muss angeben:
a. den Nettobetrag des Kredits;
b. den effektiven Jahreszins oder, wenn dies nicht möglich ist, den Jahreszins und die bei Vertragsschluss in Rechnung gestellten Kosten;
c. die Bedingungen, unter denen der Zinssatz und die Kosten nach Buchstabe b geändert werden können;
d. die Elemente der Gesamtkosten des Kredits, die für die Berechnung des effektiven Jahreszinses nicht berücksichtigt worden sind (Art. 34), mit Ausnahme der bei Nichterfüllung der vertraglichen Verpflichtungen entstehenden Kosten; ist der genaue Betrag dieser Kostenelemente bekannt, so ist er anzugeben; andernfalls ist, soweit möglich, entweder eine Berechnungsmethode oder eine realistische Schätzung aufzuführen;
e. die allfällige Höchstgrenze des Kreditbetrags;
f. die Rückzahlungsmodalitäten, insbesondere den Betrag, die Anzahl und die zeitlichen Abstände oder den Zeitpunkt der Zahlungen, welche die Konsumentin oder der Konsument zur Tilgung des Kredits und zur Entrichtung der Zinsen und sonstigen Kosten vornehmen muss, sowie, wenn möglich, den Gesamtbetrag dieser Zahlungen;
g. dass die Konsumentin oder der Konsument bei vorzeitiger Rückzahlung Anspruch auf Erlass der Zinsen und auf eine angemessene Ermässigung der Kosten hat, die auf die nicht beanspruchte Kreditdauer entfallen;
h. das Widerrufsrecht und die Widerrufsfrist (Art. 16);
i. die allfällig verlangten Sicherheiten;
j. den pfändbaren Teil des Einkommens, der der Kreditfähigkeitsprüfung zu Grunde gelegt worden ist (Art. 28 Abs. 2 und 3); Einzelheiten können in einem vom Konsumkreditvertrag getrennten Schriftstück festgehalten werden; dieses bildet einen integrierenden Bestandteil des Vertrags.

Art. 10 Verträge zur Finanzierung des Erwerbs von Waren oder Dienstleistungen

Dient der Kreditvertrag der Finanzierung des Erwerbs von Waren oder Dienstleistungen, so muss er auch folgende Angaben enthalten:
a. die Beschreibung der Waren oder Dienstleistungen;
b. den Barzahlungspreis und den Preis, der im Rahmen des Kreditvertrags zu bezahlen ist;
c. die Höhe der allfälligen Anzahlung, die Anzahl, die Höhe und die Fälligkeit der Teilzahlungen oder das Verfahren, nach dem diese Elemente bestimmt werden können, falls sie bei Vertragsschluss noch nicht bekannt sind;
d. den Namen der Eigentümerin oder des Eigentümers der Waren, falls das Eigentum daran nicht unmittelbar auf die Konsumentin oder den Konsumenten übergeht, und die Bedingungen, unter denen die Ware in das Eigentum der Konsumentin oder des Konsumenten übergeht;

e. den Hinweis auf die allfällig verlangte Versicherung und, falls die Wahl des Versicherers nicht der Konsumentin oder dem Konsumenten überlassen ist, die Versicherungskosten.

Art. 11 Leasingverträge

¹ Leasingverträge sind schriftlich abzuschliessen; der Leasingnehmer erhält eine Kopie des Vertrags.

² Der Vertrag muss angeben:

a. die Beschreibung der Leasingsache und ihren Barkaufpreis im Zeitpunkt des Vertragsabschlusses;
b. die Anzahl, die Höhe und die Fälligkeit der Leasingraten;
c. die Höhe einer allfälligen Kaution;
d. den Hinweis auf die allfällig verlangte Versicherung und, falls die Wahl des Versicherers nicht dem Leasingnehmer überlassen ist, die Versicherungskosten;
e. den effektiven Jahreszins;
f. den Hinweis auf das Widerrufsrecht und die Widerrufsfrist;
g. eine nach anerkannten Grundsätzen erstellte Tabelle, aus der hervorgeht, was der Leasingnehmer bei einer vorzeitigen Beendigung des Leasingvertrags zusätzlich zu den bereits entrichteten Leasingraten zu bezahlen hat und welchen Restwert die Leasingsache zu diesem Zeitpunkt hat;
h. die Elemente, die der Kreditfähigkeitsprüfung zu Grunde gelegt worden sind (Art. 29 Abs. 2); Einzelheiten können in einem vom Leasingvertrag getrennten Schriftstück festgehalten werden; dieses bildet einen integrierenden Bestandteil des Vertrags.

Art. 12 Überziehungskredit auf laufendem Konto oder Kredit- und Kundenkartenkonto mit Kreditoption

¹ Verträge, mit denen eine Kreditgeberin einen Kredit in Form eines Überziehungskredits auf laufendem Konto oder auf einem Kredit- und Kundenkartenkonto mit Kreditoption gewährt, sind schriftlich abzuschliessen; die Konsumentin oder der Konsument erhält eine Kopie des Vertrags.

² Der Vertrag muss angeben:

a. die Höchstgrenze des Kreditbetrags;
b. den Jahreszins und die bei Vertragsabschluss in Rechnung gestellten Kosten sowie die Bedingungen, unter denen diese geändert werden können;
c. die Modalitäten einer Beendigung des Vertrags;
d. die Elemente, die der Kreditfähigkeitsprüfung zu Grunde gelegt worden sind (Art. 30 Abs. 1); Einzelheiten können in einem vom Kredit- oder Kundenkartenvertrag getrennten Schriftstück festgehalten werden; dieses bildet einen integrierenden Bestandteil des Vertrags.

³ Während der Vertragsdauer ist die Konsumentin oder der Konsument über jede Änderung des Jahreszinses oder der in Rechnung gestellten Kosten

unverzüglich zu informieren; diese Information kann in Form eines Kontoauszugs erfolgen.

⁴ Wird eine Kontoüberziehung stillschweigend akzeptiert und das Konto länger als drei Monate überzogen, so ist die Konsumentin oder der Konsument zu informieren über:
a. den Jahreszins und die in Rechnung gestellten Kosten;
b. alle diesbezüglichen Änderungen.

Art. 13 Zustimmung des gesetzlichen Vertreters

¹ Ist die Konsumentin oder der Konsument minderjährig, so bedarf der Konsumkreditvertrag zu seiner Gültigkeit der schriftlichen Zustimmung der gesetzlichen Vertreterin oder des gesetzlichen Vertreters.

² Die Zustimmung ist spätestens abzugeben, wenn die Konsumentin oder der Konsument den Vertrag unterzeichnet.

Art. 14 Höchstzinssatz

Der Bundesrat legt den höchstens zulässigen Zinssatz nach Artikel 9 Absatz 2 Buchstabe b fest. Er berücksichtigt dabei die von der Nationalbank ermittelten, für die Refinanzierung des Konsumkreditgeschäftes massgeblichen Zinssätze. Der Höchstzinssatz soll in der Regel 15 Prozent nicht überschreiten.

Art. 15 Nichtigkeit

¹ Die Nichteinhaltung der Artikel 9–11, 12 Absätze 1, 2 und 4 Buchstabe a, 13 und 14 bewirkt die Nichtigkeit des Konsumkreditvertrags.

² Ist der Konsumkreditvertrag nichtig, so hat die Konsumentin oder der Konsument die bereits empfangene oder beanspruchte Kreditsumme bis zum Ablauf der Kreditdauer zurückzuzahlen, schuldet aber weder Zinsen noch Kosten.

³ Die Kreditsumme ist in gleich hohen Teilzahlungen zurückzuzahlen. Wenn der Vertrag keine längeren Zeitabstände vorsieht, liegen die Teilzahlungen jeweils einen Monat auseinander.

⁴ Bei einem Leasingvertrag hat die Konsumentin oder der Konsument den ihr oder ihm überlassenen Gegenstand zurückzugeben und die Raten zu zahlen, die bis zu diesem Zeitpunkt geschuldet sind. Ein damit nicht abgedeckter Wertverlust geht zu Lasten der Leasinggeberin.

Art. 16 Widerrufsrecht

¹ Die Konsumentin oder der Konsument kann den Antrag zum Vertragsschluss oder die Annahmeerklärung innerhalb von 14 Tagen schriftlich widerrufen.[12] Kein Widerrufsrecht besteht im Falle von Artikel 12 Absatz 4.

---

12 Fassung gemäss Ziff. II des BG vom 19. Juni 2015 (Revision des Widerrufsrechts), in Kraft seit 1. Jan. 2016 (AS 2015 4107; BBl 2014 921 2993).

¹ᵇⁱˢ Konsumkreditverträge mit einer Kreditgeberin nach Artikel 2 Buchstabe b können widerrufen werden:
a. gegenüber jeder einzelnen Kreditgeberin; oder
b. mittels einer einzigen Erklärung gegenüber der Schwarmkredit-Vermittlerin mit Wirkung für alle beteiligten Kreditgeberinnen.[13]

² Die Widerrufsfrist beginnt zu laufen, sobald die Konsumentin oder der Konsument nach den Artikeln 9 Absatz 1, 11 Absatz 1 oder 12 Absatz 1 eine Kopie des Vertrags erhalten hat. Die Frist ist eingehalten, wenn die Konsumentin oder der Konsument die Widerrufserklärung am letzten Tag der Widerrufsfrist der Kreditgeberin oder der Post übergibt.[14]

²ᵇⁱˢ Im Fall des Widerrufs nach Absatz 1ᵇⁱˢ Buchstabe b beginnt die Frist zu laufen, sobald die Konsumentin oder der Konsument eine Kopie des letzten mit einer Kreditgeberin abgeschlossenen Vertrags erhalten hat.[15]

³ Ist das Darlehen bereits vor dem Widerruf des Vertrags ausbezahlt worden, so gilt Artikel 15 Absätze 2 und 3. Im Falle eines Abzahlungskaufs, einer auf Kredit beanspruchten Dienstleistung oder eines Leasingvertrags gilt Artikel 40*f* des Obligationenrechts[16]. Bei missbräuchlichem Gebrauch oder missbräuchlicher Nutzung der Sache während der Widerrufsfrist schuldet die Konsumentin oder der Konsument eine angemessene Entschädigung, die sich am Wertverlust der Sache bemisst.[17]

4. Abschnitt: Rechte und Pflichten der Parteien

Art. 17 Vorzeitige Rückzahlung

¹ Die Konsumentin oder der Konsument kann die Pflichten aus dem Konsumkreditvertrag vorzeitig erfüllen.

² In diesem Fall besteht ein Anspruch auf Erlass der Zinsen und auf eine angemessene Ermässigung der Kosten, die auf die nicht beanspruchte Kreditdauer entfallen.

³ Der Leasingnehmer kann mit einer Frist von mindestens 30 Tagen auf Ende einer dreimonatigen Leasingdauer kündigen. Der Anspruch des Leasinggebers auf Entschädigung richtet sich nach der Tabelle gemäss Artikel 11 Absatz 2 Buchstabe g.

---

13 Eingefügt durch Anhang Ziff. II 2 des Finanzinstitutsgesetzes vom 15. Juni 2018, in Kraft seit 1. April 2019 (AS 2018 5247; BBl 2015 8901).
14 Fassung des zweiten Satzes gemäss Ziff. II des BG vom 19. Juni 2015 (Revision des Widerrufsrechts), in Kraft seit 1. Jan. 2016 (AS 2015 4107; BBl 2014 921 2993).
15 Eingefügt durch Anhang Ziff. II 2 des Finanzinstitutsgesetzes vom 15. Juni 2018, in Kraft seit 1. April 2019 (AS 2018 5247; BBl 2015 8901).
16 SR 220
17 Dritter Satz eingefügt durch Ziff. II des BG vom 19. Juni 2015 (Revision des Widerrufsrechts), in Kraft seit 1. Jan. 2016 (AS 2015 4107; BBl 2014 921 2993).

Art. 18 Verzug

¹ Die Kreditgeberin kann vom Vertrag zurücktreten, wenn Teilzahlungen ausstehend sind, die mindestens 10 Prozent des Nettobetrags des Kredits beziehungsweise des Barzahlungspreises ausmachen.

² Der Leasinggeber kann vom Vertrag zurücktreten, wenn Teilzahlungen ausstehend sind, die mehr als drei monatlich geschuldete Leasingraten ausmachen.

³ Der Verzugszins darf den für den Konsumkredit oder Leasingvertrag vereinbarten Zinssatz (Art. 9 Abs. 2 Bst. b) nicht übersteigen.

Art. 19 Einreden

Die Konsumentin oder der Konsument hat das unabdingbare Recht, die Einreden aus dem Konsumkreditvertrag gegenüber jedem Abtretungsgläubiger geltend zu machen.

Art. 20 Zahlung und Sicherheit in Form von Wechseln

¹ Die Kreditgeberin darf weder Zahlungen in Form von Wechseln, einschliesslich Eigenwechseln, noch Sicherheiten in Form von Wechseln, einschliesslich Eigenwechseln und Checks, annehmen.

² Ist ein Wechsel oder ein Check entgegen Absatz 1 angenommen worden, so kann ihn die Konsumentin oder der Konsument jederzeit von der Kreditgeberin zurückverlangen.

³ Die Kreditgeberin haftet für den Schaden, welcher der Konsumentin oder dem Konsumenten aus der Begebung des Wechsels oder Checks entstanden ist.

Art. 21 Mangelhafte Erfüllung des Erwerbsvertrags

¹ Wer im Hinblick auf den Erwerb von Waren oder Dienstleistungen einen Konsumkreditvertrag mit einer anderen Person als dem Lieferanten abschliesst, kann gegenüber der Kreditgeberin alle Rechte geltend machen, die ihm gegenüber dem Lieferanten zustehen, wenn folgende Bedingungen erfüllt sind:
a. Zwischen der Kreditgeberin und dem Lieferanten besteht eine Abmachung, wonach Kredite an Kunden dieses Lieferanten ausschliesslich von der Kreditgeberin gewährt werden.
b. Die Konsumentin oder der Konsument erhält den Kredit im Rahmen dieser Abmachung.
c. Die unter den Konsumkreditvertrag fallenden Waren oder Dienstleistungen werden nicht oder nur teilweise geliefert oder entsprechen nicht dem Liefervertrag.
d. Die Konsumentin oder der Konsument hat die Rechte gegenüber dem Lieferanten erfolglos geltend gemacht.
e. Der Betrag des betreffenden Einzelgeschäfts liegt über 500 Franken.

² Der Bundesrat kann den Betrag gemäss Absatz 1 Buchstabe e den veränderten Verhältnissen anpassen.

5. Abschnitt: Kreditfähigkeit

Art. 22 Grundsatz
Die Kreditfähigkeitsprüfung bezweckt die Vermeidung einer Überschuldung der Konsumentin oder des Konsumenten infolge eines Konsumkreditvertrags.

Art. 23 Informationsstelle für Konsumkredit

¹ Die gewerbsmässig tätigen Kreditgeberinnen[18] gründen eine Informationsstelle für Konsumkredit (Informationsstelle). Diese gemeinsame Einrichtung bearbeitet die Daten, die im Rahmen der Artikel 25–27 anfallen.

² Die Statuten der Informationsstelle müssen vom zuständigen Departement[19] genehmigt werden. Sie regeln insbesondere:
a. die Verantwortung für die Datenbearbeitung;
b. die Kategorien der zu erfassenden Daten sowie deren Aufbewahrungsdauer, Archivierung und Löschung;
c. die Zugriffs- und Bearbeitungsberechtigungen;
d. die Zusammenarbeit mit beteiligten Dritten;
e. die Datensicherheit.

³ Die Informationsstelle gilt als Bundesorgan im Sinne von Artikel 3 Buchstabe h des Bundesgesetzes vom 19. Juni 1992[20] über den Datenschutz. Der Bundesrat erlässt die Vollzugsbestimmungen.

⁴ Vorbehältlich der Zuständigkeit gemäss Bundesgesetz vom 19. Juni 1992 über den Datenschutz untersteht die Informationsstelle der Aufsicht des Departements.

⁵ Der Bundesrat kann den gewerbsmässig tätigen Kreditgeberinnen eine Frist setzen, binnen der die gemeinsame Einrichtung errichtet sein muss. Kommt die Gründung der gemeinsamen Einrichtung nicht zu Stande oder wird diese später aufgelöst, so richtet der Bundesrat die Informationsstelle ein.

Abs. 3 und 4*

³ Die Informationsstelle gilt als Bundesorgan im Sinne von Artikel 5 Buchstabe i des Datenschutzgesetzes vom 25. September 2020. Der Bundesrat erlässt die Vollzugsbestimmungen.

---

18 Ausdruck gemäss Anhang Ziff. II 2 des Finanzinstitutsgesetzes vom 15. Juni 2018, in Kraft seit 1. April 2019 (AS 2018 5247; BBl 2015 8901). Diese Änd. wurde in den in der AS genannten Bestimmungen vorgenommen.
19 Zurzeit Eidgenössisches Justiz- und Polizeidepartement
20 SR 235.1
* Fassungen gemäss Anhang 1 Ziff. II 19 des Datenschutzgesetzes vom 25. Sept. 2020, in Kraft ab 1. Sept. 2023 (AS 2022 491; BBl 2017 6941).

⁴ *Vorbehältlich der Zuständigkeit gemäss dem Datenschutzgesetz untersteht die Informationsstelle der Aufsicht des Departements.*

Art. 24 Datenzugang

¹ Zugang zu den von der Informationsstelle gesammelten Daten haben ausschliesslich die gewerbsmässig tätigen Kreditgeberinnen und die Schwarmkredit-Vermittlerinnen, soweit sie die Daten zur Erfüllung ihrer Pflichten nach diesem Gesetz benötigen.[21]

² Im Einzelfall haben auch die von den Kantonen bezeichneten und unterstützten Institutionen der Schuldensanierung Zugang, sofern der Schuldner zustimmt.

Art. 25 Meldepflicht

¹ Die gewerbsmässig tätige Kreditgeberin oder die Schwarmkredit-Vermittlerin muss der Informationsstelle melden:
a. den von ihr gewährten beziehungsweise vermittelten Konsumkredit;
b. ausstehende Teilzahlungen, die mindestens 10 Prozent des Nettobetrags des Kredits beziehungsweise des Barzahlungspreises ausmachen (Art. 18 Abs. 1).[22]

² Soweit die Konsumentin oder der Konsument die Teilzahlungen nicht über die Schwarmkredit-Vermittlerin leistet, sorgt diese dafür, dass ihr die Kreditgeberinnen allfällige Zahlungsausstände melden.[23]

³ Die Informationsstelle bestimmt in ihren Statuten oder einem darauf gestützten Reglement das Nähere zu Inhalt, Form und Zeitpunkt der Meldung.

Art. 26 Meldepflicht bei Leasing

¹ Bei einem Leasingvertrag meldet die gewerbsmässig tätige Kreditgeberin oder die Schwarmkredit-Vermittlerin der Informationsstelle:[24]
a. die Höhe der Leasingverpflichtung;
b. die Vertragsdauer;
c. die monatlichen Leasingraten.

² Sie muss der Informationsstelle auch melden, wenn drei Leasingraten ausstehen.

---

21 Fassung gemäss Anhang Ziff. II 2 des Finanzinstitutsgesetzes vom 15. Juni 2018, in Kraft seit 1. April 2019 (AS 2018 5247; BBl 2015 8901).
22 Fassung gemäss Anhang Ziff. II 2 des Finanzinstitutsgesetzes vom 15. Juni 2018, in Kraft seit 1. April 2019 (AS 2018 5247; BBl 2015 8901).
23 Fassung gemäss Anhang Ziff. II 2 des Finanzinstitutsgesetzes vom 15. Juni 2018, in Kraft seit 1. April 2019 (AS 2018 5247; BBl 2015 8901).
24 Fassung gemäss Anhang Ziff. II 2 des Finanzinstitutsgesetzes vom 15. Juni 2018, in Kraft seit 1. April 2019 (AS 2018 5247; BBl 2015 8901).

Art. 27 Meldepflicht bei Kredit- und Kundenkartenkonti

¹ Hat die Konsumentin oder der Konsument dreimal hintereinander von der Kreditoption Gebrauch gemacht, so ist der ausstehende Betrag der Informationsstelle zu melden. Keine Pflicht zur Meldung besteht, wenn der ausstehende Betrag unter 3000 Franken liegt.

² Der Bundesrat wird ermächtigt, die in Absatz 1 genannte Meldelimite von 3000 Franken mittels Verordnung periodisch der Entwicklung des schweizerischen Indexes der Konsumentenpreise anzupassen.

Art. 27a[25] Pflicht zur Prüfung der Kreditfähigkeit

Die gewerbsmässig tätige Kreditgeberin oder die Schwarmkredit-Vermittlerin muss vor Vertragsabschluss die Kreditfähigkeit der Konsumentin oder des Konsumenten prüfen.

Art. 28 Prüfung der Kreditfähigkeit

¹ ...[26]

² Die Konsumentin oder der Konsument gilt dann als kreditfähig, wenn sie oder er den Konsumkredit zurückzahlen kann, ohne den nicht pfändbaren Teil des Einkommens nach Artikel 93 Absatz 1 des Bundesgesetzes vom 11. April 1889[27] über Schuldbetreibung und Konkurs beanspruchen zu müssen.

³ Der pfändbare Teil des Einkommens wird nach den Richtlinien über die Berechnung des Existenzminimums des Wohnsitzkantons der Konsumentin oder des Konsumenten ermittelt. Bei der Ermittlung zu berücksichtigen sind in jedem Fall:
a. der tatsächlich geschuldete Mietzins;
b. die nach Quellensteuertabelle geschuldeten Steuern;
c. Verpflichtungen, die bei der Informationsstelle gemeldet sind.

⁴ Bei der Beurteilung der Kreditfähigkeit muss von einer Amortisation des Konsumkredits innerhalb von 36 Monaten ausgegangen werden, selbst wenn vertraglich eine längere Laufzeit vereinbart worden ist. Dies gilt auch für frühere Konsumkredite, soweit diese noch nicht zurückbezahlt worden sind.

⁵ Für koordiniert vermittelte Konsumkreditverträge wird die Kreditfähigkeit der Konsumentin oder des Konsumenten unter Einbezug aller vermittelten Kredite geprüft.[28]

---

25 Eingefügt durch Anhang Ziff. II 2 des Finanzinstitutsgesetzes vom 15. Juni 2018, in Kraft seit 1. April 2019 (AS 2018 5247; BBl 2015 8901).
26 Aufgehoben durch Anhang Ziff. II 2 des Finanzinstitutsgesetzes vom 15. Juni 2018, mit Wirkung seit 1. April 2019 (AS 2018 5247; BBl 2015 8901).
27 SR 281.1
28 Eingefügt durch Anhang Ziff. II 2 des Finanzinstitutsgesetzes vom 15. Juni 2018, in Kraft seit 1. April 2019 (AS 2018 5247; BBl 2015 8901).

Art. 29 Prüfung der Kreditfähigkeit des Leasingnehmers

[1] Der gewerbsmässig tätige Leasinggeber muss vor Vertragsabschluss die Kreditfähigkeit des Leasingnehmers prüfen.[29]

[2] Die Kreditfähigkeit ist zu bejahen, wenn der Leasingnehmer die Leasingraten ohne Beanspruchung des nicht pfändbaren Teils des Einkommens nach Artikel 28 Absätze 2 und 3 finanzieren kann oder wenn Vermögenswerte, die dem Leasingnehmer gehören, die Zahlung der Leasingraten sicherstellen.

Art. 30 Prüfung der Kreditfähigkeit bei Kredit- und Kundenkartenkonti

[1] Räumt die gewerbsmässig tätige Kreditgeberin oder das Kreditkartenunternehmen im Rahmen eines Kredit- oder Kundenkartenkontos mit Kreditoption oder eines Überziehungskredits auf laufendem Konto eine Kreditlimite ein, so prüfen sie zuvor summarisch die Kreditfähigkeit der Antragstellerin oder des Antragstellers. Sie stützen sich dabei auf deren oder dessen Angaben über die Vermögens- und Einkommensverhältnisse. Die Kreditlimite muss den Einkommens- und Vermögensverhältnissen der Konsumentin oder des Konsumenten Rechnung tragen. Dabei sind die bei der Informationsstelle vermeldeten Konsumkredite zu berücksichtigen.

[2] Die Kreditfähigkeitsprüfung nach Absatz 1 ist zu wiederholen, wenn die gewerbsmässig tätige Kreditgeberin oder das Kreditkartenunternehmen über Informationen verfügt, wonach sich die wirtschaftlichen Verhältnisse der Konsumentin oder des Konsumenten verschlechtert haben.

Art. 31 Bedeutung der Angaben der Konsumentin oder des Konsumenten

[1] Die gewerbsmässig tätige Kreditgeberin oder die Schwarmkredit-Vermittlerin darf sich auf die Angaben der Konsumentin oder des Konsumenten zu den finanziellen Verhältnissen (Art. 28 Abs. 3 und 4) oder zu den wirtschaftlichen Verhältnissen (Art. 29 Abs. 2 und 30 Abs. 1) verlassen.[30] Sie kann von der Konsumentin oder dem Konsumenten einen Auszug aus dem Betreibungsregister und einen Lohnnachweis oder, wenn keine unselbstständige Tätigkeit vorliegt, sonstige Dokumente einfordern, die über deren oder dessen Einkommen Auskunft geben.[31]

[2] Vorbehalten bleiben Angaben, die offensichtlich unrichtig sind oder denjenigen der Informationsstelle widersprechen.

[3] Zweifelt die gewerbsmässig tätige Kreditgeberin oder die Schwarmkredit-Vermittlerin an der Richtigkeit der Angaben einer Konsumentin oder eines Konsumenten, so muss sie deren Richtigkeit anhand einschlägiger amtlicher

---

29 Fassung gemäss Anhang Ziff. II 2 des Finanzinstitutsgesetzes vom 15. Juni 2018, in Kraft seit 1. April 2019 (AS 2018 5247; BBl 2015 8901).
30 Fassung gemäss Anhang Ziff. II 2 des Finanzinstitutsgesetzes vom 15. Juni 2018, in Kraft seit 1. April 2019 (AS 2018 5247; BBl 2015 8901).
31 Fassung gemäss Ziff. I des BG vom 20. März 2015, in Kraft seit 1. Jan. 2016 (AS 2015 4111; BBl 2014 3259 3279).

oder privater Dokumente überprüfen.[32] Sie darf sich bei der Überprüfung nicht mit den Dokumenten nach Absatz 1 begnügen.[33]

Art. 32[34] Sanktionen gegen Kreditgeberinnen

¹ Verstösst die gewerbsmässig tätige Kreditgeberin in schwerwiegender Weise gegen Artikel 27a, 28, 29, 30 oder 31, so verliert sie die von ihr gewährte Kreditsumme samt Zinsen und Kosten. Die Konsumentin oder der Konsument kann bereits erbrachte Leistungen nach den Regeln über die ungerechtfertigte Bereicherung zurückfordern.

² Verstösst die gewerbsmässig tätige Kreditgeberin gegen Artikel 25, 26 oder 27 Absatz 1 oder in geringfügiger Weise gegen Artikel 27a, 28, 29, 30 oder 31, so verliert sie nur die Zinsen und die Kosten.

Art. 32a[35] Sanktionen gegen Schwarmkredit-Vermittlerinnen

¹ Verstösst eine Schwarmkredit-Vermittlerin gegen Artikel 25, 26, 27 Absatz 1, 27a, 28, 29, 30 oder 31, so wird sie mit Busse bis zu 100 000 Franken bestraft.

² Die Kreditgeberin verliert nur die Zinsen und die Kosten.

6. Abschnitt: Berechnung des effektiven Jahreszinses

Art. 33 Zeitpunkt und Berechnungsmethode

¹ Der effektive Jahreszins ist beim Abschluss des Konsumkreditvertrags nach der im Anhang 1 aufgeführten mathematischen Formel zu berechnen.

² Die Berechnung beruht auf der Annahme, dass der Kreditvertrag für die vereinbarte Dauer gültig bleibt und dass die Parteien ihren Verpflichtungen zu den vereinbarten Terminen nachkommen.

³ Lässt der Kreditvertrag eine Anpassung der Zinsen oder anderer Kosten zu, die in die Berechnung einzubeziehen sind, jedoch zu deren Zeitpunkt nicht beziffert werden können, so beruht die Berechnung auf der Annahme, dass der ursprüngliche Zinssatz und die ursprünglichen anderen Kosten bis zum Ende des Kreditvertrags unverändert bleiben.

⁴ Bei Leasingverträgen wird der effektive Jahreszins auf der Grundlage des Barkaufspreises der Leasingsache bei Vertragsabschluss (Kalkulationsbasis)

---

32 Fassung gemäss Anhang Ziff. II 2 des Finanzinstitutsgesetzes vom 15. Juni 2018, in Kraft seit 1. April 2019 (AS 2018 5247; BBl 2015 8901).
33 Fassung gemäss Ziff. I des BG vom 20. März 2015, in Kraft seit 1. Jan. 2016 (AS 2015 4111; BBl 2014 3259 3279).
34 Fassung gemäss Anhang Ziff. II 2 des Finanzinstitutsgesetzes vom 15. Juni 2018, in Kraft seit 1. April 2019 (AS 2018 5247; BBl 2015 8901).
35 Eingefügt durch Anhang Ziff. II 2 des Finanzinstitutsgesetzes vom 15. Juni 2018, in Kraft seit 1. April 2019 (AS 2018 5247; BBl 2015 8901).

und bei Vertragsende (Restwert) sowie der einzelnen Tilgungszahlungen (Leasingraten) berechnet.

Art. 34 Massgebende Kosten

¹ Für die Berechnung des effektiven Jahreszinses sind die Gesamtkosten des Kredits für die Konsumentin oder den Konsumenten im Sinne von Artikel 5, einschliesslich des Kaufpreises, massgebend.

² Nicht zu berücksichtigen sind:
a. die Kosten, welche die Konsumentin oder der Konsument bei Nichterfüllung einer im Vertrag aufgeführten Verpflichtung bezahlen muss;
b. die Kosten, welche die Konsumentin oder der Konsument durch den Erwerb von Waren oder Dienstleistungen unabhängig davon zu tragen hat, ob es sich um ein Bar- oder um ein Kreditgeschäft handelt;
c. die Mitgliederbeiträge für Vereine oder Gruppen, die aus anderen als den im Kreditvertrag vereinbarten Gründen entstehen.

³ Die Überweisungskosten sowie Kosten für die Führung eines Kontos, das für die Kreditrückzahlung sowie für die Zahlung der Zinsen oder anderer Kosten dienen soll, sind nur dann zu berücksichtigen, wenn die Konsumentin oder der Konsument nicht über eine angemessene Wahlfreiheit in diesem Bereich verfügt und sie ungewöhnlich hoch sind. In die Berechnung einzubeziehen sind jedoch die Inkassokosten dieser Rückzahlungen oder Zahlungen, unabhängig davon, ob sie in bar oder in anderer Weise erhoben werden.

⁴ Die Kosten für Versicherungen und Sicherheiten sind so weit zu berücksichtigen, als sie:
a. die gewerbsmässig tätige Kreditgeberin oder die Schwarmkredit-Vermittlerin für die Kreditgewährung zwingend vorschreibt; und
b. der gewerbsmässig tätigen Kreditgeberin oder der Schwarmkredit-Vermittlerin bei Tod, Invalidität, Krankheit oder Arbeitslosigkeit der Konsumentin oder des Konsumenten die Rückzahlung eines Betrags sicherstellen sollen, der gleich hoch oder geringer ist als der Gesamtbetrag des Kredits, einschliesslich Zinsen und anderer Kosten.[36]

7. Abschnitt: Kreditvermittlung

Art. 35

¹ Die Konsumentin oder der Konsument schuldet der Kreditvermittlerin für die Vermittlung eines Konsumkredits keine Entschädigung.

---

36 Fassung gemäss Anhang Ziff. II 2 des Finanzinstitutsgesetzes vom 15. Juni 2018, in Kraft seit 1. April 2019 (AS 2018 5247; BBl 2015 8901).

² Die Aufwendungen der Kreditgeberin für die Kreditvermittlung bilden Teil der Gesamtkosten (Art. 5 und 34 Abs. 1); sie dürfen dem Konsumenten oder der Konsumentin nicht gesondert in Rechnung gestellt werden.

8. Abschnitt: Werbung

Art. 36　Grundsatz[37]

Die Werbung für Konsumkredite richtet sich nach dem Bundesgesetz vom 19. Dezember 1986[38] gegen den unlauteren Wettbewerb.

Art. 36a[39]　Aggressive Werbung

¹ Für Konsumkredite darf nicht in aggressiver Weise geworben werden.

² Die gewerbsmässig tätigen Kreditgeberinnen umschreiben in einer privatrechtlichen Vereinbarung in angemessener Weise, welche Werbung als aggressiv gilt.

³ Der Bundesrat regelt, welche Werbung als aggressiv gilt, wenn innert angemessener Frist keine Vereinbarung zustande gekommen ist oder wenn er diese Vereinbarung für ungenügend erachtet.

Art. 36b[40]　Strafbestimmung

Wer vorsätzlich gegen das Verbot der aggressiven Werbung verstösst, wird mit Busse bis zu 100 000 Franken bestraft.

9. Abschnitt: Zwingendes Recht

Art. 37

Von den Bestimmungen dieses Gesetzes darf nicht zu Ungunsten der Konsumentin oder des Konsumenten abgewichen werden.

37　Eingefügt durch Ziff. I des BG vom 20. März 2015, in Kraft seit 1. Jan. 2016 (AS 2015 4111; BBl 2014 3259 3279).
38　SR 241
39　Eingefügt durch Ziff. I des BG vom 20. März 2015, in Kraft seit 1. Jan. 2016 (AS 2015 4111; BBl 2014 3259 3279).
40　Eingefügt durch Ziff. I des BG vom 20. März 2015, in Kraft seit 1. Jan. 2016 (AS 2015 4111; BBl 2014 3259 3279).

10. Abschnitt: Zuständigkeiten

Art. 38 Verhältnis zum kantonalen Recht

Der Bund regelt die Konsumkreditverträge abschliessend.

Art. 39 Bewilligungspflicht

¹ Die Kantone müssen die gewerbsmässige Gewährung und die Vermittlung von Konsumkrediten einer Bewilligungspflicht unterstellen.[41]

² Zuständig für die Erteilung der Bewilligung ist der Kanton, in dem die gewerbsmässig tätige Kreditgeberin oder die Kreditvermittlerin ihren Sitz hat. Hat die gewerbsmässig tätige Kreditgeberin oder die Kreditvermittlerin ihren Sitz nicht in der Schweiz, so ist der Kanton für die Erteilung der Bewilligung zuständig, auf dessen Gebiet die gewerbsmässig tätige Kreditgeberin oder die Kreditvermittlerin hauptsächlich tätig zu werden gedenkt. Die von einem Kanton erteilte Bewilligung gilt für die ganze Schweiz.

³ Keine Bewilligung nach Absatz 2 ist erforderlich, wenn die gewerbsmässig tätige Kreditgeberin oder die Kreditvermittlerin:
a. dem Bankengesetz vom 8. November 1934[42] untersteht;
b. Konsumkredite zur Finanzierung des Erwerbs ihrer Waren oder der Beanspruchung ihrer Dienstleistungen gewährt oder vermittelt.

Art. 40 Bewilligungsvoraussetzungen

¹ Die Bewilligung ist zu erteilen, wenn der Gesuchsteller:
a.[43] Gewähr für eine einwandfreie Geschäftstätigkeit bietet und in geordneten Vermögensverhältnissen lebt;
b. die allgemeinen kaufmännischen und fachlichen Kenntnisse und Fertigkeiten besitzt, die zur Ausübung der Tätigkeit erforderlich sind;
c. über eine ausreichende Berufshaftpflichtversicherung verfügt.

² Gesellschaften und juristischen Personen wird die Bewilligung nur erteilt, wenn alle Mitglieder der Geschäftsleitung die in Absatz 1 Buchstabe b erwähnten Kenntnisse und Fertigkeiten besitzen.

³ Der Bundesrat regelt in einer Verordnung das Nähere zu den Bewilligungsvoraussetzungen nach Absatz 2.

---

41 Fassung gemäss Anhang Ziff. II 2 des Finanzinstitutsgesetzes vom 15. Juni 2018, in Kraft seit 1. April 2019 (AS 2018 5247; BBl 2015 8901).
42 SR 952.0
43 Fassung gemäss Ziff. I des BG vom 20. März 2015, in Kraft seit 1. Jan. 2016 (AS 2015 4111; BBl 2014 3259 3279).

11. Abschnitt: Schlussbestimmungen

Art. 41 Aufhebung und Änderung bisherigen Rechts
Die Aufhebung und die Änderung bisherigen Rechts werden im Anhang 2 geregelt.

Art. 42 Referendum und Inkrafttreten
¹ Dieses Gesetz untersteht dem fakultativen Referendum.

² Der Bundesrat bestimmt das Inkrafttreten.

Datum des Inkrafttretens:[44] 1. Jan. 2003
Art. 39 und 40: 1. Jan. 2004

Anhang 1 (Art. 33)

Formel zur Berechnung des effektiven Jahreszinses

$$\sum_{K=1}^{K=m} \frac{A_K}{(1+i)^{t_K}} = \sum_{K'=1}^{K'=m'} \frac{A'_{K'}}{(1+i)^{t_{K'}}}$$

Die in der Formel verwendeten Buchstaben und Symbole haben folgende Bedeutung:

- K laufende Nummer eines Kredits,
- K' laufende Nummer einer Tilgungszahlung oder einer Zahlung von Kosten,
- A_K Betrag des Kredits mit der Nummer K,
- $A'_{K'}$ Betrag der Tilgungszahlung oder der Zahlung von Kosten mit der Nummer K',
- $\sum$ Summationszeichen,
- m laufende Nummer des letzten Kredits,
- m' laufende Nummer der letzten Tilgungszahlung oder der letzten Zahlung von Kosten,
- t_K in Jahren oder Jahresbruchteilen ausgedrückter Zeitabstand zwischen dem Zeitpunkt der Kreditvergabe mit der Nummer 1 und den Zeitpunkten der späteren Kredite mit der Nummer 2 bis m,

---

[44] BRB vom 6. Nov. 2002

$t_{K'}$ in Jahren oder Jahresbruchteilen ausgedrückter Zeitabstand zwischen dem Zeitpunkt der Kreditvergabe mit der Nummer 1 und den Zeitpunkten der Tilgungszahlung oder Zahlungen von Kosten mit der Nummer 1 bis m',

i effektiver Zinssatz, der entweder algebraisch oder durch schrittweise Annäherungen oder durch ein Computerprogramm errechnet werden kann, wenn die sonstigen Gleichungsgrössen aus dem Vertrag oder auf andere Weise bekannt sind.

Anhang 2 (Art. 41)
Aufhebung und Änderung bisherigen Rechts

I

Das Bundesgesetz vom 8. Oktober 1993[45] über den Konsumkredit wird aufgehoben.

II

Die nachstehenden Bundesgesetze werden wie folgt geändert:

...[46]

---

45 [AS 1994 367]
46 Die Änderungen können unter AS 2002 3846 konsultiert werden.

10. Verordnung zum Konsumkreditgesetz
(Konsumkreditverordnung*, VKKG)

vom 6. November 2002

Der Schweizerische Bundesrat,

gestützt auf die Artikel 14, 23 Absatz 3 und 40 Absatz 3 des Bundesgesetzes vom 23. März 2001[1] über den Konsumkredit (KKG)
und auf die Artikel 8 Absätze 1 und 4 sowie 47 Absatz 2 des Regierungs- und Verwaltungsorganisationsgesetzes vom 21. März 1997[2],[3]

verordnet:

1. Abschnitt: Höchstzinssatz

Art. 1[4]

[1] Der Höchstwert für den Zinssatz nach Artikel 9 Absatz 2 Buchstabe b KKG (Höchstzinssatz) setzt sich zusammen aus:
a. dem über 3 Monate aufgezinsten Saron (SAR3MC); und
b. einem Zuschlag von 10 Prozentpunkten.

[2] Der nach Absatz 1 ermittelte Wert wird gemäss den kaufmännischen Rundungsregeln auf die nächstliegende ganze Zahl auf- oder abgerundet. Der Höchstzinssatz beträgt mindestens 10 Prozent.

[3] Für Überziehungskredite auf laufendem Konto und Kredit- und Kundenkarten mit Kreditoption beträgt der Zuschlag auf den SAR3MC 12 Prozentpunkte. Der Höchstzinssatz beträgt für diese Fälle mindestens 12 Prozent.

[4] Das Eidgenössische Justiz- und Polizeidepartement überprüft den Höchstzinssatz mindestens einmal jährlich und legt ihn bei Bedarf neu fest.

SR 221.214.11. AS 2002 3864
* Nicht amtlicher Kurztitel.
1   SR 221.214.1
2   SR 172.010
3   Fassung gemäss Ziff. I der V vom 19. Mai 2021, in Kraft seit 1. Juli 2021 (AS 2021 319).
4   Fassung gemäss Ziff. I der V vom 19. Mai 2021, in Kraft seit 1. Juli 2021 (AS 2021 319).

2. Abschnitt: Informationsstelle für Konsumkredit

Art. 2 Organisation

[1] Die Informationsstelle für Konsumkredit nach Artikel 23 Absatz 1 KKG (Informationsstelle) darf Dritte zur Erfüllung ihrer Aufgaben beiziehen, soweit es sich dabei um technische Unterstützung, namentlich um die Bereitstellung der nötigen Infrastruktur, handelt.[5]

[2] Sie bleibt für das Verhalten der beigezogenen Dritten verantwortlich.

Art. 3[6] Informationssystem über Konsumkredite

[1] Die Informationsstelle führt ein Informationssystem über Konsumkredite. Im Anhang werden die im Informationssystem enthaltenen Personendaten und die Kategorien der Berechtigung aufgeführt sowie der Umfang des Zugriffs und die Berechtigung zur Datenbearbeitung festgelegt.

[2] Die Informationsstelle kann die von ihr bearbeiteten Personendaten den gewerbsmässig tätigen Kreditgeberinnen und den Schwarmkredit-Vermittlerinnen auch in einem Abrufverfahren zugänglich machen.

[3] Im Informationssystem dürfen nur Personendaten zur Verfügung gestellt werden, die die gewerbsmässig tätigen Kreditgeberinnen und die Schwarmkredit-Vermittlerinnen für die Kreditfähigkeitsprüfung nach den Artikeln 28–30 KKG benötigen. Die Personendaten dürfen nur für diesen Zweck bearbeitet werden.

[4] Die Informationsstelle ist verantwortlich für das Informationssystem. Sie führt eine Liste der zum Abrufverfahren zugelassenen Kreditgeberinnen und Schwarmkredit-Vermittlerinnen und hält sie auf dem neusten Stand. Die Liste ist allgemein zugänglich.

Art. 3a[7] Aufsicht

[1] Das Bundesamt für Justiz übt die Aufsicht über die Informationsstelle aus.

[2] Es hat insbesondere folgende Befugnisse:
a. Genehmigung der Statuten der Informationsstelle (Art. 23 Abs. 2 KKG);
b. Erlass von Weisungen und Empfehlungen an die Informationsstelle;
c. jährliche Abnahme des Rechenschaftsberichts der Informationsstelle;
d. Durchführung von Inspektionen bei der Informationsstelle.

[3] Es erstellt ein schriftliches Aufsichtskonzept über die Ausübung seiner Aufsicht.

---

5 Fassung gemäss Ziff. I der V vom 23. Nov. 2005, in Kraft seit 1. März 2006 (AS 2006 95).
6 Fassung gemäss Ziff. II 2 der V vom 30. Nov. 2018, in Kraft seit 1. April 2019 (AS 2018 5229).
7 Eingefügt durch Ziff. I der V vom 19. Mai 2021, in Kraft seit 1. Juli 2021 (AS 2021 319).

⁴ Es arbeitet mit dem Eidgenössischen Datenschutz- und Öffentlichkeitsbeauftragten zusammen, soweit dessen datenschutzrechtliche Aufsichtspflichten betroffen sind (Art. 23 Abs. 4 KKG).

3. Abschnitt: Bewilligungsvoraussetzungen für Kreditgewährung und Kreditvermittlung

Art. 4 Persönliche Voraussetzungen

¹ Die Gesuchstellerin muss einen guten Ruf geniessen und Gewähr für eine einwandfreie Geschäftstätigkeit bieten.

² Sie darf in den letzten fünf Jahren nicht wegen Straftaten verurteilt worden sein, die einen Bezug zur bewilligungspflichtigen Tätigkeit erkennen lassen.

³ Gegen die Gesuchstellerin dürfen keine Verlustscheine vorliegen.

Art. 5 Wirtschaftliche Voraussetzungen

¹ Die Gesuchstellerin, die Konsumkredite gewähren will, muss über ein Eigenkapital von 8 Prozent der ausstehenden Konsumkredite, mindestens aber von 250 000 Franken verfügen.

² Handelt es sich bei der Gesuchstellerin um eine natürliche Person, so tritt an die Stelle des Eigenkapitals ihr Nettovermögen.

Art. 6[8] Fachliche Voraussetzungen

¹ Wer als Kreditgeberin tätig sein will, muss:
a. über eine kaufmännische Grundbildung nach dem Berufsbildungsgesetz vom 13. Dezember 2002[9] oder eine gleichwertige Ausbildung verfügen; und
b. sich über eine mindestens dreijährige Berufspraxis im Bereich Finanzdienstleistungen ausweisen.

² Wer als Kreditvermittlerin tätig sein will, muss sich über eine mindestens dreijährige Berufspraxis im Bereich Finanzdienstleistungen oder in einem vergleichbaren Bereich ausweisen.

Art. 7[10] Berufshaftpflichtversicherung und gleichgestellte Sicherheiten

¹ Wer Konsumkredite gewähren oder vermitteln will, muss den Nachweis dafür erbringen, dass er oder sie für die Dauer der Bewilligung über eine ausreichende Berufshaftpflichtversicherung oder eine gleichgestellte Sicherheit verfügt.

---
8 Fassung gemäss Ziff. I der V vom 23. Nov. 2005, in Kraft seit 1. März 2006 (AS 2006 95).
9 SR 412.10
10 Fassung gemäss Ziff. I der V vom 23. Nov. 2005, in Kraft seit 1. März 2006 (AS 2006 95).

² Folgende Sicherheiten sind der Berufshaftpflichtversicherung gleichgestellt:
a. die Bürgschaft oder Garantieerklärung einer Bank oder eine gleichwertige Versicherungsdeckung;
b. ein Sperrkonto bei einer Bank.

³ Die Bank oder das Versicherungsunternehmen muss über die nötige Zulassung der zuständigen schweizerischen Aufsichtsbehörde verfügen.

Art. 7a[11] Umfang der Sicherheit

¹ Bei einer Versicherung muss die Versicherungssumme für alle Schadenfälle eines Jahres, die auf eine Verletzung des KKG zurückgehen, betragen:
a. 500 000 Franken für die Gewährung von Konsumkrediten;
b. 10 000 Franken für die Vermittlung von Konsumkrediten;
c. 100 000 Franken für die Schwarmkredit-Vermittlung von Konsumkrediten.

² Im gleichen Umfang muss sich auch der Bürge oder Garant verpflichten.

³ Der auf einem Sperrkonto liegende Betrag muss folgende Höhe erreichen:
a. 500 000 Franken für die Gewährung von Konsumkrediten;
b. 10 000 Franken für die Vermittlung von Konsumkrediten;
c. 100 000 Franken für die Schwarmkredit-Vermittlung von Konsumkrediten.

Art. 7b[12] Auflösung des Sperrkontos

¹ Die Bank gibt das Sperrkonto frei, wenn:
a. die Bewilligungsbehörde bestätigt, dass die Bewilligung seit fünf Jahren abgelaufen ist; und
b. kein richterlicher Entscheid vorliegt, der der Bank die Freigabe des Sperrkontos verbietet.

² Im Konkurs der Kreditgeberin oder der Kreditvermittlerin fällt das Sperrkonto in die Konkursmasse. Es werden daraus zuerst die Forderungen aus dem KKG befriedigt.

Art. 8 Befristung und Entzug der Bewilligung

¹ Die Bewilligung wird auf fünf Jahre befristet.

² Die Bewilligung wird entzogen, wenn:
a. sie mit falschen Angaben erschlichen worden ist;
b. die Bewilligungsvoraussetzungen nicht mehr erfüllt werden.

Art. 8a[13] Gesuche juristischer Personen

Soll die Bewilligung, Konsumkredite gewerbsmässig zu vermitteln oder zu gewähren, einer juristischen Person erteilt werden, so müssen sich die für die

---

[11] Eingefügt durch Ziff. I der V vom 23. Nov. 2005 (AS 2006 95). Fassung gemäss Ziff. II 2 der V vom 30. Nov. 2018, in Kraft seit 1. April 2019 (AS 2018 5229).
[12] Eingefügt durch Ziff. I der V vom 23. Nov. 2005, in Kraft seit 1. März 2006 (AS 2006 95).
[13] Eingefügt durch Ziff. I der V vom 23. Nov. 2005, in Kraft seit 1. März 2006 (AS 2006 95).

Kreditgewährung oder Kreditvermittlung verantwortlichen Personen über die nötigen persönlichen und fachlichen Voraussetzungen ausweisen.

4. Abschnitt: Schlussbestimmungen

Art. 9 Übergangsbestimmung
Eine vor Inkrafttreten dieser Verordnung erteilte Bewilligung für die gewerbsmässige Kreditgewährung oder Kreditvermittlung fällt spätestens am 31. Dezember 2005 dahin.

Art. 9a[14] Übergangsbestimmung
Ändert der Höchstzinssatz, so gilt für Verträge, die vor Inkrafttreten der Änderung abgeschlossen wurden, der bisherige Höchstzinssatz.

Art. 9b[15] Übergangsbestimmung zur Änderung vom 30. November 2018
Laufende, unter Mitwirkung einer Schwarmkredit-Vermittlerin zustande gekommene Konsumkreditverträge sind von dieser innert einer Frist von drei Monaten ab Inkrafttreten dieser Verordnung vom 30. November 2018 der Informationsstelle zu melden.

Art. 10 Aufhebung bisherigen Rechts
Die Verordnung vom 23. April 1975[16] über die Mindestanzahlung und die Höchstdauer beim Abzahlungsvertrag wird aufgehoben.

Art. 11 Inkrafttreten
[1] Diese Verordnung tritt unter Vorbehalt von Absatz 2 am 1. Januar 2003 in Kraft.

[2] Die Artikel 4–9 treten am 1. Januar 2004 in Kraft.

---

14 Eingefügt durch Ziff. I der V vom 11. Dez. 2015, in Kraft seit 1. Juli 2016 (AS 2016 273).
15 Eingefügt durch Ziff. II 2 der V vom 30. Nov. 2018, in Kraft seit 1. April 2019 (AS 2018 5229).
16 [AS 1975 711]

Anhang[17] (Art. 3 Abs. 1)

Informationssystem über Konsumkredite: Inhalt, Umfang und Zugriffsberechtigungen

Abkürzungen und Erklärungen

Grunddaten der Konsumentin oder des Konsumenten:

Name, Vorname,

Geburtsdatum (Tag, Monat, Jahr),

Adresse (Strasse mit Hausnummer, Postleitzahl, Wohnort)

Umfang des Zugriffs

a:	ansehen
b:	bearbeiten (ansehen, eintragen, korrigieren, löschen)
IKO	Informationsstelle für Konsumkredit
K1	gewerbsmässig tätige Kreditgeberin und Schwarmkredit-Vermittlerin, die einen Konsumkredit gewährt bzw. gewährt hat oder vermittelt bzw. vermittelt hat
K2	gewerbsmässig tätige Kreditgeberin und Schwarmkredit-Vermittlerin, die zur Prüfung der Kreditfähigkeit Informationen über bestehende Konsumkredite einer Konsumentin oder eines Konsumenten abfragt

Zugriffsberechtigte Personendaten	IKO	K1	K2
I. Bei Barkrediten, Teilzahlungsverträgen und ähnlichen Finanzierungshilfen			
1. nach Vertragsabschluss:			
– Grunddaten der Konsumentin oder des Konsumenten	b	b	a
– Kreditart: Barkredit, Teilzahlungsvertrag, ähnliche Finanzierungshilfe	b	b	a
– Vertragsbeginn	b	b	a
– Anzahl Raten	b	b	a
– Bruttobetrag des Kredits inklusive vertraglich vereinbarte Zinsen und Kosten	b	b	a
– Vertragsende (soweit vertraglich vereinbart)	b	b	a
– Höhe der Tilgungsraten (soweit vertraglich vereinbart)	b	b	a

---

17 Bereinigt gemäss Ziff. II 2 der V vom 30. Nov. 2018, in Kraft seit 1. April 2019 (AS 2018 5229).

Zugriffsberechtigte Personendaten	IKO	K1	K2
2. bei Verzug:			
– Grunddaten der Konsumentin oder des Konsumenten	b	b	a
– Vertragsbeginn	b	b	a
– Kreditbetrag	b	b	a
– Verzugsmeldung	b	b	a
– Datum der Verzugsmeldung	b	b	a
II. Bei Leasingverträgen			
1. nach Vertragsabschluss:			
– Grunddaten der Konsumentin oder des Konsumenten	b	b	a
– Kreditart: Leasing	b	b	a
– Vertragsbeginn	b	b	a
– Anzahl Raten	b	b	a
– Höhe der Leasingverpflichtung (berechnet auf die vereinbarte Vertragsdauer, ohne Restwert)	b	b	a
– Vertragsende	b	b	a
– Höhe der monatlichen Leasingraten (ohne allfällige bei Vertragsabschluss geleistete Beträge)	b	b	a
2. bei Verzug:			
– Grunddaten der Konsumentin oder des Konsumenten	b	b	a
– Vertragsbeginn	b	b	a
– Kreditbetrag	b	b	a
– Verzugsmeldung	b	b	a
– Datum der Verzugsmeldung	b	b	a
III. Bei Kredit- und Kundenkartenkonti, die mit einer Kreditoption verbunden sind			
1. Erstmeldung:			
– Grunddaten der Konsumentin oder des Konsumenten	b	b	a
– Kreditart: Kartenengagement	b	b	a
– Vertragsbeginn	b	b	a
– Datum Meldepflicht für ausstehenden Kreditbetrag (Stichtag Saldo)	b	b	a
– Ausstehender Kreditbetrag (Saldo)	b	b	a
2. Nachmeldung:			
– Ausstehender Kreditbetrag (Saldo)	b	b	a
– Datum (Stichtag) Nachmeldung	b	b	a

Zugriffsberechtigte Personendaten	IKO	K1	K2
IV. Bei Überziehungskrediten auf laufendem Konto			
1. Erstmeldung:			
– Grunddaten der Konsumentin oder des Konsumenten	b	b	a
– Kreditart: Überziehungskredit	b	b	a
– Referenzdatum des Kredits	b	b	a
– Datum Meldepflicht für ausstehenden Kreditbetrag (Stichtag Saldo)	b	b	a
– Ausstehender Kreditbetrag (Saldo)	b	b	a
2. Nachmeldung:			
– Ausstehender Kreditbetrag (Saldo)	b	b	a
– Datum (Stichtag) Nachmeldung	b	b	a

11. Bundesgesetz über Pauschalreisen
(Pauschalreisengesetz, PauRG)*

vom 18. Juni 1993

Die Bundesversammlung der Schweizerischen Eidgenossenschaft,
gestützt auf die Artikel 31^{sexies} und 64 der Bundesverfassung[1],
nach Einsicht in die Botschaft des Bundesrates vom 24. Februar 1993[2],
beschliesst:

1. Abschnitt: Begriffe

Art. 1 Pauschalreise

[1] Als Pauschalreise gilt die im voraus festgelegte Verbindung von mindestens zwei der folgenden Dienstleistungen, wenn diese Verbindung zu einem Gesamtpreis angeboten wird und länger als 24 Stunden dauert oder eine Übernachtung einschliesst:

a. Beförderung;
b. Unterbringung;
c. andere touristische Dienstleistungen, die nicht Nebenleistungen von Beförderung oder Unterbringung sind und einen beträchtlichen Teil der Gesamtleistung ausmachen.

[2] Dieses Gesetz ist auch anwendbar, wenn im Rahmen derselben Pauschalreise einzelne Leistungen getrennt berechnet werden.

Art. 2 Veranstalter, Vermittler und Konsument

[1] Als Veranstalter oder Veranstalterin (Veranstalter)[3] gilt jede Person, die Pauschalreisen nicht nur gelegentlich organisiert und diese direkt oder über einen Vermittler anbietet.

SR 944.3. AS 1993 3152
* Kurztitel und Abkürzung nicht amtlich.
1 SR 101
2 BBl 1993 I 805
3 Da die durchgehende Verwendung von Paarformen die Lesbarkeit des vorliegenden Erlasses erschwert, wird im folgenden die männliche Personenbezeichnung als Ausdruck gewählt, der sich auf Personen beider Geschlechter bezieht.

² Als Vermittler oder Vermittlerin (Vermittler)[4] gilt die Person, welche die vom Veranstalter zusammengestellte Pauschalreise anbietet.

³ Als Konsument oder Konsumentin (Konsument)[5] gilt jede Person:
a. welche eine Pauschalreise bucht oder zu buchen sich verpflichtet;
b. in deren Namen oder zu deren Gunsten eine Pauschalreise gebucht oder eine Buchungsverpflichtung eingegangen wird;
c. welcher die Pauschalreise nach Artikel 17 abgetreten wird.

2. Abschnitt: Prospekte

Art. 3

Veröffentlicht ein Veranstalter oder ein Vermittler einen Prospekt, so sind die darin enthaltenen Angaben für ihn verbindlich; sie können nur geändert werden:
a. durch spätere Parteivereinbarung;
b. wenn der Prospekt ausdrücklich auf die Änderungsmöglichkeit hinweist und die Änderung dem Konsumenten vor Vertragsschluss klar mitgeteilt wird.

3. Abschnitt: Information des Konsumenten

Art. 4 Vor Vertragsschluss

¹ Der Veranstalter oder der Vermittler muss dem Konsumenten vor Vertragsschluss alle Vertragsbedingungen schriftlich mitteilen.

² Die Vertragsbedingungen können dem Konsumenten auch in einer anderen geeigneten Form vermittelt werden, vorausgesetzt, dass sie ihm vor Vertragsschluss schriftlich bestätigt werden. Die Pflicht zur schriftlichen Bestätigung fällt dahin, wenn ihre Erfüllung eine Buchung oder einen Vertragsschluss verunmöglichen würde.

³ Soweit dies für die Pauschalreise von Bedeutung ist, muss der Veranstalter oder der Vermittler den Konsumenten vor Vertragsschluss schriftlich oder in einer anderen geeigneten Form allgemein informieren:

---

[4] Da die durchgehende Verwendung von Paarformen die Lesbarkeit des vorliegenden Erlasses erschwert, wird im folgenden die männliche Personenbezeichnung als Ausdruck gewählt, der sich auf Personen beider Geschlechter bezieht.

[5] Da die durchgehende Verwendung von Paarformen die Lesbarkeit des vorliegenden Erlasses erschwert, wird im folgenden die männliche Personenbezeichnung als Ausdruck gewählt, der sich auf Personen beider Geschlechter bezieht.

a. über die für Staatsangehörige der Staaten der EG und der EFTA geltenden Pass- und Visumserfordernisse, insbesondere über die Fristen für die Erlangung dieser Dokumente;
b. über gesundheitspolizeiliche Formalitäten, die für die Reise und den Aufenthalt erforderlich sind.

⁴ Staatsangehörige anderer Staaten haben Anspruch auf die Informationen nach Absatz 3 Buchstabe a, wenn sie diese unverzüglich verlangen.

Art. 5 Vor Reisebeginn

Der Veranstalter oder der Vermittler muss dem Konsumenten rechtzeitig vor dem Abreisetermin schriftlich oder in einer anderen geeigneten Form mitteilen:
a. Uhrzeiten und Orte von Zwischenstationen und Anschlussverbindungen;
b. den vom Reisenden einzunehmenden Platz;
c. Name, Adresse und Telefonnummer der örtlichen Vertretung des Veranstalters oder des Vermittlers oder, wenn eine solche Vertretung fehlt, der örtlichen Stellen, welche dem Konsumenten bei Schwierigkeiten Hilfe leisten können; fehlen auch solche Stellen, so sind dem Konsumenten auf jeden Fall eine Notrufnummer oder sonstige Angaben mitzuteilen, mit deren Hilfe er mit dem Veranstalter oder dem Vermittler Verbindung aufnehmen kann;
d. bei Auslandreisen und -aufenthalten einer minderjährigen Person Angaben darüber, wie eine unmittelbare Verbindung zu dieser Person oder den an ihrem Aufenthaltsort Verantwortlichen hergestellt werden kann;
e. Angaben über den möglichen Abschluss einer Reiserücktrittsversicherung oder einer Versicherung zur Deckung der Rückführungskosten bei Unfall oder Krankheit.

4. Abschnitt: Inhalt des Vertrages

Art. 6

¹ Unabhängig von der Art der vereinbarten Leistungen muss der Vertrag angeben:
a. den Namen und die Adresse des Veranstalters und des allfälligen Vermittlers;
b. das Datum, die Uhrzeit und den Ort von Beginn und Ende der Reise;
c. die Sonderwünsche des Konsumenten, die vom Veranstalter oder vom Vermittler akzeptiert wurden;
d. ob für das Zustandekommen der Pauschalreise eine Mindestteilnehmerzahl erforderlich ist, und, gegebenenfalls, wann spätestens dem Konsumenten eine Annullierung der Reise mitgeteilt wird;

e. den Preis der Pauschalreise sowie den Zeitplan und die Modalitäten für dessen Zahlung;
f. die Frist, innert welcher der Konsument allfällige Beanstandungen wegen Nichterfüllung oder nicht gehöriger Erfüllung des Vertrags erheben muss;
g. den Namen und die Adresse des allfälligen Versicherers.

² Je nach Art der vereinbarten Leistungen muss der Vertrag auch angeben:
a. den Bestimmungsort und, wenn mehrere Aufenthalte vorgesehen sind, deren Dauer und Termine;
b. die Reiseroute;
c. die Transportmittel, ihre Merkmale und Klasse;
d. die Anzahl der Mahlzeiten, die im Preis der Pauschalreise inbegriffen sind;
e. die Lage, die Kategorie oder den Komfort und die Hauptmerkmale der Unterbringung sowie deren Zulassung und touristische Einstufung gemäss den Vorschriften des Gaststaates;
f. die Besuche, die Ausflüge und die sonstigen Leistungen, die im Preis der Pauschalreise inbegriffen sind;
g. die Voraussetzungen einer allfälligen Preiserhöhung nach Artikel 7;
h. allfällige Abgaben für bestimmte Leistungen, wie Landegebühren, Ein- oder Ausschiffungsgebühren in Häfen und entsprechende Gebühren auf Flughäfen und Aufenthaltsgebühren, die nicht im Preis der Pauschalreise inbegriffen sind.

5. Abschnitt: Preiserhöhungen

Art. 7

Eine Erhöhung des vertraglich festgelegten Preises ist nur zulässig, wenn:
a. der Vertrag diese Möglichkeit ausdrücklich vorsieht und genaue Angaben zur Berechnung des neuen Preises enthält;
b. sie mindestens drei Wochen vor dem Abreisetermin erfolgt; und
c. sie mit einem Anstieg der Beförderungskosten, einschliesslich der Treibstoffkosten, einer Zunahme der Abgaben für bestimmte Leistungen, wie Landegebühren, Ein- oder Ausschiffungsgebühren in Häfen und entsprechende Gebühren auf Flughäfen, oder mit einer Änderung der für die Pauschalreise geltenden Wechselkurse begründet ist.

6. Abschnitt: Wesentliche Vertragsänderungen

Art. 8 Begriff

¹ Als wesentliche Vertragsänderung gilt jede erhebliche Änderung eines wesentlichen Vertragspunktes, welche der Veranstalter vor dem Abreisetermin vornimmt.

² Eine Preiserhöhung von mehr als zehn Prozent gilt als wesentliche Vertragsänderung.

Art. 9 Mitteilungspflicht

Der Veranstalter teilt dem Konsumenten so bald wie möglich jede wesentliche Vertragsänderung mit und gibt deren Auswirkung auf den Preis an.

Art. 10 Konsumentenrechte

¹ Der Konsument kann eine wesentliche Vertragsänderung annehmen oder ohne Entschädigung vom Vertrag zurücktreten.

² Er teilt den Rücktritt vom Vertrag dem Veranstalter oder dem Vermittler so bald wie möglich mit.

³ Tritt der Konsument vom Vertrag zurück, so hat er Anspruch:
a. auf Teilnahme an einer anderen gleichwertigen oder höherwertigen Pauschalreise, wenn der Veranstalter oder der Vermittler ihm eine solche anbieten kann;
b. auf Teilnahme an einer anderen minderwertigen Pauschalreise sowie auf Rückerstattung des Preisunterschieds; oder
c. auf schnellstmögliche Rückerstattung aller von ihm bezahlten Beträge.

⁴ Vorbehalten bleibt der Anspruch auf Schadenersatz wegen Nichterfüllung des Vertrages.

7. Abschnitt: Annullierung der Pauschalreise

Art. 11

¹ Annulliert der Veranstalter die Reise vor dem Abreisetermin aus einem nicht vom Konsumenten zu vertretenden Umstand, so stehen diesem die Ansprüche nach Artikel 10 zu.

² Der Konsument hat jedoch keinen Anspruch auf Schadenersatz wegen Nichterfüllung des Vertrages:
a. wenn die Annullierung erfolgt, weil die Anzahl der Personen, welche die Pauschalreise gebucht haben, nicht die geforderte Mindestteilnehmerzahl erreicht und die Annullierung dem Konsumenten innert der im Vertrag angegebenen Frist schriftlich mitgeteilt wurde, oder

b. wenn die Annullierung auf höhere Gewalt zurückzuführen ist. Überbuchung gilt nicht als höhere Gewalt.

8. Abschnitt: Nichterfüllung und nicht gehörige Erfüllung des Vertrages

Art. 12 Beanstandung

¹ Der Konsument muss jeden Mangel bei der Erfüllung des Vertrages, den er an Ort und Stelle feststellt, so bald wie möglich schriftlich oder in einer anderen geeigneten Form gegenüber dem betreffenden Dienstleistungsträger sowie gegenüber dem Veranstalter oder dem Vermittler beanstanden.

² Im Fall einer Beanstandung bemüht sich der Veranstalter, der Vermittler oder seine örtliche Vertretung nach Kräften um geeignete Lösungen.

Art. 13 Ersatzmassnahmen

¹ Wird nach der Abreise ein erheblicher Teil der vereinbarten Leistungen nicht erbracht oder stellt der Veranstalter fest, dass er einen erheblichen Teil der vorgesehenen Leistungen nicht erbringen kann, so hat er:
a. angemessene Vorkehrungen zu treffen, damit die Pauschalreise weiter durchgeführt werden kann;
b. den dem Konsumenten daraus entstandenen Schaden zu ersetzen; die Höhe des Schadenersatzes entspricht dem Unterschied zwischen dem Preis der vorgesehenen und jenem der erbrachten Dienstleistungen.

² Können diese Vorkehrungen nicht getroffen werden oder lehnt sie der Konsument aus wichtigen Gründen ab, so hat der Veranstalter für eine gleichwertige Beförderungsmöglichkeit zu sorgen, mit welcher der Konsument zum Ort der Abreise zurückkehren oder an einen anderen mit ihm vereinbarten Ort reisen kann.[6] Ausserdem hat er den dem Konsumenten daraus entstandenen Schaden zu ersetzen.

³ Die Massnahmen dieses Artikels begründen keinen Preisaufschlag.

Art. 14 Haftung; Grundsatz

¹ Der Veranstalter oder der Vermittler, der Vertragspartei ist, haftet dem Konsumenten für die gehörige Vertragserfüllung unabhängig davon, ob er selbst oder andere Dienstleistungsträger die vertraglichen Leistungen zu erbringen haben.

² Der Veranstalter und der Vermittler können gegen andere Dienstleistungsträger Rückgriff nehmen.

---

6 Die Berichtigung der RedK der BVers vom 20. Aug. 2021 betrifft nur den italienischen Text (AS 2021 496).

³ Vorbehalten bleiben die in internationalen Übereinkommen vorgesehenen Beschränkungen der Entschädigung bei Schäden aus Nichterfüllung oder nicht gehöriger Erfüllung des Vertrages.

Art. 15 Ausnahmen

¹ Der Veranstalter oder der Vermittler haftet dem Konsumenten nicht, wenn die Nichterfüllung oder die nicht gehörige Erfüllung des Vertrages zurückzuführen ist:
a. auf Versäumnisse des Konsumenten;
b. auf unvorhersehbare oder nicht abwendbare Versäumnisse Dritter, die an der Erbringung der vertraglich vereinbarten Leistungen nicht beteiligt sind;
c. auf höhere Gewalt oder auf ein Ereignis, welches der Veranstalter, der Vermittler oder der Dienstleistungsträger trotz aller gebotenen Sorgfalt nicht vorhersehen oder abwenden konnte.

² In den Fällen nach Absatz 1 Buchstaben b und c muss sich der Veranstalter oder der Vermittler, der Vertragspartei ist, darum bemühen, dem Konsumenten bei Schwierigkeiten Hilfe zu leisten.

Art. 16 Beschränkung und Wegbedingung der Haftung

¹ Die Haftung für Personenschäden, die aus der Nichterfüllung oder der nicht gehörigen Erfüllung des Vertrages entstehen, kann vertraglich nicht beschränkt werden.

² Für andere Schäden kann die Haftung vertraglich auf das Zweifache des Preises der Pauschalreise beschränkt werden, ausser bei absichtlich oder grobfahrlässig zugefügten Schäden.

9. Abschnitt: Abtretung der Buchung der Pauschalreise

Art. 17

¹ Ist der Konsument daran gehindert, die Pauschalreise anzutreten, so kann er die Buchung an eine Person abtreten, die alle an die Teilnahme geknüpften Bedingungen erfüllt, wenn er zuvor den Veranstalter oder den Vermittler innert angemessener Frist vor dem Abreisetermin darüber informiert.

² Diese Person und der Konsument haften dem Veranstalter oder dem Vermittler, der Vertragspartei ist, solidarisch für die Zahlung des Preises sowie für die gegebenenfalls durch diese Abtretung entstehenden Mehrkosten.

10. Abschnitt: Sicherstellung

Art. 18

[1] Der Veranstalter oder der Vermittler, der Vertragspartei ist, muss für den Fall der Zahlungsunfähigkeit oder des Konkurses die Erstattung bezahlter Beträge und die Rückreise des Konsumenten sicherstellen.

[2] Auf Verlangen des Konsumenten muss er die Sicherstellung nachweisen. Erbringt er diesen Nachweis nicht, so kann der Konsument vom Vertrag zurücktreten.

[3] Der Rücktritt muss dem Veranstalter oder dem Vermittler vor dem Abreisetermin schriftlich mitgeteilt werden.

11. Abschnitt: Zwingendes Recht

Art. 19

Von den Bestimmungen dieses Gesetzes kann zuungunsten des Konsumenten nur dort abgewichen werden, wo dies ausdrücklich vorgesehen ist.

12. Abschnitt: Referendum und Inkrafttreten

Art. 20

[1] Dieses Gesetz untersteht dem fakultativen Referendum.

[2] Der Bundesrat bestimmt das Inkrafttreten.

Datum des Inkrafttretens: 1. Juli 1994[7]

---

7 BRB vom 30. Nov. 1993

12. Bundesgesetz über die Gleichstellung von Frau und Mann
(Gleichstellungsgesetz, GlG)

vom 24. März 1995

Die Bundesversammlung der Schweizerischen Eidgenossenschaft,

gestützt auf die Artikel 8 Absatz 3, 110 Absatz 1 Buchstabe a, 122 und 173 Absatz 2 der Bundesverfassung[1],[2]
nach Einsicht in die Botschaft des Bundesrates vom 24. Februar 1993[3],

beschliesst:

1. Abschnitt: Zweck

Art. 1

Dieses Gesetz bezweckt die Förderung der tatsächlichen Gleichstellung von Frau und Mann.

2. Abschnitt: Gleichstellung im Erwerbsleben

Art. 2 Grundsatz

Dieser Abschnitt gilt für Arbeitsverhältnisse nach Obligationenrecht[4] sowie für alle öffentlich-rechtlichen Arbeitsverhältnisse in Bund, Kantonen und Gemeinden.

Art. 3 Diskriminierungsverbot

[1] Arbeitnehmerinnen und Arbeitnehmer dürfen aufgrund ihres Geschlechts weder direkt noch indirekt benachteiligt werden, namentlich nicht unter Berufung auf den Zivilstand, auf die familiäre Situation oder, bei Arbeitnehmerinnen, auf eine Schwangerschaft.

[2] Das Verbot gilt insbesondere für die Anstellung, Aufgabenzuteilung, Gestaltung der Arbeitsbedingungen, Entlöhnung, Aus- und Weiterbildung, Beförderung und Entlassung.

SR 151.1. AS 1996 1498
1 SR 101
2 Fassung gemäss Ziff. I des BG vom 14. Dez. 2018, in Kraft seit 1. Juli 2020 (AS 2019 2815; BBl 2017 5507).
3 BBl 1993 I 1248
4 SR 220

³ Angemessene Massnahmen zur Verwirklichung der tatsächlichen Gleichstellung stellen keine Diskriminierung dar.

Art. 4 Diskriminierung durch sexuelle Belästigung

Diskriminierend ist jedes belästigende Verhalten sexueller Natur oder ein anderes Verhalten aufgrund der Geschlechtszugehörigkeit, das die Würde von Frauen und Männern am Arbeitsplatz beeinträchtigt. Darunter fallen insbesondere Drohungen, das Versprechen von Vorteilen, das Auferlegen von Zwang und das Ausüben von Druck zum Erlangen eines Entgegenkommens sexueller Art.

Art. 5 Rechtsansprüche

¹ Wer von einer Diskriminierung im Sinne der Artikel 3 und 4 betroffen ist, kann dem Gericht oder der Verwaltungsbehörde beantragen:

a. eine drohende Diskriminierung zu verbieten oder zu unterlassen;
b. eine bestehende Diskriminierung zu beseitigen;
c. eine Diskriminierung festzustellen, wenn diese sich weiterhin störend auswirkt;
d. die Zahlung des geschuldeten Lohns anzuordnen.

² Besteht die Diskriminierung in der Ablehnung einer Anstellung oder in der Kündigung eines obligationenrechtlichen Arbeitsverhältnisses, so hat die betroffene Person lediglich Anspruch auf eine Entschädigung. Diese ist unter Würdigung aller Umstände festzusetzen und wird auf der Grundlage des voraussichtlichen oder tatsächlichen Lohnes errechnet.

³ Bei einer Diskriminierung durch sexuelle Belästigung kann das Gericht oder die Verwaltungsbehörde der betroffenen Person zudem auch eine Entschädigung zusprechen, wenn die Arbeitgeberinnen oder die Arbeitgeber nicht beweisen, dass sie Massnahmen getroffen haben, die zur Verhinderung sexueller Belästigungen nach der Erfahrung notwendig und angemessen sind und die ihnen billigerweise zugemutet werden können. Die Entschädigung ist unter Würdigung aller Umstände festzusetzen und wird auf der Grundlage des schweizerischen Durchschnittslohns errechnet.

⁴ Die Entschädigung bei Diskriminierung in der Ablehnung einer Anstellung nach Absatz 2 darf den Betrag nicht übersteigen, der drei Monatslöhnen entspricht. Die Gesamtsumme der Entschädigungen darf diesen Betrag auch dann nicht übersteigen, wenn mehrere Personen einen Anspruch auf eine Entschädigung wegen diskriminierender Ablehnung derselben Anstellung geltend machen. Die Entschädigung bei Diskriminierung in der Kündigung eines obligationenrechtlichen Arbeitsverhältnisses nach Absatz 2 und bei Diskriminierung durch sexuelle Belästigung nach Absatz 3 darf den Betrag nicht übersteigen, der sechs Monatslöhnen entspricht.

⁵ Vorbehalten bleiben Ansprüche auf Schadenersatz und Genugtuung sowie weitergehende vertragliche Ansprüche.

Art. 6 Beweislasterleichterung

Bezüglich der Aufgabenzuteilung, Gestaltung der Arbeitsbedingungen, Entlöhnung, Aus- und Weiterbildung, Beförderung und Entlassung wird eine Diskriminierung vermutet, wenn diese von der betroffenen Person glaubhaft gemacht wird.

Art. 7 Klagen und Beschwerden von Organisationen

¹ Organisationen, die nach ihren Statuten die Gleichstellung von Frau und Mann fördern oder die Interessen der Arbeitnehmerinnen und Arbeitnehmer wahren und seit mindestens zwei Jahren bestehen, können im eigenen Namen feststellen lassen, dass eine Diskriminierung vorliegt, wenn der Ausgang des Verfahrens sich voraussichtlich auf eine grössere Zahl von Arbeitsverhältnissen auswirken wird. Sie müssen der betroffenen Arbeitgeberin oder dem betroffenen Arbeitgeber Gelegenheit zur Stellungnahme geben, bevor sie eine Schlichtungsstelle anrufen oder eine Klage einreichen.

² Im Übrigen gelten die Bestimmungen für die Klagen und Beschwerden von Einzelpersonen sinngemäss.

3. Abschnitt: Besondere Bestimmungen für Arbeitsverhältnisse nach Obligationenrecht⁵

Art. 8 Verfahren bei diskriminierender Ablehnung der Anstellung

¹ Personen, deren Bewerbung für eine Anstellung nicht berücksichtigt worden ist und die eine Diskriminierung geltend machen, können von der Arbeitgeberin oder vom Arbeitgeber eine schriftliche Begründung verlangen.

² Der Anspruch auf eine Entschädigung nach Artikel 5 Absatz 2 ist verwirkt, wenn nicht innert drei Monaten, nachdem die Arbeitgeberin oder der Arbeitgeber die Ablehnung der Anstellung mitgeteilt hat, die Klage angehoben wird.

Art. 9 Verfahren bei diskriminierender Kündigung

Wird eine Arbeitnehmerin oder ein Arbeitnehmer durch die Kündigung diskriminiert, ist Artikel 336 b des Obligationenrechts⁶ anwendbar.

Art. 10 Kündigungsschutz

¹ Die Kündigung des Arbeitsverhältnisses durch die Arbeitgeberin oder den Arbeitgeber ist anfechtbar, wenn sie ohne begründeten Anlass auf eine inner-

---

5 SR 220
6 SR 220

betriebliche Beschwerde über eine Diskriminierung oder auf die Anrufung der Schlichtungsstelle oder des Gerichts durch die Arbeitnehmerin oder den Arbeitnehmer folgt.

² Der Kündigungsschutz gilt für die Dauer eines innerbetrieblichen Beschwerdeverfahrens, eines Schlichtungs- oder eines Gerichtsverfahrens sowie sechs Monate darüber hinaus.

³ Die Kündigung muss vor Ende der Kündigungsfrist beim Gericht angefochten werden. Das Gericht kann die provisorische Wiedereinstellung der Arbeitnehmerin oder des Arbeitnehmers für die Dauer des Verfahrens anordnen, wenn es wahrscheinlich erscheint, dass die Voraussetzungen für die Aufhebung der Kündigung erfüllt sind.

⁴ Die Arbeitnehmerin oder der Arbeitnehmer kann während des Verfahrens auf die Weiterführung des Arbeitsverhältnisses verzichten und stattdessen eine Entschädigung nach Artikel 336a des Obligationenrechts[7] geltend machen.

⁵ Dieser Artikel gilt sinngemäss für Kündigungen, die wegen der Klage einer Organisation nach Artikel 7 erfolgen.

Art. 11 und 12[8]

4. Abschnitt: Rechtsschutz bei öffentlich-rechtlichen Arbeitsverhältnissen

Art. 13

¹ Der Rechtsschutz bei öffentlich-rechtlichen Arbeitsverhältnissen richtet sich nach den allgemeinen Bestimmungen über die Bundesrechtspflege. Für Beschwerden von Bundespersonal gilt ausserdem Artikel 58 des Beamtengesetzes vom 30. Juni 1927[9].

² Wird eine Person durch die Abweisung ihrer Bewerbung für die erstmalige Begründung eines Arbeitsverhältnisses diskriminiert, so ist Artikel 5 Absatz 2 anwendbar. Die Entschädigung kann direkt mit Beschwerde gegen die abweisende Verfügung verlangt werden.

³ Bundesangestellte können sich innerhalb der Beschwerdefrist nach Artikel 50 des Bundesgesetzes vom 20. Dezember 1968[10] über das Verwaltungs-

---

7 SR 220
8 Aufgehoben durch Anhang 1 Ziff. II 1 der Zivilprozessordnung vom 19. Dez. 2008, mit Wirkung seit 1. Jan. 2011 (AS 2010 1739; BBl 2006 7221).
9 [BS 1 489; AS 1958 1413 Art. 27 Bst. c, 1997 2465 Anhang Ziff. 4, 2000 411 Ziff. II 1853, 2001 894 Art. 39 Abs. 1 2197 Art. 2 3292 Art. 2. AS 2008 3437 Ziff. I 1]. Siehe heute Art. 35 und 36 des Bundespersonalgesetzes vom 24. März 2000 (SR 172.220.1).
10 SR 172.021

verfahren an eine Schlichtungskommission wenden. Diese berät die Parteien und versucht, eine Einigung herbeizuführen.[11]

4 ...[12]

5 Das Verfahren ist kostenlos; ausgenommen sind Fälle von mutwilliger Prozessführung. Im Verfahren vor dem Bundesgericht richtet sich die Kostenpflicht nach dem Bundesgerichtsgesetz vom 17. Juni 2005[13].[14]

4*a*. Abschnitt:[15] Lohngleichheitsanalyse und Überprüfung

Art. 13a Pflicht zur Durchführung einer Lohngleichheitsanalyse

1 Arbeitgeberinnen und Arbeitgeber, die am Anfang eines Jahres 100 oder mehr Arbeitnehmerinnen und Arbeitnehmer beschäftigen, führen für das betreffende Jahr eine betriebsinterne Lohngleichheitsanalyse durch. Lernende werden nicht als Arbeitnehmerinnen und Arbeitnehmer angerechnet.

2 Die Lohngleichheitsanalyse wird alle vier Jahre wiederholt. Fällt die Zahl der Arbeitnehmerinnen und Arbeitnehmer in diesem Zeitraum unter 100, so wird die Lohngleichheitsanalyse erst wieder durchgeführt, wenn die Zahl von 100 erreicht ist.

3 Zeigt die Lohngleichheitsanalyse, dass die Lohngleichheit eingehalten ist, so werden die Arbeitgeberinnen und Arbeitgeber von der Analysepflicht befreit.

Art. 13b Ausnahme von der Pflicht zur Durchführung einer Lohngleichheitsanalyse

Die Pflicht zur Durchführung einer Lohngleichheitsanalyse entfällt für Arbeitgeberinnen und Arbeitgeber:
a. die im Rahmen eines Verfahrens zur Vergabe eines öffentlichen Auftrags einer Kontrolle über die Einhaltung der Lohngleichheit unterliegen;
b. die im Rahmen eines Antrags auf Gewährung von Subventionen einer solchen Kontrolle unterliegen; oder
c. bei denen bereits eine solche Kontrolle durchgeführt worden ist und die nachgewiesen haben, dass sie die Anforderungen erfüllen, sofern der Referenzmonat der Kontrolle nicht länger als vier Jahre zurückliegt.

---

11 Fassung gemäss Ziff. I des BG vom 8. Okt. 2004, in Kraft seit 1. März 2005 (AS 2005 1023; BBl 2003 7809)
12 Aufgehoben durch Anhang Ziff. 1 des Bundesgerichtsgesetzes vom 17. Juni 2005, mit Wirkung seit 1. Jan. 2007 (AS 2006 1205; BBl 2001 4202).
13 SR 173.110
14 Satz eingefügt durch Anhang Ziff. 1 des Bundesgerichtsgesetzes vom 17. Juni 2005, in Kraft seit 1. Jan. 2007 (AS 2006 1205; BBl 2001 4202).
15 Eingefügt durch Ziff. I des BG vom 14. Dez. 2018, in Kraft vom 1. Juli 2020 bis zum 30. Juni 2032 (AS 2019 2815; BBl 2017 5507).

Art. 13c Methode der Lohngleichheitsanalyse

[1] Die Lohngleichheitsanalyse ist nach einer wissenschaftlichen und rechtskonformen Methode durchzuführen.

[2] Der Bund stellt allen Arbeitgeberinnen und Arbeitgebern ein kostenloses Standard-Analyse-Tool zur Verfügung.

Art. 13d Überprüfung der Lohngleichheitsanalyse

[1] Arbeitgeberinnen und Arbeitgeber, die dem Obligationenrecht[16] unterstehen, lassen ihre Lohngleichheitsanalyse von einer unabhängigen Stelle überprüfen. Dafür können sie wählen zwischen:
a. einem Revisionsunternehmen mit einer Zulassung nach dem Revisionsaufsichtsgesetz vom 16. Dezember 2005[17]; oder
b. einer Organisation nach Artikel 7 oder einer Arbeitnehmervertretung gemäss dem Mitwirkungsgesetz vom 17. Dezember 1993[18].

[2] Der Bundesrat legt die Kriterien für die Ausbildung der leitenden Revisorinnen und Revisoren fest.

[3] Der Bundesrat regelt die Durchführung der Überprüfung der Lohngleichheitsanalyse im Bund.

[4] Die Kantone regeln die Durchführung der Überprüfung der Lohngleichheitsanalysen in ihrem Zuständigkeitsbereich.

Art. 13e Überprüfung durch ein zugelassenes Revisionsunternehmen

[1] Die Arbeitgeberin oder der Arbeitgeber übergibt dem Revisionsunternehmen alle Unterlagen und erteilt ihm die Auskünfte, die es für die Erfüllung der Überprüfung benötigt.

[2] Das Revisionsunternehmen überprüft, ob die Lohngleichheitsanalyse formell korrekt durchgeführt wurde.

[3] Es verfasst innerhalb eines Jahres nach Durchführung der Lohngleichheitsanalyse zuhanden der Leitung des überprüften Unternehmens einen Bericht über die Durchführung der Analyse.

Art. 13f Überprüfung durch eine Organisation oder eine Arbeitnehmervertretung

Die Arbeitgeberin oder der Arbeitgeber schliesst mit der Organisation nach Artikel 7 oder der Arbeitnehmervertretung eine Vereinbarung über das Vorgehen bei der Überprüfung und der Berichterstattung zuhanden der Leitung des Unternehmens ab.

---

16 SR 220
17 SR 221.302
18 SR 822.14

Art. 13g Information für die Arbeitnehmerinnen und Arbeitnehmer

Die Arbeitgeberinnen und Arbeitgeber informieren die Arbeitnehmerinnen und Arbeitnehmer bis spätestens ein Jahr nach Abschluss der Überprüfung schriftlich über das Ergebnis der Lohngleichheitsanalyse.

Art. 13h Information für die Aktionärinnen und Aktionäre

Gesellschaften, deren Aktien an einer Börse kotiert sind, veröffentlichen das Ergebnis der Lohngleichheitsanalyse im Anhang der Jahresrechnung (Art. 959c Abs. 1 Ziff. 4 des Obligationenrechts[19]).

Art. 13i Veröffentlichung der Ergebnisse im öffentlich-rechtlichen Sektor

Die Arbeitgeberinnen und Arbeitgeber im öffentlich-rechtlichen Sektor veröffentlichen die einzelnen Ergebnisse der Lohngleichheitsanalyse und der Überprüfung.

5. Abschnitt: Finanzhilfen

Art. 14 Förderungsprogramme

[1] Der Bund kann öffentlichen oder privaten Institutionen, die Programme zur Förderung der Gleichstellung von Frau und Mann im Erwerbsleben durchführen, Finanzhilfen gewähren. Er kann selbst Programme durchführen.

[2] Die Programme können dazu dienen:
a. die inner- oder ausserbetriebliche Aus- und Weiterbildung zu fördern;
b. die Vertretung der Geschlechter in den verschiedenen Berufen, Funktionen und Führungsebenen zu verbessern;
c. die Vereinbarkeit von beruflichen und familiären Aufgaben zu verbessern;
d. Arbeitsorganisationen und Infrastrukturen am Arbeitsplatz zu fördern, welche die Gleichstellung begünstigen.

[3] In erster Linie werden Programme mit neuartigem und beispielhaftem Inhalt unterstützt.

Art. 15 Beratungsstellen

Der Bund kann privaten Institutionen Finanzhilfen gewähren für:
a. die Beratung und die Information von Frauen im Erwerbsleben;
b. die Förderung der Wiedereingliederung von Frauen und Männern, die ihre berufliche Tätigkeit zugunsten familiärer Aufgaben unterbrochen haben.

---

[19] SR 220

6. Abschnitt: Eidgenössisches Büro für die Gleichstellung von Frau und Mann

Art. 16

¹ Das Eidgenössische Büro für die Gleichstellung von Frau und Mann fördert die Gleichstellung der Geschlechter in allen Lebensbereichen und setzt sich für die Beseitigung jeglicher Form direkter oder indirekter Diskriminierung ein.

² Zu diesem Zweck nimmt es namentlich folgende Aufgaben wahr:
a. es informiert die Öffentlichkeit;
b. es berät Behörden und Private;
c. es führt Untersuchungen durch und empfiehlt Behörden und Privaten geeignete Massnahmen;
d. es kann sich an Projekten von gesamtschweizerischer Bedeutung beteiligen;
e. es wirkt an der Ausarbeitung von Erlassen des Bundes mit, soweit diese für die Gleichstellung von Bedeutung sind;
f. es prüft die Gesuche um Finanzhilfen nach den Artikeln 14 und 15 und überwacht die Durchführung der Förderungsprogramme.

7. Abschnitt: Schlussbestimmungen

Art. 17 Übergangsbestimmung

Ansprüche nach Artikel 5 Absatz 1 Buchstabe d werden nach neuem Recht beurteilt, wenn die zivilrechtliche Klage nach dem Inkrafttreten des Gesetzes erhoben worden ist oder die erstinstanzlich zuständige Behörde bis zu diesem Zeitpunkt noch keine Verfügung getroffen hat.

Art. 17a[20] Übergangsbestimmung zur Änderung vom 14. Dezember 2018

¹ Der Bundesrat legt fest, bis wann die Arbeitgeberinnen und Arbeitgeber nach Artikel 13*a* die erste Lohngleichheitsanalyse durchgeführt haben müssen.

² Er kann den Zeitpunkt nach Unternehmensgrösse unterschiedlich festlegen.

Art. 17b[21] Evaluation der Wirksamkeit

¹ Der Bundesrat sorgt für die Evaluation der Wirksamkeit der Artikel 13*a*–13*i*.

---

[20] Eingefügt durch Ziff. I des BG vom 14. Dez. 2018 in Kraft vom 1. Juli 2020 bis zum 30. Juni 2032 (AS 2019 2815; BBl 2017 5507).
[21] Eingefügt durch Ziff. I des BG vom 14. Dez. 2018 in Kraft vom 1. Juli 2020 bis zum 30. Juni 2032 (AS 2019 2815; BBl 2017 5507).

² Er erstattet nach Durchführung der zweiten Lohngleichheitsanalyse, spätestens aber neun Jahre nach Inkrafttreten der Artikel nach Absatz 1, dem Parlament Bericht.

Art. 18 Referendum und Inkrafttreten

¹ Dieses Gesetz untersteht dem fakultativen Referendum.

² Der Bundesrat bestimmt das Inkrafttreten.

Datum des Inkrafttretens: 1. Juli 1996[22]

Anhang
Änderung von Bundesgesetzen

...[23]

---

22 BRB vom 25. Okt. 1995
23 Die Änderungen können unter AS 1996 1498 konsultiert werden.

13. Bundesgesetz über die Allgemeinverbindlicherklärung von Gesamtarbeitsverträgen (AVEG)*

vom 28. September 1956

Die Bundesversammlung der Schweizerischen Eidgenossenschaft,
gestützt auf Artikel 34ter der Bundesverfassung[1],
nach Einsicht in eine Botschaft des Bundesrates vom 29. Januar 1954[2,3],
beschliesst:

I. Begriff, Voraussetzungen und Wirkungen

Allgemeinverbindlicherklärung
1. Im Allgemeinen[4]

Art. 1 [1] Der Geltungsbereich eines zwischen Verbänden abgeschlossenen Gesamtarbeitsvertrages kann auf Antrag aller Vertragsparteien durch Anordnung der zuständigen Behörde (Allgemeinverbindlicherklärung) auf Arbeitgeber und Arbeitnehmer des betreffenden Wirtschaftszweiges oder Berufes ausgedehnt werden, die am Vertrag nicht beteiligt sind.

[2] Gegenstand der Allgemeinverbindlicherklärung können nur Bestimmungen sein, die gemäss Artikel 323 des Obligationenrechts[5] unmittelbar für die beteiligten Arbeitgeber und Arbeitnehmer gelten oder in bezug auf welche eine Vereinbarung gemäss Artikel 323ter des Obligationenrechts[6] getroffen worden ist.

[3] Bestimmungen über die Beurteilung von Streitigkeiten durch Schiedsgerichte können nicht allgemeinverbindlich erklärt werden.

SR 221.215.311. AS 1956 1543
* Nicht amtliche Abkürzung.
1 [BS 1 3; AS 1976 2001]. Dieser Bestimmung entspricht Art. 110 der Bundesverfassung vom 18. April 1999 (SR 101).
2 BBl 1954 I 125
3 Fassung gemäss Anhang Ziff. 3 des BG vom 8. Okt. 1999 über die in die Schweiz entsandten Arbeitnehmerinnen und Arbeitnehmer, in Kraft seit 1. Juni 2004 (AS 2003 1370; BBl 1999 6128).
4 Fassung gemäss Anhang Ziff. 3 des BG vom 8. Okt. 1999 über die in die Schweiz entsandten Arbeitnehmerinnen und Arbeitnehmer, in Kraft seit 1. Juni 2004 (AS 2003 1370; BBl 1999 6128).
5 SR 220. Diesem Artikel in der Fassung im Zeitpunkt der Veröffentlichung dieses Gesetzes (AS 1956 1543 Art. 19) entsprechen heute die Art. 357 und 341 Abs. 1 in der Fassung vom 25. Juni 1971.
6 SR 220. Diesem Artikel in der Fassung im Zeitpunkt der Veröffentlichung dieses Gesetzes (AS 1956 1543 Art. 19) entspricht heute Art. 357 *b* in der Fassung vom 25. Juni 1971.

2. Bei Missbräuchen

Art. 1a[7] ¹ Stellt die tripartite Kommission nach Artikel 360*b* des Obligationenrechts[8] fest, dass in einer Branche oder einem Beruf die orts-, berufs- oder branchenüblichen Löhne und Arbeitszeiten wiederholt in missbräuchlicher Weise unterboten werden, so kann sie mit Zustimmung der Vertragsparteien die Allgemeinverbindlicherklärung des für die betreffende Branche geltenden Gesamtarbeitsvertrags beantragen.

² Gegenstand der Allgemeinverbindlicherklärung können in diesem Fall sein:
a. die minimale Entlöhnung und die ihr entsprechende Arbeitszeit;
b. die Vollzugskostenbeiträge;
c. die paritätischen Kontrollen;
d. die Sanktionen gegenüber fehlbaren Arbeitgebern und Arbeitnehmern, insbesondere Konventionalstrafen und die Auferlegung von Kontrollkosten.

Allgemeine Voraussetzungen

Art. 2 Die Allgemeinverbindlichkeit darf nur unter folgenden Voraussetzungen angeordnet werden:
1. Die Allgemeinverbindlichkeit muss sich wegen der für die beteiligten Arbeitgeber und Arbeitnehmer andernfalls zu erwartenden erheblichen Nachteile als notwendig erweisen.
2. Die Allgemeinverbindlichkeit darf dem Gesamtinteresse nicht zuwiderlaufen und die berechtigten Interessen anderer Wirtschaftsgruppen und Bevölkerungskreise nicht beeinträchtigen. Sie muss ferner den auf regionalen oder betrieblichen Verschiedenheiten beruhenden Minderheitsinteressen innerhalb des betreffenden Wirtschaftszweiges oder Berufes angemessen Rechnung tragen.
3. Am Gesamtarbeitsvertrag müssen mehr als die Hälfte aller Arbeitgeber und mehr als die Hälfte aller Arbeitnehmer, auf die der Geltungsbereich des Gesamtarbeitsvertrages ausgedehnt werden soll, beteiligt sein. Die beteiligten Arbeitgeber müssen überdies mehr als die Hälfte aller Arbeitnehmer beschäftigen. Ausnahmsweise kann bei besondern Verhältnissen vom Erfordernis der Mehrheit der beteiligten Arbeitnehmer abgesehen werden.

---

[7] Eingefügt durch Anhang Ziff. 3 des BG vom 8. Okt. 1999 über die in die Schweiz entsandten Arbeitnehmerinnen und Arbeitnehmer (AS 2003 1370; BBl 1999 6128). Fassung gemäss Ziff. I 1 des BG vom 15. Juni 2012 über die Anpassung der flankierenden Massnahmen zur Personenfreizügigkeit, in Kraft seit 1. Jan. 2013 (AS 2012 6703; BBl 2012 3397).

[8] SR 220

3.^bis9^ Im Fall eines Antrags auf Allgemeinverbindlicherklärung nach Artikel 1a müssen die beteiligten Arbeitgeber mindestens 50 Prozent aller Arbeitnehmer beschäftigen.

4. Der Gesamtarbeitsvertrag darf die Rechtsgleichheit nicht verletzen und, unter Vorbehalt von Artikel 323^{quater} des Obligationenrechts[10], dem zwingenden Recht des Bundes und der Kantone nicht widersprechen.

5. Der Gesamtarbeitsvertrag darf die Verbandsfreiheit nicht beeinträchtigen, insbesondere nicht die Freiheit, sich einem Verband anzuschliessen oder ihm fernzubleiben.

6. Nicht beteiligten Arbeitgeber- und Arbeitnehmerverbänden muss der Beitritt zum Gesamtarbeitsvertrag zu gleichen Rechten und Pflichten offen stehen, wenn sie ein berechtigtes Interesse nachweisen und ausreichende Gewähr für die Einhaltung des Vertrages bieten.

7. Einzelnen Arbeitgebern und Arbeitnehmern, die am Gesamtarbeitsvertrag nicht beteiligt sind, muss der Beitritt zum vertragschliessenden Verband oder der Anschluss an den Gesamtarbeitsvertrag offen stehen.

Besondere Voraussetzungen

Art. 3 ¹ Bestimmungen über Ausgleichskassen und andere Einrichtungen im Sinne von Artikel 323ter Absatz 1 Buchstabe *b* des Obligationenrechts[11] dürfen nur allgemeinverbindlich erklärt werden, wenn die Organisation der Kasse oder Einrichtung ausreichend geregelt ist und Gewähr für eine ordnungsgemässe Führung besteht.

² Bestimmungen über Kontrollen, Kautionen und Konventionalstrafen dürfen nur allgemeinverbindlich erklärt werden:

a. wenn die Kontrolle und Durchsetzung ausreichend geregelt sind und Gewähr für eine geordnete Anwendung besteht;

b. wenn die Kontrollkostenbeiträge der am Gesamtarbeitsvertrag nicht beteiligten Arbeitgeber und Arbeitnehmer die Anteile nicht übersteigen, die sich bei einer gleichmässigen Verteilung der tatsächlichen Kosten auf alle Arbeitgeber einerseits und auf alle Arbeitnehmer anderseits ergeben;

---

9 Eingefügt durch Anhang Ziff. 3 des BG vom 8. Okt. 1999 über die in die Schweiz entsandten Arbeitnehmerinnen und Arbeitnehmer (AS 2003 1370; BBl 1999 6128). Fassung gemäss Art. 2 Ziff. 3 des BB vom 17. Dez. 2004 über die Genehmigung und Umsetzung des Prot. über die Ausdehnung des Freizügigkeitsabkommens auf die neuen EG-Mitgliedstaaten zwischen der Schweizerischen Eidgenossenschaft einerseits und der EG und ihren Mitgliedstaaten andererseits sowie über die Genehmigung der Revision der flankierenden Massnahmen zur Personenfreizügigkeit, in Kraft seit 1. April 2006 (AS 2006 979 994; BBl 2004 5891 6565).

10 SR 220. Diesem Artikel in der Fassung im Zeitpunkt der Veröffentlichung dieses Gesetzes (AS 1956 1543 Art. 19) entspricht heute Art. 358 in der Fassung vom 25. Juni 1971.

11 SR 220. Diesem Artikel in der Fassung im Zeitpunkt der Veröffentlichung dieses Gesetzes (AS 1956 1543 Art. 19) entspricht heute Art. 357*b* Abs. 1 Bst. b in der Fassung vom 25. Juni 1971.

c. wenn die Konventionalstrafen zur Deckung der Kontrollkosten bestimmt sind und allfällige Überschüsse in angemessener Weise, vor allem zugunsten allgemeiner Zwecke des betreffenden Wirtschaftszweiges oder Berufes, verwendet werden.

Wirkung auf die nicht beteiligten Arbeitgeber und Arbeitnehmer

Art. 4 ¹ Die Bestimmungen des Gesamtarbeitsvertrages im Sinne von Artikel 323 des Obligationenrechts[12] sowie die Verpflichtungen der beteiligten Arbeitgeber und Arbeitnehmer gegenüber den Vertragsparteien im Sinne von Artikel 323ter Absatz 1 des Obligationenrechts[13] gelten auch für die am Vertrag nicht beteiligten Arbeitgeber und Arbeitnehmer, auf die der Geltungsbereich ausgedehnt wird.

² Die Bestimmungen eines allgemeinverbindlichen Gesamtarbeitsvertrages gehen den Bestimmungen eines nicht allgemeinverbindlichen Vertrages vor, jedoch mit Ausnahme der abweichenden Bestimmungen zugunsten der Arbeitnehmer.

Wirkung auf die Vertragsparteien

Art. 5 ¹ Die Vertragsparteien sind verpflichtet, die Arbeitgeber und Arbeitnehmer, auf die der Geltungsbereich des Gesamtarbeitsvertrages ausgedehnt wird, bei der Durchführung des Vertrages gleich wie die beteiligten Arbeitgeber und Arbeitnehmer zu behandeln.

² Werden Bestimmungen über Ausgleichskassen oder andere Einrichtungen im Sinne von Artikel 323ter Absatz 1 Buchstabe *b* des Obligationenrechts[14] allgemeinverbindlich erklärt, so untersteht die Kasse oder Einrichtung der Aufsicht der zuständigen Behörde. Diese hat dafür zu sorgen, dass die Kasse oder Einrichtung ordnungsgemäss geführt wird, und kann zu diesem Zweck von deren Träger die notwendigen Auskünfte verlangen.

Besonderes Kontrollorgan

Art. 6[15] ¹ Arbeitgeber und Arbeitnehmer, auf die der Geltungsbereich des Gesamtarbeitsvertrages ausgedehnt wird, können jederzeit bei der zuständigen Behörde die Einsetzung eines besonderen, von den Vertragsparteien unabhängigen Kontrollorgans an Stelle der im Vertrag vorgesehenen Kontrollorgane verlangen. Dieses Kontrollorgan kann auch auf Antrag der Vertragsparteien eingesetzt werden, wenn sich ein am Vertrag nicht beteiligter Arbeitgeber oder Arbeit-

---

12 SR 220. Diesem Artikel in der Fassung im Zeitpunkt der Veröffentlichung dieses Gesetzes (AS 1956 1543 Art. 19) entsprechen heute die Art. 357 und 341 Abs. 1 in der Fassung vom 25. Juni 1971.
13 SR 220. Diesem Artikel in der Fassung im Zeitpunkt der Veröffentlichung dieses Gesetzes (AS 1956 1543 Art. 19) entspricht heute Art. 357*b* Abs. 1 in der Fassung vom 25. Juni 1971.
14 SR 220. Diesem Artikel in der Fassung im Zeitpunkt der Veröffentlichung dieses Gesetzes (AS 1956 1543 Art. 19) entspricht heute Art. 357*b* Abs. 1 Bst. b in der Fassung vom 25. Juni 1971.
15 Fassung gemäss Anhang Ziff. 3 des BG vom 8. Okt. 1999 über die in die Schweiz entsandten Arbeitnehmerinnen und Arbeitnehmer, in Kraft seit 1. Juni 2004 (AS 2003 1370; BBl 1999 6128).

nehmer weigert, sich einer Kontrolle des paritätischen Organs zu unterziehen.

² Die zuständige Behörde bestimmt Gegenstand und Umfang der Kontrolle nach Anhörung der Vertragsparteien und des Arbeitgebers oder Arbeitnehmers, der die Einsetzung eines besonderen Kontrollorgans verlangt oder der sich geweigert hat, sich der Kontrolle des paritätischen Organs zu unterziehen.

³ Die Kontrollkosten gehen zu Lasten des Arbeitgebers oder Arbeitnehmers, der eine besondere Kontrolle verlangt oder der sich geweigert hat, sich der Kontrolle des paritätischen Organs zu unterziehen; sie können jedoch von der zuständigen Behörde ganz oder teilweise den Vertragsparteien auferlegt werden, wenn besondere Umstände dies rechtfertigen.

II. Zuständigkeit und Verfahren

Zuständige Behörde

Art. 7 ¹ Erstreckt sich der Geltungsbereich der Allgemeinverbindlichkeit auf das Gebiet mehrerer Kantone, so wird sie vom Bundesrat angeordnet.

² Beschränkt sich der Geltungsbereich der Allgemeinverbindlichkeit auf das Gebiet eines Kantons oder auf einen Teil desselben, so wird sie von der vom Kanton bezeichneten Behörde angeordnet.

Antrag

Art. 8 ¹ Der Antrag auf Allgemeinverbindlicherklärung ist von allen Vertragsparteien der zuständigen Behörde schriftlich einzureichen. Die allgemeinverbindlich zu erklärenden Bestimmungen sind dem Antrag in den für den Geltungsbereich massgebenden Amtssprachen beizulegen.

² Der Antrag hat den Gegenstand, den räumlichen, beruflichen und betrieblichen Geltungsbereich sowie Beginn und Dauer der Allgemeinverbindlichkeit anzuführen und die erforderlichen Angaben über die Voraussetzungen gemäss den Artikeln 2 und 3 zu enthalten.

³ Wird der Antrag nicht ordnungsgemäss oder nicht mit den erforderlichen Angaben eingereicht, so ruht das Verfahren und wird nach erfolgloser Fristansetzung eingestellt.

Veröffentlichung des Antrages

Art. 9 ¹ Der Antrag auf Allgemeinverbindlicherklärung ist mit den allgemeinverbindlich zu erklärenden Bestimmungen unter Ansetzung einer angemessenen Einsprachefrist von 14 bis 30 Tagen in den massgebenden Amtssprachen zu veröffentlichen. Von der Veröffentlichung kann abgesehen werden, wenn die Voraussetzungen für die Allgemeinverbindlichkeit offensichtlich nicht erfüllt sind.

² Anträge, über die der Bundesrat zu entscheiden hat, sind im Schweizerischen Handelsamtsblatt zu veröffentlichen und den beteiligten Kantonen zur Vernehmlassung zuzustellen.

³ Anträge, über die der Kanton entscheidet, sind im kantonalen Amtsblatt zu veröffentlichen und unter Angabe der Einsprachefrist im Schweizerischen Handelsamtsblatt anzuzeigen.

Einsprache

Art. 10 ¹ Wer ein Interesse glaubhaft macht, kann gegen den Antrag auf Allgemeinverbindlicherklärung schriftlich und begründet bei der zuständigen Behörde Einsprache erheben.

² Den Vertragsparteien ist Gelegenheit zu geben, zu den Einsprachen sowie zu den Vernehmlassungen der Kantone schriftlich Stellung zu nehmen.

³ Den Einsprechern dürfen keine Kosten auferlegt werden.

Begutachtung

Art. 11 Die zuständige Behörde holt vor dem Entscheid das Gutachten unabhängiger Sachverständiger ein, wenn sich dies nicht von vornherein als überflüssig erweist. Sie kann einen ständigen Ausschuss von Sachverständigen bestellen, insbesondere zur Prüfung der Voraussetzungen gemäss Artikel 2 Ziffern 1 und 2.

Entscheid

Art. 12 ¹ Die zuständige Behörde prüft, ob die Voraussetzungen für die Allgemeinverbindlichkeit erfüllt sind und entscheidet über den Antrag auf Allgemeinverbindlicherklärung.

² Wird die Allgemeinverbindlichkeit angeordnet, so setzt die zuständige Behörde den räumlichen, beruflichen und betrieblichen Geltungsbereich fest und bestimmt Beginn und Dauer der Allgemeinverbindlichkeit.

³ Der Entscheid über den Antrag ist den Vertragsparteien und den Einsprechern, soweit diese betroffen sind, schriftlich und begründet zu eröffnen.

⁴ Ergeben sich nachträglich Zweifel über den Geltungsbereich, so wird dieser nach Anhörung der Vertragsparteien vom Eidgenössischen Departement für Wirtschaft, Bildung und Forschung[16] oder von der für die Allgemeinverbindlicherklärung zuständigen kantonalen Behörde näher bestimmt.

Genehmigung der kantonalen Allgemeinverbindlicherklärung

Art. 13 ¹ Die kantonale Allgemeinverbindlicherklärung bedarf zu ihrer Gültigkeit der Genehmigung des Bundes[17].

---

16 Ausdruck gemäss Ziff. I 4 der V vom 15. Juni 2012 (Neugliederung der Departemente), in Kraft seit 1. Jan. 2013 (AS 2012 3655).
17 Ausdruck gemäss Ziff. III des BG vom 15. Dez. 1989 über die Genehmigung kantonaler Erlasse durch den Bund, in Kraft seit 1. Febr. 1991 (AS 1991 362 369; BBl 1988 II 1333).

² Die Genehmigung wird erteilt, wenn die Voraussetzungen für die Allgemeinverbindlichkeit erfüllt sind und das Verfahren ordnungsgemäss durchgeführt worden ist.

³ Der Entscheid über die Genehmigung ist dem Kanton und den Vertragsparteien schriftlich und begründet zu eröffnen.

⁴ Erweist sich nachträglich, dass die Voraussetzungen für die Allgemeinverbindlichkeit nicht oder nicht mehr erfüllt sind, so hat der Bund[18] die Genehmigung zu widerrufen. Im übrigen ist Artikel 18 Absatz 2 anwendbar.

Veröffentlichung der Allgemeinverbindlicherklärung

Art. 14 ¹ Die Allgemeinverbindlicherklärung ist mit den allgemeinverbindlichen Bestimmungen in den Amtssprachen des betreffenden Gebiets zu veröffentlichen. Die Allgemeinverbindlicherklärungen des Bundes werden im Bundesblatt und diejenigen der Kantone im jeweiligen kantonalen Amtsblatt veröffentlicht; diese Veröffentlichungen sind im Schweizerischen Handelsamtsblatt anzuzeigen.[19]

² Die Ausserkraftsetzung der Allgemeinverbindlichkeit gemäss den Artikeln 17 und 18 ist in gleicher Weise zu veröffentlichen.

Kosten

Art. 15 ¹ Die Kosten für die Veröffentlichung des Antrages und des Entscheides sowie in der Regel auch die Kosten der Begutachtung und allfällige weitere Kosten gehen zu Lasten der Vertragsparteien, die solidarisch dafür haften.

² Die zuständige Behörde erlässt nach Abschluss des Verfahrens eine Kostenverfügung und verteilt die Kosten auf die Vertragsparteien. Die rechtskräftigen Kostenverfügungen sind vollstreckbaren gerichtlichen Urteilen im Sinne von Artikel 80 des Schuldbetreibungs- und Konkursgesetzes[20] gleichgestellt.

Änderung der Allgemeinverbindlichkeit

Art. 16 ¹ Werden allgemeinverbindliche Bestimmungen geändert oder neue Bestimmungen allgemeinverbindlich erklärt, wird die Dauer der Allgemeinverbindlichkeit verlängert oder wird die Allgemeinverbindlichkeit teilweise ausser Kraft gesetzt, so sind die Vorschriften dieses Abschnittes anwendbar.

² Die Vertragsparteien sind verpflichtet, die zuständige Behörde von jeder Änderung eines allgemeinverbindlichen Gesamtarbeitsvertrages sofort schriftlich zu benachrichtigen.

---

18 Ausdruck gemäss Ziff. III des BG vom 15. Dez. 1989 über die Genehmigung kantonaler Erlasse durch den Bund, in Kraft seit 1. Febr. 1991 (AS 1991 362 369; BBl 1988 II 1333).
19 Fassung gemäss Anhang Ziff. 2 des BG vom 26. Sept. 2014, in Kraft seit 1. Jan. 2016 (AS 2015 3977; BBl 2013 7057).
20 SR 281.1

Ausserkraftsetzung der Allgemeinverbindlichkeit bei vorzeitiger Beendigung des Gesamtarbeitsvertrages

Art. 17 ¹ Endigt der Gesamtarbeitsvertrag vor Ablauf der Geltungsdauer der Allgemeinverbindlichkeit, so ist diese auf den gleichen Zeitpunkt ausser Kraft zu setzen.

² Die Vertragsparteien sind verpflichtet, die zuständige Behörde von der Kündigung und Aufhebung des Gesamtarbeitsvertrages sofort schriftlich zu benachrichtigen. Wird diese Benachrichtigung versäumt, so gelten die allgemeinverbindlichen Bestimmungen für alle Arbeitgeber und Arbeitnehmer bis zum Zeitpunkt, auf den die Allgemeinverbindlichkeit ausser Kraft gesetzt wird.

Ausserkraftsetzung der Allgemeinverbindlichkeit auf Antrag und von Amtes wegen

Art. 18 ¹ Die für die Allgemeinverbindlichkeitserklärung zuständige Behörde hat auf Antrag aller Vertragsparteien die Allgemeinverbindlichkeit ausser Kraft zu setzen.

² Stellt die für die Allgemeinverbindlichkeitserklärung zuständige Behörde von Amtes wegen oder auf Anzeige hin fest, dass die Voraussetzungen für die Allgemeinverbindlichkeit nicht oder nicht mehr erfüllt sind, so hat sie die Allgemeinverbindlichkeit ausser Kraft zu setzen. Ebenso kann sie dies anordnen, wenn der Grundsatz der Gleichbehandlung gemäss Artikel 5 Absatz 1 verletzt, oder wenn entgegen Artikel 5 Absatz 2 eine Kasse oder Einrichtung nicht ordnungsgemäss geführt wird.

III. Schlussbestimmungen

Art. 19[21]

Bezeichnung der zuständigen Behörden

Art. 20 ¹ Die Kantone bezeichnen die zuständigen Behörden für die Allgemeinverbindlichkeitserklärung und deren Aufhebung, für die Durchführung des Verfahrens gemäss den Artikeln 8–11 und 14–18 sowie für die Massnahmen gemäss den Artikeln 5 Absatz 2 und 6.

² Bei Anträgen, über die der Bundesrat entscheidet, führt die zuständige Behörde[22] das Verfahren und trifft die Massnahmen nach den Artikeln 5 Absatz 2 und 6.[23]

Inkrafttreten

Art. 21 Der Bundesrat bestimmt den Zeitpunkt des Inkrafttretens dieses Gesetzes.

Datum des Inkrafttretens: 1. Januar 1957[24]

---

21 Aufgehoben durch Ziff. II Art. 6 Ziff. 9 des BG vom 25. Juni 1971 (Der Arbeitsvertrag), mit Wirkung seit 1. Jan. 1972 (AS 1971 1465; BBl 1967 II 241).
22 Gegenwärtig Staatssekretariat für Wirtschaft (SECO)
23 Fassung gemäss Anhang Ziff. 3 des BG vom 8. Okt. 1999 über die in die Schweiz entsandten Arbeitnehmerinnen und Arbeitnehmer, in Kraft seit 1. Juni 2004 (AS 2003 1370; BBl 1999 6128).
24 BRB vom 29. Dez. 1956

14. Bundesgesetz
über die Information und Mitsprache der Arbeitnehmerinnen und Arbeitnehmer in den Betrieben
(Mitwirkungsgesetz, MWG*)

vom 17. Dezember 1993

Die Bundesversammlung der Schweizerischen Eidgenossenschaft,
gestützt auf Artikel 34ter Absatz 1 Buchstabe b der Bundesverfassung[1],
nach Einsicht in die Botschaft des Bundesrates vom 24. Februar 1993[2],
beschliesst:

1. Abschnitt: Allgemeine Bestimmungen

Art. 1 Geltungsbereich
Dieses Gesetz gilt für alle privaten Betriebe, die ständig Arbeitnehmerinnen und Arbeitnehmer in der Schweiz beschäftigen.

Art. 2 Abweichungen
Zugunsten der Arbeitnehmerinnen und Arbeitnehmer kann von diesem Gesetz abgewichen werden. Zu ihren Ungunsten darf von den Artikeln 3, 6, 9, 10, 12 und 14 Absatz 2 Buchstabe b nicht und von den übrigen Bestimmungen nur durch gesamtarbeitsvertragliche Mitwirkungsordnung abgewichen werden.

Art. 3 Anspruch auf Vertretung
In Betrieben mit mindestens 50 Arbeitnehmerinnen und Arbeitnehmern können diese aus ihrer Mitte eine oder mehrere Vertretungen bestellen.

Art. 4 Mitwirkung in Betrieben ohne Arbeitnehmervertretung
In Betrieben oder Betriebsbereichen ohne Arbeitnehmervertretung stehen die Informations- und Mitspracherechte nach den Artikeln 9 und 10 den Arbeitnehmerinnen und Arbeitnehmern direkt zu.

SR 822.14. AS 1994 1037
* Nicht amtliche Abkürzung.
1 [BS 1 3]
2 BBl 1993 I 805

2. Abschnitt: Arbeitnehmervertretung

Art. 5 Erstmalige Bestellung

¹ Auf Verlangen eines Fünftels der Arbeitnehmerinnen und Arbeitnehmer ist durch eine geheime Abstimmung festzustellen, ob die Mehrheit der Stimmenden sich für eine Arbeitnehmervertretung ausspricht. In Betrieben mit mehr als 500 Beschäftigten ist die Abstimmung durchzuführen, wenn 100 von ihnen eine solche verlangen.

² Befürwortet die Mehrheit der Stimmenden eine Arbeitnehmervertretung, so ist die Wahl durchzuführen.

³ Abstimmung und Wahl werden von Arbeitgeber- und Arbeitnehmerseite gemeinsam organisiert.

Art. 6 Wahlgrundsätze

Die Arbeitnehmervertretung wird in allgemeiner und freier Wahl bestellt. Auf Verlangen eines Fünftels der Arbeitnehmerinnen und Arbeitnehmer ist diese geheim durchzuführen.

Art. 7 Grösse

¹ Die Grösse der Arbeitnehmervertretung wird von der Arbeitgeber- und der Arbeitnehmerseite gemeinsam festgelegt. Dabei ist der Grösse und der Struktur des Betriebs angemessen Rechnung zu tragen.

² Die Vertretung besteht aus mindestens drei Personen.

Art. 8 Aufgaben

Die Arbeitnehmervertretung nimmt gegenüber der Arbeitgeberin oder dem Arbeitgeber die gemeinsamen Interessen der Arbeitnehmerinnen und Arbeitnehmer wahr. Sie informiert letztere regelmässig über ihre Tätigkeit.

3. Abschnitt: Mitwirkungsrechte

Art. 9 Informationsrecht

¹ Die Arbeitnehmervertretung hat Anspruch auf rechtzeitige und umfassende Information über alle Angelegenheiten, deren Kenntnis Voraussetzung für eine ordnungsgemässe Erfüllung ihrer Aufgaben ist.

² Die Arbeitgeberin oder der Arbeitgeber hat die Arbeitnehmervertretung mindestens einmal jährlich über die Auswirkungen des Geschäftsganges auf die Beschäftigung und die Beschäftigten zu informieren.

Art. 10 Besondere Mitwirkungsrechte

Der Arbeitnehmervertretung stehen in folgenden Angelegenheiten nach Massgabe der entsprechenden Gesetzgebung besondere Mitwirkungsrechte zu:

a.[3] In Fragen der Arbeitssicherheit im Sinne von Artikel 82 des Unfallversicherungsgesetzes vom 20. März 1981[4] sowie in Fragen des Arbeitnehmerschutzes im Sinne von Artikel 48 des Arbeitsgesetzes vom 13. März 1964[5];

b. beim Übergang von Betrieben im Sinne der Artikel 333 und 333*a* des Obligationenrechts[6];

c. bei Massenentlassungen im Sinne der Artikel 335*d*–335*g* des Obligationenrechts;

d.[7] über den Anschluss an eine Einrichtung der beruflichen Vorsorge und die Auflösung eines Anschlussvertrages.

4. Abschnitt: Zusammenarbeit

Art. 11 Grundsatz

[1] Die Arbeitgeberin oder der Arbeitgeber und die Arbeitnehmervertretung arbeiten in betrieblichen Angelegenheiten nach dem Grundsatz von Treu und Glauben zusammen.

[2] Die Arbeitnehmervertretung wird von Arbeitgeberseite in ihrer Tätigkeit unterstützt. Die Arbeitgeberin oder der Arbeitgeber hat ihr im notwendigen Umfang Räume, Hilfsmittel und administrative Dienstleistungen zur Verfügung zu stellen.

Art. 12 Schutz der Mitglieder der Arbeitnehmervertretung

[1] Die Arbeitgeberin oder der Arbeitgeber darf die Mitglieder der Arbeitnehmervertretung in ihren Aufgaben nicht behindern.

[2] Die Mitglieder der Arbeitnehmervertretung dürfen von Arbeitgeberseite während des Mandats und nach dessen Beendigung wegen Ausübung dieser Tätigkeit nicht benachteiligt werden. Dies gilt auch für alle, die sich zur Wahl in eine Arbeitnehmervertretung stellen.

---

3 Fassung gemäss Art. 64 des Arbeitsgesetzes vom 13. März 1964 in der Fassung des BG vom 20. März 1998, in Kraft seit 1. Aug. 2000 (AS 2000 1569; BBl 1998 1394).
4 SR 832.20
5 SR 822.11
6 SR 220
7 Eingefügt durch Anhang Ziff. 5 des BG vom 3. Okt. 2003 (1. BVG-Revision), in Kraft seit 1. April 2004 (AS 2004 1677 1700; BBl 2000 2637).

Art. 13 Mitwirkung während der Arbeitszeit

Die Arbeitnehmervertretung kann ihre Tätigkeit während der Arbeitszeit ausüben, wenn die Wahrnehmung ihrer Aufgabe es erfordert und ihre Berufsarbeit es zulässt.

Art. 14 Verschwiegenheitspflicht

¹ Die Mitglieder der Arbeitnehmervertretung sind über betriebliche Angelegenheiten, die ihnen in dieser Eigenschaft zur Kenntnis gelangen, zur Verschwiegenheit gegenüber betriebsfremden Personen verpflichtet, sofern diese nicht mit der Wahrung der Interessen der Arbeitnehmerinnen und Arbeitnehmer betraut sind.

² Die Arbeitgeberin und der Arbeitgeber sowie die Mitglieder der Arbeitnehmervertretung sind zur Verschwiegenheit gegenüber allen Personen verpflichtet:
a. in Angelegenheiten, bei denen dies von Arbeitgeberseite oder von der Arbeitnehmervertretung aus berechtigtem Interesse ausdrücklich verlangt wird;
b. in persönlichen Angelegenheiten einzelner Arbeitnehmerinnen und Arbeitnehmer.

³ Arbeitnehmerinnen und Arbeitnehmer von Betrieben ohne Arbeitnehmervertretung, denen gestützt auf Artikel 4 das Informations- und Mitspracherecht direkt zusteht, sowie betriebsfremde Personen, die nach Absatz 1 informiert werden dürfen, sind ebenfalls zur Verschwiegenheit verpflichtet.

⁴ Im weitern sind auch die Arbeitnehmerinnen und Arbeitnehmer zur Verschwiegenheit verpflichtet, die von der Arbeitnehmervertretung nach Artikel 8 informiert worden sind.

⁵ Die Pflicht zur Verschwiegenheit bleibt auch nach dem Ausscheiden aus der Arbeitnehmervertretung bestehen.

5. Abschnitt: Rechtspflege

Art. 15

¹ Über Streitigkeiten, die sich aus diesem Gesetz oder einer vertraglichen Mitwirkungsordnung ergeben, entscheiden unter Vorbehalt vertraglicher Schlichtungs- und Schiedsstellen die für Streitigkeiten aus dem Arbeitsverhältnis zuständigen Instanzen.

² Klageberechtigt sind die beteiligten Arbeitgeberinnen und Arbeitgeber, Arbeitnehmerinnen und Arbeitnehmer sowie deren Verbände. Für letztere geht der Anspruch nur auf Feststellung.

³ ...⁸

6. Abschnitt: Schlussbestimmungen

Art. 16

¹ Dieses Gesetz untersteht dem fakultativen Referendum.

² Der Bundesrat bestimmt das Inkrafttreten.

Datum des Inkrafttretens: 1. Mai 1994[9]

---

8 Aufgehoben durch Anhang 1 Ziff. II 27 der Zivilprozessordnung vom 19. Dez. 2008, mit Wirkung seit 1. Jan. 2011 (AS 2010 1739; BBl 2006 7221).
9 BRB vom 8. April 1994

15. Bundesgesetz über den Versicherungsvertrag
(Versicherungsvertragsgesetz, VVG)[1],[*]

vom 2. April 1908 (Stand am 1. Januar 2022)

Die Bundesversammlung der Schweizerischen Eidgenossenschaft,

in Vollziehung des Artikels 64 der Bundesverfassung[2],[3]
nach Einsicht in eine Botschaft des Bundesrates vom 2. Februar 1904[4],

beschliesst:

1. Kapitel: Allgemeine Bestimmungen[5]
1. Abschnitt: Abschluss des Vertrags[6]

Versicherungsantrag

Art. 1 [1] Wer dem Versicherungsunternehmen[7] den Antrag zum Abschlusse eines Versicherungsvertrages gestellt und für die Annahme keine kürzere Frist gesetzt hat, bleibt 14 Tage gebunden.

[2] Erfordert die Versicherung eine ärztliche Untersuchung, so bleibt der Antragsteller vier Wochen gebunden.

[3] Die Frist beginnt mit der Übergabe oder Absendung des Antrags an das Versicherungsunternehmen oder dessen Agenten zu laufen.

[4] Der Antragsteller wird frei, wenn die Annahmeerklärung des Versicherungsunternehmens nicht vor Ablauf der Frist bei ihm eingetroffen ist.

SR 221.229.1. AS 24 719

1 Kurztit. und Abkürzung eingefügt durch Ziff. I des BG vom 17. Dez. 2004, in Kraft seit 1. Jan. 2006 (AS 2005 5245; BBl 2003 3789).
2 [BS 1 3]. Der genannten Bestimmung entspricht heute Art. 122 der BV vom 18. April 1999 (SR 101).
3 Fassung gemäss Anhang Ziff. 8 des Gerichtsstandsgesetzes vom 24. März 2000, in Kraft seit 1. Jan. 2001 (AS 2000 2355; BBl 1999 2829).
4 BBl 1904 I 241
5 Fassung gemäss Ziff. I des BG vom 19. Juni 2020, in Kraft seit 1. Jan. 2022 (AS 2020 4969; BBl 2017 5089).
6 Eingefügt durch Ziff. I des BG vom 19. Juni 2020, in Kraft seit 1. Jan. 2022 (AS 2020 4969; BBl 2017 5089).
7 Ausdruck gemäss Ziff. I des BG vom 19. Juni 2020, in Kraft seit 1. Jan. 2022 (AS 2020 4969; BBl 2017 5089). Diese Änd. wurde im ganzen Erlass berücksichtigt.
* Die mit einem fetten Strich (❘) markierten Vorschriften sind absolut zwingend, d.h. sie können weder zuungunsten des Versicherers noch des Versicherungsnehmers oder des Anspruchsberechtigten abgeändert werden (Art. 97). Die mit einem mageren Strich (❘) markierten Vorschriften sind relativ zwingend, d.h. sie können nicht zuungunsten des Versicherungsnehmers oder des Anspruchsberechtigten abgeändert werden (Art. 98).

Besondere Antragsverhältnisse

Art. 2 ¹ Wird der Antrag, einen bestehenden Vertrag zu verlängern oder abzuändern oder einen suspendierten Vertrag wieder in Kraft zu setzen, vom Versicherungsunternehmen nicht binnen 14 Tagen, vom Empfange an gerechnet, abgelehnt, so gilt er als angenommen.

² Ist nach Massgabe der allgemeinen Versicherungsbedingungen eine ärztliche Untersuchung erforderlich, so gilt der Antrag als angenommen, wenn er vom Versicherungsunternehmen nicht binnen vier Wochen, vom Empfange an gerechnet, abgelehnt wird.

³ Der Antrag, die Versicherungssumme zu erhöhen, fällt nicht unter diese Bestimmungen.

Widerrufsrecht

Art. 2a[8] ¹ Der Versicherungsnehmer kann seinen Antrag zum Abschluss des Vertrags oder die Erklärung zu dessen Annahme schriftlich oder in einer anderen Form, die den Nachweis durch Text ermöglicht, widerrufen.

² Die Widerrufsfrist beträgt 14 Tage und beginnt, sobald der Versicherungsnehmer den Vertrag beantragt oder angenommen hat.

³ Die Frist ist eingehalten, wenn der Versicherungsnehmer am letzten Tag der Widerrufsfrist seinen Widerruf dem Versicherungsunternehmen mitteilt oder seine Widerrufserklärung der Post übergibt.

⁴ Ausgeschlossen ist das Widerrufsrecht bei kollektiven Personenversicherungen, vorläufigen Deckungszusagen und Vereinbarungen mit einer Laufzeit von weniger als einem Monat.

⁵ Solange geschädigte Dritte trotz eines Widerrufs gutgläubig Ansprüche gegenüber dem Versicherungsunternehmen geltend machen können, schuldet der Versicherungsnehmer die Prämie und kann das Versicherungsunternehmen den geschädigten Dritten die Unwirksamkeit des Vertrags nicht entgegenhalten.

Wirkung des Widerrufs

Art. 2b[9] ¹ Der Widerruf bewirkt, dass der Antrag zum Vertragsabschluss oder die Annahmeerklärung des Versicherungsnehmers von Anfang an unwirksam ist. Bei anteilgebundenen Lebensversicherungen muss der zum Zeitpunkt des Widerrufs geltende Wert zurückerstattet werden.

² Die Parteien müssen bereits empfangene Leistungen zurückerstatten.

³ Der Versicherungsnehmer schuldet dem Versicherungsunternehmen keine weitere Entschädigung. Wo es der Billigkeit entspricht, hat der Versicherungsnehmer dem Versicherungsunternehmen die

---

8 Eingefügt durch Ziff. I des BG vom 19. Juni 2020, in Kraft seit 1. Jan. 2022 (AS 2020 4969; BBl 2017 5089).
9 Eingefügt durch Ziff. I des BG vom 19. Juni 2020, in Kraft seit 1. Jan. 2022 (AS 2020 4969; BBl 2017 5089).

Kosten für besondere Abklärungen, die dieses in guten Treuen im Hinblick auf den Vertragsabschluss vorgenommen hat, teilweise oder ganz zu erstatten.

2. Abschnitt: Aufklärungspflichten[10]

Informationspflicht des Versicherungsunternehmens

Art. 3[11] [1] Das Versicherungsunternehmen muss den Versicherungsnehmer vor Abschluss des Versicherungsvertrags verständlich und in einer Form, die den Nachweis durch Text ermöglicht, über seine Identität und den wesentlichen Inhalt des Versicherungsvertrags informieren. Es muss informieren über:[12]

a. die versicherten Risiken;
b.[13] den Umfang des Versicherungsschutzes und darüber, ob es sich um eine Summen- oder um eine Schadenversicherung handelt;
c. die geschuldeten Prämien und weitere Pflichten des Versicherungsnehmers;
d. Laufzeit und Beendigung des Versicherungsvertrages;
e. die für die Überschussermittlung und die Überschussbeteiligung geltenden Berechnungsgrundlagen und Verteilungsgrundsätze und -methoden;
f.[14] die Rückkaufs- und Umwandlungswerte sowie die mit einer rückkaufsfähigen Lebensversicherung im Falle des Rückkaufs verbundenen wesentlichen Kostenarten;
g. die Bearbeitung der Personendaten einschliesslich Zweck und Art der Datensammlung sowie Empfänger und Aufbewahrung der Daten;
h.[15] das Widerrufsrecht nach Artikel 2a sowie über Form und Frist des Widerrufs;
i.[16] eine Frist für das Einreichen der Schadenanzeige nach Artikel 38 Absatz 1;
j.[17] die zeitliche Geltung des Versicherungsschutzes insbesondere in den Fällen, in denen das befürchtete Ereignis während der Laufzeit des Vertrags, der daraus entstehende Schaden aber erst nach Beendigung des Vertrags eintritt.

---

10 Eingefügt durch Ziff. I des BG vom 19. Juni 2020, in Kraft seit 1. Jan. 2022 (AS 2020 4969; BBl 2017 5089).
11 Fassung gemäss Ziff. I des BG vom 17. Dez. 2004, in Kraft seit 1. Jan. 2007 (AS 2005 5245; BBl 2003 3789).
12 Fassung gemäss Ziff. I des BG vom 19. Juni 2020, in Kraft seit 1. Jan. 2022 (AS 2020 4969; BBl 2017 5089).
13 Fassung gemäss Ziff. I des BG vom 19. Juni 2020, in Kraft seit 1. Jan. 2022 (AS 2020 4969; BBl 2017 5089).
14 Fassung gemäss Ziff. I des BG vom 19. Juni 2020, in Kraft seit 1. Jan. 2022 (AS 2020 4969; BBl 2017 5089).
15 Eingefügt durch Ziff. I des BG vom 19. Juni 2020, in Kraft seit 1. Jan. 2022 (AS 2020 4969; BBl 2017 5089).
16 Eingefügt durch Ziff. I des BG vom 19. Juni 2020, in Kraft seit 1. Jan. 2022 (AS 2020 4969; BBl 2017 5089).
17 Eingefügt durch Ziff. I des BG vom 19. Juni 2020, in Kraft seit 1. Jan. 2022 (AS 2020 4969; BBl 2017 5089).

² Diese Angaben sind dem Versicherungsnehmer so zu übergeben, dass er sie kennen kann, wenn er den Versicherungsvertrag beantragt oder annimmt. In jedem Fall muss er zu diesem Zeitpunkt im Besitz der Allgemeinen Versicherungsbedingungen und der Information nach Absatz 1 Buchstabe g sein.

³ Schliesst ein Arbeitgeber zum Schutz seiner Arbeitnehmer eine kollektive Personenversicherung ab, so ist er verpflichtet, die Arbeitnehmer über den wesentlichen Inhalt des Vertrags sowie dessen Änderungen und Auflösung schriftlich oder in einer anderen Form, die den Nachweis durch Text ermöglicht, zu informieren. Das Versicherungsunternehmen stellt dem Arbeitgeber die dazu erforderlichen Unterlagen zur Verfügung.[18]

Abs. 1 Bst. g*
g. die Bearbeitung der Personendaten einschliesslich Zweck und Art der Datenbank sowie Empfänger und Aufbewahrung der Daten.

Verletzung der Informationspflicht

Art. 3a[19] ¹ Hat das Versicherungsunternehmen die Informationspflicht nach Artikel 3 verletzt, so ist der Versicherungsnehmer berechtigt, den Versicherungsvertrag schriftlich oder in einer anderen Form, die den Nachweis durch Text ermöglicht, zu kündigen. Die Kündigung wird mit Zugang beim Versicherungsunternehmen wirksam.

² Das Kündigungsrecht erlischt vier Wochen, nachdem der Versicherungsnehmer von der Pflichtverletzung und den Informationen nach Artikel 3 Kenntnis erhalten hat, jedenfalls spätestens zwei Jahre nach der Pflichtverletzung.

Anzeigepflicht
a. Im Allgemeinen[20]

Art. 4 ¹ Der Antragsteller hat dem Versicherungsunternehmen anhand eines Fragebogens oder auf sonstiges Befragen alle für die Beurteilung der Gefahr erheblichen Tatsachen, soweit und so wie sie ihm bekannt sind oder bekannt sein müssen, mitzuteilen. Sowohl das Befragen als auch die Mitteilung haben schriftlich oder in einer anderen Form, die den Nachweis durch Text ermöglicht, zu erfolgen.[21]

² Erheblich sind diejenigen Gefahrstatsachen, die geeignet sind, auf den Entschluss des Versicherungsunternehmens, den Vertrag über-

---

18 Fassung gemäss Ziff. I des BG vom 19. Juni 2020, in Kraft seit 1. Jan. 2022 (AS 2020 4969; BBl 2017 5089).
* Fassung gemäss Anhang 1 Ziff. II 20 des Datenschutzgesetzes vom 25. Sept. 2020, in Kraft ab 1. Sept. 2023 (AS 2022 491; BBl 2017 6941).
19 Eingefügt durch Ziff. I des BG vom 17. Dez. 2004 (AS 2005 5245; BBl 2003 3789). Fassung gemäss Ziff. I des BG vom 19. Juni 2020, in Kraft seit 1. Jan. 2022 (AS 2020 4969; BBl 2017 5089).
20 Fassung gemäss Ziff. I des BG vom 19. Juni 2020, in Kraft seit 1. Jan. 2022 (AS 2020 4969; BBl 2017 5089).
21 Fassung gemäss Ziff. I des BG vom 19. Juni 2020, in Kraft seit 1. Jan. 2022 (AS 2020 4969; BBl 2017 5089).

haupt oder zu den vereinbarten Bedingungen abzuschliessen, einen Einfluss auszuüben.

³ Die Gefahrstatsachen, auf welche die Fragen des Versicherungsunternehmens in bestimmter, unzweideutiger Fassung gerichtet sind, werden als erheblich vermutet.[22]

b. Bei Stellvertretung[23] **Art. 5** ¹ Wird der Vertrag durch einen Stellvertreter abgeschlossen, so sind sowohl die erheblichen Gefahrstatsachen anzuzeigen, die dem Vertretenen, als auch diejenigen, die dem Vertreter bekannt sind oder bekannt sein müssen.

c. Bei der Fremdversicherung ² Bei Fremdversicherungen (Art. 16) sind auch diejenigen erheblichen Gefahrstatsachen anzuzeigen, die dem versicherten Dritten selbst oder seinem Zwischenbeauftragten bekannt sind oder bekannt sein müssen, es sei denn, der Vertrag wird ohne Wissen dieser Personen abgeschlossen oder die rechtzeitige Benachrichtigung des Antragstellers ist nicht möglich.[24]

Folgen der verletzten Anzeigepflicht
a. Im Allgemeinen

Art. 6[25] ¹ Hat der Anzeigepflichtige bei der Beantwortung der Fragen gemäss Artikel 4 Absatz 1 eine erhebliche Gefahrstatsache, die er kannte oder kennen musste und über die er befragt worden ist, unrichtig mitgeteilt oder verschwiegen, so ist das Versicherungsunternehmen berechtigt, den Vertrag schriftlich oder in einer anderen Form, die den Nachweis durch Text ermöglicht, zu kündigen.[26] Die Kündigung wird mit Zugang beim Versicherungsnehmer wirksam.

² Das Kündigungsrecht erlischt vier Wochen, nachdem das Versicherungsunternehmen von der Verletzung der Anzeigepflicht Kenntnis erhalten hat.[27]

³ Wird der Vertrag durch Kündigung nach Absatz 1 aufgelöst, so erlischt auch die Leistungspflicht des Versicherungsunternehmens für bereits eingetretene Schäden, soweit deren Eintritt oder Umfang durch die nicht oder unrichtig angezeigte erhebliche Gefahrstatsache beeinflusst worden ist. Soweit die Leistungspflicht schon erfüllt wurde, hat das Versicherungsunternehmen Anspruch auf Rückerstattung.[28]

⁴ Wird ein Lebensversicherungsvertrag, der nach Massgabe dieses Gesetzes rückkaufsfähig ist (Art. 90 Abs. 2) aufgelöst, so hat das Ver-

---

22 Fassung gemäss Ziff. I des BG vom 19. Juni 2020, in Kraft seit 1. Jan. 2022 (AS 2020 4969; BBl 2017 5089).
23 Fassung gemäss Ziff. I des BG vom 19. Juni 2020, in Kraft seit 1. Jan. 2022 (AS 2020 4969; BBl 2017 5089).
24 Fassung gemäss Ziff. I des BG vom 19. Juni 2020, in Kraft seit 1. Jan. 2022 (AS 2020 4969; BBl 2017 5089).
25 Fassung gemäss Ziff. I des BG vom 17. Dez. 2004, in Kraft seit 1. Jan. 2006 (AS 2005 5245; BBl 2003 3789).
26 Fassung gemäss Ziff. I des BG vom 19. Juni 2020, in Kraft seit 1. Jan. 2022 (AS 2020 4969; BBl 2017 5089).
27 Fassung gemäss Ziff. I des BG vom 19. Juni 2020, in Kraft seit 1. Jan. 2022 (AS 2020 4969; BBl 2017 5089).
28 Fassung gemäss Ziff. I des BG vom 19. Juni 2020, in Kraft seit 1. Jan. 2022 (AS 2020 4969; BBl 2017 5089).

sicherungsunternehmen die für den Rückkauf festgestellte Leistung zu gewähren.

b. Beim Kollektivversicherungsvertrage

Art. 7 Umfasst der Vertrag mehrere Gegenstände oder Personen und ist die Anzeigepflicht nur bezüglich eines Teiles dieser Gegenstände oder Personen verletzt, so bleibt die Versicherung für den übrigen Teil wirksam, wenn sich aus den Umständen ergibt, dass das Versicherungsunternehmen diesen Teil allein zu den nämlichen Bedingungen versichert hätte.

Nichteintritt der Folgen der verletzten Anzeigepflicht

Art. 8 Trotz der Anzeigepflichtverletzung (Art. 6) kann das Versicherungsunternehmen den Vertrag nicht kündigen:[29]
1. wenn die verschwiegene oder unrichtig angezeigte Tatsache vor Eintritt des befürchteten Ereignisses weggefallen ist;
2. wenn das Versicherungsunternehmen die Verschweigung oder unrichtige Angabe veranlasst hat;
3. wenn das Versicherungsunternehmen die verschwiegene Tatsache gekannt hat oder gekannt haben muss;
4. wenn das Versicherungsunternehmen die unrichtig angezeigte Tatsache richtig gekannt hat oder gekannt haben muss;
5.[30] wenn das Versicherungsunternehmen auf das Kündigungsrecht verzichtet hat;
6. wenn der Anzeigepflichtige auf eine ihm vorgelegte Frage eine Antwort nicht erteilt, und das Versicherungsunternehmen den Vertrag gleichwohl abgeschlossen hat. Diese Bestimmung findet keine Anwendung, wenn die Frage, auf Grund der übrigen Mitteilungen des Anzeigepflichtigen, als in einem bestimmten Sinne beantwortet angesehen werden muss und wenn diese Antwort sich als Verschweigen oder unrichtige Mitteilung einer erheblichen Gefahrstatsache darstellt, die der Anzeigepflichtige kannte oder kennen musste.

3. Abschnitt: Inhalt und Verbindlichkeit des Vertrags[31]

Vorläufige Deckungszusage

Art. 9[32] ¹ Für die Begründung der Leistungspflicht des Versicherungsunternehmens bei einer vorläufigen Deckungszusage genügt es, wenn die versicherten Risiken und der Umfang des vorläufigen Versicherungsschutzes bestimmbar sind. Entsprechend reduziert sich die Informationspflicht des Versicherungsunternehmens.

---
29 Fassung gemäss Ziff. I des BG vom 17. Dez. 2004, in Kraft seit 1. Jan. 2006 (AS 2005 5245; BBl 2003 3789).
30 Fassung gemäss Ziff. I des BG vom 17. Dez. 2004, in Kraft seit 1. Jan. 2006 (AS 2005 5245; BBl 2003 3789).
31 Eingefügt durch Ziff. I des BG vom 19. Juni 2020, in Kraft seit 1. Jan. 2022 (AS 2020 4969; BBl 2017 5089).
32 Fassung gemäss Ziff. I des BG vom 19. Juni 2020, in Kraft seit 1. Jan. 2022 (AS 2020 4969; BBl 2017 5089).

² Eine Prämie ist zu leisten, soweit sie verabredet oder üblich ist.

³ Ist die vorläufige Deckungszusage unbefristet, so kann sie jederzeit unter Wahrung einer Frist von 14 Tagen gekündigt werden. Sie endet auf jeden Fall mit Abschluss eines definitiven Vertrags mit dem betreffenden oder einem anderen Versicherungsunternehmen.

⁴ Vorläufige Deckungszusagen sind vom Versicherungsunternehmen schriftlich zu bestätigen.

Rückwärtsversicherung   **Art. 10**[33]   ¹ Die Wirkungen des Vertrags können auf einen Zeitpunkt vor dessen Abschluss zurückbezogen werden, sofern ein versicherbares Interesse besteht.

² Eine Rückwärtsversicherung ist nichtig, wenn lediglich der Versicherungsnehmer oder der Versicherte wusste oder wissen musste, dass ein befürchtetes Ereignis bereits eingetreten ist.

Police
a. Inhalt   **Art. 11**[34]   ¹ Das Versicherungsunternehmen stellt dem Versicherungsnehmer eine Police aus, welche die Rechte und Pflichten der Parteien festhält.

² Es muss dem Versicherungsnehmer auf Verlangen eine Kopie der im Antrag enthaltenen oder anderweitig abgegebenen Erklärungen des Antragstellers, auf deren Grundlage die Versicherung abgeschlossen wurde, ausstellen.

b. ...   **Art. 12**[35]

c. Kraftloserklärung   **Art. 13**   ¹ ...[36]

² Für die Kraftloserklärung von Policen kommen die für die Kraftloserklärung von Inhaberpapieren geltenden Bestimmungen des Bundesgesetzes vom 14. Juni 1881[37] über das Obligationenrecht sinngemäss zur Anwendung, mit der Abänderung, dass die Anmeldungsfrist höchstens ein Jahr beträgt.

Schuldhafte Herbeiführung des befürchteten Ereignisses   **Art. 14**   ¹ Das Versicherungsunternehmen haftet nicht, wenn der Versicherungsnehmer oder der Anspruchsberechtigte das befürchtete Ereignis absichtlich herbeigeführt hat.

---

33 Fassung gemäss Ziff. I des BG vom 19. Juni 2020, in Kraft seit 1. Jan. 2022 (AS 2020 4969; BBl 2017 5089).
34 Fassung gemäss Ziff. I des BG vom 19. Juni 2020, in Kraft seit 1. Jan. 2022 (AS 2020 4969; BBl 2017 5089).
35 Aufgehoben durch Ziff. I des BG vom 19. Juni 2020, mit Wirkung seit 1. Jan. 2022 (AS 2020 4969; BBl 2017 5089).
36 Aufgehoben durch Anhang 1 Ziff. II 8 der Zivilprozessordnung vom 19. Dez. 2008, mit Wirkung seit 1. Jan. 2011 (AS 2010 1739; BBl 2006 7221).
37 [AS 5 635, 11 490; BS 2 3. SchlT Art. 60 Abs. 2 199 am Schluss, Art. 18 Schl- und UeB zu den Tit. XXIV–XXXIII 784 Art. 103 Abs. 1]. Heute: die Bestimmungen des OR (SR 220).

² Hat der Versicherungsnehmer oder der Anspruchsberechtigte das Ereignis grobfahrlässig herbeigeführt, so ist das Versicherungsunternehmen berechtigt, seine Leistung in einem dem Grade des Verschuldens entsprechenden Verhältnisse zu kürzen.

³ Ist das Ereignis absichtlich oder grobfahrlässig von einer Person herbeigeführt worden, die mit dem Versicherungsnehmer oder dem Anspruchsberechtigten in häuslicher Gemeinschaft lebt, oder für deren Handlungen der Versicherungsnehmer oder der Anspruchsberechtigte einstehen muss, und hat er sich in der Beaufsichtigung, durch die Anstellung oder durch die Aufnahme jener Person einer groben Fahrlässigkeit schuldig gemacht, so kann das Versicherungsunternehmen seine Leistung in einem Verhältnisse kürzen, das dem Grade des Verschuldens des Versicherungsnehmers oder des Anspruchsberechtigten entspricht.

⁴ Hat der Versicherungsnehmer oder der Anspruchsberechtigte das Ereignis leichtfahrlässig herbeigeführt oder sich einer leichten Fahrlässigkeit im Sinne des vorhergehenden Absatzes schuldig gemacht, oder hat eine der übrigen dort aufgeführten Personen das Ereignis leichtfahrlässig herbeigeführt, so haftet das Versicherungsunternehmen in vollem Umfange.

Gebote der Menschlichkeit

Art. 15 Hat eine der in Artikel 14 dieses Gesetzes genannten Personen gemäss einem Gebote der Menschlichkeit gehandelt und dadurch das befürchtete Ereignis herbeigeführt, so haftet das Versicherungsunternehmen in vollem Umfange.

Gegenstand der Versicherung

Art. 16[38] ¹ Gegenstand der Versicherung ist ein versicherbares Interesse des Versicherungsnehmers (Versicherung für eigene Rechnung) oder eines Dritten (Versicherung für fremde Rechnung). Sie kann sich auf die Person, auf Sachen oder auf das übrige Vermögen des Versicherungsnehmers (Eigenversicherung) oder eines Dritten (Fremdversicherung) beziehen.

² Im Zweifel wird angenommen, dass der Versicherungsnehmer den Vertrag für eigene Rechnung abgeschlossen hat.

³ Bei der Versicherung für fremde Rechnung kann das Versicherungsunternehmen Einreden, die ihm gegen den Versicherungsnehmer zustehen, auch gegenüber dem Dritten erheben.

Art. 17 und **18**[39]

---

38 Fassung gemäss Ziff. I des BG vom 19. Juni 2020, in Kraft seit 1. Jan. 2022 (AS 2020 4969; BBl 2017 5089).
39 Aufgehoben durch Ziff. I des BG vom 19. Juni 2020, mit Wirkung seit 1. Jan. 2022 (AS 2020 4969; BBl 2017 5089).

4. Abschnitt: Prämie[40]

Fälligkeit[41]

Art. 19 [1] Wenn der Vertrag nicht anders bestimmt, ist die Prämie für die erste Versicherungsperiode mit dem Abschlusse der Versicherung fällig. Unter Versicherungsperiode wird der Zeitabschnitt, nach dem die Prämieneinheit berechnet wird, verstanden. Die Versicherungsperiode umfasst im Zweifel den Zeitraum eines Jahres.

[2] ...[42]

[3] Die folgenden Prämien sind im Zweifel jeweilen mit Beginn einer neuen Versicherungsperiode fällig.

Mahnpflicht des Versicherungsunternehmens; Verzugsfolgen[42]

Art. 20 [1] Wird die Prämie zur Verfallzeit oder während der im Vertrag eingeräumten Nachfrist nicht entrichtet, so ist der Schuldner unter Androhung der Säumnisfolgen auf seine Kosten schriftlich oder in einer anderen Form, die den Nachweis durch Text ermöglicht, aufzufordern, binnen 14 Tagen, von der Absendung der Mahnung an gerechnet, Zahlung zu leisten.[44]

[2] Wird die Prämie beim Schuldner abgeholt, so kann die Mahnung mündlich erfolgen.[45]

[3] Bleibt die Mahnung ohne Erfolg, so ruht die Leistungspflicht des Versicherungsunternehmens vom Ablaufe der Mahnfrist an.

[4] Die Vorschrift des Artikels 93 dieses Gesetzes wird vorbehalten.

Vertragsverhältnis nach eingetretenem Verzuge

Art. 21[46] [1] Wird die rückständige Prämie nicht binnen zwei Monaten nach Ablauf der in Artikel 20 dieses Gesetzes festgesetzten Frist rechtlich eingefordert, so wird angenommen, dass das Versicherungsunternehmen, unter Verzicht auf die Bezahlung der rückständigen Prämie, vom Vertrage zurücktritt.

[2] Wird die Prämie vom Versicherungsunternehmen eingefordert oder nachträglich angenommen, so lebt seine Haftung mit dem Zeitpunkte, in dem die rückständige Prämie samt Zinsen und Kosten bezahlt wird, wieder auf.

Art. 22 und 23[47]

---

40 Eingefügt durch Ziff. I des BG vom 19. Juni 2020, in Kraft seit 1. Jan. 2022 (AS 2020 4969; BBl 2017 5089).
41 Fassung gemäss Ziff. I des BG vom 19. Juni 2020, in Kraft seit 1. Jan. 2022 (AS 2020 4969; BBl 2017 5089).
42 Aufgehoben durch Ziff. I des BG vom 19. Juni 2020, mit Wirkung seit 1. Jan. 2022 (AS 2020 4969; BBl 2017 5089).
43 Fassung gemäss Ziff. I des BG vom 19. Juni 2020, in Kraft seit 1. Jan. 2022 (AS 2020 4969; BBl 2017 5089).
44 Fassung gemäss Ziff. I des BG vom 19. Juni 2020, in Kraft seit 1. Jan. 2022 (AS 2020 4969; BBl 2017 5089).
45 Fassung gemäss Ziff. I des BG vom 19. Juni 2020, in Kraft seit 1. Jan. 2022 (AS 2020 4969; BBl 2017 5089).
46 Fassung gemäss Ziff. I des BG vom 19. Juni 2020, in Kraft seit 1. Jan. 2022 (AS 2020 4969; BBl 2017 5089).
47 Aufgehoben durch Ziff. I des BG vom 19. Juni 2020, mit Wirkung seit 1. Jan. 2022 (AS 2020 4969; BBl 2017 5089).

Teilbarkeit[48]

Art. 24[48] ¹ Bei vorzeitiger Auflösung oder Beendigung des Versicherungsvertrages ist die Prämie nur für die Zeit bis zur Vertragsauflösung geschuldet. Artikel 42 Absatz 3 bleibt vorbehalten.

² Die auf die laufende Versicherungsperiode entfallene Prämie ist ganz geschuldet, wenn das Versicherungsunternehmen zufolge des Wegfalls des Risikos die Versicherungsleistung erbracht hat.[50]

Art. 25–27[51]

5. Abschnitt: Änderung des Vertrags[52]

Gefahrserhöhung mit Zutun des Versicherungsnehmers

Art. 28 ¹ Wenn der Versicherungsnehmer im Laufe der Versicherung eine wesentliche Gefahrserhöhung herbeigeführt hat, so ist das Versicherungsunternehmen für die Folgezeit an den Vertrag nicht gebunden.

² Die Gefahrserhöhung ist wesentlich, wenn sie auf der Änderung einer für die Beurteilung der Gefahr erheblichen Tatsache (Art. 4) beruht, deren Umfang die Parteien bei der Beantwortung der Fragen nach Artikel 4 Absatz 1 festgestellt haben.[53]

³ Der Vertrag kann bestimmen, ob, in welchem Umfange und in welchen Fristen der Versicherungsnehmer dem Versicherungsunternehmen von solchen Gefahrserhöhungen Mitteilung zu machen hat.

Gefahrsminderung

Art. 28a[54] ¹ Bei einer wesentlichen Gefahrsminderung ist der Versicherungsnehmer berechtigt, den Vertrag mit einer Frist von vier Wochen schriftlich, oder in einer anderen Form, die den Nachweis durch Text ermöglicht, zu kündigen oder eine Prämienreduktion zu verlangen.

² Lehnt das Versicherungsunternehmen eine Prämienreduktion ab oder ist der Versicherungsnehmer mit der angebotenen Reduktion nicht einverstanden, so ist dieser berechtigt, den Vertrag innert vier Wochen seit Zugang der Stellungnahme des Versicherungsunternehmens mit einer Frist von vier Wochen schriftlich, oder in einer anderen Form, die den Nachweis durch Text ermöglicht, zu kündigen.

---

48 Fassung gemäss Ziff. I des BG vom 17. Dez. 2004, in Kraft seit 1. Jan. 2006 (AS 2005 5245; BBl 2003 3789).
49 Fassung gemäss Ziff. I des BG vom 19. Juni 2020, in Kraft seit 1. Jan. 2022 (AS 2020 4969; BBl 2017 5089).
50 Fassung gemäss Ziff. I des BG vom 19. Juni 2020, in Kraft seit 1. Jan. 2022 (AS 2020 4969; BBl 2017 5089).
51 Aufgehoben durch Ziff. I des BG vom 17. Dez. 2004, mit Wirkung seit 1. Jan. 2006 (AS 2005 5245; BBl 2003 3789).
52 Eingefügt durch Ziff. I des BG vom 19. Juni 2020, in Kraft seit 1. Jan. 2022 (AS 2020 4969; BBl 2017 5089).
53 Fassung gemäss Ziff. I des BG vom 19. Juni 2020, in Kraft seit 1. Jan. 2022 (AS 2020 4969; BBl 2017 5089).
54 Eingefügt durch Ziff. I des BG vom 19. Juni 2020, in Kraft seit 1. Jan. 2022 (AS 2020 4969; BBl 2017 5089).

³ Die Prämienreduktion wird mit dem Zugang der Mitteilung nach Absatz 1 beim Versicherungsunternehmen wirksam.

Vorbehalt besonderer Vereinbarungen

Art. 29 ¹ Vertragsabreden, wonach der Versicherungsnehmer bestimmte Obliegenheiten übernimmt, um die Gefahr zu vermindern oder eine Gefahrserhöhung zu verhüten, werden durch die Bestimmungen des Artikels 28 dieses Gesetzes nicht berührt.

² Auf die Vertragsbestimmung, dass das Versicherungsunternehmen, wenn eine solche Obliegenheit verletzt wird, an den Vertrag nicht gebunden ist, kann sich das Versicherungsunternehmen nicht berufen, sofern die Verletzung keinen Einfluss auf den Eintritt des befürchteten Ereignisses und auf den Umfang der dem Versicherungsunternehmen obliegenden Leistung gehabt hat.

Gefahrserhöhung ohne Zutun des Versicherungsnehmers

Art. 30 ¹ Ist die wesentliche Gefahrserhöhung ohne Zutun des Versicherungsnehmers herbeigeführt worden, so treten die in Artikel 28 dieses Gesetzes festgestellten Folgen nur dann ein, wenn der Versicherungsnehmer es unterlassen hat, die ihm bekannt gewordene Gefahrserhöhung ohne Verzug dem Versicherungsunternehmen schriftlich mitzuteilen.

² Ist diese Anzeigepflicht nicht verletzt und hat sich das Versicherungsunternehmen das Recht vorbehalten, wegen wesentlicher Gefahrserhöhung den Vertrag aufzuheben, so erlischt die Haftung des Versicherungsunternehmens mit dem Ablaufe von 14 Tagen, nachdem es dem Versicherungsnehmer den Rücktritt vom Vertrage mitgeteilt hat.

Gefahrserhöhung beim Kollektivversicherungsvertrage

Art. 31 Umfasst der Vertrag mehrere Gegenstände oder Personen, und trifft die Gefahrserhöhung nur einen Teil dieser Gegenstände oder Personen, so bleibt die Versicherung für den übrigen Teil wirksam, sofern der Versicherungsnehmer die auf diesen Teil etwa entfallende höhere Prämie auf erstes Begehren des Versicherungsunternehmens bezahlt.

Nichteintritt der Folgen der Gefahrserhöhung

Art. 32 Die an die Gefahrserhöhung geknüpften Rechtsfolgen treten nicht ein:
1. wenn die Gefahrserhöhung auf den Eintritt des befürchteten Ereignisses und auf den Umfang der dem Versicherungsunternehmen obliegenden Leistung keinen Einfluss ausgeübt hat;
2. wenn die Gefahrserhöhung in der Absicht, das Interesse des Versicherungsunternehmens zu wahren, vorgenommen worden ist;
3. wenn die Gefahrserhöhung durch ein Gebot der Menschlichkeit veranlasst worden ist.

4. wenn das Versicherungsunternehmen ausdrücklich oder stillschweigend auf den Rücktritt verzichtet hat, insbesondere wenn es, nachdem ihm die Gefahrserhöhung durch schriftliche Anzeige des Versicherungsnehmers zur Kenntnis gebracht worden ist, nicht binnen 14 Tagen dem Versicherungsnehmer den Rücktritt vom Vertrage angezeigt hat.

Umfang der Gefahr

Art. 33 Soweit dieses Gesetz nicht anders bestimmt, haftet das Versicherungsunternehmen für alle Ereignisse, welche die Merkmale der Gefahr, gegen deren Folgen Versicherung genommen wurde, an sich tragen, es sei denn, dass der Vertrag einzelne Ereignisse in bestimmter, unzweideutiger Fassung von der Versicherung ausschliesst.

Verantwortlichkeit des Versicherungsunternehmens für seine Vermittler

Art. 34[55] Gegenüber dem Versicherungsnehmer hat das Versicherungsunternehmen für das Verhalten seines Vermittlers wie für sein eigenes einzustehen.

Revision der allgemeinen Versicherungsbedingungen

Art. 35 Werden im Laufe der Versicherung die allgemeinen Versicherungsbedingungen derselben Versicherungsart abgeändert, so kann der Versicherungsnehmer verlangen, dass der Vertrag zu den neuen Bedingungen fortgesetzt werde. Er muss jedoch, wenn für die Versicherung zu den neuen Bedingungen eine höhere Gegenleistung erforderlich ist, das entsprechende Entgelt gewähren.

6. Abschnitt: Beendigung des Vertrags[56]

Ordentliche Kündigung

Art. 35a[57] ¹ Der Vertrag kann, auch wenn er für eine längere Dauer vereinbart wurde, auf das Ende des dritten oder jedes darauf folgenden Jahres unter Einhaltung einer Frist von drei Monaten schriftlich oder in einer anderen Form, die den Nachweis durch Text ermöglicht, gekündigt werden.

² Die Parteien können vereinbaren, dass der Vertrag schon vor Ablauf des dritten Jahres kündbar ist. Die Kündigungsfristen müssen für beide Parteien gleich sein.

³ Die Lebensversicherung ist vom ordentlichen Kündigungsrecht ausgenommen.

⁴ In der Zusatzversicherung zur sozialen Krankenversicherung (Art. 2 Abs. 2 des Krankenversicherungsaufsichtsgesetzes vom 26. Sep-

---

55 Fassung gemäss Ziff. I des BG vom 17. Dez. 2004, in Kraft seit 1. Jan. 2006 (AS 2005 5245; BBl 2003 3789).
56 Eingefügt durch Ziff. I des BG vom 19. Juni 2020, in Kraft seit 1. Jan. 2022 (AS 2020 4969; BBl 2017 5089).
57 Eingefügt durch Ziff. I des BG vom 19. Juni 2020, in Kraft seit 1. Jan. 2022 (AS 2020 4969; BBl 2017 5089).

tember 2014[58]) stehen das ordentliche Kündigungsrecht und das Kündigungsrecht im Schadenfall (Art. 42 Abs. 1 des vorliegenden Gesetzes) nur dem Versicherungsnehmer zu. In der kollektiven Taggeldversicherung stehen diese Rechte beiden Parteien zu.

Ausserordentliche Kündigung

Art. 35b[59] [1] Aus wichtigem Grund kann der Vertrag jederzeit schriftlich oder in einer anderen Form, die den Nachweis durch Text ermöglicht, gekündigt werden.

[2] Als wichtiger Grund gilt namentlich:
a. eine nicht voraussehbare Änderung der rechtlichen Vorgaben, welche die Erfüllung des Vertrags verunmöglicht;
b. jeder Umstand, bei dessen Vorhandensein der kündigenden Person nach Treu und Glauben die Fortsetzung des Vertrags nicht mehr zumutbar ist.

Hängige Versicherungsfälle

Art. 35c[60] [1] Vertragsbestimmungen, welche ein Versicherungsunternehmen berechtigen, bei Beendigung des Vertrags nach Eintritt des befürchteten Ereignisses bestehende periodische Leistungsverpflichtungen als Folge von Krankheit oder Unfall bezüglich Dauer oder Umfang einseitig zu beschränken oder aufzuheben, sind nichtig.

[2] Vorbehalten bleibt die Weiterversicherung der Leistungsverpflichtungen gemäss Absatz 1 bezüglich Dauer oder Umfang durch ein anderes Versicherungsunternehmen bei einem Versicherungswechsel.

Entzug der Bewilligung zum Geschäftsbetrieb; privatrechtliche Folgen[61]

Art. 36 [1] Der Versicherungsnehmer ist berechtigt, den Vertrag jederzeit zu kündigen, wenn das am Vertrag beteiligte Versicherungsunternehmen nicht über die nach dem Versicherungsaufsichtsgesetz vom 17. Dezember 2004[62] (VAG) notwendige Bewilligung zur Versicherungstätigkeit verfügt oder ihm diese entzogen worden ist.[63]

[2] ...[64]

[3] Tritt der Versicherungsnehmer von einem Lebensversicherungsvertrage zurück, so kann er das Deckungskapital zurückfordern.

[4] Dem Versicherungsnehmer bleibt überdies der Anspruch auf Schadenersatz gewahrt.

---

58 SR 832.12
59 Eingefügt durch Ziff. I des BG vom 19. Juni 2020, in Kraft seit 1. Jan. 2022 (AS 2020 4969; BBl 2017 5089).
60 Eingefügt durch Ziff. I des BG vom 19. Juni 2020, in Kraft seit 1. Jan. 2022 (AS 2020 4969; BBl 2017 5089).
61 Fassung gemäss Ziff. I des BG vom 17. Dez. 2004, in Kraft seit 1. Jan. 2006 (AS 2005 5245; BBl 2003 3789).
62 SR 961.01
63 Fassung gemäss Ziff. I des BG vom 19. Juni 2020, in Kraft seit 1. Jan. 2022 (AS 2020 4969; BBl 2017 5089).
64 Aufgehoben durch Ziff. I des BG vom 19. Juni 2020, mit Wirkung seit 1. Jan. 2022 (AS 2020 4969; BBl 2017 5089).

Konkurs des Versicherungsunternehmens

Art. 37 [1] Wird über das Versicherungsunternehmen der Konkurs eröffnet, so erlischt der Vertrag mit dem Ablaufe von vier Wochen, von dem Tage an gerechnet, da die Konkurseröffnung bekannt gemacht worden ist. Artikel 55 VAG[65] bleibt vorbehalten.[66]

[2] Der Versicherungsnehmer kann die Forderung nach Artikel 36 Absatz 3 geltend machen.[67]

[3] Steht ihm aus der laufenden Versicherungsperiode ein Ersatzanspruch gegen das Versicherungsunternehmen zu, so kann er nach seiner Wahl entweder diesen Ersatzanspruch oder jene Forderung geltend machen.

[4] Überdies bleiben ihm Schadenersatzansprüche vorbehalten.

7. Abschnitt: Eintritt des befürchteten Ereignisses[68]

Anzeigepflicht nach Eintritt des befürchteten Ereignisses

Art. 38 [1] Ist das befürchtete Ereignis eingetreten, so muss der Anspruchsberechtigte, sobald er von diesem Ereignisse und seinem Anspruche aus der Versicherung Kenntnis erlangt, das Versicherungsunternehmen benachrichtigen. Der Vertrag kann verfügen, dass die Anzeige schriftlich erstattet werden muss.

[2] Hat der Anspruchsberechtigte die Anzeigepflicht schuldhafterweise verletzt, so ist das Versicherungsunternehmen befugt, die Entschädigung um den Betrag zu kürzen, um den sie sich bei rechtzeitiger Anzeige gemindert haben würde.

[3] Das Versicherungsunternehmen ist an den Vertrag nicht gebunden, wenn der Anspruchsberechtigte die unverzügliche Anzeige in der Absicht unterlassen hat, das Versicherungsunternehmen an der rechtzeitigen Feststellung der Umstände, unter denen das befürchtete Ereignis eingetreten ist, zu hindern.

Rettungspflicht

Art. 38a[69] [1] Der Anspruchsberechtigte ist verpflichtet, nach Eintritt des befürchteten Ereignisses tunlichst für Minderung des Schadens zu sorgen. Er muss, wenn nicht Gefahr im Verzug liegt, über die zu ergreifenden Massnahmen die Weisung des Versicherungsunternehmens einholen und befolgen.

[2] Hat der Anspruchsberechtigte diese Pflichten in nicht zu entschuldigender Weise verletzt, so ist das Versicherungsunternehmen

---

65 SR 961.01
66 Zweiter Satz eingefügt durch Ziff. I des BG vom 19. Juni 2020, in Kraft seit 1. Jan. 2022 (AS 2020 4969; BBl 2017 5089).
67 Fassung gemäss Ziff. I des BG vom 19. Juni 2020, in Kraft seit 1. Jan. 2022 (AS 2020 4969; BBl 2017 5089).
68 Eingefügt durch Ziff. I des BG vom 19. Juni 2020, in Kraft seit 1. Jan. 2022 (AS 2020 4969; BBl 2017 5089).
69 Eingefügt durch Ziff. I des BG vom 19. Juni 2020, in Kraft seit 1. Jan. 2022 (AS 2020 4969; BBl 2017 5089).

berechtigt, die Entschädigung um den Betrag zu kürzen, um den sie sich bei Erfüllung jener Obliegenheiten vermindert hätte.

Veränderungsverbot **Art. 38b**[70] ¹ Bevor der Schaden ermittelt ist, darf der Anspruchsberechtigte ohne Zustimmung des Versicherungsunternehmens an den beschädigten Gegenständen keine Veränderung vornehmen, welche die Feststellung der Schadensursache oder des Schadens erschweren oder vereiteln könnte, es sei denn die Veränderung erscheint zum Zweck der Schadensminderung oder im öffentlichen Interesse als geboten.

² Handelt der Anspruchsberechtigte dieser Pflicht in betrügerischer Absicht zuwider, so ist das Versicherungsunternehmen an den Vertrag nicht gebunden.

Schadenminderungskosten **Art. 38c**[71] ¹ Das Versicherungsunternehmen ist gehalten, dem Anspruchsberechtigten die zum Zwecke der Schadensminderung (Art. 38a Abs. 1) nicht offenbar unzweckmässig aufgewendeten Kosten auch dann zu vergüten, wenn die getroffenen Massnahmen ohne Erfolg geblieben sind, oder wenn diese Kosten und der Schadenersatz zusammen den Betrag der Versicherungssumme übersteigen.

² Erreicht die Versicherungssumme den Ersatzwert nicht, so trägt das Versicherungsunternehmen die Kosten in dem Verhältnisse, in dem die Versicherungssumme zum Ersatzwerte steht.

Begründung des Versicherungsanspruches **Art. 39** ¹ Der Anspruchsberechtigte muss auf Begehren des Versicherungsunternehmens jede Auskunft über solche ihm bekannte Tatsachen erteilen, die zur Ermittlung der Umstände, unter denen das befürchtete Ereignis eingetreten ist, oder zur Feststellung der Folgen des Ereignisses dienlich sind.

² Der Vertrag kann verfügen:
1. dass der Anspruchsberechtigte bestimmte Belege, deren Beschaffung ihm ohne erhebliche Kosten möglich ist, insbesondere auch ärztliche Bescheinigungen, beizubringen hat;
2. dass die in Absatz 1 und Absatz 2 Ziffer 1 dieses Artikels vorgesehenen Mitteilungen, bei Verlust des Versicherungsanspruches, binnen bestimmter, angemessener Frist gemacht werden müssen. Die Frist läuft von dem Tage an, an dem das Versicherungsunternehmen den Anspruchsberechtigten, unter Androhung der Säumnisfolgen, schriftlich aufgefordert hat, diese Mitteilungen zu machen.

---
70 Eingefügt durch Ziff. I des BG vom 19. Juni 2020, in Kraft seit 1. Jan. 2022 (AS 2020 4969; BBl 2017 5089).
71 Eingefügt durch Ziff. I des BG vom 19. Juni 2020, in Kraft seit 1. Jan. 2022 (AS 2020 4969; BBl 2017 5089).

Früherfassung

Art. 39a[72] ¹ Sofern kein überwiegendes Privatinteresse entgegensteht, dürfen zur Früherfassung Daten an die zuständige IV-Stelle bekannt gegeben werden nach Artikel 3*b* des Bundesgesetzes vom 19. Juni 1959[73] über die Invalidenversicherung (IVG).

² Es dürfen nur die Daten bekannt gegeben werden, welche für den in Frage stehenden Zweck erforderlich sind. Unter dieser Voraussetzung ist die Versicherungseinrichtung von ihrer Schweigepflicht entbunden.

³ Der Bundesrat regelt die Einzelheiten.

Inter- institutionelle Zusammenarbeit

Art. 39b[74] ¹ Sofern kein überwiegendes Privatinteresse entgegensteht, dürfen im Rahmen der interinstitutionellen Zusammenarbeit nach Artikel 68bis IVG[75] Daten bekannt gegeben werden an:
a. die IV-Stellen;
b. die privaten Versicherungseinrichtungen nach Artikel 68bis Absatz 1 Buchstabe b IVG;
c. die Einrichtungen der beruflichen Vorsorge nach Artikel 68bis Absatz 1 Buchstabe c IVG.

² Es dürfen nur die Daten bekannt gegeben werden, welche für den in Frage stehenden Zweck erforderlich sind. Unter dieser Voraussetzung ist die Versicherungseinrichtung von ihrer Schweigepflicht entbunden.

³ Die betroffene Person ist über die Datenbekanntgabe zu informieren.

Betrügerische Begründung des Versicherungsanspruches

Art. 40 Hat der Anspruchsberechtigte oder sein Vertreter Tatsachen, welche die Leistungspflicht des Versicherungsunternehmens ausschliessen oder mindern würden, zum Zwecke der Täuschung unrichtig mitgeteilt oder verschwiegen oder hat er die ihm nach Massgabe des Artikels 39 dieses Gesetzes obliegenden Mitteilungen zum Zwecke der Täuschung zu spät oder gar nicht gemacht, so ist das Versicherungsunternehmen gegenüber dem Anspruchsberechtigten an den Vertrag nicht gebunden.

Fälligkeit des Versicherungsanspruches

Art. 41 ¹ Die Forderung aus dem Versicherungsvertrage wird mit dem Ablaufe von vier Wochen, von dem Zeitpunkte an gerechnet, fällig, in dem das Versicherungsunternehmen Angaben erhalten hat,

---

72 Eingefügt durch Anhang Ziff. 1 des BG vom 6. Okt. 2006 (5. IV-Revision), in Kraft seit 1. Jan. 2008 (AS 2007 5129; BBl 2005 4459).
73 SR 831.20
74 Eingefügt durch Anhang Ziff. 1 des BG vom 6. Okt. 2006 (5. IV-Revision), in Kraft seit 1. Jan. 2008 (AS 2007 5129; BBl 2005 4459).
75 SR 831.20

aus denen es sich von der Richtigkeit des Anspruches überzeugen kann.

² Die Vertragsabrede, dass der Versicherungsanspruch erst nach Anerkennung durch das Versicherungsunternehmen oder nach rechtskräftiger Verurteilung des Versicherungsunternehmens fällig werde, ist ungültig.

Abschlagszahlungen

Art. 41a[76] ¹ Bestreitet das Versicherungsunternehmen seine Leistungspflicht, so kann die anspruchsberechtigte Person nach Ablauf der in Artikel 41 Absatz 1 genannten Frist Abschlagszahlungen bis zur Höhe des unbestrittenen Betrags verlangen.

² Gleiches gilt, wenn nicht geklärt ist, wie die Versicherungsleistung auf mehrere Anspruchsberechtigte aufgeteilt werden soll.

Teilschaden

Art. 42 ¹ Ist nur ein Teilschaden eingetreten und wird dafür Ersatz beansprucht, so ist das Versicherungsunternehmen wie der Versicherungsnehmer berechtigt, spätestens bei der Auszahlung der Entschädigung vom Vertrage zurückzutreten.

² Wird der Vertrag gekündigt, so erlischt die Haftung des Versicherungsunternehmens 14 Tage, nachdem der anderen Partei die Kündigung mitgeteilt wurde.[77]

³ Dem Versicherungsunternehmen bleibt der Anspruch auf die Prämie für die laufende Versicherungsperiode gewahrt, falls der Versicherungsnehmer den Vertrag während des auf den Vertragsabschluss folgenden Jahres kündigt.[78]

⁴ Tritt weder das Versicherungsunternehmen noch der Versicherungsnehmer vom Vertrage zurück, so haftet das Versicherungsunternehmen für die Folgezeit, wenn nichts anderes vereinbart ist, mit dem Restbetrage der Versicherungssumme.

8. Abschnitt: Weitere Bestimmungen[79]

Mitteilungen des Versicherungsunternehmens

Art. 43 Die Mitteilungen, die das Versicherungsunternehmen nach Massgabe dieses Gesetzes dem Versicherungsnehmer oder dem Anspruchsberechtigten zu machen hat, erfolgen gültig an die dem Versicherungsunternehmen bekannte letzte Adresse.

---

76 Eingefügt durch Ziff. I des BG vom 19. Juni 2020, in Kraft seit 1. Jan. 2022 (AS 2020 4969; BBl 2017 5089).
77 Fassung gemäss Ziff. I des BG vom 17. Dez. 2004, in Kraft seit 1. Jan. 2006 (AS 2005 5245; BBl 2003 3789).
78 Fassung gemäss Ziff. I des BG vom 17. Dez. 2004, in Kraft seit 1. Jan. 2006 (AS 2005 5245; BBl 2003 3789).
79 Eingefügt durch Ziff. I des BG vom 19. Juni 2020, in Kraft seit 1. Jan. 2022 (AS 2020 4969; BBl 2017 5089).

Mitteilungen des Versicherungsnehmers oder Anspruchsberechtigten; Meldestellen

Art. 44 [1] Das Versicherungsunternehmen ist verpflichtet, für alle Mitteilungen, die ihm nach Massgabe des Vertrags oder dieses Gesetzes gemacht werden müssen, mindestens eine inländische Meldestelle zu bezeichnen und dem Versicherungsnehmer sowie dem Anspruchsberechtigten, der seine Rechte beim Versicherungsunternehmen schriftlich oder in einer anderen Form, die den Nachweis durch Text ermöglicht, angemeldet hat, zur Kenntnis zu bringen.[80]

[2] Kommt das Versicherungsunternehmen diesen Verpflichtungen nicht nach, so treten die Folgen nicht ein, die nach Massgabe des Vertrages oder dieses Gesetzes für den Fall vorgesehen sind, dass eine Mitteilung gar nicht oder verspätet erstattet wird.

[3] Der Versicherungsnehmer oder der Anspruchsberechtigte kann die ihm obliegenden Mitteilungen, nach seiner Wahl, entweder der bezeichneten Meldestelle oder dem Versicherungsunternehmen direkt oder jedem Agenten des Versicherungsunternehmens erstatten. Durch Vereinbarung der Parteien kann die Befugnis des Agenten, für das Versicherungsunternehmen Mitteilungen entgegenzunehmen, ausgeschlossen werden.

Vertragsverletzung[81]

Art. 45 [1] Ist vereinbart worden, dass der Versicherungsnehmer oder der Anspruchsberechtigte wegen Verletzung einer Obliegenheit von einem Rechtsnachteil betroffen wird, so tritt dieser Nachteil nicht ein, wenn:
a. die Verletzung den Umständen nach als eine unverschuldete anzusehen ist; oder
b. der Versicherungsnehmer nachweist, dass die Verletzung keinen Einfluss auf den Eintritt des befürchteten Ereignisses und auf den Umfang der vom Versicherungsunternehmen geschuldeten Leistungen gehabt hat.[82]

[2] Die wegen Zahlungsunfähigkeit des Prämienschuldners versäumte Prämienzahlung gilt nicht als unverschuldet.

[3] Wo der Vertrag oder dieses Gesetz den Bestand eines Rechtes aus der Versicherung an die Beobachtung einer Frist knüpft, ist der Versicherungsnehmer oder der Anspruchsberechtigte befugt, die ohne Verschulden versäumte Handlung sofort nach Beseitigung des Hindernisses nachzuholen.

Verjährung und Befristung

Art. 46 [1] Die Forderungen aus dem Versicherungsvertrag verjähren unter Vorbehalt von Absatz 3 fünf Jahre nach Eintritt der Tatsache,

---

80 Fassung gemäss Ziff. I des BG vom 19. Juni 2020, in Kraft seit 1. Jan. 2022 (AS 2020 4969; BBl 2017 5089).
81 Fassung gemäss Ziff. I des BG vom 19. Juni 2020, in Kraft seit 1. Jan. 2022 (AS 2020 4969; BBl 2017 5089).
82 Fassung gemäss Ziff. I des BG vom 19. Juni 2020, in Kraft seit 1. Jan. 2022 (AS 2020 4969; BBl 2017 5089).

welche die Leistungspflicht begründet.[83] Artikel 41 des Bundesgesetzes vom 25. Juni 1982[84] über die berufliche Alters-, Hinterlassenen- und Invalidenvorsorge bleibt vorbehalten.[85]

[2] Vertragsabreden, die den Anspruch gegen das Versicherungsunternehmen einer kürzern Verjährung oder einer zeitlich kürzern Beschränkung unterwerfen, sind ungültig. Vorbehalten bleibt die Bestimmung des Artikels 39 Absatz 2 Ziffer 2 dieses Gesetzes.

[3] Die Forderungen aus dem Vertrag der kollektiven Krankentaggeld-Versicherung verjähren in zwei Jahren nach Eintritt der Tatsache, welche die Leistungspflicht begründet.[86]

Konkurs des Versicherungsnehmers

Art. 46a[87] [1] Wird über den Versicherungsnehmer der Konkurs eröffnet, so bleibt der Vertrag bestehen und die Konkursverwaltung ist zu dessen Erfüllung verpflichtet. Artikel 81 und die Vorschriften dieses Gesetzes über die Beendigung des Vertrags bleiben vorbehalten.

[2] Ansprüche und Leistungen aus der Versicherung von unpfändbaren Vermögenswerten nach Artikel 92 des Bundesgesetzes vom 11. April 1889[88] über Schuldbetreibung und Konkurs fallen nicht in die Konkursmasse.

Mehrfachversicherung

Art. 46b[89] [1] Wird dasselbe Interesse gegen dieselbe Gefahr und für dieselbe Zeit bei mehr als einem Versicherungsunternehmen dergestalt versichert, dass die Versicherungssummen zusammen den Versicherungswert übersteigen (Mehrfachversicherung), so ist der Versicherungsnehmer verpflichtet, dies allen Versicherungsunternehmen ohne Verzug schriftlich oder in einer anderen Form, die den Nachweis durch Text ermöglicht, zur Kenntnis zu bringen.

[2] Hat der Versicherungsnehmer beim Abschluss des später abgeschlossenen Vertrags keine Kenntnis vom Entstehen einer Mehrfachversicherung, so kann er diesen Vertrag innert vier Wochen seit der Entdeckung der Mehrfachversicherung schriftlich oder in einer anderen Form, die den Nachweis durch Text ermöglicht, kündigen.

[3] Hat der Versicherungsnehmer diese Anzeige absichtlich unterlassen oder die Mehrfachversicherung in der Absicht abgeschlossen, sich

---

83 Fassung gemäss Ziff. I des BG vom 19. Juni 2020, in Kraft seit 1. Jan. 2022 (AS 2020 4969; BBl 2017 5089).
84 SR 831.40
85 Fassung gemäss Ziff. 3 des Anhangs zum BG vom 25. Juni 1982 über die berufliche Alters-, Hinterlassenen- und Invalidenvorsorge, in Kraft seit 1. Jan. 1985 (AS 1983 797 827 Art. 1 Abs. 1; BBl 1976 I 149).
86 Eingefügt durch Ziff. I des BG vom 19. Juni 2020, in Kraft seit 1. Jan. 2022 (AS 2020 4969; BBl 2017 5089).
87 Eingefügt durch Ziff. 3 des Anhangs zum Versicherungsaufsichtsgesetz vom 23. Juni 1978 (AS 1978 1836; BBl 1976 II 873). Fassung gemäss Ziff. I des BG vom 19. Juni 2020, in Kraft seit 1. Jan. 2022 (AS 2020 4969; BBl 2017 5089).
88 SR 281.1
89 Eingefügt durch Ziff. I des BG vom 19. Juni 2020, in Kraft seit 1. Jan. 2022 (AS 2020 4969; BBl 2017 5089).

daraus einen rechtswidrigen Vermögensvorteil zu verschaffen, so sind die Versicherungsunternehmen gegenüber dem Versicherungsnehmer an den Vertrag nicht gebunden.

⁴ Jedes Versicherungsunternehmen hat auf die ganze vereinbarte Gegenleistung Anspruch.

Ersatzpflicht bei Mehrfachversicherung

Art. 46c[90] ¹ Bei Mehrfachversicherung haftet jedes Versicherungsunternehmen für den Schaden in dem Verhältnis, in dem seine Versicherungssumme zum Gesamtbetrag der Versicherungssummen steht.

² Ist eines der Versicherungsunternehmen zahlungsunfähig geworden, so haften, unter Vorbehalt der Bestimmung des Artikels 38c Absatz 2 dieses Gesetzes, die übrigen Versicherungsunternehmen in dem Verhältnis, in dem die von ihnen versicherten Summen zueinander stehen, bis auf die Höhe ihrer Versicherungssumme für den Anteil des zahlungsunfähigen Versicherungsunternehmens. Die Forderung, die dem Anspruchsberechtigten gegen dieses Versicherungsunternehmen zusteht, geht auf die Versicherungsunternehmen, die Ersatz geleistet haben, über.

³ Ist das befürchtete Ereignis eingetreten, so darf der Anspruchsberechtigte keine Versicherung zuungunsten der übrigen Versicherungsunternehmen aufheben oder abändern.

Stillschweigende Vertragserneuerung

Art. 47 Die Abrede, dass der Versicherungsvertrag mangels Kündigung als erneuert gelten soll, ist insoweit nichtig, als die Erneuerung für mehr als je ein Jahr ausbedungen wird.

AHV-Nummer[92]

Art. 47a[91] Dem VAG[93] unterstehende private Versicherungsunternehmen sind nur berechtigt, die AHV-Nummer nach den Bestimmungen des Bundesgesetzes vom 20. Dezember 1946[94] über die Alters- und Hinterlassenenversicherung für die Durchführung der privaten Zusatzversicherungen im Rahmen der Krankenversicherung oder der Unfallversicherung systematisch zu verwenden, wenn sie:
a. die in Artikel 12 Absatz 2 des Bundesgesetzes vom 18. März 1994[95] über die Krankenversicherung (KVG) vorgesehen

---

90 Eingefügt durch Ziff. I des BG vom 19. Juni 2020, in Kraft seit 1. Jan. 2022 (AS 2020 4969; BBl 2017 5089).
91 Eingefügt durch Anhang Ziff. 2 des BG vom 23. Juni 2006 (Neue AHV-Versichertennummer), in Kraft seit 1. Dez. 2007 (AS 2007 5259; BBl 2006 501).
92 Ausdruck gemäss Anhang Ziff. 4 des BG vom 18. Dez. 2020 (Systematische Verwendung der AHV-Nummer durch Behörden), in Kraft seit 1. Jan. 2022 (AS 2021 758; BBl 2019 7359). Diese Änd. wurde in den in der AS genannten Bestimmungen vorgenommen.
93 SR 961.01
94 SR 831.10
95 SR 832.10. Dieser Art. ist heute aufgehoben. Siehe seit dem 1. Jan. 2016: Art. 2 Abs. 2 des Krankenversicherungsaufsichtsgesetzes vom 26. Sept. 2014 (SR 832.12).

Zusatzversicherungen zur sozialen Krankenversicherung anbieten;

b. nach Artikel 68 Absatz 2 des Bundesgesetzes vom 20. März 1981[96] über die Unfallversicherung (UVG) im Register der UVG-Versicherer eingetragen sind und die Zusatzversicherungen zum UVG anbieten.

2. Kapitel: Besondere Bestimmungen[97]

1. Abschnitt: Sachversicherung[98]

Art. 48 und **49**[99]

Verminderung des Versicherungswertes

Art. 50 [1] Hat sich im Laufe der Versicherung der Versicherungswert wesentlich vermindert, so kann sowohl das Versicherungsunternehmen wie der Versicherungsnehmer die verhältnismässige Herabsetzung der Versicherungssumme verlangen.

[2] ...[100]

Überversicherung

Art. 51 Übersteigt die Versicherungssumme den Versicherungswert (Überversicherung), so ist das Versicherungsunternehmen gegenüber dem Versicherungsnehmer an den Vertrag nicht gebunden, wenn der Versicherungsnehmer den Vertrag in der Absicht abgeschlossen hat, sich aus der Überversicherung einen rechtswidrigen Vermögensvorteil zu verschaffen. Das Versicherungsunternehmen hat auf die ganze vereinbarte Gegenleistung Anspruch.

Versicherungssumme; Ersatzpflicht bei Unterversicherung

Art. 51a[101] [1] Soweit der Vertrag oder dieses Gesetz (Art. 38c) nichts anderes bestimmt, haftet das Versicherungsunternehmen für den Schaden nur bis auf die Höhe der Versicherungssumme.

[2] Erreicht die Versicherungssumme den Ersatzwert nicht (Unterversicherung), so ist der Schaden, wenn nichts anderes vereinbart ist, in dem Verhältnisse zu ersetzen, in dem die Versicherungssumme zum Ersatzwerte steht.

---

96 SR 832.20
97 Fassung gemäss Ziff. I des BG vom 19. Juni 2020, in Kraft seit 1. Jan. 2022 (AS 2020 4969; BBl 2017 5089).
98 Eingefügt durch Ziff. I des BG vom 19. Juni 2020, in Kraft seit 1. Jan. 2022 (AS 2020 4969; BBl 2017 5089).
99 Aufgehoben durch Ziff. I des BG vom 19. Juni 2020, mit Wirkung seit 1. Jan. 2022 (AS 2020 4969; BBl 2017 5089).
100 Aufgehoben durch Ziff. I des BG vom 19. Juni 2020, mit Wirkung seit 1. Jan. 2022 (AS 2020 4969; BBl 2017 5089).
101 Eingefügt durch Ziff. I des BG vom 19. Juni 2020, in Kraft seit 1. Jan. 2022 (AS 2020 4969; BBl 2017 5089).

Art. 52 und 53[102]

Handänderung

Art. 54[103] ¹ Wechselt der Gegenstand des Vertrages den Eigentümer, so gehen die Rechte und Pflichten aus dem Versicherungsvertrag auf den neuen Eigentümer über.

² Der neue Eigentümer kann den Übergang des Vertrags durch eine Erklärung schriftlich oder in einer anderen Form, die den Nachweis durch Text ermöglicht, bis spätestens 30 Tage nach der Handänderung ablehnen.[104]

³ Das Versicherungsunternehmen kann den Vertrag innert 14 Tagen nach Kenntnis des neuen Eigentümers schriftlich oder in einer anderen Form, die den Nachweis durch Text ermöglicht, kündigen.[105] Der Vertrag endet frühstens 30 Tage nach der Kündigung.

⁴ Ist mit der Handänderung eine Gefahrserhöhung verbunden, so gelten die Artikel 28–32 sinngemäss.

Art. 55[106]

Pfändung und Arrest

Art. 56 Ist eine versicherte Sache auf dem Wege der Schuldbetreibung gepfändet oder mit Arrest belegt worden, so kann das Versicherungsunternehmen, wenn es hiervon rechtzeitig benachrichtigt wird, die Ersatzleistung gültig nur an das Betreibungsamt ausrichten.

Pfandrecht an der versicherten Sache

Art. 57 ¹ Ist eine verpfändete Sache versichert, so erstreckt sich das Pfandrecht des Gläubigers sowohl auf den Versicherungsanspruch des Verpfänders als auch auf die aus der Entschädigung angeschafften Ersatzstücke.

² Ist das Pfandrecht beim Versicherungsunternehmen angemeldet worden, so darf das Versicherungsunternehmen die Entschädigung nur mit Zustimmung des Pfandgläubigers oder gegen Sicherstellung desselben an den Versicherten ausrichten.

Schadensermittlung

Art. 58[107] ¹ Das Versicherungsunternehmen sowohl als der Anspruchsberechtigte kann verlangen, dass der Schaden von den Parteien ohne Verzug festgestellt werde. Sind landwirtschaftliche Erzeugnisse nur teilweise vernichtet worden, insbesondere durch

---

102 Aufgehoben durch Ziff. I des BG vom 19. Juni 2020, mit Wirkung seit 1. Jan. 2022 (AS 2020 4969; BBl 2017 5089).
103 Fassung gemäss Ziff. I des BG vom 19. Dez. 2008, in Kraft seit 1. Juli 2009 (AS 2009 2799; BBl 2008 7693 7703).
104 Fassung gemäss Ziff. I des BG vom 19. Juni 2020, in Kraft seit 1. Jan. 2022 (AS 2020 4969; BBl 2017 5089).
105 Fassung gemäss Ziff. I des BG vom 19. Juni 2020, in Kraft seit 1. Jan. 2022 (AS 2020 4969; BBl 2017 5089).
106 Aufgehoben durch Ziff. I des BG vom 19. Juni 2020, mit Wirkung seit 1. Jan. 2022 (AS 2020 4969; BBl 2017 5089).
107 Ursprünglich: Art. 67

Hagelschlag, so ist auf Begehren der einen oder andern Partei die Abschätzung des Schadens bis zur Ernte aufzuschieben.

[2] Weigert sich eine Partei, bei der Feststellung des Schadens mitzuwirken, oder können sich die Parteien über die Grösse des entstandenen Schadens nicht einigen, so ist, vorbehältlich besonderer Vereinbarungen, der Schaden durch gerichtlich bestellte Sachverständige zu ermitteln.

[3] Das Versicherungsunternehmen geht dadurch, dass es bei der Feststellung des Schadens mitwirkt, der Einreden, die ihm gegen die Entschädigungsforderung des Anspruchsberechtigten zustehen, nicht verlustig.

[4] Die Vereinbarung, dass der Anspruchsberechtigte bei den Verhandlungen zur Feststellung des Schadens sich nicht verbeiständen lassen darf, ist ungültig.

[5] Die Kosten der Schadensermittlung tragen die Parteien zu gleichen Teilen.

2. Abschnitt: Haftpflichtversicherung[108]

Haftpflichtversicherung
a. Umfang

Art. 59[109] [1] Hat sich der Versicherungsnehmer gegen die Folgen der mit einem gewerblichen Betrieb verbundenen gesetzlichen Haftpflicht versichert, so erstreckt sich die Versicherung auch auf die Haftpflicht der Vertreter des Versicherungsnehmers sowie auf die Haftpflicht der mit der Leitung oder Beaufsichtigung des Betriebes betrauten Personen sowie aller weiteren Arbeitnehmenden des Betriebes.

[2] Die Versicherung deckt sowohl die Ersatzansprüche der Geschädigten als auch die Rückgriffsansprüche Dritter.

[3] Bei obligatorischen Haftpflichtversicherungen können geschädigten Personen gegenüber Einreden aus grobfahrlässiger oder vorsätzlicher Verursachung des versicherten Ereignisses, Verletzung von Obliegenheiten, unterbliebener Prämienzahlung oder einem vertraglich vereinbarten Selbstbehalt nicht entgegengehalten werden.

b. Gesetzliches Pfandrecht des geschädigten Dritten

Art. 60 [1] An dem Ersatzanspruche, der dem Versicherungsnehmer aus der Versicherung gegen die Folgen gesetzlicher Haftpflicht zusteht, besitzt der geschädigte Dritte im Umfange seiner Schadenersatzforderung Pfandrecht. Der Versicherer ist berechtigt, die Ersatzleistung direkt an den geschädigten Dritten auszurichten.

---

108 Eingefügt durch Ziff. I des BG vom 19. Juni 2020, in Kraft seit 1. Jan. 2022 (AS 2020 4969; BBl 2017 5089).
109 Fassung gemäss Ziff. I des BG vom 19. Juni 2020, in Kraft seit 1. Jan. 2022 (AS 2020 4969; BBl 2017 5089).

¹ᵇⁱˢ Dem geschädigten Dritten oder dessen Rechtsnachfolger steht im Rahmen einer allfällig bestehenden Versicherungsdeckung und unter Vorbehalt der Einwendungen und Einreden, die ihm das Versicherungsunternehmen aufgrund des Gesetzes oder des Vertrags entgegenhalten kann, ein direktes Forderungsrecht gegenüber dem Versicherungsunternehmen zu.[110]

² Das Versicherungsunternehmen ist für jede Handlung, durch die es den Dritten in seinem Rechte verkürzt, verantwortlich.

³ Der geschädigte Dritte kann in Fällen, in denen eine obligatorische Haftpflichtversicherung besteht, vom haftpflichtigen Versicherten oder von der zuständigen Aufsichtsbehörde die Nennung des Versicherungsunternehmens verlangen. Dieses hat Auskunft zu geben über Art und Umfang des Versicherungsschutzes.[111]

Art. 61–72[112]

3. Abschnitt: Lebensversicherung[113]

Rechtliche Natur der Police; Abtretung und Verpfändung

Art. 73 ¹ Der Anspruch aus einem Summenversicherungsvertrag kann weder durch Indossierung noch durch einfache Übergabe der Police abgetreten oder verpfändet werden. Abtretung und Verpfändung bedürfen zu ihrer Gültigkeit der schriftlichen Form und der Übergabe der Police sowie der schriftlichen Anzeige an das Versicherungsunternehmen.[114]

² Bestimmt die Police, dass das Versicherungsunternehmen an den Inhaber leisten darf, so ist das gutgläubige Versicherungsunternehmen befugt, jeden Inhaber als anspruchsberechtigt zu betrachten.

Versicherung auf fremdes Leben

Art. 74 ¹ Die Versicherung auf fremdes Leben ist ungültig, wenn nicht derjenige, auf dessen Tod die Versicherung gestellt ist, vor Abschluss des Vertrages schriftlich seine Zustimmung erteilt hat. Ist die Versicherung auf den Tod einer handlungsunfähigen Person gestellt, so ist die schriftliche Zustimmung des gesetzlichen Vertreters erforderlich.

² Der Versicherungsanspruch kann dagegen ohne Zustimmung des Dritten abgetreten werden.

---

110 Eingefügt durch Ziff. I des BG vom 19. Juni 2020, in Kraft seit 1. Jan. 2022 (AS 2020 4969; BBl 2017 5089).
111 Eingefügt durch Ziff. I des BG vom 19. Juni 2020, in Kraft seit 1. Jan. 2022 (AS 2020 4969; BBl 2017 5089).
112 Aufgehoben durch Ziff. I des BG vom 19. Juni 2020, mit Wirkung seit 1. Jan. 2022 (AS 2020 4969; BBl 2017 5089).
113 Fassung gemäss Ziff. I des BG vom 19. Juni 2020, in Kraft seit 1. Jan. 2022 (AS 2020 4969; BBl 2017 5089).
114 Fassung gemäss Ziff. I des BG vom 19. Juni 2020, in Kraft seit 1. Jan. 2022 (AS 2020 4969; BBl 2017 5089).

³ Der Vertrag kann verfügen, dass die Bestimmungen der Artikel 6 und 28 dieses Gesetzes auch dann zur Anwendung kommen, wenn derjenige, auf dessen Tod die Versicherung gestellt ist, die Anzeigepflicht verletzt oder die Gefahrserhöhung herbeigeführt hat.

Art. 75[115]

Versicherung zugunsten Dritter
a. Grundlage. Umfang der Begünstigung

Art. 76 ¹ Der Versicherungsnehmer ist befugt, ohne Zustimmung des Versicherungsunternehmens einen Dritten als Begünstigten zu bezeichnen.[116]

² Die Begünstigung kann sich auf den gesamten Versicherungsanspruch oder nur auf einen Teil desselben beziehen.

b. Verfügungsbefugnis des Versicherungsnehmers

Art. 77 ¹ Der Versicherungsnehmer kann auch dann, wenn ein Dritter als Begünstigter bezeichnet ist, über den Anspruch aus der Versicherung unter Lebenden und von Todes wegen frei verfügen.[117]

² Das Recht, die Begünstigung zu widerrufen, fällt nur dann dahin, wenn der Versicherungsnehmer in der Police auf den Widerruf unterschriftlich verzichtet und die Police dem Begünstigten übergeben hat.

c. Natur des dem Begünstigten zustehenden Rechtes

Art. 78 Die Begünstigung begründet, unter Vorbehalt von Verfügungen nach Artikel 77 Absatz 1 dieses Gesetzes, für den Begünstigten ein eigenes Recht auf den ihm zugewiesenen Versicherungsanspruch.

d. Gesetzliche Erlöschungsgründe

Art. 79 ¹ Die Begünstigung erlischt mit der Pfändung des Versicherungsanspruches und mit der Konkurseröffnung, über den Versicherungsnehmer. Sie lebt wieder auf, wenn die Pfändung dahinfällt oder der Konkurs widerrufen wird.

² Hat der Versicherungsnehmer auf das Recht, die Begünstigung zu widerrufen, verzichtet, so unterliegt der durch die Begünstigung begründete Versicherungsanspruch nicht der Zwangsvollstreckung zugunsten der Gläubiger des Versicherungsnehmers.

e. Ausschluss der betreibungs- und konkursrechtlichen Verwertung des Versicherungsanspruchs

Art. 80[118] Sind der Ehegatte, die eingetragene Partnerin, der eingetragene Partner oder Nachkommen des Versicherungsnehmers Begünstigte, so unterliegt, vorbehältlich allfälliger Pfandrechte, weder

---

115 Aufgehoben durch Ziff. I des BG vom 19. Juni 2020, mit Wirkung seit 1. Jan. 2022 (AS 2020 4969; BBl 2017 5089).
116 Siehe jedoch Art. 1 der V vom 1. März 1966 über die Aufhebung von Beschränkungen der Vertragsfreiheit in Versicherungsverträgen (SR 221.229.11).
117 Siehe jedoch Art. 1 der V vom 1. März 1966 über die Aufhebung von Beschränkungen der Vertragsfreiheit in Versicherungsverträgen (SR 221.229.11).
118 Fassung gemäss Anhang Ziff. 13 des Partnerschaftsgesetzes vom 18. Juni 2004, in Kraft seit 1. Jan. 2007 (AS 2005 5685; BBl 2003 1288).

der Versicherungsanspruch des Begünstigten noch derjenige des Versicherungsnehmers der Zwangsvollstreckung zugunsten der Gläubiger des Versicherungsnehmers.

f. Eintrittsrecht[119]

Art. 81 ¹ Sind der Ehegatte, die eingetragene Partnerin, der eingetragene Partner oder Nachkommen des Versicherungsnehmers Begünstigte aus einem Lebensversicherungsvertrag, so treten sie, sofern sie es nicht ausdrücklich ablehnen, im Zeitpunkt, in dem gegen den Versicherungsnehmer ein Verlustschein vorliegt oder über ihn der Konkurs eröffnet wird, an seiner Stelle in die Rechte und Pflichten aus dem Versicherungsvertrag ein.[120]

² Die Begünstigten sind verpflichtet, den Übergang der Versicherung durch Vorlage einer Bescheinigung des Betreibungsamtes oder der Konkursverwaltung dem Versicherungsunternehmen anzuzeigen. Sind mehrere Begünstigte vorhanden, so müssen sie einen Vertreter bezeichnen, der die dem Versicherungsunternehmen obliegenden Mitteilungen entgegenzunehmen hat.

g. Vorbehalt der Anfechtungsklage

Art. 82 Gegenüber den Bestimmungen dieses Gesetzes über die Versicherung zugunsten Dritter werden die Vorschriften der Artikel 285 ff. des Bundesgesetzes vom 11. April 1889[121] über Schuldbetreibung und Konkurs vorbehalten.

h. Auslegung der Begünstigungsklauseln
aa. Hinsichtlich der begünstigten Personen

Art. 83 ¹ Sind als Begünstigte die Kinder einer bestimmten Person bezeichnet, so werden darunter die erbberechtigten Nachkommen derselben verstanden.

² Unter dem Ehegatten ist der überlebende Ehegatte zu verstehen.

²bis Unter der eingetragenen Partnerin oder dem eingetragenen Partner ist die überlebende eingetragene Partnerin oder der überlebende eingetragene Partner zu verstehen.[122]

³ Unter den Hinterlassenen, Erben oder Rechtsnachfolgern sind die erbberechtigten Nachkommen und der überlebende Ehegatte oder die überlebende eingetragene Partnerin beziehungsweise der überlebende eingetragene Partner zu verstehen; sind keine dieser Perso-

---

119 Fassung gemäss Anhang Ziff. 13 des Partnerschaftsgesetzes vom 18. Juni 2004, in Kraft seit 1. Jan. 2007 (AS 2005 5685; BBl 2003 1288).
120 Fassung gemäss Anhang Ziff. 13 des Partnerschaftsgesetzes vom 18. Juni 2004, in Kraft seit 1. Jan. 2007 (AS 2005 5685; BBl 2003 1288).
121 SR 281.1
122 Eingefügt durch Anhang Ziff. 13 des Partnerschaftsgesetzes vom 18. Juni 2004, in Kraft seit 1. Jan. 2007 (AS 2005 5685; BBl 2003 1288).

nen vorhanden, so sind darunter die anderen Personen zu verstehen, denen ein Erbrecht am Nachlass zusteht.[123]

bb. Hinsichtlich der Anteile

Art. 84 [1] Fällt der Versicherungsanspruch den erbberechtigten Nachkommen und dem überlebenden Ehegatten oder der überlebenden eingetragenen Partnerin oder dem überlebenden eingetragenen Partner als Begünstigten zu, so erhalten der Ehegatte, die Partnerin oder der Partner die Hälfte der Versicherungssumme und die Nachkommen nach Massgabe ihrer Erbberechtigung die andere Hälfte.[124]

[2] Sind andere Erben als Begünstigte bezeichnet, so fällt ihnen der Versicherungsanspruch nach Massgabe ihrer Erbberechtigung zu.

[3] Sind mehrere nicht erbberechtigte Personen ohne nähere Bestimmung ihrer Teile als Begünstige bezeichnet, so fällt ihnen der Versicherungsanspruch zu gleichen Teilen zu.

[4] Fällt ein Begünstigter weg, so wächst sein Anteil den übrigen Begünstigten zu gleichen Teilen an.

i. Ausschlagung der Erbschaft

Art. 85[125] Sind erbberechtigte Nachkommen, ein Ehegatte, eine eingetragene Partnerin, ein eingetragener Partner, Eltern, Grosseltern oder Geschwister die Begünstigten, so fällt ihnen der Versicherungsanspruch zu, auch wenn sie die Erbschaft nicht antreten.

Betreibungs- und konkursrechtliche Verwertung des Versicherungsanspruchs

Art. 86[126] [1] Unterliegt der Anspruch aus einem Lebensversicherungsvertrag, den der Schuldner auf sein eigenes Leben abgeschlossen hat, der betreibungs- oder konkursrechtlichen Verwertung, so können der Ehegatte, die eingetragene Partnerin, der eingetragene Partner oder die Nachkommen des Schuldners mit dessen Zustimmung verlangen, dass der Versicherungsanspruch ihnen gegen Erstattung des Rückkaufspreises übertragen wird.

[2] Ist ein solcher Versicherungsanspruch verpfändet und soll er betreibungs- oder konkursrechtlich verwertet werden, so können der Ehegatte, die eingetragene Partnerin, der eingetragene Partner oder die Nachkommen des Schuldners mit dessen Zustimmung verlangen, dass der Versicherungsanspruch ihnen gegen Bezahlung der pfandversicherten Forderung oder, wenn diese kleiner ist als der Rückkaufspreis, gegen Bezahlung dieses Preises übertragen wird.

---

123 Fassung gemäss Anhang Ziff. 13 des Partnerschaftsgesetzes vom 18. Juni 2004, in Kraft seit 1. Jan. 2007 (AS 2005 5685; BBl 2003 1288).
124 Fassung gemäss Anhang Ziff. 13 des Partnerschaftsgesetzes vom 18. Juni 2004, in Kraft seit 1. Jan. 2007 (AS 2005 5685; BBl 2003 1288).
125 Fassung gemäss Anhang Ziff. 13 des Partnerschaftsgesetzes vom 18. Juni 2004, in Kraft seit 1. Jan. 2007 (AS 2005 5685; BBl 2003 1288).
126 Fassung gemäss Anhang Ziff. 13 des Partnerschaftsgesetzes vom 18. Juni 2004, in Kraft seit 1. Jan. 2007 (AS 2005 5685; BBl 2003 1288).

³ Der Ehegatte, die eingetragene Partnerin, der eingetragene Partner oder die Nachkommen müssen ihr Begehren vor der Verwertung der Forderung bei dem Betreibungsamt oder der Konkursverwaltung geltend machen.

Art. 87 und 88[127]

Lebensversicherung; Vorzeitige Beendigung

Art. 89[128] Der Versicherungsnehmer kann den Vertrag unabhängig von der vereinbarten Dauer nach Ablauf eines Jahres schriftlich oder in einer anderen Form, die den Nachweis durch Text ermöglicht, kündigen.

Art. 89a[129]

Umwandlung und Rückkauf
a. Im Allgemeinen

Art. 90[130] ¹ Hat die Versicherung einen Umwandlungswert, so kann der Versicherungsnehmer verlangen, dass sie ganz oder teilweise in eine prämienfreie Versicherung umgewandelt wird. Der Vertrag kann dafür einen Mindestwert vorsehen.

² Unterschreitet der Umwandlungswert den vorgesehenen Mindestwert, so richtet das Versicherungsunternehmen dem Versicherungsnehmer den Rückkaufswert aus.

³ Ist bei einer Versicherung der Eintritt des befürchteten Ereignisses gewiss und hat die Versicherung bei ganzer oder teilweiser Beendigung des Vertrags einen Rückkaufswert, so kann der Versicherungsnehmer dessen Auszahlung verlangen.

b. Feststellung der Abfindungswerte

Art. 91 ¹ Das Versicherungsunternehmen hat die Grundlagen zur Ermittlung des Umwandlungswertes und des Rückkaufswertes der Versicherung festzustellen.

² Die Bestimmungen über Umwandlung und Rückkauf sind in die allgemeinen Versicherungsbedingungen aufzunehmen.

³ Die Eidgenössische Finanzmarktaufsicht (FINMA) entscheidet, ob die vorgesehenen Abfindungswerte angemessen sind.[131]

---

127 Aufgehoben durch Ziff. I des BG vom 19. Juni 2020, mit Wirkung seit 1. Jan. 2022 (AS 2020 4969; BBl 2017 5089).
128 Fassung gemäss Ziff. I des BG vom 19. Juni 2020, in Kraft seit 1. Jan. 2022 (AS 2020 4969; BBl 2017 5089).
129 Eingefügt durch Ziff. I des BG vom 18. Juni 1993 (AS 1993 3175; BBl 1993 I 805). Aufgehoben durch Ziff. I des BG vom 19. Juni 2020, mit Wirkung seit 1. Jan. 2022 (AS 2020 4969; BBl 2017 5089).
130 Fassung gemäss Ziff. I des BG vom 19. Juni 2020, in Kraft seit 1. Jan. 2022 (AS 2020 4969; BBl 2017 5089).
131 Fassung gemäss Anhang Ziff. 7 des Finanzmarktaufsichtsgesetzes vom 22. Juni 2007, in Kraft seit 1. Jan. 2009 (AS 2008 5207; BBl 2006 2829).

Versicherungsvertragsgesetz   Art. 95 **VVG** | 15

c. Obliegenheiten des Versicherungsunternehmens; Nachprüfung durch die FINMA; Fälligkeit der Rückkaufsforderung[132]

Art. 92 [1] Das Versicherungsunternehmen ist verpflichtet, auf Anfrage des Anspruchsberechtigten binnen vier Wochen den Umwandlungswert oder den Rückkaufswert der Versicherung zu berechnen und dem Anspruchsberechtigten mitzuteilen. Das Versicherungsunternehmen muss, wenn der Anspruchsberechtigte es verlangt, überdies diejenigen Angaben machen, die zur Ermittlung des Umwandlungswertes oder des Rückkaufswertes für Sachverständige erforderlich sind.

[2] Die FINMA hat auf Ersuchen des Anspruchsberechtigten die vom Versicherungsunternehmen festgestellten Werte unentgeltlich auf ihre Richtigkeit hin zu prüfen.[133]

[3] Stellt der Anspruchsberechtigte das Rückkaufsbegehren, so wird die Rückkaufsforderung nach drei Monaten, vom Eintreffen des Begehrens an gerechnet, fällig.

d. Unverfallbarkeit

Art. 93 [1] Unterbleibt die Prämienzahlung, nachdem die Versicherung mindestens drei Jahre in Kraft bestanden hat, so wird der Umwandlungswert der Versicherung geschuldet. Das Versicherungsunternehmen hat den Umwandlungswert und, wenn die Versicherung rückkaufsfähig ist, auch den Rückkaufswert nach Massgabe dieses Gesetzes festzustellen und dem Anspruchsberechtigten auf dessen Begehren mitzuteilen.

[2] Ist die Versicherung rückkaufsfähig, so kann der Anspruchsberechtigte binnen sechs Wochen, vom Empfange dieser Mitteilung an gerechnet, an Stelle der Umwandlung den Rückkaufswert der Versicherung verlangen.

e. Umwandlung und Rückkauf von Anteilen am Geschäftsergebnis

Art. 94 Die Vorschriften dieses Gesetzes über die Umwandlung und den Rückkauf der Lebensversicherung gelten auch für solche Leistungen, die das Versicherungsunternehmen aus angefallenen Anteilen am Geschäftsergebnis dem Anspruchsberechtigten in Form der Erhöhung der Versicherungsleistungen gewährt hat.

Art. 94a[134]

Pfandrecht des Versicherungsunternehmens; Liquidation

Art. 95[135] Hat der Anspruchsberechtigte den Anspruch aus dem Lebensversicherungsvertrag dem Versicherungsunternehmen verpfän-

---

132 Fassung gemäss Anhang Ziff. 7 des Finanzmarktaufsichtsgesetzes vom 22. Juni 2007, in Kraft seit 1. Jan. 2009 (AS 2008 5207; BBl 2006 2829).
133 Fassung gemäss Anhang Ziff. 7 des Finanzmarktaufsichtsgesetzes vom 22. Juni 2007, in Kraft seit 1. Jan. 2009 (AS 2008 5207; BBl 2006 2829).
134 Eingefügt durch Ziff. I des BG vom 18. Juni 1993 (AS 1993 3175; BBl 1993 I 805). Aufgehoben durch Ziff. I des BG vom 17. Dez. 2004, mit Wirkung seit 1. Jan. 2006 (AS 2005 5245; BBl 2003 3789).
135 Fassung gemäss Ziff. I des BG vom 19. Juni 2020, in Kraft seit 1. Jan. 2022 (AS 2020 4969; BBl 2017 5089).

det, so ist das Versicherungsunternehmen berechtigt, seine Forderung mit dem Rückkaufswert der Versicherung zu verrechnen, nachdem es unter Androhung der Säumnisfolgen den Schuldner ohne Erfolg schriftlich oder in einer anderen Form, die den Nachweis durch Text ermöglicht, aufgefordert hat, binnen sechs Monaten, vom Empfang der Aufforderung an gerechnet, die Schuld zu bezahlen.

4. Abschnitt:[136] Unfall- und Krankenversicherung

Kollektive Unfall- und Krankenversicherung; Forderungsrecht des Begünstigten

Art. 95a Aus der kollektiven Unfall- oder Krankenversicherung steht demjenigen, zu dessen Gunsten die Versicherung abgeschlossen worden ist, mit dem Eintritt des Unfalls oder der Krankheit ein selbständiges Forderungsrecht gegen das Versicherungsunternehmen zu.

Unfallversicherung; Invaliditätsentschädigung

Art. 95b [1] Wird infolge eines Unfalles die Erwerbsfähigkeit des Versicherten voraussichtlich bleibend beeinträchtigt, so ist die Entschädigung, sobald die voraussichtlich dauernden Unfallfolgen feststehen, auf Grundlage der für den Fall der Invalidität versicherten Summe in Form der Kapitalabfindung auszurichten. Diese Bestimmung findet keine Anwendung, wenn der Versicherungsnehmer die Entschädigung ausdrücklich in Form der Rentenabfindung beantragt hat.

[2] Der Vertrag kann bestimmen, dass Zwischenrenten gewährt und von der Entschädigung in Abzug gebracht werden.

5. Abschnitt: Koordination[137]

Regressrecht des Versicherungsunternehmens

Art. 95c[138] [1] Leistungen aus Schadenversicherungen sind nicht mit anderen schadenausgleichenden Leistungen kumulierbar.

[2] Im Umfang und zum Zeitpunkt seiner Leistung tritt das Versicherungsunternehmen für die von ihm gedeckten gleichartigen Schadensposten in die Rechte des Versicherten ein.

[3] Absatz 2 findet keine Anwendung, wenn der Schaden durch eine Person, die in einer engen Beziehung zum Versicherten steht, leichtfahrlässig herbeigeführt worden ist. In einer engen Beziehung stehen namentlich Personen, die:
a. in einer häuslichen Gemeinschaft leben;
b. in einem Arbeitsverhältnis mit dem Versicherten stehen;
c. ermächtigt sind, die versicherte Sache zu nutzen.

---

136 Eingefügt durch Ziff. I des BG vom 19. Juni 2020, in Kraft seit 1. Jan. 2022 (AS 2020 4969; BBl 2017 5089).
137 Eingefügt durch Ziff. I des BG vom 19. Juni 2020, in Kraft seit 1. Jan. 2022 (AS 2020 4969; BBl 2017 5089).
138 Eingefügt durch Ziff. I des BG vom 19. Juni 2020, in Kraft seit 1. Jan. 2022 (AS 2020 4969; BBl 2017 5089).

Ausschluss des Regressrechtes des Versicherungsunternehmens

Art. 96[139] In der Summenversicherung gehen die Ansprüche, die dem Anspruchsberechtigten infolge Eintritts des befürchteten Ereignisses gegenüber Dritten zustehen, nicht auf das Versicherungsunternehmen über.

3. Kapitel: Zwingende Bestimmungen[140]

Vorschriften, die nicht abgeändert werden dürfen

Art. 97[141] Folgende Vorschriften dieses Gesetzes dürfen durch Vertragsabrede nicht geändert werden: die Artikel 10 Absatz 2, 13, 24, 35*b*, 35*c*, 41 Absatz 2, 46*a*, 46*b* Absätze 1 und 2, 46*c* Absatz 1, 47, 51, 58 Absatz 4, 60, 73, 74 Absatz 1 sowie 95*c* Absätze 1 und 2.

Vorschriften, die nicht zuungunsten des Versicherungsnehmers oder des Anspruchsberechtigten abgeändert werden dürfen

Art. 98[142] Die folgenden Vorschriften dieses Gesetzes dürfen durch Vertragsabrede nicht zuungunsten des Versicherungsnehmers oder des Anspruchsberechtigten geändert werden: die Artikel 1–3*a*, 6, 9, 11, 14 Absatz 4, 15, 20, 21, 28, 28*a*, 29 Absatz 2, 30, 32, 34, 35*a*, 38*c* Absatz 2, 39 Absatz 2 Ziffer 2 zweiter Satz, 41*a*, 42 Absätze 1–3, 44–46, 54, 56, 57, 59, 76 Absatz 1, 77 Absatz 1, 89, 90–95*a*, 95*b* Absatz 1, 95*c* Absatz 3 und 96.

Ausnahmen

Art. 98a[143] ¹ Die Artikel 97 und 98 gelten nicht bei:
a. Kredit- oder Kautionsversicherungen, soweit es sich um Versicherungen von beruflichen oder gewerblichen Risiken handelt, und bei Transportversicherungen;
b. Versicherungen mit professionellen Versicherungsnehmern.

² Als professionelle Versicherungsnehmer gelten:
a. Vorsorgeeinrichtungen und Einrichtungen, die der beruflichen Vorsorge dienen;
b. Finanzintermediäre nach dem Bankengesetz vom 8. November 1934[144] und dem Kollektivanlagengesetz vom 23. Juni 2006[145];
c. Versicherungsunternehmen nach dem VAG[146];
d. ausländische Versicherungsnehmer, die einer gleichwertigen prudenziellen Aufsicht unterstehen wie die Personen nach den Buchstaben a–c;

---
139 Fassung gemäss Ziff. I des BG vom 19. Juni 2020, in Kraft seit 1. Jan. 2022 (AS 2020 4969; BBl 2017 5089).
140 Fassung gemäss Ziff. I des BG vom 19. Juni 2020, in Kraft seit 1. Jan. 2022 (AS 2020 4969; BBl 2017 5089).
141 Fassung gemäss Ziff. I des BG vom 19. Juni 2020, in Kraft seit 1. Jan. 2022 (AS 2020 4969; BBl 2017 5089).
142 Fassung gemäss Ziff. I des BG vom 19. Juni 2020, in Kraft seit 1. Jan. 2022 (AS 2020 4969; BBl 2017 5089).
143 Eingefügt durch Ziff. I des BG vom 19. Juni 2020, in Kraft seit 1. Jan. 2022 (AS 2020 4969; BBl 2017 5089).
144 SR 952.0
145 SR 951.31
146 SR 961.01

e. öffentlich-rechtliche Körperschaften, öffentlich-rechtliche Anstalten und öffentlich-rechtliche Stiftungen mit professionellem Risikomanagement;
f. Unternehmen mit professionellem Risikomanagement;
g. Unternehmen, die zwei der drei folgenden Grössen überschreiten:
  1. Bilanzsumme: 20 Millionen Franken,
  2. Nettoumsatz: 40 Millionen Franken,
  3. Eigenkapital: 2 Millionen Franken.

³ Gehört der Versicherungsnehmer zu einer Unternehmensgruppe, für die eine konsolidierte Jahresrechnung (Konzernrechnung) erstellt wird, so werden die Grössen nach Absatz 2 Buchstabe g auf die Konzernrechnung angewandt.

⁴ Die Reiseversicherung gilt nicht als Transportversicherung im Sinne von Absatz 1.

Verordnungsrecht des Bundesrates

Art. 99 Der Bundesrat kann durch Verordnung verfügen, dass die in Artikel 98 dieses Gesetzes festgestellten Beschränkungen der Vertragsfreiheit bei einzelnen Versicherungsarten soweit ausser Kraft treten, als die Eigenart oder die besondern Verhältnisse einer Versicherungsart es erfordern.

4. Kapitel: Schlussbestimmungen[147]

Verhältnis zum Obligationenrechte

Art. 100 ¹ Soweit dieses Gesetz keine Vorschriften enthält, finden auf den Versicherungsvertrag die Bestimmungen des Obligationenrechtes Anwendung.

² Für Versicherungsnehmer und Versicherte, die nach Artikel 10 des Arbeitslosenversicherungsgesetzes vom 25. Juni 1982[148] als arbeitslos gelten, sind überdies die Artikel 71 Absätze 1 und 2 und 73 KVG[149] sinngemäss anwendbar.[150]

Nicht unter das Gesetz fallende Rechtsverhältnisse

Art. 101[151] ¹ Dieses Gesetz findet keine Anwendung:
1. auf Rückversicherungsverträge;
2.[152] auf die privaten Rechtsverhältnisse zwischen den der Versicherungsaufsicht nicht unterstellten Versicherungsunternehmen

---

147 Fassung gemäss Ziff. I des BG vom 19. Juni 2020, in Kraft seit 1. Jan. 2022 (AS 2020 4969; BBl 2017 5089).
148 SR 837.0
149 SR 832.10
150 Eingefügt durch Art. 115 des Arbeitslosenversicherungsgesetzes (AS 1982 2184, 1983 1204; BBl 1980 III 489). Fassung gemäss Ziff. I des BG vom 17. Dez. 2004, in Kraft seit 1. Jan. 2006 (AS 2005 5245; BBl 2003 3789).
151 Fassung gemäss Ziff. 3 des Anhangs zum Versicherungsaufsichtsgesetz vom 23. Juni 1978, in Kraft seit 1. Jan. 1979 (AS 1978 1836; BBl 1976 II 873).
152 Fassung gemäss Ziff. I des BG vom 17. Dez. 2004, in Kraft seit 1. Jan. 2006 (AS 2005 5245; BBl 2003 3789).

(Art. 2 Abs. 2 VAG[153]) und ihren Versicherten, mit Ausnahme der Rechtsverhältnisse, für deren Durchführung diese Versicherungsunternehmen der Versicherungsaufsicht unterstellt sind.

² Für diese Rechtsverhältnisse gilt das Obligationenrecht[154].

Art. 101a–101c[155]

Art. 102[156]

Aufhebung bestehender Vorschriften

Art. 103 ¹ ...[157]

² Indessen werden durch dieses Gesetz die kantonalen Vorschriften über Versicherungsverhältnisse, die bei den von den Kantonen organisierten Versicherungsanstalten entstehen, nicht berührt.

Übergangsbestimmung zur Änderung vom 19. Juni 2020

Art. 103a[158] Für Verträge, die vor dem Inkrafttreten der Änderung vom 19. Juni 2020 abgeschlossen worden sind, gelten folgende Bestimmungen des neuen Rechts:

a. die Formvorschriften;
b. das Kündigungsrecht nach den Artikeln 35*a* und 35*b*.

Inkrafttreten des Gesetzes

Art. 104 Der Bundesrat wird beauftragt, auf Grundlage der Bestimmungen des Bundesgesetzes vom 17. Juni 1874[159] betreffend Volksabstimmung über Bundesgesetze und Bundesbeschlüsse, dieses Gesetz bekannt zu machen und den Beginn seiner Wirksamkeit festzusetzen.

Datum des Inkrafttretens: 1. Januar 1910[160]

---

153 SR 961.01
154 SR 220
155 Eingefügt durch Ziff. I des BG vom 18. Juni 1993 (AS 1993 3175; BBl 1993 I 805). Aufgehoben durch Ziff. I des BG vom 19. Juni 2020, mit Wirkung seit 1. Jan. 2022 (AS 2020 4969; BBl 2017 5089).
156 Aufgehoben durch Ziff. I des BG vom 19. Juni 2020, mit Wirkung seit 1. Jan. 2022 (AS 2020 4969; BBl 2017 5089).
157 Aufgehoben durch Ziff. I des BG vom 19. Juni 2020, mit Wirkung seit 1. Jan. 2022 (AS 2020 4969; BBl 2017 5089).
158 Eingefügt durch Ziff. I des BG vom 19. Juni 2020, in Kraft seit 1. Jan. 2022 (AS 2020 4969; 2021 357; BBl 2017 5089).
159 [BS 1 173; AS 1962 789 Art. 11 Abs. 3. AS 1978 688 Art. 89 Bst. b]
160 BRB vom 17. Juli 1908 (AS 24 756).

16. Bundesgesetz über Fusion, Spaltung, Umwandlung und Vermögensübertragung
(Fusionsgesetz, FusG)

vom 3. Oktober 2003

Die Bundesversammlung der Schweizerischen Eidgenossenschaft,
gestützt auf Artikel 122 Absatz 1 der Bundesverfassung[1],
nach Einsicht in die Botschaft des Bundesrates vom 13. Juni 2000[2],
beschliesst:

1. Kapitel: Gegenstand und Begriffe

Art. 1 Gegenstand

[1] Dieses Gesetz regelt die Anpassung der rechtlichen Strukturen von Kapitalgesellschaften, Kollektiv- und Kommanditgesellschaften, Genossenschaften, Vereinen, Stiftungen und Einzelunternehmen im Zusammenhang mit Fusion, Spaltung, Umwandlung und Vermögensübertragung.[3]

[2] Es gewährleistet dabei die Rechtssicherheit und Transparenz und schützt Gläubigerinnen und Gläubiger, Arbeitnehmerinnen und Arbeitnehmer sowie Personen mit Minderheitsbeteiligungen.

[3] Ferner legt es die privatrechtlichen Voraussetzungen fest, unter welchen Institute des öffentlichen Rechts mit privatrechtlichen Rechtsträgern fusionieren, sich in privatrechtliche Rechtsträger umwandeln oder sich an Vermögensübertragungen beteiligen können.

[4] Die Vorschriften des Kartellgesetzes vom 6. Oktober 1995[4] betreffend die Beurteilung von Unternehmenszusammenschlüssen bleiben vorbehalten.

SR 221.301. AS 2004 2617
1 SR 101
2 BBl 2000 4337
3 Fassung gemäss Anhang Ziff. 2 des BG vom 16. Dez. 2005 (GmbH-Recht sowie Anpassungen im Aktien-, Genossenschafts-, Handelsregister- und Firmenrecht), in Kraft seit 1. Jan. 2008 (AS 2007 4791; BBl 2002 3148, 2004 3969).
4 SR 251

Art. 2 Begriffe

In diesem Gesetz gelten als:

a.[5] *Rechtsträger:* Gesellschaften, Stiftungen, im Handelsregister eingetragene Einzelunternehmen, Kommanditgesellschaften für kollektive Kapitalanlagen, Investmentgesellschaften mit variablem Kapital und Institute des öffentlichen Rechts;

b. *Gesellschaften:* Kapitalgesellschaften, Kollektiv- und Kommanditgesellschaften, Vereine und Genossenschaften, sofern es sich nicht um Vorsorgeeinrichtungen gemäss Buchstabe i handelt;

c. *Kapitalgesellschaften:* Aktiengesellschaften, Kommanditaktiengesellschaften und Gesellschaften mit beschränkter Haftung;

d. *Institute des öffentlichen Rechts:* im Handelsregister eingetragene, organisatorisch verselbständigte Einrichtungen des öffentlichen Rechts des Bundes, der Kantone und der Gemeinden, unabhängig davon, ob sie als juristische Person ausgestaltet sind oder nicht;

e. *kleine und mittlere Unternehmen:* Gesellschaften, die keine Anleihensobligationen ausstehend haben, deren Anteile nicht an der Börse kotiert sind und die überdies zwei der nachfolgenden Grössen nicht in den zwei letzten dem Fusions-, dem Spaltungs- oder dem Umwandlungsbeschluss vorangegangenen Geschäftsjahren überschreiten:
  1. Bilanzsumme von 20 Millionen Franken,
  2. Umsatzerlös von 40 Millionen Franken,
  3.[6] 250 Vollzeitstellen im Jahresdurchschnitt;

f. *Gesellschafterinnen und Gesellschafter:* Anteilsinhaberinnen und -inhaber, Gesellschafterinnen und Gesellschafter in der Kollektiv- und der Kommanditgesellschaft, Genossenschafterinnen und Genossenschafter ohne Anteilscheine, Mitglieder im Verein;

g. *Anteilsinhaberinnen und -inhaber:* Inhaberinnen und Inhaber von Aktien, Partizipationsscheinen oder Genussscheinen, Gesellschafterinnen und Gesellschafter von Gesellschaften mit beschränkter Haftung, Genossenschafterinnen und Genossenschafter mit Anteilscheinen;

h. *Generalversammlung:* die Generalversammlung in der Aktiengesellschaft, der Kommanditaktiengesellschaft und in der Genossenschaft; die Gesellschafterversammlung in der Gesellschaft mit beschränkter Haftung; die Versammlung der Mitglieder im Verein; die Delegiertenversammlung, soweit diese in der Genossenschaft oder im Verein nach den Statuten zuständig ist;

---

5 Fassung gemäss Anhang Ziff. II 1 des Kollektivanlagengesetzes vom 23. Juni 2006, in Kraft seit 1. Jan. 2007 (AS 2006 5379; BBl 2005 6395).
6 Fassung gemäss Anhang Ziff. 2 des BG vom 23. Dez. 2011 (Rechnungslegungsrecht), in Kraft seit 1. Jan. 2013 (AS 2012 6679; BBl 2008 1589).

i. *Vorsorgeeinrichtungen:* Einrichtungen, die der Aufsicht gemäss Artikel 61 ff. des Bundesgesetzes vom 25. Juni 1982[7] über die berufliche Alters-, Hinterbliebenen- und Invalidenvorsorge (BVG) unterstellt sind und die als juristische Person ausgestaltet sind.

2. Kapitel: Fusion von Gesellschaften

1. Abschnitt: Allgemeine Bestimmungen

Art. 3 Grundsatz

[1] Gesellschaften können fusionieren, indem:
a. die eine die andere übernimmt (Absorptionsfusion);
b. sie sich zu einer neuen Gesellschaft zusammenschliessen (Kombinationsfusion).

[2] Mit der Fusion wird die übertragende Gesellschaft aufgelöst und im Handelsregister gelöscht.

Art. 4 Zulässige Fusionen

[1] Kapitalgesellschaften können fusionieren:
a. mit Kapitalgesellschaften;
b. mit Genossenschaften;
c. als übernehmende Gesellschaften mit Kollektiv- und Kommanditgesellschaften;
d. als übernehmende Gesellschaften mit Vereinen, die im Handelsregister eingetragen sind.

[2] Kollektiv- und Kommanditgesellschaften können fusionieren:
a. mit Kollektiv- und Kommanditgesellschaften;
b. als übertragende Gesellschaften mit Kapitalgesellschaften;
c. als übertragende Gesellschaften mit Genossenschaften.

[3] Genossenschaften können fusionieren:
a. mit Genossenschaften;
b. mit Kapitalgesellschaften;
c. als übernehmende Gesellschaften mit Kollektiv- und Kommanditgesellschaften;
d. als übernehmende Gesellschaften mit Vereinen, die im Handelsregister eingetragen sind;
e. falls keine Anteilscheine bestehen, als übertragende Gesellschaften mit Vereinen, die im Handelsregister eingetragen sind.

[4] Vereine können mit Vereinen fusionieren. Im Handelsregister eingetragene Vereine können überdies fusionieren:

---

[7] SR 831.40

a. als übertragende Gesellschaften mit Kapitalgesellschaften;
b. als übertragende Gesellschaften mit Genossenschaften;
c. als übernehmende Gesellschaften mit Genossenschaften ohne Anteilscheine.

Art. 5 Fusion einer Gesellschaft in Liquidation

[1] Eine Gesellschaft in Liquidation kann sich als übertragende Gesellschaft an einer Fusion beteiligen, wenn mit der Vermögensverteilung noch nicht begonnen wurde.

[2] Das oberste Leitungs- oder Verwaltungsorgan muss gegenüber dem Handelsregisteramt bestätigen, dass die Voraussetzung nach Absatz 1 erfüllt ist.

Art. 6 Fusion von Gesellschaften im Fall von Kapitalverlust oder Überschuldung

[1] Eine Gesellschaft, deren Aktiven abzüglich der Verbindlichkeiten die Hälfte der Summe aus Aktien-, Stamm- oder Genossenschaftskapital, nicht an die Aktionäre zurückzahlbarer gesetzlicher Kapitalreserve und gesetzlicher Gewinnreserve nicht mehr decken oder die überschuldet ist, kann mit einer anderen Gesellschaft nur fusionieren, wenn diese über frei verwendbares Eigenkapital im Umfang der Unterdeckung und gegebenenfalls der Überschuldung verfügt.[8]

[1bis] Diese Voraussetzung entfällt, soweit Gläubigerinnen und Gläubiger der an der Fusion beteiligten Gesellschaften im Ausmass der Unterdeckung und gegebenenfalls der Überschuldung im Rang hinter alle anderen Gläubigerinnen und Gläubiger zurücktreten und ihre Forderungen stunden, sofern der geschuldete Betrag und die Zinsforderungen während der Dauer der Überschuldung vom Rangrücktritt umfasst sind.[9]

[2] Das oberste Leitungs- oder Verwaltungsorgan muss dem Handelsregisteramt eine Bestätigung einer zugelassenen Revisionsexpertin oder eines zugelassenen Revisionsexperten einreichen, wonach die Voraussetzungen nach Absatz 1 erfüllt sind.[10]

---

[8] Fassung gemäss Anhang Ziff. 2 des BG vom 19. Juni 2020 (Aktienrecht), in Kraft seit 1. Jan. 2023 (AS 2020 4005; 2022 109; BBl 2017 399).
[9] Eingefügt durch Anhang Ziff. 2 des BG vom 19. Juni 2020 (Aktienrecht), in Kraft seit 1. Jan. 2023 (AS 2020 4005; 2022 109; BBl 2017 399).
[10] Fassung gemäss Anhang Ziff. 2 des BG vom 16. Dez. 2005 (GmbH-Recht sowie Anpassungen im Aktien-, Genossenschafts-, Handelsregister- und Firmenrecht), in Kraft seit 1. Jan. 2008 (AS 2007 4791; BBl 2002 3148, 2004 3969).

2. Abschnitt: Anteils- und Mitgliedschaftsrechte

Art. 7 Wahrung der Anteils- und Mitgliedschaftsrechte

¹ Gesellschafterinnen und Gesellschafter der übertragenden Gesellschaft haben Anspruch auf Anteils- oder Mitgliedschaftsrechte an der übernehmenden Gesellschaft, die unter Berücksichtigung des Vermögens der beteiligten Gesellschaften, der Verteilung der Stimmrechte sowie aller anderen relevanten Umstände ihren bisherigen Anteils- oder Mitgliedschaftsrechten entsprechen.

² Bei der Festlegung des Umtauschverhältnisses für Anteile kann eine Ausgleichszahlung vorgesehen werden, die den zehnten Teil des wirklichen Werts der gewährten Anteile nicht übersteigen darf.

³ Gesellschafterinnen und Gesellschafter ohne Anteilscheine haben bei der Übernahme ihrer Gesellschaft durch eine Kapitalgesellschaft Anspruch auf mindestens einen Anteil.

4 Für Anteile ohne Stimmrecht an der übertragenden Gesellschaft muss die übernehmende Gesellschaft gleichwertige Anteile oder Anteile mit Stimmrecht gewähren.

⁵ Für Sonderrechte an der übertragenden Gesellschaft, die mit Anteils- oder Mitgliedschaftsrechten verbunden sind, muss die übernehmende Gesellschaft gleichwertige Rechte oder eine angemessene Abgeltung gewähren.

⁶ Die übernehmende Gesellschaft muss den Inhaberinnen und Inhabern von Genussscheinen der übertragenden Gesellschaft gleichwertige Rechte gewähren oder ihre Genussscheine zum wirklichen Wert im Zeitpunkt des Abschlusses des Fusionsvertrags zurückkaufen.

Art. 8 Abfindung

¹ Die an der Fusion beteiligten Gesellschaften können im Fusionsvertrag vorsehen, dass die Gesellschafterinnen und Gesellschafter zwischen Anteils- oder Mitgliedschaftsrechten und einer Abfindung wählen können.

² Die an der Fusion beteiligten Gesellschaften können im Fusionsvertrag auch vorsehen, dass nur eine Abfindung ausgerichtet wird.

3. Abschnitt: Kapitalerhöhung, Neugründung und Zwischenabschluss[11]

Art. 9 Kapitalerhöhung bei der Absorptionsfusion

¹ Bei der Absorptionsfusion muss die übernehmende Gesellschaft das Kapital erhöhen, soweit es zur Wahrung der Rechte der Gesellschafterinnen und Gesellschafter der übertragenden Gesellschaft erforderlich ist.

---

11 Ausdruck gemäss Anhang Ziff. 2 des BG vom 19. Juni 2020 (Aktienrecht), in Kraft seit 1. Jan. 2023 (AS 2020 4005; 2022 109; BBl 2017 399). Diese Änd. wurde in den in der AS genannten Bestimmungen vorgenommen.

² Die Vorschriften des Obligationenrechts (OR)[12] über die Sacheinlage (Art. 634 OR) und über den maximalen Umfang des Kapitalbands (Art. 653*s* Abs. 2 OR) finden bei der Fusion keine Anwendung.[13]

Art. 10 Neugründung bei der Kombinationsfusion

Für die Neugründung einer Gesellschaft im Rahmen einer Kombinationsfusion gelten die Bestimmungen des Zivilgesetzbuches[14] (ZGB) und des OR[15] über die Gründung einer Gesellschaft. Keine Anwendung finden die Vorschriften über die Anzahl der Gründerinnen und Gründer bei Kapitalgesellschaften sowie die Vorschriften über die Sacheinlagen.

Art. 11 Zwischenabschluss

¹ Liegt der Bilanzstichtag bei Abschluss des Fusionsvertrags mehr als sechs Monate zurück oder sind seit Abschluss der letzten Bilanz wichtige Änderungen in der Vermögenslage der an der Fusion beteiligten Gesellschaften eingetreten, so müssen diese einen Zwischenabschluss erstellen.

² ...[16]

4. Abschnitt: Fusionsvertrag, Fusionsbericht und Prüfung

Art. 12 Abschluss des Fusionsvertrags

¹ Der Fusionsvertrag muss von den obersten Leitungs- oder Verwaltungsorganen der an der Fusion beteiligten Gesellschaften abgeschlossen werden.

² Er bedarf der schriftlichen Form und der Zustimmung der Generalversammlung beziehungsweise der Gesellschafterinnen und Gesellschafter der beteiligten Gesellschaften (Art. 18).

Art. 13 Inhalt des Fusionsvertrags

1 Der Fusionsvertrag enthält:
a. den Namen oder die Firma, den Sitz und die Rechtsform der beteiligten Gesellschaften, im Fall der Kombinationsfusion auch den Namen oder die Firma, den Sitz und die Rechtsform der neuen Gesellschaft;
b. das Umtauschverhältnis für Anteile und gegebenenfalls die Höhe der Ausgleichszahlung beziehungsweise Angaben über die Mitgliedschaft der

---

[12] SR 220
[13] Fassung gemäss Anhang Ziff. 2 des BG vom 19. Juni 2020 (Aktienrecht), in Kraft seit 1. Jan. 2023 (AS 2020 4005; 2022 109; BBl 2017 399).
[14] SR 210
[15] SR 220
[16] Aufgehoben durch Anhang Ziff. 2 des BG vom 19. Juni 2020 (Aktienrecht), mit Wirkung seit 1. Jan. 2023 (AS 2020 4005; 2022 109; BBl 2017 399).

Gesellschafterinnen und Gesellschafter der übertragenden Gesellschaft bei der übernehmenden Gesellschaft;
c. die Rechte, welche die übernehmende Gesellschaft den Inhaberinnen und Inhabern von Sonderrechten, von Anteilen ohne Stimmrecht oder von Genussscheinen gewährt;
d. die Modalitäten für den Umtausch der Anteile;
e. den Zeitpunkt, von dem an die Anteils- oder Mitgliedschaftsrechte Anspruch auf einen Anteil am Bilanzgewinn gewähren, sowie alle Besonderheiten dieses Anspruchs;
f. gegebenenfalls die Höhe der Abfindung nach Artikel 8;
g. den Zeitpunkt, von dem an die Handlungen der übertragenden Gesellschaft als für Rechnung der übernehmenden Gesellschaft vorgenommen gelten;
h. jeden besonderen Vorteil, der Mitgliedern eines Leitungs- oder Verwaltungsorgans oder geschäftsführenden Gesellschafterinnen und Gesellschaftern gewährt wird;
i. gegebenenfalls die Bezeichnung der Gesellschafterinnen und Gesellschafter mit unbeschränkter Haftung.

² Bei der Fusion zwischen Vereinen finden Absatz 1 Buchstaben c–f keine Anwendung.

Art. 14 Fusionsbericht

¹ Die obersten Leitungs- oder Verwaltungsorgane der beteiligten Gesellschaften müssen einen schriftlichen Bericht über die Fusion erstellen. Sie können den Bericht auch gemeinsam verfassen.

² Kleine und mittlere Unternehmen können auf die Erstellung eines Fusionsberichts verzichten, sofern alle Gesellschafterinnen und Gesellschafter zustimmen.

³ Im Bericht sind rechtlich und wirtschaftlich zu erläutern und zu begründen:
a. der Zweck und die Folgen der Fusion;
b. der Fusionsvertrag;
c. das Umtauschverhältnis für Anteile und gegebenenfalls die Höhe der Ausgleichszahlung beziehungsweise die Mitgliedschaft der Gesellschafterinnen und Gesellschafter der übertragenden Gesellschaft bei der übernehmenden Gesellschaft;
d. gegebenenfalls die Höhe der Abfindung und die Gründe, weshalb an Stelle von Anteils- oder Mitgliedschaftsrechten nur eine Abfindung gewährt werden soll;
e. Besonderheiten bei der Bewertung der Anteile im Hinblick auf die Festsetzung des Umtauschverhältnisses;
f. gegebenenfalls der Umfang der Kapitalerhöhung der übernehmenden Gesellschaft;

g. gegebenenfalls die Nachschusspflicht, andere persönliche Leistungspflichten und die persönliche Haftung, die sich für die Gesellschafterinnen und Gesellschafter der übertragenden Gesellschaft aus der Fusion ergeben;
h. bei der Fusion von Gesellschaften mit unterschiedlichen Rechtsformen die Pflichten, die den Gesellschafterinnen und Gesellschaftern in der neuen Rechtsform auferlegt werden können;
i. die Auswirkungen der Fusion auf die Arbeitnehmerinnen und Arbeitnehmer der an der Fusion beteiligten Gesellschaften sowie Hinweise auf den Inhalt eines allfälligen Sozialplans;
j. die Auswirkungen der Fusion auf die Gläubigerinnen und Gläubiger der an der Fusion beteiligten Gesellschaften;
k. gegebenenfalls Hinweise auf erteilte und ausstehende behördliche Bewilligungen.

⁴ Bei der Kombinationsfusion ist dem Fusionsbericht der Entwurf der Statuten der neuen Gesellschaft beizufügen.

⁵ Bei der Fusion zwischen Vereinen findet diese Bestimmung keine Anwendung.

Art. 15 Prüfung des Fusionsvertrags und des Fusionsberichts

¹ Die an der Fusion beteiligten Gesellschaften müssen den Fusionsvertrag, den Fusionsbericht und die der Fusion zu Grunde liegende Bilanz von einer zugelassenen Revisionsexpertin oder einem zugelassenen Revisionsexperten prüfen lassen, falls die übernehmende Gesellschaft eine Kapitalgesellschaft oder eine Genossenschaft mit Anteilscheinen ist. Sie können eine gemeinsame Revisionsexpertin oder einen gemeinsamen Revisionsexperten bestimmen.[17]

² Kleine und mittlere Unternehmen können auf die Prüfung verzichten, sofern alle Gesellschafterinnen und Gesellschafter zustimmen.

³ Die beteiligten Gesellschaften müssen der Revisionsexpertin oder dem Revisionsexperten alle zweckdienlichen Auskünfte und Unterlagen geben.[18]

⁴ Die Revisionsexpertin oder der Revisionsexperte legt in einem schriftlichen Prüfungsbericht dar:[19]
a. ob die vorgesehene Kapitalerhöhung der übernehmenden Gesellschaft zur Wahrung der Rechte der Gesellschafterinnen und Gesellschafter der übertragenden Gesellschaft genügt;

---

[17] Fassung gemäss Anhang Ziff. 2 des BG vom 16. Dez. 2005 (GmbH-Recht sowie Anpassungen im Aktien-, Genossenschafts-, Handelsregister- und Firmenrecht), in Kraft seit 1. Jan. 2008 (AS 2007 4791; BBl 2002 3148, 2004 3969).
[18] Fassung gemäss Anhang Ziff. 2 des BG vom 16. Dez. 2005 (GmbH-Recht sowie Anpassungen im Aktien-, Genossenschafts-, Handelsregister- und Firmenrecht), in Kraft seit 1. Jan. 2008 (AS 2007 4791; BBl 2002 3148, 2004 3969).
[19] Fassung gemäss Anhang Ziff. 2 des BG vom 16. Dez. 2005 (GmbH-Recht sowie Anpassungen im Aktien-, Genossenschafts-, Handelsregister- und Firmenrecht), in Kraft seit 1. Jan. 2008 (AS 2007 4791; BBl 2002 3148, 2004 3969).

b. ob das Umtauschverhältnis für Anteile beziehungsweise die Abfindung vertretbar ist;
c. nach welcher Methode das Umtauschverhältnis bestimmt worden ist und aus welchen Gründen die angewandte Methode angemessen ist;
d. welche relative Bedeutung gegebenenfalls verschiedenen angewendeten Methoden für die Bestimmung des Umtauschverhältnisses beigemessen wurde;
e. welche Besonderheiten bei der Bewertung der Anteile im Hinblick auf die Festsetzung des Umtauschverhältnisses zu beachten waren.

Art. 16 Einsichtsrecht

¹ Jede der an der Fusion beteiligten Gesellschaften muss an ihrem Sitz den Gesellschafterinnen und Gesellschaftern während der 30 Tage vor der Beschlussfassung Einsicht in folgende Unterlagen aller an der Fusion beteiligten Gesellschaften gewähren:
a. den Fusionsvertrag;
b. den Fusionsbericht;
c. den Prüfungsbericht;
d. die Jahresrechnungen und Jahresberichte der letzten drei Geschäftsjahre sowie gegebenenfalls den Zwischenabschluss.

² Kleine und mittlere Unternehmen können auf das Einsichtsverfahren nach Absatz 1 verzichten, sofern alle Gesellschafterinnen und Gesellschafter zustimmen.

³ Die Gesellschafterinnen und Gesellschafter können von den beteiligten Gesellschaften Kopien der Unterlagen nach Absatz 1 verlangen. Diese müssen ihnen unentgeltlich zur Verfügung gestellt werden.

⁴ Jede der an der Fusion beteiligten Gesellschaften muss die Gesellschafterinnen und Gesellschafter in geeigneter Form auf die Möglichkeit zur Einsichtnahme hinweisen.

Art. 17 Veränderungen im Vermögen

¹ Treten bei einer der an der Fusion beteiligten Gesellschaften zwischen dem Abschluss des Fusionsvertrags und der Beschlussfassung durch die Generalversammlung wesentliche Änderungen im Aktiv- oder im Passivvermögen ein, so muss deren oberstes Leitungs- oder Verwaltungsorgan die obersten Leitungs- oder Verwaltungsorgane der anderen beteiligten Gesellschaften darüber informieren.

² Die obersten Leitungs- oder Verwaltungsorgane aller beteiligten Gesellschaften prüfen, ob der Fusionsvertrag abgeändert werden muss oder ob auf die Fusion zu verzichten ist; trifft dies zu, so müssen sie den Antrag auf Genehmigung zurückziehen. Andernfalls müssen sie in der Generalversammlung begründen, warum der Fusionsvertrag keiner Anpassung bedarf.

5. Abschnitt: Fusionsbeschluss und Eintragung ins Handelsregister

Art. 18 Fusionsbeschluss

¹ Bei den Kapitalgesellschaften, den Genossenschaften und den Vereinen muss das oberste Leitungs- oder Verwaltungsorgan den Fusionsvertrag der Generalversammlung zur Beschlussfassung unterbreiten. Folgende Mehrheiten sind erforderlich:

a. bei Aktiengesellschaften und Kommanditaktiengesellschaften mindestens zwei Drittel der an der Generalversammlung vertretenen Aktienstimmen und die absolute Mehrheit des von ihnen vertretenen Aktiennennwerts;

b. bei einer Kapitalgesellschaft, die von einer Genossenschaft übernommen wird, die Zustimmung aller Aktionärinnen und Aktionäre oder, im Fall der Gesellschaft mit beschränkter Haftung, aller Gesellschafterinnen und Gesellschafter;

c.[20] bei Gesellschaften mit beschränkter Haftung mindestens zwei Drittel der an der Generalversammlung vertretenen Stimmen sowie die absolute Mehrheit des gesamten Stammkapitals, mit dem ein ausübbares Stimmrecht verbunden ist;

d. bei Genossenschaften mindestens zwei Drittel der abgegebenen Stimmen oder, wenn eine Nachschusspflicht, andere persönliche Leistungspflichten oder die persönliche Haftung eingeführt oder erweitert werden, mindestens drei Viertel aller Genossenschafterinnen und Genossenschafter;

e. bei Vereinen mindestens drei Viertel der an der Generalversammlung anwesenden Mitglieder.

² Bei Kollektiv- und bei Kommanditgesellschaften bedarf der Fusionsvertrag der Zustimmung aller Gesellschafterinnen und Gesellschafter. Der Gesellschaftsvertrag kann jedoch vorsehen, dass die Zustimmung von mindestens drei Vierteln der Gesellschafterinnen und Gesellschafter genügt.

³ Übernimmt eine Kommanditaktiengesellschaft eine andere Gesellschaft, so bedarf es zusätzlich zu den Mehrheiten nach Absatz 1 Buchstabe a der schriftlichen Zustimmung aller Gesellschafterinnen und Gesellschafter, die unbeschränkt haften.

⁴ Bei Aktiengesellschaften oder Kommanditaktiengesellschaften, die von einer Gesellschaft mit beschränkter Haftung übernommen werden und bei denen durch diese Übernahme eine Nachschusspflicht oder eine andere persönliche Leistungspflicht eingeführt wird, bedarf es der Zustimmung aller Aktionärinnen und Aktionäre, die davon betroffen werden.

---

20 Fassung gemäss Anhang Ziff. 2 des BG vom 16. Dez. 2005 (GmbH-Recht sowie Anpassungen im Aktien-, Genossenschafts-, Handelsregister- und Firmenrecht), in Kraft seit 1. Jan. 2008 (AS 2007 4791; BBl 2002 3148, 2004 3969).

⁵ Sieht der Fusionsvertrag nur eine Abfindung vor, so bedarf der Fusionsbeschluss der Zustimmung von mindestens 90 Prozent der stimmberechtigten Gesellschafterinnen und Gesellschafter der übertragenden Gesellschaft.

⁶ Ergibt sich für die Gesellschafterinnen und Gesellschafter der übertragenden Gesellschaft aus der Fusion eine Änderung des Zwecks der Gesellschaft und ist dafür auf Grund gesetzlicher oder statutarischer Vorschriften eine andere Mehrheit erforderlich als für den Fusionsbeschluss, so gelten für diesen beide Mehrheitserfordernisse.

Art. 19 Austrittsrecht bei der Fusion von Vereinen

¹ Vereinsmitglieder können innerhalb von zwei Monaten nach dem Fusionsbeschluss frei aus dem Verein austreten.

² Der Austritt gilt rückwirkend auf das Datum des Fusionsbeschlusses.

Art. 20 Öffentliche Beurkundung

¹ Der Fusionsbeschluss bedarf der öffentlichen Beurkundung.

² Bei der Fusion zwischen Vereinen findet diese Bestimmung keine Anwendung.

Art. 21 Eintragung ins Handelsregister

¹ Sobald der Fusionsbeschluss aller an der Fusion beteiligten Gesellschaften vorliegt, müssen deren oberste Leitungs- oder Verwaltungsorgane dem Handelsregisteramt die Fusion zur Eintragung anmelden.

² Muss die übernehmende Gesellschaft infolge der Fusion ihr Kapital erhöhen, so sind dem Handelsregisteramt zusätzlich die geänderten Statuten und die erforderlichen Feststellungen über die Kapitalerhöhung (Art. 652*g* OR[21]) zu unterbreiten.

³ Die übertragende Gesellschaft wird mit der Eintragung der Fusion im Handelsregister gelöscht.

⁴ Diese Bestimmung findet keine Anwendung auf Vereine, die im Handelsregister nicht eingetragen sind.

Art. 22 Rechtswirksamkeit

¹ Die Fusion wird mit der Eintragung ins Handelsregister rechtswirksam. In diesem Zeitpunkt gehen alle Aktiven und Passiven der übertragenden Gesellschaft von Gesetzes wegen auf die übernehmende Gesellschaft über. Artikel 34 des Kartellgesetzes vom 6. Oktober 1995[22] bleibt vorbehalten.

---

[21] SR 220
[22] SR 251

² Die Fusion von Vereinen, die im Handelsregister nicht eingetragen sind, wird mit dem Vorliegen des Fusionsbeschlusses aller beteiligten Vereine rechtswirksam.

6. Abschnitt: Erleichterte Fusion von Kapitalgesellschaften

Art. 23 Voraussetzungen

¹ Kapitalgesellschaften können unter erleichterten Voraussetzungen fusionieren, wenn:
a. die übernehmende Kapitalgesellschaft alle Anteile der übertragenden Kapitalgesellschaft besitzt, die ein Stimmrecht gewähren; oder
b. ein Rechtsträger, eine natürliche Person oder eine gesetzlich oder vertraglich verbundene Personengruppe, alle Anteile der an der Fusion beteiligten Kapitalgesellschaften besitzt, die ein Stimmrecht gewähren.

² Besitzt die übernehmende Kapitalgesellschaft nicht alle, jedoch mindestens 90 Prozent der Anteile der übertragenden Kapitalgesellschaft, die ein Stimmrecht gewähren, so kann die Fusion unter erleichterten Voraussetzungen erfolgen, wenn den Inhaberinnen und Inhabern von Minderheitsanteilen:
a. neben Anteilsrechten an der übernehmenden Kapitalgesellschaft eine Abfindung nach Artikel 8 angeboten wird, die dem wirklichen Wert der Anteile entspricht; und
b. aus der Fusion weder eine Nachschusspflicht, eine andere persönliche Leistungspflicht noch eine persönliche Haftung erwächst.

Art. 24 Erleichterungen

¹ Die an der Fusion beteiligten Kapitalgesellschaften, welche die Voraussetzungen nach Artikel 23 Absatz 1 erfüllen, müssen im Fusionsvertrag nur die Angaben nach Artikel 13 Absatz 1 Buchstaben a und f–i machen. Sie müssen weder einen Fusionsbericht (Art. 14) erstellen noch den Fusionsvertrag prüfen lassen (Art. 15) noch das Einsichtsrecht gewähren (Art. 16) noch den Vertrag der Generalversammlung zur Beschlussfassung unterbreiten (Art. 18).

² Die an der Fusion beteiligten Kapitalgesellschaften, die die Voraussetzungen nach Artikel 23 Absatz 2 erfüllen, müssen im Fusionsvertrag nur die Angaben nach Artikel 13 Absatz 1 Buchstaben a, b und f–i machen. Sie müssen weder einen Fusionsbericht (Art. 14) erstellen noch den Fusionsvertrag der Generalversammlung zur Beschlussfassung unterbreiten (Art. 18). Das Einsichtsrecht nach Artikel 16 muss mindestens 30 Tage vor der Anmeldung der Fusion zur Eintragung ins Handelsregister gewährt werden.

7. Abschnitt: Gläubiger- und Arbeitnehmerschutz

Art. 25 Sicherstellung der Forderungen

¹ Die übernehmende Gesellschaft muss die Forderungen der Gläubigerinnen und Gläubiger der an der Fusion beteiligten Gesellschaften sicherstellen, wenn diese es innerhalb von drei Monaten nach der Rechtswirksamkeit der Fusion verlangen.

² Die an der Fusion beteiligten Gesellschaften müssen ihre Gläubigerinnen und Gläubiger im Schweizerischen Handelsamtsblatt dreimal auf ihre Rechte hinweisen. Sie können von einer Publikation absehen, wenn eine zugelassene Revisionsexpertin oder ein zugelassener Revisionsexperte bestätigt, dass keine Forderungen bekannt oder zu erwarten sind, zu deren Befriedigung das freie Vermögen der beteiligten Gesellschaften nicht ausreicht.[23]

³ Die Pflicht zur Sicherstellung entfällt, wenn die Gesellschaft nachweist, dass die Erfüllung der Forderung durch die Fusion nicht gefährdet wird.

⁴ Anstatt eine Sicherheit zu leisten, kann die Gesellschaft die Forderung erfüllen, sofern die anderen Gläubigerinnen und Gläubiger nicht geschädigt werden.

Art. 26 Persönliche Haftung der Gesellschafterinnen und Gesellschafter

¹ Gesellschafterinnen und Gesellschafter der übertragenden Gesellschaft, die vor der Fusion für deren Verbindlichkeiten hafteten, bleiben dafür haftbar, soweit die Verbindlichkeiten vor der Veröffentlichung des Fusionsbeschlusses begründet wurden oder deren Entstehungsgrund vor diesem Zeitpunkt liegt.

² Die Ansprüche aus persönlicher Haftung der Gesellschafterinnen und Gesellschafter für die Verbindlichkeiten der übertragenden Gesellschaft verjähren spätestens drei Jahre nach Eintritt der Rechtswirksamkeit der Fusion. Wird die Forderung erst nach der Veröffentlichung des Fusionsbeschlusses fällig, so beginnt die Verjährung mit der Fälligkeit. Die Begrenzung der persönlichen Haftung gilt nicht für Gesellschafterinnen und Gesellschafter, die auch für die Verbindlichkeiten der übernehmenden Gesellschaft persönlich haften.

³ Bei Anleihensobligationen und anderen Schuldverschreibungen, die öffentlich ausgegeben wurden, besteht die Haftung bis zur Rückzahlung, es sei denn, der Prospekt sehe etwas anderes vor. Vorbehalten bleiben die Bestimmungen über die Gläubigergemeinschaft bei Anleihensobligationen nach den Artikeln 1157 ff. des OR[24].

---

23 Fassung des zweiten Satzes gemäss Anhang Ziff. 2 des BG vom 16. Dez. 2005 (GmbH-Recht sowie Anpassungen im Aktien-, Genossenschafts-, Handelsregister- und Firmenrecht), in Kraft seit 1. Jan. 2008 (AS 2007 4791; BBl 2002 3148, 2004 3969).
24 SR 220

Art. 27 Übergang der Arbeitsverhältnisse, Sicherstellung und persönliche Haftung

[1] Für den Übergang der Arbeitsverhältnisse auf die übernehmende Gesellschaft findet Artikel 333 des OR[25] Anwendung.

[2] Die Arbeitnehmerinnen und Arbeitnehmer der an der Fusion beteiligten Gesellschaften können gemäss Artikel 25 die Sicherstellung ihrer Forderungen aus Arbeitsvertrag verlangen, die bis zum Zeitpunkt fällig werden, auf den das Arbeitsverhältnis ordentlicherweise beendigt werden könnte oder, bei Ablehnung des Übergangs, von der Arbeitnehmerin oder dem Arbeitnehmer beendigt wird.

[3] Gesellschafterinnen und Gesellschafter der übertragenden Gesellschaft, die vor der Fusion für deren Verbindlichkeiten hafteten, bleiben für alle Verbindlichkeiten aus Arbeitsvertrag haftbar, die bis zum Zeitpunkt fällig werden, auf den das Arbeitsverhältnis ordentlicherweise beendigt werden könnte oder, bei Ablehnung des Übergangs, von der Arbeitnehmerin oder dem Arbeitnehmer beendigt wird.

Art. 28 Konsultation der Arbeitnehmervertretung

[1] Für die Konsultation der Arbeitnehmervertretung findet für die übertragende wie auch für die übernehmende Gesellschaft Artikel 333*a* des OR[26] Anwendung.

[2] Die Konsultation muss vor der Beschlussfassung gemäss Artikel 18 erfolgen. Das oberste Leitungs- oder Verwaltungsorgan muss die Generalversammlung anlässlich der Beschlussfassung über das Ergebnis der Konsultation informieren.

[3] Werden die Vorschriften der Absätze 1 und 2 nicht eingehalten, so kann die Arbeitnehmervertretung vom Gericht verlangen, dass es die Eintragung der Fusion ins Handelsregister untersagt.

[4] Diese Bestimmung findet auch Anwendung auf übernehmende Gesellschaften mit Sitz im Ausland.

3. Kapitel: Spaltung von Gesellschaften

1. Abschnitt: Allgemeine Bestimmungen

Art. 29 Grundsatz

Eine Gesellschaft kann sich spalten, indem sie:

---

25 SR 220
26 SR 220

a. ihr ganzes Vermögen aufteilt und auf andere Gesellschaften überträgt. Ihre Gesellschafterinnen und Gesellschafter erhalten Anteils- oder Mitgliedschaftsrechte der übernehmenden Gesellschaften. Die übertragende Gesellschaft wird aufgelöst und im Handelsregister gelöscht (Aufspaltung); oder
b. einen oder mehrere Teile ihres Vermögens auf andere Gesellschaften überträgt. Ihre Gesellschafterinnen und Gesellschafter erhalten dafür Anteils- oder Mitgliedschaftsrechte der übernehmenden Gesellschaften (Abspaltung).

Art. 30 **Zulässige Spaltungen**

Kapitalgesellschaften und Genossenschaften können sich in Kapitalgesellschaften und in Genossenschaften spalten.

2. Abschnitt: Anteils- und Mitgliedschaftsrechte

Art. 31

^{1} Bei der Spaltung müssen die Anteils- und Mitgliedschaftsrechte gemäss Artikel 7 gewahrt werden.

^{2} Den Gesellschafterinnen und Gesellschaftern der übertragenden Gesellschaft können:
a. Anteils- oder Mitgliedschaftsrechte an allen an der Spaltung beteiligten Gesellschaften im Verhältnis ihrer bisherigen Beteiligung zugewiesen werden (symmetrische Spaltung);
b. Anteils- oder Mitgliedschaftsrechte an einzelnen oder allen an der Spaltung beteiligten Gesellschaften unter Abänderung der Beteiligungsverhältnisse zugewiesen werden (asymmetrische Spaltung).

3. Abschnitt: Kapitalherabsetzung, Kapitalerhöhung, Neugründung und Zwischenabschluss

Art. 32[27] **Herabsetzung des Kapitals bei der Abspaltung**

Wird im Zusammenhang mit der Abspaltung das Kapital der übertragenden Gesellschaft herabgesetzt, so findet Artikel 653k OR[28] keine Anwendung.

---

27 Fassung gemäss Anhang Ziff. 2 des BG vom 19. Juni 2020 (Aktienrecht), in Kraft seit 1. Jan. 2023 (AS 2020 4005; 2022 109; BBl 2017 399).
28 SR 220

Art. 33 Kapitalerhöhung

¹ Die übernehmende Gesellschaft muss das Kapital erhöhen, soweit es zur Wahrung der Rechte der Gesellschafterinnen und Gesellschafter der übertragenden Gesellschaft erforderlich ist.

² Die Vorschriften des OR[29] über die Sacheinlage (Art. 634 OR) und über den maximalen Umfang des Kapitalbands (Art. 653*s* Abs. 2 OR) finden bei der Spaltung keine Anwendung.[30]

Art. 34 Neugründung

Für die Neugründung einer Gesellschaft im Rahmen einer Spaltung gelten die Bestimmungen des OR[31] über die Gründung einer Gesellschaft. Keine Anwendung finden die Vorschriften über die Anzahl der Gründerinnen und Gründer bei Kapitalgesellschaften sowie die Vorschriften über die Sacheinlagen.

Art. 35 Zwischenabschluss

¹ Liegt der Bilanzstichtag beim Abschluss des Spaltungsvertrags oder bei der Erstellung des Spaltungsplans mehr als sechs Monate zurück oder sind seit Abschluss der letzten Bilanz wichtige Änderungen in der Vermögenslage der an der Spaltung beteiligten Gesellschaften eingetreten, so müssen diese einen Zwischenabschluss erstellen.

² ...[32]

4. Abschnitt: Spaltungsvertrag, Spaltungsplan, Spaltungsbericht und Prüfung

Art. 36 Spaltungsvertrag und Spaltungsplan

¹ Überträgt eine Gesellschaft durch Spaltung Vermögensteile auf bestehende Gesellschaften, so schliessen die obersten Leitungs- oder Verwaltungsorgane der beteiligten Gesellschaften einen Spaltungsvertrag ab.

² Will eine Gesellschaft durch Spaltung Vermögensteile auf neu zu gründende Gesellschaften übertragen, so erstellt ihr oberstes Leitungs- oder Verwaltungsorgan einen Spaltungsplan.

³ Der Spaltungsvertrag und der Spaltungsplan bedürfen der schriftlichen Form und der Zustimmung der Generalversammlung (Art. 43).

---

29 SR 220
30 Fassung gemäss Anhang Ziff. 2 des BG vom 19. Juni 2020 (Aktienrecht), in Kraft seit 1. Jan. 2023 (AS 2020 4005; 2022 109; BBl 2017 399).
31 SR 220
32 Aufgehoben durch Anhang Ziff. 2 des BG vom 19. Juni 2020 (Aktienrecht), mit Wirkung seit 1. Jan. 2023 (AS 2020 4005; 2022 109; BBl 2017 399).

Art. 37 Inhalt des Spaltungsvertrags oder des Spaltungsplans

Der Spaltungsvertrag oder der Spaltungsplan enthält:
a. die Firma, den Sitz und die Rechtsform der beteiligten Gesellschaften;
b. ein Inventar mit der eindeutigen Bezeichnung, der Aufteilung und der Zuordnung der Gegenstände des Aktiv- und des Passivvermögens sowie der Zuordnung der Betriebsteile; Grundstücke, Wertpapiere und immaterielle Werte sind einzeln aufzuführen;
c. das Umtauschverhältnis für Anteile und gegebenenfalls die Höhe der Ausgleichszahlung beziehungsweise Angaben über die Mitgliedschaft der Gesellschafterinnen und Gesellschafter der übertragenden Gesellschaft bei der übernehmenden Gesellschaft;
d. die Rechte, welche die übernehmende Gesellschaft den Inhaberinnen und Inhabern von Sonderrechten, von Anteilen ohne Stimmrecht oder von Genussscheinen gewährt;
e. die Modalitäten für den Umtausch der Anteile;
f. den Zeitpunkt, von dem an die Anteils- oder Mitgliedschaftsrechte Anspruch auf einen Anteil am Bilanzgewinn gewähren, sowie alle Besonderheiten dieses Anspruchs;
g. den Zeitpunkt, von dem an die Handlungen der übertragenden Gesellschaft als für Rechnung der übernehmenden Gesellschaft vorgenommen gelten;
h. jeden besonderen Vorteil, der Mitgliedern eines Leitungs- oder Verwaltungsorgans oder geschäftsführenden Gesellschafterinnen und Gesellschaftern gewährt wird;
i. eine Liste der Arbeitsverhältnisse, die mit der Spaltung übergehen.

Art. 38 Nicht zugeordnete Vermögenswerte

¹ Ein Gegenstand des Aktivvermögens, der sich auf Grund des Spaltungsvertrags oder des Spaltungsplans nicht zuordnen lässt:
a. gehört bei der Aufspaltung allen übernehmenden Gesellschaften zu Miteigentum, und zwar im Verhältnis, in dem das Reinvermögen nach Spaltungsvertrag oder Spaltungsplan auf sie übergeht;
b. verbleibt bei der Abspaltung bei der übertragenden Gesellschaft.

² Absatz 1 gilt sinngemäss für Forderungen und immaterielle Rechte.

³ Die an einer Aufspaltung beteiligten Gesellschaften haften solidarisch für Verbindlichkeiten, die sich auf Grund des Spaltungsvertrags oder des Spaltungsplans nicht zuordnen lassen.

Art. 39 Spaltungsbericht

¹ Die obersten Leitungs- oder Verwaltungsorgane der beteiligten Gesellschaften müssen einen schriftlichen Bericht über die Spaltung erstellen. Sie können den Bericht auch gemeinsam verfassen.

² Kleine und mittlere Unternehmen können auf die Erstellung eines Spaltungsberichts verzichten, sofern alle Gesellschafterinnen und Gesellschafter zustimmen.

³ Im Bericht sind rechtlich und wirtschaftlich zu erläutern und zu begründen:
a. der Zweck und die Folgen der Spaltung;
b. der Spaltungsvertrag oder der Spaltungsplan;
c. das Umtauschverhältnis für Anteile und gegebenenfalls die Höhe der Ausgleichszahlung beziehungsweise die Mitgliedschaft der Gesellschafterinnen und Gesellschafter der übertragenden Gesellschaft bei der übernehmenden Gesellschaft;
d. Besonderheiten bei der Bewertung der Anteile im Hinblick auf die Festsetzung des Umtauschverhältnisses;
e. gegebenenfalls die Nachschusspflicht, andere persönliche Leistungspflichten und die persönliche Haftung, die sich für die Gesellschafterinnen und Gesellschafter aus der Spaltung ergeben;
f. die Pflichten, die den Gesellschafterinnen und Gesellschaftern in der neuen Rechtsform auferlegt werden können, sofern Gesellschaften verschiedener Rechtsformen an der Spaltung beteiligt sind;
g. die Auswirkungen der Spaltung auf die Arbeitnehmerinnen und Arbeitnehmer der an der Spaltung beteiligten Gesellschaften sowie Hinweise auf den Inhalt eines allfälligen Sozialplans;
h. die Auswirkungen der Spaltung auf die Gläubigerinnen und Gläubiger der an der Spaltung beteiligten Gesellschaften.

⁴ Bei der Neugründung einer Gesellschaft im Rahmen einer Spaltung ist dem Spaltungsbericht der Entwurf der Statuten der neuen Gesellschaft beizufügen.

Art. 40 Prüfung des Spaltungsvertrags oder des Spaltungsplans und des Spaltungsberichts

Für die Prüfung des Spaltungsvertrags oder des Spaltungsplans und des Spaltungsberichts gilt Artikel 15 sinngemäss.

Art. 41 Einsichtsrecht

¹ Jede der an der Spaltung beteiligten Gesellschaften muss an ihrem Sitz den Gesellschafterinnen und Gesellschaftern während zweier Monate vor der Beschlussfassung Einsicht in folgende Unterlagen aller an der Spaltung beteiligten Gesellschaften gewähren:
a. den Spaltungsvertrag oder den Spaltungsplan;
b. den Spaltungsbericht;
c. den Prüfungsbericht;
d. die Jahresrechnungen und die Jahresberichte der letzten drei Geschäftsjahre sowie gegebenenfalls den Zwischenabschluss.

² Kleine und mittlere Unternehmen können auf das Einsichtsverfahren nach Absatz 1 verzichten, sofern alle Gesellschafterinnen und Gesellschafter zustimmen.

³ Die Gesellschafterinnen und Gesellschafter können von den beteiligten Gesellschaften Kopien der Unterlagen nach Absatz 1 verlangen. Diese müssen ihnen unentgeltlich zur Verfügung gestellt werden.

⁴ Jede der an der Spaltung beteiligten Gesellschaften muss im Schweizerischen Handelsamtsblatt auf die Möglichkeit zur Einsichtnahme hinweisen.

Art. 42 Information über Veränderungen im Vermögen

Für die Information über Veränderungen im Vermögen gilt Artikel 17 sinngemäss.

5. Abschnitt: Spaltungsbeschluss und öffentliche Beurkundung

Art. 43 Spaltungsbeschluss

¹ Die obersten Leitungs- oder Verwaltungsorgane der beteiligten Gesellschaften dürfen den Spaltungsvertrag oder den Spaltungsplan erst der Generalversammlung zur Beschlussfassung unterbreiten, wenn die Sicherstellung nach Artikel 46 erfolgt ist.

² Für die Beschlussfassung gelten die erforderlichen Mehrheiten nach Artikel 18 Absätze 1, 3, 4 und 6.

³ Bei der asymmetrischen Spaltung müssen mindestens 90 Prozent aller Gesellschafterinnen und Gesellschafter der übertragenden Gesellschaft, die über ein Stimmrecht verfügen, zustimmen.

Art. 44 Öffentliche Beurkundung

Der Spaltungsbeschluss bedarf der öffentlichen Beurkundung.

6. Abschnitt: Gläubiger- und Arbeitnehmerschutz

Art. 45 Aufforderung an die Gläubigerinnen und Gläubiger

Die Gläubigerinnen und Gläubiger aller an der Spaltung beteiligten Gesellschaften müssen im Schweizerischen Handelsamtsblatt dreimal darauf hingewiesen werden, dass sie unter Anmeldung ihrer Forderungen Sicherstellung verlangen können.

Art. 46 Sicherstellung der Forderungen

¹ Die an der Spaltung beteiligten Gesellschaften müssen die Forderungen der Gläubigerinnen und Gläubiger sicherstellen, wenn diese es innerhalb von

zwei Monaten nach der Aufforderung an die Gläubigerinnen und Gläubiger verlangen.

² Die Pflicht zur Sicherstellung entfällt, wenn die Gesellschaft nachweist, dass die Erfüllung der Forderung durch die Spaltung nicht gefährdet wird.

³ Anstatt eine Sicherheit zu leisten, kann die Gesellschaft die Forderung erfüllen, sofern die anderen Gläubigerinnen und Gläubiger nicht geschädigt werden.

Art. 47 Subsidiäre Haftung der an der Spaltung beteiligten Gesellschaften

¹ Werden die Forderungen einer Gläubigerin oder eines Gläubigers von der Gesellschaft, der die Verbindlichkeiten durch den Spaltungsvertrag oder den Spaltungsplan zugeordnet wurden (primär haftende Gesellschaft), nicht befriedigt, so haften die übrigen an der Spaltung beteiligten Gesellschaften (subsidiär haftende Gesellschaften) solidarisch.

² Subsidiär haftende Gesellschaften können nur belangt werden, wenn eine Forderung nicht sichergestellt ist und die primär haftende Gesellschaft:
a. in Konkurs geraten ist;
b. Nachlassstundung oder Konkursaufschub erhalten hat;
c. bis zur Ausstellung eines definitiven Verlustscheins betrieben worden ist;
d. den Sitz ins Ausland verlegt hat und in der Schweiz nicht mehr belangt werden kann;
e. den Sitz im Ausland verlegt hat und dadurch eine erhebliche Erschwerung der Rechtsverfolgung eingetreten ist.

Art. 48 Persönliche Haftung der Gesellschafterinnen und Gesellschafter

Für die persönliche Haftung von Gesellschafterinnen und Gesellschaftern gilt Artikel 26 sinngemäss.

Art. 49 Übergang der Arbeitsverhältnisse, Sicherstellung und persönliche Haftung

¹ Für den Übergang der Arbeitsverhältnisse findet Artikel 333 des OR[33] Anwendung.

² Die Arbeitnehmerinnen und Arbeitnehmer der an der Spaltung beteiligten Gesellschaften können gemäss Artikel 46 die Sicherstellung ihrer Forderungen aus Arbeitsvertrag verlangen, die bis zum Zeitpunkt fällig werden, auf den das Arbeitsverhältnis ordentlicherweise beendigt werden könnte oder, bei Ablehnung des Übergangs, durch die Arbeitnehmerin oder den Arbeitnehmer beendigt wird.

³ Artikel 27 Absatz 3 findet entsprechende Anwendung.

---

33 SR 220

Art. 50 Konsultation der Arbeitnehmervertretung

Die Konsultation der Arbeitnehmervertretung richtet sich nach Artikel 28.

7. Abschnitt: Eintragung ins Handelsregister und Rechtswirksamkeit

Art. 51 Eintragung ins Handelsregister

[1] Sobald der Spaltungsbeschluss vorliegt, muss das oberste Leitungs- oder Verwaltungsorgan dem Handelsregisteramt die Spaltung zur Eintragung anmelden.

[2] Muss die übertragende Gesellschaft infolge der Abspaltung ihr Kapital herabsetzen, so sind dem Handelsregisteramt zusätzlich die geänderten Statuten zu unterbreiten.

[3] Im Falle der Aufspaltung wird die übertragende Gesellschaft mit der Eintragung der Spaltung im Handelsregister gelöscht.

Art. 52 Rechtswirksamkeit

Die Spaltung wird mit der Eintragung ins Handelsregister rechtswirksam. In diesem Zeitpunkt gehen alle im Inventar aufgeführten Aktiven und Passiven von Gesetzes wegen auf die übernehmenden Gesellschaften über. Artikel 34 des Kartellgesetzes vom 6. Oktober 1995[34] bleibt vorbehalten.

4. Kapitel: Umwandlung von Gesellschaften

1. Abschnitt: Allgemeine Bestimmungen

Art. 53 Grundsatz

Eine Gesellschaft kann ihre Rechtsform ändern (Umwandlung). Ihre Rechtsverhältnisse werden dadurch nicht verändert.

Art. 54 Zulässige Umwandlungen

[1] Eine Kapitalgesellschaft kann sich umwandeln:
a. in eine Kapitalgesellschaft mit einer anderen Rechtsform;
b. in eine Genossenschaft.

[2] Eine Kollektivgesellschaft kann sich umwandeln:
a. in eine Kapitalgesellschaft;
b. in eine Genossenschaft;
c. in eine Kommanditgesellschaft.

---

[34] SR 251

³ Eine Kommanditgesellschaft kann sich umwandeln:
a. in eine Kapitalgesellschaft;
b. in eine Genossenschaft;
c. in eine Kollektivgesellschaft.

⁴ Eine Genossenschaft kann sich umwandeln:
a. in eine Kapitalgesellschaft;
b. in einen Verein, falls sie über keine Anteilscheine verfügt und der Verein ins Handelsregister eingetragen wird.

⁵ Ein Verein kann sich in eine Kapitalgesellschaft oder in eine Genossenschaft umwandeln, falls er im Handelsregister eingetragen ist.

Art. 55 Sonderregelung für die Umwandlung
von Kollektiv- und Kommanditgesellschaften

¹ Eine Kollektivgesellschaft kann sich in eine Kommanditgesellschaft umwandeln, indem:
a. eine Kommanditärin oder ein Kommanditär in die Kollektivgesellschaft eintritt;
b. eine Gesellschafterin oder ein Gesellschafter zur Kommanditärin oder zum Kommanditär wird.

² Eine Kommanditgesellschaft kann sich in eine Kollektivgesellschaft umwandeln, indem:
a. alle Kommanditärinnen und Kommanditäre austreten;
b. alle Kommanditärinnen und Kommanditäre zu unbeschränkt haftenden Gesellschafterinnen und Gesellschaftern werden.

³ Die Fortführung einer Kollektiv- oder Kommanditgesellschaft als Einzelunternehmen nach Artikel 579 des Obligationenrechts[35] bleibt vorbehalten.[36]

⁴ Auf die Umwandlung gemäss diesem Artikel finden die Bestimmungen dieses Kapitels keine Anwendung.

2. Abschnitt: Anteils- und Mitgliedschaftsrechte

Art. 56 Wahrung der Anteils- und Mitgliedschaftsrechte

¹ Die Anteils- und Mitgliedschaftsrechte der Gesellschafterinnen und Gesellschafter sind bei der Umwandlung zu wahren.

² Gesellschafterinnen und Gesellschafter ohne Anteilscheine haben bei der Umwandlung ihrer Gesellschaft in eine Kapitalgesellschaft Anspruch auf mindestens einen Anteil.

---

35 SR 220
36 Fassung gemäss Anhang Ziff. 2 des BG vom 16. Dez. 2005 (GmbH-Recht sowie Anpassungen im Aktien-, Genossenschafts-, Handelsregister- und Firmenrecht), in Kraft seit 1. Jan. 2008 (AS 2007 4791; BBl 2002 3148, 2004 3969).

³ Für Anteile ohne Stimmrecht müssen gleichwertige Anteile oder Anteile mit Stimmrecht gewährt werden.

⁴ Für Sonderrechte, die mit Anteils- oder Mitgliedschaftsrechten verbunden sind, müssen gleichwertige Rechte oder eine angemessene Abgeltung gewährt werden.

⁵ Für Genussscheine sind gleichwertige Rechte zu gewähren, oder sie sind zum wirklichen Wert im Zeitpunkt der Erstellung des Umwandlungsplans zurückzukaufen.

3. Abschnitt: Gründung und Zwischenabschluss

Art. 57 Gründungsvorschriften

Bei der Umwandlung finden die Bestimmungen des ZGB[37] und des OR[38] über die Gründung einer entsprechenden Gesellschaft Anwendung. Keine Anwendung finden die Vorschriften über die Anzahl der Gründerinnen und Gründer bei Kapitalgesellschaften und die Vorschriften über die Sacheinlagen.

Art. 58 Zwischenabschluss

¹ Liegt der Bilanzstichtag zum Zeitpunkt der Erstattung des Umwandlungsberichts mehr als sechs Monate zurück oder sind seit Abschluss der letzten Bilanz wichtige Änderungen in der Vermögenslage der Gesellschaft eingetreten, so muss diese einen Zwischenabschluss erstellen.

² ...[39]

4. Abschnitt: Umwandlungsplan, Umwandlungsbericht und Prüfung

Art. 59 Erstellung des Umwandlungsplans

¹ Das oberste Leitungs- oder Verwaltungsorgan erstellt einen Umwandlungsplan.

² Der Umwandlungsplan bedarf der schriftlichen Form und der Zustimmung der Generalversammlung beziehungsweise der Gesellschafterinnen und Gesellschafter gemäss Artikel 64.

---

37 SR 210
38 SR 220
39 Aufgehoben durch Anhang Ziff. 2 des BG vom 19. Juni 2020 (Aktienrecht), mit Wirkung seit 1. Jan. 2023 (AS 2020 4005; 2022 109; BBl 2017 399).

Art. 60 Inhalt des Umwandlungsplans

Der Umwandlungsplan enthält:
a. den Namen oder die Firma, den Sitz und die Rechtsform vor und nach der Umwandlung;
b. die neuen Statuten;
c. die Zahl, die Art und die Höhe der Anteile, welche die Anteilsinhaberinnen und -inhaber nach der Umwandlung erhalten, oder Angaben über die Mitgliedschaft der Gesellschafterinnen und Gesellschafter nach der Umwandlung.

Art. 61 Umwandlungsbericht

[1] Das oberste Leitungs- oder Verwaltungsorgan muss einen schriftlichen Bericht über die Umwandlung erstellen.

[2] Kleine und mittlere Unternehmen können auf die Erstellung eines Umwandlungsberichts verzichten, sofern alle Gesellschafterinnen und Gesellschafter zustimmen.

[3] Im Bericht sind rechtlich und wirtschaftlich zu erläutern und zu begründen:
a. der Zweck und die Folgen der Umwandlung;
b. die Erfüllung der Gründungsvorschriften für die neue Rechtsform;
c. die neuen Statuten;
d. das Umtauschverhältnis für Anteile beziehungsweise die Mitgliedschaft der Gesellschafterinnen und Gesellschafter nach der Umwandlung;
e. gegebenenfalls die Nachschusspflicht, andere persönliche Leistungspflichten und die persönliche Haftung, die sich für die Gesellschafterinnen und Gesellschafter aus der Umwandlung ergeben;
f. die Pflichten, die den Gesellschafterinnen und Gesellschaftern in der neuen Rechtsform auferlegt werden können.

Art. 62 Prüfung des Umwandlungsplans und des Umwandlungsberichts

[1] Die Gesellschaft muss den Umwandlungsplan, den Umwandlungsbericht und die der Umwandlung zu Grunde liegende Bilanz von einer zugelassenen Revisionsexpertin oder einem zugelassenen Revisionsexperten prüfen lassen.[40]

[2] Kleine und mittlere Unternehmen können auf die Prüfung verzichten, sofern alle Gesellschafterinnen und Gesellschafter zustimmen.

[3] Die Gesellschaft muss der Revisionsexpertin oder dem Revisionsexperten alle zweckdienlichen Auskünfte und Unterlagen geben.[41]

---

[40] Fassung gemäss Anhang Ziff. 2 des BG vom 16. Dez. 2005 (GmbH-Recht sowie Anpassungen im Aktien-, Genossenschafts-, Handelsregister- und Firmenrecht), in Kraft seit 1. Jan. 2008 (AS 2007 4791; BBl 2002 3148, 2004 3969).

[41] Fassung gemäss Anhang Ziff. 2 des BG vom 16. Dez. 2005 (GmbH-Recht sowie Anpassungen im Aktien-, Genossenschafts-, Handelsregister- und Firmenrecht), in Kraft seit 1. Jan. 2008 (AS 2007 4791; BBl 2002 3148, 2004 3969).

⁴ Die Revisionsexpertin oder der Revisionsexperte muss prüfen, ob die Voraussetzungen für die Umwandlung erfüllt sind, insbesondere, ob die Rechtsstellung der Gesellschafterinnen und Gesellschafter nach der Umwandlung gewahrt bleibt.[42]

Art. 63 Einsichtsrecht

¹ Die Gesellschaft muss an ihrem Sitz den Gesellschafterinnen und Gesellschaftern während der 30 Tage vor der Beschlussfassung Einsicht in folgende Unterlagen gewähren:
a. den Umwandlungsplan;
b. den Umwandlungsbericht;
c. den Prüfungsbericht;
d. die Jahresrechnungen und Jahresberichte der letzten drei Geschäftsjahre sowie gegebenenfalls den Zwischenabschluss.

² Kleine und mittlere Unternehmen können auf das Einsichtsverfahren nach Absatz 1 verzichten, sofern alle Gesellschafterinnen und Gesellschafter zustimmen.

³ Die Gesellschafterinnen und Gesellschafter können von der Gesellschaft Kopien der Unterlagen nach Absatz 1 verlangen. Diese müssen ihnen unentgeltlich zur Verfügung gestellt werden.

⁴ Die Gesellschaft muss die Gesellschafterinnen und Gesellschafter in geeigneter Form auf die Möglichkeit zur Einsichtnahme hinweisen.

5. Abschnitt: Umwandlungsbeschluss und Eintragung ins Handelsregister

Art. 64 Umwandlungsbeschluss

¹ Bei den Kapitalgesellschaften, den Genossenschaften und den Vereinen muss das oberste Leitungs- oder Verwaltungsorgan den Umwandlungsplan der Generalversammlung zur Beschlussfassung unterbreiten. Folgende Mehrheiten sind erforderlich:
a. bei Aktiengesellschaften und Kommanditaktiengesellschaften mindestens zwei Drittel der an der Generalversammlung vertretenen Aktienstimmen und die absolute Mehrheit des von ihnen vertretenen Aktiennennwerts; werden bei der Umwandlung in eine Gesellschaft mit beschränkter Haftung eine Nachschusspflicht oder andere persönliche Leistungspflichten eingeführt, die Zustimmung aller Aktionärinnen und Aktionäre, die davon betroffen werden;

---

[42] Fassung gemäss Anhang Ziff. 2 des BG vom 16. Dez. 2005 (GmbH-Recht sowie Anpassungen im Aktien-, Genossenschafts-, Handelsregister- und Firmenrecht), in Kraft seit 1. Jan. 2008 (AS 2007 4791; BBl 2002 3148, 2004 3969).

b. bei der Umwandlung einer Kapitalgesellschaft in eine Genossenschaft die Zustimmung aller Gesellschafterinnen und Gesellschafter;

c.[43] bei Gesellschaften mit beschränkter Haftung mindestens zwei Drittel der an der Generalversammlung vertretenen Stimmen sowie die absolute Mehrheit des gesamten Kapitals, mit dem ein ausübbares Stimmrecht verbunden ist;

d. bei Genossenschaften mindestens zwei Drittel der abgegebenen Stimmen oder, wenn eine Nachschusspflicht, andere persönliche Leistungspflichten oder die persönliche Haftung eingeführt oder erweitert werden, mindestens drei Viertel aller Genossenschafterinnen und Genossenschafter;

e. bei Vereinen mindestens drei Viertel der an der Generalversammlung anwesenden Mitglieder.

² Bei Kollektiv- und bei Kommanditgesellschaften bedarf der Umwandlungsplan der Zustimmung aller Gesellschafterinnen und Gesellschafter. Der Gesellschaftsvertrag kann jedoch vorsehen, dass die Zustimmung von drei Vierteln der Gesellschafterinnen und Gesellschafter genügt.

Art. 65 Öffentliche Beurkundung

Der Umwandlungsbeschluss bedarf der öffentlichen Beurkundung.

Art. 66 Eintragung ins Handelsregister

Das oberste Leitungs- oder Verwaltungsorgan muss dem Handelsregisteramt die Umwandlung zur Eintragung anmelden.

Art. 67 Rechtswirksamkeit

Die Umwandlung wird mit der Eintragung ins Handelsregister rechtswirksam.

6. Abschnitt: Gläubiger- und Arbeitnehmerschutz

Art. 68

¹ Für die persönliche Haftung der Gesellschafterinnen und Gesellschafter findet Artikel 26 entsprechende Anwendung.

² Für die Haftung für Verbindlichkeiten aus Arbeitsvertrag findet Artikel 27 Absatz 3 entsprechende Anwendung.

---

[43] Fassung gemäss Anhang Ziff. 2 des BG vom 16. Dez. 2005 (GmbH-Recht sowie Anpassungen im Aktien-, Genossenschafts-, Handelsregister- und Firmenrecht), in Kraft seit 1. Jan. 2008 (AS 2007 4791; BBl 2002 3148, 2004 3969).

5. Kapitel: Vermögensübertragung

1. Abschnitt: Allgemeine Bestimmungen

Art. 69

¹ Im Handelsregister eingetragene Gesellschaften, Kommanditgesellschaften für kollektive Kapitalanlagen, Investmentgesellschaften mit variablem Kapital und im Handelsregister eingetragene Einzelunternehmen können ihr Vermögen oder Teile davon mit Aktiven und Passiven auf andere Rechtsträger des Privatrechts übertragen.[44] Wenn die Gesellschafterinnen und Gesellschafter der übertragenden Gesellschaft Anteils- oder Mitgliedschaftsrechte der übernehmenden Gesellschaft erhalten, gilt Kapitel 3.

² Vorbehalten bleiben die gesetzlichen und statutarischen Bestimmungen über den Kapitalschutz und die Liquidation.

2. Abschnitt: Übertragungsvertrag

Art. 70 Abschluss des Übertragungsvertrags

¹ Der Übertragungsvertrag muss von den obersten Leitungs- oder Verwaltungsorganen der an der Vermögensübertragung beteiligten Rechtsträger abgeschlossen werden.

² Der Übertragungsvertrag bedarf der schriftlichen Form. Werden Grundstücke übertragen, so bedürfen die entsprechenden Teile des Vertrages der öffentlichen Beurkundung. Eine einzige öffentliche Urkunde genügt auch dann, wenn Grundstücke, die Gegenstand einer Vermögensübertragung sind, in verschiedenen Kantonen liegen.[45] Die Urkunde muss durch eine Urkundsperson am Sitz des übertragenden Rechtsträgers errichtet werden.

Art. 71 Inhalt des Übertragungsvertrags

¹ Der Übertragungsvertrag enthält:
a. die Firma oder den Namen, den Sitz und die Rechtsform der beteiligten Rechtsträger;
b. ein Inventar mit der eindeutigen Bezeichnung der zu übertragenden Gegenstände des Aktiv- und des Passivvermögens; Grundstücke, Wertpapiere und immaterielle Werte sind einzeln aufzuführen;
c. den gesamten Wert der zu übertragenden Aktiven und Passiven;
d. die allfällige Gegenleistung;

---

[44] Fassung gemäss Anhang Ziff. II 1 des Kollektivanlagengesetzes vom 23. Juni 2006, in Kraft seit 1. Jan. 2007 (AS 2006 5379; BBl 2005 6395).
[45] Fassung des dritten Satzes gemäss Anhang Ziff. 2 des BG vom 19. Juni 2020 (Aktienrecht), in Kraft seit 1. Jan. 2023 (AS 2020 4005; 2022 109; BBl 2017 399).

e. eine Liste der Arbeitsverhältnisse, die mit der Vermögensübertragung übergehen.

² Die Vermögensübertragung ist nur zulässig, wenn das Inventar einen Aktivenüberschuss ausweist.

Art. 72 Nicht zugeordnete Gegenstände des Aktivvermögens

Gegenstände des Aktivvermögens sowie Forderungen und immaterielle Rechte, die sich auf Grund des Inventars nicht zuordnen lassen, verbleiben beim übertragenden Rechtsträger.

3. Abschnitt: Eintragung ins Handelsregister und Rechtswirksamkeit

Art. 73

¹ Das oberste Leitungs- oder Verwaltungsorgan des übertragenden Rechtsträgers muss dem Handelsregisteramt die Vermögensübertragung zur Eintragung anmelden.

² Die Vermögensübertragung wird mit der Eintragung ins Handelsregister rechtswirksam. In diesem Zeitpunkt gehen alle im Inventar aufgeführten Aktiven und Passiven von Gesetzes wegen auf den übernehmenden Rechtsträger über. Artikel 34 des Kartellgesetzes vom 6. Oktober 1995[46] bleibt vorbehalten.

4. Abschnitt: Information der Gesellschafterinnen und Gesellschafter

Art. 74

¹ Das oberste Leitungs- oder Verwaltungsorgan der übertragenden Gesellschaft muss die Gesellschafterinnen und Gesellschafter über die Vermögensübertragung im Anhang zur Jahresrechnung informieren. Ist keine Jahresrechnung zu erstellen, so muss über die Vermögensübertragung an der nächsten Generalversammlung informiert werden.

² Im Anhang beziehungsweise an der Generalversammlung sind rechtlich und wirtschaftlich zu erläutern und zu begründen:
a. der Zweck und die Folgen der Vermögensübertragung;
b. der Übertragungsvertrag;
c. die Gegenleistung für die Übertragung;
d. die Folgen für die Arbeitnehmerinnen und Arbeitnehmer und Hinweise auf den Inhalt eines allfälligen Sozialplans.

---

46 SR 251

³ Die Informationspflicht entfällt, falls die übertragenen Aktiven weniger als 5 Prozent der Bilanzsumme der übertragenden Gesellschaft ausmachen.

5. Abschnitt: Gläubiger- und Arbeitnehmerschutz

Art. 75 Solidarische Haftung

¹ Die bisherigen Schuldner haften für die vor der Vermögensübertragung begründeten Schulden während dreier Jahre solidarisch mit dem neuen Schuldner.

² Die Ansprüche gegen den übertragenden Rechtsträger verjähren spätestens drei Jahre nach der Veröffentlichung der Vermögensübertragung. Wird die Forderung erst nach der Veröffentlichung fällig, so beginnt die Verjährung mit der Fälligkeit.

³ Die an der Vermögensübertragung beteiligten Rechtsträger müssen die Forderungen sicherstellen, wenn:
a. die solidarische Haftung vor Ablauf der Frist von drei Jahren entfällt; oder
b. die Gläubigerinnen und Gläubiger glaubhaft machen, dass die solidarische Haftung keinen ausreichenden Schutz bietet.

⁴ Anstatt eine Sicherheit zu leisten, können an der Vermögensübertragung beteiligte Rechtsträger die Forderung erfüllen, sofern die anderen Gläubigerinnen und Gläubiger nicht geschädigt werden.

Art. 76 Übergang der Arbeitsverhältnisse und solidarische Haftung

¹ Für den Übergang der Arbeitsverhältnisse auf den übernehmenden Rechtsträger findet Artikel 333 des OR[47] Anwendung.

² Artikel 75 findet Anwendung auf alle Verbindlichkeiten aus Arbeitsvertrag, die bis zum Zeitpunkt fällig werden, auf den das Arbeitsverhältnis ordentlicherweise beendigt werden könnte oder, bei Ablehnung des Übergangs, von der Arbeitnehmerin oder dem Arbeitnehmer beendigt wird.

Art. 77 Konsultation der Arbeitnehmervertretung

¹ Für die Konsultation der Arbeitnehmervertretung findet für den übertragenden wie auch für den übernehmenden Rechtsträger Artikel 333a des OR[48] Anwendung.

² Werden die Vorschriften von Absatz 1 nicht eingehalten, so kann die Arbeitnehmervertretung vom Gericht verlangen, dass es die Eintragung der Vermögensübertragung im Handelsregister untersagt.

---

47 SR 220
48 SR 220

³ Diese Bestimmung findet auch Anwendung auf übernehmende Rechtsträger mit Sitz im Ausland.

6. Kapitel: Fusion und Vermögensübertragung von Stiftungen

1. Abschnitt: Fusion

Art. 78 Grundsatz

¹ Stiftungen können miteinander fusionieren.

² Die Fusion ist nur zulässig, wenn sie sachlich gerechtfertigt ist und insbesondere der Wahrung und Durchführung des Stiftungszwecks dient. Allfällige Rechtsansprüche der Destinatäre der beteiligten Stiftungen müssen gewahrt werden. Ist im Hinblick auf eine Fusion eine Zweckänderung erforderlich, so findet Artikel 86 des ZGB[49] Anwendung.

Art. 79 Fusionsvertrag

¹ Der Fusionsvertrag muss von den obersten Organen der Stiftungen abgeschlossen werden.

² Der Vertrag enthält:
a. den Namen, den Sitz und den Zweck der beteiligten Stiftungen, im Fall der Kombinationsfusion auch den Namen, den Sitz und den Zweck der neuen Stiftung;
b. Angaben über die Stellung der Destinatäre mit Rechtsansprüchen in der übernehmenden Stiftung;
c. den Zeitpunkt, ab dem die Handlungen der übertragenden Stiftung als für Rechnung der übernehmenden Stiftung vorgenommen gelten.

³ Der Fusionsvertrag bedarf der schriftlichen Form. Bei Familienstiftungen und kirchlichen Stiftungen bedarf der Fusionsvertrag der öffentlichen Beurkundung.

Art. 80 Bilanz

Die Stiftungen müssen eine Bilanz und unter den Voraussetzungen von Artikel 11 einen Zwischenabschluss erstellen.

Art. 81 Prüfung des Fusionsvertrags

¹ Die Stiftungen müssen den Fusionsvertrag sowie die Bilanzen von einer zugelassenen Revisorin oder einem zugelassenen Revisor prüfen lassen.[50]

---

49 SR 210
50 Fassung gemäss Anhang Ziff. 2 des BG vom 16. Dez. 2005 (GmbH-Recht sowie Anpassungen im Aktien-, Genos-

² Sie müssen der Revisorin oder dem Revisor alle zweckdienlichen Auskünfte und Unterlagen geben.

³ Die Revisorin oder der Revisor erstellt einen Bericht, in dem insbesondere darzulegen ist, ob die allfälligen Rechtsansprüche der Destinatäre gewahrt sind und ob Forderungen von Gläubigerinnen und Gläubigern bekannt oder zu erwarten sind, zu deren Befriedigung das Vermögen der beteiligten Stiftungen nicht ausreicht.

Art. 82 Informationspflicht

Das oberste Organ der übertragenden Stiftung informiert die Destinatäre mit Rechtsansprüchen vor dem Antrag an die Aufsichtsbehörde über die geplante Fusion und deren Auswirkungen auf ihre Rechtsstellung. Bei Familienstiftungen und kirchlichen Stiftungen erfolgt die Information vor dem Fusionsbeschluss.

Art. 83 Genehmigung und Vollzug der Fusion

¹ Bei Stiftungen, die der Aufsicht des Gemeinwesens unterstehen, beantragen die obersten Stiftungsorgane bei der zuständigen Aufsichtsbehörde die Genehmigung der Fusion. Im Antrag ist schriftlich darzulegen, dass die Voraussetzungen für die Fusion erfüllt sind. Mit dem Antrag sind der Aufsichtsbehörde die von der zugelassenen Revisorin oder dem zugelassenen Revisor geprüften Bilanzen der beteiligten Stiftungen sowie der Revisionsbericht einzureichen.[51]

² Zuständig ist die Aufsichtsbehörde der übertragenden Stiftung. Bei mehreren übertragenden Stiftungen muss jede Aufsichtsbehörde der Fusion zustimmen.

³ Die Aufsichtsbehörde erlässt nach Prüfung des Begehrens die entsprechende Verfügung und meldet im Fall der Zustimmung die Fusion zur Eintragung in das Handelsregister an.

⁴ Für die Rechtswirksamkeit der Fusion gilt Artikel 22 Absatz 1.

Art. 84[52] Anfechtung des Fusionsbeschlusses bei Familienstiftungen und kirchlichen Stiftungen

Bei Familienstiftungen und kirchlichen Stiftungen kann jeder Destinatär mit Rechtsanspruch und jedes Mitglied des obersten Stiftungsorgans, das dem Fusionsbeschluss nicht zugestimmt hat, den Beschluss wegen Fehlens der Voraussetzungen innert dreier Monate gerichtlich anfechten.

---

senschafts-, Handelsregister- und Firmenrecht), in Kraft seit 1. Jan. 2008 (AS 2007 4791; BBl 2002 3148, 2004 3969).

51 Fassung des dritten Satzes gemäss Anhang Ziff. 2 des BG vom 16. Dez. 2005 (GmbH-Recht sowie Anpassungen im Aktien-, Genossenschafts-, Handelsregister- und Firmenrecht), in Kraft seit 1. Jan. 2008 (AS 2007 4791; BBl 2002 3148, 2004 3969).

52 Fassung gemäss Anhang Ziff. 2 des BG vom 19. Juni 2020 (Aktienrecht), in Kraft seit 1. Jan. 2023 (AS 2020 4005; 2022 109; BBl 2017 399).

Art. 85 Gläubiger- und Arbeitnehmerschutz

¹ Die Aufsichtsbehörde oder, bei Familienstiftungen und kirchlichen Stiftungen, das oberste Stiftungsorgan der übertragenden Stiftung hat vor Erlass der Verfügung beziehungsweise vor dem Beschluss die Gläubigerinnen und Gläubiger der an der Fusion beteiligten Stiftungen im Schweizerischen Handelsamtsblatt dreimal darauf hinzuweisen, dass sie unter Anmeldung ihrer Forderungen Sicherstellung verlangen können. Die Destinatäre mit Rechtsansprüchen haben keinen Anspruch auf Sicherstellung.

² Die Aufsichtsbehörde oder, bei Familienstiftungen und kirchlichen Stiftungen, das oberste Stiftungsorgan kann von einer Aufforderung an die Gläubigerinnen und Gläubiger absehen, wenn auf Grund des Berichts der zugelassenen Revisorin oder des zugelassenen Revisors keine Forderungen bekannt oder zu erwarten sind, zu deren Befriedigung das Stiftungsvermögen der beteiligten Stiftungen nicht ausreicht.[53]

³ Im Falle einer Aufforderung an die Gläubigerinnen und Gläubiger findet Artikel 25 Anwendung.

⁴ Der Arbeitnehmerschutz richtet sich nach den Artikeln 27 und 28.

2. Abschnitt: Vermögensübertragung

Art. 86 Grundsatz

¹ Die im Handelsregister eingetragenen Stiftungen können ihr Vermögen oder Teile davon mit Aktiven und Passiven auf andere Rechtsträger übertragen.

² Artikel 78 Absatz 2 findet sinngemäss Anwendung. Der Übergangsvertrag richtet sich nach den Artikeln 70–72, der Gläubiger- und Arbeitnehmerschutz nach den Artikeln 75–77.

Art. 87 Genehmigung und Vollzug der Vermögensübertragung

¹ Bei Stiftungen, die der Aufsicht des Gemeinwesens unterstehen, beantragen die obersten Stiftungsorgane bei der zuständigen Aufsichtsbehörde die Genehmigung der Vermögensübertragung. Im Antrag ist schriftlich darzulegen, dass die Voraussetzungen für die Vermögensübertragung erfüllt sind.

² Zuständig ist die Aufsichtsbehörde der übertragenden Stiftung.

³ Die Aufsichtsbehörde erlässt nach Prüfung des Begehrens die entsprechende Verfügung. Nach Eintritt der Rechtskraft der zustimmenden Verfügung meldet sie die Vermögensübertragung zur Eintragung in das Handelsregister an.

---

53 Fassung gemäss Anhang Ziff. 2 des BG vom 16. Dez. 2005 (GmbH-Recht sowie Anpassungen im Aktien-, Genossenschafts-, Handelsregister- und Firmenrecht), in Kraft seit 1. Jan. 2008 (AS 2007 4791; BBl 2002 3148, 2004 3969).

⁴ Die Eintragung ins Handelsregister und die Rechtswirksamkeit richten sich nach Artikel 73.

7. Kapitel: Fusion, Umwandlung und Vermögensübertragung von Vorsorgeeinrichtungen

1. Abschnitt: Fusion

Art. 88 Grundsatz

¹ Vorsorgeeinrichtungen können miteinander fusionieren.

² Die Fusion von Vorsorgeeinrichtungen ist nur zulässig, wenn der Vorsorgezweck und die Rechte und Ansprüche der Versicherten gewahrt bleiben.

³ Die Bestimmungen des Stiftungsrechts (Art. 80 ff. ZGB[54]) und des BVG[55] bleiben vorbehalten.

Art. 89 Bilanz

Die beteiligten Vorsorgeeinrichtungen müssen eine Bilanz und unter den Voraussetzungen von Artikel 11 einen Zwischenabschluss erstellen.

Art. 90 Fusionsvertrag

¹ Der Fusionsvertrag muss von den obersten Leitungsorganen der beteiligten Vorsorgeeinrichtungen abgeschlossen werden.

² Der Fusionsvertrag enthält:
a. den Namen oder die Firma, den Sitz und die Rechtsform der beteiligten Vorsorgeeinrichtungen, im Fall der Kombinationsfusion auch den Namen oder die Firma, den Sitz und die Rechtsform der neuen Vorsorgeeinrichtung;
b. Angaben über die Rechte und Ansprüche der Versicherten bei der übernehmenden Vorsorgeeinrichtung;
c. den Zeitpunkt, von dem an die Handlungen der übertragenden Vorsorgeeinrichtung als für Rechnung der übernehmenden Vorsorgeeinrichtung vorgenommen gelten.

³ Der Fusionsvertrag bedarf der schriftlichen Form.

Art. 91 Fusionsbericht

¹ Die obersten Leitungsorgane der Vorsorgeeinrichtungen müssen einen schriftlichen Bericht über die Fusion erstellen. Sie können den Bericht auch gemeinsam verfassen.

---

54 SR 210
55 SR 831.40

² Im Bericht sind zu erläutern und zu begründen:
a. der Zweck und die Folgen der Fusion;
b. der Fusionsvertrag;
c. die Auswirkungen der Fusion auf die Rechte und Ansprüche der Versicherten.

Art. 92 Prüfung des Fusionsvertrags

¹ Die beteiligten Vorsorgeeinrichtungen müssen den Fusionsvertrag, den Fusionsbericht und die Bilanz von ihren Kontrollstellen sowie von einer anerkannten Expertin oder einem anerkannten Experten für die berufliche Vorsorge prüfen lassen. Sie können eine gemeinsame Expertin oder einen gemeinsamen Experten bestimmen.

² Die beteiligten Vorsorgeeinrichtungen müssen den mit der Prüfung betrauten Personen alle zweckdienlichen Auskünfte und Unterlagen geben.

³ Die Revisionsstelle und die Expertin oder der Experte für die berufliche Vorsorge erstellen einen Bericht, in dem darzulegen ist, ob die Rechte und Ansprüche der Versicherten gewahrt sind.

Art. 93 Informationspflicht und Einsichtsrecht

¹ Die zuständigen Organe der Vorsorgeeinrichtung haben spätestens bis zum Zeitpunkt der Gewährung des Einsichtsrechts gemäss Absatz 2 die Versicherten über die geplante Fusion und deren Auswirkungen zu informieren. Sie haben die Versicherten in geeigneter Form auf die Möglichkeit der Einsichtnahme hinzuweisen.

² Die beteiligten Vorsorgeeinrichtungen müssen an ihrem Sitz während der 30 Tage vor dem Antrag an die Aufsichtsbehörde den Versicherten Einsicht in den Fusionsvertrag und in den Fusionsbericht gewähren.

Art. 94 Fusionsbeschluss

¹ Die Fusion bedarf der Zustimmung des obersten Leitungsorgans und, bei einer Genossenschaft, überdies der Generalversammlung. Für die erforderlichen Mehrheiten gilt Artikel 18 Absatz 1 Buchstabe d.

² Bei Vorsorgeeinrichtungen des öffentlichen Rechts bleibt Artikel 100 Absatz 3 vorbehalten.

Art. 95 Genehmigung und Vollzug der Fusion

¹ Die obersten Leitungsorgane der Vorsorgeeinrichtungen beantragen bei der zuständigen Aufsichtsbehörde die Genehmigung der Fusion.

² Zuständig ist die Aufsichtsbehörde der übertragenden Vorsorgeeinrichtung.

³ Die Aufsichtsbehörde prüft, ob die Voraussetzungen einer Fusion gegeben sind, und erlässt eine Verfügung. Die Aufsichtsbehörde kann weitere für die Prüfung der Voraussetzungen erforderliche Belege verlangen.

⁴ Nach Eintritt der Rechtskraft der zustimmenden Verfügung meldet die Aufsichtsbehörde die Fusion zur Eintragung in das Handelsregister an.

⁵ Für die Rechtswirksamkeit der Fusion gilt Artikel 22 Absatz 1.

Art. 96 Gläubiger- und Arbeitnehmerschutz

¹ Die Aufsichtsbehörde hat vor Erlass der Verfügung die Gläubigerinnen und Gläubiger der an der Fusion beteiligten Vorsorgeeinrichtungen im Schweizerischen Handelsamtsblatt dreimal darauf hinzuweisen, dass sie unter Anmeldung ihrer Forderungen Sicherstellung verlangen können.

² Die Aufsichtsbehörde kann von einer Aufforderung an die Gläubigerinnen und Gläubiger absehen, wenn keine Forderungen bekannt oder zu erwarten sind, zu deren Befriedigung das freie Vermögen der beteiligten Vorsorgeeinrichtungen nicht ausreicht.

³ Im Falle einer Aufforderung an die Gläubigerinnen und Gläubiger können diese innerhalb von zwei Monaten nach der Veröffentlichung im Schweizerischen Handelsamtsblatt von der übernehmenden Vorsorgeeinrichtung die Sicherstellung ihrer Forderungen verlangen. Die Versicherten haben keinen Anspruch auf Sicherstellung.

⁴ Die Pflicht zur Sicherstellung entfällt, wenn die Vorsorgeeinrichtung nachweist, dass die Erfüllung der angemeldeten Forderung durch die Fusion nicht gefährdet ist. Artikel 25 Absatz 4 findet Anwendung. Im Streitfall entscheidet die Aufsichtsbehörde.

⁵ Der Arbeitnehmerschutz richtet sich nach den Artikeln 27 und 28.

2. Abschnitt: Umwandlung

Art. 97

¹ Vorsorgeeinrichtungen können sich in eine Stiftung umwandeln.[56]

² Die Umwandlung von Vorsorgeeinrichtungen ist nur zulässig, wenn der Vorsorgezweck und die Rechte und Ansprüche der Versicherten gewahrt bleiben.

³ Die Artikel 89–95 finden sinngemäss Anwendung.

3. Abschnitt: Vermögensübertragung

Art. 98

¹ Vorsorgeeinrichtungen können ihr Vermögen oder Teile davon mit Aktiven und Passiven auf andere Vorsorgeeinrichtungen oder Rechtsträger übertragen.

---

[56] Fassung gemäss Ziff. II 2 des BG vom 17. Dez. 2010 (Finanzierung von Vorsorgeeinrichtungen öffentlich-rechtlicher Körperschaften), in Kraft seit 1. Jan. 2014 (AS 2011 3385; BBl 2008 8411).

² Artikel 88 Absatz 2 findet sinngemäss Anwendung. Die Artikel 70–77 finden Anwendung.

³ Vermögensübertragungen im Rahmen einer Teil- oder Gesamtliquidation bedürfen der Genehmigung der Aufsichtsbehörde, wenn dies im Recht der beruflichen Vorsorge vorgesehen ist.

8. Kapitel: Fusion, Umwandlung und Vermögensübertragung unter Beteiligung von Instituten des öffentlichen Rechts

Art. 99 Zulässige Fusionen, Umwandlungen und Vermögensübertragungen

¹ Institute des öffentlichen Rechts können:
a. ihr Vermögen durch Fusion auf Kapitalgesellschaften, Genossenschaften, Vereine oder Stiftungen übertragen;
b. sich in Kapitalgesellschaften, Genossenschaften, Vereine oder Stiftungen umwandeln.

² Institute des öffentlichen Rechts können durch Vermögensübertragung ihr Vermögen oder Teile davon auf andere Rechtsträger übertragen oder das Vermögen oder Teile davon von anderen Rechtsträgern übernehmen.

Art. 100 Anwendbares Recht

¹ Auf die Fusion von privatrechtlichen Rechtsträgern mit Instituten des öffentlichen Rechts, auf die Umwandlung solcher Institute in Rechtsträger des Privatrechts und auf die Vermögensübertragung unter Beteiligung eines Rechtsträgers des öffentlichen Rechts finden die Vorschriften dieses Gesetzes sinngemäss Anwendung. Bei der Fusion und der Umwandlung nach Artikel 99 Absatz 1 kann das öffentliche Recht für den beteiligten Rechtsträger des öffentlichen Rechts abweichende Vorschriften vorsehen. Die Artikel 99–101 finden jedoch in jedem Fall Anwendung, ausgenommen für konzessionierte Verkehrs- und Infrastrukturunternehmen, soweit das öffentliche Recht eine abweichende Regelung vorsieht.[57]

² Institute des öffentlichen Rechts müssen in einem Inventar die Gegenstände des Aktiv- und des Passivvermögens, die von der Fusion, der Umwandlung oder der Vermögensübertragung erfasst werden, eindeutig bezeichnen und bewerten. Grundstücke, Wertpapiere und immaterielle Werte sind einzeln aufzuführen. Das Inventar muss von einer zugelassenen Revisionsexpertin oder einem zugelassenen Revisionsexperten geprüft werden, sofern nicht in

---

57 Fassung des Satzes gemäss Ziff. II 4 des BG über die Bahnreform 2 vom 20. März 2009, in Kraft seit 1. Jan. 2010 (AS 2009 5597; BBl 2005 2415, 2007 2681).

anderer Weise sichergestellt ist, dass die Erstellung und die Bewertung des Inventars den anerkannten Rechnungslegungsgrundsätzen entsprechen.[58]

³ Die Beschlussfassung des Rechtsträgers des öffentlichen Rechts zur Fusion, Umwandlung oder Vermögensübertragung richtet sich nach den öffentlich-rechtlichen Vorschriften und Grundsätzen des Bundes, der Kantone und der Gemeinden.

Art. 101 Verantwortlichkeit von Bund, Kantonen und Gemeinden

¹ Durch Fusionen, Umwandlungen und Vermögensübertragungen von Instituten des öffentlichen Rechts dürfen keine Gläubigerinnen und Gläubiger geschädigt werden. Der Bund, die Kantone und die Gemeinden müssen Vorkehrungen treffen, damit Ansprüche im Sinne der Artikel 26, 68 Absatz 1 und 75 erfüllt werden können.

² Für Schäden, welche auf mangelhafte Vorkehrungen zurückzuführen sind, haften Bund, Kantone und Gemeinden nach den für sie massgebenden Vorschriften.

9. Kapitel: Gemeinsame Vorschriften

1. Abschnitt: Ausführungsbestimmungen

Art. 102

Der Bundesrat erlässt Vorschriften über:
a. die Einzelheiten der Eintragung ins Handelsregister und die einzureichenden Belege;
b. die Einzelheiten der Eintragung ins Grundbuch und die einzureichenden Belege.

2. Abschnitt: Handänderungsabgaben

Art. 103

Die Erhebung von kantonalen und kommunalen Handänderungsabgaben ist bei Umstrukturierungen im Sinne von Artikel 8 Absatz 3 und Artikel 24 Absätze 3 und 3^{quater} des Bundesgesetzes vom 14. Dezember 1990[59] über die Harmonisierung der direkten Steuern der Kantone und Gemeinden ausgeschlossen. Kostendeckende Gebühren bleiben vorbehalten.

---

58 Fassung des Satzes gemäss Anhang Ziff. 2 des BG vom 16. Dez. 2005 (GmbH-Recht sowie Anpassungen im Aktien-, Genossenschafts-, Handelsregister- und Firmenrecht), in Kraft seit 1. Jan. 2008 (AS 2007 4791; BBl 2002 3148, 2004 3969).

59 SR 642.14

3. Abschnitt: Anmeldung beim Grundbuchamt

Art. 104

¹ Der übernehmende Rechtsträger oder, im Falle der Umwandlung, der Rechtsträger, der seine Rechtsform ändert, muss alle Änderungen, die sich für das Grundbuch aus der Fusion, der Spaltung oder der Umwandlung ergeben, innert dreier Monate vom Eintritt der Rechtswirksamkeit an beim Grundbuchamt anmelden, sofern nicht die kürzere Frist nach Absatz 2 gilt.

² Der übernehmende Rechtsträger muss den Übergang des Eigentums an einem Grundstück umgehend nach Eintritt der Rechtswirksamkeit beim Grundbuchamt anmelden, wenn:
a. bei einer Fusion von Vereinen oder von Stiftungen der übertragende Rechtsträger nicht im Handelsregister eingetragen ist;
b. das Grundstück durch Abspaltung auf ihn übergegangen ist;
c. das Grundstück durch Vermögensübertragung auf ihn übergegangen ist.

³ In den Fällen nach Absatz 2 Buchstaben a und b bedarf es als Ausweis für die Eigentumsübertragung für das Grundbuch einer öffentlichen Urkunde über die Tatsache, dass das Eigentum an den Grundstücken auf den übernehmenden Rechtsträger übergegangen ist.

⁴ Die Urkundsperson, welche eine Feststellungsurkunde nach Absatz 3 oder eine öffentliche Urkunde nach Artikel 70 Absatz 2 errichtet, ist namens des übernehmenden Rechtsträgers zur Anmeldung bei den Grundbuchämtern befugt.

4. Abschnitt: Überprüfung der Anteils- und Mitgliedschaftsrechte

Art. 105

¹ Wenn bei einer Fusion, einer Spaltung oder einer Umwandlung die Anteils- oder Mitgliedschaftsrechte nicht angemessen gewahrt sind oder die Abfindung nicht angemessen ist, kann jede Gesellschafterin und jeder Gesellschafter innerhalb von zwei Monaten nach der Veröffentlichung des Fusions-, des Spaltungs- oder des Umwandlungsbeschlusses verlangen, dass das Gericht eine angemessene Ausgleichszahlung festsetzt. Für die Festsetzung der Ausgleichszahlung gilt Artikel 7 Absatz 2 nicht.

² Das Urteil hat Wirkung für alle Gesellschafterinnen und Gesellschafter des beteiligten Rechtsträgers, sofern sie sich in der gleichen Rechtsstellung wie die Klägerin oder der Kläger befinden.

³ Die Kosten des Verfahrens trägt der übernehmende Rechtsträger. Wenn besondere Umstände es rechtfertigen, kann das Gericht die Kosten ganz oder teilweise den Klägerinnen und Klägern auferlegen.

⁴ Die Klage auf Überprüfung der Wahrung der Anteils- oder Mitgliedschaftsrechte hindert die Rechtswirksamkeit des Fusions-, des Spaltungs- oder des Umwandlungsbeschlusses nicht.

5. Abschnitt: Anfechtung von Fusionen, Spaltungen, Umwandlungen und Vermögensübertragungen durch Gesellschafterinnen und Gesellschafter

Art. 106 Grundsatz

¹ Sind die Vorschriften dieses Gesetzes verletzt, so können Gesellschafterinnen und Gesellschafter der beteiligten Rechtsträger, die dem Beschluss über die Fusion, die Spaltung oder die Umwandlung nicht zugestimmt haben, den Beschluss innerhalb von zwei Monaten nach der Veröffentlichung im Schweizerischen Handelsamtsblatt anfechten. Wenn keine Veröffentlichung erforderlich ist, beginnt die Frist mit der Beschlussfassung.

² Gesellschafterinnen und Gesellschafter können den Beschluss auch anfechten, wenn er vom obersten Leitungs- oder Verwaltungsorgan gefasst wurde.

Art. 107 Folgen eines Mangels

¹ Kann ein Mangel behoben werden, so räumt das Gericht den betroffenen Rechtsträgern dazu eine Frist ein.

² Wird ein Mangel innerhalb der angesetzten Frist nicht behoben oder kann er nicht behoben werden, so hebt das Gericht den Beschluss auf und ordnet die erforderlichen Massnahmen an.

6. Abschnitt: Verantwortlichkeit

Art. 108

¹ Alle mit der Fusion, der Spaltung, der Umwandlung oder der Vermögensübertragung befassten Personen sind sowohl den Rechtsträgern als auch den einzelnen Gesellschafterinnen und Gesellschaftern sowie den Gläubigerinnen und Gläubigern für den Schaden verantwortlich, den sie durch absichtliche oder fahrlässige Verletzung ihrer Pflichten verursachen. Die Verantwortung der Gründerinnen und Gründer bleibt vorbehalten.

² Alle mit der Prüfung der Fusion, der Spaltung oder der Umwandlung befassten Personen sind sowohl den Rechtsträgern als auch den einzelnen Gesellschafterinnen und Gesellschaftern sowie Gläubigerinnen und Gläubigern für den Schaden verantwortlich, den sie durch absichtliche oder fahrlässige Verletzung ihrer Pflichten verursachen.

³ Die Artikel 756, 759 und 760 des OR⁶⁰ finden Anwendung. Im Fall des Konkurses einer Kapitalgesellschaft oder einer Genossenschaft gelten die Artikel 757, 764 Absatz 2, 827 und 920 des OR sinngemäss.

⁴ Die Verantwortlichkeit der Personen, die für ein Institut des öffentlichen Rechts tätig sind, richtet sich nach dem öffentlichen Recht.

10. Kapitel: Schlussbestimmungen

Art. 109 Änderung bisherigen Rechts

Die Änderung bisherigen Rechts wird im Anhang geregelt.

Art. 110 Übergangsbestimmung

Dieses Gesetz findet Anwendung auf Fusionen, Spaltungen, Umwandlungen und Vermögensübertragungen, die nach seinem Inkrafttreten beim Handelsregister zur Eintragung angemeldet werden.

Art. 111 Referendum und Inkrafttreten

¹ Dieses Gesetz untersteht dem fakultativen Referendum.

² Der Bundesrat bestimmt das Inkrafttreten.

³ Artikel 103 tritt fünf Jahre nach den übrigen Bestimmungen dieses Gesetzes in Kraft.

Datum des Inkrafttretens:[61]
Art. 103: 1. Juli 2009
alle übrigen Bestimmungen: 1. Juli 2004

Anhang (Art. 109)

Änderung bisherigen Rechts

Die nachfolgenden Erlasse werden wie folgt geändert:

...[62]

---

60 SR 220
61 BRB vom 21. April 2004
62 Die Änderungen können unter AS 2004 2617 konsultiert werden.

17. Bundesgesetz über die Zulassung und Beaufsichtigung der Revisorinnen und Revisoren
(Revisionsaufsichtsgesetz, RAG)

vom 16. Dezember 2005

Die Bundesversammlung der Schweizerischen Eidgenossenschaft,
gestützt auf die Artikel 95 Absatz 1, 122 Absatz 1 und 123 Absatz 1
der Bundesverfassung[1],
nach Einsicht in die Botschaft des Bundesrates vom 23. Juni 2004[2],
beschliesst:

1. Abschnitt: Gegenstand und Begriffe

Art. 1 Gegenstand und Zweck

[1] Dieses Gesetz regelt die Zulassung und die Beaufsichtigung von Personen, die Revisionsdienstleistungen erbringen.

[2] Es dient der ordnungsgemässen Erfüllung und der Sicherstellung der Qualität von Revisionsdienstleistungen.

[3] Spezialgesetzliche Vorschriften bleiben vorbehalten.

Art. 2 Begriffe

In diesem Gesetz gelten als:
a.[3] *Revisionsdienstleistungen:*
  1. Prüfungen und Bestätigungen, die nach bundesrechtlichen Vorschriften durch eine zugelassene Revisorin, einen zugelassenen Revisor, eine zugelassene Revisionsexpertin, einen zugelassenen Revisionsexperten oder ein staatlich beaufsichtigtes Revisionsunternehmen vorgenommen werden müssen,

---

SR 221.302. AS 2007 3971
1 SR 101
2 BBl 2004 3969
3 Fassung gemäss Ziff. I des BG vom 20. Juni 2014 (Bündelung der Aufsicht über Revisionsunternehmen und Prüfgesellschaften), in Kraft seit 1. Jan. 2015 (AS 2014 4073; BBl 2013 6857).

2. Prüfungen, die nach Artikel 24 Absatz 1 Buchstabe a des Finanzmarktaufsichtsgesetzes vom 22. Juni 2007[4] (FINMAG) durch eine zugelassene Prüfgesellschaft vorgenommen werden;
b. *Revisionsunternehmen:* im Handelsregister eingetragene Einzelunternehmen, Personengesellschaften oder juristische Personen, die Revisionsdienstleistungen erbringen;
c.[5] *Gesellschaften des öffentlichen Interesses:*
 1. Publikumsgesellschaften im Sinne von Artikel 727 Absatz 1 Ziffer 1 des Obligationenrechts (OR)[6],
 2. Beaufsichtigte im Sinn von Artikel 3 FINMAG, die eine nach Artikel 9*a* des vorliegenden Gesetzes zugelassene Prüfgesellschaft mit einer Prüfung nach Artikel 24 FINMAG beauftragen müssen.

2. Abschnitt: Allgemeine Bestimmungen über die Zulassung zur Erbringung von Revisionsdienstleistungen

Art. 3 Grundsatz

¹ Natürliche Personen und Revisionsunternehmen, die Revisionsdienstleistungen im Sinne von Artikel 2 Buchstabe a erbringen, bedürfen einer Zulassung.

² Natürliche Personen werden unbefristet, Revisionsunternehmen für die Dauer von fünf Jahren zugelassen.

Art. 4 Voraussetzungen für Revisionsexpertinnen und Revisionsexperten

¹ Eine natürliche Person wird als Revisionsexpertin oder Revisionsexperte zugelassen, wenn sie die Anforderungen an Ausbildung und Fachpraxis erfüllt und über einen unbescholtenen Leumund verfügt.

² Die Anforderungen an Ausbildung und Fachpraxis erfüllen:
a. eidgenössisch diplomierte Wirtschaftsprüferinnen und Wirtschaftsprüfer;
b. eidgenössisch diplomierte Treuhandexpertinnen und Treuhandexperten, Steuerexpertinnen und Steuerexperten sowie Expertinnen und Experten in Rechnungslegung und Controlling, je mit mindestens fünf Jahren Fachpraxis;
c. Absolventinnen und Absolventen eines Universitäts- oder Fachhochschulstudiums in Betriebs-, Wirtschafts- oder Rechtswissenschaften an einer schweizerischen Hochschule, Fachleute im Finanz- und Rechnungswesen mit eidgenössischem Fachausweis sowie Treuhänderinnen und Treuhän-

---

4 SR 956.1
5 Fassung gemäss Ziff. I des BG vom 20. Juni 2014 (Bündelung der Aufsicht über Revisionsunternehmen und Prüfgesellschaften), in Kraft seit 1. Jan. 2015 (AS 2014 4073; BBl 2013 6857).
6 SR 220

der mit eidgenössischem Fachausweis, je mit mindestens zwölf Jahren Fachpraxis;

d. Personen, die eine den in den Buchstaben a, b oder c aufgeführten vergleichbare ausländische Ausbildung abgeschlossen haben, die entsprechende Fachpraxis aufweisen und die notwendigen Kenntnisse des schweizerischen Rechts nachweisen, sofern ein Staatsvertrag mit dem Herkunftsstaat dies so vorsieht oder der Herkunftsstaat Gegenrecht hält.

³ Der Bundesrat kann weitere gleichwertige Ausbildungsgänge zulassen und die Dauer der notwendigen Fachpraxis bestimmen.

⁴ Die Fachpraxis muss vorwiegend auf den Gebieten des Rechnungswesens und der Rechnungsrevision erworben worden sein, davon mindestens zwei Drittel unter Beaufsichtigung durch eine zugelassene Revisionsexpertin oder einen zugelassenen Revisionsexperten oder durch eine ausländische Fachperson mit vergleichbarer Qualifikation. Fachpraxis während der Ausbildung wird angerechnet, wenn diese Voraussetzungen erfüllt sind.

Art. 5 Voraussetzungen für Revisorinnen und Revisoren

¹ Eine natürliche Person wird als Revisorin oder Revisor zugelassen, wenn sie:
a. über einen unbescholtenen Leumund verfügt;
b. eine Ausbildung nach Artikel 4 Absatz 2 abgeschlossen hat;
c. eine Fachpraxis von einem Jahr nachweist.

² Die Fachpraxis muss vorwiegend auf den Gebieten des Rechnungswesens und der Rechnungsrevision erworben worden sein, dies unter Beaufsichtigung durch eine zugelassene Revisorin oder einen zugelassenen Revisor oder durch eine ausländische Fachperson mit vergleichbarer Qualifikation. Fachpraxis während der Ausbildung wird angerechnet, wenn diese Voraussetzungen erfüllt sind.

Art. 6 Voraussetzungen für Revisionsunternehmen

¹ Ein Revisionsunternehmen wird als Revisionsexperte oder als Revisor zugelassen, wenn:
a. die Mehrheit der Mitglieder seines obersten Leitungs- oder Verwaltungsorgans sowie seines Geschäftsführungsorgans über die entsprechende Zulassung verfügt;
b. mindestens ein Fünftel der Personen, die an der Erbringung von Revisionsdienstleistungen beteiligt sind, über die entsprechende Zulassung verfügt;
c. sichergestellt ist, dass alle Personen, die Revisionsdienstleistungen leiten, über die entsprechende Zulassung verfügen;
d. die Führungsstruktur gewährleistet, dass die einzelnen Mandate genügend überwacht werden.

² Finanzkontrollen der öffentlichen Hand werden als Revisionsunternehmen zugelassen, wenn sie die Anforderungen nach Absatz 1 erfüllen. Die Zulassung als staatlich beaufsichtigte Revisionsunternehmen ist nicht möglich.

3. Abschnitt: Besondere Bestimmungen über die Zulassung zur Erbringung von Revisionsdienstleistungen für Gesellschaften des öffentlichen Interesses[7]

Art. 7 Grundsatz

¹ Revisionsunternehmen, die Revisionsdienstleistungen für Gesellschaften des öffentlichen Interesses erbringen, bedürfen einer besonderen Zulassung und stehen unter staatlicher Aufsicht (staatlich beaufsichtigte Revisionsunternehmen).

² Andere Revisionsunternehmen werden auf Gesuch hin ebenfalls als staatlich beaufsichtigte Revisionsunternehmen zugelassen, wenn sie die gesetzlichen Voraussetzungen erfüllen.

³ Die Zulassung erfolgt zeitlich unbefristet.[8]

Art. 8 Sonderfälle im internationalen Verhältnis

¹ Einer Zulassung als staatlich beaufsichtigtes Revisionsunternehmen bedürfen auch Revisionsunternehmen, die Revisionsdienstleistungen im Sinne von Artikel 2 Buchstabe a Ziffer 1 oder diesen vergleichbare Dienstleistungen nach ausländischem Recht erbringen für:[9]
a. Gesellschaften nach ausländischem Recht, deren Beteiligungspapiere an einer Schweizer Börse kotiert sind;
b.[10] Gesellschaften nach ausländischem Recht, deren Anleihensobligationen an einer Schweizer Börse kotiert sind;
c. und d.[11] ...

² Die Zulassungspflicht entfällt, wenn das Revisionsunternehmen einer vom Bundesrat anerkannten ausländischen Revisionsaufsichtsbehörde untersteht.

---

7 Ausdruck gemäss Ziff. I des BG vom 20. Juni 2014 (Bündelung der Aufsicht über Revisionsunternehmen und Prüfgesellschaften), in Kraft seit 1. Jan. 2015 (AS 2014 4073; BBl 2013 6857). Die Änderung wurde im ganzen Text vorgenommen.
8 Eingefügt durch Anhang Ziff. II 3 des Finanzinstitutsgesetzes vom 15. Juni 2018, in Kraft seit 1. Jan. 2020 (AS 2018 5247, 2019 4631; BBl 2015 8901).
9 Fassung gemäss Ziff. I des BG vom 20. Juni 2014 (Bündelung der Aufsicht über Revisionsunternehmen und Prüfgesellschaften), in Kraft seit 1. Okt. 2015 (AS 2014 4073, 2015 2437; BBl 2013 6857).
10 Fassung gemäss Ziff. I des BG vom 30. Sept. 2016 (Extraterritorialer Geltungsbereich der Revisionsaufsicht), in Kraft seit 1. Okt. 2017 (AS 2017 4859; BBl 2015 5717).
11 Nie in Kraft getreten / gegenstandslos

³ Die Zulassungspflicht entfällt zudem für Revisionsunternehmen, die Revisionsdienstleistungen erbringen für eine Gesellschaft nach Absatz 1 Buchstabe b, wenn:
a. deren Anleihensobligationen durch eine Gesellschaft garantiert werden, die über ein Revisionsunternehmen verfügt, das entweder Absatz 1 oder 2 erfüllt; oder
b. die Investorinnen und Investoren ausdrücklich darauf hingewiesen werden, dass das Revisionsunternehmen nicht staatlich beaufsichtigt wird.[12]

⁴ Die Revisionsunternehmen, für die die Zulassungspflicht nach Absatz 2 entfällt, müssen sich bei der Aufsichtsbehörde melden. Der Bundesrat regelt diese Meldepflicht.[13]

⁵ Die Aufsichtsbehörde regelt, wie bekannt gemacht werden muss, dass ein Revisionsunternehmen nicht staatlich beaufsichtigt wird.[14]

Art. 9 Voraussetzungen

¹ Revisionsunternehmen werden zur Erbringung von Revisionsdienstleistungen für Gesellschaften des öffentlichen Interesses zugelassen, wenn sie:
a. die Voraussetzungen für die Zulassung als Revisionsexperten erfüllen;
b. gewährleisten, dass sie die rechtlichen Pflichten[15] einhalten;
c. für die Haftungsrisiken ausreichend versichert sind.

² Die Aufsichtsbehörde kann die Zulassung eines Revisionsunternehmens auf der Grundlage einer ausländischen Zulassung erteilen, wenn die Anforderungen dieses Gesetzes erfüllt sind.

Art. 9a[16] Voraussetzungen für die Zulassung zur Prüfung nach den Finanzmarktgesetzen

¹ Ein Revisionsunternehmen wird als Prüfgesellschaft für Prüfungen nach Artikel 2 Buchstabe a Ziffer 2 zugelassen, wenn es:
a. nach Artikel 9 Absatz 1 zugelassen ist;
b. für diese Prüfungen ausreichend organisiert ist; und
c. keine andere nach den Finanzmarktgesetzen (Art. 1 Abs. 1 FINMAG[17]) bewilligungspflichtige Tätigkeit ausübt.

---

12 Fassung gemäss Ziff. I des BG vom 30. Sept. 2016 (Extraterritorialer Geltungsbereich der Revisionsaufsicht), in Kraft seit 1. Okt. 2017 (AS 2017 4859; BBl 2015 5717).
13 Eingefügt durch Ziff. I des BG vom 30. Sept. 2016 (Extraterritorialer Geltungsbereich der Revisionsaufsicht), in Kraft seit 1. Okt. 2017 (AS 2017 4859; BBl 2015 5717).
14 Eingefügt durch Ziff. I des BG vom 30. Sept. 2016 (Extraterritorialer Geltungsbereich der Revisionsaufsicht), in Kraft seit 1. Okt. 2017 (AS 2017 4859; BBl 2015 5717).
15 Ausdruck gemäss Ziff. I des BG vom 20. Juni 2014 (Bündelung der Aufsicht über Revisionsunternehmen und Prüfgesellschaften), in Kraft seit 1. Jan. 2015 (AS 2014 4073; BBl 2013 6857). Die Änderung wurde im ganzen Text vorgenommen.
16 Eingefügt durch Ziff. I des BG vom 20. Juni 2014 (Bündelung der Aufsicht über Revisionsunternehmen und Prüfgesellschaften), in Kraft seit 1. Jan. 2015 (AS 2014 4073; BBl 2013 6857).
17 SR 956.1

² Eine Person wird zur Leitung von Prüfungen nach Artikel 2 Buchstabe a Ziffer 2 (leitende Prüferin oder leitender Prüfer) zugelassen, wenn sie:
a. als Revisionsexpertin oder -experte nach Artikel 4 zugelassen ist; und
b. das nötige Fachwissen und die nötige Praxiserfahrung für die Prüfung nach den Finanzmarktgesetzen (Art. 1 Abs. 1 FINMAG) aufweist.

³ Für die Zulassung nach Absatz 2 Buchstabe a kann in Abweichung von Artikel 4 Absatz 4 auch Fachpraxis aus Prüfungen nach Artikel 24 Absatz 1 Buchstaben a und b FINMAG angerechnet werden.

4 ...[18]

4bis Der Bundesrat kann erleichterte Voraussetzungen vorsehen für die Zulassung von Prüfgesellschaften sowie von leitenden Prüferinnen und Prüfern zur Prüfung von Personen nach Artikel 1b des Bankengesetzes vom 8. November 1934[19].[20]

5 ...[21]

Art. 10[22]

4. Abschnitt: Pflichten staatlich beaufsichtigter Revisionsunternehmen

Art. 11 Unabhängigkeit

¹ Über die allgemeinen gesetzlichen Vorschriften zur Unabhängigkeit der Revisionsstelle hinaus (Art. 728 OR[23]) müssen staatlich beaufsichtigte Revisionsunternehmen bei der Erbringung von Revisionsdienstleistungen für Gesellschaften des öffentlichen Interesses folgende Grundsätze einhalten:
a. Die jährlichen Honorare aus Revisions- und anderen Dienstleistungen für eine einzelne Gesellschaft und die mit ihr durch einheitliche Leitung verbundenen Gesellschaften (Konzern) dürfen 10 Prozent ihrer gesamten Honorarsumme nicht übersteigen.
b. Treten Personen, die in einer Gesellschaft eine Entscheidfunktion innehatten oder in leitender Stellung in der Rechnungslegung tätig waren, in ein Revisionsunternehmen über und übernehmen sie dort eine leitende

---

18 Aufgehoben durch Anhang Ziff. II 3 des Finanzinstitutsgesetzes vom 15. Juni 2018, mit Wirkung seit 1. Jan. 2020 (AS 2018 5247, 2019 4631; BBl 2015 8901).
19 SR 952.0
20 Eingefügt durch Anhang Ziff. II 3 des Finanzinstitutsgesetzes vom 15. Juni 2018, in Kraft seit 1. Jan. 2019 (AS 2018 5247; BBl 2015 8901).
21 Aufgehoben durch Anhang Ziff. II 3 des Finanzinstitutsgesetzes vom 15. Juni 2018, mit Wirkung seit 1. Jan. 2020 (AS 2018 5247, 2019 4631; BBl 2015 8901).
22 Aufgehoben durch Ziff. I des BG vom 20. Juni 2014 (Bündelung der Aufsicht über Revisionsunternehmen und Prüfgesellschaften), mit Wirkung seit 1. Jan. 2015 (AS 2014 4073; BBl 2013 6857).
23 SR 220

Stellung, so darf dieses während zwei Jahren ab Übertritt keine Revisionsdienstleistungen für diese Gesellschaft erbringen.

c. Treten Personen, die in einer Gesellschaft in der Rechnungslegung mitgewirkt haben, in ein Revisionsunternehmen über, so dürfen sie während zwei Jahren ab Übertritt keine Revisionsdienstleistungen für diese Gesellschaft leiten.

² Eine Gesellschaft des öffentlichen Interesses darf keine Personen beschäftigen, die während der zwei vorausgegangenen Jahre Revisionsdienstleistungen für diese Gesellschaft geleitet haben oder im betreffenden Revisionsunternehmen eine Entscheidfunktion inne hatten.

Art. 12 Sicherung der Qualität

¹ Die staatlich beaufsichtigten Revisionsunternehmen treffen alle Massnahmen, die zur Sicherung der Qualität ihrer Revisionsdienstleistungen notwendig sind.

² Sie stellen eine geeignete Organisation sicher und erlassen insbesondere schriftliche Weisungen über:

a.[24] die Anstellung, die Aus- und Weiterbildung, die Beurteilung, die Zeichnungsberechtigung und das gebotene Verhalten der Mitarbeiterinnen und Mitarbeiter;
b. die Annahme neuer und die Weiterführung bestehender Aufträge für Revisionsdienstleistungen;
c. die Überwachung der Massnahmen zur Sicherung der Unabhängigkeit und der Qualität.

³ Sie gewährleisten bei den einzelnen Revisionsdienstleistungen insbesondere:
a. die sachgerechte Zuteilung der Aufgaben;
b. die Überwachung der Arbeiten;
c. die Einhaltung der massgebenden Vorschriften und Standards zur Prüfung und zur Unabhängigkeit;
d. eine qualifizierte und unabhängige Nachkontrolle der Prüfungsergebnisse.

Art. 13 Zutrittsgewährung[25]

¹ ...[26]

² Staatlich beaufsichtigte Revisionsunternehmen müssen der Aufsichtsbehörde jederzeit Zutritt zu ihren Geschäftsräumen gewähren.

---

24 Die Änd. gemäss BG vom 20. Juni 2014 über die Weiterbildung, in Kraft seit 1. Jan. 2017, betrifft nur den französischen und den italienischen Text (AS 2016 689; BBl 2013 3729).
25 Fassung gemäss Ziff. I des BG vom 20. Juni 2014 (Bündelung der Aufsicht über Revisionsunternehmen und Prüfgesellschaften), in Kraft seit 1. Jan. 2015 (AS 2014 4073; BBl 2013 6857).
26 Aufgehoben durch Ziff. I des BG vom 20. Juni 2014 (Bündelung der Aufsicht über Revisionsunternehmen und Prüfgesellschaften), mit Wirkung seit 1. Jan. 2015 (AS 2014 4073; BBl 2013 6857).

Art. 14 Meldungen an die Aufsichtsbehörde

¹ Staatlich beaufsichtigte Revisionsunternehmen müssen die Zulassungsunterlagen jedes Jahr jeweils per 30. Juni aktualisieren und bis zum 30. September bei der Aufsichtsbehörde einreichen. Unveränderte gültige Unterlagen müssen nicht erneut eingereicht werden.

² ...[27]

5. Abschnitt: Zulassung und Aufsicht

Art. 15 Zulassung und Registrierung

¹ Die Aufsichtsbehörde entscheidet auf Gesuch hin über die Zulassung von:
a. Revisorinnen und Revisoren;
b. Revisionsexpertinnen und Revisionsexperten;
c. staatlich beaufsichtigten Revisionsunternehmen;
d.[28] Prüfgesellschaften sowie von leitenden Prüferinnen und Prüfern zur Prüfung nach den Finanzmarktgesetzen (Art. 1 Abs. 1 FINMAG[29]) gemäss Artikel 9a.

¹bis Sie kann die Zulassung auf die Erbringung bestimmter Arten von Revisionsdienstleistungen für bestimmte Gesellschaften des öffentlichen Interesses beschränken.[30]

² Sie führt ein Register über die zugelassenen natürlichen Personen und Revisionsunternehmen. Das Register ist öffentlich und wird auf dem Internet publiziert. Der Bundesrat regelt den Inhalt des Registers.

³ Die registrierten natürlichen Personen und Revisionsunternehmen müssen der Aufsichtsbehörde jede Änderung von eingetragenen Tatsachen mitteilen.

Art. 15a[31] Auskunfts- und Meldepflicht

¹ Folgende Personen und Unternehmen müssen der Aufsichtsbehörde alle Auskünfte erteilen und Unterlagen herausgeben, die diese für die Erfüllung ihrer Aufgaben benötigt:
a. die zugelassenen natürlichen Personen und Revisionsunternehmen;

---

27 Aufgehoben durch Ziff. I des BG vom 20. Juni 2014 (Bündelung der Aufsicht über Revisionsunternehmen und Prüfgesellschaften), mit Wirkung seit 1. Jan. 2015 (AS 2014 4073; BBl 2013 6857).
28 Eingefügt durch Ziff. I des BG vom 20. Juni 2014 (Bündelung der Aufsicht über Revisionsunternehmen und Prüfgesellschaften), in Kraft seit 1. Jan. 2015 (AS 2014 4073; BBl 2013 6857).
29 SR 956.1
30 Eingefügt durch Ziff. I des BG vom 20. Juni 2014 (Bündelung der Aufsicht über Revisionsunternehmen und Prüfgesellschaften), in Kraft seit 1. Jan. 2015 (AS 2014 4073; BBl 2013 6857).
31 Eingefügt durch Ziff. I des BG vom 20. Juni 2014 (Bündelung der Aufsicht über Revisionsunternehmen und Prüfgesellschaften), in Kraft seit 1. Jan. 2015 (AS 2014 4073; BBl 2013 6857).

b. die natürlichen Personen, die Mitglied im obersten Leitungs- und Verwaltungsorgan oder im Geschäftsführungsorgan eines Revisionsunternehmens sind und nicht über eine Zulassung der Aufsichtsbehörde verfügen;
c. die Mitarbeiterinnen und Mitarbeiter des Revisionsunternehmens und alle Personen, die von diesem für Revisionsdienstleistungen beigezogen werden;
d. die geprüften Gesellschaften;
e. alle Gesellschaften, die mit der geprüften Gesellschaft einen Konzern bilden und deren Jahresrechnungen konsolidiert werden müssen, sowie deren Revisionsstellen.

² Die Personen und Unternehmen nach Absatz 1 Buchstaben a und b müssen der Aufsichtsbehörde überdies unverzüglich schriftlich Vorkommnisse melden, die für die Zulassung oder die Aufsicht relevant sind.

Art. 15b* Bearbeitung von Personendaten und von Daten juristischer Personen

Zur Erfüllung ihrer gesetzlichen Aufgabe kann die Aufsichtsbehörde Personendaten sowie Daten juristischer Personen, einschliesslich besonders schützenswerter Personendaten im Sinne des Datenschutzgesetzes vom 25. September 2020 und besonders schützenswerter Daten juristischer Personen im Sinne des Regierungs- und Verwaltungsorganisationsgesetzes vom 21. März 1997, bearbeiten.

Art. 16 Überprüfung staatlich beaufsichtigter Revisionsunternehmen

¹ Die Aufsichtsbehörde unterzieht die staatlich beaufsichtigten Revisionsunternehmen mindestens alle drei Jahre einer eingehenden Überprüfung.[32]

1bis ...[33]

1ter Bei Verdacht auf Verstösse gegen rechtliche Pflichten nimmt die Aufsichtsbehörde unabhängig vom Überprüfungszyklus nach Absatz 1 eine entsprechende Überprüfung vor.[34]

² Sie überprüft:
a. die Richtigkeit der Angaben in den Zulassungsunterlagen;

---

* Eingefügt durch Anhang 1 Ziff. II 21 des Datenschutzgesetzes vom 25. Sept. 2020, in Kraft ab 1. Sept. 2023 (AS 2022 491; BBl 2017 6941).

32 Fassung gemäss Ziff. I des BG vom 20. Juni 2014 (Bündelung der Aufsicht über Revisionsunternehmen und Prüfgesellschaften), in Kraft seit 1. Jan. 2015 (AS 2014 4073; BBl 2013 6857).

33 Eingefügt durch Ziff. I des BG vom 20. Juni 2014 (Bündelung der Aufsicht über Revisionsunternehmen und Prüfgesellschaften) (AS 2014 4073; BBl 2013 6857). Aufgehoben durch Anhang Ziff. II 3 des Finanzinstitutsgesetzes vom 15. Juni 2018, mit Wirkung seit 1. Jan. 2020 (AS 2018 5247, 2019 4631; BBl 2015 8901).

34 Eingefügt durch Ziff. I des BG vom 20. Juni 2014 (Bündelung der Aufsicht über Revisionsunternehmen und Prüfgesellschaften) (AS 2014 4073; BBl 2013 6857). Fassung gemäss Anhang Ziff. II 3 des Finanzinstitutsgesetzes vom 15. Juni 2018, in Kraft seit 1. Jan. 2020 (AS 2018 5247, 2019 4631; BBl 2015 8901).

b.[35] die Einhaltung der rechtlichen Pflichten, der von ihr anerkannten Standards zur Prüfung und Qualitätssicherung sowie der Berufsgrundsätze, Standesregeln und gegebenenfalls des Kotierungsreglements;
c. die Qualität der erbrachten Revisionsdienstleistungen durch einzelne Stichproben;
d. die Einhaltung und Umsetzung der von ihr erteilten Anweisungen.

³ Sie erstellt zuhanden des obersten Leitungs- oder Verwaltungsorgans des Revisionsunternehmens einen schriftlichen Bericht über das Ergebnis der Überprüfung.

⁴ Stellt sie Verstösse gegen rechtliche Pflichten fest, so erteilt sie dem staatlich beaufsichtigten Revisionsunternehmen einen schriftlichen Verweis, gibt Anweisungen zur Wiederherstellung des ordnungsgemässen Zustands und setzt ihm dafür eine Frist von höchstens zwölf Monaten. Aus wichtigen Gründen kann sie die Frist angemessen verlängern.

Art. 16a[36] Standards zur Prüfung und Qualitätssicherung

¹ Die staatlich beaufsichtigten Revisionsunternehmen müssen sich bei der Erbringung von Revisionsdienstleistungen nach Artikel 2 Buchstabe a Ziffer 1 an Standards zur Prüfung und Qualitätssicherung halten.

² Die Aufsichtsbehörde bezeichnet die anwendbaren national oder international anerkannten Standards. Bestehen keine Standards oder sind diese unzureichend, so kann sie eigene Standards erlassen oder bestehende Standards ergänzen oder abändern.

Art. 17 Entzug der Zulassung

¹ Erfüllt eine zugelassene natürliche Person oder ein zugelassenes Revisionsunternehmen die Zulassungsvoraussetzungen der Artikel 4–6 oder 9a nicht mehr, so kann die Aufsichtsbehörde die Zulassung befristet oder unbefristet entziehen. Sofern die Zulassungsvoraussetzungen wiederhergestellt werden können, ist der Entzug vorher anzudrohen. Sie erteilt einen schriftlichen Verweis, wenn der Entzug der Zulassung unverhältnismässig ist.[37]

² Erfüllt ein staatlich beaufsichtigtes Revisionsunternehmen die Zulassungsvoraussetzungen nicht mehr oder verletzt es die rechtlichen Pflichten wiederholt oder in grober Weise, so kann ihm die Aufsichtsbehörde die Zulassung befristet oder unbefristet entziehen. Der Entzug ist vorher anzudrohen; dies gilt nicht bei groben Verstössen gegen das Gesetz.

---

35 Fassung gemäss Ziff. I des BG vom 20. Juni 2014 (Bündelung der Aufsicht über Revisionsunternehmen und Prüfgesellschaften), in Kraft seit 1. Jan. 2015 (AS 2014 4073; BBl 2013 6857).
36 Eingefügt durch Ziff. I des BG vom 20. Juni 2014 (Bündelung der Aufsicht über Revisionsunternehmen und Prüfgesellschaften), in Kraft seit 1. Jan. 2015 (AS 2014 4073; BBl 2013 6857).
37 Fassung gemäss Ziff. I des BG vom 20. Juni 2014 (Bündelung der Aufsicht über Revisionsunternehmen und Prüfgesellschaften), in Kraft seit 1. Jan. 2015 (AS 2014 4073; BBl 2013 6857).

³ Die Aufsichtsbehörde informiert die betroffenen Gesellschaften und die Börse über den Entzug der Zulassung.

⁴ Während der Dauer des befristeten Entzugs unterliegt die betroffene natürliche Person oder das betroffene Revisionsunternehmen weiterhin den Auskunfts- und Meldepflichten gemäss Artikel 15a.[38]

Art. 18 Massnahmen gegenüber natürlichen Personen, die für staatlich beaufsichtigte Revisionsunternehmen tätig sind

Verletzt eine natürliche Person, die für ein staatlich beaufsichtigtes Revisionsunternehmen tätig ist, die rechtlichen Pflichten, so erteilt ihr die Aufsichtsbehörde einen schriftlichen Verweis. Bei wiederholten oder groben Verstössen kann ihr die Aufsichtsbehörde die Ausübung ihrer Tätigkeit befristet oder unbefristet verbieten und gegebenenfalls die Zulassung nach Artikel 17 Absatz 1 entziehen.

Art. 19 Information der Öffentlichkeit

¹ Die Aufsichtsbehörde veröffentlicht jährlich einen Bericht über ihre Tätigkeit und Praxis.

² Über laufende und abgeschlossene Verfahren informiert sie nur, wenn dies aus Gründen überwiegender öffentlicher oder privater Interessen erforderlich ist.

Art. 20 Beizug von Drittpersonen

¹ Die Aufsichtsbehörde kann zur Erfüllung ihrer Aufgaben Drittpersonen beiziehen.

² Die beauftragten Drittpersonen müssen vom staatlich beaufsichtigten Revisionsunternehmen und von Gesellschaften, für die dieses Revisionsdienstleistungen erbringt, unabhängig sein.

³ Sie haben über Feststellungen, die sie im Rahmen ihrer Tätigkeit machen, das Geheimnis zu wahren.

Art. 21 Finanzierung

¹ Die Aufsichtsbehörde erhebt für ihre Verfügungen, Überprüfungen und Dienstleistungen Gebühren.

² Zur Deckung der Aufsichtskosten, die nicht durch Gebühren gedeckt sind, erhebt die Aufsichtsbehörde von den staatlich beaufsichtigten Revisionsunternehmen eine jährliche Aufsichtsabgabe. Diese wird auf der Grundlage der Kosten des Rechnungsjahres erhoben und trägt der wirtschaftlichen Bedeutung der staatlich beaufsichtigten Revisionsunternehmen Rechnung.

---

38 Eingefügt durch Ziff. I des BG vom 20. Juni 2014 (Bündelung der Aufsicht über Revisionsunternehmen und Prüfgesellschaften), in Kraft seit 1. Jan. 2015 (AS 2014 4073; BBl 2013 6857).

³ Der Bundesrat regelt die Einzelheiten, insbesondere die Gebührenansätze, die Bemessung der Aufsichtsabgabe und deren Aufteilung auf die beaufsichtigten Revisionsunternehmen.

6. Abschnitt: Amts- und Rechtshilfe

Art. 22 Schweizerische Aufsichtsbehörden[39]

¹ Die Aufsichtsbehörde und die anderen schweizerischen Aufsichtsbehörden müssen einander alle Auskünfte erteilen und Unterlagen übermitteln, die sie für die Durchsetzung der jeweiligen Gesetzgebung benötigen.[40] Sie koordinieren ihre Aufsichtstätigkeiten, um Doppelspurigkeiten zu vermeiden.

² Sie informieren sich gegenseitig über hängige Verfahren und Entscheide, die für die jeweilige Aufsichtstätigkeit von Belang sein können.

Art. 23 Börsen

¹ Die Börse und die Aufsichtsbehörde koordinieren ihre Aufsichtstätigkeiten, um Doppelspurigkeiten zu vermeiden.

² Sie informieren sich gegenseitig über hängige Verfahren und Entscheide, die für die jeweilige Aufsichtstätigkeit von Belang sein können.

³ Können Sanktionen der Aufsichtsbehörde bei Verstössen gegen die Artikel 7 und 8 nicht durchgesetzt werden, so ergreift die Börse die erforderlichen Sanktionen.

Art. 24 Strafverfolgungsbehörden

¹ Die Aufsichtsbehörde und die Strafverfolgungsbehörden müssen einander alle Auskünfte erteilen und Unterlagen übermitteln, die sie für die Durchsetzung dieses Gesetzes benötigen.

² Die Strafverfolgungsbehörde darf von der Aufsichtsbehörde erhaltene Auskünfte und Unterlagen nur im Rahmen des Strafverfahrens verwenden, für das Rechtshilfe gewährt wurde. Sie darf Auskünfte und Unterlagen nicht an Dritte weitergeben.

³ Erhält die Aufsichtsbehörde in Ausübung ihrer dienstlichen Pflichten Kenntnis von strafbaren Handlungen, so benachrichtigt sie die zuständigen Strafverfolgungsbehörden.

⁴ Die Strafverfolgungsbehörden melden der Aufsichtsbehörde sämtliche Verfahren, die im Zusammenhang mit einer von einem staatlich beaufsichtigten Revisionsunternehmen erbrachten Revisionsdienstleistung stehen; sie über-

---

39 Fassung gemäss Anhang Ziff. 1 des Krankenversicherungsaufsichtsgesetzes vom 26. Sept. 2014, in Kraft seit 1. Jan. 2016 (AS 2015 5137; BBl 2012 1941).
40 Fassung gemäss Anhang Ziff. 1 des Krankenversicherungsaufsichtsgesetzes vom 26. Sept. 2014, in Kraft seit 1. Jan. 2016 (AS 2015 5137; BBl 2012 1941).

mitteln ihr die Urteile und die Einstellungsbeschlüsse. Zu melden sind insbesondere Verfahren, die folgende Bestimmungen betreffen:
a. die Artikel 146, 152, 153, 161, 166, 251, 253–255 und 321 des Strafgesetzbuches[41];
b. Artikel 47 des Bankengesetzes vom 8. November 1934[42];
c.[43] Artikel 69 des Finanzinstitutsgesetzes vom 15. Juni 2018[44];
d.[45] Artikel 147 des Finanzmarktinfrastrukturgesetzes vom 19. Juni 2015[46].

Art. 25 Zivilgerichte

Die kantonalen Zivilgerichte und das Bundesgericht melden der Aufsichtsbehörde sämtliche Verfahren betreffend die Revisionshaftung (Art. 755 OR[47]) im Zusammenhang mit einer von einem staatlich beaufsichtigten Revisionsunternehmen erbrachten Revisionsdienstleistung und stellen ihr die Urteile sowie andere Entscheide zu, welche ein solches Verfahren abschliessen.

Art. 25a[48] Selbstregulierungsorganisationen

Die Selbstregulierungsorganisationen (SRO) nach dem Geldwäschereigesetz vom 10. Oktober 1997[49] melden der Aufsichtsbehörde alle Vorkommnisse und übermitteln ihr alle Auskünfte und Unterlagen im Zusammenhang mit einer Prüfgesellschaft oder einer leitenden Prüferin oder einem leitenden Prüfer, welche die Aufsichtsbehörde zur Erfüllung ihrer Aufgaben benötigt.

Art. 26 Zusammenarbeit mit ausländischen Revisionsaufsichtsbehörden

¹ Die Aufsichtsbehörde kann zur Durchsetzung dieses Gesetzes ausländische Revisionsaufsichtsbehörden um Auskünfte und Unterlagen ersuchen.

² Sie darf ausländischen Revisionsaufsichtsbehörden nicht öffentlich zugängliche Auskünfte und Unterlagen übermitteln, sofern diese Behörden:
a. die übermittelten Informationen ausschliesslich zur direkten Beaufsichtigung von Personen und Unternehmen verwenden, die Revisionsdienstleistungen erbringen;

---

41 SR 311.0
42 SR 952.0
43 Fassung gemäss Anhang Ziff. II 3 des Finanzinstitutsgesetzes vom 15. Juni 2018, in Kraft seit 1. Jan. 2020 (AS 2018 5247, 2019 4631; BBl 2015 8901).
44 SR 954.1
45 Eingefügt durch Anhang Ziff. 2 des Finanzmarktinfrastrukturgesetzes vom 19. Juni 2015, in Kraft seit 1. Jan. 2016 (AS 2015 5339; BBl 2014 7483).
46 SR 958.1
47 SR 220
48 Eingefügt durch Anhang Ziff. II 3 des Finanzinstitutsgesetzes vom 15. Juni 2018, in Kraft seit 1. Jan. 2020 (AS 2018 5247, 2019 4631; BBl 2015 8901).
49 SR 955.0

b.[50] an das Amts- oder Berufsgeheimnis gebunden sind, wobei Vorschriften über die Öffentlichkeit von Verfahren und die Orientierung der Öffentlichkeit über solche Verfahren vorbehalten bleiben;

c. die Informationen nur auf Grund einer Ermächtigung in einem Staatsvertrag oder mit vorgängiger Zustimmung der Aufsichtsbehörde an Behörden und an Organe weiterleiten, die im öffentlichen Interesse liegende Aufsichtsaufgaben wahrnehmen und an das Amts- und Berufsgeheimnis gebunden sind.

³ Die Aufsichtsbehörde verweigert die Zustimmung, wenn die Informationen an Strafbehörden oder an Behörden und Organe mit verwaltungsrechtlichen Sanktionsbefugnissen weitergeleitet werden sollen und die Rechtshilfe in Strafsachen wegen der Art der Tat ausgeschlossen wäre. Die Aufsichtsbehörde entscheidet im Einvernehmen mit dem Bundesamt für Justiz.

⁴ Der Bundesrat ist im Rahmen von Absatz 2 befugt, die Zusammenarbeit mit ausländischen Revisionsaufsichtsbehörden in Staatsverträgen zu regeln.

Art. 27 Grenzüberschreitende Prüfungshandlungen

¹ Die Aufsichtsbehörde kann zur Durchsetzung dieses Gesetzes ausländische Revisionsaufsichtsbehörden um die Vornahme von Prüfungshandlungen im Ausland ersuchen. Auf Grund einer Ermächtigung in einem Staatsvertrag oder mit vorgängiger Zustimmung der ausländischen Revisionsaufsichtsbehörde kann sie Prüfungshandlungen im Ausland selbst vornehmen.

² Auf Ersuchen ausländischer Revisionsaufsichtsbehörden kann die Aufsichtsbehörde für diese Prüfungshandlungen im Inland vornehmen, wenn der ersuchende Staat Gegenrecht hält. Artikel 26 Absätze 2 und 3 finden entsprechende Anwendung.[51]

³ Auf Grund einer Ermächtigung in einem Staatsvertrag oder mit vorgängiger Zustimmung der Aufsichtsbehörde können ausländische Revisionsaufsichtsbehörden Prüfungshandlungen in der Schweiz selbst vornehmen, wenn der ersuchende Staat Gegenrecht hält. Artikel 26 Absätze 2 und 3 findet entsprechende Anwendung.

⁴ Die Aufsichtsbehörde kann die ausländische Revisionsaufsichtsbehörde bei deren Aufsichtshandlungen in der Schweiz begleiten. Die betroffene Person oder das betroffene Unternehmen kann eine solche Begleitung verlangen.

⁴ᵇⁱˢ Für Prüfungshandlungen für ausländische Aufsichtsbehörden (Abs. 2) und die Begleitung ausländischer Aufsichtsbehörden bei deren Aufsichtshandlungen in der Schweiz (Abs. 4) verfügt die Aufsichtsbehörde gegenüber dem betroffenen Revisionsunternehmen und den betroffenen geprüften Unterneh-

---

50 Fassung gemäss Ziff. I des BG vom 20. Juni 2014 (Bündelung der Aufsicht über Revisionsunternehmen und Prüfgesellschaften), in Kraft seit 1. Jan. 2015 (AS 2014 4073; BBl 2013 6857).
51 Fassung gemäss Ziff. I des BG vom 20. Juni 2014 (Bündelung der Aufsicht über Revisionsunternehmen und Prüfgesellschaften), in Kraft seit 1. Jan. 2015 (AS 2014 4073; BBl 2013 6857).

men über dieselben Befugnisse wie gegenüber den staatlich beaufsichtigten Revisionsunternehmen und den von diesen geprüften Unternehmen.[52]

[5] Der Bundesrat ist im Rahmen der Absätze 2 und 3 befugt, die Zusammenarbeit mit ausländischen Revisionsaufsichtsbehörden in Staatsverträgen zu regeln.

7. Abschnitt: Organisation der Aufsichtsbehörde

Art. 28 Aufsichtsbehörde

[1] Die Aufsicht nach diesem Gesetz obliegt der Eidgenössischen Revisionsaufsichtsbehörde (Aufsichtsbehörde).

[2] Die Aufsichtsbehörde ist eine öffentlich-rechtliche Anstalt mit eigener Rechtspersönlichkeit. Sie übt die Aufsicht unabhängig aus (Art. 38).[53]

[3] Sie ist in ihrer Organisation sowie in ihrer Betriebsführung selbstständig und führt eine eigene Rechnung.

[4] Die Aufsichtsbehörde wird nach betriebswirtschaftlichen Grundsätzen geführt.[54]

[5] Sie ist im Bereich dieses Gesetzes zur Beschwerde an das Bundesgericht berechtigt.[55]

Art. 29 Organe

Die Organe der Aufsichtsbehörde sind:
a. der Verwaltungsrat;
b.[56] die Geschäftsleitung;
c. die Revisionsstelle.

Art. 30[57] Verwaltungsrat

[1] Der Verwaltungsrat ist das oberste Leitungsorgan. Er besteht aus höchstens fünf fachkundigen und von der Revisionsbranche unabhängigen Mitgliedern.

---

52 Eingefügt durch Ziff. I des BG vom 20. Juni 2014 (Bündelung der Aufsicht über Revisionsunternehmen und Prüfgesellschaften), in Kraft seit 1. Jan. 2015 (AS 2014 4073; BBl 2013 6857).
53 Fassung gemäss Ziff. I des BG vom 20. Juni 2014 (Bündelung der Aufsicht über Revisionsunternehmen und Prüfgesellschaften), in Kraft seit 1. Jan. 2015 (AS 2014 4073; BBl 2013 6857).
54 Eingefügt durch Ziff. I des BG vom 20. Juni 2014 (Bündelung der Aufsicht über Revisionsunternehmen und Prüfgesellschaften), in Kraft seit 1. Jan. 2015 (AS 2014 4073; BBl 2013 6857).
55 Eingefügt durch Ziff. I des BG vom 20. Juni 2014 (Bündelung der Aufsicht über Revisionsunternehmen und Prüfgesellschaften), in Kraft seit 1. Jan. 2015 (AS 2014 4073; BBl 2013 6857).
56 Fassung gemäss Ziff. I des BG vom 20. Juni 2014 (Bündelung der Aufsicht über Revisionsunternehmen und Prüfgesellschaften), in Kraft seit 1. Jan. 2015 (AS 2014 4073; BBl 2013 6857).
57 Fassung gemäss Ziff. I des BG vom 20. Juni 2014 (Bündelung der Aufsicht über Revisionsunternehmen und Prüfgesellschaften), in Kraft seit 1. Jan. 2015 (AS 2014 4073; BBl 2013 6857).

² Die Mitglieder werden für eine Amtsdauer von vier Jahren gewählt. Jedes Mitglied kann zweimal wiedergewählt werden.

³ Der Bundesrat wählt die Mitglieder des Verwaltungsrates und bestimmt die Präsidentin oder den Präsidenten.

⁴ Die Mitglieder des Verwaltungsrates müssen ihre Aufgaben und Pflichten mit aller Sorgfalt erfüllen und die Interessen der Aufsichtsbehörde in guten Treuen wahren.

⁵ Der Bundesrat kann ein Mitglied oder mehrere Mitglieder des Verwaltungsrates aus wichtigen Gründen abberufen.

⁶ Er legt die Entschädigungen der Mitglieder des Verwaltungsrates fest. Für das Honorar der Mitglieder des Verwaltungsrates und die weiteren mit diesen Personen vereinbarten Vertragsbedingungen gilt Artikel 6a Absätze 1–4 des Bundespersonalgesetzes vom 24. März 2000[58] (BPG).

Art. 30a[59] **Aufgaben des Verwaltungsrates**

Der Verwaltungsrat hat folgende Aufgaben:
a. Er erlässt das Organisationsreglement der Aufsichtsbehörde.
b. Er erlässt die strategischen Ziele der Aufsichtsbehörde, unterbreitet sie dem Bundesrat zur Genehmigung und erstattet ihm jährlich Bericht über deren Erreichung.
c. Er erlässt die der Aufsichtsbehörde delegierten Verordnungen.
d. Er trifft die organisatorischen Vorkehren zur Wahrung der Interessen der Aufsichtsbehörde sowie zur Verhinderung von Interessenkonflikten.
e. Er schliesst den Anschlussvertrag mit der Pensionskasse des Bundes (PUBLICA) ab und unterbreitet ihn dem Bundesrat zur Genehmigung.
f. Er regelt die Zusammensetzung, das Wahlverfahren und die Organisation des paritätischen Organs für das Vorsorgewerk.
g. Er entscheidet über die Begründung, die Änderung und die Auflösung des Arbeitsverhältnisses mit der Direktorin oder dem Direktor; die Begründung und die Auflösung des Arbeitsverhältnisses mit der Direktorin oder dem Direktor bedürfen der Genehmigung durch den Bundesrat.
h. Er entscheidet auf Antrag der Direktorin oder des Direktors über die Begründung, die Änderung und die Auflösung des Arbeitsverhältnisses der weiteren Mitglieder der Geschäftsleitung.
i. Er beaufsichtigt die Geschäftsleitung.
j. Er sorgt für ein der Aufsichtsbehörde angepasstes internes Kontrollsystem und Risikomanagement.
k. Er bestimmt die Verwendung der Reserven.
l. Er verabschiedet das Budget.

---
58 SR 172.220.1
59 Eingefügt durch Ziff. I des BG vom 20. Juni 2014 (Bündelung der Aufsicht über Revisionsunternehmen und Prüfgesellschaften), in Kraft seit 1. Jan. 2015 (AS 2014 4073; BBl 2013 6857).

m. Er erstellt und verabschiedet für jedes Geschäftsjahr einen Geschäftsbericht; er unterbreitet den revidierten Geschäftsbericht dem Bundesrat zur Genehmigung; gleichzeitig stellt er dem Bundesrat Antrag auf Entlastung und veröffentlicht den Geschäftsbericht nach der Genehmigung.

Art. 31[60] Geschäftsleitung

¹ Die Geschäftsleitung ist das operative Organ. Sie steht unter der Leitung einer Direktorin oder eines Direktors.

² Sie hat insbesondere folgende Aufgaben:
a. Sie führt die Geschäfte.
b. Sie erlässt die Verfügungen nach Massgabe des Organisationsreglements des Verwaltungsrates.
c. Sie erarbeitet die Entscheidgrundlagen des Verwaltungsrates.
d. Sie berichtet dem Verwaltungsrat regelmässig, bei besonderen Ereignissen ohne Verzug.
e. Sie vertritt die Aufsichtsbehörde gegen aussen.
f. Sie entscheidet über die Begründung, die Änderung und die Auflösung der Arbeitsverhältnisse der Angestellten der Aufsichtsbehörde; vorbehalten bleibt Artikel 30a Buchstaben g und h.
g. Sie kann in internationalen Organisationen und Gremien mitwirken, die Angelegenheiten der Revisionsaufsicht behandeln.
h. Sie erfüllt alle Aufgaben, die dieses Gesetz nicht einem anderen Organ zuweist.

Art. 32[61] Revisionsstelle

¹ Die Eidgenössische Finanzkontrolle ist die externe Revisionsstelle.

² Für die Revisionsstelle und die Revision sind die Bestimmungen des Aktienrechts sinngemäss anzuwenden.

Art. 33 Personal

¹ Die Aufsichtsbehörde stellt ihr Personal privatrechtlich an.

² ...[62]

³ Für den Lohn der Direktorin oder des Direktors sowie der Angehörigen des geschäftsleitenden Kaders und des weiteren Personals, das in vergleichbarer Weise entlöhnt wird, sowie für die weiteren mit diesen Personen vereinbarten

---

60 Fassung gemäss Ziff. I des BG vom 20. Juni 2014 (Bündelung der Aufsicht über Revisionsunternehmen und Prüfgesellschaften), in Kraft seit 1. Jan. 2015 (AS 2014 4073; BBl 2013 6857).
61 Fassung gemäss Ziff. I des BG vom 20. Juni 2014 (Bündelung der Aufsicht über Revisionsunternehmen und Prüfgesellschaften), in Kraft seit 1. Jan. 2015 (AS 2014 4073; BBl 2013 6857).
62 Aufgehoben durch Ziff. I des BG vom 20. Juni 2014 (Bündelung der Aufsicht über Revisionsunternehmen und Prüfgesellschaften), mit Wirkung seit 1. Jan. 2015 (AS 2014 4073; BBl 2013 6857).

Vertragsbedingungen findet Artikel 6a Absätze 1–4 BPG[63] entsprechende Anwendung.[64]

Art. 33a[65] Pensionskasse

[1] Die Geschäftsleitung und das übrige Personal sind bei PUBLICA nach den Bestimmungen der Artikel 32a–32m BPG[66] versichert.

[2] Die Aufsichtsbehörde ist Arbeitgeberin nach Artikel 32b Absatz 2 BPG.

Art. 34[67] Amtsgeheimnis

[1] Die Angestellten und Mitglieder der Organe sind zur Verschwiegenheit über amtliche Angelegenheiten verpflichtet.

[2] Die Pflicht zur Verschwiegenheit bleibt nach Beendigung des Arbeitsverhältnisses oder der Zugehörigkeit zu einem Organ der Aufsichtsbehörde bestehen.

[3] Die Angestellten und die Mitglieder der Organe der Aufsichtsbehörde dürfen sich ohne Ermächtigung der Aufsichtsbehörde bei Einvernahmen und in Gerichtsverfahren als Partei, Zeuginnen und Zeugen oder Sachverständige nicht über Wahrnehmungen äussern, die sie bei der Erfüllung ihrer Aufgaben gemacht haben und die sich auf ihre amtlichen Aufgaben beziehen.

Art. 34a[68] Anzeigepflichten, Anzeigerechte und Schutz

[1] Die Angestellten sind verpflichtet, alle von Amtes wegen zu verfolgenden Verbrechen oder Vergehen, die auf behördeninternen Sachverhalten basieren und die sie bei ihrer amtlichen Tätigkeit festgestellt haben oder ihnen gemeldet worden sind, ihren Vorgesetzten, dem Verwaltungsrat, der Eidgenössischen Finanzkontrolle oder den Strafverfolgungsbehörden anzuzeigen.

[2] Die Anzeigepflicht entfällt für Personen, die nach den Artikeln 113 Absatz 1, 168 und 169 der Strafprozessordnung[69] zur Aussage- oder Zeugnisverweigerung berechtigt sind.

[3] Die Angestellten sind berechtigt, andere Unregelmässigkeiten, die sie bei ihrer behördeninternen amtlichen Tätigkeit festgestellt haben oder die ihnen gemeldet worden sind, ihren Vorgesetzten, dem Verwaltungsrat oder der Eidgenössischen Finanzkontrolle zu melden.

---

63 SR 172.220.1
64 Fassung gemäss Ziff. I des BG vom 20. Juni 2014 (Bündelung der Aufsicht über Revisionsunternehmen und Prüfgesellschaften), in Kraft seit 1. Jan. 2015 (AS 2014 4073; BBl 2013 6857).
65 Eingefügt durch Ziff. I des BG vom 20. Juni 2014 (Bündelung der Aufsicht über Revisionsunternehmen und Prüfgesellschaften), in Kraft seit 1. Jan. 2015 (AS 2014 4073; BBl 2013 6857).
66 SR 172.220.1
67 Fassung gemäss Ziff. I des BG vom 20. Juni 2014 (Bündelung der Aufsicht über Revisionsunternehmen und Prüfgesellschaften), in Kraft seit 1. Jan. 2015 (AS 2014 4073; BBl 2013 6857).
68 Eingefügt durch Ziff. I des BG vom 20. Juni 2014 (Bündelung der Aufsicht über Revisionsunternehmen und Prüfgesellschaften), in Kraft seit 1. Jan. 2015 (AS 2014 4073; BBl 2013 6857).
69 SR 312.0

⁴ Wer in guten Treuen eine Anzeige oder Meldung erstattet hat, darf deswegen nicht in seiner beruflichen Stellung benachteiligt werden.

⁵ Die Anzeigepflicht bei behördenexternen Sachverhalten richtet sich nach Artikel 24 Absatz 3.

Art. 34b[70] Geschäftsbericht

¹ Der Geschäftsbericht enthält den Tätigkeitsbericht (Art. 19 Abs. 1), die Jahresrechnung und den Revisionsbericht.

² Die Jahresrechnung setzt sich zusammen aus der Bilanz, der Erfolgsrechnung und dem Anhang.

Art. 35 Rechnungswesen

¹ Der Voranschlag und die Jahresrechnung der Aufsichtsbehörde werden unabhängig vom Voranschlag und von der Rechnung des Bundes geführt.

² Auf die Rechnungslegung sind die Bestimmungen zur kaufmännischen Buchführung und Rechnungslegung nach OR[71] sinngemäss anzuwenden.[72]

³ Die Aufsichtsbehörde bildet die für die Ausübung ihrer Aufsichtstätigkeit erforderlichen Reserven im Umfang von höchstens einem Jahresbudget.

Art. 36 Tresorerie

¹ Die Aufsichtsbehörde verfügt beim Bund über ein Kontokorrent und legt die überschüssigen Gelder beim Bund zu Marktzinsen an.

² Der Bund gewährt der Aufsichtsbehörde für deren Aufbau sowie zur Sicherstellung ihrer Zahlungsfähigkeit Darlehen zu Marktzinsen.

Art. 36a[73] Verantwortlichkeit

¹ Die Verantwortlichkeit der Aufsichtsbehörde, ihrer Organe, ihres Personals sowie der von der Aufsichtsbehörde beigezogenen Drittpersonen richtet sich unter Vorbehalt von Absatz 2 nach dem Verantwortlichkeitsgesetz vom 14. März 1958[74].

² Die Aufsichtsbehörde haftet nur, wenn:
a. sie wesentliche Amtspflichten verletzt hat; und
b. Schäden nicht auf Pflichtverletzungen einer Revisorin, eines Revisors, einer Revisionsexpertin, eines Revisionsexperten oder eines Revisionsunternehmens zurückzuführen sind.

---

70 Eingefügt durch Ziff. I des BG vom 20. Juni 2014 (Bündelung der Aufsicht über Revisionsunternehmen und Prüfgesellschaften), in Kraft seit 1. Jan. 2015 (AS 2014 4073; BBl 2013 6857).
71 SR 220
72 Fassung gemäss Ziff. I des BG vom 20. Juni 2014 (Bündelung der Aufsicht über Revisionsunternehmen und Prüfgesellschaften), in Kraft seit 1. Jan. 2015 (AS 2014 4073; BBl 2013 6857).
73 Eingefügt durch Anhang Ziff. 3 des BG vom 23. Dez. 2011 (Rechnungslegungsrecht), in Kraft seit 1. Jan. 2013 (AS 2012 6679; BBl 2008 1589).
74 SR 170.32

²ᵇⁱˢ Die Verantwortlichkeit der nach Artikel 24 Absatz 1 Buchstabe a des FINMAG[75] beauftragten Prüfgesellschaften richtet sich nach den Bestimmungen des Aktienrechts (Art. 752–760 OR[76]).[77]

Art. 37 Steuerbefreiung

Die Aufsichtsbehörde ist von jeder Besteuerung durch den Bund, die Kantone und die Gemeinden befreit.

Art. 38[78] Fachliche Unabhängigkeit und Aufsicht

¹ Die Aufsichtsbehörde erfüllt ihre Aufgaben fachlich unabhängig.

² Sie untersteht der administrativen Aufsicht des Bundesrats. Dieser übt seine Aufsicht insbesondere aus durch:

a. die Wahl und die Abberufung der Mitglieder des Verwaltungsrates und von dessen Präsidentin oder Präsidenten;
b. die Genehmigung der Begründung und der Auflösung des Arbeitsverhältnisses mit der Direktorin oder mit dem Direktor;
c. die Genehmigung des Anschlussvertrags mit PUBLICA;
d. die Genehmigung des Geschäftsberichts;
e. die Genehmigung der strategischen Ziele;
f. die jährliche Überprüfung der Erreichung der strategischen Ziele;
g. die Entlastung des Verwaltungsrates.

³ Die Aufsichtsbehörde erörtert mit dem Bundesrat regelmässig ihre strategischen Ziele und die Erfüllung ihrer Aufgaben.

8. Abschnitt: Strafbestimmungen

Art. 39 Übertretungen

¹ Mit Busse bis zu 100 000 Franken wird bestraft, wer verstösst gegen:

a. die Grundsätze zur Unabhängigkeit nach Artikel 11 sowie nach Artikel 728 des OR[79];
b.[80] die Meldepflichten nach Artikel 15a Absatz 2;
c. die Mitteilungspflicht nach Artikel 15 Absatz 3;
d. eine Ausführungsbestimmung zu diesem Gesetz, deren Übertretung vom Bundesrat für strafbar erklärt wird;

---

75 SR 956.1
76 SR 220
77 Eingefügt durch Ziff. I des BG vom 20. Juni 2014 (Bündelung der Aufsicht über Revisionsunternehmen und Prüfgesellschaften), in Kraft seit 1. Jan. 2015 (AS 2014 4073; BBl 2013 6857).
78 Fassung gemäss Ziff. I des BG vom 20. Juni 2014 (Bündelung der Aufsicht über Revisionsunternehmen und Prüfgesellschaften), in Kraft seit 1. Jan. 2015 (AS 2014 4073; BBl 2013 6857).
79 SR 220
80 Fassung gemäss Ziff. I des BG vom 20. Juni 2014 (Bündelung der Aufsicht über Revisionsunternehmen und Prüfgesellschaften), in Kraft seit 1. Jan. 2015 (AS 2014 4073; BBl 2013 6857).

e. eine Verfügung oder Massnahme der Aufsichtsbehörde, die unter Hinweis auf die Strafdrohung dieses Artikels erlassen wurde.

² Wird die Tat fahrlässig begangen, so ist die Strafe Busse bis zu 50 000 Franken.

³ Die Aufsichtsbehörde verfolgt und beurteilt diese Widerhandlungen nach den Vorschriften des Bundesgesetzes vom 22. März 1974[81] über das Verwaltungsstrafrecht.

⁴ Die Verfolgung von Übertretungen verjährt nach sieben Jahren.

Art. 39a[82] Widerhandlungen in Geschäftsbetrieben

Von der Ermittlung der strafbaren Personen nach Artikel 39 kann Umgang genommen und an ihrer Stelle der Geschäftsbetrieb zur Bezahlung der Busse verurteilt werden, wenn:

a. die Ermittlung der Personen, die nach Artikel 6 des Bundesgesetzes vom 22. März 1974[83] über das Verwaltungsstrafrecht strafbar sind, Untersuchungsmassnahmen bedingt, welche im Hinblick auf die verwirkte Strafe unverhältnismässig wären; und

b. für die Widerhandlungen gegen die Bestimmungen dieses Gesetzes eine Busse von höchstens 20 000 Franken in Betracht fällt.

Art. 40 Vergehen

¹ Mit Freiheitsstrafe bis zu drei Jahren oder Geldstrafe wird bestraft, wer:[84]

a. eine Revisionsdienstleistung ohne die erforderliche Zulassung oder trotz Verbot zur Ausübung seiner Tätigkeit erbringt;

a^{bis}.[85] im Revisionsbericht, im Prüfbericht oder in der Prüfbestätigung zu wesentlichen Tatsachen falsche Angaben macht oder wesentliche Tatsachen verschweigt;

b.[86] der Aufsichtsbehörde den Zutritt zu seinen Geschäftsräumlichkeiten nicht gewährt (Art. 13 Abs. 2), ihr die verlangten Auskünfte nicht erteilt oder die verlangten Unterlagen nicht herausgibt (Art. 15a Abs. 1) oder ihr gegenüber falsche oder unvollständige Angaben macht;

c. als staatlich beaufsichtigtes Revisionsunternehmen gegen die Pflichten zur Dokumentation und zur Aufbewahrung verstösst (Art. 730c OR[87]);

---

81 SR 313.0
82 Eingefügt durch Ziff. I des BG vom 20. Juni 2014 (Bündelung der Aufsicht über Revisionsunternehmen und Prüfgesellschaften), in Kraft seit 1. Jan. 2015 (AS 2014 4073; BBl 2013 6857).
83 SR 313.0
84 Fassung gemäss Art. 333 des Strafgesetzbuches in der Fassung des BG vom 13. Dez. 2002, in Kraft seit 1. Jan. 2007 (AS 2006 3459; BBl 1999 1979).
85 Eingefügt durch Ziff. I des BG vom 20. Juni 2014 (Bündelung der Aufsicht über Revisionsunternehmen und Prüfgesellschaften), in Kraft seit 1. Jan. 2015 (AS 2014 4073; BBl 2013 6857).
86 Fassung gemäss Ziff. I des BG vom 20. Juni 2014 (Bündelung der Aufsicht über Revisionsunternehmen und Prüfgesellschaften), in Kraft seit 1. Jan. 2015 (AS 2014 4073; BBl 2013 6857).
87 SR 220

d. während oder nach Beendigung der Tätigkeit als von der Aufsichtsbehörde beauftragte Drittperson (Art. 20) ein Geheimnis offenbart, das ihr in dieser Eigenschaft anvertraut worden ist oder das sie in dieser Eigenschaft wahrgenommen hat; vorbehalten bleiben die eidgenössischen und kantonalen Bestimmungen über die Zeugnispflicht und die Auskunftspflicht gegenüber einer Behörde.

² Wird die Tat fahrlässig begangen, so ist die Strafe Busse bis zu 100 000 Franken.

³ Strafverfolgung und Beurteilung sind Sache der Kantone.

9. Abschnitt: Schlussbestimmungen

Art. 41 Vollzug

Der Bundesrat erlässt die Ausführungsbestimmungen. Er kann die Aufsichtsbehörde ermächtigen, weitere Ausführungsbestimmungen zu erlassen.

Art. 42 Änderung bisherigen Rechts

Die Änderung bisherigen Rechts wird im Anhang geregelt.

Art. 43 Übergangsbestimmungen

¹ Erfüllt eine natürliche Person oder ein Revisionsunternehmen die Aufgaben einer Revisionsstelle, so gelten die Vorschriften dieses Gesetzes, sobald auf die zu prüfende juristische Person die neuen Vorschriften zur Revisionsstelle vom 16. Dezember 2005 Anwendung finden.

² Erbringen natürliche Personen oder Revisionsunternehmen andere Revisionsdienstleistungen, so findet das neue Recht mit Inkrafttreten dieses Gesetzes Anwendung.

³ Natürliche Personen und Revisionsunternehmen, die bis vier Monate nach Inkrafttreten dieses Gesetzes bei der Aufsichtsbehörde ein Gesuch um Zulassung als Revisorin, Revisor, Revisionsexpertin, Revisionsexperte oder staatlich beaufsichtigtes Revisionsunternehmen einreichen, dürfen bis zum Entscheid über die Zulassung Revisionsdienstleistungen im Sinne von Artikel 2 Buchstabe a erbringen. Die Aufsichtsbehörde bestätigt der Gesuchstellerin oder dem Gesuchsteller schriftlich die fristgerechte Einreichung des Gesuchs. Sie macht der Börse Mitteilung über die eingereichten Gesuche um Zulassung als staatlich beaufsichtigtes Revisionsunternehmen.

⁴ Fachpraxis, die bis zwei Jahre nach Inkrafttreten dieses Gesetzes unter der Beaufsichtigung von Personen erworben wurde, welche die Voraussetzungen nach der Verordnung vom 15. Juni 1992[88] über die fachlichen Anforderungen

---

[88] [AS 1992 1210]

an besonders befähigte Revisoren erfüllen, gilt als Fachpraxis im Sinne von Artikel 4.

⁵ Fachpraxis, die bis zwei Jahre nach Inkrafttreten dieses Gesetzes unter der Beaufsichtigung von Personen erworben wurde, welche die Voraussetzungen an die Ausbildung nach Artikel 4 Absatz 2 erfüllen, gilt als Fachpraxis im Sinne von Artikel 5.

⁶ Die Aufsichtsbehörde kann in Härtefällen auch Fachpraxis anerkennen, die den gesetzlichen Anforderungen nicht genügt, sofern eine einwandfreie Erbringung von Revisionsdienstleistungen auf Grund einer langjährigen praktischen Erfahrung nachgewiesen wird.

Art. 43a[89] **Übergangsbestimmungen zur Änderung vom 20. Juni 2014**

¹ Revisionsdienstleistungen, für deren Durchführung das neue Recht eine Zulassung der Aufsichtsbehörde vorschreibt, dürfen bis ein Jahr nach Inkrafttreten der Änderung vom 20. Juni 2014 noch mit der Zulassung der FINMA nach bisherigem Recht durchgeführt werden.

² Die Aufsichtsbehörde übernimmt alle Verfahren der FINMA, die gegen Prüfgesellschaften, die Prüfungen nach den Finanzmarktgesetzen (Art. 1 Abs. 1 FINMAG[90]) durchführen, sowie gegen leitende Prüferinnen und leitende Prüfer solcher Prüfungen eröffnet wurden und die bei Inkrafttreten der Änderung vom 20. Juni 2014 noch nicht rechtskräftig entschieden sind.

Art. 43b[91] **Übergangsbestimmungen zur Änderung vom 30. September 2016**

Für Revisionsunternehmen, die Revisionsdienstleistungen für Gesellschaften nach Artikel 8 Absatz 1 Buchstabe b erbringen, deren Anleihensobligationen bei Inkrafttreten der Änderung vom 30. September 2016 an einer Schweizer Börse kotiert sind, gilt Folgendes:

a. Entfällt die Zulassungspflicht für sie nicht, so müssen sie spätestens sechs Monate nach Inkrafttreten der Änderung vom 30. September 2016 über eine Zulassung als staatlich beaufsichtigtes Revisionsunternehmen verfügen.
b. Entfällt für sie die Zulassungspflicht, so müssen sie sich spätestens sechs Monate nach Inkrafttreten der Änderung vom 30. September 2016 bei der Aufsichtsbehörde melden oder sicherstellen, dass die Investorinnen und Investoren ausdrücklich auf die fehlende staatliche Beaufsichtigung des Revisionsunternehmens hingewiesen werden.

---

89 Eingefügt durch Ziff. I des BG vom 20. Juni 2014 (Bündelung der Aufsicht über Revisionsunternehmen und Prüfgesellschaften), in Kraft seit 1. Jan. 2015 (AS 2014 4073; BBl 2013 6857).
90 SR 956.1
91 Eingefügt durch Ziff. I des BG vom 30. Sept. 2016 (Extraterritorialer Geltungsbereich der Revisionsaufsicht), in Kraft seit 1. Okt. 2017 (AS 2017 4859; BBl 2015 5717).

Art. 44 Übergangsbestimmung zum Rechtsschutz

Bis zum Inkrafttreten des Verwaltungsgerichtsgesetzes vom 17. Juni 2005[92] wird der Rechtsschutz in Ergänzung zu den allgemeinen Bestimmungen über die Bundesrechtspflege wie folgt geregelt: Die Rekurskommission EVD beurteilt Beschwerden gegen Verfügungen der Aufsichtsbehörde.

Art. 45 Referendum und Inkrafttreten

[1] Dieses Gesetz untersteht dem fakultativen Referendum.

[2] Der Bundesrat bestimmt das Inkrafttreten.

Datum des Inkrafttretens:[93] 1. September 2007

Artikel 28, 29, 30 Absätze 1, 2, 3 Buchstaben a–c und e sowie 4, 31, 32, 33 Absätze 1 und 3, 34, 35 Absätze 1 und 2, 36, 37 und 38 Absatz 1: 1. November 2006

Artikel 8 Abs. 1 Buchstabe a und 2: 1. Oktober 2015[94]

Artikel 8 Abs. 1 Buchstabe b und Absatz 3: 1. Oktober 2017[95]

Artikel 8 Abs. 1 Buchstaben c und d: gegenstandslos und treten nicht in Kraft[96]

Anhang (Art. 42)
Änderungen bisherigen Rechts

Die nachstehenden Bundesgesetze werden wie folgt geändert:

...[97]

---

92 SR 173.32, in Kraft seit 1. Jan. 2007
93 V vom 22. Aug. 2007 (AS 2007 3969)
94 V vom 1. Juli 2015 (AS 2015 2437).
95 BG vom 30. Sept. 2016 (AS 2017 4859; BBl 2015 5717)
96 BG vom 30. Sept. 2016 (AS 2017 4859; BBl 2015 5717)
97 Die Änderungen können unter AS 2007 3971 konsultiert werden.

18. Handelsregisterverordnung
(HRegV)

vom 17. Oktober 2007

Der Schweizerische Bundesrat,

gestützt auf die Artikel 933 Absatz 2, 943 und 950 Absatz 2 des Obligationenrechts (OR)[1] sowie auf Artikel 102 Buchstabe a des Fusionsgesetzes vom 3. Oktober 2003[2] (FusG),[3]

verordnet:

1. Titel: Allgemeine Bestimmungen
1. Kapitel:[4] Gegenstand und Begriffe

Art. 1 Gegenstand
Diese Verordnung regelt:
a. die Organisation der Handelsregisterführung;
b. den Aufbau und den Inhalt des Handelsregisters;
c. den elektronischen Geschäftsverkehr mit den Handelsregisterbehörden;
d. das Verfahren zur Eintragung, Änderung und Löschung von Rechtseinheiten;
e. die Auskunftserteilung und die Einsichtnahme in das Handelsregister.

Art. 2 Begriffe
Im Sinne dieser Verordnung gelten als:
a. *Gewerbe:* eine selbstständige, auf dauernden Erwerb gerichtete wirtschaftliche Tätigkeit;
b. *Rechtsdomizil:* die Adresse, unter der die Rechtseinheit an ihrem Sitz erreicht werden kann.

SR 221.411. AS 2007 4851
[1] SR 220
[2] SR 221.301
[3] Fassung gemäss Ziff. I der V vom 6. März 2020, in Kraft seit 1. Jan. 2021 (AS 2020 971).
[4] Fassung gemäss Ziff. I der V vom 6. März 2020, in Kraft seit 1. Jan. 2021 (AS 2020 971).

2. Kapitel: Handelsregisterbehörden

Art. 3[5] Handelsregisterämter

Die Organisation der Handelsregisterämter obliegt den Kantonen. Diese gewährleisten eine fachlich qualifizierte Handelsregisterführung und treffen Massnahmen zur Verhinderung von Interessenkonflikten.

Art. 4[6]

Art. 5[7] Oberaufsicht durch den Bund

[1] Das Eidgenössische Justiz und Polizeidepartement (EJPD) übt die Oberaufsicht über die Handelsregisterführung aus.

[2] Das Eidgenössische Amt für das Handelsregister (EHRA) im Bundesamt für Justiz ist insbesondere zur selbstständigen Erledigung folgender Geschäfte ermächtigt:
a. den Erlass von Weisungen im Bereich des Handelsregisters und des Firmenrechts, die sich an die kantonalen Handelsregisterbehörden richten, sowie betreffend die zentralen Datenbanken;
b. die Prüfung der Rechtmässigkeit und die Genehmigung der kantonalen Eintragungen in das Tagesregister;
c. die Durchführung von Inspektionen;
d. die Beschwerdeführung an das Bundesgericht gegen Entscheide des Bundesverwaltungsgerichts und der kantonalen Gerichte.

[3] Die Handelsregisterämter teilen ihre Verfügungen dem EHRA mit. Davon ausgenommen sind reine Gebührenverfügungen.

Art. 5a[8] Information und Berichterstattung

[1] Die kantonalen Handelsregisterämter berichten dem EHRA jährlich über ihre Tätigkeit.

[2] Das EHRA hält die Ergebnisse von Inspektionen in einem Bericht an das kantonale Handelsregisteramt und an die Leiterin oder den Leiter der Verwaltungseinheit, der das kantonale Handelsregisteramt angehört, fest. Das EHRA macht eine Nachkontrolle seiner bei der Inspektion empfohlenen Korrekturmassnahmen.

---

5 Fassung gemäss Ziff. I der V vom 6. März 2020, in Kraft seit 1. Jan. 2021 (AS 2020 971).
6 Aufgehoben durch Ziff. I der V vom 6. März 2020, mit Wirkung seit 1. Jan. 2021 (AS 2020 971).
7 Fassung gemäss Ziff. I der V vom 6. März 2020, in Kraft seit 1. Jan. 2021 (AS 2020 971).
8 Eingefügt durch Ziff. I der V vom 6. März 2020, in Kraft seit 1. Jan. 2021 (AS 2020 971).

3. Kapitel: Aufbau und Inhalt des Handelsregisters

Art. 6 Aufbau des Handelsregisters

¹ Das Handelsregister besteht aus dem Tagesregister, dem Hauptregister, den Anmeldungen und Belegen.

² Das Tagesregister ist das elektronische Verzeichnis aller Einträge in chronologischer Reihenfolge.

³ Das Hauptregister ist der elektronische Zusammenzug aller rechtswirksamen Einträge im Tagesregister geordnet nach Rechtseinheit.

Art. 7 Inhalt des Handelsregisters

Das Tages- und das Hauptregister enthalten Einträge über:
a. die Rechtseinheiten;
b. nicht kaufmännische Prokuren (Art. 458 Abs. 3 OR);
c. das Haupt von Gemeinderschaften (Art. 341 Abs. 3 ZGB).

Art. 8 Tagesregister

¹ Alle ins Handelsregister einzutragenden Tatsachen werden in das Tagesregister aufgenommen.

² Das Handelsregisteramt erstellt die Einträge aufgrund der Anmeldung und der Belege oder aufgrund eines Urteils oder einer Verfügung oder nimmt diese von Amtes wegen vor.

³ Das Tagesregister enthält:
a. die Einträge;
b. die Nummer und das Datum des Eintrags;
c. das Identifikationszeichen der Person, die die Eintragung vorgenommen oder angeordnet hat und die Angabe des Handelsregisteramtes;
d. die Gebühren der Eintragung;
e. die Liste der Belege, die der Eintragung zugrunde liegen.

⁴ Die Einträge im Tagesregister werden fortlaufend nummeriert. Die Zählung beginnt mit jedem Kalenderjahr neu zu laufen. Bereits zugeteilte Nummern nicht rechtswirksam gewordener Einträge dürfen im selben Kalenderjahr nicht erneut verwendet werden.

⁵ Die Einträge im Tagesregister dürfen nachträglich nicht verändert werden und bleiben zeitlich unbeschränkt bestehen.

Art. 9 Hauptregister

¹ Einträge im Tagesregister sind nach der Genehmigung durch das EHRA ins Hauptregister zu übernehmen. Die Übernahme muss spätestens am Tag der Veröffentlichung im Schweizerischen Handelsamtsblatt erfolgen.[9]

² Das Hauptregister enthält für jede Rechtseinheit folgende Angaben:
a. alle Einträge ins Tagesregister gemäss Artikel 8 Absatz 3 Buchstaben a und b;
b. das Datum der erstmaligen Eintragung der Rechtseinheit in das Handelsregister;
c. die Nummer des Eintrags im Tagesregister;
d.[10] die Meldungsnummer sowie das Datum und die Nummer der Ausgabe des Schweizerischen Handelsamtsblattes, in der die Eintragung publiziert wurde;
e. der Verweis auf einen allfälligen früheren Eintrag auf einer Karteikarte oder im Firmenverzeichnis;
f. das Datum der Löschung im Handelsregister.

³ Die Löschung einer Rechtseinheit ist im Hauptregister deutlich sichtbar zu machen.

⁴ Die Einträge im Hauptregister dürfen nachträglich nicht verändert werden und bleiben zeitlich unbeschränkt bestehen. Vorbehalten bleibt die Vornahme von rein typografischen Korrekturen ohne Einfluss auf den materiellen Gehalt. Die Vornahme entsprechender Korrekturen ist zu protokollieren.

⁵ Das Hauptregister muss durch elektronische Wiedergabe und auf einem Papierausdruck jederzeit sichtbar gemacht werden können.

4. Kapitel: Öffentlichkeit des Handelsregisters

Art. 10[11] Ausnahmen

Nicht der Öffentlichkeit des Handelsregisters nach Artikel 936 OR unterstehen:
a. die AHV-Nummer[12];
b. die mit der Eintragung zusammenhängende Korrespondenz;
c. Kopien von Ausweisdokumenten;
d. Kopien der Unterlagen nach Artikel 62.

---

9 Fassung gemäss Anhang Ziff. 3 der V vom 26. Jan. 2011 über die Unternehmens-Identifikationsnummer, in Kraft seit 1. April 2011 (AS 2011 533).
10 Fassung gemäss Ziff. III der V vom 22. Nov. 2017, in Kraft seit 1. Jan. 2018 (AS 2017 7319).
11 Fassung gemäss Ziff. I der V vom 6. März 2020, in Kraft seit 1. Jan. 2021 (AS 2020 971).
12 Ausdruck gemäss Anhang Ziff. II 9 der V vom 17. Nov. 2021, in Kraft seit 1. Jan. 2022 (AS 2021 800).

Art. 11 Einsichtnahme und Auszüge

¹ Auf Verlangen gewähren die Handelsregisterämter Einsicht in das Hauptregister, in die Anmeldung und in die Belege und erstellen:
a. beglaubigte Auszüge über die Einträge einer Rechtseinheit im Hauptregister;
b. Kopien von Anmeldungen und von Belegen.

² Vor der Veröffentlichung einer Eintragung im Schweizerischen Handelsamtsblatt dürfen Auszüge nur ausgestellt werden, wenn die Eintragung durch das EHRA genehmigt ist.

³ ...[13]

⁴ ...[14]

⁵ Das EHRA sorgt durch eine Weisung für eine einheitliche Struktur und Darstellung der Auszüge. Dabei ermöglicht es den Kantonen, kantonale Wappen und Symbole zu verwenden. Es kann Vorschriften zur Sicherheit der Auszüge erlassen.

⁶ Ist eine Rechtseinheit nicht eingetragen, so bescheinigt dies das Handelsregisteramt auf Verlangen.

⁷ Für die Erstellung der Auszüge, der Kopien von Anmeldungen und Belegen und Bescheinigungen in elektronischer Form sowie für die Erstellung beglaubigter Papierausdrucke elektronischer Dokumente ist die EÖBV[15] anwendbar.[16]

Art. 12[17] Elektronisches Angebot

Die Statuten, Stiftungsurkunden, weiteren Belege und Anmeldungen, die im Internet gebührenfrei zugänglich gemacht werden, müssen nicht vom Handelsregisteramt beglaubigt werden.

---

13 Aufgehoben durch Anhang Ziff. 1 der Grundbuchverordnung vom 23. Sept. 2011, mit Wirkung seit 1. Jan. 2012 (AS 2011 4659).
14 Aufgehoben durch Ziff. I der V vom 6. März 2020, mit Wirkung seit 1. Jan. 2021 (AS 2020 971).
15 SR 211.435.1
16 Fassung gemäss Anhang Ziff. II 4 der V vom 8. Dez. 2017 über die Erstellung elektronischer öffentlicher Urkunden und elektronischer Beglaubigungen, in Kraft seit 1. Febr. 2018 (AS 2018 89).
17 Fassung gemäss Ziff. I der V vom 6. März 2020, in Kraft seit 1. Jan. 2021 (AS 2020 971).

5. Kapitel:[18] Beglaubigungen durch das Handelsregisteramt

Art. 12a[19]

[1] Das Handelsregisteramt ist befugt, von Anmeldungen, Belegen oder sonstigen Dokumenten sowie von Unterschriften in Papierform oder in elektronischer Form beglaubigte Kopien auf Papier oder beglaubigte elektronische Kopien nach der EÖBV[20] zu erstellen.

[2] Das Handelsregisteramt bringt auf beglaubigten Kopien auf Papier den Hinweis an:
a. dass es sich um eine mit dem Originaldokument übereinstimmende Kopie handelt; und
b. dass das vorgelegte Dokument auf Papier vorlag.

[3] Für die Erstellung elektronischer Beglaubigungen sowie für die Erstellung beglaubigter Papierausdrucke elektronischer Dokumente ist die EÖBV anwendbar.

6. Kapitel:[21] Elektronischer Geschäftsverkehr

Art. 12b Zulässigkeit von elektronischen Eingaben und anwendbares Recht

Soweit diese Verordnung nichts Abweichendes bestimmt, richtet sich der elektronische Geschäftsverkehr im Handelsregister nach den Artikeln 130 Absatz 2 und 143 Absatz 2 der Zivilprozessordnung[22] (ZPO) und nach der Verordnung vom 18. Juni 2010[23] über die elektronische Übermittlung im Rahmen von Zivil- und Strafprozessen sowie von Schuldbetreibungs- und Konkursverfahren.

Art. 12c Übermittlung

[1] Elektronische Eingaben an die Handelsregisterämter können neben den Zustellplattformen gemäss den Artikeln 2 und 4 der Verordnung vom 18. Juni 2010[24] über die elektronische Übermittlung im Rahmen von Zivil- und Strafprozessen sowie von Schuldbetreibungs- und Konkursverfahren auch über

---

18 Eingefügt durch Anhang Ziff. 1 der Grundbuchverordnung vom 23. Sept. 2011, in Kraft seit 1. Jan. 2012 (AS 2011 4659).
19 Eingefügt durch Anhang Ziff. II 4 des V vom 8. Dez. 2017 über die Erstellung elektronischer öffentlicher Urkunden und elektronischer Beglaubigungen, in Kraft seit 1. Febr. 2018 (AS 2018 89).
20 SR 211.435.1
21 Eingefügt durch Anhang Ziff. 1 der Grundbuchverordnung vom 23. Sept. 2011, in Kraft seit 1. Jan. 2012 (AS 2011 4659).
22 SR 272
23 SR 272.1
24 SR 272.1

entsprechende Internetseiten des Bundes oder der Kantone erfolgen, sofern diese:

a. die Vertraulichkeit (Verschlüsselung) gewährleisten; und
b.[25] eine mit einem geregelten elektronischen Siegel und einem elektronischen Zeitstempel nach Artikel 2 Buchstaben d und i ZertES[26] versehene Quittung über die Eingabe ausstellen.

² Das EHRA kann die Abwicklung und Automatisierung des elektronischen Geschäftsverkehrs regeln, namentlich in Bezug auf Formulare, Datenformate, Datenstrukturen, Geschäftsprozesse und alternative Übermittlungsverfahren.

Art. 12d[27]

Art. 12e Elektronische Auszüge

Die Bestimmungen dieses Kapitels finden entsprechend Anwendung auf die Zustellung von beglaubigten elektronischen Auszügen aus dem Tages- oder Hauptregister.

7. Kapitel:[28] Zentrale Datenbanken

Art. 13 Firmen- und Namenrecherchen

¹ Das EHRA führt auf Verlangen schriftliche Recherchen zu Firmen und Namen von Rechtseinheiten in der zentralen Datenbank Rechtseinheiten nach Artikel 928*b* OR durch.

² Es stellt die Internetplattform Regix zur vollständig elektronischen Erfassung der Rechercheaufträge zur Verfügung.

Art. 14 Zentraler Firmenindex (Zefix)

¹ Die Daten der Rechtseinheiten, die nach Artikel 928*b* Absatz 2 OR im Internet gebührenfrei zugänglich sind, können über die Internetplattform Zefix oder über eine technische Schnittstelle abgerufen werden. Diese Daten entfalten keine Rechtswirkungen.

² Das EHRA stellt aus der zentralen Datenbank Rechtseinheiten Daten der aktiven Rechtseinheiten, die zu deren Identifizierung notwendig sind, öffentlich zur gebührenfreien Nutzung zur Verfügung.

---

25 Fassung gemäss Anhang Ziff. II 4 der V vom 23. Nov. 2016 über die elektronische Signatur, in Kraft seit 1. Jan. 2017 (AS 2016 4667).
26 SR 943.03
27 Aufgehoben durch Anhang Ziff. II 4 der V vom 8. Dez. 2017 über die Erstellung elektronischer öffentlicher Urkunden und elektronischer Beglaubigungen, mit Wirkung seit 1. Febr. 2018 (AS 2018 89).
28 Fassung gemäss Ziff. I der V vom 6. März 2020, in Kraft seit 1. Jan. 2021, Art. 14*a* seit 1. April 2020 (AS 2020 971).

³ Das EJPD bestimmt:
a. die Daten, die in die zentrale Datenbank Rechtseinheiten aufgenommen werden;
b. die Daten der zentralen Datenbank Rechtseinheiten, die öffentlich sind;
c. den Inhalt der gesamten Datenbestände, die zugänglich gemacht werden;
d. die Bedingungen und die Modalitäten für den Zugang zu den Datenbeständen.

Art. 14a Zentrale Datenbank Personen

¹ Das EHRA ist verantwortlich für die Erteilung der Rechte, Daten in der zentralen Datenbank Personen zu erfassen und zu bearbeiten, den Datenschutz und die Datensicherheit dieser Datenbank.

² Die Handelsregisterämter sind insbesondere verantwortlich für die fachlich qualifizierte, korrekte Dateneingabe und -bearbeitung und sorgen für einen Abgleich der im kantonalen Register geführten Daten mit denjenigen von anderen öffentlichen Registern.

2. Titel: Eintragungsverfahren

1. Kapitel: Anmeldung und Belege

1. Abschnitt: Anmeldung[29]

Art. 15[30]

Art. 16 Inhalt, Form und Sprache

1 Die Anmeldung muss die Rechtseinheit klar identifizieren und die einzutragenden Tatsachen angeben oder auf die entsprechenden Belege einzeln verweisen.

² Die Anmeldung kann auf Papier oder in elektronischer Form eingereicht werden.

³ Elektronische Anmeldungen müssen den Vorgaben der Artikel 12*b* und 12*c* genügen.[31]

⁴ Die Anmeldungen sind in einer der Amtssprachen des Kantons abzufassen, in dem die Eintragung erfolgt.

---

29 Fassung gemäss Ziff. I der V vom 6. März 2020, in Kraft seit 1. Jan. 2021 (AS 2020 971).
30 Aufgehoben durch Ziff. I der V vom 6. März 2020, mit Wirkung seit 1. Jan. 2021 (AS 2020 971).
31 Fassung gemäss Ziff. I der V vom 6. März 2020, in Kraft seit 1. Jan. 2021 (AS 2020 971).

Art. 17[32] Anmeldende Personen

¹ Soweit die Gesetzgebung nichts anderes bestimmt, erfolgt die Anmeldung durch:
a. eine oder mehrere für die betroffene Rechtseinheit zeichnungsberechtigte Personen gemäss ihrer Zeichnungsberechtigung;
b. eine bevollmächtigte Drittperson;
c. die Geschäftsfrau oder den Geschäftsherrn bei der nicht kaufmännischen Prokura;
d. das Haupt der Gemeinderschaft.

² Folgende Eintragungen können zudem die betroffenen Personen selbst anmelden:
a. die Löschung von Mitgliedern der Organe oder die Löschung von Vertretungsbefugnissen (Art. 933 Abs. 2 OR);
b. die Änderung von Personenangaben nach Artikel 119;
c. die Löschung des Rechtsdomizils nach Artikel 117 Absatz 3.

³ Die Vollmacht, die der Drittperson nach Absatz 1 Buchstabe b ausgestellt wird, muss von einem oder mehreren zeichnungsberechtigten Mitgliedern des obersten Leitungs- oder Verwaltungsorgans der betroffenen Rechtseinheit gemäss ihrer Zeichnungsberechtigung unterzeichnet sein. Sie ist der Anmeldung beizulegen.

⁴ Haben Erbinnen oder Erben eine Eintragung anzumelden, so können an ihrer Stelle auch Willensvollstreckerinnen, Willensvollstrecker, Erbschaftsliquidatorinnen oder Erbschaftsliquidatoren die Anmeldung vornehmen.

Art. 18[33] Unterzeichnung

¹ Soweit die Gesetzgebung nichts anderes bestimmt, muss die Anmeldung von den Personen nach Artikel 17 unterzeichnet sein.

² Die Anmeldung auf Papier ist beim Handelsregisteramt zu unterzeichnen oder mit den beglaubigten Unterschriften einzureichen. Keiner Beglaubigung bedürfen Unterschriften bevollmächtigter Dritter und Unterschriften, die schon früher in beglaubigter Form für die gleiche Rechtseinheit eingereicht wurden. Bestehen begründete Zweifel an der Echtheit einer Unterschrift, so kann das Handelsregisteramt eine Beglaubigung verlangen.

³ Unterzeichnen die anmeldenden Personen die Anmeldung beim Handelsregisteramt, so haben sie ihre Identität durch einen gültigen Pass oder eine gültige Identitätskarte oder einen gültigen schweizerischen Ausländerausweis nachzuweisen.

⁴ Elektronische Anmeldungen müssen mit einer qualifizierten elektronischen Signatur mit qualifiziertem elektronischem Zeitstempel nach Artikel 2 Buch-

---
32 Fassung gemäss Ziff. I der V vom 6. März 2020, in Kraft seit 1. Jan. 2021 (AS 2020 971).
33 Fassung gemäss Ziff. I der V vom 6. März 2020, in Kraft seit 1. Jan. 2021 (AS 2020 971).

staben e und j ZertES[34] unterzeichnet sein. Unter Vorbehalt von Artikel 21 müssen die eigenhändigen Unterschriften der Personen, welche die Anmeldung unterzeichnen, nicht hinterlegt werden.

Art. 19 Eintragung aufgrund eines Urteils oder einer Verfügung

[1] Ordnet ein Gericht oder eine Behörde die Eintragung von Tatsachen in das Handelsregister an, so reicht die anordnende Stelle dem Handelsregisteramt das Urteil oder die Verfügung ein. Das Urteil oder die Verfügung darf erst eingereicht werden, wenn es oder sie vollstreckbar geworden ist. Artikel 176 Absatz 1 des Bundesgesetzes vom 11. April 1889[35] über Schuldbetreibung und Konkurs (SchKG) bleibt vorbehalten.

[2] Das Handelsregisteramt nimmt die Eintragung unverzüglich vor.

[3] Enthält das Dispositiv des Urteils oder der Verfügung unklare oder unvollständige Anordnungen über die einzutragenden Tatsachen, so muss das Handelsregisteramt die anordnende Stelle um schriftliche Erläuterung ersuchen.

[4] Die Genehmigung der Eintragungen durch das EHRA bleibt vorbehalten.

2. Abschnitt: Belege[36]

Art. 20[37] Inhalt, Form und Sprache

[1] Die Belege sind im Original oder in beglaubigter Kopie auf Papier oder in elektronischer Form einzureichen.

[2] Die Belege müssen rechtskonform unterzeichnet sein. Belege in elektronischer Form müssen mit einer qualifizierten elektronischen Signatur mit qualifiziertem elektronischem Zeitstempel nach Artikel 2 Buchstaben e und j ZertES[38] unterzeichnet sein.

[3] Elektronische öffentliche Urkunden und elektronische Beglaubigungen sowie beglaubigte Papierausdrucke elektronischer Dokumente müssen den Anforderungen der EÖBV[39] entsprechen.

[4] Werden Belege in einer Sprache eingereicht, die nicht als Amtssprache des Kantons gilt, so kann das Handelsregisteramt eine Übersetzung verlangen, sofern dies für die Prüfung oder für die Einsichtnahme durch Dritte erforderlich ist. Soweit nötig, kann es die Übersetzerin oder den Übersetzer bezeichnen. Die Übersetzung gilt diesfalls ebenfalls als Beleg.

---

34 SR 943.03
35 SR 281.1
36 Fassung gemäss Ziff. I der V vom 6. März 2020, in Kraft seit 1. Jan. 2021 (AS 2020 971).
37 Fassung gemäss Anhang Ziff. II 4 der V vom 8. Dez. 2017 über die Erstellung elektronischer öffentlicher Urkunden und elektronischer Beglaubigungen, in Kraft seit 1. Febr. 2018 (AS 2018 89).
38 SR 943.03
39 SR 211.435.1

Art. 21 Unterschriften

¹ Wird eine zeichnungsberechtigte Person zur Eintragung in das Handelsregister angemeldet, so muss sie ihre eigenhändige Unterschrift nach Massgabe einer der nachfolgenden Modalitäten beim Handelsregisteramt hinterlegen:
a. Sie zeichnet die Unterschrift beim Handelsregisteramt.
b. Sie reicht dem Handelsregisteramt die Unterschrift als Beleg ein:
   1. auf Papier von einer Urkundsperson beglaubigt;
   2. elektronisch eingelesen und von einer Urkundsperson beglaubigt; oder
   3. elektronisch eingelesen und von ihr selbst bestätigt.[40]

² Zeichnet sie die Unterschrift beim Handelsregisteramt, so muss sie ihre Identität durch einen gültigen Pass oder eine gültige Identitätskarte oder einen gültigen schweizerischen Ausländerausweis nachweisen. Das Handelsregisteramt beglaubigt die Unterschrift.[41]

³ Um die elektronisch eingelesene Unterschrift selbst zu bestätigen, versieht die zeichnungsberechtigte Person diese mit einer Erklärung, dass sie diese als ihre eigene anerkennt, und signiert sie mit einer qualifizierten elektronischen Signatur mit qualifiziertem elektronischem Zeitstempel nach Artikel 2 Buchstaben e und j ZertES[42].[43]

Art. 22 Statuten und Stiftungsurkunden

¹ Ins Handelsregister wird als Datum der Statuten der Tag eingetragen, an dem:
a. die Gründerinnen und Gründer die Statuten angenommen haben; oder
b. das zuständige Organ der Gesellschaft die letzte Änderung der Statuten beschlossen hat.

² Ins Handelsregister wird als Datum der Stiftungsurkunde der Tag eingetragen, an dem:
a. die öffentliche Urkunde über die Errichtung der Stiftung erstellt wurde;
b. die Verfügung von Todes wegen errichtet wurde; oder
c. die Stiftungsurkunde durch das Gericht oder eine Behörde geändert wurde.

³ Werden die Statuten oder die Stiftungsurkunde geändert oder angepasst, so muss dem Handelsregisteramt eine vollständige neue Fassung der Statuten oder der Stiftungsurkunde eingereicht werden.

⁴ Die folgenden Dokumente müssen von einer Urkundsperson beglaubigt werden:

---

40 Fassung gemäss Anhang Ziff. 1 der Grundbuchverordnung vom 23. Sept. 2011, in Kraft seit 1. Jan. 2012 (AS 2011 4659).
41 Fassung gemäss Ziff. I der V vom 6. März 2020, in Kraft seit 1. Jan. 2021 (AS 2020 971).
42 SR 943.03
43 Fassung gemäss Anhang Ziff. II 4 der V vom 23. Nov. 2016 über die elektronische Signatur, in Kraft seit 1. Jan. 2017 (AS 2016 4667).

a. die Statuten von:
      1. Aktiengesellschaften,
      2. Kommanditaktiengesellschaften,
      3. Gesellschaften mit beschränkter Haftung,
      4. Genossenschaften,
      5. Investmentgesellschaften mit festem Kapital,
      6. Investmentgesellschaften mit variablem Kapital;
   b. Stiftungsurkunden.[44]

⁵ Die Statuten von Vereinen müssen von einem Mitglied des Vorstandes unterzeichnet sein.[45]

Art. 23 Protokolle über die Fassung von Beschlüssen

¹ Beruhen einzutragende Tatsachen auf Beschlüssen oder Wahlen von Organen einer juristischen Person und bedarf der Beschluss nicht der öffentlichen Beurkundung, so muss das Protokoll beziehungsweise ein Protokollauszug über die Beschlussfassung oder ein Zirkularbeschluss als Beleg eingereicht werden.

² Protokolle oder Protokollauszüge müssen von der Protokollführerin oder vom Protokollführer sowie von der Vorsitzenden oder vom Vorsitzenden des beschliessenden Organs unterzeichnet werden, Zirkularbeschlüsse von allen Personen, die dem Organ angehören.

³ Ein Protokoll oder ein Protokollauszug des obersten Leitungs- oder Verwaltungsorgans ist nicht erforderlich, sofern die Anmeldung an das Handelsregisteramt von sämtlichen Mitgliedern dieses Organs unterzeichnet ist. Ein Protokoll oder ein Protokollauszug der Gesellschafterversammlung von Gesellschaften mit beschränkter Haftung ist ebenfalls nicht erforderlich, sofern die Anmeldung an das Handelsregisteramt von sämtlichen im Handelsregister eingetragenen Gesellschaftern unterzeichnet ist.

Art. 24 Bestehen von Rechtseinheiten

¹ Nimmt eine einzutragende Tatsache auf eine im schweizerischen Handelsregister eingetragene Rechtseinheit Bezug, so muss deren Bestehen nicht belegt werden. Das mit der Eintragung dieser Tatsache betraute Handelsregisteramt überprüft das Beste-hen der Rechtseinheit durch Einsichtnahme in die kantonale Handelsregisterdatenbank.[46]

² Das Bestehen einer Rechtseinheit, die nicht im schweizerischen Handelsregister eingetragen ist, muss durch einen aktuellen beglaubigten Auszug aus dem ausländischen Handelsregister oder durch eine gleichwertige Urkunde belegt werden.

---

44 Fassung gemäss Ziff. I der V vom 2. Febr. 2022, in Kraft seit 1. Jan. 2023 (AS 2022 114).
45 Eingefügt durch Ziff. I der V vom 2. Febr. 2022, in Kraft seit 1. Jan. 2023 (AS 2022 114).
46 Fassung gemäss Ziff. I der V vom 6. März 2020, in Kraft seit 1. Jan. 2021 (AS 2020 971).

Art. 24a[47] Identifikation von natürlichen Personen

¹ Die Identität der im Handelsregister eingetragenen natürlichen Personen muss auf der Grundlage eines gültigen Passes, einer gültigen Identitätskarte oder eines gültigen schweizerischen Ausländerausweises oder auf der Grundlage einer Kopie eines gültigen Passes, einer gültigen Identitätskarte oder eines gültigen schweizerischen Ausländerausweises geprüft werden. Das Handelsregisteramt darf zur Erfassung der für die Identifikation der Person erforderlichen Angaben nach Artikel 24b eine Kopie des vorgelegten Dokuments erstellen.

² Der Nachweis der Identität von natürlichen Personen kann auch in einer öffentlichen Urkunde oder in einer Unterschriftsbeglaubigung erbracht werden, sofern diese die Angaben nach Artikel 24b enthält.

³ Allfällig erstellte Kopien von Ausweisdokumenten werden bei den Korrespondenzakten aufbewahrt. Sie können vernichtet werden, sobald der Tagesregistereintrag über die Eintragung der natürlichen Person rechtswirksam geworden ist.

Art. 24b[48] Angaben zur Identifikation

¹ Zur Identifikation der natürlichen Personen werden auf der Grundlage des Ausweisdokuments die folgenden Angaben im Handelsregister erfasst:
a. der Familienname;
b. gegebenenfalls der Ledigname;
c. alle Vornamen in der richtigen Reihenfolge;
d. das Geburtsdatum;
e. das Geschlecht;
f. die politische Gemeinde des Heimatortes, oder bei ausländischen Staatsangehörigen, die Staatsangehörigkeit;
g. die Art, die Nummer und das Ausgabeland des Ausweisdokuments.

² Zusätzlich werden folgende Angaben im Handelsregister erfasst:
a. allfällige Ruf-, Kose-, Künstler-, Allianz-, Ordens- oder Partnerschaftsnamen;
b. die politische Gemeinde des Wohnsitzes oder, bei einem ausländischen Wohnsitz, der Ort und die Landesbezeichnung;
c. gegebenenfalls die bereits erteilte nicht sprechende Personennummer der zentralen Datenbank Personen.[49]

³ Die Publizität dieser Angaben richtet sich nach Artikel 119 Absatz 1.

---

47 Eingefügt durch Anhang Ziff. 1 der Grundbuchverordnung vom 23. Sept. 2011 (AS 2011 4659). Fassung gemäss Ziff. I der V vom 6. März 2020, in Kraft seit 1. Jan. 2021 (AS 2020 971).
48 Eingefügt durch Anhang Ziff. 1 der Grundbuchverordnung vom 23. Sept. 2011, in Kraft seit 1. Jan. 2012 (AS 2011 4659).
49 Fassung gemäss Ziff. I der V vom 6. März 2020, in Kraft seit 1. April 2020 (AS 2020 971).

Art. 25 Ausländische öffentliche Urkunden und Beglaubigungen

¹ Im Ausland errichtete öffentliche Urkunden und Beglaubigungen müssen mit einer Bescheinigung der am Errichtungsort zuständigen Behörde versehen sein, die bestätigt, dass sie von der zuständigen Urkundsperson errichtet worden sind. Unter Vorbehalt abweichender Bestimmungen von Staatsverträgen ist zudem eine Beglaubigung der ausländischen Regierung und der zuständigen diplomatischen oder konsularischen Vertretung der Schweiz beizufügen.

² Muss nach schweizerischem Recht eine öffentliche Urkunde erstellt und als Beleg beim Handelsregisteramt eingereicht werden, so kann das Handelsregisteramt den Nachweis verlangen, dass das ausländische Beurkundungsverfahren dem öffentlichen Beurkundungsverfahren in der Schweiz gleichwertig ist. Es kann dazu ein Gutachten verlangen und den Gutachter bezeichnen.

2. Kapitel: Grundsätze für die Eintragung

Art. 26[50] Frist

Ist für die Eintragung in das Handelsregister eine Frist vorgesehen, so gilt diese als gewahrt, wenn die Anmeldung und die erforderlichen Belege den rechtlichen Anforderungen genügen und:
a. sie spätestens am letzten Tag der Frist beim Handelsregisteramt eingereicht oder zu dessen Handen der Schweizerischen Post übergeben werden; oder
b. der Absenderin oder dem Absender bestätigt wurde, dass die elektronische Anmeldung und die erforderlichen elektronischen Belege spätestens am letzten Tag der Frist eingegangen sind.

Art. 27[51] Berichtigung

Das Handelsregisteramt berichtigt auf Antrag oder von Amtes wegen eigene Redaktions- und Kanzleifehler. Die Berichtigung muss als solche bezeichnet und in das Tagesregister aufgenommen werden.

Art. 28[52] Nachtrag

Das Handelsregisteramt trägt auf Antrag oder von Amtes wegen angemeldete und belegte Tatsachen, die es versehentlich nicht eingetragen hat, nachträglich ein. Der Nachtrag muss als solcher bezeichnet und in das Tagesregister aufgenommen werden.

---

50 Fassung gemäss Ziff. I der V vom 6. März 2020, in Kraft seit 1. Jan. 2021 (AS 2020 971).
51 Fassung gemäss Ziff. I der V vom 6. März 2020, in Kraft seit 1. Jan. 2021 (AS 2020 971).
52 Fassung gemäss Ziff. I der V vom 6. März 2020, in Kraft seit 1. Jan. 2021 (AS 2020 971).

Art. 29 Sprache

Die Eintragung in das Handelsregister erfolgt in der Sprache der Anmeldung gemäss Artikel 16 Absatz 4. Ist die Anmeldung in rätoromanischer Sprache abgefasst, so erfolgt die Eintragung zudem in deutscher oder italienischer Sprache.

Art. 29a[53] **Zeichensatz**

Die Eintragungen in das Handelsregister werden nach dem Zeichensatz der ISO-Norm 8859-15[54] erfasst.

Art. 30 Antrag auf Eintragung zusätzlicher Tatsachen

[1] Tatsachen, deren Eintragung weder im Gesetz noch in der Verordnung vorgesehen ist, werden auf Antrag in das Handelsregister aufgenommen, wenn:
a. die Eintragung dem Zweck des Handelsregisters entspricht; und
b. an der Bekanntgabe ein öffentliches Interesse besteht.

[2] Die Vorschriften über die Anmeldung und die Belege sind entsprechend anwendbar.

3. Kapitel: Prüfung, Genehmigung und Publikation der Eintragung

Art. 31 Übermittlung ans EHRA

Die kantonalen Handelsregisterämter übermitteln dem EHRA ihre Einträge elektronisch am Werktag, an dem diese ins Tagesregister aufgenommen wurden.

Art. 32 Prüfung und Genehmigung durch das EHRA

[1] Das EHRA prüft die Einträge und genehmigt sie, sofern sie die Voraussetzungen des Gesetzes und der Verordnung erfüllen. Es teilt seine Genehmigung dem kantonalen Handelsregisteramt elektronisch mit.

[2] Eine Einsichtnahme in die Anmeldung und in die Belege erfolgt nur ausnahmsweise, soweit dafür ein besonderer Anlass besteht.

[3] Die Prüfungspflicht des EHRA entspricht derjenigen des Handelsregisteramts.

[4] Das EHRA übermittelt die genehmigten Einträge elektronisch dem Schweizerischen Handelsamtsblatt.

---

53 Eingefügt durch Ziff. I der V vom 6. März 2020, in Kraft seit 1. Jan. 2021 (AS 2020 971).
54 ISO/IEC 8859-15, 1999, Informationstechnik – 8-Bit-Einzelbyte-codierte Schriftzeichensätze – Teil 15: Lateinisches Alphabet Nr. 9. Die aufgeführte Norm kann eingesehen und bezogen werden bei der Schweizerischen Normen-Vereinigung (SNV), Sulzerallee 70, 8404 Winterthur, www.snv.ch. Sie ist auch im Internet auf der Homepage der Internationalen Organisation für Normung (www.iso.org) abrufbar.

Art. 33 Verweigerung der Genehmigung

¹ Verweigert das EHRA die Genehmigung, so begründet es diesen Entscheid summarisch und teilt ihn dem kantonalen Handelsregisteramt mit. Diese Mitteilung ist eine nicht selbstständig anfechtbare Zwischenverfügung.

² Wenn die Verweigerung der Genehmigung auf Mängeln beruht, die nicht durch das kantonale Handelsregisteramt behoben werden können, so übermittelt dieses den ablehnenden Entscheid den Personen, die die Anmeldung eingereicht haben. Es räumt ihnen Gelegenheit zur schriftlichen Stellungnahme zuhanden des EHRA ein.

³ Genehmigt das EHRA die Eintragung nachträglich, so informiert es das kantonale Handelsregisteramt. Dieses übermittelt die Eintragung erneut elektronisch.

⁴ Verweigert das EHRA die Genehmigung endgültig, so erlässt es eine beschwerdefähige Verfügung.

Art. 34[55] Information über die Genehmigung

Das kantonale Handelsregisteramt informiert auf Verlangen die Personen, die die Anmeldung eingereicht haben, sobald das EHRA die Eintragung genehmigt hat. Es weist darauf hin, dass die Eintragung erst mit der elektronischen Publikation im Schweizerischen Handelsamtsblatt wirksam wird.

Art. 35[56] Publikation

¹ Die Eintragungen werden im Schweizerischen Handelsamtsblatt elektronisch publiziert.

² Das EHRA teilt jeder Eintragung eine Meldungsnummer zu und bestimmt das Datum der Publikation.

3. Titel: Rechtsformspezifische Bestimmungen für die Eintragung

1. Kapitel: Einzelunternehmen

Art. 36[57]

Art. 37 Anmeldung und Belege

¹ Mit der Anmeldung zur Eintragung eines Einzelunternehmens müssen nur Belege eingereicht werden, wenn:

a. die einzutragenden Tatsachen nicht aus der Anmeldung hervorgehen;

---

[55] Fassung gemäss Ziff. I der V vom 6. März 2020, in Kraft seit 1. Jan. 2021 (AS 2020 971).
[56] Fassung gemäss Ziff. III der V vom 22. Nov. 2017, in Kraft seit 1. Jan. 2018 (AS 2017 7319).
[57] Aufgehoben durch Ziff. I der V vom 6. März 2020, mit Wirkung seit 1. Jan. 2021 (AS 2020 971).

b. dies aufgrund anderer Vorschriften erforderlich ist.

² Wurde dem Einzelunternehmen bereits eine Unternehmens-Identifikationsnummer zugewiesen, so ist sie in der Anmeldung anzugeben.[58]

Art. 38 Inhalt des Eintrags

Bei Einzelunternehmen müssen im Handelsregister eingetragen werden:
a. die Firma und die Unternehmens-Identifikationsnummer[59];
b. der Sitz und das Rechtsdomizil;
c. die Rechtsform;
d. der Zweck;
e. die Inhaberin oder der Inhaber des Einzelunternehmens;
f. die zur Vertretung berechtigten Personen.

Art. 39 Löschung

¹ Gibt die Inhaberin oder der Inhaber eines Einzelunternehmens die Geschäftstätigkeit auf oder überträgt sie oder er das Geschäft auf eine andere Person oder Rechtseinheit, so muss sie oder er die Löschung des Einzelunternehmens anmelden.

² Ist die Inhaberin oder der Inhaber eines Einzelunternehmens verstorben, so muss eine Erbin oder ein Erbe die Löschung zur Eintragung anmelden.[60]

³ Zusammen mit der Löschung muss der Löschungsgrund im Handelsregister eingetragen werden.

⁴ Wird in den Fällen nach den Absätzen 1 und 2 die Geschäftstätigkeit weitergeführt und sind die Voraussetzungen nach Artikel 931 Absatz 1 OR erfüllt, so ist die neue Inhaberin oder der neue Inhaber zur Anmeldung des Unternehmens verpflichtet. Dieses erhält eine neue Unternehmens-Identifikationsnummer.[61]

2. Kapitel: Kollektiv- und Kommanditgesellschaft

Art. 40 Anmeldung und Belege

¹ Mit der Anmeldung zur Eintragung einer Kollektiv- oder Kommanditgesellschaft müssen nur Belege eingereicht werden, wenn:
a. die einzutragenden Tatsachen nicht aus der Anmeldung hervorgehen;
b. dies aufgrund anderer Vorschriften erforderlich ist.

---

58 Eingefügt durch Ziff. I der V vom 6. März 2020, in Kraft seit 1. Jan. 2021 (AS 2020 971).
59 Ausdruck gemäss Anhang Ziff. 3 der V vom 26. Jan. 2011 über die Unternehmens-Identifikationsnummer, in Kraft seit 1. April 2011 (AS 2011 533). Diese Änd. wurde im ganzen Erlass berücksichtigt.
60 Fassung gemäss Anhang Ziff. 3 der V vom 26. Jan. 2011 über die Unternehmens-Identifikationsnummer, in Kraft seit 1. April 2011 (AS 2011 533).
61 Eingefügt durch Anhang Ziff. 3 der V vom 26. Jan. 2011 über die Unternehmens-Identifikationsnummer (AS 2011 533). Fassung gemäss Ziff. I der V vom 6. März 2020, in Kraft seit 1. Jan. 2021 (AS 2020 971).

² Wurde der Kollektiv- oder Kommanditgesellschaft bereits eine Unternehmens-Identifikationsnummer zugewiesen, so ist sie in der Anmeldung anzugeben.[62]

Art. 41 Inhalt des Eintrags

¹ Bei Kollektivgesellschaften müssen ins Handelsregister eingetragen werden:
a. die Firma und die Unternehmens-Identifikationsnummer;
b. der Sitz und das Rechtsdomizil;
c. die Rechtsform;
d. der Zeitpunkt des Beginns der Gesellschaft;
e. der Zweck;
f. die Gesellschafterinnen und Gesellschafter;
g. die zur Vertretung berechtigten Personen.

² Bei Kommanditgesellschaften müssen ins Handelsregister eingetragen werden:
a. die Firma und die Unternehmens-Identifikationsnummer;
b. der Sitz und das Rechtsdomizil;
c. die Rechtsform;
d. der Zeitpunkt des Beginns der Gesellschaft;
e. der Zweck;
f. die unbeschränkt haftenden Gesellschafterinnen und Gesellschafter (Komplementärinnen und Komplementäre);
g. die beschränkt haftenden Gesellschafterinnen und Gesellschafter (Kommanditärinnen und Kommanditäre) unter Hinweis auf den jeweiligen Betrag ihrer Kommanditsumme;
h. falls die Kommanditsumme ganz oder teilweise in Form einer Sacheinlage geleistet wird: deren Gegenstand und Wert;
i. die zur Vertretung berechtigten Personen.

³ Für Kollektivgesellschaften oder Kommanditgesellschaften, die kein nach kaufmännischer Art geführtes Gewerbe betreiben, entspricht der Zeitpunkt des Beginns der Gesellschaft dem Zeitpunkt der Eintragung ins Tagesregister.

Art. 42 Auflösung und Löschung

¹ Wird eine Kollektiv- oder Kommanditgesellschaft zum Zweck der Liquidation aufgelöst, so müssen die Gesellschafterinnen und Gesellschafter die Auflösung zur Eintragung ins Handelsregister anmelden (Art. 574 Abs. 2 OR).

² Mit der Anmeldung zur Auflösung müssen keine weiteren Belege eingereicht werden. Vorbehalten bleibt die Hinterlegung der Unterschriften von Liquidatorinnen oder Liquidatoren, die nicht Gesellschafter sind.

³ Bei der Auflösung der Gesellschaft müssen ins Handelsregister eingetragen werden:

---
62 Eingefügt durch Ziff. I der V vom 6. März 2020, in Kraft seit 1. Jan. 2021 (AS 2020 971).

a. die Tatsache, dass die Gesellschaft aufgelöst wurde;
b.[63] die Firma mit dem Zusatz «in Liquidation» oder «in Liq.»;
c. die Liquidatorinnen und Liquidatoren.

[4] Nach Beendigung der Liquidation haben die Liquidatorinnen und Liquidatoren die Löschung der Gesellschaft anzumelden (Art. 589 OR).

[5] Zusammen mit der Löschung muss der Löschungsgrund im Handelsregister eingetragen werden.

3. Kapitel: Aktiengesellschaft

1. Abschnitt: Gründung

Art. 43 Anmeldung und Belege

[1] Mit der Anmeldung zur Eintragung der Gründung einer Aktiengesellschaft müssen dem Handelsregisteramt folgende Belege eingereicht werden:[64]

a. die öffentliche Urkunde über den Errichtungsakt;
b. die Statuten;
c. ein Nachweis, dass die Mitglieder des Verwaltungsrates ihre Wahl angenommen haben;
d. gegebenenfalls ein Nachweis, dass die gesetzlich vorgeschriebene Revisionsstelle ihre Wahl angenommen hat;
e. das Protokoll des Verwaltungsrates über seine Konstituierung, über die Regelung des Vorsitzes und über die Erteilung der Zeichnungsbefugnisse;
f.[65] bei Bareinlagen: eine Bescheinigung, aus der ersichtlich ist, bei welcher Bank die Einlagen hinterlegt sind, sofern die Bank in der öffentlichen Urkunde nicht genannt wird;
g. im Fall von Artikel 117 Absatz 3: die Erklärung der Domizilhalterin oder des Domizilhalters, dass sie oder er der Gesellschaft ein Rechtsdomizil am Ort von deren Sitz gewährt;
h.[66] ...
i.[67] bei Inhaberaktien: ein Nachweis, dass die Gesellschaft Beteiligungspapiere an einer Börse kotiert hat oder dass alle Inhaberaktien als Bucheffekten im Sinne des Bucheffektengesetzes vom 3. Oktober 2008[68] (BEG) ausgestaltet sind.

[2] Für Angaben, die bereits im Errichtungsakt festgehalten sind, ist kein zusätzlicher Beleg erforderlich.

---

63 Fassung gemäss Ziff. I der V vom 6. März 2020, in Kraft seit 1. Jan. 2021 (AS 2020 971).
64 Fassung gemäss Ziff. I der V vom 2. Febr. 2022, in Kraft seit 1. Jan. 2023 (AS 2022 114).
65 Fassung gemäss Ziff. I der V vom 2. Febr. 2022, in Kraft seit 1. Jan. 2023 (AS 2022 114).
66 Aufgehoben durch Ziff. I der V vom 6. März 2020, mit Wirkung seit 1. Jan. 2021 (AS 2020 971).
67 Eingefügt durch Ziff. I der V vom 6. März 2020, in Kraft seit 1. April 2020 (AS 2020 971).
68 SR 957.1

³ Bestehen Sacheinlagen, Verrechnungstatbestände oder besondere Vorteile, so müssen zusätzlich folgende Belege eingereicht werden:[69]
a. die Sacheinlageverträge mit den erforderlichen Beilagen;
b.[70] ...
c. der von allen Gründerinnen und Gründern unterzeichnete Gründungsbericht;
d. die vorbehaltlose Prüfungsbestätigung eines staatlich beaufsichtigten Revisionsunternehmens, einer zugelassenen Revisionsexpertin, eines zugelassenen Revisionsexperten, einer zugelassenen Revisorin oder eines zugelassenen Revisors.

Art. 44 Errichtungsakt

Die öffentliche Urkunde über den Errichtungsakt muss enthalten:
a. die Personenangaben zu den Gründerinnen und Gründern sowie gegebenenfalls zu deren Vertreterinnen und Vertreter;
b. die Erklärung der Gründerinnen und Gründer, eine Aktiengesellschaft zu gründen;
c. die Bestätigung der Gründerinnen und Gründer, dass die Statuten festgelegt sind;
d. die Erklärung jeder Gründerin und jedes Gründers über die Zeichnung der Aktien unter Angabe von Anzahl, Nennwert, Art, Kategorie und Ausgabebetrag sowie die bedingungslose Verpflichtung, eine dem Ausgabebetrag entsprechende Einlage zu leisten;
e. die Tatsache, dass die Mitglieder des Verwaltungsrates gewählt wurden und die entsprechenden Personenangaben;
f. die Tatsache, dass die Revisionsstelle gewählt wurde, beziehungsweise den Verzicht auf eine Revision;
g.[71] die Feststellung der Gründerinnen und Gründer nach Artikel 629 Absatz 2 OR;
h. die Nennung aller Belege sowie die Bestätigung der Urkundsperson, dass die Belege ihr und den Gründerinnen und Gründern vorgelegen haben;
i. die Unterschriften der Gründerinnen und Gründer;
j.[72] falls das Aktienkapital in ausländischer Währung festgelegt wird oder Einlagen in einer anderen Währung geleistet werden als derjenigen des Aktienkapitals: die angewandten Umrechnungskurse.

---

69 Fassung gemäss Ziff. I der V vom 2. Febr. 2022, in Kraft seit 1. Jan. 2023 (AS 2022 114).
70 Aufgehoben durch Ziff. I der V vom 2. Febr. 2022, mit Wirkung seit 1. Jan. 2023 (AS 2022 114).
71 Fassung gemäss Ziff. I der V vom 2. Febr. 2022, in Kraft seit 1. Jan. 2023 (AS 2022 114).
72 Eingefügt durch Ziff. I der V vom 2. Febr. 2022, in Kraft seit 1. Jan. 2023 (AS 2022 114).

Art. 45 Inhalt des Eintrags

[1] Bei Aktiengesellschaften müssen ins Handelsregister eingetragen werden:
a. die Tatsache, dass es sich um die Gründung einer neuen Aktiengesellschaft handelt;
b. die Firma und die Unternehmens-Identifikationsnummer;
c. der Sitz und das Rechtsdomizil;
d. die Rechtsform;
e. das Datum der Statuten;
f. falls sie beschränkt ist: die Dauer der Gesellschaft;
g. der Zweck;
h.[73] die Höhe und die Währung des Aktienkapitals und der darauf geleisteten Einlagen sowie Anzahl, Nennwert und Art der Aktien;
i. gegebenenfalls die Stimmrechtsaktien;
j.[74] falls ein Partizipationskapital ausgegeben wird: die Höhe und die Währung dieses Partizipationskapitals und der darauf geleisteten Einlagen sowie Anzahl, Nennwert und Art der Partizipationsscheine;
k. im Fall von Vorzugsaktien oder Vorzugspartizipationsscheinen: die damit verbundenen Vorrechte;
l. bei einer Beschränkung der Übertragbarkeit der Aktien oder der Partizipationsscheine: ein Verweis auf die nähere Umschreibung in den Statuten;
m. falls Genussscheine ausgegeben werden: deren Anzahl und die damit verbundenen Rechte;
n. die Mitglieder des Verwaltungsrates;
o. die zur Vertretung berechtigten Personen;
p. falls die Gesellschaft keine ordentliche oder eingeschränkte Revision durchführt: ein Hinweis darauf sowie das Datum der Erklärung des Verwaltungsrates gemäss Artikel 62 Absatz 2;
q. falls die Gesellschaft eine ordentliche oder eingeschränkte Revision durchführt: die Revisionsstelle;
r. das gesetzliche Publikationsorgan sowie gegebenenfalls weitere Publikationsorgane;
s.[75] die in den Statuten vorgesehene Form der Mitteilungen der Gesellschaft an ihre Aktionärinnen und Aktionäre;
t.[76] bei Inhaberaktien: die Tatsache, dass die Gesellschaft Beteiligungspapiere an einer Börse kotiert hat oder dass alle Inhaberaktien als Bucheffekten im Sinne des BEG[77] ausgestaltet sind;
u.[78] ein Verweis auf die Statuten, sofern diese eine Schiedsklausel enthalten.

---

73 Fassung gemäss Ziff. I der V vom 2. Febr. 2022, in Kraft seit 1. Jan. 2023 (AS 2022 114).
74 Fassung gemäss Ziff. I der V vom 2. Febr. 2022, in Kraft seit 1. Jan. 2023 (AS 2022 114).
75 Fassung gemäss Ziff. I der V vom 2. Febr. 2022, in Kraft seit 1. Jan. 2023 (AS 2022 114).
76 Eingefügt durch Ziff. I der V vom 6. März 2020, in Kraft seit 1. April 2020 (AS 2020 971).
77 SR 957.1
78 Eingefügt durch Ziff. I der V vom 2. Febr. 2022, in Kraft seit 1. Jan. 2023 (AS 2022 114).

² Bestehen Sacheinlagen, Verrechnungstatbestände oder besondere Vorteile, so sind zusätzlich folgende Tatsachen einzutragen:[79]
a. die Sacheinlage unter Angabe des Datums des Vertrags, des Gegenstands und der dafür ausgegebenen Aktien;
b.[80] ...
c. die Verrechnung unter Angabe des Betrages der zur Verrechnung gebrachten Forderung sowie die dafür ausgegebenen Aktien;
d. der Inhalt und der Wert der besonderen Vorteile gemäss näherer Umschreibung in den Statuten.

³ ...[81]

2. Abschnitt:[82] Währung des Aktienkapitals

Art. 45a Zulässige ausländische Währungen

Die zulässigen ausländischen Währungen für das Kapital einer Aktiengesellschaft sind in Anhang 3 aufgeführt.

Art. 45b Wechsel der Währung

¹ Mit der Anmeldung zur Eintragung eines Wechsels der Währung des Aktienkapitals müssen dem Handelsregisteramt folgende Belege eingereicht werden:
a. die öffentliche Urkunde über den Beschluss der Generalversammlung (Art. 621 Abs. 3 OR);
b. die öffentliche Urkunde über den Beschluss des Verwaltungsrates (Art. 621 Abs. 3 OR);
c. die angepassten Statuten.

² Ins Handelsregister müssen eingetragen werden:
a. das Datum der Änderung der Statuten;
b. die Höhe und die Währung des Aktienkapitals und der darauf geleisteten Einlagen sowie Anzahl, Nennwert und Art der Aktien.

3. Abschnitt: Ordentliche Kapitalerhöhung[83]

Art. 46[84] Anmeldung und Belege

¹ Eine ordentliche Erhöhung des Aktienkapitals muss innerhalb von sechs Monaten nach dem Beschluss der Generalversammlung beim Handelsregisteramt zur Eintragung angemeldet werden.

---

79 Fassung gemäss Ziff. I der V vom 2. Febr. 2022, in Kraft seit 1. Jan. 2023 (AS 2022 114).
80 Aufgehoben durch Ziff. I der V vom 2. Febr. 2022, mit Wirkung seit 1. Jan. 2023 (AS 2022 114).
81 Aufgehoben durch Ziff. I der V vom 2. Febr. 2022, mit Wirkung seit 1. Jan. 2023 (AS 2022 114).
82 Eingefügt durch Ziff. I der V vom 2. Febr. 2022, in Kraft seit 1. Jan. 2023 (AS 2022 114).
83 Fassung gemäss Ziff. I der V vom 2. Febr. 2022, in Kraft seit 1. Jan. 2023 (AS 2022 114).
84 Fassung gemäss Ziff. I der V vom 2. Febr. 2022, in Kraft seit 1. Jan. 2023 (AS 2022 114).

² Mit der Anmeldung müssen dem Handelsregisteramt folgende Belege eingereicht werden:
a. die öffentliche Urkunde über den Beschluss der Generalversammlung (Art. 650 Abs. 2 OR);
b. die öffentliche Urkunde über den Beschluss des Verwaltungsrates (Art. 652g Abs. 2 OR);
c. die angepassten Statuten;
d. der von einem Mitglied des Verwaltungsrates unterzeichnete Kapitalerhöhungsbericht (Art. 652e OR);
e. bei Bareinlagen: eine Bescheinigung, aus der ersichtlich ist, bei welcher Bank die Einlagen hinterlegt sind, sofern die Bank in der öffentlichen Urkunde nicht genannt wird;
f. gegebenenfalls der Prospekt;
g. falls Inhaberaktien ausgegeben werden und die Gesellschaft bisher keine Inhaberaktien hatte: ein Nachweis, dass die Gesellschaft Beteiligungspapiere an einer Börse kotiert hat oder dass alle Inhaberaktien als Bucheffekten im Sinne des BEG[85] ausgestaltet sind.

³ Bestehen Sacheinlagen, Verrechnungstatbestände oder besondere Vorteile oder wird die Kapitalerhöhung durch Umwandlung von frei verwendbarem Eigenkapital liberiert, so müssen zusätzlich folgende Belege eingereicht werden:
a. die Sacheinlageverträge mit den erforderlichen Beilagen;
b. die vorbehaltlose Prüfungsbestätigung eines staatlich beaufsichtigten Revisionsunternehmens, einer zugelassenen Revisionsexpertin, eines zugelassenen Revisionsexperten, einer zugelassenen Revisorin oder eines zugelassenen Revisors (Art. 652f Abs. 1 OR);
c. bei einer Liberierung durch Umwandlung von frei verwendbarem Eigenkapital: ein Nachweis der Deckung des Erhöhungsbetrags nach Artikel 652d Absatz 2 OR.

⁴ Werden die Bezugsrechte eingeschränkt oder aufgehoben, so muss eine vorbehaltlose Prüfungsbestätigung eines staatlich beaufsichtigten Revisionsunternehmens, einer zugelassenen Revisionsexpertin, eines zugelassenen Revisionsexperten, einer zugelassenen Revisorin oder eines zugelassenen Revisors eingereicht werden (Art. 652f Abs. 1 OR).

Art. 47[86]

Art. 48 Inhalt des Eintrags

¹ Bei einer ordentlichen Erhöhung des Aktienkapitals müssen ins Handelsregister eingetragen werden:

---

[85] SR 957.1
[86] Aufgehoben durch Ziff. I der V vom 2. Febr. 2022, mit Wirkung seit 1. Jan. 2023 (AS 2022 114).

a. die Bezeichnung als ordentliche Kapitalerhöhung;
b. das Datum der Änderung der Statuten;
c. der Betrag des Aktienkapitals nach der Kapitalerhöhung;
d. der Betrag der auf das Aktienkapital geleisteten Einlagen nach der Kapitalerhöhung;
e. Anzahl, Nennwert und Art der Aktien nach der Kapitalerhöhung;
f. gegebenenfalls die Stimmrechtsaktien;
g. im Fall von Vorzugsaktien: die damit verbundenen Vorrechte;
h. gegebenenfalls die Beschränkung der Übertragbarkeit der Aktien;
i. falls die Erhöhung durch Umwandlung von frei verwendbarem Eigenkapital erfolgt: ein Hinweis darauf;
j.[87] falls Inhaberaktien ausgegeben werden und die Gesellschaft bisher keine Inhaberaktien hatte: die Tatsache, dass die Gesellschaft Beteiligungspapiere an einer Börse kotiert hat oder dass alle Inhaberaktien als Bucheffekten im Sinne des BEG[88] ausgestaltet sind.

² Bestehen Sacheinlagen, Verrechnungstatbestände oder besondere Vorteile, so gilt Artikel 45 Absatz 2 sinngemäss.[89]

Art. 49 und 50[90]

4. Abschnitt: Erhöhung aus bedingtem Kapital[91]

Art. 51 Gewährungsbeschluss der Generalversammlung

¹ Mit der Anmeldung zur Eintragung des Beschlusses der Generalversammlung über ein bedingtes Kapital müssen dem Handelsregisteramt folgende Belege eingereicht werden:[92]

a.[93] die öffentliche Urkunde über den Gewährungsbeschluss der Generalversammlung (Art. 653 Abs. 1 OR);
b. die angepassten Statuten;
c.[94] falls Inhaberaktien ausgegeben werden können und die Gesellschaft bisher keine Inhaberaktien hatte: die Erklärung der Personen, welche die Eintragung anmelden, dass die Gesellschaft Beteiligungspapiere an einer Börse kotiert hat oder dass alle Inhaberaktien als Bucheffekten im Sinne des BEG[95] ausgestaltet sind.

---

87 Eingefügt durch Ziff. I der V vom 6. März 2020, in Kraft seit 1. April 2020 (AS 2020 971).
88 SR 957.1
89 Fassung gemäss Ziff. I der V vom 2. Febr. 2022, in Kraft seit 1. Jan. 2023 (AS 2022 114).
90 Aufgehoben durch Ziff. I der V vom 2. Febr. 2022, mit Wirkung seit 1. Jan. 2023 (AS 2022 114).
91 Fassung gemäss Ziff. I der V vom 2. Febr. 2022, in Kraft seit 1. Jan. 2023 (AS 2022 114).
92 Fassung gemäss Ziff. I der V vom 2. Febr. 2022, in Kraft seit 1. Jan. 2023 (AS 2022 114).
93 Fassung gemäss Ziff. I der V vom 2. Febr. 2022, in Kraft seit 1. Jan. 2023 (AS 2022 114).
94 Eingefügt durch Ziff. I der V vom 6. März 2020, in Kraft seit 1. April 2020 (AS 2020 971).
95 SR 957.1

² ...⁹⁶

³ Ins Handelsregister müssen eingetragen werden:
a. ein Hinweis auf das bedingte Kapital gemäss näherer Umschreibung in den Statuten;
b. das Datum des Beschlusses der Generalversammlung über die Änderung der Statuten.

Art. 52 Feststellungen und Statutenänderung durch den Verwaltungsrat

¹ Mit der Anmeldung zur Eintragung der Beschlüsse des Verwaltungsrates betreffend die Feststellungen über die Ausübung von Wandel- und Optionsrechten und betreffend die Anpassung der Statuten müssen dem Handelsregisteramt folgende Belege eingereicht werden:
a.⁹⁷ die öffentliche Urkunde über die Beschlüsse des Verwaltungsrates (Art. 653g Abs. 3 OR);
b. die angepassten Statuten;
c.⁹⁸ die Prüfungsbestätigung eines staatlich beaufsichtigten Revisionsunternehmens, einer zugelassenen Revisionsexpertin oder eines zugelassenen Revisionsexperten (Art. 653f Abs. 1 OR);
d.⁹⁹ falls Inhaberaktien ausgegeben werden und die Gesellschaft bisher keine Inhaberaktien hatte: ein Nachweis, dass die Gesellschaft Beteiligungspapiere an einer Börse kotiert hat oder dass alle Inhaberaktien als Bucheffekten im Sinne des BEG¹⁰⁰ ausgestaltet sind.

² ...¹⁰¹

³ Für den Inhalt des Eintrags gilt Artikel 48 sinngemäss.

Art. 53¹⁰² Streichung der Statutenbestimmung über das bedingte Kapital

¹ Mit der Anmeldung zur Eintragung der Aufhebung oder der Anpassung der Statutenbestimmung über das bedingte Kapital müssen dem Handelsregisteramt folgende Belege eingereicht werden:
a. die öffentliche Urkunde über den Beschluss des Verwaltungsrates (Art. 653i Abs. 1 OR);
b. die Bestätigung eines staatlich beaufsichtigten Revisionsunternehmens, einer zugelassenen Revisionsexpertin oder eines zugelassenen Revisionsexperten (Art. 653i Abs. 2 OR);
c. die angepassten Statuten.

---

96 Aufgehoben durch Ziff. I der V vom 2. Febr. 2022, mit Wirkung seit 1. Jan. 2023 (AS 2022 114).
97 Fassung gemäss Ziff. I der V vom 2. Febr. 2022, in Kraft seit 1. Jan. 2023 (AS 2022 114).
98 Fassung gemäss Ziff. I der V vom 2. Febr. 2022, in Kraft seit 1. Jan. 2023 (AS 2022 114).
99 Eingefügt durch Ziff. I der V vom 6. März 2020, in Kraft seit 1. April 2020 (AS 2020 971).
100 SR 957.1
101 Aufgehoben durch Ziff. I der V vom 2. Febr. 2022, mit Wirkung seit 1. Jan. 2023 (AS 2022 114).
102 Fassung gemäss Ziff. I der V vom 2. Febr. 2022, in Kraft seit 1. Jan. 2023 (AS 2022 114).

² Ins Handelsregister müssen eingetragen werden:
a. das Datum der Änderung der Statuten;
b. ein Hinweis, dass die Statutenbestimmung über das bedingte Kapital aufgehoben oder angepasst wurde.

5. Abschnitt: Nachträgliche Leistung von Einlagen

Art. 54[103]

¹ Mit der Anmeldung zur Eintragung einer nachträglichen Leistung von Einlagen auf das Aktienkapital müssen dem Handelsregisteramt folgende Belege eingereicht werden:
a. die öffentliche Urkunde über die Beschlüsse des Verwaltungsrates;
b. die angepassten Statuten;
c. bei Bareinlagen: eine Bescheinigung, aus der ersichtlich ist, bei welcher Bank die Einlagen hinterlegt sind, sofern die Bank in der öffentlichen Urkunde nicht genannt wird;
d. bei einer Liberierung durch Umwandlung von frei verwendbarem Eigenkapital:
   1. ein Nachweis der Deckung des Erhöhungsbetrags nach Artikel 652d Absatz 2 OR,
   2. der Beschluss der Generalversammlung, wonach das frei verwendbare Eigenkapital dem Verwaltungsrat zur Nachliberierung zur Verfügung gestellt wird,
   3. ein Bericht des Verwaltungsrates, der von einem Mitglied unterzeichnet ist,
   4. eine vorbehaltlose Prüfungsbestätigung eines staatlich beaufsichtigten Revisionsunternehmens, einer zugelassenen Revisionsexpertin, eines zugelassenen Revisionsexperten, einer zugelassenen Revisorin oder eines zugelassenen Revisors;
e. bei Sacheinlagen und bei Verrechnung:
   1. ein Bericht des Verwaltungsrates, der von einem Mitglied unterzeichnet ist,
   2. eine vorbehaltlose Prüfungsbestätigung eines staatlich beaufsichtigten Revisionsunternehmens, einer zugelassenen Revisionsexpertin, eines zugelassenen Revisionsexperten, einer zugelassenen Revisorin oder eines zugelassenen Revisors,
   3. gegebenenfalls die Sacheinlageverträge mit den erforderlichen Beilagen.

² Die öffentliche Urkunde über die nachträgliche Leistung von Einlagen muss folgende Angaben enthalten:

---
103 Fassung gemäss Ziff. I der V vom 2. Febr. 2022, in Kraft seit 1. Jan. 2023 (AS 2022 114).

a. die Feststellung, dass die nachträglichen Einlagen entsprechend den Anforderungen des Gesetzes, der Statuten oder des Beschlusses des Verwaltungsrates geleistet wurden;
b. gegebenenfalls den Beschluss des Verwaltungsrates über die Aufnahme der erforderlichen Bestimmungen zu Sacheinlagen, Verrechnungstatbeständen oder zur Umwandlung von frei verwendbarem Eigenkapital in die Statuten;
c. den Beschluss des Verwaltungsrates über die Statutenänderung betreffend die Höhe der geleisteten Einlagen;
d. die Nennung aller Belege und die Bestätigung der Urkundsperson, dass die Belege ihr und dem Verwaltungsrat vorgelegen haben;
e. die Feststellung, dass keine anderen Sacheinlagen, Verrechnungstatbestände oder besonderen Vorteile bestehen als die in den Belegen genannten;
f. falls die nachträglichen Einlagen in einer anderen Währung geleistet werden als derjenigen des Aktienkapitals: die angewandten Umrechnungskurse.

[3] Ins Handelsregister müssen eingetragen werden:
a. das Datum der Änderung der Statuten;
b. der neue Betrag der geleisteten Einlagen.

[4] Bestehen Sacheinlagen oder Verrechnungstatbestände, so gelten die Artikel 43 Absatz 3 und 45 Absatz 2 sinngemäss. Werden die Einlagen nachträglich durch Umwandlung von frei verwendbarem Eigenkapital geleistet, so bedarf es eines Hinweises darauf.

6. Abschnitt: Herabsetzung des Aktienkapitals

Art. 55 Ordentliche Kapitalherabsetzung

[1] Mit der Anmeldung zur Eintragung einer Herabsetzung des Aktienkapitals müssen dem Handelsregisteramt folgende Belege eingereicht werden:
a. die öffentliche Urkunde über den Beschluss der Generalversammlung (Art. 653n OR);
b. die öffentliche Urkunde über den Beschluss des Verwaltungsrates (Art. 653o Abs. 2 OR);
c. die Prüfungsbestätigung eines staatlich beaufsichtigten Revisionsunternehmens, einer zugelassenen Revisionsexpertin oder eines zugelassenen Revisionsexperten (Art. 653m Abs. 1 OR);
d. die angepassten Statuten.[104]

[2] ...[105]

---

[104] Fassung gemäss Ziff. I der V vom 2. Febr. 2022, in Kraft seit 1. Jan. 2023 (AS 2022 114).
[105] Aufgehoben durch Ziff. I der V vom 2. Febr. 2022, mit Wirkung seit 1. Jan. 2023 (AS 2022 114).

³ Im Handelsregister müssen eingetragen werden:
a. die Bezeichnung als Herabsetzung des Aktienkapitals;
b. das Datum der Änderung der Statuten;
c. die Angabe, ob die Herabsetzung durch Reduktion des Nennwerts oder durch Vernichtung von Aktien erfolgt;
d. der Herabsetzungsbetrag;
e. die Verwendung des Herabsetzungsbetrages;
f. der Betrag des Aktienkapitals nach der Herabsetzung;
g. der Betrag der Einlagen nach der Kapitalherabsetzung;
h. Anzahl, Nennwert und Art der Aktien nach der Herabsetzung.

⁴ Hat die Gesellschaft eigene Aktien zurückgekauft und vernichtet, so findet das Kapitalherabsetzungsverfahren Anwendung. Die Herabsetzung des Aktienkapitals und der Zahl der Aktien ist auch dann ins Handelsregister einzutragen, wenn ein entsprechender Betrag in die Passiven der Bilanz gestellt wird.

Art. 56   Kapitalherabsetzung im Fall einer Unterbilanz

¹ Wird das Aktienkapital zur teilweisen oder vollständigen Beseitigung einer durch Verluste entstandenen Unterbilanz herabgesetzt, so müssen dem Handelsregisteramt mit der Anmeldung zur Eintragung folgende Belege eingereicht werden:
a. die öffentliche Urkunde über den Beschluss der Generalversammlung (Art. 653*p* Abs. 2 OR);
b. die angepassten Statuten;
c. die Prüfungsbestätigung eines staatlich beaufsichtigten Revisionsunternehmens, einer zugelassenen Revisionsexpertin oder eines zugelassenen Revisionsexperten (Art. 653*p* Abs. 1 OR).[106]

² ...[107]

³ Ins Handelsregister müssen eingetragen werden:
a. die Tatsache, dass das Aktienkapital zur Beseitigung einer Unterbilanz herabgesetzt wurde;
b. das Datum der Änderung der Statuten;
c. die Angabe, ob die Herabsetzung durch Reduktion des Nennwerts oder durch Vernichtung von Aktien erfolgt;
d. der Herabsetzungsbetrag;
e. der Betrag des Aktienkapitals nach der Herabsetzung;
f. der Betrag der Einlagen nach der Kapitalherabsetzung;
g. Anzahl, Nennwert und Art der Aktien nach der Herabsetzung.

---

106 Fassung gemäss Ziff. I der V vom 2. Febr. 2022, in Kraft seit 1. Jan. 2023 (AS 2022 114).
107 Aufgehoben durch Ziff. I der V vom 2. Febr. 2022, mit Wirkung seit 1. Jan. 2023 (AS 2022 114).

Art. 57 Gleichzeitige Herabsetzung und Erhöhung des Aktienkapitals[108]

¹ Wird das Aktienkapital herabgesetzt und gleichzeitig mindestens auf den bisherigen Betrag erhöht und wird der Betrag der geleisteten Einlage nicht herabgesetzt, so müssen dem Handelsregisteramt mit der Anmeldung zur Eintragung folgende Belege eingereicht werden:[109]
  a. die öffentliche Urkunde über den Beschluss der Generalversammlung;
  b. die für eine ordentliche Kapitalerhöhung erforderlichen Belege;
  c. die Statuten, falls sie geändert werden.

² Ins Handelsregister müssen eingetragen werden:
  a. die Tatsache, dass das Aktienkapital herabgesetzt und gleichzeitig wieder erhöht wurde;
  b. der Betrag, auf den das Aktienkapital herabgesetzt wird;
  c. die Angabe, ob die Herabsetzung durch Reduktion des Nennwerts oder durch Vernichtung von Aktien erfolgt;
  d. falls das Aktienkapital über den bisherigen Betrag erhöht wurde: der neue Betrag;
  e. Anzahl, Nennwert und Art der Aktien nach der Kapitalerhöhung;
  f. der neue Betrag der geleisteten Einlagen;
  g. gegebenenfalls die Stimmrechtsaktien;
  h. im Fall von Vorzugsaktien: die damit verbundenen Vorrechte;
  i. gegebenenfalls die Beschränkung der Übertragbarkeit der Aktien;
  j. falls die Statuten geändert wurden: deren neues Datum.

³ Wird das Aktienkapital zum Zwecke der Sanierung auf null herabgesetzt und anschliessend wieder erhöht, so muss im Handelsregister die Vernichtung der bisher ausgegebenen Aktien eingetragen werden.

⁴ Bestehen anlässlich der Kapitalerhöhung Sacheinlagen, Verrechnungstatbestände oder besondere Vorteile, so gelten die Artikel 43 Absatz 3 und 45 Absatz 2 sinngemäss. Erfolgt die Wiedererhöhung des Aktienkapitals durch Umwandlung von frei verwendbarem Eigenkapital, so finden die Artikel 46 Absatz 3 Buchstabe d und 48 Absatz 1 Buchstabe i Anwendung.[110]

Art. 58 Herabsetzung und gleichzeitige Wiedererhöhung des Kapitals auf einen tieferen als den bisherigen Betrag

Wird zusammen mit der Herabsetzung des Aktienkapitals eine Wiedererhöhung auf einen Betrag beschlossen, der unter dem Betrag des bisherigen Aktienkapitals liegt, so richtet sich die Herabsetzung nach den Artikeln 55 und 56. Artikel 57 findet ergänzende Anwendung.

---

108 Fassung gemäss Ziff. I der V vom 2. Febr. 2022, in Kraft seit 1. Jan. 2023 (AS 2022 114).
109 Fassung gemäss Ziff. I der V vom 2. Febr. 2022, in Kraft seit 1. Jan. 2023 (AS 2022 114).
110 Fassung gemäss Ziff. I der V vom 2. Febr. 2022, in Kraft seit 1. Jan. 2023 (AS 2022 114).

Art. 59 Herabsetzung der Einlagen

Werden die auf das Aktienkapital geleisteten Einlagen herabgesetzt, so gelten die Bestimmungen dieser Verordnung über die Herabsetzung des Aktienkapitals sinngemäss.

7. Abschnitt:[111] Kapitalband

Art. 59a Ermächtigung des Verwaltungsrates

[1] Mit der Anmeldung zur Eintragung eines Kapitalbands (Art. 653*s* OR) müssen dem Handelsregisteramt folgende Belege eingereicht werden:
a. die öffentliche Urkunde über den Beschluss der Generalversammlung;
b. die angepassten Statuten;
c. falls die Gesellschaft bisher auf die eingeschränkte Revision verzichtet hat und der Verwaltungsrat ermächtigt wird, das Kapital herabzusetzten: ein Nachweis, dass die gesetzlich vorgeschriebene Revisionsstelle gewählt wurde und sie ihre Wahl angenommen hat.

[2] Ins Handelsregister müssen eingetragen werden:
a. ein Hinweis auf das Kapitalband gemäss näherer Umschreibung in den Statuten;
b. das Datum des Beschlusses der Generalversammlung über die Änderung der Statuten;
c. gegebenenfalls die Revisionsstelle.

Art. 59b Erhöhung des Aktienkapitals innerhalb des Kapitalbands

[1] Mit der Anmeldung zur Eintragung einer Erhöhung des Aktienkapitals innerhalb des Kapitalbands müssen dem Handelsregisteramt soweit erforderlich die Belege nach Artikel 46 oder 52 eingereicht werden.

[2] Für den Inhalt des Eintrags gilt Artikel 48 sinngemäss.

Art. 59c Herabsetzung des Aktienkapitals innerhalb des Kapitalbands

[1] Mit der Anmeldung zur Eintragung einer Herabsetzung des Aktienkapitals innerhalb des Kapitalbands müssen dem Handelsregisteramt soweit erforderlich die Belege nach Artikel 55 eingereicht werden.

[2] Für den Inhalt des Eintrags gilt Artikel 55 sinngemäss.

---

[111] Fassung gemäss Ziff. I der V vom 2. Febr. 2022, in Kraft seit 1. Jan. 2023 (AS 2022 114).

8. Abschnitt:[112] Partizipationskapital

Art. 60

Für die Währung, die Erhöhung und die Herabsetzung des Partizipationskapitals sowie für die nachträgliche Leistung von Einlagen auf das Partizipationskapital gelten die Bestimmungen über das Aktienkapital sinngemäss.

9. Abschnitt: Besondere Bestimmungen zur Revision und zur Revisionsstelle[113]

Art. 61 Eintragung der Revisionsstelle

[1] Eine Revisionsstelle darf nur in das Handelsregister eingetragen werden, wenn sie eine ordentliche oder eine eingeschränkte Revision durchführt.

[2] Das Handelsregisteramt klärt durch Einsichtnahme in das Register der Eidgenössischen Revisionsaufsichtsbehörde ab, ob die Revisionsstelle zugelassen ist.

[3] Eine Revisionsstelle darf nicht eingetragen werden, wenn Umstände vorliegen, die den Anschein der Abhängigkeit erwecken.

Art. 62 Verzicht auf eine eingeschränkte Revision

[1] Aktiengesellschaften, die weder eine ordentliche noch eine eingeschränkte Revision durchführen, müssen dem Handelsregisteramt mit der Anmeldung zur Eintragung des Verzichts eine Erklärung einreichen, dass:
a. die Gesellschaft die Voraussetzungen für die Pflicht zur ordentlichen Revision nicht erfüllt;
b. die Gesellschaft nicht mehr als zehn Vollzeitstellen im Jahresdurchschnitt hat;
c. sämtliche Aktionärinnen und Aktionäre auf eine eingeschränkte Revision verzichtet haben.

[2] Diese Erklärung muss von mindestens einem Mitglied des Verwaltungsrats unterzeichnet sein. Kopien der massgeblichen aktuellen Unterlagen wie Erfolgsrechnungen, Bilanzen, Jahresberichte, Verzichtserklärungen der Aktionärinnen und Aktionäre oder das Protokoll der Generalversammlung müssen der Erklärung beigelegt werden. Diese Unterlagen unterstehen nicht der Öffentlichkeit des Handelsregisters nach den Artikeln 10–12 und werden gesondert aufbewahrt.

[3] Die Erklärung kann bereits bei der Gründung abgegeben werden.

[4] Das Handelsregisteramt kann eine Erneuerung der Erklärung verlangen.

---

112 Fassung gemäss Ziff. I der V vom 2. Febr. 2022, in Kraft seit 1. Jan. 2023 (AS 2022 114).
113 Fassung gemäss Ziff. I der V vom 2. Febr. 2022, in Kraft seit 1. Jan. 2023 (AS 2022 114).

⁵ Soweit erforderlich, passt der Verwaltungsrat die Statuten an und meldet dem Handelsregisteramt die Löschung oder die Eintragung der Revisionsstelle an.

10. Abschnitt: Auflösung und Löschung[114]

Art. 63 Auflösung

¹ Wird eine Aktiengesellschaft durch Beschluss der Generalversammlung zum Zweck der Liquidation aufgelöst, so muss die Auflösung zur Eintragung ins Handelsregister angemeldet werden.

² Mit der Anmeldung müssen dem Handelsregisteramt folgende Belege eingereicht werden:
a. die öffentliche Urkunde über den Auflösungsbeschluss der Generalversammlung und gegebenenfalls die Bezeichnung der Liquidatorinnen und Liquidatoren und deren Zeichnungsberechtigung;
b. ein Nachweis, dass die Liquidatorinnen und Liquidatoren ihre Wahl angenommen haben.

³ Ins Handelsregister müssen eingetragen werden:
a. die Tatsache der Auflösung;
b. das Datum des Beschlusses der Generalversammlung;
c.[115] die Firma mit dem Zusatz «in Liquidation» oder «in Liq.»;
d. die Liquidatorinnen und Liquidatoren;
e. gegebenenfalls Änderungen betreffend die eingetragenen Zeichnungsberechtigungen;
f. gegebenenfalls eine Liquidationsadresse;
g. gegebenenfalls der Hinweis, dass die statutarische Übertragungsbeschränkung der Aktien oder der Partizipationsscheine aufgehoben und der entsprechende Eintrag im Handelsregister gestrichen wird.

⁴ Die Bestimmungen über die Eintragungen von Amtes wegen bleiben vorbehalten.

Art. 64 Widerruf der Auflösung

¹ Widerruft die Generalversammlung ihren Auflösungsbeschluss, so muss der Widerruf der Auflösung zur Eintragung ins Handelsregister angemeldet werden.

² Mit der Anmeldung müssen dem Handelsregisteramt folgende Belege eingereicht werden:
a. die öffentliche Urkunde über den Beschluss der Generalversammlung;

---

114 Fassung gemäss Ziff. I der V vom 2. Febr. 2022, in Kraft seit 1. Jan. 2023 (AS 2022 114).
115 Fassung gemäss Ziff. I der V vom 6. März 2020, in Kraft seit 1. Jan. 2021 (AS 2020 971).

b. der Nachweis der Liquidatorinnen und Liquidatoren, dass mit der Verteilung des Vermögens noch nicht begonnen wurde;

³ Ins Handelsregister müssen eingetragen werden:[116]
a. die Tatsache des Widerrufs der Auflösung;
b. das Datum des Beschlusses der Generalversammlung;
c.[117] die Firma ohne den Zusatz «in Liquidation» oder «in Liq.»;
d. die erforderlichen Änderungen bei den eingetragenen Personen;
e. bei einer Beschränkung der Übertragbarkeit der Aktien oder der Partizipationsscheine: ein Verweis auf die nähere Umschreibung in den Statuten.

Art. 65 Löschung

¹ Mit der Anmeldung der Löschung der Gesellschaft zur Eintragung müssen die Liquidatorinnen und Liquidatoren den Nachweis erbringen, dass die Aufforderungen an die Gläubigerinnen und Gläubiger im Schweizerischen Handelsamtsblatt nach Massgabe des Gesetzes durchgeführt wurden.

² Wird die Löschung einer Aktiengesellschaft im Handelsregister angemeldet, so macht das Handelsregisteramt den Steuerbehörden des Bundes und des Kantons Mitteilung. Die Löschung darf erst vorgenommen werden, wenn ihr diese Behörden zugestimmt haben.

³ Im Handelsregister müssen eingetragen werden:
a. die Tatsache der Löschung;
b. der Löschungsgrund.

4. Kapitel: Kommanditaktiengesellschaft

Art. 66 Anmeldung und Belege

¹ Mit der Anmeldung zur Eintragung der Gründung einer Kommanditaktiengesellschaft müssen dem Handelsregisteramt folgende Belege eingereicht werden:[118]
a. die öffentliche Urkunde über den Errichtungsakt;
b. die Statuten;
c. das Protokoll der Verwaltung über ihre Konstituierung, über die Regelung des Vorsitzes und gegebenenfalls über die Erteilung der Zeichnungsbefugnisse an Dritte;
d. ein Nachweis, dass die Mitglieder der Aufsichtsstelle ihre Wahl angenommen haben;

---

116 Fassung gemäss Ziff. I der V vom 2. Febr. 2022, in Kraft seit 1. Jan. 2023 (AS 2022 114).
117 Fassung gemäss Ziff. I der V vom 2. Febr. 2022, in Kraft seit 1. Jan. 2023 (AS 2022 114).
118 Fassung gemäss Ziff. I der V vom 6. März 2020, in Kraft seit 1. Jan. 2021 (AS 2020 971).

e.[119] bei Bareinlagen: eine Bescheinigung, aus der ersichtlich ist, bei welcher Bank die Einlagen hinterlegt sind, sofern die Bank in der öffentlichen Urkunde nicht genannt wird;

f. im Fall von Artikel 117 Absatz 3: die Erklärung der Domizilhalterin oder des Domizilhalters, dass sie oder er der Gesellschaft ein Rechtsdomizil am Ort von deren Sitz gewährt;

g.[120] ...

h.[121] bei Inhaberaktien: ein Nachweis, dass die Gesellschaft Beteiligungspapiere an einer Börse kotiert hat oder dass alle Inhaberaktien als Bucheffekten im Sinne des BEG[122] ausgestaltet sind.

² Für Angaben, die bereits im Errichtungsakt festgehalten sind, ist kein zusätzlicher Beleg erforderlich.

³ Bestehen Sacheinlagen, Verrechnungstatbestände oder besondere Vorteile, so gilt Artikel 43 Absatz 3 sinngemäss.[123]

Art. 67 Errichtungsakt

Die öffentliche Urkunde über den Errichtungsakt muss folgende Angaben enthalten:

a. die Personenangaben zu den Gründerinnen und Gründern sowie gegebenenfalls zu deren Vertreterinnen und Vertretern;

b. die Erklärung der Gründerinnen und Gründer, eine Kommanditaktiengesellschaft zu gründen;

c. die Festlegung der Statuten und die Nennung der Mitglieder der Verwaltung in den Statuten;

d. die Erklärung der beschränkt haftenden Gründerinnen und Gründer über die Zeichnung der Aktien unter Angabe von Anzahl, Nennwert, Art, Kategorien und Ausgabebetrag der Aktien sowie die bedingungslose Verpflichtung, eine dem Ausgabebetrag entsprechende Einlage zu leisten;

e.[124] die Feststellung der Gründerinnen und Gründer nach Artikel 629 Absatz 2 in Verbindung mit Artikel 764 Absatz 2 OR;

f. die Wahl der Mitglieder der Aufsichtstelle;

g. die Nennung aller Belege sowie die Bestätigung der Urkundsperson, dass die Belege ihr und den Gründerinnen und Gründern vorgelegen haben;

h. die Unterschriften der Gründerinnen und Gründer;

---

119 Fassung gemäss Ziff. I der V vom 2. Febr. 2022, in Kraft seit 1. Jan. 2023 (AS 2022 114).
120 Aufgehoben durch Ziff. I der V vom 6. März 2020, mit Wirkung seit 1. Jan. 2021 (AS 2020 971).
121 Eingefügt durch Ziff. I der V vom 6. März 2020, in Kraft seit 1. April 2020 (AS 2020 971).
122 SR 957.1
123 Fassung gemäss Ziff. I der V vom 2. Febr. 2022, in Kraft seit 1. Jan. 2023 (AS 2022 114).
124 Fassung gemäss Ziff. I der V vom 2. Febr. 2022, in Kraft seit 1. Jan. 2023 (AS 2022 114).

i.[125] falls das Aktienkapital in ausländischer Währung festgelegt wird oder Einlagen in einer anderen Währung geleistet werden als derjenigen des Aktienkapitals: die angewandten Umrechnungskurse.

Art. 68 Inhalt des Eintrags

[1] Bei Kommanditaktiengesellschaften müssen ins Handelsregister eingetragen werden:

a. die Tatsache, dass es sich um die Gründung einer neuen Kommanditaktiengesellschaft handelt;
b. die Firma und die Unternehmens-Identifikationsnummer;
c. der Sitz und das Rechtsdomizil;
d. die Rechtsform;
e. das Datum der Statuten;
f. die Dauer der Gesellschaft, sofern sie beschränkt ist;
g. der Zweck;
h.[126] die Höhe und die Währung des Aktienkapitals und der darauf geleisteten Einlagen sowie Anzahl, Nennwert und Art der Aktien;
i. gegebenenfalls die Stimmrechtsaktien;
j.[127] falls die Gesellschaft ein Partizipationskapital hat: die Höhe und die Währung dieses Partizipationskapitals und der darauf geleisteten Einlagen sowie Anzahl, Nennwert und Art der Partizipationsscheine;
k. im Fall von Vorzugsaktien oder Vorzugspartizipationsscheinen: die damit verbundenen Vorrechte;
l. bei einer Beschränkung der Übertragbarkeit der Aktien oder der Partizipationsscheine: ein Verweis auf die nähere Umschreibung in den Statuten;
m. falls Genussscheine ausgegeben werden: deren Anzahl und die damit verbundenen Rechte;
n. die Mitglieder der Verwaltung unter Angabe ihrer Eigenschaft als unbeschränkt haftende Gesellschafterinnen oder Gesellschafter;
o. die zur Vertretung berechtigten Personen;
p. die Mitglieder der Aufsichtstelle;
q. falls die Gesellschaft keine ordentliche oder eingeschränkte Revision durchführt: ein Hinweis darauf sowie das Datum der Erklärung der Verwaltung gemäss Artikel 62 Absatz 2;
r. falls die Gesellschaft eine ordentliche oder eingeschränkte Revision durchführt: die Revisionsstelle;
s. das gesetzliche Publikationsorgan sowie gegebenenfalls weitere Publikationsorgane;

---

125 Eingefügt durch Ziff. I der V vom 2. Febr. 2022, in Kraft seit 1. Jan. 2023 (AS 2022 114).
126 Fassung gemäss Ziff. I der V vom 2. Febr. 2022, in Kraft seit 1. Jan. 2023 (AS 2022 114).
127 Fassung gemäss Ziff. I der V vom 2. Febr. 2022, in Kraft seit 1. Jan. 2023 (AS 2022 114).

t.[128] die in den Statuten vorgesehene Form der Mitteilungen der Gesellschaft an ihre Gesellschafterinnen und Gesellschafter;

u.[129] bei Inhaberaktien: die Tatsache, dass die Gesellschaft Beteiligungspapiere an einer Börse kotiert hat oder dass alle Inhaberaktien als Bucheffekten im Sinne des BEG[130] ausgestaltet sind;

v.[131] ein Verweis auf die Statuten, sofern diese eine Schiedsklausel enthalten.

[2] Bestehen Sacheinlagen, Verrechnungstatbestände oder besondere Vorteile, so gilt Artikel 45 Absatz 2 sinngemäss.[132]

Art. 69 Änderungen in der Zusammensetzung der Verwaltung

[1] Verändert sich die Zusammensetzung der Verwaltung, so müssen mit der Anmeldung folgende Belege eingereicht werden:
a. eine öffentliche Urkunde über den Beschluss der Generalversammlung zur Änderung der Statuten;
b. die angepassten Statuten;
c. gegebenenfalls die Zustimmung aller bisherigen unbeschränkt haftenden Gesellschafterinnen und Gesellschafter.

[2] Wird einem Mitglied der Verwaltung die Geschäftsführungs- und Vertretungsbefugnis entzogen, so müssen ins Handelsregister eingetragen werden:
a. das Datum des Entzugs;
b. die betroffene Person;
c. die Tatsache, dass mit dem Entzug der Geschäftsführungs- und Vertretungsbefugnis die unbeschränkte Haftung der betroffenen Person für die künftig entstehenden Verbindlichkeiten der Gesellschaft entfällt;
d. falls die Statuten geändert wurden: deren neues Datum;
e.[133] die geänderte Firma, sofern diese angepasst werden muss.

Art. 70 Anwendung der Bestimmungen über die Aktiengesellschaft

Soweit sich aus Gesetz und Verordnung nichts anderes ergibt, gelten die Bestimmungen dieser Verordnung über die Aktiengesellschaft.

---

128 Fassung gemäss Ziff. I der V vom 2. Febr. 2022, in Kraft seit 1. Jan. 2023 (AS 2022 114).
129 Eingefügt durch Ziff. I der V vom 6. März 2020, in Kraft seit 1. April 2020 (AS 2020 971).
130 SR 957.1
131 Eingefügt durch Ziff. I der V vom 2. Febr. 2022, in Kraft seit 1. Jan. 2023 (AS 2022 114).
132 Fassung gemäss Ziff. I der V vom 2. Febr. 2022, in Kraft seit 1. Jan. 2023 (AS 2022 114).
133 Fassung gemäss Ziff. I der V vom 6. März 2020, in Kraft seit 1. Jan. 2021 (AS 2020 971).

5. Kapitel: Gesellschaft mit beschränkter Haftung

1. Abschnitt: Gründung

Art. 71 Anmeldung und Belege

¹ Mit der Anmeldung zur Eintragung der Gründung einer Gesellschaft mit beschränkter Haftung müssen dem Handelsregisteramt folgende Belege eingereicht werden:[134]

a. die öffentliche Urkunde über den Errichtungsakt;
b. die Statuten;
c. falls die Funktion der Geschäftsführerinnen und Geschäftsführer auf einer Wahl beruht: der Nachweis, dass die betroffenen Personen die Wahl angenommen haben;
d. gegebenenfalls ein Nachweis, dass die gesetzlich vorgeschriebene Revisionsstelle ihre Wahl angenommen hat;
e. gegebenenfalls der Beschluss der Gründerinnen und Gründer oder, soweit die Statuten dies vorsehen, der Beschluss der Geschäftsführerinnen und Geschäftsführer über die Regelung des Vorsitzes der Geschäftsführung;
f. gegebenenfalls der Beschluss der Gründerinnen und Gründer oder, soweit die Statuten dies vorsehen, der Beschluss der Geschäftsführerinnen und Geschäftsführer über die Ernennung weiterer zur Vertretung berechtigter Personen;
g.[135] bei Bareinlagen: eine Bescheinigung, aus der ersichtlich ist, bei welcher Bank die Einlagen hinterlegt sind, sofern die Bank in der öffentlichen Urkunde nicht genannt wird;
h. im Fall von Artikel 117 Absatz 3: die Erklärung der Domizilhalterin oder des Domizilhalters, dass sie oder er der Gesellschaft ein Rechtsdomizil am Ort von deren Sitz gewährt;
i.[136] ...

² Für Angaben, die bereits in der öffentlichen Urkunde über den Errichtungsakt festgehalten sind, ist kein zusätzlicher Beleg erforderlich.

³ Bestehen Sacheinlagen, Verrechnungstatbestände oder besondere Vorteile, so gilt Artikel 43 Absatz 3 sinngemäss.[137]

Art. 72 Errichtungsakt

Die öffentliche Urkunde über den Errichtungsakt muss folgende Angaben enthalten:

a. die Personenangaben zu den Gründerinnen und Gründern sowie gegebenenfalls zu deren Vertreterinnen und Vertretern;

---

134 Fassung gemäss Ziff. I der V vom 2. Febr. 2022, in Kraft seit 1. Jan. 2023 (AS 2022 114).
135 Fassung gemäss Ziff. I der V vom 2. Febr. 2022, in Kraft seit 1. Jan. 2023 (AS 2022 114).
136 Aufgehoben durch Ziff. I der V vom 6. März 2020, mit Wirkung seit 1. Jan. 2021 (AS 2020 971).
137 Fassung gemäss Ziff. I der V vom 2. Febr. 2022, in Kraft seit 1. Jan. 2023 (AS 2022 114).

b. die Erklärung der Gründerinnen und Gründer, eine Gesellschaft mit beschränkter Haftung zu gründen;
c. die Bestätigung der Gründerinnen und Gründer, dass die Statuten festgelegt sind;
d. die Erklärung jeder Gründerin und jedes Gründers über die Zeichnung der Stammanteile unter Angabe von Anzahl, Nennwert, Kategorien und Ausgabebetrag;
e.[138] die Feststellung der Gründerinnen und Gründer nach Artikel 777 Absatz 2 OR;
f. falls die Geschäftsführerinnen und Geschäftsführer gewählt wurden: einen Hinweis darauf und die entsprechenden Personenangaben;
g. die Tatsache, dass die Revisionsstelle gewählt wurde, beziehungsweise den Verzicht auf eine Revision;
h. die Nennung aller Belege sowie die Bestätigung der Urkundsperson, dass die Belege ihr und den Gründerinnen und Gründern vorgelegen haben;
i. die Unterschriften der Gründerinnen und Gründer;
j.[139] falls das Stammkapital in ausländischer Währung festgelegt wird oder Einlagen in einer anderen Währung geleistet werden als derjenigen des Stammkapitals: die angewandten Umrechnungskurse.

Art. 73 Inhalt des Eintrags

[1] Bei Gesellschaften mit beschränkter Haftung müssen ins Handelsregister eingetragen werden:
a. die Tatsache, dass es sich um die Gründung einer neuen Gesellschaft mit beschränkter Haftung handelt;
b. die Firma und die Unternehmens-Identifikationsnummer;
c. der Sitz und das Rechtsdomizil;
d. die Rechtsform;
e. das Datum der Statuten;
f. falls sie beschränkt ist: die Dauer der Gesellschaft;
g. der Zweck;
h.[140] die Höhe und die Währung des Stammkapitals;
i. die Gesellschafterinnen und Gesellschafter unter Angabe der Anzahl und des Nennwerts ihrer Stammanteile;
j. bei Nachschusspflichten: ein Verweis auf die nähere Umschreibung in den Statuten;
k. bei statutarischen Nebenleistungspflichten unter Einschluss statutarischer Vorhand-, Vorkaufs- und Kaufsrechte: ein Verweis auf die nähere Umschreibung in den Statuten;
l. gegebenenfalls die Stimmrechtsstammanteile;

---

138 Fassung gemäss Ziff. I der V vom 2. Febr. 2022, in Kraft seit 1. Jan. 2023 (AS 2022 114).
139 Eingefügt durch Ziff. I der V vom 2. Febr. 2022, in Kraft seit 1. Jan. 2023 (AS 2022 114).
140 Fassung gemäss Ziff. I der V vom 2. Febr. 2022, in Kraft seit 1. Jan. 2023 (AS 2022 114).

m. im Fall von Vorzugsstammanteilen: die damit verbundenen Vorrechte;
n. falls die Regelung der Zustimmungserfordernisse für die Übertragung der Stammanteile vom Gesetz abweicht: ein Verweis auf die nähere Umschreibung in den Statuten;
o. falls Genussscheine ausgegeben werden: deren Anzahl und die damit verbundenen Rechte;
p. die Geschäftsführerinnen und Geschäftsführer;
q. die zur Vertretung berechtigten Personen;
r. falls die Gesellschaft keine ordentliche oder eingeschränkte Revision durchführt: ein Hinweis darauf sowie das Datum der Erklärung der Geschäftsführung gemäss Artikel 62 Absatz 2;
s. falls die Gesellschaft eine ordentliche oder eingeschränkte Revision durchführt: die Revisionsstelle;
t. das gesetzliche Publikationsorgan sowie gegebenenfalls weitere Publikationsorgane;
u.[141] die in den Statuten vorgesehene Form der Mitteilungen der Gesellschaft an ihre Gesellschafterinnen und Gesellschafter;
v.[142] ein Verweis auf die Statuten, sofern diese eine Schiedsklausel enthalten.

² Bestehen Sacheinlagen, Verrechnungstatbestände oder besondere Vorteile, so gilt Artikel 45 Absatz 2 sinngemäss.[143]

2. Abschnitt: Erhöhung des Stammkapitals

Art. 74 Anmeldung und Belege

¹ Eine Erhöhung des Stammkapitals muss innerhalb von sechs Monaten nach dem Beschluss der Gesellschafterversammlung beim Handelsregisteramt zur Eintragung angemeldet werden.[144]

² Mit der Anmeldung müssen dem Handelsregisteramt folgende Belege eingereicht werden:
a.[145] die öffentliche Urkunde über den Beschluss der Gesellschafterversammlung (Art. 650 Abs. 2 i. V. m. Art. 781 Abs. 5 Ziff. 1 OR);
b.[146] die öffentliche Urkunde über den Beschluss der Geschäftsführerinnen und Geschäftsführer (Art. 652g Abs. 2 i. V. m. Art. 781 Abs. 5 Ziff. 5 OR);
c. die angepassten Statuten;

---

141 Fassung gemäss Ziff. I der V vom 2. Febr. 2022, in Kraft seit 1. Jan. 2023 (AS 2022 114).
142 Eingefügt durch Ziff. I der V vom 2. Febr. 2022, in Kraft seit 1. Jan. 2023 (AS 2022 114).
143 Fassung gemäss Ziff. I der V vom 2. Febr. 2022, in Kraft seit 1. Jan. 2023 (AS 2022 114).
144 Fassung gemäss Ziff. I der V vom 2. Febr. 2022, in Kraft seit 1. Jan. 2023 (AS 2022 114).
145 Fassung gemäss Ziff. I der V vom 2. Febr. 2022, in Kraft seit 1. Jan. 2023 (AS 2022 114).
146 Fassung gemäss Ziff. I der V vom 2. Febr. 2022, in Kraft seit 1. Jan. 2023 (AS 2022 114).

d.[147] der von einer Geschäftsführerin oder einem Geschäftsführer unterzeichnete Kapitalerhöhungsbericht (Art. 652e i. V. m. Art. 781 Abs. 5 Ziff. 4 OR);

e.[148] bei Bareinlagen: eine Bescheinigung, aus der ersichtlich ist, bei welcher Bank die Einlagen hinterlegt sind, sofern die Bank in der öffentlichen Urkunde nicht genannt wird;

f.[149] ...

³ Bestehen Sacheinlagen, Verrechnungstatbestände oder besondere Vorteile oder wird die Erhöhung des Stammkapitals durch Umwandlung von Eigenkapital liberiert, so gilt Artikel 46 Absatz 3 sinngemäss.[150]

⁴ Werden die Bezugsrechte eingeschränkt oder aufgehoben, so gilt Artikel 46 Absatz 4 sinngemäss.

Art. 75[151]

Art. 76 Inhalt des Eintrags

¹ Bei einer Erhöhung des Stammkapitals müssen ins Handelsregister eingetragen werden:
a. das Datum der Änderung der Statuten;
b. der Betrag des Stammkapitals nach der Kapitalerhöhung;
c. Anzahl und Nennwert der Stammanteile nach der Kapitalerhöhung;
d. die Änderungen im Bestand der Gesellschafterinnen und Gesellschafter;
e. gegebenenfalls die Stimmrechtsstammanteile;
f. im Fall von Vorzugsstammanteilen: die damit verbundenen Vorrechte;
g. bei Nachschusspflichten: ein Verweis auf die nähere Umschreibung in den Statuten;
h. bei statutarischen Nebenleistungspflichten unter Einschluss statutarischer Vorhand-, Vorkaufs- und Kaufsrechte: ein Verweis auf die nähere Umschreibung in den Statuten;
i. bei einer vom Gesetz abweichende Regelung der Zustimmungserfordernisse für die Übertragung der Stammanteile: ein Verweis auf die nähere Umschreibung in den Statuten;
j. falls die Erhöhung durch Umwandlung von frei verwendbarem Eigenkapital erfolgt ist: ein Hinweis darauf.

² Bestehen Sacheinlagen, Verrechnungstatbestände oder besondere Vorteile, so gilt Artikel 45 Absatz 2 sinngemäss.[152]

---

147 Fassung gemäss Ziff. I der V vom 2. Febr. 2022, in Kraft seit 1. Jan. 2023 (AS 2022 114).
148 Fassung gemäss Ziff. I der V vom 2. Febr. 2022, in Kraft seit 1. Jan. 2023 (AS 2022 114).
149 Aufgehoben durch Ziff. I der V vom 6. März 2020, mit Wirkung seit 1. Jan. 2021 (AS 2020 971).
150 Fassung gemäss Ziff. I der V vom 2. Febr. 2022, in Kraft seit 1. Jan. 2023 (AS 2022 114).
151 Aufgehoben durch Ziff. I der V vom 2. Febr. 2022, mit Wirkung seit 1. Jan. 2023 (AS 2022 114).
152 Fassung gemäss Ziff. I der V vom 2. Febr. 2022, in Kraft seit 1. Jan. 2023 (AS 2022 114).

3. Abschnitt: Herabsetzung des Stammkapitals

Art. 77 Ordentliche Kapitalherabsetzung[153]

Soweit dieser Abschnitt nichts anderes bestimmt, gilt Artikel 55 für die Herabsetzung des Stammkapitals sinngemäss.

Art. 78[154] Kapitalherabsetzung im Fall einer Unterbilanz

¹ Wird das Stammkapital zur teilweisen oder vollständigen Beseitigung einer durch Verluste entstandenen Unterbilanz herabgesetzt, so müssen dem Handelsregisteramt mit der Anmeldung zur Eintragung die Belege nach Artikel 56 Absatz 1 eingereicht werden.

² Für den Inhalt des Eintrags gilt Artikel 56 Absatz 3 sinngemäss.

Art. 79[155] Gleichzeitige Herabsetzung und Erhöhung des Stammkapitals

¹ Wird das Stammkapital herabgesetzt und gleichzeitig mindestens auf den bisherigen Betrag erhöht, so müssen dem Handelsregisteramt mit der Anmeldung zur Eintragung die Belege nach Artikel 57 Absatz 1 eingereicht werden.

² Für den Inhalt des Eintrags gilt Artikel 57 Absatz 2 sinngemäss.

Art. 80 Herabsetzung und gleichzeitige Wiedererhöhung des Stammkapitals auf einen tieferen als den bisherigen Betrag

Wird zusammen mit der Herabsetzung des Stammkapitals eine Wiedererhöhung auf einen Betrag beschlossen, der unter dem Betrag des bisherigen Stammkapitals liegt, so richtet sich die Herabsetzung nach den Artikeln 77 und 78. Artikel 79 findet ergänzende Anwendung.

Art. 81 Herabsetzung oder Aufhebung der Nachschusspflicht

Für die Herabsetzung oder die Aufhebung einer statutarischen Nachschusspflicht gilt Artikel 77 sinngemäss.

4. Abschnitt: Übertragung von Stammanteilen

Art. 82

¹ Die Gesellschaft muss sämtliche Übertragungen von Stammanteilen zur Eintragung in das Handelsregister anmelden, unabhängig davon, ob die Übertragungen auf vertraglicher Grundlage oder von Gesetzes wegen erfolgen.

² Dem Handelsregisteramt müssen eingereicht werden:
a. ein Beleg, dass der Stammanteil auf die neue Gesellschafterin oder den neuen Gesellschafter übertragen wurde;

---

153 Fassung gemäss Ziff. I der V vom 2. Febr. 2022, in Kraft seit 1. Jan. 2023 (AS 2022 114).
154 Fassung gemäss Ziff. I der V vom 2. Febr. 2022, in Kraft seit 1. Jan. 2023 (AS 2022 114).
155 Fassung gemäss Ziff. I der V vom 2. Febr. 2022, in Kraft seit 1. Jan. 2023 (AS 2022 114).

b. falls die Statuten nicht auf die Zustimmung der Gesellschafterversammlung zur Übertragung des Stammanteils verzichten: ein Beleg für diese Zustimmung.

[3] Die Erwerberin oder der Erwerber darf nur ins Handelsregister eingetragen werden, wenn lückenlos nachgewiesen wird, dass der Stammanteil von der eingetragenen Gesellschafterin oder vom eingetragenen Gesellschafter auf die Erwerberin oder den Erwerber übergegangen ist.

5. Abschnitt:[156] Währung des Stammkapitals, Revision, Revisionsstelle, Auflösung und Löschung

Art. 83
Für die Währung des Stammkapitals, für die Revision, für die Revisionsstelle, für die Auflösung, für den Widerruf der Auflösung und für die Löschung der Gesellschaft mit beschränkter Haftung gelten die Bestimmungen über die Aktiengesellschaft sinngemäss.

6. Kapitel: Genossenschaft

Art. 84 Anmeldung und Belege
[1] Mit der Anmeldung zur Eintragung der Gründung einer Genossenschaft müssen dem Handelsregisteramt folgende Belege eingereicht werden:[157]

a.[158] die öffentliche Urkunde über die Errichtung;

b.[159] die Statuten;

c. ein Nachweis, dass die Mitglieder der Verwaltung ihre Wahl angenommen haben;

d. gegebenenfalls ein Nachweis, dass die gesetzlich vorgeschriebene Revisionsstelle ihre Wahl angenommen hat;

e. bei Bestellung zur Vertretung berechtigter Personen: der entsprechende Beschluss der konstituierenden Versammlung oder der Verwaltung;

f. im Fall von Artikel 117 Absatz 3: die Erklärung der Domizilhalterin oder des Domizilhalters, dass sie oder er der Gesellschaft ein Rechtsdomizil am Ort von deren Sitz gewährt;

g.[160] ...

---

156 Fassung gemäss Ziff. I der V vom 2. Febr. 2022, in Kraft seit 1. Jan. 2023 (AS 2022 114).
157 Fassung gemäss Ziff. I der V vom 2. Febr. 2022, in Kraft seit 1. Jan. 2023 (AS 2022 114).
158 Fassung gemäss Ziff. I der V vom 2. Febr. 2022, in Kraft seit 1. Jan. 2023 (AS 2022 114).
159 Fassung gemäss Ziff. I der V vom 2. Febr. 2022, in Kraft seit 1. Jan. 2023 (AS 2022 114).
160 Aufgehoben durch Ziff. I der V vom 6. März 2020, mit Wirkung seit 1. Jan. 2021 (AS 2020 971).

h. falls die Statuten eine persönliche Haftung oder Nachschusspflicht vorsehen: das von einem Mitglied der Verwaltung unterzeichnete Verzeichnis der Genossenschafterinnen und Genossenschafter.

[2] Für Angaben, die bereits in der öffentlichen Urkunde über die Errichtung festgehalten sind, ist kein zusätzlicher Beleg erforderlich.[161]

[3] Bestehen Sacheinlagen, so müssen zusätzlich folgende Belege eingereicht werden:[162]
a. die Sacheinlageverträge mit den erforderlichen Beilagen;
b.[163] ...
c. der von allen Gründerinnen und Gründern unterzeichnete Gründungsbericht.

Art. 85 Öffentliche Urkunde über die Errichtung[164]

Die öffentliche Urkunde über die Errichtung muss folgende Angaben enthalten:[165]
a. die Personenangaben zu den Gründerinnen und Gründern sowie zu deren Vertreterinnen und Vertretern;
b. die Erklärung der Gründerinnen und Gründer, eine Genossenschaft zu gründen;
c. die Bestätigung der Gründerinnen und Gründer, dass die Statuten festgelegt sind;
d.[166] gegebenenfalls die Tatsache, dass der schriftliche Bericht der Gründerinnen und Gründer über Sacheinlagen der Versammlung bekannt gegeben und von dieser beraten wurde;
e. die Wahl der Mitglieder der Verwaltung sowie die entsprechenden Personenangaben;
f. die Tatsache, dass die Revisionsstelle gewählt wurde, beziehungsweise den Verzicht auf eine Revision;
g. die Unterschriften der Gründerinnen und Gründer;
h.[167] die Bestätigung der Gründerinnen und Gründer, dass keine anderen Sacheinlagen, Verrechnungstatbestände oder besonderen Vorteile bestehen als die in den Belegen genannten.

Art. 86[168]

---

161 Fassung gemäss Ziff. I der V vom 2. Febr. 2022, in Kraft seit 1. Jan. 2023 (AS 2022 114).
162 Fassung gemäss Ziff. I der V vom 2. Febr. 2022, in Kraft seit 1. Jan. 2023 (AS 2022 114).
163 Aufgehoben durch Ziff. I der V vom 2. Febr. 2022, mit Wirkung seit 1. Jan. 2023 (AS 2022 114).
164 Fassung gemäss Ziff. I der V vom 2. Febr. 2022, in Kraft seit 1. Jan. 2023 (AS 2022 114).
165 Fassung gemäss Ziff. I der V vom 2. Febr. 2022, in Kraft seit 1. Jan. 2023 (AS 2022 114).
166 Fassung gemäss Ziff. I der V vom 2. Febr. 2022, in Kraft seit 1. Jan. 2023 (AS 2022 114).
167 Eingefügt durch Ziff. I der V vom 6. März 2020 (AS 2020 971). Fassung gemäss Ziff. I der V vom 2. Febr. 2022, in Kraft seit 1. Jan. 2023 (AS 2022 114).
168 Aufgehoben durch Ziff. I der V vom 6. März 2020, mit Wirkung seit 1. Jan. 2021 (AS 2020 971).

Art. 87 Inhalt des Eintrags

¹ Bei Genossenschaften müssen ins Handelsregister eingetragen werden:
a. die Tatsache, dass es sich um die Gründung einer neuen Genossenschaft handelt;
b. die Firma und die Unternehmens-Identifikationsnummer;
c. der Sitz und das Rechtsdomizil;
d. die Rechtsform;
e. das Datum der Statuten;
f. falls sie beschränkt ist: die Dauer der Gesellschaft;
g. der Zweck;
h. der Nennwert allfälliger Anteilscheine;
i. im Fall von Beitrags- oder Leistungspflichten der Genossenschafterinnen und Genossenschafter: ein Verweis auf die nähere Umschreibung in den Statuten;
j. im Fall einer persönlichen Haftung oder einer Nachschusspflicht der Genossenschafterinnen und Genossenschafter: ein Verweis auf die nähere Umschreibung in den Statuten;
k. die Mitglieder der Verwaltung;
l. die zur Vertretung berechtigten Personen;
m. falls die Gesellschaft keine ordentliche oder eingeschränkte Revision durchführt: ein Hinweis darauf sowie das Datum der Erklärung der Verwaltung gemäss Artikel 62 Absatz 2;
n. falls die Gesellschaft eine ordentliche oder eingeschränkte Revision durchführt: die Revisionsstelle;
o. das gesetzliche Publikationsorgan sowie gegebenenfalls weitere Publikationsorgane;
p.[169] die in den Statuten vorgesehene Form der Mitteilungen der Genossenschaft an ihre Genossenschafterinnen und Genossenschafter.

² Bestehen anlässlich der Gründung Sacheinlagen, so gilt Artikel 45 Absatz 2 Buchstabe a sinngemäss.[170]

Art. 88 Verzeichnis der Genossenschafterinnen und Genossenschafter

¹ Die Verwaltung muss mit der Mitteilung über den Eintritt oder den Austritt einer Genossenschafterin oder eines Genossenschafters nach Artikel 877 Absatz 1 OR ein von einem Mitglied der Verwaltung unterzeichnetes aktualisiertes Verzeichnis der Genossenschafterinnen und Genossenschafter einreichen, dies vorzugsweise in elektronischer Form.

² Es erfolgt keine Eintragung in das Handelsregister; die Mitteilungen und das Verzeichnis stehen jedoch zur Einsichtnahme offen.

---

169 Fassung gemäss Ziff. I der V vom 2. Febr. 2022, in Kraft seit 1. Jan. 2023 (AS 2022 114).
170 Fassung gemäss Ziff. I der V vom 2. Febr. 2022, in Kraft seit 1. Jan. 2023 (AS 2022 114).

³ Die Mitteilung durch Genossenschafterinnen und Genossenschafter sowie durch ihre Erbinnen und Erben nach Artikel 877 Absatz 2 OR bleibt vorbehalten.

Art. 89 **Revision, Revisionsstelle, Auflösung und Löschung**

Für die Revision, für die Revisionsstelle, für die Auflösung, für den Widerruf der Auflösung und für die Löschung der Genossenschaft gelten die Bestimmungen über die Aktiengesellschaft sinngemäss.

7. Kapitel: Verein

Art. 90[171] **Pflicht zur Eintragung in das Handelsregister**

¹ Nach Artikel 61 Absatz 2 ZGB[172] ist der Verein zur Eintragung in das Handelsregister verpflichtet, wenn er:
a. für seinen Zweck ein nach kaufmännischer Art geführtes Gewerbe betreibt;
b. revisionspflichtig ist; oder
c. hauptsächlich Vermögenswerte im Ausland direkt oder indirekt sammelt oder verteilt, die für karitative, religiöse, kulturelle, erzieherische oder soziale Zwecke bestimmt sind, und keine Ausnahme gemäss Absatz 2 vorliegt.

² Vereine nach Absatz 1 Buchstabe c sind von der Eintragungspflicht befreit, wenn:
a. in den letzten zwei Geschäftsjahren weder die jährlich gesammelten Vermögenswerte noch die jährlich verteilten Vermögenswerten den Wert von 100 000 Franken übersteigen;
b. die Verteilung der Vermögenswerte über einen Finanzintermediär nach dem Geldwäschereigesetz vom 10. Oktober 1997[173] erfolgt; und
c. mindestens eine zur Vertretung des Vereins berechtigte Person ihren Wohnsitz in der Schweiz hat.

Art. 90a[174] **Anmeldung und Belege**

¹ Mit der Anmeldung zur Eintragung eines Vereins müssen dem Handelsregisteramt folgende Belege eingereicht werden:
a. ein Protokoll der Vereinsversammlung über:
  1. die Annahme der Statuten,
  2. die Wahl der Mitglieder des Vorstandes,
  3. die Wahl der Revisionsstelle, sofern der Verein revisionspflichtig ist;
b. die von einem Mitglied des Vorstandes unterzeichneten Statuten;

---

171 Eingefügt durch Anhang Ziff. 2 der V vom 31. Aug. 2022, in Kraft seit 1. Jan. 2023 (AS 2022 552).
172 SR 210
173 SR 955.0
174 Ursprünglich: Art. 90

c. die Erklärung der Mitglieder des Vorstandes und gegebenenfalls der Revisionsstelle, dass sie die Wahl annehmen;
d. bei Bestellung zur Vertretung berechtigter Personen: der entsprechende Beschluss der Vereinsversammlung oder des Vorstandes;
e. im Fall von Artikel 117 Absatz 3: die Erklärung der Domizilhalterin oder des Domizilhalters, dass sie oder er dem Verein ein Rechtsdomizil am Ort von dessen Sitz gewährt;
f. falls die Statuten eine persönliche Haftung oder Nachschusspflicht der Mitglieder vorsehen: das Verzeichnis der Mitglieder.

² Für Angaben, die bereits im Protokoll der Vereinsversammlung festgehalten sind, ist kein zusätzlicher Beleg erforderlich.

³ Wurde dem Verein bereits eine Unternehmens-Identifikationsnummer zugewiesen, so ist sie in der Anmeldung anzugeben.[175]

⁴ Ein Verein, welcher der Pflicht zur Eintragung in das Handelsregister nach Artikel 61 Absatz 2 ZGB[176] nicht untersteht und nicht durch eine Person mit Wohnsitz in der Schweiz vertreten wird, reicht beim Handelsregisteramt eine von mindestens einem Mitglied des Vorstands unterzeichnete Erklärung ein, dass er nicht zur Eintragung in das Handelsregister verpflichtet ist.[177]

Art. 91 Besondere Voraussetzung der Eintragung

Eine Rechtseinheit wird nur als Verein ins Handelsregister eingetragen, wenn sie nicht zugleich einen wirtschaftlichen Zweck verfolgt und ein nach kaufmännischer Art geführtes Gewerbe betreibt.

Art. 92 Inhalt des Eintrags

Bei Vereinen müssen ins Handelsregister eingetragen werden:
a. der Name und die Unternehmens-Identifikationsnummer;
b. der Sitz und das Rechtsdomizil;
c. die Rechtsform;
d. falls belegt: das Datum der Gründung;
e. das Datum der Statuten;
f. falls sie beschränkt ist: die Dauer des Vereins;
g. der Zweck;
h. die Mittel, wie Mitgliederbeiträge, Erträge aus dem Vereinsvermögen oder aus der Vereinstätigkeit und Schenkungen;
i. im Fall einer persönlichen Haftung oder einer Nachschusspflicht der Mitglieder des Vereins: ein Verweis auf die nähere Umschreibung in den Statuten;

---
175 Eingefügt durch Ziff. I der V vom 6. März 2020, in Kraft seit 1. Jan. 2021 (AS 2020 971).
176 SR 210
177 Eingefügt durch Anhang Ziff. 2 der V vom 31. Aug. 2022, in Kraft seit 1. Jan. 2023 (AS 2022 552).

j.[178] falls der Verein der Pflicht zur Eintragung in das Handelsregister nach Artikel 61 Absatz 2 ZGB[179] nicht untersteht und keine der zur Vertretung berechtigten Personen Wohnsitz in der Schweiz hat: ein Hinweis darauf sowie das Datum der Erklärung gemäss Artikel 90a Absatz 4;

k.[180] bei Vereinen nach Artikel 90 Absatz 1 Buchstaben a und b: die Mitglieder des Vorstands und die zur Vertretung berechtigten Personen; bei anderen Vereinen mindestens ein Mitglied des Vorstands und mindestens eine zur Vertretung berechtigte Person mit Wohnsitz in der Schweiz;

l.[181] ...

m. falls der Verein eine ordentliche oder eingeschränkte Revision durchführt: die Revisionsstelle.

Art. 93 Auflösung und Löschung

¹ Für die Auflösung, den Widerruf der Auflösung und für die Löschung des Vereins gelten die Bestimmungen über die Aktiengesellschaft sinngemäss.

² Ein Verein, welcher der Pflicht zur Eintragung in das Handelsregister nicht untersteht, kann jederzeit die Löschung des Eintrags im Handelsregister anmelden. In diesem Fall ist mit der Anmeldung zur Löschung der Beschluss des zuständigen Organs als Beleg einzureichen, sowie eine von mindestens einem Mitglied des Vorstands unterzeichnete Erklärung des Vorstands, dass der Verein nicht eintragungspflichtig ist. Zusammen mit der Löschung müssen der Löschungsgrund und die Tatsache, dass der Verein nicht eintragungspflichtig ist, sowie das Datum der Erklärung nach diesem Absatz im Handelsregister eingetragen werden.[182]

8. Kapitel: Stiftung

Art. 94 Anmeldung und Belege

¹ Mit der Anmeldung der Errichtung einer Stiftung müssen dem Handelsregisteramt folgende Belege eingereicht werden:

a. die Stiftungsurkunde beziehungsweise ein beglaubigter Auszug aus der Verfügung von Todes wegen;

b. ein Nachweis über die Ernennung der Mitglieder des obersten Stiftungsorgans und der zur Vertretung berechtigten Personen;

---

[178] Fassung gemäss Anhang Ziff. 2 der V vom 31. Aug. 2022, in Kraft seit 1. Jan. 2023 (AS 2022 552).
[179] SR 210
[180] Fassung gemäss Anhang Ziff. 2 der V vom 31. Aug. 2022, in Kraft seit 1. Jan. 2023 (AS 2022 552).
[181] Aufgehoben durch Anhang Ziff. 2 der V vom 31. Aug. 2022, mit Wirkung seit 1. Jan. 2023 (AS 2022 552).
[182] Eingefügt durch Anhang Ziff. 2 der V vom 31. Aug. 2022, in Kraft seit 1. Jan. 2023 (AS 2022 552).

c.[183] gegebenenfalls das Protokoll des obersten Stiftungsorgans über die Bezeichnung der Revisionsstelle oder die Verfügung der Aufsichtsbehörde, wonach die Stiftung von der Pflicht zur Bezeichnung einer Revisionsstelle befreit ist;

d. die Erklärung der Mitglieder des obersten Stiftungsorgans und gegebenenfalls der Revisionsstelle, dass sie die Wahl annehmen;

e. im Fall von Artikel 117 Absatz 3: die Erklärung der Domizilhalterin oder des Domizilhalters, dass sie oder er der Stiftung ein Rechtsdomizil am Ort von deren Sitz gewährt;

f.[184] falls die Stiftung der Durchführung der beruflichen Vorsorge dient: die Verfügung der Aufsichtsbehörde über die Aufsichtsübernahme.

² Für Angaben, die bereits in der Stiftungsurkunde oder in der Verfügung von Todes wegen festgehalten sind, ist kein zusätzlicher Beleg erforderlich.

Art. 95 Inhalt des Eintrags

¹ Bei Stiftungen müssen ins Handelsregister eingetragen werden:

a. die Tatsache, dass es sich um die Errichtung einer Stiftung handelt;

b. der Name und die Unternehmens-Identifikationsnummer;

c. der Sitz und das Rechtsdomizil;

d. die Rechtsform;

e.[185] eines der folgenden Daten:
1. das Datum der Stiftungsurkunde,
2. das Datum der Verfügung von Todes wegen,
3. bei kirchlichen Stiftungen, bei denen die Errichtung nicht mehr belegt werden kann: das im Protokoll oder im Protokollauszug nach Artikel 181*a* erklärte Datum der Errichtung der Stiftung;

f. der Zweck;

g. bei einem Vorbehalt der Zweckänderung durch die Stifterin oder den Stifter: ein Verweis auf die nähere Umschreibung in der Stiftungsurkunde;

h.[186] ...

i. die Mitglieder des obersten Stiftungsorgans;

j. die zur Vertretung berechtigten Personen;

k.[187] falls die Stiftung einer Aufsicht untersteht: die Stiftungsaufsichtsbehörde, sobald sie ihre Tätigkeit aufgenommen hat;

---

183 Fassung gemäss Anhang 2 Ziff. II 2 der Geldwäschereiverordnung vom 11. Nov. 2015, in Kraft seit 1. Jan. 2016 (AS 2015 4819).
184 Eingefügt durch Art. 24 der V vom 10. und 22. Juni 2011 über die Aufsicht in der beruflichen Vorsorge, in Kraft seit 1. Jan. 2012 (AS 2011 3425).
185 Fassung gemäss Anhang 2 Ziff. II 2 der Geldwäschereiverordnung vom 11. Nov. 2015, in Kraft seit 1. Jan. 2016 (AS 2015 4819).
186 Aufgehoben durch Anhang Ziff. 1 der Grundbuchverordnung vom 23. Sept. 2011, mit Wirkung seit 1. Jan. 2012 (AS 2011 4659).
187 Fassung gemäss Ziff. I der V vom 6. März 2020, in Kraft seit 1. Jan. 2021 (AS 2020 971).

l.[188] falls die Stiftung keine ordentliche oder eingeschränkte Revision durchführt: ein Hinweis darauf sowie das Datum einer allfälligen Befreiungsverfügung der Aufsichtsbehörde;
m. falls die Stiftung eine ordentliche oder eingeschränkte Revision durchführt: die Revisionsstelle;
n.[189] falls die Stiftung der Durchführung der beruflichen Vorsorge dient: die Aufsichtsbehörde gemäss Artikel 61 des Bundesgesetzes vom 25. Juni 1982[190] über die berufliche Alters-, Hinterlassenen- und Invalidenvorsorge;
o.[191] falls es sich um eine kirchliche Stiftung oder eine Familienstiftung handelt: ein Hinweis darauf.

² ...[192]

Art. 96 Informationsaustausch zwischen Handelsregisteramt und Stiftungsaufsichtsbehörde

¹ Das Handelsregisteramt teilt die Errichtung der Stiftung der Stiftungsaufsichtsbehörde mit, die nach den Umständen zuständig erscheint. Es sendet ihr eine Kopie der Stiftungsurkunde oder der Verfügung von Todes wegen sowie einen Auszug aus dem Handelsregister.

² Die Aufsichtsbehörde meldet die Übernahme der Aufsicht dem Handelsregisteramt zur Eintragung an oder überweist die Mitteilung über die Errichtung der Stiftung umgehend der zuständigen Behörde.

Art. 97 Änderungen, Aufhebung und Löschung

¹ Betrifft eine Verfügung einer Behörde eine Tatsache, die im Handelsregister einzutragen ist, so muss diese Behörde die Änderung beim Handelsregisteramt anmelden und die erforderlichen Belege einreichen. Dies betrifft insbesondere:
a. die Befreiung der Stiftung von der Pflicht zur Bezeichnung einer Revisionsstelle;
b. den Widerruf der Befreiung nach Buchstabe a;
c. die Änderung des Zwecks und der Organisation der Stiftung;
d. Verfügungen gemäss dem FusG;
e. die Aufhebung der Stiftung zum Zwecke der Liquidation;
f. die Feststellung des Abschlusses der Liquidation.

² Falls die zuständige Behörde eine Liquidation angeordnet hat, gelten für die Aufhebung und die Löschung der Stiftung die Bestimmungen über die Auflösung und Löschung der Aktiengesellschaft sinngemäss.

---

188 Fassung gemäss Ziff. I der V vom 6. März 2020, in Kraft seit 1. Jan. 2021 (AS 2020 971).
189 Eingefügt durch Art. 24 der V vom 10. und 22. Juni 2011 über die Aufsicht in der beruflichen Vorsorge, in Kraft seit 1. Jan. 2012 (AS 2011 3425).
190 SR 831.40
191 Eingefügt durch Ziff. I der V vom 6. März 2020, in Kraft seit 1. Jan. 2021 (AS 2020 971).
192 Aufgehoben durch Ziff. I der V vom 6. März 2020, mit Wirkung seit 1. Jan. 2021 (AS 2020 971).

9. Kapitel: Kommanditgesellschaft für kollektive Kapitalanlagen

Art. 98 Anmeldung und Belege

Mit der Anmeldung zur Eintragung einer Kommanditgesellschaft für kollektive Kapitalanlagen müssen dem Handelsregisteramt folgende Belege eingereicht werden:
a. der Gesellschaftsvertrag;
b. gegebenenfalls ein Nachweis, dass die gesetzlich vorgeschriebene Revisionsstelle ihre Wahl angenommen hat.

Art. 99 Inhalt des Eintrags

Bei Kommanditgesellschaften für kollektive Kapitalanlagen müssen ins Handelsregister eingetragen werden:
a. die Tatsache, dass es sich um die Gründung einer neuen Kommanditgesellschaft für kollektive Kapitalanlagen handelt;
b. die Firma und die Unternehmens-Identifikationsnummer;
c. der Sitz und das Rechtsdomizil;
d. die Rechtsform;
e. das Datum des Gesellschaftsvertrags;
f. die Dauer der Gesellschaft;
g. der Zweck;
h. der Betrag der gesamten Kommanditsumme;
i. falls die Kommanditsumme ganz oder teilweise in Form einer Sacheinlage geleistet wird, deren Gegenstand und Wert;
j. die Firma, der Sitz und die Unternehmens-Identifikationsnummer der unbeschränkt haftenden Gesellschafterinnen und die für diese handelnden natürlichen Personen;
k. die zur Vertretung berechtigten Personen;
l.[193] die Tatsache, dass die Prüfung nach KAG[194] durchgeführt wird;
m.[195] die zugelassene Prüfgesellschaft;

Art. 100 Auflösung und Löschung

Für die Auflösung und die Löschung gilt Artikel 42 sinngemäss.

---

193 Fassung gemäss Anhang Ziff. 1 der Grundbuchverordnung vom 23. Sept. 2011, in Kraft seit 1. Jan. 2012 (AS 2011 4659).
194 SR 951.31
195 Fassung gemäss Anhang Ziff. 1 der Grundbuchverordnung vom 23. Sept. 2011, in Kraft seit 1. Jan. 2012 (AS 2011 4659).

10. Kapitel: Investmentgesellschaft mit festem Kapital (SICAF)

Art. 101

¹ Bei Investmentgesellschaften mit festem Kapital müssen ins Handelsregister eingetragen werden:
a. die Tatsache, dass es sich um die Gründung einer neuen Investmentgesellschaft mit festem Kapital handelt;
b. die Firma und die Unternehmens-Identifikationsnummer;
c. der Sitz und das Rechtsdomizil;
d. die Rechtsform;
e. das Datum der Statuten;
f. falls sie beschränkt ist: die Dauer der Gesellschaft;
g. der Zweck;
h. die Höhe des Aktienkapitals unter Hinweis auf die Tatsache, dass die Einlagen vollständig geleistet sind;
i. Anzahl, Nennwert und Art der Aktien;
j. bei einer Beschränkung der Übertragbarkeit der Aktien: ein Verweis auf die nähere Umschreibung in den Statuten;
k. die Mitglieder des Verwaltungsrates;
l. die zur Vertretung berechtigten Personen;
m.[196] die Tatsache, dass die Prüfung nach KAG durchgeführt wird;
n.[197] die zugelassene Prüfgesellschaft;
o. das gesetzliche und die weiteren Publikationsorgane;
p. die in den Statuten vorgesehene Form der Mitteilungen des Verwaltungsrates an die Aktionärinnen und Aktionäre.

² Im Übrigen gelten die Bestimmungen über die Aktiengesellschaft sinngemäss.

11. Kapitel: Investmentgesellschaft mit variablem Kapital (SICAV)

Art. 102 Anmeldung und Belege

¹ Mit der Anmeldung zur Eintragung der Gründung einer Investmentgesellschaft mit variablem Kapital müssen dem Handelsregisteramt folgende Belege eingereicht werden:[198]
a. die öffentliche Urkunde über den Errichtungsakt;
b. die Statuten;

---

[196] Fassung gemäss Anhang Ziff. 1 der Grundbuchverordnung vom 23. Sept. 2011, in Kraft seit 1. Jan. 2012 (AS 2011 4659).
[197] Fassung gemäss Anhang Ziff. 1 der Grundbuchverordnung vom 23. Sept. 2011, in Kraft seit 1. Jan. 2012 (AS 2011 4659).
[198] Fassung gemäss Ziff. I der V vom 2. Febr. 2022, in Kraft seit 1. Jan. 2023 (AS 2022 114).

c. ein Nachweis, dass die Mitglieder des Verwaltungsrates ihre Wahl angenommen haben;

d.[199] ein Nachweis, dass die gesetzlich vorgeschriebene Prüfgesellschaft ihre Wahl angenommen hat;

e. das Protokoll des Verwaltungsrates über seine Konstituierung, über die Regelung des Vorsitzes und über die Erteilung der Zeichnungsbefugnisse;

f. im Fall von Artikel 117 Absatz 3: die Erklärung der Domizilhalterin oder des Domizilhalters, dass sie oder er der Investmentgesellschaft ein Rechtsdomizil am Ort von deren Sitz gewährt;

g.[200] ....

² Für Angaben, die bereits im Errichtungsakt festgehalten sind, ist kein zusätzlicher Beleg erforderlich.

Art. 103 Errichtungsakt

Die öffentliche Urkunde über den Errichtungsakt muss folgende Angaben enthalten:

a. die Personenangaben zu den Gründerinnen und Gründern sowie zu deren Vertreterinnen und Vertretern;

b. die Erklärung der Gründerinnen und Gründer, eine Investmentgesellschaft mit variablem Kapital zu gründen;

c. die Bestätigung der Gründerinnen und Gründer, dass die Statuten festgelegt sind;

d. die Tatsache, dass die Mitglieder des Verwaltungsrates gewählt wurden, und die entsprechenden Personenangaben;

e.[201] die Tatsache, dass die Prüfgesellschaft gewählt wurde, und die entsprechenden Personenangaben;

f. die Nennung aller Belege und die Bestätigung der Urkundsperson, dass die Belege ihr und den Gründerinnen und Gründern vorgelegen haben;

g. die Unterschriften der Gründerinnen und Gründer.

Art. 104 Inhalt des Eintrags

Bei Investmentgesellschaften mit variablem Kapital müssen ins Handelsregister eingetragen werden:

a. die Tatsache, dass es sich um die Gründung einer neuen Investmentgesellschaft mit variablem Kapital handelt;

b. die Firma und die Unternehmens-Identifikationsnummer;

c. der Sitz und das Rechtsdomizil;

---

[199] Fassung gemäss Anhang Ziff. 1 der Grundbuchverordnung vom 23. Sept. 2011, in Kraft seit 1. Jan. 2012 (AS 2011 4659).

[200] Eingefügt durch Ziff. I der V vom 6. März 2020 (AS 2020 971). Aufgehoben durch Ziff. I der V vom 2. Febr. 2022, mit Wirkung seit 1. Jan. 2023 (AS 2022 114).

[201] Fassung gemäss Anhang Ziff. 1 der Grundbuchverordnung vom 23. Sept. 2011, in Kraft seit 1. Jan. 2012 (AS 2011 4659).

d. die Rechtsform;
e. das Datum der Statuten;
f. falls sie beschränkt ist: die Dauer der Gesellschaft;
g. der Zweck;
h. die Art der Aktien;
i. bei einer Beschränkung der Übertragbarkeit der Aktien, insbesondere bei einer Einschränkung des Anlegerkreises auf qualifizierte Anlegerinnen und Anleger: ein Verweis auf die nähere Umschreibung in den Statuten;
j. im Fall verschiedener Kategorien von Anlegeraktien: die damit verbundenen Rechte mit einem Verweis auf die nähere Umschreibung in den Statuten;
k. die Mitglieder des Verwaltungsrates;
l. die zur Vertretung berechtigten Personen;
m.[202] die Tatsache, dass die Prüfung nach KAG durchgeführt wird;
n.[203] die zugelassene Prüfgesellschaft;
o. das gesetzliche sowie die weiteren Publikationsorgane;
p.[204] die in den Statuten vorgesehene Form der Mitteilungen der Gesellschaft an ihre Aktionärinnen und Aktionäre;
q.[205] ....

Art. 105 Auflösung und Löschung

Für die Auflösung und die Löschung gelten die Artikel 63 und 65 sinngemäss.

12. Kapitel: Institut des öffentlichen Rechts

Art. 106 Anmeldung und Belege

¹ Mit der Anmeldung zur Eintragung eines Instituts des öffentlichen Rechts müssen dem Handelsregisteramt folgende Belege eingereicht werden:
a. Hinweise auf die massgebenden Rechtsgrundlagen und auf die Beschlüsse des für die Errichtung zuständigen Organs nach dem öffentlichen Recht;
b. gegebenenfalls die Statuten;
c. die Verfügungen, Protokolle oder Protokollauszüge über die Ernennung der Mitglieder des obersten Leitungs- oder Verwaltungsorgans und der zur Vertretung berechtigten Personen sowie gegebenenfalls über die Bezeichnung einer Revisionsstelle;

---

[202] Fassung gemäss Anhang Ziff. 1 der Grundbuchverordnung vom 23. Sept. 2011, in Kraft seit 1. Jan. 2012 (AS 2011 4659).
[203] Fassung gemäss Anhang Ziff. 1 der Grundbuchverordnung vom 23. Sept. 2011, in Kraft seit 1. Jan. 2012 (AS 2011 4659).
[204] Fassung gemäss Ziff. I der V vom 2. Febr. 2022, in Kraft seit 1. Jan. 2023 (AS 2022 114).
[205] Eingefügt durch Ziff. I der V vom 6. März 2020 (AS 2020 971). Aufgehoben durch Ziff. I der V vom 2. Febr. 2022, mit Wirkung seit 1. Jan. 2023 (AS 2022 114).

d. die Erklärungen der Mitglieder des obersten Leitungs- oder Verwaltungsorgans und gegebenenfalls der Revisionsstelle, dass sie ihre Wahl annehmen;
e. im Fall von Artikel 117 Absatz 3: die Erklärung der Domizilhalterin oder des Domizilhalters, dass sie oder er dem Institut des öffentlichen Rechts ein Rechtsdomizil am Ort von dessen Sitz gewährt.

² Für Angaben, die bereits in andern Unterlagen festgehalten sind, ist kein zusätzlicher Beleg erforderlich.

³ Wurde dem Institut des öffentlichen Rechts bereits eine Unternehmens-Identifikationsnummer zugewiesen, so ist sie in der Anmeldung anzugeben.[206]

Art. 107 Inhalt des Eintrags

Bei Instituten des öffentlichen Rechts müssen ins Handelsregister eingetragen werden:
a. die Bezeichnung und die Unternehmens-Identifikationsnummer;
b. der Sitz und das Rechtsdomizil;
c. die Rechtsform;
d. die Bezeichnung der massgeblichen Rechtsgrundlagen des öffentlichen Rechts sowie das Datum der Beschlüsse des für die Errichtung zuständigen Organs gemäss öffentlichem Recht;
e. falls bekannt: das Datum der Errichtung des Instituts des öffentlichen Rechts;
f. falls Statuten bestehen: deren Datum;
g. der Zweck;
h. im Fall eines Dotationskapitals: dessen Höhe;
i. bei besonderen Haftungsverhältnissen: ein Verweis auf die nähere Umschreibung in den Belegen, Rechtsgrundlagen oder Beschlüssen des für die Gründung zuständigen Organs;
j. die Organisation;
k. die Mitglieder des obersten Leitungs- oder Verwaltungsorgans;
l. die zur Vertretung berechtigten Personen;
m. gegebenenfalls die Revisionsstelle.

Art. 108 Anwendbares Recht

Die Bestimmungen dieser Verordnung über die Rechtsformen des Privatrechts gelten auf die Institute des öffentlichen Rechts im Übrigen sinngemäss.

---

206 Eingefügt durch Ziff. I der V vom 6. März 2020, in Kraft seit 1. Jan. 2021 (AS 2020 971).

13. Kapitel: Zweigniederlassung

1. Abschnitt: Zweigniederlassung einer Rechtseinheit mit Sitz in der Schweiz

Art. 109 Anmeldung und Belege

Mit der Anmeldung zur Eintragung einer Zweigniederlassung einer Rechtseinheit mit Sitz in der Schweiz müssen dem Handelsregisteramt folgende Belege eingereicht werden:
a. das Protokoll oder der Protokollauszug über die Bestellung der Personen, die nur für die Zweigniederlassung vertretungsberechtigt sind;
b. im Fall von Artikel 117 Absatz 3: die Erklärung der Domizilhalterin oder des Domizilhalters, dass sie oder er der Zweigniederlassung am Ort von deren Sitz ein Rechtsdomizil gewährt.

Art. 110 Inhalt des Eintrags

¹ Bei der Zweigniederlassung müssen ins Handelsregister eingetragen werden:
a. die Firma beziehungsweise der Name, die Unternehmens-Identifikationsnummer, die Rechtsform und der Sitz der Hauptniederlassung;
b. die Firma beziehungsweise der Name, die Unternehmens-Identifikationsnummer, der Sitz und das Rechtsdomizil der Zweigniederlassung;
c. die Tatsache, dass es sich um eine Zweigniederlassung handelt;
d. der Zweck der Zweigniederlassung, sofern er enger gefasst ist als der Zweck der Hauptniederlassung;
e. die Personen, die zur Vertretung der Zweigniederlassung berechtigt sind, sofern ihre Zeichnungsberechtigung nicht aus dem Eintrag der Hauptniederlassung hervorgeht.

² Bei der Hauptniederlassung müssen ins Handelsregister eingetragen werden:
a. die Unternehmens-Identifikationsnummer der Zweigniederlassung;
b. der Sitz der Zweigniederlassung.

Art. 111 Koordination der Einträge von Haupt- und Zweigniederlassung

¹ Das Handelsregisteramt am Sitz der Zweigniederlassung muss das Handelsregisteramt am Sitz der Hauptniederlassung über die Neueintragung, die Sitzverlegung oder die Löschung der Zweigniederlassung informieren. Das Handelsregisteramt am Sitz der Hauptniederlassung nimmt die erforderlichen Eintragungen von Amtes wegen vor.

² Das Handelsregisteramt am Sitz der Hauptniederlassung muss das Handelsregisteramt am Sitz der Zweigniederlassung über Änderungen informieren, die eine Änderung der Eintragung der Zweigniederlassung erfordern, insbesondere über Änderungen der Rechtsform, der Firma beziehungsweise des Namens, des Sitzes, die Auflösung oder die Löschung. Das Handelsregisteramt am Sitz der Zweigniederlassung nimmt die erforderlichen Eintragungen von Amtes wegen vor.

Art. 112 Fusion, Spaltung, Umwandlung und Vermögensübertragung

¹ Im Fall einer Fusion, einer Spaltung, einer Umwandlung oder einer Vermögensübertragung bleiben die Einträge von Zweigniederlassungen bestehen, wenn nicht deren Löschung angemeldet wird.

² Ergeben sich aus einer Fusion, einer Spaltung, einer Umwandlung oder einer Vermögensübertragung Änderungen, die in der Eintragung von Zweigniederlassungen zu berücksichtigen sind, so müssen die entsprechenden Tatsachen beim Handelsregisteramt angemeldet werden. Die Anmeldung hat im Fall einer Fusion oder einer Spaltung durch die übernehmende Rechtseinheit zu erfolgen.

2. Abschnitt: Zweigniederlassung einer Rechtseinheit mit Sitz im Ausland

Art. 113 Anmeldung und Belege

¹ Mit der Anmeldung zur Eintragung einer Zweigniederlassung einer Rechtseinheit mit Sitz im Ausland müssen dem Handelsregisteramt folgende Belege eingereicht werden:
a. ein beglaubigter aktueller Auszug aus dem Handelsregister am Sitz der Hauptniederlassung oder, falls der Auszug keine genügenden Angaben enthält oder keine dem Handelsregister vergleichbare Institution besteht, ein amtlicher Nachweis darüber, dass die Hauptniederlassung nach den geltenden Bestimmungen des massgeblichen ausländischen Rechts rechtmässig besteht;
b. bei juristischen Personen ein beglaubigtes Exemplar der geltenden Statuten oder des entsprechenden Dokumentes der Hauptniederlassung;
c. das Protokoll oder der Protokollauszug des Organs der Hauptniederlassung, das die Errichtung der Zweigniederlassung beschlossen hat;
d. das Protokoll oder der Protokollauszug über die Bestellung der für die Zweigniederlassung vertretungsberechtigten Personen;
e. im Fall von Artikel 117 Absatz 3: die Erklärung der Domizilhalterin oder des Domizilhalters, dass sie oder er der Zweigniederlassung ein Rechtsdomizil am Ort von deren Sitz gewährt.

² Ist in der Schweiz bereits eine Zweigniederlassung derselben Rechtseinheit im Handelsregister eingetragen, so findet Absatz 1 Buchstaben a und b keine Anwendung.

Art. 114 Inhalt des Eintrags

¹ Bei Zweigniederlassungen von Rechtseinheiten mit Sitz im Ausland müssen ins Handelsregister eingetragen werden:
a. die Firma beziehungsweise der Name, die Rechtsform und der Sitz der Hauptniederlassung sowie gegebenenfalls ein Hinweis auf deren Registrierung und Unternehmens-Identifikationsnummer;

b. Höhe und Währung eines allfälligen Kapitals der Hauptniederlassung sowie Angaben zu den geleisteten Einlagen;
c. die Firma beziehungsweise der Name, die Unternehmens-Identifikationsnummer, der Sitz und das Rechtsdomizil der Zweigniederlassung;
d. die Tatsache, dass es sich um eine Zweigniederlassung handelt;
e. der Zweck der Zweigniederlassung;
f. die Personen, die zur Vertretung der Zweigniederlassung berechtigt sind.

² Für die Formulierung des Zwecks der Zweigniederlassung gilt Artikel 118 Absatz 1.

Art. 115 Löschung

¹ Hat der Geschäftsbetrieb der Zweigniederlassung aufgehört, so muss die Löschung der Zweigniederlassung zur Eintragung angemeldet werden.

² Wird die Löschung der Zweigniederlassung zur Eintragung ins Handelsregister angemeldet, so macht das Handelsregisteramt den Steuerbehörden des Bundes und des Kantons Mitteilung. Die Löschung darf erst vorgenommen werden, wenn diese Behörden zugestimmt haben.

³ Zusammen mit der Löschung muss der Löschungsgrund ins Handelsregister eingetragen werden.

4. Titel: Rechtsformübergreifende Bestimmungen für die Eintragung

1. Kapitel: Unternehmens-Identifikationsnummer, Rechtsform-, Sitz-, Zweck- und Personenangaben sowie Hinweis auf die vorangehende Eintragung[207]

Art. 116 Unternehmens-Identifikationsnummer

¹ Hat eine Rechtseinheit keine Unternehmens-Identifikationsnummer, so wird ihr diese spätestens anlässlich der Eintragung in das Tagesregister zugeteilt.[208]

² Die Unternehmens-Identifikationsnummer identifiziert eine Rechtseinheit dauerhaft. Sie ist unveränderlich.

³ Die Unternehmens-Identifikationsnummer einer gelöschten Rechtseinheit darf nicht neu vergeben werden. Diese Unternehmens-Identifikationsnummer wird wieder zugeteilt, wenn:[209]

---

207 Fassung gemäss Ziff. I der V vom 18. Mai 2016, in Kraft seit 1. Juli 2016 (AS 2016 1663).
208 Fassung gemäss Anhang Ziff. 3 der V vom 26. Jan. 2011 über die Unternehmens-Identifikationsnummer, in Kraft seit 1. April 2011 (AS 2011 533).
209 Fassung gemäss Ziff. I der V vom 6. März 2020, in Kraft seit 1. Jan. 2021 (AS 2020 971).

a.[210] eine gelöschte Rechtseinheit auf Anordnung eines Gerichts wieder ins Handelsregister eingetragen wird;
b. ein gelöschtes Einzelunternehmen auf Antrag der Inhaberin oder des Inhabers erneut zur Eintragung ins Handelsregister angemeldet wird;
c.[211] ein gelöschtes Einzelunternehmen im Rahmen eines Verfahrens von Amtes wegen zur Eintragung ins Handelsregister verpflichtet wird.[212]

4 Bei einer Absorptionsfusion behält die übernehmende Rechtseinheit ihre bisherige Unternehmens-Identifikationsnummer. Bei der Kombinationsfusion erhält die entstehende Rechtseinheit eine neue Unternehmens-Identifikationsnummer.

5 Entsteht bei der Spaltung eine neue Rechtseinheit, so erhält sie eine neue Unternehmens-Identifikationsnummer. Die übrigen an einer Spaltung beteiligten Rechtseinheiten behalten ihre bisherige Unternehmens-Identifikationsnummer.

6 Bei der Fortführung des Geschäfts einer Kollektiv- oder Kommanditgesellschaft als Einzelunternehmen gemäss Artikel 579 OR bleibt die Unternehmens-Identifikationsnummer unverändert.

Art. 116a[213] Angabe der Rechtsform in der Firma

1 Die Rechtsform in der Firma einer Handelsgesellschaft oder Genossenschaft (Art. 950 OR) ist mit der zutreffenden Bezeichnung oder deren Abkürzung in einer Landessprache des Bundes anzugeben.

2 Die Bezeichnungen und Abkürzungen sind im Anhang 2 aufgeführt.

3 Für die Rechtsformen nach dem Kollektivanlagengesetz vom 23. Juni 2006[214] gelten die darin festgelegten Bezeichnungen und Abkürzungen.

Art. 117[215] Sitz, Rechtsdomizil sowie weitere Adressen

1 Als Sitz wird der Name der politischen Gemeinde eingetragen.

2 Als Rechtsdomizil eingetragen wird die Adresse, unter der die Rechtseinheit an ihrem Sitz erreicht werden kann, mit folgenden Angaben: Strasse, Hausnummer, Postleitzahl und Ortsname. Es kann die eigene Adresse der Rechtseinheit oder die eines anderen (c/o-Adresse) sein.

3 Verfügt eine Rechtseinheit über eine c/o-Adresse als Rechtsdomizil, so ist mit der Anmeldung zur Eintragung eine Erklärung der Domizilhalterin oder des Domizilhalters als Beleg einzureichen.

---

210 Fassung gemäss Ziff. I der V vom 6. März 2020, in Kraft seit 1. Jan. 2021 (AS 2020 971).
211 Fassung gemäss Ziff. I der V vom 6. März 2020, in Kraft seit 1. Jan. 2021 (AS 2020 971).
212 Fassung gemäss Anhang Ziff. 1 der Grundbuchverordnung vom 23. Sept. 2011, in Kraft seit 1. Jan. 2012 (AS 2011 4659).
213 Eingefügt durch Ziff. I der V vom 18. Mai 2016, in Kraft seit 1. Juli 2016 (AS 2016 1663).
214 SR 951.31
215 Fassung gemäss Ziff. I der V vom 6. März 2020, in Kraft seit 1. Jan. 2021 (AS 2020 971).

⁴ Liegen Umstände vor, die den Anschein erwecken, dass die als Rechtsdomizil angemeldete Adresse eine c/o-Adresse ist, ohne dass sie als solche deklariert wurde, so fordert das Handelsregisteramt die Rechtseinheit auf, entweder die Erklärung nach Absatz 3 oder Belege für eine eigene Adresse, insbesondere Mietverträge oder Grundbuchauszüge, einzureichen.

⁵ Neben der Angabe von Sitz und Rechtsdomizil kann jede Rechtseinheit weitere in der Schweiz gelegene Adressen, insbesondere eine Liquidations- oder eine Postfachadresse, ins Handelsregister ihres Sitzes eintragen lassen.

Art. 118 Zweckangaben

¹ Die Rechtseinheiten müssen ihren Zweck so umschreiben, dass ihr Tätigkeitsfeld für Dritte klar ersichtlich ist.

² Für die Eintragung übernimmt das Handelsregisteramt die Umschreibung des Zwecks der Rechtseinheit unverändert aus den Statuten oder der Stiftungsurkunde.[216]

Art. 119[217] Personenangaben

¹ Einträge zu natürlichen Personen müssen die folgenden Angaben enthalten:
a. den Familiennamen;
b. mindestens einen ausgeschriebenen Vornamen;
c. auf Verlangen, Ruf-, Kose-, Künstler-, Allianz-, Ordens-, oder Partnerschaftsnamen;
d. die politische Gemeinde des Heimatortes oder, bei ausländischen Staatsangehörigen, die Staatsangehörigkeit;
e. die politische Gemeinde des Wohnsitzes oder, bei einem ausländischen Wohnsitz, der Ort und die Landesbezeichnung;
f. falls belegt, schweizerische oder gleichwertige ausländische akademische Titel;
g. die Funktion, die die Person in der Rechtseinheit wahrnimmt;
h. die Art der Zeichnungsberechtigung oder der Hinweis, dass die Person nicht zeichnungsberechtigt ist;
i. die nicht sprechende Personennummer der zentralen Datenbank Personen.

² Die Schreibweise des Familiennamens, Ledignamens und der Vornamen richtet sich nach dem Ausweisdokument, auf dessen Grundlage die Angaben zur Person erhoben wurden (Art. 24*b*).

³ Werden Rechtseinheiten als Inhaberinnen einer Funktion bei einer anderen Rechtseinheit eingetragen, so muss dieser Eintrag die folgenden Angaben enthalten:

---

216 Fassung gemäss Ziff. I der V vom 6. März 2020, in Kraft seit 1. Jan. 2021 (AS 2020 971).
217 Fassung gemäss Ziff. I der V vom 6. März 2020, in Kraft seit 1. Jan. 2021 (AS 2020 971).

a. wenn die Funktionsinhaberin selbst im Handelsregister eingetragen ist:
  1. die Firma, den Namen oder die Bezeichnung in der im Handelsregister eingetragenen Fassung,
  2. die Unternehmens-Identifikationsnummer,
  3. den Sitz,
  4. die Funktion;
b. wenn die Funktionsinhaberin selbst nicht im Handelsregister eingetragen ist:
  1. den Namen oder die Bezeichnung,
  2. gegebenenfalls die Unternehmens-Identifikationsnummer,
  3. den Hinweis, dass die Rechtseinheit nicht im Handelsregister eingetragen ist,
  4. den Sitz,
  5. die Funktion.

⁴ Werden Rechtsgemeinschaften als Inhaberinnen einer Funktion bei einer anderen Rechtseinheit eingetragen, so muss im Eintrag angegeben werden, aus welchen Personen diese Gemeinschaften bestehen.

Art. 120 Leitungs- oder Verwaltungsorgane

Einzelunternehmen, Handelsgesellschaften, juristische Personen sowie Institute des öffentlichen Rechts dürfen als solche nicht als Mitglied der Leitungs- oder Verwaltungsorgane oder als Zeichnungsberechtigte in das Handelsregister eingetragen werden. Vorbehalten bleibt Artikel 98 KAG[218] sowie die Eintragung von Liquidatorinnen, Liquidatoren, Revisorinnen, Revisoren, Konkursverwalterinnen, Konkursverwaltern oder Sachwalterinnen und Sachwaltern.

Art. 121 Revisionsstelle

Wo eine Revisionsstelle eingetragen werden muss, wird nicht eingetragen, ob es sich dabei um ein staatlich beaufsichtigtes Revisionsunternehmen, eine zugelassene Revisionsexpertin, einen zugelassenen Revisionsexperten, eine zugelassene Revisorin oder einen zugelassenen Revisor handelt.

Art. 122[219] Hinweis auf die vorangehende Eintragung

Jeder Eintrag im Tagesregister muss einen Hinweis auf die Veröffentlichung des vorangehenden Eintrags der betreffenden Rechtseinheit im Schweizerischen Handelsamtsblatt enthalten; anzugeben sind:
a.[220] das Datum und die Nummer der Ausgabe;
b. die Meldungsnummer der elektronischen Veröffentlichung.

---

218 SR 951.31
219 Fassung gemäss Anhang Ziff. 1 der Grundbuchverordnung vom 23. Sept. 2011, in Kraft seit 1. Jan. 2012 (AS 2011 4659).
220 Fassung gemäss Ziff. III der V vom 22. Nov. 2017, in Kraft seit 1. Jan. 2018 (AS 2017 7319).

2. Kapitel: Sitzverlegung

1. Abschnitt: In der Schweiz

Art. 123 Eintragung am neuen Sitz

¹ Verlegt eine Rechtseinheit ihren Sitz in einen anderen Registerbezirk, so muss sie sich am neuen Sitz zur Eintragung anmelden.

² Mit der Anmeldung zur Eintragung der Sitzverlegung müssen dem Handelsregisteramt folgende Belege eingereicht werden:
a.[221] ...
b. falls bei juristischen Personen die Statuten geändert werden müssen: der Beschluss über die Änderung sowie ein beglaubigtes Exemplar der neuen Statuten;
c. die beglaubigten Unterschriften der anmeldenden Personen.

³ Das Handelsregisteramt am neuen Sitz ist für den Entscheid über die Eintragung der Sitzverlegung zuständig. Es informiert das Handelsregisteramt des bisherigen Sitzes über die Eintragung, die es vornehmen wird, und weist es an, den bisherigen Eintrag zu löschen.[222]

⁴ Das Handelsregisteramt am bisherigen Sitz übermittelt dem Handelsregisteramt am neuen Sitz im Hinblick auf die Eintragung der Sitzverlegung sämtliche im Hauptregister vorhandenen elektronischen Daten. Diese Daten werden ohne weitere Prüfung ins Hauptregister aufgenommen, aber weder ins Tagesregister eingetragen noch im Schweizerischen Handelsamtsblatt publiziert.[223]

⁵ Am neuen Sitz müssen folgende Angaben ins Handelsregister eingetragen werden:
a. die Firma oder der Name und die Unternehmens-Identifikationsnummer;
b. die Tatsache der Sitzverlegung unter Angabe des Ortes des bisherigen und des neuen Sitzes;
c. das Rechtsdomizil am neuen Sitz;
d. falls die Statuten geändert wurden: deren neues Datum.

⁶ Werden die Einträge im Register des neuen Sitzes in einer anderen Sprache als im Register des alten Sitzes vorgenommen, so müssen alle zu veröffentlichenden Tatsachen in der neuen Sprache eingetragen werden.

Art. 124 Eintragung am bisherigen Sitz

¹ Die Sitzverlegung und die Löschung am bisherigen Sitz müssen am gleichen Tag ins Tagesregister eingetragen werden. Die Handelsregisterämter müssen ihre Eintragungen aufeinander abstimmen.

² Die Löschung am bisherigen Sitz wird ohne weitere Prüfung eingetragen.

---

221 Aufgehoben durch Ziff. I der V vom 6. März 2020, mit Wirkung seit 1. Jan. 2021 (AS 2020 971).
222 Fassung gemäss Ziff. I der V vom 6. März 2020, in Kraft seit 1. Jan. 2021 (AS 2020 971).
223 Fassung gemäss Ziff. I der V vom 6. März 2020, in Kraft seit 1. Jan. 2021 (AS 2020 971).

³ Am bisherigen Sitz müssen folgende Angaben ins Handelsregister eingetragen werden:
a. die Tatsache, dass die Rechtseinheit infolge Sitzverlegung im Handelsregister am neuen Sitz eingetragen wurde unter Angabe des Ortes des neuen Sitzes;
b. die neue Firma beziehungsweise der neue Name, falls diese geändert wurden;
c. die Tatsache, dass die Rechtseinheit im Handelsregister des bisherigen Sitzes von Amtes wegen gelöscht wird.

Art. 125 Übermittlung der Belege

¹ Das Handelsregisteramt des bisherigen Sitzes übermittelt dem Handelsregisteramt am neuen Sitz sämtliche Belege zu den Eintragungen, die am bisherigen Sitz vorgenommen wurden.

² Erfolgt die Übermittlung elektronisch, so muss die Vertraulichkeit gewährleistet werden.[224]

2. Abschnitt: Verlegung des Sitzes einer ausländischen Rechtseinheit in die Schweiz

Art. 126

¹ Unterstellt sich eine ausländische Rechtseinheit gemäss den Vorschriften des Bundesgesetzes vom 18. Dezember 1987[225] über das Internationale Privatrecht (IPRG) durch eine Sitzverlegung schweizerischem Recht, so gelten für die Eintragung in das Handelsregister die Bestimmungen über die Eintragung einer neu gegründeten Rechtseinheit.

² Zusätzlich zu den für die Eintragung der Rechtseinheit erforderlichen Belegen müssen die Anmeldenden dem Handelsregisteramt die folgenden besonderen Belege einreichen:
a. einen Nachweis des rechtlichen Bestehens der Rechtseinheit im Ausland;
b.[226] einen Nachweis über die Zulässigkeit der grenzüberschreitenden Sitzverlegung im ausländischen Recht oder eine Bewilligung des Eidgenössischen Justiz- und Polizeidepartementes gemäss Absatz 4;
c. einen Nachweis, dass die Anpassung an eine schweizerische Rechtsform möglich ist;
d. einen Nachweis, dass die Rechtseinheit den Mittelpunkt ihrer Geschäftstätigkeit in die Schweiz verlegt hat;

---

224 Eingefügt durch Ziff. I der V vom 6. März 2020, in Kraft seit 1. Jan. 2021 (AS 2020 971).
225 SR 291
226 Fassung gemäss Anhang Ziff. 1 der Grundbuchverordnung vom 23. Sept. 2011, in Kraft seit 1. Jan. 2012 (AS 2011 4659).

e. im Falle einer Kapitalgesellschaft: den Bericht einer zugelassenen Revisionsexpertin oder eines zugelassenen Revisionsexperten, der belegt, dass das Kapital der Gesellschaft nach schweizerischem Recht gedeckt ist.

³ Zusätzlich zu den erforderlichen Angaben bei der Eintragung einer neu gegründeten Rechtseinheit müssen ins Handelsregister eingetragen werden:
a. das Datum des Beschlusses, mit dem sich die Rechtseinheiten nach den Vorschriften des IPRG schweizerischem Recht unterstellt;
b. die Firma oder der Name, die Rechtsform und der Sitz vor der Sitzverlegung in die Schweiz;
c. die ausländische Behörde, die für die Registrierung zuständig war, bevor die Rechtseinheit ihren Sitz in die Schweiz verlegt hat.

⁴ Erteilt das Eidgenössische Justiz- und Polizeidepartement eine Bewilligung gemäss Artikel 161 Absatz 2 IPRG, so muss die entsprechende Verfügung dem Handelsregisteramt als Beleg eingereicht werden.

3. Abschnitt: Verlegung des Sitzes einer schweizerischen Rechtseinheit ins Ausland

Art. 127

¹ Verlegt eine schweizerische Rechtseinheit gemäss den Vorschriften des IPRG[227] ihren Sitz ins Ausland, so müssen die Anmeldenden dem Handelsregisteramt zusätzlich zu den für die Löschung der Rechtseinheit erforderlichen Belegen die folgenden Belege einreichen:[228]
a. einen Nachweis, dass die Rechtseinheit im Ausland weiter besteht;
b. den Bericht einer zugelassenen Revisionsexpertin oder eines zugelassenen Revisionsexperten, welcher bestätigt, dass die Forderungen der Gläubigerinnen und Gläubiger im Sinne von Artikel 46 FusG sichergestellt oder erfüllt worden sind oder dass die Gläubigerinnen und Gläubiger mit der Löschung einverstanden sind;
c.[229] den Beschluss des zuständigen Organs, mit dem sich die Rechtseinheit nach den Vorschriften des IPRG ausländischem Recht unterstellt;
d.[230] gegebenenfalls die Bewilligung nach dem Bundesgesetz vom 16. Dezember 1983[231] über den Erwerb von Grundstücken durch Personen im Ausland.

² Wird die Verlegung des Sitzes einer schweizerischen Rechtseinheit ins Ausland im Handelsregister angemeldet, so macht das Handelsregisteramt den

---

227 SR 291
228 Fassung gemäss Ziff. I der V vom 6. März 2020, in Kraft seit 1. Jan. 2021 (AS 2020 971).
229 Eingefügt durch Anhang Ziff. 1 der Grundbuchverordnung vom 23. Sept. 2011, in Kraft seit 1. Jan. 2012 (AS 2011 4659).
230 Eingefügt durch Ziff. I der V vom 6. März 2020, in Kraft seit 1. Jan. 2021 (AS 2020 971).
231 SR 211.412.41

Steuerbehörden des Bundes und des Kantons Mitteilung. Die Löschung darf erst vorgenommen werden, wenn diese Behörden zugestimmt haben.

[3] Ins Handelsregister müssen eingetragen werden:
a. das Datum des Beschlusses des zuständigen Organs, mit dem sich die Rechtseinheit nach den Vorschriften des IPRG ausländischem Recht unterstellt;
b. die Firma oder der Name, die Rechtsform und der Sitz nach der Sitzverlegung ins Ausland;
c. die ausländische Behörde, die für die Registrierung zuständig ist, nachdem die Rechtseinheit ihren Sitz ins Ausland verlegt hat;
d. das Datum des Revisionsberichts, der bestätigt, dass die Vorkehrungen zum Schutz der Gläubigerinnen und Gläubiger erfüllt worden sind;
e. die Tatsache, dass die Rechtseinheit gelöscht wird.

3. Kapitel: Umstrukturierungen

1. Abschnitt: Zeitpunkt der Anmeldung und der Eintragung

Art. 128 Zeitpunkt der Anmeldung

Rechtseinheiten dürfen Fusionen, Spaltungen, Umwandlungen und Vermögensübertragungen erst zur Eintragung ins Handelsregister anmelden, wenn die von Gesetzes wegen erforderlichen Zustimmungen anderer Behörden vorliegen. Dies gilt insbesondere für den Fall, dass die Umstrukturierung die Anforderungen eines zu meldenden Zusammenschlusses gemäss Artikel 9 des Kartellgesetzes vom 6. Oktober 1995[232] erfüllt oder einer Bewilligung durch die Aufsichtsbehörde gemäss den Artikeln 3 und 5 des Versicherungsaufsichtsgesetzes vom 17. Dezember 2004[233] bedarf.

Art. 129 Zeitpunkt der Eintragung

[1] Die Umstrukturierungen müssen bei allen beteiligten Rechtseinheiten am gleichen Tag ins Tagesregister eingetragen werden.

[2] Befinden sich nicht alle Rechtseinheiten im selben Registerbezirk, so müssen die Handelsregisterämter ihre Eintragungen aufeinander abstimmen.

[3] Diese Bestimmung gilt auch für die Eintragung einer Sacheinlage, die mittels einer Vermögensübertragung durchgeführt wird.[234]

---

[232] SR 251
[233] SR 961.01
[234] Fassung gemäss Ziff. I der V vom 2. Febr. 2022, in Kraft seit 1. Jan. 2023 (AS 2022 114).

2. Abschnitt: Fusion von Rechtseinheiten

Art. 130 Anmeldung und zuständiges Handelsregisteramt

¹ Jede an der Fusion beteiligte Rechtseinheit muss die sie betreffenden Tatsachen selber zur Eintragung in das Handelsregister anmelden (Art. 21 Abs. 1 FusG), und zwar in einer der Amtssprachen des betroffenen Handelsregisteramts.

² Befinden sich nicht alle an der Fusion beteiligten Rechtseinheiten im selben Registerbezirk, so ist das Handelsregisteramt am Ort der übernehmenden Rechtseinheit für den Entscheid über die Eintragung der Fusion zuständig. Es informiert die Handelsregisterämter am Sitz der übertragenden Rechtseinheiten über die Eintragung, die es vornehmen wird, und weist sie an, die bisherigen Einträge ohne weitere Prüfung zu löschen. Auf Verlangen übermittelt es ihnen Kopien der Anmeldung und der Belege.[235]

³ Sämtliche Belege und elektronische Daten zu den Eintragungen der übertragenden Rechtseinheiten sind nach deren Löschung an das Handelsregisteramt am Sitz der übernehmenden Rechtseinheit zu übermitteln und zu den Akten der übernehmenden Rechtseinheit zu nehmen.

Art. 131 Belege

¹ Mit der Anmeldung zur Eintragung der Fusion müssen die beteiligten Rechtseinheiten die folgenden Belege einreichen:
a. den Fusionsvertrag (Art. 12 und 13 FusG);
b.[236] die Fusionsbilanzen der übertragenden Rechtseinheiten, gegebenenfalls die Bilanzen der Zwischenabschlüsse (Art. 11 FusG);
c. die Fusionsbeschlüsse der beteiligten Rechtseinheiten, soweit erforderlich, öffentlich beurkundet (Art. 18 und 20 FusG);
d. die Prüfungsberichte der beteiligten Rechtseinheiten (Art. 15 FusG);
e. bei einer Absorptionsfusion: soweit erforderlich die Belege für eine Kapitalerhöhung (Art. 9 und 21 Abs. 2 FusG);
f. bei der Fusion einer Rechtseinheit in Liquidation: die von mindestens einem Mitglied des obersten Leitungs- oder Verwaltungsorgans unterzeichnete Bestätigung nach Artikel 5 Absatz 2 FusG;
g. bei der Fusion von Rechtseinheiten mit Kapitalverlust oder Überschuldung: die Bestätigung nach Artikel 6 Absatz 2 FusG;
h. bei einer Kombinationsfusion: die für die Neugründung einer Rechtseinheit erforderlichen Belege (Art. 10 FusG).

² Bei Fusionen von kleinen und mittleren Unternehmen können die fusionierenden Rechtseinheiten anstelle des Belegs nach Absatz 1 Buchstabe d eine von mindestens einem Mitglied des obersten Leitungs- oder Verwaltungs-

---
235 Fassung gemäss Ziff. I der V vom 2. Febr. 2022, in Kraft seit 1. Jan. 2023 (AS 2022 114).
236 Fassung gemäss Ziff. I der V vom 2. Febr. 2022, in Kraft seit 1. Jan. 2023 (AS 2022 114).

organs unterzeichnete Erklärung einreichen, wonach sämtliche Gesellschafterinnen und Gesellschafter auf die Erstellung des Fusionsberichts oder auf die Prüfung verzichten und die Rechtseinheit die Anforderungen nach Artikel 2 Buchstabe e FusG erfüllt. In der Erklärung ist anzugeben, auf welche Unterlagen wie Erfolgsrechnungen, Bilanzen, Jahresberichte, Verzichtserklärungen oder das Protokoll der Generalversammlung sie sich stützt.

³ Bei erleichterten Fusionen von Kapitalgesellschaften (Art. 23 FusG) müssen die beteiligten Gesellschaften anstelle der Belege nach Absatz 1 Buchstaben c und d die Auszüge aus den Protokollen der obersten Leitungs- oder Verwaltungsorgane über die Genehmigung des Fusionsvertrages einreichen, sofern der Fusionsvertrag nicht von allen Mitgliedern dieser Organe unterzeichnet ist. Soweit dies nicht aus den anderen Belegen hervorgeht, müssen sie zudem nachweisen, dass die Gesellschaften die Voraussetzungen von Artikel 23 FusG erfüllen.

Art. 132 Inhalt des Eintrags

¹ Bei der übernehmenden Rechtseinheit müssen ins Handelsregister eingetragen werden:
a. die Firma oder der Name, der Sitz sowie die Unternehmens-Identifikationsnummer der an der Fusion beteiligten Rechtseinheiten;
b.[237] das Datum des Fusionsvertrages und der Fusionsbilanzen der übertragenden Rechtseinheiten;
c. der gesamte Wert der übertragenen Aktiven und Passiven;
d. gegebenenfalls die den Gesellschafterinnen und Gesellschaftern der übertragenden Gesellschaft zugesprochenen Anteils- oder Mitgliedschaftsrechte sowie eine allfällige Ausgleichszahlung (Art. 7 FusG);
e. gegebenenfalls die Abfindung (Art. 8 FusG);
f. gegebenenfalls die durch die Fusion bedingte Kapitalerhöhung;
g. im Falle von Kapitalverlust oder von Überschuldung: der Hinweis auf die Bestätigung des zugelassenen Revisionsexperten (Art. 6 Abs. 2 FusG);
h. bei der Kombinationsfusion: die für die Eintragung einer neuen Rechtseinheit erforderlichen Angaben.

² Bei der übertragenden Rechtseinheit müssen ins Handelsregister eingetragen werden:
a. die Firma oder der Name, der Sitz sowie die Unternehmens-Identifikationsnummer der an der Fusion beteiligten Rechtseinheiten;
b. die Tatsache, dass die Rechtseinheit infolge Fusion gelöscht wird (Art. 21 Abs. 3 FusG).

---

[237] Fassung gemäss Ziff. I der V vom 2. Febr. 2022, in Kraft seit 1. Jan. 2023 (AS 2022 114).

3. Abschnitt: Spaltung von Kapitalgesellschaften und Genossenschaften

Art. 133 Anmeldung und zuständiges Handelsregisteramt

¹ Jede an der Spaltung beteiligte Gesellschaft muss die sie betreffenden Tatsachen selber zur Eintragung in das Handelsregister anmelden (Art. 51 Abs. 1 FusG), und zwar in einer der Amtssprachen des betroffenen Handelsregisteramts.

² Befinden sich nicht alle an der Spaltung beteiligten Gesellschaften im selben Registerbezirk, so ist das Handelsregisteramt am Ort der übertragenden Gesellschaft für den Entscheid über die Eintragung der Spaltung zuständig. Es informiert die Handelsregisterämter am Sitz der übernehmenden Gesellschaften über die Eintragung, die es vornehmen wird, und weist sie an, die entsprechenden Eintragungen ohne weitere Prüfung vorzunehmen. Auf Verlangen übermittelt es ihnen Kopien der Anmeldung und der Belege.[238]

Art. 134 Belege

¹ Mit der Anmeldung zur Eintragung der Spaltung müssen die beteiligten Gesellschaften folgende Belege einreichen:
a. den Spaltungsvertrag (Art. 36 Abs. 1 und 37 FusG) oder den Spaltungsplan (Art. 36 Abs. 2 und 37 FusG);
b. die öffentlich beurkundeten Spaltungsbeschlüsse der beteiligten Gesellschaften (Art. 43 und 44 FusG);
c. die Prüfungsberichte der beteiligten Gesellschaften (Art. 40 FusG);
d. bei der übertragenden Gesellschaft: soweit erforderlich, die Belege für eine Kapitalherabsetzung (Art. 32 i.V.m. 51 Abs. 2 FusG);
e. bei der übernehmenden Gesellschaft: soweit erforderlich, die Belege für eine Kapitalerhöhung (Art. 33 FusG);
f. bei der neu eingetragenen übernehmenden Gesellschaft: die für die Neugründung erforderlichen Belege (Art. 34 FusG);
g. falls dies nicht aus anderen Belegen hervorgeht: den Nachweis, dass die Gläubigerschutzbestimmungen nach Artikel 45 FusG erfüllt sind.

² Bei Spaltungen von kleinen und mittleren Unternehmen können die beteiligten Gesellschaften anstelle des Belegs nach Absatz 1 Buchstabe c eine von mindestens einem Mitglied des obersten Leitungs- oder Verwaltungsorgans unterzeichnete Erklärung einreichen, wonach sämtliche Gesellschafterinnen und Gesellschafter auf die Erstellung des Spaltungsberichts oder auf die Prüfung verzichten und die Gesellschaft die Anforderungen nach Artikel 2 Buchstabe e FusG erfüllt. In der Erklärung ist anzugeben, auf welche Unterlagen wie Erfolgsrechnungen, Bilanzen, Jahresberichte, Verzichtserklärungen oder das Protokoll der Generalversammlung sie sich stützt.

---

238 Fassung gemäss Ziff. I der V vom 2. Febr. 2022, in Kraft seit 1. Jan. 2023 (AS 2022 114).

Art. 135 Inhalt des Eintrags

¹ Bei den übernehmenden Gesellschaften müssen ins Handelsregister eingetragen werden:
a. die Firma, der Sitz sowie die Unternehmens-Identifikationsnummer der an der Spaltung beteiligten Gesellschaften;
b. das Datum des Spaltungsvertrages beziehungsweise des Spaltungsplans;
c. der gesamte Wert der gemäss Inventar übertragenen Aktiven und Passiven;
d. die den Gesellschafterinnen und Gesellschaftern der übertragenden Gesellschaft zugesprochenen Anteils- oder Mitgliedschaftsrechte sowie eine allfällige Ausgleichszahlung (Art. 37 Bst. c FusG);
e. gegebenenfalls die durch die Spaltung bedingte Kapitalerhöhung;
f. gegebenenfalls die für die Eintragung einer neuen Gesellschaft erforderlichen Angaben.

² Im Fall einer Aufspaltung müssen bei der übertragenden Gesellschaft ins Handelsregister eingetragen werden:
a. die Firma, der Sitz sowie die Unternehmens-Identifikationsnummer aller an der Aufspaltung beteiligten Gesellschaften;
b. die Tatsache, dass die Gesellschaft infolge Aufspaltung gelöscht wird (Art. 51 Abs. 3 FusG).

³ Im Falle einer Abspaltung müssen bei der übertragenden Gesellschaft ins Handelsregister eingetragen werden:
a. die Firma, der Sitz sowie die Unternehmens-Identifikationsnummer aller an der Abspaltung beteiligten Gesellschaften;
b. gegebenenfalls die durch die Abspaltung bedingte Kapitalherabsetzung.

4. Abschnitt: Umwandlung von Gesellschaften

Art. 136 Anmeldung und Belege

¹ Mit der Anmeldung zur Eintragung der Umwandlung (Art. 66 FusG) müssen dem Handelsregisteramt folgende Belege eingereicht werden:
a. der Umwandlungsplan (Art. 59 und 60 FusG);
b.[239] die Umwandlungsbilanz, gegebenenfalls die Bilanz des Zwischenabschlusses (Art. 58 FusG);
c. der öffentlich beurkundeten Umwandlungsbeschluss (Art. 64 und 65 FusG);
d. der Prüfungsbericht (Art. 62 FusG);
e. soweit nach den Umständen erforderlich: dieselben Belege wie bei der Neugründung der neuen Rechtsform (Art. 57 FusG).

² Bei Umwandlungen von kleinen und mittleren Unternehmen kann das oberste Leitungs- oder Verwaltungsorgan anstelle des Belegs nach Absatz 1

---

[239] Fassung gemäss Ziff. I der V vom 2. Febr. 2022, in Kraft seit 1. Jan. 2023 (AS 2022 114).

Buchstabe d eine von mindestens einem Mitglied unterzeichnete Erklärung einreichen, wonach sämtliche Gesellschafterinnen und Gesellschafter auf die Erstellung des Umwandlungsberichts oder auf die Prüfung verzichten und die Gesellschaft die Anforderungen nach Artikel 2 Buchstabe e FusG erfüllt. In der Erklärung ist anzugeben, auf welche Unterlagen wie Erfolgsrechnungen, Bilanzen, Jahresberichte, Verzichtserklärungen oder das Protokoll der Generalversammlung sie sich stützt.

Art. 137 Inhalt des Eintrags
Bei einer Umwandlung müssen ins Handelsregister eingetragen werden:
a. die Firma oder der Name sowie die Rechtsform vor und nach der Umwandlung;
b. bei juristischen Personen, das Datum der neuen Statuten;
c.[240] das Datum des Umwandlungsplans und der Umwandlungsbilanz;
d. der gesamte Wert der Aktiven und Passiven;
e. die den Gesellschafterinnen und Gesellschaftern zugesprochenen Anteils- oder Mitgliedschaftsrechte;
f. die weiteren Angaben, die für die neue Rechtsform notwendig sind.

5. Abschnitt: Vermögensübertragung

Art. 138 Anmeldung und Belege
Mit der Anmeldung zur Eintragung der Vermögensübertragung muss die übertragende Rechtseinheit folgende Belege einreichen:
a. den Übertragungsvertrag (Art. 71 FusG);
b. die Auszüge aus den Protokollen der obersten Leitungs- oder Verwaltungsorgane der beteiligten Rechtseinheiten über den Abschluss des Übertragungsvertrages (Art. 70 Abs. 1 FusG), sofern der Übertragungsvertrag nicht von allen Mitgliedern dieser Organe unterzeichnet ist.

Art. 139 Inhalt des Eintrags
Bei der übertragenden Rechtseinheit müssen ins Handelsregister eingetragen werden:
a. die Firma oder der Name, der Sitz sowie die Unternehmens-Identifikationsnummer der an der Vermögensübertragung beteiligten Rechtseinheiten;
b. das Datum des Übertragungsvertrages;
c. der gesamte Wert der gemäss Inventar übertragenen Aktiven und Passiven;
d. die allfällige Gegenleistung.

---

240 Fassung gemäss Ziff. I der V vom 2. Febr. 2022, in Kraft seit 1. Jan. 2023 (AS 2022 114).

6. Abschnitt: Fusion und Vermögensübertragung von Stiftungen

Art. 140 Fusion

¹ Mit der Anmeldung zur Eintragung der Fusion (Art. 83 Abs. 3 FusG) muss die Aufsichtsbehörde der übertragenden Stiftung dem Handelsregisteramt am Sitz der übernehmenden Stiftung folgende Belege einreichen:
a. die Verfügung über die Genehmigung der Fusion (Art. 83 Abs. 3 FusG);
b. den Fusionsvertrag, soweit erforderlich, öffentlich beurkundet (Art. 79 FusG);
c.[241] die Fusionsbilanzen der übertragenden Stiftungen, gegebenenfalls die Bilanzen der Zwischenabschlüsse (Art. 80 FusG);
d. den Prüfungsbericht (Art. 81 FusG);
e. die Belege für die Errichtung einer Stiftung bei einer Kombinationsfusion.

² Bei Fusionen von Familienstiftungen und kirchlichen Stiftungen muss die übernehmende Stiftung anstelle der Verfügung der Aufsichtsbehörde die Fusionsbeschlüsse der obersten Stiftungsorgane der beteiligten Stiftungen einreichen (Art. 84 Abs. 1 FusG).

³ Für den Inhalt des Eintrags der Fusion gilt Artikel 132 sinngemäss. Zusätzlich wird das Datum der Verfügung der Aufsichtsbehörde über die Genehmigung der Fusion eingetragen.

Art. 141 Vermögensübertragung

¹ Mit der Anmeldung zur Eintragung der Vermögensübertragung (Art. 87 Abs. 3 FusG) muss die Aufsichtsbehörde der übertragenden Stiftung dem Handelsregisteramt folgende Belege einreichen:
a. die Verfügung über die Genehmigung der Vermögensübertragung;
b. den Übertragungsvertrag.

² Bei Vermögensübertragungen von Familienstiftungen und kirchlichen Stiftungen muss die übertragende Stiftung anstelle der Verfügung der Aufsichtsbehörde die Auszüge aus den Protokollen der obersten Leitungs- oder Verwaltungsorgane der beteiligten Rechtsträger über den Abschluss des Übertragungsvertrages einreichen.

³ Für den Inhalt des Eintrags der Vermögensübertragung gilt Artikel 139 sinngemäss. Zusätzlich wird das Datum der Verfügung der Aufsichtsbehörde über die Genehmigung der Vermögensübertragung eingetragen.

---

241 Fassung gemäss Ziff. I der V vom 2. Febr. 2022, in Kraft seit 1. Jan. 2023 (AS 2022 114).

7. Abschnitt: Fusion, Umwandlung und Vermögensübertragung von Vorsorgeeinrichtungen

Art. 142 Fusion

^{1} Mit der Anmeldung zur Eintragung der Fusion (Art. 95 Abs. 4 FusG) muss die Aufsichtsbehörde der übertragenden Vorsorgeeinrichtung dem Handelsregisteramt am Sitz der übernehmenden Vorsorgeeinrichtung folgende Belege einreichen:

a. den Fusionsvertrag (Art. 90 FusG);
b.[242] die Fusionsbilanzen der übertragenden Vorsorgeeinrichtungen, gegebenenfalls die Bilanzen der Zwischenabschlüsse (Art. 89 FusG);
c. die Prüfungsberichte der beteiligten Vorsorgeeinrichtungen (Art. 92 FusG);
d. die Fusionsbeschlüsse der beteiligten Vorsorgeeinrichtungen (Art. 94 FusG);
e. die Verfügung der Aufsichtsbehörde über die Genehmigung der Fusion (Art. 95 Abs. 3 FusG);
f. die Belege für die Neugründung bei einer Kombinationsfusion.

^{2} Für den Inhalt des Eintrags der Fusion gilt Artikel 132 sinngemäss. Zusätzlich wird das Datum der Verfügung der Aufsichtsbehörde über die Genehmigung der Fusion eingetragen.

Art. 143 Umwandlung

^{1} Mit der Anmeldung zur Eintragung der Umwandlung (Art. 97 Abs. 3 FusG) muss die Aufsichtsbehörde dem Handelsregisteramt die Belege nach Artikel 136 sowie die Verfügung über die Genehmigung der Umwandlung einreichen.

^{2} Für den Inhalt des Eintrags der Umwandlung gilt Artikel 137 sinngemäss. Zusätzlich ist das Datum der Verfügung der Aufsichtsbehörde einzutragen.

Art. 144 Vermögensübertragung

^{1} Für die Anmeldung und die Belege bei der Vermögensübertragung gilt Artikel 138 sinngemäss.

^{2} Für den Inhalt des Eintrags der Vermögensübertragung gilt Artikel 139 sinngemäss.

---

242 Fassung gemäss Ziff. I der V vom 2. Febr. 2022, in Kraft seit 1. Jan. 2023 (AS 2022 114).

8. Abschnitt: Fusion, Umwandlung und Vermögensübertragung von Instituten des öffentlichen Rechts

Art. 145

¹ Auf die Fusion von privatrechtlichen Rechtseinheiten mit Instituten des öffentlichen Rechts, auf die Umwandlung solcher Institute in Rechtseinheiten des Privatrechts und auf die Vermögensübertragung unter Beteiligung eines Instituts des öffentlichen Rechts gelten die Vorschriften dieser Verordnung sinngemäss.

² Mit der Anmeldung zur Eintragung der Fusion, der Umwandlung und der Vermögensübertragung muss das Institut des öffentlichen Rechts dem Handelsregisteramt einreichen:
a. die für eine Fusion, eine Umwandlung oder eine Vermögensübertragung vorgeschriebenen Belege, sofern sie aufgrund der sinngemässen Anwendung des FusG (Art. 100 Abs. 1 FusG) erforderlich sind;
b. das Inventar (Art. 100 Abs. 2 FusG);
c. den Beschluss oder andere Rechtsgrundlagen des öffentlichen Rechts, auf die sich die Fusion, Umwandlung oder Vermögensübertragung stützt (Art. 100 Abs. 3 FusG).

³ Die Handelsregistereintragung muss einen Hinweis auf das Inventar sowie auf den Beschluss oder die anderen Rechtsgrundlagen enthalten.

9. Abschnitt: Grenzüberschreitende Umstrukturierungen

Art. 146 Fusion

¹ Mit der Anmeldung zur Eintragung einer Fusion vom Ausland in die Schweiz (Art. 163*a* IPRG[243]) sind dem Handelsregisteramt zusätzlich zu den Belegen nach Artikel 131 einzureichen:
a. der Nachweis über das rechtliche Bestehen der übertragenden Rechtseinheit im Ausland;
b.[244] ein Nachweis über die Zulässigkeit der grenzüberschreitenden Fusion im ausländischen Recht;
c. der Nachweis der Kompatibilität der fusionierenden Rechtseinheiten.

² Mit der Anmeldung zur Eintragung der Löschung der übertragenden Rechtseinheit bei einer Fusion von der Schweiz ins Ausland (Art. 163*b* IPRG) sind dem Handelsregisteramt zusätzlich zu den Belegen nach Artikel 131 einzureichen:
a. der Nachweis über das rechtliche Bestehen der übernehmenden Rechtseinheit im Ausland;

---

[243] SR 291
[244] Fassung gemäss Anhang Ziff. 1 der Grundbuchverordnung vom 23. Sept. 2011, in Kraft seit 1. Jan. 2012 (AS 2011 4659).

b.[245] ein Nachweis über die Zulässigkeit der grenzüberschreitenden Fusion im ausländischen Recht;

c. der Bericht, der Nachweis und die Bestätigung nach Artikel 164 IPRG;

d.[246] die Zustimmung der Steuerbehörden des Bundes und des Kantons, wonach die Rechtseinheit im Handelsregister gelöscht werden darf.

³ Der Inhalt des Eintrags richtet sich nach Artikel 132. Zusätzlich muss im Eintrag darauf hingewiesen werden, dass es sich um eine grenzüberschreitende Fusion nach den Vorschriften des IPRG handelt.

Art. 147 Spaltung und Vermögensübertragung

Für die grenzüberschreitende Spaltung und die grenzüberschreitende Vermögensübertragung gelten die Artikel 133–135, 138, 139 sowie 146 sinngemäss.

10. Abschnitt: Übertragbarkeit bei Spaltung und Vermögensübertragung

Art. 148

Bei Spaltungen und Vermögensübertragungen lehnt das Handelsregisteramt die Eintragung insbesondere dann ab, wenn die erfassten Gegenstände offensichtlich nicht frei übertragbar sind.

4. Kapitel: Eintragungen von besonderen Vertretungsverhältnissen und von Beschlüssen der Gläubigerversammlung von Anleihensobligationen

Art. 149 Nichtkaufmännische Prokura

¹ Wird für ein nicht eintragungspflichtiges Gewerbe eine Prokuristin oder ein Prokurist bestellt, so meldet die Vollmachtgeberin oder der Vollmachtgeber die Prokura zur Eintragung in das Handelsregister an.

² Der Eintrag enthält:

a. die Personenangaben zur Vollmachtgeberin oder zum Vollmachtgebers;

b. die Personenangaben zur Prokuristin oder zum Prokuristen;

c. die Art der Zeichnungsberechtigung;

d.[247] die Unternehmens-Identifikationsnummer der nichtkäufmännischen Prokura.

---

245 Fassung gemäss Anhang Ziff. 1 der Grundbuchverordnung vom 23. Sept. 2011, in Kraft seit 1. Jan. 2012 (AS 2011 4659).

246 Eingefügt durch Anhang Ziff. 1 der Grundbuchverordnung vom 23. Sept. 2011, in Kraft seit 1. Jan. 2012 (AS 2011 4659).

247 Eingefügt durch Anhang Ziff. 3 der V vom 26. Jan. 2011 über die Unternehmens-Identifikationsnummer, in Kraft seit 1. April 2011 (AS 2011 533).

³ Die Vollmachtgeberin oder der Vollmachtgeber hat auch die Änderungen und Löschungen anzumelden. Der Eintrag der nicht kaufmännischen Prokura wird von Amtes wegen gelöscht, wenn:

a. die Vollmachtgeberin oder der Vollmachtgeber in Konkurs fällt;
b. die Vollmachtgeberin oder der Vollmachtgeber gestorben und seit ihrem oder seinem Tod ein Jahr verflossen ist und die Erbinnen und Erben zur Löschung nicht angehalten werden können; oder
c. die Prokuristin oder der Prokurist gestorben ist und die Vollmachtgeberin oder der Vollmachtgeber nicht zur Löschung angehalten werden kann.

⁴ Bei Konkurs der Vollmachtgeberin oder des Vollmachtgebers erfolgt die Löschung, sobald das Handelsregisteramt von der Konkurseröffnung Kenntnis erhält.

Art. 150 Haupt der Gemeinderschaft

¹ Das Haupt einer Gemeinderschaft hat sich zur Eintragung ins Handelsregister anzumelden.

² Als Beleg ist eine beglaubigte Kopie des Gemeinderschaftsvertrags einzureichen. Dieser enthält Angaben über:

a. die Zusammensetzung der Gemeinderschaft;
b. das Haupt der Gemeinderschaft;
c. den Ausschluss der übrigen Mitglieder der Gemeinderschaft von der Vertretung.

³ Der Eintrag enthält:

a. die Bezeichnung der Gemeinderschaft;
b. das Datum ihrer Errichtung;
c. die Adresse der Gemeinderschaft;
d. die Personenangaben zum Haupt;
e.[248] die Unternehmens-Identifikationsnummer der Gemeinderschaft.

⁴ Für die Anmeldung zur Löschung ist das Haupt der Gemeinderschaft zuständig.

Art. 151 Beschlüsse der Gläubigerversammlung von Anleihensobligationen

¹ Urkunden über die Beschlüsse der Gläubigerversammlung von Anleihensobligationen müssen beim Handelsregisteramt zur Aufbewahrung eingereicht werden.

² Die Einreichung ist bei der Schuldnerin oder beim Schuldner ins Handelsregister einzutragen.

---

248 Eingefügt durch Anhang Ziff. 3 der V vom 26. Jan. 2011 über die Unternehmens-Identifikationsnummer, in Kraft seit 1. April 2011 (AS 2011 533).

5. Titel: Eintragungen von Amtes wegen

1. Kapitel: Fehlende oder unrichtige Eintragung

Art. 152[249] Inhalt der Aufforderungen des Handelsregisteramts

¹ In den Fällen nach den Artikeln 934 Absatz 2, 934a Absätze 1 und 2, 938 Absatz 1 und 939 Absatz 1 OR fordert das Handelsregisteramt die Rechtseinheit auf, die erforderliche Anmeldung vorzunehmen oder zu belegen, dass keine Eintragung, Änderung oder Löschung erforderlich ist. Es setzt der Rechtseinheit dafür eine Frist.[250]

² Die Aufforderung weist auf die massgebenden Vorschriften und die Rechtsfolgen für den Fall, dass ihr keine Folge geleistet wird, hin.

Art. 152a[251] Zustellungen der Aufforderungen des Handelsregisteramts

¹ Die Aufforderungen des Handelsregisteramts werden wie folgt zugestellt:
a. durch eingeschriebene Postsendung oder auf andere Weise gegen Empfangsbestätigung an das eingetragene Rechtsdomizil der Rechtseinheit; oder
b. nach den Bestimmungen über den elektronischen Geschäftsverkehr.

² Die Zustellung ist erfolgt, wenn sie am eingetragenen Rechtsdomizil der Rechtseinheit entgegengenommen wird. Eine eingeschriebene Postsendung, die nicht abgeholt worden ist, gilt, sofern die Rechtseinheit mit einer Zustellung rechnen musste, am siebten Tag nach dem ersten erfolglosen Zustellungsversuch als zugestellt.

³ Die Zustellung erfolgt durch Publikation im Schweizerischen Handelsamtsblatt, wenn:
a. das eingetragene Rechtsdomizil der Rechtseinheit nicht mehr den Tatsachen entspricht und ein neues Rechtsdomizil trotz zumutbarer Nachforschungen nicht ermittelt werden kann; oder
b. eine Zustellung unmöglich ist oder mit ausserordentlichem Aufwand verbunden wäre.

⁴ Die Zustellung gilt am Tag der Publikation als erfolgt.

Art. 153[252] Verfügung

¹ Leistet die Rechtseinheit der Aufforderung innert Frist keine Folge, so erlässt das Handelsregisteramt eine Verfügung über:
a. die Eintragung, die Änderung von eingetragenen Tatsachen oder die Löschung;

---

[249] Fassung gemäss Ziff. I der V vom 6. März 2020, in Kraft seit 1. Jan. 2021 (AS 2020 971).
[250] Fassung gemäss Ziff. I der V vom 2. Febr. 2022, in Kraft seit 1. Jan. 2023 (AS 2022 114).
[251] Eingefügt durch Ziff. I der V vom 6. März 2020, in Kraft seit 1. Jan. 2021 (AS 2020 971).
[252] Fassung gemäss Ziff. I der V vom 6. März 2020, in Kraft seit 1. Jan. 2021 (AS 2020 971).

b. den Inhalt des Eintrags im Handelsregister;
c. die Gebühren;
d. gegebenenfalls die Ordnungsbusse gemäss Artikel 940 OR.

² Im Eintrag ist die Rechtsgrundlage zu erwähnen und ausdrücklich darauf hinzuweisen, dass die Eintragung von Amtes wegen erfolgt ist.

³ Das Handelsregisteramt erlässt keine Verfügung, wenn es die Angelegenheit dem Gericht oder einer Aufsichtsbehörde (Art. 934 und 939 OR) überweist.

Art. 153a–153c[253]

Art. 154–156[254]

Art. 157[255] **Ermittlung der Eintragungspflicht und von Änderungen eingetragener Tatsachen**

¹ Die Handelsregisterämter müssen periodisch ermitteln:
a. eintragungspflichtige Rechtseinheiten, die nicht eingetragen sind;
b. Einträge, die mit den Tatsachen nicht mehr übereinstimmen.

² Zu diesem Zweck sind die Gerichte und Behörden des Bundes, der Kantone, der Bezirke und der Gemeinden verpflichtet, den Handelsregisterämtern über eintragungspflichtige Rechtseinheiten und Tatsachen, die eine Eintragungs-, Änderungs- oder Löschungspflicht begründen könnten, auf Anfrage schriftlich und kostenlos Auskunft zu erteilen. Sie müssen auch bei der Feststellung der Identität von natürlichen Personen nach den Artikeln 24a und 24b mitwirken.[256]

³ Mindestens alle drei Jahre haben die Handelsregisterämter die Gemeinde- oder Bezirksbehörden zu ersuchen, ihnen von neu gegründeten Gewerben oder von Änderungen eingetragener Tatsachen Kenntnis zu geben. Sie übermitteln dazu eine Liste der ihren Amtskreis betreffenden Einträge.

⁴ Die Handelsregisterämter erkundigen sich bei den Rechtseinheiten, ob die eingetragenen Tatsachen noch aktuell sind, wenn die letzte Änderung einer Tatsache älter als zehn Jahre ist.

---

[253] Eingefügt durch Anhang Ziff. 1 der Grundbuchverordnung vom 23. Sept. 2011 (AS 2011 4659). Aufgehoben durch Ziff. I der V vom 6. März 2020, mit Wirkung seit 1. Jan. 2021(AS 2020 971).
[254] Aufgehoben durch Ziff. I der V vom 6. März 2020, mit Wirkung seit 1. Jan. 2021 (AS 2020 971).
[255] Fassung gemäss Ziff. I der V vom 6. März 2020, in Kraft seit 1. Jan. 2021 (AS 2020 971).
[256] Fassung gemäss Anhang Ziff. 2 der V vom 31. Aug. 2022, in Kraft seit 1. Jan. 2023 (AS 2022 552).

2. Kapitel: Konkurs, Nachlassstundung und Nachlassvertrag mit Vermögensabtretung

Art. 158 Meldung und Eintragung des Konkurses

¹ Im Zusammenhang mit Konkursverfahren meldet das Gericht oder die Behörde dem Handelsregisteramt:
a. die Konkurseröffnung;
b. Verfügungen, in denen einem Rechtsmittel aufschiebende Wirkung erteilt wird;
c. vorsorgliche Anordnungen;
d. die Aufhebung oder die Bestätigung der Konkurseröffnung durch die Rechtsmittelinstanz;
e. den Widerruf des Konkurses;
f. die Einsetzung einer ausseramtlichen Konkursverwaltung;
g. die Einstellung mangels Aktiven;
h. die Wiederaufnahme des Konkursverfahrens;
i. den Abschluss des Konkursverfahrens.[257]

² Das Handelsregisteramt muss die entsprechende Eintragung unverzüglich nach Eingang der Meldung des Gerichts oder der Behörde in das Handelsregister vornehmen.

³ Wird eine Stiftung infolge Konkurs aufgehoben, so darf die Löschung erst vorgenommen werden, wenn die Aufsichtsbehörde bestätigt, dass sie kein Interesse mehr daran hat, dass die Eintragung aufrechterhalten bleibt.

Art. 159[258] Inhalt des Eintrags des Konkurses

Folgende Angaben müssen ins Handelsregister eingetragen werden:
a. bei Eröffnung des Konkurses über eine Rechtseinheit oder bei der Bestätigung der Konkurseröffnung:
   1. die Tatsache, dass der Konkurs eröffnet wurde und von welchem Gericht oder welcher Behörde,
   2. das Datum und der Zeitpunkt des Konkurserkenntnisses,
   3. bei Personengesellschaften und juristischen Personen: die Firma beziehungsweise der Name mit dem Zusatz «in Liquidation» oder «in Liq.»;
b. bei Erteilung der aufschiebenden Wirkung für ein Rechtsmittel, bei Aufhebung der Konkurseröffnung oder Widerruf des Konkurses:
   1. die Tatsache, dass einem Rechtsmittel aufschiebende Wirkung erteilt beziehungsweise die Konkurseröffnung aufgehoben oder der Konkurs widerrufen wurde,
   2. das Datum der Verfügung,

---

[257] Fassung gemäss Ziff. I der V vom 6. März 2020, in Kraft seit 1. Jan. 2021 (AS 2020 971).
[258] Fassung gemäss Ziff. I der V vom 6. März 2020, in Kraft seit 1. Jan. 2021 (AS 2020 971).

3. bei Personengesellschaften und juristischen Personen: die Firma beziehungsweise der Name ohne den Zusatz «in Liquidation» oder «in Liq.»;
c. bei Einsetzung einer ausseramtlichen Konkursverwaltung:
   1. die Tatsache, dass eine ausseramtliche Konkursverwaltung eingesetzt wurde,
   2.[259] das Datum des Beschlusses,
   3. die Personenangaben zur ausseramtlichen Konkursverwaltung;
d. bei Einstellung des Konkursverfahrens mangels Aktiven:
   1. die Tatsache, dass der Konkurs mangels Aktiven eingestellt wurde,
   2. das Datum der Einstellungsverfügung;
e. bei Wiederaufnahme des Konkursverfahrens:
   1. die Tatsache, dass das Konkursverfahren wiederaufgenommen wurde,
   2. das Datum der Wiederaufnahmeverfügung,
   3. bei Personengesellschaften und juristischen Personen: die Firma beziehungsweise der Name mit dem Zusatz «in Liquidation» oder «in Liq.»;
f. bei Abschluss des Konkursverfahrens:
   1. die Tatsache, dass das Konkursverfahren abgeschlossen wurde,
   2. das Datum der Schlussverfügung.

Art. 159a[260] Löschung von Amtes wegen bei Konkurs

¹ Eine Rechtseinheit wird von Amtes wegen gelöscht, wenn:
a. bei der Einstellung des Konkursverfahrens mangels Aktiven innert zwei Jahren nach der Publikation der Eintragung gemäss Artikel 159 Buchstabe d kein begründeter Einspruch erhoben wurde oder, im Falle eines Einzelunternehmens, der Geschäftsbetrieb aufgehört hat;
b. das Konkursverfahren durch Entscheid des Gerichts abgeschlossen wird. Abweichende Anordnungen des Gerichts bleiben vorbehalten.

² Ins Handelsregister müssen eingetragen werden:
a. die Tatsache, dass bei der Einstellung des Konkursverfahrens mangels Aktiven innert Frist kein begründeter Einspruch gegen die Löschung erhoben wurde oder dass der Geschäftsbetrieb des Einzelunternehmens aufgehört hat;
b. die Tatsache der Löschung oder gegebenenfalls die Tatsache, dass keine Löschung erfolgt, weil der Geschäftsbetrieb des Einzelunternehmens fortgeführt wird.

Art. 160 Nachlassstundung

¹ Das Gericht meldet dem Handelsregisteramt die Bewilligung der definitiven oder der provisorischen Nachlassstundung und reicht ihm das Dispositiv

---

259 Fassung gemäss Ziff. I der V vom 2. Febr. 2022, in Kraft seit 1. Jan. 2023 (AS 2022 114).
260 Eingefügt durch Ziff. I der V vom 6. März 2020, in Kraft seit 1. Jan. 2021 (AS 2020 971).

seines Entscheides ein, soweit nicht Artikel 293*c* Absatz 2 SchKG[261] den Verzicht auf die Mitteilung vorsieht.[262]

² Das Handelsregisteramt nimmt die Eintragung unverzüglich nach Eingang der Meldung vor.

³ Ins Handelsregister müssen eingetragen werden:
a. das Datum der Bewilligung und die Dauer der Nachlassstundung;
b. die Personenangaben zur Sachwalterin oder zum Sachwalter;
c. falls das Nachlassgericht angeordnet hat, dass gewisse Handlungen nur unter Mitwirkung der Sachwalterin oder des Sachwalters rechtsgültig vorgenommen werden können, oder die Sachwalterin oder der Sachwalter ermächtigt wird, die Geschäftsführung anstelle des Schuldners zu übernehmen: ein Hinweis darauf.

⁴ Wird die Nachlassstundung aufgehoben, so muss diese Tatsache ins Handelsregister eingetragen werden.[263]

Art. 161 Nachlassvertrag mit Vermögensabtretung

¹ Das Gericht meldet dem Handelsregisteramt die Bestätigung eines Nachlassvertrages mit Vermögensabtretung (Art. 308 SchKG[264]) und reicht ihm folgende Belege ein:
a. eine Kopie des Nachlassvertrags;
b. das Dispositiv des Entscheides2 Das Handelsregisteramt nimmt die Eintragung unverzüglich nach Eingang der Meldung vor.

³ Ins Handelsregister müssen eingetragen werden:
a. das Datum der Bestätigung des Nachlassvertrages;
b. die Firma beziehungsweise der Name mit dem Zusatz «in Nachlassliquidation»;
c. die Liquidatorin oder der Liquidator;
d. die Löschung der Zeichnungsberechtigungen von Personen, die im Handelsregister eingetragen und zur Vertretung der Rechtseinheit befugt sind.

⁴ Wird die Liquidation beendet, so meldet die Liquidatorin oder der Liquidator die Löschung der Rechtseinheit an.

⁵ Zusammen mit der Löschung muss der Löschungsgrund ins Handelsregister eingetragen werden.

---

261 SR 281.1
262 Fassung gemäss Ziff. I der V vom 6. März 2020, in Kraft seit 1. Jan. 2021 (AS 2020 971).
263 Fassung gemäss Ziff. I der V vom 6. März 2020, in Kraft seit 1. Jan. 2021 (AS 2020 971).
264 SR 281.1

6. Titel:[265] Wiedereintragung gelöschter Rechtseinheiten

Art. 162 und 163
Aufgehoben

Art. 164 Wiedereintragung
Bei der Wiedereintragung einer gelöschten Rechtseinheit (Art. 935 OR) wird der Eintrag der Rechtseinheit wieder so erstellt, wie er im Zeitpunkt der Löschung war. Abweichende Anordnungen des Gerichts bleiben vorbehalten.

Art. 165
Aufgehoben

7. Titel: Aktenaufbewahrung, Aktenherausgabe, Datenqualität[266]

Art. 166 Aufbewahrung von Anmeldungen, Belegen und Korrespondenz
¹ Anmeldungen und Belege sind während 30 Jahren nach der Eintragung in das Tagesregister aufzubewahren. Die Statuten von Rechtseinheiten und die Stiftungsurkunden müssen jedoch immer in einer aktuellen Form vorliegen.

² Wird eine Rechtseinheit im Handelsregister gelöscht, so dürfen die Anmeldungen, Belege und allfällige Mitgliederverzeichnisse zehn Jahre nach der Löschung vernichtet werden.

³ Auf den Anmeldungen und Belegen müssen das Datum und die Nummer der Eintragung ins Tagesregister vermerkt werden.

⁴ Die mit Eintragungen zusammenhängenden Korrespondenzen sind zehn Jahre aufzubewahren.

⁵ Schreibt das Gesetz oder die Verordnung vor, dass beim Handelsregisteramt Unterlagen zu hinterlegen sind, die nicht als Belege gelten, so sind sie mit der Unternehmens-Identifikationsnummer der betreffenden Rechtseinheit zu versehen und mit deren Belegen aufzubewahren.

⁶ Anmeldungen, Belege oder sonstige Dokumente in Papierform können zwecks Aufbewahrung vom Handelsregisteramt elektronisch eingelesen und nach der EÖBV[267], insbesondere nach deren Artikel 13, beglaubigt werden. Gebundene Papierdokumente dürfen zertrennt werden, um sie elektronisch

---

[265] Fassung gemäss Ziff. I der V vom 6. März 2020, in Kraft seit 1. Jan. 2021 (AS 2020 971).
[266] Fassung gemäss Ziff. I der V vom 6. März 2020, in Kraft seit 1. Jan. 2021 (AS 2020 971).
[267] SR 211.435.1

einzulesen. Die Originale auf Papier können vernichtet werden, sofern das kantonale Recht dies nicht ausschliesst.[268]

[7] Anmeldungen, Belege oder sonstige Dokumente, die in elektronischer Form vorliegen, dürfen nicht gelöscht werden. Sie müssen durch das Handelsregisteramt so aufbewahrt werden, dass die Daten nicht mehr verändert werden können.[269]

Art. 167 Herausgabe von Akten in Papierform

[1] Folgende Behörden können schriftlich verlangen, dass ihnen Originale von Aktenstücken der kantonalen Handelsregisterämter in Papierform herausgegeben werden:
a. das Gericht;
b. die Untersuchungsrichterin oder der Untersuchungsrichter;
c. die Staatsanwaltschaft;
d. die kantonale Aufsichtsbehörde;
e. das EHRA;
f. die eidgenössischen Aufsichtsbehörden im Bereich der Banken- und Finanzmarktaufsicht;
g.[270] die Eidgenössische Revisionsaufsichtsbehörde.

[2] Die Behörde bestätigt den Empfang. Sie gibt die Originale spätestens nach Abschluss des Verfahrens, für das sie benötigt werden, zurück.

[3] Sind die Aktenstücke nicht elektronisch archiviert, so ist anstelle des Originals eine beglaubigte Kopie des herausgegebenen Aktenstücks zusammen mit der Empfangsbestätigung aufzubewahren.

[4] Anstelle der Herausgabe von Originalen können die berechtigten Stellen die Zustellung von beglaubigten Kopien verlangen.

Art. 168 Herausgabe von Akten in elektronischer Form

Von Akten in elektronischer Form dürfen nur beglaubigte Kopien herausgegeben werden.

Art. 169[271] **Datenqualität**

[1] Die elektronischen Systeme für das Tages- und das Hauptregister sowie für die zentralen Datenbanken müssen folgende Anforderungen erfüllen:
a. Die aufgenommenen Daten bleiben in Bestand und Qualität langfristig erhalten.

---

268 Eingefügt durch Anhang Ziff. 1 der Grundbuchverordnung vom 23. Sept. 2011 (AS 2011 4659). Fassung gemäss Anhang Ziff. II 4 der V vom 8. Dez. 2017 über die Erstellung elektronischer öffentlicher Urkunden und elektronischer Beglaubigungen, in Kraft seit 1. Febr. 2018 (AS 2018 89).
269 Eingefügt durch Ziff. I der V vom 6. März 2020, in Kraft seit 1. Jan. 2021 (AS 2020 971).
270 Eingefügt durch Anhang Ziff. 2 der Finanzmarktprüfverordnung vom 5. Nov. 2014, in Kraft seit 1. Jan. 2015 (AS 2014 4295).
271 Fassung gemäss Ziff. I der V vom 6. März 2020, in Kraft seit 1. Jan. 2021 (AS 2020 971).

b. Das Format der Daten ist vom Hersteller bestimmter elektronischer Systeme unabhängig.
c. Die Daten werden nach anerkannten Normen und entsprechend dem aktuellen Stand der Technik gesichert.
d. Eine Dokumentation zum Programm und zum Format liegt vor.

² Die Kantone und der Bund nehmen zur Sicherstellung der Funktionsfähigkeit und der Sicherheit ihrer elektronischen Systeme folgende Aufgaben wahr:
a. Sie gewährleisten den Datenaustausch zwischen den Systemen.
b. Sie sichern die Daten periodisch auf dezentralen Datenträgern.
c. Sie warten die Daten und die elektronischen Systeme.
d. Sie regeln die Zugriffsberechtigungen auf die Daten und die elektronischen Systeme.
e. Sie sichern die Daten und die elektronischen Systeme gegen Missbrauch.
f. Sie sehen Massnahmen zur Behebung technischer Störungen der elektronischen Systeme vor.

³ Das EHRA kann das Datenaustauschverfahren sowie die Form, den Inhalt und die Struktur der übermittelten Daten in einer Weisung regeln. Es kann zudem Form, Inhalt und Struktur der Daten bestimmen, die Dritten zur Verfügung gestellt werden.

8. Titel: Schlussbestimmungen

1. Kapitel: Revisionsstelle

Art. 170

Das EHRA kann zur Durchsetzung der neuen Bestimmungen zur Revisionsstelle:
a. Daten der kantonalen Handelsregisterämter anfordern;
b. mit der Eidgenössischen Revisionsaufsichtsbehörde zusammenarbeiten und mit dieser Daten austauschen;
c. Weisungen erlassen, insbesondere die Handelsregisterämter verpflichten, bestimmte Tatsachen an die Eidgenössische Revisionsaufsichtsbehörde zu melden.

2. Kapitel: Weisungen, Kreisschreiben und Mitteilungen

Art. 171

Alle Weisungen, Kreisschreiben und Mitteilungen des Eidgenössischen Justiz- und Polizeidepartements und des EHRA, die gestützt auf die Handelsregisterverordnung vom 7. Juni 1937[272] erlassen wurden, werden aufgehoben. Davon ausgenommen sind:

a.–b.[273] ...

c. die Richtlinien des EHRA vom 13. Januar 1998 für die kantonalen Handelsregisterämter über den Erwerb von Grundstücken durch Personen im Ausland;

d. die Mitteilung des EHRA vom 15. August 2001 an die kantonalen Handelsregisterbehörden betreffend Sacheinlage und Sachübernahme;

e. die Weisung des EHRA vom 12. Oktober 2007 an die kantonalen Handelsregisterbehörden betreffend die Eintragung von Finanzkontrollen der öffentlichen Hand im Handelsregister.

3. Kapitel: Aufhebung und Änderung bisherigen Rechts

Art. 172

Die Aufhebung und die Änderung bisherigen Rechts werden im Anhang 1 geregelt.

4. Kapitel: Übergangsbestimmungen

Art. 173 Anwendbares Recht

¹ Tatsachen, die nach dem Inkrafttreten dieser Verordnung beim Handelsregisteramt zur Eintragung angemeldet werden, unterstehen neuem Recht.

² Tatsachen, die vor dem Inkrafttreten dieser Verordnung beim Handelsregisteramt zur Eintragung angemeldet werden, unterstehen altem Recht.

³ Tatsachen, die in Anwendung des neuen Rechts vor dem Inkrafttreten dieser Verordnung beim Handelsregisteramt zur Eintragung angemeldet werden, dürfen erst nach dem Inkrafttreten des neuen Rechts ins Handelsregister eingetragen werden.

Art. 174 Verzicht auf eine eingeschränkte Revision

Der Verzicht auf eine eingeschränkte Revision nach Artikel 62 darf erst ins Handelsregister eingetragen werden, wenn ein Mitglied des Verwaltungsrates schriftlich bestätigt, dass die Revisionsstelle die Jahresrechnung für das Geschäftsjahr, welches vor dem Inkrafttreten des neuen Rechts begonnen hat, geprüft hat (Art. 7 der UeB der Änderung des OR vom 16. Dez. 2005[274],

---

272 [AS 53 577]
273 Aufgehoben durch Anhang Ziff. 1 der Grundbuchverordnung vom 23. Sept. 2011, mit Wirkung seit 1. Jan. 2012 (AS 2011 4659).
274 AS 2007 4791

GmbH-Recht sowie Anpassungen im Aktien-, Genossenschafts-, Handelsregister- und Firmenrecht).

Art. 175 Elektronische Anmeldungen und Belege

Die Handelsregisterämter müssen spätestens fünf Jahre nach Inkrafttreten dieser Verordnung Anmeldungen und Belege in elektronischer Form entgegennehmen können.

Art. 175a[275]

Die Handelsregisterämter müssen spätestens ab dem 1. Januar 2013 die für die Identifikation der natürlichen Personen erforderlichen Angaben nach Artikel 24b erfassen.

Art. 176 Firmenrecht

Ergänzt das kantonale Handelsregisteramt die Firma einer Aktiengesellschaft oder einer Genossenschaft gestützt auf Artikel 2 Absatz 4 der Übergangsbestimmungen der Änderung des Obligationenrechts vom 16. Dezember 2005[276] von Amtes wegen, ohne dass die Rechtseinheit ihre Statuten entsprechend angepasst hat, so weist es jede weitere Anmeldung zur Eintragung einer Änderung der Statuten ab, solange diese in Bezug auf die Firma nicht angepasst wurden.

Art. 177 Geschäftsbezeichnungen und Enseignes

Im Handelsregister eingetragene Geschäftbezeichnungen und Enseignes werden innert zwei Jahren nach Inkrafttreten dieser Verordnung von Amtes wegen aus dem Hauptregister gestrichen. Eine Genehmigung durch das EHRA sowie eine Publikation im Schweizerischen Handelsamtsblatt sind nicht erforderlich. Bestehende Hinweise auf Enseignes in der Zweckumschreibung bleiben unverändert eingetragen.

Art. 178 Altrechtliches Firmenverzeichnis

Das Firmenverzeichnis nach Artikel 14 der Handelsregisterverordnung in der Fassung vom 6. Mai 1970[277] ist aufzubewahren.

Art. 179 Unterlagen über die besondere Befähigung der Revisorinnen und Revisoren

Im Handelsregister eingetragene Hinweise auf die Hinterlegung von Unterlagen über die besondere Befähigung der Revisorinnen und Revisoren nach Artikel 86a Absatz 2 der Handelsregisterverordnung in der Fassung vom 9. Juni

---

275 Eingefügt durch Anhang Ziff. 1 der Grundbuchverordnung vom 23. Sept. 2011, in Kraft seit 1. Jan. 2012 (AS 2011 4659).
276 AS 2007 4791
277 AS 1970 733

1992[278] werden ein Jahr nach Inkrafttreten dieser Verordnung von Amtes wegen aus dem Hauptregister gestrichen. Eine Genehmigung durch das EHRA sowie eine Publikation im Schweizerischen Handelsamtsblatt sind nicht erforderlich. Die Unterlagen sind bis zum 1. Januar 2018 aufzubewahren.

Art. 180 Verfahren betreffend Eintragungen von Amtes wegen

Verfahren betreffend Eintragungen von Amtes wegen, die vor dem Inkrafttreten dieser Verordnung eingeleitet wurden, richten sich nach den Vorschriften des alten Rechts.

Art. 181 Ausgestaltung der kantonalen Rechtsmittel

Die Kantone haben ihr Rechtsmittelverfahren gegen Verfügungen des Handelsregisteramtes innert zwei Jahren nach dem Inkrafttreten dieser Verordnung an die Vorgaben von Artikel 165 anzupassen.

Art. 181a[279] Übergangsbestimmungen zur Änderung vom 11. November 2015, zu Art. 52 Abs. 2 ZGB in der Fassung vom 12. Dezember 2014

¹ Kirchliche Stiftungen, die beim Inkrafttreten der Änderung von Artikel 52 Absatz 2 des Zivilgesetzbuches[280] vom 12. Dezember 2014[281] nicht im Handelsregister eingetragen sind, werden auch dann eingetragen, wenn weder eine Stiftungsurkunde noch ein beglaubigter Auszug aus einer Verfügung von Todes wegen verfügbar ist.

² In diesem Fall muss das oberste Stiftungsorgan in einem Protokoll oder Protokoll-auszug das Bestehen der kirchlichen Stiftung feststellen. Das Protokoll oder der Protokollauszug muss enthalten:
a. Name der Stiftung;
b. Sitz und Rechtsdomizil der Stiftung;
c. aktenkundiges Datum der Errichtung der Stiftung oder, falls das Datum nicht aktenkundig ist, vermutetes Datum der Errichtung der Stiftung;
d. Zweck der Stiftung;
e. Hinweis auf die Dokumente, auf die sich die Angaben nach den Buchstaben c–d stützen;
f. Organe der Stiftung und die Art der Verwaltung;
g. Mitglieder des obersten Stiftungsorgans;
h. Die zur Vertretung berechtigten Personen.

---

278 AS 1992 1213
279 Eingefügt durch Anhang 2 Ziff. II 2 der Geldwäschereiverordnung vom 11. Nov. 2015, in Kraft seit 1. Jan. 2016 (AS 2015 4819).
280 SR 210
281 AS 2015 1389

Art. 181b[282] Übergangsbestimmung zur Änderung vom 31. August 2022

Auf vor dem Inkrafttreten der Änderung vom 31. August 2022 errichtete Vereine finden die Artikel 90a Absatz 4 und 92 Buchstabe j erst 18 Monate nach diesem Zeitpunkt Anwendung.

5. Kapitel: Inkrafttreten

Art. 182

Diese Verordnung tritt am 1. Januar 2008 in Kraft.

Anhang 1[283] (Art. 172)
Aufhebung und Änderung bisherigen Rechts

I.

Die Handelsregisterverordnung vom 7. Juni 1937[284] wird aufgehoben.

II.

Die nachstehenden Verordnungen werden wie folgt geändert:

…[285]

---

282 Eingefügt durch Anhang Ziff. 2 der V vom 31. Aug. 2022, in Kraft seit 1. Jan. 2023 (AS 2022 552).
283 Ursprünglich Anhang.
284 [AS 53 577; 1970 733; 1971 1839; 1982 558; 1989 2380; 1992 1213; 1996 2243 Ziff. I 36; 1997 2230; 2004 433 Anhang Ziff. 4, 2669, 4937 Anhang Ziff. II 1; 2005 4557; 2006 4705 Ziff. II 22, 5787 Anhang 3 Ziff. II 1]
285 Die Änderungen können unter AS 2007 4851 konsultiert werden.

Anhang 2[286] (Art. 116a)

Liste der zulässigen Abkürzungen der Rechtsformen

Deutsch

Aktiengesellschaft	AG
Genossenschaft	Gen
Gesellschaft mit beschränkter Haftung	GmbH
Kollektivgesellschaft	KlG
Kommanditgesellschaft	KmG
Kommanditaktiengesellschaft	KmAG

Français

Société anonyme	SA
Société coopérative	SCoo
Société à responsabilité limitée	Sàrl
Société en nom collectif	SNC
Société en commandite	SCm
Société en commandite par actions	SCmA

Italiano

Società anonima	SA
Società cooperativa	SCoo
Società a garanzia limitata	Sagl
Società in nome collettivo	SNC
Società in accomandita	SAc
Società in accomandita per azioni	SAcA

Rumantsch

Societad anonima	SA
Societad cooperativa	SCoo
Societad cun responsabladad limitada	Scrl
Societad collettiva	SCl
Societad commanditara	SCm
Societad acziunara en commandita	SACm

---

[286] Eingefügt durch Ziff. II der V vom 18. Mai 2016 (AS 2016 1663). Bereinigt gemäss Ziff. II Abs. 1 der V vom 2. Febr. 2022, in Kraft seit 1. Jan. 2023 (AS 2022 114).

Anhang 3[287] (Art. 45a)

Zulässige ausländische Währungen für das Kapital einer Aktiengesellschaft

Britische Pfund	GBP
Euro	EUR
US-Dollar	USD
Yen	JPY

---

[287] Eingefügt durch Ziff. II Abs. 2 der V vom 2. Febr. 2022, in Kraft seit 1. Jan. 2023 (AS 2022 114).

19. Verordnung über die Führung und Aufbewahrung der Geschäftsbücher
(Geschäftsbücherverordnung; GeBüV)

vom 24. April 2002

Der Schweizerische Bundesrat,
gestützt auf Artikel 958*f* Absatz 4 des Obligationenrechts[1],[2]
verordnet:

1. Abschnitt: Zu führende Bücher

Art. 1

[1] Wer buchführungspflichtig ist, muss ein Hauptbuch und, je nach Art und Umfang des Geschäfts, auch Hilfsbücher führen.

[2] Das Hauptbuch besteht aus:

a. den Konten (sachlogische Gliederung aller verbuchten Geschäftsvorfälle), auf deren Basis Betriebsrechnung und Bilanz erstellt werden;
b. dem Journal (chronologische Erfassung aller verbuchten Geschäftsvorfälle).

[3] Die Hilfsbücher müssen in Ergänzung zum Hauptbuch die Angaben enthalten, die zur Feststellung der Vermögenslage des Geschäftes und der mit dem Geschäftsbetrieb zusammenhängenden Schuld- und Forderungsverhältnisse sowie der Betriebsergebnisse der einzelnen Geschäftsjahre nötig sind. Darunter fallen insbesondere die Lohnbuchhaltung, die Debitoren- und Kreditorenbuchhaltung sowie die fortlaufende Führung der Warenbestände bzw. der nicht fakturierten Dienstleistungen.

SR 221.431. AS 2002 1399
1 SR 220
2 Fassung gemäss Anhang der V vom 21. Nov. 2012 über die anerkannten Standards zur Rechnungslegung, in Kraft seit 1. Jan. 2013 (AS 2012 6709).

2. Abschnitt: Allgemeine Grundsätze

Art. 2 Grundsätze ordnungsgemässer Führung und Aufbewahrung der Bücher

¹ Bei der Führung der Geschäftsbücher und der Erfassung der Buchungsbelege sind die anerkannten kaufmännischen Grundsätze einzuhalten (ordnungsgemässe Buchführung).

² Werden die Geschäftsbücher elektronisch oder auf vergleichbare Weise geführt und aufbewahrt und die Buchungsbelege elektronisch oder auf vergleichbare Weise erfasst und aufbewahrt, so sind die Grundsätze der ordnungsgemässen Datenverarbeitung einzuhalten.[3]

³ Die Ordnungsmässigkeit der Führung und der Aufbewahrung der Bücher richtet sich nach den anerkannten Standards zur Rechnungslegung, sofern die Gesetzgebung, insbesondere der 32. Titel des Obligationenrechts und diese Verordnung, nichts anderes vorsehen.[4]

Art. 3[5] Integrität (Echtheit und Unverfälschbarkeit)

Die Geschäftsbücher müssen so geführt und aufbewahrt und die Buchungsbelege müssen so erfasst und aufbewahrt werden, dass sie nicht geändert werden können, ohne dass sich dies feststellen lässt.

Art. 4 Dokumentation

¹ Je nach Art und Umfang des Geschäfts sind die Organisation, die Zuständigkeiten, die Abläufe und Verfahren und die Infrastruktur (Maschinen und Programme), die bei der Führung und Aufbewahrung der Geschäftsbücher zur Anwendung gekommen sind, in Arbeitsanweisungen so zu dokumentieren, dass die Geschäftsbücher und die Buchungsbelege verstanden werden können.[6]

² Arbeitsanweisungen sind zu aktualisieren und nach den gleichen Grundsätzen und gleich lang aufzubewahren wie die Geschäftsbücher, die danach geführt wurden.

---

3 Fassung gemäss Anhang der V vom 21. Nov. 2012 über die anerkannten Standards zur Rechnungslegung, in Kraft seit 1. Jan. 2013 (AS 2012 6709).
4 Fassung gemäss Anhang der V vom 21. Nov. 2012 über die anerkannten Standards zur Rechnungslegung, in Kraft seit 1. Jan. 2013 (AS 2012 6709).
5 Fassung gemäss Anhang der V vom 21. Nov. 2012 über die anerkannten Standards zur Rechnungslegung, in Kraft seit 1. Jan. 2013 (AS 2012 6709).
6 Fassung gemäss Anhang der V vom 21. Nov. 2012 über die anerkannten Standards zur Rechnungslegung, in Kraft seit 1. Jan. 2013 (AS 2012 6709).

3. Abschnitt: Grundsätze für die ordnungsgemässe Aufbewahrung

Art. 5[7] Allgemeine Sorgfaltspflicht

Die Geschäftsbücher und die Buchungsbelege sind sorgfältig, geordnet und vor schädlichen Einwirkungen geschützt aufzubewahren.

Art. 6 Verfügbarkeit

[1] Die Geschäftsbücher und die Buchungsbelege müssen so aufbewahrt werden, dass sie bis zum Ende der Aufbewahrungsfrist von einer berechtigten Person innert angemessener Frist eingesehen und geprüft werden können.[8]

[2] Soweit es für die Einsicht und die Prüfung erforderlich ist, sind das entsprechende Personal sowie die Geräte oder Hilfsmittel verfügbar zu halten.

[3] Im Rahmen des Einsichtsrechts muss die Möglichkeit bestehen, die Geschäftsbücher auf Begehren einer berechtigten Person auch ohne Hilfsmittel lesbar zu machen.

Art. 7 Organisation

[1] Archivierte Informationen sind von aktuellen Informationen zu trennen bzw. so zu kennzeichnen, dass eine Unterscheidung möglich ist. Die Verantwortung für die archivierten Informationen ist klar zu regeln und zu dokumentieren.

[2] Auf archivierte Daten muss innert nützlicher Frist zugegriffen werden können.

Art. 8 Archiv

Die Informationen sind systematisch zu inventarisieren und vor unbefugtem Zugriff zu schützen. Zugriffe und Zutritte sind aufzuzeichnen. Diese Aufzeichnungen unterliegen derselben Aufbewahrungspflicht wie die Datenträger.

4. Abschnitt: Informationsträger

Art. 9 Zulässige Informationsträger

[1] Zur Aufbewahrung von Unterlagen sind zulässig:
  a. unveränderbare Informationsträger, namentlich Papier, Bildträger und unveränderbare Datenträger;

---

[7] Fassung gemäss Anhang der V vom 21. Nov. 2012 über die anerkannten Standards zur Rechnungslegung, in Kraft seit 1. Jan. 2013 (AS 2012 6709).
[8] Fassung gemäss Anhang der V vom 21. Nov. 2012 über die anerkannten Standards zur Rechnungslegung, in Kraft seit 1. Jan. 2013 (AS 2012 6709).

b. veränderbare Informationsträger, wenn:
1. technische Verfahren zur Anwendung kommen, welche die Integrität der gespeicherten Informationen gewährleisten (z.b. digitale Signaturverfahren),
2. der Zeitpunkt der Speicherung der Informationen unverfälschbar nachweisbar ist (z.B. durch «Zeitstempel»),
3. die zum Zeitpunkt der Speicherung bestehenden weiteren Vorschriften über den Einsatz der betreffenden technischen Verfahren eingehalten werden, und
4. die Abläufe und Verfahren zu deren Einsatz festgelegt und dokumentiert sowie die entsprechenden Hilfsinformationen (wie Protokolle und Log files) ebenfalls aufbewahrt werden.

2 Informationsträger gelten als veränderbar, wenn die auf ihnen gespeicherten Informationen geändert oder gelöscht werden können, ohne dass die Änderung oder Löschung auf dem Datenträger nachweisbar ist (wie Magnetbänder, magnetische oder magnetooptische Disketten, Fest- oder Wechselplatten, solid state-Speicher).

Art. 10 Überprüfung und Datenmigration

1 Die Informationsträger sind regelmässig auf ihre Integrität und Lesbarkeit zu prüfen.

2 Die Daten können in andere Formate oder auf andere Informationsträger übertragen werden (Datenmigration), wenn sichergestellt wird, dass:
a. die Vollständigkeit und die Richtigkeit der Informationen gewährleistet bleiben; und
b. die Verfügbarkeit und die Lesbarkeit den gesetzlichen Anforderungen weiterhin genügen.

3 Die Übertragung von Daten von einem Informationsträger auf einen anderen ist zu protokollieren. Das Protokoll ist zusammen mit den Informationen aufzubewahren.

5. Abschnitt: Schlussbestimmungen

Art. 11 Aufhebung bisherigen Rechts

Die Verordnung vom 2. Juni 1976[9] über die Aufzeichnung von aufzubewahrenden Unterlagen wird aufgehoben.

Art. 12 Inkrafttreten

Diese Verordnung tritt am 1. Juni 2002 in Kraft.

---

9 [AS 1976 1334]

20. Verordnung über die anerkannten Standards zur Rechnungslegung
(VASR)

vom 21. November 2012

Der Schweizerische Bundesrat,

gestützt auf Artikel 962a Absatz 5 des Obligationenrechts (OR)[1],
auf Artikel 6b Absätze 1 und 2 des Bankengesetzes vom 8. November 1934[2],
auf Artikel 48 des Finanzinstitutsgesetzes vom 15. Juni 2018[3]
und auf Artikel 87 des Kollektivanlagengesetzes vom 23. Juni 2006[4],[5]

verordnet:

Art. 1 Anerkannte Standards zur Rechnungslegung

[1] Für Unternehmen, die der Pflicht zur Buchführung und Rechnungslegung gemäss Artikel 957 OR unterliegen, werden die folgenden Regelwerke als anerkannte Standards zur Rechnungslegung bezeichnet:
   a. die «International Financial Reporting Standards» (IFRS) des International Accounting Standards Board (IASB)[6];
   b. der «International Financial Reporting Standard for Small and Medium-sized Entities» (IFRS for SMEs) des IASB;
   c. die «Fachempfehlungen zur Rechnungslegung» (Swiss GAAP FER) der Stiftung für Fachempfehlungen zur Rechnungslegung[7];
   d. die «United States Generally Accepted Accounting Principles» (US GAAP) des Financial Accounting Standards Board[8];
   e. die «International Public Sector Accounting Standards» (IPSAS) des International Public Sector Accounting Standards Board[9].

[2] Der Herausgeber des Regelwerks bestimmt die autorisierten sprachlichen Fassungen.

SR 221.432. AS 2012 6709
1 SR 220
2 SR 952.0
3 SR 954.1
4 SR 951.31
5 Fassung gemäss Anhang 1 Ziff. II 2 der Finanzinstitutsverordnung vom 6. Nov. 2019, in Kraft seit 1. Jan. 2020 (AS 2019 4633).
6 www.ifrs.org
7 www.fer.ch
8 www.fasb.org
9 www.ifac.org/public-sector

Art. 2 Rechnungslegungsvorschriften der FINMA

[1] Für Banken gemäss Bankengesetz vom 8. November 1934 und für Wertpapierhäuser gemäss Finanzinstitutsgesetz vom 15. Juni 2018 sind die Rechnungslegungsvorschriften der Eidgenössischen Finanzmarktaufsicht (FINMA) für Banken und Wertpapierhäuser (Art. 25–42 der Bankenverordnung vom 30. April 2014[10]) einem anerkannten Standard zur Rechnungslegung gleichgestellt.[11]

[2] Für kollektive Kapitalanlagen gemäss dem Kollektivanlagegesetz vom 23. Juni 2006[12] (KAG) sind die Rechnungslegungsvorschriften der FINMA für kollektive Kapitalanlagen (Art. 91 KAG) einem anerkannten Standard zur Rechnungslegung gleichgestellt.

Art. 3 Änderung bisherigen Rechts

Die Änderung bisherigen Rechts wird im Anhang geregelt.

Art. 4 Inkrafttreten

Diese Verordnung tritt am 1. Januar 2013 in Kraft.

Anhang (Art. 3)
Änderung bisherigen Rechts

...[13]

---

10 SR 952.01
11 Fassung gemäss Anhang 1 Ziff. II 2 der Finanzinstitutsverordnung vom 6. Nov. 2019, in Kraft seit 1. Jan. 2020 (AS 2019 4633).
12 SR 951.31
13 Die Änderung kann unter AS 2012 6709 konsultiert werden.

21. Bundesgesetz gegen den unlauteren Wettbewerb (UWG)

vom 19. Dezember 1986

Die Bundesversammlung der Schweizerischen Eidgenossenschaft,
gestützt auf die Artikel 95 Absatz 1, 96, 97 Absätze 1 und 2 und 122 Absatz 1 der Bundesverfassung[1],[2]
nach Einsicht in eine Botschaft des Bundesrates vom 18. Mai 1983[3],
beschliesst:

1. Kapitel: Zweck

Art. 1

Dieses Gesetz bezweckt, den lauteren und unverfälschten Wettbewerb im Interesse aller Beteiligten zu gewährleisten.

2. Kapitel: Zivil- und prozessrechtliche Bestimmungen

1. Abschnitt: Widerrechtlichkeit des unlauteren Wettbewerbs

Art. 2 Grundsatz

Unlauter und widerrechtlich ist jedes täuschende oder in anderer Weise gegen den Grundsatz von Treu und Glauben verstossende Verhalten oder Geschäftsgebaren, welches das Verhältnis zwischen Mitbewerbern oder zwischen Anbietern und Abnehmern beeinflusst.

Art. 3 Unlautere Werbe- und Verkaufsmethoden und anderes widerrechtliches Verhalten

[1] Unlauter handelt insbesondere, wer:
a. andere, ihre Waren, Werke, Leistungen, deren Preise oder ihre Geschäftsverhältnisse durch unrichtige, irreführende oder unnötig verletzende Äusserungen herabsetzt;

SR 241. AS 1988 223
1 SR 101
2 Fassung gemäss Ziff. I des BG vom 17. Juni 2011, in Kraft seit 1. April 2012 (AS 2011 4909; BBl 2009 6151).
3 BBl 1983 II 1009

b.[4] über sich, seine Firma, seine Geschäftsbezeichnung, seine Waren, Werke oder Leistungen, deren Preise, die vorrätige Menge, die Art der Verkaufsveranstaltung oder über seine Geschäftsverhältnisse unrichtige oder irreführende Angaben macht oder in entsprechender Weise Dritte im Wettbewerb begünstigt;

c. unzutreffende Titel oder Berufsbezeichnungen verwendet, die geeignet sind, den Anschein besonderer Auszeichnungen oder Fähigkeiten zu erwecken;

d. Massnahmen trifft, die geeignet sind, Verwechslungen mit den Waren, Werken, Leistungen oder dem Geschäftsbetrieb eines anderen herbeizuführen;

e. sich, seine Waren, Werke, Leistungen oder deren Preise in unrichtiger, irreführender, unnötig herabsetzender oder anlehnender Weise mit anderen, ihren Waren, Werken, Leistungen oder deren Preisen vergleicht oder in entsprechender Weise Dritte im Wettbewerb begünstigt;

f. ausgewählte Waren, Werke oder Leistungen wiederholt unter Einstandspreisen anbietet, diese Angebote in der Werbung besonders hervorhebt und damit den Kunden über die eigene oder die Leistungsfähigkeit von Mitbewerbern täuscht; Täuschung wird vermutet, wenn der Verkaufspreis unter dem Einstandspreis vergleichbarer Bezüge gleichartiger Waren, Werke oder Leistungen liegt; weist der Beklagte den tatsächlichen Einstandspreis nach, so ist dieser für die Beurteilung massgebend;

g. den Kunden durch Zugaben über den tatsächlichen Wert des Angebots täuscht;

h. den Kunden durch besonders aggressive Verkaufsmethoden in seiner Entscheidungsfreiheit beeinträchtigt;

i. die Beschaffenheit, die Menge, den Verwendungszweck, den Nutzen oder die Gefährlichkeit von Waren, Werken oder Leistungen verschleiert und dadurch den Kunden täuscht;

k.[5] es bei öffentlichen Auskündigungen über einen Konsumkredit unterlässt, seine Firma eindeutig zu bezeichnen oder den Nettobetrag des Kredits, die Gesamtkosten des Kredits und den effektiven Jahreszins deutlich anzugeben;

l.[6] es bei öffentlichen Auskündigungen über einen Konsumkredit zur Finanzierung von Waren oder Dienstleistungen unterlässt, seine Firma eindeutig zu bezeichnen oder den Barzahlungspreis, den Preis, der im Rahmen des Kreditvertrags zu bezahlen ist, und den effektiven Jahreszins deutlich anzugeben;

---

4 Fassung gemäss Ziff. I des BG vom 24. März 1995, in Kraft seit 1. Nov. 1995 (AS 1995 4086; BBl 1994 III 442).
5 Fassung gemäss Anhang 2 Ziff. II 2 des BG vom 23. März 2001 über den Konsumkredit, in Kraft seit 1. Jan. 2003 (AS 2002 3846; BBl 1999 3155).
6 Fassung gemäss Anhang 2 Ziff. II 2 des BG vom 23. März 2001 über den Konsumkredit, in Kraft seit 1. Jan. 2003 (AS 2002 3846; BBl 1999 3155).

m.[7] im Rahmen einer geschäftlichen Tätigkeit einen Konsumkreditvertrag anbietet oder abschliesst und dabei Vertragsformulare verwendet, die unvollständige oder unrichtige Angaben über den Gegenstand des Vertrags, den Preis, die Zahlungsbedingungen, die Vertragsdauer, das Widerrufs- oder Kündigungsrecht des Kunden oder über sein Recht zu vorzeitiger Bezahlung der Restschuld enthalten;

n.[8] es bei öffentlichen Auskündigungen über einen Konsumkredit (Bst. k) oder über einen Konsumkredit zur Finanzierung von Waren oder Dienstleistungen (Bst. l) unterlässt, darauf hinzuweisen, dass die Kreditvergabe verboten ist, falls sie zur Überschuldung der Konsumentin oder des Konsumenten führt;

o.[9] Massenwerbung ohne direkten Zusammenhang mit einem angeforderten Inhalt fernmeldetechnisch sendet oder solche Sendungen veranlasst und es dabei unterlässt, vorher die Einwilligung der Kunden einzuholen, den korrekten Absender anzugeben oder auf eine problemlose und kostenlose Ablehnungsmöglichkeit hinzuweisen; wer beim Verkauf von Waren, Werken oder Leistungen Kontaktinformationen von Kunden erhält und dabei auf die Ablehnungsmöglichkeit hinweist, handelt nicht unlauter, wenn er diesen Kunden ohne deren Einwilligung Massenwerbung für eigene ähnliche Waren, Werke oder Leistungen sendet;

p.[10] mittels Offertformularen, Korrekturangeboten oder Ähnlichem für Eintragungen in Verzeichnisse jeglicher Art oder für Anzeigenaufträge wirbt oder solche Eintragungen oder Anzeigenaufträge unmittelbar anbietet, ohne in grosser Schrift, an gut sichtbarer Stelle und in verständlicher Sprache auf Folgendes hinzuweisen:
1. die Entgeltlichkeit und den privaten Charakter des Angebots,
2. die Laufzeit des Vertrags,
3. den Gesamtpreis entsprechend der Laufzeit, und
4. die geografische Verbreitung, die Form, die Mindestauflage und den spätesten Zeitpunkt der Publikation;

q.[11] für Eintragungen in Verzeichnisse jeglicher Art oder für Anzeigenaufträge Rechnungen verschickt, ohne vorgängig einen entsprechenden Auftrag erhalten zu haben;

r.[12] jemandem die Lieferung von Waren, die Ausrichtung von Prämien oder andere Leistungen zu Bedingungen in Aussicht stellt, die für diesen haupt-

---

7 Fassung gemäss Ziff. II des BG vom 13. Dez. 2013 (Aufhebung der Bestimmungen zum Vorauszahlungsvertrag), in Kraft seit 1. Juli 2014 (AS 2014 869; BBl 2013 4631 5793).
8 Eingefügt durch Anhang 2 Ziff. II 2 des BG vom 23. März 2001 über den Konsumkredit, in Kraft seit 1. Jan. 2003 (AS 2002 3846; BBl 1999 3155).
9 Eingefügt durch Anhang Ziff. 1 des BG vom 24. März 2006, in Kraft seit 1. April 2007 (AS 2007 921; BBl 2003 7951).
10 Eingefügt durch Ziff. I des BG vom 17. Juni 2011, in Kraft seit 1. April 2012 (AS 2011 4909; BBl 2009 6151).
11 Eingefügt durch Ziff. I des BG vom 17. Juni 2011, in Kraft seit 1. April 2012 (AS 2011 4909; BBl 2009 6151).
12 Eingefügt durch Ziff. I des BG vom 17. Juni 2011, in Kraft seit 1. April 2012 (AS 2011 4909; BBl 2009 6151).

sächlich durch die Anwerbung weiterer Personen einen Vorteil bedeuten und weniger durch den Verkauf oder Verbrauch von Waren oder Leistungen (Schneeball-, Lawinen- oder Pyramidensystem);

s.[13] Waren, Werke oder Leistungen im elektronischen Geschäftsverkehr anbietet und es dabei unterlässt:
1. klare und vollständige Angaben über seine Identität und seine Kontaktadresse einschliesslich derjenigen der elektronischen Post zu machen,
2. auf die einzelnen technischen Schritte, die zu einem Vertragsabschluss führen, hinzuweisen,
3. angemessene technische Mittel zur Verfügung zu stellen, mit denen Eingabefehler vor Abgabe der Bestellung erkannt und korrigiert werden können,
4. die Bestellung des Kunden unverzüglich auf elektronischem Wege zu bestätigen;

t.[14] im Rahmen eines Wettbewerbs oder einer Verlosung einen Gewinn verspricht, dessen Einlösung an die Inanspruchnahme einer kostenpflichtigen Mehrwertdienstnummer, die Leistung einer Aufwandsentschädigung, den Kauf einer Ware oder Dienstleistung oder an die Teilnahme an einer Verkaufsveranstaltung, Werbefahrt oder einer weiteren Verlosung gebunden ist;

u.[15] den Vermerk im Telefonverzeichnis nicht beachtet, dass ein Kunde keine Werbemitteilungen von Personen erhalten möchte, mit denen er in keiner Geschäftsbeziehung steht, und dass seine Daten zu Zwecken der Direktwerbung nicht weitergegeben werden dürfen; Kunden ohne Verzeichniseintrag sind den Kunden mit Verzeichniseintrag und Vermerk gleichgestellt;

v.[16] Werbeanrufe tätigt, ohne dass eine Rufnummer angezeigt wird, die im Telefonverzeichnis eingetragen ist und zu deren Nutzung er berechtigt ist;

w.[17] sich auf Informationen stützt, von denen sie oder er aufgrund eines Verstosses gegen die Buchstaben u oder v Kenntnis erhalten hat.

² Absatz 1 Buchstabe s findet keine Anwendung auf die Sprachtelefonie und auf Verträge, die ausschliesslich durch den Austausch von elektronischer Post oder durch vergleichbare individuelle Kommunikation geschlossen werden.[18]

---

[13] Eingefügt durch Ziff. I des BG vom 17. Juni 2011, in Kraft seit 1. April 2012 (AS 2011 4909; BBl 2009 6151).
[14] Eingefügt durch Ziff. I des BG vom 17. Juni 2011, in Kraft seit 1. April 2012 (AS 2011 4909; BBl 2009 6151).
[15] Eingefügt durch Ziff. I des BG vom 17. Juni 2011 (AS 2011 4909; BBl 2009 6151). Fassung gemäss Anhang Ziff. 2 des BG vom 22. März 2019, in Kraft seit 1. Jan. 2021 (AS 2020 6159; BBl 2017 6559).
[16] Eingefügt durch Anhang Ziff. 2 des BG vom 22. März 2019, in Kraft seit 1. Jan. 2021 (AS 2020 6159; BBl 2017 6559).
[17] Eingefügt durch Anhang Ziff. 2 des BG vom 22. März 2019, in Kraft seit 1. Jan. 2021 (AS 2020 6159; BBl 2017 6559).
[18] Eingefügt durch Ziff. I des BG vom 17. Juni 2011, in Kraft seit 1. April 2012 (AS 2011 4909; BBl 2009 6151).

Art. 3a[19] Diskriminierung im Fernhandel

¹ Unlauter handelt insbesondere, wer im Fernhandel ohne sachliche Rechtfertigung einen Kunden in der Schweiz aufgrund seiner Nationalität, seines Wohnsitzes, des Ortes seiner Niederlassung, des Sitzes seines Zahlungsdienstleisters oder des Ausgabeorts seines Zahlungsmittels:
a. beim Preis oder bei den Zahlungsbedingungen diskriminiert;
b. ihm den Zugang zu einem Online-Portal blockiert beziehungsweise beschränkt; oder
c. ihn ohne sein Einverständnis zu einer anderen als der ursprünglich aufgesuchten Version des Online-Portals weiterleitet.

² Diese Bestimmung findet keine Anwendung auf nichtwirtschaftliche Dienstleistungen von allgemeinem Interesse; Dienstleistungen im Finanzbereich; Dienstleistungen der elektronischen Kommunikation; Dienstleistungen des öffentlichen Verkehrs; Dienstleistungen von Leiharbeitsagenturen; Gesundheitsdienstleistungen; Glücksspiele, die einen geldwerten Einsatz verlangen, einschliesslich Lotterien, Glücksspiele in Spielbanken und Wetten; private Sicherheitsdienste; soziale Dienstleistungen aller Art; Dienstleistungen, die mit der Ausübung hoheitlicher Gewalt verbunden sind; Tätigkeiten von Notaren sowie von Gerichtsvollziehern, die durch staatliche Stellen bestellt werden; audiovisuelle Dienste.

Art. 4 Verleitung zu Vertragsverletzung oder -auflösung

Unlauter handelt insbesondere, wer:
a. Abnehmer zum Vertragsbruch verleitet, um selber mit ihnen einen Vertrag abschliessen zu können;
b.[20] ...
c. Arbeitnehmer, Beauftragte oder andere Hilfspersonen zum Verrat oder zur Auskundschaftung von Fabrikations- oder Geschäftsgeheimnissen ihres Arbeitgebers oder Auftraggebers verleitet;
d.[21] einen Konsumenten, der einen Konsumkreditvertrag abgeschlossen hat, veranlasst, den Vertrag zu widerrufen, um selber mit ihm einen solchen Vertrag abzuschliessen.

---

19 Eingefügt durch Ziff. II des BG vom 19. März 2021, in Kraft seit 1. Jan. 2022 (AS 2021 576; BBl 2019 4877).
20 Aufgehoben durch Art. 2 Ziff. 1 des BB vom 7. Okt. 2005 über die Genehmigung und die Umsetzung des Strafrechtsübereink. und des Zusatzprot. des Europarates über Korruption, mit Wirkung seit 1. Juli 2006 (AS 2006 2371; BBl 2004 6983).
21 Fassung gemäss Ziff. II des BG vom 13. Dez. 2013 (Aufhebung der Bestimmungen zum Vorauszahlungsvertrag), in Kraft seit 1. Juli 2014 (AS 2014 869; BBl 2013 4631 5793).

Art. 4a[22] Bestechen und sich bestechen lassen

¹ Unlauter handelt, wer:
a. einem Arbeitnehmer, einem Gesellschafter, einem Beauftragten oder einer anderen Hilfsperson eines Dritten im privaten Sektor im Zusammenhang mit dessen dienstlicher oder geschäftlicher Tätigkeit für eine pflichtwidrige oder eine im Ermessen stehende Handlung oder Unterlassung zu dessen Gunsten oder zu Gunsten eines Dritten einen nicht gebührenden Vorteil anbietet, verspricht oder gewährt;
b.[23] als Arbeitnehmer, als Gesellschafter, als Beauftragter oder als andere Hilfsperson eines Dritten im privaten Sektor im Zusammenhang mit seiner dienstlichen oder geschäftlichen Tätigkeit für eine pflichtwidrige oder eine im Ermessen stehende Handlung oder Unterlassung für sich oder einen Dritten einen nicht gebührenden Vorteil fordert, sich versprechen lässt oder annimmt.

² Keine nicht gebührenden Vorteile sind vertraglich vom Dritten genehmigte sowie geringfügige, sozial übliche Vorteile.

Art. 5 Verwertung fremder Leistung

Unlauter handelt insbesondere, wer:
a. ein ihm anvertrautes Arbeitsergebnis wie Offerten, Berechnungen oder Pläne unbefugt verwertet;
b. ein Arbeitsergebnis eines Dritten wie Offerten, Berechnungen oder Pläne verwertet, obwohl er wissen muss, dass es ihm unbefugterweise überlassen oder zugänglich gemacht worden ist;
c. das marktreife Arbeitsergebnis eines andern ohne angemessenen eigenen Aufwand durch technische Reproduktionsverfahren als solches übernimmt und verwertet.

Art. 6 Verletzung von Fabrikations- und Geschäftsgeheimnissen

Unlauter handelt insbesondere, wer Fabrikations- oder Geschäftsgeheimnisse, die er ausgekundschaftet oder sonst wie unrechtmässig erfahren hat, verwertet oder andern mitteilt.

Art. 7 Nichteinhaltung von Arbeitsbedingungen

Unlauter handelt insbesondere, wer Arbeitsbedingungen nicht einhält, die durch Rechtssatz oder Vertrag auch dem Mitbewerber auferlegt, oder berufs- oder ortsüblich sind.

---

22 Eingefügt durch Art. 2 Ziff. 1 des BB vom 7. Okt. 2005 über die Genehmigung und die Umsetzung des Strafrechtsübereink. und des Zusatzprot. des Europarates über Korruption, in Kraft seit 1. Juli 2006 (AS 2006 2371; BBl 2004 6983).
23 Die Berichtigung der RedK der BVers vom 10. Dez. 2015, veröffentlicht am 31. Dez. 2015, betrifft nur den italienischen Text (AS 2015 5999).

Art. 8[24] Verwendung missbräuchlicher Geschäftsbedingungen

Unlauter handelt insbesondere, wer allgemeine Geschäftsbedingungen verwendet, die in Treu und Glauben verletzender Weise zum Nachteil der Konsumentinnen und Konsumenten ein erhebliches und ungerechtfertigtes Missverhältnis zwischen den vertraglichen Rechten und den vertraglichen Pflichten vorsehen.

Art. 8a[25] Verwendung von Paritätsklauseln gegenüber Beherbergungsbetrieben

Unlauter handelt insbesondere, wer als Betreiber einer Online-Plattform zur Buchung von Beherbergungsdienstleistungen allgemeine Geschäftsbedingungen verwendet, welche die Preis- und Angebotssetzung von Beherbergungsbetrieben durch Paritätsklauseln, namentlich bezüglich Preis, Verfügbarkeit oder Konditionen, direkt oder indirekt einschränken.

2. Abschnitt: Prozessrechtliche Bestimmungen[26]

Art. 9 Klageberechtigung[27]

¹ Wer durch unlauteren Wettbewerb in seiner Kundschaft, seinem Kredit oder beruflichen Ansehen, in seinem Geschäftsbetrieb oder sonst in seinen wirtschaftlichen Interessen bedroht oder verletzt wird, kann dem Richter beantragen:
a. eine drohende Verletzung zu verbieten;
b. eine bestehende Verletzung zu beseitigen;
c. die Widerrechtlichkeit einer Verletzung festzustellen, wenn sich diese weiterhin störend auswirkt.

² Er kann insbesondere verlangen, dass eine Berichtigung oder das Urteil Dritten mitgeteilt oder veröffentlicht wird.

³ Er kann ausserdem nach Massgabe des Obligationenrechts[28] auf Schadenersatz und Genugtuung sowie auf Herausgabe eines Gewinnes entsprechend den Bestimmungen über die Geschäftsführung ohne Auftrag klagen.

---

24 Fassung gemäss Ziff. I des BG vom 17. Juni 2011, in Kraft seit 1. Juli 2012 (AS 2011 4909; BBl 2009 6151).
25 Eingefügt durch Ziff. I des BG vom 17. Juni 2022, in Kraft seit 1. Dez. 2022 (AS 2022 690; BBl 2021 2858).
26 Fassung gemäss Anhang 1 Ziff. II 15 der Zivilprozessordnung vom 19. Dez. 2008, in Kraft seit 1. Jan. 2011 (AS 2010 1739; BBl 2006 7221).
27 Fassung gemäss Anhang 1 Ziff. II 15 der Zivilprozessordnung vom 19. Dez. 2008, in Kraft seit 1. Jan. 2011 (AS 2010 1739; BBl 2006 7221).
28 SR 220

Art. 10 Klageberechtigung von Kunden und Organisationen sowie des Bundes[29]

¹ Die Klagen gemäss Artikel 9 stehen ebenso den Kunden zu, die durch unlauteren Wettbewerb in ihren wirtschaftlichen Interessen bedroht oder verletzt sind.

² Ferner können nach Artikel 9 Absätze 1 und 2 klagen:
a. Berufs- und Wirtschaftsverbände, die nach den Statuten zur Wahrung der wirtschaftlichen Interessen ihrer Mitglieder befugt sind;
b. Organisationen von gesamtschweizerischer oder regionaler Bedeutung, die sich statutengemäss dem Konsumentenschutz widmen;
c.[30] ...

³ Nach Artikel 9 Absätze 1 und 2 kann auch der Bund klagen, wenn er es zum Schutz des öffentlichen Interesses als nötig erachtet, namentlich wenn:
a. das Ansehen der Schweiz im Ausland bedroht oder verletzt ist und die in ihren wirtschaftlichen Interessen betroffenen Personen im Ausland ansässig sind; oder
b. die Interessen mehrerer Personen oder einer Gruppe von Angehörigen einer Branche oder andere Kollektivinteressen bedroht oder verletzt sind.[31]

⁴ Sofern der Schutz des öffentlichen Interesses es erfordert, kann der Bundesrat unter Nennung der entsprechenden Firmen die Öffentlichkeit über unlautere Verhaltensweisen informieren. Bei Wegfall des öffentlichen Interesses werden entsprechende Publikationen gelöscht.[32]

⁵ Bei Klagen des Bundes ist dieses Gesetz im Sinne von Artikel 18 des Bundesgesetzes vom 18. Dezember 1987[33] über das internationale Privatrecht zwingend anzuwenden.[34]

Art. 11 Klagen gegen den Geschäftsherrn

Ist der unlautere Wettbewerb von Arbeitnehmern oder anderen Hilfspersonen bei dienstlichen oder geschäftlichen Verrichtungen begangen worden, so kann auch gegen den Geschäftsherrn nach Artikel 9 Absätze 1 und 2 geklagt werden.

Art. 12 und 13[35]

---

29 Fassung gemäss Anhang 1 Ziff. II 15 der Zivilprozessordnung vom 19. Dez. 2008, in Kraft seit 1. Jan. 2011 (AS 2010 1739; BBl 2006 7221).
30 Eingefügt durch Ziff. I des BG vom 20. März 1992 (AS 1992 1514; BBl 1992 I 355). Aufgehoben durch Ziff. I des BG vom 17. Juni 2011, mit Wirkung seit 1. April 2012 (AS 2011 4909; BBl 2009 6151).
31 Eingefügt durch Ziff. I des BG vom 17. Juni 2011, in Kraft seit 1. April 2012 (AS 2011 4909; BBl 2009 6151).
32 Eingefügt durch Ziff. I des BG vom 17. Juni 2011, in Kraft seit 1. April 2012 (AS 2011 4909; BBl 2009 6151).
33 SR 291
34 Eingefügt durch Ziff. I des BG vom 17. Juni 2011, in Kraft seit 1. April 2012 (AS 2011 4909; BBl 2009 6151).
35 Aufgehoben durch Anhang 1 Ziff. II 15 der Zivilprozessordnung vom 19. Dez. 2008, mit Wirkung seit 1. Jan. 2011 (AS 2010 1739; BBl 2006 7221).

Art. 13a[36] **Beweislastumkehr**

¹ Der Richter kann vom Werbenden den Beweis für die Richtigkeit von in der Werbung enthaltenen Tatsachenbehauptungen verlangen, wenn dies unter Berücksichtigung der berechtigten Interessen des Werbenden und anderer am Verfahren beteiligter Personen im Einzelfall angemessen erscheint.

² ...[37]

Art. 14 und 15[38]

3. Kapitel: Verwaltungsrechtliche Bestimmungen[39]

Art. 16 Pflicht zur Preisbekanntgabe

¹ Für Waren, die dem Konsumenten zum Kaufe angeboten werden, ist der tatsächlich zu bezahlende Preis bekannt zu geben, soweit der Bundesrat keine Ausnahmen vorsieht. Ausnahmen sind insbesondere aus technischen oder Sicherheitsgründen zulässig. Dieselbe Pflicht besteht für die vom Bundesrat bezeichneten Dienstleistungen.

² Der Bundesrat regelt die Bekanntgabe von Preisen und Trinkgeldern.

³ ...[40]

Art. 16a[41] **Grundpreisbekanntgabe für messbare Waren und Dienstleistungen**

¹ Für messbare Waren und Dienstleistungen, die dem Konsumenten zum Kauf angeboten werden, sind Menge und Preis anzugeben und deren Vergleichbarkeit durch Grundpreisbekanntgabe zu gewährleisten.

² Der Bundesrat kann Vorschriften erlassen, deren Einhaltung von der Pflicht zur Grundpreisbekanntgabe befreit.

Art. 17 Preisbekanntgabe in der Werbung

Werden Preise oder Preisreduktionen in der Werbung angezeigt, so richtet sich deren Bekanntgabe nach den vom Bundesrat zu erlassenden Bestimmungen.

---

36 Eingefügt durch Ziff. I des BG vom 18. Juni 1993, in Kraft seit 1. April 1994 (AS 1994 375; BBl 1993 I 805).
37 Aufgehoben durch Anhang 1 Ziff. II 15 der Zivilprozessordnung vom 19. Dez. 2008, mit Wirkung seit 1. Jan. 2011 (AS 2010 1739; BBl 2006 7221).
38 Aufgehoben durch Anhang 1 Ziff. II 15 der Zivilprozessordnung vom 19. Dez. 2008, mit Wirkung seit 1. Jan. 2011 (AS 2010 1739; BBl 2006 7221).
39 Fassung gemäss Ziff. I des BG vom 17. Juni 2011, in Kraft seit 1. April 2012 (AS 2011 4909; BBl 2009 6151).
40 Aufgehoben durch Art. 26 des Messgesetzes vom 17. Juni 2011, mit Wirkung seit 1. Jan. 2013 (AS 2012 6235; BBl 2010 8013).
41 Eingefügt durch Art. 26 des Messgesetzes vom 17. Juni 2011, in Kraft seit 1. Jan. 2013 (AS 2012 6235; BBl 2010 8013).

Art. 18 Irreführende Preisbekanntgabe

Es ist unzulässig, in irreführender Weise:
a. Preise bekannt zu geben;
b. auf Preisreduktionen hinzuweisen oder
c. neben dem tatsächlich zu bezahlenden Preis weitere Preise aufzuführen.

Art. 19 Auskunftspflicht

¹ Die zuständigen Organe der Kantone können Auskünfte einholen und Unterlagen verlangen, soweit es die Abklärung des Sachverhalts erfordert.

² Der Auskunftspflicht unterstehen:
a. Personen und Firmen, die Konsumenten Waren zum Kauf anbieten oder solche Waren herstellen, kaufen oder damit Handel treiben;
b. Personen und Firmen, die Dienstleistungen anbieten, erbringen, vermitteln oder in Anspruch nehmen;
c. Organisationen der Wirtschaft;
d. Organisationen von gesamtschweizerischer oder regionaler Bedeutung, die sich statutengemäss dem Konsumentenschutz widmen.

³ Die Auskunftspflicht entfällt, wenn nach Artikel 42 des Bundesgesetzes über den Bundeszivilprozess[42] die Aussage verweigert werden kann.

⁴ Die Bestimmungen der Strafprozessordnung vom 5. Oktober 2007[43] sowie die Bestimmungen der Kantone über das Verwaltungsverfahren bleiben vorbehalten.[44]

Art. 20 Vollzug

¹ Der Vollzug obliegt den Kantonen, die Oberaufsicht dem Bund.

² Der Bundesrat erlässt die Ausführungsbestimmungen.

3a. Kapitel:[45] Zusammenarbeit mit ausländischen Aufsichtsbehörden

Art. 21 Zusammenarbeit

¹ Die für den Vollzug dieses Gesetzes zuständigen Bundesbehörden können mit den zuständigen ausländischen Behörden sowie mit internationalen Organisationen oder Gremien zusammenarbeiten und insbesondere Erhebungen koordinieren, sofern:
a. dies zur Bekämpfung unlauteren Geschäftsgebarens erforderlich ist; und

---

42 SR 273
43 SR 312.0
44 Fassung gemäss Anhang 1 Ziff. II 7 der Strafprozessordnung vom 5. Okt. 2007, in Kraft seit 1. Jan. 2011 (AS 2010 1881; BBl 2006 1085).
45 Fassung gemäss Ziff. I des BG vom 17. Juni 2011, in Kraft seit 1. April 2012 (AS 2011 4909; BBl 2009 6151).

b. die ausländischen Behörden, internationalen Organisationen oder Gremien an das Amtsgeheimnis gebunden sind oder einer entsprechenden Verschwiegenheitspflicht unterliegen.

² Der Bundesrat kann Staatsverträge über die Zusammenarbeit mit ausländischen Aufsichtsbehörden zur Bekämpfung unlauteren Geschäftsgebarens abschliessen.

Art. 22 Datenbekanntgabe

¹ Die für den Vollzug dieses Gesetzes zuständigen Bundesbehörden können im Rahmen der Zusammenarbeit gemäss Artikel 21 ausländischen Behörden und internationalen Organisationen oder Gremien Daten über Personen und Handlungen bekannt geben, namentlich über:
a. Personen, die an einem unlauteren Geschäftsgebaren beteiligt sind;
b. den Versand von Werbeschreiben sowie sonstige Unterlagen, die ein unlauteres Geschäftsgebaren dokumentieren;
c. die finanzielle Abwicklung des Geschäfts;
d. die Sperrung von Postfächern.

² Sie können die Daten bekannt geben, wenn die Datenempfänger zusichern, dass sie Gegenrecht halten und die Daten nur zur Bekämpfung unlauteren Geschäftsgebarens bearbeiten. Artikel 6 des Bundesgesetzes vom 19. Juni 1992[46] über den Datenschutz bleibt vorbehalten.

³ Handelt es sich beim Datenempfänger um eine internationale Organisation oder ein internationales Gremium, so können sie die Daten auch ohne Gegenrecht bekannt geben.

Abs. 2 zweiter Satz*

² ... Im Übrigen sind die Artikel 16 und 17 des Datenschutzgesetzes vom 25. September 2020 anwendbar.

4. Kapitel: Strafbestimmungen

Art. 23[47] Unlauterer Wettbewerb

¹ Wer vorsätzlich unlauteren Wettbewerb nach Artikel 3, 4, 5 oder 6 begeht, wird auf Antrag mit Freiheitsstrafe bis zu drei Jahren oder Geldstrafe bestraft.[48]

---

46 SR 235.1
* Fassung des zweiten Satzes gemäss Anhang 1 Ziff. II 23 des Datenschutzgesetzes vom 25. Sept. 2020, in Kraft ab 1. Sept. 2023 (AS 2022 491; BBl 2017 6941).
47 Fassung gemäss Art. 2 Ziff. 1 des BB vom 7. Okt. 2005 über die Genehmigung und die Umsetzung des Strafrechtsübereink. und des Zusatzprot. des Europarates über Korruption, in Kraft seit 1. Juli 2006 (AS 2006 2371; BBl 2004 6983).
48 Fassung gemäss Ziff. II 1 des BG vom 25. Sept. 2015 (Korruptionsstrafrecht), in Kraft seit 1. Juli 2016 (AS 2016 1287; BBl 2014 3591).

² Strafantrag stellen kann, wer nach den Artikeln 9 und 10 zur Zivilklage berechtigt ist.

³ Der Bund hat im Verfahren die Rechte eines Privatklägers.[49]

Art. 24 Verletzung der Pflicht zur Preisbekanntgabe an Konsumenten

¹ Wer vorsätzlich:

a.[50] die Pflicht zur Preisbekanntgabe (Art. 16) oder zur Grundpreisbekanntgabe (Art. 16a) verletzt;

b. den Vorschriften über die Preisbekanntgabe in der Werbung (Art. 17) zuwiderhandelt;

c. in irreführender Weise Preise bekannt gibt (Art. 18);

d. die Auskunftspflicht im Zusammenhang mit der Preisbekanntgabe (Art. 19) verletzt;

e.[51] den Ausführungsvorschriften des Bundesrates über die Preisbekanntgabe oder die Grundpreisbekanntgabe (Art. 16, 16a und 20) zuwiderhandelt,

wird mit Busse bis zu 20 000 Franken bestraft.[52]

² Handelt der Täter fahrlässig, so ist die Strafe Busse.

Art. 25[53]

Art. 26 Widerhandlungen in Geschäftsbetrieben

Für Widerhandlungen in Geschäftsbetrieben, durch Beauftragte und dergleichen sind die Artikel 6 und 7 des Verwaltungsstrafrechtsgesetzes vom 22. März 1974[54] anwendbar.

Art. 26a[55] Widerruf und Sperrung von Domain-Namen und Telefonnummern

¹ Wenn für eine strafbare Handlung nach Artikel 23 in Verbindung mit Artikel 3 oder nach Artikel 24 Domain-Namen oder Telefonnummern benutzt wurden und es zur Verhinderung neuer Widerhandlungen erforderlich ist, kann die Staatsanwaltschaft oder das Gericht ohne Rücksicht auf die Strafbarkeit einer bestimmten Person die folgenden Massnahmen anordnen:

---

49 Eingefügt durch Ziff. I des BG vom 17. Juni 2011, in Kraft seit 1. April 2012 (AS 2011 4909; BBl 2009 6151).
50 Fassung gemäss Art. 26 des Messgesetzes vom 17. Juni 2011, in Kraft seit 1. Jan. 2013 (AS 2012 6235; BBl 2010 8013).
51 Fassung gemäss Art. 26 des Messgesetzes vom 17. Juni 2011, in Kraft seit 1. Jan. 2013 (AS 2012 6235; BBl 2010 8013).
52 Fassung gemäss Art. 333 des Strafgesetzbuches in der Fassung des BG vom 13. Dez. 2002, in Kraft seit 1. Jan. 2007 (AS 2006 3459; BBl 1999 1979).
53 Aufgehoben durch Ziff. I des BG vom 24. März 1995, mit Wirkung seit 1. Nov. 1995 (AS 1995 4086; BBl 1994 III 442).
54 SR 313.0
55 Eingefügt durch Anhang Ziff. 2 des BG vom 22. März 2019, in Kraft seit 1. Jan. 2021 (AS 2020 6159; BBl 2017 6559).

a. den Widerruf des Domain-Namens zweiter Ebene, der einer Internet-Domain untergeordnet ist, für deren Verwaltung die Schweiz zuständig ist;
b. den Widerruf oder die Sperrung der Telefonnummer für Festnetzdienste oder für mobile Fernmeldedienste.

² Die verfahrensleitende Behörde kann bis zum Abschluss des Strafverfahrens die vorläufige Sperrung des Domain-Namens oder der Telefonnummer anordnen.

Art. 27 Strafverfolgung

¹ Die Strafverfolgung ist Sache der Kantone.

² Die kantonalen Behörden teilen sämtliche Urteile, Strafbescheide und Einstellungsbeschlüsse unverzüglich und unentgeltlich in vollständiger Ausführung der Bundesanwaltschaft und dem Eidgenössischen Departement für Wirtschaft, Bildung und Forschung[56] mit.[57]

5. Kapitel: Schlussbestimmungen

Art. 28 Aufhebung bisherigen Rechts

Das Bundesgesetz vom 30. September 1943[58] über den unlauteren Wettbewerb wird aufgehoben.

Art. 29 Referendum und Inkrafttreten

¹ Dieses Gesetz untersteht dem fakultativen Referendum.

² Der Bundesrat bestimmt das Inkrafttreten.

Datum des Inkrafttretens: 1. März 1988[59]

---

56 Ausdruck gemäss Ziff. I 5 der V vom 15. Juni 2012 (Neugliederung der Departemente), in Kraft seit 1. Jan. 2013 (AS 2012 3655).
57 Fassung gemäss Ziff. I des BG vom 17. Juni 2011, in Kraft seit 1. April 2012 (AS 2011 4909; BBl 2009 6151).
58 [BS 2 951; AS 1962 1047 Art. 2, 1978 2057]
59 BRB vom 14. Dez. 1987

22. Preisüberwachungsgesetz (PüG)

vom 20. Dezember 1985

Die Bundesversammlung der Schweizerischen Eidgenossenschaft,
gestützt auf die Artikel 31[septies] und 64bis der Bundesverfassung[1],
nach Einsicht in eine Botschaft des Bundesrates vom 30. Mai 1984[2],
beschliesst:

1. Abschnitt: Geltungsbereich

Art. 1[3] Sachlicher Geltungsbereich

Das Gesetz gilt für Preise von Waren und Dienstleistungen einschliesslich der Kredite. Ausgenommen sind Löhne und andere Leistungen aus dem Arbeitsverhältnis sowie die Kredittätigkeit der Schweizerischen Nationalbank.

Art. 2[4] Persönlicher Geltungsbereich

Das Gesetz gilt für Wettbewerbsabreden im Sinne des Kartellgesetzes vom 6. Oktober 1995[5] und für marktmächtige Unternehmen des privaten und des öffentlichen Rechts.

2. Abschnitt: Beauftragter für die Überwachung der Preise

Art. 3 Wahl

[1] Der Bundesrat wählt einen Beauftragten für die Überwachung der Preise (Preisüberwacher).

[2] Der Preisüberwacher ist dem Eidgenössischen Departement für Wirtschaft, Bildung und Forschung[6] unterstellt. Es steht ihm ein Mitarbeiterstab zur Verfügung.

SR 942.20. AS 1986 895
1 [BS 1 3; AS 1983 240]
2 BBl 1984 II 755
3 Fassung gemäss Ziff. I des BG vom 22. März 1991, in Kraft seit 1. Okt. 1991 (AS 1991 2092; BBl 1990 I 97).
4 Fassung gemäss Anhang Ziff. 3 des Kartellgesetzes vom 6. Okt. 1995, in Kraft seit 1. Juli 1996 (AS 1996 546 1805; BBl 1995 I 468).
5 SR 251
6 Ausdruck gemäss Ziff. I 33 der V vom 15. Juni 2012 (Neugliederung der Departemente), in Kraft seit 1. Jan. 2013 (AS 2012 3655). Diese Änd. wurde im ganzen Erlass berücksichtigt.

Art. 4 Aufgaben

¹ Der Preisüberwacher beobachtet die Preisentwicklung.

² Er verhindert oder beseitigt die missbräuchliche Erhöhung und Beibehaltung von Preisen. Vorbehalten bleibt die Überwachung bestimmter Preise durch andere Behörden (Art. 15).

³ Er orientiert die Öffentlichkeit über seine Tätigkeit.

Art. 5 Zusammenarbeit

¹ Die Preisüberwachung erfolgt in Zusammenarbeit mit den interessierten Kreisen. Bei Kreditzinsen handelt der Preisüberwacher insbesondere nach eingehender Konsultation mit der Nationalbank und der Eidgenössischen Finanzmarktaufsicht[7].[8]

² Der Preisüberwacher arbeitet mit der Wettbewerbskommission[9] zusammen. Er nimmt mit beratender Stimme an deren Sitzungen teil.

³ Preisüberwacher und Wettbewerbskommission orientieren sich gegenseitig über wichtige Entscheidungen.

⁴ Sind Fragen des persönlichen Geltungsbereichs (Art. 2) und des wirksamen Wettbewerbes (Art. 12) zu beurteilen, so haben der Preisüberwacher oder die zuständige Behörde (Art. 15) die Wettbewerbskommission zu konsultieren, bevor sie eine Verfügung treffen. Die Wettbewerbskommission kann die Stellungnahmen veröffentlichen.[10]

3. Abschnitt: Massnahmen zur Verhinderung oder Beseitigung der missbräuchlichen Erhöhung und Beibehaltung von Preisen

Art. 6 Voranmeldung

Beabsichtigen Beteiligte an Wettbewerbsabreden oder marktmächtige Unternehmen eine Preiserhöhung, können sie diese dem Preisüberwacher unterbreiten.[11] Dieser erklärt innert 30 Tagen, ob er die Preiserhöhung für unbedenklich hält.

---

7 Die Bezeichnung der Verwaltungseinheit wurde in Anwendung von Art. 16 Abs. 3 der Publikationsverordnung vom 17. Nov. 2004 (AS 2004 4937) angepasst.
8 Fassung gemäss Ziff. I des BG vom 22. März 1991, in Kraft seit 1. Okt. 1991 (AS 1991 2092; BBl 1990 I 97).
9 Ausdruck gemäss Anhang Ziff. 3 des Kartellgesetzes vom 6. Okt. 1995, in Kraft seit 1. Juli 1996 (AS 1996 546 1805; BBl 1995 I 468). Diese Änd. ist im ganzen Erlass berücksichtigt.
10 Fassung gemäss Ziff. I des BG vom 22. März 1991, in Kraft seit 1. Okt. 1991 (AS 1991 2092; BBl 1990 I 97).
11 Fassung gemäss Anhang Ziff. 3 des Kartellgesetzes vom 6. Okt. 1995, in Kraft seit 1. Juli 1996 (AS 1996 546 1805; BBl 1995 I 468).

Art. 7 Meldungen

Wer vermutet, die Erhöhung oder Beibehaltung eines Preises sei missbräuchlich, kann dies dem Preisüberwacher schriftlich melden.

Art. 8 Abklärung

Aufgrund der Meldungen oder eigener Beobachtungen klärt der Preisüberwacher ab, ob Anhaltspunkte für eine missbräuchliche Preiserhöhung oder -beibehaltung bestehen.

Art. 9 Einvernehmliche Regelung

Stellt der Preisüberwacher einen Missbrauch fest, strebt er mit den Betroffenen eine einvernehmliche Regelung an; diese bedarf keiner besonderen Form.

Art. 10 Entscheid

Kommt keine einvernehmliche Regelung zustande, untersagt der Preisüberwacher die Erhöhung ganz oder teilweise oder verfügt eine Preissenkung.

Art. 11 Veränderte Verhältnisse

[1] Die einvernehmliche Regelung oder der Entscheid sind in ihrer Gültigkeit zu befristen.

[2] Der Preisüberwacher erklärt sie auf Antrag des Betroffenen vor Fristablauf als hinfällig, sofern sich die tatsächlichen Verhältnisse inzwischen wesentlich geändert haben.

4. Abschnitt: Preismissbrauch

Art. 12 Wettbewerbspolitischer Grundsatz

[1] Preismissbrauch im Sinne dieses Gesetzes kann nur vorliegen, wenn die Preise auf dem betreffenden Markt nicht das Ergebnis wirksamen Wettbewerbs sind.

[2] Wirksamer Wettbewerb besteht insbesondere, wenn die Abnehmer die Möglichkeit haben, ohne erheblichen Aufwand auf vergleichbare Angebote auszuweichen.

Art. 13 Beurteilungselemente

[1] Bei der Prüfung, ob eine missbräuchliche Erhöhung oder Beibehaltung eines Preises vorliegt, hat der Preisüberwacher insbesondere zu berücksichtigen:
a. die Preisentwicklung auf Vergleichsmärkten;
b. die Notwendigkeit der Erzielung angemessener Gewinne;
c. die Kostenentwicklung;
d. besondere Unternehmerleistungen;

e. besondere Marktverhältnisse.

² Bei der Überprüfung der Kosten kann der Preisüberwacher auch den Ausgangspreis (Preissockel) berücksichtigen.

5. Abschnitt: Massnahmen bei behördlich festgesetzten oder genehmigten Preisen

Art. 14

¹ Ist die Legislative oder die Exekutive des Bundes, eines Kantons oder einer Gemeinde zuständig für die Festsetzung oder Genehmigung einer Preiserhöhung, die von den Beteiligten an einer Wettbewerbsabrede oder einem marktmächtigen Unternehmen beantragt wird, so hört sie zuvor den Preisüberwacher an.[12] Er kann beantragen, auf die Preiserhöhung ganz oder teilweise zu verzichten oder einen missbräuchlich beibehaltenen Preis zu senken.

² Die Behörde führt die Stellungnahme in ihrem Entscheid an. Folgt sie ihr nicht, so begründet sie dies.

³ Bei der Prüfung der Frage, ob ein Preismissbrauch vorliegt, berücksichtigt der Preisüberwacher allfällige übergeordnete öffentliche Interessen.

6. Abschnitt: Massnahmen bei anderen bundesrechtlichen Preisüberwachungen

Art. 15

¹ Werden verabredete Preise oder Preise eines marktmächtigen Unternehmens bereits aufgrund anderer bundesrechtlicher Vorschriften überwacht, so beurteilt sie die zuständige Behörde anstelle des Preisüberwachers.[13]

² Die Behörde richtet sich dabei nach dem vorliegenden Gesetz, soweit dies mit den Zielen ihrer Überwachung vereinbar ist.

²bis Die Behörde orientiert den Preisüberwacher über die von ihr vorzunehmenden Preisbeurteilungen. Der Preisüberwacher kann beantragen, auf eine Preiserhöhung ganz oder teilweise zu verzichten oder einen missbräuchlich beibehaltenen Preis zu senken.[14]

---

12 Fassung gemäss Anhang Ziff. 3 des Kartellgesetzes vom 6. Okt. 1995, in Kraft seit 1. Juli 1996 (AS 1996 546 1805; BBl 1995 I 468).
13 Fassung gemäss Anhang Ziff. 3 des Kartellgesetzes vom 6. Okt. 1995, in Kraft seit 1. Juli 1996 (AS 1996 546 1805; BBl 1995 I 468).
14 Eingefügt durch Ziff. I des BG vom 22. März 1991, in Kraft seit 1. Okt. 1991 (AS 1991 2092; BBl 1990 I 97).

²ᵗᵉʳ Die Behörde führt die Stellungnahme des Preisüberwachers in ihrem Entscheid an. Folgt sie ihr nicht, so begründet sie dies.[15]

³ Verfahren, Rechtsschutz und Straffolgen richten sich nach den entsprechenden bundesrechtlichen Erlassen.

7. Abschnitt: Verhältnis von Untersuchungen der Wettbewerbskommission und Entscheidungen des Preisüberwachers

Art. 16[16]

¹ Die Wettbewerbskommission kann Untersuchungen gegen Wettbewerbsabreden oder marktmächtige Unternehmen einleiten, auch wenn der Preisüberwacher den Preis herabgesetzt oder das Verfahren eingestellt hat.

² Dem Preisüberwacher bleibt die Überprüfung der Missbräuchlichkeit von verabredeten Preisen oder Preisen von marktmächtigen Unternehmen vorbehalten.

8. Abschnitt: Auskunftspflicht, Mitwirkung und Geheimhaltung

Art. 17 Auskunftspflicht

Beteiligte an Wettbewerbsabreden, marktmächtige Unternehmen sowie am Markt beteiligte Dritte müssen dem Preisüberwacher alle erforderlichen Auskünfte erteilen und die notwendigen Unterlagen zur Verfügung stellen.[17] Dritte sind zur Offenbarung von Fabrikations- oder Geschäftsgeheimnissen nicht verpflichtet.

Art. 18 Mitwirkung

Der Preisüberwacher kann von Amtsstellen und Aufsichtsbehörden des Bundes, der Kantone und Gemeinden sowie von Organisationen der Wirtschaft verlangen, bei seinen Abklärungen mitzuwirken und die notwendigen Unterlagen zur Verfügung zu stellen.

Art. 19 Amts- und Geschäftsgeheimnis

¹ Der Preisüberwacher wahrt das Amtsgeheimnis.

---

15 Eingefügt durch Ziff. I des BG vom 22. März 1991, in Kraft seit 1. Okt. 1991 (AS 1991 2092; BBl 1990 I 97).
16 Fassung gemäss Anhang Ziff. 3 des Kartellgesetzes vom 6. Okt. 1995, in Kraft seit 1. Juli 1996 (AS 1996 546 1805; BBl 1995 I 468).
17 Fassung gemäss Anhang Ziff. 3 des Kartellgesetzes vom 6. Okt. 1995, in Kraft seit 1. Juli 1996 (AS 1996 546 1805; BBl 1995 I 468).

² Er darf keine Geschäftsgeheimnisse preisgeben.

9. Abschnitt: Rechtsschutz

Art. 20[18] Grundsatz
Der Rechtsschutz richtet sich nach den allgemeinen Bestimmungen über die Bundesrechtspflege.

Art. 21 Beschwerdelegitimation von Konsumentenorganisationen
Den Organisationen von nationaler oder regionaler Bedeutung, die sich statutengemäss dem Konsumentenschutz widmen, steht das Beschwerderecht zu.

Art. 22[19]

10. Abschnitt: Strafbestimmungen

Art. 23 Anwendung missbräuchlicher Preise
¹ Wer vorsätzlich:
a. eine verfügte Preissenkung nicht vornimmt,
b. trotz Untersagung einen Preis erhöht oder
c. einvernehmlich geregelte Preise überschreitet,

wird mit Busse bis zu 100 000 Franken bestraft.

² Der Versuch ist strafbar.

Art. 24 Verletzung der Auskunftspflicht
Wer vorsätzlich:
a. der Auskunftspflicht (Art. 17) nicht nachkommt oder
b. unrichtige oder unvollständige Angaben macht,

wird mit Busse bis zu 20 000 Franken bestraft.

Art. 25 Anwendbarkeit des Verwaltungsstrafrechts
¹ Für die Verfolgung und Beurteilung der strafbaren Handlungen gilt das Verwaltungsstrafrechtsgesetz vom 22. März 1974[20].

² Verfolgende und urteilende Verwaltungsbehörde ist das Eidgenössische Departement für Wirtschaft, Bildung und Forschung.

---

18 Fassung gemäss Anhang Ziff. 137 des Verwaltungsgerichtsgesetzes vom 17. Juni 2005, in Kraft seit 1. Jan. 2007 (AS 2006 2197 1069; BBl 2001 4202).
19 Aufgehoben durch Anhang Ziff. 137 des Verwaltungsgerichtsgesetzes vom 17. Juni 2005, mit Wirkung seit 1. Jan. 2007 (AS 2006 2197 1069; BBl 2001 4202).
20 SR 313.0

11. Abschnitt: Schlussbestimmungen

Art. 26 Vollzug

[1] Der Preisüberwacher und die zuständigen Behörden (Art. 15) vollziehen dieses Gesetz.

[2] Der Bundesrat erlässt die Ausführungsbestimmungen. Insbesondere kann er Bestimmungen über die Koordination der Tätigkeiten des Preisüberwachers und der zuständigen Behörden (Art. 15) erlassen.[21]

Art. 27 Referendum und Inkrafttreten

[1] Dieses Gesetz untersteht dem fakultativen Referendum.

[2] Der Bundesrat bestimmt das Inkrafttreten.

Datum des Inkrafttretens: 1. Juli 1986[22]

---

[21] Fassung gemäss Ziff. I des BG vom 22. März 1991, in Kraft seit 1. Okt. 1991 (AS 1991 2092; BBl 1990 I 97).
[22] BRB vom 16. April 1986

23. Verordnung über die Bekanntgabe von Preisen
(Preisbekanntgabeverordnung, PBV)[1]

vom 11. Dezember 1978

Der Schweizerische Bundesrat,

gestützt auf die Artikel 16, 16a, 17 und 20 des Bundesgesetzes vom 19. Dezember 1986[2] gegen den unlauteren Wettbewerb und auf Kapitel IV der Verordnung (EG) Nr. 1008/2008[3] in der für die Schweiz gemäss Ziffer 1 des Anhangs zum Abkommen vom 21. Juni 1999[4] zwischen der Schweizerischen Eidgenossenschaft und der Europäischen Gemeinschaft über den Luftverkehr (Luftverkehrsabkommen) jeweils verbindlichen Fassung,[5]

verordnet:

1. Kapitel: Zweck und Geltungsbereich

Art. 1 Zweck

Zweck dieser Verordnung ist, dass Preise klar und miteinander vergleichbar sind und irreführende Preisangaben verhindert werden.

Art. 2 Geltungsbereich

¹ Die Verordnung gilt für:
  a. das Angebot von Waren zum Kauf an Konsumentinnen und Konsumenten[6]
  b. Rechtsgeschäfte mit Konsumentinnen und Konsumenten mit wirtschaftlich gleichen oder ähnlichen Wirkungen wie der Kauf, beispielsweise Abzahlungsverträge, Mietkaufverträge, Leasingverträge und mit Kaufgeschäften verbundene Eintauschaktionen (kaufähnliche Rechtsgeschäfte);
  c. das Angebot der in Artikel 10 genannten Dienstleistungen;
  d. die an Konsumentinnen und Konsumenten gerichtete Werbung für sämtliche Waren und Dienstleistungen.

SR 942.211. AS 1978 2081
1 Abkürzung gemäss Ziff. I der V vom 14. Dez. 1987, in Kraft seit 1. März 1988 (AS 1988 241).
2 SR 241
3 Verordnung (EG) Nr. 1008/2008 des Europäischen Parlaments und des Europäischen Rates vom 24. Sept. 2008 über gemeinsame Vorschriften für die Durchführung von Luftverkehrsdiensten (Neufassung).
4 SR 0.748.127.192.68
5 Fassung gemäss Anhang Ziff. 2 der V vom 18. Nov. 2020, in Kraft seit 1. Jan. 2021 (AS 2020 6183).
6 Ausdruck gemäss Ziff. I der V vom 12. Okt. 2011, in Kraft seit 1. April 2012 (AS 2011 4959). Diese Änderung wurde im ganzen Erlass berücksichtigt.

² Konsumentinnen und Konsumenten sind Personen, die Waren oder Dienstleistungen für Zwecke kaufen, die nicht im Zusammenhang mit ihrer gewerblichen oder beruflichen Tätigkeit stehen.[7]

2. Kapitel: Waren

1. Abschnitt: Bekanntgabe des Detailpreises

Art. 3 Bekanntgabepflicht

¹ Werden den Konsumentinnen und Konsumenten Waren zum Kauf angeboten, so muss mit dem Angebot stets der tatsächlich zu bezahlende Preis in Schweizerfranken (Detailpreis) bekanntgegeben werden.[8]

² Die Bekanntgabepflicht gilt auch für kaufähnliche Rechtsgeschäfte.

³ Sie gilt nicht für Waren, die an Versteigerungen, Auktionen und ähnlichen Veranstaltungen verkauft werden.

Art. 4 Öffentliche Abgaben, Urheberrechtsvergütungen, vorgezogene Entsorgungsbeiträge, Vergünstigungen[9]

¹ Überwälzte öffentliche Abgaben, Urheberrechtsvergütungen, vorgezogene Entsorgungsbeiträge sowie weitere nicht frei wählbare Zuschläge jeglicher Art, namentlich für Reservation, Service oder Bearbeitung, müssen im Detailpreis inbegriffen sein. Versandkosten dürfen separat bekanntgegeben werden.[10]

¹ᵇⁱˢ Bei Änderung des Mehrwertsteuersatzes muss innert drei Monaten nach deren Inkrafttreten die Preisanschrift angepasst werden. Die Konsumentinnen und Konsumenten sind während dieser Frist mit einem gut sichtbaren Hinweis darüber in Kenntnis zu setzen, dass in der Preisanschrift die Steuersatzänderung noch nicht berücksichtigt ist.[11]

² Vergünstigungen wie Rabatte, Rabattmarken oder Rückvergütungen, die erst nach dem Kauf realisiert werden können, sind gesondert bekanntzugeben und zu beziffern.

---

7 Fassung gemäss Ziff. I der V vom 28. April 1999, in Kraft seit 1. Nov. 1999 (AS 1999 1637).
8 Fassung gemäss Ziff. I der V vom 25. Mai 2022, in Kraft seit 1. Juli 2022 (AS 2022 343, 388).
9 Fassung gemäss Ziff. I der V vom 12. Okt. 2011, in Kraft seit 1. April 2012 (AS 2011 4959).
10 Fassung gemäss Ziff. I der V vom 25. Mai 2022, in Kraft seit 1. Juli 2022 (AS 2022 343).
11 Eingefügt durch Ziff. I der V vom 28. April 1999, in Kraft seit 1. Nov. 1999 (AS 1999 1637).

2. Abschnitt: Bekanntgabe des Grundpreises

Art. 5 Bekanntgabepflicht

[1] Werden den Konsumentinnen und Konsumenten messbare Waren zum Kauf angeboten, so muss mit dem Angebot stets der Grundpreis bekanntgegeben werden.[12]

[2] Für vorverpackte Ware sind Detail- und Grundpreis bekanntzugeben.

[3] Der Grundpreis muss nicht angegeben werden bei:
a. Verkauf per Stück oder nach Stückzahl;
b. Verkauf von 1, 2 oder 5 Liter, Kilogramm, Meter, Quadratmeter oder Kubikmeter und ihrer dezimalen Vielfachen und Teile;
c.[13] Spirituosen in Behältern mit einem Nenninhalt von 35 und 70 cl;
d. Fertigpackungen mit einem Nettogewicht oder einem Abtropfgewicht von 25, 125, 250 und 2500 g;
e. Kombinationspackungen, Mehrteilpackungen und Geschenkpackungen;
f. Lebensmittelkonserven, die aus einer Mischung von festen Produkten bestehen, sofern die Gewichte der Bestandteile angegeben werden;
g.[14] Waren in Fertigpackungen, deren Detailpreis nicht mehr als 2 Franken beträgt;
h. Waren in Fertigpackungen, deren Grundpreis je Kilogramm oder Liter bei Lebensmitteln 150 Franken und bei den übrigen Waren 750 Franken übersteigt;
i. gastgewerblichen Betrieben;
j.[15] Fertigpackungen von Arzneimitteln der Abgabekategorien A und B nach den Artikeln 41 und 42 der Arzneimittelverordnung vom 21. September 2018[16] sowie der Abgabekategorie C nach Artikel 25 der Arzneimittelverordnung vom 17. Oktober 2001[17].

Art. 6 Messbare Waren und Grundpreis

[1] Messbare Waren sind solche, deren Detailpreis üblicherweise nach Volumen, Gewicht, Masse, Länge oder Fläche bestimmt wird.

[2] Als Grundpreis gilt der dem Detailpreis zugrundeliegende Preis je Liter, Kilogramm, Meter, Quadratmeter, Kubikmeter oder eines dezimalen Vielfachen oder eines dezimalen Teiles davon.

---

12 Fassung gemäss Ziff. I der V vom 25. Mai 2022, in Kraft seit 1. Juli 2022 (AS 2022 343, 388).
13 Fassung gemäss Art. 39 Ziff. 2 der Mengenangabeverordnung vom 5. Sept. 2012, in Kraft seit 1. Jan. 2013 (AS 2012 5275).
14 Fassung gemäss Ziff. I der V vom 14. Dez. 1987, in Kraft seit 1. März 1988 (AS 1988 241).
15 Eingefügt durch Art. 39 Ziff. 2 der Mengenangabeverordnung vom 5. Sept. 2012 (AS 2012 5275). Fassung gemäss Anhang 8 Ziff. II 6 der Arzneimittel-Bewilligungsverordnung vom 14. Nov. 2018, in Kraft seit 1. Jan. 2019 (AS 2018 5029).
16 SR 812.212.21
17 AS 2001 3420

³ Wird bei Lebensmittelkonserven in Anwendung von Artikel 16 der Mengenangabeverordnung vom 5. September 2012[18] das Abtropfgewicht angegeben, so bezieht sich der Grundpreis auf das Abtropfgewicht.[19]

3. Abschnitt: Art und Weise der Bekanntgabe

Art. 7 Anschrift

¹ Detail- und Grundpreise müssen durch Anschrift an der Ware selbst oder unmittelbar daneben (Anschrift, Aufdruck, Etikette, Preisschild usw.) bekanntgegeben werden.

² Sie können in anderer leicht zugänglicher und gut lesbarer Form bekanntgegeben werden (Regalanschrift, Anschlag von Preislisten, Auflage von Katalogen usw.), wenn die Anschrift an der Ware selbst wegen der Vielzahl preisgleicher Waren oder aus technischen Gründen nicht zweckmässig ist.

³ Die Bekanntgabe nach Absatz 2 ist auch zulässig für Antiquitäten, Kunstgegenstände, Orientteppiche, Pelzwaren, Uhren, Schmuck und andere Gegenstände aus Edelmetallen, wenn der Preis 5000 Franken übersteigt.[20]

Art. 8 Sichtbarkeit und Lesbarkeit

¹ Detail- und Grundpreise müssen leicht sichtbar und gut lesbar sein. Sie sind in Zahlen bekanntzugeben.

² Insbesondere müssen in Schaufenstern die Detailpreise, bei Waren, die offen verkauft werden, die Grundpreise von aussen gut lesbar sein.

Art. 9 Spezifizierung

¹ Aus der Bekanntgabe muss hervorgehen, auf welches Produkt und welche Verkaufseinheit sich der Detailpreis bezieht.

² Die Menge ist nach dem Messgesetz vom 17. Juni 2011[21] anzugeben.[22]

³ Weitergehende Bestimmungen über die Spezifizierung in anderen Erlassen bleiben vorbehalten.

---

18 SR 941.204
19 Fassung gemäss Art. 39 Ziff. 2 der Mengenangabeverordnung vom 5. Sept. 2012, in Kraft seit 1. Jan. 2013 (AS 2012 5275).
20 Eingefügt durch Ziff. I der V vom 14. Dez. 1987, in Kraft seit 1. März 1988 (AS 1988 241).
21 SR 941.20
22 Fassung gemäss Ziff. I 6 der V vom 7. Dez. 2012 (Neue gesetzliche Grundlagen im Messwesen), in Kraft seit 1. Jan. 2013 (AS 2012 7065).

3. Kapitel: Dienstleistungen

Art. 10 Bekanntgabepflicht

[1] Werden den Konsumentinnen und Konsumenten in den folgenden Bereichen Dienstleistungen angeboten, so muss mit dem Angebot stets der tatsächlich zu bezahlende Preis in Schweizerfranken bekanntgegeben werden:[23]

a. Coiffeurgewerbe;
b. Garagegewerbe für Serviceleistungen;
c. Gastgewerbe und Hotellerie;
d.[24] Kosmetische Institute und Körperpflege;
e.[25] Fitnessinstitute, Schwimmbäder, Eisbahnen und andere Sportanlagen;
f. Taxigewerbe;
g. Unterhaltungsgewerbe (Theater, Konzerte, Kinos, Dancings und dgl.), Museen, Ausstellungen, Messen sowie Sportveranstaltungen;
h. Vermietung von Fahrzeugen, Apparaten und Geräten;
i.[26] Wäschereien und Textilreinigungen (Hauptverfahren und Standardartikel);
k. Parkieren und Einstellen von Autos;
l. Fotobranche (standardisierte Leistungen in den Bereichen Entwickeln, Kopieren, Vergrössern);
m.[27] Kurswesen;
n.[28] Flug- und Pauschalreisen;
o.[29] die mit der Buchung einer Reise zusammenhängenden und gesondert in Rechnung gestellten Leistungen (Buchung, Reservation, Vermittlung);
p.[30] Fernmeldedienste nach dem Fernmeldegesetz vom 30. April 1997;
q.[31] Dienstleistungen wie Informations-, Beratungs-, Vermarktungs- und Gebührenteilungsdienste, die über Fernmeldedienste erbracht oder angeboten werden, unabhängig davon, ob sie von einer Anbieterin von Fernmeldediensten verrechnet werden;
r.[32] die Kontoeröffnung, -führung und -schliessung, den Zahlungsverkehr im Inland und grenzüberschreitend, Zahlungsmittel (Kreditkarten) sowie den Kauf und Verkauf ausländischer Währungen (Geldwechsel);

---

23 Fassung gemäss Ziff. I der V vom 25. Mai 2022, in Kraft seit 1. Juli 2022 (AS 2022 343, 388).
24 Fassung gemäss Ziff. I der V vom 12. Okt. 2011, in Kraft seit 1. April 2012 (AS 2011 4959).
25 Fassung gemäss Ziff. I der V vom 28. April 1999, in Kraft seit 1. Nov. 1999 (AS 1999 1637).
26 Fassung gemäss Ziff. I der V vom 12. Okt. 2011, in Kraft seit 1. April 2012 (AS 2011 4959).
27 Eingefügt durch Ziff. I der V vom 28. April 1999, in Kraft seit 1. Nov. 1999 (AS 1999 1637).
28 Eingefügt durch Ziff. I der V vom 28. April 1999 (AS 1999 1637). Fassung gemäss Ziff. I der V vom 12. Okt. 2011, in Kraft seit 1. April 2012 (AS 2011 4959).
29 Eingefügt durch Ziff. I der V vom 28. April 1999, in Kraft seit 1. Nov. 1999 (AS 1999 1637).
30 Eingefügt durch Ziff. I der V vom 28. April 1999 (AS 1999 1637). Fassung gemäss Ziff. II der V vom 4. Nov. 2009, in Kraft seit 1. Jan. 2010 (AS 2009 5821).
31 Eingefügt durch Ziff. I der V vom 28. April 1999 (AS 1999 1637). Fassung gemäss Ziff. II der V vom 4. Nov. 2009, in Kraft seit 1. Jan. 2010 (AS 2009 5821).
32 Eingefügt durch Ziff. I der V vom 28. April 1999, in Kraft seit 1. Nov. 1999 (AS 1999 1637).

s.[33] Teilzeitnutzungsrechte an Immobilien;

t.[34] Dienstleistungen im Zusammenhang mit der Abgabe von Arzneimitteln und Medizinprodukten sowie Dienstleistungen von Tier- und Zahnärzten;

u.[35] Bestattungsinstitute;

v.[36] Notariatsdienstleistungen.

² Überwälzte öffentliche Abgaben, Urheberrechtsvergütungen sowie weitere nicht frei wählbare Zuschläge jeglicher Art, namentlich für Reservation, Service oder Bearbeitung, müssen im Preis enthalten sein. Kurtaxen dürfen separat bekanntgegeben werden.[37]

³ Bei Änderung des Mehrwertsteuersatzes muss innert drei Monaten nach deren Inkrafttreten die Preisanschrift angepasst werden. Die Konsumentinnen und Konsumenten sind während dieser Frist mit einem gut sichtbaren Hinweis darüber in Kenntnis zu setzen, dass die Steuersatzänderung in der Preisanschrift noch nicht berücksichtigt ist.[38]

Art. 11 Art und Weise der Bekanntgabe

¹ Preisanschläge, Preislisten, Kataloge usw. müssen leicht zugänglich und gut lesbar sein.

1bis ...[39]

² Aus der Bekanntgabe muss hervorgehen, auf welche Art und Einheit der Dienstleistung oder auf welche Verrechnungssätze sich der Preis bezieht.

³ In gastgewerblichen Betrieben muss aus der Bekanntgabe des Preises für Getränke hervorgehen, auf welche Menge sich der Preis bezieht. Die Mengenangabe ist nicht erforderlich bei Heissgetränken, Cocktails und mit Wasser angesetzten oder mit Eis vermischten Getränken.[40]

⁴ In Betrieben, die gewerbsmässig Personen beherbergen, ist der Preis für Übernachtung mit oder ohne Frühstück, für Halb- oder Vollpension dem Gast mündlich oder schriftlich bekanntzugeben.[41]

---

33 Eingefügt durch Ziff. I der V vom 28. April 1999, in Kraft seit 1. Nov. 1999 (AS 1999 1637).
34 Eingefügt durch Ziff. I der V vom 21. Jan. 2004 (AS 2004 827). Fassung gemäss Ziff. I der V vom 12. Okt. 2011, in Kraft seit 1. April 2012 (AS 2011 4959).
35 Eingefügt durch Ziff. I der V vom 12. Okt. 2011, in Kraft seit 1. April 2012 (AS 2011 4959).
36 Eingefügt durch Ziff. I der V vom 12. Okt. 2011, in Kraft seit 1. April 2012 (AS 2011 4959).
37 Fassung gemäss Ziff. I der V vom 25. Mai 2022, in Kraft seit 1. Juli 2022 (AS 2022 343, 388).
38 Eingefügt durch Ziff. I der V vom 28. April 1999, in Kraft seit 1. Nov. 1999 (AS 1999 1637).
39 Eingefügt durch Ziff. I der V vom 28. April 1999 (AS 1999 1637). Aufgehoben durch Ziff. I der V vom 21. Jan. 2004, mit Wirkung seit 1. Juni 2004 (AS 2004 827).
40 Fassung gemäss Art. 39 Ziff. 2 der Mengenangabeverordnung vom 5. Sept. 2012, in Kraft seit 1. Jan. 2013 (AS 2012 5275).
41 Fassung gemäss Ziff. I der V vom 12. Okt. 2011, in Kraft seit 1. April 2012 (AS 2011 4959).

Art. 11a[42] Art und Weise der mündlichen Preisbekanntgabe bei Mehrwertdiensten

¹ Beträgt bei Dienstleistungen nach Artikel 10 Absatz 1 Buchstabe q die Grundgebühr oder der Preis pro Minute mehr als zwei Franken, so sind die Konsumentinnen oder Konsumenten mündlich, vorgängig, klar und kostenlos über den Preis zu informieren. Die Information hat zumindest in der Sprache des Dienstangebots zu erfolgen.

² Es dürfen nur die Dienstleistungen in Rechnung gestellt werden, für welche diese Vorgaben eingehalten wurden.

³ Bei Anrufen auf Nummern des Festnetz- oder Mobiltelefoniedienstes dürfen bereits für die Dauer der Preisansage die Verbindungsgebühren belastet werden.

⁴ Fallen während der Verbindung fixe Gebühren an oder erfolgen Preisänderungen, so sind die Konsumentinnen und Konsumenten unmittelbar, bevor diese Gebühr oder Änderung zum Tragen kommt, und unabhängig von deren Höhe darüber zu informieren.

⁵ Die Gebühr beziehungsweise der Preis darf erst fünf Sekunden, nachdem die Information erfolgt ist, erhoben werden.

⁶ Übersteigen die fixen Gebühren zehn Franken oder der Preis pro Minute fünf Franken, so darf die Dienstleistung nur in Rechnung gestellt werden, wenn die Konsumentinnen und Konsumenten die Annahme des Angebots ausdrücklich bestätigt haben.

⁷ Nehmen die Konsumentinnen und Konsumenten einen Auskunftsdienst über die Verzeichnisse nach Artikel 31a der Verordnung vom 6. Oktober 1997[43] über die Adressierungselemente im Fernmeldebereich in Anspruch, so müssen sie unmittelbar vor dem Bezug eines verbundenen Dienstes und unabhängig von der Höhe des Preises über diesen informiert werden.

Art. 11a^bis [44] Art und Weise der schriftlichen Preisbekanntgabe bei Mehrwertdiensten

¹ Die schriftliche Bekanntgabe der Preise für Dienstleistungen nach Artikel 10 Absatz 1 Buchstabe q richtet sich nach Artikel 13a.

² Wird die Dienstleistung über eine Internet- oder Datenverbindung angeboten, so darf den Konsumentinnen oder Konsumenten die Leistung nur in Rechnung gestellt werden, wenn:
a. ihnen der Preis gut sichtbar und deutlich lesbar auf der Schaltfläche zur Annahme des Angebots bekannt gegeben wird; oder

---

[42] Eingefügt durch Ziff. I der V vom 21. Jan. 2004 (AS 2004 827). Fassung gemäss Ziff. II der V vom 5. Nov. 2014, in Kraft seit 1. Juli 2015 (AS 2014 4161).
[43] SR 784.104
[44] Eingefügt durch Ziff. II der V vom 5. Nov. 2014, in Kraft seit 1. Juli 2015 (AS 2014 4161).

b. in unmittelbarer Nähe der Schaltfläche zur Annahme des Angebots der Preis gut sichtbar und deutlich lesbar angegeben wird und auf dieser Schaltfläche entweder der Hinweis «zahlungspflichtig bestellen» oder eine entsprechende eindeutige Formulierung gut sichtbar und deutlich lesbar angebracht ist.

³ Wird die Dienstleistung über eine Internet- oder Datenverbindung angeboten und über die Rechnung einer Anbieterin von Fernmeldediensten oder über einen Anschluss mit Vorbezahlung abgerechnet, so darf den Konsumentinnen und Konsumenten die Leistung nur in Rechnung gestellt werden, wenn sie die Annahme des Angebots gegenüber ihrer Anbieterin von Fernmeldediensten ausdrücklich bestätigt haben.

Art. 11b[45] Art und Weise der Preisbekanntgabe bei Mehrwertdiensten, die pro Einzelinformation abgerechnet werden

¹ Bei Dienstleistungen nach Artikel 10 Absatz 1 Buchstabe q, die auf einer Anmeldung der Konsumentin oder des Konsumenten beruhen und eine Mehrzahl von Einzelinformationen (wie Text- und Bildmitteilungen, Audio- und Videosequenzen) auslösen können (sog. Push-Dienste), müssen der Konsumentin oder dem Konsumenten vor der Aktivierung des Dienstes kostenlos und unmissverständlich sowohl am Ort der Bekanntgabe als auch auf dem mobilen Endgerät bekanntgegeben werden:[46]
a. eine allfällige Grundgebühr;
b. der Preis pro Einzelinformation;
c. das Vorgehen zur Deaktivierung des Dienstes;
d.[47] die maximale Anzahl der Einzelinformationen pro Minute.

² Gebühren dürfen erst erhoben werden, nachdem die Konsumentin oder der Konsument die Angaben nach Absatz 1 erhalten und die Annahme des Angebots ausdrücklich auf ihrem oder seinem mobilen Endgerät bestätigt hat.[48]

³ Nach Annahme des Angebots nach Absatz 2 muss der Konsumentin oder dem Konsumenten bei jeder Einzelinformation das Vorgehen zur Deaktivierung des Dienstes kostenlos bekanntgegeben werden. Der Konsumentin oder dem Konsumenten kann die Möglichkeit geboten werden, kostenlos auf diese Benachrichtigung zu verzichten.[49]

---

45 Eingefügt durch Ziff. I der V vom 21. Jan. 2004, in Kraft seit 1. Juni 2004 (AS 2004 827).
46 Fassung gemäss Ziff. I der V vom 12. Okt. 2011, in Kraft seit 1. April 2012 (AS 2011 4959).
47 Eingefügt durch Art. 107 der V vom 9. März 2007 über Fernmeldedienste, in Kraft seit 1. April 2007 (AS 2007 945).
48 Eingefügt durch Art. 107 der V vom 9. März 2007 über Fernmeldedienste, in Kraft seit 1. April 2007 (AS 2007 945). Fassung gemäss Ziff. II der V vom 4. Nov. 2009, in Kraft seit 1. Jan. 2010 (AS 2009 5821).
49 Eingefügt durch Ziff. II der V vom 4. Nov. 2009 (AS 2009 5821). Fassung gemäss Ziff. I der V vom 12. Okt. 2011, in Kraft seit 1. April 2012 (AS 2011 4959).

Art. 11c[50] Art und Weise der Preisbekanntgabe von Flugreisen

[1] Wer den Konsumentinnen und Konsumenten in der Schweiz Flugpreise in irgendeiner Form – auch im Internet – für Flugdienste ab einem Flughafen in der Schweiz oder der Europäischen Union anbietet, hat die anwendbaren Tarifbedingungen zu nennen.

[2] Der tatsächlich zu bezahlende Preis ist stets auszuweisen. Er muss den eigentlichen Flugpreis sowie alle Steuern, Gebühren, Zuschläge und Entgelte, die unvermeidbar und zum Zeitpunkt der Veröffentlichung vorhersehbar sind, einschliessen.

[3] Neben dem tatsächlich zu bezahlenden Preis ist mindestens der eigentliche Flugpreis auszuweisen sowie, falls diese dazu gerechnet werden:
a. die Steuern;
b. die Flughafengebühren; und
c. die sonstigen Gebühren, Zuschläge und Entgelte, wie etwa diejenigen, die mit der Sicherheit oder dem Treibstoff in Zusammenhang stehen.

[4] Fakultative Zusatzkosten sind auf klare, transparente und eindeutige Art und Weise zu Beginn jedes Buchungsvorgangs mitzuteilen; die Annahme der fakultativen Zusatzkosten muss durch die Konsumentin oder den Konsumenten ausdrücklich bestätigt werden («Opt-in»).

Art. 12 Trinkgeld

[1] Das Trinkgeld muss im Preis inbegriffen oder deutlich als Trinkgeld bezeichnet und beziffert sein.

[2] Hinweise wie «Trinkgeld inbegriffen» oder entsprechende Formulierungen sind zulässig. Hinweise wie «Trinkgeld nicht inbegriffen» oder entsprechende Formulierungen ohne ziffernmässige Bezeichnung sind unzulässig.

[3] Es ist unzulässig, Trinkgelder über den bekanntgegebenen Preis oder das ziffernmässig bekanntgegebene Mass hinaus zu verlangen.

4. Kapitel: Werbung

Art. 13 Preisbekanntgabe in der Werbung im Allgemeinen[51]

[1] Werden in der Werbung Preise aufgeführt oder bezifferte Hinweise auf Preisrahmen oder Preisgrenzen gemacht, so sind die tatsächlich zu bezahlenden Preise bekanntzugeben.

[1bis] ...[52]

---

50 Eingefügt durch Ziff. I der V vom 12. Okt. 2011, in Kraft seit 1. April 2012 (AS 2011 4959).
51 Fassung gemäss Ziff. II der V vom 4. Nov. 2009, in Kraft seit 1. Juli 2010 (AS 2009 5821).
52 Eingefügt durch Ziff. I der V vom 28. April 1999 (AS 1999 1637). Aufgehoben durch Ziff. II der V vom 4. Nov. 2009, mit Wirkung seit 1. Juli 2010 (AS 2009 5821).

² Hersteller, Importeure und Grossisten können Richtpreise bekanntgeben.[53]

Art. 13a[54] Preisbekanntgabe in der Werbung für Mehrwertdienste im Fernmeldebereich

¹ Werden in der Werbung die Telefonnummer oder sonstige Zeichen- oder Buchstabenfolgen einer entgeltlichen Dienstleistung nach Artikel 10 Absatz 1 Buchstabe q publiziert, so sind der Konsumentin oder dem Konsumenten die Grundgebühr und der Preis pro Minute bekanntzugeben.

² Kommt ein anderer Tarifablauf zur Anwendung, so muss die Taxierung unmissverständlich bekannt gegeben werden.

³ Die Preisinformationen müssen mindestens in der Schriftgrösse der beworbenen Nummer, gut sichtbar und deutlich lesbar in unmittelbarer Nähe der beworbenen Nummer angegeben werden.[55]

⁴ ...[56]

Art. 14 Spezifizierung

¹ Aus der Preisbekanntgabe muss deutlich hervorgehen, auf welche Ware und Verkaufseinheit oder auf welche Art, Einheit und Verrechnungssätze von Dienstleistungen sich der Preis bezieht.

² Die Waren und Dienstleistungen sind nach wesentlichen Kriterien wie Marke, Typ, Sorte, Qualität und Eigenschaften gut lesbar oder gut hörbar zu umschreiben.[57]

²ᵇⁱˢ Die wesentlichen Kriterien sind im Werbemittel bekanntzugeben. Sie können auch mittels Referenz auf eine digitale Quelle bekanntgegeben werden, wenn:

a. die Referenz im Werbemittel gut lesbar oder gut hörbar ist; und
b. die wesentlichen Kriterien in der digitalen Quelle unmittelbar zugänglich, leicht sichtbar und gut lesbar sind.[58]

³ Die Preisangabe muss sich auf die allenfalls abgebildete oder mit Worten bezeichnete Ware beziehen.

⁴ Weitergehende Bestimmungen über die Spezifizierung in anderen Erlassen bleiben vorbehalten.

---

53 Fassung gemäss Ziff. I der V vom 28. April 1999, in Kraft seit 1. Nov. 1999 (AS 1999 1637).
54 Eingefügt durch Ziff. II der V vom 4. Nov. 2009, in Kraft seit 1. Juli 2010 (AS 2009 5821).
55 Fassung gemäss Ziff. II der V vom 5. Nov. 2014, in Kraft seit 1. Juli 2015 (AS 2014 4161).
56 Aufgehoben durch Ziff. II der V vom 5. Nov. 2014, mit Wirkung seit 1. Juli 2015 (AS 2014 4161).
57 Fassung gemäss Ziff. I der V vom 19. Mai 2021, in Kraft seit 1. Juli 2021 (AS 2021 340).
58 Eingefügt durch Ziff. I der V vom 19. Mai 2021, in Kraft seit 1. Juli 2021 (AS 2021 340).

Art. 15[59] **Irreführende Preisbekanntgabe**

Die Bestimmungen über die irreführende Preisbekanntgabe (Art. 16–18) gelten auch für die Werbung.

5. Kapitel: Irreführende Preisbekanntgabe

Art. 16[60] **Bekanntgabe weiterer Preise**

[1] Neben dem tatsächlich zu bezahlenden Preis darf der Anbieter einen Vergleichspreis bekanntgeben, wenn:
a. er die Ware oder die Dienstleistung unmittelbar vorher tatsächlich zu diesem Preis angeboten hat (Selbstvergleich);
b. er die Ware oder die Dienstleistung unmittelbar danach tatsächlich zu diesem Preis anbieten wird (Einführungspreis); oder
c. andere Anbieter im zu berücksichtigenden Marktgebiet die überwiegende Menge gleicher Waren oder Dienstleistungen tatsächlich zu diesem Preis anbieten (Konkurrenzvergleich).

[2] Aus der Ankündigung muss beim Einführungspreis und Konkurrenzvergleich die Art des Preisvergleichs hervorgehen. Die Voraussetzungen für die Verwendung von Vergleichspreisen gemäss Absatz 1 sind vom Anbieter auf Verlangen glaubhaft zu machen.[61]

[3] Der Vergleichspreis nach Absatz 1 Buchstaben a und b darf während der Hälfte der Zeit bekanntgegeben werden, während der er gehandhabt wurde beziehungsweise gehandhabt werden wird, längstens jedoch während zwei Monaten.

[4] Preise für schnell verderbliche Waren dürfen, wenn sie während eines halben Tages gehandhabt wurden, noch während des folgenden Tages als Vergleichspreis bekanntgegeben werden.

[5] Katalog-, Richtpreise und dergleichen sind nur dann als Vergleichspreise zulässig, wenn die Voraussetzungen nach Absatz 1 Buchstabe c erfüllt sind.

Art. 17 Hinweise auf Preisreduktionen

[1] Bezifferte Hinweise auf Preisreduktionen, Zugaben, Eintausch- und Rücknahmeangebote sowie auf Geschenke und dergleichen werden wie die Bekanntgabe weiterer Preise neben dem tatsächlich zu bezahlenden Preis beurteilt.[62]

---

[59] Fassung gemäss Ziff. I der V vom 14. Dez. 1987, in Kraft seit 1. März 1988 (AS 1988 241).
[60] Fassung gemäss Ziff. I der V vom 28. April 1999, in Kraft seit 1. Nov. 1999 (AS 1999 1637).
[61] Fassung gemäss Ziff. I der V vom 12. Okt. 2011, in Kraft seit 1. April 2012 (AS 2011 4959). Die Berichtigung vom 27. April 2021 betrifft nur den italienischen Text (AS 2021 245).
[62] Fassung gemäss Ziff. I der V vom 14. Dez. 1987, in Kraft seit 1. März 1988 (AS 1988 241).

² Für solche Hinweise gilt die Pflicht zur Preisbekanntgabe sowie zur Spezifizierung im Sinne dieser Verordnung. Ausgenommen sind Hinweise auf mehrere Produkte, verschiedene Produkte, Produktegruppen oder Sortimente, soweit für sie der gleiche Reduktionssatz oder -betrag gilt.[63]

³ Absatz 2 gilt für Dienstleistungen sinngemäss.[64]

Art. 18[65] Hersteller, Importeure und Grossisten

¹ Die Bestimmungen über die irreführende Preisbekanntgabe gelten auch für Hersteller, Importeure und Grossisten.

² Hersteller, Importeure und Grossisten dürfen Konsumentinnen und Konsumenten Preise oder Richtpreise bekanntgeben oder für Konsumentinnen und Konsumenten bestimmte Preislisten, Preiskataloge und dergleichen zur Verfügung stellen. Sofern es sich um unverbindlich empfohlene Preise handelt, muss darauf deutlich hingewiesen werden. Vorbehalten bleibt die Gesetzgebung des Bundes über Kartelle und andere Wettbewerbsbeschränkungen.[66]

Art. 19[67]

6. Kapitel: Bekanntgabepflichtige

Art. 20

Die Pflicht zur vorschriftsgemässen Bekanntgabe von Preisen und zur vorschriftsgemässen Werbung im Sinne dieser Verordnung obliegt dem Leiter von Geschäften aller Art.

7. Kapitel: Strafbestimmungen

Art. 21[68]

Widerhandlungen gegen diese Verordnung werden nach den Bestimmungen des Bundesgesetzes vom 19. Dezember 1986 gegen den unlauteren Wettbewerb bestraft.

---

63 Fassung gemäss Ziff. I der V vom 12. Okt. 2011, in Kraft seit 1. April 2012 (AS 2011 4959).
64 Eingefügt durch Ziff. I der V vom 14. Dez. 1987, in Kraft seit 1. März 1988 (AS 1988 241).
65 Fassung gemäss Ziff. I der V vom 28. April 1999, in Kraft seit 1. Nov. 1999 (AS 1999 1637).
66 Fassung gemäss Ziff. I der V vom 12. Okt. 2011, in Kraft seit 1. April 2012 (AS 2011 4959).
67 Aufgehoben durch Ziff. I der V vom 23. Aug. 1995, mit Wirkung seit 1. Nov. 1995 (AS 1995 4186).
68 Fassung gemäss Ziff. II der V vom 5. Nov. 2014, in Kraft seit 1. Jan. 2015 (AS 2014 4161).

8. Kapitel: Schlussbestimmungen

Art. 22 Vollzug

[1] Die zuständigen kantonalen Stellen überwachen die vorschriftsgemässe Durchführung dieser Verordnung und verzeigen Verstösse den zuständigen Instanzen.

[2] Das Verfahren richtet sich nach kantonalem Recht.

Art. 23[69] Oberaufsicht durch den Bund

[1] Der Bund führt die Oberaufsicht. Sie wird im Eidgenössische Departement für Wirtschaft, Bildung und Forschung[70] durch das Staatssekretariat für Wirtschaft (SECO) ausgeübt.

[2] Das SECO kann Weisungen und Kreisschreiben gegenüber den Kantonen erlassen, von den Kantonen Informationen und Unterlagen einverlangen und Verstösse bei den zuständigen kantonalen Instanzen anzeigen.

[3] Das SECO kann mit den betroffenen Branchen und interessierten Organisationen Gespräche über die Preisbekanntgabe führen.

Art. 24 Änderung bisherigen Rechts

...[71]

Art. 25 Inkrafttreten

Diese Verordnung tritt am 1. Januar 1979 in Kraft.

Schlussbestimmung zur Änderung vom 21. Januar 2004[72]

Bis zum Inkrafttreten von Artikel 4 Absatz 1 sind vorgezogene Entsorgungsbeiträge, die nicht im Detailpreis inbegriffen sind, im Laden, im Schaufenster und in der Werbung gesondert und gut lesbar bekannt zu geben.

---

69 Fassung gemäss Ziff. I der V vom 12. Okt. 2011, in Kraft seit 1. April 2012 (AS 2011 4959).
70 Die Bezeichnung der Verwaltungseinheit wurde in Anwendung von Art. 16 Abs. 3 der Publikationsverordnung vom 17. Nov. 2004 (AS 2004 4937) auf den 1. Jan. 2013 angepasst.
71 Die Änderungen können unter AS 1978 2081 konsultiert werden.
72 AS 2004 827

24. Bundesgesetz über Kartelle und andere Wettbewerbsbeschränkungen
(Kartellgesetz, KG)

vom 6. Oktober 1995

Die Bundesversammlung der Schweizerischen Eidgenossenschaft,
gestützt auf die Artikel 27 Absatz 1, 96[1], 97 Absatz 2 und 122[2] der Bundesverfassung[3],[4]
in Ausführung der wettbewerbsrechtlichen Bestimmungen internationaler Abkommen,
nach Einsicht in die Botschaft des Bundesrates vom 23. November 1994[5],
beschliesst:

1. Kapitel: Allgemeine Bestimmungen

Art. 1 Zweck

Dieses Gesetz bezweckt, volkswirtschaftlich oder sozial schädliche Auswirkungen von Kartellen und anderen Wettbewerbsbeschränkungen zu verhindern und damit den Wettbewerb im Interesse einer freiheitlichen marktwirtschaftlichen Ordnung zu fördern.

Art. 2 Geltungsbereich

[1] Das Gesetz gilt für Unternehmen des privaten und des öffentlichen Rechts, die Kartell- oder andere Wettbewerbsabreden treffen, Marktmacht ausüben oder sich an Unternehmenszusammenschlüssen beteiligen.

[1bis] Als Unternehmen gelten sämtliche Nachfrager oder Anbieter von Gütern und Dienstleistungen im Wirtschaftsprozess, unabhängig von ihrer Rechts- oder Organisationsform.[6]

[2] Das Gesetz ist auf Sachverhalte anwendbar, die sich in der Schweiz auswirken, auch wenn sie im Ausland veranlasst werden.

SR 251. AS 1996 546
1 Dieser Bestimmung entspricht Art. 31bis der BV vom 29. Mai 1874 [BS 1 3].
2 Dieser Bestimmung entspricht Art. 64 der BV vom 29. Mai 1874 [BS 1 3].
3 SR 101
4 Fassung gemäss Ziff. I des BG vom 20. Juni 2003, in Kraft seit 1. April 2004 (AS 2004 1385; BBl 2002 2022 5506).
5 BBl 1995 I 468
6 Eingefügt durch Ziff. I des BG vom 20. Juni 2003, in Kraft seit 1. April 2004 (AS 2004 1385; BBl 2002 2022 5506).

Art. 3 Verhältnis zu anderen Rechtsvorschriften

[1] Vorbehalten sind Vorschriften, soweit sie auf einem Markt für bestimmte Waren oder Leistungen Wettbewerb nicht zulassen, insbesondere Vorschriften:
a. die eine staatliche Markt- oder Preisordnung begründen;
b. die einzelne Unternehmen zur Erfüllung öffentlicher Aufgaben mit besonderen Rechten ausstatten.

[2] Nicht unter das Gesetz fallen Wettbewerbswirkungen, die sich ausschliesslich aus der Gesetzgebung über das geistige Eigentum ergeben. Hingegen unterliegen Einfuhrbeschränkungen, die sich auf Rechte des geistigen Eigentums stützen, der Beurteilung nach diesem Gesetz.[7]

[3] Verfahren zur Beurteilung von Wettbewerbsbeschränkungen nach diesem Gesetz gehen Verfahren nach dem Preisüberwachungsgesetz vom 20. Dezember 1985[8] vor, es sei denn die Wettbewerbskommission und der Preisüberwacher treffen gemeinsam eine gegenteilige Regelung.

Art. 4 Begriffe

[1] Als Wettbewerbsabreden gelten rechtlich erzwingbare oder nicht erzwingbare Vereinbarungen sowie aufeinander abgestimmte Verhaltensweisen von Unternehmen gleicher oder verschiedener Marktstufen, die eine Wettbewerbsbeschränkung bezwecken oder bewirken.

[2] Als marktbeherrschende Unternehmen gelten einzelne oder mehrere Unternehmen, die auf einem Markt als Anbieter oder Nachfrager in der Lage sind, sich von andern Marktteilnehmern (Mitbewerbern, Anbietern oder Nachfragern) in wesentlichem Umfang unabhängig zu verhalten.[9]

[2bis] Als relativ marktmächtiges Unternehmen gilt ein Unternehmen, von dem andere Unternehmen beim Angebot oder bei der Nachfrage einer Ware oder Leistung in einer Weise abhängig sind, dass keine ausreichenden und zumutbaren Möglichkeiten bestehen, auf andere Unternehmen auszuweichen.[10]

[3] Als Unternehmenszusammenschluss gilt:
a. die Fusion von zwei oder mehr bisher voneinander unabhängigen Unternehmen;
b. jeder Vorgang, wie namentlich der Erwerb einer Beteiligung oder der Abschluss eines Vertrages, durch den ein oder mehrere Unternehmen unmittelbar oder mittelbar die Kontrolle über ein oder mehrere bisher unabhängige Unternehmen oder Teile von solchen erlangen.

---

[7] Satz eingefügt durch Ziff. I des BG vom 20. Juni 2003, in Kraft seit 1. April 2004 (AS 2004 1385; BBl 2002 2022 5506).
[8] SR 942.20
[9] Fassung gemäss Ziff. I des BG vom 20. Juni 2003, in Kraft seit 1. April 2004 (AS 2004 1385; BBl 2002 2022 5506).
[10] Eingefügt durch Ziff. I des BG vom 19. März 2021, in Kraft seit 1. Jan. 2022 (AS 2021 576; BBl 2019 4877).

2. Kapitel: Materiellrechtliche Bestimmungen
1. Abschnitt: Unzulässige Wettbewerbsbeschränkungen

Art. 5 Unzulässige Wettbewerbsabreden

¹ Abreden, die den Wettbewerb auf einem Markt für bestimmte Waren oder Leistungen erheblich beeinträchtigen und sich nicht durch Gründe der wirtschaftlichen Effizienz rechtfertigen lassen, sowie Abreden, die zur Beseitigung wirksamen Wettbewerbs führen, sind unzulässig.

² Wettbewerbsabreden sind durch Gründe der wirtschaftlichen Effizienz gerechtfertigt, wenn sie:
a. notwendig sind, um die Herstellungs- oder Vertriebskosten zu senken, Produkte oder Produktionsverfahren zu verbessern, die Forschung oder die Verbreitung von technischem oder beruflichem Wissen zu fördern oder um Ressourcen rationeller zu nutzen; und
b. den beteiligten Unternehmen in keinem Fall Möglichkeiten eröffnen, wirksamen Wettbewerb zu beseitigen.

³ Die Beseitigung wirksamen Wettbewerbs wird bei folgenden Abreden vermutet, sofern sie zwischen Unternehmen getroffen werden, die tatsächlich oder der Möglichkeit nach miteinander im Wettbewerb stehen:
a. Abreden über die direkte oder indirekte Festsetzung von Preisen;
b. Abreden über die Einschränkung von Produktions-, Bezugs- oder Liefermengen;
c. Abreden über die Aufteilung von Märkten nach Gebieten oder Geschäftspartnern.

⁴ Die Beseitigung wirksamen Wettbewerbs wird auch vermutet bei Abreden zwischen Unternehmen verschiedener Marktstufen über Mindest- oder Festpreise sowie bei Abreden in Vertriebsverträgen über die Zuweisung von Gebieten, soweit Verkäufe in diese durch gebietsfremde Vertriebspartner ausgeschlossen werden.[11]

Art. 6 Gerechtfertigte Arten von Wettbewerbsabreden

¹ In Verordnungen oder allgemeinen Bekanntmachungen können die Voraussetzungen umschrieben werden, unter denen einzelne Arten von Wettbewerbsabreden aus Gründen der wirtschaftlichen Effizienz in der Regel als gerechtfertigt gelten. Dabei werden insbesondere die folgenden Abreden in Betracht gezogen:
a. Abreden über die Zusammenarbeit bei der Forschung und Entwicklung;
b. Abreden über die Spezialisierung und Rationalisierung, einschliesslich diesbezügliche Abreden über den Gebrauch von Kalkulationshilfen;

---

[11] Eingefügt durch Ziff. I des BG vom 20. Juni 2003, in Kraft seit 1. April 2004 (AS 2004 1385; BBl 2002 2022 5506).

c. Abreden über den ausschliesslichen Bezug oder Absatz bestimmter Waren oder Leistungen;
d. Abreden über die ausschliessliche Lizenzierung von Rechten des geistigen Eigentums;
e.[12] Abreden mit dem Zweck, die Wettbewerbsfähigkeit kleiner und mittlerer Unternehmen zu verbessern, sofern sie nur eine beschränkte Marktwirkung aufweisen.

² Verordnungen und allgemeine Bekanntmachungen können auch besondere Kooperationsformen in einzelnen Wirtschaftszweigen, namentlich Abreden über die rationelle Umsetzung von öffentlich-rechtlichen Vorschriften zum Schutze von Kunden oder Anlegern im Bereich der Finanzdienstleistungen, als in der Regel gerechtfertigte Wettbewerbsabreden bezeichnen.

³ Allgemeine Bekanntmachungen werden von der Wettbewerbskommission im Bundesblatt veröffentlicht. Verordnungen im Sinne der Absätze 1 und 2 werden vom Bundesrat erlassen.

Art. 7 Unzulässige Verhaltensweisen marktbeherrschender und relativ marktmächtiger Unternehmen[13]

¹ Marktbeherrschende und relativ marktmächtige Unternehmen verhalten sich unzulässig, wenn sie durch den Missbrauch ihrer Stellung auf dem Markt andere Unternehmen in der Aufnahme oder Ausübung des Wettbewerbs behindern oder die Marktgegenseite benachteiligen.[14]

² Als solche Verhaltensweisen fallen insbesondere in Betracht:
a. die Verweigerung von Geschäftsbeziehungen (z. B. die Liefer- oder Bezugssperre);
b. die Diskriminierung von Handelspartnern bei Preisen oder sonstigen Geschäftsbedingungen;
c. die Erzwingung unangemessener Preise oder sonstiger unangemessener Geschäftsbedingungen;
d. die gegen bestimmte Wettbewerber gerichtete Unterbietung von Preisen oder sonstigen Geschäftsbedingungen;
e. die Einschränkung der Erzeugung, des Absatzes oder der technischen Entwicklung;
f. die an den Abschluss von Verträgen gekoppelte Bedingung, dass die Vertragspartner zusätzliche Leistungen annehmen oder erbringen ;
g.[15] die Einschränkung der Möglichkeit der Nachfrager, Waren oder Leistungen, die in der Schweiz und im Ausland angeboten werden, im Ausland zu

---

12 Eingefügt durch Ziff. I des BG vom 20. Juni 2003, in Kraft seit 1. April 2004 (AS 2004 1385; BBl 2002 2022 5506).
13 Fassung gemäss Ziff. I des BG vom 19. März 2021, in Kraft seit 1. Jan. 2022 (AS 2021 576; BBl 2019 4877).
14 Fassung gemäss Ziff. I des BG vom 19. März 2021, in Kraft seit 1. Jan. 2022 (AS 2021 576; BBl 2019 4877).
15 Eingefügt durch Ziff. I des BG vom 19. März 2021, in Kraft seit 1. Jan. 2022 (AS 2021 576; BBl 2019 4877).

den dortigen Marktpreisen und den dortigen branchenüblichen Bedingungen zu beziehen.

Art. 8 Ausnahmsweise Zulassung aus überwiegenden öffentlichen Interessen

Wettbewerbsabreden und Verhaltensweisen marktbeherrschender Unternehmen, die von der zuständigen Behörde für unzulässig erklärt wurden, können vom Bundesrat auf Antrag der Beteiligten zugelassen werden, wenn sie in Ausnahmefällen notwendig sind, um überwiegende öffentliche Interessen zu verwirklichen.

2. Abschnitt: Unternehmenszusammenschlüsse

Art. 9 Meldung von Zusammenschlussvorhaben

[1] Vorhaben über Zusammenschlüsse von Unternehmen sind vor ihrem Vollzug der Wettbewerbskommission zu melden, sofern im letzten Geschäftsjahr vor dem Zusammenschluss:

a. die beteiligten Unternehmen einen Umsatz von insgesamt mindestens 2 Milliarden Franken oder einen auf die Schweiz entfallenden Umsatz von insgesamt mindestens 500 Millionen Franken erzielten; und

b. mindestens zwei der beteiligten Unternehmen einen Umsatz in der Schweiz von je mindestens 100 Millionen Franken erzielten.

[2] ...[16]

[3] Bei Versicherungsgesellschaften treten an die Stelle des Umsatzes die jährlichen Bruttoprämieneinnahmen, bei Banken und übrigen Finanzintermediären die Bruttoerträge, sofern sie den Rechnungslegungsvorschriften gemäss dem Bankengesetz vom 8. November 1934[17] (BankG) unterstellt sind.[18]

[4] Die Meldepflicht besteht ungeachtet der Absätze 1–3, wenn am Zusammenschluss ein Unternehmen beteiligt ist, für welches in einem Verfahren nach diesem Gesetz rechtskräftig festgestellt worden ist, dass es in der Schweiz auf einem bestimmten Markt eine beherrschende Stellung hat, und der Zusammenschluss diesen Markt oder einen solchen betrifft, der ihm vor- oder nachgelagert oder benachbart ist.

[5] Die Bundesversammlung kann mit allgemeinverbindlichem, nicht referendumspflichtigem Bundesbeschluss:

---

16 Aufgehoben durch Ziff. I des BG vom 20. Juni 2003, mit Wirkung seit 1. April 2004 (AS 2004 1385; BBl 2002 2022 5506).
17 SR 952.0
18 Fassung gemäss Ziff. I des BG vom 20. Juni 2003, in Kraft seit 1. April 2004 (AS 2004 1385; BBl 2002 2022 5506).

a. die Grenzbeträge in den Absätzen 1–3 den veränderten Verhältnissen anpassen;
b. für die Meldepflicht von Unternehmenszusammenschlüssen in einzelnen Wirtschaftszweigen besondere Voraussetzungen schaffen.

Art. 10 Beurteilung von Zusammenschlüssen

[1] Meldepflichtige Zusammenschlüsse unterliegen der Prüfung durch die Wettbewerbskommission, sofern sich in einer vorläufigen Prüfung (Art. 32 Abs. 1) Anhaltspunkte ergeben, dass sie eine marktbeherrschende Stellung begründen oder verstärken.

[2] Die Wettbewerbskommission kann den Zusammenschluss untersagen oder ihn mit Bedingungen und Auflagen zulassen, wenn die Prüfung ergibt, dass der Zusammenschluss:
a. eine marktbeherrschende Stellung, durch die wirksamer Wettbewerb beseitigt werden kann, begründet oder verstärkt; und
b. keine Verbesserung der Wettbewerbsverhältnisse in einem anderen Markt bewirkt, welche die Nachteile der marktbeherrschenden Stellung überwiegt.

[3] Bei Zusammenschlüssen von Banken im Sinne des BankG[19], die der Eidgenössischen Finanzmarktaufsicht (FINMA) aus Gründen des Gläubigerschutzes als notwendig erscheinen, können die Interessen der Gläubiger vorrangig berücksichtigt werden. In diesen Fällen tritt die FINMA an die Stelle der Wettbewerbskommission; sie lädt die Wettbewerbskommission zur Stellungnahme ein.[20]

[4] Bei der Beurteilung der Auswirkungen eines Zusammenschlusses auf die Wirksamkeit des Wettbewerbs berücksichtigt die Wettbewerbskommission auch die Marktentwicklung sowie die Stellung der Unternehmen im internationalen Wettbewerb.

Art. 11 Ausnahmsweise Zulassung aus überwiegenden öffentlichen Interessen

Unternehmenszusammenschlüsse, die nach Artikel 10 untersagt wurden, können vom Bundesrat auf Antrag der beteiligten Unternehmen zugelassen werden, wenn sie in Ausnahmefällen notwendig sind, um überwiegende öffentliche Interessen zu verwirklichen.

---

19 SR 952.0
20 Fassung gemäss Anhang Ziff. 8 des Finanzmarktaufsichtsgesetzes vom 22. Juni 2007, in Kraft seit 1. Jan. 2009 (AS 2008 5207; BBl 2006 2829).

3. Kapitel: Zivilrechtliches Verfahren

Art. 12 Ansprüche aus Wettbewerbsbehinderung

¹ Wer durch eine unzulässige Wettbewerbsbeschränkung in der Aufnahme oder Ausübung des Wettbewerbs behindert wird, hat Anspruch auf:
a. Beseitigung oder Unterlassung der Behinderung;
b. Schadenersatz und Genugtuung nach Massgabe des Obligationenrechts[21];
c. Herausgabe eines unrechtmässig erzielten Gewinns nach Massgabe der Bestimmungen über die Geschäftsführung ohne Auftrag.

² Als Wettbewerbsbehinderung fallen insbesondere die Verweigerung von Geschäftsbeziehungen sowie Diskriminierungsmassnahmen in Betracht.

³ Die in Absatz 1 genannten Ansprüche hat auch, wer durch eine zulässige Wettbewerbsbeschränkung über das Mass hinaus behindert wird, das zur Durchsetzung der Wettbewerbsbeschränkung notwendig ist.

Art. 13 Durchsetzung des Beseitigungs- und Unterlassungsanspruchs

Zur Durchsetzung des Beseitigungs- und Unterlassungsanspruchs kann das Gericht auf Antrag des Klägers namentlich anordnen, dass:
a. Verträge ganz oder teilweise ungültig sind;
b. der oder die Verursacher der Wettbewerbsbehinderung mit dem Behinderten marktgerechte oder branchenübliche Verträge abzuschliessen haben.

Art. 14[22]

Art. 15 Beurteilung der Zulässigkeit einer Wettbewerbsbeschränkung

¹ Steht in einem zivilrechtlichen Verfahren die Zulässigkeit einer Wettbewerbsbeschränkung in Frage, so wird die Sache der Wettbewerbskommission zur Begutachtung vorgelegt.

² Wird geltend gemacht, eine an sich unzulässige Wettbewerbsbeschränkung sei zur Verwirklichung überwiegender öffentlicher Interessen notwendig, so entscheidet der Bundesrat.

Art. 16 und 17[23]

---

21 SR 220
22 Aufgehoben durch Anhang 1 Ziff. II 16 der Zivilprozessordnung vom 19. Dez. 2008, mit Wirkung seit 1. Jan. 2011 (AS 2010 1739; BBl 2006 7221).
23 Aufgehoben durch Anhang 1 Ziff. II 16 der Zivilprozessordnung vom 19. Dez. 2008, mit Wirkung seit 1. Jan. 2011 (AS 2010 1739; BBl 2006 7221).

4. Kapitel: Verwaltungsrechtliches Verfahren

1. Abschnitt: Wettbewerbsbehörden

Art. 18 Wettbewerbskommission

¹ Der Bundesrat bestellt die Wettbewerbskommission und bezeichnet die Mitglieder des Präsidiums.[24]

² Die Wettbewerbskommission besteht aus 11–15 Mitgliedern. Die Mehrheit der Mitglieder müssen unabhängige Sachverständige sein.

²bis Die Mitglieder der Wettbewerbskommission legen ihre Interessen in einem Interessenbindungsregister offen.[25]

³ Die Wettbewerbskommission trifft die Entscheide und erlässt die Verfügungen, die nicht ausdrücklich einer anderen Behörde vorbehalten sind. Sie gibt Empfehlungen (Art. 45 Abs. 2) und Stellungnahmen (Art. 46 Abs. 2) an die politischen Behörden ab und erstattet Gutachten (Art. 47 Abs. 1).

Art. 19 Organisation

¹ Die Wettbewerbskommission ist von den Verwaltungsbehörden unabhängig. Sie kann sich in Kammern mit selbständiger Entscheidungsbefugnis gliedern. Sie kann ein Mitglied des Präsidiums im Einzelfall ermächtigen, dringliche Fälle oder Fälle untergeordneter Bedeutung direkt zu erledigen.

² Die Wettbewerbskommission ist administrativ dem Eidgenössischen Departement für Wirtschaft, Bildung und Forschung (WBF)[26] zugeordnet.

Art. 20 Geschäftsreglement

¹ Die Wettbewerbskommission erlässt ein Geschäftsreglement; darin regelt sie insbesondere die Einzelheiten der Organisation, namentlich die Zuständigkeiten des Präsidiums, der einzelnen Kammern und der Gesamtkommission.

² Das Geschäftsreglement bedarf der Genehmigung durch den Bundesrat.

Art. 21 Beschlussfassung

¹ Die Wettbewerbskommission und die Kammern sind beschlussfähig, wenn mindestens die Hälfte der Mitglieder, in jedem Fall aber mindestens drei Mitglieder, anwesend sind.

---

24 Fassung gemäss Ziff. I des BG vom 20. Juni 2003, in Kraft seit 1. April 2004 (AS 2004 1385; BBl 2002 2022 5506).
25 Eingefügt durch Ziff. I des BG vom 20. Juni 2003, in Kraft seit 1. April 2004 (AS 2004 1385; BBl 2002 2022 5506).
26 Ausdruck gemäss Ziff. I 6 der V vom 15. Juni 2012 (Neugliederung der Departemente), in Kraft seit 1. Jan. 2013 (AS 2012 3655). Diese Änd. wurde im ganzen Erlass berücksichtigt.

² Sie fassen ihre Beschlüsse mit dem einfachen Mehr der anwesenden Mitglieder; bei Stimmengleichheit gibt der Präsident oder die Präsidentin den Stichentscheid.

Art. 22 Ausstand von Kommissionsmitgliedern

¹ Ein Mitglied der Wettbewerbskommission tritt in den Ausstand, wenn ein Ausstandsgrund nach Artikel 10 des Verwaltungsverfahrensgesetzes vom 20. Dezember 1968[27] vorliegt.

² Ein persönliches Interesse oder ein anderer Grund der Befangenheit ist in der Regel nicht gegeben, wenn ein Mitglied der Wettbewerbskommission einen übergeordneten Verband vertritt.

³ Ist der Ausstand streitig, so entscheidet die Wettbewerbskommission oder die entsprechende Kammer unter Ausschluss des betreffenden Mitgliedes.

Art. 23 Aufgaben des Sekretariats

¹ Das Sekretariat bereitet die Geschäfte der Wettbewerbskommission vor, führt die Untersuchungen durch und erlässt zusammen mit einem Mitglied des Präsidiums die notwendigen verfahrensleitenden Verfügungen. Es stellt der Wettbewerbskommission Antrag und vollzieht ihre Entscheide. Es verkehrt mit Beteiligten, Dritten und Behörden direkt.

² Es gibt Stellungnahmen ab (Art. 46 Abs. 1) und berät Amtsstellen und Unternehmen bei Fragen zu diesem Gesetz.

Art. 24 Personal des Sekretariats

¹ Der Bundesrat wählt die Direktion, die Wettbewerbskommission wählt das übrige Personal des Sekretariats.

² Das Dienstverhältnis richtet sich nach der Personalgesetzgebung des Bundes.

Art. 25 Amts- und Geschäftsgeheimnis

¹ Die Wettbewerbsbehörden wahren das Amtsgeheimnis.

² Sie dürfen Kenntnisse, die sie bei ihrer Tätigkeit erlangen, nur zu dem mit der Auskunft oder dem Verfahren verfolgten Zweck verwerten.

³ Dem Preisüberwacher dürfen die Wettbewerbsbehörden diejenigen Daten weitergeben, die er für die Erfüllung seiner Aufgaben benötigt.

⁴ Die Veröffentlichungen der Wettbewerbsbehörden dürfen keine Geschäftsgeheimnisse preisgeben.

---

27 SR 172.021

2. Abschnitt: Untersuchung von Wettbewerbsbeschränkungen

Art. 26 Vorabklärung

¹ Das Sekretariat kann Vorabklärungen von Amtes wegen, auf Begehren von Beteiligten oder auf Anzeige von Dritten hin durchführen.

² Das Sekretariat kann Massnahmen zur Beseitigung oder Verhinderung von Wettbewerbsbeschränkungen anregen.

³ Im Verfahren der Vorabklärung besteht kein Recht auf Akteneinsicht.

Art. 27 Eröffnung einer Untersuchung

¹ Bestehen Anhaltspunkte für eine unzulässige Wettbewerbsbeschränkung, so eröffnet das Sekretariat im Einvernehmen mit einem Mitglied des Präsidiums eine Untersuchung. Eine Untersuchung wird in jedem Fall eröffnet, wenn das Sekretariat von der Wettbewerbskommission oder vom WBF damit beauftragt wird.[28]

² Die Wettbewerbskommission entscheidet, welche der eröffneten Untersuchungen vorrangig zu behandeln sind.

Art. 28 Bekanntgabe

¹ Das Sekretariat gibt die Eröffnung einer Untersuchung durch amtliche Publikation bekannt.

² Die Bekanntmachung nennt den Gegenstand und die Adressaten der Untersuchung. Sie enthält zudem den Hinweis, dass Dritte sich innert 30 Tagen melden können, falls sie sich an der Untersuchung beteiligen wollen.

³ Die fehlende Publikation hindert Untersuchungshandlungen nicht.

Art. 29 Einvernehmliche Regelung

¹ Erachtet das Sekretariat eine Wettbewerbsbeschränkung für unzulässig, so kann es den Beteiligten eine einvernehmliche Regelung über die Art und Weise ihrer Beseitigung vorschlagen.

² Die einvernehmliche Regelung wird schriftlich abgefasst und bedarf der Genehmigung durch die Wettbewerbskommission.

Art. 30 Entscheid

¹ Die Wettbewerbskommission entscheidet auf Antrag des Sekretariats mit Verfügung über die zu treffenden Massnahmen oder die Genehmigung einer einvernehmlichen Regelung.

² Die am Verfahren Beteiligten können schriftlich zum Antrag des Sekretariats Stellung nehmen. Die Wettbewerbskommission kann eine Anhörung be-

---

28 Fassung gemäss Ziff. I des BG vom 20. Juni 2003, in Kraft seit 1. April 2004 (AS 2004 1385; BBl 2002 2022 5506).

schliessen und das Sekretariat mit zusätzlichen Untersuchungsmassnahmen beauftragen.

³ Haben sich die tatsächlichen oder rechtlichen Verhältnisse wesentlich geändert, so kann die Wettbewerbskommission auf Antrag des Sekretariats oder der Betroffenen den Entscheid widerrufen oder ändern.

Art. 31 Ausnahmsweise Zulassung

¹ Hat die Wettbewerbskommission entschieden, dass eine Wettbewerbsbeschränkung unzulässig ist, so können die Beteiligten innerhalb von 30 Tagen beim WBF eine ausnahmsweise Zulassung durch den Bundesrat aus überwiegenden öffentlichen Interessen beantragen. Ist ein solcher Antrag gestellt, so beginnt die Frist für die Einreichung einer Beschwerde beim Bundesverwaltungsgericht erst mit der Eröffnung des Entscheides des Bundesrates zu laufen.[29]

² Der Antrag auf ausnahmsweise Zulassung durch den Bundesrat kann auch innerhalb von 30 Tagen nach Eintritt der Rechtskraft eines Entscheides des Bundesverwaltungsgerichts oder des Bundesgerichts gestellt werden.[30]

³ Die Zulassung ist zeitlich zu beschränken; sie kann mit Bedingungen und Auflagen verbunden werden.

⁴ Der Bundesrat kann eine Zulassung auf Gesuch hin verlängern, wenn die Voraussetzungen dafür weiterhin erfüllt sind.

3. Abschnitt: Prüfung von Unternehmenszusammenschlüssen

Art. 32 Einleitung des Prüfungsverfahrens

¹ Wird ein Vorhaben über einen Unternehmenszusammenschluss gemeldet (Art. 9), so entscheidet die Wettbewerbskommission, ob eine Prüfung durchzuführen ist. Sie hat die Einleitung dieser Prüfung den beteiligten Unternehmen innerhalb eines Monats seit der Meldung mitzuteilen. Erfolgt innerhalb dieser Frist keine Mitteilung, so kann der Zusammenschluss ohne Vorbehalt vollzogen werden.

² Die beteiligten Unternehmen dürfen den Zusammenschluss innerhalb eines Monats seit der Meldung des Vorhabens nicht vollziehen, es sei denn, die Wettbewerbskommission habe dies auf Antrag dieser Unternehmen aus wichtigen Gründen bewilligt.

---

[29] Fassung des Satzes gemäss Anhang Ziff. 27 des Verwaltungsgerichtsgesetzes vom 17. Juni 2005, in Kraft seit 1. Jan. 2007 (AS 2006 2197 1069; BBl 2001 4202).

[30] Fassung gemäss Anhang Ziff. 27 des Verwaltungsgerichtsgesetzes vom 17. Juni 2005, in Kraft seit 1. Jan. 2007 (AS 2006 2197 1069; BBl 2001 4202).

Art. 33 Prüfungsverfahren

¹ Beschliesst die Wettbewerbskommission die Durchführung einer Prüfung, so veröffentlicht das Sekretariat den wesentlichen Inhalt der Meldung des Zusammenschlusses und gibt die Frist bekannt, innerhalb welcher Dritte zum gemeldeten Zusammenschluss Stellung nehmen können.

² Zu Beginn der Prüfung entscheidet die Wettbewerbskommission, ob der Zusammenschluss ausnahmsweise vorläufig vollzogen werden kann oder aufgeschoben bleibt.

³ Sie führt die Prüfung innerhalb von vier Monaten durch, sofern sie nicht durch Umstände gehindert wird, die von den beteiligten Unternehmen zu verantworten sind.

Art. 34 Rechtsfolgen

Die zivilrechtliche Wirksamkeit eines meldepflichtigen Zusammenschlusses bleibt, unter Vorbehalt des Fristablaufs gemäss Artikel 32 Absatz 1 und der Bewilligung zum vorläufigen Vollzug, aufgeschoben. Trifft die Wettbewerbskommission innerhalb der in Artikel 33 Absatz 3 genannten Frist keine Entscheidung, so gilt der Zusammenschluss als zugelassen, es sei denn, die Wettbewerbskommission stelle mit einer Verfügung fest, dass sie bei der Prüfung durch Umstände gehindert worden ist, die von den beteiligten Unternehmen zu verantworten sind.

Art. 35 Verletzung der Meldepflicht

Wurde ein meldepflichtiger Unternehmenszusammenschluss ohne Meldung vollzogen, so wird das Verfahren nach den Artikeln 32–38 von Amtes wegen eingeleitet. In einem solchen Fall beginnt die Frist nach Artikel 32 Absatz 1 zu laufen, sobald die Behörde im Besitz der Informationen ist, die eine Meldung enthalten muss.

Art. 36 Verfahren der Ausnahmegenehmigung

¹ Hat die Wettbewerbskommission den Zusammenschluss untersagt, so können die beteiligten Unternehmen innerhalb von 30 Tagen beim WBF eine ausnahmsweise Zulassung durch den Bundesrat aus überwiegenden öffentlichen Interessen beantragen. Ist ein solcher Antrag gestellt, so beginnt die Frist für die Einreichung einer Beschwerde beim Bundesverwaltungsgericht erst mit der Eröffnung des Entscheides des Bundesrats zu laufen.[31]

---

[31] Fassung des Satzes gemäss Anhang Ziff. 27 des Verwaltungsgerichtsgesetzes vom 17. Juni 2005, in Kraft seit 1. Jan. 2007 (AS 2006 2197 1069; BBl 2001 4202).

² Der Antrag auf ausnahmsweise Zulassung durch den Bundesrat kann auch innerhalb von 30 Tagen nach Eintritt der Rechtskraft eines Entscheides des Bundesverwaltungsgerichts oder des Bundesgerichts gestellt werden.[32]

³ Der Bundesrat entscheidet über den Antrag möglichst innerhalb von vier Monaten seit Eingang des Antrages.

Art. 37 Wiederherstellung wirksamen Wettbewerbs

¹ Wird ein untersagter Zusammenschluss vollzogen oder ein vollzogener Zusammenschluss untersagt und für den Zusammenschluss keine ausnahmsweise Zulassung beantragt oder erteilt, so sind die beteiligten Unternehmen verpflichtet, die Massnahmen durchzuführen, die zur Wiederherstellung wirksamen Wettbewerbs erforderlich sind.

² Die Wettbewerbskommission kann die beteiligten Unternehmen auffordern, verbindliche Vorschläge darüber zu machen, wie wirksamer Wettbewerb wiederhergestellt wird. Sie setzt dafür eine Frist fest.

³ Billigt die Wettbewerbskommission die Vorschläge, so kann sie verfügen, wie und innert welcher Frist die beteiligten Unternehmen die Massnahmen durchführen müssen.

⁴ Machen die beteiligten Unternehmen trotz Aufforderung der Wettbewerbskommission keine Vorschläge oder werden diese von der Wettbewerbskommission nicht gebilligt, so kann die Wettbewerbskommission folgende Massnahmen verfügen:
a. die Trennung der zusammengefassten Unternehmen oder Vermögenswerte;
b. die Beendigung des kontrollierenden Einflusses;
c. andere Massnahmen, die geeignet sind, wirksamen Wettbewerb wiederherzustellen.

Art. 38 Widerruf und Revision

¹ Die Wettbewerbskommission kann eine Zulassung widerrufen oder die Prüfung eines Zusammenschlusses trotz Ablauf der Frist von Artikel 32 Absatz 1 beschliessen, wenn:
a. die beteiligten Unternehmen unrichtige Angaben gemacht haben;
b. die Zulassung arglistig herbeigeführt worden ist; oder
c. die beteiligten Unternehmen einer Auflage zu einer Zulassung in schwerwiegender Weise zuwiderhandeln.

² Der Bundesrat kann eine ausnahmsweise Zulassung aus denselben Gründen widerrufen.

---

[32] Fassung gemäss Anhang Ziff. 27 des Verwaltungsgerichtsgesetzes vom 17. Juni 2005, in Kraft seit 1. Jan. 2007 (AS 2006 2197 1069; BBl 2001 4202).

4. Abschnitt: Verfahren und Rechtsschutz

Art. 39 Grundsatz

Auf die Verfahren sind die Bestimmungen des Verwaltungsverfahrensgesetzes vom 20. Dezember 1968[33] anwendbar, soweit dieses Gesetz nicht davon abweicht.

Art. 40 Auskunftspflicht

Beteiligte an Abreden, marktmächtige Unternehmen, Beteiligte an Zusammenschlüssen sowie betroffene Dritte haben den Wettbewerbsbehörden alle für deren Abklärungen erforderlichen Auskünfte zu erteilen und die notwendigen Urkunden vorzulegen. Das Recht zur Verweigerung der Auskunft richtet sich nach den Artikeln 16 und 17 des Verwaltungsverfahrensgesetzes vom 20. Dezember 1968[34] [35].

Art. 41 Amtshilfe

Amtsstellen des Bundes und der Kantone sind verpflichtet, an Abklärungen der Wettbewerbsbehörden mitzuwirken und die notwendigen Unterlagen zur Verfügung zu stellen.

Art. 42[36] Untersuchungsmassnahmen

¹ Die Wettbewerbsbehörden können Dritte als Zeugen einvernehmen und die von einer Untersuchung Betroffenen zur Beweisaussage verpflichten. Artikel 64 des Bundesgesetzes vom 4. Dezember 1947[37] über den Bundeszivilprozess ist sinngemäss anwendbar.

² Die Wettbewerbsbehörden können Hausdurchsuchungen anordnen und Beweisgegenstände sicherstellen. Für diese Zwangsmassnahmen sind die Artikel 45–50 des Bundesgesetzes vom 22. März 1974[38] über das Verwaltungsstrafrecht sinngemäss anwendbar. Hausdurchsuchungen und Beschlagnahmen werden auf Grund eines Antrages des Sekretariats von einem Mitglied des Präsidiums angeordnet.

---

33 SR 172.021
34 SR 172.021
35 Fassung des zweiten Satzes gemäss Ziff. I 3 des BG vom 28. Sept. 2012 über die Anpassung von verfahrensrechtlichen Bestimmungen zum anwaltlichen Berufsgeheimnis, in Kraft seit 1. Mai 2013 (AS 2013 847; BBl 2011 8181).
36 Fassung gemäss Ziff. I des BG vom 20. Juni 2003, in Kraft seit 1. April 2004 (AS 2004 1385; BBl 2002 2022 5506).
37 SR 273
38 SR 313.0

Art. 42a[39] Untersuchungen in Verfahren nach dem Luftverkehrsabkommen Schweiz–EG

¹ Die Wettbewerbskommission ist die schweizerische Behörde, die für die Zusammenarbeit mit den Organen der Europäischen Gemeinschaft nach Artikel 11 des Abkommens zwischen der Schweizerischen Eidgenossenschaft und der Europäischen Gemeinschaft vom 21. Juni 1999[40] über den Luftverkehr zuständig ist.

² Widersetzt sich ein Unternehmen in einem auf Artikel 11 des Abkommens gestützten Verfahren der Nachprüfung, so können auf Ersuchen der Kommission der Europäischen Gemeinschaft Untersuchungsmassnahmen nach Artikel 42 vorgenommen werden; Artikel 44 ist anwendbar.

Art. 42b[41] Bekanntgabe von Daten an eine ausländische Wettbewerbsbehörde

¹ Eine Bekanntgabe von Daten an eine ausländische Wettbewerbsbehörde ist nur zulässig gestützt auf ein Gesetz, ein internationales Abkommen oder mit Zustimmung der betroffenen Unternehmen.

² Ohne Zustimmung der betroffenen Unternehmen können die Wettbewerbsbehörden einer ausländischen Wettbewerbsbehörde vertrauliche Daten, insbesondere Geschäftsgeheimnisse, gestützt auf ein internationales Abkommen nur bekannt geben, wenn:
a. die im empfangenden Staat untersuchten Verhaltensweisen auch nach schweizerischem Recht unzulässig sind;
b. beide Wettbewerbsbehörden dieselben oder miteinander verbundene Verhaltensweisen oder Rechtsgeschäfte untersuchen;
c. die Daten von der ausländischen Wettbewerbsbehörde nur für Zwecke der Anwendung kartellrechtlicher Bestimmungen sowie als Beweismittel in Bezug auf den Untersuchungsgegenstand verwendet werden, für den die Wettbewerbsbehörde das Auskunftsbegehren gestellt hat;
d. die Daten nicht in einem Straf- oder Zivilverfahren verwendet werden;
e. die Parteirechte und das Amtsgeheimnis im ausländischen Verfahrensrecht gewahrt sind; und
f. die vertraulichen Daten der ausländischen Wettbewerbsbehörde nicht im Rahmen einer einvernehmlichen Regelung (Art. 29) oder der Mitwirkung an der Aufdeckung und der Beseitigung einer Wettbewerbsbeschränkung (Art. 49*a* Abs. 2) bekannt gegeben werden.

---

39 Eingefügt durch Ziff. I des BG vom 20. Juni 2003, in Kraft seit 1. April 2004 (AS 2004 1385; BBl 2002 2022 5506).
40 SR 0.748.127.192.68
41 Eingefügt durch Anhang des BB vom 20. Juni 2014 über die Genehmigung des Abk. zwischen der Schweiz und der EU über die Zusammenarbeit bei der Anwendung ihres Wettbewerbsrechts und über die Umsetzung, in Kraft seit 1. Dez. 2014 (AS 2014 3711; BBl 2013 3959).

³ Die Wettbewerbsbehörden informieren die betroffenen Unternehmen und laden diese zur Stellungnahme ein, bevor sie der ausländischen Wettbewerbsbehörde die Daten übermitteln.

Art. 43 Beteiligung Dritter an der Untersuchung

¹ Ihre Beteiligung an der Untersuchung einer Wettbewerbsbeschränkung können anmelden:

a. Personen, die aufgrund der Wettbewerbsbeschränkung in der Aufnahme oder in der Ausübung des Wettbewerbs behindert sind;
b. Berufs- und Wirtschaftsverbände, die nach den Statuten zur Wahrung der wirtschaftlichen Interessen ihrer Mitglieder befugt sind, sofern sich auch Mitglieder des Verbands oder eines Unterverbands an der Untersuchung beteiligen können;
c. Organisationen von nationaler oder regionaler Bedeutung, die sich statutengemäss dem Konsumentenschutz widmen.

² Das Sekretariat kann verlangen, dass Gruppen von mehr als fünf am Verfahren Beteiligten mit gleichen Interessen eine gemeinsame Vertretung bestellen, falls die Untersuchung sonst übermässig erschwert würde. Es kann in jedem Fall die Beteiligung auf eine Anhörung beschränken; vorbehalten bleiben die Parteirechte nach dem Verwaltungsverfahrensgesetz vom 20. Dezember 1968[42].

³ Die Absätze 1 und 2 gelten sinngemäss auch im Verfahren der ausnahmsweisen Zulassung einer unzulässigen Wettbewerbsbeschränkung durch den Bundesrat (Art. 8).

⁴ Im Verfahren der Prüfung von Unternehmenszusammenschlüssen haben nur die beteiligten Unternehmen Parteirechte.

Art. 44[43]

5. Abschnitt: Übrige Aufgaben und Befugnisse der Wettbewerbsbehörden

Art. 45 Empfehlungen an Behörden

¹ Die Wettbewerbskommission beobachtet laufend die Wettbewerbsverhältnisse.

² Sie kann den Behörden Empfehlungen zur Förderung von wirksamem Wettbewerb unterbreiten, insbesondere hinsichtlich der Schaffung und Handhabung wirtschaftsrechtlicher Vorschriften.

---

42 SR 172.021
43 Aufgehoben durch Anhang Ziff. 27 des Verwaltungsgerichtsgesetzes vom 17. Juni 2005, mit Wirkung seit 1. Jan. 2007 (AS 2006 2197 1069; BBl 2001 4202).

Art. 46 Stellungnahmen

¹ Entwürfe von wirtschaftsrechtlichen Erlassen des Bundes oder andern Bundeserlassen, die den Wettbewerb beeinflussen können, sind dem Sekretariat vorzulegen. Es prüft diese auf Wettbewerbsverfälschungen oder übermässige Wettbewerbsbeschränkungen hin.

² Die Wettbewerbskommission nimmt im Vernehmlassungsverfahren Stellung zu Entwürfen von rechtsetzenden Erlassen des Bundes, die den Wettbewerb beschränken oder auf andere Weise beeinflussen. Sie kann zu kantonalen rechtsetzenden Erlassesentwürfen Stellung nehmen.

Art. 47 Gutachten

¹ Die Wettbewerbskommission verfasst für andere Behörden Gutachten zu Wettbewerbsfragen von grundsätzlicher Bedeutung. Sie kann das Sekretariat in Fällen von untergeordneter Bedeutung beauftragen, an ihrer Stelle Gutachten zu erstatten.

² ...[44]

Art. 48 Veröffentlichung von Entscheiden und Urteilen

¹ Die Wettbewerbsbehörden können ihre Entscheide veröffentlichen.

² Die Gerichte stellen dem Sekretariat die Urteile, die in Anwendung dieses Gesetzes gefällt werden, unaufgefordert und in vollständiger Abschrift zu. Das Sekretariat sammelt diese Urteile und kann sie periodisch veröffentlichen.

Art. 49 Informationspflichten

¹ Das Sekretariat und die Wettbewerbskommission orientieren die Öffentlichkeit über ihre Tätigkeit.

² Die Wettbewerbskommission erstattet dem Bundesrat jährlich einen Tätigkeitsbericht.

6. Abschnitt: Verwaltungssanktionen[45]

Art. 49a[46] Sanktion bei unzulässigen Wettbewerbsbeschränkungen

¹ Ein Unternehmen, das an einer unzulässigen Abrede nach Artikel 5 Absätze 3 und 4 beteiligt ist oder marktbeherrschend ist und sich nach Artikel 7 unzulässig verhält, wird mit einem Betrag bis zu 10 Prozent des in den letzten

---

44 Aufgehoben durch Ziff. I des BG vom 20. Juni 2003, mit Wirkung seit 1. April 2004 (AS 2004 1385; BBl 2002 2022 5506).
45 Ursprünglich vor Art. 50.
46 Eingefügt durch Ziff. I des BG vom 20. Juni 2003, in Kraft seit 1. April 2004 (AS 2004 1385; BBl 2002 2022 5506). Siehe auch die SchlB am Ende dieses Erlasses.

drei Geschäftsjahren in der Schweiz erzielten Umsatzes belastet.[47] Artikel 9 Absatz 3 ist sinngemäss anwendbar. Der Betrag bemisst sich nach der Dauer und der Schwere des unzulässigen Verhaltens. Der mutmassliche Gewinn, den das Unternehmen dadurch erzielt hat, ist angemessen zu berücksichtigen.

² Wenn das Unternehmen an der Aufdeckung und der Beseitigung der Wettbewerbsbeschränkung mitwirkt, kann auf eine Belastung ganz oder teilweise verzichtet werden.

³ Die Belastung entfällt, wenn:
a. das Unternehmen die Wettbewerbsbeschränkung meldet, bevor diese Wirkung entfaltet. Wird dem Unternehmen innert fünf Monaten nach der Meldung die Eröffnung eines Verfahrens nach den Artikeln 26–30 mitgeteilt und hält es danach an der Wettbewerbsbeschränkung fest, entfällt die Belastung nicht;
b. die Wettbewerbsbeschränkung bei Eröffnung der Untersuchung länger als fünf Jahre nicht mehr ausgeübt worden ist;
c. der Bundesrat eine Wettbewerbsbeschränkung nach Artikel 8 zugelassen hat.

Art. 50[48] Verstösse gegen einvernehmliche Regelungen und behördliche Anordnungen

Verstösst ein Unternehmen zu seinem Vorteil gegen eine einvernehmliche Regelung, eine rechtskräftige Verfügung der Wettbewerbsbehörden oder einen Entscheid der Rechtsmittelinstanzen, so wird es mit einem Betrag bis zu 10 Prozent des in den letzten drei Geschäftsjahren in der Schweiz erzielten Umsatzes belastet. Artikel 9 Absatz 3 ist sinngemäss anwendbar. Bei der Bemessung des Betrages ist der mutmassliche Gewinn, den das Unternehmen durch das unzulässige Verhalten erzielt hat, angemessen zu berücksichtigen.

Art. 51 Verstösse im Zusammenhang mit Unternehmenszusammenschlüssen

¹ Ein Unternehmen, das einen meldepflichtigen Zusammenschluss ohne Meldung vollzieht oder das vorläufige Vollzugsverbot missachtet, gegen eine mit der Zulassung erteilte Auflage verstösst, einen untersagten Zusammenschluss vollzieht oder eine Massnahme zur Wiederherstellung wirksamen Wettbewerbs nicht durchführt, wird mit einem Betrag bis zu einer Million Franken belastet.

² Bei wiederholtem Verstoss gegen eine mit der Zulassung erteilte Auflage wird das Unternehmen mit einem Betrag bis zu 10 Prozent des auf die Schweiz

---

47 Fassung gemäss Ziff. I des BG vom 19. März 2021, in Kraft seit 1. Jan. 2022 (AS 2021 576; BBl 2019 4877).
48 Fassung gemäss Ziff. I des BG vom 20. Juni 2003, in Kraft seit 1. April 2004 (AS 2004 1385; BBl 2002 2022 5506).

entfallenden Gesamtumsatzes der beteiligten Unternehmen belastet. Artikel 9 Absatz 3 ist sinngemäss anwendbar.

Art. 52 Andere Verstösse

Ein Unternehmen, das die Auskunftspflicht oder die Pflichten zur Vorlage von Urkunden nicht oder nicht richtig erfüllt, wird mit einem Betrag bis zu 100 000 Franken belastet.

Art. 53 Verfahren[49]

[1] Verstösse werden vom Sekretariat im Einvernehmen mit einem Mitglied des Präsidiums untersucht. Sie werden von der Wettbewerbskommission beurteilt.

[2] ...[50]

7. Abschnitt:[51] Gebühren

Art. 53a

[1] Die Wettbewerbsbehörden erheben Gebühren für:
a. Verfügungen über die Untersuchung von Wettbewerbsbeschränkungen nach den Artikeln 26–31;
b. die Prüfung von Unternehmenszusammenschlüssen nach den Artikeln 32–38;
c. Gutachten und sonstige Dienstleistungen.

[2] Die Gebühr bemisst sich nach dem Zeitaufwand.

[3] Der Bundesrat legt die Gebührensätze fest und regelt die Gebührenerhebung. Er kann vorsehen, dass für bestimmte Verfahren oder Dienstleistungen, namentlich bei der Einstellung der Verfahren, keine Gebühren erhoben werden.

---

49 Fassung gemäss Anhang Ziff. 27 des Verwaltungsgerichtsgesetzes vom 17. Juni 2005, in Kraft seit 1. Jan. 2007 (AS 2006 2197 1069; BBl 2001 4202).
50 Aufgehoben durch Anhang Ziff. 27 des Verwaltungsgerichtsgesetzes vom 17. Juni 2005, mit Wirkung seit 1. Jan. 2007 (AS 2006 2197 1069; BBl 2001 4202).
51 Eingefügt durch Ziff. I des BG vom 20. Juni 2003, in Kraft seit 1. April 2004 (AS 2004 1385; BBl 2002 2022 5506).

5. Kapitel: Strafsanktionen

Art. 54 Widerhandlungen gegen einvernehmliche Regelungen und behördliche Anordnungen

Wer vorsätzlich einer einvernehmlichen Regelung, einer rechtskräftigen Verfügung der Wettbewerbsbehörden oder einem Entscheid der Rechtsmittelinstanzen zuwiderhandelt, wird mit Busse bis zu 100 000 Franken bestraft.

Art. 55 Andere Widerhandlungen

Wer vorsätzlich Verfügungen der Wettbewerbsbehörden betreffend die Auskunftspflicht (Art. 40) nicht oder nicht richtig befolgt, einen meldepflichtigen Zusammenschluss ohne Meldung vollzieht oder Verfügungen im Zusammenhang mit Unternehmenszusammenschlüssen zuwiderhandelt, wird mit Busse bis zu 20 000 Franken bestraft.

Art. 56 Verjährung

[1] Die Strafverfolgung für Widerhandlungen gegen einvernehmliche Regelungen und behördliche Anordnungen (Art. 54) verjährt nach fünf Jahren. Die Verjährungsfrist kann durch Unterbrechung um nicht mehr als die Hälfte hinausgeschoben werden.

[2] Die Strafverfolgung für andere Widerhandlungen (Art. 55) verjährt nach zwei Jahren.

Art. 57 Verfahren und Rechtsmittel

[1] Für die Verfolgung und die Beurteilung der strafbaren Handlung gilt das Bundesgesetz über das Verwaltungsstrafrecht vom 22. März 1974[52].

[2] Verfolgende Behörde ist das Sekretariat im Einvernehmen mit einem Mitglied des Präsidiums. Urteilende Behörde ist die Wettbewerbskommission.

6. Kapitel: Ausführung internationaler Abkommen

Art. 58 Feststellung des Sachverhalts

[1] Macht eine Vertragspartei eines internationalen Abkommens geltend, eine Wettbewerbsbeschränkung sei mit dem Abkommen unvereinbar, so kann das WBF das Sekretariat mit einer entsprechenden Vorabklärung beauftragen.

[2] Das WBF entscheidet auf Antrag des Sekretariats über das weitere Vorgehen. Es hört zuvor die Beteiligten an.

---

52 SR 313.0

Art. 59 Beseitigung von Unvereinbarkeiten

¹ Wird bei der Ausführung eines internationalen Abkommens festgestellt, dass eine Wettbewerbsbeschränkung mit dem Abkommen unvereinbar ist, so kann das WBF im Einvernehmen mit dem Eidgenössischen Departement für auswärtige Angelegenheiten den Beteiligten eine einvernehmliche Regelung über die Beseitigung der Unvereinbarkeit vorschlagen.

² Kommt eine einvernehmliche Regelung nicht rechtzeitig zustande und drohen der Schweiz von der Vertragspartei Schutzmassnahmen, so kann das WBF im Einvernehmen mit dem Eidgenössischen Departement für auswärtige Angelegenheiten die Massnahmen verfügen, die zur Beseitigung der Wettbewerbsbeschränkung erforderlich sind.

6a. Kapitel:[53] Evaluation

Art. 59a

¹ Der Bundesrat sorgt für die Evaluation der Wirksamkeit der Massnahmen und des Vollzugs dieses Gesetzes.

² Der Bundesrat erstattet nach Abschluss der Evaluation, spätestens aber fünf Jahre nach Inkrafttreten dieser Bestimmung, dem Parlament Bericht und unterbreitet Vorschläge für das weitere Vorgehen.

7. Kapitel: Schlussbestimmungen

Art. 60 Ausführungsbestimmungen

Der Bundesrat erlässt die Ausführungsbestimmungen.

Art. 61 Aufhebung bisherigen Rechts

Das Kartellgesetz vom 20. Dezember 1985[54] wird aufgehoben.

Art. 62 Übergangsbestimmungen

¹ Laufende Verfahren der Kartellkommission über Wettbewerbsabreden werden mit Inkrafttreten dieses Gesetzes sistiert; nötigenfalls werden sie nach Ablauf von sechs Monaten nach neuem Recht weitergeführt.

² Neue Verfahren der Wettbewerbskommission über Wettbewerbsabreden können frühestens sechs Monate nach Inkrafttreten des Gesetzes eingeleitet

---

53 Eingefügt durch Ziff. I des BG vom 20. Juni 2003, in Kraft seit 1. April 2004 (AS 2004 1385; BBl 2002 2022 5506).
54 [AS 1986 874, 1992 288 Anhang Ziff. 12]

werden, es sei denn, mögliche Verfügungsadressaten verlangten eine frühere Untersuchung. Vorabklärungen sind jederzeit möglich.

³ Rechtskräftige Verfügungen und angenommene Empfehlungen nach dem Kartellgesetz vom 20. Dezember 1985[55] unterstehen auch bezüglich der Sanktionen dem bisherigen Recht.

Art. 63 Referendum und Inkrafttreten

¹ Dieses Gesetz untersteht dem fakultativen Referendum.

² Der Bundesrat bestimmt das Inkrafttreten.

Schlussbestimmung zur Änderung vom 20. Juni 2003[56]

Wird eine bestehende Wettbewerbsbeschränkung innert eines Jahres nach Inkrafttreten von Artikel 49a gemeldet oder aufgelöst, so entfällt eine Belastung nach dieser Bestimmung.

Datum des Inkrafttretens:
Artikel 18–25 am 1. Februar 1996[57]
alle übrigen Bestimmungen am 1. Juli 1996[58]

Anhang

Änderung von Bundesgesetzen

...[59]

---

55 [AS 1986 874, 1992 288 Anhang Ziff. 12]
56 AS 2004 1385; BBl 2002 2022 5506
57 BRB vom 24. Jan. 1996
58 V vom 17. Juni 1996 (AS 1996 1805)
59 Die Änderungen können unter AS 1996 546 konsultiert werden.

25. Verordnung über die Kontrolle von Unternehmenszusammenschlüssen (VKU*)

vom 17. Juni 1996

Der Schweizerische Bundesrat,
gestützt auf Artikel 60 des Kartellgesetzes vom 6. Oktober 1995[1] (Gesetz),
verordnet:

Art. 1 Erlangung der Kontrolle

Ein Unternehmen erlangt im Sinne von Artikel 4 Absatz 3 Buchstabe b des Gesetzes die Kontrolle über ein bisher unabhängiges Unternehmen, wenn es durch den Erwerb von Beteiligungsrechten oder auf andere Weise die Möglichkeit erhält, einen bestimmenden Einfluss auf die Tätigkeit des andern Unternehmens auszuüben. Mittel zur Kontrolle können, einzeln oder in Kombination, insbesondere sein:

a. Eigentums- oder Nutzungsrechte an der Gesamtheit oder an Teilen des Vermögens des Unternehmens;

b. Rechte oder Verträge, die einen bestimmenden Einfluss auf die Zusammensetzung, die Beratungen oder Beschlüsse der Organe des Unternehmens gewähren.

Art. 2 Gemeinschaftsunternehmen

[1] Ein Vorgang, durch den zwei oder mehr Unternehmen gemeinsam die Kontrolle über ein Unternehmen erlangen, das sie bisher nicht gemeinsam kontrollierten, stellt einen Unternehmenszusammenschluss im Sinne von Artikel 4 Absatz 3 Buchstabe b des Gesetzes dar, wenn das Gemeinschaftsunternehmen auf Dauer alle Funktionen einer selbständigen wirtschaftlichen Einheit erfüllt.

[2] Gründen zwei oder mehr Unternehmen ein Unternehmen, das sie gemeinsam kontrollieren wollen, so liegt ein Unternehmenszusammenschluss vor, wenn das Gemeinschaftsunternehmen die Funktionen nach Absatz 1 erfüllt und in es Geschäftstätigkeiten von mindestens einem der kontrollierenden Unternehmen einfliessen.

SR 251.4. AS 1996 1658
* Nicht amtliche Abkürzung.
1 SR 251

Art. 3 Beteiligte Unternehmen

¹ Für die Berechnung der Grenzbeträge nach Artikel 9 Absätze 1–3 des Gesetzes sind die Umsätze der am Zusammenschluss beteiligten Unternehmen massgebend. Als beteiligte Unternehmen im Sinne dieser Verordnung gelten:
a. bei der Fusion: die fusionierenden Unternehmen;
b. bei der Erlangung der Kontrolle: die kontrollierenden und die kontrollierten Unternehmen.

² Ist Gegenstand des Zusammenschlusses ein Teil eines Unternehmens, so gilt dieser Teil als beteiligtes Unternehmen.

Art. 4 Berechnung des Umsatzes

¹ Für die Berechnung des Umsatzes sind von den Erlösen, die die beteiligten Unternehmen während des letzten Geschäftsjahres mit Waren und Leistungen in ihrem normalen geschäftlichen Tätigkeitsbereich erzielt haben, Erlösminderungen wie Skonti und Rabatte, Mehrwertsteuern und andere Verbrauchssteuern sowie weitere unmittelbar auf den Umsatz bezogene Steuern abzuziehen.

² Geschäftsjahre, die nicht zwölf Monate umfassen, sind nach dem Durchschnitt der erfassten Monate auf volle zwölf Monate umzurechnen. Umsätze in ausländischen Währungen sind nach den in der Schweiz geltenden Grundsätzen ordnungsmässiger Rechnungslegung in Schweizer Franken umzurechnen.

³ Finden zwischen denselben Unternehmen innerhalb von zwei Jahren zwei oder mehr Vorgänge zur Erlangung der Kontrolle über Teile von diesen Unternehmen statt, so sind diese Vorgänge für die Umsatzberechnung als einziger Zusammenschluss anzusehen. Der Zeitpunkt des letzten Geschäftes ist massgebend.

Art. 5 Umsatz eines beteiligten Unternehmens

¹ Der Umsatz eines beteiligten Unternehmens setzt sich zusammen aus den Umsätzen aus eigener Geschäftstätigkeit und den Umsätzen:
a. der Unternehmen, bei denen es mehr als die Hälfte des Kapitals oder der Stimmrechte besitzt oder mehr als die Hälfte der Mitglieder der zur gesetzlichen Vertretung berufenen Organe bestellen kann oder auf andere Weise das Recht hat, die Geschäfte des Unternehmens zu führen (Tochterunternehmen);
b. der Unternehmen, die bei ihm einzeln oder gemeinsam die Rechte oder Einflussmöglichkeiten nach Buchstabe a haben (Mutterunternehmen);
c. der Unternehmen, bei denen ein Unternehmen nach Buchstabe b die Rechte oder Einflussmöglichkeiten nach Buchstabe a hat (Schwesterunternehmen);

d. der Unternehmen, bei denen mehrere der in diesem Absatz aufgeführten Unternehmen die Rechte oder Einflussmöglichkeiten nach Buchstabe a jeweils gemeinsam haben (Gemeinschaftsunternehmen).

² Bei der Berechnung des Gesamtumsatzes eines beteiligten Unternehmens sind die Umsätze aus Geschäften zwischen den in Absatz 1 genannten Unternehmen nicht zu berücksichtigen.

³ Umsätze eines Gemeinschaftsunternehmens, das von den beteiligten Unternehmen gemeinsam kontrolliert wird, sind diesen Unternehmen zu gleichen Teilen zuzurechnen. Absatz 2 ist sinngemäss anwendbar.

Art. 6 Berechnung der Bruttoprämieneinnahmen bei Versicherungsgesellschaften

¹ Die Bruttoprämieneinnahmen umfassen die im letzten Geschäftsjahr in Rechnung gestellten Prämien im Erst- und im Rückversicherungsgeschäft, einschliesslich der in Rückdeckung gegebenen Anteile und abzüglich der auf den Erstversicherungsprämien eingenommenen Steuern oder sonstigen Abgaben. Für die Berechnung des auf die Schweiz entfallenden Anteils ist auf die Bruttoprämieneinnahmen abzustellen, die von in der Schweiz ansässigen Personen gezahlt werden.

² Artikel 4 Absätze 2 und 3 sowie Artikel 5 sind sinngemäss anwendbar.

Art. 7[2]

Art. 8[3] Ermittlung der Grenzwerte bei Beteiligung von Banken und übrigen Finanzintermediären

¹ Die Bruttoerträge umfassen sämtliche im letzten Geschäftsjahr erwirtschafteten Erträge aus der ordentlichen Geschäftstätigkeit gemäss den Bestimmungen des Bundesgesetzes vom 8. November 1934[4] über Banken und Sparkassen und dessen Ausführungserlasse, einschliesslich:

a. des Zins- und Diskontertrages;
b. des Zins- und Dividendenertrages aus den Handelsbeständen;
c. des Zins- und Dividendenertrages aus Finanzanlagen;
d. des Kommissionsertrages aus dem Kreditgeschäft;
e. des Kommissionsertrages aus dem Wertschriften- und Anlagegeschäft;
f. des Kommissionsertrages aus dem übrigen Dienstleistungsgeschäft;
g. des Erfolges aus dem Handelsgeschäft;
h. des Erfolges aus Veräusserungen von Finanzanlagen;
i. des Beteiligungsertrages;
j. des Liegenschaftenerfolges; und
k. anderer ordentlicher Erträge.

---

2 Aufgehoben durch Ziff. I der V vom 12. März 2004, mit Wirkung seit 1. April 2004 (AS 2004 1395).
3 Fassung gemäss Ziff. I der V vom 12. März 2004, in Kraft seit 1. April 2004 (AS 2004 1395).
4 SR 952.0

² Mehrwertsteuern und andere unmittelbar auf die Bruttoerträge bezogene Steuern dürfen davon abgezogen werden.

³ Banken und übrige Finanzintermediäre, welche internationale Rechnungslegungsvorschriften anwenden, berechnen die Bruttoerträge analog den vorstehenden Bestimmungen.

⁴ Sind an einem Zusammenschluss Unternehmen beteiligt, von denen nur ein Teil Banken oder Finanzintermediäre sind oder die nur teilweise solche Tätigkeiten betreiben, so sind zur Ermittlung des Erreichens der Grenzwerte die Bruttoerträge dieser Unternehmen oder Unternehmensteile zu veranschlagen und zum Umsatz beziehungsweise zu den Bruttoprämieneinnahmen der übrigen beteiligten Unternehmen oder Unternehmensteile hinzuzuzählen.

⁵ Artikel 4 Absätze 2 und 3 sowie Artikel 5 sind sinngemäss anwendbar.

Art. 9 Meldung eines Zusammenschlussvorhabens

¹ Die Meldung eines Zusammenschlussvorhabens ist in fünffacher Ausfertigung beim Sekretariat der Wettbewerbskommission (Sekretariat) einzureichen, und zwar:

a. bei der Fusion durch die beteiligten Unternehmen gemeinsam;
b. bei der Erlangung der Kontrolle durch das Unternehmen, welches die Kontrolle erlangt, beziehungsweise gemeinsam durch die Unternehmen, welche die Kontrolle erlangen.

² Bei gemeinsamer Meldung haben die meldenden Unternehmen mindestens einen gemeinsamen Vertreter zu bestellen.

³ Meldende Unternehmen oder ihre Vertreter mit Wohnsitz oder Sitz im Ausland haben in der Schweiz ein Zustellungsdomizil zu bezeichnen.

Art. 10 Benachrichtigung der Eidgenössischen Finanzmarktaufsicht[5]

Die Wettbewerbskommission informiert die Eidgenössische Finanzmarktaufsicht unverzüglich über die Meldung von Zusammenschlussvorhaben von Banken im Sinne des Bundesgesetzes vom 8. November 1934[6] über die Banken und Sparkassen.

Art. 11 Inhalt der Meldung

¹ Die Meldung muss folgende Angaben enthalten:

a. Firma, Sitz und Kurzbeschreibung der Geschäftstätigkeit der Unternehmen, die nach den Artikeln 4–8 zur Feststellung des Erreichens der Grenzwerte miteinzubeziehen sind, sowie der Veräusserer der Beteiligungen;

---

5 Die Bezeichnung der Verwaltungseinheit wurde in Anwendung von Art. 16 Abs. 3 der Publikationsverordnung vom 17. Nov. 2004 (AS 2004 4937) angepasst. Die Anpassung wurde im ganzen Text vorgenommen.
6 SR 952.0

b. eine Beschreibung des Zusammenschlussvorhabens, der relevanten Tatsachen und Umstände sowie der Ziele, die mit dem Zusammenschlussvorhaben verfolgt werden;
c. die nach den Artikeln 4–8 berechneten Umsätze beziehungsweise Bilanzsummen oder Bruttoprämieneinnahmen sowie die auf die Schweiz entfallenden Anteile der beteiligten Unternehmen;
d. die Angabe aller sachlichen und räumlichen Märkte, die von dem Zusammenschluss betroffen sind und in denen der gemeinsame Marktanteil in der Schweiz von zwei oder mehr der beteiligten Unternehmen 20 Prozent oder mehr beträgt oder der Marktanteil in der Schweiz von einem der beteiligten Unternehmen 30 Prozent oder mehr beträgt, und eine Beschreibung dieser Märkte, die zumindest über die Vertriebs- und Nachfragestrukturen sowie die Bedeutung von Forschung und Entwicklung Auskunft gibt;
e. hinsichtlich der nach Buchstabe d erfassten Märkte für die letzten drei Jahre die Marktanteile der am Zusammenschluss beteiligten Unternehmen und, soweit bekannt, von jedem der drei wichtigsten Wettbewerber sowie eine Erläuterung der Grundlagen für die Berechnung der Marktanteile;
f. für die nach Buchstabe d erfassten Märkte die Angabe der in den letzten fünf Jahren neu eingetretenen Unternehmen sowie derjenigen Unternehmen, die in den nächsten drei Jahren in diese Märkte eintreten könnten, und, nach Möglichkeit, die Kosten, die ein Markteintritt verursacht.

² Der Meldung sind ferner folgende Unterlagen beizulegen:
a. Kopien der neuesten Jahresrechnungen und Jahresberichte der beteiligten Unternehmen;
b. Kopien der Verträge, die den Zusammenschluss bewirken oder sonst mit ihm in einem Zusammenhang stehen, soweit sich deren wesentlicher Inhalt nicht bereits aus den Angaben nach Absatz 1 Buchstabe b ergibt;
c. im Falle eines öffentlichen Kaufangebots Kopien der Angebotsunterlagen;
d. Kopien der Berichte, Analysen und Geschäftspläne, die im Hinblick auf den Zusammenschluss erstellt wurden, soweit sie für die Beurteilung des Zusammenschlusses wichtige Angaben enthalten, die sich nicht bereits aus der Beschreibung nach Absatz 1 Buchstabe b ergeben.

³ Die sachlichen und räumlichen Märkte nach Absatz 1 Buchstaben d–f bestimmen sich wie folgt:
a. Der sachliche Markt umfasst alle Waren oder Leistungen, die von der Marktgegenseite hinsichtlich ihrer Eigenschaften und ihres vorgesehenen Verwendungszwecks als substituierbar angesehen werden.
b. Der räumliche Markt umfasst das Gebiet, in welchem die Marktgegenseite die den sachlichen Markt umfassenden Waren oder Leistungen nachfragt oder anbietet.

⁴ Die Meldung ist in einer der Amtssprachen einzureichen. Das Verfahren wird in dieser Sprache durchgeführt, sofern nichts anderes vereinbart wird. Die Beilagen können auch in englischer Sprache eingereicht werden.

Art. 12 Erleichterte Meldung

Die beteiligten Unternehmen und das Sekretariat können vor der Meldung eines Zusammenschlusses Einzelheiten des Inhalts der Meldung einvernehmlich festlegen. Das Sekretariat kann dabei von der Pflicht zur Vorlage von einzelnen Angaben oder Unterlagen nach Artikel 11 Absätze 1 und 2 befreien, wenn es der Ansicht ist, dass diese für die Prüfung des Falles nicht notwendig sind. Vorbehalten bleibt die Pflicht zur Vorlage von zusätzlichen Angaben und Unterlagen nach Artikel 15.

Art. 13 Meldeformulare und Erläuterungen

¹ Die Wettbewerbskommission kann die Angaben nach Artikel 11 in Meldeformularen umschreiben und die Anmeldeerfordernisse in Erläuterungen näher bezeichnen. Sie kann festlegen, inwieweit eine bei einer ausländischen Behörde eingereichte Meldung für die Meldung eines Zusammenschlussvorhabens in der Schweiz verwendet werden kann.

² Die Wettbewerbskommission veranlasst die Veröffentlichung der Meldeformulare und der Erläuterungen im Bundesblatt.

Art. 14 Bestätigung der Vollständigkeit der Meldung

Das Sekretariat bestätigt den meldenden Unternehmen innert zehn Tagen schriftlich den Eingang der Meldung und deren Vollständigkeit. Sind die Angaben oder Beilagen in einem wesentlichen Punkt unvollständig, so fordert das Sekretariat die meldenden Unternehmen innert der gleichen Frist auf, die Meldung zu ergänzen.

Art. 15 Zusätzliche Angaben und Unterlagen

¹ Beteiligte Unternehmen und mit ihm im Sinne von Artikel 5 verbundene Unternehmen sowie Veräusserer von Beteiligungen müssen auch nach der Bestätigung der Vollständigkeit der Meldung dem Sekretariat binnen einer von ihm gesetzten Frist zusätzliche Angaben machen und Unterlagen einreichen, die für die Prüfung des Zusammenschlussvorhabens von Bedeutung sein können. Insbesondere müssen sie Auskunft erteilen über bisherige oder geplante Absatz- oder Umsatzzahlen sowie über die Marktentwicklung und ihre Stellung im internationalen Wettbewerb.

² Das Sekretariat kann bei betroffenen Dritten Auskünfte einholen, die für die Beurteilung des Zusammenschlussvorhabens von Bedeutung sein können. Es kann dabei Dritten unter Wahrung der Geschäftsgeheimnisse der beteiligten Unternehmen und der mit ihnen im Sinne von Artikel 5 verbundenen Unter-

nehmen sowie der Veräusserer vom Zusammenschlussvorhaben in geeigneter Weise Kenntnis geben.

Art. 16 Bewilligung des Vollzugs

¹ Die beteiligten Unternehmen dürfen den Zusammenschluss vor Ablauf der Monatsfrist nach Artikel 32 Absatz 2 des Gesetzes vollziehen, wenn ihnen die Wettbewerbskommission mitteilt, dass sie den Zusammenschluss für unbedenklich hält.

² Bewilligt die Wettbewerbskommission den Vollzug nach Artikeln 32 Absatz 2 und 33 Absatz 2 des Gesetzes, so kann sie diesen mit Bedingungen und Auflagen verbinden. Im Falle der Bewilligung des Vollzugs im Zusammenhang mit einem öffentlichen Kaufangebot kann sie insbesondere anordnen, dass die durch die übernehmende Gesellschaft erworbenen Stimmrechte nur zur Erhaltung des Werts der getätigten Investition ausgeübt werden dürfen.

Art. 17 Bewilligung des Vollzugs bei Banken

Erachtet die Eidgenössische Finanzmarktaufsicht einen Zusammenschluss von Banken aus Gründen des Gläubigerschutzes als notwendig, so kann sie auf Ersuchen der beteiligten Banken oder von Amtes wegen in jedem Zeitpunkt des Verfahrens und nötigenfalls vor Eingang der Meldung des Zusammenschlussvorhabens den Vollzug nach den Artikeln 32 Absatz 2 und 33 Absatz 2 in Verbindung mit Artikel 10 Absatz 3 des Gesetzes bewilligen. Sie lädt vor ihrem Entscheid die Wettbewerbskommission zur Stellungnahme ein.

Art. 18 Veröffentlichung der Einleitung eines Prüfungsverfahrens

Beschliesst die Wettbewerbskommission, ein Prüfungsverfahren nach Artikel 32 des Gesetzes einzuleiten, so ist dies in der nächstmöglichen Ausgabe des Bundesblattes und des Schweizerischen Handelsamtsblattes zu veröffentlichen. Die Veröffentlichung enthält Firma, Sitz und Geschäftstätigkeit der beteiligten Unternehmen und eine kurze Beschreibung des Zusammenschlusses sowie die Angabe der Frist, innert welcher Dritte zum gemeldeten Zusammenschlussvorhaben Stellung nehmen können.

Art. 19 Stellungnahme Dritter

Die Stellungnahme Dritter im Sinne von Artikel 33 Absatz 1 des Gesetzes erfolgt in schriftlicher Form. Das Sekretariat kann im Einzelfall eine Anhörung anordnen.

Art. 20 Fristen

¹ Die Frist von einem Monat für die Einleitung des Prüfungsverfahrens nach Artikel 32 Absatz 1 des Gesetzes beginnt am Tag nach Eingang der vollständigen Meldung und endet mit Ablauf des Tages im Folgemonat, dessen Datum dieselbe Tageszahl trägt wie der Tag des Fristbeginns; gibt es diesen Tag im

Folgemonat nicht, so endet die Frist am letzten Tag des Folgemonats. Artikel 22a des Verwaltungsverfahrensgesetzes vom 20. Dezember 1968[7] findet keine Anwendung.

[2] Der Beschluss über die Einleitung der Prüfung ist den beteiligten Unternehmen innerhalb der Monatsfrist nach Artikel 32 Absatz 1 des Gesetzes zuzustellen.

[3] Die Frist für die Durchführung einer Prüfung nach Artikel 33 Absatz 3 des Gesetzes beginnt am Tag nach der Zustellung des Beschlusses der Wettbewerbskommission zur Durchführung der Prüfung nach Artikel 10 des Gesetzes. Für die Fristberechnung gilt Absatz 1 sinngemäss.

Art. 21 Wesentliche Änderungen der Verhältnisse

Wesentliche Änderungen der in der Meldung beschriebenen tatsächlichen Verhältnisse sind dem Sekretariat unaufgefordert und umgehend mitzuteilen. Können diese Änderungen erhebliche Auswirkungen auf die Beurteilung des Zusammenschlussvorhabens haben, so kann das Sekretariat vor Einleitung des Prüfungsverfahrens oder die Wettbewerbskommission nach Einleitung des Prüfungsverfahrens beschliessen, dass die Frist nach Artikel 20 erst am Tag nach Eingang der Mitteilung über die wesentlichen Änderungen beim Sekretariat zu laufen beginnt.

Art. 22 Berichterstattung über unbedenkliche Zusammenschlüsse

Die Wettbewerbskommission erstattet dem Eidgenössischen Departement für Wirtschaft, Bildung und Forschung[8] laufend Bericht über die von ihr als unbedenklich erachteten Zusammenschlüsse. Sie bezeichnet die beteiligten Unternehmen und begründet in kurzer Form, warum hinsichtlich eines meldepflichtigen Zusammenschlusses kein Prüfungsverfahren eingeleitet wurde (Art. 32 Abs. 1 des Gesetzes) beziehungsweise weder eine Untersagung noch eine Zulassung mit Bedingungen oder Auflagen ausgesprochen wurde.

Art. 23 Veröffentlichung des Entscheides nach Abschluss der Prüfung

Das Sekretariat veranlasst die Veröffentlichung des Entscheides der Wettbewerbskommission nach Abschluss der Prüfung im Bundesblatt und im Schweizerischen Handelsamtsblatt. Die Veröffentlichung enthält Firma und Sitz der beteiligten Unternehmen, eine kurze Beschreibung des Zusammenschlussvorhabens, eine summarische Wiedergabe der Entscheidgründe und des Dispositivs des Entscheides.

---

7 SR 172.021
8 Die Bezeichnung der Verwaltungseinheit wurde in Anwendung von Art. 16 Abs. 3 der Publikationsverordnung vom 17. Nov. 2004 (AS 2004 4937) auf den 1. Jan. 2013 angepasst.

Art. 24 Übergangsbestimmung

¹ Unternehmenszusammenschlüsse im Sinne des Gesetzes sind bis vier Monate nach dem Inkrafttreten des Gesetzes nicht meldepflichtig, sofern:
a. der dem Zusammenschluss zugrundeliegende Vertrag vor dem Inkrafttreten des Gesetzes abgeschlossen worden ist;
b. ein öffentliches Kaufangebot vor dem Inkrafttreten des Gesetzes veröffentlicht worden ist.

² Wird der Vollzug in der Schweiz durch ein vorläufiges Vollzugsverbot verhindert, das sich aus einem öffentlich-rechtlichen Bewilligungsverfahren einschliesslich eines ausländischen Fusionskontrollverfahrens ergibt, so steht die Frist von vier Monaten bis zum Wegfall dieses Vollzugsverbots still.

Art. 25 Inkrafttreten

Diese Verordnung tritt am 1. Juli 1996 in Kraft.

26. Verordnung über die Sanktionen bei unzulässigen Wettbewerbsbeschränkungen (KG-Sanktionsverordnung, SVKG)

vom 12. März 2004

Der Schweizerische Bundesrat,
gestützt auf Artikel 60 des Kartellgesetzes vom 6. Oktober 1995[1] (KG),
verordnet:

1. Abschnitt: Allgemeines

Art. 1

Diese Verordnung regelt:
a. die Bemessungskriterien bei der Verhängung von Sanktionen gemäss Artikel 49*a* Absatz 1 KG;
b. die Voraussetzungen und das Verfahren beim gänzlichen oder teilweisen Verzicht auf eine Sanktion gemäss Artikel 49*a* Absatz 2 KG;
c. die Voraussetzungen und das Verfahren der Meldung nach Artikel 49*a* Absatz 3 Buchstabe a KG.

2. Abschnitt: Sanktionsbemessung

Art. 2 Grundsätze

[1] Die Sanktion bemisst sich nach der Dauer und der Schwere des unzulässigen Verhaltens. Der mutmassliche Gewinn, den das Unternehmen dadurch erzielt hat, ist angemessen zu berücksichtigen.

[2] Bei der Festsetzung der Sanktion ist das Prinzip der Verhältnismässigkeit zu beachten.

SR 251.5. AS 2004 1397
1 SR 251

Art. 3 Basisbetrag

Der Basisbetrag der Sanktion bildet je nach Schwere und Art des Verstosses bis zu 10 Prozent des Umsatzes, den das betreffende Unternehmen in den letzten drei Geschäftsjahren auf den relevanten Märkten in der Schweiz erzielt hat.

Art. 4 Dauer

Dauerte der Wettbewerbsverstoss zwischen ein und fünf Jahren, so wird der Basisbetrag um bis zu 50 Prozent erhöht. Dauerte der Wettbewerbsverstoss mehr als fünf Jahre, so wird der Basisbetrag für jedes zusätzliche Jahr mit einem Zuschlag von je bis zu 10 Prozent erhöht.

Art. 5 Erschwerende Umstände

¹ Bei erschwerenden Umständen wird der Betrag nach den Artikeln 3 und 4 erhöht, insbesondere wenn das Unternehmen:
a. wiederholt gegen das Kartellgesetz verstossen hat;
b. mit einem Verstoss einen Gewinn erzielt hat, der nach objektiver Ermittlung besonders hoch ausgefallen ist;
c. die Zusammenarbeit mit den Behörden verweigert oder versucht hat, die Untersuchungen sonstwie zu behindern.

² Bei Wettbewerbsbeschränkungen nach Artikel 5 Absätze 3 und 4 KG wird der Betrag nach den Artikeln 3 und 4 zusätzlich erhöht, wenn das Unternehmen:
a. zur Wettbewerbsbeschränkung angestiftet oder dabei eine führende Rolle gespielt hat;
b. zur Durchsetzung der Wettbewerbsabrede gegenüber anderen an der Wettbewerbsbeschränkung Beteiligten Vergeltungsmassnahmen angeordnet oder durchgeführt hat.

Art. 6 Mildernde Umstände

¹ Bei mildernden Umständen, insbesondere wenn das Unternehmen die Wettbewerbsbeschränkung nach dem ersten Eingreifen des Sekretariats der Wettbewerbskommission, spätestens aber vor der Eröffnung eines Verfahrens nach den Artikeln 26–30 KG beendet, wird der Betrag nach den Artikeln 3 und 4 vermindert.

² Bei Wettbewerbsbeschränkungen gemäss Artikel 5 Absätze 3 und 4 KG wird der Betrag nach den Artikeln 3 und 4 vermindert, wenn das Unternehmen:
a. dabei ausschliesslich eine passive Rolle gespielt hat;
b. Vergeltungsmassnahmen, die zur Durchsetzung der Wettbewerbsabrede vereinbart waren, nicht durchgeführt hat.

Art. 7 Maximale Sanktion

Die Sanktion beträgt in keinem Fall mehr als 10 Prozent des in den letzten drei Geschäftsjahren in der Schweiz erzielten Umsatzes des Unternehmens (Art. 49a Abs. 1 KG).

3. Abschnitt: Vollständiger Erlass der Sanktion

Art. 8 Voraussetzungen

[1] Die Wettbewerbskommission erlässt einem Unternehmen die Sanktion vollständig, wenn es seine Beteiligung an einer Wettbewerbsbeschränkung im Sinne von Artikel 5 Absätze 3 und 4 KG anzeigt und als Erstes:
a. Informationen liefert, die es der Wettbewerbsbehörde ermöglichen, ein kartellrechtliches Verfahren gemäss Artikel 27 KG zu eröffnen; oder
b. Beweismittel vorlegt, welche der Wettbewerbsbehörde ermöglichen, einen Wettbewerbsverstoss gemäss Artikel 5 Absätze 3 oder 4 KG festzustellen.

[2] Sie erlässt die Sanktion nur, wenn das Unternehmen:
a. kein anderes Unternehmen zur Teilnahme an dem Wettbewerbsverstoss gezwungen hat und nicht die anstiftende oder führende Rolle im betreffenden Wettbewerbsverstoss eingenommen hat;
b. der Wettbewerbsbehörde unaufgefordert sämtliche in seinem Einflussbereich liegenden Informationen und Beweismittel betreffend den Wettbewerbsverstoss vorlegt;
c. während der gesamten Dauer des Verfahrens ununterbrochen, uneingeschränkt und ohne Verzug mit der Wettbewerbsbehörde zusammenarbeitet;
d. seine Beteiligung am Wettbewerbsverstoss spätestens zum Zeitpunkt der Selbstanzeige oder auf erste Anordnung der Wettbewerbsbehörde einstellt.

[3] Der Erlass der Sanktion gemäss Absatz 1 Buchstabe a wird nur gewährt, sofern die Wettbewerbsbehörde nicht bereits über ausreichende Informationen verfügt, um ein Verfahren nach den Artikeln 26 und 27 KG betreffend die angezeigte Wettbewerbsbeschränkung zu eröffnen.

[4] Der Erlass der Sanktion gemäss Absatz 1 Buchstabe b wird nur gewährt, sofern:
a. nicht bereits ein anderes Unternehmen die Voraussetzungen für einen Erlass gemäss Absatz 1 Buchstabe a erfüllt; und
b. die Wettbewerbsbehörde nicht bereits über ausreichende Beweismittel verfügt, um den Wettbewerbsverstoss zu beweisen.[2]

---

[2] Die Berichtigung vom 18. Febr. 2021 betrifft nur den italienischen Text (AS 2021 100).

Art. 9 Form und Inhalt der Selbstanzeige

¹ Die Selbstanzeige enthält die nötigen Informationen zum anzeigenden Unternehmen, zur Art des angezeigten Wettbewerbsverstosses, zu den an diesem Verstoss beteiligten Unternehmen und zu den betroffenen bzw. relevanten Märkten. Die Selbstanzeige kann auch mündlich zu Protokoll gegeben werden.

² Das Unternehmen kann die Selbstanzeige unter Einreichung der Informationen in anonymisierter Form stellen. Das Sekretariat regelt die Modalitäten im Einzelfall im Einvernehmen mit einem Mitglied des Präsidiums der Wettbewerbskommission.

³ Das Sekretariat bestätigt den Eingang der Selbstanzeige unter Angabe der Eingangszeit. Es teilt dem anzeigenden Unternehmen im Einvernehmen mit einem Mitglied des Präsidiums mit:
a. inwieweit es die Voraussetzungen für einen vollständigen Erlass der Sanktion nach Artikel 8 Absatz 1 als gegeben erachtet;
b. welche Informationen das anzeigende Unternehmen zusätzlich einzureichen hat, insbesondere um die Voraussetzungen von Artikel 8 Absatz 1 zu erfüllen; und
c. im Falle einer anonymen Selbstanzeige, binnen welcher Frist das Unternehmen seine Identität offen legen muss.

Art. 10 Verfahren bei mehreren Selbstanzeigen

Die Wettbewerbsbehörde prüft später eingegangene Selbstanzeigen erst, wenn sie über früher eingegangene Selbstanzeigen nach Massgabe von Artikel 9 Absatz 3 befunden hat.

Art. 11 Entscheid über den vollständigen Erlass der Sanktion

¹ Die Wettbewerbskommission entscheidet über die Gewährung des vollständigen Erlasses der Sanktion.

² Die Wettbewerbskommission kann von einer Mitteilung des Sekretariats gemäss Artikel 9 Absatz 3 Buchstabe a nur abweichen, wenn ihr nachträglich Tatsachen bekannt werden, die dem Erlass der Sanktion entgegenstehen.

4. Abschnitt: Reduktion der Sanktion

Art. 12 Voraussetzungen

¹ Die Wettbewerbskommission reduziert die Sanktion, wenn ein Unternehmen an einem Verfahren unaufgefordert mitgewirkt und im Zeitpunkt der Vorlage der Beweismittel die Teilnahme am betreffenden Wettbewerbsverstoss eingestellt hat.

² Die Reduktion beträgt bis zu 50 Prozent des nach den Artikeln 3–7 berechneten Sanktionsbetrags. Massgebend ist die Wichtigkeit des Beitrags des Unternehmens zum Verfahrenserfolg.

³ Die Reduktion beträgt bis zu 80 Prozent des nach den Artikeln 3–7 berechneten Sanktionsbetrags, wenn ein Unternehmen unaufgefordert Informationen liefert oder Beweismittel vorlegt über weitere Wettbewerbsverstösse gemäss Artikel 5 Absatz 3 oder 4 KG.

Art. 13 Form und Inhalt der Kooperation

¹ Das Unternehmen legt der Wettbewerbsbehörde die nötigen Informationen zum anzeigenden Unternehmen, zur Art des angezeigten Wettbewerbsverstosses, zu den an diesem Verstoss beteiligten Unternehmen und zu den betroffenen bzw. relevanten Märkten vor.

² Das Sekretariat bestätigt den Eingang der Beweismittel unter Angabe der Eingangszeit.

Art. 14 Entscheid über die Reduktion

¹ Die Wettbewerbskommission entscheidet darüber, um wie viel die Sanktion gegen das kooperierende Unternehmen reduziert wird.

² Legt das kooperierende Unternehmen der Wettbewerbskommission Beweismittel über die Dauer des Wettbewerbsverstosses vor, von welchen diese keine Kenntnis hatte, so berechnet sie die Sanktion ohne Berücksichtigung dieses Zeitraumes.

5. Abschnitt: Meldung und Widerspruchsverfahren

Art. 15 Meldung einer möglicherweise unzulässigen Wettbewerbsbeschränkung

Die Meldung gemäss Artikel 49*a* Absatz 3 Buchstabe a KG ist in einer der Amtssprachen in dreifacher Ausfertigung beim Sekretariat einzureichen.

Art. 16 Meldeformulare und Erläuterungen

¹ Die Wettbewerbskommission umschreibt die für die Meldung erforderlichen Angaben in einem Meldeformular. Sie gibt bekannt, inwieweit eine bei einer ausländischen Behörde eingereichte Meldung für die Meldung in der Schweiz verwendet werden kann.

² Sie veranlasst die Veröffentlichung der Meldeformulare und der Erläuterungen im Bundesblatt.

Art. 17 Erleichterte Meldung

Das Sekretariat und das meldende Unternehmen können vor der Meldung einer Wettbewerbsbeschränkung Einzelheiten des Inhalts der Meldung einvernehmlich festlegen. Das Sekretariat kann dabei das Unternehmen von der Vorlage von einzelnen Angaben oder Unterlagen befreien, wenn es der Ansicht ist, dass diese für die Beurteilung des Falles nicht notwendig sind.

Art. 18 Bestätigung des Eingangs der Meldung

Das Sekretariat bestätigt dem meldenden Unternehmen den Eingang der Meldung. Sind die Angaben oder Beilagen in einem wesentlichen Punkt unvollständig, so fordert das Sekretariat das meldende Unternehmen auf, die Meldung zu ergänzen.

Art. 19 Widerspruchsverfahren

Wird dem Unternehmen innerhalb von fünf Monaten nach Eingang der Meldung keine Eröffnung eines Verfahrens nach den Artikeln 26–30 KG mitgeteilt, so entfällt für den gemeldeten Sachverhalt eine Sanktion nach Artikel 49a Absatz 1 KG.

6. Abschnitt: Inkrafttreten

Art. 20

Diese Verordnung tritt am 1. April 2004 in Kraft.

27. Bundesgesetz über die kollektiven Kapitalanlagen
(Kollektivanlagengesetz, KAG)

vom 23. Juni 2006

Die Bundesversammlung der Schweizerischen Eidgenossenschaft,
gestützt auf die Artikel 98 Absätze 1 und 2 und 122 Absatz 1
der Bundesverfassung[1],
nach Einsicht in die Botschaft des Bundesrates vom 23. September 2005[2],
beschliesst:

1. Titel: Allgemeine Bestimmungen

1. Kapitel: Zweck und Geltungsbereich

Art. 1 Zweck
Dieses Gesetz bezweckt den Schutz der Anlegerinnen und Anleger sowie die Transparenz und die Funktionsfähigkeit des Marktes für kollektive Kapitalanlagen.

Art. 2 Geltungsbereich
[1] Diesem Gesetz unterstellt sind, unabhängig von der Rechtsform:
a.[3] kollektive Kapitalanlagen und Personen, die diese aufbewahren;
b.[4] ausländische kollektive Kapitalanlagen, die in der Schweiz angeboten werden;
c.–e.[5] ...
f. Personen, die in der Schweiz ausländische kollektive Kapitalanlagen vertreten.[6]

SR 951.31. AS 2006 5379
1 SR 101
2 BBl 2005 6395
3 Fassung gemäss Anhang Ziff. II 13 des Finanzinstitutsgesetzes vom 15. Juni 2018, in Kraft seit 1. Jan. 2020 (AS 2018 5247, 2019 4631; BBl 2015 8901).
4 Fassung gemäss Anhang Ziff. II 13 des Finanzinstitutsgesetzes vom 15. Juni 2018, in Kraft seit 1. Jan. 2020 (AS 2018 5247, 2019 4631; BBl 2015 8901).
5 Aufgehoben durch Anhang Ziff. II 13 des Finanzinstitutsgesetzes vom 15. Juni 2018, mit Wirkung seit 1. Jan. 2020 (AS 2018 5247, 2019 4631; BBl 2015 8901).
6 Fassung gemäss Ziff. I des BG vom 28. Sept. 2012, in Kraft seit 1. März 2013 (AS 2013 585; BBl 2012 3639).

² Diesem Gesetz nicht unterstellt sind insbesondere:
a. Einrichtungen und Hilfseinrichtungen der beruflichen Vorsorge, einschliesslich Anlagestiftungen;
b. Sozialversicherungseinrichtungen und Ausgleichskassen;
c. öffentlich-rechtliche Körperschaften und Anstalten;
d. operative Gesellschaften, die eine unternehmerische Tätigkeit ausüben;
e. Gesellschaften, die durch Stimmenmehrheit oder auf andere Weise eine oder mehrere Gesellschaften in einem Konzern unter einheitlicher Leitung zusammenfassen (Holdinggesellschaften);
f. Investmentclubs, sofern deren Mitglieder in der Lage sind, ihre Vermögensinteressen selber wahrzunehmen;
g. Vereine und Stiftungen im Sinne des Zivilgesetzbuches[7];
h.[8] ...

2bis ...[9]

³ Investmentgesellschaften in der Form einer schweizerischen Aktiengesellschaft unterstehen diesem Gesetz nicht, sofern sie an einer Schweizer Börse kotiert sind oder sofern:[10]
a.[11] ausschliesslich Aktionärinnen und Aktionäre im Sinne von Artikel 10 Absätze 3 und 3ter beteiligt sein dürfen; und
b. die Aktien auf Namen lauten.[12]

⁴ ...[13]

Art. 3–6[14]

---

7 SR 210
8 Eingefügt durch Ziff. I des BG vom 28. Sept. 2012 (AS 2013 585; BBl 2012 3639). Aufgehoben durch Anhang Ziff. II 13 des Finanzinstitutsgesetzes vom 15. Juni 2018, mit Wirkung seit 1. Jan. 2020 (AS 2018 5247, 2019 4631; BBl 2015 8901).
9 Eingefügt durch Ziff. I des BG vom 28. Sept. 2012 (AS 2013 585; BBl 2012 3639). Aufgehoben durch Anhang Ziff. II 13 des Finanzinstitutsgesetzes vom 15. Juni 2018, mit Wirkung seit 1. Jan. 2020 (AS 2018 5247, 2019 4631; BBl 2015 8901).
10 Fassung gemäss Anhang Ziff. 3 des Finanzdienstleistungsgesetzes vom 15. Juni 2018, in Kraft seit 1. Jan. 2020 (AS 2019 4417; BBl 2015 8901).
11 Fassung gemäss Anhang Ziff. 3 des Finanzdienstleistungsgesetzes vom 15. Juni 2018, in Kraft seit 1. Jan. 2020 (AS 2019 4417; BBl 2015 8901).
12 Fassung gemäss Ziff. I des BG vom 28. Sept. 2012, in Kraft seit 1. März 2013 (AS 2013 585; BBl 2012 3639).
13 Aufgehoben durch Ziff. I des BG vom 28. Sept. 2012, mit Wirkung seit 1. März 2013 (AS 2013 585; BBl 2012 3639).
14 Aufgehoben durch Anhang Ziff. 3 des Finanzdienstleistungsgesetzes vom 15. Juni 2018, mit Wirkung seit 1. Jan. 2020 (AS 2019 4417; BBl 2015 8901).

2. Kapitel: Kollektive Kapitalanlagen

Art. 7 Begriff

¹ Kollektive Kapitalanlagen sind Vermögen, die von Anlegerinnen und Anlegern zur gemeinschaftlichen Kapitalanlage aufgebracht und für deren Rechnung verwaltet werden. Die Anlagebedürfnisse der Anlegerinnen und Anleger werden in gleichmässiger Weise befriedigt.

² Die kollektiven Kapitalanlagen können offen oder geschlossen sein.

³ Der Bundesrat kann die Mindestanzahl der Anlegerinnen und Anleger je nach Rechtsform und Adressatenkreis bestimmen. Er kann kollektive Kapitalanlagen für eine einzige qualifizierte Anlegerin oder einen einzigen qualifizierten Anleger (Einanlegerfonds) nach Artikel 10 Absatz 3 in Verbindung mit Artikel 4 Absatz 3 Buchstaben b, e und f des Finanzdienstleistungsgesetzes vom 15. Juni 2018[15] (FIDLEG) zulassen.[16] [17]

⁴ Bei Einanlegerfonds können die Fondsleitung und die Investmentgesellschaft mit variablem Kapital (SICAV) die Anlageentscheide an die einzige Anlegerin oder an den einzigen Anleger delegieren. Die FINMA kann diesen von der Pflicht befreien, sich einer anerkannten Aufsicht nach Artikel 31 Absatz 3 beziehungsweise Artikel 36 Absatz 3 zu unterstellen.[18]

⁵ Kollektive Kapitalanlagen müssen ihren Sitz und ihre Hauptverwaltung in der Schweiz haben.[19]

Art. 8 Offene kollektive Kapitalanlagen

¹ Offene kollektive Kapitalanlagen weisen entweder die Form des vertraglichen Anlagefonds (Art. 25 ff.) oder die Form der SICAV (Art. 36 ff.) auf.

² Bei offenen kollektiven Kapitalanlagen haben die Anlegerinnen und Anleger zulasten des Kollektivvermögens unmittelbar oder mittelbar einen Rechtsanspruch auf Rückgabe ihrer Anteile zum Nettoinventarwert.

³ Die offenen kollektiven Kapitalanlagen haben ein Fondsreglement. Dieses entspricht beim vertraglichen Anlagefonds dem Kollektivanlagevertrag (Fondsvertrag) und bei der SICAV den Statuten und dem Anlagereglement.

---

15 SR 950.1
16 Fassung des zweiten Satzes gemäss Anhang Ziff. 3 des Finanzdienstleistungsgesetzes vom 15. Juni 2018, in Kraft seit 1. Jan. 2020 (AS 2019 4417; BBl 2015 8901).
17 Fassung gemäss Ziff. I des BG vom 28. Sept. 2012, in Kraft seit 1. März 2013 (AS 2013 585; BBl 2012 3639).
18 Eingefügt durch Ziff. I des BG vom 28. Sept. 2012, in Kraft seit 1. März 2013 (AS 2013 585; BBl 2012 3639).
19 Eingefügt durch Anhang Ziff. 3 des Finanzdienstleistungsgesetzes vom 15. Juni 2018, in Kraft seit 1. Jan. 2020 (AS 2019 4417; BBl 2015 8901).

Art. 9 Geschlossene kollektive Kapitalanlagen

¹ Geschlossene kollektive Kapitalanlagen weisen entweder die Form der Kommanditgesellschaft für kollektive Kapitalanlagen (Art. 98 ff.) oder die Form der Investmentgesellschaft mit festem Kapital (SICAF, Art. 110 ff.) auf.

² Bei geschlossenen kollektiven Kapitalanlagen haben die Anlegerinnen und Anleger zulasten des Kollektivvermögens weder unmittelbar noch mittelbar einen Rechtsanspruch auf Rückgabe ihrer Anteile zum Nettoinventarwert.

³ Die Kommanditgesellschaft für kollektive Kapitalanlagen beruht auf einem Gesellschaftsvertrag.

⁴ Die SICAF beruht auf Statuten und erlässt ein Anlagereglement.

Art. 10 Anlegerinnen und Anleger

¹ Anlegerinnen und Anleger sind natürliche und juristische Personen sowie Kollektiv- und Kommanditgesellschaften, die Anteile an kollektiven Kapitalanlagen halten.

² Kollektive Kapitalanlagen stehen sämtlichen Anlegerinnen und Anlegern offen, es sei denn, dieses Gesetz, das Fondsreglement oder die Statuten schränken den Anlegerkreis auf qualifizierte Anlegerinnen und Anleger ein.

³ Als qualifizierte Anlegerinnen und Anleger im Sinne dieses Gesetzes gelten professionelle Kundinnen und Kunden nach Artikel 4 Absätze 3–5 oder nach Artikel 5 Absätze 1 und 4 FIDLEG[20].[21]

3bis ...[22]

3ter Als qualifizierte Anlegerinnen und Anleger gelten auch Privatkundinnen und -kunden, für die ein Finanzintermediär nach Artikel 4 Absatz 3 Buchstabe a FIDLEG oder ein ausländischer Finanzintermediär, der einer gleichwertigen prudenziellen Aufsicht untersteht, im Rahmen eines auf Dauer angelegten Vermögensverwaltungs- oder Anlageberatungsverhältnisses Vermögensverwaltung oder Anlageberatung im Sinne von Artikel 3 Buchstabe c Ziffern 3 und 4 FIDLEG erbringt, sofern sie nicht erklärt haben, nicht als solche gelten zu wollen. Die Erklärung muss schriftlich oder in anderer durch Text nachweisbarer Form vorliegen.[23]

4 ...[24]

---

[20] SR 950.1
[21] Fassung gemäss Anhang Ziff. 3 des Finanzdienstleistungsgesetzes vom 15. Juni 2018, in Kraft seit 1. Jan. 2020 (AS 2019 4417; BBl 2015 8901).
[22] Eingefügt durch Ziff. I des BG vom 28. Sept. 2012 (AS 2013 585; BBl 2012 3639). Aufgehoben durch Anhang Ziff. 3 des Finanzdienstleistungsgesetzes vom 15. Juni 2018, mit Wirkung seit 1. Jan. 2020 (AS 2019 4417; BBl 2015 8901).
[23] Eingefügt durch Ziff. I des BG vom 28. Sept. 2012 (AS 2013 585; BBl 2012 3639). Fassung gemäss Anhang Ziff. 3 des Finanzdienstleistungsgesetzes vom 15. Juni 2018, in Kraft seit 1. Jan. 2020 (AS 2019 4417; BBl 2015 8901).
[24] Aufgehoben durch Anhang Ziff. 3 des Finanzdienstleistungsgesetzes vom 15. Juni 2018, mit Wirkung seit 1. Jan. 2020 (AS 2019 4417; BBl 2015 8901).

⁵ Die FINMA kann kollektive Kapitalanlagen ganz oder teilweise von bestimmten Vorschriften der Finanzmarktgesetze im Sinne von Artikel 1 Absatz 1 des Finanzmarktaufsichtsgesetzes vom 22. Juni 2007[25] (FINMAG) befreien, sofern sie ausschliesslich qualifizierten Anlegerinnen und Anlegern offenstehen und der Schutzzweck dieses Gesetzes dadurch nicht beeinträchtigt wird, namentlich von den Vorschriften über:[26]

a.[27] ...
b.[28] ...
c. die Pflicht zur Erstellung eines Halbjahresberichtes;
d. die Pflicht, den Anlegerinnen und Anlegern das Recht auf jederzeitige Kündigung einzuräumen;
e. die Pflicht zur Ausgabe und Rücknahme der Anteile in bar;
f. die Risikoverteilung.

Art. 11 Anteile

Anteile sind Forderungen gegen die Fondsleitung auf Beteiligung an Vermögen und Ertrag des Anlagefonds oder Beteiligungen an der Gesellschaft.

Art. 12 Schutz vor Verwechslung oder Täuschung

¹ Die Bezeichnung der kollektiven Kapitalanlage darf nicht zu Verwechslung oder Täuschung Anlass geben, insbesondere nicht in Bezug auf die Anlagen.

² Bezeichnungen wie «Anlagefonds», «Investmentfonds», «Investmentgesellschaft mit variablem Kapital», «SICAV», «Kommanditgesellschaft für kollektive Kapitalanlagen», «KmGK», «Investmentgesellschaft mit festem Kapital» und «SICAF» dürfen nur für die entsprechenden, diesem Gesetz unterstellten kollektiven Kapitalanlagen verwendet werden.[29]

---

25 SR 956.1
26 Fassung gemäss Anhang Ziff. 3 des Finanzdienstleistungsgesetzes vom 15. Juni 2018, in Kraft seit 1. Jan. 2020 (AS 2019 4417; BBl 2015 8901).
27 Aufgehoben durch Ziff. I des BG vom 28. Sept. 2012, mit Wirkung seit 1. Juni 2013 (AS 2013 585; BBl 2012 3639).
28 Aufgehoben durch Anhang Ziff. 3 des Finanzdienstleistungsgesetzes vom 15. Juni 2018, mit Wirkung seit 1. Jan. 2020 (AS 2019 4417; BBl 2015 8901).
29 Fassung gemäss Ziff. III des BG vom 25. Sept. 2015 (Firmenrecht), in Kraft seit 1. Juli 2016 (AS 2016 1507; BBl 2014 9305).

3. Kapitel: Bewilligung und Genehmigung

1. Abschnitt: Allgemein

Art. 13 Bewilligungspflicht

¹ Wer eine kollektive Kapitalanlage bildet, betreibt oder aufbewahrt, braucht eine Bewilligung der FINMA.[30]

² Eine Bewilligung beantragen müssen:

a.[31] ...
b. die SICAV;
c. die Kommanditgesellschaft für kollektive Kapitalanlagen;
d. die SICAF;
e.[32] die Depotbank;
f. und g.[33] ...
h. der Vertreter ausländischer kollektiver Kapitalanlagen.

³ Der Bundesrat kann Vertreter, die bereits einer anderen gleichwertigen staatlichen Aufsicht unterstehen, von der Bewilligungspflicht befreien.[34]

⁴ ...[35]

⁵ Die Personen nach Absatz 2 Buchstaben b–d dürfen erst nach Erteilung der Bewilligung durch die FINMA in das Handelsregister eingetragen werden.[36]

Art. 14 Bewilligungsvoraussetzungen

¹ Die Bewilligung wird erteilt, wenn:

a.[37] die Personen nach Artikel 13 Absatz 2 und die für die Verwaltung und Geschäftsführung verantwortlichen Personen Gewähr für eine einwandfreie Geschäftstätigkeit bieten;

---

30 Fassung gemäss Anhang Ziff. II 13 des Finanzinstitutsgesetzes vom 15. Juni 2018, in Kraft seit 1. Jan. 2020 (AS 2018 5247, 2019 4631; BBl 2015 8901).
31 Aufgehoben durch Anhang Ziff. II 13 des Finanzinstitutsgesetzes vom 15. Juni 2018, mit Wirkung seit 1. Jan. 2020 (AS 2018 5247, 2019 4631; BBl 2015 8901).
32 Fassung gemäss Anhang Ziff. II 13 des Finanzinstitutsgesetzes vom 15. Juni 2018, in Kraft seit 1. Jan. 2020 (AS 2018 5247, 2019 4631; BBl 2015 8901).
33 Aufgehoben durch Anhang Ziff. II 13 des Finanzinstitutsgesetzes vom 15. Juni 2018, mit Wirkung seit 1. Jan. 2020 (AS 2018 5247, 2019 4631; BBl 2015 8901).
34 Fassung gemäss Anhang Ziff. II 13 des Finanzinstitutsgesetzes vom 15. Juni 2018, in Kraft seit 1. Jan. 2020 (AS 2018 5247, 2019 4631; BBl 2015 8901).
35 Aufgehoben durch Ziff. I des BG vom 28. Sept. 2012, mit Wirkung seit 1. März 2013 (AS 2013 585; BBl 2012 3639).
36 Fassung gemäss Anhang Ziff. II 13 des Finanzinstitutsgesetzes vom 15. Juni 2018, in Kraft seit 1. Jan. 2020 (AS 2018 5247, 2019 4631; BBl 2015 8901).
37 Fassung gemäss Anhang Ziff. II 13 des Finanzinstitutsgesetzes vom 15. Juni 2018, in Kraft seit 1. Jan. 2020 (AS 2018 5247, 2019 4631; BBl 2015 8901).

a^bis.[38] die für die Verwaltung und Geschäftsführung verantwortlichen Personen einen guten Ruf geniessen und die für die Funktion erforderlichen fachlichen Qualifikationen aufweisen;
b. die qualifiziert Beteiligten einen guten Ruf geniessen und sich ihr Einfluss nicht zum Schaden einer umsichtigen und soliden Geschäftstätigkeit auswirkt;
c. durch interne Vorschriften und eine angemessene Betriebsorganisation die Erfüllung der Pflichten aus diesem Gesetz sichergestellt ist;
d. ausreichende finanzielle Garantien vorliegen;
e. die in den entsprechenden Bestimmungen des Gesetzes aufgeführten zusätzlichen Bewilligungsvoraussetzungen erfüllt sind.

1bis Sofern es sich bei finanziellen Garantien um Kapitalanforderungen handelt, kann der Bundesrat höhere Kapitalanforderungen als nach dem Obligationenrecht[39] vorsehen.[40]

1ter Der Bundesrat kann zusätzliche Bewilligungsvoraussetzungen festlegen, wenn dies anerkannten internationalen Standards entspricht.[41]

2 ...[42]

3 Als qualifiziert beteiligt gelten, sofern sie an den Personen nach Artikel 13 Absatz 2 direkt oder indirekt mit mindestens 10 Prozent des Kapitals oder der Stimmen beteiligt sind oder ihre Geschäftstätigkeit auf andere Weise massgebend beeinflussen können:
a. natürliche und juristische Personen:
b. Kollektiv- und Kommanditgesellschaften;
c. wirtschaftlich miteinander verbundene Personen, die dieses Kriterium gemeinsam erfüllen.[43]

Art. 15 Genehmigungspflicht

1 Der Genehmigung der FINMA bedürfen folgende Dokumente:
a. der Kollektivanlagevertrag des Anlagefonds (Art. 25);
b. die Statuten und das Anlagereglement der SICAV;
c. der Gesellschaftsvertrag der Kommanditgesellschaft für kollektive Kapitalanlagen;
d. die Statuten und das Anlagereglement der SICAF;

---

38 Eingefügt durch Anhang Ziff. II 13 des Finanzinstitutsgesetzes vom 15. Juni 2018, in Kraft seit 1. Jan. 2020 (AS 2018 5247, 2019 4631; BBl 2015 8901).
39 SR 220
40 Eingefügt durch Anhang Ziff. 14 des Finanzmarktaufsichtsgesetzes vom 22. Juni 2007, in Kraft seit 1. Jan. 2009 (AS 2008 5207 5205; BBl 2006 2829).
41 Eingefügt durch Ziff. I des BG vom 28. Sept. 2012 (AS 2013 585; BBl 2012 3639). Fassung gemäss Anhang Ziff. II 13 des Finanzinstitutsgesetzes vom 15. Juni 2018, in Kraft seit 1. Jan. 2020 (AS 2018 5247, 2019 4631; BBl 2015 8901).
42 Aufgehoben durch Anhang Ziff. II 13 des Finanzinstitutsgesetzes vom 15. Juni 2018, mit Wirkung seit 1. Jan. 2020 (AS 2018 5247, 2019 4631; BBl 2015 8901).
43 Fassung gemäss Ziff. I des BG vom 28. Sept. 2012, in Kraft seit 1. März 2013 (AS 2013 585; BBl 2012 3639).

e.[44] die entsprechenden Dokumente ausländischer kollektiver Kapitalanlagen, die nicht qualifizierten Anlegerinnen und Anlegern angeboten werden.

² Ist der Anlagefonds oder die SICAV als offene kollektive Kapitalanlage mit Teilvermögen (Art. 92 ff.) ausgestaltet, so bedarf jedes Teilvermögen beziehungsweise jede Aktienkategorie einer eigenen Genehmigung.

Art. 16 Änderung der Umstände

Ändern sich die der Bewilligung beziehungsweise der Genehmigung zugrunde liegenden Umstände, so ist für die Weiterführung der Tätigkeit vorgängig die Bewilligung beziehungsweise Genehmigung der FINMA einzuholen.

Art. 17 Vereinfachtes Bewilligungs- und Genehmigungsverfahren

Der Bundesrat kann für kollektive Kapitalanlagen ein vereinfachtes Bewilligungs- und Genehmigungsverfahren vorsehen.

2. Abschnitt: ...

Art. 18–18c[45]

3. Abschnitt: ...

Art. 19[46]

4. Kapitel: Wahrung der Anlegerinteressen[47]

Art. 20 Grundsätze

¹ Personen, die kollektive Kapitalanlagen verwalten, aufbewahren oder vertreten, sowie ihre Beauftragten erfüllen dabei insbesondere die folgenden Pflichten:[48]

a. Treuepflicht: Sie handeln unabhängig und wahren ausschliesslich die Interessen der Anlegerinnen und Anleger;

---

44 Fassung gemäss Anhang Ziff. II 13 des Finanzinstitutsgesetzes vom 15. Juni 2018, in Kraft seit 1. Jan. 2020 (AS 2018 5247, 2019 4631; BBl 2015 8901).
45 Aufgehoben durch Anhang Ziff. II 13 des Finanzinstitutsgesetzes vom 15. Juni 2018, mit Wirkung seit 1. Jan. 2020 (AS 2018 5247, 2019 4631; BBl 2015 8901).
46 Aufgehoben durch Anhang Ziff. II 13 des Finanzinstitutsgesetzes vom 15. Juni 2018, mit Wirkung seit 1. Jan. 2020 (AS 2018 5247, 2019 4631; BBl 2015 8901).
47 Fassung gemäss Anhang Ziff. 3 des Finanzdienstleistungsgesetzes vom 15. Juni 2018, in Kraft seit 1. Jan. 2020 (AS 2019 4417; BBl 2015 8901).
48 Fassung gemäss Anhang Ziff. 3 des Finanzdienstleistungsgesetzes vom 15. Juni 2018, in Kraft seit 1. Jan. 2020 (AS 2019 4417; BBl 2015 8901).

b. Sorgfaltspflicht: Sie treffen die organisatorischen Massnahmen, die für eine einwandfreie Geschäftsführung erforderlich sind;
c.[49] Informationspflicht: Sie legen Rechenschaft ab über die von ihnen verwalteten, aufbewahrten und vertretenen kollektiven Kapitalanlagen und informieren über sämtliche den Anlegerinnen und Anlegern direkt oder indirekt belasteten Gebühren und Kosten sowie über von Dritten zugeflossene Entschädigungen, insbesondere Provisionen, Rabatte oder sonstige vermögenswerte Vorteile.

² ...[50]

³ Personen, die kollektive Kapitalanlagen verwalten, aufbewahren oder vertreten, sowie ihre Beauftragten treffen für ihre gesamte Geschäftstätigkeit alle zur Erfüllung dieser Pflichten notwendigen Massnahmen.[51]

Art. 21 Vermögensanlage

¹ Personen, die kollektive Kapitalanlagen verwalten, aufbewahren oder vertreten, sowie ihre Beauftragten befolgen eine Anlagepolitik, die dauernd mit dem in den entsprechenden Dokumenten festgelegten Anlagecharakter der kollektiven Kapitalanlage übereinstimmt.[52]

² Sie dürfen im Zusammenhang mit dem Erwerb und der Veräusserung von Sachen und Rechten für sich wie für Dritte nur die Vergütungen entgegennehmen, die in den entsprechenden Dokumenten vorgesehen sind. Entschädigungen nach Artikel 26 FIDLEG[53] sind der kollektiven Kapitalanlage gutzuschreiben.[54]

³ Sie dürfen Anlagen auf eigene Rechnung nur zum Marktpreis übernehmen und Anlagen aus eigenen Beständen nur zum Marktpreis abtreten.

Art. 22[55]

Art. 23 Ausübung von Mitgliedschafts- und Gläubigerrechten

¹ Die mit den Anlagen verbundenen Mitgliedschafts- und Gläubigerrechte sind unabhängig und ausschliesslich im Interesse der Anlegerinnen und Anleger auszuüben.

---

49 Fassung gemäss Anhang Ziff. 3 des Finanzdienstleistungsgesetzes vom 15. Juni 2018, in Kraft seit 1. Jan. 2020 (AS 2019 4417; BBl 2015 8901).
50 Aufgehoben durch Anhang Ziff. 3 des Finanzdienstleistungsgesetzes vom 15. Juni 2018, mit Wirkung seit 1. Jan. 2020 (AS 2019 4417; BBl 2015 8901).
51 Eingefügt durch Ziff. I des BG vom 28. Sept. 2012 (AS 2013 585; BBl 2012 3639). Fassung gemäss Anhang Ziff. 3 des Finanzdienstleistungsgesetzes vom 15. Juni 2018, in Kraft seit 1. Jan. 2020 (AS 2019 4417; BBl 2015 8901).
52 Fassung gemäss Anhang Ziff. 3 des Finanzdienstleistungsgesetzes vom 15. Juni 2018, in Kraft seit 1. Jan. 2020 (AS 2019 4417; BBl 2015 8901).
53 SR 950.1
54 Fassung des zweiten Satzes gemäss Anhang Ziff. 3 des Finanzdienstleistungsgesetzes vom 15. Juni 2018, in Kraft seit 1. Jan. 2020 (AS 2019 4417; BBl 2015 8901).
55 Aufgehoben durch Anhang Ziff. 3 des Finanzdienstleistungsgesetzes vom 15. Juni 2018, mit Wirkung seit 1. Jan. 2020 (AS 2019 4417; BBl 2015 8901).

² Artikel 685*d* Absatz 2 des Obligationenrechts[56] findet auf Anlagefonds keine Anwendung.

³ Verwaltet eine Fondsleitung mehrere Anlagefonds, so wird die Höhe der Beteiligung im Hinblick auf die prozentmässige Begrenzung nach Artikel 685*d* Absatz 1 des Obligationenrechts für jeden Anlagefonds einzeln berechnet.

⁴ Absatz 3 gilt auch für jedes Teilvermögen einer offenen kollektiven Kapitalanlage im Sinne von Artikel 92 ff.

Art. 24[57]

2. Titel: Offene kollektive Kapitalanlagen

1. Kapitel: Vertraglicher Anlagefonds

1. Abschnitt: Begriff

Art. 25

¹ Der vertragliche Anlagefonds (Anlagefonds) basiert auf einem Kollektivanlagevertrag (Fondsvertrag), durch den sich die Fondsleitung verpflichtet:
a. die Anlegerinnen und Anleger nach Massgabe der von ihnen erworbenen Fondsanteile am Anlagefonds zu beteiligen;
b. das Fondsvermögen gemäss den Bestimmungen des Fondsvertrags selbständig und im eigenen Namen zu verwalten.

² Die Depotbank nimmt nach Massgabe der ihr durch Gesetz und Fondsvertrag übertragenen Aufgaben am Fondsvertrag teil.

³ Der Anlagefonds weist ein Mindestvermögen auf. Der Bundesrat legt dessen Höhe fest und die Frist, innerhalb der es geäufnet werden muss.

2. Abschnitt: Fondsvertrag

Art. 26 Inhalt

¹ Die Fondsleitung stellt den Fondsvertrag auf und unterbreitet diesen mit Zustimmung der Depotbank der FINMA zur Genehmigung.

² Der Fondsvertrag umschreibt die Rechte und Pflichten der Anlegerinnen und Anleger, der Fondsleitung und der Depotbank.

³ Der Bundesrat legt den Mindestinhalt fest.[58]

---

56 SR 220
57 Aufgehoben durch Anhang Ziff. 3 des Finanzdienstleistungsgesetzes vom 15. Juni 2018, mit Wirkung seit 1. Jan. 2020 (AS 2019 4417; BBl 2015 8901).
58 Fassung gemäss Ziff. I des BG vom 28. Sept. 2012, in Kraft seit 1. März 2013 (AS 2013 585; BBl 2012 3639).

Art. 27 Änderungen des Fondsvertrags

¹ Die Fondsleitung hat Änderungen des Fondsvertrags mit Zustimmung der Depotbank der FINMA zur Genehmigung einzureichen.

² Ändert die Fondsleitung den Fondsvertrag, so veröffentlicht sie eine Zusammenfassung der wesentlichen Änderungen im Voraus mit dem Hinweis auf die Stellen, wo die Vertragsänderungen im Wortlaut kostenlos bezogen werden können.

³ In den Publikationen sind die Anlegerinnen und Anleger auf die Möglichkeit hinzuweisen, bei der FINMA innert 30 Tagen nach der Publikation Einwendungen zu erheben. Das Verfahren richtet sich nach dem Verwaltungsverfahrensgesetz vom 20. Dezember 1968[59] (VwVG). Die Anlegerinnen und Anleger sind ferner darauf hinzuweisen, dass sie unter Beachtung der vertraglichen oder reglementarischen Frist die Auszahlung ihrer Anteile in bar verlangen können.[60]

⁴ Die FINMA veröffentlicht ihren Entscheid in den Publikationsorganen.

3. Abschnitt: ...

Art. 28–35[61]

2. Kapitel: Investmentgesellschaft mit variablem Kapital

1. Abschnitt: Allgemeine Bestimmungen

Art. 36 Begriff und Aufgaben[62]

¹ Die SICAV ist eine Gesellschaft:
a. deren Kapital und Anzahl Aktien nicht im Voraus bestimmt sind;
b. deren Kapital in Unternehmer- und Anlegeraktien aufgeteilt ist;
c. für deren Verbindlichkeiten nur das Gesellschaftsvermögen haftet;
d. deren ausschliesslicher Zweck die kollektive Kapitalanlage ist.

² Die SICAV weist ein Mindestvermögen auf. Der Bundesrat legt dessen Höhe fest und die Frist, innerhalb der dieses geäufnet werden muss.

---

59 SR 172.021
60 Fassung gemäss Ziff. I des BG vom 28. Sept. 2012, in Kraft seit 1. März 2013 (AS 2013 585; BBl 2012 3639).
61 Aufgehoben durch Anhang Ziff. II 13 des Finanzinstitutsgesetzes vom 15. Juni 2018, mit Wirkung seit 1. Jan. 2020 (AS 2018 5247, 2019 4631; BBl 2015 8901).
62 Fassung gemäss Ziff. I des BG vom 28. Sept. 2012, in Kraft seit 1. März 2013 (AS 2013 585; BBl 2012 3639).

³ Anlageentscheide darf die SICAV nur Personen übertragen, die über eine für diese Tätigkeit erforderliche Bewilligung verfügen. Die Artikel 14 und 35 des Finanzinstitutsgesetzes vom 15. Juni 2018[63] (FINIG) gelten sinngemäss.[64]

Art. 37 Gründung

¹ Die Gründung der SICAV richtet sich nach den Bestimmungen des Obligationenrechtes[65] über die Gründung der Aktiengesellschaft; ausgenommen sind die Bestimmungen über die Sacheinlagen, die Sachübernahmen und die besonderen Vorteile.

² Der Bundesrat legt fest, wie hoch die Mindesteinlage im Zeitpunkt der Gründung einer SICAV sein muss.[66]

³ ...[67]

Art. 38 Firma

¹ Die Firma muss die Bezeichnung der Rechtsform oder deren Abkürzung (SICAV) enthalten.

² Im Übrigen kommen die Bestimmungen des Obligationenrechtes[68] über die Firma der Aktiengesellschaft zur Anwendung.

Art. 39 Eigene Mittel

¹ Zwischen den Einlagen der Unternehmeraktionärinnen und -aktionäre und dem Gesamtvermögen der SICAV muss ein angemessenes Verhältnis bestehen. Der Bundesrat regelt dieses Verhältnis.

² Die FINMA kann in besonderen Fällen Erleichterungen gewähren oder Verschärfungen anordnen.

Art. 40 Aktien

¹ Die Unternehmeraktien lauten auf den Namen.

² Die Unternehmer- und die Anlegeraktien weisen keinen Nennwert auf und müssen vollständig in bar liberiert sein.

³ Die Aktien sind frei übertragbar. Die Statuten können den Anlegerkreis auf qualifizierte Anlegerinnen und Anleger einschränken, wenn die Aktien der SICAV nicht an einer Börse kotiert sind. Verweigert die SICAV ihre Zustimmung zur Übertragung der Aktien, so kommt Artikel 82 zur Anwendung.

---

63 SR 954.1
64 Eingefügt durch Ziff. I des BG vom 28. Sept. 2012 (AS 2013 585; BBl 2012 3639). Fassung gemäss Anhang Ziff. II 13 des Finanzinstitutsgesetzes vom 15. Juni 2018, in Kraft seit 1. Jan. 2020 (AS 2018 5247, 2019 4631; BBl 2015 8901).
65 SR 220
66 Fassung gemäss Ziff. I des BG vom 28. Sept. 2012, in Kraft seit 1. März 2013 (AS 2013 585; BBl 2012 3639).
67 Aufgehoben durch Ziff. I des BG vom 28. Sept. 2012, mit Wirkung seit 1. März 2013 (AS 2013 585; BBl 2012 3639).
68 SR 220

⁴ Die Statuten können verschiedene Kategorien von Aktien vorsehen, denen unterschiedliche Rechte zukommen.

⁵ Die Ausgabe von Partizipationsscheinen, Genussscheinen und Vorzugsaktien ist untersagt.

Art. 41 Unternehmeraktionärinnen und -aktionäre

¹ Die Unternehmeraktionärinnen und -aktionäre leisten die für die Gründung der SICAV erforderliche Mindesteinlage.

² Sie beschliessen die Auflösung der SICAV und von deren Teilvermögen nach Artikel 96 Absätze 2 und 3.[69]

³ Im Übrigen finden die Bestimmungen über die Rechte der Aktionärinnen und Aktionäre (Art. 46 ff.) Anwendung.

⁴ Die Rechte und Pflichten der Unternehmeraktionärinnen und -aktionäre gehen mit der Übertragung der Aktien auf den Erwerber über.

Art. 42 Ausgabe und Rücknahme von Aktien

¹ Soweit Gesetz und Statuten nichts anderes vorsehen, kann die SICAV jederzeit zum Nettoinventarwert neue Aktien ausgeben und muss, auf Ersuchen einer Aktionärin oder eines Aktionärs, ausgegebene Aktien jederzeit zum Nettoinventarwert zurücknehmen. Dazu bedarf es weder einer Statutenänderung noch eines Handelsregistereintrags.

² Die SICAV darf weder direkt noch indirekt eigene Aktien halten.

³ Die Aktionärinnen und Aktionäre haben keinen Anspruch auf den Teil der neu ausgegebenen Aktien, der ihrer bisherigen Beteiligung entspricht. Im Falle von Immobilienfonds bleibt Artikel 66 Absatz 1 vorbehalten.

⁴ Im Übrigen richten sich die Ausgabe und die Rücknahme der Aktien nach den Artikeln 78–82.

Art. 43 Statuten

¹ Die Statuten müssen Bestimmungen enthalten über:
a. die Firma und den Sitz;
b. den Zweck;
c. die Mindesteinlage;
d. die Einberufung der Generalversammlung;
e. die Organe;
f. die Publikationsorgane.

² Zu ihrer Verbindlichkeit bedürfen der Aufnahme in die Statuten Bestimmungen über:
a. die Dauer;

---

69 Fassung gemäss Ziff. I des BG vom 28. Sept. 2012, in Kraft seit 1. März 2013 (AS 2013 585; BBl 2012 3639).

b. die Einschränkung des Aktionärskreises auf qualifizierte Anlegerinnen und Anleger und die damit verbundene Beschränkung der Übertragbarkeit der Aktien (Art. 40 Abs. 3);
c. die Kategorien von Aktien und die damit verbundenen Rechte;
d. die Delegation der Geschäftsführung und der Vertretung sowie deren Modalitäten (Art. 51);
e. die Abstimmung auf dem Korrespondenzweg.

Art. 44 Anlagereglement

Die SICAV stellt ein Anlagereglement auf. Sein Inhalt richtet sich nach den Bestimmungen über den Fondsvertrag, soweit dieses Gesetz und die Statuten nichts anderes vorsehen.

Art. 44a[70] Depotbank

¹ Die SICAV muss eine Depotbank nach den Artikeln 72–74 beiziehen.

² Die FINMA kann in begründeten Fällen Ausnahmen von dieser Pflicht bewilligen, sofern:
a. die SICAV ausschliesslich qualifizierten Anlegerinnen und Anlegern offensteht;
b. ein oder mehrere Institute, welche einer gleichwertigen Aufsicht unterstehen, die mit der Abwicklung verbundenen Transaktionen vornehmen und für solche Transaktionen spezialisiert sind («Prime Broker»); und
c. sichergestellt ist, dass die «Prime Broker» oder die zuständigen ausländischen Aufsichtsbehörden der «Prime Broker» der FINMA alle Auskünfte und Unterlagen erteilen, die diese zur Erfüllung ihrer Aufgabe benötigt.

Art. 45[71] Verhältnis zum Finanzmarktinfrastrukturgesetz

Die Bestimmungen über öffentliche Kaufangebote (Art. 125–141 des Finanzmarktinfrastrukturgesetzes vom 19. Juni 2015[72]) sind auf die SICAV nicht anwendbar.

2. Abschnitt: Rechte und Pflichten der Aktionärinnen und Aktionäre[73]

Art. 46 Mitgliedschaftsrechte

¹ Die Mitgliedschaftsrechte ausüben kann, wer von der SICAV als Aktionärin oder als Aktionär anerkannt ist.

---

70 Eingefügt durch Ziff. I des BG vom 28. Sept. 2012, in Kraft seit 1. März 2013 (AS 2013 585; BBl 2012 3639).
71 Fassung gemäss Anhang Ziff. 9 des Finanzmarktinfrastrukturgesetzes vom 19. Juni 2015, in Kraft seit 1. Jan. 2016 (AS 2015 5339; BBl 2014 7483).
72 SR 958.1
73 Fassung gemäss Ziff. I 6 des BG vom 12. Dez. 2014 zur Umsetzung der 2012 revidierten Empfehlungen der Groupe d'action financière, in Kraft seit 1. Juli 2015 (AS 2015 1389; BBl 2014 605).

² Die Aktionärinnen und Aktionäre können ihre Aktien in der Generalversammlung selbst vertreten oder durch einen Dritten vertreten lassen. Sofern die Statuten nichts anderes vorsehen, brauchen diese nicht Aktionärinnen oder Aktionäre zu sein.

³ Die SICAV führt ein Aktienbuch, in welches die Unternehmeraktionärinnen und Unternehmeraktionäre mit Namen und Adressen eingetragen werden. Sie führt zudem nach Artikel 697*l* des Obligationenrechts[74] ein Verzeichnis der Personen, die an den Aktien der Unternehmeraktionärinnen und -aktionären wirtschaftlich berechtigt sind.[75]

⁴ Die Statuten können vorsehen, dass die Unternehmeraktionärinnen und -aktionäre sowie die Anlegeraktionärinnen und -aktionäre sowohl bei der selbst- als auch bei der fremdverwalteten SICAV einen Anspruch auf mindestens je einen Verwaltungsratssitz haben.[76]

Art. 46a[77] Meldepflicht der Unternehmeraktionärinnen und -aktionäre

¹ Die Unternehmeraktionärinnen und -aktionäre, deren Aktien nicht an einer Börse kotiert sind, unterstehen der Meldepflicht nach Artikel 697*j* des Obligationenrechts[78].

² Die Folgen der Nichteinhaltung der Meldepflicht bestimmen sich nach Artikel 697*m* des Obligationenrechts.

Art. 47[79] Stimmrechte

¹ Jede Aktie entspricht einer Stimme.

² Der Bundesrat kann die FINMA ermächtigen, die Zerlegung oder die Zusammenlegung von Aktien einer Aktienkategorie anzuordnen.

Art. 48 Kontrollrechte

Die Kontrollrechte richten sich nach den Bestimmungen des Obligationenrechtes[80] über die Kontrollrechte der Aktionärinnen und Aktionäre, soweit dieses Gesetz nichts anderes vorsieht.

Art. 49 Weitere Rechte

Im Übrigen kommen die Artikel 78 ff. zur Anwendung.

---

74 SR 220
75 Zweiter Satz eingefügt durch Ziff. I 6 des BG vom 12. Dez. 2014 zur Umsetzung der 2012 revidierten Empfehlungen der Groupe d›action financière, in Kraft seit 1. Juli 2015 (AS 2015 1389; BBl 2014 605).
76 Eingefügt durch Ziff. I des BG vom 28. Sept. 2012, in Kraft seit 1. März 2013 (AS 2013 585; BBl 2012 3639).
77 Eingefügt durch Ziff. I 6 des BG vom 12. Dez. 2014 zur Umsetzung der 2012 revidierten Empfehlungen der Groupe d›action financière, in Kraft seit 1. Juli 2015 (AS 2015 1389; BBl 2014 605).
78 SR 220
79 Fassung gemäss Anhang Ziff. 14 des Finanzmarktaufsichtsgesetzes vom 22. Juni 2007, in Kraft seit 1. Jan. 2009 (AS 2008 5207 5205; BBl 2006 2829).
80 SR 220

3. Abschnitt: Organisation

Art. 50 Generalversammlung

¹ Oberstes Organ der SICAV ist die Generalversammlung der Aktionärinnen und Aktionäre.

² Die Generalversammlung findet jährlich innerhalb von vier Monaten nach Abschluss des Geschäftsjahres statt.

³ Sofern der Bundesrat nichts anderes vorsieht, kommen im Übrigen die Bestimmungen des Obligationenrechts[81] über die Generalversammlung der Aktiengesellschaft zur Anwendung.[82]

Art. 51 Verwaltungsrat

¹ Der Verwaltungsrat besteht aus mindestens drei und höchstens sieben Mitgliedern.

² Die Statuten können den Verwaltungsrat ermächtigen, die Geschäftsführung und die Vertretung nach Massgabe des Organisationsreglements ganz oder teilweise an einzelne Mitglieder oder Dritte zu übertragen.

³ Die geschäftsführenden Personen der SICAV und der Depotbank müssen von der jeweils anderen Gesellschaft unabhängig sein.

⁴ Der Verwaltungsrat erfüllt die mit dem Anbieten von Finanzinstrumenten verbundenen Pflichten nach dem 3. Titel des FIDLEG[83].[84]

⁵ Die Administration der SICAV darf nur an eine Fondsleitung nach Artikel 32 FINIG[85], die eine Bewilligung hat, delegiert werden.[86]

⁶ Sofern der Bundesrat nichts anderes vorsieht, kommen im Übrigen die Bestimmungen des Obligationenrechts[87] über den Verwaltungsrat der Aktiengesellschaft zur Anwendung.[88]

Art. 52 Prüfgesellschaft

Die SICAV bezeichnet eine Prüfgesellschaft (Art. 126 ff.).

---

81 SR 220
82 Fassung gemäss Anhang Ziff. 14 des Finanzmarktaufsichtsgesetzes vom 22. Juni 2007, in Kraft seit 1. Jan. 2009 (AS 2008 5207 5205; BBl 2006 2829).
83 SR 950.1
84 Fassung gemäss Anhang Ziff. 3 des Finanzdienstleistungsgesetzes vom 15. Juni 2018, in Kraft seit 1. Jan. 2020 (AS 2019 4417; BBl 2015 8901).
85 SR 954.1
86 Fassung gemäss Anhang Ziff. II 13 des Finanzinstitutsgesetzes vom 15. Juni 2018, in Kraft seit 1. Jan. 2020 (AS 2018 5247, 2019 4631; BBl 2015 8901).
87 SR 220
88 Fassung gemäss Anhang Ziff. 14 des Finanzmarktaufsichtsgesetzes vom 22. Juni 2007, in Kraft seit 1. Jan. 2009 (AS 2008 5207 5205; BBl 2006 2829).

3. Kapitel: Arten der offenen kollektiven Kapitalanlagen und Anlagevorschriften

1. Abschnitt: Effektenfonds

Art. 53 Begriff

Effektenfonds sind offene kollektive Kapitalanlagen, die ihre Mittel in Effekten anlegen und dem Recht der Europäischen Gemeinschaften entsprechen.

Art. 54 Zulässige Anlagen

¹ Für Effektenfonds zulässig sind Anlagen in massenweise ausgegebene Wertpapiere und in nicht verurkundete Rechte mit gleicher Funktion (Wertrechte), die an einer Börse oder an einem andern geregelten, dem Publikum offen stehenden Markt gehandelt werden, sowie in andere liquide Finanzanlagen.

² In begrenztem Umfang sind auch andere Anlagen sowie das Halten angemessener flüssiger Mittel zulässig.

Art. 55 Anlagetechniken

¹ Die Fondsleitung und die SICAV dürfen im Rahmen der effizienten Verwaltung folgende Anlagetechniken einsetzen:
a. Effektenleihe;
b. Pensionsgeschäft;
c. Kreditaufnahme, jedoch nur vorübergehend und bis zu einem bestimmten Prozentsatz;
d. Verpfändung oder Sicherungsübereignung, jedoch nur bis zu einem bestimmten Prozentsatz.

² Der Bundesrat kann weitere Anlagetechniken wie Leerverkäufe und Kreditgewährung zulassen.

³ Er legt die Prozentsätze fest. Die FINMA regelt die Einzelheiten.

Art. 56 Einsatz von Derivaten

¹ Die Fondsleitung und die SICAV dürfen Geschäfte mit Derivaten tätigen, sofern:
a. diese Geschäfte nicht zu einer Veränderung des Anlagecharakters des Effektenfonds führen;
b. sie über eine geeignete Organisation und ein adäquates Risikomanagement verfügen;
c. die mit der Abwicklung und der Überwachung betrauten Personen qualifiziert sind und die Wirkungsweise der eingesetzten Derivate jederzeit verstehen und nachvollziehen können.

² Das Gesamtengagement aus Geschäften mit Derivaten darf einen bestimmten Prozentsatz des Nettofondsvermögens nicht übersteigen. Engagements

aus Geschäften mit Derivaten sind auf die gesetzlichen und reglementarischen Höchstlimiten, namentlich auf die Risikoverteilung, anzurechnen.

³ Der Bundesrat legt den Prozentsatz fest. Die FINMA regelt die Einzelheiten.

Art. 57 Risikoverteilung

¹ Die Fondsleitung und die SICAV müssen bei ihren Anlagen die Grundsätze der Risikoverteilung einhalten. Sie dürfen in der Regel nur einen bestimmten Prozentsatz des Fondsvermögens beim gleichen Schuldner oder Unternehmen anlegen.

² Die mit den Wertpapieren oder Wertrechten erworbenen Stimmrechte bei einem Schuldner oder Unternehmen dürfen einen bestimmten Prozentsatz nicht überschreiten.

³ Der Bundesrat legt die Prozentsätze fest. Die FINMA regelt die Einzelheiten.

2. Abschnitt: Immobilienfonds

Art. 58 Begriff

Immobilienfonds sind offene kollektive Kapitalanlagen, die ihre Mittel in Immobilienwerten anlegen.

Art. 59 Zulässige Anlagen

¹ Für Immobilienfonds zulässig sind Anlagen in:
a. Grundstücke einschliesslich Zugehör;
b. Beteiligungen an und Forderungen gegen Immobiliengesellschaften, deren Zweck einzig der Erwerb und Verkauf oder die Vermietung und Verpachtung eigener Grundstücke ist, sofern mindestens zwei Drittel ihres Kapitals und der Stimmen im Immobilienfonds vereinigt sind;
c. Anteile an anderen Immobilienfonds und börsenkotierten Immobilieninvestmentgesellschaften bis höchstens 25 Prozent des Gesamtfondsvermögens;
d. ausländische Immobilienwerte, deren Wert hinreichend beurteilt werden kann.

² Miteigentum an Grundstücken ist nur zulässig, sofern die Fondsleitung oder die SICAV einen beherrschenden Einfluss ausüben kann.

Art. 60 Sicherstellung der Verbindlichkeiten

Die Fondsleitung und die SICAV müssen zur Sicherstellung der Verbindlichkeiten einen angemessenen Teil des Fondsvermögens in kurzfristigen festverzinslichen Effekten oder in anderen kurzfristig verfügbaren Mitteln halten.

Art. 61 Einsatz von Derivaten

Die Fondsleitung und die SICAV dürfen Geschäfte mit Derivaten tätigen, sofern sie mit der Anlagepolitik vereinbar sind. Die Bestimmungen über den Einsatz von Derivaten bei Effektenfonds (Art. 56) sind sinngemäss anwendbar.

Art. 62 Risikoverteilung

Die Anlagen sind nach Objekten, deren Nutzungsart, Alter, Bausubstanz und Lage zu verteilen.

Art. 63 Besondere Pflichten

¹ Die Fondsleitung haftet den Anlegerinnen und Anlegern dafür, dass die Immobiliengesellschaften, die zum Immobilienfonds gehören, die Vorschriften dieses Gesetzes und des Fondsreglementes einhalten.

² Die Fondsleitung, die Depotbank sowie deren Beauftragte und die ihnen nahe stehenden natürlichen und juristischen Personen dürfen von Immobilienfonds keine Immobilienwerte übernehmen oder ihnen abtreten.

³ Die SICAV darf von den Unternehmeraktionärinnen und -aktionären, von ihren Beauftragten sowie den ihr nahe stehenden natürlichen oder juristischen Personen keine Immobilienwerte übernehmen oder ihnen abtreten.

⁴ Im Interesse der Anlegerinnen und Anleger kann die FINMA in begründeten Einzelfällen Ausnahmen vom Verbot von Geschäften mit nahe stehenden Personen im Sinne der Absätze 2 und 3 gewähren. Der Bundesrat regelt die Ausnahmekriterien.[89]

Art. 64 Schätzungsexpertinnen und Schätzungsexperten[90]

¹ Die Fondsleitung und die SICAV beauftragen mindestens zwei natürliche Personen oder eine juristische Person als Schätzungsexpertinnen oder Schätzungsexperten. Der Auftrag bedarf der Genehmigung der FINMA.[91]

² Die Genehmigung wird erteilt, wenn die Schätzungsexpertinnen und Schätzungsexperten:[92]
a. die erforderlichen Qualifikationen aufweisen;
b. unabhängig sind;
c.[93] ...

³ Die Schätzungsexpertinnen und Schätzungsexperten haben die Schätzungen mit der Sorgfalt einer ordentlichen und sachkundigen Schätzungsexpertin oder eines ordentlichen und sachkundigen Schätzungsexperten durchzuführen.[94]

---

89 Eingefügt durch Ziff. I des BG vom 28. Sept. 2012, in Kraft seit 1. März 2013 (AS 2013 585; BBl 2012 3639).
90 Fassung gemäss Ziff. I des BG vom 28. Sept. 2012, in Kraft seit 1. März 2013 (AS 2013 585; BBl 2012 3639).
91 Fassung gemäss Ziff. I des BG vom 28. Sept. 2012, in Kraft seit 1. März 2013 (AS 2013 585; BBl 2012 3639).
92 Fassung gemäss Ziff. I des BG vom 28. Sept. 2012, in Kraft seit 1. März 2013 (AS 2013 585; BBl 2012 3639).
93 Aufgehoben durch Ziff. I des BG vom 28. Sept. 2012, mit Wirkung seit 1. März 2013 (AS 2013 585; BBl 2012 3639).
94 Fassung gemäss Ziff. I des BG vom 28. Sept. 2012, in Kraft seit 1. März 2013 (AS 2013 585; BBl 2012 3639).

⁴ Die FINMA kann die Genehmigung vom Abschluss einer Berufshaftpflichtversicherung oder vom Nachweis finanzieller Garantien abhängig machen.[95]

⁵ Sie kann weitere Anforderungen an die Schätzungsexpertinnen und Schätzungsexperten festlegen und die Schätzungsmethoden umschreiben.[96]

Art. 65 Sonderbefugnisse

¹ Die Fondsleitung und die SICAV dürfen Bauten erstellen lassen, sofern das Fondsreglement ausdrücklich den Erwerb von Bauland und die Durchführung von Bauvorhaben vorsieht.

² Sie dürfen Grundstücke verpfänden und die Pfandrechte zur Sicherung übereignen; die Belastung darf jedoch im Durchschnitt aller Grundstücke einen bestimmten Prozentsatz des Verkehrswertes nicht übersteigen.

³ Der Bundesrat bestimmt den Prozentsatz. Die FINMA regelt die Einzelheiten.

Art. 66 Ausgabe und Rücknahme von Anteilen

¹ Die Fondsleitung und die SICAV müssen neue Anteile zuerst den bisherigen Anlegerinnen und Anlegern anbieten.

² Die Anlegerinnen und Anleger können jeweils auf das Ende eines Rechnungsjahres unter Einhaltung einer Frist von zwölf Monaten die Rücknahme ihrer Anteile verlangen.

Art. 67 Handel

Die Fondsleitung und die SICAV stellen über eine Bank oder einen Effektenhändler einen regelmässigen börslichen oder ausserbörslichen Handel von Immobilienfondsanteilen sicher.

3. Abschnitt: Übrige Fonds für traditionelle und für alternative Anlagen

Art. 68 Begriff

Übrige Fonds für traditionelle und für alternative Anlagen sind offene kollektive Kapitalanlagen, die weder Effektenfonds noch Immobilienfonds sind.

Art. 69 Zulässige Anlagen

¹ Für übrige Fonds für traditionelle und alternative Anlagen zulässig sind insbesondere Anlagen in Effekten, Edelmetallen, Immobilien, Massenwaren (Commodities), Derivaten, Anteilen anderer kollektiver Kapitalanlagen sowie in anderen Sachen und Rechten.

---

95 Fassung gemäss Ziff. I des BG vom 28. Sept. 2012, in Kraft seit 1. März 2013 (AS 2013 585; BBl 2012 3639).
96 Fassung gemäss Ziff. I des BG vom 28. Sept. 2012, in Kraft seit 1. März 2013 (AS 2013 585; BBl 2012 3639).

² Für diese Fonds können insbesondere Anlagen getätigt werden:
a. die nur beschränkt marktgängig sind;
b. die hohen Kursschwankungen unterliegen;
c. die eine begrenzte Risikoverteilung aufweisen;
d. deren Bewertung erschwert ist.

Art. 70 Übrige Fonds für traditionelle Anlagen

¹ Als übrige Fonds für traditionelle Anlagen gelten offene kollektive Kapitalanlagen, die bei ihren Anlagen, Anlagetechniken und -beschränkungen ein für traditionelle Anlagen typisches Risikoprofil aufweisen.

² Auf übrige Fonds für traditionelle Anlagen sind die Bestimmungen über den Einsatz von Anlagetechniken und Derivaten für Effektenfonds sinngemäss anwendbar.

Art. 71 Übrige Fonds für alternative Anlagen

¹ Als übrige Fonds für alternative Anlagen gelten offene kollektive Kapitalanlagen, deren Anlagen, Struktur, Anlagetechniken (Leerverkäufe, Kreditaufnahme etc.) und -beschränkungen ein für alternative Anlagen typisches Risikoprofil aufweisen.

² Die Hebelwirkung ist nur bis zu einem bestimmten Prozentsatz des Nettofondsvermögens erlaubt. Der Bundesrat legt den Prozentsatz fest. Die FINMA regelt die Einzelheiten.

³ Auf die besonderen Risiken, die mit alternativen Anlagen verbunden sind, ist in der Bezeichnung, im Prospekt und im Basisinformationsblatt nach dem 3. Titel des FIDLEG[97] sowie in der Werbung hinzuweisen.[98]

⁴ ...[99]

⁵ Die FINMA kann gestatten, dass die mit der Abwicklung der Transaktionen verbundenen Dienstleistungen eines direkt anlegenden übrigen Fonds für alternative Anlagen durch ein beaufsichtigtes Institut, das für solche Transaktionen spezialisiert ist («Prime Broker»), erbracht werden. Sie kann festlegen, welche Kontrollaufgaben die Fondsleitung und die SICAV wahrnehmen müssen.

---

97 SR 950.1
98 Fassung gemäss Anhang Ziff. 3 des Finanzdienstleistungsgesetzes vom 15. Juni 2018, in Kraft seit 1. Jan. 2020 (AS 2019 4417; BBl 2015 8901).
99 Aufgehoben durch Anhang Ziff. 3 des Finanzdienstleistungsgesetzes vom 15. Juni 2018, mit Wirkung seit 1. Jan. 2020 (AS 2019 4417; BBl 2015 8901).

4. Kapitel: Gemeinsame Bestimmungen

1. Abschnitt: Depotbank

Art. 72 Organisation

¹ Die Depotbank muss eine Bank im Sinne des BankG[100] sein und über eine für ihre Tätigkeit als Depotbank von kollektiven Kapitalanlagen angemessene Organisation verfügen.[101]

² Neben den mit der Geschäftsführung betrauten Personen müssen auch die mit den Aufgaben der Depotbanktätigkeit betrauten Personen die Anforderungen nach Artikel 14 Absatz 1 Buchstabe a erfüllen.

Art. 73 Aufgaben

¹ Die Depotbank bewahrt das Fondsvermögen auf, besorgt die Ausgabe und Rücknahme der Anteile und den Zahlungsverkehr.

² Sie kann die Aufbewahrung des Fondsvermögens Dritt- und Zentralverwahrern im In- oder Ausland übertragen, soweit dies im Interesse einer sachgerechten Verwahrung liegt. Die Anlegerinnen und Anleger sind über die Risiken, die mit einer solchen Übertragung verbunden sind, im Prospekt und im Basisinformationsblatt nach dem 3. Titel des FIDLEG[102] zu informieren.[103]

²bis Für Finanzinstrumente darf die Übertragung nach Absatz 2 nur an beaufsichtigte Dritt- oder Zentralverwahrer erfolgen. Davon ausgenommen ist die zwingende Verwahrung an einem Ort, an dem die Übertragung an beaufsichtigte Dritt- oder Zentralverwahrer nicht möglich ist, wie insbesondere aufgrund zwingender Rechtsvorschriften oder der Modalitäten des Anlageprodukts. Die Anlegerinnen und Anleger sind in der Produktedokumentation über die Aufbewahrung durch nicht beaufsichtigte Dritt- oder Zentralverwahrer zu informieren.[104]

³ Die Depotbank sorgt dafür, dass die Fondsleitung oder die SICAV das Gesetz und das Fondsreglement beachten. Sie prüft ob:[105]
a. die Berechnung des Nettoinventarwertes und der Ausgabe- und Rücknahmepreise der Anteile Gesetz und Fondsreglement entsprechen;
b. die Anlageentscheide Gesetz und Fondsreglement entsprechen;
c. der Erfolg nach Massgabe des Fondsreglements verwendet wird.

---

100 SR 952.0
101 Fassung gemäss Ziff. I des BG vom 28. Sept. 2012, in Kraft seit 1. März 2013 (AS 2013 585; BBl 2012 3639).
102 SR 950.1
103 Fassung gemäss Anhang Ziff. 3 des Finanzdienstleistungsgesetzes vom 15. Juni 2018, in Kraft seit 1. Jan. 2020 (AS 2019 4417; BBl 2015 8901).
104 Eingefügt durch Ziff. I des BG vom 28. Sept. 2012 (AS 2013 585; BBl 2012 3639). Fassung gemäss Anhang Ziff. 3 des Finanzdienstleistungsgesetzes vom 15. Juni 2018, in Kraft seit 1. Jan. 2020 (AS 2019 4417; BBl 2015 8901).
105 Fassung gemäss Ziff. I des BG vom 28. Sept. 2012, in Kraft seit 1. März 2013 (AS 2013 585; BBl 2012 3639).

⁴ Der Bundesrat regelt die Anforderungen für die Tätigkeiten der Depotbank und kann Vorgaben zum Schutz der Wertpapieranlagen einführen.[106]

Art. 74 Wechsel

¹ Für den Wechsel der Depotbank gelten bei Anlagefonds die Bestimmungen über den Wechsel der Fondsleitung (Art. 39 FINIG[107]) sinngemäss.[108]

² Der Wechsel der Depotbank bei der SICAV bedarf eines Vertrages in schriftlicher oder in einer anderen durch Text nachweisbaren Form und der vorgängigen Genehmigung der FINMA.[109]

³ Die FINMA veröffentlicht den Entscheid in den Publikationsorganen.

2. Abschnitt: ...

Art. 75–77[110]

3. Abschnitt: Stellung der Anlegerinnen und Anleger

Art. 78 Erwerb und Rückgabe

¹ Die Anlegerinnen und Anleger erwerben mit Vertragsabschluss beziehungsweise mit der Zeichnung und der Einzahlung in bar:
a. beim Anlagefonds nach Massgabe der von ihnen erworbenen Fondsanteile eine Forderung gegen die Fondsleitung auf Beteiligung am Vermögen und am Ertrag des Anlagefonds;
b. bei der SICAV nach Massgabe der von ihnen erworbenen Aktien eine Beteiligung an der Gesellschaft und an deren Bilanzgewinn.

² Sie sind grundsätzlich jederzeit berechtigt, die Rücknahme ihrer Anteile und deren Auszahlung in bar zu verlangen. Anteilscheine sind zur Vernichtung zurückzugeben.

³ Bei kollektiven Kapitalanlagen mit verschiedenen Anteilsklassen regelt der Bundesrat die Einzelheiten.

⁴ Die FINMA kann Abweichungen von der Pflicht zur Ein- und Auszahlung in bar gestatten.

⁵ Bei kollektiven Kapitalanlagen mit Teilvermögen richten sich die Vermögensrechte nach den Artikeln 93 Absatz 2 und 94 Absatz 2.

---

[106] Eingefügt durch Ziff. I des BG vom 28. Sept. 2012, in Kraft seit 1. März 2013 (AS 2013 585; BBl 2012 3639).
[107] SR 954.1
[108] Fassung gemäss Anhang Ziff. II 13 des Finanzinstitutsgesetzes vom 15. Juni 2018, in Kraft seit 1. Jan. 2020 (AS 2018 5247, 2019 4631; BBl 2015 8901).
[109] Fassung gemäss Anhang Ziff. II 13 des Finanzinstitutsgesetzes vom 15. Juni 2018, in Kraft seit 1. Jan. 2020 (AS 2018 5247, 2019 4631; BBl 2015 8901).
[110] Aufgehoben durch Anhang Ziff. 3 des Finanzdienstleistungsgesetzes vom 15. Juni 2018, mit Wirkung seit 1. Jan. 2020 (AS 2019 4417; BBl 2015 8901).

Art. 79 Ausnahmen vom Recht auf jederzeitige Rückgabe

¹ Der Bundesrat kann nach Massgabe der Anlagevorschriften (Art. 54 ff., 59 ff. und Art. 69 ff.) bei kollektiven Kapitalanlagen mit erschwerter Bewertung oder beschränkter Marktgängigkeit Ausnahmen vom Recht auf jederzeitige Rückgabe vorsehen.

² Er darf das Recht auf jederzeitige Rückgabe jedoch höchstens fünf Jahre aussetzen.

Art. 80 Ausgabe- und Rücknahmepreis

Der Ausgabe- und der Rücknahmepreis der Anteile bestimmen sich nach dem Nettoinventarwert pro Anteil am Bewertungstag, zuzüglich beziehungsweise abzüglich allfälliger Kommissionen und Kosten.

Art. 81 Aufschub der Rückzahlung

¹ Der Bundesrat bestimmt, in welchen Fällen das Fondsreglement im Interesse der Gesamtheit der Anlegerinnen und Anleger einen befristeten Aufschub für die Rückzahlung der Anteile vorsehen kann.

² Die FINMA kann in ausserordentlichen Fällen im Interesse der Gesamtheit der Anlegerinnen und Anleger einen befristeten Aufschub für die Rückzahlung der Anteile gewähren.

Art. 82 Zwangsrückkauf

Der Bundesrat schreibt den Zwangsrückkauf vor, wenn:
a. dies zur Wahrung des Rufes des Finanzplatzes, namentlich zur Bekämpfung der Geldwäscherei, erforderlich ist;
b. die Anlegerin oder der Anleger die gesetzlichen, reglementarischen, vertraglichen oder statutarischen Voraussetzungen zur Teilnahme an einer kollektiven Kapitalanlage nicht mehr erfüllen.

Art. 83 Berechnung und Publikation des Nettoinventarwertes

¹ Der Nettoinventarwert der offenen kollektiven Kapitalanlage wird zum Verkehrswert am Ende des Rechnungsjahres sowie für jeden Tag berechnet, an dem Anteile ausgegeben oder zurückgenommen werden.

² Der Nettoinventarwert pro Anteil ergibt sich aus dem Verkehrswert der Anlagen, vermindert um allfällige Verbindlichkeiten, dividiert durch die Anzahl der im Umlauf befindlichen Anteile.

³ Die FINMA kann eine von Absatz 2 abweichende Methode zur Berechnung des Nettoinventarwertes oder der Nettoinventarwerte zulassen, soweit diese internationalen Standards entspricht und der Schutzzweck des Gesetzes dadurch nicht gefährdet wird.

⁴ Die Fondsleitung und die SICAV veröffentlichen die Nettoinventarwerte in regelmässigen Abständen.

Art. 84 Recht auf Auskunft

¹ Die Fondsleitung und die SICAV erteilen Anlegerinnen und Anlegern auf Verlangen Auskunft über die Grundlagen für die Berechnung des Nettoinventarwertes pro Anteil.

² Machen Anlegerinnen und Anleger ein Interesse an näheren Angaben über einzelne Geschäfte der Fondsleitung oder der SICAV wie die Ausübung von Mitgliedschafts- und Gläubigerrechten oder über das Riskmanagement geltend, so erteilen diese ihnen auch darüber jederzeit Auskunft.[111]

³ Die Anlegerinnen und Anleger können beim Gericht am Sitz der Fondsleitung oder der SICAV verlangen, dass die Prüfgesellschaft oder eine andere sachverständige Person den abklärungsbedürftigen Sachverhalt untersucht und ihnen darüber Bericht erstattet.

Art. 85 Klage auf Rückerstattung

Werden der offenen kollektiven Kapitalanlage widerrechtlich Vermögensrechte entzogen oder Vermögensvorteile vorenthalten, so können die Anlegerinnen und Anleger auf Leistung an die betroffene offene kollektive Kapitalanlage klagen.

Art. 86 Vertretung der Anlegergemeinschaft

¹ Die Anlegerinnen und Anleger können vom Gericht die Ernennung einer Vertretung verlangen, wenn sie Ansprüche auf Leistung an die offene kollektive Kapitalanlage glaubhaft machen.

² Das Gericht veröffentlicht die Ernennung in den Publikationsorganen der offenen kollektiven Kapitalanlage.

³ Die Person, welche die Anlegerinnen und Anleger vertritt, hat dieselben Rechte wie diese.

⁴ Klagt sie auf Leistung an die offene kollektive Kapitalanlage, so können die einzelnen Anlegerinnen und Anleger dieses Klagerecht nicht mehr ausüben.

⁵ Die Kosten der Vertretung gehen zulasten des Fondsvermögens, sofern sie nicht durch das Urteil anders verteilt werden.

4. Abschnitt: Buchführung, Bewertung und Rechenschaftsablage

Art. 87 Buchführungspflicht

Für jede offene kollektive Kapitalanlage muss gesondert Buch geführt werden. Soweit dieses Gesetz oder die Ausführungsbestimmungen nichts anderes vorsehen, kommen die Artikel 662 ff. des Obligationenrechtes[112] zur Anwendung.

---

[111] Fassung gemäss Ziff. I des BG vom 28. Sept. 2012, in Kraft seit 1. März 2013 (AS 2013 585; BBl 2012 3639).
[112] SR 220. Heute: Art. 957 ff. OR.

Art. 88 Bewertung zum Verkehrswert

¹ Anlagen, die an einer Börse kotiert sind oder an einem anderen geregelten, dem Publikum offen stehenden Markt gehandelt werden, sind zu den Kursen zu bewerten, die am Hauptmarkt bezahlt werden.

² Andere Anlagen, für die keine aktuellen Kurse verfügbar sind, sind zu dem Preis zu bewerten, der bei sorgfältigem Verkauf im Zeitpunkt der Schätzung wahrscheinlich erzielt würde.

Art. 89 Jahres- und Halbjahresbericht

¹ Für jede offene kollektive Kapitalanlage wird innerhalb von vier Monaten nach Abschluss des Geschäftsjahres ein Jahresbericht veröffentlicht; dieser enthält namentlich:
a. die Jahresrechnung, bestehend aus der Vermögensrechnung beziehungsweise der Bilanz und der Erfolgsrechnung, sowie die Angaben über die Verwendung des Erfolges und die Offenlegung der Kosten;
b. die Zahl der im Berichtsjahr zurückgenommenen und der neu ausgegebenen Anteile sowie den Schlussbestand der ausgegebenen Anteile;
c. das Inventar des Fondsvermögens zu Verkehrswerten und den daraus errechneten Wert (Nettoinventarwert) eines Anteils auf den letzten Tag des Rechnungsjahres;
d. die Grundsätze für die Bewertung sowie für die Berechnung des Nettoinventarwertes;
e. eine Aufstellung der Käufe und Verkäufe;
f. den Namen oder die Firma der Personen, an die Aufgaben delegiert sind;
g. Angaben über Angelegenheiten von besonderer wirtschaftlicher oder rechtlicher Bedeutung, insbesondere über:
   1. Änderungen des Fondsreglements,
   2. wesentliche Fragen der Auslegung von Gesetz und Fondsreglement,
   3. den Wechsel von Fondsleitung und Depotbank,
   4.[113] Änderungen der geschäftsführenden Personen der Fondsleitung, der SICAV oder des Vermögensverwalters kollektiver Kapitalanlagen,
   5. Rechtsstreitigkeiten;
h. das Ergebnis der offenen kollektiven Kapitalanlage (Performance), allenfalls im Vergleich zu ähnlichen Anlagen (Benchmark);
i. einen Kurzbericht der Prüfgesellschaft zu den vorstehenden Angaben, bei Immobilienfonds ebenfalls zu den Angaben nach Artikel 90.

² Die Vermögensrechnung des Anlagefonds und die Bilanz der SICAV sind zu Verkehrswerten zu erstellen.

³ Innerhalb von zwei Monaten nach Ablauf der ersten Hälfte des Rechnungsjahres ist ein Halbjahresbericht zu veröffentlichen. Dieser enthält eine unge-

---

[113] Fassung gemäss Ziff. I des BG vom 28. Sept. 2012, in Kraft seit 1. März 2013 (AS 2013 585; BBl 2012 3639).

prüfte Vermögensrechnung beziehungsweise eine ungeprüfte Bilanz und eine Erfolgsrechnung sowie Angaben nach Absatz 1 Buchstaben b, c und e.

⁴ Die Jahres- und Halbjahresberichte werden der FINMA spätestens gleichzeitig mit der Veröffentlichung eingereicht.

⁵ Sie sind während zehn Jahren interessierten Personen kostenlos zur Einsicht zur Verfügung zu halten.

Art. 90 Jahresrechnung und Jahresbericht für Immobilienfonds

¹ Die Jahresrechnung für Immobilienfonds besteht aus einer konsolidierten Rechnung von Vermögen beziehungsweise Bilanz und Erfolg des Immobilienfonds und dessen Immobiliengesellschaften. Artikel 89 kommt sinngemäss zur Anwendung.

² Die Grundstücke sind in der Vermögensrechnung zu den Verkehrswerten einzustellen.

³ Im Inventar des Fondsvermögens sind die Gestehungskosten und die geschätzten Verkehrswerte der einzelnen Grundstücke aufzuführen.

⁴ Der Jahresbericht und die Jahresrechnung enthalten neben den Angaben nach Artikel 89 Angaben über die Schätzungsexperten, die Schätzungsmethoden und über die angewandten Kapitalisierungs- und Diskontierungssätze.

Art. 91 Vorschriften der FINMA

Die FINMA erlässt die weiteren Vorschriften über die Buchführungspflicht, die Bewertung, die Rechenschaftsablage und die Publikationspflicht.

5. Abschnitt: Offene kollektive Kapitalanlagen mit Teilvermögen

Art. 92 Begriff

Bei einer offenen kollektiven Kapitalanlage mit Teilvermögen (Umbrella-Fonds) stellt jedes Teilvermögen eine eigene kollektive Kapitalanlage dar und weist einen eigenen Nettoinventarwert auf.

Art. 93 Anlagefonds mit Teilvermögen

¹ Beim Anlagefonds mit Teilvermögen sind die Anlegerinnen und Anleger nur am Vermögen und am Ertrag desjenigen Teilvermögens berechtigt, an dem sie beteiligt sind.

² Jedes Teilvermögen haftet nur für eigene Verbindlichkeiten.

Art. 94 SICAV mit Teilvermögen

¹ Die Anlegerinnen und Anleger sind nur am Vermögen und am Ertrag desjenigen Teilvermögens beteiligt, dessen Aktien sie halten.

² Jedes Teilvermögen nach Absatz 1 haftet nur für eigene Verbindlichkeiten.[114]

6. Abschnitt: Umstrukturierung und Auflösung

Art. 95[115] Umstrukturierung

¹ Folgende Umstrukturierungen von offenen kollektiven Kapitalanlagen sind zulässig:
a. die Vereinigung durch Übertragung der Vermögenswerte und Verbindlichkeiten;
b. die Umwandlung in eine andere Rechtsform einer kollektiven Kapitalanlage;
c. für die SICAV: die Vermögensübertragung nach den Artikeln 69–77 des Fusionsgesetzes vom 3. Oktober 2003[116].

² Eine Umstrukturierung nach Absatz 1 Buchstaben b und c darf erst ins Handelsregister eingetragen werden, nachdem sie von der FINMA nach Artikel 15 genehmigt worden ist.

Art. 96 Auflösung

¹ Der Anlagefonds wird aufgelöst:
a. bei unbestimmter Laufzeit durch Kündigung der Fondsleitung oder der Depotbank;
b. bei bestimmter Laufzeit durch Zeitablauf;
c. durch Verfügung der FINMA:
  1. bei bestimmter Laufzeit vorzeitig aus wichtigem Grund und auf Antrag der Fondsleitung und der Depotbank,
  2. bei Unterschreiten des Mindestvermögens,
  3. in den Fällen nach Artikel 133 ff.

² Die SICAV wird aufgelöst:
a. bei unbestimmter Laufzeit durch Beschluss der Unternehmeraktionärinnen und -aktionäre, sofern er mindestens zwei Drittel der ausgegebenen Unternehmeraktien auf sich vereinigt;
b. bei bestimmter Laufzeit durch Zeitablauf;
c. durch Verfügung der FINMA:
  1. bei bestimmter Laufzeit vorzeitig aus wichtigem Grund und auf Antrag der Unternehmeraktionärinnen und -aktionäre, sofern er mindestens zwei Drittel der ausgegebenen Unternehmeraktien auf sich vereinigt,
  2. bei Unterschreiten des Mindestvermögens,
  3. in den Fällen nach Artikel 133 ff.;

---

114 Fassung gemäss Anhang Ziff. II 13 des Finanzinstitutsgesetzes vom 15. Juni 2018, in Kraft seit 1. Jan. 2020 (AS 2018 5247, 2019 4631; BBl 2015 8901).
115 Fassung gemäss Ziff. I des BG vom 28. Sept. 2012, in Kraft seit 1. März 2013 (AS 2013 585; BBl 2012 3639).
116 SR 221.301

d. in den übrigen vom Gesetz vorgesehenen Fällen.

³ Für die Auflösung von Teilvermögen kommen die Absätze 1 und 2 sinngemäss zur Anwendung.

⁴ Die Fondsleitung und die SICAV geben der FINMA die Auflösung unverzüglich bekannt und veröffentlichen sie in den Publikationsorganen.

Art. 97 Folgen der Auflösung

¹ Nach der Auflösung des Anlagefonds beziehungsweise der SICAV dürfen Anteile weder neu ausgegeben noch zurückgenommen werden.

² Die Anlegerinnen und Anleger haben beim Anlagefonds Anspruch auf einen verhältnismässigen Anteil des Liquidationserlöses.

³ Bei der SICAV haben die Anlegeraktionärinnen und -aktionäre ein Recht auf einen verhältnismässigen Anteil am Ergebnis der Liquidation. Die Unternehmeraktionärinnen und -aktionäre werden nachrangig befriedigt. Im Übrigen kommen die Artikel 737 ff. des Obligationenrechtes[117] zur Anwendung.

3. Titel: Geschlossene kollektive Kapitalanlagen

1. Kapitel: Kommanditgesellschaft für kollektive Kapitalanlagen

Art. 98 Begriff

¹ Die Kommanditgesellschaft für kollektive Kapitalanlagen ist eine Gesellschaft, deren ausschliesslicher Zweck die kollektive Kapitalanlage ist. Wenigstens ein Mitglied haftet unbeschränkt (Komplementär), die anderen Mitglieder (Kommanditärinnen und Kommanditäre) haften nur bis zu einer bestimmten Vermögenseinlage (der Kommanditsumme).

² Komplementäre müssen Aktiengesellschaften mit Sitz in der Schweiz sein. Aktiengesellschaften ohne Bewilligung als Vermögensverwalter kollektiver Kapitalanlagen dürfen nur in einer einzigen Kommanditgesellschaft für kollektive Kapitalanlagen als Komplementär tätig sein.[118]

²ᵇⁱˢ Für die Komplementäre gelten die Bewilligungsvoraussetzungen nach Artikel 14 sinngemäss.[119]

³ Kommanditärinnen und Kommanditäre müssen qualifizierte Anlegerinnen und Anleger nach Artikel 10 Absatz 3 oder 3ᵗᵉʳ sein.[120]

---

117 SR 220
118 Fassung gemäss Anhang Ziff. II 13 des Finanzinstitutsgesetzes vom 15. Juni 2018, in Kraft seit 1. Jan. 2020 (AS 2018 5247, 2019 4631; BBl 2015 8901).
119 Eingefügt durch Ziff. I des BG vom 28. Sept. 2012, in Kraft seit 1. März 2013 (AS 2013 585; BBl 2012 3639).
120 Fassung gemäss Anhang Ziff. II 13 des Finanzinstitutsgesetzes vom 15. Juni 2018, in Kraft seit 1. Jan. 2020 (AS 2018 5247, 2019 4631; BBl 2015 8901).

Art. 99 Verhältnis zum Obligationenrecht

Sofern dieses Gesetz nichts anderes vorsieht, kommen die Bestimmungen des Obligationenrechtes[121] über die Kommanditgesellschaft zur Anwendung.

Art. 100 Handelsregister

¹ Die Gesellschaft entsteht durch die Eintragung in das Handelsregister.

² Die Anmeldung der einzutragenden Tatsachen oder ihre Änderung müssen von allen Komplementären beim Handelsregister unterzeichnet oder schriftlich mit beglaubigten Unterschriften eingereicht werden.

Art. 101[122] Firma

Die Firma der Gesellschaft muss die Bezeichnung der Rechtsform oder deren Abkürzung KmGK enthalten.

Art. 102 Gesellschaftsvertrag und Prospekt

¹ Der Gesellschaftsvertrag muss Bestimmungen enthalten über:
a. die Firma und den Sitz;
b. den Zweck;
c. die Firma und den Sitz der Komplementäre;
d. den Betrag der gesamten Kommanditsumme;
e. die Dauer;
f. die Bedingungen über den Ein- und Austritt der Kommanditärinnen und Kommanditäre;
g. die Führung eines Registers der Kommanditärinnen und Kommanditäre;
h. die Anlagen, die Anlagepolitik, die Anlagebeschränkungen, die Risikoverteilung, die mit der Anlage verbundenen Risiken sowie die Anlagetechniken;
i. die Delegation der Geschäftsführung sowie der Vertretung;
j. den Beizug einer Depot- und einer Zahlstelle.

² Der Gesellschaftsvertrag bedarf der Schriftform.

³ ...[123]

Art. 103 Anlagen

¹ Die Gesellschaft tätigt Anlagen in Risikokapital.

² Der Bundesrat kann auch andere Anlagen zulassen.

---

121 SR 220
122 Fassung gemäss Ziff. III des BG vom 25. Sept. 2015 (Firmenrecht), in Kraft seit 1. Juli 2016 (AS 2016 1507; BBl 2014 9305).
123 Aufgehoben durch Anhang Ziff. 3 des Finanzdienstleistungsgesetzes vom 15. Juni 2018, mit Wirkung seit 1. Jan. 2020 (AS 2019 4417; BBl 2015 8901).

Art. 104 Konkurrenzverbot

¹ Die Kommanditärinnen und Kommanditäre sind ohne Zustimmung der Komplementäre berechtigt, für eigene und für fremde Rechnung andere Geschäfte zu betreiben und sich an anderen Unternehmen zu beteiligen.

² Sofern der Gesellschaftsvertrag nichts anderes vorsieht, dürfen die Komplementäre ohne Zustimmung der Kommanditärinnen und Kommanditäre für eigene und für fremde Rechnung andere Geschäfte betreiben und sich an anderen Unternehmen beteiligen, sofern dies offen gelegt wird und die Interessen der Kommanditgesellschaft für kollektive Kapitalanlagen dadurch nicht beeinträchtigt werden.

Art. 105 Ein- und Austritt von Kommanditärinnen und Kommanditären

¹ Sofern dies der Gesellschaftsvertrag vorsieht, kann der Komplementär über den Ein- und Austritt von Kommanditärinnen und Kommanditären beschliessen.

² Die Bestimmungen des Obligationenrechtes[124] über den Ausschluss von Gesellschaftern der Kommanditgesellschaft bleiben vorbehalten.

³ Der Bundesrat kann den Zwangsausschluss vorschreiben. Dieser richtet sich nach Artikel 82.

Art. 106 Einsicht und Auskunft

¹ Die Kommanditärinnen und Kommanditäre sind berechtigt, jederzeit Einsicht in die Geschäftsbücher der Gesellschaft zu nehmen. Geschäftsgeheimnisse der Gesellschaften, in die die Kommanditgesellschaft investiert, bleiben gewahrt.

² Die Kommanditärinnen und Kommanditäre haben mindestens einmal vierteljährlich Anspruch auf Auskunft über den Geschäftsgang der Gesellschaft.

Art. 107 Prüfgesellschaft

Die Gesellschaft bezeichnet eine Prüfgesellschaft (Art. 126 ff.).

Art. 108 Rechenschaftsablage

¹ Für die Rechenschaftsablage der Gesellschaft und die Bewertung des Vermögens gelten die Artikel 88 ff. sinngemäss.

² International anerkannte Standards sind zu berücksichtigen.

Art. 109 Auflösung

Die Gesellschaft wird aufgelöst:
a. durch Gesellschafterbeschluss;
b. aus den in Gesetz und Gesellschaftsvertrag vorgesehenen Gründen;

---

124 SR 220

c. durch Verfügung der FINMA in den Fällen nach Artikel 133 ff.

2. Kapitel: Investmentgesellschaft mit festem Kapital

Art. 110 Begriff

¹ Die SICAF ist eine Aktiengesellschaft im Sinne des Obligationenrechts[125] (Art. 620 ff. OR):
a. deren ausschliesslicher Zweck die kollektive Kapitalanlage ist;
b. deren Aktionärinnen und Aktionäre nicht qualifiziert im Sinne von Artikel 10 Absatz 3 sein müssen; und
c. die nicht an einer Schweizer Börse kotiert ist.

² Zwischen den eigenen Mitteln der SICAF und deren Gesamtvermögen muss ein angemessenes Verhältnis bestehen. Der Bundesrat regelt dieses Verhältnis.[126]

Art. 111 Firma

¹ Die Firma der Gesellschaft muss die Bezeichnung der Rechtsform oder deren Abkürzung (SICAF) enthalten.

² Im Übrigen kommen die Bestimmungen des Obligationenrechtes[127] über die Firma der Aktiengesellschaft zur Anwendung.

Art. 112 Verhältnis zum Obligationenrecht

Sofern dieses Gesetz nichts anderes vorsieht, kommen die Bestimmungen des Obligationenrechtes[128] über die Aktiengesellschaft zur Anwendung.

Art. 113 Aktien

¹ Die Aktien sind vollständig liberiert.

² Die Ausgabe von Stimmrechtsaktien, Partizipationsscheinen, Genussscheinen und Vorzugsaktien ist untersagt.

³ Der Bundesrat kann den Zwangsrückkauf vorschreiben. Dieser richtet sich nach Artikel 82.

Art. 114[129] Depotbank

Die SICAF muss eine Depotbank nach den Artikeln 72–74 beiziehen.

---

125 SR 220
126 Eingefügt durch Ziff. I des BG vom 28. Sept. 2012, in Kraft seit 1. März 2013 (AS 2013 585; BBl 2012 3639).
127 SR 220
128 SR 220
129 Fassung gemäss Ziff. I des BG vom 28. Sept. 2012, in Kraft seit 1. März 2013 (AS 2013 585; BBl 2012 3639).

Art. 115 Anlagepolitik und Anlagebeschränkungen

¹ Die SICAF regelt die Anlagen, die Anlagepolitik, die Anlagebeschränkungen, die Risikoverteilung sowie die mit den Anlagen verbundenen Risiken in den Statuten und im Anlagereglement.

² Für die Anlagen gelten Artikel 69 und sinngemäss die Artikel 64, 70 und 71.

³ Über Änderungen des Anlagereglements entscheidet die Generalversammlung mit der Mehrheit der vertretenen Aktienstimmen.

Art. 116[130]

Art. 117 Rechenschaftsablage

Für die Rechenschaftsablage kommen neben den aktienrechtlichen Bestimmungen über die Rechnungslegung die Artikel 89 Absatz 1 Buchstaben a und c–i, Absätze 2–4 sowie Artikel 90 sinngemäss zur Anwendung.

Art. 118 Prüfgesellschaft

Die SICAF bezeichnet eine Prüfgesellschaft (Art. 126 ff.).

4. Titel: Ausländische kollektive Kapitalanlagen

1. Kapitel: Begriff und Genehmigung

Art. 119 Begriff

¹ Als ausländische offene kollektive Kapitalanlagen gelten:
a. Vermögen, die aufgrund eines Fondsvertrags oder eines andern Vertrags mit ähnlicher Wirkung zum Zweck der kollektiven Kapitalanlage geäufnet wurden und von einer Fondsleitung mit Sitz und Hauptverwaltung im Ausland verwaltet werden;
b. Gesellschaften und ähnliche Vermögen mit Sitz und Hauptverwaltung im Ausland, deren Zweck die kollektive Kapitalanlage ist und bei denen die Anlegerinnen und Anleger gegenüber der Gesellschaft selbst oder einer ihr nahe stehenden Gesellschaft einen Rechtsanspruch auf Rückzahlung ihrer Anteile zum Nettoinventarwert haben.

² Als ausländische geschlossene kollektive Kapitalanlagen gelten Gesellschaften und ähnliche Vermögen mit Sitz und Hauptverwaltung im Ausland, deren Zweck die kollektive Kapitalanlage ist und bei denen die Anlegerinnen und Anleger gegenüber der Gesellschaft selbst oder einer ihr nahe stehenden Gesellschaft keinen Rechtsanspruch auf Rückzahlung ihrer Anteile zum Nettoinventarwert haben.

---

130 Aufgehoben durch Anhang Ziff. 3 des Finanzdienstleistungsgesetzes vom 15. Juni 2018, mit Wirkung seit 1. Jan. 2020 (AS 2019 4417; BBl 2015 8901).

Art. 120 Genehmigungspflicht

¹ Ausländische kollektive Kapitalanlagen müssen von der FINMA genehmigt werden, bevor sie in der Schweiz nicht qualifizierten Anlegerinnen und Anlegern angeboten werden. Der Vertreter legt der FINMA die genehmigungspflichtigen Dokumente vor.[131]

² Die Genehmigung wird erteilt, wenn:

a.[132] die kollektive Kapitalanlage, die Fondsleitung oder die Gesellschaft, der Vermögensverwalter der kollektiven Kapitalanlage und die Verwahrstelle einer dem Anlegerschutz dienenden öffentlichen Aufsicht unterstehen;

b.[133] die Fondsleitung oder die Gesellschaft sowie die Verwahrstelle hinsichtlich Organisation, Anlegerrechte und Anlagepolitik einer Regelung unterstehen, die den Bestimmungen dieses Gesetzes gleichwertig ist;

c. die Bezeichnung der kollektiven Kapitalanlage nicht zu Täuschung oder Verwechslung Anlass gibt;

d.[134] für die in der Schweiz angebotenen Anteile ein Vertreter und eine Zahlstelle bezeichnet sind;

e.[135] eine Vereinbarung über Zusammenarbeit und Informationsaustausch zwischen der FINMA und den für das Anbieten relevanten ausländischen Aufsichtsbehörden besteht.

²bis Der Vertreter und die Zahlstelle dürfen nur mit vorgängiger Genehmigung der FINMA ihr Mandat beenden.[136]

³ Der Bundesrat kann für ausländische kollektive Anlagen ein vereinfachtes und beschleunigtes Genehmigungsverfahren vorsehen, sofern solche Anlagen bereits von einer ausländischen Aufsichtsbehörde genehmigt wurden und das Gegenrecht gewährleistet ist.

⁴ Ausländische kollektive Kapitalanlagen, die in der Schweiz qualifizierten Anlegerinnen und Anlegern nach Artikel 5 Absatz 1 des Finanzdienstleistungsgesetzes vom 15. Juni 2018[137] (FIDLEG) angeboten werden, bedürfen keiner Genehmigung, haben aber die Voraussetzungen nach Absatz 2 Buchstaben c und d des vorliegenden Artikels jederzeit zu erfüllen.[138]

---

131 Fassung gemäss Anhang Ziff. II 13 des Finanzinstitutsgesetzes vom 15. Juni 2018, in Kraft seit 1. Jan. 2020 (AS 2018 5247, 2019 4631; BBl 2015 8901).
132 Fassung gemäss Ziff. I des BG vom 28. Sept. 2012, in Kraft seit 1. März 2013 (AS 2013 585; BBl 2012 3639).
133 Fassung gemäss Ziff. I des BG vom 28. Sept. 2012, in Kraft seit 1. März 2013 (AS 2013 585; BBl 2012 3639).
134 Fassung gemäss Anhang Ziff. II 13 des Finanzinstitutsgesetzes vom 15. Juni 2018, in Kraft seit 1. Jan. 2020 (AS 2018 5247, 2019 4631; BBl 2015 8901).
135 Eingefügt durch Ziff. I des BG vom 28. Sept. 2012 (AS 2013 585; BBl 2012 3639). Fassung gemäss Anhang Ziff. II 13 des Finanzinstitutsgesetzes vom 15. Juni 2018, in Kraft seit 1. Jan. 2020 (AS 2018 5247, 2019 4631; BBl 2015 8901).
136 Eingefügt durch Ziff. I des BG vom 28. Sept. 2012, in Kraft seit 1. März 2013 (AS 2013 585; BBl 2012 3639).
137 SR 950.1
138 Eingefügt durch Ziff. I des BG vom 28. Sept. 2012 (AS 2013 585; BBl 2012 3639). Fassung gemäss Anhang Ziff. II 13 des Finanzinstitutsgesetzes vom 15. Juni 2018, in Kraft seit 1. Jan. 2020 (AS 2018 5247, 2019 4631; BBl 2015 8901).

⁵ Mitarbeiterbeteiligungspläne in Form von ausländischen kollektiven Kapitalanlagen, die ausschliesslich Mitarbeiterinnen und Mitarbeitern angeboten werden, bedürfen keiner Genehmigung.[139]

Art. 121 Zahlstelle

¹ Als Zahlstelle ist eine Bank im Sinne des BankG[140] vorzusehen.

² Die Anlegerinnen und Anleger können die Ausgabe und Rücknahme der Anteile bei der Zahlstelle verlangen.

Art. 122 Staatsverträge

Der Bundesrat ist befugt, auf der Grundlage gegenseitiger Anerkennung gleichwertiger Regelungen und Massnahmen Staatsverträge abzuschliessen, die für kollektive Kapitalanlagen aus den Vertragsstaaten anstelle der Genehmigungspflicht eine blosse Meldepflicht vorsehen.

2. Kapitel: Vertreter ausländischer kollektiver Kapitalanlagen

Art. 123 Auftrag

¹ Ausländische kollektive Kapitalanlagen dürfen in der Schweiz nicht qualifizierten Anlegerinnen und Anlegern und in der Schweiz qualifizierten Anlegerinnen und Anlegern nach Artikel 5 Absatz 1 FIDLEG[141] nur angeboten werden, sofern die Fondsleitung oder die Gesellschaft vorgängig einen Vertreter mit der Wahrnehmung der Pflichten nach Artikel 124 des vorliegenden Gesetzes beauftragt hat. Vorbehalten bleibt Artikel 122 des vorliegenden Gesetzes.[142]

² Die Fondsleitung und die Gesellschaft verpflichten sich, dem Vertreter alle Informationen zur Verfügung zu stellen, die er zur Wahrnehmung seiner Aufgaben braucht.

Art. 124 Pflichten

¹ Der Vertreter vertritt die ausländische kollektive Kapitalanlage gegenüber Anlegerinnen und Anlegern und der FINMA. Seine Vertretungsbefugnis darf nicht beschränkt werden.

² Er hält die gesetzlichen Melde-, Publikations- und Informationspflichten sowie die Verhaltensregeln von Branchenorganisationen ein, die von der

---

139 Eingefügt durch Anhang Ziff. II 13 des Finanzinstitutsgesetzes vom 15. Juni 2018, in Kraft seit 1. Jan. 2020 (AS 2018 5247, 2019 4631; BBl 2015 8901).
140 SR 952.0
141 SR 950.1
142 Fassung gemäss Anhang Ziff. II 13 des Finanzinstitutsgesetzes vom 15. Juni 2018, in Kraft seit 1. Jan. 2020 (AS 2018 5247, 2019 4631; BBl 2015 8901).

FINMA zum Mindeststandard erklärt worden sind. Seine Identität ist in jeder Publikation zu nennen.

Art. 125 Erfüllungsort und Gerichtsstand[143]

¹ Der Erfüllungsort für die in der Schweiz angebotenen Anteile der ausländischen kollektiven Kapitalanlage liegt am Sitz des Vertreters.[144]

² Er besteht nach einem Bewilligungsentzug oder nach der Auflösung der ausländischen kollektiven Kapitalanlage am Sitz des Vertreters weiter.

³ Der Gerichtsstand liegt:
a. am Sitz des Vertreters; oder
b. am Sitz oder Wohnsitz der Anlegerin oder des Anlegers.[145]

5. Titel: Prüfung[146] und Aufsicht

1. Kapitel: Prüfung

Art. 126 Auftrag

¹ Folgende Personen müssen eine von der Eidgenössischen Revisionsaufsichtsbehörde nach Artikel 9a Absatz 1 des Revisionsaufsichtsgesetzes vom 16. Dezember 2005[147] zugelassene Prüfgesellschaft mit einer Prüfung nach Artikel 24 FINMAG[148] beauftragen:[149]

a.[150] die Fondsleitung für die von ihr verwalteten Anlagefonds;
b. die SICAV;
c. die Kommanditgesellschaft für kollektive Kapitalanlagen;
d. die SICAF;
e.[151] ...
f. der Vertreter ausländischer kollektiver Kapitalanlagen.

---

143 Fassung gemäss Anhang Ziff. II 13 des Finanzinstitutsgesetzes vom 15. Juni 2018, in Kraft seit 1. Jan. 2020 (AS 2018 5247, 2019 4631; BBl 2015 8901).
144 Fassung gemäss Anhang Ziff. II 13 des Finanzinstitutsgesetzes vom 15. Juni 2018, in Kraft seit 1. Jan. 2020 (AS 2018 5247, 2019 4631; BBl 2015 8901).
145 Eingefügt durch Anhang Ziff. II 13 des Finanzinstitutsgesetzes vom 15. Juni 2018, in Kraft seit 1. Jan. 2020 (AS 2018 5247, 2019 4631; BBl 2015 8901).
146 Ausdruck gemäss Anhang Ziff. 14 des Finanzmarktaufsichtsgesetzes vom 22. Juni 2007, in Kraft seit 1. Jan. 2009 (AS 2008 5207 5205; BBl 2006 2829). Die Anpassung wurde im ganzen Text vorgenommen.
147 SR 221.302
148 SR 956.1
149 Fassung gemäss Anhang Ziff. 4 des BG vom 20. Juni 2014 (Bündelung der Aufsicht über Revisionsunternehmen und Prüfgesellschaften), in Kraft seit 1. Jan. 2015 (AS 2014 4073; BBl 2013 6857).
150 Fassung gemäss Anhang Ziff. II 13 des Finanzinstitutsgesetzes vom 15. Juni 2018, in Kraft seit 1. Jan. 2020 (AS 2018 5247, 2019 4631; BBl 2015 8901).
151 Aufgehoben durch Anhang Ziff. II 13 des Finanzinstitutsgesetzes vom 15. Juni 2018, mit Wirkung seit 1. Jan. 2020 (AS 2018 5247, 2019 4631; BBl 2015 8901).

² ...[152]

³ Die SICAV und die gegebenenfalls von ihr nach Artikel 51 Absatz 5 beauftragte Fondsleitung sind von der gleichen Prüfgesellschaft zu prüfen. Die FINMA kann Ausnahmen gestatten.[153]

⁴ ...[154]

⁵ Die in Absatz 1 genannten Personen, verwaltete Anlagefonds sowie jede zu den Immobilienfonds oder zu den Immobilieninvestmentgesellschaften gehörenden Immobiliengesellschaften müssen ihre Jahresrechnung und gegebenenfalls Konzernrechnung von einem staatlich beaufsichtigten Revisionsunternehmen nach den Grundsätzen der ordentlichen Revision des Obligationenrechts[155] prüfen lassen.[156]

⁶ Der Bundesrat regelt die Einzelheiten. Er kann die FINMA ermächtigen, in Belangen von beschränkter Tragweite, namentlich in vorwiegend technischen Angelegenheiten, Ausführungsbestimmungen zu erlassen.[157]

Art. 127–129[158]

Art. 130[159] Auskunftspflichten

¹ Die Schätzungsexperten sowie die Immobiliengesellschaften, die zur kollektiven Kapitalanlage gehören, gewähren der Prüfgesellschaft Einsicht in die Bücher, die Belege und in die Schätzungsberichte; sie erteilen ihr zudem alle Auskünfte, die sie zur Erfüllung der Prüfungspflicht benötigt.

² Die Prüfgesellschaft der Depotbank und die Prüfgesellschaft der übrigen Bewilligungsträger arbeiten zusammen.

Art. 131[160]

---

152 Aufgehoben durch Anhang Ziff. 14 des Finanzmarktaufsichtsgesetzes vom 22. Juni 2007, mit Wirkung seit 1. Jan. 2009 (AS 2008 5207 5205; BBl 2006 2829).
153 Fassung gemäss Anhang Ziff. II 13 des Finanzinstitutsgesetzes vom 15. Juni 2018, in Kraft seit 1. Jan. 2020 (AS 2018 5247, 2019 4631; BBl 2015 8901).
154 Aufgehoben durch Anhang Ziff. II 13 des Finanzinstitutsgesetzes vom 15. Juni 2018, mit Wirkung seit 1. Jan. 2020 (AS 2018 5247, 2019 4631; BBl 2015 8901).
155 SR 220
156 Eingefügt durch Anhang Ziff. 4 des BG vom 20. Juni 2014 (Bündelung der Aufsicht über Revisionsunternehmen und Prüfgesellschaften), in Kraft seit 1. Jan. 2015 (AS 2014 4073; BBl 2013 6857).
157 Eingefügt durch Anhang Ziff. 4 des BG vom 20. Juni 2014 (Bündelung der Aufsicht über Revisionsunternehmen und Prüfgesellschaften), in Kraft seit 1. Jan. 2015 (AS 2014 4073; BBl 2013 6857).
158 Aufgehoben durch Anhang Ziff. 4 des BG vom 20. Juni 2014 (Bündelung der Aufsicht über Revisionsunternehmen und Prüfgesellschaften), in Kraft seit 1. Jan. 2015 (AS 2014 4073; BBl 2013 6857).
159 Fassung gemäss Anhang Ziff. 14 des Finanzmarktaufsichtsgesetzes vom 22. Juni 2007, in Kraft seit 1. Jan. 2009 (AS 2008 5207 5205; BBl 2006 2829).
160 Aufgehoben durch Anhang Ziff. 14 des Finanzmarktaufsichtsgesetzes vom 22. Juni 2007, mit Wirkung seit 1. Jan. 2009 (AS 2008 5207 5205; BBl 2006 2829).

2. Kapitel: Aufsicht

Art. 132[161] Aufsicht

[1] Die FINMA erteilt die nach diesem Gesetz erforderlichen Bewilligungen und Genehmigungen und überwacht die Einhaltung der gesetzlichen, vertraglichen, statutarischen und reglementarischen Bestimmungen.

[2] Sie überprüft die geschäftspolitische Zweckmässigkeit der Entscheide der Bewilligungsträger nicht.

Art. 133[162] Aufsichtsinstrumente

[1] Für Verletzungen der vertraglichen, statutarischen und reglementarischen Bestimmungen sind die Aufsichtsinstrumente nach den Artikeln 30–37 des FINMAG[163] sinngemäss anwendbar.[164]

[2] Artikel 37 des FINMAG gilt sinngemäss auch für die Genehmigung nach diesem Gesetz.

[3] Erscheinen die Rechte der Anlegerinnen und Anleger gefährdet, so kann die FINMA die Bewilligungsträger zu Sicherheitsleistungen verpflichten.

[4] Wird eine vollstreckbare Verfügung der FINMA nach vorgängiger Mahnung innert der angesetzten Frist nicht befolgt, so kann die FINMA auf Kosten der säumigen Partei die angeordnete Handlung selber vornehmen.

Art. 134[165] Liquidation

Bewilligungsträger, denen die Bewilligung entzogen wurde, oder kollektive Kapitalanlagen, denen die Genehmigung entzogen wurde, können von der FINMA liquidiert werden. Der Bundesrat regelt die Einzelheiten.

Art. 135 Massnahmen bei nicht bewilligter beziehungsweise genehmigter Tätigkeit

[1] Gegen Personen, die ohne Bewilligung beziehungsweise Genehmigung der FINMA tätig werden, kann die FINMA die Auflösung verfügen.

[2] Zur Wahrung der Interessen der Anlegerinnen und Anleger kann die FINMA die Überführung der kollektiven Kapitalanlage in eine gesetzmässige Form vorschreiben.

---

161 Fassung gemäss Anhang Ziff. 14 des Finanzmarktaufsichtsgesetzes vom 22. Juni 2007, in Kraft seit 1. Jan. 2009 (AS 2008 5207 5205; BBl 2006 2829).
162 Fassung gemäss Anhang Ziff. 14 des Finanzmarktaufsichtsgesetzes vom 22. Juni 2007, in Kraft seit 1. Jan. 2009 (AS 2008 5207 5205; BBl 2006 2829).
163 SR 956.1
164 Fassung gemäss Ziff. I des BG vom 28. Sept. 2012, in Kraft seit 1. März 2013 (AS 2013 585; BBl 2012 3639).
165 Fassung gemäss Anhang Ziff. 14 des Finanzmarktaufsichtsgesetzes vom 22. Juni 2007, in Kraft seit 1. Jan. 2009 (AS 2008 5207 5205; BBl 2006 2829).

Art. 136 Andere Massnahmen

¹ In begründeten Fällen kann die FINMA für die Schätzung der Anlagen von Immobilienfonds oder Immobilieninvestmentgesellschaften Schätzungsexperten nach Artikel 64 einsetzen.

² Sie kann die vom Immobilienfonds oder von der Immobilieninvestmentgesellschaft eingesetzten Schätzungsexperten abberufen.

Art. 137[166] Konkurseröffnung

¹ Besteht begründete Besorgnis, dass ein Bewilligungsträger nach Artikel 13 Absatz 2 Buchstaben b–d überschuldet ist oder ernsthafte Liquiditätsprobleme hat, und besteht keine Aussicht auf Sanierung oder ist diese gescheitert, so entzieht die FINMA dem Bewilligungsträger die Bewilligung, eröffnet den Konkurs und macht diesen öffentlich bekannt.[167]

² Die Bestimmungen über das Nachlassverfahren (Art. 293–336 des BG vom 11. April 1889[168] über Schuldbetreibung und Konkurs, SchKG) und über die Benachrichtigung des Gerichts (Art. 716a Abs. 1 Ziff. 8, 725a Abs. 3, 725b Abs. 3 und 728c Abs. 3 des Obligationenrechts[169]) sind auf die von Absatz 1 erfassten Bewilligungsträger nicht anwendbar.[170]

³ Die FINMA ernennt eine oder mehrere Konkursliquidatorinnen oder einen oder mehrere Konkursliquidatoren. Diese unterstehen der Aufsicht der FINMA und erstatten ihr auf Verlangen Bericht.[171]

Art. 138[172] Durchführung des Konkurses

¹ Die Anordnung des Konkurses hat die Wirkungen einer Konkurseröffnung nach den Artikeln 197–220 SchKG[173].

² Der Konkurs ist unter Vorbehalt der Artikel 138a–138c nach den Artikeln 221–270 SchKG durchzuführen.

³ Die FINMA kann abweichende Verfügungen und Anordnungen treffen.

---

166 Fassung gemäss Anhang Ziff. 3 des BG vom 18. März 2011 (Sicherung der Einlagen), in Kraft seit 1. Sept. 2011 (AS 2011 3919; BBl 2010 3993).
167 Fassung gemäss Anhang Ziff. II 13 des Finanzinstitutsgesetzes vom 15. Juni 2018, in Kraft seit 1. Jan. 2020 (AS 2018 5247, 2019 4631; BBl 2015 8901).
168 SR 281.1
169 SR 220
170 Fassung gemäss Anhang Ziff. 11 des BG vom 19. Juni 2020 (Aktienrecht), in Kraft seit 1. Jan. 2023 (AS 2020 4005; 2022 109; BBl 2017 399).
171 Fassung gemäss Ziff. I des BG vom 28. Sept. 2012, in Kraft seit 1. März 2013 (AS 2013 585; BBl 2012 3639).
172 Fassung gemäss Ziff. I des BG vom 28. Sept. 2012, in Kraft seit 1. März 2013 (AS 2013 585; BBl 2012 3639).
173 SR 281.1

Art. 138a[174] Gläubigerversammlung und Gläubigerausschuss

¹ Die Konkursliquidatorin oder der Konkursliquidator kann der FINMA beantragen:
a. eine Gläubigerversammlung einzusetzen und deren Kompetenzen sowie die für die Beschlussfassung notwendigen Präsenz- und Stimmquoren festzulegen;
b. einen Gläubigerausschuss einzurichten sowie dessen Zusammensetzung und Kompetenzen festzulegen.

² Bei einer SICAV mit Teilvermögen nach Artikel 94 kann für jedes Teilvermögen eine Gläubigerversammlung oder ein Gläubigerausschuss eingesetzt werden.

³ Die FINMA ist nicht an die Anträge der Konkursliquidatorin oder des Konkursliquidators gebunden.

Art. 138b[175] Verteilung und Schluss des Verfahrens

¹ Sind sämtliche Aktiven verwertet und alle die Feststellung der Aktiv- und Passiv-masse betreffenden Prozesse erledigt, so erstellen die Konkursliquidatorinnen oder Konkursliquidatoren die abschliessende Verteilungsliste sowie die Schlussrechnung und unterbreiten diese der FINMA zur Genehmigung. Prozesse aus Abtretung von Rechtsansprüchen nach Artikel 260 SchKG[176] bleiben unberücksichtigt.[177]

² Die Genehmigungsverfügung wird mit der Verteilungsliste und der Schlussrechnung während 30 Tagen zur Einsicht aufgelegt. Die Auflegung wird im Schweizerischen Handelsamtsblatt und auf der Internetseite der FINMA publiziert und den Gläubigerinnen und Gläubigern unter Mitteilung ihres Anteils sowie gegebenenfalls den Eignerinnen und Eignern vorgängig angezeigt.[178]

³ Die FINMA trifft die nötigen Anordnungen zur Schliessung des Verfahrens. Sie macht die Schliessung öffentlich bekannt.

Art. 138c[179] Ausländische Insolvenzverfahren

Für die Anerkennung ausländischer Konkursdekrete und Insolvenzmassnahmen sowie für die Koordination mit ausländischen Insolvenzverfahren gelten die Artikel 37*f* und 37*g* des BankG[180] sinngemäss.

---

174 Eingefügt durch Ziff. I des BG vom 28. Sept. 2012, in Kraft seit 1. März 2013 (AS 2013 585; BBl 2012 3639).
175 Eingefügt durch Ziff. I des BG vom 28. Sept. 2012, in Kraft seit 1. März 2013 (AS 2013 585; BBl 2012 3639).
176 SR 281.1
177 Fassung gemäss Anhang Ziff. II 13 des Finanzinstitutsgesetzes vom 15. Juni 2018, in Kraft seit 1. Jan. 2020 (AS 2018 5247, 2019 4631; BBl 2015 8901).
178 Fassung gemäss Anhang Ziff. II 13 des Finanzinstitutsgesetzes vom 15. Juni 2018, in Kraft seit 1. Jan. 2020 (AS 2018 5247, 2019 4631; BBl 2015 8901).
179 Eingefügt durch Ziff. I des BG vom 28. Sept. 2012, in Kraft seit 1. März 2013 (AS 2013 585; BBl 2012 3639).
180 SR 952.0

Art. 138d[181] Beschwerde

[1] Im Konkursverfahren können die Gläubigerinnen und Gläubiger sowie die Eignerinnen und Eigner eines von Artikel 137 Absatz 1 erfassten Bewilligungsträgers lediglich gegen Verwertungshandlungen sowie gegen die Genehmigung der Verteilungsliste und der Schlussrechnung Beschwerde führen. Die Beschwerde nach Artikel 17 SchKG[182] über Schuldbetreibung und Konkurs ist ausgeschlossen.

[2] Die Frist für eine Beschwerde gegen die Genehmigung der Verteilungsliste und der Schlussrechnung beginnt am Tag nach deren Auflegung zur Einsicht.

[3] Beschwerden im Konkursverfahren haben keine aufschiebende Wirkung. Die Instruktionsrichterin oder der Instruktionsrichter kann die aufschiebende Wirkung auf Gesuch hin erteilen.

Art. 139[183] Auskunftspflicht

[1] Personen, die eine Funktion im Rahmen dieses Gesetzes ausüben, müssen der FINMA alle Auskünfte und Unterlagen erteilen, die diese zur Erfüllung ihrer Aufgabe benötigt.

[2] Die FINMA kann Bewilligungsträger verpflichten, ihr die Informationen zu liefern, die sie zur Erfüllung ihrer Aufgabe benötigt.[184]

Art. 140[185]

Art. 141[186]

Art. 142[187]

Art. 143[188]

---

181 Eingefügt durch Anhang Ziff. 9 des Finanzmarktinfrastrukturgesetzes vom 19. Juni 2015 (AS 2015 5339; BBl 2014 7483). Fassung gemäss Anhang Ziff. II 13 des Finanzinstitutsgesetzes vom 15. Juni 2018, in Kraft seit 1. Jan. 2020 (AS 2018 5247, 2019 4631; BBl 2015 8901).
182 SR 281.1
183 Fassung gemäss Anhang Ziff. 14 des Finanzmarktaufsichtsgesetzes vom 22. Juni 2007, in Kraft seit 1. Jan. 2009 (AS 2008 5207 5205; BBl 2006 2829).
184 Eingefügt durch Ziff. I des BG vom 28. Sept. 2012, in Kraft seit 1. März 2013 (AS 2013 585; BBl 2012 3639).
185 Aufgehoben durch Anhang Ziff. II 13 des Finanzinstitutsgesetzes vom 15. Juni 2018, mit Wirkung seit 1. Jan. 2020 (AS 2018 5247, 2019 4631; BBl 2015 8901).
186 Aufgehoben durch Anhang Ziff. 9 des Finanzmarktinfrastrukturgesetzes vom 19. Juni 2015, mit Wirkung seit 1. Jan. 2016 (AS 2015 5339; BBl 2014 7483).
187 Aufgehoben durch Anhang Ziff. 14 des Finanzmarktaufsichtsgesetzes vom 22. Juni 2007, mit Wirkung seit 1. Jan. 2009 (AS 2008 5207 5205; BBl 2006 2829).
188 Aufgehoben durch Anhang Ziff. 9 des Finanzmarktinfrastrukturgesetzes vom 19. Juni 2015, mit Wirkung seit 1. Jan. 2016 (AS 2015 5339; BBl 2014 7483).

Art. 144 Erhebung und Meldung von Daten[189]

¹ Die FINMA ist befugt, von den Bewilligungsträgern die Daten über ihre Geschäftstätigkeit und über die Entwicklung der von ihnen verwalteten oder vertretenen kollektiven Kapitalanlagen zu erheben, die sie benötigt, um die Transparenz im Markt der kollektiven Kapitalanlagen zu gewährleisten oder ihre Aufsichtstätigkeit auszuüben. Sie kann diese Daten durch Dritte erheben lassen oder die Bewilligungsträger verpflichten, ihr diese zu melden.[190]

² Beauftragte Dritte haben über die erhobenen Daten das Geheimnis zu bewahren.

³ Die statistischen Meldepflichten gegenüber der Schweizerischen Nationalbank, die das Nationalbankgesetz vom 3. Oktober 2003[191] vorschreibt, sowie die Befugnis der FINMA und der Schweizerischen Nationalbank, Daten auszutauschen, bleiben vorbehalten.

6. Titel: Verantwortlichkeit und Strafbestimmungen

1. Kapitel: Verantwortlichkeit

Art. 145 Grundsatz

¹ Wer Pflichten verletzt, haftet der Gesellschaft, den einzelnen Anlegerinnen und Anlegern sowie den Gesellschaftsgläubigern für den daraus entstandenen Schaden, sofern er nicht beweist, dass ihn kein Verschulden trifft. Haftbar gemacht werden können alle mit der Gründung, der Geschäftsführung, der Vermögensverwaltung, der Prüfung oder der Liquidation befassten Personen:[192]
a. der Fondsleitung,
b. der SICAV,
c. der Kommanditgesellschaft für kollektive Kapitalanlagen,
d. der SICAF,
e. der Depotbank,
f.[193] der Verwalter von Kollektivvermögen;
g. des Vertreters ausländischer kollektiver Kapitalanlagen,
h. der Prüfgesellschaft,
i. des Liquidators.

---
189 Fassung gemäss Ziff. I des BG vom 28. Sept. 2012, in Kraft seit 1. März 2013 (AS 2013 585; BBl 2012 3639).
190 Fassung gemäss Ziff. I des BG vom 28. Sept. 2012, in Kraft seit 1. März 2013 (AS 2013 585; BBl 2012 3639).
191 SR 951.11
192 Fassung des zweiten Satzes gemäss Anhang Ziff. II 13 des Finanzinstitutsgesetzes vom 15. Juni 2018, in Kraft seit 1. Jan. 2020 (AS 2018 5247, 2019 4631; BBl 2015 8901).
193 Fassung gemäss Anhang Ziff. II 13 des Finanzinstitutsgesetzes vom 15. Juni 2018, in Kraft seit 1. Jan. 2020 (AS 2018 5247, 2019 4631; BBl 2015 8901).

² Die Verantwortlichkeit nach Absatz 1 gilt auch für den Schätzungsexperten und den Vertreter der Anlegergemeinschaft.[194]

³ Wer die Erfüllung einer Aufgabe einem Dritten überträgt, haftet für den von diesem verursachten Schaden, sofern er nicht nachweist, dass er bei der Auswahl, Instruktion und Überwachung die nach den Umständen gebotene Sorgfalt angewendet hat. Der Bundesrat kann die Anforderungen an die Überwachung regeln. Vorbehalten bleibt Artikel 68 Absatz 3 FINIG[195].[196] [197]

⁴ Die Verantwortlichkeit der Organe der Fondsleitung, der SICAV und SICAF richtet sich nach den Bestimmungen des Obligationenrechts[198] über die Aktiengesellschaft.

⁵ Die Verantwortlichkeit der Kommanditgesellschaft für kollektive Kapitalanlagen richtet sich nach den Bestimmungen des Obligationenrechts über die Kommanditgesellschaft.

Art. 146 Solidarität und Rückgriff

¹ Sind für einen Schaden mehrere Personen ersatzpflichtig, so haftet die einzelne Person mit den andern solidarisch, soweit ihr der Schaden aufgrund ihres eigenen Verschuldens und der Umstände persönlich zurechenbar ist.

² Die Klägerin oder der Kläger können mehrere Beteiligte gemeinsam für den Gesamtschaden einklagen und verlangen, dass das Gericht im gleichen Verfahren die Ersatzpflicht jeder einzelnen beklagten Person festsetzt.

³ Das Gericht bestimmt unter Würdigung aller Umstände den Rückgriff auf die Beteiligten.

Art. 147[199] Verjährung

¹ Der Anspruch auf Schadenersatz verjährt fünf Jahre nach dem Tage, an dem die geschädigte Person Kenntnis vom Schaden und von der ersatzpflichtigen Person erlangt hat, spätestens aber drei Jahre nach der Rückzahlung eines Anteils und jedenfalls mit Ablauf von zehn Jahren, vom Tage an gerechnet, an welchem das schädigende Verhalten erfolgte oder aufhörte.

² Hat die ersatzpflichtige Person durch ihr schädigendes Verhalten eine strafbare Handlung begangen, so verjährt der Anspruch auf Schadenersatz frühestens mit Eintritt der strafrechtlichen Verfolgungsverjährung. Tritt diese infolge

---

194 Fassung gemäss Anhang Ziff. 14 des Finanzmarktaufsichtsgesetzes vom 22. Juni 2007, in Kraft seit 1. Jan. 2009 (AS 2008 5207 5205; BBl 2006 2829).
195 SR 954.1
196 Fassung des dritten Satzes gemäss Anhang Ziff. II 13 des Finanzinstitutsgesetzes vom 15. Juni 2018, in Kraft seit 1. Jan. 2020 (AS 2018 5247, 2019 4631; BBl 2015 8901).
197 Fassung gemäss Ziff. I des BG vom 28. Sept. 2012, in Kraft seit 1. März 2013 (AS 2013 585; BBl 2012 3639).
198 SR 220
199 Fassung gemäss Anhang Ziff. 28 des BG vom 15. Juni 2018 (Revision des Verjährungsrechts), in Kraft seit 1. Jan. 2020 (AS 2018 5343; BBl 2014 235).

eines erstinstanzlichen Strafurteils nicht mehr ein, so verjährt der Anspruch frühestens mit Ablauf von drei Jahren seit Eröffnung des Urteils.

2. Kapitel: Strafbestimmungen

Art. 148 Verbrechen und Vergehen[200]

¹ Mit Freiheitsstrafe bis zu drei Jahren oder mit Geldstrafe wird bestraft, wer vorsätzlich:[201]

a.[202] ...

b. ohne Bewilligung beziehungsweise Genehmigung eine kollektive Kapitalanlage bildet;

c.[203] ...

d.[204] in- und ausländische kollektive Kapitalanlagen, die nicht genehmigt sind, nicht qualifizierten Anlegerinnen und Anlegern anbietet;

e. die Geschäftsbücher nicht ordnungsgemäss führt oder Geschäftsbücher, Belege und Unterlagen nicht vorschriftsgemäss aufbewahrt;

f.[205] im Jahresbericht oder Halbjahresbericht:
  1. falsche Angaben macht oder wesentliche Tatsachen verschweigt,
  2. nicht alle vorgeschriebenen Angaben aufnimmt;

g.[206] den Jahresbericht oder Halbjahresbericht:
  1. nicht oder nicht ordnungsgemäss erstellt,
  2. nicht oder nicht innerhalb der vorgeschriebenen Fristen veröffentlicht;

h. der Prüfgesellschaft, dem Untersuchungsbeauftragten, dem Sachwalter, dem Liquidator oder der FINMA falsche Auskünfte erteilt oder die verlangten Auskünfte verweigert;

i.[207] ...

j. als Schätzungsexperte die ihm auferlegten Pflichten grob verletzt;

---

200 Fassung gemäss Ziff. I 1 des BG vom 12. Dez. 2014 über die Ausweitung der Strafbarkeit der Verletzung des Berufsgeheimnisses, in Kraft seit 1. Juli 2015 (AS 2015 1535; BBl 2014 6231 6241).
201 Fassung gemäss Ziff. I 1 des BG vom 12. Dez. 2014 über die Ausweitung der Strafbarkeit der Verletzung des Berufsgeheimnisses, in Kraft seit 1. Juli 2015 (AS 2015 1535; BBl 2014 6231 6241).
202 Aufgehoben durch Anhang Ziff. 14 des Finanzmarktaufsichtsgesetzes vom 22. Juni 2007, mit Wirkung seit 1. Jan. 2009 (AS 2008 5207 5205; BBl 2006 2829).
203 Aufgehoben durch Anhang Ziff. 14 des Finanzmarktaufsichtsgesetzes vom 22. Juni 2007, mit Wirkung seit 1. Jan. 2009 (AS 2008 5207 5205; BBl 2006 2829).
204 Fassung gemäss Anhang Ziff. 3 des Finanzdienstleistungsgesetzes vom 15. Juni 2018, in Kraft seit 1. Jan. 2020 (AS 2019 4417; BBl 2015 8901).
205 Fassung gemäss Anhang Ziff. 3 des Finanzdienstleistungsgesetzes vom 15. Juni 2018, in Kraft seit 1. Jan. 2020 (AS 2019 4417; BBl 2015 8901).
206 Fassung gemäss Anhang Ziff. 3 des Finanzdienstleistungsgesetzes vom 15. Juni 2018, in Kraft seit 1. Jan. 2020 (AS 2019 4417; BBl 2015 8901).
207 Aufgehoben durch Anhang Ziff. 14 des Finanzmarktaufsichtsgesetzes vom 22. Juni 2007, mit Wirkung seit 1. Jan. 2009 (AS 2008 5207 5205; BBl 2006 2829).

k.[208] ...
l.[209] ...
1bis ...[210]

² Wer fahrlässig handelt, wird mit Busse bis zu 250 000 Franken bestraft.

³ ...[211]

Art. 149 Übertretungen

¹ Mit Busse bis zu 500 000 Franken wird bestraft, wer vorsätzlich:
a. gegen die Bestimmung über den Schutz vor Verwechslung oder Täuschung (Art. 12) verstösst;
b. in der Werbung für eine kollektive Kapitalanlage unzulässige, falsche oder irreführende Angaben macht;
c.[212] ...
d. die vorgeschriebenen Meldungen an die FINMA, die Schweizerische Nationalbank oder die Anlegerinnen und Anleger unterlässt oder darin falsche Angaben macht;
e.[213] ...
f.[214] das Aktienbuch im Sinne von Artikel 46 Absatz 3 nicht korrekt führt.

² ...[215]

³ ...[216]

⁴ ...[217]

Art. 150[218]

---

208 Aufgehoben durch Anhang Ziff. II 13 des Finanzinstitutsgesetzes vom 15. Juni 2018, mit Wirkung seit 1. Jan. 2020 (AS 2018 5247, 2019 4631; BBl 2015 8901).
209 Eingefügt durch Ziff. I 1 des BG vom 12. Dez. 2014 über die Ausweitung der Strafbarkeit der Verletzung des Berufsgeheimnisses (AS 2015 1535; BBl 2014 6231 6241). Aufgehoben durch Anhang Ziff. II 13 des Finanzinstitutsgesetzes vom 15. Juni 2018, mit Wirkung seit 1. Jan. 2020 (AS 2018 5247, 2019 4631; BBl 2015 8901).
210 Eingefügt durch Ziff. I 1 des BG vom 12. Dez. 2014 über die Ausweitung der Strafbarkeit der Verletzung des Berufsgeheimnisses (AS 2015 1535; BBl 2014 6231 6241). Aufgehoben durch Anhang Ziff. II 13 des Finanzinstitutsgesetzes vom 15. Juni 2018, mit Wirkung seit 1. Jan. 2020 (AS 2018 5247, 2019 4631; BBl 2015 8901).
211 Aufgehoben durch Anhang Ziff. 9 des Finanzmarktinfrastrukturgesetzes vom 19. Juni 2015, mit Wirkung seit 1. Jan. 2016 (AS 2015 5339; BBl 2014 7483).
212 Aufgehoben durch Anhang Ziff. 3 des Finanzdienstleistungsgesetzes vom 15. Juni 2018, mit Wirkung seit 1. Jan. 2020 (AS 2019 4417; BBl 2015 8901).
213 Aufgehoben durch Anhang Ziff. 3 des Finanzdienstleistungsgesetzes vom 15. Juni 2018, mit Wirkung seit 1. Jan. 2020 (AS 2019 4417; BBl 2015 8901).
214 Eingefügt durch Ziff. I 6 des BG vom 12. Dez. 2014 zur Umsetzung der 2012 revidierten Empfehlungen der Groupe d)action financière, in Kraft seit 1. Juli 2015 (AS 2015 1389; BBl 2014 605).
215 Aufgehoben durch Anhang Ziff. 3 des Finanzdienstleistungsgesetzes vom 15. Juni 2018, mit Wirkung seit 1. Jan. 2020 (AS 2019 4417; BBl 2015 8901).
216 Aufgehoben durch Anhang Ziff. 9 des Finanzmarktinfrastrukturgesetzes vom 19. Juni 2015, mit Wirkung seit 1. Jan. 2016 (AS 2015 5339; BBl 2014 7483).
217 Aufgehoben durch Anhang Ziff. 14 des Finanzmarktaufsichtsgesetzes vom 22. Juni 2007, mit Wirkung seit 1. Jan. 2009 (AS 2008 5207 5205; BBl 2006 2829).
218 Aufgehoben durch Anhang Ziff. II 13 des Finanzinstitutsgesetzes vom 15. Juni 2018, mit Wirkung seit 1. Jan. 2020 (AS 2018 5247, 2019 4631; BBl 2015 8901).

Art. 151[219]

7. Titel: Schlussbestimmungen[220]

1. Kapitel: Vollzug; Aufhebung und Änderung bisherigen Rechts[221]

Art. 152[222] Vollzug

¹ Der Bundesrat erlässt die Ausführungsbestimmungen.

² Der Bundesrat und die FINMA beachten beim Erlass von Verordnungsrecht die massgebenden Anforderungen des Rechts der Europäischen Gemeinschaften.

Art. 153 Aufhebung und Änderung bisherigen Rechts

Die Aufhebung und die Änderung bisherigen Rechts werden im Anhang geregelt.

2. Kapitel: ...

Art. 154–158[223]

3. Kapitel: ...

Art. 158a–158e[224]

---

219 Aufgehoben durch Anhang Ziff. 14 des Finanzmarktaufsichtsgesetzes vom 22. Juni 2007, mit Wirkung seit 1. Jan. 2009 (AS 2008 5207 5205; BBl 2006 2829).
220 Fassung gemäss Ziff. I des BG vom 28. Sept. 2012, in Kraft seit 1. März 2013 (AS 2013 585; BBl 2012 3639).
221 Eingefügt durch Ziff. I des BG vom 28. Sept. 2012, in Kraft seit 1. März 2013 (AS 2013 585; BBl 2012 3639).
222 Fassung gemäss Anhang Ziff. 14 des Finanzmarktaufsichtsgesetzes vom 22. Juni 2007, in Kraft seit 1. Jan. 2009 (AS 2008 5207 5205; BBl 2006 2829).
223 Aufgehoben durch Anhang Ziff. II 13 des Finanzinstitutsgesetzes vom 15. Juni 2018, mit Wirkung seit 1. Jan. 2020 (AS 2018 5247, 2019 4631; BBl 2015 8901).
224 Eingefügt durch Ziff. I des BG vom 28. Sept. 2012 (AS 2013 585; BBl 2012 3639). Aufgehoben durch Anhang Ziff. II 13 des Finanzinstitutsgesetzes vom 15. Juni 2018, mit Wirkung seit 1. Jan. 2020 (AS 2018 5247, 2019 4631; BBl 2015 8901).

4. Kapitel: Referendum und Inkrafttreten[225]

Art. 159 ...[226]

[1] Dieses Gesetz untersteht dem fakultativen Referendum.

[2] Der Bundesrat bestimmt das Inkrafttreten.

Datum des Inkrafttretens: 1. Januar 2007[227]

Anhang (Art. 153)
Aufhebung und Änderung bisherigen Rechts

I

Das Anlagefondsgesetz vom 18. März 1994[228] wird aufgehoben.

II

Die nachstehenden Bundesgesetze werden wie folgt geändert:

...[229]

---

225 Eingefügt durch Ziff. I des BG vom 28. Sept. 2012, in Kraft seit 1. März 2013 (AS 2013 585; BBl 2012 3639).
226 Aufgehoben durch Ziff. I des BG vom 28. Sept. 2012, mit Wirkung seit 1. März 2013 (AS 2013 585; BBl 2012 3639).
227 BRB vom 22. Nov. 2006
228 [AS 1994 2523, 2000 2355 Anhang Ziff. 27, 2004 1985 Anhang Ziff. II 4]
229 Die Änderungen können unter AS 2006 5379 konsultiert werden.

28. Bundesgesetz über die Finanzinstitute
(Finanzinstitutsgesetz, FINIG)

vom 15. Juni 2018

Die Bundesversammlung der Schweizerischen Eidgenossenschaft,
gestützt auf die Artikel 95 und 98 Absätze 1 und 2 der Bundesverfassung[1],
nach Einsicht in die Botschaft des Bundesrates vom 4. November 2015[2],
beschliesst:

1. Kapitel: Allgemeine Bestimmungen

1. Abschnitt: Gegenstand, Zweck und Geltungsbereich

Art. 1 Gegenstand und Zweck

[1] Dieses Gesetz regelt die Anforderungen an die Tätigkeit der Finanzinstitute.

[2] Es bezweckt den Schutz der Anlegerinnen und Anleger sowie der Kundinnen und Kunden von Finanzinstituten und die Gewährleistung der Funktionsfähigkeit des Finanzmarkts.

Art. 2 Geltungsbereich

[1] Finanzinstitute im Sinne dieses Gesetzes sind, unabhängig von der Rechtsform:
  a. Vermögensverwalter (Art. 17 Abs. 1);
  b. Trustees (Art. 17 Abs. 2);
  c. Verwalter von Kollektivvermögen (Art. 24);
  d. Fondsleitungen (Art. 32);
  e. Wertpapierhäuser (Art. 41).

[2] Diesem Gesetz nicht unterstellt sind:
  a. Personen, die ausschliesslich Vermögenswerte von mit ihnen wirtschaftlich oder familiär verbundenen Personen verwalten;
  b. Personen, die ausschliesslich Vermögenswerte im Rahmen von Arbeitnehmerbeteiligungsplänen verwalten;
  c. Anwältinnen und Anwälte, Notarinnen und Notare und ihre Hilfspersonen, soweit die Tätigkeit dem Berufsgeheimnis nach Artikel 321 des

---

SR 954.1. AS 2018 5247
1 SR 101
2 BBl 2015 8901

Strafgesetzbuches[3] oder Artikel 13 des Anwaltsgesetzes vom 23. Juni 2000[4] untersteht, sowie die juristische Person, in welcher diese Personen organisiert sind;
d. Personen, die im Rahmen eines gesetzlich geregelten Mandats Vermögen verwalten;
e. die Schweizerische Nationalbank und die Bank für Internationalen Zahlungsausgleich;
f. Vorsorgeeinrichtungen und andere Einrichtungen, die nach ihrem Zweck der beruflichen Vorsorge dienen (Vorsorgeeinrichtungen), patronale Stiftungen (patronale Wohlfahrtsfonds), Arbeitgeber, die das Vermögen ihrer Vorsorgeeinrichtungen verwalten sowie Arbeitgeber- und Arbeitnehmerverbände, die das Vermögen ihrer Verbandseinrichtungen verwalten;
g. Sozialversicherungseinrichtungen und Ausgleichskassen;
h. Versicherungsunternehmen im Sinne des Versicherungsaufsichtsgesetzes vom 17. Dezember 2004[5];
i. öffentlich-rechtliche Versicherungseinrichtungen nach Artikel 67 Absatz 1 des Bundesgesetzes vom 25. Juni 1982[6] über die berufliche Alters-, Hinterlassenen- und Invalidenvorsorge;
j. Banken im Sinne des Bankengesetzes vom 8. November 1934[7] (BankG).

Art. 3 Gewerbsmässigkeit

Gewerbsmässigkeit im Sinne dieses Gesetzes ist gegeben, wenn eine selbstständige, auf dauernden Erwerb ausgerichtete wirtschaftliche Tätigkeit vorliegt.

Art. 4 Konzernobergesellschaften und wesentliche Gruppengesellschaften

¹ Den insolvenzrechtlichen Massnahmen nach Artikel 67 Absatz 1 unterstehen, soweit sie nicht im Rahmen der Aufsicht über das Einzelinstitut der Konkurszuständigkeit der Eidgenössischen Finanzmarktaufsicht (FINMA) unterstehen:
a. in der Schweiz domizilierte Konzernobergesellschaften einer Finanzgruppe oder eines Finanzkonglomerats;
b. diejenigen Gruppengesellschaften mit Sitz in der Schweiz, die für die bewilligungspflichtigen Tätigkeiten wesentliche Funktionen erfüllen (wesentliche Gruppengesellschaften).

² Der Bundesrat regelt die Kriterien zur Beurteilung der Wesentlichkeit.

---

3 SR 311.0
4 SR 935.61
5 SR 961.01
6 SR 831.40
7 SR 952.0

³ Die FINMA bezeichnet die wesentlichen Gruppengesellschaften und führt darüber ein Verzeichnis. Dieses ist öffentlich zugänglich.

2. Abschnitt: Gemeinsame Bestimmungen

Art. 5 Bewilligungspflicht

¹ Finanzinstitute nach Artikel 2 Absatz 1 benötigen eine Bewilligung der FINMA.

² Sie dürfen sich erst nach Erteilung der Bewilligung in das Handelsregister eintragen lassen.

³ Finanzinstitute nach Artikel 2 Absatz 1 Buchstabe c, die in der Schweiz bereits einer gleichwertigen staatlichen Aufsicht unterstehen, sind von der Bewilligungspflicht befreit.

Art. 6 Bewilligungskaskade

¹ Die Bewilligung zur Tätigkeit als Bank im Sinne des BankG[8] ermächtigt auch zur Tätigkeit als Wertpapierhaus, als Verwalter von Kollektivvermögen, als Vermögensverwalter und als Trustee.

² Die Bewilligung zur Tätigkeit als Wertpapierhaus nach Artikel 41 Buchstabe a ermächtigt auch zur Tätigkeit als Verwalter von Kollektivvermögen, als Vermögensverwalter und als Trustee.[9]

³ Die Bewilligung zur Tätigkeit als Fondsleitung ermächtigt auch zur Tätigkeit als Verwalter von Kollektivvermögen und als Vermögensverwalter.

⁴ Die Bewilligung zur Tätigkeit als Verwalter von Kollektivvermögen ermächtigt auch zur Tätigkeit als Vermögensverwalter.

Art. 7 Bewilligungsvoraussetzungen

¹ Anspruch auf die Bewilligung hat, wer die Voraussetzungen dieses Abschnitts und die für die einzelnen Finanzinstitute anwendbaren besonderen Voraussetzungen erfüllt.

² Vermögensverwalter und Trustees müssen mit dem Bewilligungsgesuch den Nachweis erbringen, dass sie von einer Aufsichtsorganisation nach Artikel 43a des Finanzmarktaufsichtsgesetzes vom 22. Juni 2007[10] (FINMAG) beaufsichtigt werden.

³ Der Bundesrat kann zusätzliche Bewilligungsvoraussetzungen festlegen, falls dies zur Umsetzung anerkannter internationaler Standards notwendig ist.

---

8 SR 952.0
9 Fassung gemäss Ziff. I 7 des BG vom 25. Sept. 2020 zur Anpassung des Bundesrechts an Entwicklungen der Technik verteilter elektronischer Register, in Kraft seit 1. Aug. 2021 (AS 2021 33, 399; BBl 2020 233).
10 SR 956.1

Art. 8 Änderung der Tatsachen

¹ Das Finanzinstitut meldet der FINMA jegliche Änderung von Tatsachen, die der Bewilligung zugrunde liegen.

² Sind die Änderungen von wesentlicher Bedeutung, so ist für die Weiterführung der Tätigkeit vorgängig die Bewilligung der FINMA einzuholen.

Art. 9 Organisation

¹ Das Finanzinstitut muss angemessene Regeln zur Unternehmensführung festlegen und so organisiert sein, dass es die gesetzlichen Pflichten erfüllen kann.

² Es identifiziert, misst, steuert und überwacht seine Risiken einschliesslich der Rechts- und Reputationsrisiken und sorgt für wirksame interne Kontrollen.

³ Der Bundesrat legt die Mindestanforderungen an die Organisation der Finanzinstitute fest und trägt dabei namentlich den unterschiedlichen Geschäftätigkeiten und Unternehmensgrössen sowie den Risiken der Finanzinstitute Rechnung.

Art. 10 Ort der Leitung

¹ Das Finanzinstitut muss tatsächlich von der Schweiz aus geleitet werden. Ausgenommen sind allgemeine Weisungen und Entscheide im Rahmen der Konzernüberwachung, sofern das Finanzinstitut Teil einer Finanzgruppe bildet, welche einer angemessenen konsolidierten Aufsicht durch ausländische Aufsichtsbehörden untersteht.

² Die mit der Geschäftsführung des Finanzinstituts betrauten Personen müssen an einem Ort Wohnsitz haben, von dem aus sie die Geschäftsführung tatsächlich aus-üben können.

Art. 11 Gewähr

¹ Das Finanzinstitut und die mit der Verwaltung und Geschäftsführung des Finanz-instituts betrauten Personen müssen Gewähr für eine einwandfreie Geschäftätigkeit bieten.

² Die mit der Verwaltung und Geschäftsführung des Finanzinstituts betrauten Personen müssen zudem einen guten Ruf geniessen und die für die Funktion erforderlichen fachlichen Qualifikationen aufweisen.

³ Die an einem Finanzinstitut qualifiziert Beteiligten müssen ebenfalls einen guten Ruf geniessen und gewährleisten, dass sich ihr Einfluss nicht zum Schaden einer umsichtigen und soliden Geschäftätigkeit auswirkt.

⁴ Als an einem Finanzinstitut qualifiziert beteiligt gilt, wer an ihm direkt oder indirekt mit mindestens 10 Prozent des Kapitals oder der Stimmen beteiligt ist oder seine Geschäftätigkeit auf andere Weise massgebend beeinflussen kann.

⁵ Jede Person hat der FINMA Meldung zu erstatten, bevor sie direkt oder indirekt eine qualifizierte Beteiligung nach Absatz 4 an einem Finanzinstitut erwirbt oder veräussert. Diese Meldepflicht besteht auch, wenn eine qualifizierte Beteiligung so vergrössert oder verkleinert wird, dass die Schwellen von 20, 33 oder 50 Prozent des Kapitals oder der Stimmen erreicht, über- oder unterschritten werden.

⁶ Das Finanzinstitut meldet der FINMA die Personen, welche die Voraussetzungen nach Absatz 5 erfüllen, sobald es davon Kenntnis erhält.

⁷ Ausgenommen von den Absätzen 5 und 6 sind Vermögensverwalter und Trustees.

⁸ An Vermögensverwaltern und Trustees qualifiziert Beteiligten ist es gestattet, die Geschäftsführung auszuüben.

Art. 12 Öffentliches Angebot von Effekten auf dem Primärmarkt

Wer hauptsächlich im Finanzbereich tätig ist, darf folgende Tätigkeiten nur ausüben, wenn er über eine Bewilligung als Wertpapierhaus nach diesem Gesetz oder als Bank nach dem BankG[11] verfügt:
a. gewerbsmässig Effekten, die von Drittpersonen ausgegeben werden, übernehmen und auf dem Primärmarkt öffentlich anbieten;
b. gewerbsmässig Derivate in Form von Effekten schaffen und auf dem Primärmarkt öffentlich anbieten.

Art. 13 Schutz vor Verwechslung und Täuschung

¹ Die Bezeichnung des Finanzinstituts darf nicht zu Verwechslung oder Täuschung Anlass geben.

² Die Bezeichnungen «Vermögensverwalter», «Trustee», «Verwalter von Kollektivvermögen», «Fondsleitung» oder «Wertpapierhaus» dürfen Personen nur dann allein oder in Wortverbindungen in der Firma, in der Umschreibung des Geschäftszwecks oder in Geschäftsunterlagen verwenden, wenn sie über die entsprechende Bewilligung verfügen. Vorbehalten bleiben die Artikel 52 Absatz 3 und 58 Absatz 3.

Art. 14 Übertragung von Aufgaben

¹ Finanzinstitute dürfen eine Aufgabe nur Dritten übertragen, die über die für diese Tätigkeit notwendigen Fähigkeiten, Kenntnisse und Erfahrungen und über die erforderlichen Bewilligungen verfügen. Sie instruieren und überwachen die beigezogenen Dritten sorgfältig.

² Die FINMA kann die Übertragung von Anlageentscheiden an eine Person im Ausland davon abhängig machen, dass zwischen der FINMA und der zuständigen ausländischen Aufsichtsbehörde eine Vereinbarung über die Zusammen-

---

11 SR 952.0

arbeit und den Informationsaustausch abgeschlossen wird, namentlich wenn das ausländische Recht den Abschluss einer solchen Vereinbarung verlangt.

Art. 15 Auslandgeschäft

Ein Finanzinstitut erstattet der FINMA Meldung, bevor es:
a. im Ausland eine Tochtergesellschaft, eine Zweigniederlassung oder eine Vertretung errichtet, erwirbt oder aufgibt;
b. eine qualifizierte Beteiligung an einer ausländischen Gesellschaft erwirbt oder aufgibt.

Art. 16[12] Ombudsstelle

Finanzinstitute, die nicht ausschliesslich gegenüber institutionellen oder professionellen Kunden nach Artikel 4 Absätze 3 und 4 des Finanzdienstleistungsgesetzes vom 15. Juni 2018[13] (FIDLEG) Finanzdienstleistungen nach Artikel 3 Buchstabe c FIDLEG erbringen, müssen sich spätestens mit Aufnahme ihrer Tätigkeit einer Ombudsstelle nach den Bestimmungen des 5. Titels FIDLEG anschliessen.

2. Kapitel: Finanzinstitute

1. Abschnitt: Vermögensverwalter und Trustees

Art. 17 Begriffe

[1] Als Vermögensverwalter gilt, wer gestützt auf einen Auftrag gewerbsmässig im Namen und für Rechnung der Kundinnen und Kunden über deren Vermögenswerte im Sinne von Artikel 3 Buchstabe c Ziffern 1–4 FIDLEG[14] verfügen kann.

[2] Als Trustee gilt, wer gestützt auf die Errichtungsurkunde eines Trusts im Sinne des Übereinkommens vom 1. Juli 1985[15] über das auf Trusts anzuwendende Recht und über ihre Anerkennung gewerbsmässig Sondervermögen zugunsten der Begünstigten oder für einen bestimmten Zweck verwaltet oder darüber verfügt.

Art. 18 Rechtsform

[1] Vermögensverwalter und Trustees mit Sitz oder Wohnsitz in der Schweiz müssen eine der folgenden Rechtsformen aufweisen:
a. Einzelunternehmen;

---

12 Fassung gemäss Ziff. I 7 des BG vom 25. Sept. 2020 zur Anpassung des Bundesrechts an Entwicklungen der Technik verteilter elektronischer Register, in Kraft seit 1. Febr. 2021 (AS 2021 33; BBl 2020 233).
13 SR 950.1
14 SR 950.1
15 SR 0.221.371

b. Handelsgesellschaft;
c. Genossenschaft.

² Vermögensverwalter und Trustees sind verpflichtet, sich in das Handelsregister eintragen zu lassen.

Art. 19 Aufgaben

¹ Der Vermögensverwalter verwaltet individuelle Portfolios.

² Der Trustee verwaltet das Sondervermögen, sorgt für dessen Werterhaltung und verwendet es zweckgebunden.

³ Vermögensverwalter und Trustees können zusätzlich insbesondere folgende Dienstleistungen erbringen:
a. Anlageberatung;
b. Portfolioanalyse;
c. Anbieten von Finanzinstrumenten.

Art. 20 Qualifizierte Geschäftsführerinnen und Geschäftsführer

¹ Die Geschäftsführung eines Vermögensverwalters oder Trustees muss aus mindestens zwei qualifizierten Personen bestehen.

² Die Geschäftsführung kann aus nur einer qualifizierten Person bestehen, wenn nachgewiesen wird, dass die ordnungsgemässe Fortführung des Geschäftsbetriebs gewährleistet ist.

³ Eine Person ist für die Geschäftsführung qualifiziert, wenn sie über eine der Tätigkeit des Vermögensverwalters oder Trustees angemessene Ausbildung und im Zeitpunkt der Übernahme der Geschäftsführung über eine genügende Berufserfahrung in der Vermögensverwaltung für Dritte oder im Rahmen von Trusts verfügt. Der Bundesrat regelt die Einzelheiten.

Art. 21 Risikomanagement und interne Kontrolle

¹ Vermögensverwalter und Trustees müssen über ein angemessen ausgestattetes Risikomanagement und eine wirksame interne Kontrolle verfügen, die unter anderem die Einhaltung der rechtlichen und unternehmensinternen Vorschriften gewährleistet *(Compliance)*.

² Die Aufgaben des Risikomanagements und der internen Kontrolle können von einer qualifizierten Geschäftsführerin oder einem qualifizierten Geschäftsführer wahrgenommen werden oder an entsprechend qualifizierte Mitarbeitende oder an eine qualifizierte externe Stelle delegiert werden.

³ Personen, die Aufgaben des Risikomanagements oder der internen Kontrolle wahrnehmen, dürfen nicht in die Tätigkeiten eingebunden werden, die sie überwachen.

Art. 22 Mindestkapital und Sicherheiten

¹ Das Mindestkapital von Vermögensverwaltern und Trustees muss 100 000 Franken betragen und bar einbezahlt sein. Es ist dauernd einzuhalten.

² Die Vermögensverwalter und Trustees müssen überdies über angemessene Sicherheiten verfügen oder eine Berufshaftpflichtversicherung abschliessen.

³ Der Bundesrat legt die Mindestbeträge für die Sicherheiten und die Versicherungssumme der Berufshaftpflichtversicherung fest.

Art. 23 Eigenmittel

¹ Vermögensverwalter und Trustees haben über angemessene Eigenmittel zu verfügen.

² Die Eigenmittel müssen stets mindestens einen Viertel der Fixkosten der letzten Jahresrechnung, bis höchstens 10 Millionen Franken betragen.

2. Abschnitt: Verwalter von Kollektivvermögen

Art. 24 Begriff

¹ Als Verwalter von Kollektivvermögen gilt, wer gewerbsmässig Vermögenswerte verwaltet im Namen und für Rechnung von:
a. kollektiven Kapitalanlagen;
b. Vorsorgeeinrichtungen.

² Als Vermögensverwalter im Sinne von Artikel 17 Absatz 1 gelten:
a. Verwalter von Kollektivvermögen nach Absatz 1 Buchstabe a, deren Anlegerinnen und Anleger im Sinne von Artikel 10 Absatz 3 oder 3ter des Kollektivanlagengesetzes vom 23. Juni 2006[16] qualifiziert sind und die eine der folgenden Voraussetzungen erfüllen:
   1. Die verwalteten Vermögenswerte der kollektiven Kapitalanlagen, einschliesslich der durch Einsatz von Finanzinstrumenten mit Hebelwirkung erworbenen Vermögenswerte, betragen insgesamt höchstens 100 Millionen Franken.
   2. Die verwalteten Vermögenswerte der kollektiven Kapitalanlagen betragen insgesamt höchstens 500 Millionen Franken und enthalten keine Finanzinstrumente mit Hebelwirkung; die kollektiven Kapitalanlagen gewähren kein Anrecht auf Rückzahlung in den ersten fünf Jahren nach der Tätigung der ersten Anlage.
b. Verwalter von Kollektivvermögen nach Absatz 1 Buchstabe b, die Vermögenswerte von Vorsorgeeinrichtungen von insgesamt höchstens 100 Millionen Franken und im obligatorischen Bereich zudem höchstens

---

[16] SR 951.31

20 Prozent der Vermögenswerte einer einzelnen Vorsorgeeinrichtung verwalten.

³ Vermögensverwalter nach Absatz 2 können eine Bewilligung als Verwalter von Kollektivvermögen verlangen, sofern dies vom Staat verlangt wird, in dem die kollektive Kapitalanlage gebildet oder angeboten oder die Vorsorgeeinrichtung geführt wird. Der Bundesrat regelt die Einzelheiten.

Art. 25 Rechtsform

Der Verwalter von Kollektivvermögen mit Sitz in der Schweiz muss die Rechtsform einer Handelsgesellschaft aufweisen.

Art. 26 Aufgaben

¹ Der Verwalter von Kollektivvermögen stellt für die ihm anvertrauten Vermögenswerte die Portfolioverwaltung und das Risikomanagement sicher.

² Daneben darf der Verwalter von Kollektivvermögen insbesondere das Fondsgeschäft für ausländische kollektive Kapitalanlagen ausüben. Verlangt das ausländische Recht eine Vereinbarung über Zusammenarbeit und Informationsaustausch zwischen der FINMA und den für das Fondsgeschäft relevanten ausländischen Aufsichtsbehörden, so darf er dieses Geschäft nur ausüben, wenn eine solche Vereinbarung besteht.

³ Der Verwalter von Kollektivvermögen kann im Rahmen dieser Aufgaben zusätzlich administrative Tätigkeiten ausführen.

Art. 27 Übertragung von Aufgaben

¹ Der Verwalter von Kollektivvermögen kann Aufgaben Dritten übertragen, soweit dies im Interesse einer sachgerechten Verwaltung liegt.

² Wer die Verwaltung von Vermögen einer Vorsorgeeinrichtung oder einer kollektiven Kapitalanlage einem Verwalter von Kollektivvermögen überträgt, bleibt für die Einhaltung der jeweils anwendbaren Anlagevorschriften verantwortlich.

Art. 28 Mindestkapital und Sicherheiten

¹ Verwalter von Kollektivvermögen müssen über das verlangte Mindestkapital verfügen. Dieses muss vollständig einbezahlt sein.

² Die FINMA kann Verwaltern von Kollektivvermögen in Form von Personengesellschaften erlauben, anstelle des Mindestkapitals angemessene Sicherheiten zu leisten.

³ Der Bundesrat regelt die Höhe des Mindestkapitals und der Sicherheiten. Er kann zudem die Erteilung der Bewilligung vom Abschluss einer Berufshaftpflichtversicherung abhängig machen.

Art. 29 Eigenmittel

¹ Verwalter von Kollektivvermögen müssen über angemessene Eigenmittel verfügen.

² Der Bundesrat legt die Höhe der Eigenmittel nach Massgabe der Geschäftstätigkeit und der Risiken fest.

Art. 30 Gruppen- und Konglomeratsaufsicht

Die FINMA kann, sofern dies anerkannte internationale Standards vorsehen, eine Finanzgruppe, die von einem Verwalter von Kollektivvermögen dominiert wird, oder ein Finanzkonglomerat, das von einem Verwalter von Kollektivvermögen dominiert wird, einer Gruppen- oder Konglomeratsaufsicht unterstellen.

Art. 31 Wechsel des Verwalters von Kollektivvermögen

Der Verwalter von Kollektivvermögen meldet die Übernahme seiner Rechte und Pflichten durch einen anderen Verwalter von Kollektivvermögen vorgängig der für die Aufsicht über die kollektive Kapitalanlage oder Vorsorgeeinrichtung zuständigen Aufsichtsbehörde.

3. Abschnitt: Fondsleitungen

Art. 32 Begriff

Als Fondsleitung gilt, wer in eigenem Namen und für Rechnung der Anlegerinnen und Anleger selbstständig Anlagefonds verwaltet.

Art. 33 Rechtsform und Organisation

¹ Die Fondsleitung muss eine Aktiengesellschaft mit Sitz und Hauptverwaltung in der Schweiz sein.

² Das Aktienkapital ist in Namenaktien aufzuteilen.

³ Die geschäftsführenden Personen der Fondsleitung und der Depotbank müssen von der jeweils anderen Gesellschaft unabhängig sein.

⁴ Hauptzweck der Fondsleitung ist die Ausübung des Fondsgeschäfts; dieses besteht aus dem Anbieten von Anteilen des Anlagefonds, dessen Leitung und dessen Verwaltung.

Art. 34 Aufgaben

Neben der Ausübung der Tätigkeiten nach diesem Gesetz darf die Fondsleitung insbesondere folgende weitere Dienstleistungen erbringen:
a. die Aufbewahrung und die technische Verwaltung von kollektiven Kapitalanlagen;

b. die Administration einer Investmentgesellschaft mit variablem Kapital (SICAV).

Art. 35 Übertragung von Aufgaben

¹ Die Fondsleitung darf die Leitung des Anlagefonds nicht Dritten übertragen. Sie darf jedoch Anlageentscheide sowie Teilaufgaben Dritten übertragen, soweit dies im Interesse einer sachgerechten Verwaltung liegt.

² Für kollektive Kapitalanlagen, deren Anteile in der Europäischen Union aufgrund eines Abkommens erleichtert angeboten werden, dürfen die Anlageentscheide weder der Depotbank noch anderen Unternehmen übertragen werden, deren Interessen mit denen des Verwalters von Kollektivvermögen oder der Fondsleitung oder der Anlegerinnen und Anleger kollidieren können.

Art. 36 Mindestkapital

¹ Die Fondsleitung muss über das verlangte Mindestkapital verfügen. Dieses muss vollständig einbezahlt sein.

² Der Bundesrat regelt die Höhe des Mindestkapitals.

Art. 37 Eigenmittel

¹ Zwischen den Eigenmitteln der Fondsleitung und dem Gesamtvermögen der von ihr verwalteten kollektiven Kapitalanlagen muss ein angemessenes Verhältnis bestehen. Der Bundesrat regelt dieses Verhältnis.

² Die FINMA kann in besonderen Fällen Erleichterungen gewähren, sofern der Schutzzweck dieses Gesetzes nicht beeinträchtigt wird, oder Verschärfungen anordnen.

³ Die Fondsleitung darf die vorgeschriebenen Eigenmittel weder in Fondsanteilen anlegen, die sie selber ausgegeben hat, noch ihren Aktionärinnen und Aktionären oder diesen wirtschaftlich oder familiär verbundenen natürlichen und juristischen Personen ausleihen. Das Halten flüssiger Mittel bei der Depotbank gilt nicht als Ausleihe.

Art. 38 Rechte

¹ Die Fondsleitung hat Anspruch auf:
a. die im Fondsvertrag vorgesehenen Vergütungen;
b. Befreiung von den Verbindlichkeiten, die sie in richtiger Erfüllung ihrer Aufgaben eingegangen ist;
c. Ersatz der Aufwendungen, die sie zur Erfüllung dieser Verbindlichkeiten gemacht hat.

² Diese Ansprüche werden aus den Mitteln des Anlagefonds erfüllt. Die persönliche Haftung der Anlegerinnen und Anleger ist ausgeschlossen.

Art. 39 Wechsel der Fondsleitung

[1] Die Rechte und Pflichten der Fondsleitung können auf eine andere Fondsleitung übertragen werden.

[2] Der Übertragungsvertrag bedarf zu seiner Gültigkeit der schriftlichen oder einer anderen durch Text nachweisbaren Form sowie der Zustimmung der Depotbank und der Genehmigung der FINMA.

[3] Die bisherige Fondsleitung gibt die geplante Übertragung vor der Genehmigung durch die FINMA in den Publikationsorganen bekannt.

[4] In den Publikationen sind die Anlegerinnen und Anleger auf die Möglichkeit hinzuweisen, bei der FINMA innert 30 Tagen nach der Publikation Einwendungen zu erheben. Das Verfahren richtet sich nach dem Verwaltungsverfahrensgesetz vom 20. Dezember 1968[17].

[5] Die FINMA genehmigt den Wechsel der Fondsleitung, wenn die gesetzlichen Vorschriften eingehalten sind und die Fortführung des Anlagefonds im Interesse der Anlegerinnen und Anleger liegt.

[6] Sie veröffentlicht den Entscheid in den Publikationsorganen.

Art. 40 Absonderung des Fondsvermögens

[1] Sachen und Rechte, die zum Anlagefonds gehören, werden im Konkurs der Fondsleitung zugunsten der Anlegerinnen und Anleger abgesondert. Vorbehalten bleiben die Ansprüche der Fondsleitung nach Artikel 38.

[2] Schulden der Fondsleitung, die sich nicht aus dem Fondsvertrag ergeben, können nicht mit Forderungen, die zum Anlagefonds gehören, verrechnet werden.

4. Abschnitt: Wertpapierhäuser

Art. 41 Begriff

Als Wertpapierhaus gilt, wer gewerbsmässig:

a. in eigenem Namen für Rechnung der Kundinnen und Kunden Effekten handelt;
b. für eigene Rechnung kurzfristig mit Effekten handelt, hauptsächlich auf dem Finanzmarkt tätig ist und:
   1. dadurch die Funktionsfähigkeit des Finanzmarkts gefährden könnte, oder
   2. als Mitglied eines Handelsplatzes tätig ist, oder

---

17 SR 172.021

3.[18] ein organisiertes Handelssystem nach Artikel 42 des Finanzmarktinfrastrukturgesetzes vom 19. Juni 2015[19] betreibt; oder
c. für eigene Rechnung kurzfristig mit Effekten handelt und öffentlich dauernd oder auf Anfrage Kurse für einzelne Effekten stellt (*Market Maker*).

Art. 42 Rechtsform

Ein Wertpapierhaus mit Sitz in der Schweiz muss die Rechtsform einer Handelsgesellschaft aufweisen.

Art. 43 Ausländisch beherrschte Wertpapierhäuser

Die Vorschriften des BankG[20] über ausländisch beherrschte Banken gelten sinngemäss.

Art. 44 Aufgaben

¹ Das Wertpapierhaus kann insbesondere:
a. im Rahmen seiner Tätigkeit nach Artikel 41 für die Kundinnen und Kunden selber oder bei Dritten Konten zur Abwicklung des Handels mit Effekten führen;
b. Effekten der Kundinnen und Kunden bei sich oder in eigenem Namen bei Dritten aufbewahren;
c. gewerbsmässig Effekten, die von Dritten ausgegeben worden sind, fest oder in Kommission übernehmen und öffentlich auf dem Primärmarkt anbieten;
d. gewerbsmässig selbst Derivate schaffen, die es für eigene oder fremde Rechnung öffentlich auf dem Primärmarkt anbietet.

² Es darf im Umfang seiner Tätigkeit nach Absatz 1 Buchstabe a gewerbsmässig Publikumseinlagen entgegennehmen.

³ Der Bundesrat kann Vorschriften über die Verwendung von Publikumseinlagen erlassen.

Art. 45 Mindestkapital und Sicherheiten

¹ Wertpapierhäuser müssen über das verlangte Mindestkapital verfügen. Dieses muss vollständig einbezahlt sein.

² Die FINMA kann Wertpapierhäusern in Form von Personengesellschaften erlauben, anstelle des Mindestkapitals angemessene Sicherheiten zu leisten.

³ Der Bundesrat regelt die Höhe des Mindestkapitals und der Sicherheiten.

---

18 Eingefügt durch Ziff. I 7 des BG vom 25. Sept. 2020 zur Anpassung des Bundesrechts an Entwicklungen der Technik verteilter elektronischer Register, in Kraft seit 1. Aug. 2021 (AS 2021 33, 399; BBl 2020 233).
19 SR 958.1
20 SR 952.0

Art. 46 Eigenmittel, Liquidität und Risikoverteilung

[1] Wertpapierhäuser müssen einzeln und auf konsolidierter Basis über angemessene Eigenmittel und Liquidität verfügen.

[2] Sie müssen ihre Risiken angemessen verteilen.

[3] Der Bundesrat regelt die Anforderungen an die Risikoverteilung. Er legt die Höhe der Eigenmittel und der Liquidität nach Massgabe der Geschäftstätigkeit und der Risiken fest.

[4] Die FINMA kann in begründeten Fällen Erleichterungen gewähren, sofern der Schutzzweck dieses Gesetzes nicht beeinträchtigt wird, oder Verschärfungen anordnen.

[5] Die FINMA ist ermächtigt, Ausführungsvorschriften zu erlassen.

Art. 47 Zusätzliches Kapital

Die Vorschriften des BankG[21] über das zusätzliche Kapital gelten sinngemäss.

Art. 48 Rechnungslegung

Die Vorschriften des BankG[22] über die Rechnungslegung gelten sinngemäss.

Art. 49 Gruppen- und Konglomeratsaufsicht

[1] Als wertpapierhausdominierte Finanzgruppe gelten zwei oder mehrere Unternehmen:
a. von denen mindestens eines als Wertpapierhaus tätig ist;
b. die hauptsächlich im Finanzbereich tätig sind; und
c. die eine wirtschaftliche Einheit bilden oder von denen aufgrund anderer Umstände anzunehmen ist, dass ein oder mehrere der Einzelaufsicht unterstehende Unternehmen rechtlich verpflichtet oder faktisch gezwungen sind, Gruppengesellschaften beizustehen.

[2] Als wertpapierhausdominiertes Finanzkonglomerat gilt eine Finanzgruppe nach Absatz 1, die hauptsächlich im Wertpapierhandelsbereich tätig ist und zu der mindestens ein Versicherungsunternehmen von erheblicher wirtschaftlicher Bedeutung gehört.

[3] Die Vorschriften des BankG[23] über Finanzgruppen und Finanzkonglomerate gelten sinngemäss.

Art. 50 Aufzeichnungspflicht

Das Wertpapierhaus muss die Aufträge und die von ihm getätigten Geschäfte mit allen Angaben aufzeichnen, die für deren Nachvollziehbarkeit und für die Beaufsichtigung seiner Tätigkeit erforderlich sind.

---

21 SR 952.0
22 SR 952.0
23 SR 952.0

Art. 51 Meldepflicht

¹ Das Wertpapierhaus hat die für die Transparenz des Effektenhandels erforderlichen Meldungen zu erstatten.

² Die FINMA regelt, welche Informationen in welcher Form wem zu melden sind.

³ Sofern die Erreichung des Gesetzeszweckes dies verlangt, kann der Bundesrat die Meldepflicht nach Absatz 1 auch Personen und Gesellschaften auferlegen, die Effekten gewerbsmässig, aber ohne Beizug eines Wertpapierhauses kaufen und verkaufen. Die Gesellschaften haben die Einhaltung dieser Meldepflicht durch eine von der Eidgenössischen Revisionsaufsichtsbehörde (RAB) nach Artikel 9a Absatz 1 des Revisionsaufsichtsgesetzes vom 16. Dezember 2005[24] (RAG) zugelassene Prüfgesellschaft prüfen zu lassen und sind der FINMA zur Auskunft verpflichtet.

5. Abschnitt: Zweigniederlassungen

Art. 52 Bewilligungspflicht

¹ Einer Bewilligung der FINMA bedürfen Finanzinstitute mit Sitz im Ausland (ausländische Finanzinstitute), die in der Schweiz eine Zweigniederlassung errichten wollen, in der sie Personen beschäftigen, die im Namen des betreffenden ausländischen Finanzinstituts dauernd und gewerbsmässig in der Schweiz oder von der Schweiz aus:
   a. Vermögenswerte verwalten oder eine Tätigkeit als Trustee ausüben;
   b. die Vermögensverwaltung für kollektive Kapitalanlagen oder Vorsorgeeinrichtungen ausüben;
   c. mit Effekten handeln;
   d. Geschäfte abschliessen; oder
   e. Kundenkonten führen.

² Ausländische Fondsleitungen dürfen in der Schweiz keine Zweigniederlassungen errichten.

³ Der Bundesrat kann Staatsverträge abschliessen, die vorsehen, dass Finanzinstitute aus den Vertragsstaaten ohne Bewilligung der FINMA eine Zweigniederlassung eröffnen können, wenn beide Vertragsseiten die jeweilige Regelung der Tätigkeit von Finanzinstituten und die Massnahmen zur Aufsicht als gleichwertig anerkennen.

Art. 53 Bewilligungsvoraussetzungen

Die FINMA erteilt dem ausländischen Finanzinstitut eine Bewilligung zur Errichtung einer Zweigniederlassung, wenn:

---

[24] SR 221.302

a. das ausländische Finanzinstitut:
   1. hinreichend organisiert ist und über genügend finanzielle Mittel und qualifiziertes Personal verfügt, um in der Schweiz eine Zweigniederlassung zu betreiben,
   2. einer angemessenen Aufsicht untersteht, welche die Zweigniederlassung mit einschliesst, und
   3. nachweist, dass die Firma der Zweigniederlassung im Handelsregister eingetragen werden kann;
b. die zuständigen ausländischen Aufsichtsbehörden:
   1. keine Einwände gegen die Errichtung einer Zweigniederlassung erheben,
   2. sich verpflichten, die FINMA unverzüglich zu benachrichtigen, wenn Umstände eintreten, welche die Interessen der Anlegerinnen und Anleger oder der Kundinnen und Kunden ernsthaft gefährden könnten, und
   3. der FINMA Amtshilfe leisten;
c. die Zweigniederlassung:
   1. die Voraussetzungen nach den Artikeln 9–11 erfüllt und über ein Reglement verfügt, das den Geschäftskreis genau umschreibt und eine ihrer Geschäftstätigkeit entsprechende Verwaltungs- oder Betriebsorganisation vorsieht, und
   2. die zusätzlichen Bewilligungsvoraussetzungen nach den Artikeln 54–57 erfüllt.

Art. 54 Gegenrechtserfordernis

Die FINMA kann die Erteilung der Bewilligung zur Errichtung einer Zweigniederlassung eines ausländischen Finanzinstituts davon abhängig machen, dass die Staaten, in denen das ausländische Finanzinstitut oder die Ausländerinnen und Ausländer mit qualifizierten Beteiligungen ihren Wohnsitz oder Sitz haben, das Gegenrecht gewährleisten.

Art. 55 Finanzgruppen und Finanzkonglomerate

Ist ein ausländisches Finanzinstitut Teil einer Finanzgruppe oder eines Finanzkonglomerats, so kann die FINMA die Erteilung der Bewilligung davon abhängig machen, dass es einer angemessenen konsolidierten Aufsicht durch ausländische Aufsichtsbehörden untersteht.

Art. 56 Sicherheiten

Die FINMA kann die Erteilung der Bewilligung zur Errichtung einer Zweigniederlassung eines ausländischen Vermögensverwalters, eines ausländischen Trustees oder eines ausländischen Verwalters von Kollektivvermögen von der Leistung einer Sicherheit abhängig machen, wenn der Schutz der Anlegerinnen und Anleger oder der Kundinnen und Kunden es erfordert.

Art. 57 Ausnahmeregelung

Der Bundesrat kann vorsehen, dass Zweigniederlassungen ausländischer Finanzinstitute von der Einhaltung bestimmter Vorschriften dieses Gesetzes befreit werden.

6. Abschnitt: Vertretungen

Art. 58 Bewilligungspflicht

[1] Ausländische Finanzinstitute bedürfen einer Bewilligung der FINMA, wenn sie in der Schweiz Personen beschäftigen, die für sie dauernd und gewerbsmässig in der Schweiz oder von der Schweiz aus in anderer Weise als nach Artikel 52 Absatz 1 tätig sind, namentlich indem diese Personen Kundenaufträge an sie weiterleiten oder sie zu Werbe- oder anderen Zwecken vertreten.

[2] Ausländische Fondsleitungen dürfen in der Schweiz keine Vertretungen errichten.

[3] Der Bundesrat kann Staatsverträge abschliessen, die vorsehen, dass Finanzinstitute aus den Vertragsstaaten ohne Bewilligung der FINMA eine Vertretung eröffnen können, wenn beide Vertragsseiten die jeweilige Regelung der Tätigkeit von Finanzinstituten und die Massnahmen zur Aufsicht als gleichwertig anerkennen.

Art. 59 Bewilligungsvoraussetzungen

[1] Die FINMA erteilt dem ausländischen Finanzinstitut eine Bewilligung zur Errichtung einer Vertretung, wenn:
a. das ausländische Finanzinstitut einer angemessenen Aufsicht untersteht;
b. die zuständigen ausländischen Aufsichtsbehörden keine Einwände gegen die Errichtung der Vertretung erheben;
c. die mit ihrer Leitung betrauten Personen Gewähr für eine einwandfreie Geschäftstätigkeit bieten.

[2] Die FINMA kann die Bewilligung zusätzlich davon abhängig machen, dass der Staat, in dem das ausländische Finanzinstitut seinen Sitz hat, das Gegenrecht gewährleistet.

Art. 60 Ausnahmeregelung

Der Bundesrat kann vorsehen, dass Vertretungen ausländischer Finanzinstitute von der Einhaltung bestimmter Vorschriften dieses Gesetzes befreit werden.

3. Kapitel: Aufsicht

Art. 61 Zuständigkeit

[1] Vermögensverwalter und Trustees werden von der FINMA unter Beizug einer Aufsichtsorganisation nach dem FINMAG[25] beaufsichtigt. Vorbehalten bleibt die konsolidierte Aufsicht durch die FINMA nach den Artikeln 30 und 49 des vorliegende Gesetzes oder nach den Finanzmarktgesetzen nach Artikel 1 Absatz 1 FINMAG.

[2] Die laufende Aufsichtstätigkeit über die Vermögensverwalter und Trustees wird durch Aufsichtsorganisationen wahrgenommen, die von der FINMA bewilligt sind.

[3] Verwalter von Kollektivvermögen, Fondsleitungen und Wertpapierhäuser werden von der FINMA beaufsichtigt.

[4] Besteht keine Aufsichtsorganisation nach Absatz 1, so wird die Aufsicht durch die FINMA wahrgenommen.

Art. 62 Prüfung der Vermögensverwalter und Trustees

[1] Die Vermögensverwalter und die Trustees müssen eine Prüfgesellschaft nach Artikel 43k Absatz 1 FINMAG[26] mit einer jährlichen Prüfung beauftragen, soweit diese Prüfung nicht von der betreffenden Aufsichtsorganisation selber ausgeführt wird.

[2] Die Aufsichtsorganisation kann die Prüfperiodizität unter Berücksichtigung der Tätigkeit der Beaufsichtigten und der damit verbundenen Risiken auf maximal vier Jahre erhöhen.

[3] In den Jahren, in denen keine periodische Prüfung stattfindet, erstatten die Vermögensverwalter und Trustees der Aufsichtsorganisation einen Bericht über die Konformität ihrer Geschäftstätigkeit mit den Gesetzesvorschriften. Dieser Bericht kann in standardisierter Form abgegeben werden.

Art. 63 Prüfung der Verwalter von Kollektivvermögen, der Fondsleitungen, Wertpapierhäuser, Finanzgruppen und Finanzkonglomerate

[1] Die Verwalter von Kollektivvermögen, die Fondsleitungen, die Wertpapierhäuser, die Finanzgruppen und die Finanzkonglomerate müssen:
a. eine von der RAB nach Artikel 9a Absatz 1 RAG[27] zugelassene Prüfgesellschaft mit einer jährlichen Prüfung nach Artikel 24 FINMAG[28] beauftragen;

---

25 SR 956.1
26 SR 956.1
27 SR 221.302
28 SR 956.1

b. ihre Jahresrechnung und gegebenenfalls ihre Konzernrechnung von einem staatlich beaufsichtigten Revisionsunternehmen nach den Grundsätzen der ordentlichen Revision des Obligationenrechts (OR)[29] prüfen lassen.

² Die FINMA kann unter Berücksichtigung der Tätigkeit der Beaufsichtigten und der damit verbundenen Risiken für die Prüfung nach Absatz 1 Buchstabe a eine mehrjährige Prüfperiodizität vorsehen.

³ In den Jahren, in denen keine periodische Prüfung stattfindet, erstatten die Finanz-institute nach Absatz 1 der FINMA einen Bericht über die Konformität ihrer Geschäftstätigkeit mit den Gesetzesvorschriften. Dieser Bericht kann in standardisierter Form abgegeben werden.

⁴ Die Fondsleitung beauftragt für sich selbst und für die von ihr geleiteten Anlagefonds die gleiche Prüfgesellschaft.

⁵ Die FINMA kann selbst direkte Prüfungen durchführen.

Art. 64 Auskunfts- und Meldepflicht bei Übertragung wesentlicher Funktionen

¹ Überträgt ein Finanzinstitut wesentliche Funktionen auf andere Personen, so unterstehen diese der Auskunfts- und Meldepflicht nach Artikel 29 FINMAG[30].

² Die FINMA kann bei diesen Personen jederzeit Prüfungen vornehmen.

Art. 65 Stimmrechtssuspendierung

Zur Durchsetzung von Artikel 11 Absätze 3 und 5 kann die FINMA das Stimmrecht suspendieren, das an Aktien oder Anteile gebunden ist, die von qualifiziert Beteiligten gehalten werden.

Art. 66 Liquidation

¹ Entzieht die FINMA einem Finanzinstitut die Bewilligung, so bewirkt dies bei juristischen Personen und Kollektiv- und Kommanditgesellschaften die Auflösung und bei Einzelunternehmen die Löschung im Handelsregister.

² Die FINMA bezeichnet die Liquidatorin oder den Liquidator und überwacht ihre oder seine Tätigkeit.

³ Vorbehalten bleiben die insolvenzrechtlichen Vorschriften.

Art. 67 Insolvenzrechtliche Massnahmen

¹ Die Bestimmungen des BankG[31] über die Massnahmen bei Insolvenzgefahr und den Bankenkonkurs gelten für Fondsleitungen und Wertpapierhäuser sinngemäss.

---

29 SR 220
30 SR 956.1
31 SR 952.0

² Die Bestimmungen des BankG über die Einlagensicherung und die nachrichtenlosen Vermögenswerte gelten für Wertpapierhäuser nach Artikel 41 Buchstabe a sinngemäss.[32]

4. Kapitel: Verantwortlichkeit und Strafbestimmungen

1. Abschnitt: Verantwortlichkeit

Art. 68

¹ Die Verantwortlichkeit der Finanzinstitute und ihrer Organe richtet sich nach den Bestimmungen des OR[33].

² Überträgt ein Finanzinstitut die Erfüllung einer Aufgabe an einen Dritten, so haftet es für den von diesem verursachten Schaden, sofern es nicht nachweist, dass es bei der Auswahl, Instruktion und Überwachung die nach den Umständen gebotene Sorgfalt angewendet hat. Der Bundesrat kann die Anforderungen an die Überwachung regeln.

³ Für Handlungen der Personen, denen die Fondsleitung Aufgaben nach Artikel 35 Absatz 1 übertragen hat, haftet die Fondsleitung wie für eigenes Handeln.

2. Abschnitt: Strafbestimmungen

Art. 69 Verletzung des Berufsgeheimnisses

¹ Mit Freiheitsstrafe bis zu drei Jahren oder Geldstrafe wird bestraft, wer vorsätzlich:
a. ein Geheimnis offenbart, das ihr oder ihm in der Eigenschaft als Organ, als Angestellte oder Angestellter, als Beauftragte oder Beauftragter oder als Liquidatorin oder Liquidator eines Finanzinstituts anvertraut worden ist oder das sie oder er in dieser Eigenschaft wahrgenommen hat;
b. zu einer solchen Verletzung des Berufsgeheimnisses zu verleiten sucht;
c. ein ihr oder ihm unter Verletzung von Buchstabe a offenbartes Geheimnis weiteren Personen offenbart oder für sich oder einen anderen ausnützt.

² Mit Freiheitsstrafe bis zu fünf Jahren oder Geldstrafe wird bestraft, wer sich oder einem anderen durch eine Handlung nach Absatz 1 Buchstabe a oder c einen Vermögensvorteil verschafft.

³ Wer fahrlässig handelt, wird mit Busse bis zu 250 000 Franken bestraft.

---

[32] Fassung gemäss Ziff. I 7 des BG vom 25. Sept. 2020 zur Anpassung des Bundesrechts an Entwicklungen der Technik verteilter elektronischer Register, in Kraft seit 1. Aug. 2021 (AS 2021 33, 399; BBl 2020 233).
[33] SR 220

⁴ Die Verletzung des Berufsgeheimnisses ist auch nach Beendigung des amtlichen oder dienstlichen Verhältnisses oder der Berufsausübung strafbar.

⁵ Vorbehalten bleiben die eidgenössischen und kantonalen Bestimmungen über die Zeugnispflicht und über die Auskunftspflicht gegenüber einer Behörde.

⁶ Verfolgung und Beurteilung der Handlungen nach dieser Bestimmung obliegen den Kantonen.

Art. 70 Verletzung der Bestimmungen über den Schutz vor Verwechslung und Täuschung und der Meldepflichten

Mit Busse bis zu 500 000 Franken wird bestraft, wer vorsätzlich:
a. gegen die Bestimmung über den Schutz vor Verwechslung und Täuschung (Art. 13) verstösst;
b. die nach den Artikeln 11 und 15 vorgeschriebenen Meldungen an die FINMA nicht, falsch oder zu spät erstattet.

Art. 71 Verletzung von Aufzeichnungs- und Meldepflichten

Mit Busse bis zu 500 000 Franken wird bestraft, wer vorsätzlich:
a. die Aufzeichnungspflicht nach Artikel 50 verletzt;
b. die Meldepflicht nach Artikel 51 verletzt.

5. Kapitel: Schlussbestimmungen

Art. 72 Ausführungsbestimmungen

Der Bundesrat erlässt die Ausführungsbestimmungen.

Art. 73 Aufhebung und Änderung anderer Erlasse

Die Aufhebung und die Änderung anderer Erlasse werden im Anhang geregelt.

Art. 74 Übergangsbestimmungen

¹ Finanzinstitute, die bei Inkrafttreten dieses Gesetzes über eine Bewilligung nach einem Finanzmarktgesetz nach Artikel 1 Absatz 1 FINMAG[34] für die entsprechende Tätigkeit verfügen, bedürfen keiner neuen Bewilligung. Sie müssen die Anforderungen dieses Gesetzes innert eines Jahres ab dessen Inkrafttreten erfüllen.

² Finanzinstitute, die nach bisherigem Recht keiner Bewilligungspflicht unterstehen, die aber bei Inkrafttreten dieses Gesetzes neu einer Bewilligungspflicht unterstehen, melden sich innert sechs Monaten ab Inkrafttreten dieses Gesetzes bei der FINMA. Sie müssen innert dreier Jahre ab Inkrafttreten den

---

34 SR 956.1

Anforderungen dieses Gesetzes genügen und ein Bewilligungsgesuch stellen. Bis zum Entscheid über die Bewilligung können sie ihre Tätigkeit fortführen, sofern sie einer Selbstregulierungsorganisation nach Artikel 24 des Geldwäschereigesetzes vom 10. Oktober 1997[35] (GwG) angeschlossen sind und durch diese in Bezug auf die Einhaltung der entsprechenden Pflichten beaufsichtigt werden.

[3] Vermögensverwalter und Trustees, welche innerhalb eines Jahres nach dem Inkrafttreten dieses Gesetzes ihre Tätigkeit aufnehmen, müssen sich unverzüglich bei der FINMA melden und ab Aufnahme ihrer Tätigkeit die Bewilligungsvoraussetzungen mit Ausnahme von Artikel 7 Absatz 2 erfüllen. Spätestens ein Jahr nachdem die FINMA eine Aufsichtsorganisation nach Artikel 43*a* FINMAG bewilligt hat, haben sie sich einer solchen Aufsichtsorganisation anzuschliessen und ein Bewilligungsgesuch zu stellen. Bis zum Entscheid über die Bewilligung können sie ihre Tätigkeit ausüben, sofern sie einer Selbstregulierungsorganisation nach Artikel 24 GwG angeschlossen sind und durch diese in Bezug auf die Einhaltung der entsprechenden Pflichten beaufsichtigt werden.

[4] In besonderen Fällen kann die FINMA die Fristen nach den Absätzen 1 und 2 erstrecken.

Art. 74a[36] Koordination mit der Änderung des Geldwäschereigesetzes im Rahmen des Geldspielgesetzes vom 29. September 2017

... [37]

Art. 75 Referendum und Inkrafttreten

[1] Dieses Gesetz untersteht dem fakultativen Referendum.

[2] Der Bundesrat bestimmt das Inkrafttreten.

[3] Dieses Gesetz tritt nur zusammen mit dem FIDLEG[38] in Kraft.

[4] Der Bundesrat kann folgende Bestimmungen vorzeitig in Kraft setzen:
a. Die Änderungen des Bundesgesetzes vom 23. März 2001[39] über den Konsumkredit (Anhang Ziff. 2);
b. Artikel 9*a* Absatz 4bis RAG[40] (Anhang Ziff. 3);
c. die Artikel 1*a*, 1*b*, 47 Absatz 1 Buchstabe a und 52*a* BankG[41] (Anhang Ziff. 14);

---

35 SR 955.0
36 Eingefügt durch Berichtigung der RedK der BVers vom 24. Sept. 2019 (AS 2019 5065).
37 Die Koordinationsbestimmungen können unter AS 2019 5065 und AS 2020 501 konsultiert werden. Berichtigung der RedK der BVers vom 31. Jan. 2020, veröffentlicht am 18. Febr. 2020 (AS 2020 501).
38 SR 950.1
39 SR 221.214.1
40 SR 221.302
41 SR 952.0

d. Artikel 2 Absatz 2 Buchstabe a GwG[42] (Anhang Ziff. 15);
e. die Artikel 4, 5 und 15 Absatz 2 Buchstabe a FINMAG[43] (Anhang Ziff. 16).

[5] Artikel 15 Absatz 2 Buchstabe a FINMAG gilt bis zum Inkrafttreten von Artikel 15 Absatz 2 Buchstabe a^{bis} FINMAG (Anhang Ziff. 16).

Datum des Inkrafttretens: 1. Januar 2020[44]

Anhang (Art. 73)
Aufhebung und Änderung anderer Erlasse

I
Das Börsengesetz vom 24. März 1995[45] wird aufgehoben.

II
Die folgenden Erlasse werden wie folgt geändert:
…[46]

---

42 SR 955.0
43 SR 956.1
44 V vom 6. Nov. 2019 (AS 2019 4631).
45 [AS 1997 68 2044, 2005 5269 Anhang Ziff. II 7, 2006 2197 Anhang Ziff. 146, 2008 5207 Anhang Ziff. 16, 2012 6679 Anhang Ziff. 8, 2013 1103, 2014 4073 Anhang Ziff. 6, 2015 1535 Ziff. I 3 5339 Anhang Ziff. 11]
46 Die Änderungen können unter AS 2018 5247 konsultiert werden.

29. Bundesgesetz über die Finanzdienstleistungen
(Finanzdienstleistungsgesetz, FIDLEG)

vom 15. Juni 2018

Die Bundesversammlung der Schweizerischen Eidgenossenschaft,
gestützt auf die Artikel 95, 97, 98 und 122 Absatz 1 der Bundesverfassung[1],
nach Einsicht in die Botschaft des Bundesrats vom 4. November 2015[2],
beschliesst:

1. Titel: Allgemeine Bestimmungen

Art. 1 Zweck und Gegenstand

[1] Dieses Gesetz bezweckt den Schutz der Kundinnen und Kunden von Finanzdienstleistern sowie die Schaffung vergleichbarer Bedingungen für das Erbringen von Finanzdienstleistungen durch die Finanzdienstleister und trägt damit zur Stärkung des Ansehens und der Wettbewerbsfähigkeit des Finanzplatzes Schweiz bei.

[2] Dazu legt es die Anforderungen für die getreue, sorgfältige und transparente Erbringung von Finanzdienstleistungen fest und regelt das Anbieten von Finanzinstrumenten.

Art. 2 Geltungsbereich

[1] Dem Gesetz sind unabhängig von der Rechtsform unterstellt:
a. Finanzdienstleister;
b. Kundenberaterinnen und -berater;
c. Ersteller und Anbieter von Finanzinstrumenten.

[2] Diesem Gesetz nicht unterstellt sind:
a. die Schweizerische Nationalbank;
b. die Bank für Internationalen Zahlungsausgleich;
c. Vorsorgeeinrichtungen und andere Einrichtungen, die nach ihrem Zweck der beruflichen Vorsorge dienen (Vorsorgeeinrichtungen), sowie patronale Stiftungen (patronale Wohlfahrtsfonds); Arbeitgeber, die das Vermögen

---

SR 950.1. AS 2019 4417
1 SR 101
2 BBl 2015 8901

ihrer Vorsorgeeinrichtungen verwalten; Arbeitgeber- und Arbeitnehmerverbände, die das Vermögen ihrer Verbandseinrichtungen verwalten;
d. soweit ihre Tätigkeit dem Versicherungsaufsichtsgesetz vom 17. Dezember 2004[3] (VAG) untersteht:
  1. Versicherungsunternehmen,
  2. Versicherungsvermittlerinnen und -vermittler,
  3. Ombudsstellen;
e. öffentlich-rechtliche Versicherungseinrichtungen nach Artikel 67 Absatz 1 des Bundesgesetzes vom 25. Juni 1982[4] über die berufliche Alters-, Hinterlassenen- und Invalidenvorsorge.

Art. 3 Begriffe

In diesem Gesetz gelten als:
a. *Finanzinstrumente:*
  1. Beteiligungspapiere:
     – Effekten in Form von Aktien einschliesslich Aktien gleichzustellender Effekten, die Beteiligungs- oder Stimmrechte verleihen, wie Partizipations- oder Genussscheine
     – Effekten, die bei Umwandlung oder Ausübung des darin verbrieften Rechts den Erwerb von Beteiligungspapieren nach Strich 1 ermöglichen, sobald sie zur Umwandlung angemeldet wurden,
  2. Forderungspapiere: Effekten, die nicht Beteiligungspapiere sind,
  3. Anteile an kollektiven Kapitalanlagen nach den Artikeln 7 und 119 des Kollektivanlagengesetzes vom 23. Juni 2006[5] (KAG),
  4. strukturierte Produkte, namentlich kapitalgeschützte Produkte, Produkte mit Maximalrendite und Zertifikate,
  5.[6] Derivate nach Artikel 2 Buchstabe c des Finanzmarktinfrastrukturgesetzes vom 19. Juni 2015[7] (FinfraG),
  6. Einlagen, deren Rückzahlungswert oder Zins risiko- oder kursabhängig ist, ausgenommen solche, deren Zins an einen Zinsindex gebunden ist,
  7. Anleihensobligationen: Anteile an einem Gesamtdarlehen mit einheitlichen Bedingungen;
b.[8] *Effekten:* vereinheitlichte und zum massenweisen Handel geeignete Wertpapiere, Wertrechte, insbesondere einfache Wertrechte nach Artikel 973c

---

[3] SR 961.01
[4] SR 831.40
[5] SR 951.31
[6] Fassung gemäss Ziff. I 4 des BG vom 25. Sept. 2020 zur Anpassung des Bundesrechts an Entwicklungen der Technik verteilter elektronischer Register, in Kraft seit 1. Aug. 2021 (AS 2021 33, 399; BBl 2020 233).
[7] SR 958.1
[8] Fassung gemäss Ziff. I 4 des BG vom 25. Sept. 2020 zur Anpassung des Bundesrechts an Entwicklungen der Technik verteilter elektronischer Register, in Kraft seit 1. Aug. 2021 (AS 2021 33, 399; BBl 2020 233).

des Obligationenrechts (OR)[9] und Registerwertrechte nach Artikel 973d OR, sowie Derivate und Bucheffekten;
c. *Finanzdienstleistungen:* die folgenden für Kundinnen und Kunden erbrachten Tätigkeiten:
   1. der Erwerb oder die Veräusserung von Finanzinstrumenten,
   2. die Annahme und Übermittlung von Aufträgen, die Finanzinstrumente zum Gegenstand haben,
   3. die Verwaltung von Finanzinstrumenten (Vermögensverwaltung),
   4. die Erteilung von persönlichen Empfehlungen, die sich auf Geschäfte mit Finanzinstrumenten beziehen (Anlageberatung),
   5. die Gewährung von Krediten für die Durchführung von Geschäften mit Finanzinstrumenten;
d. *Finanzdienstleister:* Personen, die gewerbsmässig Finanzdienstleistungen in der Schweiz oder für Kundinnen und Kunden in der Schweiz erbringen, wobei Gewerbsmässigkeit gegeben ist, wenn eine selbstständige, auf dauernden Erwerb ausgerichtete wirtschaftliche Tätigkeit vorliegt;
e. *Kundenberaterinnen und -berater:* natürliche Personen, die im Namen eines Finanzdienstleisters oder selbst als Finanzdienstleister Finanzdienstleistungen erbringen;
f. *Emittenten:* Personen, die Effekten begeben oder zu begeben beabsichtigen;
g. *Angebot:* jede Einladung zum Erwerb eines Finanzinstruments, die ausreichende Informationen über die Angebotsbedingungen und das Finanzinstrument selber enthält;
h. *öffentliches Angebot:* an das Publikum gerichtetes Angebot;
i. *Ersteller:* Personen, die ein Finanzinstrument erstellen oder Änderungen an einem bestehenden Finanzinstrument, einschliesslich Änderungen seines Risiko- und Renditeprofils oder der mit einer Anlage in das Finanzinstrument verbundenen Kosten, vornehmen.

Art. 4 Kundensegmentierung

[1] Die Finanzdienstleister ordnen die Personen, für die sie Finanzdienstleistungen erbringen, einem der folgenden Segmente zu:
a. Privatkundinnen und -kunden;
b. professionelle Kunden;
c. institutionelle Kunden.

[2] Als Privatkundinnen und -kunden gelten Kundinnen und Kunden, die keine professionellen Kunden sind.

[3] Als professionelle Kunden[10] gelten:

---

9 SR 220
10 Weil es sich bei den professionellen Kunden hauptsächlich um juristische Personen handelt, wird statt der Paarform nur die männliche Form verwendet.

a. Finanzintermediäre nach dem Bankengesetz vom 8. November 1934[11] (BankG), dem Finanzinstitutsgesetz vom 15. Juni 2018[12] (FINIG) und dem KAG[13];
b. Versicherungsunternehmen nach dem VAG[14];
c. ausländische Kundinnen und Kunden, die einer prudenziellen Aufsicht unterstehen wie die Personen nach den Buchstaben a und b;
d. Zentralbanken;
e. öffentlich-rechtliche Körperschaften mit professioneller Tresorerie;
f. Vorsorgeeinrichtungen und Einrichtungen, die nach ihrem Zweck der beruflichen Vorsorge dienen, mit professioneller Tresorerie;
g. Unternehmen mit professioneller Tresorerie;
h. grosse Unternehmen;
i. für vermögende Privatkundinnen und -kunden errichtete private Anlagestrukturen mit professioneller Tresorerie.

⁴ Als institutionelle Kunden[15] gelten professionelle Kunden nach Absatz 3 Buchstaben a–d sowie nationale und supranationale öffentlich-rechtliche Körperschaften mit professioneller Tresorerie.

⁵ Als grosses Unternehmen gilt ein Unternehmen, das zwei der folgenden Grössen überschreitet:
a. Bilanzsumme von 20 Millionen Franken;
b. Umsatzerlös von 40 Millionen Franken;
c. Eigenkapital von 2 Millionen Franken.

⁶ Nicht als Kundinnen gelten Gesellschaften eines Konzerns, für die eine andere Gesellschaft des gleichen Konzerns eine Finanzdienstleistung erbringt.

⁷ Finanzdienstleister können auf eine Kundensegmentierung verzichten, wenn sie alle Kundinnen und Kunden als Privatkundinnen und -kunden behandeln.

Art. 5 Opting-out und Opting-in

¹ Vermögende Privatkundinnen und -kunden und für diese errichtete private Anlagestrukturen können erklären, dass sie als professionelle Kunden gelten wollen (*Opting-out*).

² Als vermögend im Sinne von Absatz 1 gilt, wer glaubhaft erklärt, dass sie oder er:
a. aufgrund der persönlichen Ausbildung und der beruflichen Erfahrung oder aufgrund einer vergleichbaren Erfahrung im Finanzsektor über die Kenntnisse verfügt, die notwendig sind, um die Risiken der Anlagen zu ver-

---

11 SR 952.0
12 SR 954.1
13 SR 951.31
14 SR 961.01
15 Weil es sich bei den institutionellen Kunden um juristische Personen handelt, wird statt der Paarform nur die männliche Form verwendet.

stehen, und über ein Vermögen von mindestens 500 000 Franken verfügt; oder

b. über ein Vermögen von mindestens 2 Millionen Franken verfügt.

³ Professionelle Kunden nach Artikel 4 Absatz 3 Buchstaben f und g können erklären, dass sie als institutionelle Kunden gelten wollen.

⁴ Schweizerische und ausländische kollektive Kapitalanlagen und deren Verwaltungsgesellschaften, die nicht bereits nach Artikel 4 Absatz 3 Buchstabe a oder c in Verbindung mit Artikel 4 Absatz 4 als institutionelle Kunden gelten, können erklären, dass sie als institutionelle Kunden gelten wollen.

⁵ Professionelle Kunden, die keine institutionellen Kunden im Sinn von Artikel 4 Absatz 4 sind, können erklären, dass sie als Privatkunden gelten wollen (*Opting-in*).

⁶ Institutionelle Kunden können erklären, dass sie nur als professionelle Kunden gelten wollen.

⁷ Vor dem Erbringen von Finanzdienstleistungen informieren Finanzdienstleister ihre Kundinnen und Kunden, die nicht als Privatkundinnen und -kunden gelten, über die Möglichkeit zum Opting-in.

⁸ Die Erklärungen nach den Absätzen 1–6 müssen schriftlich oder in anderer durch Text nachweisbarer Form vorliegen.

2. Titel: Anforderungen für das Erbringen von Finanzdienstleistungen

1. Kapitel: Erforderliche Kenntnisse

Art. 6

Kundenberaterinnen und -berater müssen über hinreichende Kenntnisse über die Verhaltensregeln nach diesem Gesetz sowie über das für ihre Tätigkeit notwendige Fachwissen verfügen.

2. Kapitel: Verhaltensregeln

1. Abschnitt: Grundsatz

Art. 7

¹ Finanzdienstleister müssen beim Erbringen von Finanzdienstleistungen die aufsichtsrechtlichen Pflichten nach diesem Titel befolgen.

² Vorbehalten bleiben spezialgesetzliche Regelungen.

2. Abschnitt: Informationspflicht

Art. 8 Inhalt und Form der Information

¹ Finanzdienstleister informieren ihre Kundinnen und Kunden über:
a. ihren Namen und ihre Adresse;
b. ihr Tätigkeitsfeld und ihren Aufsichtsstatus;
c. die Möglichkeit zur Einleitung von Vermittlungsverfahren vor einer anerkannten Ombudsstelle nach dem 5. Titel; und
d. die allgemeinen mit Finanzinstrumenten verbundenen Risiken.

² Sie informieren zusätzlich über:
a. die persönlich empfohlene Finanzdienstleistung und die damit verbundenen Risiken und Kosten;
b. die im Zusammenhang mit der angebotenen Finanzdienstleistung bestehenden wirtschaftlichen Bindungen an Dritte;
c. das bei der Auswahl der Finanzinstrumente berücksichtigte Marktangebot.

³ Bei der persönlichen Empfehlung von Finanzinstrumenten stellen die Finanzdienstleister der Privatkundin oder dem Privatkunden zusätzlich das Basisinformationsblatt zur Verfügung, sofern ein solches für das empfohlene Finanzinstrument zu erstellen ist (Art. 58 und 59). Bei einem zusammengesetzten Finanzinstrument ist nur für dieses ein Basisinformationsblatt zur Verfügung zu stellen.

⁴ Kein Basisinformationsblatt muss zur Verfügung gestellt werden, wenn die Dienstleistung ausschliesslich in der Ausführung oder Übermittlung von Kundenaufträgen besteht, ausser wenn bereits ein Basisinformationsblatt für das Finanzinstrument vorhanden ist.

⁵ Bei der persönlichen Empfehlung von Finanzinstrumenten, für die ein Prospekt zu erstellen ist (Art. 35–37), stellen die Finanzdienstleister der Privatkundin oder dem Privatkunden auf Anfrage kostenlos einen Prospekt zur Verfügung.

⁶ Werbung muss als solche gekennzeichnet sein.

Art. 9 Zeitpunkt und Form der Informationen

¹ Finanzdienstleister informieren ihre Kundinnen und Kunden vor Abschluss des Vertrags oder vor Erbringen der Dienstleistung.

² Die Finanzdienstleister stellen ihren Privatkundinnen und -kunden das Basisinformationsblatt vor der Zeichnung oder vor dem Vertragsabschluss kostenlos zur Verfügung. Erfolgt eine Beratung unter Abwesenden, kann das Basisinformationsblatt mit Zustimmung der Kundin oder des Kunden nach Abschluss des Geschäfts zur Verfügung gestellt werden. Die Finanzdienstleister dokumentieren diese Zustimmung.

³ Die Informationen können den Kundinnen und Kunden in standardisierter Form auf Papier oder elektronisch zur Verfügung gestellt werden.

3. Abschnitt: Angemessenheit und Eignung von Finanzdienstleistungen

Art. 10 Prüfpflicht

Finanzdienstleister, die eine Anlageberatung oder eine Vermögensverwaltung erbringen, führen eine Angemessenheits- oder Eignungsprüfung durch.

Art. 11 Angemessenheitsprüfung

Ein Finanzdienstleister, der die Anlageberatung für einzelne Transaktionen erbringt, ohne dafür das gesamte Kundenportfolio zu berücksichtigen, muss sich über die Kenntnisse und Erfahrungen seiner Kundinnen und Kunden erkundigen und vor der Empfehlung von Finanzinstrumenten prüfen, ob diese für die Kundin oder den Kunden angemessen sind.

Art. 12 Eignungsprüfung

Ein Finanzdienstleister, der die Anlageberatung unter Berücksichtigung des Kundenportfolios oder die Vermögensverwaltung erbringt, muss sich über die finanziellen Verhältnisse und Anlageziele sowie über die Kenntnisse und Erfahrungen der Kundin oder des Kunden erkundigen. Diese Kenntnisse und Erfahrungen beziehen sich auf die Finanzdienstleistung und nicht auf die einzelnen Transaktionen.

Art. 13 Ausnahme von der Prüfpflicht

¹ Bei blosser Ausführung oder Übermittlung von Kundenaufträgen müssen die Finanzdienstleister weder eine Angemessenheits- noch eine Eignungsprüfung durchführen.

² Sie informieren die Kundinnen und Kunden vor der Erbringung von Dienstleistungen nach Absatz 1, dass keine Angemessenheits- oder Eignungsprüfung durchgeführt wird.

³ Bei professionellen Kunden können sie davon ausgehen, dass diese über die erforderlichen Kenntnisse und Erfahrungen verfügen und die mit der Finanzdienstleistung einhergehenden Anlagerisiken finanziell tragbar sind.

Art. 14 Nicht beurteilbare oder fehlende Angemessenheit oder Eignung

¹ Reichen die Informationen, die der Finanzdienstleister erhält, nicht aus, um die Angemessenheit oder die Eignung eines Finanzinstruments zu beurteilen, so weist er die Kundin oder den Kunden vor der Erbringung der Dienstleistung darauf hin, dass er diese Beurteilung nicht vornehmen kann.

² Ist der Finanzdienstleister der Auffassung, dass ein Finanzinstrument für seine Kundinnen und Kunden nicht angemessen oder geeignet ist, so rät er ihnen vor der Erbringung der Dienstleistung davon ab.

³ Mangelnde Kenntnisse und Erfahrungen können durch Aufklärung der Kundinnen und Kunden kompensiert werden.

4. Abschnitt: Dokumentation und Rechenschaft

Art. 15 Dokumentation

¹ Finanzdienstleister dokumentieren in geeigneter Weise:
a. die mit den Kundinnen und Kunden vereinbarten Finanzdienstleistungen und die über sie erhobenen Informationen;
b. die Information nach Artikel 13 Absatz 2 oder die Tatsache, dass sie den Kundinnen und Kunden nach Artikel 14 von der Inanspruchnahme der Dienstleistung abgeraten haben;
c. die für die Kundinnen und Kunden erbrachten Finanzdienstleistungen.

² Bei der Anlageberatung dokumentieren sie zusätzlich die Bedürfnisse der Kundinnen und Kunden sowie die Gründe für jede Empfehlung, die zum Erwerb oder zur Veräusserung eines Finanzinstruments führt.

Art. 16 Rechenschaft

¹ Finanzdienstleister stellen ihren Kundinnen und Kunden auf Anfrage eine Kopie der Dokumentation nach Artikel 15 zu oder machen sie ihnen in anderer geeigneter Weise zugänglich.

² Zudem legen sie auf Anfrage der Kundinnen und Kunden Rechenschaft ab über:
a. die vereinbarten und erbrachten Finanzdienstleistungen;
b. die Zusammensetzung, Bewertung und Entwicklung des Portfolios;
c. die mit den Finanzdienstleistungen verbundenen Kosten.

³ Der Bundesrat regelt den Mindestinhalt der Informationen nach Absatz 2.

5. Abschnitt: Transparenz und Sorgfalt bei Kundenaufträgen

Art. 17 Bearbeitung von Kundenaufträgen

¹ Finanzdienstleister beachten bei der Bearbeitung von Kundenaufträgen den Grundsatz von Treu und Glauben und das Prinzip der Gleichbehandlung.

² Der Bundesrat regelt, wie die Grundsätze nach Absatz 1 zu erfüllen sind, namentlich hinsichtlich der Verfahren und Systeme zur Abwicklung von Kundenaufträgen.

Art. 18 Bestmögliche Ausführung von Kundenaufträgen

¹ Finanzdienstleister stellen sicher, dass bei der Ausführung der Aufträge ihrer Kundinnen und Kunden das bestmögliche Ergebnis in finanzieller, zeitlicher und qualitativer Hinsicht erreicht wird.

² In finanzieller Hinsicht berücksichtigen sie neben dem Preis für das Finanzinstrument auch die mit der Ausführung des Auftrags verbundenen Kosten sowie die Entschädigungen Dritter nach Artikel 26 Absatz 3.

³ Sofern sie Mitarbeiterinnen und Mitarbeiter beschäftigen, die Kundenaufträge ausführen, erlassen sie Weisungen über die Ausführung von Kundenaufträgen, die der Anzahl solcher Mitarbeiterinnen und Mitarbeiter und der Betriebsstruktur angemessen sind.

Art. 19 Verwendung von Finanzinstrumenten von Kundinnen und Kunden

¹ Finanzdienstleister dürfen nur Finanzinstrumente aus Kundenbeständen als Gegenpartei borgen oder als Agent solche Geschäfte vermitteln, wenn die Kundinnen und Kunden diesen Geschäften in einer von den allgemeinen Geschäftsbedingungen gesonderten Vereinbarung vorgängig schriftlich oder in anderer durch Text nachweisbarer Form ausdrücklich zugestimmt haben.

² Die Zustimmung der Kundinnen und Kunden ist nur gültig, wenn sie:
a. über die mit solchen Geschäften verbundenen Risiken in verständlicher Weise aufgeklärt worden sind;
b. einen Anspruch auf Ausgleichszahlungen für die auf den ausgeliehenen Finanzinstrumenten fällig werdenden Erträgnisse haben; und
c. für die ausgeliehenen Finanzinstrumente entschädigt werden.

³ Ungedeckte Geschäfte mit Finanzinstrumenten von Privatkundinnen und -kunden sind nicht zulässig.

6. Abschnitt: Institutionelle und professionelle Kunden

Art. 20

¹ Bei Geschäften mit institutionellen Kunden finden die Bestimmungen dieses Kapitels keine Anwendung.

² Professionelle Kunden können ausdrücklich darauf verzichten, dass Finanzdienstleister die Verhaltensregeln nach den Artikeln 8, 9, 15 und 16 anwenden.

3. Kapitel: Organisation

1. Abschnitt: Organisatorische Massnahmen

Art. 21 Angemessene Organisation

Finanzdienstleister stellen durch interne Vorschriften und eine angemessene Betriebsorganisation die Erfüllung der Pflichten aus diesem Gesetz sicher.

Art. 22 Mitarbeiterinnen und Mitarbeiter

¹ Finanzdienstleister stellen sicher, dass ihre Mitarbeiterinnen und Mitarbeiter über die für ihre Tätigkeit notwendigen Fähigkeiten, Kenntnisse und Erfahrungen verfügen.

² Finanzdienstleister, die nicht nach Artikel 3 des Finanzmarktaufsichtsgesetzes vom 22. Juni 2007[16] (FINMAG) beaufsichtigt werden, stellen zudem sicher, dass nur Personen als Kundenberaterinnen und -berater für sie tätig sind, die im Beraterregister (Art. 29) eingetragen sind.

Art. 23 Beizug Dritter

¹ Finanzdienstleister können für die Erbringung von Finanzdienstleistungen Dritte beiziehen.

² Sie ziehen nur Personen bei, die über die für ihre Tätigkeit notwendigen Fähigkeiten, Kenntnisse und Erfahrungen und über die für diese Tätigkeit erforderlichen Bewilligungen und Registereinträge verfügen, und instruieren und überwachen die beigezogenen Personen sorgfältig.

Art. 24 Dienstleisterkette

¹ Finanzdienstleister, die einem anderen Finanzdienstleister den Auftrag erteilen, für Kundinnen und Kunden eine Finanzdienstleistung zu erbringen, bleiben für die Vollständigkeit und Richtigkeit der Kundeninformationen sowie die Einhaltung der Pflichten nach den Artikeln 8–16 verantwortlich.

² Hat der beauftragte Finanzdienstleister begründeten Anlass zur Vermutung, dass die Kundeninformationen unzutreffend sind oder die Pflichten nach den Artikeln 8–16 durch den auftraggebenden Finanzdienstleister nicht eingehalten wurden, so erbringt er seine Dienstleistung erst, wenn er die Vollständigkeit und Richtigkeit der Informationen sowie die Erfüllung der Verhaltensregeln sichergestellt hat.

---

[16] SR 956.1

2. Abschnitt: Interessenkonflikte

Art. 25 Organisatorische Vorkehrungen

¹ Finanzdienstleister treffen angemessene organisatorische Vorkehrungen, um Interessenkonflikte, die bei der Erbringung von Finanzdienstleistungen entstehen können, zu vermeiden oder die Benachteiligung der Kundinnen und Kunden durch Interessenkonflikte auszuschliessen.

² Kann eine Benachteiligung der Kundinnen und Kunden nicht ausgeschlossen werden, so ist ihnen dies offenzulegen.

³ Der Bundesrat regelt die Einzelheiten; insbesondere bezeichnet er Verhaltensweisen, die aufgrund von Interessenkonflikten in jedem Fall unzulässig sind.

Art. 26 Entschädigungen durch Dritte

¹ Finanzdienstleister dürfen im Zusammenhang mit der Erbringung von Finanzdienstleistungen Entschädigungen von Dritten nur annehmen, wenn sie:
a. die Kundinnen und Kunden vorgängig ausdrücklich über die Entschädigung informiert haben und diese darauf verzichten; oder
b. die Entschädigung vollumfänglich an die Kundinnen und Kunden weitergeben.

² Die Information der Kundinnen und Kunden muss Art und Umfang der Entschädigung beinhalten und vor Erbringung der Finanzdienstleistung oder vor Vertragsabschluss erfolgen. Ist die Höhe des Betrags vorgängig nicht feststellbar, so informiert der Finanzdienstleister seine Kundinnen und Kunden über die Berechnungsparameter und die Bandbreiten. Auf Anfrage legen die Finanzdienstleister die effektiv erhaltenen Beträge offen.

³ Als Entschädigung gelten Leistungen, die dem Finanzdienstleister im Zusammenhang mit der Erbringung einer Finanzdienstleistung von Dritten zufliessen, insbesondere Courtagen, Kommissionen, Provisionen, Rabatte oder sonstige vermögenswerte Vorteile.

Art. 27 Mitarbeitergeschäfte

¹ Finanzdienstleister sehen Massnahmen vor, mit denen sich verhindern lässt, dass Mitarbeiterinnen und Mitarbeiter Informationen, über die sie nur aufgrund ihrer Funktion verfügen, missbräuchlich für Geschäfte auf eigene Rechnung nutzen.

² Sie erlassen eine interne Weisung über die erforderlichen Überwachungsmassnahmen.

4. Kapitel: Beraterregister

Art. 28 Registrierungspflicht

¹ Kundenberaterinnen und -berater von inländischen Finanzdienstleistern, die nicht nach Artikel 3 FINMAG[17] beaufsichtigt werden, sowie Kundenberaterinnen und -berater von ausländischen Finanzdienstleistern dürfen ihre Tätigkeit in der Schweiz erst ausüben, wenn sie in einem Beraterregister eingetragen sind.

² Der Bundesrat kann Kundenberaterinnen und -berater von ausländischen Finanzdienstleistern, die einer prudenziellen Aufsicht unterstehen, von der Registrierungspflicht ausnehmen, wenn sie ihre Dienstleistungen in der Schweiz ausschliesslich gegenüber professionellen oder institutionellen Kunden nach Artikel 4 erbringen.

³ Er kann die Ausnahme nach Absatz 2 davon abhängig machen, dass Gegenrecht gewährt wird.

Art. 29 Registrierungsvoraussetzungen

¹ Kundenberaterinnen und -berater werden in das Beraterregister eingetragen, wenn sie den Nachweis erbringen, dass sie:
a. die Anforderungen nach Artikel 6 erfüllen;
b. eine Berufshaftpflichtversicherung abgeschlossen haben oder dass gleichwertige finanzielle Sicherheiten bestehen; und
c.[18] selbst als Finanzdienstleister oder der Finanzdienstleister, für den sie tätig sind, einer Ombudsstelle (Art. 74) angeschlossen sind, sofern eine Anschlusspflicht (Art. 77) besteht.

² Nicht ins Beraterregister eingetragen werden Kundenberaterinnen und -berater:
a. die nach den Artikeln 89–92 dieses Gesetzes oder nach Artikel 86 VAG[19] strafrechtlich verurteilt oder wegen strafbarer Handlungen gegen das Vermögen nach den Artikeln 137–172ter des Strafgesetzbuches[20] im Strafregister eingetragen sind; oder
b. gegen die für die einzutragende Tätigkeit ein Tätigkeitsverbot nach Artikel 33a FINMAG[21] oder ein Berufsverbot nach Artikel 33 FINMAG vorliegt.

---

17 SR 956.1
18 Fassung gemäss Ziff. I 4 des BG vom 25. Sept. 2020 zur Anpassung des Bundesrechts an Entwicklungen der Technik verteilter elektronischer Register, in Kraft seit 1. Febr. 2021 (AS 2021 33; BBl 2020 233).
19 SR 961.01
20 SR 311.0
21 SR 956.1

³ Sind die Kundenberaterinnen und -berater als Mitarbeiterinnen oder Mitarbeiter für einen Finanzdienstleister tätig, so kann die Voraussetzung nach Absatz 1 Buchstabe b durch diesen erfüllt werden.

Art. 30 Inhalt

Das Beraterregister enthält mindestens folgende Angaben über die Kundenberaterinnen und -berater:

a. Name und Vorname;
b. Name oder Firma und Adresse des Finanzdienstleisters, für den sie tätig sind;
c. Funktion und Position der Kundenberaterin oder des Kundenberaters innerhalb der Organisation;
d. die Tätigkeitsfelder;
e. die absolvierte Aus- und Weiterbildung;
f. die Ombudsstelle, der sie selbst als Finanzdienstleister oder der Finanzdienstleister, für den sie tätig sind, angeschlossen sind;
g. Datum des Registereintrags.

Art. 31 Registrierungsstelle

¹ Die Registrierungsstelle führt das Beraterregister. Sie bedarf der Zulassung durch die Eidgenössische Finanzmarktaufsicht (FINMA).

² Die FINMA kann mehrere Registrierungsstellen zulassen, soweit dies sachlich gerechtfertigt ist.

³ Die Registrierungsstelle muss so organisiert sein, dass die unabhängige Erfüllung ihrer Aufgaben sichergestellt ist.

⁴ Die Registrierungsstelle und die mit der Geschäftsführung betrauten Personen müssen Gewähr für eine einwandfreie Geschäftstätigkeit bieten. Die mit der Geschäftsführung betrauten Personen müssen zudem einen guten Ruf geniessen und die für die Funktion erforderlichen fachlichen Qualifikationen aufweisen.

⁵ Erfüllt die Registrierungsstelle die Anforderungen nach diesem Gesetz nicht mehr, so verfügt die FINMA die notwendigen Massnahmen zur Behebung der Mängel. Behebt die Registrierungsstelle Mängel, die die Aufgabenerfüllung gefährden, nicht innert angemessener Frist, so entzieht ihr die FINMA die Zulassung zur Registrierung von Kundenberaterinnen und -beratern.

⁶ Steht keine private Stelle als Registrierungsstelle zur Verfügung, so bezeichnet der Bundesrat eine Stelle für diese Aufgabe.

Art. 32 Registerführung und Meldepflicht

¹ Die Registrierungsstelle entscheidet über die Eintragungen und Löschungen im Beraterregister und erlässt die erforderlichen Verfügungen.

² Registrierte Kundenberaterinnen und -berater sowie der Finanzdienstleister, für den sie tätig sind, müssen der Registrierungsstelle alle Änderungen von der Registrierung zugrunde liegenden Tatsachen melden.

³ Die zuständigen Aufsichtsbehörden melden der Registrierungsstelle, wenn sie:
a. gegen eingetragene Kundenberaterinnen und -berater ein Tätigkeits- oder Berufsverbot im Sinne von Artikel 29 Absatz 2 Buchstabe b aussprechen;
b. davon Kenntnis erhalten, dass gegen eingetragene Kundenberaterinnen und -berater eine strafrechtliche Verurteilung nach Artikel 29 Absatz 2 Buchstabe a vorliegt.

⁴ Erhält die Registrierungsstelle davon Kenntnis, dass eine Kundenberaterin oder ein Kundenberater eine Registrierungsvoraussetzung nicht mehr erfüllt, so löscht sie diese oder diesen aus dem Register.

⁵ Die Daten des Beraterregisters sind öffentlich und werden im Abrufverfahren zugänglich gemacht.

Art. 33 Gebühren

¹ Die Registrierungsstelle erhebt kostendeckende Gebühren für ihre Verfügungen und Dienstleistungen.

² Der Bundesrat regelt die Gebühren. Die Regelung richtet sich nach Artikel 46a des Regierungs- und Verwaltungsorganisationsgesetzes vom 21. März 1997[22].

Art. 34 Verfahren

Das Verfahren über den Registereintrag richtet sich nach dem Verwaltungsverfahrensgesetz vom 20. Dezember 1968[23].

3. Titel: Anbieten von Finanzinstrumenten

1. Kapitel: Prospekt für Effekten

1. Abschnitt: Allgemeines

Art. 35 Pflicht zur Veröffentlichung eines Prospekts

¹ Wer in der Schweiz ein öffentliches Angebot zum Erwerb von Effekten unterbreitet oder wer um Zulassung von Effekten zum Handel auf einem

---

[22] SR 172.010
[23] SR 172.021

Handelsplatz nach Artikel 26 Buchstabe a FinfraG[24] ersucht, hat vorgängig einen Prospekt zu veröffentlichen.[25]

[1bis] Für die Zulassung von DLT-Effekten nach Artikel 2 Buchstabe b[bis] FinfraG zum Handel an einem DLT-Handelssystem nach Artikel 73a FinfraG gelten die Artikel 35–57 und 64–69 sinngemäss.[26]

[2] Ist der Emittent der Effekten nicht am öffentlichen Angebot beteiligt, so treffen ihn keine Mitwirkungspflichten bei der Erstellung des Prospekts.

Art. 36 Ausnahmen nach der Art des Angebots

[1] Kein Prospekt muss veröffentlicht werden, wenn das öffentliche Angebot:
a. sich nur an Anlegerinnen und Anleger richtet, die als professionelle Kunden gelten;
b. sich an weniger als 500 Anlegerinnen und Anleger richtet;
c. sich an Anlegerinnen und Anleger richtet, die Effekten im Wert von mindestens 100 000 Franken erwerben;
d. eine Mindeststückelung von 100 000 Franken aufweist;
e. über einen Zeitraum von 12 Monaten berechnet einen Gesamtwert von 8 Millionen Franken nicht übersteigt.

[2] Jedes öffentliche Angebot zur Weiterveräusserung von Effekten, die zuvor Gegenstand eines Angebots nach Absatz 1 waren, gilt als gesondertes Angebot.

[3] Der Anbieter kann ohne gegenteilige Anhaltspunkte für die Zwecke dieser Bestimmung davon ausgehen, dass professionelle und institutionelle Kundinnen und Kunden keine Erklärung abgegeben haben, wonach sie als Privatkundinnen oder -kunden gelten wollen.

[4] Ein Finanzdienstleister muss für später öffentlich angebotene Effekten keinen Prospekt veröffentlichen:
a. solange ein gültiger Prospekt vorliegt; und
b. wenn der Emittent oder die Personen, die die Verantwortung für den Prospekt übernommen haben, in dessen Verwendung eingewilligt haben.

[5] Der Bundesrat kann die Anzahl der Anlegerinnen und Anleger sowie die Beträge nach Absatz 1 Buchstaben b–e unter Berücksichtigung anerkannter internationaler Standards und der ausländischen Rechtsentwicklung anpassen.

Art. 37 Ausnahmen nach der Art der Effekten

[1] Kein Prospekt muss veröffentlicht werden, wenn folgende Arten von Effekten öffentlich angeboten werden:

---

24 SR 958.1
25 Fassung gemäss Ziff. I 4 des BG vom 25. Sept. 2020 zur Anpassung des Bundesrechts an Entwicklungen der Technik verteilter elektronischer Register, in Kraft seit 1. Aug. 2021 (AS 2021 33, 399; BBl 2020 233).
26 Eingefügt durch Ziff. I 4 des BG vom 25. Sept. 2020 zur Anpassung des Bundesrechts an Entwicklungen der Technik verteilter elektronischer Register, in Kraft seit 1. Aug. 2021 (AS 2021 33, 399; BBl 2020 233).

a. Beteiligungspapiere, die ausserhalb einer Kapitalerhöhung im Tausch gegen bereits ausgegebene Beteiligungspapiere derselben Gattung ausgegeben werden;
b. Beteiligungspapiere, die bei der Umwandlung oder beim Tausch von Finanzinstrumenten desselben Emittenten oder derselben Unternehmensgruppe ausgegeben oder geliefert werden;
c. Beteiligungspapiere, die infolge der Ausübung eines mit Finanzinstrumenten desselben Emittenten oder derselben Unternehmensgruppe verbundenen Rechts ausgegeben oder geliefert werden;
d. Effekten, die anlässlich einer Übernahme zum Tausch angeboten werden, sofern Angaben vorliegen, die inhaltlich einem Prospekt gleichwertig sind;
e. Effekten, die anlässlich einer Fusion, Spaltung, Umwandlung oder Vermögensübertragung angeboten oder zugeteilt werden, sofern Angaben vorliegen, die inhaltlich einem Prospekt gleichwertig sind;
f. Beteiligungspapiere, die als Dividenden Inhaberinnen und Inhabern von Beteiligungspapieren derselben Gattung ausgeschüttet werden, sofern Angaben über die Anzahl und die Art der Beteiligungspapiere sowie die Gründe und Einzelheiten zu dem Angebot vorliegen;
g. Effekten, die Arbeitgeber oder verbundene Unternehmen derzeitigen oder ehemaligen Mitgliedern des Verwaltungsrats oder der Geschäftsleitung oder ihren Arbeitnehmerinnen und Arbeitnehmern anbieten oder zuteilen;
h. Effekten, die von Bund oder Kantonen, von einer inter- oder supranationalen öffentlich-rechtlichen Körperschaft, von der Schweizerischen Nationalbank oder von ausländischen Zentralbanken ausgegeben oder uneingeschränkt und unwiderruflich garantiert werden;
i. Effekten, die von Einrichtungen mit ideellem Zweck zur Mittelbeschaffung für nicht gewerbliche Ziele ausgegeben werden;
j. Kassenobligationen;
k. Effekten mit einer Laufzeit von weniger als einem Jahr (Geldmarktinstrumente);
l. Derivate, die nicht in Form einer Emission angeboten werden.

[2] Der Bundesrat kann unter Berücksichtigung anerkannter internationaler Standards und der ausländischen Rechtsentwicklung für weitere Arten von Effekten, die öffentlich angeboten werden, Ausnahmen von der Prospektpflicht vorsehen.

Art. 38 Ausnahmen für die Zulassung zum Handel

[1] Kein Prospekt muss veröffentlicht werden, wenn folgende Arten von Effekten zum Handel zugelassen werden:
a. Beteiligungspapiere, die über einen Zeitraum von zwölf Monaten insgesamt weniger als 20 Prozent der Zahl der Beteiligungspapiere derselben Gattung ausmachen, die bereits an demselben Handelsplatz zum Handel zugelassen sind;

b. Beteiligungspapiere, die bei der Umwandlung oder beim Tausch von Finanzinstrumenten oder infolge der Ausübung von mit Finanzinstrumenten verbundenen Rechten ausgegeben werden, sofern es sich dabei um Beteiligungspapiere derselben Gattung handelt wie die Beteiligungspapiere, die bereits zum Handel zugelassen sind;
c. Effekten, die an einem ausländischen Handelsplatz zum Handel zugelassen sind, dessen Regulierung, Aufsicht und Transparenz durch den inländischen Handelsplatz als angemessen anerkannt worden ist, oder bei denen die Transparenz für die Anlegerinnen und Anleger auf andere Weise sichergestellt ist;
d. Effekten, für die die Zulassung für ein Handelssegment beantragt wird, das ausschliesslich professionellen Kunden offensteht, die für ihre eigene Rechnung oder für Rechnung von ausschliesslich professionellen Kunden handeln.

[2] Die Ausnahmen von der Pflicht zur Veröffentlichung eines Prospekts nach den Artikeln 36 und 37 gelten sinngemäss auch bei der Zulassung zum Handel.

Art. 39 Informationen ausserhalb der Prospektpflicht

Besteht keine Prospektpflicht, so behandeln die Anbieter oder Emittenten die Anlegerinnen und Anleger gleich, wenn sie diesen wesentliche Informationen zu einem öffentlichen Angebot zukommen lassen.

2. Abschnitt: Anforderungen

Art. 40 Inhalt

[1] Der Prospekt enthält die für einen Entscheid der Anlegerin oder des Anlegers wesentlichen Angaben:
a. zum Emittenten und zum Garantie- und Sicherheitengeber, namentlich:
   1. Verwaltungsrat, Geschäftsleitung, Revisionsstelle und weitere Organe,
   2. die letzte Halbjahres- oder Jahresrechnung oder, wenn noch keine solche vorliegt, Angaben zu Vermögenswerten und Verbindlichkeiten,
   3. die Geschäftslage,
   4. wesentliche Perspektiven, Risiken und Streitigkeiten;
b. zu den öffentlich angebotenen oder zum Handel auf einem Handelsplatz bestimmten Effekten: namentlich die damit verbundenen Rechte, Pflichten und Risiken für die Anlegerinnen und Anleger;
c. zum Angebot: namentlich die Art der Platzierung und den geschätzten Nettoerlös der Emission.

[2] Die Angaben sind in einer Amtssprache des Bundes oder in Englisch zu machen.

³ Der Prospekt enthält zudem in verständlicher Form eine Zusammenfassung der wesentlichen Angaben.

⁴ Können der endgültige Emissionskurs und das Emissionsvolumen im Prospekt nicht genannt werden, so muss dieser den höchstmöglichen Emissionskurs und die Kriterien und Bedingungen nennen, anhand deren das Emissionsvolumen ermittelt werden kann. Die Angaben zum endgültigen Emissionskurs und zum Emissionsvolumen werden bei der Prüfstelle hinterlegt und veröffentlicht.

⁵ Bei Angeboten, bei denen eine Ausnahme nach Artikel 51 Absatz 2 beansprucht wird, ist im Prospekt darauf hinzuweisen, dass dieser noch nicht geprüft ist.

Art. 41 Ausnahmen

¹ Die Prüfstelle kann vorsehen, dass Angaben nicht in den Prospekt aufgenommen werden müssen, wenn:
a. die Bekanntmachung dem Emittenten ernsthaft schaden würde und die Anlegerinnen und Anleger durch die Nichtaufnahme nicht in Bezug auf Tatsachen und Umstände, die für die Beurteilung der Qualität des Emittenten und der Eigenschaften der Effekten wesentlich sind, irregeführt werden;
b. die entsprechenden Informationen nur von untergeordneter Bedeutung und nicht dazu geeignet sind, die Beurteilung der Geschäftslage und der wesentlichen Perspektiven, Risiken und Streitigkeiten des Emittenten oder des Garantie- und Sicherheitengebers zu beeinflussen; oder
c. es sich um Angaben zu Effekten handelt, die an einem Handelsplatz gehandelt werden, und die periodische Berichterstattung des Emittenten während der letzten drei Jahre den massgeblichen Vorschriften zur Rechnungslegung entsprach.

² Sie kann in beschränktem Umfang weitere Ausnahmen vorsehen, soweit die Interessen der Anlegerinnen und Anleger gewahrt bleiben.

Art. 42 Verweisungen

Der Prospekt darf in allen Teilen ausser in der Zusammenfassung Verweisungen auf zuvor oder gleichzeitig veröffentlichte Dokumente enthalten.

Art. 43 Zusammenfassung

¹ Die Zusammenfassung soll einen Vergleich unter ähnlichen Effekten erleichtern.

² In der Zusammenfassung ist deutlich hervorzuheben, dass:
a. sie als Einleitung zum Prospekt zu verstehen ist;
b. sich der Anlageentscheid nicht auf die Zusammenfassung, sondern auf die Angaben des gesamten Prospekts stützen muss;

c. eine Haftung für die Zusammenfassung nur für den Fall besteht, dass diese irreführend, unrichtig oder widersprüchlich ist, wenn sie zusammen mit den anderen Teilen des Prospektes gelesen wird.

Art. 44 Aufteilung

¹ Der Prospekt kann aus einem einzigen Dokument oder aus mehreren Einzeldokumenten bestehen.

² Besteht er aus mehreren Einzeldokumenten, so kann er aufgeteilt werden auf:
a. ein Registrierungsformular mit den Angaben zum Emittenten;
b. eine Effektenbeschreibung mit den Angaben zu den Effekten, die öffentlich angeboten werden oder die zum Handel auf einem Handelsplatz zugelassen werden sollen;
c. die Zusammenfassung.

Art. 45 Basisprospekt

¹ Der Prospekt kann namentlich bei Forderungspapieren, die in einem Angebotsprogramm oder dauernd oder wiederholt von Banken nach BankG[27] oder Wertpapierhäusern nach dem FINIG[28] ausgegeben werden, in Form eines Basisprospekts erstellt werden.

² Der Basisprospekt enthält alle zum Zeitpunkt seiner Veröffentlichung vorliegenden Angaben zum Emittenten, zum Garantie- und Sicherheitsgeber und zu den Effekten, nicht aber die endgültigen Bedingungen.

³ Die endgültigen Bedingungen sind im Zeitpunkt des öffentlichen Angebots zumindest in einer Fassung mit indikativen Angaben zu machen. Nach Ablauf der Zeichnungsfrist sind sie in endgültiger Fassung zu veröffentlichen und bei der Prüfstelle zu hinterlegen.

⁴ Eine Genehmigung der endgültigen Bedingungen ist nicht erforderlich.

Art. 46 Ergänzende Bestimmungen

Der Bundesrat erlässt unter Berücksichtigung der spezifischen Eigenschaften von Emittenten und Effekten ergänzende Bestimmungen, namentlich:
a. zum Format des Prospekts und des Basisprospekts, der Zusammenfassung, der endgültigen Bedingungen und der Nachträge;
b. zum Inhalt der Zusammenfassung;
c. zu den Mindestangaben des Prospekts;
d. zu den Dokumenten, auf die verwiesen werden darf.

---

27 SR 952.0
28 SR 954.1

3. Abschnitt: Erleichterungen

Art. 47

¹ Der Bundesrat kann Erleichterungen von der Prospektpflicht sowie von der Nachtragspflicht für Emittenten festlegen, die zwei der nachstehenden Grössen im letzten Geschäftsjahr nicht überschreiten:
a. Bilanzsumme von 20 Millionen Franken;
b. Umsatzerlös von 40 Millionen Franken;
c. 250 Vollzeitstellen im Jahresdurchschnitt.

² Er kann zudem Erleichterungen festlegen insbesondere für:
a. Emittenten, die sich in geringem Masse auf einem Handelsplatz kapitalisieren;
b. Emissionen von Bezugsrechten;
c. Emittenten, die regelmässig Effekten öffentlich anbieten oder deren Effekten an einem ausländischen Handelsplatz zum Handel zugelassen sind, dessen Regulierung, Aufsicht und Transparenz durch einen inländischen Handelsplatz als angemessen anerkannt worden ist.

³ Er gestaltet die Erleichterungen einheitlich aus und richtet sich insbesondere nach:
a. der Art der begebenen Effekten;
b. dem Emissionsvolumen;
c. dem Marktumfeld;
d. dem konkreten Bedarf nach transparenter Information der Anlegerinnen und Anleger;
e. der Geschäftstätigkeit und der Grösse der Emittenten.

4. Abschnitt: Kollektive Kapitalanlagen

Art. 48 Offene kollektive Kapitalanlagen

¹ Für offene kollektive Kapitalanlagen nach dem 2. Titel des KAG[29] erstellen die Fondsleitung (Art. 32 FINIG[30]) und die Investmentgesellschaft mit variablem Kapital (SICAV) (Art. 13 Abs. 2 Bst. b KAG) einen Prospekt.

² Der Prospekt enthält das Fondsreglement, sofern den interessierten Personen nicht mitgeteilt wird, wo dieses vor Vertragsabschluss oder vor der Zeichnung bezogen werden kann.

³ Der Bundesrat legt fest, welche Angaben neben dem Fondsreglement im Prospekt aufgeführt werden müssen.

⁴ Der Prospekt und seine Änderungen sind unverzüglich der FINMA einzureichen.

---

[29] SR 951.31
[30] SR 954.1

Art. 49 Geschlossene kollektive Kapitalanlagen

¹ Die Kommanditgesellschaft für kollektive Kapitalanlagen nach Artikel 98 KAG[31] erstellt einen Prospekt.

² Dieser enthält namentlich die im Gesellschaftsvertrag nach Artikel 102 Absatz 1 Buchstabe h KAG enthaltenen Angaben.

³ Für den Prospekt der Investmentgesellschaft mit festem Kapital nach Artikel 110 KAG gilt Artikel 48 sinngemäss.

Art. 50 Ausnahmen

Die FINMA kann kollektive Kapitalanlagen nach dem KAG[32] ganz oder teilweise von den Bestimmungen dieses Kapitels befreien, sofern sie ausschliesslich qualifizierten Anlegerinnen und Anlegern nach Artikel 10 Absätze 3 und 3ter KAG offenstehen und der Schutzzweck dieses Gesetzes dadurch nicht beeinträchtigt wird.

5. Abschnitt: Prüfung des Prospekts

Art. 51 Pflicht

¹ Der Prospekt ist vor seiner Veröffentlichung der Prüfstelle zu unterbreiten. Diese prüft ihn auf Vollständigkeit, Kohärenz und Verständlichkeit hin.

² Der Bundesrat kann Effekten bezeichnen, deren Prospekt erst nach der Veröffentlichung geprüft werden muss, wenn eine Bank nach dem BankG[33] oder ein Wertpapierhaus nach dem FINIG[34] bestätigt, dass zum Zeitpunkt der Veröffentlichung die wichtigsten Informationen über den Emittenten und die Effekte vorliegen.

³ Nicht geprüft werden müssen Prospekte kollektiver Kapitalanlagen. Vorbehalten bleibt die Genehmigungspflicht für Dokumentationen ausländischer kollektiver Kapitalanlagen nach den Artikeln 15 Absatz 1 Buchstabe e und 120 KAG[35].

Art. 52 Prüfstelle

¹ Die Prüfstelle bedarf der Zulassung durch die FINMA. Die FINMA kann mehrere Prüfstellen zulassen, soweit dies sachlich gerechtfertigt ist.

² Die Prüfstelle muss so organisiert sein, dass die unabhängige Erfüllung ihrer Aufgaben sichergestellt ist.

---

31 SR 951.31
32 SR 951.31
33 SR 952.0
34 SR 954.1
35 SR 951.31

³ Sie und die mit der Geschäftsführung der Prüfstelle betrauten Personen müssen Gewähr für eine einwandfreie Geschäftstätigkeit bieten. Die mit der Geschäftsführung betrauten Personen müssen zudem einen guten Ruf geniessen und die für die Funktion erforderlichen fachlichen Qualifikationen aufweisen.

⁴ Erfüllt die Prüfstelle die Anforderungen nach diesem Gesetz nicht mehr, so verfügt die FINMA die notwendigen Massnahmen zur Behebung der Mängel. Behebt die Prüfstelle Mängel, die die Aufgabenerfüllung gefährden, nicht innert angemessener Frist, so entzieht ihr die FINMA die Zulassung.

⁵ Steht keine private Stelle als Prüfstelle zur Verfügung, so bezeichnet der Bundesrat eine Stelle für diese Aufgabe.

Art. 53 Verfahren und Fristen

¹ Das Verfahren der Prüfstelle richtet sich nach dem Verwaltungsverfahrensgesetz vom 20. Dezember 1968[36].

² Die Prüfstelle prüft die Prospekte unverzüglich bei deren Eingang.

³ Stellt sie fest, dass ein Prospekt den gesetzlichen Anforderungen nicht entspricht, so teilt sie dies der den Prospekt vorlegenden Person innerhalb von 10 Kalendertagen ab dessen Eingang mit Begründung mit und fordert die Person zur Nachbesserung auf.

⁴ Sie entscheidet innert 10 Kalendertagen ab Eingang des gegebenenfalls nachgebesserten Prospekts über dessen Genehmigung.

⁵ Bei neuen Emittenten beträgt die Frist 20 Kalendertage.

⁶ Ergeht innert der in den Absätzen 4 und 5 genannten Fristen kein Entscheid der Prüfstelle, so gilt dies nicht als Genehmigung des Prospekts.

Art. 54 Ausländische Prospekte

¹ Die Prüfstelle kann einen nach ausländischen Rechtsvorschriften erstellten Prospekt genehmigen, wenn:
a. er nach internationalen Standards erstellt wurde, die durch internationale Organisationen von Wertpapieraufsichtsbehörden festgelegt werden; und
b. die Informationspflichten, auch in Bezug auf Finanzinformationen, mit den Anforderungen dieses Gesetzes gleichwertig sind; ein geprüfter Einzelabschluss ist nicht erforderlich.

² Sie kann für Prospekte, die nach bestimmten Rechtsordnungen genehmigt wurden, vorsehen, dass sie auch in der Schweiz als genehmigt gelten.

³ Sie veröffentlicht eine Liste der Länder, deren Prospektgenehmigung in der Schweiz anerkannt ist.

---

[36] SR 172.021

Art. 55 Gültigkeit

¹ Prospekte sind nach ihrer Genehmigung während zwölf Monaten für öffentliche Angebote oder Zulassungen zum Handel auf einem Handelsplatz von Effekten derselben Gattung und desselben Emittenten gültig.

² Prospekte für Forderungspapiere, die von einer Bank nach dem BankG[37] oder einem Wertpapierhaus nach dem FINIG[38] in einem Angebotsprogramm ausgegeben werden, sind gültig, bis keines der betroffenen Forderungspapiere mehr dauernd oder wiederholt ausgegeben wird.

Art. 56 Nachträge

¹ Ein Nachtrag zum Prospekt ist zu erstellen, wenn zwischen der Genehmigung des Prospekts und dem endgültigen Schluss eines öffentlichen Angebots oder einer Eröffnung des Handels auf einem Handelsplatz neue Tatsachen eintreten oder festgestellt werden und diese die Bewertung der Effekten wesentlich beeinflussen könnten.

² Der Nachtrag ist umgehend nach Eintritt oder Feststellung der neuen Tatsache der Prüfstelle zu melden.

³ Die Prüfstelle entscheidet innerhalb von höchstens sieben Kalendertagen über die Genehmigung des Nachtrags. Danach ist er unverzüglich zu veröffentlichen. Zusammenfassungen sind durch die im Nachtrag enthaltenen Informationen zu ergänzen.

⁴ Die Prüfstelle führt eine Liste mit Tatsachen, die von ihrer Natur her nicht der Genehmigung unterliegen. Nachträge zu solchen Tatsachen sind gleichzeitig mit der Meldung an die Prüfstelle zu veröffentlichen.

⁵ Tritt eine neue Tatsache nach Absatz 1 während eines öffentlichen Angebotes ein, so endet die Angebotsfrist frühestens zwei Tage nach Veröffentlichung des Nachtrags. Anlegerinnen und Anleger können Zeichnungen oder Erwerbszusagen bis zum Ende der Zeichnungsfrist oder Angebotsfrist zurückziehen.

Art. 57 Gebühren

¹ Die Prüfstelle erhebt kostendeckende Gebühren für ihre Verfügungen und Dienstleistungen.

² Der Bundesrat regelt die Gebühren. Die Regelung richtet sich nach Artikel 46a des Regierungs- und Verwaltungsorganisationsgesetzes vom 21. März 1997[39].

---

37 SR 952.0
38 SR 954.1
39 SR 172.010

2. Kapitel: Basisinformationsblatt für Finanzinstrumente

Art. 58 Pflicht

¹ Wird ein Finanzinstrument Privatkundinnen und -kunden angeboten, so hat der Ersteller vorgängig ein Basisinformationsblatt zu erstellen.

² Für Finanzinstrumente, die für Privatkundinnen oder -kunden ausschliesslich im Rahmen eines Vermögensverwaltungsvertrags erworben werden dürfen, ist kein Basisinformationsblatt zu erstellen.

³ Der Bundesrat kann qualifizierte Dritte bezeichnen, denen die Erstellung des Basisinformationsblatts übertragen werden kann. Der Ersteller bleibt für die Vollständigkeit und Richtigkeit der Angaben auf dem Basisinformationsblatt sowie für die Einhaltung der Pflichten nach dem 2.–4. Kapitel (Art. 58–68) verantwortlich.

⁴ Werden Finanzinstrumente Privatkunden auf der Basis von indikativen Angaben angeboten, so ist zumindest eine vorläufige Fassung des Basisinformationsblatts mit den entsprechenden indikativen Angaben zu erstellen.

Art. 59 Ausnahmen

¹ Kein Basisinformationsblatt muss erstellen, wer Effekten in Form von Aktien einschliesslich Aktien gleichzustellender Effekten, die Beteiligungsrechte verleihen, wie Partizipations- oder Genussscheine, sowie Forderungspapiere ohne derivativen Charakter anbietet.

² Dokumente nach ausländischem Recht, die dem Basisinformationsblatt gleichwertig sind, können anstelle eines Basisinformationsblatts verwendet werden.

Art. 60 Inhalt

¹ Das Basisinformationsblatt enthält die Angaben, die wesentlich sind, damit die Anlegerinnen und Anleger eine fundierte Anlageentscheidung treffen und unterschiedliche Finanzinstrumente miteinander vergleichen können.

² Die Angaben umfassen insbesondere:
a. den Namen des Finanzinstruments und die Identität des Erstellers;
b. die Art und die Merkmale des Finanzinstruments;
c. das Risiko- und Renditeprofil des Finanzinstruments unter Angabe des höchsten Verlusts, der den Anlegerinnen und Anleger auf dem angelegten Kapital droht;
d. die Kosten des Finanzinstruments;
e. die Mindesthaltedauer und die Handelbarkeit des Finanzinstruments;
f. die Information über die mit dem Finanzinstrument verbundenen Bewilligungen und Genehmigungen.

Art. 61 Anforderungen

¹ Das Basisinformationsblatt muss leicht verständlich sein.

² Es ist ein eigenständiges Dokument, das sich von Werbematerialien deutlich unterscheiden muss.

Art. 62 Anpassungen

¹ Der Ersteller überprüft regelmässig die im Basisinformationsblatt enthaltenen Angaben und überarbeitet sie, soweit sich wesentliche Änderungen ergeben.

² Die Überprüfung und die Überarbeitung der im Basisinformationsblatt enthaltenen Angaben können qualifizierten Dritten übertragen werden. Der Ersteller bleibt für die Vollständigkeit und Richtigkeit der Angaben auf dem Basisinformationsblatt sowie für die Einhaltung der Pflichten nach dem 2.–4. Kapitel (Art. 58–68) verantwortlich.

Art. 63 Ergänzende Bestimmungen

Der Bundesrat erlässt ergänzende Bestimmungen zum Basisinformationsblatt. Er regelt namentlich:
a. dessen Inhalt;
b. dessen Umfang, Sprache und Gestaltung;
c. die Modalitäten der Bereitstellung;
d. die Gleichwertigkeit ausländischer Dokumente mit dem Basisinformationsblatt nach Artikel 59 Absatz 2.

3. Kapitel: Veröffentlichung

Art. 64 Prospekt für Effekten

¹ Der Anbieter von Effekten oder die deren Zulassung zum Handel beantragende Person muss den Prospekt:
a. nach seiner Genehmigung bei der Prüfstelle hinterlegen;
b. spätestens mit Beginn des öffentlichen Angebots oder der Zulassung der betreffenden Effekte zum Handel veröffentlichen.

² Soll eine Gattung von Beteiligungspapieren eines Emittenten zum ersten Mal zum Handel auf einem Handelsplatz zugelassen werden, so muss der Prospekt mindestens sechs Arbeitstage vor dem Ende des Angebots zur Verfügung gestellt werden.

³ Der Prospekt kann veröffentlicht werden:
a. in einer oder mehreren Zeitungen mit einer der Emission entsprechenden Verbreitung oder im Schweizerischen Handelsamtsblatt;
b. durch kostenlose Abgabe in gedruckter Form am Sitz des Emittenten oder bei der mit der Emission befassten Stelle;

c. in elektronischer Form auf der Website des Emittenten, des Garantie- und Sicherheitengebers, des Handelsplatzes oder der mit der Emission befassten Stelle; oder

d. in elektronischer Form auf der Website der Prüfstelle.

⁴ Wird der Prospekt in elektronischer Form veröffentlicht, so müssen auf Anfrage kostenlose Papierversionen zur Verfügung gestellt werden.

⁵ Die Prüfstelle setzt die genehmigten Prospekte auf eine Liste und macht diese während zwölf Monaten zugänglich.

⁶ Wird der Prospekt in mehreren Einzeldokumenten erstellt oder enthält er eine Verweisung, können die den Prospekt bildenden Dokumente und Angaben getrennt veröffentlicht werden. Die Einzeldokumente sind den Anlegerinnen und Anlegern kostenlos zur Verfügung zu stellen. In jedem Einzeldokument ist anzugeben, wo die anderen Einzeldokumente erhältlich sind, die zusammen mit diesem den vollständigen Prospekt bilden.

⁷ Wortlaut und Aufmachung des Prospekts und der Nachträge, die veröffentlicht oder dem Publikum zur Verfügung gestellt werden, müssen jederzeit der bei der Prüfstelle hinterlegten Fassung entsprechen.

Art. 65 Prospekt für kollektive Kapitalanlagen

¹ Der Prospekt für eine kollektive Kapitalanlage ist spätestens mit Beginn des öffentlichen Angebots zu veröffentlichen.

² Für die Veröffentlichung gilt Artikel 64 Absätze 3, 4 und 6 sinngemäss.

Art. 66 Basisinformationsblatt

¹ Wird ein Finanzinstrument, für das ein Basisinformationsblatt zu erstellen ist, öffentlich angeboten, so ist das Basisinformationsblatt spätestens mit Beginn des öffentlichen Angebots zu veröffentlichen.

² Artikel 64 Absätze 3 und 4 gilt sinngemäss.

Art. 67 Änderungen mit Effekten verbundener Rechte

¹ Der Emittent macht Änderungen der mit den Effekten verbundenen Rechte so rechtzeitig bekannt, dass für die Anlegerinnen und Anleger die Wahrnehmung ihrer Rechte gewährleistet ist.

² Inhalt und Umfang der Veröffentlichung richten sich im Übrigen nach den Emissionsbedingungen. Artikel 64 Absätze 3 und 4 gilt sinngemäss.

³ Vorbehalten bleiben besondere gesetzliche Bestimmungen.

4. Kapitel: Werbung

Art. 68

¹ Werbung für Finanzinstrumente muss als solche klar erkennbar sein.

² In der Werbung ist auf den Prospekt und das Basisinformationsblatt zum jeweiligen Finanzinstrument und auf die Bezugsstelle hinzuweisen.

³ Werbung und andere an die Anlegerinnen und Anleger gerichtete Informationen über Finanzinstrumente müssen mit den im Prospekt und im Basisinformationsblatt enthaltenen Angaben übereinstimmen.

5. Kapitel: Haftung

Art. 69

¹ Wer in Prospekten, im Basisinformationsblatt oder in ähnlichen Mitteilungen unrichtige, irreführende oder den gesetzlichen Anforderungen nicht entsprechende Angaben macht, ohne dabei die erforderliche Sorgfalt anzuwenden, haftet dem Erwerber eines Finanzinstruments für den dadurch verursachten Schaden.

² Für Angaben in der Zusammenfassung wird nur gehaftet, wenn sich erweist, dass diese irreführend, unrichtig oder widersprüchlich sind, wenn sie zusammen mit den anderen Teilen des Prospektes gelesen werden.

³ Für falsche oder irreführende Angaben über wesentliche Perspektiven wird nur gehaftet, wenn die Angaben wider besseres Wissen oder ohne Hinweis auf die Ungewissheit zukünftiger Entwicklungen gemacht oder verbreitet wurden.

6. Kapitel: Anbieten von strukturierten Produkten und Bilden von Sondervermögen

Art. 70 Strukturierte Produkte

¹ Strukturierte Produkte dürfen in der Schweiz oder von der Schweiz aus Privatkundinnen und -kunden ohne ein auf Dauer angelegtes Vermögensverwaltungs- oder Anlageberatungsverhältnis nur angeboten werden, wenn sie ausgegeben, garantiert oder gleichwertig gesichert werden von:
a. einer Bank nach dem BankG[40];
b. einer Versicherung nach dem VAG[41];

---

40 SR 952.0
41 SR 961.01

c. einem Wertpapierhaus nach dem FINIG[42];
d. einem ausländischen Institut, das einer gleichwertigen prudenziellen Aufsicht untersteht.

² Die Ausgabe von strukturierten Produkten an Privatkundinnen und -kunden durch Sonderzweckgesellschaften ist zulässig, sofern:
a. diese Produkte angeboten werden durch:
  1. Finanzintermediäre nach dem BankG, dem FINIG und dem KAG[43],
  2. Versicherungsunternehmen nach dem VAG,
  3. ein ausländisches Institut, das einer gleichwertigen Aufsicht untersteht; und
b. eine Sicherung gewährleistet ist, die den Anforderungen nach Absatz 1 entspricht.

³ Der Bundesrat regelt die Anforderungen an die Sicherung.

Art. 71 Interne Sondervermögen

¹ Interne Sondervermögen vertraglicher Art zur kollektiven Verwaltung von Vermögen bestehender Kundinnen und Kunden dürfen von Banken nach dem BankG[44] und Wertpapierhäusern nach dem FINIG[45] nur gebildet werden, wenn diese folgende Voraussetzungen erfüllen:
a. Sie beteiligen Kundinnen und Kunden ausschliesslich aufgrund eines auf Dauer angelegten Vermögensverwaltungs- oder Anlageberatungsverhältnisses am internen Sondervermögen.
b. Sie geben dafür keine Anteilscheine aus.
c. Sie bieten die Beteiligung nicht öffentlich an und sie betreiben dafür keine Werbung.

² Für interne Sondervermögen ist ein Basisinformationsblatt nach den Artikeln 58–63 zu erstellen.

³ Die Errichtung und die Auflösung interner Sondervermögen sind der aufsichtsrechtlichen Prüfgesellschaft zu melden.

⁴ Sachen und Rechte, die zum Sondervermögen gehören, werden im Konkurs der Bank oder des Wertpapierhauses zugunsten der Anlegerinnen und Anleger abgesondert.

---

42 SR 954.1
43 SR 951.31
44 SR 952.0
45 SR 954.1

4. Titel: Herausgabe von Dokumenten

Art. 72 Anspruch

¹ Die Kundin und der Kunde haben jederzeit Anspruch auf Herausgabe einer Kopie ihres Dossiers sowie sämtlicher weiterer sie betreffenden Dokumente, die der Finanzdienstleister im Rahmen der Geschäftsbeziehung erstellt hat.

² Mit Einverständnis der Kundin oder des Kunden kann die Herausgabe in elektronischer Form erfolgen.

Art. 73 Verfahren

¹ Wer einen Anspruch geltend machen will, stellt schriftlich oder in anderer durch Text nachweisbarer Form ein entsprechendes Gesuch.

² Der Finanzdienstleister lässt der Kundin oder dem Kunden innert 30 Tagen nach Erhalt des Gesuchs kostenlos eine Kopie der betreffenden Dokumente zukommen.

³ Kommt er dem Gesuch auf Herausgabe nicht nach, so kann die Kundin oder der Kunde das Gericht anrufen.

⁴ Eine allfällige Weigerung des Finanzdienstleisters zur Herausgabe kann in einem späteren Rechtsstreit vom zuständigen Gericht beim Entscheid über die Prozesskosten berücksichtigt werden.

5. Titel: Ombudsstellen

1. Kapitel: Vermittlung

Art. 74 Grundsatz

Streitigkeiten über Rechtsansprüche zwischen der Kundin oder dem Kunden und dem Finanzdienstleister sollen nach Möglichkeit im Rahmen eines Vermittlungsverfahrens durch eine Ombudsstelle erledigt werden.

Art. 75 Verfahren

¹ Das Verfahren vor der Ombudsstelle muss unbürokratisch, fair, rasch, unparteiisch und für die Kundin oder den Kunden kostengünstig oder kostenlos sein.

² Es ist vertraulich. Im Rahmen des Vermittlungsverfahrens gemachte Aussagen der Parteien sowie die zwischen einer Partei und der Ombudsstelle geführte Korrespondenz dürfen in einem anderen Verfahren nicht verwendet werden.

³ Die Parteien haben keinen Anspruch auf Einsicht in die Korrespondenz der Ombudsstelle mit der jeweils anderen Partei.

⁴ Ein Vermittlungsgesuch ist jederzeit zulässig, wenn:
a. es nach den im Verfahrensreglement der Ombudsstelle festgelegten Vorgaben oder mit dem von der Ombudsstelle zur Verfügung gestellten Formular eingereicht wurde;
b. die Kundin oder der Kunde glaubhaft macht, dass sie oder er zuvor den Finanzdienstleister über ihren oder seinen Standpunkt informiert und versucht hat, sich mit ihm zu einigen;
c. es nicht offensichtlich missbräuchlich ist oder in der gleichen Sache bereits ein Vermittlungsverfahren durchgeführt wurde; und
d. weder eine Schlichtungsbehörde noch ein Gericht, ein Schiedsgericht oder eine Verwaltungsbehörde mit der Sache befasst ist oder war.

⁵ Das Verfahren wird in der Amtssprache des Bundes durchgeführt, die die Kundin oder der Kunde wählt. Vorbehalten bleiben abweichende Vereinbarungen zwischen den Parteien, soweit sie sich im Rahmen des Verfahrensreglements der Ombudsstelle halten.

⁶ Die Ombudsstelle würdigt die ihr unterbreiteten Fälle frei und unterliegt keinen Weisungen.

⁷ Die Ombudsstelle trifft die zweckmässigen Massnahmen zur Vermittlung, sofern diese nicht von vornherein aussichtslos erscheint.

⁸ Kann keine Einigung erzielt werden oder erscheint eine solche aussichtslos, so kann die Ombudsstelle den Parteien gestützt auf die ihr vorliegenden Informationen eine eigene tatsächliche und rechtliche Einschätzung der Streitigkeit abgeben und in die Verfahrensabschlussmitteilung aufnehmen.

Art. 76 Verhältnis zum Schlichtungsverfahren und zu anderen Verfahren

¹ Die Einreichung eines Vermittlungsgesuchs bei einer Ombudsstelle schliesst eine Zivilklage nicht aus und verhindert eine solche nicht.

² Nach Durchführung eines Verfahrens vor einer Ombudsstelle kann die klagende Partei einseitig auf die Durchführung des Schlichtungsverfahrens nach der Zivilprozessordnung[46] verzichten.

³ Die Ombudsstelle beendet das Verfahren, sobald eine Schlichtungsbehörde, ein Gericht, ein Schiedsgericht oder eine Verwaltungsbehörde mit der Sache befasst ist.

---

46 SR 272

2. Kapitel: Pflichten der Finanzdienstleister

Art. 77[47] Anschlusspflicht

Finanzdienstleister, die nicht ausschliesslich gegenüber institutionellen oder professionellen Kunden nach Artikel 4 Absätze 3 und 4 Finanzdienstleistungen erbringen, müssen sich spätestens mit Aufnahme ihrer Tätigkeit einer Ombudsstelle anschliessen.

Art. 78 Teilnahmepflicht

[1] Finanzdienstleister, die von einem Vermittlungsgesuch um Schlichtung bei einer Ombudsstelle betroffen sind, müssen am Verfahren teilnehmen.

[2] Sie haben Vorladungen, Aufforderungen zur Stellungnahme sowie Auskunftsanfragen der Ombudsstellen fristgerecht nachzukommen.

Art. 79 Pflicht zur Information

[1] Die Finanzdienstleister informieren ihre Kundinnen und Kunden über die Möglichkeit eines Vermittlungsverfahrens durch eine Ombudsstelle:
a. bei Eingehung einer Geschäftsbeziehung im Rahmen der Informationspflicht nach Artikel 8 Absatz 1 Buchstabe c;
b. bei einer Zurückweisung eines von der Kundin oder vom Kunden geltend gemachten Rechtsanspruchs; und
c. jederzeit auf Anfrage.

[2] Die Information erfolgt in geeigneter Form und beinhaltet Name und Adresse der Ombudsstelle, der sich der Finanzdienstleister angeschlossen hat.

Art. 80 Finanzielle Beteiligung

Finanzdienstleister leisten finanzielle Beiträge an die Ombudsstelle, der sie sich angeschlossen haben. Die Beiträge bemessen sich verursachergerecht nach der Beitrags- und Kostenordnung der Ombudsstelle.

3. Kapitel: Aufnahme und Ausschluss

Art. 81 Aufnahme

Eine Ombudsstelle ist verpflichtet, einen Finanzdienstleister aufzunehmen, wenn er ihre Anschlussvoraussetzungen erfüllt.

Art. 82 Ausschluss

Finanzdienstleister, die den Pflichten nach den Artikeln 78–80 wiederholt nicht nachkommen, werden von der Ombudsstelle ausgeschlossen.

---

47 Fassung gemäss Ziff. I 4 des BG vom 25. Sept. 2020 zur Anpassung des Bundesrechts an Entwicklungen der Technik verteilter elektronischer Register, in Kraft seit 1. Febr. 2021 (AS 2021 33; BBl 2020 233).

Art. 83 Informationspflicht

Die Ombudsstelle informiert die zuständigen Aufsichtsbehörden sowie die Registrierungsstelle über die ihr angeschlossenen Finanzdienstleister und über diejenigen, denen sie den Anschluss verweigert oder die sie ausgeschlossen hat.

4. Kapitel: Anerkennung und Veröffentlichung

Art. 84 Anerkennung

¹ Die Ombudsstellen bedürfen der Anerkennung des Eidgenössischen Finanzdepartements (EFD).

² Als Ombudsstellen werden Organisationen anerkannt, die die folgenden Voraussetzungen erfüllen:
a. Sie und die von ihr mit der Vermittlung beauftragten Personen üben ihre Aufgabe unparteiisch, transparent, effizient sowie organisatorisch und finanziell unabhängig aus und nehmen keine Weisungen entgegen.
b. Sie stellen sicher, dass die von ihr mit der Vermittlung beauftragten Personen über die erforderlichen Fachkenntnisse verfügen.
c. Sie verfügen über ein Organisationsreglement, das die Funktionsfähigkeit der Ombudsstelle sicherstellt und die Anschlussvoraussetzungen regelt.
d. Sie verfügen über ein Verfahrensreglement, mit dem das Verfahren nach Artikel 75 konkretisiert wird.
e. Sie verfügen über eine Beitrags- und Kostenordnung nach Artikel 80.

³ Das EFD veröffentlicht eine Liste der Ombudsstellen.

⁴ Besteht für einzelne Finanzdienstleister keine Möglichkeit, sich einer Ombudsstelle anzuschliessen, so kann das EFD eine Stelle zur Aufnahme dieser Finanzdienstleister verpflichten. Besteht keine geeignete Ombudsstelle für mehrere Finanzdienstleister, so kann der Bundesrat eine solche Stelle errichten.

Art. 85 Überprüfung der Anerkennung

¹ Änderungen, die die Erfüllung der Anerkennungsvoraussetzungen nach Artikel 84 betreffen, sind dem EFD zur Genehmigung vorzulegen.

² Erfüllt eine Ombudsstelle die Anerkennungsvoraussetzungen nicht mehr, so setzt ihr das EFD eine angemessene Frist zur Nachbesserung.

³ Werden die Nachbesserungen nicht innerhalb dieser Frist vorgenommen, so entzieht es ihr die Anerkennung.

Art. 86 Berichterstattung

Die Ombudsstelle veröffentlicht jährlich einen Tätigkeitsbericht.

6. Titel: Aufsicht und Informationsaustausch

Art. 87 Aufsicht

¹ Die zuständige Aufsichtsbehörde überwacht, dass die von ihr beaufsichtigten Finanzdienstleister die Anforderungen an das Erbringen von Finanzdienstleistungen und das Anbieten von Finanzinstrumenten einhalten.

² Sie kann im Rahmen der ihr zur Verfügung stehenden Aufsichtsinstrumente Anordnungen treffen, um Verstösse gegen diese Anforderungen zu verhindern oder zu beseitigen.

³ Privatrechtliche Streitigkeiten zwischen Finanzdienstleistern oder zwischen Finanzdienstleistern und Kundinnen und Kunden entscheidet das zuständige Gericht oder Schiedsgericht.

Art. 88 Informationsaustausch

Die FINMA, die Aufsichtsorganisation, die Registrierungsstelle, die Prüfstelle, die Ombudsstelle und das EFD können einander die nicht öffentlich zugänglichen Informationen übermitteln, die sie zur Erfüllung ihrer Aufgaben benötigen.

7. Titel: Strafbestimmungen

Art. 89 Verletzung der Verhaltensregeln

Mit Busse bis zu 100 000 Franken wird bestraft, wer vorsätzlich:
a. bei der Erfüllung der Informationspflichten nach Artikel 8 falsche Angaben macht oder wesentliche Tatsachen verschweigt;
b. die Pflichten zur Angemessenheits- und Eignungsprüfung nach den Artikeln 10–14 in schwerwiegender Weise verletzt;
c. gegen die Bestimmungen über die Herausgabe von Entschädigungen Dritter nach Artikel 26 verstösst.

Art. 90 Verletzung der Vorschriften für Prospekte und Basisinformationsblätter

¹ Mit Busse bis zu 500 000 Franken wird bestraft, wer vorsätzlich:
a. im Prospekt oder im Basisinformationsblatt nach dem 3. Titel falsche Angaben macht oder wesentliche Tatsachen verschweigt;
b. den Prospekt oder das Basisinformationsblatt nach dem 3. Titel nicht spätestens mit Beginn des öffentlichen Angebots veröffentlicht.

² Mit Busse bis zu 100 000 Franken wird bestraft, wer vorsätzlich das Basisinformationsblatt nicht vor der Zeichnung oder vor dem Vertragsabschluss zur Verfügung stellt.

Art. 91 Unerlaubtes Anbieten von Finanzinstrumenten

Mit Busse bis zu 500 000 Franken wird bestraft, wer vorsätzlich:
a. Privatkundinnen und -kunden strukturierte Produkte anbietet, ohne die Bedingungen von Artikel 70 einzuhalten;
b. ein internes Sondervermögen bildet, ohne die Bedingungen von Artikel 71 einzuhalten.

Art. 92 Ausnahmen

Die Artikel 89–91 gelten nicht für nach Artikel 3 FINMAG[48] Beaufsichtigte und für Personen, die für sie tätig sind.

8. Titel: Schlussbestimmungen

Art. 93 Ausführungsbestimmungen

Der Bundesrat erlässt die Ausführungsbestimmungen.

Art. 94 Änderung anderer Erlasse

Die Änderung anderer Erlasse wird im Anhang geregelt.

Art. 95 Übergangsbestimmungen

¹ Der Bundesrat kann zur Erfüllung der Anforderungen nach Artikel 6 eine Übergangsfrist vorsehen.

² Die Kundenberaterinnen und -berater nach Artikel 28 haben sich innert sechs Monaten nach Inkrafttreten dieses Gesetzes bei der Registrierungsstelle für die Eintragung ins Register anzumelden.

³ Die Finanzdienstleister haben sich innert sechs Monaten nach Inkrafttreten dieses Gesetzes an eine Ombudsstelle nach Artikel 74 anzuschliessen.

⁴ Die Vorschriften des 3. Titels dieses Gesetzes gelten nach Ablauf von zwei Jahren seit dem Inkrafttreten:
a. für Effekten, für die vor dem Inkrafttreten ein öffentliches Angebot unterbreitet oder um Zulassung zum Handel auf einem Handelsplatz ersucht wurde;
b. für Finanzinstrumente, die vor dem Inkrafttreten Privatkundinnen und -kunden angeboten wurden.

⁵ Der Bundesrat kann die Frist nach Absatz 4 für Effekten verlängern, wenn dies infolge einer verzögerten Inbetriebnahme der Prüfstelle angezeigt sein sollte.

---

[48] SR 956.1

Art. 96 Referendum und Inkrafttreten

¹ Dieses Gesetz untersteht dem fakultativen Referendum.

² Der Bundesrat bestimmt das Inkrafttreten.

³ Dieses Gesetz tritt nur zusammen mit dem FINIG[49] in Kraft.

Datum des Inkrafttretens: 1. Januar 2020[50]

Anhang (Art. 94)
Änderung anderer Erlasse

Die nachstehenden Erlasse werden wie folgt geändert:
...[51]

---

[49] SR 954.1
[50] V vom 6. Nov. 2019 über die abschliessende Inkraftsetzung des Finanzinstitutsgesetzes (AS 2019 4631).
[51] Die Änderungen können unter AS 2019 4417 konsultiert werden.

30. Bundesgesetz über die Finanzmarktinfrastrukturen und das Marktverhalten im Effekten- und Derivatehandel
(Finanzmarktinfrastrukturgesetz, FinfraG)

vom 19. Juni 2015

Die Bundesversammlung der Schweizerischen Eidgenossenschaft,
gestützt auf die Artikel 95 und 98 Absätze 1 und 2 der Bundesverfassung[1],
nach Einsicht in die Botschaft des Bundesrates vom 3. September 2014[2],
beschliesst:

1. Titel: Allgemeine Bestimmungen

Art. 1 Gegenstand und Zweck

[1] Dieses Gesetz regelt die Organisation und den Betrieb von Finanzmarktinfrastrukturen sowie die Verhaltenspflichten der Finanzmarktteilnehmerinnen und -teilnehmer beim Effekten- und Derivatehandel.

[2] Es bezweckt die Gewährleistung der Funktionsfähigkeit und der Transparenz der Effekten- und Derivatemärkte, der Stabilität des Finanzsystems, des Schutzes der Finanzmarktteilnehmerinnen und -teilnehmer sowie der Gleichbehandlung der Anlegerinnen und Anleger.

Art. 2 Begriffe

In diesem Gesetz gelten als:
a. *Finanzmarktinfrastruktur:*
   1. eine Börse (Art. 26 Bst. b),
   2. ein multilaterales Handelssystem (Art. 26 Bst. c),
   3. eine zentrale Gegenpartei (Art. 48),
   4. ein Zentralverwahrer (Art. 61),
   5. ein Transaktionsregister (Art. 74),

SR 958.1. AS 2015 5339
1 SR 101
2 BBl 2014 7483

5a.[3] ein Handelssystem für Distributed Ledger Technology-Effekten (DLT-Handelssystem; Art. 73a),
6. ein Zahlungssystem (Art. 81);

b.[4] *Effekten:* vereinheitlichte und zum massenweisen Handel geeignete Wertpapiere, Wertrechte, insbesondere einfache Wertrechte nach Artikel 973c des Obligationenrechts (OR)[5] und Registerwertrechte nach Artikel 973d OR, sowie Derivate und Bucheffekten;

b^bis.[6] *Distributed Ledger Technology-Effekten (DLT-Effekten):* Effekten in der Form von:
1. Registerwertrechten (Art. 973d OR), oder
2. anderen Wertrechten, die in verteilten elektronischen Registern gehalten werden und die mittels technischer Verfahren den Gläubigern, nicht aber dem Schuldner, die Verfügungsmacht über das Wertrecht vermitteln;

c. *Derivate oder Derivatgeschäfte:* Finanzkontrakte, deren Wert von einem oder mehreren Basiswerten abhängt und die kein Kassageschäft darstellen;

d. *Teilnehmer:* jede Person, welche die Dienstleistungen einer Finanzmarktinfrastruktur direkt in Anspruch nimmt;

e. *indirekte Teilnehmer:* jede Person, welche die Dienstleistungen einer Finanzmarktinfrastuktur indirekt über einen Teilnehmer in Anspruch nimmt;

f. *Kotierung:* Zulassung einer Effekte zum Handel an einer Börse nach einem standardisierten Verfahren, in dem von der Börse festgelegte Anforderungen an den Emittenten und an die Effekte geprüft werden;

g. *Abrechnung (Clearing):* Verarbeitungsschritte zwischen dem Abschluss und der Abwicklung eines Geschäfts, insbesondere:
1. die Erfassung, Abstimmung und Bestätigung der Transaktionsdaten,
2. die Übernahme der Verpflichtungen durch eine zentrale Gegenpartei oder andere Risikominderungsmassnahmen,
3. die Verrechnung (Netting) von Geschäften,
4. die Abstimmung und Bestätigung der abzuwickelnden Zahlungen und Effektenüberträge;

h. *Abwicklung (Settlement):* Erfüllung der bei Geschäftsabschluss eingegangenen Verpflichtungen, namentlich durch die Überweisung von Geld oder die Übertragung von Effekten;

i. *öffentliche Kaufangebote:* Angebote zum Kauf oder zum Tausch von Aktien, Partizipations- oder Genussscheinen oder von anderen Betei-

---
3 Eingefügt durch Ziff. I 10 des BG vom 25. Sept. 2020 zur Anpassung des Bundesrechts an Entwicklungen der Technik verteilter elektronischer Register, in Kraft seit 1. Aug. 2021 (AS 2021 33, 399; BBl 2020 233).
4 Fassung gemäss Ziff. I 10 des BG vom 25. Sept. 2020 zur Anpassung des Bundesrechts an Entwicklungen der Technik verteilter elektronischer Register, in Kraft seit 1. Aug. 2021 (AS 2021 33, 399; BBl 2020 233).
5 SR 220
6 Eingefügt durch Ziff. I 10 des BG vom 25. Sept. 2020 zur Anpassung des Bundesrechts an Entwicklungen der Technik verteilter elektronischer Register, in Kraft seit 1. Aug. 2021 (AS 2021 33, 399; BBl 2020 233).

ligungspapieren (Beteiligungspapiere), die sich öffentlich an Inhaberinnen und Inhaber von Aktien oder von anderen Beteiligungspapieren richten;

j.[7] *Insiderinformation:* vertrauliche Information, deren Bekanntwerden geeignet ist, den Kurs von Effekten, die an einem Handelsplatz oder einem DLT-Handelssystem mit Sitz in der Schweiz zum Handel zugelassen sind, erheblich zu beeinflussen.

Art. 3 Konzernobergesellschaften und wesentliche Gruppengesellschaften

[1] Den Artikeln 88–92 unterstehen, soweit sie nicht im Rahmen der Aufsicht über das Einzelinstitut der Konkurszuständigkeit der Eidgenössischen Finanzmarktaufsicht (FINMA) unterstehen:

a. in der Schweiz domizilierte Konzernobergesellschaften einer Finanzgruppe;

b. diejenigen Gruppengesellschaften mit Sitz in der Schweiz, die für die bewilligungspflichtigen Tätigkeiten wesentliche Funktionen erfüllen (wesentliche Gruppengesellschaften).

[2] Der Bundesrat regelt die Kriterien zur Beurteilung der Wesentlichkeit.

[3] Die FINMA bezeichnet die wesentlichen Gruppengesellschaften und führt darüber ein Verzeichnis. Dieses ist öffentlich zugänglich.

2. Titel: Finanzmarktinfrastrukturen

1. Kapitel: Gemeinsame Bestimmungen

1. Abschnitt: Bewilligungsvoraussetzungen und Pflichten für alle Finanzmarktinfrastrukturen

Art. 4 Bewilligungspflicht

[1] Finanzmarktinfrastrukturen benötigen eine Bewilligung der FINMA.

[2] Ein Zahlungssystem benötigt nur dann eine Bewilligung der FINMA, wenn die Funktionsfähigkeit des Finanzmarkts oder der Schutz der Finanzmarktteilnehmerinnen und -teilnehmer es erfordern und das Zahlungssystem nicht durch eine Bank betrieben wird.

[3] Finanzmarktinfrastrukturen, die durch die Schweizerische Nationalbank (SNB) oder in ihrem Auftrag betrieben werden, sind im Umfang dieser Tätigkeit von der Bewilligung und der Aufsicht durch die FINMA ausgenommen.

[4] Die Finanzmarktinfrastruktur darf sich erst nach Erteilung der Bewilligung durch die FINMA in das Handelsregister eintragen lassen.

---

[7] Fassung gemäss Ziff. I 10 des BG vom 25. Sept. 2020 zur Anpassung des Bundesrechts an Entwicklungen der Technik verteilter elektronischer Register, in Kraft seit 1. Aug. 2021 (AS 2021 33, 399; BBl 2020 233).

Art. 5 Bewilligungsvoraussetzungen

Anspruch auf die Bewilligung hat, wer die Voraussetzungen dieses Abschnitts und die für die einzelnen Finanzmarktinfrastrukturen anwendbaren zusätzlichen Voraussetzungen erfüllt.

Art. 6 Zusätzliche Anforderungen an systemisch bedeutsame Finanzmarktinfrastrukturen

Systemisch bedeutsame Finanzmarktinfrastrukturen (Art. 22) haben zusätzlich zu den Voraussetzungen nach Artikel 5 die Anforderungen des 2. Abschnitts zu erfüllen.

Art. 7 Änderung der Tatsachen

¹ Die Finanzmarktinfrastruktur meldet der FINMA jegliche Änderung von Tatsachen, die der Bewilligung oder der Genehmigung zugrunde liegen.

² Sind die Änderungen von wesentlicher Bedeutung, so hat die Finanzmarktinfrastruktur für die Weiterführung der Tätigkeit vorgängig die Bewilligung oder Genehmigung der FINMA einzuholen.

³ Diese Bestimmung findet auf anerkannte ausländische Finanzmarktinfrastrukturen sinngemäss Anwendung.

Art. 8 Organisation

¹ Die Finanzmarktinfrastruktur muss eine juristische Person nach schweizerischem Recht mit Sitz und Hauptverwaltung in der Schweiz sein.

² Sie muss angemessene Regeln zur Unternehmensführung festlegen und so organisiert sein, dass sie die gesetzlichen Pflichten erfüllen kann. Sie muss namentlich besondere Organe für die Geschäftsführung einerseits und für die Oberleitung, Aufsicht und Kontrolle anderseits bestimmen und die Befugnisse zwischen diesen Organen so abgrenzen, dass eine sachgemässe und unabhängige Überwachung der Geschäftsführung gewährleistet ist. Sie legt die Aufgaben und Kompetenzen in den Statuten und im Organisationsreglement fest.

³ Sie identifiziert, misst, steuert und überwacht ihre Risiken und sorgt für ein wirksames internes Kontrollsystem. Sie bestellt insbesondere eine von der Geschäftsführung unabhängige interne Revision und eine von operativen Geschäftseinheiten getrennte Compliance.

Art. 9 Gewähr

¹ Die Finanzmarktinfrastruktur und die mit der Verwaltung und Geschäftsführung der Finanzmarktinfrastruktur betrauten Personen müssen Gewähr für eine einwandfreie Geschäftstätigkeit bieten.[8]

---

[8] Fassung gemäss Anhang Ziff. II 18 des Finanzinstitutsgesetzes vom 15. Juni 2018, in Kraft seit 1. Jan. 2020 (AS 2018 5247, 2019 4631; BBl 2015 8901).

² Die mit der Verwaltung und Geschäftsführung der Finanzmarktinfrastruktur betrauten Personen müssen zudem einen guten Ruf geniessen und die für die Funktion erforderlichen fachlichen Qualifikationen aufweisen.

³ Die an einer Finanzmarktinfrastruktur qualifiziert Beteiligten müssen ebenfalls einen guten Ruf geniessen und gewährleisten, dass sich ihr Einfluss nicht zum Schaden einer umsichtigen und soliden Geschäftstätigkeit auswirkt.

⁴ Als an einer Finanzmarktinfrastruktur qualifiziert beteiligt gilt, wer an ihr direkt oder indirekt mit mindestens 10 Prozent des Kapitals oder der Stimmen beteiligt ist oder ihre Geschäftstätigkeit auf andere Weise massgebend beeinflussen kann.

⁵ Jede Person hat der FINMA Meldung zu erstatten, bevor sie direkt oder indirekt eine qualifizierte Beteiligung nach Absatz 4 an einer nach schweizerischem Recht organisierten Finanzmarktinfrastruktur erwirbt oder veräussert. Diese Meldepflicht besteht auch, wenn eine qualifizierte Beteiligung so vergrössert oder verkleinert wird, dass die Schwellen von 20, 33 oder 50 Prozent des Kapitals oder der Stimmen erreicht, über- oder unterschritten werden.

⁶ Die Finanzmarktinfrastruktur meldet der FINMA die Personen, welche die Voraussetzungen nach Absatz 5 erfüllen, sobald sie davon Kenntnis hat. Sie hat der FINMA mindestens einmal jährlich eine Aufstellung der an ihr qualifiziert Beteiligten einzureichen.

Art. 10 Nebendienstleistungen

¹ Eine juristische Person darf nur eine Finanzmarktinfrastruktur betreiben. Davon ausgenommen ist der Betrieb eines multilateralen Handelssystems durch eine Börse.

² Für die Ausübung einer Nebendienstleistung, für die nach den Finanzmarktgesetzen nach Artikel 1 des Finanzmarktaufsichtsgesetzes vom 22. Juni 2007[9] (Finanzmarktgesetze) eine Bewilligung oder Genehmigung eingeholt werden muss, bedarf es einer entsprechenden Bewilligung oder Genehmigung der FINMA und der Einhaltung der zusätzlichen Bewilligungsvoraussetzungen.

³ Erhöht die Ausübung einer Nebendienstleistung, die nach den Finanzmarktgesetzen keiner Bewilligung oder Genehmigung bedarf, die Risiken einer Finanzmarktinfrastruktur, so kann die FINMA organisatorische Massnahmen oder die Bereitstellung zusätzlicher Eigenmittel und ausreichender Liquidität verlangen.

Art. 11 Auslagerungen

¹ Will die Finanzmarktinfrastruktur wesentliche Dienstleistungen wie das Risikomanagement auslagern, so bedarf dies der vorgängigen Genehmigung der FINMA. Handelt es sich um eine von der SNB als systemisch bedeutsam

---
[9] SR 956.1

bezeichnete Finanzmarktinfrastruktur, so hat die FINMA vorgängig die SNB anzuhören.

² Die Finanzmarktinfrastruktur regelt in einer schriftlichen Vereinbarung mit dem Dienstleistungserbringer die gegenseitigen Rechte und Pflichten.

³ Lagert die Finanzmarktinfrastruktur Dienstleistungen aus, so bleibt sie für die Erfüllung der Pflichten aus diesem Gesetz verantwortlich.

Art. 12 Mindestkapital

¹ Das Mindestkapital der Finanzmarktinfrastruktur muss voll einbezahlt sein.

² Der Bundesrat legt die Höhe des Mindestkapitals fest.

Art. 13 Geschäftskontinuität

¹ Eine Finanzmarktinfrastruktur muss über eine angemessene Strategie verfügen, um den Geschäftsbetrieb bei Eintreten von Schadenereignissen aufrechterhalten oder zeitgerecht wiederherstellen zu können.

² Hält eine Finanzmarktinfrastruktur Vermögenswerte und Positionen von Teilnehmern, so hat sie durch angemessene Verfahren dafür zu sorgen, dass diese bei Entzug oder Rückgabe der Bewilligung umgehend übertragen oder abgewickelt werden können.

Art. 14 Informationstechnische Systeme

¹ Eine Finanzmarktinfrastruktur betreibt informationstechnische Systeme, welche:
a. die Erfüllung der Pflichten aus diesem Gesetz sicherstellen und ihren Tätigkeiten angemessen sind;
b. über wirksame Notfallvorkehrungen verfügen; und
c. die Kontinuität ihrer Geschäftstätigkeit gewährleisten.

² Sie sieht Vorkehrungen zum Schutz der Integrität und Vertraulichkeit von Informationen ihrer Teilnehmer und von deren Transaktionen vor.

Art. 15 Finanzgruppen

¹ Ist eine Finanzmarktinfrastruktur Teil einer Finanzgruppe, so kann die FINMA ihre Bewilligung vom Bestehen einer angemessenen konsolidierten Aufsicht durch eine Finanzmarktaufsichtsbehörde abhängig machen.

² Als Finanzgruppe im Sinne dieses Gesetzes gelten zwei oder mehrere Unternehmen:
a. von denen mindestens eines als Finanzmarktinfrastruktur tätig ist;
b. die hauptsächlich im Finanzbereich tätig sind; und
c. die eine wirtschaftliche Einheit bilden oder von denen aufgrund anderer Umstände anzunehmen ist, dass ein oder mehrere der Einzelaufsicht unterstehende Unternehmen rechtlich verpflichtet oder faktisch gezwungen sind, Gruppengesellschaften beizustehen.

³ Die Vorschriften des Bankengesetzes vom 8. November 1934[10] über Finanzgruppen gelten sinngemäss.

Art. 16 Schutz vor Verwechslung und Täuschung

¹ Die Bezeichnung der Finanzmarktinfrastruktur darf nicht zu Verwechslung oder Täuschung Anlass geben.

² Die Bezeichnungen «Börse», «Multilaterales Handelssystem», «Multilateral Trading Facility», «MTF», «Zentrale Gegenpartei», «Central Counterparty», «CCP», «Effektenabwicklungssystem», «Securities Settlement System», «SSS», «Zentralverwahrer», «Central Securities Depository», «CSD», «Transaktionsregister», «Trade Repository», «TR», «DLT-Handelssystem», «DLT Trading System», «DLT Trading Facility» und «DLT Exchange» dürfen im Zusammenhang mit dem Anbieten von Finanzdienstleistungen nur für die entsprechenden, diesem Gesetz unterstellten Finanzmarktinfrastrukturen verwendet werden.[11]

Art. 17 Auslandgeschäft

Eine Finanzmarktinfrastruktur erstattet der FINMA Meldung, bevor sie:
a. im Ausland eine Tochtergesellschaft, eine Zweigniederlassung oder eine Vertretung errichtet, erwirbt oder aufgibt;
b. eine qualifizierte Beteiligung an einer ausländischen Gesellschaft erwirbt oder aufgibt.

Art. 18 Diskriminierungsfreier und offener Zugang

¹ Die Finanzmarktinfrastruktur gewährt einen diskriminierungsfreien und offenen Zugang zu ihren Dienstleistungen.

² Sie kann den Zugang beschränken, sofern:
a. dadurch die Sicherheit oder die Effizienz gesteigert wird und diese Wirkung durch andere Massnahmen nicht erreicht werden kann; oder
b. die Eigenschaften des möglichen Teilnehmers den Geschäftsbetrieb der Finanzmarktinfrastruktur oder ihrer Teilnehmer gefährden könnten.

Art. 19 Dokumentations- und Aufbewahrungspflichten

Die Finanzmarktinfrastruktur zeichnet die erbrachten Dienstleistungen, die angewendeten Verfahren und Prozesse sowie die ausgeübten Tätigkeiten auf und bewahrt sämtliche Aufzeichnungen während zehn Jahren auf.

Art. 20 Vermeidung von Interessenkonflikten

Die Finanzmarktinfrastruktur trifft wirksame organisatorische Massnahmen zur Feststellung, Verhinderung, Beilegung und Überwachung von Interessenkonflikten.

---

10 SR 952.0
11 Fassung gemäss Ziff. I 10 des BG vom 25. Sept. 2020 zur Anpassung des Bundesrechts an Entwicklungen der Technik verteilter elektronischer Register, in Kraft seit 1. Aug. 2021 (AS 2021 33, 399; BBl 2020 233).

Art. 21 Veröffentlichung wesentlicher Informationen

¹ Die Finanzmarktinfrastruktur veröffentlicht regelmässig alle für die Teilnehmer, die Emittenten und die Öffentlichkeit wesentlichen Informationen, namentlich:
a. Informationen über ihre Organisation;
b. die Voraussetzungen für die Teilnahme;
c. die Rechte und Pflichten der Teilnehmer und Emittenten.

² Sie orientiert sich dabei an anerkannten internationalen Standards.

2. Abschnitt: Besondere Anforderungen für systemisch bedeutsame Finanzmarktinfrastrukturen

Art. 22 Systemisch bedeutsame Finanzmarktinfrastrukturen und Geschäftsprozesse

¹ Zentrale Gegenparteien, Zentralverwahrer, Zahlungssysteme und die DLT-Handelssysteme, die Dienstleistungen im Bereich der zentralen Verwahrung, der Abrechnung oder der Abwicklung anbieten, sind systemisch bedeutsam, wenn:[12]
a. ihre Nichtverfügbarkeit, namentlich aufgrund technischer oder operationeller Probleme oder finanzieller Schwierigkeiten, zu schwerwiegenden Verlusten, Liquiditätsengpässen oder operationellen Problemen bei Finanzintermediären oder anderen Finanzmarktinfrastrukturen führen oder schwerwiegende Störungen an den Finanzmärkten zur Folge haben kann; oder
b. Zahlungs- oder Lieferschwierigkeiten einzelner Teilnehmer über sie auf andere Teilnehmer oder verbundene Finanzmarktinfrastrukturen übertragen werden können und bei diesen zu schwerwiegenden Verlusten, Liquiditätsengpässen oder operationellen Problemen führen oder schwerwiegende Störungen an den Finanzmärkten zur Folge haben können.

² Ein Geschäftsprozess einer Finanzmarktinfrastruktur nach Absatz 1 ist systemisch bedeutsam, wenn:
a. seine Nichtverfügbarkeit zu schwerwiegenden Verlusten, Liquiditätsengpässen oder operationellen Problemen bei Finanzintermediären oder anderen Finanzmarktinfrastrukturen führen oder schwerwiegende Störungen an den Finanzmärkten zur Folge haben kann; und
b. die Teilnehmer den Geschäftsprozess kurzfristig nicht substituieren können.

---

[12] Fassung gemäss Ziff. I 10 des BG vom 25. Sept. 2020 zur Anpassung des Bundesrechts an Entwicklungen der Technik verteilter elektronischer Register, in Kraft seit 1. Aug. 2021 (AS 2021 33, 399; BBl 2020 233).

Art. 23 Besondere Anforderungen

¹ Systemisch bedeutsame Finanzmarktinfrastrukturen müssen zur Absicherung der von ihnen ausgehenden Risiken für die Stabilität des Finanzsystems besondere Anforderungen erfüllen.

² Die besonderen Anforderungen müssen anerkannten internationalen Standards Rechnung tragen. Sie können die vertraglichen Grundlagen, die verwendeten Zahlungsmittel, das Risikomanagement, die Geschäftskontinuität und die informationstechnischen Systeme betreffen.

³ Die SNB regelt die Einzelheiten in einer Verordnung.

⁴ Die SNB kann nach Anhörung der FINMA systemisch bedeutsame Finanzmarktinfrastrukturen mit Sitz im Ausland, die nach Artikel 19 Absatz 2 des Nationalbankgesetzes vom 3. Oktober 2003[13] (NBG) unter die Überwachung der SNB fallen, von der Einhaltung der besonderen Anforderungen befreien, wenn:
a. sie im Ausland einer gleichwertigen Aufsicht und Überwachung unterliegen; und
b. die für die Aufsicht und Überwachung zuständigen Behörden mit der SNB nach Artikel 21 Absatz 2 NBG[14] zusammenarbeiten.

Art. 24 Stabilisierungs- und Abwicklungsplanung

¹ Eine systemisch bedeutsame Finanzmarktinfrastruktur erstellt einen Stabilisierungsplan. Darin legt sie dar, mit welchen Massnahmen sie sich im Fall einer Krise nachhaltig so stabilisieren will, dass sie ihre systemisch bedeutsamen Geschäftsprozesse fortführen kann.

² Die FINMA erstellt einen Abwicklungsplan und legt darin dar, wie eine von ihr angeordnete Sanierung oder Liquidation der systemisch bedeutsamen Finanzmarktinfrastruktur durchgeführt werden kann. Sie hört die SNB zum Abwicklungsplan an.

³ Die Finanzmarktinfrastruktur reicht der FINMA den Stabilisierungsplan sowie die für die Erstellung des Abwicklungsplans erforderlichen Informationen ein.

⁴ Sie setzt die im Abwicklungsplan vorgesehenen Massnahmen vorbereitend um, soweit dies für die ununterbrochene Weiterführung der systemisch bedeutsamen Geschäftsprozesse notwendig ist.

---

13 SR 951.11
14 Heute: nach Art. 21 Bst. b NBG.

3. Abschnitt: Bewilligungsverfahren

Art. 25

¹ Die FINMA informiert die SNB über Bewilligungsgesuche von zentralen Gegenparteien, Zentralverwahrern, Zahlungssystemen und den DLT-Handelssystemen, die Dienstleistungen im Bereich der zentralen Verwahrung, der Abrechnung oder der Abwicklung anbieten.[15]

² Die SNB bezeichnet nach Anhörung der FINMA durch Verfügung die systemisch bedeutsamen Finanzmarktinfrastrukturen und deren systemisch bedeutsame Geschäftsprozesse nach Artikel 22. Sie legt zudem durch Verfügung fest, welche besonderen Anforderungen nach Artikel 23 die einzelne systemisch bedeutsame Finanzmarktinfrastruktur erfüllen muss, und beurteilt, ob sie diese erfüllt.

³ Erfüllt die systemisch bedeutsame Finanzmarktinfrastruktur die besonderen Anforderungen, so erteilt die FINMA die Bewilligung, wenn auch die übrigen Bewilligungsvoraussetzungen erfüllt sind.

⁴ Die FINMA genehmigt nach Anhörung der SNB den Stabilisierungsplan einer systemisch bedeutsamen Finanzmarktinfrastruktur nach Artikel 24.

⁵ Gelangt die SNB zum Schluss, dass eine Finanzmarktinfrastruktur nicht systemisch bedeutsam ist, so teilt sie dies der FINMA mit. Sind die allgemeinen Bewilligungsvoraussetzungen erfüllt, so erteilt die FINMA die Bewilligung.

⁶ Bei Gesuchen um Anerkennung ausländischer zentraler Gegenparteien findet das Verfahren sinngemäss Anwendung.

2. Kapitel: Handelsplätze, organisierte Handelssysteme und Strombörsen

1. Abschnitt: Handelsplätze

Art. 26 Begriffe

In diesem Gesetz gelten als:
a. *Handelsplatz*: eine Börse oder ein multilaterales Handelssystem;
b. *Börse*: eine Einrichtung zum multilateralen Handel von Effekten, an der Effekten kotiert werden und die den gleichzeitigen Austausch von Angeboten unter mehreren Teilnehmern sowie den Vertragsabschluss nach nichtdiskretionären Regeln bezweckt;
c. *multilaterales Handelssystem*: eine Einrichtung zum multilateralen Handel von Effekten, die den gleichzeitigen Austausch von Angeboten unter

---

15 Fassung gemäss Ziff. I 10 des BG vom 25. Sept. 2020 zur Anpassung des Bundesrechts an Entwicklungen der Technik verteilter elektronischer Register, in Kraft seit 1. Aug. 2021 (AS 2021 33, 399; BBl 2020 233).

mehreren Teilnehmern sowie den Vertragsabschluss nach nichtdiskretionären Regeln bezweckt, ohne Effekten zu kotieren.

Art. 27 Selbstregulierung

¹ Der Handelsplatz gewährleistet unter Aufsicht der FINMA eine eigene, seiner Tätigkeit angemessene Regulierungs- und Überwachungsorganisation.

² Die dem Handelsplatz übertragenen Regulierungs- und Überwachungsaufgaben müssen durch unabhängige Stellen wahrgenommen werden. Die leitenden Personen dieser Stellen müssen:
a. Gewähr für eine einwandfreie Geschäftstätigkeit bieten;
b. einen guten Ruf geniessen; und
c. die für die Funktion erforderlichen fachlichen Qualifikationen aufweisen.

³ Die Wahl der Personen nach Absatz 2 bedarf der Genehmigung der FINMA.

⁴ Der Handelsplatz unterbreitet seine Reglemente und deren Änderungen der FINMA zur Genehmigung.

Art. 28 Organisation des Handels

¹ Der Handelsplatz erlässt ein Reglement zur Organisation eines geordneten und transparenten Handels.

² Er führt chronologische Aufzeichnungen über sämtliche bei ihm getätigten Aufträge und Geschäfte sowie über die ihm gemeldeten Geschäfte. Zu erfassen sind namentlich Zeitpunkt, beteiligte Teilnehmer, Effekten, Stückzahl oder Nominalwert und Preis der gehandelten Effekten.

Art. 29 Vor- und Nachhandelstransparenz

¹ Der Handelsplatz veröffentlicht die aktuellen Geld- und Briefkurse für Aktien und andere Effekten sowie die Tiefe der Handelspositionen zu diesen Kursen (Vorhandelstransparenz).

² Er veröffentlicht zudem umgehend Informationen zu den am Handelsplatz getätigten Abschlüssen und zu den ihm gemeldeten ausserhalb des Handelsplatzes getätigten Abschlüssen in sämtlichen zum Handel zugelassenen Effekten (Nachhandelstransparenz). Zu veröffentlichen sind namentlich der Preis, das Volumen und der Zeitpunkt der Abschlüsse.

³ Der Bundesrat regelt unter Berücksichtigung anerkannter internationaler Standards und der ausländischen Rechtsentwicklung:
a. für welche anderen Effekten die Vorhandelstransparenz gilt;
b. Ausnahmen von der Vor- und Nachhandelstransparenz, insbesondere im Zusammenhang mit Effektengeschäften, die ein grosses Volumen aufweisen, oder die von der SNB getätigt werden.

Art. 30 Sicherstellung eines geordneten Handels

¹ Der Handelsplatz, der eine technische Plattform betreibt, muss über ein Handelssystem verfügen, das auch bei hoher Handelstätigkeit einen geordneten Handel gewährleistet.

² Er trifft wirksame Vorkehrungen, um Störungen in seinem Handelssystem zu vermeiden.

Art. 31 Überwachung des Handels

¹ Der Handelsplatz überwacht die Kursbildung und die am Handelsplatz getätigten Abschlüsse so, dass das Ausnützen von Insiderinformationen, Kurs- und Marktmanipulationen sowie andere Gesetzes- und Reglementsverletzungen aufgedeckt werden können. Zu diesem Zweck untersucht er zudem die ihm gemeldeten oder anderweitig zur Kenntnis gebrachten, ausserhalb des Handelsplatzes getätigten Abschlüsse.

² Bei Verdacht auf Gesetzesverletzungen oder sonstige Missstände benachrichtigt die für die Überwachung des Handels zuständige Stelle (Handelsüberwachungsstelle) die FINMA. Betreffen die Gesetzesverletzungen Straftatbestände, so informiert sie zusätzlich unverzüglich die zuständige Strafverfolgungsbehörde.

³ Die FINMA, die zuständige Strafverfolgungsbehörde, die Übernahmekommission und die Handelsüberwachungsstelle tauschen Informationen aus, die sie im Rahmen der Zusammenarbeit und zur Erfüllung ihrer Aufgaben benötigen. Sie verwenden die erhaltenen Informationen ausschliesslich zur Erfüllung ihrer jeweiligen Aufgaben.

Art. 32 Zusammenarbeit zwischen Handelsüberwachungsstellen

¹ Inländische Handelsüberwachungsstellen unterschiedlicher Handelsplätze regeln vertraglich den kostenlosen gegenseitigen Austausch von Handelsdaten, sofern an den betreffenden Handelsplätzen:
a. identische Effekten zum Handel zugelassen sind; oder
b. Effekten zum Handel zugelassen sind, die die Preisfindung von Effekten, die am anderen Handelsplatz zum Handel zugelassen sind, beeinflussen.

² Sie verwenden die erhaltenen Daten ausschliesslich zur Erfüllung ihrer jeweiligen Aufgaben.

³ Inländische Handelsüberwachungsstellen können den gegenseitigen Informationsaustausch mit ausländischen Handelsüberwachungsstellen vereinbaren, sofern:
a. die Voraussetzungen gemäss Absatz 1 erfüllt sind; und
b. die betreffende ausländische Handelsüberwachungsstelle einer gesetzlichen Geheimhaltungspflicht unterliegt.

Art. 33 Einstellung des Handels

¹ Stellt eine Börse den Handel in einer Effekte, die an ihr kotiert ist, auf Initiative des Emittenten oder aufgrund ausserordentlicher Umstände ein, so veröffentlicht sie diesen Entscheid umgehend.

² Wird der Handel in einer Effekte eingestellt, so stellen auch alle anderen Handelsplätze, an denen die betroffene Effekte zum Handel zugelassen ist, den Handel ein.

Art. 34 Zulassung von Teilnehmern

¹ Der Handelsplatz erlässt ein Reglement über die Zulassung, die Pflichten und den Ausschluss von Teilnehmern und beachtet dabei insbesondere den Grundsatz der Gleichbehandlung.

² Als Teilnehmer eines Handelsplatzes können zugelassen werden:[16]
- a.[17] Wertpapierhäuser nach Artikel 41 des Finanzinstitutsgesetzes vom 15. Juni 2018[18] (FINIG);
- b. weitere von der FINMA nach Artikel 3 des Finanzmarktaufsichtsgesetzes vom 22. Juni 2007[19] (FINMAG) Beaufsichtigte, sofern der Handelsplatz sicherstellt, dass sie gleichwertige technische und operative Voraussetzungen erfüllen wie Wertpapierhäuser[20];
- c. von der FINMA nach Artikel 40 bewilligte ausländische Teilnehmer;
- d. die SNB;
- e.[21] der Bund;
- f.[22] die Schweizerische Unfallversicherungsanstalt (Suva);
- g.[23] die Ausgleichsfonds AHV/IV/EO (compenswiss).

³ Der Handelsplatz kann weitere Einrichtungen als Teilnehmer zulassen, wenn er sicherstellt, dass sie gleichwertige technische und operative Voraussetzungen erfüllen wie Wertpapierhäuser, und diese Einrichtungen:
- a. öffentliche Aufgaben wahrnehmen und für die Wahrnehmung dieser Aufgaben auf eine Teilnahme angewiesen sind; und

---

16 Fassung gemäss Anhang Ziff. 9 des BG vom 17. Dez. 2021 (Insolvenz und Einlagensicherung), in Kraft seit 1. Jan. 2023 (AS 2022 732; BBl 2020 6359).
17 Fassung gemäss Anhang Ziff. II 18 des Finanzinstitutsgesetzes vom 15. Juni 2018, in Kraft seit 1. Jan. 2020 (AS 2018 5247, 2019 4631; BBl 2015 8901).
18 SR 954.1
19 SR 956.1
20 Ausdruck gemäss Anhang Ziff. II 18 des Finanzinstitutsgesetzes vom 15. Juni 2018, in Kraft seit 1. Jan. 2020 (AS 2018 5247, 2019 4631; BBl 2015 8901). Diese Änd. wurde im ganzen Erlass berücksichtigt.
21 Eingefügt durch Anhang Ziff. 9 des BG vom 17. Dez. 2021 (Insolvenz und Einlagensicherung), in Kraft seit 1. Jan. 2023 (AS 2022 732; BBl 2020 6359).
22 Eingefügt durch Anhang Ziff. 9 des BG vom 17. Dez. 2021 (Insolvenz und Einlagensicherung), in Kraft seit 1. Jan. 2023 (AS 2022 732; BBl 2020 6359).
23 Eingefügt durch Anhang Ziff. 9 des BG vom 17. Dez. 2021 (Insolvenz und Einlagensicherung), in Kraft seit 1. Jan. 2023 (AS 2022 732; BBl 2020 6359).

b. über eine professionelle Tresorerie verfügen.[24]

Art. 35 Zulassung von Effekten durch eine Börse

[1] Die Börse erlässt ein Reglement über die Zulassung von Effekten zum Handel, insbesondere über die Kotierung von Effekten.

[2] Dieses trägt anerkannten internationalen Standards Rechnung und enthält insbesondere Vorschriften:

a.[25] über die Anforderungen an die Effekten und die Emittenten sowie die Pflichten des Emittenten, der von ihm Beauftragten und von Dritten im Zusammenhang mit der Kotierung oder der Zulassung der Effekten zum Handel;

b. über die Offenlegung von Informationen, auf welche die Anlegerinnen und Anleger für die Beurteilung der Eigenschaften der Effekten und die Qualität des Emittenten angewiesen sind;

c. über die Pflichten des Emittenten, der von ihm Beauftragten und von Dritten während der Dauer der Kotierung oder der Zulassung der Effekten zum Handel;

d. nach denen zur Zulassung von Beteiligungspapieren und Anleihensobligationen die Artikel 7 und 8[26] des Revisionsaufsichtsgesetzes vom 16. Dezember 2005[27] (RAG) einzuhalten sind.

[2bis] Die Prospektpflicht richtet sich ausschliesslich nach den Artikeln 35–57 des Finanzdienstleistungsgesetzes vom 15. Juni 2018[28].[29]

[3] Die Börse überwacht die Einhaltung des Reglements und ergreift bei Verstössen die vertraglich vorgesehenen Sanktionen.

Art. 36 Zulassung von Effekten durch ein multilaterales Handelssystem

[1] Das multilaterale Handelssystem erlässt ein Reglement über die Zulassung von Effekten zum Handel. Es legt darin insbesondere fest, welches die Anforderungen an die Effekten und die Emittenten oder Dritte im Zusammenhang mit der Zulassung zum Handel sind.[30]

[2] Es überwacht die Einhaltung des Reglements und ergreift bei Verstössen die vertraglich vorgesehenen Sanktionen.

---

24 Eingefügt durch Anhang Ziff. 9 des BG vom 17. Dez. 2021 (Insolvenz und Einlagensicherung), in Kraft seit 1. Jan. 2023 (AS 2022 732; BBl 2020 6359).
25 Fassung gemäss Anhang Ziff. 5 des Finanzdienstleistungsgesetzes vom 15. Juni 2018, in Kraft seit 1. Jan. 2020 (AS 2019 4417; BBl 2015 8901).
26 Artikel 8 Abs. 1 Bst. c und d sind nie in Kraft getreten.
27 SR 221.302
28 SR 950.1
29 Eingefügt durch Anhang Ziff. 5 des Finanzdienstleistungsgesetzes vom 15. Juni 2018, in Kraft seit 1. Jan. 2020 (AS 2019 4417; BBl 2015 8901).
30 Fassung gemäss Anhang Ziff. 5 des Finanzdienstleistungsgesetzes vom 15. Juni 2018, in Kraft seit 1. Jan. 2020 (AS 2019 4417; BBl 2015 8901).

³ Die Prospektpflicht richtet sich ausschliesslich nach den Artikeln 35–57 des Finanzdienstleistungsgesetzes vom 15. Juni 2018[31].[32]

Art. 37 Beschwerdeinstanz

¹ Der Handelsplatz bestellt eine unabhängige Beschwerdeinstanz, die in folgenden Fällen angerufen werden kann:
a. bei Verweigerung der Zulassung eines Teilnehmers;
b. bei Verweigerung der Zulassung einer Effekte;
c. bei Ausschluss eines Teilnehmers;
d. bei Widerruf der Effektenzulassung.

² Er regelt deren Organisation und Verfahren.

³ Die Organisationsstruktur, die Verfahrensvorschriften und die Ernennung der Mitglieder der Beschwerdeinstanz bedürfen der Genehmigung durch die FINMA.

⁴ Nach der Durchführung des Beschwerdeverfahrens kann Klage beim Zivilgericht erhoben werden.

Art. 38 Aufzeichnungspflicht der Teilnehmer

Die an einem Handelsplatz zugelassenen Teilnehmer zeichnen die Aufträge und die von ihnen getätigten Geschäfte mit allen Angaben auf, die für deren Nachvollziehbarkeit und für die Beaufsichtigung ihrer Tätigkeit erforderlich sind.

Art. 39 Meldepflicht der Teilnehmer

¹ Die an einem Handelsplatz zugelassenen Teilnehmer haben die für die Transparenz des Effektenhandels erforderlichen Meldungen zu erstatten.

² Die FINMA legt fest, welche Informationen wem in welcher Form weiterzuleiten sind.

³ Die SNB ist im Rahmen der Erfüllung ihrer öffentlichen Aufgaben von der Meldepflicht ausgenommen.

Art. 40 Bewilligung ausländischer Teilnehmer

¹ Die FINMA erteilt einem ausländischen Teilnehmer, welcher an einem Schweizer Handelsplatz teilnehmen will, in der Schweiz aber keinen Sitz hat, eine Bewilligung, wenn:
a. er einer angemessenen Regulierung und Aufsicht untersteht;
b. er der Schweizer Regulierung gleichwertige Verhaltens-, Aufzeichnungs- und Meldepflichten erfüllt;

---

31 SR 950.1
32 Eingefügt durch Anhang Ziff. 5 des Finanzdienstleistungsgesetzes vom 15. Juni 2018, in Kraft seit 1. Jan. 2020 (AS 2019 4417; BBl 2015 8901).

c. er sicherstellt, dass seine Aktivitäten von den Aktivitäten von allfällig bewilligten Schweizer Einheiten getrennt sind; und
d. die zuständigen Aufsichtsbehörden:
   1. keine Einwände gegen dessen Tätigkeit in der Schweiz erheben,
   2. der FINMA Amtshilfe leisten.

² Sie kann die Bewilligung verweigern, wenn der Staat, in dem der ausländische Teilnehmer seinen Sitz hat, den Schweizer Teilnehmern weder tatsächlichen Zugang zu seinen Märkten gewährt noch die gleichen Wettbewerbsmöglichkeiten bietet wie inländischen Handelsteilnehmern. Vorbehalten bleiben abweichende internationale Verpflichtungen.

³ Ein ausländischer Teilnehmer, der bereits an einem Schweizer Handelsplatz teilnimmt, teilt der FINMA mit, wenn er Teilnehmer eines weiteren Schweizer Handelsplatzes werden möchte. Diesfalls hat die ausländische Aufsichtsbehörde zu bestätigen, dass sie keine Einwände gegen die Ausweitung der Tätigkeit des ausländischen Teilnehmers in der Schweiz erhebt.

⁴ Für die Teilnahme an geldpolitischen Operationen mit der SNB bedarf es keiner Bewilligung der FINMA.

Art. 41 Anerkennung ausländischer Handelsplätze

¹ Handelsplätze mit Sitz im Ausland haben die Anerkennung der FINMA einzuholen, bevor sie von der FINMA beaufsichtigten Schweizer Teilnehmern direkten Zugang zu ihren Einrichtungen gewähren.

² Die FINMA erteilt die Anerkennung, wenn:
a. der ausländische Handelsplatz einer angemessenen Regulierung und Aufsicht untersteht; und
b. die zuständigen ausländischen Aufsichtsbehörden:
   1. keine Einwände gegen die grenzüberschreitende Tätigkeit des ausländischen Handelsplatzes erheben,
   2. zusichern, dass sie die FINMA benachrichtigen, wenn sie bei Schweizer Teilnehmern Gesetzesverletzungen oder sonstige Missstände feststellen, und
   3. der FINMA Amtshilfe leisten.

³ Ein ausländischer Handelsplatz gilt als anerkannt, wenn die FINMA feststellt, dass:
a. der Staat, in dem der Handelsplatz seinen Sitz hat, seine Handelsplätze angemessen reguliert und beaufsichtigt; und
b. die Voraussetzungen nach Absatz 2 Buchstabe b erfüllt sind.

⁴ Die FINMA kann die Anerkennung verweigern, wenn der Staat, in dem der ausländische Handelsplatz seinen Sitz hat, den Schweizer Handelsplätzen weder tatsächlichen Zugang zu seinen Märkten gewährt noch die gleichen Wettbewerbsmöglichkeiten bietet wie inländischen Handelsplätzen. Vorbehalten bleiben abweichende internationale Verpflichtungen.

2. Abschnitt: Organisierte Handelssysteme

Art. 42 Begriff

Als organisiertes Handelssystem gilt eine Einrichtung zum:
a. multilateralen Handel von Effekten oder anderen Finanzinstrumenten, die den Austausch von Angeboten sowie den Vertragsabschluss nach diskretionären Regeln bezweckt;
b. multilateralen Handel von Finanzinstrumenten, die keine Effekten sind, die den Austausch von Angeboten sowie den Vertragsabschluss nach nichtdiskretionären Regeln bezweckt;
c. bilateralen Handel von Effekten oder anderen Finanzinstrumenten, die den Austausch von Angeboten bezweckt.

Art. 43 Bewilligungs- oder Anerkennungspflicht

¹ Wer ein organisiertes Handelssystem betreibt, bedarf einer Bewilligung als Bank, Wertpapierhaus oder DLT-Handelssystem oder einer Bewilligung oder Anerkennung als Handelsplatz.[33]

² Keiner Bewilligung bedarf der Betrieb eines organisierten Handelssystems innerhalb einer Finanzgruppe, wenn er durch eine juristische Person erfolgt, die:
a. direkt von einer Finanzmarktinfrastruktur beherrscht wird; und
b. der konsolidierten Aufsicht durch die FINMA untersteht.

Art. 44 Organisation und Vermeidung von Interessenkonflikten

Wer ein organisiertes Handelssystem betreibt, muss:
a. dieses von den übrigen Geschäftstätigkeiten getrennt betreiben;
b. wirksame organisatorische Massnahmen zur Feststellung, Verhinderung, Beilegung und Überwachung von Interessenkonflikten treffen;
c. bei der Tätigung von Eigengeschäften über das von ihm betriebene organisierte Handelssystem sicherstellen, dass die Kundeninteressen umfassend gewahrt werden.

Art. 45 Sicherstellung eines geordneten Handels

¹ Wer ein organisiertes Handelssystem betreibt, muss sicherstellen, dass dieses auch bei hoher Handelstätigkeit einen geordneten Handel gewährleistet.

² Er trifft wirksame Vorkehrungen, um Störungen im Handelssystem zu vermeiden.

---

[33] Fassung gemäss Ziff. I 10 des BG vom 25. Sept. 2020 zur Anpassung des Bundesrechts an Entwicklungen der Technik verteilter elektronischer Register, in Kraft seit 1. Aug. 2021 (AS 2021 33, 399; BBl 2020 233).

Art. 46 Handelstransparenz

¹ Wer ein organisiertes Handelssystem betreibt, veröffentlicht Informationen zu den am Handelssystem getätigten Abschlüssen, namentlich den Preis, das Volumen und den Zeitpunkt der Abschlüsse.

² Der Bundesrat regelt unter Berücksichtigung anerkannter internationaler Standards und der ausländischen Rechtsentwicklung Ausnahmen von dieser Veröffentlichungspflicht, insbesondere im Zusammenhang mit Geschäften, die ein grosses Volumen aufweisen, oder die von der SNB getätigt werden.

³ Er kann in Übereinstimmung mit anerkannten internationalen Standards die Ausdehnung der Veröffentlichungspflicht auf die Vorhandelstransparenz vorsehen.

3. Abschnitt: Strombörsen

Art. 47

¹ Der Bundesrat kann für Börsen, die dem Handel mit Stromderivaten dienen, und den Handel an diesen Börsen Vorschriften erlassen, die von diesem Gesetz abweichen, um den Besonderheiten des Strommarkts Rechnung zu tragen, insbesondere um das öffentliche Interesse an einer gesicherten Stromversorgung zu wahren.

² Er kann die FINMA ermächtigen, im Einvernehmen mit der Elektrizitätskommission in Belangen von beschränkter Tragweite, namentlich in vorwiegend technischen Angelegenheiten, Bestimmungen zu erlassen.

3. Kapitel: Zentrale Gegenparteien

1. Abschnitt: Allgemeine Bestimmungen

Art. 48 Begriff

Als zentrale Gegenpartei gilt eine Einrichtung, die gestützt auf einheitliche Regeln und Verfahren zwischen Gegenparteien eines Effektengeschäfts oder eines anderen Kontrakts über Finanzinstrumente tritt und somit als Käufer für jeden Verkäufer und als Verkäufer für jeden Käufer fungiert.

Art. 49 Sicherheiten

¹ Die zentrale Gegenpartei verlangt von ihren Teilnehmern angemessene Sicherheiten, insbesondere in Form von Ersteinschusszahlungen (*Initial Margins*), Nachschusszahlungen (*Variation Margins*) und Beiträgen an den Ausfallfonds (*Default Fund*).

² Diese Sicherheiten sind mindestens so zu bemessen, dass:
a. die Nachschusszahlungen eines Teilnehmers die laufenden Kreditrisiken aufgrund realisierter Marktpreisveränderungen decken;
b. die Ersteinschusszahlungen eines Teilnehmers die potenziellen Kreditrisiken, die sich bei dessen Ausfall für eine zentrale Gegenpartei aufgrund der erwarteten Marktpreisveränderungen ergeben, mit hoher Wahrscheinlichkeit decken;
c. die Ersteinschusszahlungen, Nachschusszahlungen und Ausfallfondsbeiträge ausreichen, um den Verlust zu decken, der beim Ausfall des Teilnehmers, gegenüber dem die zentrale Gegenpartei die grösste Risikoposition aufweist, unter extremen, aber plausiblen Marktbedingungen entsteht.

³ Die zentrale Gegenpartei akzeptiert ausschliesslich Sicherheiten, die liquide sind und nur geringe Kredit- und Marktrisiken aufweisen. Sie bewertet die Sicherheiten vorsichtig.

Art. 50 Erfüllung der Zahlungsverpflichtungen

¹ Die zentrale Gegenpartei und ihre Teilnehmer erfüllen ihre gegenseitigen Zahlungsverpflichtungen durch die Übertragung von bei einer Zentralbank gehaltenen Sichtguthaben.

² Ist dies unmöglich oder nicht praktikabel, so verwenden sie ein Zahlungsmittel mit geringen Kredit- und Liquiditätsrisiken. Die zentrale Gegenpartei minimiert und überwacht diese Risiken laufend.

Art. 51 Eigenmittel und Risikoverteilung

¹ Die zentrale Gegenpartei muss einzeln und auf konsolidierter Basis über angemessene Eigenmittel verfügen und ihre Risiken angemessen verteilen.

² Der Bundesrat legt die Höhe der Eigenmittel nach Massgabe der Geschäftstätigkeit und der Risiken fest und bestimmt die Anforderungen an die Risikoverteilung.

Art. 52 Liquidität

¹ Die zentrale Gegenpartei muss über Liquidität verfügen, die ausreicht, um:
a. ihren Zahlungsverpflichtungen auch beim Ausfall des Teilnehmers, gegenüber dem sie die grösste Risikoposition aufweist, unter extremen, aber plausiblen Marktbedingungen in allen Währungen nachzukommen; und
b. ihre Dienstleistungen und Tätigkeiten ordnungsgemäss ausführen zu können.

² Sie legt ihre Finanzmittel ausschliesslich in bar oder in liquiden Finanzinstrumenten mit geringem Markt- und Kreditrisiko an.

Art. 53 Verfahren bei Ausfall eines Teilnehmers

¹ Die zentrale Gegenpartei sieht Massnahmen zur Begrenzung der Kredit- und Liquiditätsrisiken vor, welche beim Ausfall eines Teilnehmers entstehen.

² Sie verwendet zur Deckung allfälliger Verluste beim Ausfall eines Teilnehmers die Sicherheiten und Eigenmittel in folgender Reihenfolge:

a. Einschusszahlungen des ausgefallenen Teilnehmers;
b. Ausfallfondsbeiträge des ausgefallenen Teilnehmers;
c. zugeordnete Eigenmittel der zentralen Gegenpartei;
d. Ausfallfondsbeiträge der nicht ausgefallenen Teilnehmer.

³ Sie sieht Regeln vor, wie weitergehende Verluste gedeckt werden. Sie darf nicht:

a. die von nicht ausgefallenen Teilnehmern geleisteten Einschusszahlungen verwenden, um Verluste aufgrund des Ausfalls eines anderen Teilnehmers zu decken;
b. die Sicherheiten von indirekten Teilnehmern verwenden, um Verluste aufgrund des Ausfalls eines Teilnehmers oder eines anderen indirekten Teilnehmers zu decken; oder
c. den bei ihr hinterlegten über die Einschussforderung hinausgehenden Überschuss eines indirekten Teilnehmers nach Artikel 59 Absatz 3 verwenden, um Verluste aufgrund des Ausfalls eines Teilnehmers oder eines anderen indirekten Teilnehmers zu decken.

Art. 54 Segregierung

¹ Die zentrale Gegenpartei muss:

a. ihre eigenen Vermögenswerte, Forderungen und Verpflichtungen von den Sicherheiten, Forderungen und Verpflichtungen ihrer Teilnehmer trennen; und
b. Sicherheiten, Forderungen und Verpflichtungen eines Teilnehmers von denjenigen anderer Teilnehmer trennen.

² Sie bietet ihren Teilnehmern die Möglichkeit:

a. eigene Sicherheiten, Forderungen und Verpflichtungen von denjenigen der indirekten Teilnehmer zu trennen;
b. die Sicherheiten, Forderungen und Verpflichtungen der indirekten Teilnehmer gemeinsam (Omnibus-Kunden-Kontentrennung) oder gesondert (Einzelkunden-Kontentrennung) zu halten und aufzuzeichnen.

Art. 55 Übertragbarkeit

¹ Die zentrale Gegenpartei stellt sicher, dass bei Ausfall eines Teilnehmers Sicherheiten, Forderungen und Verpflichtungen, die der Teilnehmer für Rechnung eines indirekten Teilnehmers hält, auf einen vom indirekten Teilnehmer benannten anderen Teilnehmer übertragen werden können.

² Ein Teilnehmer gilt als ausgefallen, wenn:
a. er innerhalb der von der zentralen Gegenpartei festgesetzten Frist die Zulassungsvoraussetzungen, welche die finanzielle Leistungsfähigkeit des Teilnehmers betreffen, nicht erfüllt; oder
b. ein Zwangsliquidationsverfahren zum Zwecke der Generalexekution über ihn eröffnet wurde.

2. Abschnitt: Interoperabilitätsvereinbarungen

Art. 56 Diskriminierungsfreier Zugang

¹ Zentrale Gegenparteien können Vereinbarungen über die interoperable Abrechnung von Finanztransaktionen (Interoperabilitätsvereinbarungen) schliessen.

² Eine zentrale Gegenpartei hat das Gesuch einer anderen zentralen Gegenpartei betreffend den Abschluss einer Interoperabilitätsvereinbarung anzunehmen, es sei denn, der Abschluss dieser Vereinbarung gefährdet die Sicherheit und die Effizienz der Abrechnung.

Art. 57 Genehmigung

¹ Der Abschluss einer Interoperabilitätsvereinbarung unterliegt der Genehmigung durch die FINMA.

² Die Interoperabilitätsvereinbarung wird genehmigt, wenn:
a. die jeweiligen Rechte und Pflichten der zentralen Gegenparteien geregelt sind;
b. die zentralen Gegenparteien über angemessene Verfahren und Instrumente zur Bewirtschaftung der Risiken, die aus der Interoperabilitätsvereinbarung entstehen, verfügen;
c. die zentrale Gegenpartei die aus der Interoperabilitätsvereinbarung entstehenden Kredit- und Liquiditätsrisiken deckt, indem sie von der anderen zentralen Gegenpartei umgehend angemessene Sicherheiten verlangt;
d. die zentralen Gegenparteien von der FINMA bewilligt oder anerkannt sind;
e. die Behörden, die für die Aufsicht und Überwachung der ausländischen zentralen Gegenpartei zuständig sind, mit den zuständigen Schweizer Behörden zusammenarbeiten.

³ Sofern eine der an der Interoperabilitätsvereinbarung beteiligten zentralen Gegenparteien systemisch bedeutsam ist, holt die FINMA vor der Genehmigung die Zustimmung der SNB ein.

⁴ Weitet eine an einer Interoperabilitätsvereinbarung beteiligte zentrale Gegenpartei ihre Tätigkeit auf einen neuen Handelsplatz aus und werden damit keine neuen Risiken begründet, so bedarf die Interoperabilitätsvereinbarung keiner neuen Genehmigung.

3. Abschnitt: Teilnehmer

Art. 58 Preisbekanntgabe

Die Teilnehmer einer zentralen Gegenpartei, die indirekten Teilnehmern den Zugang zu einer zentralen Gegenpartei ermöglichen, machen die Preise für die Dienstleistungen, die sie im Zusammenhang mit der Abrechnung erbringen, öffentlich bekannt.

Art. 59 Segregierung

¹ Ein Teilnehmer einer zentralen Gegenpartei trennt bei der zentralen Gegenpartei und in eigenen Konten geführte eigene Vermögenswerte, Forderungen und Verpflichtungen von den Sicherheiten, Forderungen und Verpflichtungen der indirekten Teilnehmer.

² Er bietet den indirekten Teilnehmern die Möglichkeit, die Sicherheiten, Forderungen und Verpflichtungen gemeinsam mit denjenigen anderer indirekter Teilnehmer (Omnibus-Kunden-Kontentrennung) oder gesondert (Einzelkunden-Kontentrennung) zu halten und aufzuzeichnen.

³ Wählt ein indirekter Teilnehmer die Einzelkunden-Kontentrennung, so muss der Teilnehmer jeden über die Einschussforderung an den indirekten Teilnehmer hinausgehenden Überschuss bei der zentralen Gegenpartei hinterlegen und von den Einschusszahlungen anderer indirekter Teilnehmer unterscheiden.

⁴ Ein Teilnehmer einer zentralen Gegenpartei macht die Kosten und die Einzelheiten zum Umfang des durch die Kontenführung nach Absatz 2 gewährten Schutzes öffentlich bekannt.

4. Abschnitt: Anerkennung ausländischer zentraler Gegenparteien

Art. 60

¹ Eine zentrale Gegenpartei mit Sitz im Ausland muss die Anerkennung der FINMA einholen, bevor sie:
a. beaufsichtigten Schweizer Teilnehmern direkten Zugang zu ihrer Einrichtung gewährt;
b. Dienstleistungen für eine Schweizer Finanzmarktinfrastruktur erbringt;
c. mit einer schweizerischen zentralen Gegenpartei eine Interoperabilitätsvereinbarung eingeht.

² Die FINMA erteilt die Anerkennung, wenn:
a. die ausländische zentrale Gegenpartei einer angemessenen Regulierung und Aufsicht untersteht; und

b. die zuständigen ausländischen Aufsichtsbehörden:
1. keine Einwände gegen die grenzüberschreitende Tätigkeit der ausländischen zentralen Gegenpartei erheben,
2. zusichern, dass sie die FINMA benachrichtigen, wenn sie bei Schweizer Teilnehmern Gesetzesverletzungen oder sonstige Missstände feststellen, und
3. der FINMA Amtshilfe leisten.

³ Sie kann die Anerkennung verweigern, wenn der Staat, in dem die ausländische zentrale Gegenpartei ihren Sitz hat, den schweizerischen zentralen Gegenparteien weder tatsächlichen Zugang zu ihren Märkten gewährt noch die gleichen Wettbewerbsmöglichkeiten bietet wie inländischen zentralen Gegenparteien. Vorbehalten bleiben abweichende internationale Verpflichtungen.

⁴ Sie kann eine ausländische zentrale Gegenpartei von der Einholung der Anerkennung befreien, sofern dadurch der Schutzzweck dieses Gesetzes nicht beeinträchtigt wird.

4. Kapitel: Zentralverwahrer

1. Abschnitt: Allgemeine Bestimmungen

Art. 61 Begriffe

¹ Als Zentralverwahrer gilt der Betreiber einer zentralen Verwahrungsstelle oder eines Effektenabwicklungssystems.

² Als zentrale Verwahrungsstelle gilt eine Einrichtung, die gestützt auf einheitliche Regeln und Verfahren Effekten und andere Finanzinstrumente zentral verwahrt.

³ Als Effektenabwicklungssystem gilt eine Einrichtung, die gestützt auf einheitliche Regeln und Verfahren, Geschäfte mit Effekten und anderen Finanzinstrumenten abrechnet und abwickelt.

Art. 62 Grundsätze der Verwahrung, Verbuchung und Übertragung von Effekten

¹ Der Zentralverwahrer gewährleistet eine sachgerechte und rechtskonforme Verwahrung, Verbuchung und Übertragung von Effekten.

² Er untersagt seinen Teilnehmern das Überziehen von Effektenkonten für bei ihm zentral verwahrte Effekten.

³ Er prüft täglich, ob die Anzahl der von einem Emittenten bei ihm ausgegebenen Effekten der Anzahl der Effekten entspricht, die auf den Effektenkonten der Teilnehmer erfasst sind.

⁴ Er legt den Zeitpunkt fest, ab welchem:
a. eine Weisung für einen Effektenübertrag nicht mehr abgeändert oder widerrufen werden kann;
b. ein Effektenübertrag abgewickelt ist.

⁵ Er überträgt die Effekten wenn möglich in Echtzeit, spätestens aber am Ende des Valutatages.

Art. 63 Abwicklungsfristen

¹ Der Zentralverwahrer legt die Fristen fest, innert welcher die Teilnehmer ihre Effektengeschäfte in seinem System abzuwickeln haben. Er orientiert sich dabei insbesondere an internationalen Usanzen und den Bedürfnissen seiner Teilnehmer.

² Er ermöglicht seinen Teilnehmern die Abwicklung von Geschäften innerhalb der von ihm festgelegten Fristen.

³ Er überwacht, dass die Geschäfte innerhalb der vorgesehenen Fristen abgewickelt werden. Bei verspäteter Abwicklung ergreift er die vertraglich vereinbarten Sanktionen.

Art. 64 Sicherheiten

¹ Der Zentralverwahrer deckt Risiken, die bei einer Kreditgewährung entstehen, durch geeignete Massnahmen.

² Er akzeptiert ausschliesslich Sicherheiten, die liquide sind und nur geringe Kredit- und Marktrisiken aufweisen. Er bewertet die Sicherheiten vorsichtig.

Art. 65 Erfüllung der Zahlungsverpflichtungen

¹ Der Zentralverwahrer ermöglicht die Abwicklung von Zahlungen im Zusammenhang mit bei ihm verwahrten oder verbuchten Effekten durch Übertragung von bei einer Zentralbank gehaltenen Sichtguthaben.

² Ist dies unmöglich oder nicht praktikabel, so verwendet er ein Zahlungsmittel, das keine oder nur geringe Kredit- und Liquiditätsrisiken aufweist. Er minimiert und überwacht diese Risiken laufend.

Art. 66 Eigenmittel und Risikoverteilung

¹ Der Zentralverwahrer muss einzeln und auf konsolidierter Basis über angemessene Eigenmittel verfügen und seine Risiken angemessen verteilen.

² Der Bundesrat legt die Höhe der Eigenmittel nach Massgabe der Geschäftstätigkeit und der Risiken fest und bestimmt die Anforderungen an die Risikoverteilung.

Art. 67 Liquidität

¹ Der Zentralverwahrer muss über Liquidität verfügen, die ausreicht, um:
a. seinen Zahlungsverpflichtungen auch beim Ausfall des Teilnehmers, gegenüber dem er die grösste Risikoposition aufweist, unter extremen, aber plausiblen Marktbedingungen in allen Währungen nachzukommen; und
b. seine Dienstleistungen und Tätigkeiten ordnungsgemäss ausführen zu können.

² Er legt seine Finanzmittel ausschliesslich in bar oder in liquiden Finanzinstrumenten mit geringem Markt- und Kreditrisiko an.

Art. 68 Verfahren bei Ausfall eines Teilnehmers

Der Zentralverwahrer sieht Massnahmen zur Begrenzung der Kredit- und Liquiditätsrisiken vor, die beim Ausfall eines Teilnehmers entstehen.

Art. 69 Segregierung

¹ Der Zentralverwahrer muss:
a. seine eigenen Vermögenswerte von den Effekten seiner Teilnehmer trennen; und
b. die Effekten eines Teilnehmers von denjenigen anderer Teilnehmer trennen.

² Er bietet seinen Teilnehmern die Möglichkeit:
a. eigene Effekten von denjenigen der indirekten Teilnehmer zu trennen;
b. die Effekten der indirekten Teilnehmer gemeinsam (Omnibus-Kunden-Kontentrennung) oder gesondert (Einzelkunden-Kontentrennung) zu halten und aufzuzeichnen.

2. Abschnitt: Verbindungen von Zentralverwahrern

Art. 70 Begriff

Als Verbindungen von Zentralverwahrern gelten Vereinbarungen:
a. zwischen Zentralverwahrern über die gegenseitige Ausführung von Zahlungs- und Übertragungsaufträgen (interoperable Verbindungen);
b. über die direkte oder indirekte Teilnahme eines Zentralverwahrers an einem anderen Zentralverwahrer (Zugangsverbindungen).

Art. 71 Genehmigung

¹ Die Errichtung folgender Verbindungen von Zentralverwahrern bedarf der Genehmigung der FINMA:
a. interoperabler Verbindungen;
b. Zugangsverbindungen, bei der ein Zentralverwahrer für den anderen Dienstleistungen erbringt, die er für andere Teilnehmer nicht erbringt.

² Diese wird erteilt, wenn die Zentralverwahrer:
a. zu ihrem eigenen Schutz und zum Schutz ihrer Teilnehmer über Regeln, Verfahren und Kontrollen verfügen, mit denen sie die Risiken aus ihrer Verbindung erfassen, begrenzen und überwachen;
b. ihre Aufzeichnungen auf ihre Korrektheit hin überprüfen, indem sie sie abgleichen; und
c. ihre Rechte und Pflichten sowie gegebenenfalls die Rechte und Pflichten ihrer Teilnehmer in einer schriftlichen Vereinbarung regeln.

³ Sofern ein an der Verbindung von Zentralverwahrern beteiligter Zentralverwahrer systemisch bedeutsam ist, muss die FINMA vor der Genehmigung die Zustimmung der SNB einholen.

Art. 72 Meldung

Die Errichtung von Zugangsverbindungen, bei denen ein Zentralverwahrer für den anderen dieselben Dienstleistungen erbringt wie für andere Teilnehmer, muss der FINMA gemeldet werden.

3. Abschnitt: Segregierung durch den Teilnehmer

Art. 73

¹ Ein Teilnehmer eines Zentralverwahrers trennt beim Zentralverwahrer und in eigenen Konten geführte eigene Vermögenswerte, Forderungen und Verpflichtungen von den Effekten, Forderungen und Verpflichtungen der indirekten Teilnehmer.

² Er bietet den indirekten Teilnehmern die Möglichkeit, die Effekten, Forderungen und Verpflichtungen gemeinsam mit denjenigen anderer indirekter Teilnehmer (Omnibus-Kunden-Kontentrennung) oder gesondert (Einzelkunden-Kontentrennung) zu halten und aufzuzeichnen.

³ Wählt ein indirekter Teilnehmer die Einzelkunden-Kontentrennung, so muss der Teilnehmer jeden über die Einschussforderung an den indirekten Teilnehmer hinausgehenden Überschuss beim Zentralverwahrer hinterlegen und von den Einschusszahlungen anderer indirekter Teilnehmer unterscheiden.

⁴ Ein Teilnehmer eines Zentralverwahrers macht die Kosten und die Einzelheiten zum Umfang des durch die Kontenführung nach Absatz 2 gewährten Schutzes öffentlich bekannt.

4a. Kapitel:[34] DLT-Handelssysteme

Art. 73a Begriffe

[1] Als DLT-Handelssystem gilt eine gewerbsmässig betriebene Einrichtung zum multilateralen Handel von DLT-Effekten, die den gleichzeitigen Austausch von Angeboten unter mehreren Teilnehmern sowie den Vertragsabschluss nach nichtdiskretionären Regeln bezweckt und mindestens eine der folgenden Voraussetzungen erfüllt:

a. Sie lässt Teilnehmer nach Artikel 73c Absatz 1 Buchstabe e zu.
b. Sie verwahrt DLT-Effekten gestützt auf einheitliche Regeln und Verfahren zentral.
c. Sie rechnet und wickelt Geschäfte mit DLT-Effekten gestützt auf einheitliche Regeln und Verfahren ab.

[2] Gewerbsmässigkeit ist gegeben, wenn eine selbstständige, auf dauernden Erwerb ausgerichtete wirtschaftliche Tätigkeit vorliegt.

Art. 73b Geltung bestimmter für Handelsplätze aufgestellter Anforderungen

Für DLT-Handelssysteme gelten die Anforderungen an Handelsplätze betreffend:

a. die Selbstregulierung (Art. 27);
b. die Organisation des Handels (Art. 28);
c. die Vor- und Nachhandelstransparenz (Art. 29);
d. die Sicherstellung des geordneten Handels (Art. 30);
e. die Überwachung des Handels (Art. 31);
f. die Zusammenarbeit zwischen Handelsüberwachungsstellen (Art. 32);
g. die Einstellung des Handels (Art. 33 Abs. 2);
h. die Beschwerdeinstanz (Art. 37).

Art. 73c Zulassung von Teilnehmern und deren Pflichten

[1] Als Teilnehmer eines DLT-Handelssystems können zugelassen werden:

a. Wertpapierhäuser nach Artikel 41 FINIG[35];
b. weitere von der FINMA nach Artikel 3 des FINMAG[36] Beaufsichtigte sowie von einer ausländischen Behörde Beaufsichtigte, sofern das DLT-Handelssystem sicherstellt, dass sie gleichwertige technische und operative Voraussetzungen erfüllen wie Wertpapierhäuser;
c. die SNB;
d. die Bank für Internationalen Zahlungsausgleich;

---

[34] Eingefügt durch Ziff. I 10 des BG vom 25. Sept. 2020 zur Anpassung des Bundesrechts an Entwicklungen der Technik verteilter elektronischer Register, in Kraft seit 1. Aug. 2021 (AS 2021 33, 399; BBl 2020 233).
[35] SR 954.1
[36] SR 956.1

e. weitere natürliche und juristische Personen, sofern diese erklären, in eigenem Namen und auf eigene Rechnung teilzunehmen.

[2] Teilnehmer mit Sitz in der Schweiz müssen der FINMA alle Auskünfte erteilen und alle Unterlagen herausgeben, die sie zur Erfüllung ihrer Aufgaben benötigt. Das DLT-Handelssystem muss sicherstellen, dass ihm Teilnehmer mit Sitz im Ausland entsprechende Auskünfte erteilen und Unterlagen herausgeben, wenn die FINMA es anordnet.

[3] Die Bestimmungen über die Aufzeichnungspflicht (Art. 38) und die Meldepflicht (Art. 39) gelten auch für Teilnehmer an einem DLT-Handelssystem. Der Bundesrat kann für Teilnehmer nach Absatz 1 Buchstabe e Ausnahmen vorsehen.

[4] Der Bundesrat regelt die Einzelheiten betreffend die Zulassung sowie die Pflichten und den Ausschluss von Teilnehmern.

[5] Das DLT-Handelssystem erlässt ein Reglement über die Zulassung sowie die Pflichten und den Ausschluss von Teilnehmern und beachtet dabei insbesondere den Grundsatz der Gleichbehandlung.

[6] Es überwacht die Einhaltung des Reglements und ergreift bei Verstössen die vertraglich vorgesehenen Sanktionen.

Art. 73d Zulassung von DLT-Effekten und weiteren Vermögenswerten

[1] Das DLT-Handelssystem erlässt ein Reglement über die Zulassung von DLT-Effekten zum Handel und zu seinen weiteren Dienstleistungen. Es legt darin insbesondere fest, welche Anforderungen die DLT-Effekten und die Emittenten oder Dritte im Zusammenhang mit der Zulassung erfüllen müssen. Die Prospektpflicht richtet sich ausschliesslich nach den Artikeln 35–57 des Finanzdienstleistungsgesetzes vom 15. Juni 2018[37].

[2] Ein DLT-Handelssystem, das neben DLT-Effekten weitere Vermögenswerte zum Handel oder zu seinen weiteren Dienstleistungen zulässt, regelt die Zulassung solcher Vermögenswerte in einem Reglement.

[3] Der Bundesrat kann:
a. vorsehen, dass DLT-Effekten an DLT-Handelssystemen nur zugelassen werden dürfen, wenn sie bestimmte Mindestanforderungen namentlich hinsichtlich deren Integrität und Publizität erfüllen;
b. zum Schutz der Finanzmarktteilnehmerinnen und -teilnehmer, der Stabilität oder der Integrität des Finanzsystems DLT-Effekten und weitere Vermögenswerte bezeichnen, die an DLT-Handelssystemen nicht zugelassen werden dürfen.

[4] Das DLT-Handelssystem überwacht die Einhaltung der Reglemente und ergreift bei Verstössen die vertraglich vorgesehenen Sanktionen.

---

[37] SR 950.1

Art. 73e Weitere Anforderungen

¹ Der Bundesrat kann für DLT-Handelssysteme, die Teilnehmern nach Artikel 73c Absatz 1 Buchstabe e offenstehen, neben den Anforderungen nach den Artikeln 73b–73d weitere Anforderungen zum Schutz dieser Teilnehmer festlegen.

² Er legt für DLT-Handelssysteme, die Dienstleistungen im Bereich der zentralen Verwahrung, Abrechnung oder Abwicklung anbieten, neben den Anforderungen nach den Artikeln 73a–73d weitere Anforderungen fest, namentlich betreffend:
a. die zentrale Verwahrung, die Abrechnung und Abwicklung von DLT-Effekten;
b. Sicherheiten;
c. Eigenmitteln;
d. Risikoverteilung;
e. Nebendienstleistungen;
f. Liquidität;
g. Verfahren bei Ausfall eines Teilnehmers;
h. Segregierung.

³ Er orientiert sich bei der Festlegung der Anforderungen nach Absatz 2 an den Anforderungen an Zentralverwahrer (Art. 61–73).

⁴ Er kann die FINMA ermächtigen, die Anforderungen nach Absatz 2 aufzustellen, soweit dies erforderlich ist, um technologiespezifischen Risiken Rechnung tragen zu können.

⁵ Vorbehalten bleibt die Zuständigkeit der SNB nach Artikel 23 zur Festlegung besonderer Anforderungen an systemisch bedeutsame DLT-Handelssysteme.

Art. 73f Erleichterungen für kleine DLT-Handelssysteme

¹ Der Bundesrat kann aus Gründen der Verhältnismässigkeit und unter Berücksichtigung des Schutzzwecks dieses Gesetzes für kleine DLT-Handelssysteme Erleichterungen von den Anforderungen nach den Artikeln 6–21, 27–33 und 37 vorsehen, namentlich von den Bestimmungen über:
a. die Trennung der Organe für die Geschäftsführung einerseits und für die Oberleitung, Aufsicht und Kontrolle andererseits (Art. 8);
b. die Ausübung von Nebendienstleistungen, die nach den Finanzmarktgesetzen keiner Bewilligung oder Genehmigung bedürfen (Art. 10);
c. die Unabhängigkeitsanforderungen an die Selbstregulierungsorganisation (Art. 27 Abs. 2) und die Beschwerdeinstanz (Art. 37 Abs. 1).

² Als klein gelten DLT-Handelssysteme, die geringe Risiken für den Schutz der Finanzmarktteilnehmerinnen und -teilnehmer, für die Funktionsfähigkeit und Stabilität des Finanzsystems aufweisen, namentlich weil die Anzahl Teilnehmer, das Handelsvolumen, das Verwahrvolumen oder das Abrechnungs- und Abwicklungsvolumen beschränkt ist. Der Bundesrat legt Schwellenwerte fest.

³ DLT-Handelssysteme, die Erleichterungen nach diesem Artikel erhalten, sind verpflichtet, dies gegenüber ihren Kundinnen und Kunden offenzulegen. Der Bundesrat regelt die Details.

5. Kapitel: Transaktionsregister

1. Abschnitt: Allgemeine Bestimmungen

Art. 74 Begriff

Als Transaktionsregister gilt eine Einrichtung, die Daten zu Transaktionen mit Derivaten, welche ihr nach Artikel 104 gemeldet werden, zentral sammelt, verwaltet und aufbewahrt.

Art. 75 Datenaufbewahrung

Das Transaktionsregister zeichnet die gemeldeten Daten auf und bewahrt sie während mindestens zehn Jahren nach der Fälligkeit des Kontrakts auf.

Art. 76 Datenveröffentlichung

¹ Das Transaktionsregister veröffentlicht gestützt auf die gemeldeten Daten regelmässig in aggregierter und anonymisierter Form die offenen Positionen, Transaktionsvolumen und Werte nach Derivatkategorien.

² Es kann weitere Daten veröffentlichen, sofern diese aggregiert und anonymisiert werden.

Art. 77 Datenzugang für inländische Behörden

¹ Das Transaktionsregister gewährt folgenden Behörden kostenlos Zugang zu den Daten, die sie für die Erfüllung ihrer Aufgaben benötigen:
a. der FINMA;
b. der SNB;
c. anderen schweizerischen Finanzmarktaufsichtsbehörden;
d. der Elektrizitätskommission.

² Der Bundesrat regelt unter Berücksichtigung anerkannter internationaler Standards den Zugang zu Daten, die Transaktionen von Zentralbanken betreffen.

Art. 78 Datenzugang für ausländische Behörden

¹ Das Transaktionsregister gewährt einer ausländischen Finanzmarktaufsichtsbehörde kostenlos Zugang zu den Daten, die diese für die Erfüllung ihrer Aufgaben benötigt, wenn in einer Vereinbarung über die Zusammenarbeit zwischen den zuständigen schweizerischen und ausländischen Aufsichtsbehörden bestätigt worden ist, dass folgende Voraussetzungen erfüllt sind:

a. Die ausländische Finanzmarktaufsichtsbehörde unterliegt einer gesetzlichen Geheimhaltungspflicht.
b. Die Weiterleitung der Daten durch die ausländische Finanzmarktaufsichtsbehörde an andere ausländische Behörden ist nur dann zulässig, wenn bei einer Übermittlung an eine Strafbehörde die Rechtshilfe nach dem Bundesgesetz vom 20. März 1981[38] über internationale Rechtshilfe in Strafsachen möglich ist.
c. Die inländischen Behörden gemäss Artikel 77 Absatz 1 erhalten unmittelbaren Zugang zu Transaktionsregistern im Staat der ausländischen Finanzmarktaufsichtsbehörde.

² Der Bundesrat regelt unter Berücksichtigung anerkannter internationaler Standards den Zugang zu Daten, die Transaktionen von Zentralbanken betreffen.

Art. 79 Datenübermittlung an Private

¹ Das Transaktionsregister darf Privaten Daten in aggregierter und anonymisierter Form übermitteln.

² Die Übermittlung von Daten an Private, die deren eigene Transaktionen betreffen, ist uneingeschränkt zulässig.

2. Abschnitt: Anerkennung ausländischer Transaktionsregister

Art. 80

¹ Ein Transaktionsregister mit Sitz im Ausland muss die Anerkennung der FINMA einholen, bevor es Meldungen nach Artikel 104 entgegennimmt.

² Die FINMA erteilt die Anerkennung, wenn:
a. das ausländische Transaktionsregister einer angemessenen Regulierung und Aufsicht untersteht; und
b. die zuständigen ausländischen Aufsichtsbehörden:
  1. keine Einwände gegen die grenzüberschreitende Tätigkeit des ausländischen Transaktionsregisters erheben,
  2. zusichern, dass sie die FINMA benachrichtigen, wenn sie bei Schweizer Teilnehmern Gesetzesverletzungen oder sonstige Missstände feststellen,
  3. der zuständigen Schweizer Finanzmarktaufsichtsbehörde bestätigen, dass die Voraussetzungen von Artikel 78 Absatz 1 Buchstaben b und c erfüllt sind.

³ Ein Transaktionsregister gilt als anerkannt, wenn die FINMA feststellt, dass:
a. der Staat, in dem das Transaktionsregister seinen Sitz hat, seine Transaktionsregister angemessen reguliert und beaufsichtigt; und

---

[38] SR 351.1

b. die Voraussetzungen nach Absatz 2 Buchstabe b erfüllt sind.

⁴ Die FINMA kann die Erteilung der Anerkennung verweigern, wenn der Staat, in dem das ausländische Transaktionsregister seinen Sitz hat, den schweizerischen Transaktionsregistern weder tatsächlichen Zugang zu seinen Märkten gewährt noch die gleichen Wettbewerbsmöglichkeiten bietet wie den Transaktionsregistern des betreffenden Staates. Vorbehalten bleiben abweichende internationale Verpflichtungen.

6. Kapitel: Zahlungssysteme

Art. 81 Begriff

Als Zahlungssystem gilt eine Einrichtung, die gestützt auf einheitliche Regeln und Verfahren Zahlungsverpflichtungen abrechnet und abwickelt.

Art. 82 Pflichten

Der Bundesrat kann spezifische Pflichten für Zahlungssysteme festlegen, namentlich hinsichtlich Eigenmittel, Risikoverteilung und Liquidität, falls dies zur Umsetzung anerkannter internationaler Standards notwendig ist. Vorbehalten bleibt die Zuständigkeit der SNB nach Artikel 23 zur Festlegung besonderer Anforderungen an systemisch bedeutsame Zahlungssysteme.

7. Kapitel: Aufsicht und Überwachung

Art. 83 Zuständigkeiten

¹ Aufsichtsbehörde ist die FINMA. Systemisch bedeutsame Finanzmarktinfrastrukturen unterliegen zudem der Überwachung durch die SNB.

² Die FINMA beaufsichtigt die Einhaltung der Bewilligungsvoraussetzungen und Pflichten, soweit deren Einhaltung nicht durch die Überwachung der besonderen Anforderungen nach Artikel 23 durch die SNB erfasst wird.

³ FINMA und SNB wirken bei ihrer Aufsichts- und Überwachungstätigkeit über systemisch bedeutsame Finanzmarktinfrastrukturen zusammen, informieren sich gegenseitig regelmässig und vermeiden Überschneidungen bei der Ausübung ihrer Aufgaben. Bei der Zusammenarbeit mit ausländischen Aufsichts- und Überwachungsbehörden stimmen sie sich bei der Wahrnehmung ihrer Pflichten sowie bei der Kommunikation ab.

Art. 84 Prüfung

¹ Die Finanzmarktinfrastrukturen und Finanzgruppen haben eine von der Eidgenössischen Revisionsaufsichtsbehörde nach Artikel 9a Absatz 1 RAG[39] zugelassene Prüfgesellschaft mit einer Prüfung nach Artikel 24 FINMAG[40] zu beauftragen.

² Sie müssen ihre Jahresrechnung und gegebenenfalls ihre Konzernrechnung von einem staatlich beaufsichtigten Revisionsunternehmen nach den Grundsätzen der ordentlichen Revision des Obligationenrechts (OR)[41] prüfen lassen.

³ Die FINMA kann direkte Prüfungen bei den Finanzmarktinfrastrukturen durchführen.

Art. 85 Stimmrechtssuspendierung

Zur Durchsetzung von Artikel 9 Absätze 3 und 5 kann die FINMA das Stimmrecht suspendieren, das an Aktien oder Anteile gebunden ist, die von qualifiziert Beteiligten gehalten werden.

Art. 86 Freiwillige Rückgabe der Bewilligung

¹ Die Finanzmarktinfrastruktur, die eine Bewilligung zurückgeben will, hat der FINMA einen Auflösungsplan zur Genehmigung vorzulegen.

² Der Auflösungsplan muss Angaben enthalten über:
a. die Abwicklung der finanziellen Verpflichtungen;
b. die dafür bereitgestellten Mittel;
c. die dafür verantwortliche Person.

³ Eine Finanzmarktinfrastruktur wird von der FINMA aus der Aufsicht entlassen, wenn sie den Pflichten aus dem Auflösungsplan nachgekommen ist.

Art. 87 Entzug der Bewilligung

¹ In Ergänzung zu Artikel 37 FINMAG[42] kann die FINMA einer Finanzmarktinfrastruktur die Bewilligung oder die Anerkennung entziehen, wenn diese:
a. nicht binnen zwölf Monaten von der Bewilligung Gebrauch macht;
b. in den sechs vorhergehenden Monaten keine nur mit der Bewilligung zulässige Dienstleistung ausgeübt hat;
c. den Auflösungsplan nicht einhält.

² Der Entzug der Bewilligung bewirkt die Auflösung der juristischen Person. Die FINMA bezeichnet die Liquidatorin oder den Liquidator und überwacht seine Tätigkeit. Vorbehalten bleiben die insolvenzrechtlichen Bestimmungen nach dem 8. Kapitel.

---

39 SR 221.302
40 SR 956.1
41 SR 220
42 SR 956.1

8. Kapitel: Insolvenzrechtliche Bestimmungen

Art. 88 Insolvenzmassnahmen

¹ Für Finanzmarktinfrastrukturen gelten die Artikel 25–37 und 37d–37g^{quinquies} mit Ausnahme von Artikel 37g Absatz 4bis des Bankengesetzes vom 8. November 1934[43] sinngemäss, sofern das vorliegende Gesetz keine abweichenden Bestimmungen enthält.[44]

² Im Falle von systemisch bedeutsamen Finanzmarktinfrastrukturen hört die FINMA die SNB an, bevor sie Insolvenzmassnahmen ergreift.

Art. 89 Systemschutz

¹ Die FINMA informiert die zentralen Gegenparteien, die Zentralverwahrer, die Zahlungssysteme und die DLT-Handelssysteme, die vergleichbare Dienstleistungen im Bereich der zentralen Verwahrung, Abrechnung oder Abwicklung erbringen, im In- und Ausland, soweit möglich und soweit sie betroffen sind, über Insolvenzmassnahmen, die sie gegen einen Teilnehmer ergreifen will und die dessen Verfügungsmacht beschränken, und über den genauen Zeitpunkt des Inkrafttretens.[45]

² Die Weisung eines Teilnehmers, gegen den eine solche Insolvenzmassnahme angeordnet wurde, an eine zentrale Gegenpartei, einen Zentralverwahrer, ein Zahlungssystem oder ein DLT-Handelssystem, das vergleichbare Dienstleistungen im Bereich der zentralen Verwahrung, Abrechnung oder Abwicklung erbringt, ist rechtlich verbindlich und Dritten gegenüber wirksam, wenn sie:[46]

a. vor Anordnung der Massnahme eingebracht und nach den Regeln der Finanzmarktinfrastruktur unabänderlich wurde; oder

b. an dem nach den Regeln der Finanzmarktinfrastruktur definierten Geschäftstag ausgeführt wurde, in dessen Verlauf die Massnahme angeordnet wurde, und die Finanzmarktinfrastruktur nachweist, dass sie von der Anordnung der Massnahme keine Kenntnis hatte oder haben musste.

³ Absatz 2 findet Anwendung, wenn:

a. die Finanzmarktinfrastruktur in der Schweiz bewilligt ist;

b. die ausländische Finanzmarktinfrastruktur in der Schweiz anerkannt oder überwacht ist und sie Schweizer Teilnehmern direkten Zugang zu ihrer Einrichtung gewährt; oder

c. der Teilnahmevertrag Schweizer Recht untersteht.

---

[43] SR 952.0

[44] Fassung gemäss Anhang Ziff. 9 des BG vom 17. Dez. 2021 (Insolvenz und Einlagensicherung), in Kraft seit 1. Jan. 2023 (AS 2022 732; BBl 2020 6359).

[45] Fassung gemäss Ziff. I 10 des BG vom 25. Sept. 2020 zur Anpassung des Bundesrechts an Entwicklungen der Technik verteilter elektronischer Register, in Kraft seit 1. Aug. 2021 (AS 2021 33, 399; BBl 2020 233).

[46] Fassung gemäss Ziff. I 10 des BG vom 25. Sept. 2020 zur Anpassung des Bundesrechts an Entwicklungen der Technik verteilter elektronischer Register, in Kraft seit 1. Aug. 2021 (AS 2021 33, 399; BBl 2020 233).

⁴ Absatz 2 gilt sinngemäss für:
a. Finanzmarktinfrastrukturen nach Artikel 4 Absatz 3;
b. Zahlungssysteme, die durch Banken betrieben werden.

Art. 90 Vorrang von Vereinbarungen bei Insolvenz eines Teilnehmers

¹ Von Insolvenzmassnahmen, die gegen einen Teilnehmer einer zentralen Gegenpartei angeordnet werden, unberührt bleiben im Voraus geschlossene Vereinbarungen zwischen der zentralen Gegenpartei und dem Teilnehmer über:
a. die Aufrechnung von Forderungen, einschliesslich der vereinbarten Methode und der Wertbestimmung;
b.[47] die freihändige Verwertung von Sicherheiten in Form von Effekten oder anderen Finanzinstrumenten, einschliesslich Barsicherheiten (ohne Bargeld), deren Wert objektiv bestimmbar ist;
c.[48] die Übertragung von Forderungen und Verpflichtungen sowie von Sicherheiten in Form von Effekten oder anderen Finanzinstrumenten, einschliesslich Barsicherheiten (ohne Bargeld), deren Wert objektiv bestimmbar ist.

² Nach Aufrechnung oder Verwertung durch die zentrale Gegenpartei nach Absatz 1 Buchstaben a und b verbleibende Ansprüche des Teilnehmers werden zu Gunsten seiner Kunden und indirekten Teilnehmer abgesondert.

³ Vorbehalten bleiben abweichende Anordnungen im Rahmen des Aufschubs der Beendigung von Verträgen durch die FINMA.

Art. 91 Vorrang von Vereinbarungen bei Insolvenz eines indirekten Teilnehmers

¹ Von Insolvenzmassnahmen, die gegen einen indirekten Teilnehmer einer zentralen Gegenpartei angeordnet werden, unberührt bleiben im Voraus geschlossene Vereinbarungen im Sinne von Artikel 90 Absatz 1 Buchstaben a–c zwischen dem Teilnehmer und dem indirekten Teilnehmer.

² Nach Aufrechnung oder Verwertung durch den Teilnehmer im Sinne von Artikel 90 Absatz 1 Buchstaben a und b verbleibende Ansprüche des indirekten Teilnehmers werden zu Gunsten seiner Kunden und indirekten Teilnehmer abgesondert.

³ Absätze 1 und 2 gelten auch bei Insolvenzmassnahmen gegen den indirekten Teilnehmer eines anderen indirekten Teilnehmers.

⁴ Vorbehalten bleiben abweichende Anordnungen im Rahmen des Aufschubs der Beendigung von Verträgen durch die FINMA.

---

47 Fassung gemäss Anhang Ziff. 9 des BG vom 17. Dez. 2021 (Insolvenz und Einlagensicherung), in Kraft seit 1. Jan. 2023 (AS 2022 732; BBl 2020 6359).
48 Fassung gemäss Anhang Ziff. 9 des BG vom 17. Dez. 2021 (Insolvenz und Einlagensicherung), in Kraft seit 1. Jan. 2023 (AS 2022 732; BBl 2020 6359).

Art. 92 Aufschub der Beendigung von Verträgen

Schiebt die FINMA die Beendigung von Verträgen und die Ausübung von Rechten zu deren Beendigung auf, so berücksichtigt sie die Auswirkungen auf die Finanzmärkte sowie den sicheren und geordneten Betrieb der betroffenen Finanzmarktinfrastruktur, von deren Teilnehmern und anderer mit ihr verbundener Finanzmarktinfrastrukturen.

3. Titel: Marktverhalten

1. Kapitel: Handel mit Derivaten

1. Abschnitt: Allgemeine Bestimmungen

Art. 93 Geltungsbereich

[1] Dieses Kapitel gilt unter Vorbehalt der nachfolgenden Bestimmungen für Finanzielle und Nichtfinanzielle Gegenparteien, die ihren Sitz in der Schweiz haben.

[2] Als Finanzielle Gegenparteien gelten:
  a. Banken nach Artikel 1 Absatz 1 des Bankengesetzes vom 8. November 1934[49];
  b.[50] Wertpapierhäuser nach Artikel 41 FINIG[51];
  c. Versicherungs- und Rückversicherungsunternehmen nach Artikel 2 Absatz 1 Buchstabe a des Versicherungsaufsichtsgesetzes vom 17. Dezember 2004[52];
  d. Konzernobergesellschaften einer Finanz- oder Versicherungsgruppe oder eines Finanz- oder Versicherungskonglomerats;
  e.[53] Verwalter von Kollektivvermögen und Fondsleitungen nach Artikel 2 Absatz 1 Buchstaben c und d FINIG;
  f. kollektive Kapitalanlagen nach dem Kollektivanlagengesetz vom 23. Juni 2006;
  g. Vorsorgeeinrichtungen und Anlagestiftungen nach Artikel 48–53k des Bundesgesetzes vom 25. Juni 1982[54] über die berufliche Alters-, Hinterlassenen- und Invalidenvorsorge.

[3] Als Nichtfinanzielle Gegenparteien gelten Unternehmen, die nicht Finanzielle Gegenparteien sind.

---

49 SR 952.0
50 Fassung gemäss Anhang Ziff. II 18 des Finanzinstitutsgesetzes vom 15. Juni 2018, in Kraft seit 1. Jan. 2020 (AS 2018 5247, 2019 4631; BBl 2015 8901).
51 SR 954.1
52 SR 961.01
53 Fassung gemäss Anhang Ziff. II 18 des Finanzinstitutsgesetzes vom 15. Juni 2018, in Kraft seit 1. Jan. 2020 (AS 2018 5247, 2019 4631; BBl 2015 8901).
54 SR 831.40

⁴ Folgende Einrichtungen unterstehen nur der Meldepflicht gemäss Artikel 104:
a. multilaterale Entwicklungsbanken;
b. Organisationen einschliesslich Sozialversicherungseinrichtungen, die sich im Besitz von Bund, Kantonen oder Gemeinden befinden oder für die eine Haftung des Bundes, des jeweiligen Kantons oder der jeweiligen Gemeinde besteht und soweit es sich nicht um eine Finanzielle Gegenpartei handelt.

⁵ Der Bundesrat kann Schweizer Niederlassungen von ausländischen Finanzmarktteilnehmern den Bestimmungen dieses Kapitels unterstellen, wenn sie keiner gleichwertigen Regulierung unterstehen.

Art. 94 Ausnahmen

¹ Dieses Kapitel gilt nicht für:
a. Bund, Kantone und Gemeinden;
b. die SNB;
c. die Bank für Internationalen Zahlungsausgleich.

² Der Bundesrat kann aus Gründen der Verhältnismässigkeit und unter Berücksichtigung anerkannter internationaler Standards weitere öffentliche Einrichtungen oder Finanzmarktteilnehmer vom Geltungsbereich dieses Kapitels ganz oder teilweise ausnehmen.

³ Nicht als Derivate im Sinne dieses Kapitels gelten:
a. strukturierte Produkte wie kapitalgeschützte Produkte, Produkte mit Maximalrendite und Zertifikate;
b. die Effektenleihe (*securities lending and borrowing*);
c. Derivatgeschäfte in Bezug auf Waren, die:
  1. physisch geliefert werden müssen,
  2. nicht nach Wahl einer Partei bar abgerechnet werden können, und
  3. nicht auf einem Handelsplatz oder auf einem organisierten Handelssystem gehandelt werden.

⁴ Der Bundesrat kann Derivate von Bestimmungen dieses Kapitels ausnehmen, wenn dies international anerkannten Standards entspricht.

Art. 95 Erfüllung von Pflichten unter ausländischem Recht

Die Pflichten dieses Kapitels gelten auch dann als erfüllt, wenn:
a. sie unter ausländischem Recht erfüllt werden, das von der FINMA als gleichwertig anerkannt worden ist; und
b. eine zur Erfüllung des Geschäfts beanspruchte ausländische Finanzmarktinfrastruktur von der FINMA anerkannt worden ist.

Art. 96 Informationsfluss innerhalb der Gruppe

Gegenparteien dürfen mit ihren Gruppengesellschaften und Zweigniederlassungen im Ausland alle Daten austauschen, die zur unmittelbaren Erfüllung der Pflichten aus diesem Kapitel notwendig sind.

2. Abschnitt: Abrechnung über eine zentrale Gegenpartei

Art. 97 Abrechnungspflicht

¹ Gegenparteien haben Geschäfte mit Derivaten nach Artikel 101, die sie nicht über einen Handelsplatz handeln (OTC-Derivatgeschäfte), über eine durch die FINMA bewilligte oder anerkannte zentrale Gegenpartei abzurechnen.

² Diese Pflicht gilt nicht bei Geschäften mit kleinen Gegenparteien oder bei Geschäften solcher Gegenparteien untereinander.

³ Eine Gegenpartei darf davon ausgehen, dass die Erklärung ihrer Gegenpartei über deren Parteieigenschaft richtig ist, soweit keine widersprechenden Hinweise bestehen.

⁴ Der Bundesrat kann in Ergänzung zur Pflicht nach Artikel 112 anordnen, dass alle über einen Handelsplatz oder ein organisiertes Handelssystem gehandelten Derivatgeschäfte über eine durch die FINMA bewilligte oder anerkannte zentrale Gegenpartei abgerechnet werden.

⁵ Die FINMA kann im Einzelfall die Abrechnung über eine nicht anerkannte zentrale Gegenpartei erlauben, sofern dadurch der Schutzzweck dieses Gesetzes nicht beeinträchtigt wird.

Art. 98 Kleine Nichtfinanzielle Gegenparteien

¹ Eine Nichtfinanzielle Gegenpartei gilt als klein, wenn alle ihre über 30 Arbeitstage berechneten gleitenden Durchschnittsbruttopositionen in den massgebenden ausstehenden OTC-Derivatgeschäften unter den Schwellenwerten liegen.

² Übersteigt eine der nach Absatz 1 berechneten Durchschnittsbruttopositionen einer bestehenden kleinen Nichtfinanziellen Gegenpartei den massgebenden Schwellenwert, so gilt diese Gegenpartei nach vier Monaten ab dem Zeitpunkt des Übersteigens nicht mehr als klein.

³ Für die Berechnung der Durchschnittsbruttoposition werden Derivatgeschäfte zur Reduzierung von Risiken nicht einberechnet, wenn sie unmittelbar mit der Geschäftstätigkeit oder der Liquiditäts- oder Vermögensbewirtschaftung der Gegenpartei oder der Gruppe verbunden sind.

Art. 99 Kleine Finanzielle Gegenparteien

¹ Eine Finanzielle Gegenpartei gilt als klein, wenn ihre über 30 Arbeitstage berechnete gleitende Durchschnittsbruttoposition aller ausstehender OTC-Derivatgeschäfte unter dem Schwellenwert liegt.

² Übersteigt die Durchschnittsbruttoposition nach Absatz 1 einer bestehenden kleinen Finanziellen Gegenpartei den Schwellenwert, so gilt diese Gegenpartei nach vier Monaten ab dem Zeitpunkt des Übersteigens nicht mehr als klein.

Art. 100 Schwellenwerte

¹ Für die Durchschnittsbruttopositionen ausstehender OTC-Derivatgeschäfte von Nichtfinanziellen Gegenparteien gelten Schwellenwerte nach Derivatkategorie.

² Für die Durchschnittsbruttoposition aller ausstehenden OTC-Derivatgeschäfte von Finanziellen Gegenparteien gilt ein einziger Schwellenwert.

³ Ist die Gegenpartei Teil einer vollkonsolidierten Gruppe, so werden bei der Berechnung der Durchschnittsbruttopositionen auch alle von ihr oder anderen Gegenparteien geschlossenen gruppeninternen OTC-Derivatgeschäfte einberechnet.

⁴ Der Bundesrat bestimmt:
a. für Nichtfinanzielle Gegenparteien, wie die Schwellenwerte für die jeweilige Derivatkategorie berechnet werden und deren Höhe;
b. welche Derivatgeschäfte Nichtfinanzieller Gegenparteien bei der Berechnung der Schwellenwerte nicht zu berücksichtigen sind;
c. den Schwellenwert für Finanzielle Gegenparteien.

Art. 101 Erfasste Derivate

¹ Die FINMA regelt, welche Derivate über eine zentrale Gegenpartei abgerechnet werden müssen. Sie berücksichtigt dabei:
a. den Grad von deren rechtlicher und operationeller Standardisierung;
b. deren Liquidität;
c. deren Handelsvolumen;
d. die Verfügbarkeit von Preisbildungsinformationen in der jeweiligen Kategorie;
e. die mit ihnen verbundenen Gegenparteirisiken.

² Sie trägt dabei anerkannten internationalen Standards und der ausländischen Rechtsentwicklung Rechnung. Sie kann die Einführung der Abrechnungspflicht nach Derivatkategorie zeitlich staffeln.

³ Keine Abrechnungspflicht kann auferlegt werden für:
a. Derivate, die von keiner bewilligten oder anerkannten zentralen Gegenpartei abgerechnet werden;

b. Währungsswaps und -termingeschäfte, soweit sie Zug um Zug (*payment versus payment*) abgewickelt werden.

Art. 102 Grenzüberschreitende Geschäfte

Die Pflicht, über eine zentrale Gegenpartei abzurechnen, besteht auch dann, wenn die ausländische Gegenpartei der abrechnungspflichtigen Schweizer Gegenpartei abrechnungspflichtig wäre, wenn sie ihren Sitz in der Schweiz hätte.

Art. 103 Gruppeninterne Geschäfte

Derivatgeschäfte müssen nicht über eine zentrale Gegenpartei abgerechnet werden, wenn:
a. beide Gegenparteien in dieselbe Vollkonsolidierung einbezogen sind;
b. beide Gegenparteien geeigneten zentralisierten Risikobewertungs-, -mess- und -kontrollverfahren unterliegen; und
c. die Geschäfte nicht in Umgehung der Abrechnungspflicht erfolgen.

3. Abschnitt: Meldung an ein Transaktionsregister

Art. 104 Meldepflicht

[1] Derivatgeschäfte müssen einem von der FINMA bewilligten oder anerkannten Transaktionsregister gemeldet werden.

[2] Zur Meldung verpflichtet sind:
a. bei Geschäften zwischen einer Finanziellen und einer Nichtfinanziellen Gegenpartei: die Finanzielle Gegenpartei;
b. bei Geschäften zwischen zwei Finanziellen Gegenparteien:
  1. die Finanzielle Gegenpartei, die nicht klein ist nach Artikel 99,
  2. die verkaufende Gegenpartei bei einem Geschäft zwischen zwei kleinen oder zwei nicht kleinen Finanziellen Gegenparteien;
c. die Gegenpartei mit Sitz in der Schweiz, wenn die ausländische Gegenpartei nicht meldet.

[3] Handelt es sich um ein Geschäft zwischen Nichtfinanziellen Gegenparteien, gilt Absatz 2 Buchstaben b und c sinngemäss. Ein Geschäft zwischen kleinen Nichtfinanziellen Gegenparteien muss nicht gemeldet werden.

[4] Wird das Geschäft zentral abgerechnet, so erfolgt die Meldung durch die zentrale Gegenpartei. Sofern eine anerkannte ausländische zentrale Gegenpartei die Meldungen nicht erstattet, verbleibt die Meldepflicht bei den Gegenparteien.

[5] Für die Erstattung der Meldung können Dritte beigezogen werden.

[6] Besteht kein Transaktionsregister, so bestimmt der Bundesrat die Stelle, der die Meldung zu erstatten ist.

Art. 105 Zeitpunkt und Inhalt der Meldung

¹ Die Meldung ist spätestens am auf den Abschluss, die Änderung oder die Beendigung des Derivatgeschäfts folgenden Arbeitstag zu erstatten.

² Für jedes Geschäft sind mindestens zu melden:
a. die Identität der Gegenparteien, insbesondere deren Firma und Sitz;
b. die Art;
c. die Fälligkeit;
d. der Nominalwert;
e. der Preis;
f. das Abwicklungsdatum;
g. die Währung.

³ Der Bundesrat kann die Meldung weiterer Angaben vorsehen und regelt das Format der Meldung.

⁴ Die Meldung an ein anerkanntes ausländisches Transaktionsregister kann weitergehende Angaben enthalten. Handelt es sich dabei um Personendaten, so ist dafür die Zustimmung der betroffenen Person einzuholen.

Art. 106 Aufbewahrung der Belege

Gegenparteien müssen die Belege über ihre Derivatgeschäfte nach den Vorschriften von Artikel 958*f* OR[55] aufbewahren.

4. Abschnitt: Risikominderung

Art. 107 Pflichten

¹ Für OTC-Derivatgeschäfte, die nicht über eine durch die FINMA bewilligte oder anerkannte zentrale Gegenpartei abgerechnet werden müssen, sind die Pflichten dieses Abschnitts einzuhalten.

² Diese Pflichten gelten nicht bei:
a. Derivatgeschäften mit Gegenparteien nach den Artikeln 93 Absatz 4 und 94 Absatz 1;
b.[56] Währungsswaps und -termingeschäften, soweit sie Zug um Zug (*payment versus payment*) abgewickelt werden;
c. freiwillig über eine durch die FINMA bewilligte oder anerkannte zentrale Gegenpartei abgerechneten Derivatgeschäften.

³ Der Bundesrat kann aus Gründen der Verhältnismässigkeit und unter Berücksichtigung anerkannter internationaler Standards weitere vollumfängliche oder teilweise Ausnahmen vorsehen.

---

55 SR 220
56 Fassung gemäss Anhang Ziff. II 18 des Finanzinstitutsgesetzes vom 15. Juni 2018, in Kraft seit 1. Jan. 2020 (AS 2018 5247, 2019 4631; BBl 2015 8901).

Art. 108 Minderung des operationellen Risikos und des Gegenparteirisikos

Gegenparteien erfassen, beobachten und mindern operationelle Risiken und Gegenparteirisiken aus Derivatgeschäften nach Artikel 107 Absatz 1. Sie haben insbesondere:
a. die Vertragsbedingungen der Derivatgeschäfte rechtzeitig zu bestätigen;
b. über Verfahren zu verfügen, um die Portfolios aufeinander abzustimmen und die damit verbundenen Risiken zu beherrschen, ausser die Gegenpartei ist eine kleine Nichtfinanzielle Gegenpartei;
c. über Verfahren zu verfügen, um Meinungsverschiedenheiten zwischen Parteien frühzeitig zu erkennen und auszuräumen;
d. regelmässig, aber mindestens zweimal jährlich eine Portfoliokompression durchzuführen, soweit dies zur Verringerung ihres Gegenparteirisikos angezeigt ist und soweit sie 500 oder mehr nicht zentral abgerechnete OTC-Derivatgeschäfte offenstehen haben.

Art. 109 Bewertung ausstehender Geschäfte

¹ Gegenparteien haben Derivate auf der Basis der aktuellen Kurse täglich zu bewerten.

² Diese Pflicht gilt nicht bei Geschäften mit kleinen Gegenparteien.

³ Sofern die Marktbedingungen eine Bewertung zu Marktpreisen nicht zulassen, ist eine Bewertung nach Bewertungsmodellen vorzunehmen. Die Bewertungsmodelle müssen angemessen und in der Praxis anerkannt sein.

⁴ Nichtfinanzielle Gegenparteien können für die Bewertung Dritte beiziehen.

Art. 110 Austausch von Sicherheiten

¹ Gegenparteien mit Ausnahme der kleinen Nichtfinanziellen Gegenparteien haben angemessene Sicherheiten auszutauschen.

² Sie müssen in der Lage sein, die Sicherheiten von eigenen Vermögenswerten angemessen zu trennen.

³ Abreden über die freihändige Verwertung von nach Absatz 1 ausgetauschten Sicherheiten, deren Wert objektiv bestimmbar ist, bleiben auch in einem Zwangsvollstreckungsverfahren und bei Insolvenzmassnahmen gegen den Sicherungsgeber bestehen.

⁴ Der Bundesrat regelt die Anforderungen an den Austausch von Sicherheiten.

Art. 111 Gruppeninterne Geschäfte

Es müssen keine Sicherheiten ausgetauscht werden, wenn:
a. beide Gegenparteien in dieselbe Vollkonsolidierung einbezogen sind;
b. beide Gegenparteien geeigneten zentralisierten Risikobewertungs-, -mess- und -kontrollverfahren unterliegen;

c. keine rechtlichen oder tatsächlichen Hindernisse für die unverzügliche Übertragung von Eigenmitteln oder die Rückzahlung von Verbindlichkeiten bestehen; und
d. die Geschäfte nicht in Umgehung der Pflicht zum Austausch von Sicherheiten erfolgen.

5. Abschnitt: Handel über Handelsplätze und organisierte Handelssysteme

Art. 112 Pflicht

¹ Gegenparteien haben alle Derivate nach Artikel 113 zu handeln über einen von der FINMA:
a. bewilligten oder anerkannten Handelsplatz; oder
b. bewilligten oder anerkannten Betreiber eines organisierten Handelssystems.

² Diese Pflicht gilt nicht bei Geschäften mit kleinen Gegenparteien oder bei Geschäften solcher Gegenparteien untereinander.

Art. 113 Erfasste Derivate

¹ Die FINMA regelt, welche Derivate über einen Handelsplatz oder ein Handelssystem nach Artikel 112 Absatz 1 gehandelt werden müssen. Sie berücksichtigt dabei:
a. den Grad von deren rechtlicher und operationeller Standardisierung;
b. deren Liquidität;
c. deren Handelsvolumen;
d. die Verfügbarkeit von Preisbildungsinformationen in der jeweiligen Kategorie;
e. die mit ihnen verbundenen Gegenparteirisiken.

² Sie trägt dabei anerkannten internationalen Standards und der ausländischen Rechtsentwicklung Rechnung. Sie kann die Einführung der Pflicht, über einen Handelsplatz oder ein Handelssystem zu handeln, nach Derivatekategorie zeitlich staffeln.

³ Keine Pflicht, nach Artikel 112 zu handeln, kann auferlegt werden für:
a. Derivate, die von keinem entsprechenden Handelsplatz oder Handelssystem zum Handel zugelassen sind;
b. Währungsswaps und -termingeschäfte, soweit sie Zug um Zug (*payment versus payment*) abgewickelt werden.

Art. 114 Grenzüberschreitende Geschäfte

Die Pflicht, Derivatgeschäfte nach Artikel 112 zu handeln, besteht auch dann, wenn die ausländische Gegenpartei der pflichtigen Schweizer Gegenpartei dieser Pflicht unterstehen würde, wenn sie ihren Sitz in der Schweiz hätte.

Art. 115 Gruppeninterne Geschäfte

Die Pflicht, nach Artikel 112 zu handeln, gilt nicht, wenn:
a. beide Gegenparteien in dieselbe Vollkonsolidierung einbezogen sind;
b. beide Gegenparteien geeigneten zentralisierten Risikobewertungs-, -mess- und -kontrollverfahren unterliegen; und
c. der Handel nicht in Umgehung dieser Pflicht erfolgt.

6. Abschnitt: Prüfung

Art. 116 Zuständigkeiten

¹ Die Revisionsstellen nach den Artikeln 727 und 727a OR[57] prüfen im Rahmen ihrer Revision, ob die Gegenparteien die Bestimmungen dieses Kapitels einhalten.

² Bei den Beaufsichtigten richtet sich die Prüfung nach den Finanzmarktgesetzen.

³ Vorbehalten bleiben abweichende Bestimmungen zur Aufsicht und Oberaufsicht der beruflichen Alters-, Hinterlassenen- und Invalidenvorsorge.

Art. 117 Berichterstattung und Anzeige

¹ Die Prüfgesellschaften erstatten der FINMA Bericht.

² Für die Revisionsstellen gelten bei Verstössen gegen Pflichten dieses Kapitels die Anzeigepflichten nach Artikel 728c Absätze 1 und 2 OR[58].

³ Trifft das Unternehmen trotz erfolgter Anzeige durch die Revisionsstelle keine angemessenen Massnahmen, so meldet die Revisionsstelle die Verstösse dem Eidgenössischen Finanzdepartement.

2. Kapitel: Positionslimiten für Warenderivate

Art. 118 Positionslimiten

¹ Der Bundesrat kann für die Grösse der Nettopositionen in Warenderivaten, die eine Person halten darf, Limiten einführen, soweit dies für eine geordnete Preisbildung und Abwicklung sowie für die Herstellung von Konvergenz zwischen den Preisen am Derivatmarkt und denjenigen am Basismarkt notwendig ist. Er berücksichtigt dabei anerkannte internationale Standards und die ausländische Rechtsentwicklung.

² Er regelt für die Positionslimiten:
a. die Bemessung der Nettopositionen;

---

57 SR 220
58 SR 220

b. die Ausnahmen für Positionen, die für eine Nichtfinanzielle Gegenpartei gehalten werden und dazu dienen, die Risiken zu reduzieren, die unmittelbar mit ihrer Geschäftstätigkeit oder ihrer Liquiditäts- oder Vermögensbewirtschaftung verbunden sind;
c. die für die Transparenz des Warenderivathandels erforderlichen Meldepflichten.

³ Die FINMA bestimmt die Positionslimiten für die einzelnen Warenderivate.

Art. 119 Überwachung

¹ Der Handelsplatz überwacht zur Durchsetzung von Positionslimiten die offenen Positionen. Er kann von jedem Teilnehmer verlangen, dass:
a. dieser ihm Zugang gewährt zu allen für die Durchsetzung der Positionslimiten notwendigen Informationen;
b. dieser Positionen auflöst oder reduziert, wenn die Positionslimiten überschritten sind.

² Für Betreiber von organisierten Handelssystemen und deren Kunden gilt Absatz 1 sinngemäss.

3. Kapitel: Offenlegung von Beteiligungen

Art. 120 Meldepflicht

¹ Wer direkt, indirekt oder in gemeinsamer Absprache mit Dritten Aktien oder Erwerbs- oder Veräusserungsrechte bezüglich Aktien einer Gesellschaft mit Sitz in der Schweiz, deren Beteiligungspapiere ganz oder teilweise in der Schweiz kotiert sind, oder einer Gesellschaft mit Sitz im Ausland, deren Beteiligungspapiere ganz oder teilweise in der Schweiz hauptkotiert sind, erwirbt oder veräussert und dadurch den Grenzwert von 3, 5, 10, 15, 20, 25, 33⅓, 50 oder 66⅔ Prozent der Stimmrechte, ob ausübbar oder nicht, erreicht, unter- oder überschreitet, muss dies der Gesellschaft und den Börsen, an denen die Beteiligungspapiere kotiert sind, melden.

² Dieser Meldepflicht unterstehen Finanzintermediäre nicht, die für Rechnung Dritter Aktien oder Erwerbs- oder Veräusserungsrechte erwerben oder veräussern.

³ Meldepflichtig ist zudem, wer die Stimmrechte an Beteiligungspapieren nach Absatz 1 nach freiem Ermessen ausüben kann.

⁴ Dem Erwerb oder der Veräusserung gleichgestellt sind:
a. die erstmalige Kotierung von Beteiligungspapieren;
b. die Umwandlung von Partizipations- oder Genussscheinen in Aktien;
c. die Ausübung von Wandel- oder Erwerbsrechten;
d. Veränderungen des Gesellschaftskapitals; und
e. die Ausübung von Veräusserungsrechten.

⁵ Als indirekter Erwerb gelten namentlich auch alle Vorgänge, die im Ergebnis das Stimmrecht über die Beteiligungspapiere vermitteln können. Ausgenommen ist die Erteilung von Vollmachten ausschliesslich zur Vertretung an einer Generalversammlung.

Art. 121 Meldepflicht für organisierte Gruppen

Eine vertraglich oder auf andere Weise organisierte Gruppe muss die Meldepflicht nach Artikel 120 als Gruppe erfüllen und Meldung erstatten über:
a. die Gesamtbeteiligung;
b. die Identität der einzelnen Mitglieder;
c. die Art der Absprache;
d. die Vertretung.

Art. 122 Mitteilung an die FINMA

Haben die Gesellschaft oder die Börsen Grund zur Annahme, dass eine Aktionärin oder ein Aktionär ihrer oder seiner Meldepflicht nicht nachgekommen ist, so teilen sie dies der FINMA mit.

Art. 123 Kompetenzen der FINMA

¹ Die FINMA erlässt Bestimmungen über:
a. den Umfang der Meldepflicht;
b. die Behandlung von Erwerbs- und Veräusserungsrechten;
c. die Berechnung der Stimmrechte;
d. die Frist, innerhalb derer der Meldepflicht nachgekommen werden muss;
e. die Frist, innerhalb derer eine Gesellschaft Veränderungen der Besitzverhältnisse nach Artikel 120 zu veröffentlichen hat.

² Die FINMA kann aus wichtigen Gründen Ausnahmen oder Erleichterungen von der Melde- oder Veröffentlichungspflicht vorsehen, insbesondere wenn die Geschäfte:
a. von kurzfristiger Natur sind;
b. mit keiner Absicht verbunden sind, das Stimmrecht auszuüben; oder
c. an Bedingungen geknüpft sind.

³ Wer Effekten erwerben will, kann über Bestand oder Nichtbestand einer Offenlegungspflicht einen Entscheid der FINMA einholen.

Art. 124 Informationspflicht der Gesellschaft

Die Gesellschaft muss die ihr mitgeteilten Informationen über die Veränderungen bei den Stimmrechten veröffentlichen.

4. Kapitel: Öffentliche Kaufangebote

Art. 125 Geltungsbereich

¹ Die Bestimmungen dieses Kapitels sowie Artikel 163 gelten für öffentliche Kaufangebote für Beteiligungspapiere von Gesellschaften (Zielgesellschaften):
a. mit Sitz in der Schweiz, deren Beteiligungspapiere mindestens teilweise an einer Börse in der Schweiz kotiert sind;
b. mit Sitz im Ausland, deren Beteiligungspapiere mindestens teilweise an einer Börse in der Schweiz hauptkotiert sind.

² Ist im Zusammenhang mit einem öffentlichen Kaufangebot gleichzeitig schweizerisches und ausländisches Recht anwendbar, so kann auf die Anwendung der Vorschriften des schweizerischen Rechts verzichtet werden, soweit:
a. die Anwendung des schweizerischen Rechts zu einem Konflikt mit dem ausländischen Recht führen würde; und
b. das ausländische Recht einen Schutz der Anlegerinnen und Anleger gewährleistet, der demjenigen des schweizerischen Rechts gleichwertig ist.

³ Die Gesellschaften können vor der Kotierung ihrer Beteiligungspapiere gemäss Absatz 1 in ihren Statuten festlegen, dass ein Übernehmer nicht zu einem öffentlichen Kaufangebot nach den Artikeln 135 und 163 verpflichtet ist.

⁴ Eine Gesellschaft kann jederzeit eine Bestimmung gemäss Absatz 3 in ihre Statuten aufnehmen, sofern dies nicht eine Benachteiligung der Aktionärinnen und Aktionäre im Sinne von Artikel 706 OR[59] bewirkt.

Art. 126 Übernahmekommission

¹ Die FINMA bestellt nach Anhörung der Börsen eine Kommission für öffentliche Kaufangebote (Übernahmekommission). Diese Kommission setzt sich aus sachverständigen Vertreterinnen und Vertretern der Wertpapierhäuser, der kotierten Gesellschaften und der Anlegerinnen und Anleger zusammen. Organisation und Verfahren der Übernahmekommission sind der FINMA zur Genehmigung zu unterbreiten.

² Die Bestimmungen, die nach diesem Gesetz von der Übernahmekommission erlassen werden, bedürfen der Genehmigung durch die FINMA.

³ Die Übernahmekommission überprüft die Einhaltung der Bestimmungen über öffentliche Kaufangebote (Übernahmesachen) im Einzelfall.

⁴ Sie berichtet der FINMA einmal jährlich über ihre Tätigkeit.

⁵ Die Übernahmekommission kann von den Parteien in Verfahren in Übernahmesachen Gebühren erheben. Der Bundesrat regelt die Gebühren. Er

---

[59] SR 220

berücksichtigt dabei den Wert der Transaktionen und den Schwierigkeitsgrad des Verfahrens.

⁶ Die Börsen tragen die Kosten, die nicht durch die Gebühren gedeckt sind.

Art. 127 Pflichten des Anbieters

¹ Der Anbieter muss das Angebot mit wahren und vollständigen Informationen im Prospekt veröffentlichen.

² Er muss die Besitzerinnen und Besitzer von Beteiligungspapieren derselben Art gleich behandeln.

³ Die Pflichten des Anbieters gelten für alle, die mit ihm in gemeinsamer Absprache handeln.

Art. 128 Prüfung des Angebots

¹ Der Anbieter muss das Angebot vor der Veröffentlichung einer von der Eidgenössischen Revisionsaufsichtsbehörde nach Artikel 9a Absatz 1 RAG[60] zugelassenen Prüfgesellschaft oder einem Wertpapierhaus zur Prüfung unterbreiten.

² Die Prüfstelle prüft, ob das Angebot dem Gesetz und den Ausführungsbestimmungen entspricht.

Art. 129 Rücktrittsrecht der Verkäuferin oder des Verkäufers

Die Verkäuferin oder der Verkäufer kann von Verträgen zurücktreten oder bereits abgewickelte Verkäufe rückgängig machen, wenn diese auf der Grundlage eines untersagten Angebots abgeschlossen oder getätigt worden sind.

Art. 130 Veröffentlichung des Ergebnisses des Angebots und Fristverlängerung

¹ Der Anbieter muss das Ergebnis des öffentlichen Kaufangebots nach Ablauf der Angebotsfrist veröffentlichen.

² Werden die Bedingungen des Angebots erfüllt, so muss der Anbieter die Angebotsfrist für diejenigen Inhaberinnen und Inhaber von Aktien und anderen Beteiligungspapieren verlängern, die bisher das Angebot nicht angenommen haben.

Art. 131 Zusätzliche Bestimmungen

Die Übernahmekommission erlässt zusätzliche Bestimmungen über:
a. die Voranmeldung eines Angebots vor seiner Veröffentlichung;
b. den Inhalt und die Veröffentlichung des Angebotsprospekts sowie über die Bedingungen, denen ein Angebot unterworfen werden kann;
c. die Regeln der Lauterkeit für öffentliche Kaufangebote;

---

60 SR 221.302

d. die Prüfung des Angebots durch eine von der Eidgenössischen Revisionsaufsichtsbehörde nach Artikel 9a Absatz 1 RAG[61] zugelassene Prüfgesellschaft oder einen Wertpapierhaus;
e. die Angebotsfrist und deren Verlängerung, die Bedingungen des Widerrufs und der Änderungen des Angebots sowie die Rücktrittsfrist für den Verkäufer;
f. das Handeln in gemeinsamer Absprache mit Dritten;
g. ihr Verfahren.

Art. 132 Pflichten der Zielgesellschaften

¹ Der Verwaltungsrat der Zielgesellschaft (Art. 125 Abs. 1) legt den Inhaberinnen und Inhabern von Beteiligungspapieren einen Bericht vor, in dem er zum Angebot Stellung nimmt. Die im Bericht enthaltenen Informationen müssen wahr und vollständig sein. Der Verwaltungsrat der Zielgesellschaft veröffentlicht den Bericht.

² Er darf von der Veröffentlichung des Angebots bis zur Veröffentlichung des Ergebnisses keine Rechtsgeschäfte beschliessen, mit denen der Aktiv- oder Passivbestand der Gesellschaft in bedeutender Weise verändert würde. Beschlüsse der Generalversammlung unterliegen dieser Beschränkung nicht und dürfen ausgeführt werden, unabhängig davon, ob sie vor oder nach der Veröffentlichung des Angebots gefasst wurden.

³ Die Übernahmekommission erlässt Bestimmungen über:
a. den Bericht des Verwaltungsrates der Zielgesellschaft;
b. über die Massnahmen, die unzulässigerweise darauf abzielen, einem Angebot zuvorzukommen oder dessen Erfolg zu verhindern.

Art. 133 Konkurrierende Angebote

¹ Bei konkurrierenden Angeboten müssen die Inhaberinnen und Inhaber von Beteiligungspapieren der Zielgesellschaft das Angebot frei wählen können.

² Die Übernahmekommission erlässt Bestimmungen über die konkurrierenden Angebote und deren Auswirkungen auf das erste Angebot.

Art. 134 Meldepflicht

¹ Der Anbieter oder wer direkt, indirekt oder in gemeinsamer Absprache mit Dritten über eine Beteiligung von mindestens 3 Prozent der Stimmrechte, ob ausübbar oder nicht, der Zielgesellschaft oder gegebenenfalls einer andern Gesellschaft, deren Beteiligungspapiere zum Tausch angeboten werden, verfügt, muss von der Veröffentlichung des Angebots bis zum Ablauf der Angebotsfrist der Übernahmekommission und den Börsen, an denen die Papiere kotiert sind, jeden Erwerb oder Verkauf von Beteiligungspapieren dieser Gesellschaft melden.

---

[61] SR 221.302

² Eine vertraglich oder auf andere Weise organisierte Gruppe untersteht dieser Meldepflicht nur als Gruppe.

³ Die Übernahmekommission kann die Person derselben Pflicht unterstellen, die von der Veröffentlichung des Angebots an bis zum Ablauf der Angebotsfrist direkt, indirekt oder in gemeinsamer Absprache mit Dritten einen gewissen Prozentsatz von Beteiligungspapieren der Zielgesellschaft oder einer anderen Gesellschaft, deren Beteiligungspapiere zum Tausch angeboten werden, kauft oder verkauft.

⁴ Haben die Gesellschaft oder die Börsen Grund zur Annahme, dass eine Inhaberin oder ein Inhaber von Beteiligungspapieren ihrer oder seiner Meldepflicht nicht nachgekommen ist, so teilen sie dies der Übernahmekommission mit.

⁵ Die Übernahmekommission erlässt Bestimmungen über Umfang, Form und Frist der Meldung und den für die Anwendung von Absatz 3 relevanten Prozentsatz.

Art. 135 Pflicht zur Unterbreitung des Angebots

¹ Wer direkt, indirekt oder in gemeinsamer Absprache mit Dritten Beteiligungspapiere erwirbt und damit zusammen mit den Papieren, die er bereits besitzt, den Grenzwert von 33⅓ Prozent der Stimmrechte einer Zielgesellschaft, ob ausübbar oder nicht, überschreitet, muss ein Angebot unterbreiten für alle kotierten Beteiligungspapiere der Gesellschaft. Die Zielgesellschaften können in ihren Statuten den Grenzwert bis auf 49 Prozent der Stimmrechte anheben.

² Der Preis des Angebots muss mindestens gleich hoch sein wie der höhere der folgenden Beträge:
a. der Börsenkurs;
b. der höchste Preis, den der Anbieter in den zwölf letzten Monaten für Beteiligungspapiere der Zielgesellschaft bezahlt hat.

³ Hat die Gesellschaft mehrere Arten von Beteiligungspapieren ausgegeben, so müssen die Preise für die verschiedenen Arten von Beteiligungspapieren in einem angemessenen Verhältnis zueinander stehen.

⁴ Die FINMA erlässt Bestimmungen über die Angebotspflicht. Die Übernahmekommission hat ein Antragsrecht.

⁵ Gibt es hinreichende Anhaltspunkte dafür, dass eine Person ihrer Angebotspflicht nicht nachkommt, so kann die Übernahmekommission bis zur Klärung und gegebenenfalls Erfüllung der Angebotspflicht:
a. das Stimmrecht und die damit zusammenhängenden Rechte dieser Person suspendieren; und
b. dieser Person verbieten, direkt, indirekt oder in gemeinsamer Absprache mit Dritten weitere Aktien sowie Erwerbs- oder Veräusserungsrechte bezüglich Aktien der Zielgesellschaft zu erwerben.

Art. 136 Ausnahmen von der Angebotspflicht

¹ Die Übernahmekommission kann in berechtigten Fällen Ausnahmen von der Angebotspflicht gewähren, namentlich wenn:
a. die Stimmrechte innerhalb einer vertraglich oder auf andere Weise organisierten Gruppe übertragen werden. Die Gruppe untersteht in diesem Fall der Angebotspflicht nur als Gruppe;
b. die Überschreitung aus einer Verringerung der Gesamtzahl der Stimmrechte der Gesellschaft resultiert;
c. der Grenzwert nur vorübergehend überschritten wird;
d. die Beteiligungspapiere unentgeltlich oder, im Rahmen einer Kapitalerhöhung, vorzugsweise gezeichnet werden;
e. die Beteiligungspapiere zu Sanierungszwecken erworben werden.

² Die Angebotspflicht entfällt, wenn die Stimmrechte durch Schenkung, Erbgang, Erbteilung, eheliches Güterrecht oder Zwangsvollstreckung erworben werden.

Art. 137 Kraftloserklärung der restlichen Beteiligungspapiere

¹ Verfügt der Anbieter nach Ablauf der Angebotsfrist über mehr als 98 Prozent der Stimmrechte der Zielgesellschaft, so kann er binnen einer Frist von drei Monaten vom Gericht verlangen, die restlichen Beteiligungspapiere für kraftlos zu erklären. Der Anbieter muss zu diesem Zweck gegen die Gesellschaft Klage erheben. Die restlichen Aktionärinnen und Aktionäre können dem Verfahren beitreten.

² Die Gesellschaft gibt diese Beteiligungspapiere erneut aus und übergibt sie dem Anbieter gegen Entrichtung des Angebotspreises oder Erfüllung des Austauschangebots zugunsten der Eigentümerinnen und Eigentümer der für kraftlos erklärten Beteiligungspapiere.

Art. 138 Aufgaben der Übernahmekommission

¹ Die Übernahmekommission trifft die zum Vollzug der Bestimmungen dieses Kapitels und seiner Ausführungsbestimmungen notwendigen Verfügungen und überwacht die Einhaltung der gesetzlichen und reglementarischen Vorschriften. Sie kann die Verfügungen veröffentlichen.

² Personen und Gesellschaften, die einer Meldepflicht nach Artikel 134 unterstehen, sowie Personen und Gesellschaften, die nach Artikel 139 Absätze 2 und 3 Parteistellung haben können, müssen der Übernahmekommission alle Auskünfte erteilen und Unterlagen herausgeben, die diese zur Erfüllung ihrer Aufgabe benötigt.

³ Erhält die Übernahmekommission Kenntnis von Verletzungen der Bestimmungen dieses Kapitels oder von sonstigen Missständen, so sorgt sie für die Wiederherstellung des ordnungsgemässen Zustandes und für die Beseitigung der Missstände.

⁴ Erhält die Übernahmekommission Kenntnis von gemeinrechtlichen Verbrechen und Vergehen sowie Widerhandlungen gegen dieses Gesetz, so benachrichtigt sie unverzüglich die zuständigen Strafverfolgungsbehörden.

Art. 139 Verfahren vor der Übernahmekommission

¹ Für das Verfahren der Übernahmekommission gelten unter Vorbehalt der nachfolgenden Ausnahmen die Bestimmungen des Verwaltungsverfahrensgesetzes vom 20. Dezember 1968[62].

² Im Verfahren in Übernahmesachen haben Parteistellung:
a. der Anbieter;
b. die Personen, die mit dem Anbieter in gemeinsamer Absprache handeln; und
c. die Zielgesellschaft.

³ Aktionärinnen und Aktionäre mit mindestens drei Prozent der Stimmrechte an der Zielgesellschaft, ob ausübbar oder nicht, haben ebenfalls Parteistellung, wenn sie diese bei der Übernahmekommission beanspruchen.

⁴ Auf Verfahren in Übernahmesachen bei der Übernahmekommission sind die gesetzlichen Bestimmungen über den Stillstand der Fristen nicht anwendbar.

⁵ Die Einreichung von Rechtsschriften durch Telefax oder auf elektronische Weise ist im Schriftverkehr mit der Übernahmekommission zulässig und wird für die Einhaltung von Fristen anerkannt.

Art. 140 Beschwerdeverfahren vor der FINMA

¹ Verfügungen der Übernahmekommission können innert einer Frist von fünf Börsentagen bei der FINMA angefochten werden.

² Die Anfechtung hat schriftlich bei der FINMA zu erfolgen und ist zu begründen. Die Übernahmekommission leitet in diesem Fall ihre Akten der FINMA weiter.

³ Artikel 139 Absätze 1, 4 und 5 ist auf das Beschwerdeverfahren vor der FINMA anwendbar.

Art. 141 Beschwerdeverfahren vor dem Bundesverwaltungsgericht

¹ Gegen Entscheide der FINMA in Übernahmesachen kann nach Massgabe des Verwaltungsgerichtsgesetzes vom 17. Juni 2005[63] beim Bundesverwaltungsgericht Beschwerde geführt werden.

² Die Beschwerde ist innerhalb von zehn Tagen nach Eröffnung des Entscheids einzureichen. Sie hat keine aufschiebende Wirkung.

³ Auf Verfahren in Übernahmesachen vor Bundesverwaltungsgericht sind die gesetzlichen Bestimmungen über den Stillstand der Fristen nicht anwendbar.

---

62 SR 172.021
63 SR 173.32

5. Kapitel: Insiderhandel und Marktmanipulation

Art. 142 Ausnützen von Insiderinformationen

¹ Unzulässig handelt, wer eine Insiderinformation, von der er weiss oder wissen muss, dass es eine Insiderinformation ist, oder eine Empfehlung, von der er weiss oder wissen muss, dass sie auf einer Insiderinformation beruht:

a.[64] dazu ausnützt, Effekten, die an einem Handelsplatz oder DLT-Handelssystem mit Sitz in der Schweiz zum Handel zugelassen sind, zu erwerben, zu veräussern oder daraus abgeleitete Derivate einzusetzen;

b. einem anderen mitteilt;

c.[65] dazu ausnützt, einem anderen eine Empfehlung zum Erwerb oder zur Veräusserung von Effekten, die an einem Handelsplatz oder DLT-Handelssystem mit Sitz in der Schweiz zum Handel zugelassen sind, oder zum Einsatz von daraus abgeleiteten Derivaten abzugeben.

² Der Bundesrat erlässt Vorschriften über die zulässige Verwendung von Insiderinformationen, insbesondere im Zusammenhang mit:

a. Effektengeschäften zur Vorbereitung eines öffentlichen Kaufangebots;
b. einer besonderen Rechtsstellung des Informationsempfängers.

Art. 143 Marktmanipulation

¹ Unzulässig handelt, wer:

a. Informationen öffentlich verbreitet, von denen er weiss oder wissen muss, dass sie falsche oder irreführende Signale für das Angebot, die Nachfrage oder den Kurs von Effekten geben, die an einem Handelsplatz oder DLT-Handelssystem mit Sitz in der Schweiz zum Handel zugelassen sind;

b. Geschäfte oder Kauf- oder Verkaufsaufträge tätigt, von denen er weiss oder wissen muss, dass sie falsche oder irreführende Signale für das Angebot, die Nachfrage oder den Kurs von Effekten geben, die an einem Handelsplatz oder DLT-Handelssystem mit Sitz in der Schweiz zum Handel zugelassen sind.[66]

² Der Bundesrat erlässt Vorschriften über zulässige Verhaltensweisen, insbesondere im Zusammenhang mit:

a. Effektengeschäften zum Zweck der Preisstabilisierung;
b. Rückkaufprogrammen für eigene Effekten.

---

64 Fassung gemäss Ziff. I 10 des BG vom 25. Sept. 2020 zur Anpassung des Bundesrechts an Entwicklungen der Technik verteilter elektronischer Register, in Kraft seit 1. Aug. 2021 (AS 2021 33, 399; BBl 2020 233).
65 Fassung gemäss Ziff. I 10 des BG vom 25. Sept. 2020 zur Anpassung des Bundesrechts an Entwicklungen der Technik verteilter elektronischer Register, in Kraft seit 1. Aug. 2021 (AS 2021 33, 399; BBl 2020 233).
66 Fassung gemäss Ziff. I 10 des BG vom 25. Sept. 2020 zur Anpassung des Bundesrechts an Entwicklungen der Technik verteilter elektronischer Register, in Kraft seit 1. Aug. 2021 (AS 2021 33, 399; BBl 2020 233).

6. Kapitel: Instrumente der Marktaufsicht

Art. 144 Stimmrechtssuspendierung und Zukaufsverbot

Bestehen hinreichende Anhaltspunkte dafür, dass eine Person ihren Meldepflichten nach den Artikeln 120 und 121 nicht nachkommt, so kann die FINMA, bis zur Klärung und gegebenenfalls bis zur Erfüllung der Meldepflicht:
a. das Stimmrecht und die damit zusammenhängenden Rechte dieser Person suspendieren; und
b. dieser Person verbieten, direkt, indirekt oder in gemeinsamer Absprache mit Dritten weitere Aktien sowie Erwerbs- oder Veräusserungsrechte bezüglich Aktien der betroffenen Gesellschaft zu erwerben.

Art. 145 Aufsichtsinstrumente gemäss FINMAG

Die Aufsichtsinstrumente nach den Artikeln 29 Absatz 1, 30, 32, 34 und 35 FINMAG[67] sind auf sämtliche Personen anwendbar, welche die Artikel 120, 121, 124, 142 oder 143 dieses Gesetzes verletzen.

Art. 146 Auskunftspflicht

Personen, die nach Artikel 134 einer Meldepflicht unterliegen oder nach Artikel 139 Absätze 2 und 3 Parteistellung haben können, haben der FINMA alle Auskünfte zu erteilen und Unterlagen herauszugeben, die sie zur Erfüllung ihrer Aufgabe benötigt.

4. Titel: Straf- und Schlussbestimmungen

1. Kapitel: Strafbestimmungen

Art. 147 Verletzung des Berufsgeheimnisses

[1] Mit Freiheitsstrafe bis zu drei Jahren oder Geldstrafe wird bestraft, wer vorsätzlich:
a. ein Geheimnis offenbart, das ihm oder ihr in seiner oder ihrer Eigenschaft als Organ, Angestellte oder Angestellter, Beauftragte oder Beauftragter oder Liquidatorin oder Liquidator einer Finanzmarktinfrastruktur anvertraut worden ist oder das sie oder er in dieser Eigenschaft wahrgenommen hat;
b. zu einer solchen Verletzung des Berufsgeheimnisses zu verleiten sucht;
c. ein ihr oder ihm unter Verletzung von Buchstabe a offenbartes Geheimnis weiteren Personen offenbart oder für sich oder einen anderen ausnützt.

[2] Mit Freiheitsstrafe bis zu fünf Jahren oder Geldstrafe wird bestraft, wer sich oder einem anderen durch eine Handlung nach Absatz 1 Buchstabe a oder c einen Vermögensvorteil verschafft.

---

67 SR 956.1

³ Wer fahrlässig handelt, wird mit Busse bis zu 250 000 Franken bestraft.[68]

⁴ Die Verletzung des Berufsgeheimnisses ist auch nach Beendigung des amtlichen oder dienstlichen Verhältnisses oder der Berufsausübung strafbar.

⁵ Vorbehalten bleiben die eidgenössischen und kantonalen Bestimmungen über die Zeugnispflicht und über die Auskunftspflicht gegenüber einer Behörde.

Art. 148 Verletzung der Bestimmungen über den Schutz vor Verwechslung und Täuschung und der Meldepflichten

Mit Busse bis zu 500 000 Franken wird bestraft, wer vorsätzlich:
a. gegen die Bestimmung über den Schutz vor Verwechslung und Täuschung (Art. 16) verstösst;
b. die nach den Artikeln 9 und 17 vorgeschriebenen Meldungen an die Aufsichtsbehörden nicht, falsch oder zu spät erstattet.

Art. 149 Verletzung von Aufzeichnungs- und Meldepflichten

Mit Busse bis zu 500 000 Franken wird bestraft, wer vorsätzlich:
a. die Aufzeichnungspflicht nach Artikel 38 verletzt;
b. die Meldepflicht nach Artikel 39 verletzt.

Art. 150 Verletzung von Pflichten betreffend den Derivatehandel

Mit Busse bis zu 100 000 Franken wird bestraft, wer vorsätzlich:
a. die Abrechnungspflicht nach Artikel 97 verletzt;
b. die Meldepflicht nach Artikel 104 verletzt;
c. die Risikominderungspflichten nach den Artikeln 107–110 verletzt;
d. die Pflicht nach Artikel 112 verletzt.

Art. 151 Verletzung von Meldepflichten

¹ Mit Busse bis zu 10 Millionen Franken wird bestraft, wer vorsätzlich:
a. die Meldepflicht nach Artikel 120 oder 121 verletzt;
b. als Inhaberin oder Inhaber einer qualifizierten Beteiligung an einer Zielgesellschaft den Erwerb oder Verkauf von Beteiligungspapieren dieser Gesellschaft nicht meldet (Art. 134).

² Wer fahrlässig handelt, wird mit Busse bis zu 100 000 Franken bestraft.

Art. 152 Verletzung der Angebotspflicht

Mit Busse bis zu 10 Millionen Franken wird bestraft, wer vorsätzlich einer rechtskräftig festgestellten Pflicht zur Unterbreitung eines Angebots (Art. 135) keine Folge leistet.

---

[68] Fassung gemäss Anhang Ziff. II 18 des Finanzinstitutsgesetzes vom 15. Juni 2018, in Kraft seit 1. Jan. 2020 (AS 2018 5247, 2019 4631; BBl 2015 8901).

Art. 153 Pflichtverletzungen durch die Zielgesellschaft

¹ Mit Busse bis zu 500 000 Franken wird bestraft, wer vorsätzlich:
a. den Inhaberinnen und Inhabern von Beteiligungspapieren die vorgeschriebene Stellungnahme zu einem Angebot nicht erstattet oder diese nicht veröffentlicht (Art. 132 Abs. 1);
b. in dieser Stellungnahme unwahre oder unvollständige Angaben macht (Art. 132 Abs. 1).

² Wer fahrlässig handelt, wird mit Busse bis zu 150 000 Franken bestraft.

Art. 154 Ausnützen von Insiderinformationen

¹ Mit Freiheitsstrafe bis zu drei Jahren oder Geldstrafe wird bestraft, wer als Organ oder Mitglied eines Leitungs- oder Aufsichtsorgans eines Emittenten oder einer den Emittenten beherrschenden oder von ihm beherrschten Gesellschaft oder als eine Person, die aufgrund ihrer Beteiligung oder aufgrund ihrer Tätigkeit bestimmungsgemäss Zugang zu Insiderinformationen hat, sich oder einem anderen einen Vermögensvorteil verschafft, indem er eine Insiderinformation:

a.[69] dazu ausnützt, Effekten, die an einem Handelsplatz oder DLT-Handelssystem mit Sitz in der Schweiz zum Handel zugelassen sind, zu erwerben, zu veräussern oder daraus abgeleitete Derivate einzusetzen;
b. einem anderen mitteilt;
c.[70] dazu ausnützt, einem anderen eine Empfehlung zum Erwerb oder zur Veräusserung von Effekten, die an einem Handelsplatz oder DLT-Handelssystem mit Sitz in der Schweiz zum Handel zugelassen sind, oder zum Einsatz von daraus abgeleiteten Derivaten abzugeben.

² Mit Freiheitsstrafe bis zu fünf Jahren oder Geldstrafe wird bestraft, wer durch eine Handlung nach Absatz 1 einen Vermögensvorteil von mehr als einer Million Franken erzielt.

³ Mit Freiheitsstrafe bis zu einem Jahr oder Geldstrafe wird bestraft, wer sich oder einem anderen einen Vermögensvorteil verschafft, indem er eine Insiderinformation oder eine darauf beruhende Empfehlung, die ihm von einer Person nach Absatz 1 mitgeteilt oder abgegeben wurde oder die er sich durch ein Verbrechen oder Vergehen verschafft hat, dazu ausnützt, Effekten, die an einem Handelsplatz oder DLT-Handelssystem mit Sitz in der Schweiz zum Handel zugelassen sind, zu erwerben oder zu veräussern oder daraus abgeleitete Derivate einzusetzen.[71]

---

69 Fassung gemäss Ziff. I 10 des BG vom 25. Sept. 2020 zur Anpassung des Bundesrechts an Entwicklungen der Technik verteilter elektronischer Register, in Kraft seit 1. Aug. 2021 (AS 2021 33, 399; BBl 2020 233).
70 Fassung gemäss Ziff. I 10 des BG vom 25. Sept. 2020 zur Anpassung des Bundesrechts an Entwicklungen der Technik verteilter elektronischer Register, in Kraft seit 1. Aug. 2021 (AS 2021 33, 399; BBl 2020 233).
71 Fassung gemäss Ziff. I 10 des BG vom 25. Sept. 2020 zur Anpassung des Bundesrechts an Entwicklungen der Technik verteilter elektronischer Register, in Kraft seit 1. Aug. 2021 (AS 2021 33, 399; BBl 2020 233).

⁴ Mit Busse wird bestraft, wer nicht zu den Personen nach den Absätzen 1–3 gehört und sich oder einem anderen einen Vermögensvorteil verschafft, indem er eine Insiderinformation oder eine darauf beruhende Empfehlung dazu ausnützt, Effekten, die an einem Handelsplatz oder DLT-Handelssystem mit Sitz in der Schweiz zum Handel zugelassen sind, zu erwerben, zu veräussern oder daraus abgeleitete Derivate einzusetzen.[72]

Art. 155 Kursmanipulation

¹ Mit Freiheitsstrafe bis zu drei Jahren oder Geldstrafe wird bestraft, wer in der Absicht, den Kurs von Effekten, die an einem Handelsplatz oder DLT-Handelssystem mit Sitz in der Schweiz zum Handel zugelassen sind, erheblich zu beeinflussen, um daraus für sich oder für einen anderen einen Vermögensvorteil zu erzielen:[73]
a. wider besseren Wissens falsche oder irreführende Informationen verbreitet;
b. Käufe und Verkäufe von solchen Effekten tätigt, die beidseitig direkt oder indirekt auf Rechnung derselben Person oder zu diesem Zweck verbundener Personen erfolgen.

² Mit Freiheitsstrafe bis zu fünf Jahren oder Geldstrafe wird bestraft, wer durch eine Handlung nach Absatz 1 einen Vermögensvorteil von mehr als einer Million Franken erzielt.

Art. 156 Zuständigkeit

¹ Verfolgung und Beurteilung der Handlungen nach den Artikeln 154 und 155 unterstehen der Bundesgerichtsbarkeit. Eine Übertragung der Zuständigkeit zur Verfolgung und Beurteilung auf die kantonalen Behörden ist ausgeschlossen.

² Verfolgung und Beurteilung der Handlungen nach Artikel 147 obliegen den Kantonen.

2. Kapitel: Schlussbestimmungen

1. Abschnitt: Vollzug

Art. 157

¹ Der Bundesrat vollzieht dieses Gesetz.

² Er erlässt die Ausführungsbestimmungen.

---

[72] Fassung gemäss Ziff. I 10 des BG vom 25. Sept. 2020 zur Anpassung des Bundesrechts an Entwicklungen der Technik verteilter elektronischer Register, in Kraft seit 1. Aug. 2021 (AS 2021 33, 399; BBl 2020 233).
[73] Fassung gemäss Ziff. I 10 des BG vom 25. Sept. 2020 zur Anpassung des Bundesrechts an Entwicklungen der Technik verteilter elektronischer Register, in Kraft seit 1. Aug. 2021 (AS 2021 33, 399; BBl 2020 233).

2. Abschnitt: Änderung anderer Erlasse

Art. 158
Die Änderung anderer Erlasse wird im Anhang geregelt.

3. Abschnitt: Übergangsbestimmungen

Art. 159 Finanzmarktinfrastrukturen

¹ Finanzmarktinfrastrukturen, welche bei Inkrafttreten dieses Gesetzes über eine Bewilligung oder Anerkennung verfügen, müssen innert eines Jahres ab Inkrafttreten dieses Gesetzes ein neues Bewilligungs- oder Anerkennungsgesuch stellen. Das Bewilligungs- oder Anerkennungsverfahren beschränkt sich auf die Prüfung der neuen Anforderungen. Bis zum Entscheid über die Bewilligung oder Anerkennung können sie ihre Tätigkeit fortführen.

² Finanzmarktinfrastrukturen, die neu diesem Gesetz unterstehen, melden sich innert sechs Monaten ab Inkrafttreten dieses Gesetzes bei der FINMA. Sie müssen innert eines Jahres ab Inkrafttreten dieses Gesetzes dessen Anforderungen genügen und ein Bewilligungs- oder Anerkennungsgesuch stellen. Bis zum Entscheid über die Bewilligung oder Anerkennung können sie ihre Tätigkeit fortführen.

³ In besonderen Fällen kann die FINMA die Fristen nach den Absätzen 1 und 2 erstrecken.

Art. 160 Ausländische Teilnehmer an einem Handelsplatz

Ausländische Teilnehmer an einem Handelsplatz, die bei Inkrafttreten dieses Gesetzes über eine Bewilligung der FINMA als ausländische Börsenmitglieder verfügen, bedürfen keiner neuen Bewilligung. Sie müssen die Anforderungen dieses Gesetzes innert eines Jahres ab dessen Inkrafttreten erfüllen.

Art. 161 Interoperabilitätsvereinbarungen

Interoperabilitätsvereinbarungen, welche bei Inkrafttreten dieses Gesetzes bestehen, bedürfen keiner erneuten Genehmigung durch die FINMA.

Art. 162 Derivatehandel

Der Bundesrat bestimmt, welche Derivatgeschäfte, die bei Inkrafttreten dieses Gesetzes noch offen sind, den Melde- und Risikominderungspflichten unterstehen.

Art. 163 Pflicht zur Unterbreitung eines Angebots

¹ Wer am 1. Februar 1997 direkt, indirekt oder in gemeinsamer Absprache mit Dritten über Beteiligungspapiere verfügte, die ihm die Kontrolle über mehr als 33⅓ Prozent, aber weniger als 50 Prozent der Stimmrechte einer Zielgesell-

schaft verliehen, muss ein Angebot für alle kotierten Beteiligungspapiere der Gesellschaft unterbreiten, wenn er Beteiligungspapiere erwirbt und damit den Grenzwert von 50 Prozent der Stimmrechte überschreitet.

² Absatz 1 gilt auch für Beteiligungen, die am 1. Mai 2013 erstmals von den Bestimmungen über die öffentlichen Kaufangebote erfasst wurden.

4. Abschnitt: Referendum und Inkrafttreten

Art. 164

¹ Dieses Gesetz untersteht dem fakultativen Referendum.

² Der Bundesrat bestimmt das Inkrafttreten unter Vorbehalt von Absatz 3.

³ Die Artikel 112–115 (Pflicht, über einen Handelsplatz oder ein organisiertes Handelssystem zu handeln), setzt er erst in Kraft, wenn dies nach der internationalen Entwicklung angezeigt ist.

Inkrafttreten: 1. Januar 2016[74]
Art. 112–115: 1. August 2017[75]

Anhang (Art. 158)
Änderung anderer Erlasse

Die nachstehenden Erlasse werden wie folgt geändert:

...[76]

---

[74] BRB vom 25. Nov. 2015
[75] V vom 5. Juli 2017 (AS 2017 3713).
[76] Die Änderungen können unter AS 2015 5339 konsultiert werden.

31. Bundesgesetz über die Eidgenössische Finanzmarktaufsicht
(Finanzmarktaufsichtsgesetz, FINMAG)

vom 22. Juni 2007

Die Bundesversammlung der Schweizerischen Eidgenossenschaft,
gestützt auf die Artikel 95 und 98 der Bundesverfassung[1],
nach Einsicht in die Botschaft des Bundesrates vom 1. Februar 2006[2],
beschliesst:

1. Titel: Allgemeine Bestimmungen[3]

Art. 1 Gegenstand

[1] Der Bund schafft eine Behörde für die Aufsicht über den Finanzmarkt nach folgenden Gesetzen (Finanzmarktgesetze):

a. Pfandbriefgesetz vom 25. Juni 1930[4];
b. Versicherungsvertragsgesetz vom 2. April 1908[5];
c. Kollektivanlagengesetz vom 23. Juni 2006[6];
d. Bankengesetz vom 8. November 1934[7];
e.[8] Finanzinstitutsgesetz vom 15. Juni 2018[9];
f. Geldwäschereigesetz vom 10. Oktober 1997[10];
g. Versicherungsaufsichtsgesetz vom 17. Dezember 2004[11];

SR 956.1. AS 2008 5207
1 SR 101
2 BBl 2006 2829
3 Fassung gemäss Anhang Ziff. II 16 des Finanzinstitutsgesetzes vom 15. Juni 2018, in Kraft seit 1. Jan. 2020 (AS 2018 5247, 2019 4631; BBl 2015 8901).
4 SR 211.423.4
5 SR 221.229.1
6 SR 951.31
7 SR 952.0
8 Fassung gemäss Anhang Ziff. II 16 des Finanzinstitutsgesetzes vom 15. Juni 2018, in Kraft seit 1. Jan. 2020 (AS 2018 5247, 2019 4631; BBl 2015 8901).
9 SR 954.1
10 SR 955.0
11 SR 961.01

h.[12] Finanzmarktinfrastrukturgesetz vom 19. Juni 2015[13];
i.[14] Finanzdienstleistungsgesetz vom 15. Juni 2018[15].

[2] Dieses Gesetz legt die Organisation und die Aufsichtsinstrumente dieser Behörde fest.

Art. 2 Verhältnis zu den Finanzmarktgesetzen

[1] Dieses Gesetz gilt, soweit die Finanzmarktgesetze nichts anderes vorsehen.

[2] Im Rahmen der internationalen Quellenbesteuerung abgeschlossene staatsvertragliche Regelungen und damit zusammenhängende zwischenstaatliche Vereinbarungen, namentlich über grenzüberschreitende Prüfungen und den Marktzugang, gehen diesem Gesetz und den Finanzmarktgesetzen vor.[16]

Art. 3 Beaufsichtigte

Der Finanzmarktaufsicht unterstehen:

a. die Personen, die nach den Finanzmarktgesetzen eine Bewilligung, eine Anerkennung, eine Zulassung oder eine Registrierung der Finanzmarktaufsichtsbehörde benötigen; und
b. die kollektiven Kapitalanlagen;
c.[17] ...

Art. 4[18] Ziele der Finanzmarktaufsicht

Die Finanzmarktaufsicht bezweckt nach Massgabe der Finanzmarktgesetze den Schutz der Gläubigerinnen und Gläubiger, der Anlegerinnen und Anleger, der Versicherten sowie den Schutz der Funktionsfähigkeit der Finanzmärkte. Sie trägt damit zur Stärkung des Ansehens, der Wettbewerbsfähigkeit und der Zukunftsfähigkeit des Finanzplatzes Schweiz bei.

---

12 Eingefügt durch Anhang Ziff. 13 des Finanzmarktinfrastrukturgesetzes vom 19. Juni 2015, in Kraft seit 1. Jan. 2016 (AS 2015 5339; BBl 2014 7483).
13 SR 958.1
14 Eingefügt durch Anhang Ziff. 4 des Finanzdienstleistungsgesetzes vom 15. Juni 2018, in Kraft seit 1. Jan. 2020 (AS 2019 4417; BBl 2015 8901).
15 SR 950.1
16 Eingefügt durch Art. 46 des BG vom 15. Juni 2012 über die internationale Quellenbesteuerung, in Kraft seit 20. Dez. 2012 (AS 2013 27; BBl 2012 4943).
17 Aufgehoben durch Anhang Ziff. 8 des BG vom 20. Juni 2014 (Bündelung der Aufsicht über Revisionsunternehmen und Prüfgesellschaften), mit Wirkung seit 1. Jan. 2015 (AS 2014 4073; BBl 2013 6857).
18 Fassung gemäss Anhang Ziff. II 16 des Finanzinstitutsgesetzes vom 15. Juni 2018, in Kraft seit 1. Jan. 2019 (AS 2018 5247; BBl 2015 8901).

2. Titel: Finanzmarktaufsichtsbehörde[19]

1. Kapitel: Allgemeine Bestimmungen[20]

Art. 5[21] Rechtsform, Sitz und Name

[1] Die Behörde, die den Finanzmarkt beaufsichtigt, ist eine öffentlich-rechtliche Anstalt mit eigener Rechtspersönlichkeit und Sitz in Bern.

[2] Sie trägt den Namen «Eidgenössische Finanzmarktaufsicht (FINMA)».

[3] Sie organisiert sich selbst nach den Grundsätzen einer guten Corporate Governance und wirtschaftlicher Betriebsführung. Sie führt eine eigene Rechnung.

Art. 6 Aufgaben

[1] Die FINMA übt die Aufsicht nach den Finanzmarktgesetzen und nach diesem Gesetz aus.

[2] Sie nimmt die internationalen Aufgaben wahr, die mit ihrer Aufsichtstätigkeit zusammenhängen.

Art. 7 Regulierungsgrundsätze

[1] Die FINMA reguliert durch:
a. Verordnungen, wo dies in der Finanzmarktgesetzgebung vorgesehen ist; und
b. Rundschreiben über die Anwendung der Finanzmarktgesetzgebung.

[2] Sie reguliert nur, soweit dies mit Blick auf die Aufsichtsziele nötig ist, sowie wenn immer möglich prinzipienbasiert. Dabei berücksichtigt sie das übergeordnete Bundesrecht sowie insbesondere:[22]
a. die Kosten, die den Beaufsichtigten durch die Regulierung entstehen;
b. wie sich die Regulierung auf den Wettbewerb, die Innovationsfähigkeit und die internationale Wettbewerbsfähigkeit des Finanzplatzes Schweiz auswirkt;
c.[23] die unterschiedlichen Grössen, Komplexitäten, Strukturen, Geschäftstätigkeiten und Risiken der Beaufsichtigten; und
d. die internationalen Mindeststandards.

---

19 Eingefügt durch Anhang Ziff. II 16 des Finanzinstitutsgesetzes vom 15. Juni 2018, in Kraft seit 1. Jan. 2020 (AS 2018 5247, 2019 4631; BBl 2015 8901).
20 Eingefügt durch Anhang Ziff. II 16 des Finanzinstitutsgesetzes vom 15. Juni 2018, in Kraft seit 1. Jan. 2020 (AS 2018 5247, 2019 4631; BBl 2015 8901).
21 Fassung gemäss Anhang Ziff. II 16 des Finanzinstitutsgesetzes vom 15. Juni 2018, in Kraft seit 1. Jan. 2019 (AS 2018 5247; BBl 2015 8901).
22 Fassung gemäss Anhang Ziff. II 16 des Finanzinstitutsgesetzes vom 15. Juni 2018, in Kraft seit 1. Jan. 2020 (AS 2018 5247, 2019 4631; BBl 2015 8901).
23 Fassung gemäss Anhang Ziff. II 16 des Finanzinstitutsgesetzes vom 15. Juni 2018, in Kraft seit 1. Jan. 2020 (AS 2018 5247, 2019 4631; BBl 2015 8901).

³ Sie unterstützt die Selbstregulierung und kann diese im Rahmen ihrer Aufsichtsbefugnisse als Mindeststandard anerkennen und durchsetzen.

⁴ Sie sorgt für einen transparenten Regulierungsprozess und eine angemessene Beteiligung der Betroffenen.

⁵ Sie erlässt zur Umsetzung dieser Grundsätze Leitlinien. Sie spricht sich dabei mit dem Eidgenössischen Finanzdepartement (EFD)[24] ab.

2. Kapitel: Organisation

1. Abschnitt: Organe und Personal

Art. 8 Organe

Die Organe der FINMA sind:
a. der Verwaltungsrat;
b. die Geschäftsleitung;
c. die Revisionsstelle.

Art. 9 Verwaltungsrat

¹ Der Verwaltungsrat ist das strategische Organ der FINMA. Er hat folgende Aufgaben:
a. Er legt die strategischen Ziele der FINMA fest und unterbreitet sie dem Bundesrat zur Genehmigung.
b. Er entscheidet über Geschäfte von grosser Tragweite.
c. Er erlässt die der FINMA delegierten Verordnungen und beschliesst die Rundschreiben.
d. Er überwacht die Geschäftsleitung.
e. Er setzt eine interne Revision ein und sorgt für die interne Kontrolle.
f. Er erstellt den Geschäftsbericht und unterbreitet ihn vor der Veröffentlichung dem Bundesrat zur Genehmigung.
g. Er wählt die Direktorin oder den Direktor unter Vorbehalt der Genehmigung durch den Bundesrat.
h. Er wählt die Mitglieder der Geschäftsleitung.
i. Er erlässt das Organisationsreglement und die Richtlinien über die Informationstätigkeit.
j. Er genehmigt den Voranschlag.

² Er besteht aus sieben bis neun fachkundigen Mitgliedern, die von den Beaufsichtigten unabhängig sind. Der Verwaltungsrat wird für eine Amtsdauer von vier Jahren gewählt; jedes Mitglied kann zweimal wiedergewählt werden.

---

24 Ausdruck gemäss Anhang Ziff. 4 des Finanzdienstleistungsgesetzes vom 15. Juni 2018, in Kraft seit 1. Jan. 2020 (AS 2019 4417; BBl 2015 8901). Diese Änd. wurde im ganzen Erlass berücksichtigt.

³ Der Bundesrat wählt den Verwaltungsrat. Er achtet dabei auf eine angemessene Vertretung beider Geschlechter. Er bestimmt die Präsidentin oder den Präsidenten und die Vizepräsidentin oder den Vizepräsidenten. Er legt die Entschädigungen fest. Artikel 6a des Bundespersonalgesetzes vom 24. März 2000[25] gilt sinngemäss.

⁴ Die Präsidentin oder der Präsident darf weder eine andere wirtschaftliche Tätigkeit ausüben noch ein eidgenössisches oder kantonales Amt bekleiden, es sei denn, dies liege im Interesse der Aufgabenerfüllung der FINMA.

⁵ Der Bundesrat beruft Mitglieder des Verwaltungsrats ab und genehmigt die Auflösung des Arbeitsverhältnisses der Direktorin oder des Direktors durch den Verwaltungsrat, wenn die Voraussetzungen für die Ausübung des Amtes nicht mehr erfüllt sind.

Art. 10 Geschäftsleitung

¹ Die Geschäftsleitung ist das operative Organ. Sie steht unter der Leitung einer Direktorin oder eines Direktors.

² Sie hat insbesondere folgende Aufgaben:
a. Sie erlässt die Verfügungen nach Massgabe des Organisationsreglements.
b. Sie erarbeitet die Entscheidgrundlagen des Verwaltungsrats und berichtet ihm regelmässig, bei besonderen Ereignissen ohne Verzug.
c. Sie erfüllt alle Aufgaben, die nicht einem anderen Organ zugewiesen sind.

³ Das Organisationsreglement regelt die Einzelheiten.

Art. 11 Fachvertretung

¹ Die FINMA ist in Fachbereiche aufgeteilt. Das Organisationsreglement regelt die Einzelheiten.

² Bundesrat und Verwaltungsrat sorgen für eine angemessene Vertretung der verschiedenen Fachbereiche in Verwaltungsrat und Geschäftsleitung.

Art. 12 Revisionsstelle

Die Eidgenössische Finanzkontrolle ist die externe Revisionsstelle und erstattet dem Verwaltungsrat und dem Bundesrat über das Ergebnis ihrer Prüfung Bericht.

Art. 13[26] Personal

¹ Die FINMA stellt ihr Personal öffentlich-rechtlich an.

² Artikel 6a des Bundespersonalgesetzes vom 24. März 2000[27] gilt sinngemäss.

---

25 SR 172.220.1
26 Fassung gemäss Anhang Ziff. 4 des BG vom 14. Dez. 2012, in Kraft seit 1. Juli 2013 (AS 2013 1493; BBl 2011 6703).
27 SR 172.220.1

³ Die berufliche Vorsorge des Personals richtet sich nach der Gesetzgebung über die Pensionskasse des Bundes.

⁴ Der Verwaltungsrat regelt in einer Verordnung:
a. das Arbeitsverhältnis des Personals, insbesondere Entlöhnung, Nebenleistungen, Arbeitszeit, Treuepflicht und Kündigung;
b. die Zusammensetzung, das Wahlverfahren und die Organisation des paritätischen Organs des Vorsorgewerks der FINMA.

⁵ Er unterbreitet die Verordnung dem Bundesrat zur Genehmigung.

Art. 13a[28] Datenbearbeitung

¹ Die FINMA bearbeitet in Papierform oder in einem oder mehreren Informationssystemen Daten ihres Personals zur Erfüllung der Aufgaben nach diesem Gesetz, insbesondere für:
a. die Begründung, Durchführung und Beendigung eines Arbeitsverhältnisses;
b. die Personal- und Lohnbewirtschaftung;
c. die Personalentwicklung;
d. die Leistungsbeurteilung;
e. Eingliederungsmassnahmen bei Krankheit und Unfall.

² Sie kann folgende für die Erfüllung ihrer Aufgaben nach Absatz 1 notwendigen Daten ihres Personals, einschliesslich besonders schützenswerte Personendaten und Persönlichkeitsprofile, bearbeiten:
a. Angaben zur Person;
b. Angaben zur gesundheitlichen Situation in Bezug auf die Arbeitsfähigkeit;
c. Angaben zu Leistungen und Potenzial sowie zur persönlichen und beruflichen Entwicklung;
d. erforderliche Daten im Rahmen der Mitwirkung beim Vollzug des Sozialversicherungsrechts;
e. Verfahrensakten und Entscheide von Behörden in Verbindung mit der Arbeit.

³ Sie erlässt Ausführungsbestimmungen über:
a. die Architektur, die Organisation und den Betrieb des Informationssystems oder der Informationssysteme;
b. die Bearbeitung der Daten, insbesondere die Beschaffung, Aufbewahrung, Archivierung und Vernichtung;
c. die Berechtigungen zur Datenbearbeitung;
d. die Datenkategorien nach Absatz 2;
e. den Schutz und die Sicherheit der Daten.

---

28 Eingefügt durch Anhang Ziff. II 16 des Finanzinstitutsgesetzes vom 15. Juni 2018, in Kraft seit 1. Jan. 2020 (AS 2018 5247, 2019 4631; BBl 2015 8901).

Abs. 1 Einleitungssätze sowie lit. a*

¹ *Die FINMA bearbeitet in Papierform oder in einem oder mehreren Informationssystemen Daten ihres Personals sowie von Stellenbewerberinnen und Stellenbewerbern zur Erfüllung der Aufgaben nach diesem Gesetz. Sie kann die Bearbeitung einem Auftragsbearbeiter übertragen. Die bearbeiteten Personendaten betreffen insbesondere:*
a. *den Bewerbungsprozess;*

Abs. 1 lit. a^{bis} **

a^{bis}. die Begründung, Durchführung und Beendigung eines Arbeitsverhältnisses;

Abs. 2 Einleitungssatz*

² *Sie kann folgende für die Erfüllung ihrer Aufgaben nach Absatz 1 notwendigen Daten ihres Personals, einschliesslich besonders schützenswerte Personendaten, bearbeiten:*

Art. 14 Amtsgeheimnis

¹ Das Personal und die Organe sind zur Verschwiegenheit über amtliche Angelegenheiten verpflichtet.

² Die Pflicht zur Verschwiegenheit bleibt auch nach Beendigung des Arbeitsverhältnisses oder der Zugehörigkeit zu einem Organ der FINMA bestehen.

³ Die Angestellten und die einzelnen Organe der FINMA dürfen sich ohne Ermächtigung der FINMA bei Einvernahmen und in Gerichtsverfahren als Partei, Zeuginnen und Zeugen oder Sachverständige nicht über Wahrnehmungen äussern, die sie bei der Erfüllung ihrer Aufgaben gemacht haben und die sich auf ihre amtlichen Aufgaben beziehen.

⁴ Dem Amtsgeheimnis unterstehen auch alle von der FINMA Beauftragten (Prüfbeauftragte, Untersuchungsbeauftragte, Sanierungsbeauftragte, Liquidatoren, Sachwalter).[29]

2. Abschnitt: Finanzierung und Finanzhaushalt

Art. 15 Finanzierung

¹ Die FINMA erhebt Gebühren für Aufsichtsverfahren im Einzelfall und für Dienstleistungen. Zudem erhebt sie von den Beaufsichtigten jährlich pro Auf-

---

* Fassungen gemäss Anhang 1 Ziff. II 96 des Datenschutzgesetzes vom 25. Sept. 2020, in Kraft ab 1. Sept. 2023 (AS 2022 491; BBl 2017 6941).
** Eingefügt durch Anhang 1 Ziff. II 96 des Datenschutzgesetzes vom 25. Sept. 2020, in Kraft ab 1. Sept. 2023 (AS 2022 491; BBl 2017 6941).
29 Fassung gemäss Anhang Ziff. 8 des BG vom 20. Juni 2014 (Bündelung der Aufsicht über Revisionsunternehmen und Prüfgesellschaften), in Kraft seit 1. Jan. 2015 (AS 2014 4073; BBl 2013 6857).

sichtsbereich eine Aufsichtsabgabe für die Kosten der FINMA, die durch die Gebühren nicht gedeckt sind.

² Die Aufsichtsabgabe wird nach folgenden Kriterien bemessen:

a.[30] ...

a[bis].[31] Für die Beaufsichtigten nach Artikel 1a des Bankengesetzes vom 8. November 1934[32], nach Artikel 2 Absatz 1 Buchstabe e des Finanzinstitutsgesetzes vom 15. Juni 2018[33] und nach dem Pfandbriefgesetz vom 25. Juni 1930[34] sind Bilanzsumme und Effektenumsatz massgebend; für die Beaufsichtigten nach Artikel 2 Absatz 1 Buchstaben c und d des Finanzinstitutsgesetzes sind die Höhe des verwalteten Vermögens, der Bruttoertrag und die Betriebsgrösse massgebend; für die Beaufsichtigten nach Artikel 1b des Bankengesetzes sind Bilanzsumme und Bruttoertrag massgebend.

a[ter].[35] Für die Beaufsichtigten nach dem Finanzmarktinfrastrukturgesetz vom 19. Juni 2015[36] sind Bilanzsumme und Effektenumsatz oder, wenn keine Effekten umgesetzt werden, der Bruttoertrag massgebend.

b. Für die Beaufsichtigten nach dem Kollektivanlagengesetz vom 23. Juni 2006[37] sind die Höhe des verwalteten Vermögens, der Bruttoertrag und die Betriebsgrösse massgebend.

c. Für ein Versicherungsunternehmen nach dem Versicherungsaufsichtsgesetz vom 17. Dezember 2004[38] ist sein Anteil an den gesamten Prämieneinnahmen aller Versicherungsunternehmen massgebend; für Versicherungsvermittlerinnen und -vermittler nach Artikel 43 Absatz 1 des Versicherungsaufsichtsgesetzes vom 17. Dezember 2004 sind ihre Anzahl und die Betriebsgrösse massgebend.

d.[39] Für die Selbstregulierungsorganisationen nach dem Geldwäschereigesetz vom 10. Oktober 1997[40] (GwG) sind Bruttoertrag und Anzahl Mitglieder massgebend.

e.[41] Für eine Aufsichtsorganisation nach dem 3. Titel ist der Anteil der von ihr Beaufsichtigten an der Gesamtzahl der von allen Aufsichtsorganisationen

---

30 Gegenstandslos. Siehe Art. 75 Abs. 5 des Finanzinstitutsgesetzes vom 15. Juni 2018 (SR 954.1).
31 Eingefügt durch Anhang Ziff. II 16 des Finanzinstitutsgesetzes vom 15. Juni 2018, in Kraft seit 1. Jan. 2020 (AS 2018 5247, 2019 4631; BBl 2015 8901).
32 SR 952.0
33 SR 954.1
34 SR 211.423.4
35 Ursprünglich: Bst. a[bis]. Eingefügt durch Anhang Ziff. 13 des Finanzmarktinfrastrukturgesetzes vom 19. Juni 2015, in Kraft seit 1. Jan. 2016 (AS 2015 5339; BBl 2014 7483).
36 SR 958.1
37 SR 951.31
38 SR 961.01
39 Fassung gemäss Anhang Ziff. II 16 des Finanzinstitutsgesetzes vom 15. Juni 2018, in Kraft seit 1. Jan. 2020 (AS 2018 5247, 2019 4631; BBl 2015 8901).
40 SR 955.0
41 Fassung gemäss Anhang Ziff. II 16 des Finanzinstitutsgesetzes vom 15. Juni 2018, in Kraft seit 1. Jan. 2020 (AS 2018 5247, 2019 4631; BBl 2015 8901).

Beaufsichtigten massgebend; die Aufsichtsabgabe deckt auch die Kosten der FINMA, welche durch Beaufsichtigte verursacht werden und nicht durch Gebühren gedeckt werden können.

³ Der Bundesrat kann die Aufteilung der Aufsichtsabgabe in eine fixe Grundabgabe und eine variable Zusatzabgabe vorsehen.

⁴ Er regelt die Einzelheiten, namentlich:
a. die Bemessungsgrundlagen;
b. die Aufsichtsbereiche nach Absatz 1; und
c. die Aufteilung der durch die Aufsichtsabgabe zu finanzierenden Kosten unter den Aufsichtsbereichen.

Art. 16 Reserven

Die FINMA bildet innert angemessener Frist für die Ausübung ihrer Aufsichtstätigkeit Reserven im Umfang eines Jahresbudgets.

Art. 17 Tresorerie

¹ Die Eidgenössische Finanzverwaltung verwaltet im Rahmen ihrer zentralen Tresorerie die liquiden Mittel der FINMA.

² Sie gewährt der FINMA zur Sicherstellung der Zahlungsbereitschaft Darlehen zu marktkonformen Bedingungen.

³ Die Eidgenössische Finanzverwaltung und die FINMA legen die Einzelheiten dieser Zusammenarbeit einvernehmlich fest.

Art. 18 Rechnungslegung

¹ Die Rechnungslegung der FINMA stellt ihre Vermögens-, Finanz- und Ertragslage vollständig dar.

² Sie folgt den allgemeinen Grundsätzen der Wesentlichkeit, Verständlichkeit, Stetigkeit und Bruttodarstellung und orientiert sich an allgemein anerkannten Standards.

³ Die aus den Rechnungslegungsgrundsätzen abgeleiteten Bilanzierungs- und Bewertungsregeln sind offenzulegen.

Art. 19 Verantwortlichkeit

¹ Die Verantwortlichkeit der FINMA, ihrer Organe, ihres Personals sowie der von der FINMA Beauftragten richtet sich unter Vorbehalt von Absatz 2 nach dem Verantwortlichkeitsgesetz vom 14. März 1958[42].[43]

² Die FINMA und die von ihr Beauftragten haften nur, wenn:
a. sie wesentliche Amtspflichten verletzt haben; und

---

[42] SR 170.32
[43] Fassung gemäss Anhang Ziff. 8 des BG vom 20. Juni 2014 (Bündelung der Aufsicht über Revisionsunternehmen und Prüfgesellschaften), in Kraft seit 1. Jan. 2015 (AS 2014 4073; BBl 2013 6857).

b. Schäden nicht auf Pflichtverletzungen einer oder eines Beaufsichtigten zurückzuführen sind.

Art. 20 Steuerbefreiung

¹ Die FINMA ist von jeder Besteuerung durch den Bund, die Kantone und die Gemeinden befreit.

² Vorbehalten bleibt das Bundesrecht über:
a. die Mehrwertsteuer;
b. die Verrechnungssteuer;
c. die Stempelabgaben.

3. Abschnitt: Unabhängigkeit und Aufsicht

Art. 21

¹ Die FINMA übt ihre Aufsichtstätigkeit selbstständig und unabhängig aus.

² Sie erörtert mindestens einmal jährlich mit dem Bundesrat die Strategie ihrer Aufsichtstätigkeit sowie aktuelle Fragen der Finanzplatzpolitik.

³ Sie verkehrt mit dem Bundesrat über das EFD.

⁴ Die eidgenössischen Räte üben die Oberaufsicht aus.

4. Abschnitt: Information der Öffentlichkeit und Datenbearbeitung

Art. 22 Information der Öffentlichkeit

¹ Die FINMA informiert die Öffentlichkeit jährlich mindestens einmal über ihre Aufsichtstätigkeit und Aufsichtspraxis.

² Sie informiert nicht über einzelne Verfahren, es sei denn, es bestehe dafür ein besonderes aufsichtsrechtliches Bedürfnis, insbesondere, wenn die Information nötig ist:
a. zum Schutz der Marktteilnehmerinnen und -teilnehmer oder der Beaufsichtigten;
b. zur Berichtigung falscher oder irreführender Informationen; oder
c. zur Wahrung des Ansehens des Finanzplatzes Schweiz.

³ Hat sie über ein Verfahren informiert, so informiert sie unverzüglich auch über dessen Einstellung. Auf Verlangen des Betroffenen kann davon abgesehen werden.

⁴ Sie trägt bei ihrer gesamten Informationstätigkeit den Persönlichkeitsrechten der Betroffenen Rechnung. Die Veröffentlichung von Personendaten kann in elektronischer oder gedruckter Form erfolgen.

Art. 23 Datenbearbeitung und öffentliches Verzeichnis

¹ Die FINMA bearbeitet im Rahmen der Aufsicht nach diesem Gesetz und den Finanzmarktgesetzen Personendaten, einschliesslich besonders schützenswerter Personendaten und Persönlichkeitsprofilen. Sie regelt die Einzelheiten.

² Sie führt ein Verzeichnis der Beaufsichtigten. Dieses Verzeichnis ist in elektronischer Form öffentlich zugänglich.

Art. 23* Datenbearbeitung

¹ Die FINMA kann im Rahmen der Aufsicht nach diesem Gesetz und den Finanzmarktgesetzen Personendaten, einschliesslich besonders schützenswerter Personendaten, bearbeiten oder bearbeiten lassen.

² Sie darf dies insbesondere zum Zweck:
a. der Prüfung der Beaufsichtigten;
b. der Aufsicht;
c. der Führung eines Verfahrens;
d. der Beurteilung der Gewähr für einwandfreie Geschäftstätigkeit;
e. der Beurteilung des Verhaltens einer Person bei einer Tätigkeit für eine Beaufsichtigte oder einen Beaufsichtigten oder auf dem Finanzmarkt; oder
f. der nationalen und internationalen Amts- und Rechtshilfe.

³ Für die Datenbearbeitung zum Zweck nach Absatz 2 Buchstabe e ist sie zum Profiling, einschliesslich zum Profiling mit hohem Risiko, nach dem Datenschutzgesetz vom 25. September 2020 befugt.

⁴ Sie regelt die Einzelheiten.

Art. 23a** Öffentliches Verzeichnis

Die FINMA führt ein Verzeichnis der Beaufsichtigten. Dieses ist in elektronischer Form öffentlich zugänglich.

3. Kapitel: Aufsichtsinstrumente

1. Abschnitt: Prüfung

Art. 24[44] Grundsatz

¹ Die FINMA kann nach Massgabe der Finanzmarktgesetze (Art. 1 Abs. 1) die Prüfung der Beaufsichtigten selbst ausführen oder sie ausführen lassen durch:

---

* Fassung gemäss Anhang 1 Ziff. II 96 des Datenschutzgesetzes vom 25. Sept. 2020, in Kraft ab 1. Sept. 2023 (AS 2022 491; BBl 2017 6941).

** Eingefügt durch Anhang 1 Ziff. II 96 des Datenschutzgesetzes vom 25. Sept. 2020, in Kraft ab 1. Sept. 2023 (AS 2022 491; BBl 2017 6941).

44 Fassung gemäss Anhang Ziff. 8 des BG vom 20. Juni 2014 (Bündelung der Aufsicht über Revisionsunternehmen und Prüfgesellschaften), in Kraft seit 1. Jan. 2015 (AS 2014 4073; BBl 2013 6857).

a. von den Beaufsichtigten beauftragte und der Eidgenössischen Revisionsaufsichtsbehörde nach Artikel 9a des Revisionsaufsichtsgesetzes vom 16. Dezember 2005[45] zugelassene Prüfgesellschaften; oder
b. Prüfbeauftragte gemäss Artikel 24a.

² Die Prüfung orientiert sich insbesondere an den Risiken, die vom Beaufsichtigten für die Gläubigerinnen und Gläubiger, die Anlegerinnen und Anleger, die Versicherten und die Funktionsfähigkeit der Finanzmärkte ausgehen können. Doppelspurigkeiten bei der Prüfung sind so weit möglich zu vermeiden.

³ Für die Geheimhaltung durch die Prüfgesellschaften gilt Artikel 730b Absatz 2 des Obligationenrechts[46] sinngemäss.

⁴ Der Bundesrat regelt bei der Prüfung gemäss Absatz 1 Buchstabe a die Grundzüge für den Inhalt und die Durchführung der Prüfung sowie die Form der Berichterstattung. Er kann die FINMA ermächtigen, Ausführungsbestimmungen zu technischen Angelegenheiten zu erlassen.

⁵ Die Beaufsichtigten tragen die Kosten der Prüfung.

Art. 24a[47] Prüfbeauftragte

¹ Die FINMA kann eine unabhängige und fachkundige Person beauftragen, Prüfungen bei Beaufsichtigten durchzuführen.

² Sie umschreibt in der Einsetzungsverfügung die Aufgaben der oder des Prüfbeauftragten.

³ Die Kosten der oder des Prüfbeauftragten tragen die Beaufsichtigten.

Art. 25[48] Pflichten der geprüften Beaufsichtigten

¹ Wird eine Prüfgesellschaft zur Prüfung eingesetzt oder zieht die FINMA eine Prüfbeauftragte oder einen Prüfbeauftragten bei, so haben die Beaufsichtigten dieser oder diesem alle Auskünfte zu erteilen und Unterlagen herauszugeben, die sie oder er zur Erfüllung ihrer oder seiner Aufgaben benötigen.

² Die oder der Beaufsichtigte hat die FINMA über die Wahl einer Prüfgesellschaft zu informieren.

Art. 26[49]

---

[45] SR 221.302
[46] SR 220
[47] Eingefügt durch Anhang Ziff. 8 des BG vom 20. Juni 2014 (Bündelung der Aufsicht über Revisionsunternehmen und Prüfgesellschaften), in Kraft seit 1. Jan. 2015 (AS 2014 4073; BBl 2013 6857).
[48] Fassung gemäss Anhang Ziff. 8 des BG vom 20. Juni 2014 (Bündelung der Aufsicht über Revisionsunternehmen und Prüfgesellschaften), in Kraft seit 1. Jan. 2015 (AS 2014 4073; BBl 2013 6857).
[49] Aufgehoben durch Anhang Ziff. 8 des BG vom 20. Juni 2014 (Bündelung der Aufsicht über Revisionsunternehmen und Prüfgesellschaften), mit Wirkung seit 1. Jan. 2015 (AS 2014 4073; BBl 2013 6857).

Art. 27 Berichterstattung und Massnahmen

¹ Die Prüfgesellschaft erstattet der FINMA Bericht über ihre Prüfungen. Die Prüfgesellschaft stellt den Bericht dem obersten Leitungsorgan der oder des geprüften Beaufsichtigten zur Verfügung.[50]

² Stellt sie Verletzungen aufsichtsrechtlicher Bestimmungen oder sonstige Missstände fest, so setzt sie der oder dem geprüften Beaufsichtigten eine angemessene Frist zur Herstellung des ordnungsgemässen Zustands. Wird die Frist nicht eingehalten, so informiert sie die FINMA.

³ Bei schweren Verletzungen aufsichtsrechtlicher Bestimmungen und schweren Missständen benachrichtigt die Prüfgesellschaft die FINMA ohne Verzug.

Art. 28 Aufsicht über die Prüfgesellschaften

¹ ...[51]

² Die FINMA und die Eidgenössische Revisionsaufsichtsbehörde erteilen einander alle Auskünfte und übermitteln alle Unterlagen, die sie für die Durchsetzung der jeweiligen Gesetzgebung benötigen.[52]

Art. 28a[53] Wahl und Wechsel der Prüfgesellschaft

¹ Für die Prüfung im Rahmen eines Bewilligungsverfahrens sowie für die übrigen Prüfungen sind zwei unterschiedliche Prüfgesellschaften zu beauftragen.

² Die FINMA kann in begründeten Fällen vom Beaufsichtigten den Wechsel der Prüfgesellschaft verlangen.

³ Die FINMA informiert die Eidgenössische Revisionsaufsichtsbehörde vor der Anordnung eines Wechsels nach Absatz 2.

2. Abschnitt: Weitere Aufsichtsinstrumente

Art. 29 Auskunfts- und Meldepflicht

¹ Die Beaufsichtigten, ihre Prüfgesellschaften und Revisionsstellen sowie qualifiziert oder massgebend an den Beaufsichtigten beteiligte Personen und Unternehmen müssen der FINMA alle Auskünfte erteilen und Unterlagen herausgeben, die sie zur Erfüllung ihrer Aufgaben benötigt.

---

50 Fassung gemäss Anhang Ziff. 8 des BG vom 20. Juni 2014 (Bündelung der Aufsicht über Revisionsunternehmen und Prüfgesellschaften), in Kraft seit 1. Jan. 2015 (AS 2014 4073; BBl 2013 6857).
51 Aufgehoben durch Anhang Ziff. 8 des BG vom 20. Juni 2014 (Bündelung der Aufsicht über Revisionsunternehmen und Prüfgesellschaften), mit Wirkung seit 1. Jan. 2015 (AS 2014 4073; BBl 2013 6857).
52 Fassung gemäss Anhang Ziff. 8 des BG vom 20. Juni 2014 (Bündelung der Aufsicht über Revisionsunternehmen und Prüfgesellschaften), in Kraft seit 1. Jan. 2015 (AS 2014 4073; BBl 2013 6857).
53 Eingefügt durch Anhang Ziff. 8 des BG vom 20. Juni 2014 (Bündelung der Aufsicht über Revisionsunternehmen und Prüfgesellschaften), in Kraft seit 1. Jan. 2015 (AS 2014 4073; BBl 2013 6857).

² Die Beaufsichtigten und die Prüfgesellschaften, die bei ihnen Prüfungen durchführen, müssen der FINMA zudem unverzüglich Vorkommnisse melden, die für die Aufsicht von wesentlicher Bedeutung sind.[54]

Art. 30 Anzeige der Eröffnung eines Verfahrens

Ergeben sich Anhaltspunkte für Verletzungen aufsichtsrechtlicher Bestimmungen und eröffnet die FINMA ein Verfahren, so zeigt sie dies den Parteien an.

Art. 31 Wiederherstellung des ordnungsgemässen Zustandes

¹ Verletzt eine Beaufsichtigte oder ein Beaufsichtigter die Bestimmungen dieses Gesetzes oder eines Finanzmarktgesetzes oder bestehen sonstige Missstände, so sorgt die FINMA für die Wiederherstellung des ordnungsgemässen Zustandes.

² Erscheinen die Rechte der Kundinnen und Kunden gefährdet, so kann die FINMA die Beaufsichtigten zu Sicherheitsleistungen verpflichten.[55]

Art. 32 Feststellungsverfügung und Ersatzvornahme[56]

¹ Ergibt das Verfahren, dass die oder der Beaufsichtigte aufsichtsrechtliche Bestimmungen schwer verletzt hat, und müssen keine Massnahmen zur Wiederherstellung des ordnungsgemässen Zustandes mehr angeordnet werden, so kann die FINMA eine Feststellungsverfügung erlassen.

² Wird eine vollstreckbare Verfügung der FINMA nach vorgängiger Mahnung innert der angesetzten Frist nicht befolgt, so kann die FINMA auf Kosten der säumigen Partei die angeordnete Handlung selber vornehmen oder vornehmen lassen.[57]

Art. 33 Berufsverbot

¹ Stellt die FINMA eine schwere Verletzung aufsichtsrechtlicher Bestimmungen fest, so kann sie der verantwortlichen Person die Tätigkeit in leitender Stellung bei einer oder einem von ihr Beaufsichtigten untersagen.

² Das Berufsverbot kann für eine Dauer von bis zu fünf Jahren ausgesprochen werden.

---

54 Fassung gemäss Anhang Ziff. 8 des BG vom 20. Juni 2014 (Bündelung der Aufsicht über Revisionsunternehmen und Prüfgesellschaften), in Kraft seit 1. Jan. 2015 (AS 2014 4073; BBl 2013 6857).
55 Eingefügt durch Anhang Ziff. II 16 des Finanzinstitutsgesetzes vom 15. Juni 2018, in Kraft seit 1. Jan. 2020 (AS 2018 5247, 2019 4631; BBl 2015 8901).
56 Fassung gemäss Anhang Ziff. II 16 des Finanzinstitutsgesetzes vom 15. Juni 2018, in Kraft seit 1. Jan. 2020 (AS 2018 5247, 2019 4631; BBl 2015 8901).
57 Eingefügt durch Anhang Ziff. II 16 des Finanzinstitutsgesetzes vom 15. Juni 2018, in Kraft seit 1. Jan. 2020 (AS 2018 5247, 2019 4631; BBl 2015 8901).

Art. 33a[58] Tätigkeitsverbot

[1] Die FINMA kann folgenden Personen die Tätigkeit im Handel mit Finanzinstrumenten oder als Kundenberaterin oder Kundenberater befristet oder im Falle einer Wiederholung dauernd verbieten, wenn sie die Bestimmungen der Finanzmarktgesetze, die Ausführungsbestimmungen oder die betriebsinternen Vorschriften schwer verletzen:

a. den für den Handel mit Finanzinstrumenten verantwortlichen Mitarbeiterinnen und Mitarbeitern einer oder eines Beaufsichtigten;
b. den als Kundenberaterinnen oder Kundenberater tätigen Mitarbeiterinnen und Mitarbeitern einer oder eines Beaufsichtigten.

[2] Erfasst das Tätigkeitsverbot gleichzeitig auch eine Tätigkeit im Aufsichtsbereich einer Aufsichtsorganisation, so ist ihr der Entscheid mitzuteilen.

Art. 34 Veröffentlichung der aufsichtsrechtlichen Verfügung

[1] Liegt eine schwere Verletzung aufsichtsrechtlicher Bestimmungen vor, so kann die FINMA ihre Endverfügung nach Eintritt der Rechtskraft unter Angabe von Personendaten in elektronischer oder gedruckter Form veröffentlichen.

[2] Die Veröffentlichung ist in der Verfügung selber anzuordnen.

Art. 35 Einziehung

[1] Die FINMA kann den Gewinn einziehen, den eine Beaufsichtigte, ein Beaufsichtigter oder eine verantwortliche Person in leitender Stellung durch schwere Verletzung aufsichtsrechtlicher Bestimmungen erzielt hat.

[2] Diese Regelung gilt sinngemäss, wenn eine Beaufsichtigte, ein Beaufsichtigter oder eine verantwortliche Person in leitender Stellung durch schwere Verletzung aufsichtsrechtlicher Bestimmungen einen Verlust vermieden hat.

[3] Lässt sich der Umfang der einzuziehenden Vermögenswerte nicht oder nur mit unverhältnismässigem Aufwand ermitteln, so kann die FINMA ihn schätzen.

[4] Das Recht zur Einziehung verjährt nach sieben Jahren.

[5] Die strafrechtliche Einziehung nach den Artikeln 70–72 des Strafgesetzbuches[59] geht der Einziehung nach dieser Bestimmung vor.

[6] Die eingezogenen Vermögenswerte gehen an den Bund, soweit sie nicht Geschädigten ausbezahlt werden.

---

58 Eingefügt durch Anhang Ziff. II 16 des Finanzinstitutsgesetzes vom 15. Juni 2018, in Kraft seit 1. Jan. 2020 (AS 2018 5247, 2019 4631; BBl 2015 8901).
59 SR 311.0

Art. 36 Untersuchungsbeauftragte oder Untersuchungsbeauftragter

¹ Die FINMA kann eine unabhängige und fachkundige Person damit beauftragen, bei einer oder einem Beaufsichtigten einen aufsichtsrechtlich relevanten Sachverhalt abzuklären oder von ihr angeordnete aufsichtsrechtliche Massnahmen umzusetzen (Untersuchungsbeauftragte oder Untersuchungsbeauftragter).

² Sie umschreibt in der Einsetzungsverfügung die Aufgaben der oder des Untersuchungsbeauftragten. Sie legt fest, in welchem Umfang die oder der Untersuchungsbeauftragte an Stelle der Organe der Beaufsichtigten handeln darf.

³ Die Beaufsichtigten haben der oder dem Untersuchungsbeauftragten Zutritt zu ihren Räumlichkeiten zu gewähren sowie alle Auskünfte zu erteilen und Unterlagen offenzulegen, welche die oder der Untersuchungsbeauftragte zur Erfüllung ihrer oder seiner Aufgaben benötigt.

⁴ Die Kosten der oder des Untersuchungsbeauftragten tragen die Beaufsichtigten. Sie haben auf Anordnung der FINMA einen Kostenvorschuss zu leisten.

Art. 37 Entzug der Bewilligung, der Anerkennung oder der Zulassung[60]

¹ Die FINMA entzieht einer oder einem Beaufsichtigten die Bewilligung, die Anerkennung oder die Zulassung, wenn er die Voraussetzungen für die Tätigkeit nicht mehr erfüllt oder aufsichtsrechtliche Bestimmungen schwer verletzt.[61]

² Mit dem Entzug verliert die oder der Beaufsichtigte das Recht, die Tätigkeit auszuüben. Die übrigen Folgen des Entzugs richten sich nach den anwendbaren Finanzmarktgesetzen.

³ Diese Folgen gelten analog, wenn eine Beaufsichtigte oder ein Beaufsichtigter tätig ist, ohne über eine Bewilligung, eine Anerkennung, eine Zulassung oder eine Registrierung zu verfügen.

3. Abschnitt: Zusammenarbeit mit inländischen Behörden

Art. 38 Strafbehörden

¹ Die FINMA und die zuständige Strafverfolgungsbehörde tauschen die im Rahmen der Zusammenarbeit und zur Erfüllung ihrer Aufgaben notwendigen Informationen aus. Sie verwenden die erhaltenen Informationen ausschliesslich zur Erfüllung ihrer jeweiligen Aufgaben.[62]

---

60 Fassung gemäss Anhang Ziff. II 16 des Finanzinstitutsgesetzes vom 15. Juni 2018, in Kraft seit 1. Jan. 2020 (AS 2018 5247, 2019 4631; BBl 2015 8901).
61 Fassung gemäss Anhang Ziff. II 16 des Finanzinstitutsgesetzes vom 15. Juni 2018, in Kraft seit 1. Jan. 2020 (AS 2018 5247, 2019 4631; BBl 2015 8901).
62 Fassung gemäss Anhang Ziff. 13 des Finanzmarktinfrastrukturgesetzes vom 19. Juni 2015, in Kraft seit 1. Jan. 2016 (AS 2015 5339; BBl 2014 7483).

² Sie koordinieren ihre Untersuchungen, soweit möglich und erforderlich.

³ Erhält die FINMA Kenntnis von gemeinrechtlichen Verbrechen und Vergehen sowie Widerhandlungen gegen dieses Gesetz und die Finanzmarktgesetze, so benachrichtigt sie die zuständigen Strafverfolgungsbehörden.

Art. 39[63] Andere inländische Behörden

¹ Die FINMA ist befugt, anderen inländischen Aufsichtsbehörden sowie der Schweizerischen Nationalbank nicht öffentlich zugängliche Informationen zu übermitteln, die diese zur Erfüllung ihrer Aufgaben benötigen.

1bis Die FINMA und die Aufsichtsbehörde nach dem Krankenversicherungsaufsichtsgesetz vom 26. September 2014[64] koordinieren ihre Aufsichtstätigkeiten. Sie informieren sich gegenseitig, sobald sie von Vorkommnissen Kenntnis erhalten, die für die andere Aufsichtsbehörde von Bedeutung sind.[65]

² Die FINMA kann zudem mit dem EFD nicht öffentlich zugängliche Informationen über bestimmte Finanzmarktteilnehmer austauschen, wenn es der Aufrechterhaltung der Stabilität des Finanzsystems dient.[66]

Art. 40 Verweigerungsgründe

Die FINMA kann die Bekanntgabe von nicht öffentlich zugänglichen Informationen und die Herausgabe von Akten gegenüber Strafverfolgungsbehörden und anderen inländischen Behörden verweigern, soweit:
a. die Informationen und die Akten ausschliesslich der internen Meinungsbildung dienen;
b. deren Bekannt- oder Herausgabe ein laufendes Verfahren gefährden oder die Erfüllung ihrer Aufsichtstätigkeit beeinträchtigen würde;
c. sie mit den Zielen der Finanzmarktaufsicht oder mit deren Zweck nicht vereinbar ist.

Art. 41 Streitigkeiten

Über Meinungsverschiedenheiten in der Zusammenarbeit zwischen der FINMA einerseits und Strafverfolgungsbehörden und anderen inländischen Behörden anderseits entscheidet das Bundesverwaltungsgericht auf Ersuchen einer der betroffenen Behörden.

---

63 Fassung gemäss Anhang Ziff. 13 des Finanzmarktinfrastrukturgesetzes vom 19. Juni 2015, in Kraft seit 1. Jan. 2016 (AS 2015 5339; BBl 2014 7483).
64 SR 832.12
65 Eingefügt durch Anhang Ziff. 4 des Finanzdienstleistungsgesetzes vom 15. Juni 2018, in Kraft seit 1. Jan. 2020 (AS 2019 4417; BBl 2015 8901).
66 Fassung gemäss Anhang Ziff. 4 des Finanzdienstleistungsgesetzes vom 15. Juni 2018, in Kraft seit 1. Jan. 2020 (AS 2019 4417; BBl 2015 8901).

Art. 41a[67] Zustellung von Urteilen

¹ Die kantonalen Zivilgerichte und das Bundesgericht stellen der FINMA die Urteile, die sie in Streitigkeiten zwischen Beaufsichtigten und Gläubigerinnen und Gläubigern, Anlegerinnen und Anlegern oder Versicherten fällen, in vollständiger Ausfertigung kostenlos zu.

² Die FINMA leitet Urteile, die durch die Aufsichtsorganisation Beaufsichtigte betreffen, der Aufsichtsorganisation weiter.

4. Abschnitt: Zusammenarbeit mit ausländischen Stellen[68]

Art. 42[69] Amtshilfe

¹ Die FINMA kann zum Vollzug der Finanzmarktgesetze ausländische Finanzmarktaufsichtsbehörden um Informationen ersuchen.

² Sie darf ausländischen Finanzmarktaufsichtsbehörden nicht öffentlich zugängliche Informationen nur übermitteln, sofern:
a. diese Informationen ausschliesslich zum Vollzug des Finanzmarktrechts verwendet oder zu diesem Zweck an andere Behörden, Gerichte oder Organe weitergeleitet werden;
b. die ersuchenden Behörden an ein Amts- oder Berufsgeheimnis gebunden sind, wobei Vorschriften über die Öffentlichkeit von Verfahren und die Orientierung der Öffentlichkeit über solche Verfahren vorbehalten bleiben.

³ Für den Austausch von Informationen zwischen der FINMA und ausländischen Behörden, Gerichten und Organen, die in die Sanierung und Abwicklung von Bewilligungsinhabern eingebunden sind, gelten die Absätze 1 und 2 sinngemäss.

⁴ Die Amtshilfe wird zügig geleistet. Die FINMA berücksichtigt den Grundsatz der Verhältnismässigkeit. Die Übermittlung von Informationen über Personen, die offensichtlich nicht in die zu untersuchende Angelegenheit verwickelt sind, ist unzulässig.

⁵ Die FINMA kann im Einvernehmen mit dem Bundesamt für Justiz zustimmen, dass übermittelte Informationen zu einem anderen als dem in Absatz 2 Buchstabe a genannten Zweck an Strafbehörden weitergeleitet werden, sofern die Rechtshilfe in Strafsachen nicht ausgeschlossen ist.

---

67 Eingefügt durch Anhang Ziff. II 16 des Finanzinstitutsgesetzes vom 15. Juni 2018, in Kraft seit 1. Jan. 2020 (AS 2018 5247, 2019 4631; BBl 2015 8901).
68 Fassung gemäss Anhang Ziff. 13 des Finanzmarktinfrastrukturgesetzes vom 19. Juni 2015, in Kraft seit 1. Jan. 2016 (AS 2015 5339; BBl 2014 7483).
69 Fassung gemäss Anhang Ziff. 13 des Finanzmarktinfrastrukturgesetzes vom 19. Juni 2015, in Kraft seit 1. Jan. 2016 (AS 2015 5339; BBl 2014 7483).

Art. 42a[70] Amtshilfeverfahren

¹ Befindet sich die FINMA noch nicht im Besitz der zu übermittelnden Informationen, so kann sie diese von den Informationsinhaberinnen und -inhabern verlangen. Auskunftspersonen können eine Befragung nach Artikel 16 des Verwaltungsverfahrensgesetzes vom 20. Dezember 1968[71] verweigern.

² Betreffen die von der FINMA zu übermittelnden Informationen einzelne Kundinnen oder Kunden, so ist das Verwaltungsverfahrensgesetz vom 20. Dezember 1968 unter Vorbehalt der Absätze 3–6 anwendbar.

³ Die FINMA kann die Einsichtnahme in die Korrespondenz mit ausländischen Behörden verweigern. Artikel 28 des Verwaltungsverfahrensgesetzes vom 20. Dezember 1968 bleibt vorbehalten.

⁴ Die FINMA kann ausnahmsweise davon absehen, die betroffenen Kundinnen und Kunden vor Übermittlung der Informationen zu informieren, wenn der Zweck der Amtshilfe und die wirksame Erfüllung der Aufgaben der ersuchenden Behörde durch die vorgängige Information vereitelt würde. In diesen Fällen sind die betroffenen Kundinnen und Kunden nachträglich zu informieren.

⁵ In den Fällen nach Absatz 4 informiert die FINMA die Informationsinhaberinnen und -inhaber sowie die Behörden, denen das Ersuchen zur Kenntnis gebracht wurde, über den Informationsaufschub. Diese dürfen bis zur nachträglichen Information der betroffenen Kundinnen und Kunden über das Ersuchen nicht informieren.

⁶ Der Entscheid der FINMA über die Übermittlung der Informationen an die ausländische Finanzmarktaufsichtsbehörde kann von der Kundin oder dem Kunden innert zehn Tagen beim Bundesverwaltungsgericht angefochten werden. Artikel 22a des Verwaltungsverfahrensgesetzes vom 20. Dezember 1968 findet keine Anwendung. In den Fällen nach Absatz 4 kann das Rechtsbegehren lediglich auf Feststellung der Rechtswidrigkeit lauten.

Art. 42b[72] Zusammenarbeit mit internationalen Organisationen und Gremien

¹ Die FINMA kann zur Erfüllung ihrer Aufgaben nach Artikel 6 an multilateralen Initiativen internationaler Organisationen und Gremien teilnehmen, in deren Rahmen Informationen ausgetauscht werden.

² Bei multilateralen Initiativen von grosser Tragweite für den Schweizer Finanzplatz erfolgt die Teilnahme am Informationsaustausch im Einvernehmen mit dem EFD.

---

70 Eingefügt durch Anhang Ziff. 13 des Finanzmarktinfrastrukturgesetzes vom 19. Juni 2015, in Kraft seit 1. Jan. 2016 (AS 2015 5339; BBl 2014 7483).
71 SR 172.021
72 Eingefügt durch Anhang Ziff. 13 des Finanzmarktinfrastrukturgesetzes vom 19. Juni 2015, in Kraft seit 1. Jan. 2016 (AS 2015 5339; BBl 2014 7483).

³ Bei einer Teilnahme kann die FINMA nicht öffentlich zugängliche Informationen an internationale Organisationen und Gremien nur übermitteln, sofern:
a. diese Informationen ausschliesslich zur Erfüllung von Aufgaben im Zusammenhang mit der Ausarbeitung und Einhaltung von Regulierungsstandards oder zur Analyse von systemischen Risiken verwendet werden;
b. die Geheimhaltung gewährleistet ist.

⁴ Die FINMA vereinbart mit den internationalen Organisationen und Gremien den genauen Verwendungszweck und eine allfällige Weiterleitung der übermittelten Informationen. Absatz 3 bleibt vorbehalten.

Art. 42c[73] Informationsübermittlung durch Beaufsichtigte

¹ Beaufsichtigte dürfen den zuständigen ausländischen Finanzmarktaufsichtsbehörden und weiteren mit der Aufsicht betrauten ausländischen Stellen nicht öffentlich zugängliche Informationen übermitteln, sofern:
a. die Voraussetzungen von Artikel 42 Absatz 2 erfüllt sind;
b. die Rechte von Kunden und Dritten gewahrt bleiben.

² Darüber hinaus dürfen sie nicht öffentliche Informationen, die im Zusammenhang mit Geschäften von Kunden und Beaufsichtigten stehen, ausländischen Behörden und den von diesen beauftragten Stellen übermitteln, wenn die Rechte von Kunden und Dritten gewahrt bleiben.

³ Eine Informationsübermittlung von wesentlicher Bedeutung nach Artikel 29 Absatz 2 bedarf der vorgängigen Meldung an die FINMA.

⁴ Die FINMA kann den Amtshilfeweg vorbehalten.

⁵ Sie kann die Übermittlung, die Veröffentlichung oder die Weitergabe von Akten aus dem Aufsichtsverhältnis von ihrer Zustimmung abhängig machen, wenn dies im Interesse der Erfüllung ihrer Aufgaben liegt und keine überwiegenden privaten oder öffentlichen Interessen entgegenstehen.

Art. 43 Grenzüberschreitende Prüfungen

¹ Die FINMA kann zum Vollzug der Finanzmarktgesetze direkte Prüfungen bei Beaufsichtigten im Ausland selber vornehmen oder durch Prüfgesellschaften oder beigezogene Prüfbeauftragte vornehmen lassen.[74]

² Sie darf ausländischen Finanzmarktaufsichtsbehörden direkte Prüfungen bei Beaufsichtigten erlauben, sofern:
a. diese Behörden im Rahmen der Herkunftslandkontrolle für die Aufsicht des geprüften Beaufsichtigten oder in ihrem Hoheitsgebiet für die Beaufsichtigung der Tätigkeit des geprüften Beaufsichtigten verantwortlich sind; und

---

73 Eingefügt durch Anhang Ziff. 13 des Finanzmarktinfrastrukturgesetzes vom 19. Juni 2015, in Kraft seit 1. Jan. 2016 (AS 2015 5339; BBl 2014 7483).
74 Fassung gemäss Anhang Ziff. 13 des Finanzmarktinfrastrukturgesetzes vom 19. Juni 2015, in Kraft seit 1. Jan. 2016 (AS 2015 5339; BBl 2014 7483).

b. die Voraussetzungen für die Amtshilfe nach Artikel 42 Absatz 2 erfüllt sind.[75]

³ Durch grenzüberschreitende direkte Prüfungen dürfen nur Angaben erhoben werden, die für die Aufsichtstätigkeit der ausländischen Finanzmarktaufsichtsbehörden notwendig sind. Dazu gehören insbesondere Angaben darüber, ob ein Institut konzernweit:
a. angemessen organisiert ist;
b. die in seiner Geschäftstätigkeit enthaltenen Risiken angemessen erfasst, begrenzt und überwacht;
c. durch Personen geleitet wird, die Gewähr für eine einwandfreie Geschäftstätigkeit bieten;
d. Eigenmittel- und Risikoverteilungsvorschriften auf konsolidierter Basis erfüllt; und
e. seinen Berichterstattungspflichten gegenüber den Aufsichtsbehörden korrekt nachkommt.[76]

3bis Soweit die ausländischen Finanzmarktaufsichtsbehörden bei direkten Prüfungen in der Schweiz Informationen einsehen wollen, die direkt oder indirekt mit dem Vermögensverwaltungs-, Effektenhandels- oder Einlagengeschäft für einzelne Kundinnen oder Kunden zusammenhängen, erhebt die FINMA die Informationen selbst und übermittelt sie den ersuchenden Behörden. Gleiches gilt für Informationen, die direkt oder indirekt einzelne Anlegerinnen oder Anleger kollektiver Kapitalanlagen betreffen. Artikel 42a findet Anwendung.[77]

3ter Die FINMA kann der ausländischen Finanzmarktaufsichtsbehörde, die für die konsolidierte Aufsicht des geprüften Beaufsichtigten verantwortlich ist, für Zwecke nach Absatz 3 erlauben, eine beschränkte Anzahl einzelner Kundendossiers einzusehen. Die Auswahl der Dossiers muss zufällig anhand von im Voraus festgelegten Kriterien erfolgen.[78]

⁴ Die FINMA kann die ausländischen Finanzmarktaufsichtsbehörden bei ihren direkten Prüfungen in der Schweiz begleiten oder durch eine Prüfgesellschaft oder eine Prüfbeauftragte oder einen Prüfbeauftragten begleiten lassen. Die betroffenen Beaufsichtigten können eine Begleitung verlangen.[79]

⁵ Die nach schweizerischem Recht organisierten Niederlassungen haben den zuständigen ausländischen Finanzmarktaufsichtsbehörden und der FINMA

---

[75] Fassung gemäss Anhang Ziff. 13 des Finanzmarktinfrastrukturgesetzes vom 19. Juni 2015, in Kraft seit 1. Jan. 2016 (AS 2015 5339; BBl 2014 7483).
[76] Fassung gemäss Anhang Ziff. 13 des Finanzmarktinfrastrukturgesetzes vom 19. Juni 2015, in Kraft seit 1. Jan. 2016 (AS 2015 5339; BBl 2014 7483).
[77] Eingefügt durch Anhang Ziff. 13 des Finanzmarktinfrastrukturgesetzes vom 19. Juni 2015, in Kraft seit 1. Jan. 2016 (AS 2015 5339; BBl 2014 7483).
[78] Eingefügt durch Anhang Ziff. 13 des Finanzmarktinfrastrukturgesetzes vom 19. Juni 2015, in Kraft seit 1. Jan. 2016 (AS 2015 5339; BBl 2014 7483).
[79] Fassung gemäss Anhang Ziff. 8 des BG vom 20. Juni 2014 (Bündelung der Aufsicht über Revisionsunternehmen und Prüfgesellschaften), in Kraft seit 1. Jan. 2015 (AS 2014 4073; BBl 2013 6857).

die zur Durchführung der direkten Prüfungen oder der Amtshilfe durch die FINMA notwendigen Auskünfte zu erteilen und Einsicht in ihre Bücher zu gewähren.

⁶ Als Niederlassungen gelten:
a. Tochtergesellschaften, Zweigniederlassungen und Vertretungen von Beaufsichtigten oder ausländischen Instituten; und
b. andere Unternehmungen, soweit ihre Tätigkeit von einer Finanzmarktaufsichtsbehörde in die konsolidierte Aufsicht einbezogen wird.

3. Titel:[80] Aufsicht über Vermögensverwalter und Trustees[81]

1. Kapitel: Allgemeine Bestimmungen

Art. 43a Aufsichtsorganisation

¹ Die laufende Aufsicht über Vermögensverwalter und Trustees nach Artikel 17 des Finanzinstitutsgesetzes vom 15. Juni 2018[82] wird von einer oder mehreren Aufsichtsorganisationen mit Sitz in der Schweiz ausgeübt.[83]

² Die Aufsichtsorganisation bedarf vor der Aufnahme ihrer Aufsichtstätigkeit einer Bewilligung der FINMA und wird von ihr beaufsichtigt.

³ Die Aufsichtsorganisation kann auch Finanzintermediäre nach Artikel 2 Absatz 3 des Geldwäschereigesetzes vom 10. Oktober 1997[84] (GwG) hinsichtlich der Einhaltung der Pflichten nach GwG beaufsichtigen, sofern sie über eine Anerkennung als Selbstregulierungsorganisation nach Artikel 24 GwG verfügt.

⁴ Ist sie nach Absatz 3 auch als Selbstregulierungsorganisation tätig, sorgt sie dafür, dass dies gegen aussen jederzeit erkennbar ist.

Art. 43b Laufende Aufsicht

¹ Die Aufsichtsorganisation überprüft laufend, ob die Vermögensverwalter und Trustees nach Artikel 17 des Finanzinstitutsgesetzes vom 15. Juni 2018[85] die für sie massgeblichen Finanzmarktgesetze einhalten.[86]

---

80 Eingefügt durch Anhang Ziff. II 16 des Finanzinstitutsgesetzes vom 15. Juni 2018, in Kraft seit 1. Jan. 2020 (AS 2018 5247, 2019 4631; BBl 2015 8901).
81 Fassung gemäss Anhang 1 Ziff. 4 des BG vom 19. März 2021, in Kraft seit 1. Jan. 2022 (AS 2021 656; BBl 2019 5451).
82 SR 954.1
83 Fassung gemäss Anhang 1 Ziff. 4 des BG vom 19. März 2021, in Kraft seit 1. Jan. 2022 (AS 2021 656; BBl 2019 5451).
84 SR 955.0
85 SR 954.1
86 Fassung gemäss Anhang 1 Ziff. 4 des BG vom 19. März 2021, in Kraft seit 1. Jan. 2022 (AS 2021 656; BBl 2019 5451).

² Stellt die Aufsichtsorganisation Verletzungen aufsichtsrechtlicher Bestimmungen oder sonstige Missstände fest, so setzt sie der oder dem geprüften Beaufsichtigten eine angemessene Frist zur Herstellung des ordnungsgemässen Zustandes. Wird die Frist nicht eingehalten, so informiert sie unverzüglich die FINMA.

³ Der Bundesrat bestimmt Grundzüge und Inhalt der laufenden Aufsicht. Er trägt dabei der unterschiedlichen Grösse und dem unterschiedlichen Geschäftsrisiko der Beaufsichtigten Rechnung. Er kann die FINMA ermächtigen, Ausführungsbestimmungen zu technischen Angelegenheiten zu erlassen.

2. Kapitel: Bewilligung

Art. 43c Grundsatz

¹ Die FINMA bewilligt die Aufsichtsorganisation, wenn die Bestimmungen dieses Kapitels erfüllt sind.

² Sie genehmigt die Statuten und das Organisationsreglement der Aufsichtsorganisation sowie die Wahl der mit der Verwaltung und Geschäftsleitung betrauten Personen.

³ Die Änderung bewilligungspflichtiger Tatsachen und genehmigungspflichtiger Dokumente bedarf der vorgängigen Bewilligung oder Genehmigung durch die FINMA.

⁴ Werden mehrere Aufsichtsorganisationen errichtet, so kann der Bundesrat Regeln zur Koordination ihrer Tätigkeiten und zur Unterstellung der durch eine Aufsichtsorganisation Beaufsichtigten erlassen.

Art. 43d Organisation

¹ Die Aufsichtsorganisation muss tatsächlich von der Schweiz aus geleitet werden.

² Sie muss über angemessene Regeln zur Unternehmensführung verfügen und so organisiert sein, dass sie die Pflichten nach diesem Gesetz erfüllen kann.

³ Sie muss über die zur Erfüllung ihrer Aufgaben notwendigen finanziellen und personellen Mittel verfügen.

⁴ Sie muss über eine Geschäftsleitung als operatives Organ verfügen.

Art. 43e Gewähr und Unabhängigkeit

¹ Die Aufsichtsorganisation und die mit der Geschäftsführung betrauten Personen müssen Gewähr für eine einwandfreie Geschäftstätigkeit bieten.

² Die mit der Verwaltung und der Geschäftsführung betrauten Personen müssen zudem einen guten Ruf geniessen und die für die Funktion erforderlichen fachlichen Qualifikationen aufweisen.

³ Die Mehrheit der mit der Verwaltung betrauten Personen muss von den durch die Aufsichtsorganisation Beaufsichtigten unabhängig sein.

⁴ Die Mitglieder der Geschäftsleitung müssen von den durch die Aufsichtsorganisation Beaufsichtigten unabhängig sein.

⁵ Die mit der Aufsicht betrauten Personen müssen von den durch sie Beaufsichtigten unabhängig sein. Die Aufgaben einer Aufsichtsorganisation nach diesem Gesetz und diejenigen einer Selbstregulierungsorganisation nach dem GwG[87] können durch dieselben Personen geleitet und durch dasselbe Personal wahrgenommen werden.

Art. 43f Finanzierung und Reserven

¹ Die Aufsichtsorganisation finanziert ihre Aufsichtstätigkeit im Einzelfall und ihre Dienstleistungen durch Beiträge der Beaufsichtigten.

² Die Aufsichtsorganisation bildet innert angemessener Frist für die Ausübung ihrer Aufsichtstätigkeit Reserven im Umfang eines Jahresbudgets.

³ Der Bund kann der Aufsichtsorganisation zur Sicherstellung der Zahlungsbereitschaft bis zur vollständigen Äufnung der Reserven nach Absatz 2 ein Darlehen zu marktkonformen Bedingungen gewähren.

Art. 43g Verantwortlichkeit

Artikel 19 gilt sinngemäss auch für die Aufsichtsorganisation.

3. Kapitel: Aufsicht über die Aufsichtsorganisation

Art. 43h Grundsätze

¹ Die Aufsichtsorganisation informiert die FINMA periodisch über ihre Aufsichtstätigkeit.

² Die FINMA prüft, ob die Aufsichtsorganisation den Anforderungen nach dem 2. Kapitel dieses Titels entspricht und ob sie ihre Aufsichtsaufgaben wahrnimmt.

³ Die Aufsichtsorganisation muss der FINMA alle Auskünfte erteilen und Unterlagen herausgeben, welche die FINMA zur Wahrnehmung ihrer Aufsichtstätigkeit über die Aufsichtsorganisation benötigt.

Art. 43i Massnahmen

¹ Erfüllt die Aufsichtsorganisation die Anforderungen nach dem 2. Kapitel dieses Titels nicht oder nimmt sie ihre Aufsichtsaufgaben nicht wahr, so ergreift die FINMA die erforderlichen Massnahmen.

---

[87] SR 955.0

² Die FINMA kann Personen, welche die Gewähr für eine einwandfreie Geschäftstätigkeit nicht mehr erfüllen, abberufen.

³ Erweist sich keine andere Massnahme als wirkungsvoll, so kann die FINMA die Aufsichtsorganisation liquidieren und die Aufsichtstätigkeit auf eine andere Aufsichtsorganisation übertragen.

⁴ Bestehen Anzeichen für Missstände und sorgt die Aufsichtsorganisation nicht für die Wiederherstellung des rechtmässigen Zustands, so kann die FINMA:
a. eine Prüfung beim Beaufsichtigten durchführen;
b. einen Prüfbeauftragten nach Artikel 24a einsetzen; oder
c. Aufsichtsinstrumente nach den Artikeln 29–37 ergreifen.

4. Kapitel: Datenbearbeitung

Art. 43j
Artikel 23 gilt sinngemäss.

5. Kapitel: Aufsichtsinstrumente der Aufsichtsorganisation

Art. 43k Prüfung

¹ Die Aufsichtsorganisation kann die Prüfung der von ihr Beaufsichtigten selbst ausführen oder sie durch Prüfgesellschaften ausführen lassen, die:
a. von der Eidgenössischen Revisionsaufsichtsbehörde als Revisorin nach Artikel 6 des Revisionsaufsichtsgesetzes vom 16. Dezember 2005[88] zugelassen sind;
b. für diese Prüfung ausreichend organisiert sind; und
c. keine andere nach den Finanzmarktgesetzen bewilligungspflichtige Tätigkeit ausüben.

² Bei Prüfungen durch eine Prüfgesellschaft nach Absatz 1 müssen leitende Prüferinnen oder leitende Prüfer eingesetzt werden, die:
a. von der Eidgenössischen Revisionsaufsichtsbehörde als Revisorin oder Revisor nach Artikel 5 des Revisionsaufsichtsgesetzes zugelassen sind;
b. das nötige Fachwissen und die nötige Praxiserfahrung für die Prüfung nach Absatz 1 aufweisen.

³ Die Artikel 24 Absätze 2–5 und 24a–28a sind sinngemäss anwendbar.

⁴ Die Beaufsichtigten haben auf Anordnung der Aufsichtsorganisation einen Kostenvorschuss zu leisten.

---

[88] SR 221.302

Art. 43 Auskunfts- und Meldepflicht

¹ Die Beaufsichtigten, ihre Prüfgesellschaften und Revisionsstellen sowie qualifiziert oder massgebend an den Beaufsichtigten beteiligte Personen und Unternehmen müssen der Aufsichtsorganisation alle Auskünfte erteilen und Unterlagen herausgeben, die sie zur Erfüllung ihrer Aufgaben benötigt.

² Die Beaufsichtigten und die Prüfgesellschaften, die bei ihnen Prüfungen durchführen, müssen der Aufsichtsorganisation zudem unverzüglich Vorkommnisse melden, die für die Aufsicht von wesentlicher Bedeutung sind.

4. Titel: Strafbestimmungen[89]

Art. 44 Tätigkeit ohne Bewilligung, Anerkennung, Zulassung, Registrierung oder Anschluss an eine Selbstregulierungsorganisation[90]

¹ Mit Freiheitsstrafe bis zu drei Jahren oder Geldstrafe wird bestraft, wer vorsätzlich ohne Bewilligung, Anerkennung, Zulassung, Registrierung oder Anschluss an eine Selbstregulierungsorganisation nach Artikel 24 Absatz 1 GwG[91] eine nach den Finanzmarktgesetzen bewilligungs-, anerkennungs-, zulassungs- oder registrierungspflichtige Tätigkeit oder eine Tätigkeit, die den Anschluss an eine Selbstregulierungsorganisation voraussetzt, ausübt.[92]

² Wer fahrlässig handelt, wird mit Busse bis zu 250 000 Franken bestraft.

³ ...[93]

Art. 45 Erteilen falscher Auskünfte

¹ Mit Freiheitsstrafe bis zu drei Jahren oder Geldstrafe wird bestraft, wer vorsätzlich der FINMA, einer Prüfgesellschaft, einer Aufsichtsorganisation, einer Selbstregulierungsorganisation, einer oder einem Beauftragten falsche Auskünfte erteilt.[94]

² Wer fahrlässig handelt, wird mit Busse bis zu 250 000 Franken bestraft.

³ ...[95]

---

89 Fassung gemäss Anhang Ziff. II 16 des Finanzinstitutsgesetzes vom 15. Juni 2018, in Kraft seit 1. Jan. 2020 (AS 2018 5247, 2019 4631; BBl 2015 8901).
90 Fassung gemäss Anhang Ziff. II 16 des Finanzinstitutsgesetzes vom 15. Juni 2018, in Kraft seit 1. Jan. 2020 (AS 2018 5247, 2019 4631; BBl 2015 8901).
91 SR 955.0
92 Fassung gemäss Anhang Ziff. II 16 des Finanzinstitutsgesetzes vom 15. Juni 2018, in Kraft seit 1. Jan. 2020 (AS 2018 5247, 2019 4631; BBl 2015 8901).
93 Aufgehoben durch Anhang Ziff. 13 des Finanzmarktinfrastrukturgesetzes vom 19. Juni 2015, mit Wirkung seit 1. Jan. 2016 (AS 2015 5339; BBl 2014 7483).
94 Fassung gemäss Anhang Ziff. II 16 des Finanzinstitutsgesetzes vom 15. Juni 2018, in Kraft seit 1. Jan. 2020 (AS 2018 5247, 2019 4631; BBl 2015 8901).
95 Aufgehoben durch Anhang Ziff. 13 des Finanzmarktinfrastrukturgesetzes vom 19. Juni 2015, mit Wirkung seit 1. Jan. 2016 (AS 2015 5339; BBl 2014 7483).

Art. 46 Pflichtverletzungen der Beauftragten[96]

[1] Mit Freiheitsstrafe bis zu drei Jahren oder Geldstrafe wird bestraft, wer vorsätzlich als Beauftragte oder Beauftragter die aufsichtsrechtlichen Bestimmungen grob verletzt, indem sie oder er:[97]

a.[98] im Bericht wesentliche falsche Angaben macht oder wesentliche Tatsachen verschweigt;

b. eine vorgeschriebene Meldung an die FINMA nicht erstattet; oder

c. eine Aufforderung nach Artikel 27 an die oder den geprüften Beaufsichtigten unterlässt.

[2] Wer fahrlässig handelt, wird mit Busse bis zu 250 000 Franken bestraft.

[3] ...[99]

Art. 47 Prüfung der Jahresrechnung

[1] Mit Freiheitsstrafe bis zu drei Jahren oder Geldstrafe wird bestraft, wer vorsätzlich:

a.[100] die nach den Finanzmarktgesetzen vorgeschriebene Jahresrechnung nicht durch eine zugelassene Prüfgesellschaft prüfen oder eine von der FINMA oder einer Aufsichtsorganisation angeordnete Prüfung nicht vornehmen lässt;

b. die Pflichten, die ihm oder ihr gegenüber der Prüfgesellschaft oder gegenüber der oder dem Beauftragten obliegen, nicht erfüllt.

[2] Wer fahrlässig handelt, wird mit Busse bis zu 250 000 Franken bestraft.

[3] ...[101]

Art. 48 Missachten von Verfügungen[102]

Mit Busse bis zu 100 000 Franken wird bestraft, wer einer von der FINMA unter Hinweis auf die Strafdrohung dieses Artikels ergangenen rechtskräftigen Verfügung oder einem Entscheid der Rechtsmittelinstanzen vorsätzlich nicht Folge leistet.

---

96 Fassung gemäss Anhang Ziff. 8 des BG vom 20. Juni 2014 (Bündelung der Aufsicht über Revisionsunternehmen und Prüfgesellschaften), in Kraft seit 1. Jan. 2015 (AS 2014 4073; BBl 2013 6857).

97 Fassung gemäss Anhang Ziff. 8 des BG vom 20. Juni 2014 (Bündelung der Aufsicht über Revisionsunternehmen und Prüfgesellschaften), in Kraft seit 1. Jan. 2015 (AS 2014 4073; BBl 2013 6857).

98 Fassung gemäss Anhang Ziff. 8 des BG vom 20. Juni 2014 (Bündelung der Aufsicht über Revisionsunternehmen und Prüfgesellschaften), in Kraft seit 1. Jan. 2015 (AS 2014 4073; BBl 2013 6857).

99 Aufgehoben durch Anhang Ziff. 13 des Finanzmarktinfrastrukturgesetzes vom 19. Juni 2015, mit Wirkung seit 1. Jan. 2016 (AS 2015 5339; BBl 2014 7483).

100 Fassung gemäss Anhang Ziff. II 16 des Finanzinstitutsgesetzes vom 15. Juni 2018, in Kraft seit 1. Jan. 2020 (AS 2018 5247, 2019 4631; BBl 2015 8901).

101 Aufgehoben durch Anhang Ziff. 13 des Finanzmarktinfrastrukturgesetzes vom 19. Juni 2015, mit Wirkung seit 1. Jan. 2016 (AS 2015 5339; BBl 2014 7483).

102 Fassung gemäss Anhang Ziff. II 16 des Finanzinstitutsgesetzes vom 15. Juni 2018, in Kraft seit 1. Jan. 2020 (AS 2018 5247, 2019 4631; BBl 2015 8901).

Art. 49 Widerhandlungen in Geschäftsbetrieben

Von der Ermittlung der strafbaren Personen kann Umgang genommen und an ihrer Stelle der Geschäftsbetrieb zur Bezahlung der Busse verurteilt werden (Art. 7 des BG vom 22. März 1974[103] über das Verwaltungsstrafrecht), wenn:
a. die Ermittlung der Personen, die nach Artikel 6 des Bundesgesetzes vom 22. März 1974 über das Verwaltungsstrafrecht strafbar sind, Untersuchungsmassnahmen bedingt, welche im Hinblick auf die verwirkte Strafe unverhältnismässig wären; und
b. für die Widerhandlungen gegen die Strafbestimmungen dieses Gesetzes oder der Finanzmarktgesetze eine Busse von höchstens 50 000 Franken in Betracht fällt.

Art. 50 Zuständigkeit

¹ Für die Widerhandlungen gegen die Strafbestimmungen dieses Gesetzes oder der Finanzmarktgesetze ist das Bundesgesetz vom 22. März 1974[104] über das Verwaltungsstrafrecht anwendbar, soweit das vorliegende Gesetz oder die Finanzmarktgesetze nichts anderes bestimmen. Verfolgende und urteilende Behörde ist das EFD.

² Ist die gerichtliche Beurteilung verlangt worden oder hält das EFD die Voraussetzungen für eine Freiheitsstrafe oder eine freiheitsentziehende Massnahme für gegeben, so untersteht die strafbare Handlung der Bundesgerichtsbarkeit. In diesem Fall überweist das EFD die Akten der Bundesanwaltschaft zuhanden des Bundesstrafgerichts. Die Überweisung gilt als Anklage. Die Artikel 73–83 des Bundesgesetzes vom 22. März 1974 über das Verwaltungsstrafrecht gelten sinngemäss.

³ Die Vertreterin oder der Vertreter der Bundesanwaltschaft und des EFD müssen zur Hauptverhandlung nicht persönlich erscheinen.

Art. 51 Vereinigung der Strafverfolgung

¹ Sind in einer Strafsache sowohl die Zuständigkeit des EFD als auch der Bundesgerichtsbarkeit oder der kantonalen Gerichtsbarkeit gegeben, so kann das EFD die Vereinigung der Strafverfolgung in der Hand der bereits mit der Sache befassten Strafverfolgungsbehörde anordnen, sofern ein enger Sachzusammenhang besteht, die Sache noch nicht beim urteilenden Gericht hängig ist und die Vereinigung das laufende Verfahren nicht in unvertretbarem Masse verzögert.

² Über Anstände zwischen dem EFD und der Bundesanwaltschaft oder den kantonalen Behörden entscheidet die Beschwerdekammer des Bundesstrafgerichts.

---

103 SR 313.0
104 SR 313.0

Art. 52 Verjährung

Die Verfolgung von Übertretungen dieses Gesetzes und der Finanzmarktgesetze verjährt nach sieben Jahren.

5. Titel: Verfahren und Rechtsschutz[105]

Art. 53 Verwaltungsverfahren

Das Verfahren richtet sich nach den Bestimmungen des Bundesgesetzes vom 20. Dezember 1968[106] über das Verwaltungsverfahren.

Art. 54 Rechtsschutz

[1] Die Anfechtung von Verfügungen der FINMA richtet sich nach den Bestimmungen über die Bundesrechtspflege.

[2] Die FINMA ist zur Beschwerde an das Bundesgericht berechtigt.

6. Titel: Schlussbestimmungen[107]

1. Kapitel: Vollzug[108]

Art. 55[109] Ausführungsbestimmungen

[1] Der Bundesrat erlässt die Ausführungsbestimmungen. Dabei berücksichtigt er die Regulierungsgrundsätze nach Artikel 7 Absatz 2 und richtet seine Regulierung grundsätzlich auf die Mehrheit der jeweiligen Beaufsichtigten aus. Vorbehalten bleiben höhere Anforderungen insbesondere bei Risiken für die Stabilität des Finanzsystems.

[2] Der Bundesrat kann die FINMA ermächtigen, in Belangen von beschränkter Tragweite, namentlich in vorwiegend technischen Angelegenheiten, Ausführungsbestimmungen zu diesem Gesetz und zu den Finanzmarktgesetzen zu erlassen.

---

105 Fassung gemäss Anhang Ziff. II 16 des Finanzinstitutsgesetzes vom 15. Juni 2018, in Kraft seit 1. Jan. 2020 (AS 2018 5247, 2019 4631; BBl 2015 8901).
106 SR 172.021
107 Fassung gemäss Anhang Ziff. II 16 des Finanzinstitutsgesetzes vom 15. Juni 2018, in Kraft seit 1. Jan. 2020 (AS 2018 5247, 2019 4631; BBl 2015 8901).
108 Fassung gemäss Anhang Ziff. II 16 des Finanzinstitutsgesetzes vom 15. Juni 2018, in Kraft seit 1. Jan. 2020 (AS 2018 5247, 2019 4631; BBl 2015 8901).
109 Fassung gemäss Anhang Ziff. II 16 des Finanzinstitutsgesetzes vom 15. Juni 2018, in Kraft seit 1. Jan. 2020 (AS 2018 5247, 2019 4631; BBl 2015 8901).

Art. 56 Vollzug

Die FINMA ist zuständig für den Vollzug dieses Gesetzes und der Finanzmarktgesetze.

2. Kapitel: Änderung anderer Erlasse[110]

Art. 57

Die Änderung bisherigen Rechts wird im Anhang geregelt.

3. Kapitel: Übergangsbestimmungen[111]

Art. 58[112] Übergangsbestimmung zur Änderung vom 15. Juni 2018

Bewilligungsgesuche nach Artikel 43c Absatz 1 sind innert sechs Monaten nach Inkrafttreten der Änderung vom 15. Juni 2018 einzureichen. Die FINMA entscheidet innert sechs Monaten nach Eingang eines Bewilligungsgesuchs.

Art. 59 Übergang der Arbeitsverhältnisse

¹ Die Arbeitsverhältnisse des Personals der Eidgenössischen Bankenkommission, des Bundesamtes für Privatversicherungen und der Kontrollstelle für die Bekämpfung der Geldwäscherei gehen gemäss Artikel 58 Absatz 1 auf die FINMA über und werden nach dem vorliegenden Gesetz weitergeführt.

² Es besteht kein Anspruch auf Weiterführung der Funktion, des Arbeitsbereichs und der organisatorischen Einordnung; hingegen besteht während der Dauer eines Jahres Anspruch auf den bisherigen Lohn.

³ Bewerbungsverfahren werden nur dann durchgeführt, wenn es sich aufgrund einer Neuorganisation oder des Vorhandenseins mehrerer Kandidatinnen und Kandidaten als notwendig erweist.

⁴ Die FINMA bemüht sich, Umstrukturierungen sozialverträglich auszugestalten.

Art. 60 Zuständige Arbeitgeberin

¹ Die FINMA gilt als zuständige Arbeitgeberin für die Rentenbezügerinnen und -bezüger:

---

110 Fassung gemäss Anhang Ziff. II 16 des Finanzinstitutsgesetzes vom 15. Juni 2018, in Kraft seit 1. Jan. 2020 (AS 2018 5247, 2019 4631; BBl 2015 8901).
111 Fassung gemäss Anhang Ziff. II 16 des Finanzinstitutsgesetzes vom 15. Juni 2018, in Kraft seit 1. Jan. 2020 (AS 2018 5247, 2019 4631; BBl 2015 8901).
112 Fassung gemäss Anhang Ziff. II 16 des Finanzinstitutsgesetzes vom 15. Juni 2018, in Kraft seit 1. Jan. 2020 (AS 2018 5247, 2019 4631; BBl 2015 8901).

a. die der Eidgenössischen Bankenkommission, dem Bundesamt für Privatversicherungen und der Kontrollstelle für die Bekämpfung der Geldwäscherei zugeordnet sind; und
b. deren Alters-, Invaliden- oder Hinterlassenenrenten aus der beruflichen Vorsorge vor dem Inkrafttreten dieses Gesetzes bei der Pensionskasse des Bundes zu laufen begonnen haben.

² Liegt der Beginn der Arbeitsunfähigkeit, deren Ursache zu einem späteren Zeitpunkt zur Invalidität führt, vor dem Inkrafttreten dieses Gesetzes und beginnt die Rente erst nach seinem Inkrafttreten zu laufen, so gilt die FINMA ebenfalls als zuständige Arbeitgeberin.

4. Kapitel: Referendum und Inkrafttreten[113]

Art. 61

¹ Dieses Gesetz untersteht dem fakultativen Referendum.
² Der Bundesrat bestimmt das Inkrafttreten.

Datum des Inkrafttretens:[114]

Artikel 4, 7, 8, 9 Absatz 1 Buchstaben a–e und g–j sowie Absätze 2–5, Art. 10–14, 17–20, 21 Absätze 3 und 4, 53–55, 58 Absatz 2 zweiter Satz, 59 Absätze 2–4; Anhang Ziffer 4 (Verwaltungsgerichtsgesetz), Gliederungstitel vor Artikel 31 und 33 Buchstabe b: 1. Februar 2008

Übrige Bestimmungen: 1. Januar 2009

Anhang (Art. 57)
Änderung bisherigen Rechts

Die nachstehenden Bundesgesetze werden wie folgt geändert:

...[115]

---

113 Fassung gemäss Anhang Ziff. II 16 des Finanzinstitutsgesetzes vom 15. Juni 2018, in Kraft seit 1. Jan. 2020 (AS 2018 5247, 2019 4631; BBl 2015 8901).
114 AS 2008 5205
115 Die Änderungen können unter AS 2008 5207 konsultiert werden.

32. Bundesgesetz über Bucheffekten
(Bucheffektengesetz, BEG)

vom 3. Oktober 2008

Die Bundesversammlung der Schweizerischen Eidgenossenschaft,
gestützt auf die Artikel 98 Absatz 1 und 122 Absatz 1 der Bundesverfassung[1],
nach Einsicht in die Botschaft des Bundesrates vom 15. November 2006[2],
beschliesst:

1. Kapitel: Zweck, Geltungsbereich und Begriffe

Art. 1 Gegenstand und Zweck

[1] Dieses Gesetz regelt die Verwahrung von Wertpapieren und Wertrechten durch Verwahrungsstellen und deren Übertragung.

[2] Es gewährleistet den Schutz der Eigentumsrechte der Anlegerinnen und Anleger. Es trägt bei zur Rechtssicherheit im internationalen Verhältnis, zur effizienten Abwicklung von Effektengeschäften und zur Stabilität des Finanzsystems.

Art. 2 Geltungsbereich

[1] Dieses Gesetz findet Anwendung auf Bucheffekten, die eine Verwahrungsstelle einem Effektenkonto gutgeschrieben hat.

[1bis] Artikel 31 Absatz 2 ist unter den Voraussetzungen nach Artikel 31 Absatz 1 auf Bucheffekten anwendbar, welche bei einer Verwahrungsstelle im In- oder Ausland verwahrt werden, auch wenn die Verwahrung ausländischem Recht untersteht.[3]

[2] Es lässt Vorschriften über die Eintragung von Namenaktien in das Aktienbuch unberührt.

SR 957.1. AS 2009 3577
1 SR 101
2 BBl 2006 9315
3 Eingefügt durch Anhang Ziff. 8 des BG vom 17. Dez. 2021 (Insolvenz und Einlagensicherung), in Kraft seit 1. Jan. 2023 (AS 2022 732; BBl 2020 6359).

Art. 3 Bucheffekten

¹ Bucheffekten im Sinne dieses Gesetzes sind vertretbare Forderungs- oder Mitgliedschaftsrechte gegenüber dem Emittenten[4]:
a. die einem Effektenkonto gutgeschrieben sind; und
b. über welche die Kontoinhaberinnen und Kontoinhaber nach den Vorschriften dieses Gesetzes verfügen können.

¹ᵇⁱˢ Als Bucheffekte im Sinne dieses Gesetzes gilt auch jedes nach ausländischem Recht verwahrte Finanzinstrument und jedes Recht an einem solchen Finanzinstrument, dem nach diesem ausländischen Recht eine vergleichbare Funktion zukommt.[5]

² Die Bucheffekte ist der Verwahrungsstelle und jedem Dritten gegenüber wirksam; sie ist dem Zugriff der weiteren Gläubigerinnen und Gläubiger der Verwahrungsstelle entzogen.

Art. 4 Verwahrungsstellen

¹ Eine Verwahrungsstelle im Sinne dieses Gesetzes führt auf den Namen von Personen oder Personengesamtheiten Effektenkonten.

² Als Verwahrungsstellen gelten:
a. Banken gemäss Bankengesetz vom 8. November 1934[6];
b.[7] Wertpapierhäuser nach Artikel 41 des Finanzinstitutsgesetzes vom 15. Juni 2018[8];
c.[9] Fondsleitungen nach Artikel 32 des Finanzinstitutsgesetzes, sofern sie Anteilskonten führen;
d.[10] Zentralverwahrer im Sinne von Artikel 61 des Finanzmarktinfrastrukturgesetzes vom 19. Juni 2015[11];
e. die Schweizerische Nationalbank gemäss Nationalbankgesetz vom 3. Oktober 2003[12];

---

[4] Weil es sich bei den Emittenten hauptsächlich um juristische Personen handelt, wird auf die sprachliche Gleichbehandlung verzichtet.
[5] Eingefügt durch Anhang Ziff. 14 des Finanzmarktinfrastrukturgesetzes vom 19. Juni 2015, in Kraft seit 1. Jan. 2016 (AS 2015 5339; BBl 2014 7483).
[6] SR 952.0
[7] Fassung gemäss Anhang Ziff. II 17 des Finanzinstitutsgesetzes vom 15. Juni 2018, in Kraft seit 1. Jan. 2020 (AS 2018 5247, 2019 4631; BBl 2015 8901).
[8] SR 954.1
[9] Fassung gemäss Anhang Ziff. II 17 des Finanzinstitutsgesetzes vom 15. Juni 2018, in Kraft seit 1. Jan. 2020 (AS 2018 5247, 2019 4631; BBl 2015 8901).
[10] Fassung gemäss Anhang Ziff. 14 des Finanzmarktinfrastrukturgesetzes vom 19. Juni 2015, in Kraft seit 1. Jan. 2016 (AS 2015 5339; BBl 2014 7483).
[11] SR 958.1
[12] SR 951.11

f.[13] die Schweizerische Post gemäss Postorganisationsgesetz vom 17. Dezember 2010[14]; und
g.[15] DLT-Handelssysteme nach den Artikeln 73*a*–73*f* des Finanzmarktinfrastrukturgesetzes vom 19. Juni 2015[16] in Bezug auf immobilisierte Registerwertrechte nach den Artikeln 973*d*–973*i* des Obligationenrechts[17].

³ Als Verwahrungsstelle gelten, sofern sie im Rahmen ihrer Geschäftstätigkeit Effektenkonten führen, auch ausländische Banken, ausländische Wertpapierhäuser und andere ausländische Finanzinstitute sowie ausländische zentrale Verwahrungsstellen.[18]

Art. 5 Begriffe

In diesem Gesetz gelten als:
a. *Drittverwahrungsstelle:* eine Verwahrungsstelle, die für andere Verwahrungsstellen Effektenkonten führt;
b. *Kontoinhaberin oder Kontoinhaber:* eine Person oder Personengesamtheit, auf deren Namen eine Verwahrungsstelle ein Effektenkonto führt;
c. *Anlegerin oder Anleger:* eine Kontoinhaberin oder ein Kontoinhaber, die oder der nicht Verwahrungsstelle ist, oder eine Verwahrungsstelle, die Bucheffekten für eigene Rechnung hält;
d. *qualifizierte Anlegerin oder qualifizierter Anleger:* eine Verwahrungsstelle; eine beaufsichtigte Versicherungseinrichtung; eine öffentlich-rechtliche Körperschaft, eine Vorsorgeeinrichtung oder ein Unternehmen mit professioneller Tresorerie;
e. *sammelverwahrte Wertpapiere:* Wertpapiere im Sinne von Artikel 973*a* des Obligationenrechts[19];
f. *Globalurkunde:* ein Wertpapier im Sinne von Artikel 973*b* des Obligationenrechts;
g.[20] *einfache Wertrechte:* Rechte im Sinne von Artikel 973*c* des Obligationenrechts;
h.[21] *Registerwertrechte:* Rechte im Sinne von Artikel 973*d* des Obligationenrechts.

---

13 Fassung gemäss Ziff. I 9 des BG vom 25. Sept. 2020 zur Anpassung des Bundesrechts an Entwicklungen der Technik verteilter elektronischer Register, in Kraft seit 1. Febr. 2021 (AS 2021 33; BBl 2020 233).
14 SR 783.1
15 Eingefügt durch Ziff. I 9 des BG vom 25. Sept. 2020 zur Anpassung des Bundesrechts an Entwicklungen der Technik verteilter elektronischer Register, in Kraft seit 1. Febr. 2021 (AS 2021 33; BBl 2020 233).
16 SR 958.1
17 SR 220
18 Fassung gemäss Anhang Ziff. II 17 des Finanzinstitutsgesetzes vom 15. Juni 2018, in Kraft seit 1. Jan. 2020 (AS 2018 5247, 2019 4631; BBl 2015 8901).
19 SR 220
20 Fassung gemäss Ziff. I 9 des BG vom 25. Sept. 2020 zur Anpassung des Bundesrechts an Entwicklungen der Technik verteilter elektronischer Register, in Kraft seit 1. Febr. 2021 (AS 2021 33; BBl 2020 233).
21 Eingefügt durch Ziff. I 9 des BG vom 25. Sept. 2020 zur Anpassung des Bundesrechts an Entwicklungen der Technik verteilter elektronischer Register, in Kraft seit 1. Febr. 2021 (AS 2021 33; BBl 2020 233).

2. Kapitel: Entstehung, Umwandlung und Untergang von Bucheffekten

Art. 6 Entstehung

¹ Bucheffekten entstehen:
a. mit der Hinterlegung von Wertpapieren zur Sammelverwahrung bei einer Verwahrungsstelle und deren Gutschrift in einem oder mehreren Effektenkonten;
b. mit der Hinterlegung von Globalurkunden bei einer Verwahrungsstelle und deren Gutschrift in einem oder mehreren Effektenkonten;
c.[22] mit der Eintragung von einfachen Wertrechten im Hauptregister einer Verwahrungsstelle und der Gutschrift in einem oder mehreren Effektenkonten;
d.[23] mit der Übertragung von Registerwertrechten auf eine Verwahrungsstelle und der Gutschrift in einem oder mehreren Effektenkonten.

² Für jede Emission von einfachen Wertrechten führt eine einzige Verwahrungsstelle das Hauptregister. Es enthält Angaben über die Emission und die Anzahl sowie die Stückelung der ausgegebenen Wertrechte; es ist öffentlich.[24]

³ Registerwertrechte sind bei deren Übertragung auf eine Verwahrungsstelle im Wertrechteregister zu immobilisieren.[25]

Art. 7 Umwandlung

¹ Sofern die Ausgabebedingungen oder die Gesellschaftsstatuten nichts anderes bestimmen, kann der Emittent sammelverwahrte Wertpapiere, Globalurkunden oder einfache Wertrechte, die als Grundlage von Bucheffekten hinterlegt oder eingetragen sind, jederzeit und ohne Zustimmung der Kontoinhaberinnen oder Kontoinhaber in eine der beiden anderen Formen umwandeln.[26] Er trägt dafür die Kosten.

² Die Kontoinhaberinnen und Kontoinhaber können vom Emittenten jederzeit verlangen, für die Bucheffekten, die durch Hinterlegung einer Globalurkunde oder durch Eintragung einfacher Wertrechte in ein Hauptregister entstehen, Wertpapiere gleicher Zahl und Gattung auszustellen, sofern die

---

22 Fassung gemäss Ziff. I 9 des BG vom 25. Sept. 2020 zur Anpassung des Bundesrechts an Entwicklungen der Technik verteilter elektronischer Register, in Kraft seit 1. Febr. 2021 (AS 2021 33; BBl 2020 233).
23 Eingefügt durch Ziff. I 9 des BG vom 25. Sept. 2020 zur Anpassung des Bundesrechts an Entwicklungen der Technik verteilter elektronischer Register, in Kraft seit 1. Febr. 2021 (AS 2021 33; BBl 2020 233).
24 Fassung gemäss Ziff. I 9 des BG vom 25. Sept. 2020 zur Anpassung des Bundesrechts an Entwicklungen der Technik verteilter elektronischer Register, in Kraft seit 1. Febr. 2021 (AS 2021 33; BBl 2020 233).
25 Eingefügt durch Ziff. I 9 des BG vom 25. Sept. 2020 zur Anpassung des Bundesrechts an Entwicklungen der Technik verteilter elektronischer Register, in Kraft seit 1. Febr. 2021 (AS 2021 33; BBl 2020 233).
26 Fassung gemäss Ziff. I 9 des BG vom 25. Sept. 2020 zur Anpassung des Bundesrechts an Entwicklungen der Technik verteilter elektronischer Register, in Kraft seit 1. Febr. 2021 (AS 2021 33; BBl 2020 233).

Ausgabebedingungen oder Gesellschaftsstatuten es vorsehen.[27] Sie tragen dafür die Kosten, es sei denn, die Ausgabebedingungen oder Gesellschaftsstatuten bestimmen etwas anderes.

[3] Die Verwahrungsstelle stellt sicher, dass durch eine Umwandlung die Gesamtzahl der ausgegebenen Forderungs- oder Mitgliedschaftsrechte nicht verändert wird.

Art. 8 Auslieferung und Untergang im Allgemeinen[28]

[1] Die Kontoinhaberinnen und Kontoinhaber können von der Verwahrungsstelle jederzeit verlangen, ihnen Wertpapiere gleicher Zahl und Gattung auszuliefern oder ausliefern zu lassen, wie ihrem Effektenkonto Bucheffekten gutgeschrieben sind, sofern:
a. bei der Verwahrungsstelle oder bei einer Drittverwahrungsstelle Wertpapiere hinterlegt sind; oder
b. die Kontoinhaberin oder der Kontoinhaber nach Artikel 7 Absatz 2 einen Anspruch auf Ausstellung von Wertpapieren hat.

[2] Die Kontoinhaberin oder der Kontoinhaber hat Anspruch auf die Auslieferung von Wertpapieren, die den Usanzen des Marktes entsprechen, auf dem diese Wertpapiere gehandelt werden.

[3] Die Verwahrungsstelle stellt sicher, dass die Wertpapiere nur ausgeliefert werden, wenn Bucheffekten gleicher Zahl und Gattung dem entsprechenden Effektenkonto belastet worden sind.

Art. 8a[29] Auslieferung von Inhaberaktien von Aktiengesellschaften ohne börsenkotierte Beteiligungspapiere

Bei Aktiengesellschaften ohne börsenkotierte Beteiligungspapiere, deren Inhaberaktien als Bucheffekten ausgestaltet sind, stellt die nach Artikel 697*j* Absatz 5 des Obligationenrechts[30] von der Gesellschaft bezeichnete Verwahrungsstelle sicher, dass die Wertpapiere nur ausgeliefert werden:
a. bei Beendigung der Funktion der Verwahrungsstelle[31]: an die Verwahrungsstelle in der Schweiz, die von der Gesellschaft als Ersatz bezeichnet worden ist;
b. bei Umwandlung der Inhaberaktien in Namenaktien: an die Gesellschaft;
c. bei Vernichtung der Inhaberaktien: an die Gesellschaft.

---

27 Fassung gemäss Ziff. I 9 des BG vom 25. Sept. 2020 zur Anpassung des Bundesrechts an Entwicklungen der Technik verteilter elektronischer Register, in Kraft seit 1. Febr. 2021 (AS 2021 33; BBl 2020 233).
28 Fassung gemäss Ziff. I 4 des BG vom 21. Juni 2019 zur Umsetzung von Empfehlungen des Globalen Forums über Transparenz und Informationsaustausch für Steuerzwecke, in Kraft seit 1. Nov. 2019 (AS 2019 3161; BBl 2019 279).
29 Eingefügt durch Ziff. I 4 des BG vom 21. Juni 2019 zur Umsetzung von Empfehlungen des Globalen Forums über Transparenz und Informationsaustausch für Steuerzwecke, in Kraft seit 1. Nov. 2019 (AS 2019 3161; BBl 2019 279).
30 SR 220
31 Berichtigt von der Redaktionskommission der BVers (Art. 58 Abs. 1 ParlG; SR 171.10).

3. Kapitel: Drittverwahrung und Verfügbarkeit von Bucheffekten

Art. 9 Ermächtigung zur Drittverwahrung

¹ Eine Verwahrungsstelle kann Bucheffekten, Wertpapiere, einfache Wertrechte und Registerwertrechte durch eine Drittverwahrungsstelle in der Schweiz oder im Ausland verwahren lassen.[32] Die Zustimmung der Kontoinhaberin oder des Kontoinhabers ist nicht erforderlich.

² Die Drittverwahrung im Ausland bedarf jedoch der ausdrücklichen Zustimmung der Kontoinhaberin oder des Kontoinhabers, wenn die ausländische Verwahrungsstelle nicht einer Aufsicht untersteht, welche ihrer Tätigkeit angemessen ist.

Art. 10 Wirkungen

¹ Die Verwahrungsstelle schreibt dem Effektenkonto der Kontoinhaberin oder des Kontoinhabers die Bucheffekten gut, welche die Drittverwahrungsstelle ihrem Effektenkonto gutgeschrieben hat.

² Untersteht die Drittverwahrung nicht diesem Gesetz, so erwirbt die Kontoinhaberin oder der Kontoinhaber mit der Gutschrift zumindest Rechte entsprechend den Rechten, welche die Verwahrungsstelle aus der Drittverwahrung erhält.

Art. 11 Verfügbare Bucheffekten

¹ Jede Verwahrungsstelle hält bei sich selber oder bei einer Drittverwahrungsstelle Bucheffekten verfügbar, deren Zahl und Gattung mindestens der Summe der in den Effektenkonten ihrer Kontoinhaberinnen und Kontoinhaber als Guthaben ausgewiesenen Bucheffekten (Effektenguthaben) entspricht.

² Ist die Menge der verfügbaren Bucheffekten kleiner als die Summe der Effektenguthaben, so muss die Verwahrungsstelle ohne Verzug Bucheffekten im Umfang des Unterbestandes erwerben.

³ Als verfügbar gelten:
a. Bucheffekten, die einem Effektenkonto der Verwahrungsstelle bei einer Drittverwahrungsstelle gutgeschrieben sind;
b.[33] bei der Verwahrungsstelle sammelverwahrte Wertpapiere, Registerwertrechte, Globalurkunden oder einfache Wertrechte, die in ihrem Hauptregister eingetragen sind; und
c. frei verfügbare Ansprüche auf Lieferung von Bucheffekten durch andere Verwahrungsstellen während der Frist, die auf dem betreffenden Markt

---

[32] Fassung gemäss Ziff. I 9 des BG vom 25. Sept. 2020 zur Anpassung des Bundesrechts an Entwicklungen der Technik verteilter elektronischer Register, in Kraft seit 1. Febr. 2021 (AS 2021 33; BBl 2020 233).
[33] Fassung gemäss Ziff. I 9 des BG vom 25. Sept. 2020 zur Anpassung des Bundesrechts an Entwicklungen der Technik verteilter elektronischer Register, in Kraft seit 1. Febr. 2021 (AS 2021 33; BBl 2020 233).

für eine ordentliche Abwicklung vorgeschrieben oder üblich ist, längstens jedoch während acht Tagen.

Art. 11a[34] **Segregierung**

[1] Die Verwahrungsstelle ist verpflichtet, Eigen- und Drittbestände in ihren Büchern getrennt zu halten.

[2] Hält die Verwahrungsstelle Eigen- und Drittbestände bei einer Drittverwahrungsstelle im Inland, so hat sie die Eigen- und die Drittbestände auf verschiedenen Effektenkonten zu halten. Drittverwahrungsstellen müssen den Verwahrungsstellen die Möglichkeit anbieten, Eigen- und Drittbestände auf verschiedenen Effektenkonten zu halten.

[3] Erfolgt die Verwahrung im Ausland, so vereinbart die Schweizer Verwahrungsstelle mit der ersten ausländischen Drittverwahrungsstelle, dass diese die Eigen- und die Drittbestände auf verschiedenen Effektenkonten hält.

[4] Ist eine Vereinbarung nach Absatz 3 nach dem Recht des betroffenen Staates oder aus operationellen Gründen nicht möglich, so trifft die Schweizer Verwahrungsstelle andere Massnahmen, die der Kontoinhaberin oder dem Kontoinhaber ein vergleichbares Mass an Schutz bieten.

[5] Die Schweizer Verwahrungsstelle muss keine Massnahmen nach Absatz 4 treffen, wenn:
a. die Drittverwahrung wegen der Eigenschaften der betreffenden Bucheffekten oder der mit diesen verbundenen Finanzdienstleistungen nur im betroffenen Staat erfolgen kann; oder
b. die Kontoinhaberin oder der Kontoinhaber die Verwahrungsstelle schriftlich oder in einer anderen Form, die den Nachweis durch Text ermöglicht, angewiesen hat, die Bucheffekten bei einer Drittverwahrungsstelle in diesem Staat zu verwahren.

[6] Die Schweizer Verwahrungsstelle, die Drittbestände bei einer Drittverwahrungsstelle hält, stellt der Kontoinhaberin oder dem Kontoinhaber vorgängig in standardisierter Weise in Papierform oder elektronisch Informationen zur Verfügung. Sie legt dar:
a. dass die Verwahrung in der Regel bei einer Drittverwahrungsstelle erfolgt;
b. dass eine Drittverwahrungsstelle je nach Emittent allenfalls Sitz im Ausland hat und dass die Verwahrung in diesem Fall ausländischem Recht untersteht;
c. dass mit einer Verwahrung im Ausland für die Kontoinhaberin oder den Kontoinhaber Risiken verbunden sind und um welche generellen Risiken es sich handelt;
d. die Kosten der Verwahrung von Bucheffekten.

---

34 Eingefügt durch Anhang Ziff. 8 des BG vom 17. Dez. 2021 (Insolvenz und Einlagensicherung), in Kraft seit 1. Jan. 2023 (AS 2022 732; BBl 2020 6359).

Art. 11b[35] Datenübermittlung an Drittverwahrungsstellen und weitere Stellen

[1] Die Schweizer Verwahrungsstelle darf der in- oder ausländischen Drittverwahrungsstelle und weiteren Stellen und Gesellschaften direkt alle Daten übermitteln, welche diese oder eine in der Verwahrungskette nachgelagerte Drittverwahrungsstelle, Stelle oder Gesellschaft zur Erfüllung ihrer mit der Verwahrung verbundenen rechtlichen Pflichten benötigen.

[2] Die Verwahrungsstelle informiert die Kontoinhaberinnen und Kontoinhaber vorgängig in standardisierter Weise in Papierform oder elektronisch über die Möglichkeit der Datenübermittlung nach Absatz 1 und darüber, dass Kundendaten, je nach geltendem ausländischem Recht, Behörden des betroffenen Staates weitergeleitet werden können.

Art. 12 Eigen- und Drittbestände

[1] Hält die Verwahrungsstelle Eigen- und Drittbestände bei einer Drittverwahrungsstelle, so werden die Bucheffekten der Kontoinhaberinnen und Kontoinhaber sowie deren Lieferansprüche nicht berührt durch:[36]

a. eine Aufrechnungsvereinbarung zwischen der Verwahrungsstelle und einer Drittverwahrungsstelle, welcher die Kontoinhaberin oder der Kontoinhaber nicht als Partei beigetreten ist;

b.[37] Pfand-, Rückbehalts- und Verwertungsrechte der Drittverwahrungsstelle oder von Dritten, die über das Rückbehalts- und Verwertungsrecht der Verwahrungsstelle gemäss Artikel 21 hinausgehen und denen die Kontoinhaberin oder der Kontoinhaber nicht zugestimmt hat.

[2] Die Verwahrungsstelle kann über Bucheffekten einer Kontoinhaberin oder eines Kontoinhabers nur verfügen, nachdem sie diese in Ausübung ihres Nutzungsrechts in ihr eigenes Effektenkonto übertragen hat.

[3] Abweichende Abreden sind nichtig.

---

35 Eingefügt durch Anhang Ziff. 8 des BG vom 17. Dez. 2021 (Insolvenz und Einlagensicherung), in Kraft seit 1. Jan. 2023 (AS 2022 732; BBl 2020 6359).
36 Fassung gemäss Anhang Ziff. 8 des BG vom 17. Dez. 2021 (Insolvenz und Einlagensicherung), in Kraft seit 1. Jan. 2023 (AS 2022 732; BBl 2020 6359).
37 Fassung gemäss Anhang Ziff. 8 des BG vom 17. Dez. 2021 (Insolvenz und Einlagensicherung), in Kraft seit 1. Jan. 2023 (AS 2022 732; BBl 2020 6359).

4. Kapitel: Rechte aus der Verwahrung von Bucheffekten

1. Abschnitt: Allgemeine Rechte der Kontoinhaberinnen und Kontoinhaber

Art. 13 Grundsatz

¹ Die Entstehung von Bucheffekten lässt die Rechte der Anlegerinnen und Anleger gegenüber dem Emittenten unberührt.

² Die Kontoinhaberinnen und Kontoinhaber können ihre Rechte an Bucheffekten nur über ihre Verwahrungsstelle ausüben, sofern dieses Gesetz nichts anderes bestimmt.

Art. 14 Pfändung und Arrest

¹ Wird gegen eine Kontoinhaberin oder einen Kontoinhaber eine Pfändung, ein Arrest oder eine andere vorsorgliche Massnahme verfügt, die Bucheffekten zum Gegenstand hat, so ist diese Massnahme ausschliesslich bei der Verwahrungsstelle zu vollziehen, die das Effektenkonto der Kontoinhaberin oder des Kontoinhabers führt, dem die Bucheffekten gutgeschrieben sind.

² Pfändungen, Arreste und andere vorsorgliche Massnahmen gegen eine Kontoinhaberin oder einen Kontoinhaber, die bei einer Drittverwahrungsstelle vollzogen werden, sind nichtig.

Art. 15 Weisung

¹ Die Verwahrungsstelle ist nach Massgabe ihres Vertrags mit der Kontoinhaberin oder dem Kontoinhaber verpflichtet, deren oder dessen Weisungen zur Verfügung über Bucheffekten auszuführen.

² Sie hat weder das Recht noch die Pflicht, den Rechtsgrund der Weisung zu überprüfen.

³ Die Kontoinhaberin oder der Kontoinhaber kann die Weisung widerrufen bis zum Zeitpunkt, der durch den Vertrag mit der Verwahrungsstelle oder die anwendbaren Regeln eines Effektenabrechnungs- und -abwicklungssystems festgelegt ist. Sobald die Verwahrungsstelle das Effektenkonto belastet hat, ist die Weisung in jedem Fall unwiderruflich.

Art. 16 Ausweis

Die Kontoinhaberin oder der Kontoinhaber kann von der Verwahrungsstelle jederzeit einen Ausweis über die dem betreffenden Effektenkonto gutgeschriebenen Bucheffekten verlangen. Diesem Ausweis kommt nicht die Eigenschaft eines Wertpapiers zu.

2. Abschnitt: Rechte der Kontoinhaberinnen und Kontoinhaber in der Liquidation einer Verwahrungsstelle

Art. 17 Absonderung

[1] Wird über eine Verwahrungsstelle ein Zwangsliquidationsverfahren zum Zwecke der Generalexekution eröffnet, so sondert die Liquidatorin oder der Liquidator im Umfang der Effektenguthaben ihrer Kontoinhaberinnen und Kontoinhaber von Amtes wegen ab:

a. Bucheffekten, die einem Effektenkonto der Verwahrungsstelle bei einer Drittverwahrungsstelle gutgeschrieben sind;

b.[38] bei der Verwahrungsstelle sammelverwahrte Wertpapiere, Registerwertrechte, Globalurkunden oder einfache Wertrechte, die in ihrem Hauptregister eingetragen sind; und

c. frei verfügbare Ansprüche der Verwahrungsstelle gegenüber Dritten auf Lieferung von Bucheffekten aus Kassageschäften, abgelaufenen Termingeschäften, Deckungsgeschäften oder Emissionen für Rechnung der Kontoinhaberinnen oder Kontoinhaber.

[2] Hält die Verwahrungsstelle Eigen- und Drittbestände bei einer Drittverwahrungsstelle zusammengefasst auf einem einzigen Effektenkonto, so gilt die Vermutung, dass es sich dabei um Bucheffekten ihrer Kontoinhaberinnen und Kontoinhaber handelt.

[3] Wer eine Verwahrungsstelle liquidiert, muss deren Verpflichtungen gegenüber der Drittverwahrungsstelle erfüllen, die ihr entstanden sind aus der Drittverwahrung von Bucheffekten oder aus der Vorleistung der Drittverwahrungsstelle für den Erwerb von Bucheffekten.

[4] Die abgesonderten Bucheffekten und Ansprüche auf Lieferung von Bucheffekten werden:

a. auf die Verwahrungsstelle übertragen, die von der Kontoinhaberin oder vom Kontoinhaber bezeichnet wird;

b.[39] in Form von Wertpapieren der Kontoinhaberin oder dem Kontoinhaber ausgeliefert; oder

c.[40] in Form von Registerwertrechten auf die Kontoinhaberin oder den Kontoinhaber übertragen.

[5] Die Ansprüche der Verwahrungsstelle nach Artikel 21 bleiben vorbehalten.

---

38 Fassung gemäss Ziff. I 9 des BG vom 25. Sept. 2020 zur Anpassung des Bundesrechts an Entwicklungen der Technik verteilter elektronischer Register, in Kraft seit 1. Febr. 2021 (AS 2021 33; BBl 2020 233).

39 Fassung gemäss Ziff. I 9 des BG vom 25. Sept. 2020 zur Anpassung des Bundesrechts an Entwicklungen der Technik verteilter elektronischer Register, in Kraft seit 1. Febr. 2021 (AS 2021 33; BBl 2020 233).

40 Fassung gemäss Ziff. I 9 des BG vom 25. Sept. 2020 zur Anpassung des Bundesrechts an Entwicklungen der Technik verteilter elektronischer Register, in Kraft seit 1. Febr. 2021 (AS 2021 33; BBl 2020 233).

Art. 18 Absonderung bei Liquidation der Drittverwahrungsstelle

Wird über eine Drittverwahrungsstelle ein Zwangsliquidationsverfahren zum Zwecke einer Generalexekution eröffnet, so hat die Verwahrungsstelle die Absonderung der Bucheffekten ihrer Kontoinhaberinnen und Kontoinhaber bei der Drittverwahrungsstelle geltend zu machen.

Art. 19 Unterbestand

¹ Genügen die abgesonderten Bucheffekten zur vollständigen Befriedigung der Ansprüche der Kontoinhaberinnen und Kontoinhaber nicht, so werden zu deren Gunsten im Umfang des Unterbestandes Bucheffekten derselben Gattung abgesondert, die die Verwahrungsstelle auf eigene Rechnung hält, auch wenn sie getrennt von den Bucheffekten ihrer Kontoinhaberinnen und Kontoinhaber verwahrt werden.

² Sind die Ansprüche der Kontoinhaberinnen und Kontoinhaber immer noch nicht vollständig befriedigt, so tragen die Kontoinhaberinnen und Kontoinhaber den Unterbestand im Verhältnis ihrer Effektenguthaben der betreffenden Gattung. In diesem Umfang steht jeder Kontoinhaberin und jedem Kontoinhaber eine Ersatzforderung gegen die Verwahrungsstelle zu.

Art. 20 Endgültigkeit von Weisungen

Die Weisung einer Verwahrungsstelle, die an einem Effektenabrechnungs- und -abwicklungssystem teilnimmt, ist auch im Falle eines Zwangsvollstreckungsverfahrens gegen diese Verwahrungsstelle rechtlich verbindlich und Dritten gegenüber wirksam, wenn sie:
a. vor Eröffnung des Verfahrens in das System eingebracht wurde; oder
b. nach Eröffnung des Verfahrens in das System eingebracht und am Tag der Verfahrenseröffnung ausgeführt wurde, sofern der Systembetreiber nachweist, dass er von der Eröffnung des Verfahrens keine Kenntnis hatte oder haben musste.

3. Abschnitt: Rechte der Verwahrungsstelle an Bucheffekten

Art. 21 Rückbehalts- und Verwertungsrecht

¹ Die Verwahrungsstelle kann einem Effektenkonto gutgeschriebene Bucheffekten zurückbehalten und verwerten, sofern eine Forderung gegen die Inhaberin oder den Inhaber dieses Kontos fällig ist und sie aus der Verwahrung der Bucheffekten oder aus Vorleistungen der Verwahrungsstelle für den Erwerb von Bucheffekten herrührt.

² Das Rückbehalts- und Verwertungsrecht der Verwahrungsstelle erlischt, sobald die Bucheffekten dem Effektenkonto einer anderen Kontoinhaberin oder eines anderen Kontoinhabers gutgeschrieben werden.

Art. 22 Nutzungsrecht

¹ Die Kontoinhaberinnen und Kontoinhaber können der Verwahrungsstelle das Recht einräumen, über ihre Bucheffekten im eigenen Namen und auf eigene Rechnung zu verfügen, namentlich die Bucheffekten als Sicherheit weiter zu verwenden.

² Ist die Kontoinhaberin oder der Kontoinhaber keine qualifizierte Anlegerin oder kein qualifizierter Anleger, so ist die Ermächtigung schriftlich zu erteilen. Die Ermächtigung darf nicht in den allgemeinen Geschäftsbedingungen enthalten sein.

Art. 23 Rückerstattung von Sicherheiten

¹ Hat die Kontoinhaberin oder der Kontoinhaber der Verwahrungsstelle Bucheffekten als Sicherheit übertragen und nutzt die Verwahrungsstelle diese Bucheffekten ihrerseits als Sicherheit, so muss die Verwahrungsstelle der Kontoinhaberin oder dem Kontoinhaber spätestens bei Fälligkeit der gesicherten Forderung Bucheffekten derselben Zahl und Gattung rückerstatten.

² Diese Bucheffekten unterliegen demselben Sicherungsrecht wie das ursprüngliche Sicherungsrecht und werden so behandelt, als wären sie zum selben Zeitpunkt wie das ursprüngliche Sicherungsrecht bestellt worden.

³ Soweit im Sicherungsvertrag mit der Kontoinhaberin oder dem Kontoinhaber vorgesehen, kann die Verwahrungsstelle die Bucheffekten, statt sie zurückzuerstatten, nach Artikel 31 verwerten.

Art. 23a[41] Weiterleitung von Informationen

Die von einer Aktiengesellschaft nach Artikel 697*i* Absatz 4 oder Artikel 697*j* Absatz 3 des Obligationenrechts[42] bezeichnete Verwahrungsstelle muss sicherstellen, dass ihr die in der Kette nachgelagerten Verwahrungsstellen auf Anfrage die folgenden Informationen weiterleiten:
a. Vor- und Nachname oder Firma sowie Adresse der Aktionärin oder des Aktionärs; und
b. Vor- und Nachname sowie Adresse der wirtschaftlich berechtigten Person.

---

41 Eingefügt durch Ziff. I 8 des BG vom 12. Dez. 2014 zur Umsetzung der 2012 revidierten Empfehlungen der Groupe d'action financière, in Kraft seit 1. Juli 2015 (AS 2015 1389; BBl 2014 605).
42 SR 220

5. Kapitel: Verfügung über Bucheffekten und Wirkung gegenüber Dritten

1. Abschnitt: Verfügung über Bucheffekten

Art. 24 Gutschrift[43]

¹ Über Bucheffekten wird verfügt durch:
a. Weisung der Kontoinhaberin oder des Kontoinhabers an die Verwahrungsstelle, die Bucheffekten zu übertragen; und
b. Gutschrift der Bucheffekten im Effektenkonto der Erwerberin oder des Erwerbers.

² Die Verfügung ist mit Abschluss der erforderlichen Gutschrift vollzogen und Dritten gegenüber wirksam. Wird durch die Verfügung das Vollrecht übertragen, so verliert die verfügende Kontoinhaberin oder der verfügende Kontoinhaber ihre oder seine Rechte an den Bucheffekten.[44]

³ Vorbehalten bleiben die Vorschriften über den Erwerb durch Universalsukzession oder Zwangsvollstreckung.

⁴ Beschränkungen der Übertragbarkeit von Namenaktien bleiben vorbehalten. Andere Beschränkungen der Übertragbarkeit bleiben der Erwerberin oder dem Erwerber oder Dritten gegenüber ohne Wirkung.

Art. 25[45] Kontrollvereinbarung

¹ Über Bucheffekten kann mit Wirkung gegenüber Dritten auch verfügt werden, indem die Kontoinhaberin oder der Kontoinhaber mit der Verwahrungsstelle unwiderruflich vereinbart, dass diese die Weisungen der Erwerberin oder des Erwerbers ohne weitere Zustimmung oder Mitwirkung der Kontoinhaberin oder des Kontoinhabers auszuführen hat.

² Die Verfügung kann sich beziehen auf:
a. bestimmte Bucheffekten;
b. alle Bucheffekten, die einem Effektenkonto gutgeschrieben sind; oder
c. einen wertmässig bestimmten Anteil der Bucheffekten, die einem Effektenkonto gutgeschrieben sind.

---

43 Fassung gemäss Anhang Ziff. 14 des Finanzmarktinfrastrukturgesetzes vom 19. Juni 2015, in Kraft seit 1. Jan. 2016 (AS 2015 5339; BBl 2014 7483).
44 Fassung gemäss Anhang Ziff. 14 des Finanzmarktinfrastrukturgesetzes vom 19. Juni 2015, in Kraft seit 1. Jan. 2016 (AS 2015 5339; BBl 2014 7483).
45 Fassung gemäss Anhang Ziff. 14 des Finanzmarktinfrastrukturgesetzes vom 19. Juni 2015, in Kraft seit 1. Jan. 2016 (AS 2015 5339; BBl 2014 7483).

Art. 26[46] Vereinbarung mit der Verwahrungsstelle

[1] Die Kontoinhaberin oder der Kontoinhaber kann durch Abschluss einer Vereinbarung mit der Verwahrungsstelle zu deren Gunsten über Bucheffekten verfügen. Die Verfügung ist Dritten gegenüber mit dem Abschluss der Vereinbarung wirksam.

[2] Artikel 25 Absatz 2 ist anwendbar.

2. Abschnitt: Stornierung

Art. 27 Stornierung einer Belastung

[1] Die Belastung von Bucheffekten in einem Effektenkonto ist zu stornieren, wenn:
  a. sie ohne Weisung erfolgt;
  b. sie aufgrund einer Weisung erfolgt, die:
     1. nichtig ist,
     2. nicht von der Kontoinhaberin oder dem Kontoinhaber beziehungsweise deren oder dessen Vertreterin oder Vertreter stammt,
     3. durch die Kontoinhaberin oder den Kontoinhaber rechtzeitig widerrufen wurde, oder
     4. wegen eines Erklärungsirrtums oder eines Übermittlungsfehlers, wegen absichtlicher Täuschung oder begründeter Furcht angefochten wurde; Artikel 26 des Obligationenrechts[47] bleibt vorbehalten;
  c. die Gutschrift von Bucheffekten im Effektenkonto der Erwerberin oder des Erwerbers der Weisung nicht entspricht oder nicht innerhalb der für die Ausführung üblichen Frist erfolgt.

[2] In den Fällen nach Absatz 1 Buchstaben a und b hat die Kontoinhaberin oder der Kontoinhaber nachzuweisen, dass die Weisung mangelhaft war. Der Anspruch auf Stornierung besteht nicht, wenn die Verwahrungsstelle nachweist, dass sie den Mangel der Weisung nicht kannte und trotz Anwendung von zumutbaren Massnahmen und Verfahren nicht kennen musste.

[3] Durch Stornierung wird die Kontoinhaberin oder der Kontoinhaber gestellt, wie wenn die Belastung nie stattgefunden hätte. Schadenersatzansprüche nach den Vorschriften des Obligationenrechts bleiben vorbehalten.

[4] Die Ansprüche nach diesem Artikel verjähren mit Ablauf von drei Jahren nach der Entdeckung des Mangels, in jedem Fall jedoch mit Ablauf von zehn Jahren seit dem Tag der Belastung.[48]

---

46 Fassung gemäss Anhang Ziff. 14 des Finanzmarktinfrastrukturgesetzes vom 19. Juni 2015, in Kraft seit 1. Jan. 2016 (AS 2015 5339; BBl 2014 7483).
47 SR 220
48 Fassung gemäss Anhang Ziff. 29 des BG vom 15. Juni 2018 (Revision des Verjährungsrechts), in Kraft seit 1. Jan. 2020 (AS 2018 5343; BBl 2014 235).

⁵ Kontoinhaberinnen oder Kontoinhaber, die qualifizierte Anlegerinnen oder Anleger sind, können mit ihrer Verwahrungsstelle abweichende Vereinbarungen treffen.

Art. 28 Stornierung einer Gutschrift

¹ Die Verwahrungsstelle kann die Gutschrift von Bucheffekten in einem Effektenkonto stornieren, wenn:
a. die entsprechende Belastung storniert worden ist; oder
b. die Gutschrift nicht der Weisung entspricht.

² Die Stornierung ist der Kontoinhaberin oder dem Kontoinhaber mitzuteilen.

³ Die Stornierung ist ausgeschlossen, wenn das Effektenkonto keine Bucheffekten dieser Gattung mehr umfasst oder wenn Dritte daran gutgläubig Rechte erworben haben. In diesem Fall hat die Verwahrungsstelle Anspruch auf Ersatz, es sei denn, die Kontoinhaberin oder der Kontoinhaber war bei der Entäusserung der Bucheffekten in gutem Glauben oder musste mit der Rückerstattung nicht rechnen.

⁴ Die Ansprüche nach diesem Artikel verjähren mit Ablauf von drei Jahren nach der Entdeckung des Mangels, in jedem Fall jedoch mit Ablauf von zehn Jahren seit dem Tag der Gutschrift.⁴⁹

⁵ Kontoinhaberinnen oder Kontoinhaber, die qualifizierte Anlegerinnen oder Anleger sind, können mit ihrer Verwahrungsstelle abweichende Vereinbarungen treffen.

3. Abschnitt: Wirkung gegenüber Dritten

Art. 29 Schutz des gutgläubigen Erwerbs

¹ Wer nach Artikel 24, 25 oder 26 Bucheffekten oder Rechte an Bucheffekten in gutem Glauben entgeltlich erwirbt, ist in seinem Erwerb geschützt, auch wenn:
a. die Veräusserin oder der Veräusserer zur Verfügung über die Bucheffekten nicht befugt war; oder
b. die Gutschrift von Bucheffekten im Effektenkonto der Veräusserin oder des Veräusserers storniert worden ist.

² Ist der Erwerb nicht geschützt, so ist die Erwerberin oder der Erwerber nach den Vorschriften des Obligationenrechts⁵⁰ über die ungerechtfertigte Bereicherung zur Rückerstattung von Bucheffekten derselben Zahl und Gattung verpflichtet. Rechte Dritter werden dadurch nicht berührt. Weitere Ansprüche nach den Vorschriften des Obligationenrechts bleiben vorbehalten.

---

49 Fassung gemäss Anhang Ziff. 29 des BG vom 15. Juni 2018 (Revision des Verjährungsrechts), in Kraft seit 1. Jan. 2020 (AS 2018 5343; BBl 2014 235).
50 SR 220

³ Wird über die rückerstattungspflichtige Erwerberin oder den rückerstattungspflichtigen Erwerber ein Zwangsvollstreckungsverfahren zum Zwecke der Generalexekution eröffnet, so kann die berechtigte Person Bucheffekten derselben Zahl und Gattung aussondern, sofern sich solche Bucheffekten in der Masse befinden.

⁴ Die Ansprüche nach Absatz 2 verjähren mit Ablauf von drei Jahren, nachdem die berechtige Person von ihrem Anspruch und von der Person ihrer Schuldnerin oder ihres Schuldners Kenntnis erhalten hat, in jedem Fall aber mit Ablauf von zehn Jahren seit dem Tag der Belastung. Artikel 60 Absatz 2 des Obligationenrechts bleibt vorbehalten.[51]

⁵ Sind die Stornierungsvoraussetzungen nach Artikel 28 erfüllt, so steht der Erwerberin oder dem Erwerber aufgrund dieses Artikels keine Einwendung gegen die Stornierung einer Gutschrift zu.

Art. 30 Rangfolge

¹ Wird über Bucheffekten oder Rechte an Bucheffekten nach den Vorschriften dieses Gesetzes verfügt, so geht die frühere Verfügung der späteren im Range vor.

² Schliesst die Verwahrungsstelle mit der Kontoinhaberin oder dem Kontoinhaber eine Vereinbarung gemäss Artikel 25 Absatz 1 ab, ohne die Erwerberin oder den Erwerber ausdrücklich auf die ihr zustehenden früheren Rechte hinzuweisen, so gilt ihr Recht als dem Recht der Erwerberin oder des Erwerbers untergeordnet.[52]

³ ...[53]

⁴ Abweichende Abreden über die Rangfolge bleiben vorbehalten, entfalten jedoch nur unter den Parteien dieser Abrede Wirkung.

6. Kapitel: Verwertung von Sicherheiten

Art. 31 Verwertungsbefugnis

¹ Die Sicherungsnehmerin oder der Sicherungsnehmer kann Bucheffekten, an denen eine Sicherheit bestellt worden ist, unter den im Sicherungsvertrag vereinbarten Voraussetzungen verwerten, indem sie oder er:
a. die Bucheffekten verkauft und den Erlös mit der gesicherten Forderung verrechnet; oder

---

51 Fassung gemäss Anhang Ziff. 29 des BG vom 15. Juni 2018 (Revision des Verjährungsrechts), in Kraft seit 1. Jan. 2020 (AS 2018 5343; BBl 2014 235).
52 Fassung gemäss Anhang Ziff. 14 des Finanzmarktinfrastrukturgesetzes vom 19. Juni 2015, in Kraft seit 1. Jan. 2016 (AS 2015 5339; BBl 2014 7483).
53 Aufgehoben durch Anhang Ziff. 14 des Finanzmarktinfrastrukturgesetzes vom 19. Juni 2015, mit Wirkung seit 1. Jan. 2016 (AS 2015 5339; BBl 2014 7483).

b. sich die Bucheffekten, deren Wert objektiv bestimmbar ist, aneignet und ihren Wert auf die gesicherte Forderung anrechnet.[54]

² Diese Befugnis bleibt auch in einem Zwangsvollstreckungsverfahren gegen die Sicherungsgeberin oder den Sicherungsgeber sowie bei Anordnung von Sanierungs- oder Schutzmassnahmen jeglicher Art bestehen.

³ Die Verwahrungsstelle hat weder das Recht noch die Pflicht zu prüfen, ob die Voraussetzungen für die Verwertung der Bucheffekten erfüllt sind.

⁴ Schreitet die Sicherungsnehmerin oder der Sicherungsnehmer zur Verwertung von Bucheffekten, ohne dass die Voraussetzungen dafür gegeben sind, so haftet sie oder er der Sicherungsgeberin oder dem Sicherungsgeber für den entstandenen Schaden.

Art. 32 Ankündigung und Abrechnung

¹ Die Verwertung ist der Sicherungsgeberin oder dem Sicherungsgeber anzukündigen. Die Sicherungsgeberin oder der Sicherungsgeber kann auf die Ankündigung verzichten, wenn sie oder er eine qualifizierte Anlegerin oder ein qualifizierter Anleger ist.

² Die Sicherungsnehmerin oder der Sicherungsnehmer ist zur Abrechnung verpflichtet und hat der Sicherungsgeberin oder dem Sicherungsgeber einen Überschuss herauszugeben.

7. Kapitel: Haftungsbestimmungen

Art. 33

¹ Für Schäden aus der Verwahrung oder der Übertragung von Bucheffekten haftet die Verwahrungsstelle der Kontoinhaberin oder dem Kontoinhaber nach den Vorschriften des Obligationenrechts[55], soweit dieser Artikel nichts anderes bestimmt.

² Lässt die Verwahrungsstelle Bucheffekten befugterweise bei einer Drittverwahrungsstelle verwahren, so haftet sie für gehörige Sorgfalt bei der Wahl und Instruktion der Drittverwahrungsstelle sowie bei der Überwachung der dauernden Einhaltung der Auswahlkriterien.

³ Die Verwahrungsstelle kann die Haftung nach Absatz 2 ausschliessen, sofern Bucheffekten auf ausdrückliche Weisung der Kontoinhaberin oder des Kontoinhabers bei einer Drittverwahrungsstelle verwahrt werden, die von der Verwahrungsstelle dafür nicht empfohlen wurde.

---

54 Fassung gemäss Anhang Ziff. 14 des Finanzmarktinfrastrukturgesetzes vom 19. Juni 2015, in Kraft seit 1. Jan. 2016 (AS 2015 5339; BBl 2014 7483).
55 SR 220

⁴ Die Verwahrungsstelle haftet für das Verschulden der Drittverwahrungsstelle wie für eigenes Verschulden, wenn diese:
a. für die Verwahrungsstelle selbstständig und dauernd die gesamte Effektenverwaltung und die Abwicklung von Effektengeschäften erledigt; oder
b. mit der Verwahrungsstelle eine wirtschaftliche Einheit bildet.

⁵ Abweichende Abreden sind nur unter Verwahrungsstellen oder zugunsten der Anlegerin oder des Anlegers wirksam.

8. Kapitel: Schlussbestimmungen

Art. 34 Änderung bisherigen Rechts

Die Änderung bisherigen Rechts wird im Anhang geregelt.

Art. 35 Übergangsbestimmungen

¹ Emittenten von Wertrechten, die einem durch eine Verwahrungsstelle geführten Effektenkonto gutgeschrieben sind, haben innerhalb von sechs Monaten nach Inkrafttreten dieses Gesetzes bei einer Verwahrungsstelle das Hauptregister einrichten und die Wertrechte darin eintragen zu lassen.

² Ist vor Inkrafttreten dieses Gesetzes über sammelverwahrte Wertpapiere, Globalurkunden oder Wertrechte verfügt worden und genügt diese Verfügung nicht den Vorschriften dieses Gesetzes, so geht das dadurch erworbene Recht jedem nach Inkrafttreten dieses Gesetzes begründeten Recht vor, sofern die Erwerberin oder der Erwerber innerhalb von zwölf Monaten nach Inkrafttreten die nach diesem Gesetz erforderlichen Einträge vornimmt oder vornehmen lässt.

Art. 36 Referendum und Inkrafttreten

¹ Dieses Gesetz untersteht dem fakultativen Referendum.

² Der Bundesrat bestimmt das Inkrafttreten.

Inkrafttreten:[56] 1. Januar 2010
Art. 470 Abs. 2bis des Obligationenrechts (Ziff. 3 des Anhang): 1. Oktober 2009

---

56 BRB vom 6. Mai 2009

Anhang (Art. 34)
Änderung bisherigen Rechts

Die nachstehenden Bundesgesetze werden wie folgt geändert:

...[57]

---

[57] Die Änderungen können unter AS 2009 3577 konsultiert werden.

Sachregister

Die laufenden Nummern der Erlasse (vgl. Inhaltsübersicht und Buchklappen) sind **fett**, die einzelnen Bestimmungen (Artikel, Absätze, Ziffern und Buchstaben) sind mager gedruckt.

A
Abberufung
- der Ausschüsse, Delegierten, Bevollmächtigten und Beauftragten der AG **1** 705, 726
- der Ausschüsse, Delegierten, Bevollmächtigten und Beauftragten der Genossenschaft **1** 890, 905
- der Ausschüsse, Delegierten, Bevollmächtigten und Beauftragten der GmbH **1** 815
- des Geschäftsführers der GmbH **1** 815
- der Liquidatoren der AG **1** 741
- der Liquidatoren der Genossenschaft **1** 913
- der Liquidatoren der GmbH **1** 826
- der Verwaltung und der Kontrollstelle der Genossenschaft **1** 890, 926
- der Verwaltungsräte und Revisoren der AG **1** 705, 726
- der Verwaltungsräte und Revisoren der Kommanditaktiengesellschaft **1** 767

Abmahnung des Unternehmers **1** 365, 369

Abnahme
- Kosten der - der verkauften Sache **1** 188
- des Werks **1** 367

Abnutzung
- der geliehenen Sache **1** 309
- der Miet- oder Pachtsache **1** 256, 278
- von Mustern **1** 222

Abrechnung **30** 2 lit. g, *s.a. Rechenschaft*
- Verlagsvertrag **1** 389

Abrechnungsstelle **1** 1028, 1098, 1118, 1124 Abs. 4, 1127

Abschlagzahlung *s. Teilzahlung*

Abschluss nach anerkanntem Standard zur Rechnungslegung **1** 962 f.
- für börsenkotierte Unternehmen **1** 962, 963b
- Standards **20** 1 ff.

Abschlussagent **1** 418a ff.

Abschreibungen **1** 505, 959b, 960a, 1170 Abs. 1 Ziff. 4

Abschreibungskonto *s. Abschreibungen*

Abschrift *s. Kopien*

Absicht
- Gewährspflicht **1** 192, 199
- Schenkung **1** 248
- unerlaubte Handlungen **1** 41
- Verantwortlichkeit in der Aktiengesellschaft **1** 753–755
- Verantwortlichkeit in der Genossenschaft **1** 916 f.
- Verantwortlichkeit in der GmbH **1** 827
- Verantwortlichkeit in der Kommanditaktiengesellschaft **1** 769
- Wegbedingung der Haftung **1** 100

Absichtliche Täuschung *s.a. Haftung, Irreführung, Schadenersatz*
- allgemein **1** 28, 31, 100
- beim Frachtvertrag **1** 452, 454
- beim Kauf **1** 192, 199 f., 203, 210
- bei der Schenkung **1** 248
- bei Spiel oder Wette **1** 514
- bei der Verrechnung **1** 125
- beim Viehhandel **1** 198 f.
- bei Wechsel und Check **1** 1000, 1006 f., 1030, 1112, 1132, 1146
- beim Werkvertrag **1** 370
- bei Wertpapieren **1** 966, 979

- bei der Zwangsvollstreckung **1** 234

Abtretung *s.a. Pauschalreisen, Treuhänderische Abtretung, Übertragung, Unübertragbarkeit*
- der Ansprüche der AG **1** 757
- der Genossenschaftsanteile **1** 849
- der Gesellschaftsanteile der GmbH **1** 785

Abtretung von Forderungen
- besondere Bestimmungen **1** 174
- Form **1** 165
- Interimsscheine **1** 688 Abs. 2
- kraft Gesetz oder Richterspruch **1** 166
- künftige Lohnforderungen **1** 325
- Vorkaufs-, Kaufs- und Rückkaufsrecht **1** 216b
- Wirkungen **1** 167 ff.
- Zulässigkeit **1** 164

Abtretung zahlungshalber 1 172

Abwertung 1 84

Abwicklung 30 2 lit. h

Änderung der Statuten
- der Statuten der AG **1** 653g ff., 653o, 653s, 698 Abs. 2 Ziff. 1
- der Statuten der Genossenschaft **1** 874, 879 Abs. 2 Ziff. 1, 888 Abs. 2
- der Statuten der GmbH **1** 780, 784 Abs. 2 Ziff. 1

AG
- Abberufung der Ausschüsse, Delegierten, Bevollmächtigten und Beauftragten **1** 705, 726
- Aktien **1** 622 ff., 659 ff., *s.a. dort*
- Aktienbuch **1** 686 ff.
- Aktienkapital **1** 621 ff., 650 ff., 725, *s.a. dort*
- Aktionäre **1** 620 Abs. 2 und 3, 689 ff., 967j ff., *s.a. dort*
- Allgemeines **1** 620 ff.
- Auflösung **1** 736 ff.
- Auskunftsrecht **1** 697 ff., 715a
- Beteiligungen von Körperschaften des öffentlichen Rechts **1** 762 f.
- Dividende **1** 660 ff., *s.a. dort*
- Eintragung im Handelsregister **1** 640 ff., **18** 43
- Generalversammlung **1** 698 ff., *s.a. Generalversammlung der AG*
- Genussscheine, Kraftloserklärung **1** 657, 981
- Geschäftsfirma **1** 950 f., 956
- Haftung für unerlaubte Handlungen der Organe, des Liquidators **1** 722, 743 Abs. 6, 753 ff.
- Herabsetzung des Aktienkapitals **1** 653j ff.
- Jahresrechnung **1** 959 ff., *s.a. dort*
- Körperschaften des öffentlichen Rechts, Beteiligungen, Haftung **1** 762 f.
- Kontrolle, Auskunft, Einsicht, Sonderuntersuchung **1** 697 ff.
- Mängel in der Organisation **1** 731b
- Mindestaktienkapital **1** 621
- Organisation **1** 698 ff.
- Rechnungslegung *s. dort, Rechnungslegung für grössere Unternehmen*
- Rechte und Pflichten der Aktionäre **1** 660 f.
- Revisionsbericht **1** 728b, 729b, 731
- Revisionsstelle **1** 653f Abs. 3, 653i Abs. 2, 653m, 653p, 653s, 675a Abs. 2, 689b Abs. 4, 693 Abs. 3 Ziff. 1, 697 Abs. 1, 698 Abs. 2 Ziff. 2, 699 f., 704b, 725a Abs. 2 ff., 725b Abs. 2, 5 und 6, 725c Abs. 2, 727 ff., 745 Abs. 3, 755, 762
- Schaden der Gesellschaft **1** 756 ff.
- Schiedsgericht **1** 697n
- Stimmrecht der Aktionäre **1** 656a, 656c, 659a, 685f., 689a, 689b, 689e, 692 ff., 709, 706b
- Verantwortlichkeit **1** 753 ff.
- Vergütungen **1** 732 ff.
- Verwaltungsrat **1** 707 ff., *s.a. Verwaltungsrat*

- Vorzugsaktien **1** 654 f.; **18** 45 Abs. 1 lit. k, 48 Abs. 1 lit. g, 57 Abs. 2 lit. h, 68 Abs. 1 lit. k; **27** 40 Abs. 5, 113 Abs. 2
- Zahlungsunfähigkeit **1** 725 ff.

Agenturvertrag 1 418a ff.

Akkordlohn/-arbeit 1 326 f.

Akkreditiv 1 466

Aktien *s.a. AG, Aktionäre, Aufforderung zur Einzahlung, Erwerb, Genussscheine, Herabsetzung, Konventionalstrafe, Liberierung, Partizipationsscheine, Sichernde Massnahmen, Ungültigerklärung, Verzug*
- Aktien der AG **1** 622 ff., 659 ff.
- Ausgabebetrag **1** 624
- Kapitalerhöhung **1** 650 ff.
- Namen-, Inhaberaktien **1** 622 ff.
- Nichtigkeit vorzeitig ausgegebener - **1** 644, 652h, 683
- Nominalwert **1** 622
- Stimmrechtsaktien **1** 693
- Vorzugsaktien **1** 654 f.; **18** 45 Abs. 1 lit. k, 48 Abs. 1 lit. g, 57 Abs. 2 lit. h, 68 Abs. 1 lit. k; **27** 40 Abs. 5, 113 Abs. 2
- Zerlegung und Zusammenlegung **1** 623

Aktienbuch 1 686 ff.

Aktiengesellschaft *s. AG*

Aktienkapital *s.a. Partizipationskapital*
- Begriff **1** 620 Abs. 1
- Erhöhung **1** 650 ff., **18** 46 ff.
- Erwerb eigener Aktien **1** 659 ff.
- Herabsetzung **1** 653j ff., **18** 55 ff.
- Kapitalverlust und Überschuldung **1** 725
- Mindestkapital **1** 621
- Zinsen **1** 675

Aktiven in der Jahresrechnung 1 960a ff.

Aktionäre *s.a. AG, Aktien, Auskunftsrecht, Dividende, Kontrolle, Stimmrecht*
- Allgemeines **1** 620 Abs. 2 und 3
- Beschränkung der Leistungspflicht **1** 680
- Rechte und Pflichten **1** 653c, 660 f., 689 ff., 697 ff., 697j ff.
- Meldepflicht des Aktionärs **1** 697j ff.
- Sonderuntersuchung **1** 697c ff.
- Stimmrecht **1** 692 ff.
- Vertretung **1** 689b ff.

Alimente *s.a. Leibrente, Verpfründung*
- Ausschluss der Verrechnung **1** 125 Ziff. 2
- Verjährung der Unterhaltsforderungen **1** 128

Allgemeine Geschäftsbedingungen
- Auslegung **1** 18
- Bestandteil **1** 1 Abs. 1
- missbräuchliche **21** 8

Allgemeinverbindlicherklärung (GAV) *s.a. Gesamtarbeitsvertrag*
- Änderungen des GAV **13** 16
- Begriffe **13** 1 f.
- besonderes Kontrollorgan **13** 6
- Verfahren **13** 8 ff.
- Voraussetzungen **13** 2 f.
- Wirkungen für die Vertragsparteien **13** 5
- Wirkungen für nichtbeteiligte Arbeitnehmer und -geber **13** 4
- zuständige Behörde **13** 7, 20

Allgemeinverbindlicherklärung (Rahmenmietvertrag) *s.a. Rahmenmietvertrag*
- allgemein **7** 4 ff.
- Änderung **7** 15
- Anhörung **7** 10
- Antrag **7** 8
- Ausserkraftsetzen und Dahinfallen **7** 14
- Eröffnung und Veröffentlichung **7** 11

- Genehmigung kantonaler - **7** 12
- Kosten **7** 13
- Veröffentlichung des Antrags **7** 9
- Voraussetzungen **7** 6
- Wirkung **7** 5
- Zuständigkeit **7** 7

Allonge
- Check **1** 1131 Abs. 2, 1143 Ziff. 4
- Wechsel **1** 1003, 1021, 1051 Abs. 2

Alter Stil *s.a. Fristberechnung*
- Zeitberechnung nach - beim Check **1** 1117
- Zeitberechnung nach - beim Wechsel **1** 1027, 1098

Amtliches Formular 1 266l, 269d, 270, 298, **6** 9, 19

Amtsgeheimnis 1 360c, **24** 25

Änderung
- von Eintragungen im Handelsregister **1** 933, **18** 27
- von Handelsregistereintragungen zu Kollektiv- und Kommanditgesellschaften **1** 556, 597
- des Pauschalreisevertrags **11** 7 ff.
- der Statuten der AG **1** 647
- der Statuten der Genossenschaft **1** 879 Ziff. 1, 888 Abs. 2
- der Statuten der GmbH **1** 780
- des Texts beim Check **1** 1143 Abs. 1 Ziff. 17
- des Texts beim Wechsel **1** 1068, 1098
- von Verträgen **1** 12
- des Zwecks einer AG **1** 704 Ziff. 1

Anerkannter Standard der Rechnungslegung 20 1 ff.
- für die Konzernrechnung **1** 962 f.

Anfechtung *s.a. Ungültigerklärung*
- von Beschlüssen der Generalversammlung der AG **1** 706 f.
- von Beschlüssen der Generalversammlung der Genossenschaft **1** 891
- der Kündigung von Miet- und Pachtverträgen **1** 271 ff., 300
- von Vereinbarungen über offensichtlich unzulängliche Entschädigungen **2** 87 Abs. 2

Angaben *s. Erfordernisse*
Angebot 29 3 lit. g
- öffentliches - **29** 3 lit. h

Angestellte *s.a. Einzelarbeitsvertrag*
- Haftung des Geschäftsherrn **1** 55, 101
- Verjährung der Lohnforderung **1** 128

Anhang zur Jahresrechnung 1 959c, 961 ff.

Ankündigung *s. Anzeige, Kündigung, Streitverkündung*

Anleger 32 5 lit. c
- qualifizierte - **32** 5 lit. d

Anleihensobligationen *s.a. Gläubigergemeinschaft*
- Anleihen von Eisenbahn- oder Schifffahrtsunternehmungen **1** 1185
- Anleihen von juristischen Personen des öffentlichen Rechts **1** 1157 Abs. 3
- Gläubigergemeinschaft **1** 1157 ff.
- pfandgesicherte Anleihen **1** 1161, 1167 Abs. 3, 1170 Ziff. 7, 1174 Abs. 2, 1184

Annahme
- des Antrags zum Vertragsabschluss **1** 3–10, 176 f., 231, 395, 437
- der Anweisung **1** 467 f.
- des Auftrags **1** 395
- des Frachtguts **1** 442, 452
- der Kaufsache **1** 201
- keine beschränkte Annahme des Wechsels **1** 1016, 1038, 1048, 1091
- Streichung der Annahmeerklärung **1** 1019
- des Wechsels *s. dort*
- des Werks **1** 367
- Widerruf **1** 40b

Annahme des Wechsels 1 1011 ff., 1033 ff., 1048, 1055 ff., 1065, 1091, 1104
- Pflichten **1** 1018 f., 1099

Annullierung der Pauschalreise 11 11
Anpassung der rechtlichen Strukturen s. *Änderung des Zwecks einer AG, Fusion, Spaltung, Vermögensübertragung*
Anrechnung von Zahlungen des Schuldners 1 85 ff.
Anschlag zur Aufhebung der Haftung des Gastwirts 1 489
Anspruch auf Provision s.a. *Provision*
– Wechsel, Check 1 1045 f., 1098, 1143 Abs. 1 Ziff. 13
Ansprüche
– der Aktionäre gegen die AG 1 660 f.
– der Genossenschafter 1 852 ff.
– der Gesellschafter der GmbH 1 784 ff.
Anstellung s.a. *Arbeitnehmer*
– Zugehörigkeit zur Genossenschaft verknüpft mit einer - 1 848
Anstifter, Haftung 1 50
Anteil am Geschäftsergebnis des Arbeitnehmers 1 322a
Anteil am Gesellschaftsvermögen
– Anspruch aus der GmbH austretender oder ausgeschlossener Gesellschafter 1 822 Abs. 4
– Anspruch aus der Kollektivgesellschaft austretender oder ausgeschlossener Gesellschafter 1 577, 579 f.
– Anspruch der Genossenschafter beim Austritt 1 864 f.
Anteilbuch 1 790
Anteile s.a. *Liste*
– mit Beweiskraft, keine Wertpapiere 1 784 Abs. 1, 853 Abs. 3
– bei der einfachen Gesellschaft 1 532 ff., 544, 549
– bei der Genossenschaft 1 852 ff.
– Gesellschaftsanteil als Beweisurkunde, nicht als Wertpapier 1 789 Abs. 3, 853 Abs. 3
– bei der GmbH 1 774, 784 ff.

– bei der Kollektivgesellschaft 1 557 ff., 570, 572, 586, 588
– bei der Kommanditgesellschaft 1 598, 613, 619
Anteilscheine
– bei der Genossenschaft 1 852 f.
– bei der GmbH 1 784
Antiquitätenhandel 1 425
Antrag 1 3 ff., 176 f., 231 f., 685b Abs. 6
– öffentlich angebotene Dienstleistungen 1 395
Anwalt
– Haftung 1 398
– Rechtsform der Anwaltskanzlei 1 530 Abs. 1, 552 Abs. 1
– Verjährung der Forderung 1 128
– Vertrag 1 394 ff.
Anweisung
– analoge Anwendung auf den Kreditbrief 1 407
– Begriff 1 466
– an Ordre 1 1147 ff.
– bei Wertpapieren 1 471
– Widerruf 1 470
– Wirkungen 1 467 ff.
Anwendbares Recht 1 1
– im Wechsel- und Checkrecht 1 1086 ff., 1138 ff.
Anwesende, Vertrag unter - 1 4
Anzeige 1 5, 167, 201, 210, 214, 259f, 365, 435, 444 f., 489, 547, 725, 820, 903, 983 f., s.a. *Abmahnung des Unternehmers, Ankündigung, Bekanntmachung, Schuldenruf, Unternehmenszusammenschlüsse*
– des Adressaten bei Kreditbriefen ohne Höchstbetrag 1 407
– bei der Anweisung 1 467, 469
– von Arbeiten und Besichtigungen der Miet- oder Pachtsache 1 257h, 287
– des Aufbewahrers 1 479
– bei der Bürgschaft 1 501, 505, 511
– beim Frachtvertrag 1 441, 450, 452

- des Grundbesitzers betreffend Pfändung von Tieren **1** 57
- des Kommissionärs gegenüber dem Kommittenten **1** 426 f.
- von Mängeln der Kaufsache **1** 201 ff., 220
- von Mängeln der Mietsache **1** 257g, 286
- öffentliche - **21** 3
- des Unterbleibens der Annahme oder der Zahlung des Wechsels oder des Checks **1** 1042, 1098, 1143 Abs. 1 Ziff. 10
- Verjährung von auf Kündigung gestellten Forderungen **1** 130
- Verzug ab Verfalltag gemäss gehörig vorgenommener Kündigung **1** 102
- Weisungen des Bestellers entgegen ausdrücklicher Abmahnung seitens des Unternehmers **1** 369
- für das Werk durch den Verleger **1** 384
- von Werkmängeln **1** 367, 370

Arbeit *s.a. Einzelarbeitsvertrag*
- Beitrag zur einfachen Gesellschaft **1** 531

Arbeiter *s. Arbeitnehmer*

Arbeitgeber *s.a. Einzelarbeitsvertrag*
- Haftung **1** 55, 100 f.

Arbeitnehmer *s.a. Einzelarbeitsvertrag, Öffentliche Angestellte, Öffentliche Beamte, Wettbewerb*
- Dienstbürgschaft **1** 503 Abs. 2, 509 Abs. 3, 510, 512 Abs. 3
- Haftung des Geschäftsherrn **1** 55
- Haftung für Hilfspersonen **1** 101
- Haftung öffentlicher Beamter und Angestellter **1** 61

Arbeitsbedingungen, Nichteinhaltung als unlauterer Wettbewerb 21 7

Arbeitsfrieden 1 357a

Arbeitsordnung 1 321d

Arbeitsunfähigkeit
- des Arbeitnehmers **1** 324a f.
- Entschädigung **1** 45 f.

Arbeitsvertrag *s. Einzelarbeitsvertrag*

Arbeitszeit 1 319, 321c

Arbeitszeugnis 1 330a, 346a

Architekt *s.a. Auftrag, Werkvertrag*
- Architektenvertrag **1** 363 ff., 394 ff.
- Haftung **1** 398
- Verjährung der Ansprüche gegen Architekten **1** 371

Arzt
- Haftung **1** 398
- Verjährung der Forderungen **1** 128
- Vertrag mit - **1** 394 ff.

Ärztliche Behandlung 1 128 Ziff. 3, 328a, 524, *s.a. Kosten*
- Ersatz der Kosten **1** 45 f.

Auf Sicht
- Check **1** 1115
- Wechsel **1** 992, 1023 f.

Aufbewahrung *s.a. Beweisurkunden, Geschäftsbücher, Hinterlegung, Ordnungsgemässe Buchführung*
- Kaufsache **1** 204

Aufforderung *s.a. Aufforderung zur Einzahlung, Mahnung, Schuldenruf*
- an säumige Aktionäre der AG **1** 682
- beim Check **1** 1143 Abs. 1 Ziff. 19
- der Gläubiger der AG **1** 733, 742 f., 745
- bei der Kraftloserklärung von Wertpapieren **1** 977, 983 ff.
- im Wechselrecht **1** 1036, 1075 ff., 1098

Aufforderung zur Einzahlung
- bei der AG, Zahlung des Aktionärs für Aktien **1** 682
- bei der Genossenschaft **1** 867, 871

Auflagen bei einer Schenkung
1 245 f., 249 Ziff. 3

Auflösende Bedingung 1 154

Auflösung
- der AG **1** 643, 731b, 736 ff.
- der einfachen Gesellschaft **1** 545

- Eintragung im Handelsregister **18** 42, 63 f., 83, 89, 93, 97, 100, 105, 111 Abs. 2, 153
- Erlöschen der Vollmacht bei - einer im Handelsregister eingetragenen Gesellschaft **1** 35
- der Genossenschaft **1** 831 Abs. 2, 888 Abs. 2, 893 Abs. 2, 908, 911 ff.
- der GmbH **1** 779a Abs. 3, 819
- der Kollektivgesellschaft **1** 574 ff.
- der Kommanditaktiengesellschaft **1** 770
- der Kommanditgesellschaft **1** 619

Aufnahme
- eines neuen Gesellschafters bei der einfachen Gesellschaft **1** 542
- eines Genossenschafters **1** 839 ff., 847, 849 ff.
- eines neuen Gesellschafters bei der Kollektivgesellschaft **1** 569
- eines Kommanditärs **1** 612

Aufschub
- bei Anleihensobligationen **1** 1166, 1170, 1185 Abs. 4
- ausgeschlossen bei Wechsel und Check **1** 1083, 1098, 1143 Abs. 1 Ziff. 20
- des Konkurses der Genossenschaft **1** 903 Abs. 5
- des Konkurses der GmbH **1** 820

Aufsicht *s. Kontrolle*

Aufsichtsbehörde *s.a. Revisionsaufsicht*
- Handelsregister **1** 928 ff., **18** 5
- Stiftungen **18** 94 ff., 140 f.

Aufsichtsinstrumente der FINMA **31** 24 ff., *s.a. Finanzmarktaufsicht, FINMA*
- Anzeige der Eröffnung eines Verfahrens **31** 30
- Auskunfts- und Meldepflicht **31** 29
- Berufsverbot **31** 33
- Einziehung **31** 35
- Entzug der Bewilligung und von anderen Ausweisen **31** 37
- Feststellungsverfügung **31** 32
- Prüfbeauftragte **31** 24a
- Prüfung **31** 24 ff.
- Untersuchungsbeauftragte **31** 36
- Veröffentlichung der aufsichtsrechtlichen Verfügung **31** 34
- Wiederherstellung des ordnungsgemässen Zustands **31** 31

Aufsichtsstelle *s.a. Kontrolle*
- Kommanditaktiengesellschaft **1** 768

Auftrag
- Beendigung **1** 404 ff.
- Begriff **1** 394
- Entstehung **1** 395
- Haftung mehrerer **1** 403
- Pflichten des Auftraggebers **1** 402
- Pflichten des Beauftragten **1** 397–401
- Umfang **1** 396
- Wirkung **1** 396 ff.

Aufwand und Ertrag, Abgrenzung bei der Rechnungslegung 1 958b

Ausgabe
- von Aktien **1** 624
- von neuen Aktien **1** 650 ff.
- von Genussscheinen **1** 657
- von Inhaberaktien **1** 683
- Nichtigkeit der vor der Eintragung ausgegebenen Aktien **1** 644, 652h Abs. 3, 683
- von Vorzugsaktien **1** 654, 656

Ausgabebetrag der Aktien 1 624, 630 Ziff. 1, *s.a. Aktien*

Ausgaben
- des Agenten **1** 418n
- des Aufbewahrers **1** 473, 475
- des Beauftragten **1** 402
- des Empfängers bei ungerechtfertigter Bereicherung **1** 65
- des Entlehners **1** 307
- des entwehrten Käufers **1** 195 f.
- des Geschäftsführers **1** 422
- des Gesellschafters **1** 537, 557, 598
- des Inhabers des Checks **1** 1130

– des Inhabers eines Wechsels **1** 1045 f., 1098
– des Kommissionärs **1** 431
– des Lagerhalters **1** 485
– des Mäklers **1** 413
– des Mieters und des Pächters **1** 264 Abs. 3, 293 Abs. 3
– bei Preisausschreiben und Auslobungen **1** 8

Ausgleichskasse **1** 357b
– Bestimmungen in einem GAV **13** 3, 5

Auskunftsrecht *s.a. Kontrollrecht*
– bei der AG **1** 697 ff., 715a
– des Arbeitnehmers **1** 322a, 331
– bei der Genossenschaft **1** 856 f.
– des Gesellschafters bei der einfachen Gesellschaft **1** 541
– Offenlegung und Einsichtnahme in die Jahres- und Konzernrechnung **1** 958e
– kein Recht Dritter bei der einfachen Gesellschaft **1** 542 Abs. 2

Auslage von Waren **1** 7
Auslagen *s. Ausgaben*
Auslagerung **30** 11
Ausland *s.a. Anwendbares Recht, Fremde Währung, Landeswährung*
– Check zahlbar im - **1** 1116
– Verlegung des Sitzes eines Unternehmens ins - **18** 127
– Zweigniederlassung eines ausländischen Unternehmens **18** 113 ff.

Ausländisches Recht *s. Anwendbares Recht*
Auslegung von Verträgen **1** 1, 18
Ausnützung *s. Leichtsinn, Notlage, Unerfahrenheit*
Ausscheiden *s.a. Ausschluss, Austritt*
– des Genossenschafters **1** 833 Ziff. 4, 842 ff.
– des Gesellschafters der GmbH **1** 822 ff.
– des Gesellschafters der Kollektivgesellschaft **1** 576 ff.

– des Gesellschafters der Kommanditgesellschaft **1** 619

Ausschlagung der Erbschaft, keine Schenkung **1** 239 Abs. 2
Ausschliesslichkeit der Verwendung der Geschäftsfirma **1** 946, 956
Ausschluss
– des Genossenschafters **1** 846
– des Gesellschafters der GmbH **1** 804 Abs. 2 Ziff. 14 und 15, 808b Ziff. 8, 823
– des Gesellschafters der Kollektiv-, der Kommanditgesellschaft **1** 577 f., 619
– der Haftung **1** 100 f., 199, **11** 16
– der Haftung durch Vereinbarung **2** 87
– Nichtigkeit des Haftungsausschlusses **4** 8

Ausschüsse *s.a. Geschäftsführung*
– bei der AG **1** 716a Abs. 2, 726 Abs. 1
– bei der Genossenschaft **1** 897, 905

Äusserungen, unrichtig, irreführend, verletzend **21** 3
Ausspielgeschäfte **1** 515
Aussteller
– des Checks **1** 1100 Ziff. 6, 1103, 1119 f., 1123 ff., 1128, 1132, 1134, 1141 Ziff. 7, 1143
– des Wechsels **1** 991 Ziff. 8, 999, 1012 f., 1024, 1033, 1044, 1050, 1052–1054, 1069

Austritt *s.a. Kündigung*
– des Genossenschafters **1** 833 Ziff. 4, 842 ff., 889
– des Gesellschafters der einfachen Gesellschaft **1** 545 f.
– des Gesellschafters der GmbH **1** 822 ff.
– des Gesellschafters der Kollektivgesellschaft **1** 576 ff.
– des Gesellschafters der Kommanditgesellschaft **1** 619

Austrittsrecht *s. Ausscheiden*
Auswahl
– Gattungssachen **1** 71

- Hilfspersonen **1** 55
- solidarische Haftung der Wechselverpflichteten **1** 1044
- des Substituten **1** 399
- Übertragung von Aufgaben bei der AG **1** 754 Abs. 2
- Wahlobligation **1** 72

Ausweisung *s.a. Ausschluss*
- des Mieters oder Pächters **1** 257d, 282, 301

Aval *s. Wechselbürgschaft*

B

Bank *s.a. Akkreditiv, Anweisung, Banknote, Leihe, Wertpapiere*
- Bankvertrag **1** 394 ff.
- Haftung **1** 398

Banknote, keine Kraftloserklärung 1 988

Bargeldlose Zahlung *s. Verrechnungscheck*

Basisinformationsblatt für Finanzinstrumente 29 58 ff.

Bauten *s. Gebäude*

Bauwerk *s. Gebäude, Werk, Werkeigentümer, Werkvertrag*

Bauzins
- bei der AG **1** 676

Bedingung
- auflösende **1** 154
- aufschiebende **1** 151 ff.
- Bürgschaft für eine bedingte Schuld **1** 492 Abs. 2
- Erfüllung **1** 155
- Kauf **1** 185 Abs. 3, 217
- Schenkung **1** 245
- unzulässige Bedingungen **1** 157
- Verhinderung des Eintritts wider Treu und Glauben **1** 156

Beglaubigung
- Handzeichen **1** 15, 1085
- Unterschriften oder Dokumente **1** 14 f., 90, 556, 597, 857, 977, 1048, 1085, 1098, 1143 Abs. 1 Ziff. 20, 1172, **18** 12a, 18, 21, 123

Behörde
- Ansetzung der Frist für die Erfüllung **1** 107
- Gesamtarbeitsvertrag **13** 1, 6 ff.

Beiträge
- einfache Gesellschaft **1** 531, 548 f.
- Genossenschaft **1** 832 Ziff. 3, 833 Ziff. 2, 834 Abs. 2
- GmbH **1** 777, 777b f., 793
- Kollektivgesellschaft **1** 557, 560 Abs. 2, 570 Abs. 2
- Kommanditgesellschaft **1** 598, 608 Abs. 3

Bekanntmachung *s.a. Eintragung, Handelsregister*
- bei der AG **1** 626 Ziff. 7
- bei der Genossenschaft **1** 832 Ziff. 5
- bei der GmbH **1** 776 Ziff. 4

Bekanntmachungen der Wettbewerbskommission 24 6, *s.a. Wettbewerbskommission*

Beköstigung, Verjährung 1 128

Belege für die Eintragung in das Handelsregister 18 20 ff.

Beraterregister
- Inhalt **29** 30
- Registrierungspflicht **29** 28
- Registrierungsvoraussetzungen **29** 29

Berechnung
- der Frist, allgemein **1** 76 ff., 1026 f., 1098, 1136 f.
- Verjährungsfristen **1** 132

Berechtigung
- zur Eintragung in das Handelsregister **18** 18
- gegenüber der AG **1** 689a
- des Inhabers eines Wechsels oder Checks **1** 1006, 1098, 1110

Bericht des Sonderprüfers 1 697g f.

Berichtigungen des Urhebers am Werk 1 385

Beschränkung von Vollmacht, Prokura und Geschäftsführung 1 34, 460, 539
Beschränkung des Austrittsrechts
- des Genossenschafters 1 843 f.
- bei der GmbH 1 822

Beseitigung der Wettbewerbsverletzung 21 9 Abs. 1 lit. b
Besicht *s. Kauf auf –*
Besondere Verhältnisse bei Obligationen 1 143 ff. *s.a. Bedingung, Haftgeld, Konventionalstrafe, Lohnrückbehalt, Reugeld, Solidarität*
Besondere Vorteile *s.a. Vorzugsaktien, Stimmrechtsaktien*
- bei der AG 1 635 Ziff. 3, 650 Abs. 2 Ziff. 7, 652e Ziff. 5, 704 Abs. 1 Ziff. 3

Bestandteile 1 187
Bestätigungsschreiben 1 6
Bestattungskosten 1 45
Bestrafung des Unternehmens bei unzulässigen Wettbewerbsbeschränkungen 24 49a
Beteiligung am Gewinn *s. Gewinnbeteiligung, Honorar, Zins*
Betreuung von Angehörigen 1 329h
Betriebsrechnung *s. Jahresrechnung, Konzernrechnung, Rechnungslegung*
Beweggrund *s. Wichtige Gründe*
Bewegliche Sache 1 187 ff., 235, 266e f.
Beweis des Schadens 1 42
Beweismittel 1 170
Beweisurkunden 1 784, 853 Abs. 3, 1155, *s.a. Geschäftsbücher*
Bewertung
- Aktiven 1 960a ff.
- Grundsätze 1 960
- Jahresrechnung *s. dort*
- Verbindlichkeiten, Passiven 1 960e

Bewilligung
- bei der landwirtschaftlichen Pacht 8 7 f., 30 ff., 36, 42 ff.
- für Lotterien und Ausspiegeschäfte 1 515
- Offenlegung **30** 120 ff.
- Verfahren **30** 25

Bezogener
- beim Check 1 1100 Ziff. 3, 1102 f., 1119, 1121, 1123 ff., 1132
- beim Wechsel 1 991 Ziff. 3, 1011 ff., 1018 f., 1030, 1033, 1044, 1052, 1093

Bezugsrecht
- des Aktionärs 1 652b, 656, 656g, 657 Abs. 2
- des Gesellschafters der GmbH 1 781 Abs. 5 Ziff. 2

Bilanz *s.a. Bewertung, Jahresrechnung, Rechnungslegung*
- Bewertung, Aktiven, Passiven 1 960 ff.
- Genossenschaft 1 856 ff.
- Gläubigergemeinschaft 1 1175
- Gliederung 1 959a
- GmbH 1 801
- Inhalt, Bilanzierungspflicht und -fähigkeit 1 959
- Kollektivgesellschaft 1 558 f.
- Kommanditaktiengesellschaft 1 764
- Kommanditgesellschaft 1 598
- Liquidationsbilanz *s. dort*
- Zwischenbilanz *s. dort*

Bildung von Geschäftsfirmen 1 944 ff., **18** 26
Billigkeit 1 26, 29, 39
Blinde, Unterschrift 1 14, 1085, 1098, 1143 Abs. 1 Ziff. 20
Börse **30** 26 lit. b
- Bilanzierung von Wertpapieren 1 805
- Börsen- und Marktpreis beim Kauf und bei der Kommission 1 93, 191, 215, 436
- Börsenpapiere und Waren mit Lieferungsgeschäft nach Spiel und Wette 1 513

- Konzern- bzw. Jahresrechnung börsenkotierter Unternehmen nach anerkanntem Standard **1** 962, 963b
- Revision von Gesellschaften mit Partizipationsscheinen an der - **1** 727 Abs. 1 Ziff. 1 lit. a
- Übertragungsbeschränkungen bei börsenkotierten Namenaktien **1** 685d ff.

Börsen- und Effektenhandel
- Bucheffekten *s. dort*
- Finanzmarktaufsicht *s. dort*

Börsenmäkler 1 418

Börsenpapiere 1 513 Abs. 2

Böser Glaube 1 64 f., 156, 268a, 421, 433, 678, 806, 1000, 1006 f., 1030, 1098, 1112, 1143, *s.a. Erwerb, Haftung*

Bote, unrichtige Übermittlung 1 27

Boykott 1 41

Bucheffekten
- Auslieferung **32** 8
- Begriff **32** 3, *s.a. Anleger, Globalurkunde, Kontoinhaber, Wertrechte*
- Drittverwahrung **32** 9 ff.
- Eigen- und Drittbestände **32** 12
- Entstehung **32** 6
- Globalurkunde *s. dort*
- Haftung *s. Verwahrungsstelle*
- Kontoinhaber *s. dort*
- Sicherheiten *s. Sicherheiten, Verfügung über Bucheffekten*
- Umwandlung **32** 7
- Untergang **32** 8
- Verfügbarkeit **32** 11
- Verfügung über - *s. dort*
- Verwahrung von - *s. dort*
- Verwahrungsstelle *s. dort*
- Wertpapiere *s. Wertpapiere, sammelverwahrte*
- Wertrechte *s. dort*

Buchführung, Pflicht 1 957 ff.

Buchung *s. Pauschalreisen*

Bürgschaft *s.a. Öffentliche Beamte, Solidarbürgschaft, Wechselbürgschaft*
- Anrechnung **1** 85 ff.
- Arten **1** 495 ff.
- Beendigung **1** 509 ff.
- Begriff **1** 492
- Erlöschen infolge Erlöschen der Hauptforderung **1** 114
- Form **1** 493
- Haftung des Auftraggebers beim Kreditauftrag analog zur - **1** 408, 411
- Haftung des Bürgen **1** 499 f., 508, 510
- Rückgriff **1** 148, 447 Abs. 2, 498 Abs. 2, 502 Abs. 3, 507 f.
- Verhältnis des Bürgen zum Gläubiger **1** 499 ff.
- Verhältnis des Bürgen zum Hauptschuldner **1** 506 ff.
- Verjährung, Unterbruch **1** 135 f.
- Verjährung, Verzicht **1** 141
- Verrechnung **1** 121

Busse *s.a. Konventionalstrafe*
- für die Nichtanmeldung von Eintragungen im Handelsregister **1** 940

C

Cammioneure 1 456

Check
- abhanden gekommener - **1** 1112
- allgemeine Vorschriften **1** 1135
- Anwendbarkeit des Wechselrechts **1** 1143
- Ausgleichung **1** 1126 f.
- Ausstellung und Form **1** 1100 ff.
- Checkbürgschaft **1** 1114
- gefälschter - **1** 1132
- gekreuzter - **1** 1123 ff.
- Geltungsbereich der Gesetze **1** 1138 ff.
- Postcheck **1** 1144
- Rückgriff mangels Zahlung **1** 1128 ff.
- Übertragung **1** 1108 ff.
- Verjährung **1** 1134
- Verrechnungscheck **1** 1125 ff.

- Vorlegung und Zahlung **1** 1115 ff.
Checkfähigkeit 1 1138, 1143 Abs. 1 Ziff. 1
Clausula rebus sic stantibus 1 1, 2 Abs. 2, 373 Abs. 2
Clearing *s. Abrechnung*
Coupons 1 980
- Kraftloserklärung **1** 981 ff.
- Kraftloserklärung von abhanden gekommenen - **1** 987

D

Dahinfallen des Vertrages
- bei der Schuldübernahme **1** 180
- Haftung des Bürgen **1** 499 Abs. 2 Ziff. 1
- Schaden **1** 109 Abs. 2

Darlehen
- Begriff **1** 312
- Rückzahlung **1** 318
- für Spiel oder Wette **1** 513
- Wirkung **1** 313 ff.
- Zahlungsunfähigkeit des Borgers **1** 316

Datensicherheit 18 169

Datum
- Check **1** 1100 Ziff. 5, 1115 ff., 1128 ff.
- Wechsel **1** 991 Ziff. 7, 995, 1023 ff., 1033 ff.

Dauer *s.a. Auflösung, Fälligkeit*
- des Agenturvertrags **1** 418p ff.
- des GAV **1** 356c
- der Gebrauchsleihe **1** 309 ff.
- der Hinterlegung **1** 475 ff.
- der Vollmacht des Vertreters der Gläubigerversammlung **1** 1162

Decharge *s. Entlastung*

Delcredere
- Agenturvertrag **1** 418a Abs. 2
- Anspruch des Kommissionärs **1** 430
- Handelsreisende **1** 348a

Delegierte *s.a. Delegiertenversammlung*
- AG **1** 716b, 718, 726

Delegiertenversammlung, Genossenschaft 1 892

Depotstimmrechtsvertretung 1 689e f.

Derivate 30 2 lit. c, 94 Abs. 3 und 4
- Geschäfte **30** 2 lit. c

Designs 1 332

Devisen, Überweisungsverbot bei der Bürgschaft 1 501 Abs. 4

Dienstvertrag *s. Einzelarbeitsvertrag*

Direktoren
- der AG **1** 716b, 718, 726
- der Genossenschaft **1** 898

Direktwerbung 21 3 lit. u

Diskonto, Abzugsrecht des Schuldners 1 81, 1045

Dividende *s.a. Bauzins, Gewinnbeteiligung, Reinertrag, Tantiemen*
- bei der AG **1** 660 f., 675 f., 698 Abs. 2 Ziff. 4 und 5
- Rückerstattung von unrechtmässig und im bösen Glauben bezogener - **1** 678
- Zwischendividenden **1** 675a

Domain-Name, Widerruf 21 26a

Domiziliat 1 1017, 1093, 1142

Domizilwechsel 1 994, 1017, 1052

Dritte *s.a. Gutgläubige Dritte*
- absichtliche Täuschung **1** 28
- Abtretung von Forderungen **1** 164, 166, 178, 180
- Agenturvertrag **1** 418v
- Aktiengesellschaft **1** 685b, 716b Abs. 1, 717 Abs. 1, 718 f., 745
- Arbeitsvertrag **1** 321a, 322b, 329d, 333 f., 339a, 339d, 360c
- Auftrag **1** 398 f., 401, 403
- Beziehungen zu dritten Personen **1** 110 ff.
- Bürgschaft **1** 493, 507
- Check **1** 1107, 1114, 1119
- einfache Gesellschaft **1** 535, 542–544, 551
- Fahrniskauf **1** 192 ff.
- Frachtvertrag **1** 444

- Furchterregung **1** 29
- Genossenschaft **1** 841, 850, 875, 899
- GmbH **1** 788, 812 f.
- Grundstückkauf **1** 216d
- Haftung **1** 52, 56, 59a
- Handelsreisendenvertrag **1** 348
- Handlungsvollmacht **1** 458 ff.
- Hinterlegungsvertrag **1** 479 f.
- Kollektivgesellschaft **1** 562 ff., 568 f., 592 Abs. 2
- Kommanditgesellschaft **1** 602 ff., 606, 608, 612
- Kommission **1** 429
- Kreditauftrag **1** 408
- Leibrentenvertrag **1** 516
- Leihe **1** 306, 309
- Mäklervertrag **1** 415
- Miete **1** 254, 257a, 259a Abs. 1 lit. d, 259f, 261a, 263, 268a
- Namenpapiere **1** 975
- Pacht **1** 286, 292
- Schenkung **1** 244
- Simulation **1** 18
- Spiel und Wette **1** 514
- Stellvertretung **1** 33 f., 36 ff.
- Wechsel, eigener **1** 1098 Abs. 2
- Wechsel, gezogener **1** 993 f., 1004, 1012, 1017, 1020, 1054
- Werkvertrag **1** 366

Drittverwahrung 32 9 ff.
- Bucheffekten *s. dort*
- Drittverwahrungsstelle **32** 5 lit. a

Drohung *s. Furchterregung*

Duplikate
- Check **1** 1133
- Wechsel **1** 1063 ff.

E

Edition *s. Geschäftsbücher*
Effekten 29 3 lit. b, **30** 2 lit. b
- Abwicklungssystem **30** 61 Abs. 3

Effektenhändler *s. Börsen- und Effektenhandel, Finanzmarktaufsicht*

Ehe *s. Ehegatten*
Ehe- und Partnerschaftsvermittlung
1 406a ff.

Ehegatten
- Mitteilung der Kündigung durch den Vermieter an die - **1** 266n
- Stillstand der Verjährung **1** 134
- Zustimmung zur Bürgschaft **1** 494
- Zustimmung zur Kündigung des Mietvertrags **1** 266m

Eheliches Güterrecht 1 240 Abs. 1
- Aktienerwerb durch - **1** 685, 685b Abs. 4, 685c Abs. 2, 685d Abs. 3
- Erwerb von Gesellschaftsanteilen durch - **1** 788

Ehre *s. Ehreneintritt, Ehrenzahlung*
Ehreneintritt 1 1054 ff.
Ehrenzahlung 1 1058 ff., 1098
Eidgenossenschaft *s. Kantone, Körperschaften des öffentlichen Rechts*
Eidgenössische Finanzmarktaufsicht
s. Finanzmarktaufsicht, FINMA
Eigener Wechsel 1 1096 ff., *s.a. Wechsel*
Eigenhändige Unterschrift 1 622 Abs. 5, 719, 814, 900, 1085, 1098, 1143 Abs. 1 Ziff. 20, **18** 21,
s.a. Blinde, Wechsel, Handzeichen

Eigentümer *s.a. Gebäude*
- Mitgliedschaft bei der Genossenschaft verbunden mit Eigentum an Grundstücken **1** 850
- der Titel bei Anleihensobligationen **1** 1167
- Werkeigentümer **1** 58

Eigentumsvorbehalt 1 217
Einberufung
- der Generalversammlung der Aktionäre **1** 699 ff.
- der Generalversammlung der Genossenschaft **1** 881 ff.
- der Gesellschafterversammlung bei der GmbH **1** 805

- der Gläubigerversammlung bei Anleihensobligationen **1** 1165, 1169, 1183, 1185

Einfache Gesellschaft
- Auflösung der Gesellschaft **1** 545 ff.
- Merkmale **1** 530
- Verhältnis der Gesellschafter unter sich **1** 531 ff.
- Verhältnis der Gesellschafter zu Dritten **1** 542 ff., 544

Einfache Schriftlichkeit
- bei der Abtretung **1** 165
- beim Arbeitsvertrag **1** 330, 340
- bei der Bürgschaft **1** 493 f.
- beim Check **1** 1100 ff., 1139, 1145 ff.
- beim eigenen Wechsel **1** 1096 ff.
- bei der Genossenschaft **1** 834, 840
- beim Gesamtarbeitsvertrag **1** 356c
- beim Grundstückskauf **1** 216
- beim Handelsreisendenvertrag **1** 347a
- beim Konsumkreditvertrag **9** 9 ff.
- beim Kreditbrief **1** 407 f.
- beim Lehrvertrag **1** 344a
- beim Leibrentenvertrag **1** 517, 522
- bei der Miete **1** 257d, 257f, 257g, 260a, 263, 266h, 266l, 270a
- beim Normalarbeitsvertrag **1** 360
- bei der Pacht **1** 282, 285, 289a, 298
- beim Rahmenmietvertrag **7** 2
- bei der Schenkung **1** 243
- beim Viehhandel **1** 198, 202
- beim Wechsel **1** 990 ff.
- bei Wertpapieren **1** 965 ff.
- beim Widerruf **1** 40e

Eingabe, Unterbruch der Verjährung durch - im Konkurs 1 135, 138, 1070, 1098, 1143 Abs. 1 Ziff. 18

Einkaufs- und Verkaufskommission
- Anwendung der Vorschriften auf Vermittlungsagenten **1** 418b
- Begriff **1** 425
- Pflichten des Kommissionärs **1** 426 ff.
- Rechte des Kommissionärs **1** 431 ff.

Einlage
- Fusion **16** 9 Abs. 2, 10
- Gründung AG **1** 632 ff.
- Spaltung **16** 33 Abs. 2, 34
- Umwandlung **16** 57

Einrede *s.a. Verjährung*
- des Angewiesenen **1** 468
- des Bestellers gegen den Unternehmer **1** 371
- des Bürgen gegen den Gläubiger **1** 495 ff.
- bei der Bürgschaft **1** 502
- gegen den Frachtführer **1** 454
- des Käufers **1** 210
- beim Kreditauftrag **1** 409
- des Schuldners bei Abtretung **1** 169
- der Simulation **1** 18
- des Solidarschuldners **1** 145
- Unterbruch der Verjährung **1** 135, 138
- bei Wechsel und Check **1** 1007 ff., 1098, 1143 Abs. 1 Ziff. 5
- bei Wertpapieren **1** 979, 1146

Einsichtnahme in die Jahresrechnung und die Konzernrechnung 1 958e

Einsprache
- gegen den Antrag auf Allgemeinverbindlicherklärung des GAV **13** 10
- gegen den Pachtzins **8** 43
- bei der Zupacht **8** 33

Einstellplätze 1 266e, **6** 1

Einstweilige Verfügungen *s. Sichernde Massnahmen, Vorsorgliche Massnahmen*

Eintragungen *s. Grundbuch, Handelsregister, Vormerkung*

Eintritt
- des neuen Genossenschafters **1** 833 Ziff. 4, 839 ff.
- des neuen Gesellschafters der Kollektiv-, der Kommanditgesellschaft **1** 569, 612

Eintrittsgeld geschuldet beim Eintritt in die Genossenschaft 1 864 Abs. 2

Einzelarbeitsvertrag s.a. Heimarbeitsvertrag, Normalarbeitsvertrag
- Arbeitszeit **1** 319, 321c
- Beendigung des Arbeitsverhältnisses **1** 334 ff.
- Begriff und Entstehung **1** 319 f.
- öffentliches Recht **1** 342
- Personalvorsorge **1** 331 ff.
- Pflichten des Arbeitgebers **1** 322 ff.
- Pflichten des Arbeitnehmers **1** 321 ff.
- Rechte an Erfindungen und Designs **1** 332
- Übergang des Arbeitsverhältnisses **1** 333 ff.
- Unverzichtbarkeit und Verjährung **1** 341

Eisenbahn- und Schifffahrtsunternehmen
- besondere Bestimmungen beim Frachtvertrag **1** 455
- Gläubigerversammlung bei Anleihen von - **1** 1185
- Haftung der Eisenbahnunternehmen **3** 40b ff.
- Haftung des sich der - bedienenden Frachtführers **1** 456 f.

Elektrizität
- Lieferungsvertrag **1** 184
- als Produkt **4** 3 Abs. 1 lit. b

Elektronischer Geschäftsverkehr **18** 12b ff., s.a. Informatik
- Auszüge **18** 12e
- Datensicherheit **18** 169
- Übermittlung **18** 12c

Eltern, Verjährung der Forderungen gegen - **1** 134

Emittenten **29** 3 lit. f

Empfangsschein **1** 443, 1155

Energiespar-Contracting **6** 6c

Enteignung der Miet- oder Pachtsache **1** 261, 290

Entlastung
- Generalversammlung der AG **1** 698 Abs. 2 Ziff. 7
- Wirkungen bei der AG **1** 758
- Wirkungen bei der Genossenschaft **1** 879 Abs. 2 Ziff. 4
- Wirkungen bei der GmbH **1** 806a Abs. 1

Entmündigung s. Verlust der Handlungsfähigkeit

Entschädigung s.a. Schaden, Schadenersatz
- des Agenten **1** 418u
- vom austretenden oder ausgeschlossenen Genossenschafter geschuldet **1** 842, 846

Entwehrung, Gewährleistung beim Kauf **1** 192 ff.

Erben
- Eintragungen im Handelsregister **18** 17 Abs. 3, 39 Abs. 2, 88 Abs. 3, 149 Abs. 3
- Fortführung der Gesellschaft **1** 545, 547, 576, 619
- gemeinsamer Vertreter der - gegenüber der Gesellschaft **1** 584, 690, 792, 847
- keine persönliche Erfüllung der Bedingung **1** 155
- Kündigung der Miete durch - **1** 266i
- Kündigung der Pacht durch - **1** 297b
- Mitgliedschaft und Abfindung der - in der Genossenschaft **1** 847, 864 f.
- Pflichten der - im Todesfall beim Auftrag **1** 405 f.
- Widerruf der Schenkung durch - **1** 251

Erbgang s.a. Erben, Gemeinschaft
- Aktienerwerb durch - **1** 685, 685b Abs. 3, 685c Abs. 2, 685d Abs. 3
- Erwerb von Anteilen an der GmbH durch - **1** 788
- Erwerb von Genossenschafteranteilen durch - **1** 851

Erbteilung
- durch - erworbene Aktien **1** 685, 685b Abs. 4, 685c Abs. 2, 685d Abs. 3
- Schuldübernahme **1** 183

Erfindungen im Arbeitsverhältnis **1** 332

Erfolgsrechnung
- Anhang **1** 959c
- Inhalt, Gliederung **1** 959b ff.

Erfordernisse
- Angaben bei Warenpapieren **1** 1153
- Angaben beim Check **1** 1100 f.
- Angaben beim eigenen Wechsel **1** 1096 f.
- Angaben beim gezogenen Wechsel **1** 991 f.
- Angaben beim Protest **1** 1036

Erfüllung s. *Obligation, Zahlung*

Erhöhung
- des Aktienkapitals der AG **1** 650 ff., **18** 46 ff.
- des Stammkapitals der GmbH **1** 781

Erlöschen s. *Forderung, Obligation*

Ermessen des Richters **1** 42, 50, 52, 100, 163, 202, 337, 337b ff., 339c, 340a, 373, 422, 496, 601, 789, 904, 986

Ersatz für Verwendungen **1** 65, 422

Ersteller **29** 3 lit. i

Ertrag und Aufwand, Abgrenzung bei der Rechnungslegung **1** 958b

Erweiterung s.a. *Allgemeinverbindlicherklärung, Gesamtarbeitsvertrag*
- des Geltungsbereichs des GAV **13** 1 ff.
- des Geschäftsbereichs der AG **1** 676
- der Nachschusspflicht der Genossenschafter **1** 889
- der Nachschusspflicht der Gesellschafter der GmbH **1** 795

Erwerb
- von eigenen Aktien durch die AG **1** 659 ff.
- von eigenen Anteilen durch die GmbH **1** 779
- unrechtmässiger - von Gewinnanteilen oder Bauzinsen **1** 678, 800

Erwerb der Mitgliedschaft
- einfache Gesellschaft **1** 542
- Genossenschaft **1** 839 ff., 847, 849 ff.
- GmbH **1** 784

Erwerb der Persönlichkeit
- AG **1** 643
- Genossenschaft **1** 838
- GmbH **1** 779

Erwerber s.a. *Aktien, Kauf*
- Übergang der Arbeitsverhältnisse auf den Erwerber des Betriebs **1** 333
- Übergang der Miet- und Pachtverträge auf den Erwerber der Miet- oder Pachtsache **1** 261 f., 290
- Übergang der Pachtverträge auf den Erwerber des Pachtgegenstands **8** 14 f.

Evaluation **24** 59a

Exemplare
- Freiexemplare gemäss Verlagsvertrag **1** 389
- mehrere - eines Checks **1** 1143, Abs. 1 Ziff. 16
- mehrere - eines Wechsels **1** 1063 ff.

F

Fabrik s. *Arbeit*

Fabrikarbeit **1** 319 ff.

Fabrikation s.a. *Einzelarbeitsvertrag, Arbeitnehmer*
- Gesellschaft, welche ein Fabrikationsgewerbe betreibt **1** 552, 594

Fabrikations- und Geschäftsgeheimnis **21** 6, 23

Fabrikationsgewerbe
- Buchführungspflicht **1** 957 ff.
- Kollektivgesellschaft, Kommanditgesellschaft, Handelsregistereintrag **1** 552, 594

Fähigkeit s. Checkfähigkeit, Kreditfähigkeit, Verlust der Handlungsfähigkeit, Wechselfähigkeit

Fahrlässigkeit s.a. Grobe Fahrlässigkeit, Leichte Fahrlässigkeit, Unerlaubte Handlungen
- Irrtum durch - 1 26, 41, 44, 420

Fahrniskauf
- Gegenstand 1 187
- Gewährleistung 1 192 ff.
- Pflichten des Käufers 1 211 ff.
- Pflichten des Verkäufers 1 188 ff.
- Wandelung oder Minderung 1 205 ff.

Fahrrad s. Strassenverkehr
Fahrzeug s. Strassenverkehr
Fälligkeit s.a. Frist, Verzug
- Allgemeines 1 75 ff.
- andere Wertpapiere 1 966, 975, 1145 ff.
- Autorenhonorar 1 389
- Beginn der Verjährung 1 130, 591
- Check 1 1115 ff.
- Fristverlängerung 1 80
- Kaufpreis 1 213
- Leibrente 1 518
- Lohn 1 323, 324
- Mäklerprovision 1 413
- Provision des Agenten 1 418i
- Provision des Kommissionärs 1 432
- Vergütung für das Werk 1 372
- vorzeitige Erfüllung 1 81
- Wechsel, eigener Wechsel 1 1023 ff., 1098

Familie
- Genugtuung 1 47
- Widerruf oder Rückforderung der Schenkung bei Verletzung familienrechtlicher Pflichten 1 249 f.

Feiertage 1 78, 1081, 1098, 1136, s.a. Fristberechnung
Ferien 1 329a–e
Ferienwohnung 1 253a Abs. 2

Feuerversicherung s. Versicherungsvertrag
Finanzdienstleister 29 3 lit. d
- Aufnahme und Ausschluss 29 81 ff.
- Aufsicht und Informationsaustausch 29 87 f.
- Beizug Dritter 29 23
- Beraterregister 29 28 ff., s.a. dort
- Dienstleisterkette 29 24
- Dokumentation und Rechenschaft 29 15 f.
- erforderliche Kenntnisse 29 6
- Herausgabe von Dokumenten 29 72 f.
- Informationspflicht 29 8 f.
- Interessenkonflikte 29 25 ff.
- organisatorische Massnahmen 29 21 ff.
- Pflichten 29 77 ff.
- Strafbestimmungen 29 89 ff.
- Transparent und Sorgfalt 29 17 ff.
- Verhaltensregeln 29 7 ff.

Finanzdienstleistungen 29 3 lit. c
- Angemessenheit und Eignung 29 10 ff.

Finanzgruppe 30 15
Finanzinstitute 28 17 ff.
- Aufsicht 28 61 ff.
- Fondsleitung 28 32 ff.
- Strafbestimmungen 28 69 ff.
- Verantwortlichkeit 28 68
- Vermögensverwalter und Trustees 28 17 ff.
- Vertretungen 28 58 ff.
- Verwalter von Kollektivvermögen 28 24 ff.
- Wertpapierhäuser 28 41 ff.
- Zweigniederlassungen 28 52 ff.

Finanzinstrumente 29 3 lit. a
- Basisinformationsblatt 29 58 ff.
- Haftung 29 69
- Prospekt für Effekten 29 35 ff., 64
- Propekt für kollektive Kapitalanlagen 29 48 ff., 65
- Werbung 29 68

Finanzmarktaufsicht
- Aufsichtsinstrumente s. *Aufsichtsinstrumente der FINMA*
- Beaufsichtigte **31** 3
- FINMA s. *dort*
- Gegenstand **31** 1
- Grundsätze für die Regulierung **31** 7
- Strafen **31** 44 ff.
- Verfahren **31** 53 f.
- Ziele **31** 4
- Zusammenarbeit mit ausländischen Finanzmarktaufsichtsbehörden **31** 42 ff.
- Zusammenarbeit mit inländischen Behörden **31** 38 ff.

Finanzmarktinfrastruktur 30 2 lit. a
- Auslandgeschäft **30** 17
- Bewilligungspflicht **30** 4
- Bewilligungvoraussetzungen **30** 2 lit. c, 94 Abs. 3 und 4
- systemisch bedeutsame **30** 6, 22 ff.
- Verwaltungsrat **30** 8 ff.

FINMA
- Amtsgeheimnis **31** 14
- Aufsichtsinstrumente der - s. *dort*
- Datenbearbeitung **31** 23
- Fachvertretung **31** 11
- Finanzen **31** 15 ff.
- Finanzmarktaufsicht s. *dort*
- Gebühren **31** 15
- Geschäftsleitung **31** 10
- Haftung **31** 19
- Information der Öffentlichkeit **31** 22
- Oberaufsicht der eidgenössischen Räte **31** 21 Abs. 4
- Organe **31** 8
- Personal **31** 13, 59 f.
- Rechtsform, Sitz und Name **31** 5
- Revisionsstelle **31** 12
- Unabhängigkeit **31** 21
- Verwaltungsrat **31** 9

Fischerei 4 3 Abs. 2
Fixgeschäft 1 108

Fondsleitungen 28 32 ff.
Forderung s.a. *Abtretung, Hinterlegung, Verjährung, Verrechnung*
- Erlöschen **1** 114 ff.

Form von Rechtsgeschäften 1 2, 11 ff., 22, 115, s.a. *Abtretung, Einfache Schriftlichkeit, Öffentliche Urkunde, Schenkung, Vertrag*
Formmängel 1 1041
Fortführungswerte für die Rechnungslegung 1 958a
Frachtbrief 1 443
Frachtführer s. *Frachtvertrag*
Frachtvertrag s.a. *Kosten, Spediteur*
- Begriff **1** 440
- Inanspruchnahme einer öffentlichen Transportanstalt **1** 456
- konzessionierte und staatliche Transportanstalten **1** 455
- Pflichten des Absenders **1** 441–443
- Pflichten des Frachtführers **1** 444–454
- Wirkungen **1** 441 ff.

Franko, Lieferung 1 189
Freier Tag, wöchentlich 1 329
Fremde Währung 1 1031, 1092, 1098, 1122
Frist s.a. *Angemessene Frist, Einberufungsfrist, Fristberechnung, Fristen, Rücktritt, Verjährung*
- Anfechtung der Generalversammlungsbeschlüsse bei der AG **1** 706a
- Anfechtung der Generalversammlungsbeschlüsse bei der Genossenschaft **1** 891
- Anleihensobligationen **1** 1165, 1178 f., 1182
- Anmeldung der Forderungen der Gläubiger bei Kapitalherabsetzung **1** 653j Abs. 4
- Anmeldung von Ein- und Austritten von Genossenschaften beim Handelsregister **1** 877

- Auflösung einer AG, die auf mangelhaften Voraussetzungen beruht **1** 643
- Austritt aus der Genossenschaft **1** 843
- Berechnung **1** 77 ff.
- Herabsetzung des Stammkapitals der GmbH **1** 782
- Klage gegen Ausschluss aus der Genossenschaft **1** 846
- Kündigung des GAV **1** 356c
- Verjährung **1** 127 ff.
- Verjährung der Ansprüche aus der persönlichen Haftung der Genossenschafter **1** 878
- Verjährung der Verantwortlichkeitsklage bei der AG **1** 760
- Verjährung der Verantwortlichkeitsklage bei der Genossenschaft **1** 919 f.
- Verjährung der Verantwortlichkeitsklage bei der GmbH **1** 827
- Verlust der Aktionärsrechte bei Verzug **1** 682
- Verlust der Genossenschaftsrechte bei Zahlungsverzug **1** 867
- Wechsel, Check **1** 1026 f., 1069 ff., 1098, 1134
- Widerruf des Haustürgeschäfts **1** 40e

Fristablauf **1** 75 ff., s.a. *Fristen*
Fristberechnung **1** 76 ff., 1081 ff., 1098, 1136 f. s.a. *Alter Stil, Feiertage, Frist, Fristablauf, Fristen, Verjährung*
- acht Tage **1** 77, 1026 Ziff. 4, 1098, 1116
- dreissig Tage **1** 1178, 1179 Abs. 3
- fünfzehn Tage **1** 77 Abs. 1 Ziff. 1, 1026
- halber Monat **1** 77, 1026, 1098
- halbes Jahr **1** 77 Abs. 1 Ziff. 3, 266b
- Jahr **1** 77
- Mitte des Monats **1** 76, 1026 Abs. 3
- Monat **1** 76 f., 1026, 1098
- Sonntag **1** 78, 1081, 1098, 1136
- Verjährung **1** 132
- Vierteljahr **1** 77 Ziff. 3, 266c f., 266k, 296
- Woche **1** 77, 1026

Früchte
- der Kaufsache **1** 187, 195 f., 208, 213
- bei der Pacht **1** 275, **8** 24

Furchterregung **1** 29 ff.
Fusion **1** 738, 893 Abs. 2, **16** 1, 3 ff., s.a. *Unternehmenszusammenschlüsse*

G

Garant
- beim Check **1** 1114, 1128
- einer Wechselverpflichtung **1** 1018, 1020, 1033, 1045 ff., 1052, 1057, 1098

Garantievertrag **1** 111
Gast- und Stallwirte
- Erlöschen der Haftung **1** 489
- Haftung **1** 487 ff.
- Retentionsrecht **1** 491
- Umfang der Haftung **1** 487
- Verjährung von Wirtsschulden **1** 128
- Vorbehalt des kantonalen Rechts bei der Verjährung der Wirtszeche **1** 186
- Wertsachen **1** 488

Gäste, Haftung für Sachen der – **1** 487
Gattung, Sache bestimmt nach der – **1** 71
GAV s. *Gesamtarbeitsvertrag*
Gebäude s.a. *Werkvertrag*
- Material auf Abbruch (Fahrniskauf) **1** 187
- Verjährung der Gewährleistung bei Mängeln an Bauten **1** 219 Abs. 3
- Werkeigentümerhaftung **1** 58 f.

Gebrauch
- ausschliesslicher – der Geschäftsfirma **1** 956
- der (Miet-)sache **1** 253 ff.

Gebrauchsleihe **1** 305 ff.
Gebühren
- des Handelsregisters **1** 941

- bei Wettbewerbsbeschränkungen **24** 53a

Gefahr *s.a. Nutzen und Gefahr*
- Verderben der Ware **1** 204, 427
- Willensmangel beim Vertragsschluss **1** 30

Gegenleistung 1 21, 24, *s.a. Zweiseitiger Vertrag*

Gegenpartei
- finanzielle **30** 93 Abs. 2
- nichtfinanzielle **30** 93 Abs. 3
- zentrale **30** 48 ff., 97 ff.

Geistige Getränke, Vorbehalt für die kantonale Gesetzgebung 1 186

Geldflussrechnung, Inhalt 1 961b

Geldsumme, unbedingte Anweisung im Wechsel 1 991, 996, 1016, 1018, 1031 f., 1038, 1040, 1045 ff., 1057 f., 1080, 1096, 1098, 1100, 1122, 1130, 1143

Geltungsbereich *s. Gesamtarbeitsvertrag, Rahmenmietvertrag*

Gemeinden *s.a. Körperschaften des öffentlichen Rechts*
- Anleihensobligationen **1** 1157 Abs. 3
- Beteiligung an einer AG oder Genossenschaft **1** 762, 926
- keine Verrechnung mit öffentlich-rechtlichen Forderungen **1** 125

Gemeinderschaft 18 150 f.
- Vertreter einer - **18** 7 lit. c, 17 Abs. 1 lit. d, 150

Gemeinschaft
- Aktie in gemeinschaftlichem Eigentum **1** 690
- Anteil der GmbH in gemeinschaftlichem Eigentum **1** 792
- der Gesellschafter **1** 544
- Vertretung der Erbengemeinschaft in der Genossenschaft **1** 847

Gemeinschaftliches Konto 1 150

Gemischte Schenkung 1 239 Abs. 1

Genehmigung
- der Geschäftsbesorgung bei der Geschäftsführung ohne Auftrag **1** 424
- des an Irrtum, Täuschung oder Furchterregung leidenden Vertrags **1** 31
- der Versteigerung durch eine Behörde **1** 232
- des Vertrags bei fehlender Vollmacht **1** 38

Generalversammlung *s.a. Klage*
- Anleihensgläubiger **1** 1164 ff.
- mit elektronischen Mitteln, bei der AG **1** 701c
- Genossenschaft **1** 879 ff.
- GmbH **1** 804 ff.

Generalversammlung der AG
- Anfechtung von Beschlüssen **1** 706 ff.
- Auskunfts- und Einsichtsrecht **1** 697 ff.
- Befugnisse **1** 698 ff.
- Beschlussfassung und Wahlen **1** 703 ff.
- Durchführung **1** 701a ff.
- Einberufung und Durchführung **1** 699 ff.
- Mittel, elektronische -, Probleme **1** 701c ff.
- Nichtigkeit von Beschlüssen **1** 706b
- Stimmrecht **1** 692 ff.
- Teilnahme **1** 689 ff.
- unbefugte Teilnahme **1** 691
- Universalversammlung **1** 701
- wichtige Beschlüsse **1** 704

Genossenschaft *s.a. Abberufung, Auskunftsrecht, Ausscheiden, Ausschluss, Eintritt, Haftung, Unerlaubte Handlungen*
- Auflösung **1** 911 ff.
- Begriff und Errichtung **1** 828 ff.
- Eintragung der - im Handelsregister **18** 84 ff.
- Erwerb und Verlust der Mitgliedschaft **1** 839 ff.
- Genossenschaftsverbände **1** 921 ff.
- Geschäftsfirma **1** 950 f., 956

- Mindestzahl der Mitglieder **1** 831
- Organisation **1** 879 ff.
- Rechte und Pflichten der Genossenschafter **1** 852 ff.
- Verantwortlichkeit **1** 916 ff.

Genossenschafter, Mitgliedschaft mit Beamtung oder Anstellung verknüpft 1 848

Genossenschaftsverbände 1 921 ff.

Genugtuung 1 47, 49, 60 f.

Genussscheine 1 657
- Kraftloserklärung **1** 981

Geografische Bezeichnungen, Bildung von Geschäftsfirmen 1 944 Abs. 2

Gesamtarbeitsvertrag 1 356–358, *s.a. Allgemeinverbindlicherklärung*

Geschäft
- Geschäftszeit **1** 79
- Ort der Vornahme checkrechtlicher Handlungen **1** 1143 Abs. 1 Ziff. 20
- Ort der Vornahme wechselrechtlicher Handlungen **1** 1084

Geschäftsbericht 1 716a Abs. 1 Ziff. 6

Geschäftsbücher
- Aufbewahrung und Edition der - gemäss Handelsregister **18** 20 ff., 166 ff.
- Buchführungspflicht **1** 957 ff., **19** 1
- Einsichtsrecht **1** 541, 590, 697a ff., 715a, 730b, 857, 906, 958e
- Führung, Aufbewahrung **1** 590, 747, 957 ff., **19** 2 ff.
- Informationsträger **19** 9 ff.
- Integrität **19** 3
- ordnungsgemässe Buchführung **19** 2, 5 ff., *s.a. Pflicht zur Buchführung und Rechnungslegung*

Geschäftsfirma 1 620, 626 Ziff. 1, 776, 832 Ziff. 1
- Bildung **1** 944 ff.
- Einzelfirmen **1** 945 f.
- Namensänderung **1** 954
- Schutz der - **1** 946, 956

- Überwachung der Firmenbildung **1** 955
- unbefugter Gebrauch **1** 956
- Zweigniederlassungen **1** 952

Geschäftsführer 1 535, 584, 603, 716 ff., 792, 847, 1158, 1161, 1180, *s.a. Auftrag, Geschäftsführung ohne Auftrag, Haftung*
- bei der AG **1** 716b ff.
- Eintragung im Handelsregister **18** 71 ff., 73 Abs. 1 lit. p
- bei der GmbH **1** 800, 804, 809 ff., 827

Geschäftsführung *s.a. Haftung, Verwaltung, Widerruf*
- AG **1** 716 ff.
- einfache Gesellschaft **1** 535
- Genossenschaft **1** 894 ff., 923
- Gläubigergemeinschaft bei Anleihensobligationen **1** 1158 ff.
- GmbH **1** 809 ff.
- Kommanditaktiengesellschaft **1** 765

Geschäftsführung ohne Auftrag 1 419 ff.

Geschäftsgeheimnis *s.a. Auskunftsrecht, Konkurrenzverbot*
- Geheimhaltungspflicht des Agenten **1** 418d
- Konkurrenzverbot **1** 340 ff.
- unlauterer Wettbewerb **21** 6
- Wahrung bei Einsicht in Geschäftsbücher und Korrespondenz **1** 697 Abs. 2, 697f, 730b, 857 Abs. 2, 909
- Wahrung des - bei Streitigkeiten wegen Wettbewerbsbeschränkungen **24** 25

Geschäftsherr, Haftung 1 55, **21** 11

Geschäftsraum *s.a. Geschäft*
- Miete, insb. **6** 1, 7
- Miete, Pacht **1** 253a f., 257b, 266d, 266l ff., 268 ff., 271 ff., 276 f., 296, 298, 300

Geschäftstätigkeit 1 552 f., 594 f.

Geschlecht *s. Vertretung der Geschlechter im Verwaltungsrat und in der Geschäftsleitung*
Gesellschaft mit beschränkter Haftung *s. GmbH*
Gesellschafter *s. Einfache Gesellschaft, Genossenschaft, GmbH, Kollektivgesellschaft, Kommanditaktiengesellschaft, Kommanditgesellschaft*
Gesellschafterverzeichnis *s. Anteilbuch, Liste*
Gesellschaftsfirma *s. Geschäftsfirma*
Gesellschaftsgläubiger
– AG **1** 757
– Fusionen **16** 25 ff., 45 ff., 68, 75 ff.
– Genossenschaft **1** 913
– GmbH **1** 823
– Kollektivgesellschaft **1** 568, 570 f., 573
– Kommanditgesellschaft **1** 610, 616 ff.
Gesellschaftskapital
– Anzeigepflicht bei Kapitalverlust **1** 820, 903
– GmbH **1** 773
– keine Festsetzung im Voraus bei der Genossenschaft **1** 828 Abs. 2
Gesellschaftsvermögen *s.a. Aktienkapital, Anteil am Gesellschaftsvermögen, Gesellschaftskapital*
– Anteil am Vermögen der Kollektivgesellschaft **1** 578 ff.
– einfache Gesellschaft **1** 544
– Kollektivgesellschaft **1** 558, 560, 570, 585 ff.
– Kommanditgesellschaft **1** 598, 613, 616
Gesellschaftsvertrag
– einfache Gesellschaft **1** 530 ff.
– Kollektivgesellschaft **1** 552 ff., 557
– Kommanditgesellschaft **1** 594 ff., 598
Gesetzliche Gewinnreserve **1** 672 ff.
Gesetzliches Pfandrecht
– des Abtretenden **1** 171 ff.
– des Pfründers gegenüber dem Pfrundgeber **1** 523
Gewährleistung *s.a. Bürgschaft, Indossament (offenes Pfandindossament), Mängel, Pauschalreisen, Sachmängel (beim Kauf), Wechselbürgschaft*
– bei Miete und Pacht **1** 258 ff., 288
– bei der Schenkung **1** 248
– des Verkäufers **1** 192 ff., 197 ff., 219, 234, 238
– beim Vertrag zulasten eines Dritten **1** 111
– beim Viehhandel **1** 198, 202
– beim Werkvertrag **1** 365, 367 ff.
Gewalt *s. Furchterregung*
Gewebe, Transplantation tierischer Organe auf Menschen **4** 3 Abs. 2, 5 Abs. 1bis
Gewerbe **18** 2 lit. a
Gewicht **1** 212
Gewinn- und Verlustrechnung *s.a. Betriebsrechnung, Bilanz, Jahresrechnung, Konzernrechnung, Rechnungslegung, Rechnungslegung für grössere Unternehmen*
– einfache Gesellschaft **1** 532 f., 549
– Kollektivgesellschaft **1** 558 f., 588
– Kommanditgesellschaft **1** 601, 611, 619
– Kollektivgesellschaft **1** 558
Gewinnbeteiligung *s.a. Reinertrag*
– AG **1** 656f Abs. 1, 657 Abs. 2, 660 f., 671, 675 Abs. 2, 677 f., 689, 698 Abs. 2 Ziff. 4, 728a Abs. 1, 731
– Genossenschaft **1** 833 Ziff. 8, 859 ff., 913
– GmbH **1** 798, 826
– Kommanditaktiengesellschaft **1** 764, 770

Gewinnreserve 1 672 ff.
Gläubiger *s.a. Anrechnung, Bürgschaft, Solidarität, Vereinigung, Wohnsitzwechsel*
- Anleihensobligation 1 1157 ff.
- keine Pflicht zur Annahme einer Teilzahlung 1 69, 504
- Solidargläubiger 1 150

Gläubigergemeinschaft
- bei Anleihensobligationen 1 1157 ff.
- Genussscheinsberechtigte der AG 1 657 Abs. 4

Gläubigerverzug 1 91 ff.

Gleichstellung
- Arbeitsverhältnisse 12 8 ff.
- Diskriminierung 12 3 f.
- im Erwerbsleben 12 2 ff.
- Finanzhilfen 12 14 ff.
- Gleichstellungsbüro 12 16
- Rechtsansprüche 12 5

Gliederung, Jahresrechnung, Rechnungslegung 1 958d, 959 f.

Globalurkunde 1 973b, 32 5 lit. f

GmbH *s.a. Abberufung, Auskunftsrecht, Ausscheiden, Ausschluss, Eintritt, Haftung, Kontrolle, Unerlaubte Handlungen*
- allgemeine Bestimmungen 1 772 ff.
- Auflösung und Ausscheiden 1 821 ff.
- Eintragung im Handelsregister 18 71 ff.
- Geschäftsfirma 1 951, 956
- Organisation 1 804 ff.
- Rechte und Pflichten der Gesellschafter 1 784 ff.
- Stammeinlage 1 773
- Verantwortlichkeit 1 827

Gregorianischer Kalender *s. Alter Stil*

Grobe Fahrlässigkeit 1 43, 100, 248, 452, 454 Abs. 3, 1006 Abs. 2, 1112, *s.a. Fahrlässigkeit*

Grundbuch
- Eintragung der Schenkung von Grundstücken 1 242 Abs. 2, 247
- Eintragung der Übertragung der Mitgliedschaft bei der Genossenschaft 1 850 Abs. 3
- Eintragung des Grundstückkaufs 1 216–219
- Eintragung des Zuschlags bei der Versteigerung 1 235
- Eintragung von Miete und Pacht 1 261b, 290
- Eintragung von Sacheinlagen 1 634 Ziff. 2

Gründer *s.a. Besondere Vorteile*
- der AG 1 629 ff.
- der Genossenschaft 1 834, 835 Abs. 4
- der GmbH 1 827

Grundkapital *s. Aktienkapital, Gesellschaftskapital*

Grundpfandrecht *s.a. Einrede des Bürgen, Pfandrecht*
- Ermächtigung des Beauftragten zur Errichtung 1 396
- Ermächtigung des Prokuristen zur Errichtung 1 459

Grundsatz des zwingenden Rechts *s. Zwingendes Recht*

Grundsätze der Rechnungslegung 1 958c, *s.a. Rechnungslegung*

Grundstück *s.a. Grundstückskauf, Landwirtschaftliche Pacht*
- Übergang von Grundstück und Mitgliedschaft bei der Genossenschaft 1 850

Grundstückskauf *s.a. Grundbuch*
- bedingter Kauf und Eigentumsvorbehalt 1 217
- Form 1 216
- Gewährleistung 1 219
- landwirtschaftliche Grundstücke 1 218
- Nutzen und Gefahr 1 220
- Schuldübernahme 1 183

Gruppengesellschaft, wesentliche 30 3
Gült 1 989
Gute Sitten 1 19 f., 41, 66, 157, 163, 230, 420 Abs. 3
Guter Glaube s. *Treu und Glauben*
Gutgläubige Dritte 1 34, 36, 180, 459 ff., 514, 563 f., 605, 718a Abs. 2, 899 Abs. 2, **32** 29

H
Haftgeld 1 158
Haftpflichtversicherung 1 113, **2** 63 ff. s.a. *Versicherungsvertrag*
Haftung s.a. *Anstifter, Ausschluss, Entlastung, Indossament, Mittäter, Solidarität, Unerlaubte Handlungen*
- der Aufsichtsbehörde nach RAG **17** 36a
- des Auftraggebers 1 402 f.
- der austretenden oder verstorbenen Genossenschafter 1 876
- des Beauftragten 1 398 ff., 403 Abs. 2
- bei der Bürgschaft 1 499 f., 503 f.
- bei der einfachen Gesellschaft 1 544 Abs. 3, 551
- der Eisenbahnunternehmen 3 40b ff.
- der FINMA **31** 19
- des Fahrzeughalters **2** 58 ff.
- der Genossenschaft für eigene Verpflichtungen 1 868
- der Genossenschafter 1 838 Abs. 2
- des Geschäftsführers 1 815 Abs. 4, 827
- der Gesellschafter der GmbH 1 794, 827
- für Handlungen vor Eintragung der AG in das Handelsregister 1 645
- bei der Kollektivgesellschaft 1 552, 568 f.
- bei der Kommanditaktiengesellschaft 1 769
- bei der Kommanditgesellschaft 1 604 ff.
- des Kommissionärs 1 430
- beim Kreditauftrag 1 408, 410
- der neuen Genossenschafter 1 875
- der Organe der AG 1 722, 743 Abs. 6, 753 ff.
- bei Pauschalreisen **11** 14 ff.
- für Produkte **4** 1 ff.
- des Solidarschuldners 1 145
- unbeschränkte oder beschränkte - der Genossenschafter 1 869 ff.
- unerlaubte Handlung 1 41 ff.
- der Verwahrungsstelle **32** 33
- der Verwalter, Geschäftsführer, Revisoren und Liquidatoren der Genossenschaft 1 916

Haftung mehrerer 1 50 f., 759, 827, 918, **4** 7, s.a. *Solidarität*
Halter s.a. *Inhaber*
- Fahrzeug- (Haftung) **2** 58 ff.
- Inhaber eines Wechsels 1 1006, 1073 f.
- Stallwirtehaftung 1 490
- Tierhalterhaftung 1 56

Handelsamtsblatt
- publikationspflichtige Sachverhalte 1 591, 640 f., 681 f., 704 Abs. 3, 742, 779, 936a, 956, 958e, 984, 986, 1077, **13** 9, 14, **18** 35

Handelsgesellschaften 1 552 ff.
Handelsplatz **30** 26 lit. a, 112 ff.
Handelsregister s.a. *Geschäftsfirma*
- AG **18** 43 ff.
- Allgemeines **18** 1 ff.
- Änderungen und Löschungen 1 933 ff.
- Aufbau und Inhalt 1 6 ff.
- Aufbewahrung und Herausgabe von Akten, Datenqualität **18** 166 ff.
- Auflösung und Löschung der AG **18** 63 ff.
- bedingte Kapitalerhöhung der AG **18** 51 ff.

Sachregister — Handelsregister

- Beglaubigungen **18** 12a
- Behörden **18** 3 ff.
- Belege **18** 20 ff.
- besondere Vertretungsverhältnisse und Beschlüsse der Gläubigerversammlung von Anleihensobligationen **18** 149 ff.
- Bestimmungen unabhängig von der Rechtsform **18** 116 ff.
- Definitionen **18** 2
- Eintragung **1** 929 ff.
- Eintragung der Gesellschaften **1** 552 Abs. 2, 595 f., 640, 780, 835
- Eintragung von Amtes wegen **18** 152 ff.
- Eintragungspflicht **1** 931 Abs. 1 und 2, 932 Abs. 1 und 2
- elektronischer Geschäftsverkehr **18** 126 ff.
- fehlende oder unrichtige Eintragung **18** 152 ff.
- fehlendes Rechtsdomizil **1** 934a
- freiwillige Eintragung **1** 931 Abs. 3, 932 Abs. 3
- Fusion **18** 130 ff.
- Gebühren **1** 941
- Genossenschaft **18** 84 ff.
- GmbH **18** 71 ff.
- Grundsätze für die Eintragung **18** 26 ff.
- Gründung der AG **18** 43 ff.
- Gründung der GmbH **18** 71 ff.
- Hauptregister **18** 9
- Institut des öffentlichen Rechts **18** 106 ff.
- Investmentgesellschaft mit festem Kapital (SICAF) **18** 101
- Investmentgesellschaft mit variablem Kapital (SICAV) **18** 102 ff.
- Kapitalerhöhung bei der GmbH **18** 74 ff.
- Kapitalherabsetzung bei der AG **18** 55 ff.
- Kapitalherabsetzung bei der GmbH **18** 77 ff.
- Kollektiv- und Kommanditgesellschaft **18** 40 ff.
- Kommanditaktiengesellschaft **18** 66 ff.
- Kommanditgesellschaft für kollektive Kapitalanlagen **18** 98 ff.
- Konkurs, Nachlassstundung, Nachlassvertrag mit Vermögensabtretung **18** 158 ff.
- Löschung von Amtes wegen **1** 934
- nachträgliche Leistung von Einlagen bei der AG **18** 54
- Neuerungen zur Revisionsstelle **18** 170
- Öffentlichkeit **1** 936 f., **18** 10 ff.
- ordentliche Kapitalerhöhung der AG **18** 46 ff.
- Ordnungsbussen **1** 940
- Organisation **1** 928 f.
- Partizipationskapital bei der AG **18** 60
- Pflichten des Registerführers **1** 940 ff.
- Prüfung, Genehmigung und Publikation der Eintragung **18** 31 ff.
- rechtsformübergreifende Bestimmungen für die Eintragung **18** 116 ff.
- Rechtsschutz **1** 942
- Revision und Revisionsstelle bei der AG **18** 61 f.
- Revision, Revisionsstelle, Auflösung und Löschung bei der GmbH **18** 83
- Schlussbestimmungen **18** 170 ff.
- Sitzverlegung **18** 123 ff.
- Spaltungen **18** 133 ff.
- Stiftungen **18** 94 ff.
- Tagesregister **18** 8
- Übergangsbestimmungen **18** 173 ff.
- Übertragung von Stammanteilen **18** 82
- Umstrukturierungen **18** 128 ff.
- Unternehmens-Identifikationsnummer, Sitz-, Zweck-, Personenangaben, Hinweis auf die vorangehende Eintragung **18** 116 ff.

- Verein **18** 90 ff.
- Vermögensübertragung **18** 138 f., 141, 144
- Weisungen, Kreisschreiben, Mitteilungen **18** 171
- Wiedereintragung gelöschter Rechtseinheiten **18** 164
- zentrale Datenbanken **1** 928a, **18** 31 ff.
- Zentralregister und Zefix **18** 14 f.
- Zweigniederlassung **18** 109 ff.

Handelsreisende 1 347 ff.
Handelsreisendenvertrag 1 347–350a
Handelssysteme
- multilaterale **30** 26 lit. c
- organisierte **30** 42 ff., 122 ff.

Handelstransparenz 30 46
Handelsvertreter *s. Gläubigergemeinschaft, Handelsreisende, Handlungsbevollmächtigte*
Handlungsbevollmächtigte 1 40, 458 ff., 462 ff., 566, 603, 721, 726, 815, *s.a. Prokura*
- in Gesellschaften **1** 555, 566, 605, 721, 726, 804 Abs. 2, 815 Abs. 3, 905

Handlungsfähigkeit *s. Verlust der Handlungsfähigkeit*
Handlungsunfähigkeit *s. Verlust der Handlungsfähigkeit*
Handwerker, Verjährung der Forderungen 1 128
Handzeichen, Ersatz für die Unterschrift 1 15, 1085, 1098, 1143 Abs. 1 Ziff. 20
Hausgemeinschaft 1 328a
Haushalt *s.a. Ehegatte*
- Personen im gemeinsamen - **1** 101, 266m f., 328a
- Schaden **1** 46 Abs. 1

Heimarbeitsvertrag 1 351–354
Herabsetzung
- des Aktienkapitals der AG **1** 653j ff., **18** 55 ff.
- des Haftungsbetrags bei der Bürgschaft **1** 500
- des Stammkapitals der GmbH **1** 782 f., 795c, 825a, **18** 77 ff.
- des Zinssatzes bei Anleihensobligationen **1** 1170 Ziff. 3

Hilfspersonen, Haftung 1 55, 101
Hinderung, allgemein 1 94, 134, 156, 444
Hinterlegung *s.a. Gast- und Stallwirte, Lagergeschäft*
- bei abhanden gekommenen Coupons **1** 987
- Begriff **1** 472
- Betrag einer streitigen Forderung **1** 168
- Forderung auf dem Frachtgut **1** 451
- Forderungen von Gläubigern der AG in Liquidation **1** 744
- Forderungen von Gläubigern der Genossenschaft in Liquidation **1** 913
- Forderungen von Gläubigern der GmbH in Liquidation **1** 826
- Frachtgut **1** 453
- bei Gläubigerverzug **1** 92 ff.
- Miet-, Pachtzins **1** 259g ff., 288
- Pflichten des Aufbewahrers **1** 474 ff.
- Pflichten des Hinterlegers **1** 473
- Sequester **1** 480
- Vertrag **1** 184
- vertretbare Sachen **1** 481

Hinterlegungsvertrag *s. Hinterlegung*
Höhere Gewalt *s.a. Unüberwindliches Hindernis, Zufall*
- keine Einforderung der Konventionalstrafe **1** 163
- keine Haftung des Frachtführers **1** 447 f.
- keine Haftung des Gastwirts **1** 487, 490
- bei der Pacht **1** 299b
- Schuldnerverzug **1** 103 Abs. 2

- Vorbehalt bei Wechsel und Check **1** 1051, 1098, 1131
- **Höheres Angebot 1** 231 Abs. 2
- **Holdinggesellschaft 1** 659b, 963

Honorar
- des Beauftragten **1** 394
- des Gesellschafters **1** 558 ff., 572, 601, 613
- Rückerstattung durch die Verwaltungsräte der AG oder die Mitglieder der Verwaltung der Genossenschaft **1** 679, 904
- des Verlaggebers **1** 388 ff., 390, 393

I

Identifikation natürlicher Personen für das Handelsregister 18 24a f., 175a

Identität des Musters 1 222

Importeur, Haftung des - für ein fehlerhaftes Produkt 4 2

Indirekte Teilnehmer 30 2 lit. e

Indossament
- Blankoindossament **1** 1002 f., 1109 f.
- beim Check **1** 1108 ff.
- an den Inhaber **1** 1002, 1109
- Nachindossament **1** 1010
- bei Namenaktien **1** 684
- Nichtigkeit des Teilindossaments **1** 1002, 1109
- offenes Pfandindossament **1** 1009
- Prüfung **1** 1030 Abs. 3, 1121
- Vollmachtsindossament **1** 1008, 1143 Abs. 1 Ziff. 6
- bei Wechselverpflichtungen **1** 1001 ff., 1098
- bei Wertpapieren **1** 968 f.
- «zum Inkasso» **1** 1008, 1098, 1143 Abs. 1 Ziff. 6

Informatik
- elektronische Signatur **1** 14 Abs. 2bis, 59a
- elektronischer Geschäftsverkehr *s. dort*
- Führung des Handelsregisters mittels - **1** 928b, **18** 6, 9, 11 f., 14 f., 16, 18, 31 ff., 88, 123, 130, 167 ff., 175
- Führung und Aufbewahrung der Geschäftsbücher **1** 957 ff., **19** 2, 4, 6, 8 ff.

Information des Konsumenten
s. Pauschalreisen

Ingenieure, Verjährung der Ansprüche gegen - 1 371

Inhaber *s.a. Halter, Inhaberpapier*
- Inhabercheck **1** 1105, 1111
- des Wechsels, eigenen Wechsels oder Checks **1** 1006, 1028 ff., 1044 f., 1060, 1098, 1110, 1128

Inhaberaktien 1 622 ff., *s.a. Aktien*

Inhaberpapier *s.a. Aktien, Übertragung, Umwandlung, Ungültigerklärung*
- abhanden gekommene Coupons **1** 987
- Begriff **1** 978
- Einreden des Schuldners **1** 979 f.
- keine Kraftloserklärung von Banknoten etc. **1** 988
- Kraftloserklärung **1** 981 ff.
- Schuldbrief **1** 989

Inhalt
- unmöglich, widerrechtlich oder gegen die guten Sitten **1** 20
- des Vertrags **1** 19, 20

Insiderhandel 30 142

Insiderinformation 30 2 lit. j

Interessenkonflikt 30 44

Interimsschein 1 688, *s.a. Abtretung*

Internationaler Warenkauf *s.a. Warenkauf (WKR)*
- Abschluss des Vertrags **5** 14 ff.
- allgemein **5** 7 ff.
- Anwendungsbereich **5** 1 ff.

Interoperabilitätsvereinbarung 30 56 f.

Inventar
- Bilanzvorschriften **1** 960a ff.
- bei der Genosssenschaft **1** 903 Abs. 5

- bei der Pacht **1** 277, 297a Abs. 2, 299, 299b
- **Inverkehrbringen von Produkten** **4** 4f., 10, 13
- **Irreführung 21** 2f.
- **Irrtum** *s.a. Willensmängel*
  - Beweggrund zum Vertragsabschluss **1** 24
  - Bürgschaft **1** 492
  - Rechnungsfehler **1** 24
  - unrichtige Bezeichnung oder Ausdrucksweise **1** 18
  - wesentlicher Irrtum **1** 23 ff.
  - Zahlung einer Nichtschuld **1** 63

J

Jahresrechnung 1 959 ff., *s.a. Betriebsrechnung, Gewinn- und Verlustrechnung, Konzernrechnung, Rechnungslegung, Rechnungslegung für grössere Unternehmen*
- Abgrenzung von Aufwand und Ertrag, zeitlich und sachlich **1** 958b
- AG **1** 698 Abs. 2 Ziff. 4
- Anhang **1** 959c, 961 ff.
- Bewertung **1** 960 ff., *s.a. dort*
- Bilanz **1** 959 ff., *s.a. dort*
- für börsenkotierte Unternehmen nach anerkanntem Standard **1** 962
- Erfolgsrechnung, Gliederung **1** 959b
- Genossenschaft **1** 856, 902, 957 ff.
- Gliederung **1** 958d, 959 f.
- GmbH **1** 804, 810
- Offenlegung und Einsichtnahme **1** 958e

Juristische Personen *s.a. Kontrolle, Körperschaften des öffentlichen Rechts*
- Einsitz in der Geschäftsführung oder Revisionsstelle einer Gesellschaft **1** 707, 730 Abs. 2, 894, 906
- Vollmacht **1** 35

K

Kantonalbanken 1 763

Kantone *s.a. Körperschaften des öffentlichen Rechts*
- Anleihensobligationen **1** 1157 Abs. 3
- Organisation der Handelsregisterämter **1** 928
- Vorbehalt des kantonalen Rechts **1** 33, 61, 97 Abs. 2, 186, 236, 257e Abs. 4, 259g, 266l, 269d, 270, 298, 342, 358 ff., 406c, 418, 829, 1155
- zuständige Behörden für die Allgemeinverbindlicherklärung von GAV **13** 20
- Zuständigkeit beim Handelsregister **18** 3

Kapital *s.a. Zinseszins*
- Anrechnung **1** 85
- Wirkung der für die Kapitalschuld ausgestellten Quittung **1** 89

Kartell *s.a. Wettbewerb*
- Wettbewerbsabrede **24** 4
- Zulässigkeit **24** 5 f.

Kauf *s.a. Erwerb, Kommission, Veräusserung, Versteigerung*
- allgemein **1** 184 ff.

Kauf auf Besicht 1 223 ff.

Kauf auf Probe 1 223 ff.

Kauf nach Muster 1 222

Kaufangebot, öffentliches 30 2 lit. i, 125 ff.

Käufer *s. Kauf*

Kaufleute *s.a. Buchführung, Rechnungslegung*
- Eintragung im Handelsregister **1** 931, **18** 37 ff.
- Verzugszins **1** 104

Kaufmännische Buchführung *s. Buchführung, Rechnungslegung*

Kaufmännischer Verkehr
s.a. Geschäftsfirma, Handelsregister, Handelsreisende, Kaufleute, Orts- und Handelsgebrauch, Rechnungslegung
- Darlehenszins **1** 313 f.

- Preisbestimmung **1** 212
- Verzugszins **1** 104
- Viehhandel **1** 198, 202
- Wahlrecht beim Verzug **1** 190, 212

Kaufsrecht 1 216 Abs. 2, 216a f.

Kinder, Stillstand der Verjährung ihrer Forderung gegen die Eltern 1 134

Klage s.a. *Anfechtung*
- des Anleihensgläubigers **1** 1178 f., 1182
- Auflösung der AG **1** 643
- gegen Beschlüsse der GV der AG **1** 691, 706 f.
- gegen Beschlüsse der GV der Genossenschaft **1** 891, 924
- gegen Beschlüsse der GV der GmbH **1** 808c
- auf Rückerstattung der Bereicherung **1** 62 ff.
- bei unlauterem Wettbewerb **21** 9 ff.
- unmittelbarer Anspruch des Geschädigten gegen den Versicherer der für einen Strassenverkehrsunfall verantwortlichen Person **2** 65
- Unterbruch der Verjährung **1** 135, 138, 1070 f., 1098, 1143 Ziff. 18
- Verzugszinsen laufen ab - **1** 105
- bei Wettbewerbsbehinderung **24** 12 ff.

Klagelegitimation von Personen und Berufs- und Wirtschaftsverbänden 21 9–11

Klausel, Wechsel- und Checkverpflichtungen 1 1001, 1008, 1012, 1031, 1043, 1054, 1105, 1123, 1125

Kleine Ausbesserungen, auf Kosten des Mieters oder des Pächters 1 259, 284

Kollektive Kapitalanlagen s.a. *Handelsregister*
- allgemein **27** 1 ff.
- Arten, Begriffe **27** 7 ff.
- Aufsicht **27** 132 ff.

- ausländische **27** 119
- Bewilligung, Genehmigung **27** 13 ff.
- Effektenfonds **27** 53 ff.
- gemeinsame Bestimmungen **27** 72 ff.
- geschlossene - **27** 9, 98 ff.
- Immobilienfonds **27** 58 ff.
- Investmentgesellschaft mit festem Kapital (SICAF) **27** 110 ff.
- Investmentgesellschaft mit variablem Kapital (SICAV) **27** 36 ff.
- offene - **8** 25 ff., **27** 25 ff.
- Prüfung **27** 126 ff.
- Strafen **27** 148 ff.
- übrige Fonds **27** 68 ff.
- Verantwortlichkeit **27** 145 ff.
- vertraglicher Anlagefonds **27** 25 ff.
- Wahrung der Anlegerintgeressen **27** 20 ff.

Kollektivgesellschaft
- Auflösung und Ausscheiden **1** 574 ff.
- Begriff und Errichtung **1** 552 ff.
- Eintragung im Handelsregister **18** 40 ff.
- Geschäftsfirma **1** 951, 956
- Liquidation **1** 582 ff.
- Organisationsmängel **1** 581a
- Verhältnis der Gesellschafter unter sich **1** 557 ff.
- Verhältnis der Gesellschafter zu Dritten **1** 562 ff.
- Verjährung **1** 591 ff.

Kommanditaktiengesellschaft
- Auflösung **1** 770
- Aufsichtsstelle **1** 768 f.
- Begriff **1** 764
- Eintragung im Handelsregister **18** 66 ff.
- Geschäftsfirma **1** 951, 956
- Kündigung **1** 771
- Verwaltung **1** 765 ff.

Kommanditgesellschaft
- Auflösung, Liquidation, Verjährung **1** 619

- Begriff und Errichtung **1** 594 ff.
- Eintragung im Handelsregister **18** 40
- Geschäftsfirma **1** 951, 956
- Verhältnis der Gesellschafter unter sich **1** 598 ff.
- Verhältnis der Gesellschafter zu Dritten **1** 602 ff.

Kommission *s.a. Anspruch auf Provision*
- Provision **1** 432 ff., 437

Konkurrenzverbot *s.a. Verschwiegenheit, Wettbewerb*
- beim Agenturvertrag **1** 418a Abs. 2, 418d Abs. 2
- beim Arbeitsvertrag **1** 340
- in der einfachen Gesellschaft **1** 536
- in der GmbH **1** 777a Abs. 2 Ziff. 3, 803, 804 Abs. 2 Ziff. 13, 806a Abs. 3, 808b Abs. 1 Ziff. 7, 812 Abs. 3
- in der Kollektivgesellschaft **1** 561
- für Prokuristen und Handlungsbevollmächtigte **1** 464

Konkurs
- bei anderen Wertpapieren **1** 1149 ff.
- des Anleihensschuldners **1** 1183
- Anspruch des Leibrentengläubigers im - des Leibrentenschuldners **1** 518
- Anspruch des Pfründers im - des Pfrundgebers **1** 529
- beim Auftrag **1** 401, 405, 418s
- bei der Bürgschaft **1** 495 f., 501, 504 f.
- Erlöschen der Vollmacht **1** 35
- von Gesellschaften oder Gesellschaftern **1** insb. 545, 568 Abs. 3, 570 f., 574 f., 578, 582, 615 f., 725, 757, 821, 873, 903 f., **18** 158 ff.
- des Kommanditärs **1** 618 f.
- bei Leihe **1** 316
- bei Miete, Pacht **1** 261, 266h, 290, 297a
- Rückgriff des Inhabers bei - des Ausstellers des Wechsels **1** 1033
- Unterbruch der Verjährung durch Eingabe im - **1** 135, 138, 1070 f., 1098, 1143 Abs. 1 Ziff. 18
- des Verlegers **1** 392
- Verrechnung mit Forderungen des Schuldners **1** 123
- bei Wechsel, Check **1** 1033 f., 1053, 1120, 1126
- Widerruf der Anweisung bei - des Anweisenden **1** 470
- Zurückhalten der Leistung bei - der anderen Partei **1** 83

Konsolidierte Jahresrechnung *s. Konzernrechnung*

Konsum *s. Konsumkredit, Konsumkreditvertrag*

Konsument *s. Konsumkredit, Konsumkreditvertrag*

Konsumkredit
- Begriff **9** 1
- effektiver Jahreszins **9** 33 f.
- Form und Inhalt **9** 9 ff.
- Geltungsbereich **9** 7 f.
- Höchstzinssatz **10** 1
- Informationsstelle **9** 23 ff., **10** 2 f.
- Kreditfähigkeit **9** 22 ff.
- Kreditvermittlung **9** 35
- Rechte und Pflichten der Parteien **9** 17 ff.
- Voraussetzungen für die Kreditgewährung und -vermittlung
- weitere Begriffe **9** 2 ff.
- Werbung **9** 36, **21** 3 lit. k ff.
- Zuständigkeiten **9** 38 ff.
- zwingendes Recht **9** 37

Konsumkreditvertrag **9** 1 ff., **21** 3 lit. m, 4 lit. d, *s.a. Konsumkredit*

Kontoinhaber **32** 5 lit. b
- Rechte der - **32** 13 ff.

Kontokorrent
- Neuerung **1** 117
- Verrechnung **1** 124
- Zinsberechnung **1** 314 Abs. 2

Kontrahierungszwang 1 19
Kontrolle *s.a. Haftung*
- AG 1 697 ff.
- Eintragungen ins Handelsregister 1 937 ff., 955
- von Finanzinstituten **28** 61 ff.
- GAV 1 356, 357b
- Genossenschaft 1 856, 906 ff.
- Genossenschaftsverbände 1 924
- gesetzliche Voraussetzungen der Eintragung im Handelsregister **18** 61 f., 83, 89, 121, 170
- GmbH 1 804 Abs. 2 Ziff. 3, 818, 827
- Haftung der Kontrollorgane der AG 1 757 ff.
- Haftung der Kontrollorgane der Genossenschaft 1 916 ff.
- bei der Kommanditaktiengesellschaft 1 768 f.

Kontrollrecht *s.a. Auskunftsrecht, Haftung, Kontrolle, Wohlerworbene Rechte*
- des Aktionärs 1 697 ff.
- des Genossenschafters 1 856 f.
- des Gesellschafters der GmbH 1 819

Konventionalstrafe 1 105 Abs. 2, 160 ff., 227h, 323a, 340b, 357b Abs. 1 lit. c, 499 Abs. 2 Ziff. 1
- Höhe, Ungültigkeit und Herabsetzung 1 163
- Recht des Gläubigers 1 160 ff.
- verbunden mit einem Konkurrenzverbot nach Arbeitsvertrag 1 340b
- bei Verzug bei der Leistung von Einlagen 1 681 f., 776 Abs. 1 Ziff. 4, 777a Abs. 2 Ziff. 5

Konzernobergesellschaft **30** 3
Konzernrechnung 1 963 ff., *s.a. Gewinn- und Verlustrechnung, Jahresrechnung, Rechnungslegung, Rechnungslegung für grössere Unternehmen*
- anerkannter Standard 1 963b, **20** 1 ff.

- für börsenkotierte Unternehmen nach anerkanntem Standard 1 963b
- Genehmigung in der Genossenschaft 1 879 Abs. 2 Ziff. 3
- Offenlegung und Einsichtnahme 1 958e
- Pflicht, Befreiung davon 1 963 f.

Konzessionierte Versicherungsgesellschaften
- besondere Vorschriften 1 841 Abs. 2, 869 f., 877 Abs. 3, 893, 903 Abs. 6
- Haftung der Organe 1 920

Kopien
- Anspruch auf Zustellung von Bilanz und Jahresrechnung 1 699a
- des eigenen Wechsels 1 1098
- elektronische -, beglaubigt **18** 12a
- des Protests 1 1040
- des Wechsels 1 1066 f.

Koppelungsgeschäft 1 254, **6** 3
Körperschaften des öffentlichen Rechts
- Beteiligung an einer AG 1 762
- Beteiligung an einer Genossenschaft 1 926
- Nichtanwendbarkeit der Bestimmungen über die Gläubigergemeinschaft bei Anleihensobligationen 1 1157 Abs. 3

Körperverletzung 1 46 f.
- Schadenersatz 1 128a

Korrespondenz *s.a. Kontrolle*
- Anspruch der Gesellschafter und Aktionäre auf Einsichtsnahme in die - 1 541, 557, 598, 697a, 857
- Führung und Aufbewahrung **19** 1 ff.

Korruption **21** 4a
Kosten *s.a. Ausgaben, Gebühren, Übergabe*
- des Agenten 1 418n
- des Beauftragten 1 402
- Behandlungskosten 1 45 f.
- Bestattungskosten 1 45

- der Betreibung des Hauptschuldners **1** 499
- Bilanzierung bei der GmbH **1** 801
- bei Entwehrung **1** 195
- Erhaltung der Leihsache **1** 307
- Ersatz durch den Abtretenden **1** 173
- Folgen des Widerrufs **1** 40f
- für das Frachtgut **1** 444, 451
- des Genehmigungsverfahrens für die Beschlüsse der Gläubigerversammlung **1** 1176 Abs. 4
- des Geschäftsführers **1** 422
- der Gläubigerversammlung bei Anleihensobligationen **1** 1164
- Hinterlegungskosten **1** 92
- des Kommissionärs **1** 431
- Mietnebenkosten **1** 257a ff., 281 f., **6** 4 ff.
- des Protestes, der Nachrichten und der anderen - bei Wechsel und Check **1** 1045 f., 1098, 1143 Abs. 1 Ziff. 13
- Transport- beim Kauf **1** 189
- der Vertretung der Gläubigergemeinschaft **1** 1163

Kotierung 30 2 lit. f

Kraftloserklärung
- von Checks **1** 1143 Abs. 1 Ziff. 19
- von Coupons **1** 981 ff.
- von Schuldscheinen und Wertpapieren **1** 90 f., 972, 977, 981 ff.
- von Wechseln und Checks **1** 1072 ff., 1098, 1112, 1119, 1141 Ziff. 8, 1143 Abs. 1 Ziff. 19
- von Wertpapieren **1** 971 ff., 977, 981 ff.

Krankheit
- des Arbeitnehmers **1** 324a
- des Pfründers **1** 524

Kredit *s.a. Akkreditiv, Kreditauftrag, Kreditbrief*
- Kreditgewährung durch den Kommissionär **1** 429 f.

Kreditauftrag 1 408 ff.

Kreditbrief 1 407, *s.a. Anweisung*
Kreditfähigkeit 9 22 ff.
Kreditkarte 9 1, *s.a. Konsumkredit*
Kreuz *s. Handzeichen*
Kulturgüter 1 196a, 210 Abs. 3

Kunden
- institutionelle **29** 4 Abs. 4, 20 Abs. 1
- professionelle **29** 4 Abs. 3, 20 Abs. 2

Kundenberater 29 3 lit. e

Kündigung *s.a. Ausscheiden, Austritt, Mutterschaft, Rücktritt*
- Arbeitsvertrag **1** 334 ff.
- Frist für Austritt aus der Genossenschaft **1** 844
- des GAV **1** 356c
- des Gesellschaftsvertrags **1** 546
- durch Gläubiger eines Kollektivgesellschafters **1** 575
- durch Gläubiger eines Mitglieds der Kommanditgesellschaft **1** 619
- Miete, Pacht **1** 266 ff., 271 ff., 295 ff.
- Recht des unbeschränkt haftenden Gesellschafters der Kommanditaktiengesellschaft **1** 771
- des Verpfründungsvertrags **1** 526

Kündigungsschutz bei Miete und Pacht 1 271 ff., 300

Kundschaft *s.a. Agenturvertrag, Handelsreisende, Wettbewerb*
- getäuschte **21** 3
- Konkurrenzverbot **1** 340 ff., 536

L

Ladeschein 1 1152, *s.a. Lagergeschäft*
- Indossament **1** 1152

Ladung vor Gericht, Unterbruch der Verjährung 1 135

Ladung zum Sühnversuch, Unterbruch der Verjährung 1 135

Lagebericht, Lage des Unternehmens, Inhalt 1 961c

Lagergeschäft s.a. *Hinterlegung, Vermengung*
- Anspruch des Lagerhalters 1 485
- Aufbewahrungspflicht 1 483
- Ausgabe von Warenpapieren 1 482
- Rückgabe 1 486

Lagerscheine, Indossament 1 1152 Abs. 2

Lagerung
- Kosten bei der Kommission 1 431
- Kosten beim Hinterlegungsvertrag 1 485

Landeswährung 1 84, 1031, 1098, 1122

Landwirtschaftliche Pacht 1 276a
- Anpassung an veränderte Verhältnisse 8 10 ff.
- Beendigung der Pacht 8 16 ff.
- Begriff 8 4
- Geltungsbereich 8 1 ff.
- Pachtdauer 8 7 ff.
- Pachterstreckung 8 26 ff.
- Pachtzins 8 35a ff.
- parzellenweise Verpachtung 8 30 ff.
- Pflichten des Pächters und des Verpächters 8 21a ff.
- Retentionsrecht 8 25b
- Strafbestimmungen 8 54 ff.
- Übergangsbestimmungen 8 60 f.
- Veräusserung des Pachtgegenstands 8 14 f.
- Verfahren und Behörden 8 47 ff.
- Vorpachtrecht 8 5 f.
- zwingendes Recht 8 29

Landwirtschaftliches Grundstück 1 218, s.a. *Landwirtschaftliche Pacht, Nutzung*

Lasten s.a. *Kosten*
- öffentliche Abgaben und - bei der Miete 1 265b, 280

Leasing 9 1, s.a. *Konsumkredit*

Lebensmittel, Verjährung der Forderung aus Lieferung von - 1 128

Lebenszeit, einfache Gesellschaft auf - 1 546

Lehre
- Haftung des Geschäftsherrn 1 55
- Lehrvertrag 1 344 ff.

Lehrvertrag 1 344–346a

Leibrente s.a. *Versicherungsvertrag*
- Ansprüche des Gläubigers 1 518
- Beginn der Verjährungsfrist 1 131
- Inhalt 1 516
- Leibrentenvertrag 1 516 ff.
- Schriftlichkeit 1 517
- Übertragbarkeit 1 519

Leichte Fahrlässigkeit 1 43, 100 f., s.a. *Fahrlässigkeit*

Leichtsinn, Ausnützung 1 21

Leihe, Gebrauchsleihe 1 305 ff.

Leistungen 1 21, 24
- der Aktionäre 1 680 ff.
- Aufforderung zur Einzahlung an die Aktionäre 1 682
- der Genossenschafter 1 867, 878
- Verzug der Aktionäre 1 681

Liberierung s.a. *Verrechnung*
- der Genossenschaftsanteile 1 867
- von Inhaberaktien 1 683
- von Aktien 1 632 ff., 680 ff., 687
- der Stammeinlagen bei der GmbH 1 777c, 793

Lieferant, Haftung des Produktelieferanten 4 2

Lieferung von Lebensmitteln, Verjährung der Forderung 1 128

Liquidation
- AG 1 736 ff.
- Anteil 1 545, 572, 578, 613, 745, 793
- einfache Gesellschaft 1 548 ff.
- Eintragungen im Handelsregister 18 42, 63 ff., 97, 158 ff.
- Genossenschaft 1 913
- GmbH 1 826

- Kollektivgesellschaft **1** 582 ff.
- Kommanditaktiengesellschaft **1** 770
- Kommanditgesellschaft **1** 619

Liquidationsbilanz 1 587, 742, 826, 913

Liquidatoren *s. Haftung, Liquidation*

Liste *s.a. Anteilbuch*
- der Genossenschafter **1** 837, 903 Abs. 3, 907
- der Gesellschafter der GmbH **1** 790
- der Mitglieder der Genossenschaft **18** 88

Lohn *s.a. Provision*
- des Arbeitnehmers **1** 322 ff.
- des Beauftragten **1** 394
- Mäklerlohn **1** 413 ff.
- Mindestlohn **1** 360a ff.
- Verjährung **1** 128
- Verrechnung **1** 125

Lohngleichheitsanalyse 12 13a ff.

Lohnrückbehalt 1 323a

Löschung von Eintragungen im Handelsregister 1 461, 465, 934 f., **18** 39, 42, 65, 83, 89, 93, 97, 100, 105, 115, 152 ff., 158 ff., 166

Lotterie 1 515

Lotterielos, Rechtsschutz 1 515

M

Mahnung *s.a. Aufforderung zur Einzahlung*
- Verzug des Schuldners **1** 102

Mäklergebühr 1 1049 Abs. 2

Mäklervertrag 1 412–418, *s.a. Konsumkredit*

Mängel *s.a. Formmängel, Sachmängel, Willensmängel*
- Miete, Pacht **1** 258 ff., 288
- in der Organisation der Gesellschaft **1** 731b, 819, 831, 908, 939, **18** 164
- Produktemängel **4** 1, 4 f.
- Sachgewährleistung beim Kauf **1** 197, 219, 221

- Tausch **1** 238
- Verpackung beim Transport **1** 442
- Viehhandel **1** 198, 202
- Werkvertrag **1** 367 ff., 376

Markt- und Börsenpreis
- bei der Bewertung von Aktiven **1** 960b
- beim Darlehen **1** 317
- beim Kauf **1** 93, 212
- bei der Kommission **1** 436

Marktbeherrschende Stellung 24 4 Abs. 2, 7 f., 9 Abs. 4, 10, *s.a. Wettbewerb*

Marktmanipulation 30 143

Marktverhalten 30 93 ff.

Massenentlassung 1 335d ff.

Material *s.a. Stoff*
- Arbeitsgeräte **1** 327
- Verkauf von Abbruchmaterial auf einem Grundstück **1** 187

Mechanisch, Nachbildung der Unterschrift 1 14

Mehrheit von drei Vierteln, Erfordernis für Beschlüsse 1 889 Abs. 1, **16** 18, 43, 64

Mehrheit von zwei Dritteln, Erfordernis für Beschlüsse 1 704, 808b, 888 Abs. 2, 1170, 1171 Abs. 2, **16** 18, 43, 64

Meldepflicht des Aktionärs 1 697j ff.

Mess- und Wägekosten, Last des Verkäufers 1 188

Miete 6 1 ff., *s.a. Grundbuch*
- Beendigung des Mietverhältnisses **1** 266
- Begriff **1** 253
- Geltungsbereich **1** 253a f.
- Pflichten des Mieters **1** 257 ff.
- Pflichten des Vermieters **1** 256 ff.
- Retentionsrecht **1** 268 ff.
- Untermiete **1** 262

Mietzins *s.a. Miete*
- Hinterlegung **1** 259g ff.
- Verjährung **1** 128

- Zahlung 1 253 ff., 257, 257c ff., 268 ff., 269 ff.

Militärdienst 1 336 Abs. 1 lit. e, 336c Abs. 1 lit a, 418m Abs. 2

Mindestzahl
- von Personen bei der Gründung der Genossenschaft 1 831

Missbrauch
- Geschäftsbedingungen 21 8
- Höchstzins 9 14
- marktbeherrschende Stellung 24 7
- Mietzins und andere Forderungen des Vermieters 1 269 ff., 6 11 ff.
- Zins 1 73

Missverhältnis zwischen Leistungen 1 21, 407, 526

Mitbürge 1 497

Mitgliederliste s. *Liste*

Mittäter, Haftung 1 50

Mittlere Qualität 1 71

Mitverschulden des Geschädigten 1 44, 47, 2 59

Mitwirkung
- Allgemeines 14 1 ff.
- Arbeitnehmervertretung 1 333a, 335, 14 5 ff.
- Rechtspflege 14 15
- Zusammenarbeit 14 11 ff.

Möblierte Zimmer, Kündigung der Miete 1 266e

Multilaterales Handelssystem 30 26 lit. c

Muster s. *Kauf nach Muster*

Mutterschaft 1 329b Abs. 3, 329f

N

Nachbarn 1 257f, 272a Abs. 1 lit. b, 283, 285

Nachbesserung, Recht des Bestellers bei Werkmängeln 1 368

Nachbildung der Unterschrift, mechanisch 1 14

Nachbürge 1 498

Nachhandelstransparenz 30 29 Abs. 2

Nachlassbehörde, Genehmigung von Beschlüssen der Gläubigerversammlung 1 1176

Nachlassvertrag 1 114 Abs. 3, 1184
- des Schuldners einer Anleihensobligation 1 1184

Nachsichtwechsel 1 1023, 1025

Nahestehende Personen 1 30, 249 Ziff. 1

Name s.a. *Geschäftsfirma*
- Geschäftsfirma 1 945 ff.
- Personenangaben für Handelsregistereinträge 18 119

Namenaktien 1 622 ff., s.a. *Aktien*

Namenpapier s.a. *Aktien, Umwandlung*
- Ausweis über das Gläubigerrecht 1 975 f.
- Begriff 1 974
- Kraftloserklärung 1 977

Namensänderung, Beibehaltung der Firma 1 944

Nationaler Garantiefonds 2 76 ff.

Nationales Versicherungsbüro 2 74, 76a ff.

Natur des Geschäfts oder Unternehmens 1 35, 396, 944

Natürliche Personen 1 500, 509 Abs. 2, 552, 594

Nebenpunkte 1 2, 12

Nebenrecht s.a. *Kosten*
- Erlöschen 1 114, 133
- Übergang von Nebenrechten bei der Zession 1 170, 178

Neuerung
- allgemein 1 116
- Kontokorrentverhältnis 1 117

Nichterfüllung 1 97 ff., s.a. *Mängel, Obligation, Pauschalreisen, Wirkung*

Nichtigkeit s.a. *Anfechtung, Ausgabe, Sittenwidrig, Ungültigerklärung, Widerrechtlich, Willensmängel*
- Aktien vor der Eintragung in das Handelsregister 1 644, 652h, 683
- einzelne Fälle 1 34, 129, 157, 192 Abs. 3, 199, 230, 232, 237, 266o, 267, 273c, 298, 300, 314, 317, 340, 356 ff., 525, 541, 557, 598
- des Konsumkreditvertrags 9 15
- Vereinbarungen mit Wegbedingung der Haftpflicht nach SVG 2 87 Abs. 1
- des Vertrags 1 20
- Wandel- oder Optionsrechte vor der Eintragung der Statutenänderung zur bedingten Kapitalerhöhung im Handelsregister 1 653b Abs. 3
- Zinsversprechen bei Wechsel und Check 1 995, 1106

Nichtschuld, Zahlung 1 63
Nominalwert der Aktien s. *Aktien*
Normalarbeitsvertrag 1 359–360
Not
- Arbeitnehmer in einer Notlage 1 323 Abs. 4
- Ehreneintritt im Wechselrecht 1 1054 ff.

Notar s.a. *Beglaubigung, Öffentliche Beamte*
- Verjährung der Forderungen 1 128
- Vertrag 1 61, 394 ff.

Notlage s.a. *Not*
- Ausnützung 1 21, 30
- durch Leistung von Schadenersatz 1 44

Notstand 1 52
Notwehr 1 52
Nutzen und Gefahr
- Übergang bei der Hinterlegung 1 481
- Übergang beim Kauf 1 185, 220
- Unmöglichkeit der Erfüllung 1 119
- bei anderen Verträgen 1 185

Nutzniesser, Eintragung im Aktienbuch 1 686
Nutzniessung
- mit - belastete Aktien 1 690 Abs. 2
- Nutzniessungsrecht an Anleihensobligationen 1 1167
- an Stammanteilen der GmbH 1 789a, 806b
- Stillstand der Verjährung während der - 1 134 Ziff. 5
- Zustimmung der AG für - an Namenaktien 1 685a Abs. 2

Nutzung
- fremder Leistungen als Unlauterkeit 21 5
- des Grundstücks verknüpft mit der Mitgliedschaft bei einer Genossenschaft 1 850
- der Pachtsache 1 283, 285

O

Obligation s.a. *Bedingung, Fälligkeit, Haftgeld, Haftung, Liquidation, Sittenwidrig, Unerlaubte Handlungen, Ungültigerklärung, Unmöglichkeit, Vertrag, Verzug*
- besondere Verhältnisse 1 143 ff.
- Erfüllung 1 68 ff.
- Erlöschen 1 114 ff.
- Folgen der Nichterfüllung 1 97 ff.
- aus unerlaubter Handlung 1 41 ff.
- aus ungerechtfertigter Bereicherung 1 62 ff.
- vertragliche 1 1 ff.
- Wirkungen für Dritte 1 110 ff.

Obligation (Wertpapier) s. *Anleihensobligationen*
Offenlegung von Beteiligungen s. *Börsen- und Effektenhandel*
Öffentliche Angestellte s.a. *Öffentliche Beamte*
- Vorbehalt des öffentlichen Rechts 1 342

Öffentliche Beamte
- Berechtigung zur Protesterhebung
  1 1035
- Bürgschaft **1** 500 Abs. 2, 503 Abs. 2, 509 Abs. 3, 510 Abs. 1, 512
- Haftung **1** 61
- Vorbehalt des öffentlichen Rechts
  1 342

Öffentliche Kaufangebote *s. Börsen- und Effektenhandel*

Öffentliche Ordnung 1 19

Öffentliche Transportanstalt 1 455 f., *s.a. Eisenbahn- und Schifffahrtsunternehmen*

Öffentliche Urkunde *s. Beglaubigung*
- AG **1** 629, 634 Ziff. 2 und 3, 647, 650, 652g Abs. 2 und 3., 653n f., 653u, 736 Ziff. 2, **18** 43 ff.
- Bürgschaft **1** 493
- Check **1** 1128 Ziff. 1
- Entkräftung eines verlorenen Schuldscheins **1** 90
- GmbH **1** 777, 780, 821
- Grundstückkauf **1** 216
- Schenkung auf den Tod des Schenkers **1** 245 Abs. 2
- Schenkung von Grundstücken oder von dinglichen Rechten daran **1** 243 Abs. 2
- Verpfründung **1** 522
- Wechsel **1** 1034, 1088

Öffentliche Versteigerung *s. Versteigerung*

Öffentlicher Verkauf 1 93, 229, 234, 236

Öffentliches Angebot 29 3 lit. h
- ohne Verbindlichkeit **1** 7

Öffentliches Kaufangebot 30 2 lit. i, 125 ff.

Öffentliches Recht *s.a. Kantone, Körperschaften des öffentlichen Rechts*
- eidgenössisches und kantonales **1** 33, 342

- nicht verrechenbare Forderungen
  1 125

Öffentlichkeit des Handelsregisters 18 10 ff.

Ordnungsgemässe Buchführung, Führung und Aufbewahrung der Geschäftsbücher 1 957 ff., 958f, **19** 2, 5 ff.

Ordrepapiere 1 1145 ff., *s.a. Eigener Wechsel, Umwandlung, Wechsel*

Organe *s.a. Geschäftsführung, Kontrolle, Stellvertretung*
- Transplantation tierischer Organe auf Menschen **4** 3 Abs. 2, 5 Abs. 1bis

Organisation
- der AG **1** 698 ff.
- der Genossenschaft **1** 879 ff.
- der GmbH **1** 804 ff.
- Klagelegitimation **21** 10

Ort *s.a. Sitz, Wohnsitz*
- Erfüllungsort **1** 74
- der Hinterlegung **1** 92
- Zahlungsort **1** 84 Abs. 2, 991, 1017, 1100

Orts- und Handelsgebrauch
s.a. Arbeitsbedingungen
- beim Darlehen **1** 314
- beim Haft- und Reugeld **1** 158
- beim Kaufvertrag **1** 184, 188 f., 211 f., 224 f.
- bei der Kommission **1** 429, 432
- bei der Miete **1** 257c, 259, 266b ff.
- bei der Pacht **1** 281, 284, 296, 302 ff.
- beim Verlagsvertrag **1** 389
- bei der Verrechnung **1** 124 Abs. 3
- beim Wechsel **1** 1031 Abs. 2
- beim Werkvertrag **1** 364
- bei Zinsen **1** 73

Ostern *s. Feiertage*

P

Pacht 6 1 ff., *s.a. Handelsregister, Landwirtschaftliche Pacht, Viehpacht und Viehverstellung, Vormerkung*
- Beendigung des Pachtverhältnisses 1 295 ff.
- Begriff 1 275
- Inventar 1 277, 299b
- Pflichten des Pächters 1 281 ff.
- Pflichten des Verpächters 1 278 ff.
- Retentionsrecht 1 299c
- Rückgabe der Sache 1 293, 299 ff.
- Unterpacht 1 291

Pachtzins *s.a. Landwirtschaftliche Pacht, Pacht*
- Herabsetzung 1 288, 293
- Verjährung 1 128
- Zahlung 1 281

Pactum de non licitando 1 230
Partizipationskapital 1 656a f., 656g
Partizipationsschein 1 656a ff.
Partnerschaft, registrierte *s. Registrierte Partnerschaft*
Passiven in der Jahresrechnung 1 960e

Pauschal *s.a. Pauschalreisen*
- Pauschalpreis 1 373

Pauschalreisen
- Abtretung der Buchung 11 17
- Annullierung 11 11
- Beanstandung 11 12
- Begriff 11 1
- Beschränkung und Wegbedingung der Haftung 11 16
- Information des Konsumenten 11 4 f., 9
- Inhalt des Vertrages 11 6
- Nichterfüllung oder nicht gehörige Erfüllung des Vertrags 11 12 ff.
- Preiserhöhungen 11 7
- Prospekte 11 3
- Sicherstellung 11 18
- Veranstalter, Vermittler, Konsument 11 2
- wesentliche Vertragsänderungen 11 8 ff.
- zwingendes Recht 11 19

Periodische Leistung 1 89, 128 Ziff. 1, 131, 252, 500 Abs. 2, 509 Abs. 3, *s.a. Leibrente*
- Abtretung 1 170
- Bürgschaft für - 1 500 Abs. 2, 509 Abs. 3
- Kraftloserklärung eines Inhaberpapiers auf - 1 981
- Verjährung 1 128, 131
- Zahlungsverzug 1 105

Personalvorsorgestiftung 1 331, 805, 862 f.
Personenversicherung *s. Versicherungsvertrag*
Persönliche Fähigkeit *s. Checkfähigkeit, Verlust der Handlungsfähigkeit, Wechselfähigkeit*
Persönliche Sachen, Haftung für - der Gäste 1 487
Persönlichkeit *s.a. Juristische Personen, Natürliche Personen*
- der AG 1 643
- der Genossenschaft 1 838
- der GmbH 1 779
- des Schuldners 1 68

Persönlichkeitsrecht 1 19, 49
Pfandhalter 1 1161
Pfandrecht *s.a. Grundpfandrecht, Warrant*
- Aufhebung 1 94, 114
- bei der Bürgschaft 1 495 f., 500 f., 503, 507, 509, 511
- Eintritt eines Dritten 1 110
- Gläubiger einer pfandgesicherten Anleihe 1 1161, 1184
- bei der Schuldübernahme 1 178
- Verjährung der Forderung 1 135, 140

Pfandrechtsbestellung 1 1009, 1154, *s.a. Pfandrecht*
Pfändung *s.a. Unpfändbarkeit, Zwangsvollstreckung*
– des Anteils des Genossenschafters 1 845
– der hinterlegten Sache 1 479
– der Miet- oder Pachtsache 1 261, 290
– Sicherstellung bei Zahlungsunfähigkeit der anderen Partei 1 83
– von Tieren 1 57
– bei der Verpfründung 1 529
Pflicht zur Buchführung und Rechnungslegung 1 957 ff.
– Buchführung 1 957a
– Rechnungslegung 1 958, *s.a. dort*
– Unternehmen 1 957
Portokosten 1 189
Positionslimiten 30 118 f.
Post 1 455, 1144
Preis *s.a. Kauf, Lohn, Mietzins, Pachtzins, Pauschal, Pauschalreisen, Zins*
– Angabe 1 7
– Pflicht zur -angabe an den Konsumenten 21 16–18
– Verletzung der Pflicht zur Angabe des - 21 24
– Werkpreis 1 363, 372 f.
– Zahlung 1 211
Preisaufschlag 11 7
Preisausschreiben und Auslobung 1 8
Preisbekanntgabe
– Art und Weise 23 7
– Bekanntgabepflicht 23 5 ff., 20
– Dienstleistungen 23 10 ff.
– irreführende - 23 16 ff.
– Sanktionen 23 21
– Werbung 23 13 ff.
Preisliste, Wirkung der Versendung 1 7
Preisüberwachung
– andere - 22 15

– Auskunftspflicht, Mitwirkung, Geheimhaltung 22 17 ff.
– Beauftragter 22 3 ff.
– Massnahmen gegen missbräuchliche Preise 22 6 ff.
– Preise der Behörden 22 14
– Preismissbrauch 22 12 f.
– Rechtsschutz, Sanktionen 22 20 ff.
Privatgläubiger
– des Kollektivgesellschafters 1 570, 572
– des unbeschränkt haftenden Gesellschafters oder Kommanditärs 1 613, 617 f.
Probe *s. Kauf auf Probe*
Produkte
– Begriff 4 3
– Produktehaftpflicht 4 1 ff.
– strukturierte 29 70
Produktsicherheit 4 4
Produzent 4 1 f., *s.a. Produkte*
– Haftung für fehlerhafte Produkte 4 2
Prokura *s.a. Auftrag, Handlungsbevollmächtigte, Stellvertretung*
– Gesamtprokura 1 460
– nicht kaufmännische 18 149
Prospekt 1 652 f., *s.a. Pauschalreisen*
– für Effekten 29 35 ff., 64
– für kollektive Kapitalanlagen 29 48 ff., 65
– mangelhafter; Haftung 29 69
Protest
– Form 1 1037 ff., 1098, 1143 Ziff. 9
– Formmangel 1 1041, 1098, 1143
– Fristen und Erfordernisse 1 1034, 1098, 1128 f.
– Inhalt 1 1036, 1098, 1143 Abs. 1 Ziff. 9
– Vermerk «ohne Protest» 1 1043, 1098, 1143 Abs. 1 Ziff. 11
Protesterlass 1 1043, 1098
Protokoll
– der Generalversammlung der Aktionäre 1 702

- der Generalversammlung und der Verwaltung der Genossenschaft 1 902
- Handelsregister 18 23, 85
- der Verhandlungen des Verwaltungsrats 1 713 Abs. 3

Provision
- des Agenten 1 418g–m, 418t
- Bankprovision 1 104
- des Kommissionärs 1 425, 430, 432 f., 436
- bei Wechsel und Check 1 1053, 1094, 1103, 1141 Ziff. 6, 1143 Abs. 1 Ziff. 15

Prüfer s. *Kontrolle*

Prüfung
- der Kaufsache 1 201
- des Werks 1 367

Prüfungsbestätigung 1 631 Abs. 2 Ziff. 3, 635a, 652 ff. Abs. 2, 653g Abs. 1, 653k Abs. 3, 653m Abs. 2, 653p f., 653u Abs. 3, 663d, 677b Abs. 2 Ziff. 3, 781, **18** 43 Abs. 3 lit. d, 46 Abs. 3 lit. b und 4, 52 Abs. 1 lit. c, 54 Abs. 1 lit. d Ziff. 4 und lit. e Ziff. 2, 55 Abs. 1 lit. c, 56 Abs. 1 lit. c

Q

Qualität des Stoffs 1 365

Quittung
- mit - verbundene Vermutung 1 89
- Recht auf - 1 88
- bei Verlust der Urkunde 1 90
- bei Wechsel und Check 1 1029, 1047, 1098, 1143 Abs. 1 Ziff. 8 und 13

R

Rahmenmietvertrag s.a. *Allgemeinverbindlicherklärung*
- Abweichung von zwingenden Bestimmungen des Mietrechts 7 3
- Begriff 7 1
- Form 7 2

Rechenschaft s.a. *Abrechnung*
- Beauftragter 1 400
- der geschäftsführenden Gesellschafter 1 540, 550, 557, 588, 598, 619
- zwischen Mieter und Vermieter 1 267 ff.
- zwischen Pächter und Verpächter 1 299 ff.
- Unternehmer 1 365
- Verleger 1 389

Rechnungsfehler 1 24

Rechnungslegung 1 957 ff.
- Abgrenzung von Aufwand und Ertrag, zeitlich und sachlich 1 958b
- Abschluss nach anerkanntem Standard zur - 1 962 f., **20** 1 ff.
- Bewertung s. *dort*
- Bilanz s. *dort*
- Darstellung, Währung, Sprache 1 958d
- Einsichtnahme 1 958e
- Erfolgsrechnung s. *dort*
- Fortführung als Annahme 1 958a
- Geschäftsbücher, Führung, Aufbewahrung 1 958f
- Grundsätze 1 958c
- Jahresrechnung s. *dort*
- Konzernrechnung s. *dort*
- Offenlegung 1 958e
- Pflicht 1 957 ff.

Rechnungslegung für grössere Unternehmen 1 961 ff.
- Anforderungen und Angaben 1 961 f.
- Anhang 1 959c, 961 ff.
- Geldflussrechnung 1 961b
- Konzernrechnung nach anerkanntem Standard 1 961d, 962 ff., **20** 1 ff.
- Lagebericht 1 961c

Rechtliche Strukturen (Anpassung) s. *Fusion, Spaltung, Übertragung, Umwandlung*

Rechtsdomizil 18 2 lit. b

Rechtskollision s. *Anwendbares Recht*

Rechtswidrig s. *Widerrechtlich*

Registrierte Partnerschaft
- schriftliche Zustimmung zur Bürgschaft 1 494 Abs. 4
- Unterbrechung der Verjährung 1 134

Reihenfolge der Indossamente 1 1044, 1098, 1143 Abs. 1 Ziff. 12

Reinertrag, Berechnung bei der Genossenschaft 1 833 Ziff. 8, 859 ff.

Reklamation s. *Ankündigung, Anzeige, Pauschalreisen*

Rennen 2 72

Reserve, gesetzliche
- AG 1 672 ff.
- Genossenschaft 1 860 ff.
- GmbH 1 805

Reservefonds, statutarischer
- AG 1 673
- Genossenschaft 1 863
- GmbH 1 801

Reserven s.a. *Reservefonds*
- stille - 1 863 Abs. 2

Respekttage (gesetzliche oder richterliche), Ausschluss bei Wechsel- und Checkverpflichtungen 1 1083, 1098, 1143 Abs. 1 Ziff. 20

Retentionsrecht
- beim Agenturvertrag 1 418o, 418v
- des Frachtführers 1 451
- des Gast- und Stallwirts 1 491
- des Kommissionärs 1 434
- der Konkursmasse des Beauftragten 1 401
- des Lagerhalters 1 485
- des Schuldners einer Anleihensobligation 1 1167 Abs. 3
- an Tieren, die auf Grundstücken Schaden verursachen 1 57
- des Vermieters, Verpächters 1 268, 299c
- des Verpächters 8 25b

Reugeld 1 158

Revision s.a. *Zugelassener Revisionsexperte, Zugelassener Revisor*

Revisionsaufsicht
- allgemeine Bestimmungen für die Zulassung zur Revision 17 3 ff.
- Amts- und Rechtshilfe 17 22 ff.
- Begriffe 17 2
- Bestimmungen für die Zulassung zur Revision von Gesellschaften des öffentlichen Interesses 17 7 ff.
- fachliche Unabhängigkeit 17 38
- Gegenstand und Zweck 17 1
- Organisation der Aufsichtsbehörde 17 28 ff.
- Revisionsunternehmen unter staatlicher Aufsicht 17 11 ff.
- Strafbestimmungen 17 39 ff.
- Übergangsbestimmungen 17 43 ff.
- Zulassung und Aufsicht 17 15 ff.

Revisionsbericht 1 728b, 729b, 731, 801a, 856, 958f; 16 83; 17 34b, 40

Rückbürge 1 498

Rückbürgschaft 1 498 Abs. 2

Rückerstattung von Leistungen
- im Konkurs der AG 1 679
- im Konkurs der Genossenschaft 1 904
- im Konkurs der GmbH 1 800
- ungerechtfertigt bezogene - 1 678 f., 800

Rückfallsrecht bei der Schenkung 1 247

Rückforderung der Bereicherung 1 62 ff.

Rückgabe
- beim Agenturvertrag 1 418v
- der hinterlegten Sache 1 475 ff., 480, 486
- bei der Leihe 1 309 ff., 318
- der Miet- oder Pachtsache 1 264, 267 ff., 293, 299 ff.
- der Vollmachtsurkunde 1 36

Rückgriff *s.a. Aussteller, Bürgschaft, Indossament, Inhaber, Kreditauftrag, Kreditbrief, Sicherheiten, Wechselbürgschaft*
- des Bürgen **1** 507 ff.
- der Genossenschafter unter sich **1** 873 Abs. 2, 878
- Rückgriffsrecht **1** 50 f.
- unteilbare Leistung **1** 70

Rückkauf *s. Erwerb*

Rückkaufsrecht **1** 216 ff.

Rücknahme
- von Angebot und Annahme **1** 9, 177
- des Frachtguts durch den Absender **1** 443
- bei der Hinterlegung **1** 94
- der Prokura **1** 461

Rücktritt
- beim Agenturvertrag **1** 418a Abs. 2, 418q
- beim Arbeitsvertrag **1** 334 ff.
- beim Darlehen **1** 316
- bei der Gebrauchsleihe **1** 309
- bei der Hinterlegung **1** 475 f.
- bei Kauf und Tausch **1** 190, 195 f., 205 ff., 214, 237 f.
- bei der landwirtschaftlichen Pacht **8** 16 ff.
- bei Miete und Pacht **1** 257d, 257f, 258, 259b, 260 f., 263 Abs. 4, 266a ff., 282, 285, 288 ff., 292, 295 Abs. 3, 296 ff., 304
- beim Schuldnerverzug **1** 107 ff.
- beim Verlagsvertrag **1** 383
- beim Werkvertrag **1** 366, 368 f., 375, 377

Rückwechsel **1** 1049, 1098

S

Sache, unbestellte **1** 6a

Sacheinlage *s. Einlage*

Sachmängel
- allgemein beim Kauf **1** 197 ff.
- beim Viehhandel **1** 198, 202

Sachmiete *s. Miete, Pacht*

Sachwalterinnen, Sachwalter, Ernennung, Aufgaben **1** 697f Abs. 2, 731b Abs. 1bis Ziff. 2 und 2; **18** 120, 160 Abs. 3; **27** 148; **31** 14

Sanierung
- AG **1** 725 ff.
- Genossenschaft **1** 903 Abs. 5
- GmbH **1** 820

Sanktionen *s. Busse, Unlauterer Wettbewerb, Wettbewerb, Zuwiderhandlung*

Schaden *s.a. Check, Genugtuung, Schadenersatz, Unerlaubte Handlungen*
- dem Bürgen durch den Gläubiger zugefügt **1** 503
- dem Gläubiger durch den Bürgen zugefügt **1** 510 Abs. 2
- Haftung mehrerer **1** 50 f.
- Haushaltsschaden **1** 46
- durch unbefugten Gebrauch der Geschäftsfirma **1** 956 Abs. 2, **21** 3 lit. b
- unerlaubte Handlungen **1** 42, 45 ff.

Schadenersatz *s.a. Absichtliche Täuschung, Entwehrung, Haftung, Konventionalstrafe, Körperverletzung, Mängel, Unerlaubte Handlungen, Verzug*
- allgemein, vertraglich **1** 26 Abs. 1, 31 Abs. 3, 39 Abs. 1, 42 Abs. 1, 43 Abs. 2, 45 f., 52 Abs. 2, 55 Abs. 2, 60, 97 ff.
- verschiedene Tatbestände **1** 567, 585 Abs. 4, 644, 683, 685f Abs. 4, 688 Abs. 1, 705, 726, 890 Abs. 3, 905 Abs. 3; **2** 61 f., 74 Abs. 3 lit. b, 76 Abs. 3 lit. c, 79a ff., 83; **4** 11 Abs. 2; **5** 34, 37, 44 f., 47 f., 61, 63, 74 ff.; **8** 15 Abs. 4; **11** 10 f., 13; **12** 5 Abs. 5; **15** 36 Abs. 4, 37, 38c, 60; **21** 9 Abs. 3; **24** 12 Abs. 1; **27** 147; **32** 27 Abs. 3

Schadensversicherung *s. Versicherungsvertrag*

Schenkung
- Aufhebung **1** 249–252
- Bedingungen und Auflagen **1** 245 f.
- Form **1** 242 ff.
- gemischte **1** 239 Abs. 1
- Grundstücke **1** 242
- Haftung des Schenkers **1** 248
- von Hand zu Hand **1** 242, 249
- Inhalt **1** 239
- persönliche Fähigkeit der Parteien **1** 240 f.
- Rückfallrecht **1** 247
- von Todes wegen **1** 245 Abs. 2

Schenkungsversprechen 1 243

Schiedsgericht
- bei AG **1** 697n
- beim GAV **13** 1 Abs. 3

Schlichtungsverfahren *s. Behörde, Ladung zum Sühnversuch*

Schriftliche Abstimmung *s.a. Stimmrecht*
- bei der Genossenschaft **1** 855 f., 880, 888

Schuld *s.a. Anrechnung, Forderung, Obligation, Zahlung*
- Aufhebung der Forderung **1** 115
- Bring- und Holschuld **1** 74
- keine Rückforderung der verjährten - **1** 63
- Spielschuld **1** 513 ff.
- unteilbare Leistung **1** 70, 136, 141 Abs. 3

Schuldanerkennung
- Abtretung **1** 164 Abs. 2
- gültig ohne Verpflichtungsgrund **1** 17
- Simulation **1** 18
- Spiel und Wette **1** 514
- Verjährung **1** 135, 137

Schuldbetreibung und Konkurs 1 571, 873, *s.a. Konkurs*
- Konkurs des Anleihensschuldners **1** 1183
- vorbehaltene Bestimmungen **1** 63, 97 Abs. 2, 123, 134

Schuldbetreibung, Unterbruch der Verjährung 1 135

Schuldbrief, Kraftloserklärung des Schuldbriefs 1 989

Schuldenruf
- bei Fusionen **16** 25 ff.
- bei der Herabsetzung des Aktienkapitals **1** 653m Abs. 1
- bei der Liquidation der AG **1** 742 f., 745
- bei Spaltungen **16** 45 ff.

Schulderlass 1 115

Schuldner *s.a. Abtretung, Bürgschaft, Gläubiger, Obligation, Solidarität*
- bei Anleihensobligationen **1** 1157 ff.
- Haftung für die Erfüllung **1** 97 ff.
- Pflicht zur persönlichen Leistung **1** 68
- Verzug **1** 102 ff.

Schuldübernahme
- Dahinfallen des Vertrags **1** 180
- Schuldner und Schuldübernehmer **1** 175
- Vertrag **1** 176 f.
- Wirkung des Schuldnerwechsels **1** 178 f.

Schutz
- beim Einzelarbeitsvertrag **1** 336 ff.
- der Geschäftsfirma **1** 946, 951, 956

Schwangerschaft 1 324a Abs. 3, 328a Abs. 3, 329b Abs. 3, 336c Abs. 1 lit. c

Schweizerische Nationalbank 1 1028, 1118
- Diskontsatz **1** 1045

Selbstbehalt 4 6
Selbsthilfe 1 52, 268b
Sequester 1 480
Settlement *s. Abwicklung*

Sicherheiten *s.a. Sichernde Massnahmen, Vorsorgliche Massnahmen*
- Bucheffekten als -, Verwertung **32** 25 f., 31 f.
- bei der Bürgschaft **1** 497 Abs. 2, 501 Abs. 2, 503, 506, 507 Abs. 2, 510 Abs. 4
- beim Konkurs des Verlegers **1** 392
- bei der Liquidation der AG **1** 744 Abs. 2
- bei Miete und Pacht **1** 257e, 266h, 297a
- für nicht voll liberierte Aktien **1** 685 Abs. 2
- bei Schadenersatz in Rentenform **1** 43
- bei der Schuldübernahme **1** 175
- bei Zahlungsunfähigkeit des Arbeitgebers **1** 337a
- bei zweiseitigen Verträgen **1** 83

Sicherheitsmassnahmen **1** 59, 328
Sichernde Massnahmen **1** 59, 152, 204, 427, 444 ff., 725a Abs. 1, 820, 890 Abs. 2, 903 Abs. 5, 987, 1162 Abs. 4

Sicht
- Wechsel auf eine bestimmte Zeit nach - **1** 1025
- Wechsel auf - **1** 1023 f.

Sichtvermerk, eigener Wechsel **1** 1099 Abs. 2
Sichtwechsel **1** 1023 f.
Signaturschlüssel *s. Informatik*
Simulation **1** 18, 169
Sitten *s. Gute Sitten, Sittenwidrig*
Sittenwidrig **1** 20, 66, 157, 163
Sittliche Pflicht, Erfüllung **1** 63, 239
Sitz
- AG **1** 626 Abs. 1 Ziff. 1, 704 Abs. 1 Ziff. 13
- Eintragung im Handelsregister **1** 931 f., **18** 2 lit. b, 38, 41, 45, 68, 73, 87, 92, 95, 99, 101, 104, 107, 109 ff., 117, 119, 123 ff., 132, 135

- Genossenschaft **1** 832 Ziff. 1, 835
- GmbH **1** 776 Ziff. 1, 778, 808b Abs. 1 Ziff. 10
- Kollektivgesellschaft **1** 554
- Kommanditgesellschaft **1** 596

Solidarbürgschaft **1** 496, *s.a. Bürgschaft*
- des Gesellschafters zugunsten einer Kollektivgesellschaft **1** 568

Solidarität *s.a. Haftung, Haftung mehrerer, Unerlaubte Handlungen*
- der Aufbewahrer **1** 478
- von mehreren Auftraggebern **1** 403
- von mehreren Entlehnern **1** 308
- beim Frachtvertrag **1** 440
- zwischen Gesellschaftern **1** 568 f., 759, 918
- unter Gläubigern **1** 150
- bei der Kommission **1** 425
- bei Miete und Pacht **1** 263 Abs. 4, 292
- bei der Produktehaftpflicht **4** 7
- unter Schuldnern **1** 143 ff.
- Solidarbürgschaft **1** 496
- unechte **1** 50 f.
- bei Wechsel und Check **1** 1044, 1098, 1143 Abs. 1 Ziff. 12

Sonderuntersuchung **1** 697c ff.
Sorgfalt *s.a. Treu und Glauben*
- des Agenten **1** 418c
- des Arbeitnehmers **1** 321a
- des Beauftragten **1** 398
- des Geschäftsherrn **1** 55
- des Gesellschafters **1** 538, 557, 598
- des Käufers **1** 200
- des Mieters und des Pächters **1** 257f, 283
- des Schuldners **1** 99
- des Tierhalters **1** 56
- des Zessionars **1** 172

Sozialplan **1** 335h ff.
Spaltung *s.a. Fusion*
- Anpassung der rechtlichen Strukturen mittels - **16** 1, 29 ff.

Sparheft, Kraftloserklärung 1 981 ff.
Sparkasse s.a. Bank
- Berechnung von Zinseszins 1 314
Spediteur 1 439
Speditionsvertrag 1 439
Spiel 1 513 ff., s.a. Wette
- Bürgschaft für eine Spielschuld 1 502 Abs. 4
Spielbanken 1 515a
Sprache
- Handelsregister 18 16, 20, 29, 123 Abs. 6, 130 Abs. 1, 133 Abs. 1
- Rechnungslegung 1 958d
Staat s. Kantone, Körperschaften des öffentlichen Rechts, Öffentliches Recht
Staatsangehörigkeit 5 1 Abs. 3; 11 4; 18 24b Abs. 1 lit. f, 119 Abs. 1 lit. d
Stall- und Gastwirte, Haftung 1 487 ff.
Statutarische Leistungen 1 620 Abs. 2, 867, s.a. Leistungen
Statuten s.a. Änderung, Bekanntmachung, Revision
- der AG 1 626 ff.
- der Genossenschaft 1 832 ff.
- der GmbH 1 776 ff.
Steinbrüche s. Material
Stellenvermittler 1 418
Stellvertretung
- bei Gesellschaften 1 543 f., 555, 584, 603, 718 ff., 809 ff., 886, 898 ff.
- ohne Vollmacht 1 38 f.
- Vertretungsbefugnis des Agenten 1 418e
- Vollmacht 1 32 ff.
- Vorbehalt besonderer Bestimmungen 1 40
Stiftung 18 94 ff., s.a. Personalvorsorgestiftung, Vorsorgefonds
Stil s. Alter Stil
Stillschweigend
- Annahme eines Antrags 1 6
- Annahme eines Auftrags 1 395
- Beendigung des Agenturvertrags 1 418p
- Beendigung des Arbeitsverhältnisses 1 334
- Beendigung des Mietverhältnisses 1 266
- Beendigung des Pachtverhältnisses 1 295
- Genehmigung des Werks 1 370
- Hinterlegung 1 481
- Nichtgenehmigung 1 39
- Prokura 1 458
- Willensäusserung 1 1
Stillschweigende Verlängerung s. Verlängerung
Stimmrecht s.a. Wohlerworbene Rechte
- bei der AG 1 656a, 656c, 659a, 685f., 689a, 689b, 689e, 692 ff., 709, 706b
- des Aktionärs 1 692 ff.
- Ausschliessung bei der AG 1 695
- Ausschliessung bei der Genossenschaft 1 887
- Entstehung 1 694
- bei der Genossenschaft 1 833 Ziff. 7, 855, 885
- bei der Gläubigerversammlung bei Anleihensobligationen 1 1167, 1168 Abs. 2, 1172, 1181 Abs. 2
- bei der GmbH 1 768, 790, 806 ff., 808b
- bei der Kommanditaktiengesellschaft 1 764
Stimmrechtsaktien 1 693
Stimmrechtssuspendierung 30 144 lit. a
Stoff beim Werkvertrag 1 365, 376
Störungen bei Miete und Pacht 1 257f, 283, 285
Strafe s. Busse, Konventionalstrafe, Zuwiderhandlung
Strafrecht 1 53, s.a. Zuwiderhandlung
Straftat s.a. Unerlaubte Handlungen
- Widerruf der Schenkung 1 249 f.

Strafurteil, Verhältnis zur Zivilklage 1 53
Strasse, Unterhalt und Haftung 1 58
Strassenverkehr
- unmittelbarer Anspruch gegen den Versicherer 2 65
- Versicherung 2 63 ff.
- zivilrechtliche Haftung 2 58 ff.

Streichung *s.a. Löschung*
- beim Check 1 1110, 1123 Abs. 5, 1125 Abs. 3
- des Indossaments 1 1047
- des Wechselakzepts 1 1006, 1019

Streitverkündung
- des von der Entwehrung bedrohten Käufers 1 193 f.
- Unterbrechung der Verjährung bei Wechseln und Checks 1 1070, 1098, 1143 Abs. 1 Ziff. 18
- gegenüber dem Verkäufer 1 193 f.
- gegenüber dem Vermieter oder Pächter 1 259f, 288

Strombörse 30 47
Stundung der Zinsen oder der Rückerstattung bei Anleihensobligationen 1 1170 Ziff. 1 und 5
Subrogation
- allgemein 1 110
- des Bürgen 1 497, 507
- des Ehrenzahlers 1 1062, 1098
- des Wechselbürgen 1 1022 Abs. 3, 1098 Abs. 3, 1143 Abs. 1 Ziff. 7

Sukzessivlieferung, Bürgschaft 1 500 Abs. 2

T

Tag *s.a. Fristberechnung*
- Frist nach Tagen bestimmt 1 77, 1026 f., 1081

Tagesregister 18 8
Tantiemen 1 677 ff., 698 Abs. 2 Ziff. 4, 734a Abs. 2 Ziff. 2, 798, 804 Abs. 2 Ziff. 5

Tara 1 212, *s.a. Verpackung*
Tarife *s.a. Gebühren*
- Versendung 1 7

Tätigkeitsverbot 31 33a
Tausch 1 237 f.
Teilnehmer 30 2 lit. d
- indirekte 30 2 lit. e

Teilung *s.a. Gewinnbeteiligung, Spaltung, Zusammenlegung*
- von Aktien 1 623

Teilzahlung *s.a. Konsumkredit*
- Unterbruch der Verjährung 1 135

Telefon, Vertragsabschluss per - 1 4
Telefonnummer, Widerruf oder Sperrung 21 26a
Telefonverzeichnis 21 3 lit. u und v
Termingeschäfte mit Spiel- oder Wettcharakter 1 513
Tiere *s.a. Unerlaubte Handlungen, Vieh, Viehpacht und Viehverstellung*
- Haftung der Stallwirte 1 490
- Haftung des Halters 1 56 f.
- Schaden an - 1 42 Abs. 3, 43 Abs. 1bis
- Transplantation tierischer Organe auf Menschen 4 3 Abs. 2, 5 Abs. 1bis

Tierhalter, Haftung 1 56 f.
Tierzucht 4 3 Abs. 2
Titel, unzutreffende - 21 3 lit. c
Tod *s.a. Erben, Tod einer Vertragspartei*
- eines Genossenschafters 1 847, 865 Abs. 2, 877 Abs. 2
- bei Gesellschaften 1 545, 547, 574, 576, 619, 770, 847, 876 f.
- Löschung im Handelsregister 18 39 Abs. 2, 149 Abs. 3

Tod einer Vertragspartei *s.a. Erben, Tod*
- Agenturvertrag 1 418s
- Arbeitsvertrag 1 338
- Auftrag 1 35, 405, 465
- des Ausstellers des Checks 1 1120
- Frachtvertrag 1 440
- Kommission 1 425

- landwirtschaftliche Pacht **1** 18
- Leibrentenvertrag **1** 516, 518
- Leihe **1** 311
- Miete, Pacht **1** 266i, 297b
- Schadenersatz bei Tötung **1** 45
- Schenkung **1** 252
- Verlagsvertrag **1** 392
- Verpfründung **1** 528
- Werkvertrag **1** 379

Traktandenliste
- der Generalversammlung der AG **1** 699b, 700, 716a Abs. 1 Ziff. 6
- der Generalversammlung der Genossenschaft **1** 883
- der Generalversammlung der Gläubiger der Anleihensobligation **1** 1169
- der Generalversammlung der GmbH **1** 805

Transaktionsregister 30 74 ff., 104

Transplantation tierischer Organe auf Menschen 4 3 Abs. 2, 5 Abs. 1bis

Transportschaden
- an Frachtgut **1** 442, 448, 452
- an Kommissionsgut **1** 427

Tratte *s. Wechsel*

Treu und Glauben *s.a. Ausgaben, Böser Glaube, Gutgläubige Dritte*
- Arbeitsvertrag **1** 320 Abs. 3, 321c f., 336 f.
- Bürgschaft auf Zeit **1** 510
- gutgläubige Dritte bei Stellvertretung **1** 34, 36
- Interessenwahrung gegenüber der Genossenschaft **1** 866
- Kauf **1** 191, 194, 197, 215
- keine Berufung auf Irrtum gegen Treu und Glauben **1** 25
- Kündigung des Vertrags der einfachen Gesellschaft **1** 546
- Leistung an den Inhaber des Namenpapiers **1** 976
- Mäklervertrag **1** 415
- Miete **1** 271a
- Rückzahlung von Zinsen durch den Kommanditär **1** 611
- unlauterer Wettbewerb **21** 2
- Verhinderung des Eintritts einer Bedingung wider - **1** 156
- Verpflichtung des Geschäftsherrn gegenüber gutgläubigen Dritten per Prokura **1** 459
- Vertretung der AG gegenüber Dritten **1** 718 f.
- Vertretung der Genossenschaft gegenüber Dritten **1** 899
- Vertretung der Kollektivgesellschaft gegenüber Dritten **1** 564, 603
- Viehpacht **1** 304
- Zahlung des Schuldners in gutem Glauben bei Abtretung **1** 167

Treu und Glauben im Geschäftsverkehr 1 24, *s.a. Äusserungen, Irreführung, Unrichtige Bezeichnung, Vereinigung*

Treuhänderische Abtretung 1 164

Tripartite Kommissionen 1 360b

Trustee 28 17 ff.
- Aufgaben **28** 19 Abs. 2 und 3
- Begriff **28** 17 Abs. 2
- Rechtsform **28** 18

Tun, Verpflichtung zu einem Tun oder Nichttun 1 98

U

Übergabe
- der Kaufsache **1** 188 ff.
- der Miet- oder Pachtsache **1** 256, 278
- des Werks durch den Unternehmer **1** 367

Übermässige Vorteile
- Abnötigung **1** 30
- Haftung bei der GmbH **1** 800
- Rückerstattung im Konkurs der AG **1** 678 ff.
- Rückerstattung im Konkurs der Genossenschaft **1** 904

Übernahme der Aktiven und Passiven s.a. *Fusion*
- der AG durch eine Körperschaft des öffentlichen Rechts 1 751
- der Genossenschaft durch eine Körperschaft des öffentlichen Rechts 1 915
- eines Geschäfts 1 181
- der Kollektiv- oder Kommanditgesellschaft durch einen Gesellschafter 1 579, 619

Übersetzungsrecht 1 387

Übertragbarkeit s.a. *Abtretung, Indossament, Unübertragbarkeit*
- des Checks 1 1108
- der Rechte des Leibrentengläubigers 1 519
- des Wechsels 1 1001

Übertragung
- des Arbeitsvertrags 1 333
- des Eigentums an der Miet- oder Pachtsache 1 263, 292
- Eigentumsübergang bei der Versteigerung 1 235
- von Gesellschaftsanteilen 1 785 ff.
- eines Grundstücks oder Geschäfts mit Übergang der Mitgliedschaft bei der Genossenschaft 1 850
- von Inhaberaktien 1 683
- der Mitgliedschaft bei der Genossenschaft 1 849 ff.
- von Namenaktien 1 684 ff.
- des Urheberrechts auf den Verleger 1 381
- von Vermögen 16 69 ff.
- eines Vermögens oder Geschäfts 1 181
- des vom Beauftragten erworbenen Rechts 1 401
- von Wertpapieren 1 967 ff.

Übervorteilung, Verträge 1 21

Umfassende Beistandschaft s. *Verlust der Handlungsfähigkeit*

Umwandlung
- von Namen- und Inhaberaktien 1 622 Abs. 3
- von Anleihensobligationen in Aktien 1 1170 Ziff. 9
- Anpassung der rechtlichen Strukturen 16 1, 53 ff.
- von Namen- oder Ordrepapieren in Inhaberpapiere oder umgekehrt 1 970
- von ungültigen Rechtsgeschäften 1 11

Unabhängige Stimmrechtsvertretung 1 689b ff.

Unabhängigkeit der Revisionsorgane 1 728 ff., 17 11

Unbefugter Gebrauch der Geschäftsfirma 1 956

Unerfahrenheit, Ausnützung 1 21

Unerlaubte Handlungen s.a. *Haftung, Schadenersatz, Strafurteil, Unlauterer Wettbewerb, Wettbewerb*
- analoge Anwendung von Art. 41 ff. bei Nichterfüllung 1 99 Abs. 3
- Bestimmung des Ersatzes 1 43 f.
- Bestimmung des Schadens 1 42
- einzelne Tatbestände 1 45–49
- Haftung 1 41
- Haftung der AG 1 722, 743 Abs. 6
- Haftung der Genossenschaft 1 899
- Haftung der GmbH 1 794, 817
- Haftung der Kollektivgesellschaft 1 567, 585
- Haftung des Geschäftsherrn 1 55
- Haftung des Tierhalters 1 56 f.
- Haftung des Werkeigentümers 1 58 f.
- Haftung für Signaturschlüssel 1 59a
- Haftung öffentlicher Beamter und Angestellter 1 61
- Haftung urteilsunfähiger Personen 1 54
- Notwehr, Notstand, Selbsthilfe 1 52
- solidarische Haftung 1 50 f.
- Verjährung 1 60

Ungerechtfertigte Bereicherung
1 62 ff., 421, 423, 508, 514 f., 904,
1052, 1093, 1143 Abs. 1 Ziff. 14
Ungültigerklärung s.a. *Anfechtung,
Nichtigkeit, Rücknahme, Rücktritt,
Schulderlass, Widerruf*
- von Aktien **1** 681
- des Schuldscheins bei Bezahlung **1** 88, 90

Universalversammlung **1** 701, 809
Abs. 5, 884
Unlautere Methoden **21** 2 ff.
Unlauterer Wettbewerb
- Klageberechtigung **21** 9 ff.
- Preisbekanntgabe **21** 16 ff.
- Strafbestimmungen **21** 23 ff.
- Verfahren **21** 9 ff.
- Widerrechtlichkeit **21** 2 ff.
- Ziel **21** 1

Unlauterkeit **21** 2 ff.
Unmöglichkeit
- der Vertragserfüllung **1** 20, 97 ff., 119, 163
- der Vollendung des Werks **1** 378 f., 392
- des Zwecks der einfachen Gesellschaft **1** 545

Unpfändbarkeit
- Ausschluss des Retentionsrechts des Vermieters und Verpächters an Möbeln **1** 268, 299c
- keine Verrechnung unpfändbarer Lohnansprüche **1** 125

Unredlichkeit **1** 433, 514 Abs. 2, 1177 Ziff. 4
Unrichtige Bezeichnung **1** 18
- des Berufs **21** 3 lit. c

Unrichtige Übermittlung **1** 27, 449
Unteilbar s.a. *Schuld*
- Leistung **1** 70

Unterbeauftragte **1** 399
Unterbietung
- beim Lohn **1** 360a ff., **13** 1a
- als unerlaubte Wettbewerbshandlung **21** 3 lit. f

Unterbilanz **1** 653p, 725 ff., 820, 903
Unterbrechung s. *Eingabe, Schuldbetreibung, Verjährung*
Unterdeckung s.a. *Verlust*
- bei Vorsorgeeinrichtungen **1** 331f

Untergang
- des Frachtguts **1** 447 f.
- der Kaufsache **1** 207
- des künstlerischen/literarischen Werks **1** 390 f.
- des Musters **1** 222
- des Werks **1** 376

Unterhalt s.a. *Verpfründung*
- der geliehenen Sache **1** 307
- der gemieteten oder gepachteten Sache **1** 256, 258 ff., 278 ff., 283 ff., **8** 22
- Haftung des Werkeigentümers **1** 58

Unterlassungspflicht **1** 98
Untermiete, Unterpacht **1** 262, 291
Unternehmen der Autobranche, Haftung **2** 71
Unternehmens-Identifikationsnummer **1** 930, **18** 116 ff.
- Angabe der Rechtsform **18** 116a
- früherer Eintrag **18** 122
- Organe für Leitung und Verwaltung **18** 120
- Personenangaben **18** 119
- Revisionsstelle **18** 121
- Sitz, Domizil, Adressen **18** 117
- Zuteilung, Unveränderlichkeit etc. **18** 116
- Zweck, Tätigkeit **18** 118

Unternehmenszusammenschlüsse
24 2 Abs. 1, 4 Abs. 3, 9 ff., 32 ff., 40, 43 Abs. 4, 51, 55, 146, s.a. *Fusion, Wettbewerb*
- Kontrolle **25** 1 ff.

Unterpacht **1** 291
Unterschrift s.a. *Beglaubigung*
- Allgemeines **1** 13 f.

- Anmeldungen beim Handelsregister **18** 18
- Belege und Urkunden für das Handelsregister **18** 20 f.
- bei Blinden **1** 14, 1085, 1098, 1143 Abs. 1 Ziff. 20
- elektronische **1** 14 Abs. 2bis, 59a
- falsche oder gefälschte, Wirkungen **1** 997, 1098 Abs. 2, 1132, 1143 Abs. 1 Ziff. 3

Unterstützung, Haftung für Versorgerschaden 1 45

Untersuchung *s.a. Wettbewerb*
- über Wettbewerbsbeschränkungen **24** 26 ff.

Unübertragbarkeit *s.a. Abtretung von Forderungen, Übertragbarkeit*
- des Anspruchs des Pfründers **1** 529 Abs. 1
- der Forderung **1** 164
- künftiger Lohnforderungen **1** 325 Abs. 2
- der Leibrente **1** 519
- der Rechte des Gesellschafters bei der einfachen Gesellschaft **1** 542

Unüberwindliches Hindernis *s.a. Höhere Gewalt*
- Wechsel, Check **1** 1051, 1131

Unverbindlichkeit, Gründe **1** 23 ff.

Urheber *s. Unerlaubte Handlungen, Verlagsvertrag*

Urheberrecht *s. Verlagsvertrag*

Urkunde *s.a. Zahlung*
- neue Schuldurkunde **1** 116
- Rückgabe der Schuldurkunde **1** 88 ff.
- Rückgabe der Vollmachtsurkunde **1** 36
- Übergabe der Schuld- an den Zessionar **1** 170

Urteil
- Abtretung kraft Richterspruch **1** 166
- Verjährungsfrist für Schuld gemäss - **1** 137 Abs. 2
- Veröffentlichung des - **1** 43 ff., **21** 9 Abs. 2

Urteilsfähigkeit **1** 53 f., 241

Urteilsunfähige Person
- Bürgschaft für die vertragliche Verpflichtung einer - **1** 492 Abs. 3
- Haftung für unerlaubte Handlungen **1** 53 f.
- Stillstand der Verjährung ihrer Forderungen **1** 134

Usurpation einer Geschäftsfirma **1** 956 Abs. 2

V

Vaterschaftsurlaub **1** 329b Abs. 3 lit. c, 329g, 335c Abs. 3

Velo *s. Strassenverkehr*

Veranstalter *s. Pauschalreisen*

Verarbeitung von Produkten **4** 3

Veräusserung
- von eigenen Aktien durch die AG **1** 659 ff.
- von Grundstücken in der Genossenschaft **1** 850
- von landwirtschaftlichen Grundstücken **1** 218
- der Mietsache **1** 261 f., 290
- des Pachtgegenstands **8** 14, 15

Verbesserungen *s.a. Ausgaben, Miete, Nachbesserung, Pacht*
- an der gemieteten Sache **1** 260a
- an der Neuauflage **1** 385
- an der verpachteten Sache **1** 299

Verbindlichkeiten in der Jahresrechnung **1** 960e

Verbot *s. Beseitigung, Konkurrenzverbot, Notwehr*

Verbot und Gebot der Vorlegung eines Wechsels **1** 1012

Verderben der Sache **1** 93

Vereinbarung *s.a. Schenkungsversprechen, Vorkaufsvertrag, Vorvertrag*
- Eigentumsvorbehalt **1** 217

- Kaufsrecht, Vorkaufsrecht, Rückkaufsrecht **1** 216

Vereine
- Eintragung im Handelsregister **18** 90 ff.
- Klagerecht von Berufs- und Wirtschaftsverbänden **21** 10

Vereinigung, Erlöschen der Obligation **1** 118

Verfahren
- bei Anleihensobligationen **1** 1169, 1176 Abs. 4, 1184
- beim Check **1** 1128 ff., 1143 Abs. 1 Ziff. 19
- Gewährleistung beim Viehhandel **1** 202 Abs. 3
- bei der landwirtschaftlichen Pacht **8** 47 ff.
- bei Miete und Pacht **6** 21 ff.
- bei unlauterem Wettbewerb **21** 9 ff.
- im Wechselrecht **1** 1033 ff., 1072 ff., 1098

Verfügung über Bucheffekten **32** 24 ff.
- Sicherheiten **32** 25 f.
- Stornierung **32** 27 f.
- Verfügung **32** 24
- Verwahrungsstelle *s. dort*
- Verwahrung von Bucheffekten *s. dort*
- Verwertung von Sicherheiten **32** 31 f.
- Wirkung gegenüber Dritten **32** 29 f.

Vergleich
- Herausgabe der Sache nach Vergleich **1** 194
- Liquidation der AG **1** 743
- Liquidation der Kollektivgesellschaft **1** 585
- Vollmacht für Vergleiche **1** 396, 585, 619
- Vergütungen, börsenkotierte AG **1** 732 ff.

Verhältnis
- der Gesellschafter gegenüber Dritten **1** 543 f., 562 ff., 602 ff.
- der Gesellschafter unter sich **1** 531 ff., 557 ff., 598 ff.

Verjährung *s.a. Periodische Leistung, Unzuständigkeit, Zins*
- 1 Jahr **1** 31, 60, 210 Abs. 3, 454, 878, 1013, 1024, 1069 Abs. 2, 1076, 1099
- 10 Jahre **1** insb. 60, 67, 127, 137, 591 Abs. 3, 619, 760, 827, 919
- 2 Jahre **1** 210 Abs. 1, 371 Abs. 1, 619, 806
- 20 Jahre **1** 128a
- 2 Monate **1** 706a, 891
- 3 Jahre **1** 592, 679, 864, 904, 1069
- 3 Monate **1** 643, 645, 779a, 838, 846, 889, 1076
- 5 Jahre **1** insb. 128, 210 Abs. 2, 219, 371 Abs. 2 und 3, 591 f., 619, 760, 806, 827, 919
- 6 Monate **1** 315, 758, 1069 Abs. 3, 1134, 1179 Abs. 2
- der aktienrechtlichen Verantwortlichkeit **1** 760
- Beginn **1** 130 f.
- Berechnung **1** 132
- Check **1** 1134
- Darlehen **1** 315
- Frachtvertrag **1** 454
- Fristen **1** 127 ff.
- Geltendmachung **1** 142
- bei der Genossenschaft **1** 878, 919
- bei der GmbH **1** 827
- Hinderung und Stillstand **1** 134, 1166 Abs. 3
- Inhaberpapiere **1** 980
- Kauf **1** 210, 219
- bei der Kollektivgesellschaft **1** 591 ff.
- bei der Kommanditgesellschaft **1** 619
- Nebenansprüche **1** 133
- Produkthaftpflicht **4** 9 f.
- Schenkung (Widerruf) **1** 251
- Strassenverkehrsunfälle **2** 83
- unerlaubte Handlungen **1** 60
- ungerechtfertigte Bereicherung **1** 67

- Unterbrechung **1** 135 ff.
- Verrechnung **1** 120
- Verzicht **1** 141
- Wechsel **1** 1069–1071, 1098
- Werkvertrag **1** 371
- Zahlung einer verjährten Schuld **1** 63

Verkauf mit gerichtlicher Bewilligung
1 93, 204, 427, 435, 444 ff., 453

Verkehr *s. Eisenbahn- und Schifffahrtsunternehmen, Frachtvertrag, Strassenverkehr*

Verlagsvertrag
- Begriff **1** 380
- Honorar **1** 388 f.
- Rechte des Verlegers **1** 380 f., 383, 390 ff.
- Übersetzungsrecht **1** 387
- Übertragung des Urheberrechts und Gewährleistung **1** 381
- Verbesserungen und Berichtigungen **1** 385
- Verfügung der Verlaggebers **1** 382 ff.

Verlängerung *s.a. Aufschub*
- der Amortisationsfrist bei Anleihensobligationen **1** 1170 Abs. 1 Ziff. 4
- der Bürgschaft **1** 509 Abs. 5
- der Frist **1** 80
- der Miete **1** 272 ff.
- der Pacht **1** 300, **8** 26–28
- beim Verfall der Wechselverpflichtung **1** 1024, 1098

Verletzung der Persönlichkeit 1 49

Verlust *s.a. Ausschluss*
- der Mitgliedschaft bei der Genossenschaft **1** 842 ff.
- der Mitgliedschaft bei der GmbH **1** 823

Verlust der Handlungsfähigkeit
s.a. Hinderung, Unmöglichkeit, Urteilsfähigkeit, Urteilsunfähige Person
- des Absenders oder des Frachtführers **1** 440
- des Agenten **1** 418s
- beim Auftrag **1** 35, 405
- des Auftraggebers oder des Beauftragten **1** 35, 397a, 405, 465
- bei der Geschäftsführung ohne Auftrag **1** 421
- des Geschäftsherrn **1** 465
- des Gesellschafters der einfachen Gesellschaft **1** 545
- des Hauptschuldners bei der Bürgschaft **1** 492 Abs. 3
- des Kommanditärs **1** 619
- bei der Kommission **1** 425
- beim Kreditauftrag **1** 409
- bei der Schenkung **1** 240 f.
- Stillstand der Verjährung für Forderungen der urteilsunfähigen Person gegen die vorsorgebeauftragte Person **1** 134
- des unbeschränkt haftenden Gesellschafters der Kommanditaktiengesellschaft **1** 770
- bei Wechsel und Check **1** 990, 997, 1086, 1098, 1120, 1143

Verluste *s.a. Bilanz, Gewinn- und Verlustrechnung*
- der AG **1** 674, 725 ff.
- der einfachen Gesellschaft **1** 533, 549
- der Genossenschaft **1** 871
- der GmbH **1** 782, 795 ff., 820
- der Kollektivgesellschaft **1** 533, 549
- der Kommanditgesellschaft **1** 598, 601

Vermengung der gelagerten Sachen
1 484

Vermittler *s. Pauschalreisen*
Vermittlung einer Ehe 1 406a ff.
Vermittlungsagent 1 418a ff.
Vermögen *s. Übertragung eines Vermögens oder eines Geschäfts*
Vermögensübertragung 16 69 ff.
Vermögensverwalter 28 17 ff.
- Aufgaben **28** 19 Abs. 1 und 3
- Begriff **28** 17 Abs. 1
- Rechtsform **28** 18

Vermutungen
- in der Aktiengesellschaft 1 685b Abs. 6, 685c Abs. 3
- beim Auftrag 1 395
- bei Bedingungen 1 151
- beim Check 1 1110
- in der einfachen Gesellschaft 1 543
- Erfüllungsort 1 74
- Erlöschen einer Obligation 1 116
- beim Fahrniskauf 1 189 f., 201, 204, 212
- beim Grundstückkauf 1 220
- bei Handlungsvollmachten 1 459, 462
- beim Hinterlegungsvertrag 1 481
- bei der Kommission 1 429, 437
- Konventionalstrafe 1 160
- beim Leibrentenvertrag 1 516
- unter Solidarschuldnern 1 148
- beim Verlagsvertrag 1 383, 387 f.
- bei Vertragsschluss 1 2, 16
- bei Wertpapieren 1 1006
- bezüglich Zinsen 1 170, 314

Vernichtung von Aktien 1 659 Abs. 2

Verpachtung s. *Landwirtschaftliche Pacht, Pacht*

Verpackung
- Abzug der Verpackung 1 212
- des Frachtguts und Haftung für Verpackungsmängel 1 441 f.

Verpflichtungsgrund 1 17, 51

Verpfründung 1 521 ff.

Verrechnung s.a. *Abrechnungsstelle, Ausgleichskasse*
- Abtretung 1 169
- Ausschluss der Verrechnung 1 125
- Kollektivgesellschaft, Kommanditgesellschaft 1 573, 614
- Liberierung der Aktien 1 634a Abs. 2
- Lohnforderungen und Forderungen des Arbeitgebers 1 323b
- Miete, Pacht 1 265, 294
- Solidarschuld 1 147
- Verpfründungsvertrag 1 526

- Verzicht 1 126
- Voraussetzungen 1 120 ff.
- Wirkung 1 124

Verrechnungscheck 1 1125 ff., s.a. *Check*

Verrechnungsverkehr 1 501 Abs. 4

Versammlung
- aller Aktionäre 1 701
- aller Genossenschafter 1 884
- aller Gesellschafter der GmbH 1 805 Abs. 5

Verschollenerklärung, Erlöschen der Vollmacht 1 35

Verschulden s.a. *Kauf, Miete, Unerlaubte Handlungen, Vertrag*
- des Schuldners bei Nichterfüllung 1 97 ff.

Verschwiegenheit s.a. *Amtsgeheimnis, Fabrikations- und Geschäftsgeheimnis, Geschäftsgeheimnis*
- der Sonderprüfer und Revisoren der AG 1 697f Abs. 4, 730b

Versicherung s.a. *Konzessionierte Versicherungsgesellschaften, Versicherungsvertrag*
- Haftpflichtversicherung im Strassenverkehr 2 63 ff.
- des Kommissionsguts 1 426

Versicherungsvertrag s.a. *Konzessionierte Versicherungsgesellschaften*
- Antrag 15 1 f.
- Anzeigepflicht bei Eintritt des befürchteten Ereignisses 15 38
- betrügerischer Versicherungsanspruch 15 40
- Gefahrserhöhung 15 28 ff.
- Haftpflichtversicherung 15 59 f.
- Informations- und Anzeigepflicht 15 3 ff.
- Leibrenten gemäss VVG 1 520
- Personenversicherung 15 73 ff.
- Police 15 11 ff.
- Prämie 15 19 ff.

- Schadensversicherung **15** 50 ff.
- schuldhafte Herbeiführung des befürchteten Ereignisses **15** 14
- Überversicherung, Doppelversicherung **15** 51 ff.
- Verletzung der Anzeigepflicht **15** 6 ff.
- Wegbedingung der Haftung **1** 100
- Zugehörigkeit zu einer Genossenschaft **1** 841

Versprechen *s. Gewährleistung, Vertrag zulasten eines Dritten*

Versteigerung, Kaufvertrag **1** 229–236

Vertrag *s.a. Absichtliche Täuschung, Furchterregung, Irrtum, Obligation, Verpflichtungsgrund, Vorvertrag*
- Abschluss **1** 1 ff.
- unter Anwesenden **1** 4
- Auslegung **1** 18
- einfache Schriftlichkeit **1** 12 ff.
- Form **1** 11
- Inhalt **1** 19, 20
- Stellvertretung **1** 32 ff.
- Übervorteilung **1** 21
- Unterschrift **1** 13, 14, 15
- Willensmängel **1** 23 ff.

Vertrag zulasten eines Dritten **1** 111

Vertrag zugunsten eines Dritten **1** 112 f., 122

Vertragsänderung, wesentliche, bei Pauschalreisen **11** 7, 8 ff.

Vertrauensprinzip **1** 1, 18, *s.a. Gutgläubige Dritte*

Vertretbare Sachen **1** 120, 206, 312, 466, 481, 484, 1152, *s.a. Gewährleistung, Kauf*

Vertreter *s.a. Stellvertretung*
- der Gesellschaft **1** 706a Abs. 2, 718 ff., 891

Vertretung der Geschlechter im Verwaltungsrat und in der Geschäftsleitung **1** 734f

Verwahrung von Bucheffekten **32** 13 ff.
- Drittverwahrung *s. dort*
- Liquidation der Verwahrungsstelle **32** 17 ff.
- Rechte der Kontoinhaber **32** 13 ff.
- Rechte der Verwahrungsstelle **32** 21 ff.

Verwahrungsstelle **32** 4
- Drittverwahrungsstelle **32** 5 lit. a
- Haftung **32** 33
- Liquidation **32** 17 ff.
- Rechte der Kontoinhaber **32** 13 ff.
- Rechte der - **32** 21 ff.
- Verfügung über Bucheffekten *s. dort*
- Verwahrung von Bucheffekten *s. dort*

Verwalter von Kollektivvermögen **28** 24 ff.

Verwaltung *s.a. Geschäftsführung*
- der Genossenschaft **1** 898 ff.
- der GmbH **1** 809 ff.

Verwaltungsrat der AG **1** 707 ff.
- Aufgaben **1** 716 ff.
- Organisation, Beschlussfassung **1** 712 ff.
- Vertretung **1** 718 ff.
- Verwaltungsratspräsident **1** 712 f., 715 f.
- Wählbarkeit, Amtsdauer **1** 707 ff.

Verwechslungsgefahr **1** 951 Abs. 2, **21** 3 lit. d

Verwendungen *s. Ausgaben*

Verwirkung (des Anspruchs) *s.a. Ausschluss*
- Bürge **1** 502, 507 Abs. 6, 508
- Genossenschafter **1** 867
- Kommissionär **1** 433
- Mäkler **1** 415
- nicht rechtzeitig einzahlende Aktionäre **1** 681 f.
- Verleger **1** 383
- Wechsel, Check **1** 1050 ff., 1128 ff.

Verzicht
- auf den Auftrag **1** 404

- bei der Bürgschaft **1** 492 Abs. 4, 502 Abs. 2
- auf die Konventionalstrafe **1** 160
- auf Schadenersatz **1** 31
- auf die Verjährung **1** 141
- auf Verrechnung **1** 126, 265, 294
- verschiedene Fälle **1** 34, 100, 239, 406e

Verzug
- des Aktionärs **1** 681 f.
- bei der Anweisung **1** 467
- beim Arbeitsvertrag **1** 324
- bei der Bürgschaft **1** 499 Ziff. 1, 504, 506 Ziff. 2
- beim Fixgeschäft **1** 108
- des Genossenschafters **1** 867, 871 Abs. 5
- des Gläubigers **1** 91 ff.
- beim Kauf **1** 190 ff., 214 f.
- bei der Kommission **1** 435
- beim Konsumkredit **9** 18
- bei Miete und Pacht **1** 257d, 282
- des Pächters **8** 21
- des Schuldners **1** 102 ff.
- beim Werkvertrag **1** 366, 376
- beim zweiseitigen Vertrag **1** 107–109

Verzugszins 1 104 f.
- geschuldet von Aktionären oder Gesellschaftern im Verzug **1** 681, 799

Vieh s.a. *Tiere, Tierhalter, Viehpacht und Viehverstellung*
- Gewährleistung beim Viehhandel **1** 198, 202
- Inventar bei der Pacht **1** 277, 299b

Viehpacht und Viehverstellung 1 302 ff.

Virtuelle Generalversammlung der AG 1 701c ff.

Vollmacht s. *Auftrag, Prokura, Stellvertretung*

Vorbehalt des Antragstellers 1 7

Vorbezug von Vorsorgeleistungen 1 331e

Vorhandelstransparenz 30 29 Abs. 1

Vorkaufsrecht 1 216 ff.

Vorkaufsvertrag 1 216 Abs. 2

Vorlegung s.a. *Check*
- des Wechsels zur Annahme **1** 1013 ff., 1099
- des Wechsels zur Zahlung **1** 1028 ff., 1098

Virtuelle Generalversammlung 1 701c ff.

Vormerkung
- der Miete oder Pacht von Grundstücken **1** 261b, 290
- des Rückfalls geschenkter Grundstücke und dinglicher Rechte **1** 247
- des Übergangs der Mitgliedschaft bei der Veräusserung eines Grundstücks **1** 850 Abs. 2
- der Vorkaufs-, Kaufs- und Rückkaufsrechte im Grundbuch **1** 216a

Vormundschaft s. *Verlust der Handlungsfähigkeit*

Vorname
- Eintragungen im Handelsregister **18** 119
- Verwendung bei Einzelfirmen **1** 945 ff.

Vorpacht s. *Landwirtschaftliche Pacht*

Vorräte bei der landwirtschaftlichen Pacht 8 25

Vorrecht des Geschädigten 2 88

Vorschüsse
- an Arbeitnehmer **1** 323 Abs. 4, 327c Abs. 2
- des Beauftragten oder Anbieters **1** 40f Abs. 3, 402
- von Gesellschaftern **1** 537, 557, 598
- des Kommissionärs **1** 429, 431
- bei Spiel und Wette **1** 513

Vorsorgeauftrag, Stillstand der Verjährung 1 134

Vorsorgeeinrichtung s. *Personalvorsorgestiftung, Vorsorgefonds*

Vorsorgefonds 1 673 f., 863 Abs. 3, s.a. *Personalvorsorgestiftung*
- AG 1 671, 673 f.
- Genossenschaft 1 862

Vorsorgezweck 1 331, 671

Vorsorgliche Massnahmen
- bei Gesellschaften 1 565, 574, 586, 824, 831 Abs. 2
- bei Wechsel und Check 1 1072, 1080, 1098, 1143

Vorvertrag 1 22, 216

Vorwerfbarkeit, keine Bindung des Zivilrichters an das Strafurteil 1 53

Vorzeitige Auszahlung der beruflichen Vorsorge 1 331e

Vorzeitige Erfüllung 1 81, 1030

Vorzeitige Rückzahlung des Konsumkredits 9 17

Vorzeitige Rückzahlung von Anleihensobligationen 1 1170 Ziff. 6

Vorzugsaktien 1 654 f.; **18** 45 Abs. 1 lit. k, 48 Abs. 1 lit. g, 57 Abs. 2 lit. h, 68 Abs. 1 lit. k; **27** 40 Abs. 5, 113 Abs. 2

W

Wägen und Messen der Kaufsache, Kosten 1 188

Wahl s.a. *Auswahl, Solidarität*
- des Heimarbeitslokals 1 351

Wahlobligation 1 72

Wahlrecht
- Gewährleistung bei der Miete 1 258 ff.
- Gewährleistung beim Kauf 1 205 ff.
- Gewährleistung beim Tausch 1 238
- Gewährleistung beim Werkvertrag 1 266, 268
- Verzug 1 107

Wandel- oder Optionsrecht 1 653 ff.

Waren s.a. *Frachtvertrag, Lagergeschäft, Warenkauf, Warenpapiere*
- Auslage 1 7
- Bewertung in der Bilanz 1 960c
- Hinterlegung und Verkauf bei Gläubigerverzug 1 92 f.
- Verjährung 1 128

Warenkauf (WKR) s.a. *Internationaler Warenkauf*
- allgemein 5 25 ff.
- Annahme der Ware 5 60
- Ansprüche des Käufers wegen Vertragsverletzungen des Verkäufers 5 45 ff.
- Ansprüche des Verkäufers wegen Vertragsverletzungen des Käufers 5 61 ff.
- Aufhebung des Vertrags 5 81 ff.
- Befreiungen 5 79 f.
- Erhaltung der Ware 5 85 ff.
- Gefahrenübergang 5 66 ff.
- Pflichten des Käufers 5 53
- Pflichten des Verkäufers 5 30
- Pflichten von Käufer und Verkäufer 5 71 ff.
- Sach-, Rechtsgewährleistung, Ansprüche Dritter 5 35 ff.
- Schadenersatz, Zinsen 5 74 ff.
- Übergabe von Ware und Dokumenten 5 31 ff.
- Zahlung des Kaufpreises 5 54 ff.

Warenpapiere 1 482, 486 Abs. 2, 1153 ff.

Warrant 1 1152, 1154

Wechsel s.a. *Eigener Wechsel, Geldsumme*
- Arten 1 993
- besondere Rückgriffe 1 1033 ff.
- auf eine bestimmte Zeit nach Ausstellung 1 1023, 1026 ff.
- auf eine bestimmte Zeit nach Sicht 1 1023, 1025, 1028
- auf einen bestimmten Tag 1 1023, 1028
- Form 1 991 f., 996
- Geltungsbereich des Gesetzes 1 1086 ff.
- Kraftloserklärung 1 1072 ff.
- Nachindossament 1 1011 ff.

- auf Sicht **1** 1023 f.
- Übertragbarkeit **1** 1001 ff.
- Verjährung der wechselmässigen Ansprüche **1** 1069 ff.
- Vorlegung zur Annahme untersagt **1** 1012 Abs. 2, 1033 Ziff. 3, 1034 Abs. 6
- Vorlegung zur Zahlung **1** 1028 ff.

Wechselbetreibung 1 1150 f.
Wechselbürge 1 1042 Abs. 2, 1043, 1054, s.a. *Wechselbürgschaft*
Wechselbürgschaft 1 1022 ff., 1098 Abs. 3, 1114
Wechselfähigkeit 1 990, 1086
Wechselkurs 1 84, 1031, 1091, 1122, s.a. *Eigener Wechsel, Wechsel*
Wechselnehmer 1 991 Ziff. 6
Wechselverpflichtung s.a. *Eigener Wechsel, Wechsel*
- zur Deckung der Spiel- oder Wettsumme **1** 514
- wechselähnliche oder andere Ordrepapiere **1** 1145 ff.

Weihnachten s. *Feiertage*
Weiterführung
- einfache Gesellschaft **1** 547
- Kollektivgesellschaft, Kommanditgesellschaft **1** 575 ff., 619
- stillschweigende - der Pacht **8** 8
- stillschweigende - von Miete und Pacht, des Agenturvertrags **1** 266, 295, 418p Abs. 2

Werbeagentur, Vertrag 1 363 ff., 394 ff.
Werbeanruf 21 3 lit. u und v
Werbung
- für Finanzinstrumente **29** 68
- vergleichende **21** 3 lit. e
- Werbevertrag **1** 363

Werk s.a. *Gebäude, Verlagsvertrag, Werkvertrag*
- Bauten und Anlagen **1** 58, 367 ff.

Werkeigentümer, Haftung 1 58 f.

Werkvertrag
- Beendigung **1** 375 ff.
- Begriff **1** 363
- Pflichten des Unternehmers **1** 364–371
- Pflichten des Bauherrn **1** 372–374
- Wirkung **1** 364

Werkzeuge 1 284, 327, 364
Wertpapiere s.a. *Check, Eigener Wechsel, Inhaberpapier, Ordrepapiere, Sichernde Massnahmen, Warrant, Wechsel*
- allgemeine Bestimmungen (Begriff, Verpflichtung aus Übertragung, Umwandlung, Kraftloserklärung, Vorbehalt besonderer Bestimmungen) **1** 965 ff.
- Anweisung **1** 466, 471
- besondere Bestimmungen **1** 90, 114, 118, 514
- Bucheffekten s. *dort*
- Darlehen **1** 317
- Globalurkunde **1** 973b, **32** 5 lit. f
- Hinterlegung **1** 481
- Kommission **1** 425, 436
- nicht dem Gastwirt anvertraute - **1** 488
- sammelverwahrte - **1** 973a f., **32** 5 lit. f
- Unterschrift **1** 14
- für gelagerte Waren **1** 482, 1152, 1153 ff.
- Wertrechte s. *dort*

Wertpapierhäuser 28 2 lit. e, 41 ff.
Wertrechte 1 973c, **32** 5 lit. g
- Bucheffekten s. *dort*

Wertsachen, Haftung des Gastwirts 1 488
Wesentlicher Irrtum 1 23 ff.
Wesentliche Vertragsänderung bei Pauschalreisen 11 7 ff.
Wesentliche Vertragspunkte 1 2

Wettbewerb *s.a. Unlauterer Wettbewerb*
- gerechtfertigte Wettbewerbsabreden **24** 6
- Konkurrenzverbot **1** 340 ff., 464, 536, 561, 777a, 803
- Marktbeherrschung **24** 4
- Prüfung von Unternehmenszusammenschlüssen **24** 32 ff.
- Sanktionen **24** 49a ff., **26** 1 ff.
- Unternehmen **24** 2
- Unternehmenszusammenschlüsse **24** 4, 9 ff.
- Untersuchung von Wettbewerbsbeschränkungen **24** 26 ff.
- unzulässige Wettbewerbsbeschränkungen **24** 5 ff.
- Verfahren **24** 12 ff., 39 ff.
- Verhinderung von schädlichen Auswirkungen von Kartellen und Wettbewerbsbeschränkungen, Förderung **24** 1
- Wettbewerbsabreden **24** 4
- Wettbewerbsbehörden, Kompetenzen **24** 18 ff., 45 ff.

Wettbewerbsabrede 24 4, *s.a. Wettbewerb*

Wettbewerbskommission *s. Bekanntmachungen der Wettbewerbskommission, Wettbewerb*

Wette 1 513 f., *s.a. Spiel*

Wichtige Gründe
- Abberufung der Liquidatoren der AG **1** 741
- Abberufung der Mitglieder des Verwaltungsrats und weiteren Personen der Aufsichtsbehörde **17** 38 Abs. 3 lit. a
- Abberufung der Revisionsstelle **1** 959c Abs. 2 Ziff. 14
- Abberufung des Revisors der AG **1** 727b
- Abberufung des Vertreters der Gläubigerversammlung **1** 1162 Abs. 3
- Abberufung von Geschäftsführern und Mitgliedern Revisionsstelle der GmbH **1** 804 Abs. 2 Ziff. 2 und 3, 815
- Abberufung von mit Geschäftsführung und der Vertretung betrauten Personen der AG **1** 716a Abs. 1 Ziff. 4, 726
- Abberufung mit Mitgliedern der Verwaltung und der Revisionsstelle sowie von weiteren Personen in der Genossenschaft **1** 890, 905, 926
- Abberufung von von Körperschaften des öffentlichen Rechts abgeordneten Mitgliedern des Verwaltungsrats und der Revisionsstelle **1** 762 Abs. 2
- Abberufung von vom Gericht eingesetzten Personen **1** 731b Abs. 3
- Ablehnung von Namenaktionären durch die AG **1** 685b ff.
- Aufhebung der Verpfründung **1** 527
- Aufhebung des Bezugsrechts **1** 652b
- Auflösung des Agenturvertrags **1** 418r
- Auflösung von unbefristeten Verträgen im Allgemeinen **1** 1-40f
- Ausschluss eines Gesellschafters **1** 577, 822, 843 Abs. 2, 846 Abs. 2
- Austritt des Genossenschafters **1** 843 Abs. 2
- Entzug der Geschäftsführungsbefugnis **1** 539, 545 Ziff. 7, 565, 603
- Kündigung der Miete oder der Pacht **1** 266g, 297
- Kündigung des Arbeitsvertrags **1** 337
- Wegfallen des Konkurrenzverbots **1** 340c
- Zeichnung von Obligationen bei bedingtem Kapital **1** 653c

Widerrechtlichkeit 1 20, 66, 157, 163, 230, *s.a. Absichtliche Täuschung, Furchterregung, Unerlaubte Handlungen*

Widerruf
- des Auftrags **1** 404, 406, 461, 465
- des Auftrags zur Ehe- oder zur Partnerschaftsvermittlung **1** 406e
- des Checks **1** 1119
- des Frachtvertrags **1** 443
- der Genehmigung der Beschlüsse der Gläubigerversammlung durch die Nachlassbehörde **1** 1179
- bei Haustürgeschäften **1** 40a ff.
- der Kommission **1** 425, 435, 438
- des Konkurses **18** 158 Abs. 1 lit. e
- beim Konsumkredit **9** 16
- von Schenkungen **1** 249 f.
- der Stundung der Ansprüche der Anleihensgläubiger **1** 1166
- der Vollmacht des Anleihensvertreters **1** 1162, 1180
- der Vollmacht des Geschäftsführers **1** 539, 566, 583, 598, 603

Widerrufsrecht s. *Widerruf*
Wiedergutmachung s. *Genugtuung*
Willensäusserung 1 1
Willenserklärung 1 1
Willensmängel s.a. *Übervorteilung*
- absichtliche Täuschung **1** 28
- Frist für die Geltendmachung von - **1** 31
- Furchterregung **1** 29 f.
- Irrtum **1** 23–27

Wirkung s.a. *Hinterlegung, Verzug, Zahlung*
- Erfüllung der Obligation **1** 68 ff.
- Nichterfüllung der Obligation **1** 97 ff.
- Obligationen gegenüber Dritten **1** 110 ff.

Wirtsschulden
- Beschränkung der Klagbarkeit **1** 186
- Verjährung **1** 128

WKR s.a. *Internationaler Warenkauf, Warenkauf (WKR)*
- Wiener Kaufrecht **5** 1 ff.

Wohlerworbene Rechte
- des Aktionärs **1** 660 ff.
- der Genossenschafter **1** 852 ff., 891
- des Gesellschafters der GmbH **1** 784 ff.

Wohnsitz s.a. *Sitz, Wechsel*
- Bestimmung des Erfüllungsorts **1** 74
- Erfordernis im Gesellschaftsrecht **1** 718 Abs. 4, 730 Abs. 4, 740 Abs. 3, 814 Abs. 3, 898 Abs. 2
- Gläubiger wechselt - **1** 74 Abs. 2
- des Schuldners der Anleihensobligation **1** 1157

Wohnung
- Ferienwohnungen **1** 253a Abs. 2
- Kündigungsfrist **1** 266 ff.
- Luxuswohnungen, Einfamilienhäuser **1** 253b Abs. 2, **6** 2
- Miete **1** 253a f., 257b, 266c, 266l ff., 269 ff., 276 f., 296, 298, 300
- Miete **6** 1, 7
- Rücksichtnahme des Mieters oder des Pächters **1** 257f, 283

Wuscherzins, Vorbehalt des öffentlichen Rechts 1 73

Z
Zahlstelle s. *Kantonalbanken, Hinterlegung*
Zahlung s.a. *Aufforderung zur Einzahlung, Bürgschaft, Fälligkeit, Fremde Währung, Geldsumme, Landeswährung, Mietzins, Pachtzins, Subrogation, Verzug, Wechsel*
- Anrechnung **1** 85 ff.
- einer Nichtschuld **1** 63
- Quittung **1** 88, 89
- Teilzahlung **1** 69, 504, 1029, 1036, 1091, 1098, 1143 Abs. 1 Ziff. 8
- vorzeitige **1** 81, 1030, 1098

Zahlungsfähigkeit des Schuldners 1 171
Zahlungssystem 30 81 f.

Zahlungsunfähigkeit
- der AG **1** 725 ff.
- des Borgers **1** 316
- der Genossenschaft **1** 903
- der GmbH **1** 820
- einer Partei bei zweiseitigen Verträgen **1** 83

Zahlungsverbot
- Check **1** 1143 Abs. 1 Ziff. 19
- für Schuldner eines Inhaberpapiers **1** 978, 982, 985
- Wechsel **1** 1072, 1078, 1098

Zahlungsversprechen an Ordre **1** 1151

Zahnarzt 1 363 und 394 ff.

Zeichnung *s.a. Aktien*
- von Aktien **1** 629 ff.
- des eigenen Wechsels **1** 1096 ff.

Zeichnungsschein
- Aktien **1** 652
- Erhöhung des Stammkapitals der GmbH **1** 781

Zeit *s.a. Fristberechnung, Geschäft*
- Geschäftszeit, Arbeitszeit **1** 79, 319, 321c

Zeitschriften- und Zeitungsartikel, Publikationsrecht des Autors 1 382 Abs. 2

Zellen, Transplantation tierischer Organe auf Menschen 4 3 Abs. 2, 5 Abs. 1bis

Zentrale Verwaltungsstelle 30 61 Abs. 2

Zentralverwahrer 30 61 Abs. 1

Zession *s. Abtretung*

Zins *s.a. Bauzins, Konsumkredit, Verzugszins*
- bei der Abtretung **1** 170, 173
- bei der AG, Aktienkapital, Bauzinse **1** 675 f.
- bei Anleihensobligationen **1** 1170 Abs. 1 Ziff. 3
- Anrechnung **1** 85
- vom Auftraggeber oder Kommittenten **1** 402, 431
- vom Beauftragten, Kommissionär oder Frachtführer geschuldet **1** 400, 425, 440
- beim Check **1** 1106, 1130, 1143 Abs. 1 Ziff. 13
- beim Darlehen **1** 313 f.
- bei der Genossenschaft **1** 859 Abs. 3, 861 Abs. 3
- gesetzlicher Zinssatz **1** 73
- bei der GmbH **1** 800
- Haftung des Bürgen **1** 499
- Höchstzinssatz beim Konsumkreditvertrag **9** 14
- bei der Kollektivgesellschaft **1** 558 ff., 570, 572, 588
- bei der Kommanditgesellschaft **1** 598, 601, 611, 613
- Verjährung **1** 128, 133
- Vermutung bei Quittung für periodische Leistungen **1** 89
- beim Wechsel und beim eigenen Wechsel **1** 995, 1045 f., 1049, 1098

Zinseszins 1 105 Abs. 3, 314 Abs. 3

Zinssatz *s. Zins*

Zölle 1 189, 418n Abs. 1, 500 Abs. 2, 509 Abs. 3

Zufall *s.a. Höhere Gewalt*
- Frachtvertrag **1** 447
- Gebrauchsleihe **1** 306
- Geschäftsführung ohne Auftrag **1** 420
- Haftung des Schuldners im Verzug **1** 103
- Hinterlegung, Gast- und Stallwirte **1** 474, 487 ff.
- Kauf **1** 207
- Konventionalstrafe **1** 163
- Spiel und Wette **1** 514
- Unmöglichwerden einer Leistung wegen - **1** 119
- Verlagsvertrag **1** 390 f.
- Werkvertrag **1** 376, 378

Zug um Zug, Erfüllung 1 82
Zugehörigkeit
- zur Genossenschaft ist mit dem Abschluss eines Versicherungsvertrag verknüpft **1** 841
- zur Genossenschaft ist mit dem Eigentum oder der Bewirtschaftung eines Grundstücks verknüpft **1** 850

Zugelassener Revisionsexperte **1** 653f, 653i Abs. 2, 653m, 653p Abs. 1, 745 Abs. 3, 795b, 825a Abs. 2, **17** 4, **18** 43, 46, 52 ff., 78, 121, 126 f., 132, s.a. *Kontrolle, Revision, Revisionsaufsicht, Zugelassener Revisor*

Zugelassener Revisor **1** 635a, 652d Abs. 2, 652f Abs. 1, 725a ff., 727b f., 907; **17** 5; **18** 43, 46, 54, 121, s.a. *Kontrolle, Revision, Revisionsaufsicht*

Zukaufsverbot **30** 144 lit. b

Zukünftige Schuld
- Abtretung **1** 164
- Bürgschaft **1** 492 Abs. 2, 510

Zusammenlegung s.a. *Fusion*
- von Aktien **1** 623

Zusammenwirken
- der Privat- und Gesellschaftsgläubiger **1** 570 ff., 613, 616
- verschiedener Schadensursachen **1** 51

Zusatz
- zur Firma bei der Zweigniederlassung **1** 952
- zur Firma zur Angabe des Gesellschaftsverhältnisses **1** 947 ff.
- zur Geschäftsfirma **1** 945
- Geschäftsfirma «in Liquidation» **18** 42, 63 f., 131, 159, 161, 164
- zur Unterscheidung von einer älteren Firma **1** 946

Zusätzliche Leistungen
- ausgeschlossen bei den Aktionären **1** 680

- der Genossenschafter **1** 833 Ziff. 5, 840, 871 ff.
- der Gesellschafter der GmbH **1** 795 ff.

Zuschlag s.a. *Versteigerung*
- Lohn- für Überstundenarbeit **1** 321c

Zustimmung s.a. *Ehegatte, Vertrag*
- zu Verträgen allgemein **1** 1 ff.
- Willensmängel **1** 23

Zuwendung s.a. *Lasten*
- Personalvorsorge **1** 331
- Verrechnung ausgeschlossen **1** 125

Zuwiderhandlung
- Ordnungsbussen bei unterlassenen Anmeldungen an das Handelsregister **1** 940
- Sanktionen bei unlauterem Wettbewerb **21** 24 ff.
- Sanktionen zur Sicherstellung des wirksamen Wettbewerbs **24** 49a ff., 54 ff.
- gegen die Verpflichtung zur Unterlassung **1** 98

Zwangsvollstreckung s.a. *Konkurs, Schuldbetreibung und Konkurs*
- Erwerb von Aktien durch - **1** 685 Abs. 1, 685b Abs. 4, 685c Abs. 2
- Gesellschafter der GmbH im Konkurs **1** 793 f.
- von Verbindlichkeiten **1** 97 Abs. 2, 98, 366, 368

Zweck
- AG **1** 626 Abs. 1 Ziff. 2
- einfache Gesellschaft **1** 530
- Genossenschaft **1** 828, 832 Ziff. 3
- GmbH **1** 776 Ziff. 2
- Kollektivgesellschaft **1** 552
- Kommanditaktiengesellschaft **1** 764
- Kommanditgesellschaft **1** 594 f.
- widerrechtlich oder sittenwidrig **1** 20, 66, 157, 163

Zweigniederlassung
- Eintragung im Handelsregister **1** 931 Abs. 2 und 3, **18** 109 ff.
- als Finanzinstitut **28** 52 ff.

- Prokura mit Beschränkung auf den Geschäftsbereich der – **1** 460, 718a Abs. 2, 899 Abs. 2
- Zusatz zur Geschäftsfirma **1** 952

Zweiseitiger Vertrag **1** 82, 107 ff., 119

Zwingendes Recht **1** 19, 273c, 358, 361, 706b Ziff. 1, **4** 5 Abs. 1 lit. d, **7** 3, **8** 29, **9** 37, **11** 19

Zwischenabschluss *s. Zwischenbilanz*

Zwischenbilanz **1** 587 Abs. 2, 652d Abs. 2, 725b, 743 Abs. 5, 903

Zwischendividenden **1** 675a

Zwischenfrachtführer **1** 449